Langenscheidt's
Russian-English
English-Russian
Dictionary

Second Edition

Edited by the
Langenscheidt editorial staff

POCKET BOOKS
New York London Toronto Sydney

Pocket Books
A Division of Simon & Schuster, Inc.
1230 Avenue of the Americas
New York, NY 10020

This Pocket Books paperback edition June 2009

POCKET and colophon are registered trademarks of
Simon & Schuster, Inc.

For information about special discounts for bulk purchases,
please contact Simon & Schuster Special Sales at 1-866-506-1949
or business@simonandschuster.com.

The Simon & Schuster Speakers Bureau can bring authors to your
live event. For more information or to book an event, contact the
Simon & Schuster Speakers Bureau at 1-866-248-3049 or visit
our website at www.simonspeakers.com.

Manufactured in the United States of America

10 9 8 7 6 5 4 3

ISBN: 978-1-4391-4237-0

Contents

Preface 4

How to Use the Dictionary 5

Abbreviations Used in the Dictionary 8

Russian Pronunciation 13

English Pronunciation 20

The Russian Alphabet 21

Important English Irregular Verbs 22

Russian – English 27

English – Russian 309

Important Russian Abbreviations 596

Important American and British Abbreviations 599

Russian Geographical Names 604

English Geographical Names 606

Numerals 609

American and British Weights and Measures 611

Some Russian First Names 613

Grammatical Tables 615

Preface

This Russian/English Dictionary with its 45,000 references is an ideal tool for all those who work with the Russian and English languages at beginners or intermediate level. The dictionary offers coverage of everyday language and also details the latest developments in Russian and English. Hundreds of up-to-date Russian and English words have been incorporated into the present edition of this dictionary, making it ideal for everyday use in the modern world – in all walks of life and also at school. The dictionary contains the most important terminology from such specialist areas as trade and commerce, technology, and medicine.

Isolated words are often only clearly understood in context. So a large number of multi-word lexical units, loose combinations such as collocations as well as set phrases such as idiomatic expressions, are given to show the full spectrum of a word's meaning and to illustrate how the two languages Russian and English correspond in context.

Translations referring to different word classes of the same headword are indicated by arabic numbers. Synonymous translation variants are seperated by commas, and semantically distinct alternatives by semicolons.

In addition to the main vocabulary, this dictionary contains special quick-reference sections for geographical names and current abbreviations in both Russian and English.

Words need grammar to back them up. This dictionary gives detailed information on the conjugation and declension of Russian verbs, nouns and adjectives. Each Russian verb, noun or adjective in the dictionary includes a reference to a corresponding standard verb, noun or adjective in the grammar appendix, which is then fully conjugated or inflected.

English pronunciation in this dictionary follows the principles laid down by Jones / Gimson and is based on the alphabet of the *International Phonetic Association* IPA.

Russian words can be pronounced properly if the stress is known. Therefore every Russian word has an appropriate stress mark. Shift of stress, as far as it takes place within the inflection, is also indicated. A detailed account of Russian pronunciation with the help of the Symbols of the IPAs phonetic transcription can be found on pages 13–19.

It is hoped that this dictionary will be a rich source of information for you as well as an indispensable part of the materials you use to learn Russian or English.

How to Use the Dictionary

1. **Arrangement.** Strict alphabetical order has been maintained throughout the dictionary.

   A number of prefixed words, especially verbs, are not explicitly listed because of the limited size of the dictionary, and in such cases it may prove useful to drop the prefix and look up the primary form, e. g.:

   поблагодари́ть → благодари́ть

   Compounds not found at their alphabetical place should be reduced to their second component in order to find out their main meaning, e. g.:

   термоя́дерный → я́дерный = nuclear

   The tilde (~) serves as a mark of repetition. The tilde in bold type replaces either the headword or the part of the headword preceding the vertical bar; e. g.:

   иди́лл|ия ...; ~и́ческий = идилли́ческий

   In the English-Russian part the tilde in multi-word lexical units is used to replace the whole headword, e.g.:

   mobil|e ...; ~ phone = mobile phone

   In the Russian-English part the tilde in idioms is used to relace the part preceding the vertical bar, e. g.:

   коль|цево́й ...; ~цо́ ...; обруча́льное ~цо́ = обруча́льное кольцо́

   The tilde with a circle (♀): when the first letter changes from a capital to a small letter or vice-versa, the usual tilde is replaced by the tilde with a circle.

   In brackets a hyphen (-) has been used instead of the tilde, e. g.:

   брать [беру́, -рёшь; брал, -á ...] = [беру́, берёшь; брал, брала́ ...]

   Of the two main aspects of a Russian verb the imperfective form appears first, in boldface type, followed, in acute-angled brackets < >, by its perfective counterpart.

2. **Pronunciation.** As a rule the pronunciation of individual Russian headwords has been given only in cases and places that differ from the standard pronunciation of Russian vowel and consonant letters, e. g.:

   лёгкий (-хk-) - «гк» is pronounced «хк».

3. **Stress.** The accent mark (´) is placed above the stressed vowel of a Russian entry (or any other) word with more than one syllable and printed in full, as well as of run-on words, provided their accentuated vowel is not covered by the tilde or hyphen (= marks of repetition), e. g.:

   дока́з|ывать ..., <~а́ть> = <доказа́ть>

   Since ё is always stressed the two dots over it represent implicitly the accent mark.

   Wherever the accent mark precedes the tilde (~) the second-last syllable of the part for which the tilde stands is stressed, e. g.:

   уведом|ля́ть ..., <~ить> = <уве́домить>

An accent mark over the tilde (⌣́) implies that the last (or sole) syllable of the part replaced by the tilde is to be stressed.

Example:

наход|и́ть ...; **⌣́ка** = **нахо́дка**
прода|ва́ть ..., **<⌣́ть>** = **<прода́ть>**

In special cases of phonetic transcription, however, the accent mark precedes the stressed syllable, cf. **анте́нна** (-'tɛn-). This usage is in accordance with IPA rules.

Two accents in a word denote two equally possible modes of stressing it, thus:

и́на́че = ина́че *or* **и́наче**

Quite a number of predicative (or short) adjectives show a shift, or shifts, of stress as compared with their attributive forms. Such divergences are recorded as follows:

хоро́ший [17; хоро́ш, -а́] = [17; хоро́ш, хороша́, хорошо́ (*pl.* хороши́)]

The same system of stress designation applies, to accent shifts in the preterite forms of a number of verbs, e. g.:

да|ва́ть ..., **<⌣́ть>** [... дал, -а́, -о; ... (дан, -а́)] = [... дал, дала́, да́ло (*pl.* да́ли); ... (дан, дана́, дано́, даны́)]

Insertion of the "epenthetic" o, e, between the two last stem consonants in masculine short forms has been noted in all adjectives where this applies, e. g.:

лёгкий ... [16; лёгок, легка́; *a.* лёгки] = [16; лёгок, легка́, легко́ (*pl.* легки́ *or* лёгки)]

If the stress in all short forms conforms to that of the attributive adjective the latter is merely provided with the abbreviation *sh.* (for *short form*) which indicates at the same time the possibility of forming such predicative forms, e. g.:

бога́тый [14 *sh.*] = [14; бога́т, бога́та, бога́то, бога́ты]

4. **Inflected forms.** All Russian inflected parts of speech appearing in the dictionary are listed in their appropriate basic forms, i. e. nominative singular (nouns, adjectives, numerals, certain pronouns) or infinitive (verbs). The gender of Russian nouns is indicated by means of one of three abbreviations in italics (*m, f, n*) after the headword.* Each inflected entry is followed, in square brackets [ ], by a figure which serves as reference to a definite paradigm within the system of conjugation and declension listed at the end of this book. Any variants of these paradigms are stated after the reference figure of each headword in question.

---

* For users of part II: Any Russian noun ending in a consonant *or* -й is of masculine gender;
those ending in -a *or* -я are of feminine gender;
those ending in -o *or* -e are of neuter gender.
In cases where this rule does not apply, as well as in nouns ending in -ь, the gender is indicated.

Example:

ло́жка *f* [5; *g/pl.*: -жек], like ло́жа *f* [5], is declined according to paradigm 5, except that in the genitive plural the former example inserts the "epenthetic" e between the two last stem consonants: ло́жек; cf. **ло́дка** *f* [5; *g/pl.*: -док] = [*g/pl.*: ло́док].

кусо́к *m* [1; -ска́] = the "epenthetic" o is omitted in the oblique cases of the singular and in all cases of the plural; cf. **коне́ц** *m* [1; -нца́] = [конца́, концу́, etc.].

As the prefixed forms of a verb follow the same inflection model and (with the exception of perfective aspects having the stressed prefix вы́-) mode of accentuation as the corresponding unprefixed verb, differences in stress, etc. have in cases of such aspect pairs been marked but once, viz. with the imperfective form.

Government. Case government, except for the accusative, is indicated with the help of Latin and Russian abbreviations. Emphasis has been laid on differences between the two languages, including the use of prepositions. Whenever a special case of government applies only to one of several meanings of a word, this has been duly recorded in connection with the meaning concerned. To ensure a clear differentiation of person and thing in government, the English and Russian notes to that effect show the necessary correspondence in sequence.

Semantic distinction. If a word has different meanings and, at the same time, different forms of inflection or aspect, this has been indicated by numbers (e. g. бить, коса́, коси́ть); otherwise a semicolon separates different meanings, a comma mere synonyms. Sense indicators in italics serve to specify individual shades of meanings, e. g. **поднима́ть** ... *трево́гу, пла́ту* raise; *ору́жие* take up; *флаг* hoist; *я́корь* weigh; *паруса́* set; *шум* make; **приёмный** ... *часы́* office; *экза́мен* entrance; *оте́ц, сын* foster.

In a number of Russian verbs the perfective aspect indicated (particularly with the prefixes <за-> and <по->) has, strictly speaking, the connotations "to begin to do s. th." (the former) and "to do s. th. for a (little) while" (the latter); but since these forms are very often rendered in English by means of the equivalent verb without any such additions they have occasionally been given as simple aspect counterparts without explicit indication as to their aforesaid connotations.

Orthography. In both the Russian and English parts newest spelling standards have been applied, and in the latter differences between American and British usage noted wherever possible and feasible.

Words at the end of a line which are always hyphenated are indicated by repetition of the hyphen (at the end of the first line and the beginning of the next line).

In parts of words or additions given in brackets a hyphen is placed within the bracket.

Abbreviations Used in the Dictionary
English Abbreviations

also	*a.*	та́кже
abbreviation	*abbr.*	сокраще́ние
accusative (case)	*ac.*	вини́тельный паде́ж
adjective	*adj.*	и́мя прилага́тельное
adverb	*adv.*	наре́чие
aeronautics	*ae.*	авиа́ция
agriculture	*agric.*	се́льское хозя́йство
Americanism	*Am.*	американи́зм
anatomy	*anat.*	анато́мия
architecture	*arch.*	архитекту́ра
astronomy	*astr.*	астроно́мия
attributive usage	*attr.*	атрибути́вное употребле́ние (т. е. в ка́честве определе́ни
Biblical	*Bibl.*	библе́йский
biology	*biol.*	биоло́гия
British (English) usage	*Brt.*	брита́нское (англи́йское) словоупотребле́ние
botany	*bot.*	бота́ника
bad sense	*b.s.*	в дурно́м смы́сле
chemistry	*chem.*	хи́мия
cinema	*cine.*	кинематогра́фия
conjunction	*cj.*	сою́з
colloquial usage	*coll.*	разгово́рный язы́к
collective (noun)	*collect.*	собира́тельное и́мя (существи́тельное)
commonly	*com.*	обыкнове́нно
commercial term	*comm.*	торго́вля
comparative (form)	*comp.*	сравни́тельная сте́пень
compounds	*compds.*	сло́жные слова́
computer	*comput.*	компью́терная те́хника
contemptuously	*contp.*	пренебрежи́тельно
culinary term	*cul.*	кулина́рия
dative (case)	*dat.*	да́тельный паде́ж
diminutive	*dim.*	уменьши́тельная фо́рма
diplomacy	*dipl.*	диплома́тия
endings stressed (throughout)	*e.*	ударе́ние (сплошь) наоконча́ниях
ecclesiastical term	*eccl.*	церко́вное выраже́ние
economy	*econ.*	эконо́мика
education	*educ.*	шко́ла, шко́льное де́ло, педаго́гика

for example	*e.g.*	наприме́р
electrical engineering	*el.*	электроте́хника
especially	*esp.*	осо́бенно
et cetera (and so on)	*etc.*	и т. д. (и так да́лее)
euphemism	*euph.*	эвфеми́зм
feminine (gender)	*f*	же́нский род
figurative usage	*fig.*	в перено́сном значе́нии
financial term	*fin.*	фина́нсы, ба́нковое де́ло
feminine plural	*f/pl.*	мно́жественное число́ же́н-ского ро́да
future (tense)	*ft.*	бу́дущее вре́мя
genitive (case)	*gen.*	роди́тельный паде́ж
geography	*geogr.*	геогра́фия
geology	*geol.*	геоло́гия
gerund	*ger.*	геру́ндий (дееприча́стие)
genitive plural	*g/pl.*	роди́тельный паде́ж мно́-жественного числа́
present (past) gerund	*g. pr. (pt.)*	дееприча́стие настоя́щего (проше́дшего) вре́мени
grammar	*gr.*	грамма́тика
history	*hist.*	исто́рия
horticulture	*hort.*	садово́дство
hunting	*hunt.*	охо́та
impersonal (form)	*impers.*	безли́чная фо́рма, безли́чно
imperfective (aspect)	*impf.*	несоверше́нный вид
imperfective and perfective (aspect)	*(im)pf.*	несоверше́нный и соверше́нный вид
indeclinable word	*indecl.*	несклоня́емое сло́во
infinitive	*inf.*	инфинити́в, неопределённая фо́рма глаго́ла
instrumental (case)	*instr.*	твори́тельный паде́ж
interjection	*int.*	междоме́тие
interrogative(ly)	*interr.*	вопроси́тельная фо́рма, вопроси́тельно
ironically	*iro.*	ирони́чески
irregular	*irr.*	непра́вильная фо́рма
iterative, frequentative (aspect)	*iter.*	многокра́тный вид
jocular	*joc.*	шутли́во
linguistics	*ling.*	лингви́стика
literary	*lit.*	кни́жное выраже́ние
masculine (gender)	*m*	мужско́й род
mathematics	*math.*	матема́тика
medicine	*med.*	медици́на

military term	*mil.*	вое́нный те́рмин
mineralogy	*min.*	минерало́гия
motoring	*mot.*	автомобили́зм
masculine plural	*m/pl.*	мно́жественное число́ муж-ско́го ро́да
mostly	*mst.*	бо́льшей ча́стью
musical term	*mus.*	му́зыка
neuter (gender)	*n*	сре́днй род
nautical term	*naut.*	судохо́дство
number	*no.*	но́мер
nominative (case)	*nom.*	имени́тельный паде́ж
neuter plural	*n/pl.*	мно́жественное число́ сре́д-него ро́да
one another	*o. a.*	друг дру́га, друг дру́гу
obsolete	*obs.*	устаре́вшее сло́во, выраже́-ние
semelfactive (aspect)	*once*	однокра́тный вид
oneself	*o. s.*	себя́, себе́, -ся
popular	Р	простре́чие
participle	*p.*	прича́стие
person	*p.*	лицо́
person	*P.*	челове́к
painting	*paint.*	жи́вопись
1. particle;	*part.*	1. части́ца;
2. particular(ly)		2. осо́бенно
partitive genitive	*part. g.*	роди́тельный раздели́тель-ный
pejorative	*pej.*	пейорати́вно, неодо-бри́тельно
person(al form)	*pers.*	лицо́, ли́чная фо́рма
perfective (aspect)	*pf.*	соверше́нный вид
pharmacy	*pharm.*	фармаце́втика
philosophy	*philos.*	филосо́фия
photography	*phot.*	фотогра́фия
physics	*phys.*	фи́зика
plural	*pl.*	мно́жественное число́
poetic	*poet.*	поэти́ческое сло́во, выраже́-ние
politics	*pol.*	поли́тика
possessive (form)	*poss.*	притяжа́тельная фо́рма
present participle active (passive)	*p. pr. a. (p.)*	действи́тельное (страда́-тельное) прича́стие настоя́-щего вре́мени

past participle active (passive)	*p. pt. a. (p.)*	действи́тельное (страда́тельное) прича́стие проше́дшего вре́мени
present (tense)	*pr.*	настоя́щее вре́мя
predicative usage	*pred.*	предикати́вное употребле́ние (т. е. в ка́честве именно́й ча́сти сказу́емого)
prefix	*pref.*	приста́вка
pronoun	*pron.*	местоиме́ние
preposition	*prp.*	предло́г
preterite, past (tense)	*pt.*	проше́дшее вре́мя
railway	*rail.*	железнодоро́жное де́ло
reflexive (form)	*refl.*	возвра́тная фо́рма
rhetoric	*rhet.*	рито́рика
somebody	*s. b.*	кто-(кого́-, кому́-)нибудь
somebody's	*s. b. 's.*	чей-нибудь
sewing	*sew.*	шве́йное де́ло
singular	*sg.*	еди́нственное число́
short (predicative) form	*sh.*	кра́ткая фо́рма
slang	*sl.*	жарго́н
stem stressed (throughout)	*st.*	ударе́ние (сплошь) на осно́ве
something	*s. th.*	что́-либо
substantive, noun	*su.*	и́мя существи́тельное
technical	*tech.*	техни́ческий те́рмин
telephony	*tel.*	телефо́н
thing	*th.*	вещь, предме́т
theater	*thea.*	теа́тр
typography	*typ.*	типогра́фское де́ло
university	*univ.*	университе́т
usually	*usu.*	обы́чно
auxiliary verb	*v/aux.*	вспомога́тельный глаго́л
verb	*vb.*	глаго́л
intransitive verb	*v/i.*	неперехо́дный глаго́л
reflexive verb	*v/refl.*	возвра́тный глаго́л
transitive verb	*v/t.*	перехо́дный глаго́л
zoology	*zo.*	зооло́гия

Russian Abbreviations

имени́тельный паде́ж	И	nominative (case)
роди́тельный паде́ж	Р	genitive (case)
да́тельный паде́ж	Д	dative (case)
вини́тельный паде́ж	В	accusative (case)
твори́тельный паде́ж	Т	instrumental (case)
предло́жный паде́ж	П	prepositional or locative (case)
и так да́лее	и т. д.	etc. (et cetera)
и тому́ подо́бное	и т. п.	and the like
лати́нский язы́к	лат.	Latin
та́кже	тж.	also

Russian Pronunciation

I. Vowels

1. All vowels in stressed position are half-long in Russian.

2. In unstressed position Russian vowels are very short, except in the first pretonic syllable, where this shortness of articulation is less marked. Some vowel letters (notably о, е, я), when read in unstressed position, not only differ in length (quantity), but also change their timbre, i.e. acoustic quality.

Russian letter		Explanation of its pronunciation	Transcription symbol
a	stressed	= **a** in 'father', but shorter: мáма ['mamə] *mamma*	a
	unstressed	1. = **a** in the above examples, but shorter – in first pretonic syllable: кармáн [kar'man] *pocket*	a
		2. = **a** in 'ago, about' – in post-tonic or second, etc. pretonic syllable(s): атáка [a'takə] *attack* карандáш [kəran'daʃ] *pencil*	ə
		3. = **i** in 'sit' – after ч, щ in first pretonic syllable: часы́ [tʃɪ'sɪ] *watch* щади́ть [ʃtʃɪ'dʲitʲ] *spare*	ɪ
e	Preceding consonant (except ж, ш, ц) is soft.		
	stressed	1. = **ye** in 'yet' – in initial position, i.e. at the beginning of a word, or after a vowel, ъ, ь (if not ё) before a hard consonant: бытиé [bɪtʲi'jɛ] *existence* ел [jɛɫ] (*I*) *ate* нет [nʲɛt] *no*	jɛ/ɛ
		2. = **e** in 'set' – after consonants, soft or hard (ж, ш, ц), before a hard consonant, as well as in final position, i.e. at the end of a word, after consonants: на лицé [nalʲi'tsɛ] *on the face* шест [ʃɛst] *pole*	ɛ
		3. = **ya** in Yale; before a soft consonant: ель [jelʲ] *fir* петь [pʲetʲ] *to sing*	je/e
	unstressed	1. = **si**t; in initial position and after a vowel preceded by (j) ещё [jɪ'ʃtʃɔ] *still* знáет ['znajɪt] (*he, she, it*) *knows* рекá [rʲɪ'ka] *river*	jɪ/ɪ

Russian letter	Explanation of its pronunciation	Transcription symbol
	2. = ы (cf.) after ж, ш, ц: жена́ [ʒɨˈna] *wife* цена́ [tsɨˈna] *price*	ɨ
ё	Preceding consonant (except ж, ш, ц) is soft.	
	only stressed = **yo** in be**yo**nd ёлка [ˈjɔɫkə] *fir tree* даёт [daˈjɔt] *(he, she, it) gives* лёд [ljɔt] *ice*	jɔ/ɔ
и	Preceding consonant (except ж, ш, ц) is soft.	
	1. stressed = like **ee** in s**ee**n, but shorter – in the instr/sg. of он/оно́ and the oblique forms of они́ initial и- may be pronounced (ji-): и́ва [ˈivə] *willow* юри́ст [juˈrist] *lawyer* их [ix] or [jix] *of them (g/pl.)*	i/ji
	2. unstressed = like **ee** in s**ee**n, but shorter – in first pretonic syllable: мину́та [mɨˈnutə] *minute*	i
	= **i** in s**i**t – in post-tonic or second, etc. pretonic syllable(s): хо́дит [ˈxɔdit] *(he, she, it) goes*	ɪ
	3. stressed and unstressed = ы (cf.) after ж, ш, ц: ши́на [ˈʃinə] *tire* цили́ндр [tsɨˈlindr] *cylinder*	ɨ
о	stressed = **o** in **o**bey: том [tɔm] *volume*	ɔ
	unstressed 1. = **o** in **o**bey; in final position of foreign words кака́о [kaˈkaɔ] *cocoa*	ɔ
	2. = **a** in f**a**ther, but shorter – in first pretonic syllable: Москва́ [masˈkva] *Moscow*	a
	3. = **a** in **a**go, **a**bout – in post-tonic or second, etc. pretonic syllable(s): со́рок [ˈsɔrək] *forty* огоро́д [əgaˈrɔt] *kitchen garden*	ə
у	stressed and unstressed = like **oo** in b**oo**m, but shorter бу́ду [ˈbudu] *(I) will be*	u
ы	stressed and unstressed = a retracted variety of **i**, as in h**i**ll; no English equivalent: вы [vɨ] *you*	ɨ
э	stressed and unstressed 1. = **e** in s**e**t э́то [ˈɛtə] *this* эско́рт [ɛsˈkɔrt] *escort*	

Russian letter	Explanation of its pronunciation	Transcription symbol
	2. = resembles the English sound **a** in p**a**le (but without the i-component) – before a soft consonant: э́ти ['eţɪ] *these*	e
ю	Preceding consonant is soft.	ju/u
	stressed and unstressed = like **yu** in **yu**le, but shorter рабо́таю [ra'bɔtəju] *(I) work* сюда́ [ʂu'da] *here*	
я	Preceding consonant is soft.	ja/a
	stressed 1. = **ya** in **ya**rd, but shorter – in initial position, after a vowel and before a hard consonant: я́ма ['jamə] *pit* моя́ [ma'ja] *my* мя́со ['m̦asə] *meat*	
	2. = **a** in b**a**d – in interpalatal position, i.e. between soft consonants: пять [pæţ] *five*	æ
	unstressed 1. = **a** in '**a**go' (preceded by j after vowels) – in final position: со́я [sɔjə] *soya bean* неде́ля [nɪ'deʎə] *week*	jə/ə
	2. = **i** in '**si**t', but preceded by (j) – in initial position, i.e. also after a vowel and ъ: язы́к [jɪ'zik] *tongue* та́ять ['tajɪţ] *to thaw* мясни́к [m̦ɪʂ'n̦ik] *butcher*	jɪ/ɪ

II. Semivowel

й	1. = **y** in **y**et – in initial position, i.e. also after a vowel, in loan words: йод [jɔt] *iodine* майо́р [ma'jɔr] *major*	j
	2. = in the formation of diphthongs as their second element:	j
ай	= (i) of (ai) in t**i**me: май [maj] *May*	aj
ой	stressed = **oi** in n**oi**se: бой [bɔj] *fight*	ɔj
	unstressed = **i** in t**i**me: война́ [vaj'na] *war*	aj
уй	= **u** in r**u**le + (j): бу́йвол ['bujvəl] *buffalo*	uj
ый	= ы (cf.) + (j): вы́йти ['vijţɪ] *to go out* кра́сный ['krasnɨj] *red*	ɨj

Russian letter		Explanation of its pronunciation	Transcription symbol
ий		= и (cf.) + (j):	ij
	stressed	австрийка [af'strijkə] *Austrian woman*	
	unstressed	синий ['sin̦ɪj] *blue*	
ей	stressed	= (j+) **a** in p**a**le:	jej/ej
		ей [jej] *to her*	
		лейка ['l̦ejkə] *watering-can*	
	unstressed	= **ee** in s**ee**n, but shorter + (j):	ɪj
		сейчас [sɪ(j)'tʃas] *now*	
юй		= **ю** (cf.) + (j):	juj/uj
		малюй! [ma'l̦uj] *paint!*	
яй	stressed	= (j+) **a** in b**a**d + (j):	jæj/æj
		яйца ['jæjtsə] *eggs*	
		лентяй ['l̦ɪn'tʲæj] *lazy bones*	
	unstressed	**yi** in **Yi**ddish:	jɪ
		яйцо [jɪ(j)'tsɔ] *egg*	

III. Consonants

1. As most Russian consonants may be palatalized (or 'softened') there is, in addition to the series of normal ('hard') consonants, an almost complete set of 'soft' parallel sounds. According to traditional Russian spelling, in writing or printing this 'softness' is marked by a combination of such palatalized consonants with the vowels е, ё, и, ю, я or either in final position or before a consonant, the so-called 'soft sign' (ь). In phonetic transcription palatalized consonants are indicated by means of a small hook, or comma, attached to them. As a rule a hard consonant before a soft one remains hard; only з, с may be softened before palatalized з, с, д, т, н.

2. The following consonants are always hard: ж, ш, ц.

3. The following consonants are always soft: ч, щ.

4. The voiced consonants б, в, г, д, ж, з are pronounced voicelessly (i. e. = п, ф, к, т, ш, с) in final position.

5. The voiced consonants б, в, г, д, ж, з, when followed by (one of) their voiceless counterparts п, ф, к, т, ш, с, are pronounced voicelessly (regressive assimilation) and vice versa: voiceless before voiced is voiced (except that there is no assimilation before в).

6. The articulation of doubled consonants, particularly those following a stressed syllable, is marked by their lengthening.

Russian letter		Explanation of its pronunciation	Transcription symbol
б	hard	= **b** in **b**ad: брат [brat] *brother*	b
	soft	= as in al**b**ion:	ḇ
		белка ['ḇelkə] *squirrel*	

Russian letter			Explanation of its pronunciation	Transcription symbol
в	hard		= **v** in **v**ery: вода́ [va'da] *water*	v
	soft		= as in **v**iew: ве́на ['ɣɛnə] *vein*	ɣ
г	hard		= **g** in **g**un: газ [gas] *gas*	g
	soft		= as in ar**g**ue: гимн [g̡imn] *anthem*	g̡
		Note:	= (v) in endings -ого, -его: больно́го [baḷ'nɔvə] *of the sick* си́него ['ṣinɪvə] *of the blue* ничего́ [nɪt̢ɪ'vɔ] *nothing*	v
			= (x) in бог *God* and in the combination -гк-, -гч-: мя́гкий ['maxk̡ɪj] *soft* мя́гче ['maxt̢ɛ] *softer*	x
д	hard		= **d** in **d**oor: да́ма ['damə] *lady*	d
	soft		= as in **d**ew: дю́на ['d̢unə] *dune* In the combination -здн- д is mute: по́здно ['pɔznə] *late*	d̢
ж	hard		= **s** in mea**s**ure, but hard: жа́жда ['ʒaʒdə] *thirst*	ʒ
		жч	= щ: мужчи́на [mu't̢t̢inə] *man*	t̢t̢
з	hard		= **z** in **z**oo: зако́н [za'kɔn] *law*	z
	soft		= as in pre**s**ume: зелёный [z̢ɪ'ḷɔnɪj] *green*	z̢
		зж	= hard or soft doubled ж: по́зже ['pɔʒʒɛ] *or* ['pɔʒ̢ʒ̢ɛ] *later*	ʒʒ/ʒ̢ʒ̢
		зч	= щ: изво́зчик [iz'vɔt̢t̢ɪk] *coachman*	t̢t̢
к	hard		= **c** in **c**ome (unaspirated!): как [kak] *how*	k
	soft		= like **k** in **k**ey: ке́пка ['k̡ɛpkə] *cap*	k̡
л	hard		= **ll** in General American call: ла́мпа ['łampə] *lamp*	ł
	soft		= **ll** in mi**ll**ion: ли́лия ['ḷiḷɪjə] *lily*	ḷ
м	hard		= **m** in **m**an: мать [mat̢] *mother*	m
	soft		= as in **m**ute: метр [m̢ɛtr] *meter*	m̢
н	hard		= **n** in **n**oise: нос [nɔs] *nose*	n
	soft		= **n** in **n**ew: не́бо ['n̢ɛbə] *heaven*	n̢
п	hard		= **p** in **p**art (unaspirated!): па́па ['papə] *daddy*	p
	soft		= as in scor**p**ion: пить [pit̢] *to drink*	p̢
р	hard		= trilled **r**: рот [rɔt] *mouth*	r
	soft		= as in Ori**e**nt: ряд [r̢at] *row*	r̢

Russian letter		Explanation of its pronunciation	Transcription symbol
с	hard	= **s** in **s**ad: сорт [sɔrt] *sort*	s
	soft	= as in a**ss**ume: сила ['şiłə] *force*	ş
	сч	= щ: счастье ['ʧʧæʂʧje] *happiness*	ʧʧʃ
т	hard	= **t** in **t**ent (unaspirated!): такт [takt] *measure*	t
	soft	= as in **t**une: теперь [tɪ'peţ] *now*	ţ
		= -стн-, -стл- – in these combinations -т- is mute: известно [iz'ɣɛsnə] *known* счастливый [ʧʧʂ'łivɨj] *happy*	
ф	hard	= **f** in **f**ar: форма ['fɔrmə] *form*	f
	soft	= as in **f**ew: фирма ['firmə] *firm*	f
х	hard	= **ch** as in Scottish lo**ch**: ах! [ax] *ah!*	x
	soft	= like **ch** in German i**ch**, no English equivalent: химик ['xiṃɪk] *chemist*	x
ц	nur hard	= **ts** in **ts**ar: царь [tsaţ] *tsar*	ts
ч	nur soft	= **ch** in **ch**eck: час [ʧʧas] *hour*	ʧʃ
ш	nur hard	= **sh** in **sh**ip, but hard: шар [ʃar] *ball*	ʃ
щ	nur soft	= **sh** + **ch** in **ch**eck, cf. fre**sh ch**eeks, or = doubled (ʃʃ) as in su**r**e: щи [ʧʧʃi] *or* [ʃʃi] *cabbage soup*	ʧʧʃ *or* ʃʃ

IV. Surds

ъ	hard sign	= The *jer* or 'hard sign' separates a hard (final) consonant of a prefix and the initial vowel, preceded by (j), of the following root, thus marking both the hardness of the preceding consonant and the distinct utterance of (j) before the vowel: предъявить [prɪdjɪ'ɣiţ] 'to show, produce' съезд [sjest] 'congress'.	
ь	soft sign	= The *jer* or 'soft sign' serves to represent the palatal or soft quality of a (preceding) consonant in final position or before another consonant, cf.: брат [brat] 'brother' and брать [braţ] 'to take' полка ['pɔłkə] 'shelf' and полька ['pɔļkə] 'polka, Pole (= Polish woman)'.	

Russian letter	Explanation of its pronunciation	Transcription symbol
	It is also used before vowels to indicate the softness of a preceding consonant as well as the pronunciation of (j) with the respective vowel, e.g.: семья [şɪm̩'ja] 'family' – *cf.* céмя ['şem̩ə] 'seed', and in foreign words, such as батальóн [bəta'l̩jɔn] 'battalion'.	

English Pronunciation

Vowels

[ɑ:]	*father*	['fɑːðə]
[æ]	*man*	[mæn]
[e]	*get*	[get]
[ə]	*about*	[ə'baʊt]
[ɜː]	*first*	[fɜːst]
[ɪ]	*stick*	[stɪk]
[iː]	*need*	[niːd]
[ɒ]	*hot*	[hɒt]
[ɔː]	*law*	[lɔː]
[ʌ]	*mother*	['mʌðə]
[ʊ]	*book*	[bʊk]
[uː]	*fruit*	[fruːt]

Diphthongs

[aɪ]	*time*	[taɪm]
[aʊ]	*cloud*	[klaʊd]
[eɪ]	*name*	[neɪm]
[eə]	*hair*	[heə]
[ɪə]	*here*	[hɪə]
[ɔɪ]	*point*	[pɔɪnt]
[əʊ]	*oath*	[əʊθ]
[ʊə]	*tour*	[tʊə]

Consonants

[b]	*bag*	[bæg]
[d]	*dear*	[dɪə]
[f]	*fall*	[fɔːl]
[g]	*give*	[gɪv]
[h]	*hole*	[həʊl]
[j]	*yes*	[jes]
[k]	*come*	[kʌm]
[l]	*land*	[lænd]
[m]	*mean*	[miːn]
[n]	*night*	[naɪt]
[p]	*pot*	[pɒt]
[r]	*right*	[raɪt]
[s]	*sun*	[sʌn]
[t]	*take*	[teɪk]
[v]	*vain*	[veɪn]
[w]	*wait*	[weɪt]
[z]	*rose*	[rəʊz]
[ŋ]	*bring*	[brɪŋ]
[ʃ]	*she*	[ʃiː]
[tʃ]	*chair*	[tʃeə]
[dʒ]	*join*	[dʒɔɪn]
[ʒ]	*leisure*	['leʒə]
[θ]	*think*	[θɪŋk]
[ð]	*the*	[ðə]
[']	means that the following syllable is stressed: *ability* [ə'bɪlətɪ]	

The Russian Alphabet

printed		written		pronounced		printed		written		pronounced	
				transcribed						transcribed	
А	а	*Аа*		а	a	П	п	*Пп*		пэ	pɛ
Б	б	*Бб*		бэ	bɛ	Р	р	*Рр*		эр	ɛr
В	в	*Вв*		вэ	vɛ	С	с	*Сс*		эс	ɛs
Г	г	*Гг*		гэ	gɛ	Т	т	*Тт*		тэ	tɛ
Д	д	*Дд*		дэ	dɛ	У	у	*Уу*		у	u
Е	е	*Ее*		е	jɛ	Ф	ф	*Фф*		эф	ɛf
Ё	ё	*Ёё*		ё	jɔ	Х	х	*Хх*		ха	xa
Ж	ж	*Жж*		жэ	ʒɛ	Ц	ц	*Цц*		цэ	tsɛ
З	з	*Зз*		зэ	zɛ	Ч	ч	*Чч*		че	tʃɛ
И	и	*Ии*		и	i	Ш	ш	*Шш*		ша	ʃa
Й	й	*Йй*		и[1]		Щ	щ	*Щщ*		ща	ʃtʃa
К	к	*Кк*		ка	ka	Ъ	ъ	– ъ		[2]	
Л	л	*Лл*		эль	ɛļ	Ы	ы	– ы		ы[3]	ɨ
М	м	*Мм*		эм	ɛm	Ь	ь	– ь		[4]	
Н	н	*Нн*		эн	ɛn	Э	э	*Ээ*		э[5]	ɛ
О	о	*Оо*		о	ɔ	Ю	ю	*Юю*		ю	iu
						Я	я	*Яя*		я	ia

[1] и кра́ткое short i
[2] твёрдый знак hard sign
[3] *or* еры́
[4] мя́гкий знак soft sign
[5] э оборо́тное reversed e

Important English Irregular Verbs

alight	alighted, alit	alighted, alit
arise	arose	arisen
awake	awoke	awoken, awaked
be (am, is, are)	was (were)	been
bear	bore	borne
beat	beat	beaten
become	became	become
begin	began	begun
behold	beheld	beheld
bend	bent	bent
beseech	besought, beseeched	besought, beseeched
bet	bet, betted	bet, betted
bid	bade, bid	bidden, bid
bind	bound	bound
bite	bit	bitten
bleed	bled	bled
blow	blew	blown
break	broke	broken
breed	bred	bred
bring	brought	brought
broadcast	broadcast	broadcast
build	built	built
burn	burnt, burned	burnt, burned
burst	burst	burst
bust	bust(ed)	bust(ed)
buy	bought	bought
cast	cast	cast
catch	caught	caught
choose	chose	chosen
cleave (*cut*)	clove, cleft	cloven, cleft
cling	clung	clung
come	came	come
cost	cost	cost
creep	crept	crept
crow	crowed, crew	crowed
cut	cut	cut
deal	dealt	dealt
dig	dug	dug
do	did	done
draw	drew	drawn
dream	dreamt, dreamed	dreamt, dreamed
drink	drank	drunk
drive	drove	driven
dwell	dwelt, dwelled	dwelt, dwelled
eat	ate	eaten
fall	fell	fallen
feed	fed	fed
feel	felt	felt
fight	fought	fought
find	found	found
flee	fled	fled

fling	flung	flung
fly	flew	flown
forbear	forbore	forborne
forbid	forbad(e)	forbidden
forecast	forecast(ed)	forecast(ed)
forget	forgot	forgotten
forgive	forgave	forgiven
forsake	forsook	forsaken
freeze	froze	frozen
get	got	got, *Am.* gotten
give	gave	given
go	went	gone
grind	ground	ground
grow	grew	grown
hang	hung, (*v/t*) hanged	hung, (*v/t*) hanged
have	had	had
hear	heard	heard
heave	heaved, hove	heaved, hove
hew	hewed	hewed, hewn
hide	hid	hidden
hit	hit	hit
hold	held	held
hurt	hurt	hurt
keep	kept	kept
kneel	knelt, kneeled	knelt, kneeled
know	knew	known
lay	laid	laid
lead	led	led
lean	leaned, leant	leaned, leant
leap	leaped, leapt	leaped, leapt
learn	learned, learnt	learned, learnt
leave	left	left
lend	lent	lent
let	let	let
lie	lay	lain
light	lighted, lit	lighted, lit
lose	lost	lost
make	made	made
mean	meant	meant
meet	met	met
mow	mowed	mowed, mown
pay	paid	paid
plead	pleaded, pled	pleaded, pled
prove	proved	proved, proven
put	put	put
quit	quit(ted)	quit(ted)
read [ri:d]	read [red]	read [red]
rend	rent	rent
rid	rid	rid
ride	rode	ridden
ring	rang	rung
rise	rose	risen
run	ran	run
saw	sawed	sawn, sawed

say	said	said
see	saw	seen
seek	sought	sought
sell	sold	sold
send	sent	sent
set	set	set
sew	sewed	sewed, sewn
shake	shook	shaken
shear	sheared	sheared, shorn
shed	shed	shed
shine	shone	shone
shit	shit(ted), shat	shit(ted), shat
shoe	shod	shod
shoot	shot	shot
show	showed	shown
shrink	shrank	shrunk
shut	shut	shut
sing	sang	sung
sink	sank	sunk
sit	sat	sat
slay	slew	slain
sleep	slept	slept
slide	slid	slid
sling	slung	slung
slink	slunk	slunk
slit	slit	slit
smell	smelt, smelled	smelt, smelled
smite	smote	smitten
sow	sowed	sown, sowed
speak	spoke	spoken
speed	sped, speeded	sped, speeded
spell	spelt, spelled	spelt, spelled
spend	spent	spent
spill	spilt, spilled	spilt, spilled
spin	spun, span	spun
spit	spat	spat
split	split	split
spoil	spoiled, spoilt	spoiled, spoilt
spread	spread	spread
spring	sprang, sprung	sprung
stand	stood	stood
stave	staved, stove	staved, stove
steal	stole	stolen
stick	stuck	stuck
sting	stung	stung
stink	stunk, stank	stunk
strew	strewed	strewed, strewn
stride	strode	stridden
strike	struck	struck
string	strung	strung
strive	strove	striven
swear	swore	sworn
sweep	swept	swept
swell	swelled	swollen

swim	swam	swum
swing	swung	swung
take	took	taken
teach	taught	taught
tear	tore	torn
tell	told	told
think	thought	thought
thrive	throve	thriven
throw	threw	thrown
thrust	thrust	thrust
tread	trod	trodden
understand	understood	understood
wake	woke, waked	woken, waked
wear	wore	worn
weave	wove	woven
wed	wed(ded)	wed(ded)
weep	wept	wept
wet	wet(ted)	wet(ted)
win	won	won
wind	wound	wound
wring	wrung	wrung
write	wrote	written

Russian – English

Russian – English

А

а 1. *cj.* but; *а то* or (else), otherwise; *а что?* why (so)?; **2.** *int.* ah!; **3.** *part.*, *coll.* eh?

аб|ажу́р *m* [1] lampshade; **~ба́т** *m* [1] abbot; **~ба́тство** *n* [9] abbey; **~за́ц** *m* [1] paragraph; **~онеме́нт** *m* [1] subscription; **~оне́нт** *m* [1] subscriber; **~о́рт** *m* [1] abortion; **~рико́с** *m* [1] apricot; **~солю́тный** [14; -тен, -тна] absolute; **~стра́ктный** [14; -тен, -тна] abstract; **~су́рд** *m* [1] absurdity; *довести́ до ~су́рда* carry to the point of absurdity; **~су́рдный** [14; -ден, -дна] absurd; **~сце́сс** *m* [1] abscess

аван|га́рд *m* [1] avant-garde; **~по́ст** *m* [1] outpost; **~с** *m* [1] advance (of money); **~сом** (payment) in advance; **~тю́ра** *f* [5] adventure, shady enterprise; **~тюри́ст** *m* [1] adventurer; **~тюри́стка** *f* [5; *g/pl.*: -ток] adventuress

авар|и́йный [14] emergency…; **~ия** *f* [7] accident; *mot.*, *ae.* crash; *tech.* breakdown

а́вгуст *m* [1] August

авиа|ба́за *f* [5] air base; **~биле́т** *m* [1] airline ticket; **~констру́ктор** *m* [1] aircraft designer; **~ли́ния** *f* [7] airline; **~но́сец** *m* [1; -сца] aircraft carrier; **~по́чта** *f* [5] air mail; **~тра́сса** *f* [5] air route; **~цио́нный** [14] air-(craft)…; **~ция** *f* [7] aviation, aircraft *pl.*

аво́сь *part. coll.* perhaps, maybe; *на ~* on the off chance

австр|а́лиец *m* [1; -йца], **~али́йка** *f* [5; *g/pl.*: -йек], **~али́йский** [16] Australian; **~и́ец** *m* [1; -йца], **~и́йка** *f* [5; *g/pl.*: -йек], **~и́йский** [16] Austrian

автобиогр|афи́ческий [16], **~афи́чный** [14; -чен, -чна] autobiographic(al); **~а́фия** *f* [7] autobiography

авто́бус *m* [1] (motor) bus

авто|вокза́л *m* [1] bus *or* coach station; **~го́нки** *f/pl.* [5; *gen.*: -нок] (car) race; **~гра́ф** *m* [1] autograph; **~заво́д** *m* [1] car factory, automobile plant; **~запра́вочный** [14] **~запра́вочная ста́нция** filling station; **~кра́тия** *f* [7] autocracy; **~магистра́ль** *f* [8] highway; **~ма́т** *m* [1] automaton; *игорный* slot machine; *mil.* submachine gun; *coll.* telephone box *or* booth; **~мати́ческий** [16], **~мати́чный** [14; -чен, -чна] automatic; **~ма́тчик** *m* [1] submachine gunner; **~маши́на** *f* [5] → **моби́ль**; **мобили́ст** *m* [1] motorist; **~моби́ль** *m* [4] (motor)-car; *го́ночный* **~моби́ль** racing car, racer; **~номия** *f* [7] autonomy; **~отве́тчик** *m* [1] answering machine; **~портре́т** *m* [1] self-portrait

авто|ру́чка *f* [5; *g/pl.*: -чек] fountain pen; **~стоя́нка** *f* [5; *g/pl.*: -нок] parking (space); **~стра́да** *f* [5] high-speed, multilane highway

ага́ (*int.*) aha! (oh,) I see!

аге́нт *m* [1] agent; **~ство** *n* [9] agency

агити́ровать [7], ⟨с-⟩ *pol.* carry on agitation, campaign; *coll.* (*убеждать*) (try to) persuade

агра́рный [14] agrarian

агрега́т *m* [1] *tech.* unit, assembly

агресс|и́вный [14; -вен, -вна] aggressive; **~ия** *f* [7] aggression

агро|но́м *m* [1] agronomist; **~номи́ческий** [16] agronomic(al); **~но́мия** *f* [7] agronomy

ад *m* [1; в -у́] hell

ада́птер (-тɛr) *m* [1] *el.* adapter

адвока́т *m* [1] lawyer, attorney (at law), *Brt.* barrister; solicitor; **~у́ра** *f* [5] the legal profession

адеква́тный [14; -тен, ·тна] (*совпада́ющий*) coincident; adequate

адми|нистрати́вный [14] administrative; **~нистра́ция** *f* [7] administration; **~ра́л** *m* [1] admiral

а́дрес *m* [1; *pl.*: -á, *etc. e.*] address (**не по** Д at wrong); **~а́т** *m* [1] addressee; (*грузополуча́тель*) consignee; **~ова́ть** [7] (*im*)*pf.* address, direct

а́дски *coll.* awfully, terribly

а́дский [16] hellish, infernal

адъюта́нт *m* [1] aide-de-camp

адюльте́р *m* [1] adultery

ажиота́ж *m* [1] hullabaloo; **~ный** [14; -жен, -жна]: **~ный спрос** unusually high demand (for **на** В)

аз *m* [1 *e.*]: **~ы** *pl.* basics, elements; *coll.* **с ~ов** from scratch

аза́рт *m* [1] passion, heat, enthusiasm; **войти́ в ~** get excited; **~ный** [14; -тен, -тна] passionate, enthusiastic; **~ные и́гры** games of chance

а́збу|ка *f* [5] alphabet; **~чный** [14] alphabetic(al); **~чная и́стина** truism

азербайджа́|нец *m* [1; -нца], **~нка** *f* [5; *g/pl.*: -нок] Azerbaijani(an); **~нский** [16] Azerbaijani(an)

азиа́т *m* [1], **~ка** *f* [5; *g/pl.*: -ток], **~ский** [16] Asian, Asiatic

азо́т *m* [1] nitrogen; **~ный** [14] nitric

а́ист *m* [1] stork

ай *int.* ah! oh!; *при бо́ли* ouch!

айва́ *f* [5] quince

а́йсберг *m* [1] iceberg

акаде́м|ик *m* [1] academician; **~и́ческий** [16] academic; **~ия** *f* [7] academy; **Акаде́мия нау́к** academy of sciences; **Акаде́мия худо́жеств** academy of arts

ака́ция *f* [7] acacia

аквала́нг *m* [1] aqualung

акваре́ль *f* [8] water colo(u)r

акклиматизи́ровать(ся) [7] (*im*)*pf.* acclimatize

аккомпан|еме́нт *m* [1] *mus.*, *fig.* accompaniment; **~и́ровать** [7] *mus.* accompany

акко́рд *m* [1] *mus.* chord

аккредит|и́в *m* [1] letter of credit; **~ова́ть** [7] (*im*)*pf.* accredit

аккумул|и́ровать [7] (*im*)*pf.* accumulate; **~я́тор** *m* [1] battery

аккура́тный [14; -тен, -тна] (*исполни́тельный*) accurate; punctual; *рабо́та и т. д.* tidy, neat

аксессуа́ры *m* [1] accessories

акт *m* [1] act(ion); *thea.* act; document; *parl.* bill; **~ёр** *m* [1] actor

акти́в *m* [1] *fin.* asset(s); **~ный** [14; -вен, -вна] active

актри́са *f* [5] actress

актуа́льный [14; -лен, -льна] topical, current

аку́ла *f* [5] shark

аку́сти|ка *f* [5] acoustics; **~ческий** [16] acoustic(al)

акуше́р|ка *f* [5; *g/pl.*: -рок] midwife; **~ство** *n* [9] obstetrics, midwifery

акце́нт *m* [1] accent; (*ударе́ние*) stress

акци|оне́р *m* [1] stockholder; *Brt.* shareholder; **~оне́рный** [14] jointstock (company); **~они́ровать** [7] turn into a joint-stock company; **~я¹** *f* [7] share; *pl. a.* stock; **~я²** *f* [7] action, démarche

алба́|нец *m* [1; -нца], **~ка** *f* [5; *g/pl.*: -ок], **~ский** [16] Albanian

а́лгебра *f* [5] algebra

алеба́стр *m* [1] alabaster

але́ть [8] blush, grow red; *заря́ и т. д.* glow

алиме́нты *m/pl.* [1] alimony

алкого́л|ик *m* [1] alcoholic; **~ь** *m* [4] alcohol

аллегори́ческий [16] allegorical

аллерг|е́н *m* [1] allergen; **~ик** *m* [1] one prone to allergy; **~и́ческий** [16] allergic; **~и́я** *f* [7] allergy

алле́я *f* [6; *g/pl.*: -ей] avenue, lane

алма́з *m* [1], **~ный** [14] *uncut* diamond

алта́рь *m* [4 *e.*] altar

алфави́т *m* [1] alphabet; **~ный** [14] alphabetical

а́лчн|ость *f* [7] greed(iness); **~ый** [14; -чен, -чна] greedy (of, for **к** Д)

а́лый [14 *sh.*] red

альбо́м *m* [1] album; sketchbook

альмана́х *m* [1] literary miscellany

альпини́|зм *m* [1] mountaineering; **~ст** *m* [1], **~стка** *f* [5; *g/pl.*: -ток] mountain climber

альт *m* [1 *e.*] alto; *инструмент* viola

алюми́ний *m* [3] alumin(i)um

амба́р *m* [1] barn; *для хранения зерна* granary

амбулато́рный [14]: ~ **больно́й** outpatient

америка́н|ец *m* [1; -нца], **~ка** *f* [5; *g/pl.*: -ок], **~ский** [16] American

ами́нь *part.* amen

амнисти́|ровать [7] (*im*)*pf.*; **~я** *f* [7] amnesty

амортиз|а́тор *m* [1] shock absorber; **~а́ция** *f* [7] amortization, depreciation

амо́рфный [14; -фен, -фна] amorphous

амплиту́да *f* [5] amplitude

амплуа́ *n* [*indecl.*] *thea.* type, role

а́мпула *f* [5] ampoule

ампут|а́ция *f* [7] amputation; **~и́ровать** [7] (*im*)*pf.* amputate

амфи́бия *f* [7] amphibian

амфитеа́тр *m* [1] amphitheater (-tre); *thea.* circle

ана́ли|з *m* [1] analysis; **~зи́ровать** [7] (*im*)*pf.*, ⟨про-⟩ analyze, -se

аналоги́чный [14; -чен, -чна] analogous, similar; **~ия** *f* [7] analogy

анана́с *m* [1] pineapple

ана́рхия *f* [7] anarchy

анато́мия *f* [7] anatomy

анга́р *m* [1] hangar

а́нгел *m* [1] angel

анги́на *f* [5] tonsillitis

англи́|йский [16] English; **~ст** *m* [1] specialist in English studies; **~ча́нин** *m* [1; *pl.*: -ча́не, -ча́н] Englishman; **~ча́нка** *f* [5; *g/pl.*:-нок] Englishwoman

анекдо́т *m* [1] anecdote; **~и́чный** [14; -чен, -чна] anecdotal; (*маловероятный*) improbable

ане|ми́я *f* [7] anemia; **~стези́я** (-nɛstɛ-) *f* [7] anaesthesia

ани́с *m* [1] anise

анке́та *f* [5] questionnaire; (*бланк*) form

аннекс|и́ровать [7] (*im*)*pf.* annex; **~ия** *f* [7] annexation

аннули́ровать [7] (*im*)*pf.* annul, cancel

анома́лия *f* [7] anomaly

анони́мный [14; -мен, -мна] anonymous

анса́мбль *m* [4] ensemble, *thea.* company

антагони́зм *m* [1] antagonism

антаркти́ческий [16] antarctic

анте́нна (-'tɛn-) *f* [5] aerial, antenna

антибио́тик *m* [1] antibiotic

антиква́р *m* [1] antiquary; dealer in antique goods; **~иа́т** *m* [1] antiques; **~ный** [14] antiquarian

антило́па *f* [5] antelope

анти|пати́чный [14; -чен, -чна] antipathetic; **~па́тия** *f* [7] antipathy; **~сани-та́рный** [14] insanitary; **~семити́зм** *m* [1] anti-Semitism; **~се́птика** *f* [5] antisepsis, *collect.* antiseptics

анти́чн|ость *f* [8] antiquity; **~ый** [14] ancient, classical

антоло́гия *f* [7] anthology

антра́кт *m* [1] *thea.* intermission, *Brt.* interval

антропо́л|ог *m* [1] anthropologist; **~о́гия** *f* [7] anthropology

анчо́ус *m* [1] anchovy

аню́тины [14]: ~ **гла́зки** *m/pl.* [1; *g/pl.*: -зок] pansy

апати́чный [14; -чен, -чна] apathetic; **~ия** *f* [7] apathy

апелл|и́ровать [7] (*im*)*pf.* appeal (to **к** Д); **~яцио́нный** [14] (*court*) of appeal; **~яцио́нная жа́лоба** = **~я́ция** *f* [7] *law* appeal

апельси́н *m* [1] orange

аплоди́|ровать [7], ⟨за-⟩ applaud; **~сме́нты** *m/pl.* [1] applause

апло́мб *m* [1] self-confidence, aplomb

апоге́й *m* [3] *ast.* apogee; *fig.* climax

апо́стол *m* [1] apostle

апофео́з *m* [1] apotheosis

аппара́т *m* [1] apparatus; *phot.* camera; **~у́ра** *f collect.* [5] apparatus, gear, *comput.* hardware

аппе́нд|икс *m* [1] *anat.* appendix; **~ици́т** *m* [1] appendicitis

аппети́т *m* [1] appetite; **прия́тного ~а!** bon appetite!; **~ный** [14; -тен, -тна] appetizing

апре́ль *m* [4] April

апте́ка *f* [5] drugstore, *Brt.* chemist's shop; **~рь** *m* [4] druggist, *Brt.* (pharmaceutical) chemist

апте́чка *f* [5; *g/pl.*: -чек] first-aid kit

ара́|б *m* [1], **~бка** *f* [5; *g/pl.*: -бок] Arab;

~бский (**~ви́йский**) [16] Arabian, Arabic, Arab (*League*, etc.); **~п** *m* [1] *obs.* Moor, Negro

арби́тр *m* [1] arbiter; umpire, referee; **~а́ж** *m* [1] *law* arbitration, arbitrage

арбу́з *m* [1] watermelon

аргенти́н|ец *m* [1; -нца], **~ка** *f* [5; *g/pl.*: -нок], **~ский** [16] Argentine

аргуме́нт *m* [1] argument; **~а́ция** *f* [7] reasoning, argumentation; **~и́ровать** [7] (*im*)*pf.* argue

аре́на *f* [5] arena

аре́нд|а *f* [5] lease, rent; **сдава́ть** (**брать**) **в ~у** lease (rent); **~а́тор** *m* [1] lessee, tenant; **~ова́ть** [7] (*im*)*pf.* rent, lease

аре́ст *m* [1] arrest; **~о́ванный** *su.* [14] prisoner; **~о́вывать** [1], ⟨**~ова́ть**⟩ [7] arrest

аристокра́тия *f* [7] aristocracy

аритми́я *f* [7] *med.* arrhythmia

арифме́т|ика *f* [5] arithmetic; **~и́ческий** [16] arithmetic(al)

а́рия *f* [7] aria

а́рка *f* [5; *g/pl.*: -рок] arc; arch

арка́да *f* [5] arcade

аркти́ческий [16] arctic

армату́ра *f* [5] fittings, armature

а́рмия *f* [7] army

армян|и́н *m* [1; *pl.*: -мя́не, -мя́н], **~ка** *f* [5; *g/pl.*: -нок], **~ский** [16] Armenian

арома́т *m* [1] aroma, perfume, fragrance; **~и́ческий** [16], **~ный** [14; -тен, -тна] aromatic, fragrant

арсена́л *m* [1] arsenal

арте́ль *f* [8] workmen's *or* peasants' co-operative, association

арте́рия *f* [7] artery

арти́кль *m* [4] *gr.* article

артилле́р|ия *f* [7] artillery; **~и́ст** *m* [1] artilleryman; **~и́йский** [16] artillery...

арти́ст *m* [1] artist(e); actor; **~ка** *f* [5; *g/pl.*: -ток] artist(e); actress

артишо́к *m* [1] artichoke

а́рфа *f* [5] harp

архео́лог *m* [1] archeologist; **~и́ческий** [16] archeologic(al); **~ия** *f* [7] archeology

архи́в *m* [1] archives *pl.*

архиепи́скоп *m* [1] archbishop

архипела́г *m* [1] archipelago

архите́кт|ор *m* [1] architect; **~у́ра** *f* [5] architecture; **~у́рный** [14] architectural

арши́н *m* [1; *g/pl.*: арши́н]: **ме́рить на свой ~** measure by one's own yardstick

асбе́ст *m* [1] asbestos

аске́т *m* [1] ascetic; **~и́ческий** [16] ascetic(al)

аспира́нт *m* [1] postgraduate; **~у́ра** *f* [5] postgraduate study

ассамбле́я *f* [6; *g/pl.*: -ле́й]: *Генера́льная* ♀ *Организа́ции Объединённых На́ций* United Nations' General Assembly

ассигнова́|ть [7] (*im*)*pf.* assign, allocate, allot; **~ние** *n* [12] assignment, allocation, allotment

ассимил|и́ровать [7] (*im*)*pf.* assimilate, (**-ся** o.s.); **~я́ция** *f* [7] assimilation

ассисте́нт *m* [1], **~ка** *f* [5; *g/pl.*: -ток] assistant; *univ.* junior member of research staff

ассортиме́нт *m* [1] assortment, range

ассоци|а́ция *f* [7] association; **~и́ровать** [7] associate

а́стма *f* [5] asthma

а́стра *f* [5] aster

астроно́м *m* [1] astronomer; **~и́ческий** [16] astronomic(al) (*a. fig.*); **~ия** *f* [7] astronomy

асфа́льт *m* [1] asphalt

ата́к|а *f* [5] attack, charge; **~ова́ть** [7] (*im*)*pf.* attack, charge

атама́н *m* [1] ataman (*Cossack chieftan*)

ателье́ (**-тε-**) *n* [*indecl.*] studio, atelier

атланти́ческий [16] Atlantic...

а́тлас[1] *m* [1] atlas

атла́с[2] *m* [1] satin

атле́т *m* [1] athlete; **~ика** *f* [5] athletics; **~и́ческий** [16] athletic

атмосфе́р|а *f* [5] atmosphere; **~ный** [16] atmospheric

а́том *m* [1] atom; **~ный** [14] atomic

атрибу́т *m* [1] attribute

аттеста́т *m* [1] certificate; **~ зре́лости** school-leaving certificate

ауди|е́нция *f* [7] audience; **~то́рия** *f* [7] lecture hall; (*слу́шатели*) audience

аукцио́н *m* [1] auction (**с** P by)

афе́р|а *f* [5] speculation, fraud, shady

deal; **~йст** *m* [1], **~йстка** *f* [5; *g/pl.*: -ток] speculator, swindler

афи́ш|а *f* [5] playbill, poster; **~и́ровать** [7] *impf.* parade, advertise, make known

афори́зм *m* [1] aphorism

африка́н|ец *m* [1; -нца], **~ка** *f* [5; *g/pl.*: -нок], **~ский** [16] African

ах *int.* ah!; **~ать** [1], *once* ⟨**~нуть**⟩ [20] groan, sigh; (*удиви́ться*) be amazed

ахине́|я *f* [7] *coll.* nonsense; **нести́ ~ю** talk nonsense

ацетиле́н *m* [1] acetylene

аэро́|бус *m* [1] airbus; **~дина́мика** *f* [5] aerodynamics; **~дро́м** *m* [1] airdrome (*Brt.* aero-); **~по́рт** *m* [1] airport; **~сни́мок** *m* [1; -мка] aerial photograph; **~ста́т** *m* [1] balloon; **~съёмка** *f* [5; *g/pl.*: -мок] aerial survey

Б

б → **бы**

ба́б|а *f* [5] married peasant woman; **сне́жная ~а** snowman; **~а-яга́** *f* old witch (*in Russian folk-tales*), hag; **~ий** [18]: **~ье ле́то** Indian summer; **~ьи ска́зки** *f/pl.* old wives' tales; **~ка** *f* [5; *g/pl.*: -бок] grandmother; **~очка** *f* [5; *g/pl.*: -чек] butterfly; **~ушка** *f* [5; *g/pl.*: -шек] grandmother, granny

бага́ж *m* [1 *e.*] baggage, *Brt.* luggage; **ручно́й ~** small baggage; **сдать в ~** check one's baggage, *Brt.* register one's luggage; **~ник** *m* [1] *mot.* trunk, *Brt.* boot; **~ный** [14]: **~ый ваго́н** baggage car, *Brt.* luggage van

багро́в|еть [8], ⟨по-⟩ turn crimson, purple; **~ый** [14 *sh.*] purple, crimson

бадминто́н *m* [1] badminton

ба́за *f* [5] base, basis, foundation; *учрежде́ние* depot, center (-tre)

база́р *m* [1] market, bazaar; *coll.* uproar, row; **~ный** [14] market...

бази́ровать [7] *impf.* base (**на** П on); **~ся** rest *or* base (**на** П on)

ба́зис *m* [1] basis

байда́рка *f* [5; *g/pl.*: -рок] canoe, kayak

ба́йка *f* [5] flannelette

байт *m* [1] *comput.* byte

бак *m* [1] *naut.* forecastle; container, receptacle; tank, cistern

бакале́|йный [14]: **~йный магази́н** grocery, grocer's store (*Brt.* shop); **~йные това́ры** *m/pl.* = **~я** *f* [6] groceries *pl.*

ба́кен *m* [1] beacon

бак|енба́рды *f/pl.* [5], **~и** *m/pl.* [1; *gen.*: бак] side-whiskers

баклажа́н *m* [1] aubergine

баклу́ши: бить ~ *coll.* idle, dawdle, fritter away one's time

бактерио́лог *m* [1] bacteriologist; **~и́ческий** [16] bacteriological; **~ия** *f* [7] bacteriology

бакте́рия *f* [7] bacterium

бал *m* [1; на ~у́; *pl. e.*] ball, dance (**на** П at)

балага́н *m* [1] booth (*at fairs*); *fig.* farce; noise and bustle

балагу́р *m* [1] *coll.* joker; **~ить** *coll.* [13] jest, crack jokes

балала́йка *f* [5; *g/pl.*: балала́ек] balalaika

баламу́тить [15], ⟨вз-⟩ *coll.* stir up, trouble

бала́нс *m* [1] balance (*a. comm.*); **торго́вый бала́нс** balance of trade; **~и́ровать** [7] balance; **~овый** [14] balance...

балахо́н *m* [1] *coll.* loose overall; shapeless garment

балбе́с *m* [1] *coll.* simpleton, booby

балда́ *m/f* [5] sledgehammer; *coll.* blockhead, dolt

бале|ри́на *f* [5] (female) ballet dancer; **~т** *m* [1] ballet

ба́лка¹ *f* [5; *g/pl.*: -лок] beam, girder

ба́лка² *f* [5; *g/pl.*: -лок] gully, ravine

балка́нский [16] Balkan...

балко́н *m* [1] balcony

балл *m* [1] grade, mark (*in school*); point (*sport*)

балла́да *f* [5] ballad

балла́ст *m* [1] ballast

баллисти́ческий [16] ballistic

балло́н *m* [1] balloon (*vessel*); container, cylinder

баллоти́роваться[7] run (**в** B for), be a candidate (**в, на** B for)

ба́лов|анный [14 *sh.*] *coll.* spoiled; **~а́ть** [7] (*a.* **-ся**) be naughty; trifle with; ⟨из-⟩ spoil, coddle; **~ень** *m* [4; -вня] darling, pet; **~ство́** *n* [9] mischievousness; spoiling, pampering

балти́йский [16] Baltic…

бальза́м *m* [1] balsam, balm

балюстра́да *f* [5] balustrade

бамбу́к *m* [1] bamboo

бана́ль|ность *f* [8] banality; commonplace; **~ный** [14; -лен, -льна] banal, trite

бана́н *m* [1] banana

ба́нда *f* [5] band, gang

банда́ж *m* [1 *e.*] bandage; truss

бандеро́ль *f* [8] wrapper for mailing (*newspapers, etc.*); designation for printed matter, book post

банди́т *m* [1] bandit, gangster; **~и́зм** *m* [1] gangsterism

банк *m* [1] bank

ба́нка *f* [5; *g/pl.*: -нок] jar; (**консе́рвная**) ~ can, *Brt.* tin

банке́т *m* [1] banquet

банки́р *m* [1] banker

банкно́т *m* [1] bank note

банкро́т *m* [1] bankrupt; **~иться** [15], ⟨о-⟩ go bankrupt; **~ство** *n* [9] bankruptcy

бант *m* [1] bow

ба́нщик *m* [1] bathhouse attendant

ба́ня *f* [6] (Russian) bath(s)

бапти́ст *m* [1] Baptist

бар *m* [1] (snack) bar; **~мен** *m* [1] barman

бараба́н *m* [1] drum; **~ить** [13], ⟨про-⟩ (beat the) drum; **~ный** [14]: **~ный бой** beat of the drum; **~ная перепо́нка** eardrum; **~щик** *m* [1] drummer

бара́к *m* [1] barracks; hut

бара́н *m* [1] ram; P idiot, ass; **~ий** [18] sheep's; mutton; **согну́ть в ~ий рог**

to make s.b. knuckle under; **~ина** *f* [5] mutton

бара́нка *f* [5; *g/pl.*: -нок] ringshaped roll; *coll.* steering wheel

барахло́ *n* [9] old clothes; disused goods and chattels, *Brt.* lumber; trash, junk

бара́хтаться [1] *coll.* flounder

барбари́с *m* [1] barberry

бард *m* [1] bard (*poet and singer*)

барда́к *m* [1] *coll.* complete chaos; P brothel

барелье́ф *m* [1] bas-relief

ба́ржа *f* [5] barge

ба́рий *m* [3] barium

ба́рин *m* [1; *pl.*:ба́ре *or* ба́ры, бар] member of landowning gentry in prerevolutionary Russia; *coll.* refers to s.b. affecting an air of superiority

барито́н *m* [1] baritone

барка́с *m* [1] launch, long boat

баро́кко *n* [*indecl.*] baroque

баро́метр *m* [1] barometer

баррика́да *f* [5] barricade

барс *m* [1] snow leopard

ба́р|ский [16] lordly; **жить на ~скую но́гу** live in grand style

барсу́к *m* [1 *e.*] badger

ба́рхат *m* [1] velvet; **~ный** [14] velvet(y)

ба́рыня *f* [6] barin's wife; *coll.* refers to s.b. acting in a haughty manner

бары́ш *m* [1 *e.*] profit, gain(s)

ба́рышня *f* [6; *g/pl.*:-шень] *iro. or joc.* young lady, miss

барье́р *m* [1] barrier

бас *m* [1; *pl. e.*] *mus.* bass

баск *m* [1] Basque

баскетбо́л *m* [1] basketball

басно|пи́сец *m* [1; -сца] fabulist; **~сло́вный** [14; -вен, -вна] legendary; *coll.* fabulous, incredible

ба́сня *f* [6; *g/pl.*: -сен] fable

бассе́йн *m* [1] ~ **реки́** river basin; **пла́вательный** ~ swimming pool

ба́ста that will do; no more of this!

бастио́н *m* [1] bastion

бастова́ть [7], ⟨за-⟩ (be *or* go on) strike

баталья́он *m* [1] battalion

батаре́|йка *f* [5; *g/pl.*: -ре́ек] (dry cell) battery; **~я** *f* [6; *g/pl.*:-ей] *mil., tech.* battery; **~я парово́го отопле́ния** (central heating) radiator

бати́ст *m* [1] cambric; **~овый** [14] of cambric

бато́н *m* [1] long loaf of bread

ба́тюшка *m* [5; *g/pl.:* -шек] *coll.* father; (*as mode of address to priest*) father

бахва́л P *m* [1] braggart; **~иться** [13] boast, brag; **~ьство** *n* [9] bragging, vaunting

бахрома́ *f* [5] fringe

бахчево́дство *n* [9] melon growing

бациллоноси́тель *m* [4] bacilluscarrier

ба́шенка *f* [5; *g/pl.:* -нок] turret

башка́ P *f* [5] head, noddle

башкови́тый [14 *sh.*] *coll.* brainy

башма́к *m* [1 *e.*] shoe; **быть под ~о́м** be under the thumb of

ба́шня *f* [6; *g/pl.:* -шен] tower; *mil.* turret

баю́кать [1], ⟨у-⟩ lull; rock (to sleep)

бая́н *m* [1] (*kind of*) accordion

бде́ние *n* [12] vigil, watch

бди́тель|ность *f* [8] vigilance; **~ный** [14; -лен, -льна] vigilant, watchful

бег *m* [на -у́] run(ning); *pl.* [бега́ *etc.* *e.*] race(s); **~ с барье́рами** hurdle race; **~ на коро́ткие диста́нции** sprint; **на ~у́** while running → **бего́м**

бе́гание *n* [12] running (*a. for s.th., on business*)

бе́гать [1], ⟨по-⟩ run (around); *coll.* shun (*a. p.* **от** P); *fig.* run after (*a. p.* **за** T); **~ вза́пуски** *coll.* race, vie in a run

бегемо́т *m* [1] hippopotamus

бегле́ц *m* [1 *e.*] runaway

бе́гл|ость *f* [8] *речи* fluency; cursoriness; **~ый** [14] fluent; cursory

бег|ово́й [14] race...; **~о́м** on the double; **~отня́** *coll.* *f* [6] running about, bustle; **~ство** *n* [9] flight, escape; *паническое* stampede; **обрати́в в ~ство** put to flight

бегу́н *m* [1 *e.*] runner, trotter

беда́ *f* [5; *pl.:* бе́ды] misfortune, disaster, trouble; **что за ~?** what does it matter?; **не беда́** it doesn't matter; **~ не велика́** there's no harm in that; **в то́м-то и ~** that's the trouble; the trouble is (that)...; **на беду́** *coll.* unluckily; **про́сто ~!** it's awful!

бе́д|ненький [16] poor, pitiable; **~не́ть** [8], ⟨о-⟩ grow (become) poor; **~ность** *f* [8] poverty; **~нота́** *f* [5] *collect.* the poor; **~ный** [14; -ден, -дна́, -дно] poor (T in); **~ня́га** *coll.* *m/f* [5], **~ня́жка** *coll.* *m/f* [5; *g/pl.:* -жек] poor fellow, wretch; **~ня́к** *m* [1 *e.*] poor man, pauper

бедро́ *n* [9; бёдра, -дер, -драм] thigh; hip; loin

бе́дств|енный [14 *sh.*] disastrous, calamitous; **~енное положе́ние** disastrous situation; **~ие** *n* [12] distress, disaster; *стихи́йное ~ие* natural calamity; **~овать** [7] suffer want, live in misery

бежа́ть [4; бегу́, бежи́шь, бегу́т; беги́; бегу́щий] ⟨по-⟩ (be) run(ning *etc.*); flee; avoid, shun (*a. p.* **от** P); **сломя́ го́лову** *coll.* run for one's life *or* head over heels

бе́жевый [14] beige

бе́женец *m* [1; -нца], **~ка** *f* [5; *g/pl.:* -нок] refugee

без, **~о** (P) without; in the absence of; less; (*in designations of time*) to: **~ че́тверти час** a quarter to one; **~о всего́** without anything; **без вас** *a.* in your absence

безава́рийный [14; -йен, -ийна] *tech.* accident-free

безала́берный *coll.* [14; -рен, -рна] disorderly, slovenly

безалкого́льный [14] nonalcoholic

безапелляцио́нный [14; -о́нен, -о́нна] categorical, peremptory

безбе́дный [14; -ден, -дна] welloff, comfortable

безбиле́тный [14] ticketless; **~ пасса-жи́р** *на корабле́* stowaway, passenger traveling without a ticket

безбо́жн|ый [14; -жен, -жна] irreligious; *coll.* shameless, scandalous; **~ые це́ны** outrageous prices

безболе́зненный [14 *sh.*] painless

безборо́дый [14] beardless

безбоя́зненный [14 *sh.*] fearless

безбра́чие *n* [12] celibacy

безбре́жный [14; -жен, -жна] boundless

безве́рие *n* [12] unbelief

безве́стный [14; -тен, -тна] unknown, obscure

безве́тр|енный [14 *sh.*], **~ие** *n* [12] calm

безви́нный [14; -и́нен, -и́нна] guiltless, innocent

безвку́с|ица f [5] tastelessness, bad taste; **~ный** [14; -сен, -сна] tasteless, insipid

безвла́стие n [12] anarchy

безво́дный [14; -ден, -дна] arid

безвозвра́тный [14; -тен, -тна] irrevocable, irretrievable

безвозме́здный (-mezn-) [14] gratuitous; without compensation

безволо́сый [14] hairless, bald

безво́льный [14; -лен, -льна] lacking willpower, weak-willed

безвре́дный [14; -ден, -дна] harmless

безвре́менный [14] premature, untimely

безвы́ездный (-jiznyj) [14] uninterrupted, continuous

безвы́ходный [14; -ден, -дна] **1.** permanent; **2.** desperate, hopeless

безголо́вый [14] headless; *fig.* stupid, brainless

безгра́мотн|ость f [8] illiteracy, ignorance; **~ый** [14; -тен, -тна] illiterate, ignorant

безграни́чный [14; -чен, -чна] boundless, limitless

безда́рный [14; -рен, -рна] untalented, ungifted; (*of a work of art*) feeble, undistinguished

безде́йств|ие n [12] inaction; **~овать** [7] be inactive, idle

безде́л|ица f [5], **~ка** f [5; g/pl.: -лок] trifle, bagatelle; **~у́шка** f [5; g/pl.: -шек] knickknack

безде́лье n [12] idleness; **~ник** m [1], **~ница** f [5] idler; good-for-nothing; **~ничать** [1] idle, lounge

безде́нежье n [10] lack of money, impecuniousness

безде́тный [14; -тен, -тна] childless

безде́ятельный [14; -лен, -льна] inactive, sluggish

бе́здна f [5] abyss, chasm; *fig. coll.* lots (of)

бездоказа́тельный [14; -лен, -льна] unsubstantiated

бездо́мный [14; -мен, -мна] homeless

бездо́нный [14; -до́нен, -до́нна] bottomless; *fig.* unfathomable

бездоро́жье n [12] impassability; absence of roads; prohibitive road conditions

бездохо́дный [14; -ден, -дна] unprofitable

безду́мный [14; -мен, -мна] unthinking, thoughtless

безду́шный [14; -шен, -шна] heartless, soulless

безе́ n [*indecl.*] meringue

безжа́лостный (biʒʒ-sn-) [14; -тен, -тна] ruthless, merciless

безжи́зненный (biʒʒ-) [14] lifeless; inanimate; *fig.* dull

беззабо́тный [14; -тен, -тна] carefree, lighthearted; careless

беззаве́тный [14; -тен, -тна] selfless, unreserved

беззако́н|ие n [12] lawlessness; unlawful act; **~ность** f [8] illegality; **~ный** [14; -о́нен, -о́нна] illegal, unlawful

беззасте́нчивый [14 *sh.*] shameless; impudent; unscrupulous

беззащи́тный [14; -тен, -тна] defenseless; unprotected

беззвёздный (-zn-) [14; -ден, -дна] starless

беззву́чный [14; -чен, -чна] soundless, silent, noiseless

беззло́бный [14; -бен, -бна] good-natured, kind

беззу́бый [14] toothless; *fig.* feeble

безли́кий [16 *sh.*] featureless, faceless

безли́чный [14; -чен, -чна] without personality; impersonal

безлю́дный [14; -ден, -дна] deserted, uninhabited; (*малонаселённый*) sparsely populated

безме́рный [14; -рен, -рна] immeasurable; immense

безмо́зглый [14] *coll.* brainless, stupid

безмо́лв|ие n [12] silence; **~ный** [14; -вен, -вна] silent, mute

безмяте́жный [14; -жен, -жна] serene, tranquil, untroubled

безнадёжный [14; -жен, -жна] hopeless

безнадзо́рный [14; -рен, -рна] uncared for; neglected

безнака́занный [14 *sh.*] unpunished

езнали́чный [14] without cash transfer; **~ расчёт** *fin.* clearing

езнра́вственный [14 *sh.*] immoral

езоби́дный [14; -ден, -дна] inoffensive; harmless

езобла́чный [14; -чен, -чна] cloudless; serene

езобра́з|ие *n* [12] ugliness; outrage; disgrace; **~ие!** scandalous! shocking!; **~ничать** [1] behave outrageously; get up to mischief; **~ный** [14; -зен, -зна] ugly; shameful, disgusting

езоговоро́чный [14; -чен, -чна] unconditional, unreserved

езопа́с|ность *f* [8] safety; security; **Сове́т ~ности** Security Council; **~ный** [14; -сен, -сна] safe, secure (**от** P from); **~ная бри́тва** safety razor

езору́жный [14; -жен, -жна] unarmed; *fig.* defenseless

езостано́вочный [14; -чен, -чна] unceasing; nonstop...

езотве́тный [14; -тен, -тна] without response; *любовь* unrequited; (*кроткий*) meek

езотве́тственный [14 *sh.*] irresponsible

езотка́зный [14; -зен, -зна] without a hitch; croublefree; *tech.* faultless; reliable

езотлага́тельный [14; -лен, -льна] undelayable, urgent

езотноси́тельно *adv.* irrespective (of **к** Д)

езотра́дный [14; -ден, -дна] cheerless

езотчётный [14; -тен, -тна] not liable to account; not subject to control; inexplicable: *e.g.,* **~ страх** unaccountable fear

езоши́бочный [14; -чен, -чна] faultess; correct; unerring

езрабо́т|ица *f* [5] unemployment; **~ный** [14] unemployed

езра́достный [14; -тен, -тна] joyless; dismal

езразде́льный [14; -лен, -льна] individed; whole-hearted

езразли́ч|ие *n* [12] (**к** Д) indifference; **~ный** [14; -чен, -чна] indifferent; **это мне ~но** it is all the same to me

безрассу́дный [14; -ден, -дна] reckless, rash

безрезульта́тный [14; -тен, -тна] futile, unsuccessful, ineffectual

безро́потный [14; -тен, -тна] uncomplaining humble, meek, submissive

безрука́вка *f* [5; *g/pl.:* -вок] sleeveless jacket *or* blouse

безуда́рный [14; -рен, -рна] unaccented unstressed

безу́держный [14; -жен, -жна] unrestrained; impetuous

безукори́зненный [14 *sh.*] irreproachable, impeccable

безу́м|ец *m* [1; -мца] *fig.* madman, lunatic; madcap; **~ие** *n* [12] madness, folly; **~ный** [14; -мен, -мна] crazy, insane; nonsensical, absurd; ill-considered, rash

безумо́лчный [14; -чен, -чна] incessant, uninterrupted

безу́мство *n* [9] madness; foldhardiness

безупре́чный [14; -чен, -чна] blameless, irreproachable

безусло́в|но certainly, surely; **~ный** [14; -вен, -вна] absolute, unconditional; (*несомненный*) indisputable, undoubted

безуспе́шный [14; -шен, -шна] unsuccessful

безуста́нный [14; -а́нен, -а́нна] tireless, indefatigable

безуте́шный [14; -шен, -шна] inconsolable

безуча́стный [14; -тен, -тна] apathetic, unconcerned

безъя́дерный [14] nuclear-free

безымя́нный [14] nameless, anonymous; **~ па́лец** ring finger

безыску́сный [14; -сен, -сна] artless, unaffected, unsophisticated

безысхо́дный [14; -ден, -дна] hopeless, desperate

бейсбо́л *m* [14] baseball

беко́н *m* [1] bacon

беле́сый [14] whitish

беле́ть [8], ⟨по-⟩ grow *or* turn white; *impf.* (*a.* **-ся**) appear *or* show white

белиберда́ *f* [14] *coll.* nonsense, rubbish

белизна́ f [5] whiteness

бели́ла n/pl. [9]: **свинцо́вые ~** white lead; **ци́нковые ~** zinc white

бели́ть [13; белю́, бели́шь, белённый] **1.** ⟨вы-⟩ bleach; **2.** ⟨по-⟩ whitewash

бе́лка f [5; g/pl.: -лок] squirrel

белко́вый [14] albuminous

беллетри́стика f [5] fiction

белобры́сый [14] coll. flaxenhaired, tow-haired

белова́тый [14 sh.] whitish

бело|ви́к m [1 e.; -ка́] [14], **~во́й эк-земпля́р** fair copy; **~гварде́ец** m [1; -е́йца] White Guard (*member of troops fighting against the Red Guards and the Red Army in the Civil War 1918-1920*)

бело́к m [1; -лка́] albumen, protein; white (*of egg or eye*)

бело|кро́вие n [12] leukemia; **~ку́рый** [14 sh.] blond, fair; **~ру́с** m [1], **~ру́ска** f [5; g/pl.: -сок], **~ру́сский** [16] Byelorussian; **~сне́жный** [14; -жен, -жна] snowwhite

белу́га f [5] white sturgeon

бе́л|ый [14; бел, -а́, -о] white; **~ый свет** (wide) world; **~ые стихи́** m/pl. blank verse; **средь ~а дня** coll. in broad daylight

бель|ги́ец m [1; -ги́йца], **~ги́йка** f [5; g/pl.: -ги́ек], **~ги́йский** [16] Belgian

бельё n [12] linen; **ни́жнее ~** underwear

бельмо́ n [9; pl.: бе́льма, бельм] walleye; **она́ у меня́ как ~ на глазу́** she is an eyesore to me

бельэта́ж m [1] thea. dress circle; second (*Brt.* first) floor

бемо́ль m [4] flat

бенефи́с m [1] benefit(-night)

бензи́н m [1] gasoline, *Brt.* petrol

бензо|ба́к m [1] gasoline *or* petrol tank; **~коло́нка** (*a.* **запра́вочная ~коло́н-ка**) [5; g/pl.: -нок] gas *or* petrol pump, coll. gas *or* filling station

бенуа́р m [1] thea. parterre box

бе́рег [1; на-гу́; pl.: -pá, etc. e.] bank, *мор-ско́й*, shore, coast; (*cyшa*) land; **вы́йти (вы́ступить) из ~ов** overflow the banks; **приста́ть к ~у** land; **~ово́й** [14] coast(al), shore...

бережли́вый [14 sh.] economical

бе́режный [14; -жен, -жна] cautious, careful

берёза f [5] birch tree; rod *or* bundle ~ twigs for flogging

березня́к m [1 e.] birch grove

берёзовый [14] birch(en)

бере́мен|ная [14] pregnant; **~ность** f [pregnancy

бере́т m [1] beret

бере́чь [26 г/ж: берегу́, бережёшь] ⟨по-⟩ guard, watch (over); **2.** ⟨по-, spare, save, take care of; **3.** ⟨с-⟩ (н-рёжный] keep; preserve; **-ся** ta care (of o.s.); **береги́сь!** take care! lo out!

берло́га f [5] den, lair

берцо́|вый [14]: **~вая кость** shinbon~

бес m [1] demon, evil spirit

бесе́д|а f [5] conversation, talk; **~ка** f [g/pl.: -док] arbo(u)r, summerhous~ **~овать** [7] converse

бесёнок m [2; -нка; pl.: бесеня́та] im~

беси́ть [15], ⟨вз-⟩ [взбешённый] e~ range, madden; **-ся** (fly into a) rag~ (*взвиться*) romp

бесконе́ч|ность f [8] infinity; **до ~н~сти** endlessly; **~ный** [14; -чен, -чн~ разгово́р и т. д. endless, infinite; пр~ стра́нство, любо́вь unlimited, boun~ less, eternal; **~но ма́лый** infinitesim~

бесконтро́льный [14; -лен, -льна] ~ controlled, unchecked

бескоры́ст|ие n [12] unselfishness~ **~ный** [14; -тен, -тна] disinterested

бескра́йний [15; -áен, -áйна] boundle~

бескро́вный [14; -вен, -вна] anemi~ pale, lacking vitality

бескульту́рье n [10] lack of culture

беснова́ться [7] be possessed, rag~ rave

бесо́вщина f [5] devilry

беспа́мятство n [9] unconsciousness~ frenzy, delirium

беспарти́йный [14] pol. independe~ non-party (man)

беспере́бо́йный [14; -бо́ен, -бо́йна] ~ interrupted, regular

беспереса́дочный [14] direct (*as~ train*), through...

бесперспекти́вный [14; -вен, -вн~

having no prospects, hopeless

есп́еч|ность *f* [8] carelessness; ~ный [14; -чен, -чна] careless

есплатный [14; -тен, -тна] free (of charge), gratuitous; ~но gratis

есплод|ие *n* [12] barrenness, sterility; ~ный [14; -ден, -дна] barren, sterile; *fig.* fruitless, vain

есповоротный [14; -тен, -тна] unalterable, irrevocable, final

есподобный [14; -бен, -бна] incomparable, matchless

еспозвоночный [14] invertebrate

еспок|о́ить [13], ⟨(п)о-⟩ upset, worry; (*мешать*) disturb, bother, trouble; **-ся** worry, be anxious (о П about); ~о́йный [14; -ко́ен, -ко́йна] restless, uneasy; ~о́йство *n* [9] unrest; trouble; anxiety; *прости́те за* ~о́йство sorry to (have) trouble(d) you

есполезный [14; -зен, -зна] useless

еспомощный [14; -щен, -щна] helpless

еспоря́до|к *m* [1; -дка] disorder, confusion; *pl.* disturbances, riots; ~чный [14; -чен, -чна] disorderly, untidy

еспосадочный [14]: ~ *перелёт* nonstop flight

еспо́чвенный [14 *sh.*] groundless, unfounded

еспошлинный [14] duty-free

еспоща́дный [14; -ден, -дна] pitiless, ruthless, relentless

еспреде́льный [14; -лен, -льна] boundless, infinite, unlimited

еспредметный [14; -тен, -тна] aimless

еспрекословный [14; -вен, -вна] absolute, unquestioning, implicit

еспрепя́тственный [14 *sh.*] unhampered, unhindered, free

еспреры́вный [14; -вен, -вна] uninterrupted, continuous

еспреста́нный [14; -а́нен, -а́нна] incessant, continual

еспри́быльный [14; -лен, -льна] unprofitable

еспризо́рный [14; -рен, -рна] homeless, uncared-for

еспримерный [14; -рен, -рна] unprecedented, unparalleled

еспринци́пный [14; -пен, -пна] un-

principled, unscrupulous

беспристра́ст|ие *n* [12] impartiality; ~ный (-sn-) [14; -тен, -тна] impartial, unprejudiced, unbias(s)ed

беспричи́нный [14; -и́нен, -и́нна] groundless; unfounded

бесприю́тный [14; -тен, -тна] homeless

беспробу́дный [14; -ден, -дна] *сон* deep; *пьянство* unrestrained

беспросве́тный [14; -тен, -тна] pitch-dark; *fig.* hopeless

беспроце́нтный [14] interest-free; bearing no interest

беспу́тный [14; -тен, -тна] dissolute

бессвя́зный [14; -зен, -зна] incoherent, rambling

бессерде́чный [14; -чен, -чна] heartless, unfeeling, callous

беcси́|лие *n* [12] debility; impotence; ~льный [14; -лен, -льна] weak, powerless, impotent

бессла́вный [14; -вен, -вна] infamous, ignominious, inglorious

бессле́дный [14; -ден, -дна] without leaving a trace, complete

бессловесный [14; -сен, -сна] speechless, dumb; silent

бессме́нный [14; -е́нен, -е́нна] permanent

бессме́рт|ие *n* [12] immortality; ~ный [14; -тен, -тна] immortal

бессмы́сл|енный [14 *sh.*] senseless; meaningless; ~ица *f* [5] nonsense

бессо́вестный [14; -тен, -тна] unscrupulous

бессодержа́тельный [14; -лен, -льна] empty, insipid, dull

бессозна́тельный [14; -лен, -льна] unconscious; (*непроизвольный*) involuntary

бессо́нн|ица *f* [5] insomnia, ~ый [14] sleepless

беспо́рный [14; -рен, -рна] indisputable; doubtless, certain

бессро́чный [14; -чен, -чна] without time-limit; indefinite

бесстра́ст|ие *n* [12] dispassionateness, impassiveness; ~ный [14; -тен, -тна] dispassionate, impassive

бесстра́ш|ие *n* [12] fearlessness; ~ный

[14; -шен, -шна] fearless, intrepid

бесстыд|ный [14; -ден, -дна] shameless, impudent; (*непристойный*) indecent; **~ство** *n* [9] impudence, insolence

бессчётный [14] innumerable

беста́ктн|ость *f* [8] tactlessness; tactless action; **~ый** [14; -тен, -тна] tactless

бесталанный [14; -а́нен, -а́нна] untalented; ill-starred

бе́стия *f* [7] brute, beast; rogue

бестолко́вый [14 *sh.*] muddleheaded, confused; *человек* slowwitted

бе́столочь *f* [8] *coll.* nitwit

бестре́петный [14; -тен, -тна] intrepid, undaunted

бестсе́ллер *m* [1] bestseller

бесхара́ктерный [14; -рен, -рна] lacking character, weak-willed

бесхи́тростный [14; -тен, -тна] artless, naive, ingenuous, unsophisticated

бесхо́зный [14] *coll.* having no owner

бесхозя́йствен|ность *f* [8] careless and wasteful management; **~ный** [14] thriftless

бесцве́тный [14; -тен, -тна] colo(u)rless, insipid

бесце́льный [14; -лен, -льна] aimless; *разговор* idle

бесце́н|ный [14; -е́нен, -е́нна] invaluable, priceless; **~ок** *m* [1; -нка]: *за* **~ок** *coll.* for a song or a trifling sum

бесцеремо́нный [14; -о́нен, -о́нна] unceremonious, familiar

бесчелове́чн|ость *f* [8] inhumanity; **~ый** [14; -чен, -чна] inhuman, cruel

бесчест|ный [14; -тен, -тна] dishonest; (*непорядочный*) dishono(u)rable; **~ье** *n* [10] dishono(u)r, disgrace

бесчи́нство [9] excess, outrage; **~вать** [7] behave outrageously

бесчи́сленный [14 *sh.*] innumerable, countless

бесчу́вств|енный [14 *sh.*] insensible, callous, hard-hearted; **~ие** *n* [12] insensibility (**к** Д); unconsciousness, swoon

бесшаба́шный [14; -шен, -шна] *coll.* reckless, careless; wanton

бесшу́мный [14; -мен, -мна] noiseless, quiet

бето́н *m* [1] concrete; **~и́ровать** [7] ⟨за-⟩ concrete; **~ный** [14] concrete...

бечёвка *f* [5; *g/pl.*: -вок] string

бе́шен|ство *n* [9] **1.** *med.* hydrophobia **2.** fury, rage; **~ый** [14] **1.** *собака* rabid; **2.** furious, frantic, wild; **3.** *цена* enormou...

библе́йский [16] Biblical; Bible...

библиографи́ческий [16] bibliographic(al)

библиоте́|ка *f* [5] library; **~карь** *m* [4] librarian; **~чный** [14] library...

би́блия *f* [7] Bible

би́вень *m* [4; -вня] tusk

бигуди́ *n/pl.* [*indecl.*] hair curlers

бидо́н *m* [1] can, churn; milkcan

бие́ние *n* [12] beat, throb

бижуте́рия *f* [7] costume jewel(le)ry

би́знес *m* [1] business; **~ме́н** *m* [1] businessman

бизо́н *m* [1] bison

биле́т *m* [1] ticket; card; note, bill; *об-ра́тный* **~** round-trip ticket, *Brt.* return-ticket

билья́рд *m* [1] billiards

бино́кль *m* [4] binocular(s); *театра́льный* **~** opera glasses; *полево́й* **~** field glasses

бинт *m* [1 *e.*] bandage; **~ова́ть** [7], ⟨за-⟩ bandage, dress

био́граф *m* [1] biographer; **~и́ческий** [16] biographic(al); **~ия** *f* [7] biography

био́лог *m* [1] biologist; **~и́ческий** [16] biological; **~ия** *f* [7] biology

биори́тм *m* [1] biorhythm

биохи́мия *f* [7] biochemistry

би́ржа *f* [5] (stock) exchange; **~ труда́** labor registry office, *Brt.* labour exchange

биржеви́к *m* [1 *e.*] → **бро́кер**

би́рка *f* [5; *g/pl.*: -рок] label-tag, nameplate

бирюза́ *f* [5] turquoise

бис *int.* encore!

би́сер *m* [1] *coll.* (glass) beads *pl.*

бискви́т *m* [1] sponge cake

бит *m* [1] *comput.* bit

би́тва *f* [5] battle

бит|ко́м → **наби́тый**; **~о́к** *m* [1; -тка] (mince) meat ball

бить [бью, бьёшь; бей!; би́тый] **1.** ⟨по-⟩ beat; **2.** ⟨про-⟩ [пробил, -би́ла, проб...

ло] *часы* strike; **3.** ⟨раз-⟩ [разобью́, -бьёшь] break, smash; **4.** ⟨y-⟩ shoot, kill, trump (*card*); **5.** *no pf.* spout; ~ **в глаза́** strike the eye; ~ **трево́гу** *fig.* raise an alarm; ~ **отбо́й** *mst. fig.* beat a retreat; ~ **ключо́м 1.** bubble; **2.** boil over; **3.** sparkle; **4.** abound in vitality; **проби́л его́ час** his hour has struck; **би́тый час** *m* one solid hour; **-ся** fight; *сердце* beat, struggle, toil (**над** Т); **-ся голово́й о(б) сте́ну** *fig.* beat one's head against a brick wall; **-ся об закла́д** bet; **она́ бьётся как ры́ба об лёд** she exerts herself in vain

бифште́кс *m* [1] (beef) steak

бич *m* [1 *e.*] whip; *fig.* scourge

бла́го *n* [9] good; blessing; **всех благ!** *coll.* all the best; ⁀**веще́ние** *n* [12] Annunciation

благови́дный [14; -ден, -дна] *fig.* seemly, *предлог* specious

благоволи́ть [13] *old use* be favourably disposed (**к** Д); ⟨со-⟩ *iro.* deign

благово́н|ие *n* [12] fragrance; **~ный** [14] fragrant

благого|ве́йный [14; -ве́ен, -ве́йна] reverent, respectful; **~ве́ние** *n* [12] awe (of), reverence, respect (for) (**пе́ред** Т); **~ве́ть** [8] (**пе́ред** Т) worship, venerate

благодар|и́ть [13], ⟨по-, от-⟩ (В *за* В) thank (*a. p.* for s.th.); **~ность** *f* [8] gratitude; thanks; **не сто́ит ~ности** you are welcome, don't mention it; **~ный** [14; -рен, -рна] grateful, thankful (to *a. p.* for s.th. Д / *за* В); **~я́** (Д) thanks *or* owing to

благода́т|ный [14; -тен, -тна] *климат* salubrious; *край* rich; **~ь** *f* [8] blessing; **кака́я тут ~ь!** it's heavenly here!

благоде́тель *m* [4] benefactor; **~ница** *f* [5] benefactress

благодея́ние *n* [12] good deed

благоду́ш|ие *n* [12] good nature, kindness; **~ный** [14; -шен, -шна] kindhearted, benign

благожела́тель|ность *f* [8] benevolence; **~ный** [14; -лен, -льна] benevolent

благозву́ч|ие *n* [12], **~ность** *f* [8] eupho-

ny, sonority; **~ный** [14; -чен, -чна] sonorous, harmonious

благ|о́й [16] good; **~о́е наме́рение** good intentions

благонадёжный [14; -жен, -жна] reliable, trustworthy

благонаме́ренный [14; *sh.*] well-meaning, well-meant

благополу́ч|ие *n* [12] well-being, prosperity, happiness; **~ный** [14; -чен, -чна] happy; safe

благоприя́т|ный [14; -тен, -тна] favo(u)rable, propitious; **~ствовать** [7] (Д) favo(u)r, promote

благоразу́м|ие *n* [12] prudence, discretion; **~ный** [14; -мен, -мна] prudent, judicious

благоро́д|ный [14; -ден, -дна] noble; *идеи и т. д.* lofty; *металл* precious; **~ство** *n* [9] nobility

благоскло́нный [14; -о́нен, -о́нна] favo(u)rable, well-disposed (to [-ward(s)] а p. **к** Д)

благосло|ве́ние *n* [12] benediction, blessing; **~вля́ть** [28], ⟨~ви́ть⟩ [14 *e.*; -влю́, -ви́шь] bless; **~вля́ть свою́ судьбу́** thank one's lucky stars

благосостоя́ние *n* [12] prosperity

благотвори́тельный [14] charitable, charity...

благотво́рный [14; -рен, -рна] beneficial, wholesome, salutary

благоустро́енный [14 *sh.*] well-equipped, comfortable; with all amenities

благоуха́|ние *n* [12] fragrance, odo(u)r; **~ть** [1] to be fragrant, smell sweet

благочести́вый [14 *sh.*] pious

блаже́н|ный [14 *sh.*] blissful; **~ство** *n* [9] bliss; **~ствовать** [7] enjoy felicity

блажь *f* [8] caprice, whim; *дурь* folly

бланк *m* [1] form; **запо́лнить** ~ fill in a form

блат Р *m* [1] profitable connections; **по ~у́** on the quiet, illicitly, through good connections; **~но́й** Р [14]: **~но́й язы́к** thieves' slang, cant

бледне́ть [8], ⟨по-⟩ turn pale

бледнова́тый [14 *sh.*] palish

бле́д|ность *f* [8] pallor; **~ный** [14; -ден, -дна́, -о] pale, *fig.* colo(u)rless, insipid;

~ный как полотно as white as a sheet

блёк|лый [14] faded, withered; **~нуть** [21], ⟨по-⟩ fade, wither

блеск *m* [1] luster, shine, brilliance, glitter; *fig.* splendo(u)r

блест|е́ть [11; *a.* бле́щешь], *once* ⟨блеснýть⟩ shine; glitter; flash; **не всё то зо́лото, что ~и́т** all is not gold that glitters; **блёстки** (bloski) *f/pl.* [5; *gen.:* -ток] spangle; **~я́щий** [17 *sh.*] shining, bright; *fig.* brilliant

блеф *m* [1] bluff

бле́ять [27], ⟨за-⟩ bleat

ближ|а́йший [17] (→ *бли́зкий*) the nearest, next; **~е** nearer; **~ний** [15] near(by); *su.* fellow creature

близ (P) near, close; **~и́ться** [15; 3rd *p.* only], ⟨при-⟩ approach (a *p.* **к** Д); **~кий** [16; -зок, -зка́, -о; *comp.:* бли́же] (**к** Д) near, close; **~кие** *pl.* folk(s), one's family, relatives; **~ко от** (P) close to, not far from; **~колежа́щий** [17] nearby, neighbo(u)ring

близне́ц *m* [1 *e.*] twin

близору́кий [16 *sh.*] shortsighted

бли́зость *f* [8] nearness, proximity; *об отноше́ниях* intimacy

блин *m* [1 *e.*] kind of pancake; **~чик** *m* [1] pancake

блиста́тельный [14; -лен, -льна] brilliant, splendid, magnificent

блиста́ть [1] shine

блок *m* [1] **1.** bloc, coalition; **2.** *tech.* pulley; unit

блок|а́да *f* [5] blockade; **~и́ровать** [7] (*im*)*pf.* block (up)

блокно́т *m* [1] notebook, writing pad

блонди́н *m* [1] blond; **~ка** *f* [5; *g/pl.:* -нок] blonde

блоха́ *f* [5; *nom/pl.:* бло́хи] flea

блуд *m* [1] *coll.* fornication; **~ный** [14]: **~ный сын** prodigal son

блужда́ть [11], ⟨про-⟩ roam, wander

блу́з|а *f* [5] (working) blouse, smock; **~ка** *f* [5; *g/pl.:* -зок] (ladies') blouse

блю́дечко *n* [9; *g/pl.:* -чек] saucer

блю́до *n* [9] dish; *eda* course

блю́дце *n* [11; *g/pl.:* -дец] saucer

блюсти́ [25], ⟨со-⟩ observe, preserve, maintain; **~тель** *m* [4]: **~тель поря́дка**

iro. arm of the law

бля́ха *f* [5] name plate; number plate

боб *m* [1 *e.*] bean; haricot; **оста́ться на ~а́х** get nothing for one's pains

бо́би́на *f* [5] bobbin, spool, reel

бобо́в|ый [14]: **~ые расте́ния** *n/pl.* legumes

бобр *m* [1 *e.*], **~о́вый** [14] beaver

бо́бслей *m* [3] bobsleigh

бог (bɔx) *m* [1; *vocative:* бо́же *from g/pl.* e.] God; god, idol; **~ весть**, **~ (его́) зна́ет** *coll.* God knows; **Бо́же (мой)** oh God!, good gracious!; **дай** ⚥ God grant; I (let's) hope (so); **ра́ди** ⚥а for God's (goodness') sake; **сла́ва** ⚥! thank God!; **сохрани́ (не дай, изба́ви, упаси́)** ⚥ (**бо́же**) God forbid!

богат|е́ть [8], ⟨раз-⟩ grow (become) rich; **~ство** *n* [9] wealth; **~ый** [14 *sh.*; *comp.:* бога́че] rich, wealthy

богаты́рь *m* [4 *e.*] (epic) hero

бога́ч *m* [1 *e.*] rich man

боге́ма *f* [5] (artists leading a) Bohemian life

боги́ня *f* [6] goddess

Богома́терь *f* [8] the Blessed Virgin, Mother of God

Богоро́дица *f* [5] the Blessed Virgin, Our Lady

богосло́в *m* [1] theologian; **~ие** *n* [12] theology, divinity; **~ский** [16] theological

богослуже́ние *n* [12] divine service; worship, liturgy

боготвори́ть [13] worship, idolize; deify

бода́ть [1], ⟨за-⟩, *once* ⟨боднýть⟩ [20] (*a.* **~ся**) butt (*a.* o.a.)

бо́др|ость *f* [8] vivacity, sprightliness; **~ствовать** [20] be awake; **~ый** [14; бодр, -á, -о] sprightly, brisk, vigorous

боеви́к *m* [1 *e.*] member of revolutionary fighting group; *coll.* hit; **~ сезо́на** hit of the season

боев|о́й [14] battle..., fighting, war..., military; live (*shell etc.*); pugnacious, militant; **~ы́е де́йствия** operations, hostilities; **~о́й па́рень** dashing fellow

бое|голо́вка *f* [5; *g/pl.:* -вок] warhead;

~припа́сы *m/pl.* [1] ammunition; **~спосо́бный** [14; -бен, -бна] battleworthy, effective

бое́ц *m* [1; бойца́] soldier, fighter

Бо́же → **бог**; **♀ский** [16] fair, just; **♀ственный** [14 *sh.*] divine, **-ство́** *n* [9] deity, devinity

бо́ж|ий [18] God's, divine; **я́сно как ~ий день** as clear as day

божи́ться [16 *e.*; -жу́сь, -жи́шься], ⟨по-⟩ swear

бо́жья коро́вка *f* [5; *g/pl.*: -вок] ladybird

бой *m* [3; бо́я, в бою́; *pl.*: бои́, боёв, *etc. e.*] battle, combat, fight; **брать ⟨взять⟩ бо́ем** *or* **с бо́ю** take by assault (storm); **рукопа́шный ~** close fight; **~ часо́в** the striking of a clock; **♀кий** [16: бо́ек, бойка́, бо́йко; *comp.*: бойч(е́)е] brisk, lively; **ме́сто** busy; **речь** voluble, glib; **♀кость** *f* [8] liveliness

бойкоти́ровать [7] (*im*)*pf.* boycott

бо́йня *f* [6; *g/pl.*: бо́ен] slaughterhouse; *fig.* massacre, slaughter

бок *m* [1; на боку́; *pl.*: бока́, *etc. e.*] side; **на́ ~, ~ом** sideways; **~ о́ ~** side by side; **под бо́ком** *coll.* close by

бока́л *m* [1] wineglass, goblet

боково́й [14] side, lateral

бокс *m* [1] boxing; **~ёр** *m* [1] boxer; **~и́ровать** [7] box

болва́н *m* [1] dolt, blockhead

болга́р|ин *m* [4; *pl.*: -ры, -р] Bulgarian; **~ка** *f* [5; *g/pl.*: -рок], **~ский** [16] Bulgarian

бо́лее (→ **бо́льше**) more (than P); **~ высо́кий** higher; **~ и́ли ме́нее** more or less; **~ того́** what is more; **тем ~, что** especially so; **не ~ ~** at (the) most

боле́зненный [14 *sh.*] sickly, ailing; *fig.* morbid; painful (*a. fig.*)

боле́знь *f* [8] sickness, illness; disease; (*mental*) disorder; sick (*leave… по* Д)

боле́льщик *m* [1] *sport*: fan

боле́ть [8] **1.** be sick, be down (with T); *за де́ло*; *о ком-то* be anxious (for, about *за* В, *о* П), apprehensive; *sport* support, be a fan (of *за* В); **2.** [9; 3rd *p. only*] hurt, ache; *у меня́ боли́т голова́* (*зуб*, *го́рло*) I have a headache (a

toothache, a sore throat)

болеутоля́ющ|ий [17]: **~ее сре́дство** anodyne, analgesic

боло́т|истый [14 *sh.*] boggy, swampy; **~ный** [14] bog…, swamp…; **~о** *n* [9] bog, swamp

болт *m* [1 *e.*] bolt

болта́ть [1] **1.** ⟨вз-⟩ shake up; **2.** (-ся) dangle; **3.** *coll.* ⟨по-⟩ [20] chat(ter); **~ся** *coll.* loaf *or* hang about

болтли́вый [14 *sh.*] talkative

болтовня́ *f* [6] *coll.* idle talk, gossip

болту́н *m* [1; -на] *coll.*, **~ья** *f* [6] babbler, chatterbox

боль *f* [8] pain, ache

больни́ц|а *f* [5] hospital; **вы́писаться из ~цы** be discharged from hospital; **лечь в ~цу** go to hospital; **~ный** [14] hospital…; **~ный лист** medical certificate

бо́льн|о painful(ly); P very; **мне ~о** it hurts me; **глаза́м бо́льно** my eyes smart; **~о́й** [14; бо́лен, больна́] sick, ill, sore; *su.* patient; *fig.* delicate, burning; tender; **стациона́рный ~о́й** inpatient

бо́льше bigger, more; **~ всего́** most of all; above all; **~ не** no more *or* longer; **как мо́жно ~** as much (many) as possible; **~ви́зм** *m* [1] Bolshevism; **~ви́к** *m* [1 *e.*] Bolshevik; **~ви́стский** (-visski-) [16] Bolshevist(ic)

бо́льш|ий [17] bigger, greater; **по ~ей ча́сти** for the most part; **са́мое ~ее** at most; **~инство́** *n* [9] majority; most; **~о́й** [16] big, large, great; *coll.* **взро́слый** grown-up; **~у́щий** [17] *coll.* huge

бо́мб|а *f* [5] bomb; **~арди́рова́ть** [7] bomb, shell; bombard (*a. fig.*); **~арди́ро́вка** *f* [5; *g/pl.*: -вок] bombardment, bombing; **~арди́ро́вщик** *m* [1] bomber; **~ёжка** *coll. f* [5; *g/pl.*: -жек] → **~арди́ро́вка**; **~и́ть** [14; -блю́, -би́шь] ⟨раз-⟩ бомблённый), ⟨раз-⟩ bomb

бомбоубе́жище *n* [11] air-raid *or* bombproof shelter

бор *m* [1; в бору́] pine wood or forest; **разгоре́лся сыр ~** passions flared up

бордо́ *n* [*indecl.*] claret; **~вый** [14] dark purplish red

бордю́р *m* [1] border, trimming

боре́ц *m* [1; -рца́] fighter, wrestler; *fig.* champion, partisan

борза́я *f* [14] *su.* borzoi, greyhound

бормота́ть [3], ⟨про-⟩ mutter

бо́ров *m* [1; *from g/pl. e.*] boar

борода́ *f* [5; *ac/sg.*: бо́роду; *pl.* бо́роды, боро́д, -да́м] beard

борода́вка *f* [5; *g/pl.*: -вок] wart

борода́|тый [14 *sh.*] bearded; **∼ч** *m* [1 *e.*] bearded man

борозд|а́ *f* [5; *pl.*: бо́розды, боро́зд, -да́м] furrow; **∼и́ть** [15 *e.*; -зжу́, -зди́шь], ⟨вз-⟩ furrow

борон|а́ *f* [5; *ac/sg.*: бо́рону; *pl.*: бо́роны, боро́н, -на́м] harrow; **∼и́ть** [13], ⟨но-ва́ть⟩ [7], ⟨вз-⟩ harrow

боро́ться [17; борю́сь] fight, struggle (for *за* B, against *про́тив* P, wrestle)

борт *m* [1; на-у́; *nom/pl.*: -та́] *naut.* side; board; **на-у́ су́дна** on board a ship; **бро́сить за ∼** throw overboard; **челове́к за ∼ом!** man overboard!

борщ *m* [1 *e.*] borsch(t), red-beet soup

борьба́ *f* [5] *sport* wrestling; *fig.* fight, struggle

босико́м barefoot

босо́й [14; бос, -а́, -о] barefooted; **на босу́ но́гу** wearing shoes on bare feet

босоно́гий [16] → **босо́й**

босоно́жка *f* [5; *g/pl.*: -жек] sandal

бота́ни|к *m* [1] botanist; **∼ка** *f* [5] botany; **∼ческий** [16] botanic(al)

ботва́ *f* [5] leafy tops of root vegetables, *esp.* beet leaves

боти́нок *m* [1; *g/pl.*: -нок] shoe, *Brt.* (lace) boot

бо́цман *m* [1] boatswain

бо́чк|а *f* [5; *g/pl.*: -чек] cask, barrel; **∼ово́й** [14]: **∼ово́е пи́во** draught beer

бочко́м sideway(s), sidewise

бочо́нок *m* [1; -нка] (small) barrel

боязли́вый [14 *sh.*] timid, timorous

боя́зн|ь *f*[8] fear, dread; **из ∼и** for fear of, lest

боя́р|ин *m* [4; *pl.*: -ре, -р], **∼ыня** *f*[6] boyar(d) (*member of old nobility in Russia*)

боя́рышник *m* [1] hawthorn

боя́ться [бою́сь, бои́шься; бо́йся, бой-тесь!], ⟨по-⟩ be afraid (of P), fear; **бою́сь сказа́ть** I don't know exactly, I'm not quite sure

бра *n* [*indecl.*] lampbracket, sconce

бра́во *int.* bravo

бразд|ы́ *f/pl.* [5] *fig.* reins

брази́|лец *m* [1; -льца] Brazilian; **∼льский** [16], **∼лья́нка** *f* [5; *g/pl.*: -нок] Brazilian

брак¹ *m* [1] marriage; matrimony

брак² *m* [1] (*no pl.*) defective articles, rejects, spoilage

бракова́ть [7], ⟨за-⟩ scrap, reject

браконье́р *m* [1] poacher

бракосочета́ние *n* [12] wedding

брани́ть [13], ⟨по-, вы́-⟩ scold, rebuke; **∼ся** quarrel; swear

бра́нн|ый [14] abusive; **∼ое сло́во** swearword

брань *f* [8] abuse, invective

брасле́т *m* [1] bracelet; watchband

брат *m* [1; *pl.*: бра́тья, -тьев, -тьям] brother; (*mode of address*) old boy!; **на ∼а** a head, each

бра́тец *m* [1; -тца] *iro.* dear brother

бра́тия *f*[7] *coll. joc.* company, fraternity

бра́т|ский [16; *adv.*: (по-)бра́тски] brotherly, fraternal; **∼ская моги́ла** communal grave; **∼ство** *n* [9] brotherhood, fraternity, fellowship

брать [беру́, -рёшь; брал, -а́, -о; ... бра́нный], ⟨взять⟩ [возьму́, -мёшь; взял, -а́, -о; взя́тый (взят, -а́, -о)] take; **∼ напрока́т** hire; **∼ приме́р** (с P) take (*a p.*) for a model; **∼ верх над** (T) be victorious over, conquer; **∼ обра́тно** take back; **∼ сло́во** take (have) the floor; (с P) **∼ сло́во** make (s.o.) promise; **∼ свои́ слова́ обра́тно** withdraw one's words; **∼ себя́ в ру́ки** *fig.* collect o.s., pull o.s. together; **∼ на себя́** assume; **∼ за пра́вило** make it a rule; **он взял и уе́хал** he left unexpectedly; **возьми́те напра́во!** turn (to the) right!; **→ а. взима́ть; чего́ ты взял?** what makes you think that?; **-ся** [бра́лся, -ла́сь, -ло́сь] ⟨взя́ться⟩ [взя́лся, -ла́сь, взяло́сь, взяли́сь] (*за* B) undertake; (*приступить*) set about; (*хватать*) take hold of, seize; ~ся за́ руки join hands; ~ся за кни́гу (рабо́ту) set about or start reading a book (working); отку́да это берётся? where does that come from?; отку́да у него́ де́ньги беру́тся? wherever does he get his money from?; отку́да ни возьми́сь all of a sudden

бра́чн|ый [14] matrimonial, conjugal; ~ое свиде́тельство marriage certificate

брев|е́нчатый [14] log…; ~но́ n [9; pl.: брёвна, -вен, -внам] log; beam

бред m [1] delirium; coll. nonsense; ~ить [15], ⟨за-⟩ be delirious; fig. rave; be crazy, dream (about o П); ~ни f/pl. [6; gen.: -ней] nonsense

бре́зг|ать [1] (T) be squeamish, fastidious (about); (гнуша́ться) disdain; ~ли́вость f [8] squeamishness, disgust; ~ли́вый [14 sh.] squeamish, fastidious (in к Д)

брезе́нт m [1] tarpaulin

бре́зжить [16], ~ся glimmer; (рассве-та́ть) dawn

бре́мя n [3; no pl.] load, burden (a. fig.)

бренча́ть [4 e.; -чу́, -чи́шь] clink, jingle; на гита́ре strum

брести́ [25], ⟨по-⟩ drag o.s. along; saunter

брете́лька f [5; g/pl.: -лек] shoulder strap

брешь f [8] breach; gap

брига́|да f [5] brigade (a. mil.), team, group of workers; ~ди́р m [1] foreman

бри́джи pl. [gen.: -жей] breeches

бриллиа́нт m [1], ~овый [14] brilliant, (cut) diamond

брита́н|ец m [1; -нца] Briton, Britisher; ~ский [16] British

бри́тва f [5] razor; безопа́сная ~ safety razor

брить [брею, брéешь, брей(те)]!; брея; брил; бри́тый], ⟨вы-, по-⟩ shave; ~ся v/i. get shaved, (have a) shave; ~ё n [10] shaving

бри́финг m [1] pol. briefing

бровь f [8; from g/pl. e.] eyebrow; хму́рить ~и frown; он и ~ью не повёл coll. he did not turn a hair; попа́сть не в ~, а в глаз coll. hit the nail on the head

брод m [1] ford

броди́ть¹ [15], ⟨по-⟩ wander, roam

броди́ть² [15] (impers.) ferment

бродя́|га m [5] tramp, vagabond; ~чий [17] vagrant; соба́ка stray

броже́ние n [12] fermentation; fig. agitation, unrest

бро́кер m [1] broker

бром m [1] bromine

броне|та́нковый [14]: ~та́нковые ча́сти f/pl. armo(u)red troops; ~транс-портёр m [1] armo(u)red personnel carrier

бро́нз|а f [5] bronze; ~овый [14] bronze…

брони́ровать [7], ⟨за-⟩ reserve, book

бро́нх|и m/pl. [1] bronchi pl. (sg. ~ bronchus); ~и́т m [1] bronchitis

броня́ f [6; g/pl.: -ней] armo(u)r

бро́ня f [6; g/pl.: -ней] reservation

броса́ть [1], ⟨бро́сить⟩ throw, (a. наш.) cast, fling (a. out) (s.th. at B or T/в B); (поки́нуть) leave, abandon, desert; (прекрати́ть де́лать) give up, quit, leave off; ~ взгляд cast a glance; бро́сь(те)…! coll. (oh) stop…!; -ся dash, rush, dart (off ~ся бежа́ть); fall up(on) (на B); go to (в B); ~ в глаза́ strike the eye

бро́ский [16] bright, loud

бро́совый [14] catchpenny; under (price)

бросо́к m [1; -ска́] hurl, throw; (рыво́к) spurt

бро́шка f [5; g/pl.: -шек] brooch

брошю́ра f [5] brochure, pamphlet

брус m [1; pl.: бру́сья, бру́сьев, бру́сьям] (square) beam; bar; pl. паралле́льные бру́сья parallel bars

брусни́ка f [5] cowberry

брусо́к m [1; -ска́] 1. bar, ingot; 2. (a. точи́льный ~) whetstone

бру́тто [indecl.] gross (weight)

брыз|гать [1 or 3], once ⟨~нуть⟩ [20] splash, spatter, sprinkle; gush; ~ги f/pl. [5] splashes, spray

брык|а́ться [1], once ⟨~ну́ться⟩ [20] kick; fig. rebel

брюзг|а́ m/f [5] coll. grumbler, grouch; ~ли́вый [14 sh.] peevish, grouchy;

~жа́ть [4 *e*.; -жу́, -жи́шь], ⟨за-⟩ grumble, grouch

брю́ква *f* [5] swede

брю́ки *f/pl.* [5] trousers, pants

брюне́т *m* [1] dark-haired man, brunet; **~ка** *f* [5; *g/pl.*: -ток] brunette

брюссе́ль|ский [16]: **~ская капу́ста** *f* Brussels sprouts

брю́хо P *n* [9] belly, paunch

брюш|и́на *f* [5] peritoneum; **~но́й** [14] abdominal; **~но́й тиф** *m* typhoid fever

бря́кать [1], *once* ⟨бря́кнуть⟩ [20] *v/i.* clink, clatter; *v/t. fig. coll.* drop a clanger

бу́бен *m* [1; -бна; *g/pl.*: бубён] (*mst. pl.*) tambourine; **~чик** *m* [1] jingle, small bell

бу́блик *m* [1] slightly sweetened ring-shaped bread roll

бу́бны *f/pl.* [5; *g/pl.*: бубён, -бнам] (*cards*) diamonds

буго́р *m* [1; -гра́] hill(ock)

бугри́стый [14] hilly; *доро́га* bumpy

бу́дет (→ **быть**) (*impers.*): **~ тебе́ ворча́ть** stop grumbling

буди́льник *m* [1] alarm clock

буди́ть [15] **1.** ⟨раз-⟩ (a)wake, waken; **2.** ⟨про-⟩ [пробуждённый] *fig.* (a)rouse; **~ мысль** set one thinking

бу́дка *f* [5; *g/pl.*: -док] booth, box

бу́дни *m/pl.* [1; *gen.*: -дней] weekdays; *fig.* everyday life, monotony; **~чный** [14] everyday; humdrum

будора́жить [16], ⟨вз-⟩ excite

бу́дто as if, as though (*a.* **~ бы**, **~ б**) that, allegedly

бу́дущее *n* [17] future; **в ближа́йшем ~ем** in the near future; **~ий** [17] future (*a. gr.*) **в ~ем году́** next year; **~ность** *f* [8] future

бу́ер *m* [1; *pl.*: -ра, *etc. e.*] iceboat, ice yacht

бузина́ *f* [5] elder, elderberries

буй *m* [3] buoy

бу́йвол *m* [1] buffalo

бу́йный [14; бу́ен, буйна́, -о] violent, vehement; (*необузданный*) unbridled; *растительность* luxuriant

бу́йство *n* [9] rage, violence; **~вать** [5] behave violently, rage

бук *m* [1] beech

бу́к|ва *f* [5] letter; **прописна́я (стро́чная) ~ва** upper-(lower)case letter (with **с** P); **~ва́льный** [14] literal, verbal; **~ва́рь** *m* [4 *e*.] primer; **~вое́д** *m* [1] pedant

буке́т *m* [1] bouquet (*a. of wine*), bunch of flowers

букини́ст *m* [1] secondhand bookseller; **~и́ческий** [16]: **~и́ческий магази́н** secondhand bookshop

бу́ковый [14] beechen, beech...

букси́р *m* [1] tug(boat); **взять на букси́р** take in tow; **~ный** [14] tug...; **~ова́ть** [7] tow

була́вка *f* [5; *g/pl.*: -вок] pin; **англи́йская ~** safety pin

була́т *m* [1] Damascus steel *fig.* sword; **~ный** [14] steel...; damask...

бу́лка *f* [5; *g/pl.*: -лок] small loaf; roll; white bread

бу́лоч|ка *f* [5; *g/pl.*: -чек] roll; bun; **~ная** [14] bakery, baker's shop

булы́жник *m* [1] cobblestone

бульва́р *m* [1] boulevard, avenue; **~ный** [14]: **~ный рома́н** dime novel, *Brt.* penny dreadful; **~ная пре́сса** tabloids; gutter press

бу́лькать [1] gurgle

бульо́н *m* [1] broth; stock

бума́|га *f* [5] paper; document; **це́нные ~ги** securities; **~жка** *f* [5; *g/pl.*: -жек] slip of paper; **~жник** *m* [1] wallet; **~жный** [14] paper...

бундеста́г *m* [1] Bundestag

бунт *m* [1] revolt, mutiny, riot; **~а́рь** *m* [4 *e*.] → **~овщи́к**

бунтов|а́ть [7] rebel, revolt; ⟨вз-⟩ instigate; **~ско́й** [14] rebellious, mutinous; **~щи́к** *m* [1 *e*.] mutineer, rebel

бура́в *m* [1 *e*.] gimlet, auger; **~ить** [14], ⟨про-⟩ bore, drill

бура́н *m* [1] snowstorm, blizzard

бурда́ *coll. f* [5] slops, wish-wash

буреве́стник *m* [1] (storm) petrel

буре́ние *n* [12] drilling, boring

буржуа́з|ия *f* [7] bourgeoisie; **~ный** [14] bourgeois

бури́ть [13], ⟨про-⟩ bore, drill

бу́ркать [1], *once* ⟨-кнуть⟩ mutter

бурли́ть [13] rage; (*кипеть*) seethe

бу́рный [14; -рен, -рна] stormy, storm…; *рост* rapid; boisterous, violent (*a. fig.*)

буру́н *m* [1 *e.*] surf, breaker

бурча́|нье *n* [12] grumbling; *в животе* rumbling; **~ть** [4 *e.*; -чу́, -чи́шь] (*бормотать*) mumble; (*ворчать*) grumble; rumble

бу́рый [14] brown, tawny; **~ медве́дь** brown bear; **~ у́голь** brown coal, lignite

бурья́н *m* [1] tall weeds

бу́ря *f* [6] storm (*a. fig.*); **~ в стака́не воды́** storm in a teacup

бу́сы *f/pl.* [5] coll. (glass)beads

бутафо́рия *f* [7] *thea.* properties *pl.*; *в витрине* dummies; *fig.* window dressing

бутербро́д (-tɛr-) *m* [1] sandwich

буто́н *m* [1] bud

бу́тсы *f/pl.* [5] football boots

буты́л|ка *f* [5; *g/pl.*: -лок] bottle; **~очка** *f* [5; *g/pl.*: -чек] small bottle; **~ь** *f* [8] large bottle; *оплетённая* carboy

бу́фер *m* [1; *pl.*: -рá, *etc. e.*] buffer

буфе́т *m* [1] sideboard; bar, lunchroom, refreshment room; **~чик** *m* [1] counter assistant; barman; **~чица** *f* [5] counter assistant; barmaid

бух *int.* bounce!, plump!

буха́нка *f* [5; *g/pl.*: -нок] loaf

бу́хать [1], *once* ⟨бу́хнуть⟩ thump, bang

бухга́лтер (bu'ha) *m* [1] bookkeeper; accountant; **~ия** *f* [7] bookkeeping; **~ский** [16] bookkeeper('s)…, bookkeeping…; **~ский учёт** accounting

бу́хнуть [21] **1.** ⟨раз-⟩ swell; **2.** → **бу́хать**

бу́хта¹ *f* [5] bay

бу́хта² *f* [5] coil (of rope)

бушева́ть [6; бушу́ю, -у́ешь] roar, rage, storm

бушла́т *m* [1] (sailor's) peajacket

буя́нить [13] brawl, kick up a row

бы, *short* **б**, *is used to render subjunctive and conditional patterns:* a) *with the preterite, e.g.* **я сказа́л ~, е́сли ~ (я) знал** I would say it if I knew it; (*similary*: should, could, may, might); b) *with the infinitive, e.g.:* **всё ~ ему́ знать** *iro.* he would like to know everything; **не вам ~ говори́ть!** you had better be qui-

et; c) *to express a wish* **я ~ съел чего́нибудь** I could do with s.th. to eat

быва́лый [14] experienced

быва́|ть [1] **1.** occur, happen; **как ни в чём не ~ло** as if nothing had happened; **она́ ~ло, гуля́ла** she would (*or* used to) go for a walk; **бо́ли как не ~ло** coll. the pain had (or has) entirely disappeared; **2.** ⟨по-⟩ (*у* P) be (at), visit, stay (with)

бы́вший [17] former, ex-…

бык¹ *m* [1 *e.*] *моста* pier

бык² *m* [1 *e.*] bull

были́на *f* [5] Russian epic

были́нка *f* [5; *g/pl.*: -нок] blade of grass

бы́ло (→ **быть**) (*after verbs*) already; **я уже́ заплати́л ~ де́ньги** I had already paid the money, (but)…; almost, nearly, was (were) just going to…; **я чуть ~ не сказа́л** I was on the point of saying, I nearly said

был|о́й [14] bygone, former; **~о́е** *n* [14] past; **~ь** *f* [8] true story *or* occurence

быстро|но́гий [16] swift(-footed); **~тá** *f* [5] quickness, swiftness, rapidity; **~хо́дный** [14; -ден, -дна] fast, high-speed

бы́стрый [14; быстр, -á, -о] quick, fast, swift

быт *m* [1; в быту́] everyday life; **семе́йный ~** family life; **~ деревéнской жи́зни** way of life in the country; **~иé** *n* [12] existence, social being; **Кни́га ~ия** Bibl. Genesis; **~ность** *f* [8] **в мою́ ~ность** in my time; **~ово́й** [14] everyday, social, popular, genre; **~овы́е прибо́ры** household appliances

быть [3ʳᵈ *p. sg. pr.*: → **есть**; 3ʳᵈ *p. pl.*: суть; *ft.*: бу́ду, -дешь; бу́дь[те]!; бу́дучи; был, -á, -о; нé был, -о, -и] be; (→ **бу́дет, быва́ть, бы́ло**); **~** (Д) … will (inevitably) be or happen; **мне бы́ло (бу́дет) … (го́да** *or* **лет)** I was (I'll be) … (years old); **как же ~?** what is to be done?; **так и ~!** all right! agreed!; **будь что бу́дет** come what may; **будь пова́шему** have it your own way!; **бу́дьте добры́ (любе́зны)**, … be so kind as…, would your please…; **у меня́ бы́ло мно́го свобо́дного вре́мени** I had a lot of time

бюдже́т *m* [1], **~ный** [14] budget

бюллете́нь *m* [4] bulletin; ballot paper;

coll. sick-leave certificate

бюро́ *n* [*indecl.*] office, bureau; *спра́-вочное ~* inquiry office; information; *~ путеше́ствий* travel agency *or* bureau

бюрокра́т *m* [1] bureaucrat; **~и́ческий** [16] bureaucratic; **~и́ческая волоки́та** *f* [5] red tape; **~ия** *f* [7] bureaucracy

бюст *m* [1] bust; **~га́льтер** (-'haltɛr) *m* [1] bra(ssiere)

бязь *f* [8] calico

В

в, во 1. (B); (*direction*) to, into; for; *в окно́* out of (in through) the window; (*time*) in, at, on; *в сре́ду* on Wednesday; *в два часа́* at two o'clock; (*measure, price, etc.*) at, of; *в день* a *or* per day; *длино́й в четы́ре ме́тра* four meters long; *в де́сять раз бо́льше* ten times as much; **2.** (П): *положение* in, at, on; *время* in; *в конце́ (нача́ле) го́да* at the end (beginning) of the year; (*расстояние*) *в пяти́ киломе́трах от* (P) five kilometers from

ва-ба́нк: (*cards*) **идти́ ~** stake everything

ваго́н *m* [1] car(riage *Brt.*); **~ова́тый** [14] (*Brt.* tram) driver; **~-рестора́н** *m* dining car

ва́жн|ичать [1] put on (*or* give *o.s.*) airs; **~ость** *f* [8] importance; conceit; **~ый** [14; ва́жен, -жна́, -о, ва́жны] important, significant; *надменный и т. д.* haughty, pompous; *coll.* **не ~о** rather bad; *э́то не ~о* that doesn't matter *or* is of no importance

ва́за *f* [5] vase, bowl

вазели́н *m* [1] vaseline

вака́н|сия *f* [7] vacancy; **~тный** [14; -тен, -тна] vacant

ва́куум *m* [1] vacuum

вакци́на *f* [5] vaccine

вал *m* [1; на -у́; *pl. e.*] **1.** *крепостной* rampart; *насыпь* bank; **2.** billow, wave; **3.** *tech.* shaft

вале́жник *m* [1] brushwood

ва́ленок *m* [1; -нка] felt boot

валерья́н|ка *coll. f* [5], **~овый** [14]: **~овые ка́пли** *f/pl.* tincture valerian

вале́т *m* [1] (*cards*) knave, jack

ва́лик *m* [1] **1.** *tech.* roller; **2.** bolster

вал|и́ть [13; валю́, ва́лишь; ва́ленный], ⟨по-, с-⟩ **1.** overturn, tumble (down; *v/i.* **-ся**), *лес* fell; *в кучу* heap (up) dump; **2.** [3rd *p. only:* -и́т] *о толпе* flock, throng; *снег ~и́т* it is snowing heavily

валово́й [14] gross, total

валто́рна *f* [5] French horn

валу́н *m* [1 *e.*] boulder

ва́льдшнеп *m* [1] woodcock

вальс *m* [1] waltz; **~и́ровать** [7], ⟨про-⟩ waltz

валю́т|а *f* [5] (foreign) currency; *твёрдая ~а* hard currency; **~ный** [14] currency...; exchange...; **~ный курс** *m* rate of exchange

валя́ть [28], ⟨по-⟩ roll, drag; P **валя́й!** OK go ahead!; **валя́й отсю́да!** beat it!; **~ дурака́** idle; play the fool; **-ся** *о человеке* wallow, loll; *о предметах* lie about (in disorder)

вандали́зм *m* [1] vandalism

вани́ль *f* [8] vanilla

ва́нн|а *f* [5] tub; bath; *со́лнечная ~а* sun bath; *приня́ть ~у* take a bath; **~ая** *f* [14] bath(room)

ва́рвар *m* [1] barbarian; **~ский** [16] barbarous; **~ство** *n* [9] barbarity

ва́режка *f* [5; *g/pl.*: -жек] mitten

вар|е́ние *n* [12] → **ва́рка**; **~е́ник** *m* [1] (*mst. pl.*) boiled pieces of dough with stuffing; **~ёный** [14] cooked, boiled; **~е́нье** *n* [10] jam, confiture

вариа́нт *m* [1] variant, version

вари́ть [13; варю́, ва́ришь; ва́ренный], ⟨с-⟩ cook, boil; brew; *v/i.* **-ся: ~ в со́бственном соку́** stew in one's own juice

ва́рка *f* [5] cooking, boiling

варьете́ n (-те) [indecl.] variety show

варьи́ровать [7] vary

варя́г m [1] hist. Varangian; coll., joc. alien, stranger

василёк m [1; -лька́] cornflower

ва́та f [5] absorbent cotton, Brt. cotton wool

вата́га f [5] gang, band, troop

ватерли́ния (-те-) f [7] water-line

ва́тный [14] quilted; wadded

ватру́шка f [5; g/pl.: -шек] curd tart, cheese cake

ва́фля f [6; g/pl.: -фель] waffle, wafer

ва́хт|а f [5] naut. watch; **стоя́ть на ~е** keep watch; **~енный** [14] sailor on duty; **~ёр** m [1] janitor, Brt. porter

ваш m, **~а** f, **~е** n, pl. **~и** [25] your; yours; **по ~ему** in your opinion (or language); **(пусть бу́дет) по ~ему** (have it) your own way, (just) as you like; **как по ~ему?** what do you think?; → **наш**

вая́|ние n [12] sculpture; **~тель** m [4] sculptor; **~ть** [28], ⟨из-⟩ sculpture, cut, model

вбе|га́ть [1], ⟨~жа́ть⟩ [4; -гу́, -жи́шь, -гу́т] run or rush into

вби|ва́ть [1], ⟨~ть⟩ [вобью́, вобьёшь; вбе́й(те)!; вбил; вби́тый] drive (or hammer) in; **~ть себе́ в го́лову** get/ take into one's head; **~ра́ть** [1], ⟨вобра́ть⟩ [вберу́, -рёшь] absorb, imbibe

вблизи́ nearby; close (to P)

вбок to one side, sideways

вброд: переходи́ть ~ ford, wade

ввá|ливать [1], ⟨~и́ть⟩ [ввалю́, вва́лишь; вва́ленный] throw, heave (in[to]), dump; **-ся** fall or tumble in; burst in(to); **толпо́й** flock in

введе́ние n [12] introduction

ввезти́ → **ввози́ть**

ввер|га́ть [1], ⟨~ну́ть⟩ [21]: **~а́ть в отча́яние** drive to despair

ввер|я́ть [14], ⟨~ить⟩ entrust, commit, give in charge

ввёртывать [1], ⟨ввертéть⟩ [11; вверчу́, вве́ртишь] once ⟨ввернуть⟩ [20; ввёрнутый] screw in; fig. put in (a word etc.)

вверх up(ward[s]); **~ по ле́снице** upstairs; **~ дном (от нога́ми)** upside down; **~ торма́шками** head over heels; **ру́ки ~!** hands up!; **~у́** above; overhead

ввести́ → **вводи́ть**

ввиду́ in view (of P), considering; **~ того́, что** as, since, seeing

ввин|чивать [1], ⟨~ти́ть⟩ [15 е.; -нчу́, -нти́шь] screw in

ввод m [1] tech. input

ввод|и́ть [15], ⟨ввести́⟩ introduce; bring or usher (in); **~и́ть в заблужде́ние** mislead; **~и́ть в курс де́ла** acquaint with an affair; **~и́ть в строй** (or **де́йствие, эксплуата́цию**) put into operation; **~ный** [14] introductory; **~ное сло́во** or **предложе́ние** gr. parenthesis

ввоз m [1] import(s); importation; **~и́ть** [15], ⟨ввезти́⟩ [24] import

вво́лю (P) coll. plenty of; to one's heart's content

ввя́з|ываться [1], ⟨~а́ться⟩ [3] meddle, interfere (with **в** B); get involved (in)

вглубь deep into, far into

вгля́д|ываться [1], ⟨~е́ться⟩ [11] (**в** B) peer (into), look narrowly (at)

вгоня́ть [28], ⟨вогна́ть⟩ [вгоню́, вго́нишь; вогна́л, -á, -о; во́гнанный (во́гнан, -á, -о)] drive in (to)

вдава́ться [5], ⟨вда́ться⟩ [вда́мся, вда́шься, etc. → **дать**] jut out into; **~ в подро́бности** go (into)

вда́в|ливать [1], ⟨~и́ть⟩ [14] press (in)

вдал|еке́, ~и́ far off, far (from **от** P); **~ь** into the distance

вдви|га́ть [1], ⟨~нуть⟩ [20] push in

вдво́|е twice (as ...., comp.: **~е бо́льше** twice as much or many); vb. + **~е** a. double; **~ём** both or two (of us, etc., or together); **~йне́** twice (as much, etc.) doubly

вде|ва́ть [1], ⟨~ть⟩ [вде́ну, вде́нешь; вде́тый] (**в** B) put in, thread

вде́л|ывать, ⟨~ать⟩ [1] set (in[to])

вдоба́вок in addition (to); into the bargain, to boot

вдов|а́ f [5; pl. st.] widow; **~е́ц** m [1; -вца́] widower

вдо́воль coll. in abundance; quite enough; plenty of

вдо́вый [14 sh.] widowed

вдого́нку after, in pursuit of

вдоль (Р, *по* Д) along; lengthwise; **~ и поперёк** in all directions, far and wide

вдох *m* [1] breath, inhalation; **сде́лайте глубо́кий ~** take a deep breath

вдохнове́|ние *n* [12] inspiration; **~ённый** [14; -ве́нен, -ве́нна] inspired; **~ля́ть** [28], ⟨**~и́ть**⟩ [14 *e*.; -влю́, -ви́шь] inspire; **-ся** get inspired (with *or* by T)

вдре́безги to smithereens

вдруг 1. suddenly, all of a sudden; 2. what if, suppose

вду|ва́ть [1], ⟨**~ть**⟩ [18] blow into, inflate

вду́м|чивый [14 *sh.*] thoughtful; **~ываться,** ⟨**~аться**⟩ [1] (*в* В) ponder (over), reflect [up]on)

вдыха́ть [1], ⟨вдохну́ть⟩ [20] inhale; *fig.* inspire (with)

вегета|риа́нец *m* [1; -нца] vegetarian; **~ти́вный** [14] vegetative

вед|ать [1] 1. know; 2. (Т) be in charge of, manage; **~е́ние¹** *n* [12] running, directing; **~е́ние книг** bookkeeping; **~е́ние²** *n* [12]; *в его́ ~ении* in his charge, competence; **~омо** known; *без моего́ ~ома* without my knowledge; **~омость** *f* [8; *from g/pl. e.*] list, roll, register; *периоди́ческое изда́ние* bulletin; *инвента́рная ~омость* inventory; **~омство** *n* [9] department

ведро́ *n* [9; *pl.*: вёдра, -дер, -драм] bucket, pail; **~ для му́сора** garbage can, *Brt.* dustbin

веду́щий *m* [17] leading; basic

ведь indeed, sure(ly); why, well; then; you know, you see; **~ уже́ по́здно** it is late, isn't it?

ве́дьма *f* [5] witch, hag

ве́ер *m* [1; *pl.*: -ра́ *etc. e.*] fan

ве́жлив|ость *f* [8] politeness; **~ый** [14 *sh.*] polite

везде́ everywhere; **~хо́д** *m* [1] allterrain vehicle

везе́ние *n* [12] luck; *како́е ~* what luck!

везти́ [24], ⟨по-, с-⟩ *v/t.* drive (be driving, *etc.*), transport; *са́нки и т. д.* pull; *ему́ (не) везёт coll.* he is (un)lucky

век *m* [1; на веку́; *pl.*: века́, *etc. e.*] 1. century; age; 2. life (time); *сре́дние ~а́ pl.* Middle Ages; *на моём ~у́* in my life

(-time); **~ с тобо́й мы не вида́лись** we haven't met for ages

ве́ко *n* [9; *nom/pl.*: -ки] eyelid

веково́й [14] ancient, age-old

ве́ксель *m* [4; *pl.*: -ля́, *etc. e.*] bill of exchange, promissory note

веле́ть [9; веле́нный] (*im)pf.*; *pt. pf. only* order, tell (p. s.th. Д/В)

велика́н *m* [1] giant

вели́к|ий [16; вели́к, -а́, -о] great; (too) large or big; *only short form*; **от ма́ла до ~а** everybody, young and old; *Пётр ~ий* Peter the Great

велико|ду́шие *n* [12] magnanimity; **~ду́шный** [14; -шен, -шна] magnanimous, generous; **~ле́пие** *n* [12] splendo(u)r, magnificence; **~ле́пный** [14; -пен, -пна] magnificent, splendid

велича́вый [14 *sh.*] majestic, stately

вели́ч|ественный [14 *sh.*] majestic, grand, stately; **~ество** *n* [9] majesty; **~ие** *n* [12] grandeur; greatness; **~ина́** *f* [5; *pl. st.*: -чи́ны] size; magnitude, quantity; *math.* value; *об учёном и т. д.* celebrity; **~ино́й в** *or* (**с** В) ... big *or* high

вело|го́нки *f/pl.* [5; *gen.*: -нок] cycle race; **~дро́м** *m* [1] cycling track

велосипе́д *m* [1] bicycle; **е́здить на ~е** cycle; **~и́ст** *m* [1] cyclist; **~ный** [14] (bi)-cycle..., cycling...

вельве́т *m* [1], **~овый** [14] velveteen

ве́на *f* [5] *anat.* vein

венг|е́рка *f* [5; *g/pl.*: -рок], **~е́рский** [16]; **~р** *m* [1] Hungarian

венери́ческий [16] venereal

вене́ц *m* [1; -нца] crown; *орео́л* halo; *fig.* consummation

венециа́нский [16] Venetian

ве́нзель *m* [4; *pl.*: -ля́] monogram

ве́ник *m* [1] broom, besom

вено́к *m* [1; -нка́] wreath, garland

вентили́|ровать [7], ⟨про-⟩ ventilate, air; **~я́тор** *m* [1] ventilator, fan

венча́|льный [14] wedding...; **~ние** *n* [12] wedding (ceremony); **~ть** [1] 1. ⟨у-⟩ crown; 2. ⟨об-, по-⟩ marry; **-ся** get married (in church)

ве́ра *f* [5] faith, belief, trust (in **в** В); religion

вера́нда *f* [5] veranda(h)

ве́рба *f* [5] willow

верблю́|д *m* [1] camel; ~**жий** [18]: ~**жья шерсть** *f* camel's hair

ве́рбн|ый [14]: ℒ**ое воскресе́нье** *n* Palm Sunday

вербов|а́ть [7], ⟨за-, на-⟩ enlist, recruit; *на рабо́ту* engage, hire; ~**ка** *f* [5; -вок] recruiting

верёв|ка *f* [5; *g/pl.*: -вок] rope, cord, string; ~**очный** [14] rope…

верени́ца *f* [5] row file, line

ве́реск *m* [1] heather

вереща́ть [16 *e.*; -щу́, -щи́шь] chirp; *coll.* squeal

верзи́ла *coll. m* [5] ungracefully tall fellow

ве́рить [13], ⟨по-⟩ believe (in *в* В); believe, trust (acc. Д); ~ *на́ сло́во* take on trust; **-ся** (*impers.*): (**мне**) **не ве́рится** one (I) can hardly believe (it)

вермише́ль *f* [8] *coll.* vermicelli

ве́рно *adv.* 1. & 2. → **ве́рный** 1. 2.; 3. probably; ~**сть** *f* [8] 1. faith(fulness), fidelity, loyalty; 2. correctness, accuracy

верну́ть(ся) [20] *pf.* → **возвраща́ть(ся)**

ве́рн|ый [14; -рен, -рна́, -о] 1. *друг* faithful, true, loyal; 2. (*правильный*) right, correct; (*точный*) accurate, exact; 3. (*надёжный*) safe, sure, reliable; 4. (*неизбежный*) inevitable, certain; ~**ее** (**сказа́ть**) or rather

вероиспове́дание *n* [12] creed; denomination

вероло́м|ный [14; -мен, -мна] perfidious, treacheorus; ~**ство** *n* [9] perfidy, treachery

веротерпи́мость *f* [8] toleration

вероя́т|ность *f* [8] probability; *по все́й ~ности* in all probability; ~**ный** [14; -тен, -тна] probable, likely

ве́рсия *f* [7] version

верста́к *m* [1 *e.*] workbench

ве́рт|ел *m* [1; *pl.*: -ла́] spit, skewer; ~**е́ть** [11; верчу́, ве́ртишь], ⟨по-⟩ turn, twist; **-ся** 1. turn, revolve; 2. *на сту́ле* fidget; ~**е́ться на языке́** be on the tip of one's tongue; ~**е́ться под нога́ми** be (or get) in the way; ~**ика́льный** [14; -лен, -льна] vertical; ~**олёт** *m* [1] helicopter

ве́рующий *m* [17] *su.* believer

верфь *f* [8] shipyard

верх *m* [1; на верху́; *pl. e.*] top, upper part; *fig.* height; **взять** ~ gain the upper hand, win; ~**и́** *pl.* top-rank officials 1. *в* ~**а́х** summit…; 2. *о зна́ниях* superficial knowledge; ~**ний** [15] upper

верхо́в|ный [14] supreme, high; ~**ная власть** supreme power; ~**ный суд** supreme court; ~**о́й** [14] riding…; rider; horseman; ~**а́я езда́** *f* riding; ~**ье** *n* [10; *g/pl.*: -ьев] upper reaches

верхо́м *adv.* astride, on horseback; **е́здить** ~ ride, go on horseback

верху́шка *f* [5; *g/pl.*: -шек] top, apex; high-rank officials

верши́на *f* [5] peak, summit

верши́ть [16 *e.*; -шу́, -ши́шь; -шённый], ⟨за-, с-⟩ 1. manage, control; 2. run (Т); 3. accomplish, decide

вес *m* [1] weight; *на* ~ by weight; **уде́льный** ~ *phys.* specific gravity; **име́ть** ~ *fig.* carry weight; *на* ~ **зо́лота** worth its weight in gold; ~**ом в-** (В) weighting…

весел|и́ть [13], ⟨раз-⟩ amuse, divert, (**-ся** enjoy o.s.); ~**ёлость** *f* [8] gaeity, mirth; ~**ёлый** [14; ве́сел, -á, -o] gay, merry, cheerful; **как ~ело!** it's such fun!; **ему́ ~ело** he is enjoying himself, is of good cheer; ~**ёлье** *n* [10] merriment, merrymaking, fun; ~**ельча́к** *m* [1 *e.*] convivial fellow

весе́нний [15] spring…

ве́с|ить [15] *v/i.* weigh; ~**кий** [16; ве́сок, -ска] weighty

весло́ *n* [9; *pl.*: вёсла, -сел] oar

весн|а́ *f* [5; *pl.*: вёсны, вёсен] spring (in [the] Т); ~**у́шка** *f* [5; *g/pl.*: -шек] freckle

весов|о́й [14] 1. weight…; balance…; 2. sold by weight; ~**щи́к** *m* [1 *e.*] weigher

весо́мый [14] *fig.* weighty

вести́[1] *f/pl.* [8] news

вести́[2] [25], ⟨по-⟩ 1. (be) lead(ing *etc.*), conduct, guide; 2. *разгово́р* carry on; 3. *дневни́к* keep; 4. *маши́ну* drive; ~ (**своё**) **нача́ло** spring (from *от* Р); ~ **себя́** behave (*o.s.*); **и у́хом не ведёт** pays no attention at all; ~**сь** be conducted *or* carried on; **так уж у нас повело́сь** that's a custom among us

вестибю́ль *m* [4] entrance hall

вест|ник *m* [1] bulletin; **~очка** *f* [5; *g/pl.*: -чек] *coll.* news; **~ь** *f* [8; *from g/pl. e.*] news, message; *пропа́сть без* **~и** be missing

весы́ *m/pl.* [1] scales, balance; ♀ Libra

весь *m*, **вся** *f*, **всё** *n*, *pl.*: **все** [31] **1.** *adj.* all, the whole; full, life (size; at **в** B); **2.** *su. n* all over; everything, *pl. e.* everybody; *вот и всё* that's all; *лу́чше всего́ (всех)* best of all, the best; *пре́жде всего́* first and foremost; *при всём том* for all that; *во всём ми́ре* all over the world; *по всей стране́* throughout the country; *всего́ хоро́шего!* good luck!; *во всю → си́ла*; **3.** *всё adv.* always, all the time; only, just; *всё (ещё) не* not yet; *всё бо́льше (и бо́льше)* more and more; *всё же* nevertheless, yet

весьма́ very, extremely, highly; **~ вероя́тно** most probably

ветв|истый [14 *sh.*] branchy, spreading; **~ь** *f* [8; *from g/pl. e.*] branch (*a. fig.*), bough

ве́тер *m* [1; -тра] wind; *встре́чный ~* contrary *or* head wind; *попу́тный ~* fair wind; *броса́ть де́ньги (слова́) на ~* waste money (words); *old use держа́ть нос по ве́тру* be a timeserver

ветера́н *m* [1] veteran

ветерина́р *m* [1] veterinary surgeon, *coll.* vet; **~ный** [14] veterinary

ветеро́к *m* [1; -рка́] light wind, breeze, breath

ве́тка *f* [5; *g/pl.*: -ток] branch(let), twig; *rail.* branch line

ве́то *n* [*indecl.*] veto; *наложи́ть ~* veto

ве́тр|еный [14 *sh.*] windy (*a. fig.* = flippant); **~яно́й** [14] wind...; **~яна́я ме́льница** windmill; **~яный** [14] **~яная о́спа** chicken pox

ве́тх|ий [16; ветх, -а́, -о; *compr.*: ве́тше] *dom.* old, dilapidated; *оде́жда* worn out, shabby; decrepit; **~ость** *f* [8] decay, dilapidation; *приходи́ть в ~ость* fall into decay

ветчина́ *f* [5] ham

ветша́ть [1], ⟨об-⟩ decay, become dilapidated

ве́ха *f* [5] landmark, milestone *mst. fig.*

ве́чер *m* [1; *pl.*: -ра́, *etc. e.*] **1.** evening; **2. ~ па́мяти** commemoration meeting; **~ом** in the evening; *сего́дня* **~ом** tonight; *вчера́* **~ом** last night; *под* **~** toward(s) the evening; **~е́ть** [8; *impers.*] decline (of the day); **~и́нка** *f* [5; *g/pl.*: -нок] (evening) party, soirée; **~ком** *coll.* = **~ом**; **~ний** [15] evening..., night...; **~я** *f* [6]: *Та́йная ♀я* the Last Supper

ве́чн|ость *f* [8] eternity; (*це́лую*) **~ость** *coll.* for ages; **~ый** [14; -чен, -чна] eternal, everlasting; perpetual

ве́ша|лка *f* [5; *g/pl.*: -лок] (coat) hanger; (*петля́*) tab; peg, rack; *coll.* cloakroom; **~ть** [1] **1.** ⟨пове́сить⟩ [15] hang (up); **-ся** hang o.s. **2.** ⟨взве́сить⟩ [15] weigh

веща́ние *n* [12] → *радио~*

вещ|е́ственный [14] material, substantial; **~ество́** *n* [9] matter, substance; **~и́ца** *f* [8] knickknack; piece; **~ь** *f* [8; *from g/pl. e.*] thing; object; (*произведе́ние*) work, piece, play; *pl.* belongings; baggage, *Brt.* luggage

ве́я|ние *n* [12] *fig.* trend, tendency, current; **~ние вре́мени** spirit of the times; **~ть** [27] *v/i.* blow, flutter, ⟨по-⟩ smell, breathe of

вжи|ва́ться [1], ⟨~ться⟩ [-ву́сь, *etc.* → *жить*] accustom o.s. (**в** B to)

взад *coll.* back(ward[s]); **~ и вперёд** back and forth, to and fro; up and down

взаи́мн|ость *f* [8] reciprocity; **~ый** [14; -мен, -мна] mutual, reciprocal

взаимо|вы́годный [14; -ден, -дна] mutually beneficial; **~де́йствие** *n* [12] interaction; *сотру́дничество* cooperation; **~де́йствовать** [7] interact, cooperate; **~отноше́ние** *n* [12] interrelation; *люде́й* relationship, relations *pl.*; **~по́мощь** *f* [8] mutual aid; **~понима́ние** *n* [12] mutual understanding

взаи́мы: *брать ~* borrow (**у, от** P from); *дава́ть ~* lend

взаме́н (P) instead of, in exchange for; **~перти́** locked up, under lock and key

взба́л|мошный *coll.* [14; -шен, -шна] eccentric, extravagant; **~тывать**, ⟨взболта́ть⟩ [1] shake *or* stir up

взбе|га́ть [1], ⟨~жа́ть⟩ [4; взбегу́, -жи́шь, -гу́т] run up

взбива́ть [1], ⟨взбить⟩ [взобью́, -бьёшь; взбил, -а; взби́тый] whip, beat up

взбира́ться, ⟨взобра́ться⟩ [взберу́сь, -рёшься; взобра́лся, -ла́сь, -ло́сь] climb, clamber up (**на** B s.th.)

взби́ты|й [14]: **~е сли́вки** whipped cream

взболта́ть → взба́лтывать

взбудора́живать [1] → **будора́жить**

взбунтова́ться → бунтова́ть

взбух|а́ть [1], ⟨~нуть⟩ [21] swell

взва́ливать [1], ⟨взвали́ть⟩ [13; взвалю́, -а́лишь; -а́ленный] load, lift, hoist (onto), *обязанности и т. д.* charge (**на** B with)

взвести́ → взводи́ть

взве́|шивать [1], ⟨~сить⟩ [15] weigh; -**ся** weigh o.s.

взви|ва́ть [1], ⟨~ть⟩ [взовью́, -вьёшь, *etc.* → вить] whirl up; -**ся** soar up, rise; *fig.* flare up

взви́зг|ивать [1], ⟨~нуть⟩ [20] cry out, squeak, scream; *о собаке* yelp

взви́н|чивать [1], ⟨~ти́ть⟩ [15 *e.*; -нчу́, -нти́шь; -и́нченный] excite; *цены* raise

взвить → взвива́ть

взвод *m* [1] platoon

взводи́ть [15], ⟨взвести́⟩ [25]: ~ **куро́к** cock (*firearm*)

взволно́|ванный [14 *sh.*] excited; *испытывающий беспоко́йство* uneasy; -**ва́ть(ся)** → **волнова́ть**

взгля|д *m* [1] look; glance; gaze, stare; *fig.* view, opinion; **на мой ~д** in my opinion; **на пе́рвый ~д** at first glance; **с пе́рвого ~да** at first sight; *любо́вь* **с пе́рвого ~да** at first sight, at once; **~дывать** [1], *once* ⟨~ну́ть⟩ [19] (**на** B) (have a) look, glance (at)

взгромо|жда́ть [1], ⟨~зди́ть⟩ [15 *e.*; -зжу́, -зди́шь, -можде́нный] load, pile up; -**ся** clamber, perch (on **на** B)

взгрустну́ть [20; -ну, -нёшь] *coll.* feel sad

вздёр|гивать [1], ⟨~нуть⟩ [20] jerk up; **~нутый нос** *m* turned-up nose

вздор *m* [1] nonsense; **нести́ ~** talk non-

sense; **~ный** [14; -рен, -рна] foolish, absurd; *coll.* (*сварливый*) quarrelsome, cantankerous

вздорожа́|ние *n* [12] rise in price(s); **~ть** → **дорожа́ть**

вздох *m* [1] sigh; **испусти́ть после́дний ~** breathe one's last; **~ну́ть** → **вздыха́ть**

вздра́гивать [1], *once* ⟨вздро́гнуть⟩ [20] start, wince; shudder

вздремну́ть *coll.* [20] *pf.* have a nap, doze

взду|ва́ть [1], ⟨~ть⟩ [18] **1.** *цены* run up; **2.** *v/i.* -**ся** swell; **3.** *coll.* give a thrashing; **~тие** *n* [12] swelling

взду́ма|ть [1] *pf.* conceive the idea, take it into one's head; -**ся**; **ему́ ~лось = он ~л**; **как ~ется** at one's will

взды|ма́ть [1] raise, *клубы ды́ма* whirl up; **~ха́ть** [1], *once* ⟨вздохну́ть⟩ [20] sigh; **~ха́ть** (**по, о** П) long (for); *pf. coll.* pause for breath

взи|ма́ть [1] levy, raise (from **с** P); **~ма́ть штраф** collect; **~ра́ть** [1] (**на** B) look (at); **невзира́я на** without regard to, notwithstanding

взла́мывать, ⟨взлома́ть⟩ [1] break *or* force open

взлёт *m* [1] upward flight; *ae.* take off; **~но-поса́дочная полоса́** landing strip, runway

взлет|а́ть [1], ⟨~е́ть⟩ [11] fly up, soar; *ae.* take off

взлом *m* [1] breaking in; **~а́ть → взла́мывать**; **~щик** *m* [1] burglar

взмах *m* [1] *руки пловца* stroke; *косы* sweep; **~ивать** [1], *once* ⟨~ну́ть⟩ [20] swing, *рукой* wave, *крыльями* flap

взмёт|**ать** [3], *once* ⟨~ну́ть⟩ [20] *пыль* whirl *or* throw up

взмо́рье *n* [10] seashore, seaside

взнос *m* [1] payment; fee; **при поку́пке в рассро́чку** installment

взну́зд|ывать [1], ⟨~а́ть⟩ bridle

взобра́ться → взбира́ться

взойти́ → восходи́ть & всходи́ть

взор *m* [1] look; gaze; eyes *pl.*

взорва́ть → взрыва́ть

взро́слый [14] grown-up, adult

взрыв *m* [1] explosion; *fig.* outburst;

~а́тель m [4] (detonating) fuse; **~а́ть** [1], ⟨взорва́ть⟩ -ву́, -вёшь; взо́рванный] blow up; *fig.* enrage; **-ся** explode; fly into a rage; **~но́й** [14], **~чатый** [14] explosive (*su.*: **~чатое вещество́**), *coll.* **~ча́тка**

взрыхля́ть [28] → **рыхли́ть**

взъе́зжа́ть [1], ⟨~хать⟩ [взъе́ду, -дешь; въезжа́й(те)!] ride *or* drive up; **~ро́шивать** [1], ⟨~ро́шить⟩ [16 *st.*] dishevel, tousle; **-ся** become dishevel(l)ed

взыва́ть [1], ⟨воззва́ть⟩ [-зову́, -зовёшь; -зва́л, -а́, -о] appeal (to **к** Д); **~ о по́мощи** call for help

взыск|а́ние n [12] **1.** penalty, exaction, levy; **2.** (*вы́говор*) reprimand; **~а́тельный** [14; -лен, -льна] exacting, exigent; **~ивать** [1], ⟨~а́ть⟩ [3] (**с** P) levy, exact

взя́т|ие n [12] seizure, capture; **~ка** f [5; *g/pl.*: -ток] **1.** bribe; **дать ~ку** bribe; **2.** *карты* trick; **~очник** m [1] bribe taker, corrupt official; **~очничество** n [9] bribery; **~ь** → **брать**

вибр|а́ция f [7] vibration; **~и́ровать** [7] vibrate

вид m [1] **1.** look(s), appearance, air; **2.** sight, view; **3.** kind, sort; species; **4.** *gr.* aspect; **в ~е** (P) in the form of, as, by way of; **в любо́м ~е** in any shape; **под ~ом** under the guise (of P); **при ~е** at the sight of; **на ~у́** (**у** P) in sight; visible (to); **с** (*or* **по**) **~у** by sight; judging from appearance; **ни под каки́м ~ом** on no account; **у него́ хоро́ший ~** he looks well; **де́лать ~** pretend; **(не) теря́ть** *or* **выпуска́ть из ~у** (not) lose sight of (keep in view); **~ы** *pl.* prospects (for **на** B)

вида́ть *coll.* [1], ⟨у-, по-⟩ see; **его́ давно́ не ~ I** *or* we haven't seen him for a long time; **-ся** (*iter.*) meet, see (o.a.; *a p.* **с** T)

видение¹ n [12] vision, view; **моё ~ пробле́мы** the way I see it

видение² n [12] vision, apparition

видео|за́пись f [8] video (tape) recording; **~кассе́та** f [5] video cassette; **~магнитофо́н** m [1] video (tape) recorder

ви́деть [11 *st.*], ⟨у-⟩ see; catch sight of; **во сне́** dream (of B); **ви́дишь** (**-ите**)

ли? you see?; **-ся** → **вида́ться** (*but a. once*)

ви́дим|о apparently, evidently; **~о-нево́** *coll.* lots of, immense quantity; **~ость** f [8] **1.** visibility; **2.** *fig.* appearance; **всё э́то одна́ ~** there is nothing behind this; **~ый** [14 *sh.*] **1.** visible; **2.** [1] apparent

видне́ться [8] be visible, be seen; **~о** it can be seen; it appears; apparently; **(мне) ничего́ не ~о** I don't *or* can't see anything; **~ый 1.** [14; -ден, -дна́, -дно] visible, conspicuous; **2.** [14] distinguished, prominent; *coll.* **мужчина** portly

видоизмен|е́ние n [12] modification, alteration; variety; **~я́ть** [1], ⟨~и́ть⟩ [13] alter, change

ви́за f [5] visa

визави́ [*indecl.*] **1.** opposite; **2.** person face-to-face with another

византи́йский [16] Byzantine

визг m [1] scream, shriek; *животного* yelp; **~гли́вый** [14 *sh.*] shrill; given to screaming; **~жа́ть** [4 *e.*; -жу́, -жи́шь; за-⟩ shriek; yelp

визи́ровать [7] (*im*)*pf.* visa

визи́т m [1] visit, call; **нанести́ ~** make an official visit; **~ный** [14]: **~ная ка́рточка** f calling *or* visiting card

ви́л|ка f [5; *g/pl.*: -лок] **1.** fork; **2.** (**штепсельная) ~ка** *el.* plug; **~ы** f/*pl.* [5] pitchfork

ви́лла f [5] villa

виля́ть [28], ⟨за-⟩, *once* ⟨вильну́ть⟩ [20] wag (one's tail *хвостом*); **о доро́ге** twist and turn; *fig.* prevaricate; be evasive

вин|а́ f [5; *pl. st.*] **1.** guilt; fault; blame; **2.** (*причина*) reason; **вменя́ть в ~у́** impute (to Д); **сва́ливать ~у́** lay the blame (on **на** B); **э́то не по мое́й ~е́** it's not my fault

винегре́т m [1] Russian salad with vinaigrette

вини́т|ельный [14] *gr.* accusative (case); **~ь** [13] blame (**за** B for), accuse (**в** П of)

ви́нный [14] wine...; **~о́** n [9; *pl. st.*] wine

винова́т|ый [14] guilty (of **в** П); **~!** sorry!, excuse me!; (I beg your) pardon!; **вы в э́том (не) ~ы** it's (not) your fault; **я ~ пе́ред ва́ми** I must apologize to you, (*a. круго́м ~*) it's all my fault

вино́в|ник *m* [1] **1.** culprit; **2.** **~ник торжества́** hero; **~ный** [14; -вен, -вна] guilty (of *в* П)

виногра́д *m* [1] **1.** vine; **2.** *collect.* grapes *pl.*; **~арство** *n* [9] viticulture; **~ник** *m* [1] vineyard; **~ный** [14] (of) grape(s), grape…

виноде́лие *n* [12] winemaking

винт *m* [1 *e.*] screw; **~ик** *m* [1] small screw; **у него́ ~иков не хвата́ет** *coll.* he has a screw loose; **~о́вка** *f* [5; *g/pl.*: -вок] rifle; **~ово́й** [14] screw…; spiral; **~ова́я ле́стница** spiral (winding) stairs

виньѐ́тка *f* [5; *g/pl.*: -ток] vignette

виолонче́ль *f* [8] (violon)cello

вира́ж *m* [1 *e.*] bend, curve, turn

виртуо́з *m* [1] virtuoso; **~ный** [14; -зен, -зна] masterly

ви́рус *m* [1] virus

ви́селица *f* [5] gallows

висе́ть [11] hang

ви́ски *n* [*indecl.*] whisk(e)y

виско́за *f* [5] *tech.* viscose; *ткань* rayon

ви́снуть *coll.* [21], ⟨по-⟩ *v/i.* hang

висо́к *m* [1; -ска́] *anat.* temple

високо́сный [14]: **~ год** leap year

вися́чий [17] hanging; suspension…; **~ замо́к** padlock

витами́н *m* [1] vitamin; **~ный** [14] vitaminic

вит|а́ть [1]: **~а́ть в облака́х** have one's head in the clouds; **~ева́тый** [14] affected, bombastic

вито́к *m* [1; -тка] coil, spiral

витра́ж *m* [1] stained-glass window

витри́на *f* [5] shopwindow; showcase

вить [вью, вьёшь; вей(те)!; вил, -а́, -о; ви́тый], ⟨с-⟩ [совью́, совьёшь] wind, twist; **~ гнездо́** build a nest; **-ся 1.** wind; *о пыли* spin, whirl; **2.** *о растении* twine, creep; *о волоса́х* curl; **3.** *о птице* hover

ви́тязь *m* [4] *hist.* valiant warrior

вихо́р *m* [1; -хра́] forelock

вихрь *m* [4] whirlwind

ви́це-… (*in compds.*) vice-…

вишнѐ́вый [14] cherry…; **~я** *f* [6; *g/pl.*:

-шен] cherry

вка́|пывать [1], ⟨вкопа́ть⟩ dig in; *fig.* **как вко́панный** stock-still, rooted to the ground

вка́т|ывать [1], ⟨~и́ть⟩ [15] roll in, wheel in

вклад *m* [1] deposit; *капита́ла* investment; *fig.* contribution (**в** В to); **~ка** *f* [5; *g/pl.*: -док] insert; **~чик** *m* [1] depositor; investor; **~ывать** [1], ⟨вложи́ть⟩ [16] put in, insert, enclose; *де́ньги* invest; deposit

вкле́|ивать [1], ⟨~ить⟩ [13] glue *or* paste in; **~йка** *f* [5; *g/pl.*: -еек] gluing in; sheet, *etc.*, glued in

вкли́ни|вать(ся) [1], ⟨~ть(ся)⟩ [13; *a. st.*] drive a wedge into

включ|а́ть [1], ⟨~и́ть⟩ [16 *e.*; -чу́, -чи́шь; -чённый] include; insert; *el.* switch *or* turn on; **-ся** join (**в** B s.th.); **~а́я** including; **~е́ние** *n* [12] inclusion; insertion; *el.* switching on, **~и́тельно** included

вкол|а́чивать [1], ⟨~оти́ть⟩ [15] drive *or* hammer in

вконе́ц *coll.* completely, altogether

вкопа́ть → **вка́пывать**

вкось askew, aslant, obliquely; **вкривь и ~** pell-mell; amiss

вкра́|дчивый [14 *sh.*] insinuating, ingratiating; **~дываться** [1], ⟨~сться(ся)⟩ [25] creep *or* steal in; *fig.* insinuate o.s.

вкра́тце briefly, in a few words

вкруту́ю: яйцо́ ~ hard-boiled egg

вкус *m* [1] taste (*a. fig.*), flavo(u)r; **прия́тный на ~** savo(u)ry; **быть (прийти́сь) по вку́су** be to one's taste; relish (*or* like) s.th.; **име́ть ~** taste (of); **о ~ах не спо́рят** tastes differ; **э́то де́ло ~а** it is a matter of taste; **~ный** [14; -сен, -сна́] tasty; (**э́то**) **~но** it tastes good *or* nice

вла́га *f* [5] moisture

владе́|лец *m* [1; -льца] owner, proprietor, possessor; **~ние** *n* [12] ownership, possession (of Т); **~ть** [8], ⟨за-, о-⟩ (Т) own, possess; *ситуа́цией* control; *языко́м* have command (Т of); **~ть собо́й** control o.s.

влады́ка *m* [5] *eccl.* Reverend

вла́жн|ость *f* [8] humidity; **~ый** [14;

-жен, -жна́, -о] humid, damp, moist

вла́мываться [1], ⟨вломи́ться⟩ [14] break in

власт|вовать [7] rule, dominate; **~ели́н** *m* [1] *mst. fig.* lord, master; **~и́тель** *m* [4] sovereign, ruler; **~ный** [14; -тен, -тна] imperious, commanding, masterful; **в э́том я не ~ен** I have no power over it; **~ь** *f* [8; *from g/pl. e.*] authority, power; rule, regime; control; *pl.* authorities

влачи́ть [16 *e.*; -чу́, -чи́шь] **~ жа́лкое существова́ние** hardly make both ends meet, drag out a miserable existence

вле́во (to the) left

влез|а́ть [1], ⟨~ть⟩ [24 *st.*] climb *or* get in(to); climb up

влет|а́ть [1], ⟨~е́ть⟩ [11] fly in; *вбежа́ть* rush in

влече́ние *n* [12] inclination, strong attraction; **к кому́-л.** love; **~ь** [26], ⟨по-, у-⟩ drag, pull; *fig.* attract, draw; **~ь за собо́й** involve, entail

вли|ва́ть [1], ⟨~ть⟩ [волью́, -льёшь; влей(те)!; вли́л(-та́, -о)] pour in; **-ся** flow *or* fall in; **~па́ть** coll. [1], ⟨~пнуть⟩ [20] *fig.* get into trouble; find o.s. in an awkward situation; **~я́ние** *n* [12] influence; **~я́тельный** [14; -лен, -льна] influential; **~я́ть** [28], ⟨по-⟩ (have) influence

влож|е́ние *n* [12] enclosure; *fin.* investment; **~и́ть** → *вкла́дывать*

вломи́ться → *вла́мываться*

влюб|лённость *f* [8] (being in) love; **~лённый** enamo(u)red; *su.* lover; **~ля́ться** [28], ⟨~и́ться⟩ [14] fall in love (**в В** with); **~чивый** [14 *sh.*] amorous

вмен|я́емый [14 *sh.*] responsible, accountable; **~я́ть** [28], ⟨~и́ть⟩ [13] consider (**в В** as), impute; **~я́ть в вину́** blame; **~я́ть в обя́занность** impose as duty

вме́сте together, along with; **~ с тем** at the same time

вмести́|мость *f* [8] capacity; **~тельный** [14; -лен, -льна] capacious, spacious; **~ть** → *вмеща́ть*

вме́сто (P) instead, in place (of)

вмеш|а́тельство *n* [9] interference, intervention; *хирурги́ческое* operation; **~ивать** [1], ⟨~а́ть⟩ [1] (В/ **в** В) (in; with) *fig.* involve (in); **-ся** interfere, intervene, meddle (**в** В in)

вме|ща́ть [1], ⟨~сти́ть⟩ [15 *e.*; -ещу́, -ести́шь; -ещённый] **1.** (*помести́ть*) put, place; **2.** *зал и т. д.* hold, contain, accommodate; **-ся** find room; hold; go in

вмиг in an instant, in no time

вмя́тина *f* [5] dent

внача́ле at first, at the beginning

вне (P) out of, outside; beyond; **быть ~ себя́** be beside o.s.; **~ вся́ких сомне́ний** beyond (any) doubt

внебра́чный [14] extramarital; *ребёнок* illegitimate

внедр|е́ние *n* [12] introduction; **~я́ть** [28], ⟨~и́ть⟩ [13] introduce; **-ся** take root

внеза́пный [14; -пен, -пна] sudden, unexpected

внекла́ссный [14] out-of-class

внеочередно́й [14] out of turn, extra(ordinary)

внес|е́ние *n* [12] entry; **~ти́** → *вноси́ть*

вне́шн|ий [15] outward, external; *pol.* foreign; **~ость** *f* [8] (*нару́жность*) appearance, exterior

внешта́тный [14] *сотру́дник* not on permanent staff, freelance

вниз down(ward[s]); **~у́ 1.** (P) beneath, below; **2.** down(stairs)

вник|а́ть [1], ⟨~нуть⟩ [19] (**в** В) get to the bottom (of), fathom

внима́|ние *n* [12] attention; care; **приня́ть во ~ние** take into consideration; **принима́я во ~ние** taking into account, in view of; **оста́вить без ~ния** disregard; **~тельность** *f* [8] attentiveness; **~тельный** [14; -лен, -льна] attentive; **~ть** [1], ⟨внять⟩ [*inf. & pt. only*; внял, -á, -о] (Д) *old use.* hear *or* listen (to)

вничью́: (*sport*) **сыгра́ть ~** draw

вновь 1. again; **2.** newly

вноси́ть [15], ⟨внести́⟩ [25; -с-: -су́, -сёшь; внёс, внесла́] carry *or* bring in; *в спи́сок и т. д.* enter, include; *де́ньги* pay (in); contribute; *попра́вки* make (correction); *предложе́ние* submit, put forward

внук *m* [1] grandson; **~и** grandchildren

вну́тренн|ий [15] inner, inside, internal, interior; *мо́ре и т. д.* inland...; *(отечественный)* home...; **~ость** *f* [8] interior; *(esp. pl.)* internal organs, entrails

внутр|и́ (P) in(side); within; **~ь** (P) in (-to), inward(s), inside

внуч|а́та *m/f pl.* [2] → **вну́ки**; **~ка** *f* [5; *g/pl.:* -чек] granddaughter

внуш|а́ть [1], ⟨-и́ть⟩ [16 *e.;* -шу́, -ши́шь; -шённый] suggest; *наде́жду, страх* inspire (*a p.* with); *уваже́ние и т. д.* instill; **~е́ние** *n* [12] suggestion; *вы́говор* reprimand; **~и́тельный** [14; -лен, -льна] imposing, impressive; **~и́ть** → **~а́ть**

вня́т|ный [14; -тен, -тна] distinct, intelligible; **~ь** → **внима́ть**

вобра́ть → **вбира́ть**

вовл|ека́ть [1], ⟨-е́чь⟩ [26] draw in; *(впутывать)* involve

во́время in *or* on time, timely

во́все: **~ не(т)** not (at all)

вовсю́ *coll.* with all one's might; *стара́ться* **~** do one's utmost

во-вторы́х second(ly)

вогна́ть → **вгоня́ть**

вогну́тый [14] concave

вод|а́ *f* [5; *ac/sg.:* во́ду; *pl.:* во́ды, вод, во́дам] water; *в му́тной* **~е́** *ры́бу лови́ть* fish in troubled waters; *вы́йти сухи́м из* **~ы́** come off cleanly; *как в* **~у** *опу́щенный* dejected, downcast; *толо́чь* **~у** *(в сту́пе)* beat the air

водвор|я́ть [28], ⟨-и́ть⟩ [13] *поря́док* establish

водеви́ль *m* [4] vaudeville, musical comedy

води́тель *m* [4] driver; **~ский** [16]: **~ские права́** driving licence

вод|и́ть [15], ⟨по-⟩ **1.** lead, conduct, guide; *маши́ну* drive; **3.** move (T); **-ся** be (found), live; *как* **~ится** as usual; *э́то за ним* **~ится** *coll.* that's typical of him

во́дка *f* [5; *g/pl.:* -док] vodka

во́дный [14] water...; **~ спорт** aquatic sports

водо|воро́т *m* [1] whirlpool, eddy; **~ём** *m* [1] reservoir; **~измеще́ние** *n* [12] *naut.* displacement, tonnage

водо|ла́з *m* [1] diver; **Ωле́й** *m* [3] Aquarius; **~лече́ние** *n* [12] hydropathy, water cure; **~напо́рный** [14]: **~напо́рная ба́шня** *f* water tower; **~непроница́емый** [14 *sh.*] watertight, waterproof; **~па́д** *m* [1] waterfall; **~по́й** *m* [3] watering place; watering (*of animals*); **~прово́д** *m* [1] water supply; *в до́ме* running water; **~прово́дчик** *coll. m* [1] plumber; **~разде́л** *m* [1] watershed; **~ро́д** *m* [1] hydrogen; **~ро́дный** [14]: **~ро́дная бо́мба** hydrogen bomb; **~росль** *f* [8] alga, seaweed; **~снабже́ние** *n* [12] water supply; **~сто́к** *m* [1] drain(age), drainpipe; **~сто́чный** [14]: **~сто́чный жёлоб** gutter; **~храни́лище** *n* [11] reservoir

водру|жа́ть [1], ⟨-зи́ть⟩ [15 *e.;* -ужу́, -узи́шь; -ужённый] hoist

вод|яни́стый [14 *sh.*] watery; wishy-washy; **~я́нка** *f* [5] dropsy; **~яно́й** [14] water...

воева́ть [6] wage *or* carry on war, be at war

воеди́но together

военача́льник *m* [1] commander

воениз|а́ция *f* [7] militarization; **~и́ровать** [7] *(im)pf.* militarize

вое́нно|-возду́шный [14]: **~-возду́шные си́лы** *f/pl.* air force(s); **~-морско́й** [14]: **~-морско́й флот** navy; **~пле́нный** *m* [14] *su.* prisoner of war; **~слу́жащий** [17] serviceman

вое́нн|ый [14] **1.** military, war...; **2.** military man, soldier; **~ый врач** *m* medical officer; **~ый кора́бль** *m* man-of-war, warship; **~ое положе́ние** martial law (under *на* П); *поступи́ть на* **~ую слу́жбу** enlist, join; **~ые де́йствия** *n/pl.* hostilities

вож|а́к *m* [1 *e.*] (gang) leader; **~дь** *m* [4 *e.*] chief(tain); leader; **~жи́** *f/pl.* [8; *g/pl. e.*] reins; *отпусти́ть* **~жи́** *fig.* slacken the reins

воз *m* [1; на-у́; *pl. e.*] cart(load); *coll. fig.* heaps; *а* **~** *и ны́не там* nothing has changed

возбу|ди́мый [14 *sh.*] excitable; **~ди́тель** *m* [4] stimulus, agent; **~жда́ть**

[1], ⟨∼ди́ть⟩ [15 *e.*: -ужу́, -уди́шь] excite, stir up; *интере́с, наде́жду* raise; *law* ∼ди́ть де́ло про́тив кого́-л. bring an action against s.o.; ∼жда́ющий [17] stimulating; ∼жде́ние *n* [12] excitement; ∼жде́нный [14] excited

возвести́ → **возводи́ть**

возв|оди́ть [15], ⟨∼ести́⟩ [25] (*в ог на* В) put up, raise, erect; *в сан* elect; *на престо́л* elevate (to)

возвра́|т *m* [1] 1. → ∼ще́ние; *1. & 2.* 2. relapse; ∼ти́ть(ся) → ∼ща́ть(ся); ∼тный [14] back...; *med.* recurring; *gr.* reflexive; ∼ща́ть [1], ⟨∼ти́ть⟩ [15 *e.*: -ащу́, -ати́шь; -ащённый] return; give back; *владе́льцу* restore; *долг* reimburse; *здоро́вье* recover; -ся return, come back (*из or с* Р from); revert (*к* Д to); ∼ще́ние *n* [12] 1. return; 2. *об имуществе* restitution

возв|ыша́ть [1], ⟨∼ы́сить⟩ [15] raise, elevate; -ся rise; tower (over **над** Т); ∼ыше́ние *n* [12] rise; elevation; ∼ы́шенность *f* [8] 1. *fig.* loftiness; 2. *geogr.* height; ∼ы́шенный [14] high, elevated, lofty

возгл|авля́ть [28], ⟨∼а́вить⟩ [14] (be at the) head

во́зглас *m* [1] exclamation, (out)cry

возд|ава́ть [5], ⟨∼а́ть⟩ [-да́м, -да́шь, *etc.* → **дава́ть**] render; (*отплати́ть*) requite; ∼а́ть до́лжное give s.b. his due (Д for)

воздвиг|а́ть [1], ⟨∼нуть⟩ [21] erect, construct, raise

возде́йств|ие *n* [12] influence, pressure; ∼овать [7] (*im*)*pf.* (**на** В) (*ока́зывать влия́ние*) influence; (*де́йствовать, влия́ть*) act upon, affect

возде́л|ывать, ⟨∼ать⟩ [1] cultivate, till

воздержа́ние *n* [12] abstinence; abstention

возде́рж|анный [14 *sh.*] abstemious, temperate; ∼иваться [1], ⟨∼а́ться⟩ [4] abstain (**от** Р from); **при двух** ∼а́вшихся *pol.* with two abstentions

во́здух *m* [1] air; **на откры́том (све́жем)** ∼е in the open air, outdoors; ∼оплава́ние *n* [12] aeronautics

возду́ш|ный [14] air..., aerial 1. ∼ная трево́га *f* air-raid warning; ∼ное сообще́ние aerial communication; ∼ные за́мки *m/pl.* castles in the air; 2. [14: -шен, -шна] airy, light

воззва́|ние *n* [12] appeal; ∼ть → **взыва́ть**

вози́ть [15] carry, transport; *на маши́не* drive; -ся (**с** Т) busy o.s. with, mess (around) with; (*де́лать ме́дленно*) dawdle; *о де́тях* romp, frolic

возл|ага́ть [1], ⟨∼ожи́ть⟩ [16] (**на** В) lay (on); entrust (with); ∼ага́ть наде́жды на (В) rest one's hopes upon

во́зле (Р) by, near, beside

возложи́ть → **возлага́ть**

возлю́блен|ный [14] beloved; *m* (*su.*) lover; ∼ная *f* [14] mistress, sweetheart

возме́здие *n* [12] requital

возме|ща́ть [1], ⟨∼сти́ть⟩ [15 *e.*: -ести́шь; -ещённый] compensate, make up (for); ∼ще́ние *n* [12] compensation, indemnity; *law* damages

возмо́жн|о it is possible; possibly; о́чень ∼о very likely; ∼ость *f* [8] possibility; *по* (*ме́ре*) ∼ости as (far as) possible; ∼ый [14: -жен, -жна] possible; **сде́лать всё** ∼ое do everything possible

возмужа́лый [14] mature, grown up

возму|ти́тельный [14; -лен, -льна] scandalous, shocking; ∼ща́ть, ⟨∼ти́ть⟩ [15 *e.*: -щу́, -ути́шь] rouse indignation; **-ся** be shocked *or* indignant (Т*at*); ∼ще́ние *n* [12] indignation; ∼щённый [14] indignant (at)

вознагра|жда́ть [1], ⟨∼ди́ть⟩ [15 *e.*: -ажу́, -ади́шь; -аждённый] (*награди́ть*) reward; recompense (for); ∼жде́ние *n* [12] reward, recompense; (*опла́та*) fee

вознаме́ри|ваться [1], ⟨∼ться⟩ [13] form the idea of, intend

Вознесе́ние *n* [12] Ascension

возник|а́ть [1], ⟨∼нуть⟩ [21] arise, spring up, originate, emerge; **у меня́** ∼ла **мысль** ... a thought occurred to me ...; ∼нове́ние *n* [12] rise, origin, beginning

возня́ *f* [6] 1. fuss; bustle; romp; **мыши́-**

ная ~ petty intrigues; **2.** (*хлопоты*) trouble, bother

возобнов|ле́ние n [12] renewal; (*продолжение*) resumption; **~ля́ть** [28], ⟨**~и́ть**⟩ [14 e.; -влю́, -ви́шь; -влённый] *знакомство, усилия* renew, resume

возра|жа́ть [1], ⟨**~зи́ть**⟩ [15 e.; -ажу́, -ази́шь] **1.** object (to **про́тив** P); **2.** return, retort (**на** B to); (*я*) *не* **~жа́ю** I don't mind; **~же́ние** n [12] objection; rejoinder

во́зраст m [1] age (**в** П at); **~а́ние** n [12] growth, increase; **~а́ть** [1], ⟨**~и́**⟩ [24; -ст-; -расту́; -ро́с, -ла́; -ро́сший] grow, increase, rise

возро|жда́ть [1], ⟨**~ди́ть**⟩ [15 e.; -ожу́, -оди́шь; -ождённый] revive (*v/i.* **-ся**); **~жде́ние** n [12] rebirth, revival; **эпо́ха** ⟨**~жде́ния** Renaissance

во́ин m [1] warrior, soldier; **~ский** [16] military; **~ская обя́занность** service; **~ственный** [14 sh.] bellicose

во́истину in truth

вой m [3] howl(ing), wail(ing)

во́йло|к m [1]; **~чный** [14] felt

войн|а́ f [5; pl. st.] war (**на** П at); warfare; **идти́ на ~у́** go to war; **объяви́ть ~у́** declare war; **втора́я мирова́я ~а́** World War II

войска́ n [9; pl. e.] army; pl. troops, (land, etc.) forces

войти́ → **входи́ть**

вокза́л [1]: **железнодоро́жный** ~ railroad (*Brt.* railway) station; **морско́й** ~ port arrival and departure building; **речно́й** ~ river-boat station

вокру́г (P) (a)round; (**ходи́ть**) ~ **да о́коло** beat about the bush

вол m [1 e.] ox

волды́рь m [4 e.] blister; bump

волейбо́л m [1] volleyball

во́лей-нево́лей willy-nilly

во́лжский [16] (of the) Volga

волк m [1; from g/pl. e.] wolf; **смотре́ть ~ом** coll. scowl

волн|а́ f [5; pl. st., from dat. a. e.] wave; **дли́нные**, **сре́дние**, **коро́ткие ~ы** long, medium, short waves; **~е́ние** n [12] agitation, excitement; pl. disturbances, unrest; **на́ море** high seas; **~и́с-**

тый [14 sh.] *волосы* wavy; *местность* undulating; **~ова́ть** [7], ⟨вз-⟩ (**-ся** be[come]) agitate(d), excite(d); (*тревожиться*) worry; **~у́ющий** [17] disturbing; exciting; thrilling

волоки́та f [5] coll. red tape; a lot of fuss and trouble

волокн|и́стый [14 sh.] fibrous; **~о́** n [9; pl.: -о́кна, -о́кон, etc. st.] fiber, *Brt.* fibre

во́лос m [1; g/pl.: -ло́с; from dat. e.] (a. pl.) hair; **~а́тый** [14 sh.] hairy; **~о́к** m [1; -ска́] hairspring; **быть на ~о́к** (or **на ~ке́**) **от сме́рти** coll. be on the verge (within a hair's breadth or within an ace) of death; **висе́ть на ~ке́** hang by a thread

волосяно́й [14] hair...

волочи́ть [16], ⟨по-⟩ drag, pull, draw; **-ся** drag o.s., crawl along

во́лч|ий [18] wolfish; wolf('s)...; **~и́ца** f [5] she-wolf

волчо́к m [1; -чка́] top (*toy*)

волчо́нок m [2] wolf cub

волше́б|ник m [1] magician; **~ница** f [5] sorceress; **~ный** [14] magic, fairy...; [-бен, -бна] fig. enchanting; **~ство́** n [9] magic, wizardry; fig. enchantment

волы́нк|а f [5; g/pl.: -нок] bagpipe

во́ль|ность f [8] liberty; **позволя́ть себе́ ~ости** take liberties; **~ый** [14; -лен, -льна́] free, easy, unrestricted; **~ая пти́ца** one's own master

вольт m [1] volt

вольфра́м m [1] tungsten

во́л|я f [6] **1.** will; **си́ла ~и** willpower; **2.** liberty, freedom; **~я ва́ша** (just) as you like; **не по свое́й ~е** against one's will; **по до́брой ~е** of one's own free will; **отпусти́ть на ~ю** set free; **дать ~ю** give free rein

вон 1. there; ~ **там** over there; **2.** ~! get out!; **пошёл** ~! out or away (with you)!; **вы́гнать** ~ turn out; ~ (**оно́**) **что!** you don't say!; so that's it!

вонза́ть [1], ⟨**~и́ть**⟩ [15 e.; -нжу́, -зи́шь; -зённый] thrust, plunge, stick (into)

вонь f [8] stench, stink; **~ю́чий** [17 sh.] stinking; **~я́ть** [28] stink, reek (of T)

вообра|жа́емый [14 sh.] imaginary; fictitious; **~жа́ть** [1], ⟨**~зи́ть**⟩ [15 e.; -ажу́,

-ази́шь; -а́женный (*a.* **жа́ть себе́**) imagine, fancy; **жа́ть себя́** imagine o.s. (T s.b.); **жа́ть о себе́** be conceited; **~же́ние** *n* [12] imagination; fancy

вообще́ in general, on the whole; at all

воодушев|ле́ние *n* [12] enthusiasm; **~ля́ть** [28], ⟨~и́ть⟩ [14 *e.;* -влю́, -ви́шь; -вле́нный] ⟨**-ся** feel⟩ inspire(d by T)

вооруж|а́ть [1], ⟨~и́ть⟩ [16 *e.;* -жу́, -жи́шь; -жённый] **1.** arm, equip (T with); **2.** stir up (**про́тив** P against); **~е́ние** *n* [12] armament, equipment

воо́чию with one's own eyes

во-пе́рвых first(ly)

вопи́|ть [14 *e.;* -плю́, -пи́шь], ⟨за-⟩ cry out, bawl; **~ю́щий** [17] crying, flagrant

вопло|ща́ть [1], ⟨~ти́ть⟩ [15 *e.;* -ощу́, -оти́шь, -още́нный] embody, personify; **~щённый** *a.* incarnate; **~ще́ние** *n* [12] embodiment, incarnation

вопль *m* [4] howl, wail

вопреки́ (Д) contrary to; in spite of

вопро́с *m* [1] question; **под ~ом** questionable, doubtful; **~ не в э́том** that's not the question; **спо́рный ~** moot point; **что за ~!** of course!; **~и́тельный** [14] interrogative; **~и́тельный знак** question mark; **~и́тельный взгляд** inquiring look; **~ник** *m* [1] questionnaire

вор *m* [1; *from g/pl. e.*] thief

ворва́ться → **врыва́ться**

воркова́ть [7], ⟨за-⟩ coo; *fig.* bill and coo

воробе́й *m* [3 *e.;* -бья́] sparrow; **стре́ляный ~е́й** *coll.* old hand

воров|а́ть [7] steal; **~ка́** *f* [5; *g/pl.:* -вок] (female) thief; **~ско́й** [16] thievish, thieves'...; **~ство́** *n* [9] theft; *law* larceny

во́рон *m* [1] raven; **~а** *f* [5] crow; **бе́лая ~а** rara avis; **воро́н счита́ть** *coll.* old use stand about gaping

воро́нка *f* [5; *g/pl.:* -нок] **1.** funnel; **2.** *от бо́мбы, снаряда* crater

вороно́й [14] black; *su. m* black horse

во́рот *m* [1] **1.** collar; **2.** *tech.* windlass; **~а** *n/pl.* [9] gate; **~и́ть** [15]: **~и́ть нос** turn up one's nose (at); **~ни́к** *m* [1 *e.*] collar; **~ничо́к** *m* [1; -чка́] (small) collar

во́рох *m* [1; *pl.:* -ха́; *etc. e.*] pile, heap; *coll.* lots, heaps

воро́|чать [1] **1.** move, roll, turn; **2.** *coll.* manage, boss (T); **-ся** toss; turn; stir; **~ши́ть** [16 *e.;* -шу́, -ши́шь; -шённый] turn (over)

ворч|а́ние *n* [12] grumbling; *живо́тного* growl; **~а́ть** [4 *e.;* -чу́, -чи́шь], ⟨за-, п(р)о-⟩ grumble; growl; **~ли́вый** [14 *sh.*] grumbling, surly; **~у́н** *m* [1 *e.*], **~у́нья** *f* [6] grumbler

восвоя́си *coll. iro.* home

восемна́дца|тый [14] eighteenth; **~ть** [35] eighteen; → **пять, пя́тый**

во́семь [35; восьми́, *instr.* восемью́] eight; → **пять, пя́тый; ~деся́т** [35; восьми́десяти] eighty; **~со́т** [36; восьмисо́т] eight hundred; **~ю** eight times

воск *m* [1] wax

воскл|ица́ние *n* [12] exclamation; **~ица́тельный** [14] exclamatory; **~ица́тельный знак** exclamation mark; **~ица́ть** [1], ⟨~и́кнуть⟩ [20] exclaim

восково́й [14] wax(en)

воскр|еса́ть [1], ⟨~е́снуть⟩ [21] rise (from *из* P); recover; **Христо́с ~е́с(е)!** Christ has arisen! (*Easter greeting*); (*reply:*) **вои́стину ~е́с(е)!** (He has) truly arisen!; **~есе́ние** *n* [12] resurrection; **~есе́нье** *n* [10] Sunday (on: **в** B; *pl.* **по** Д); **~еша́ть** [1], ⟨~еси́ть⟩ [15 *e.;* -ешу́, -еси́шь; -ешённый] resurrect, revive

воспал|е́ние *n* [12] inflammation; **~е́ние лёгких (по́чек)** pneumonia (nephritis); **~ённый** [14 *sh.*] inflamed; **~и́тельный** [14] inflammatory; **~я́ть** [28], ⟨~и́ть⟩ [13] inflame; (*v/i.* **-ся**)

воспе|ва́ть [1], ⟨~ть⟩ [-пою́, -поёшь; -пе́тый] sing of, praise

воспит|а́ние *n* [12] education, upbringing; (good) breeding; **~а́нник** *m* [1], **~а́нница** *f* [5] pupil; **~а́нный** [14 *sh.*] well-bred; **пло́хо ~а́нный** ill-bred; **~а́тель** *m* [4] educator; (private) tutor; **~а́тельный** [14] educational, pedagogic(al); **~ывать** [1], ⟨~а́ть⟩ bring up; educate; *прививать* cultivate, foster

воспламен|я́ть [28], ⟨~и́ть⟩ [13] set on fire (*v/i.* **-ся**) *a fig.*; inflame

восполн|я́ть [28], ⟨~ить⟩ [13] fill in; make up (for)

воспо́льзоваться → *по́льзоваться*

воспомина́|ние *n* [12] remembrance, recollection, reminiscence; *pl. a.* memoirs

воспрепя́тствовать [7] *pf.* hinder, prevent (from Д)

воспре|ща́ть [1], ⟨~ти́ть⟩ [15 *е.*; -ещу́, -ети́шь; -ещённый] prohibit, forbid; *вход ~щён!* no entrance!; *кури́ть ~ща́ется!* no smoking!

воспри|и́мчивый [14 *sh.*] receptive, impressionable; *к* заболева́нию susceptible (**к** Д to); **~нима́ть** [1], ⟨~ня́ть⟩ [-приму́, -и́мешь; -и́нял, -а́, -о; -и́нятый] take in, understand; **~я́тие** *n* [12] perception

воспроизве|де́ние *n* [12] reproduction; **~оди́ть** [15], ⟨~ести́⟩ [25] reproduce

воспря́нуть [20] *pf.* cheer up; **~ ду́хом** take heart

воссоедин|е́ние *n* [12] reun(ificat)ion; **~я́ть** [28], ⟨~и́ть⟩ [13] reunite

восста|ва́ть [5], ⟨~ть⟩ [-ста́ну, -ста́нешь] rise, revolt

восстан|а́вливать [1], ⟨~ови́ть⟩ [14] **1.** reconstruct, restore; **2.** *про́тив* antagonize; **~ие** *n* [12] insurrection, revolt; **~ови́ть** → **~а́вливать**; **~овле́ние** *n* [12] reconstruction, restoration

восто́к *m* [1] east; the East, the Orient; **на ~** (to[ward] the) east, eastward(s); **на ~е** in the east; **с ~а** from the east; **к ~у от** (P) (to the) east of

восто́р|г *m* [1] delight, rapture; *я в ~ге* I am delighted (**от** P with); *приводи́ть (приходи́ть) в ~г* = **~га́ть(ся)** [1] *impf.* be delight(ed) (T with); **~женный** [14 *sh.*] enthusiastic, rapturous

восто́чный [14] east(ern, -erly); oriental

востре́бова|ние *n* [12]: *до ~ния* to be called for, poste restante; **~ть** [7] *pf.* call for, claim

восхвал|е́ние *n* [12] praise, eulogy; **~я́ть** [28], ⟨~и́ть⟩ [13; -алю́, -а́лишь] praise, extol

восхи|ти́тельный [14; -лен, -льна] delightful; **~ща́ть** [1], ⟨~ти́ть⟩ [15 *е.*; -ищу́, -ити́шь; -ищённый] delight, transport; **-ся** (T) be delighted with; admire; **~ще́ние** *n* [12] admiration; delight; *приводи́ть (приходи́ть) в ~ще́ние* →

~ща́ть(ся)

восхо́|д *m* [1] rise; ascent; **~ди́ть** [15], ⟨взойти́⟩ [взойду́, -дёшь; взошёл] rise, ascend; go back to; *э́тот обы́чай ~дит* (**к** Д) this custom goes back (to); **~жде́ние** *n* [12] sunrise

восьм|ёрка *f* [5; *g/pl.*: -рок] eight (→ *дво́йка*); **~еро** [37] eight (→ *дво́е*)

восьми|деся́тый [14] eightieth; → *пя́т(идеся́т)ый*; **~ле́тний** [14] eight-year-old; **~со́тый** [14] eight hundredth

восьмо́й [14] eighth; → *пя́тый*

вот *part.* here (is); there; now; well; that's…; **~ и всё** that's all; **~ (оно́) как** *or* **что** you don't say!, is that so?; **~ те(бе́) раз** *or* **на** well I never!; a pretty business this!; **~ како́й** … such a …; **~ челове́к!** what a man!; **~~!** yes, indeed!; **~~** (at) any moment

воткну́ть → *втыка́ть*

во́тум *m* [1]: **~ (не)дове́рия** (Д) vote of (no) confidence (in)

воцар|я́ться [28], ⟨~и́ться⟩ [13] (*fig., third person only*) set in; **~и́лось молча́ние** silence fell

вошь *f* [8; вши; во́шью] louse

вощи́ть [16 *е.*], ⟨на-⟩ wax

вою́ющий [17] belligerent

впа|да́ть [1], ⟨~сть⟩ [25; впал, -а] fall (flow, run) in(to); **~де́ние** *n* [12] flowing into; *реки́* mouth, confluence; **~ди́на** *f* [5] cavity; *глазна́я* socket; *geogr.* hollow; **~лый** [14] hollow, sunken; **~сть** → **~да́ть**

впервы́е for the first time

вперёд forward; ahead (P of), on(ward); *зара́нее* in advance, beforehand; → *a. взад*

впереди́ in front, ahead (P of); before

вперемѐжку alternately

впечатл|е́ние *n* [12] impression; **~и́тельный** [14; -лен, -льна] impressionable, sensitive; **~я́ющий** [17 *sh.*] impressive

впи|ва́ться [1], ⟨~ться⟩ [вопью́сь, -пьёшься; впи́лся, -а́сь, -ось] (**в** B) stick (into); *укуси́ть* sting, bite; **~ва́ться глаза́ми** fix one's eyes (on)

впи́сывать [1], ⟨~а́ть⟩ [3] enter, insert

впи́тывать [1], ⟨~а́ть⟩ soak up *or* in;

fig. imbibe, absorb

впи́х|ивать *coll.* [1], *once* ⟨~ну́ть⟩ [20] stuff *or* cram in(to) (**в** В)

вплавь by swimming

впле|та́ть [1], ⟨~сти́⟩ [25; -т-: вплету́, -тёшь] interlace, braid

вплот|ну́ю (к Д) close, (right) up to; *fig. coll.* seriously; ~ь *fig.* (**до** Р) (right) up to; even (till)

вполго́лоса in a low voice

вполз|а́ть [1], ⟨~ти́⟩ [24] creep *or* crawl in(to), up

вполне́ quite, fully, entirely

впопыха́х → **второпя́х**

впо́ру: *быть* ~ fit

впорхну́ть [20; -ну́, -нёшь] *pf.* flutter *or* flit in(to)

впосле́дствии afterward(s), later

впотьма́х in the dark

впра́вду *coll.* really, indeed

впра́ве: *быть* ~ have a right

вправля́ть [28], ⟨впра́вить⟩ [14] *med.* set; *руба́шку* tuck in; ~ *мозги́* make s.o. behave more sensibly

впра́во (to the) right

впредь henceforth, in future; ~ *до* until

впро́голодь half-starving

впрок 1. for future use; **2.** to a p.'s benefit; *э́то ему́* ~ *не пойдёт* it will not profit him

впроса́к: *попа́сть* ~ make a fool of o.s.

впро́чем however, but; or rather

впры́г|ивать [1], *once* ⟨~нуть⟩ [20] jump in(to) *or* on; (**в, на** В)

впры́с|кивать [1], *once* ⟨~нуть⟩ [20] *mst. tech.* inject

впря|га́ть [1], ⟨~чь⟩ [26 г/ж; → *напря́чь*] harness, put to (**в** В)

впус|к *m* [1] admission; ~ка́ть [1], ⟨~ти́ть⟩ [15] let in, admit

впусту́ю in vain, to no purpose

впу́т|ывать, ⟨~ать⟩ [1] entangle, involve (**в** В in); **-ся** become entangled

впя́теро five times (→ *вдво́е*); ~м five (together)

враг *m* [1 *e.*] enemy

враж|да́ *f* [5] enmity; ~де́бность *f* [8] animosity; ~де́бный [14; -бен, -бна] hostile; ~дова́ть [7] be at odds (**с** Т with); ~еский [16], ~ий [18] (the) enemy('s)...

вразбро́д *coll.* separately; without coordination

вразре́з: *идти́* ~ be contrary (**с** Т to)

вразум|и́тельный [14; -лен, -льна] intelligible, clear; ~ля́ть [1], ⟨~и́ть⟩ [14] make understand, make listen to reason

враньё *n coll.* [12] lies, fibs *pl.*, idle talk

врас|пло́х unawares, by surprise; ~сыпну́ю: *бро́ситься* ~сыпну́ю scatter in all directions

враст|а́ть [1], ⟨~и́⟩ [24 -ст-: -сту́; врос, -ла́] grow in(to)

врата́рь *m* [4 *e.*] goalkeeper

врать *coll.* [вру, врёшь; врал, -а́, -о] ⟨со-⟩ lie; (*ошиби́ться*) make a mistake; *о часа́х и т. д.* be inaccurate

врач *m* [1 *e.*] doctor, physician; *зубно́й* ~ dentist; ~е́бный [14] medical

враща́ть [1] (В *or* Т) turn, revolve, rotate; (*v/i.* **-ся в** П associate with); ~а́ющийся revolving; moving; ~е́ние *n* [12] rotation

вред *m* [1 *e.*] harm, damage; *во* ~ (Д) to the detriment (of); ~и́тель *m* [4] *agric.* pest; ~и́ть [15 *e.*; -ежу́, -еди́шь], ⟨по-⟩ (do) harm, (cause) damage (Д to); ~ный [14; -ден, -дна́, -о] harmful, injurious (Д *or* **для** Р to)

врез|а́ть [1], ⟨~ать⟩ [3] (**в** В) cut in(to); set in; **-ся** run in(to); project into; *в па́мять* impress (on)

вре́менный [14] temporary, transient, provisional

вре́м|я *n* [13] time; *gr.* tense; ~я го́да season; *во* ~ (Р) during; *в настоя́щее* ~ at (the) present (moment); *в пе́рвое* ~ at first; ~я от ~ени, ~ена́ми from time to time, (every) now and then, sometimes; *в ско́ром* ~ени soon; *в то (же)* ~я at that (the same) time; *в то* ~я как whereas; *за после́днее* ~я lately, recently; *на* ~я for a (certain) time, temporarily; *со* ~енем, *с тече́нием* ~ени in the course of time, in the long run; *тем* ~енем meanwhile; *ско́лько* ~ени? what's the time?; *ско́лько* ~ени э́то займёт? how long will it take?; *хорошо́ провести́* ~я have a good time; ~яисчисле́ние *n* [12] chronology; ~я(пре)провожде́ние *n* [12] pastime

вро́вень level with, abreast (with **с** T)

вро́де like, such as, kind of

врождённый [14 *sh.*] innate; *med.* congenital

врознь separately, apart

врун *coll. m* [1 *e.*], **~ья** *coll. f* [6] liar

вруча́|ть [1], ⟨~и́ть⟩ [16] hand over; deliver; (*вверить*) entrust

вры|ва́ть [1], ⟨~ть⟩ [22; -ро́ю, -ро́ешь] dig in(to); **-ся**, ⟨ворва́ться⟩ [-ву́сь, -вёшься, -вался, -лась] rush in(to); enter (by force)

вряд ~ **ли** hardly, scarcely

вса́дни|к *m* [1] horseman; **~ца** *f* [5] horsewoman

вса́|живать [1], ⟨~ди́ть⟩ [15] thrust *or* plunge in(to); hit; **~сывать** [1], ⟨всоса́ть⟩ [-су́, -сёшь] suck in *or* up; absorb

всё, все → **весь**

все|ве́дущий [17] omniscient; **~возмо́жный** [14] of all kinds *or* sorts, various

всегда́ always; **~шний** *coll.* [15] usual, habitual

всего́ (-во) altogether, in all; sum, total; ~ (**то́лько, лишь, +на́всего**) only, merely; **пре́жде** ~ above all

вселённая *f* [14] universe; **~я́ть** [28], ⟨~и́ть⟩ [13] settle, move in(to) (*v/i.* **-ся**; *fig.* inspire

все|ме́рный every (or all) ... possible; **~ме́рно** in every possible way; **~ми́рный** [14] world...; universal; **~могу́щий** [17 *sh.*] → **~си́льный**; **~наро́дный** [14; -ден, -дна] national, nationwide; *adv.*: **~наро́дно** in public; **~нощная** *f* [14] vespers *pl.*; **~о́бщий** [17] universal, general; **~объе́млющий** [17 *sh.*] comprehensive, all-embracing; **~ору́жие** *n* [12]: **во ~ору́жии** fully prepared (for), in full possession of all the facts; **~росси́йский** [16] All-Russian

всерьёз *coll.* in earnest, seriously

все|си́льный [14; -лен, -льна] all-powerful; **~сторо́нний** [15] all-round, thorough

всё-таки for all that, still

всеуслы́шанье: **во ~** publicly

всеце́ло entirely, wholly

вска́|кивать [1], ⟨вскочи́ть⟩ [16] jump *or* leap (**на** B up/on); start (**с** P from); *о прыщике, шишке* come up, swell (up); **~лывать**, ⟨вскопа́ть⟩ [1] dig up

вскара́бк|иваться, ⟨~аться⟩ [1] (**на** B) scramble, clamber (up, onto)

вска́рмливать [1], ⟨вскорми́ть⟩ [14] raise, rear *or* bring up

вскачь at full gallop

вскип|а́ть [1], ⟨~е́ть⟩ [10 *e.*; -плю́, -пи́шь] boil up; *fig.* fly into a rage

вскло(ко́)|чивать [1], ⟨~чить⟩ [16] tousle; **~ченные** *or* **~чившиеся во́лосы** *m/pl.* dishevel(l)ed hair

всколыхну́ть [20] stir up, rouse

вскользь in passing, cursorily

вскопа́ть → **вска́пывать**

вско́ре soon, before long

вскорми́ть → **вска́рмливать**

вскочи́ть → **вска́кивать**

вскри́|кивать [1], ⟨~ча́ть⟩ [4 *e.*; -чу́, -чи́шь], *once* ⟨~кнуть⟩ [20] cry out, exclaim

вскружи́ть [16; -жу́, -у́жи́шь] *pf.*; ~ (Д) **го́лову** turn a p.'s head

вскры|ва́ть [1], ⟨~ть⟩ **1.** open; (*обнаружить*) *fig.* reveal; **2.** *med.* dissect; **-ся 1.** open; be disclosed; **2.** *med.* burst, break; **~тие** *n* [12] *mst. med.* dissection, autopsy

всласть *coll.* to one's heart's content

вслед (**за** T, Д) (right) after, behind, following; **~ствие** (P) in consequence of, owing to; **~ствие э́того** consequently

вслепу́ю *coll.* blindly, at random

вслух aloud

вслу́ш|иваться, ⟨~аться⟩ [1] (**в** B) listen attentively (to)

всма́триваться [1], ⟨всмотре́ться⟩ [9; -отрю́сь, -о́тришься] (**в** B) peer (at); observe closely, scrutinize

всмя́тку: **яйцо́** ~ soft-boiled egg

всо́|вывать [1], ⟨всу́нуть⟩ [20] put, slip (**в** B into); **~са́ть** → **вса́сывать**

вспа́|хивать [1], ⟨~ха́ть⟩ [3] plow (*Brt.* plough) *or* turn up; **~шка** *f* [5] tillage

всплеск *m* [1] splash; **~ивать** [1], ⟨~ну́ть⟩ [20] splash; **~ну́ть рука́ми** throw up one's arms

всплы|ва́ть [1], ⟨~ть⟩ [23] rise to the

surface, surface; *fig.* come to light, emerge

всполош|и́ть [16 *e.*; -шу́, -ши́шь; -шён-ный] *pf.* alarm; (*v/i.* **-ся**)

вспом|ина́ть [1], ⟨~нить⟩ [13] (В *or o* П) remember, recall; (Д + **-ся** = И + *vb.*); **~ога́тельный** [14] auxiliary

вспорхну́ть [20] *pf.* take wing

вспоте́ть [8] (break out in a) sweat

вспры́г|ивать [1], *once* ⟨~нуть⟩ [20] jump *or* spring (up/on **на** В)

вспры́с|кивать [1], ⟨~нуть⟩ [20] sprinkle; wet; *coll. поку́пку* celebrate

вспу́г|ивать [1], *once* ⟨~ну́ть⟩ [20] frighten away

вспух|а́ть [1], ⟨~нуть⟩ [21] swell

вспыл|и́ть [13] *pf.* get angry, flare up; **~ьчивость** *f* [8] irascibility; **~ьчивый** [14 *sh.*] hot-tempered

вспы́х|ивать [1], ⟨~нуть⟩ [20] **1.** burst into flames; blaze up, flare up; *огонёк* flash; (*покрасне́ть*) blush; **2.** *от гне́ва* burst into a rage; *о войне́* break out; **~ка** *f* [5; *g/pl.*: -шек] flare, flash; outburst; outbreak

встава́ть [5], ⟨~ть⟩ [встану, -нешь] stand up; get up, rise (from **с** Р); arise; **~вка** *f* [5; *g/pl.*: -вок] insertion; insert; **~вля́ть** [28], ⟨~вить⟩ [14] set *or* put in, insert; **~вно́й** [14] inserted; **~вны́е зу́бы** *m/pl.* false teeth

встрепену́ться [20] *pf.* start; (*оживи́ться*) become animated

встрёпк|а P *f* [5] reprimand; **зада́ть ~у** (Д) bawl out, scold (a p.)

встре́|тить(ся) → **~ча́ть(ся); ~ча** *f* [5] meeting, encounter; *приём* reception; *тёплая ~а* warm welcome; **~ча́ть** [1], ⟨~тить⟩ [15 *st.*] **1.** meet (*v/t.*, with В) encounter; *случа́йно* come across; **2.** *прибы́вших* meet, receive, welcome **~ча́ть Но́вый год** see the New Year; celebrate the New Year; *v/i.* **-ся 1.** meet (**с** То.*а.*, with); **2.** (*impers.*) occur, happen; there are (were); **~чный** [14] counter...; contrary; head (*wind*); (coming from the) opposite (direction); *маши́на* oncoming; *пе́рвый ~чный* the first person one meets; anyone; *пе́рвый ~чный и попере́чный* every Tom, Dick and

Harry

встря́|ска *f* [5; *g/pl.*: -сок] shock; **~хивать** [1], *once* ⟨~хну́ть⟩ [20] shake (up); *fig.* stir (up); **-ся** *v/i. coll.* cheer up

вступ|а́ть [1], ⟨~и́ть⟩ [14] *стать чле́ном* (**в** В) enter, join; set foot in, step (into); *в до́лжность* assume; **~и́ть в брак** marry; **~и́ть в де́йствие** come into force; **~и́ть на трон** ascend the throne; **-ся** (*за* В) intercede (for), project; take a p.'s side; **~и́тельный** [14] introductory; opening; *экза́мен и m. д.* entrance...; **~ле́ние** *n* [12] *на престо́л* accession; *в кни́ге и m. д.* introduction

всу́|нуть → **всо́вывать; ~чивать** *coll.* [1], ⟨~чи́ть⟩ [16] foist (В/Д s.th. on)

всхлип *m* [1], **~ывание** *n* [12] sob(bing); **~ывать** [1], *once* ⟨~нуть⟩ [20 *st.*] sob

всход|и́ть [15], ⟨взойти́⟩ [взойду́, -дёшь; взошёл; *g. pt.*: взойдя́] go *or* climb (**на** В [up] on), ascend, rise; *agric.* come up, sprout; **~ы́** *m/pl.* [1] standing *or* young crops

всхо́жесть *f* [8] germinating capacity

всхрапну́ть [20] *coll. joc. pf.* have a nap

всыпа́ть [1], ⟨~ать⟩ [2 *st.*] pour *or* put (**в** В into); Р upbraid; give s.b. a thrashing

всю́ду everywhere, all over

вся́|кий [16] **1.** any; every; anyone; everyone; *без ~кого сомне́ния* beyond any doubt; *во ~ком слу́чае* at any rate; **2.** = **~ческий** [16] all kinds *or* sorts of, sundry; every possible; **~чески** in every way; **~чески стара́ться** try one's hardest, try all ways; **~чина** *coll. f* [5]: **~кая ~чина** odds and ends

вта́|йне in secret; **~лкивать** [1], ⟨втолкну́ть⟩ [20] push *or* shove in(to); **~пты-вать** [1], ⟨втопта́ть⟩ [3] trample into; **~скивать** [1], ⟨~щи́ть⟩ [16] pull *or* drag in, into, up

вте|ка́ть [1], ⟨~чь⟩ [26] flow in(to)

вти|ра́ть [1], ⟨втере́ть⟩ [12; вотру́, -решь; втёр] rub in; **~ра́ть очки́** (Д) throw dust in (p.'s) eyes; **-ся** *coll.* **в дове́рие** worm into; **~скивать** [1], ⟨~снуть⟩ [20] squeeze o.s. in(to)

втихомо́лку *coll.* on the sly

втолкну́ть → **вта́лкивать**

втопта́ть → **вта́птывать**

втор|га́ться [1], ⟨∠гнуться⟩[21] (**в** В) intrude, invade, penetrate; *в чужие дела* meddle (with); **∠же́ние** n [12] invasion, incursion; **∠ить** [13] *mus.* sing (*or* play) the second part; echo; repeat; **∠и́чный** [14] second, repeated; *побочный*; **∠и́чно** once more, for the second time; **∠ник** m [1] Tuesday (**в** В, *pl.*: *по* Д on); **∠о́й** [14] second; *из ∠ых рук* second-hand; → **пе́рвый** & **пя́тый**; **∠оку́рсник** m [1] sophomore, *Brt.* secondyear student

второпя́х hurriedly, in haste

второстепе́нный [14; -е́нен, -е́нна] secondary, minor

в-тре́тьих third(ly)

втри́дорога: *coll.* triple the price; *плати́ть ~* pay through the nose

втро́|е three times (as …, *compr.:* → **вдво́е**); *vb.* **∠е** *a.* treble; **∠ём** three (of us *or* together); **∠йне́** three times as much *etc.*), treble

вту́лка f [5; *g/pl.*: -лок] *tech.* sleeve

втыка́ть [1], ⟨воткну́ть⟩[20] put *or* stick in(to)

втя́|гивать [1], ⟨∠ну́ть⟩ [19] draw *or* pull in(to), on; *вовлечь* involve, engage; **-ся** (**в** В) *fig. в рабо́ту* get used (to)

вуа́ль f [8] veil

вуз m [1] (**вы́сшее уче́бное заведе́ние** n) institution of higher education

вулка́н m [1] volcano; **∠и́ческий** [16] volcanic

вульга́рный [14; -рен, -рна] vulgar

вундерки́нд m [1] child prodigy

вход m [1] entrance; entry; **∠а нет** no entry; *пла́та за ~* entrance *or* admission fee

входи́ть [15], ⟨войти́⟩ [войду́, -дёшь; вошёл, -шла́; воше́дший *g. pt.*: войдя́] (**в** В) enter, go, come *or* get in(to); (*помещаться*) go in(to), have room for; hold; be a member of; be included in; **~ во вкус** (Р) take a fancy to; **~ в дове́рие к** (Д) gain a p.'s confidence; **~ в положе́ние** (Р) appreciate a p.'s position; **~ в привы́чку** (*в поговорку*) become a habit (proverbial); **~ в (соста́в** Р) form part (of), belo (to)

входно́й [14] entrance…, admission…

вхолосту́ю: **рабо́тать ~** run idle

вцеп|ля́ться [28], ⟨∠и́ться⟩ [14] (**в** В) grasp, catch hold of

вчера́ yesterday; **∠шний** [5] yesterday's, of yesterday

вчерне́ in rough; in draft form

вче́тверо four times (as …, *compr.:* → **вдво́е**); **∠м** four (of us *etc.*)

вчи́тываться [1] (**в** В) *impf. only* try to grasp the meaning of

вше́стеро six times (→ **вдво́е**)

вши|ва́ть [1], ⟨∠ть⟩ [вошью́, -шьёшь; → **шить**] sew in(to); **∠вый** [14] *mst. coll. fig.* lousy

въе|да́ться [1], ⟨∠сться⟩ [→ **есть**] eat (in[to]); **∠дливый** [14 *sh.*] *coll.* corrosive, acid

въе́зд m [1] entrance, entry; **∠здно́й** [14]: **∠здна́я ви́за** entry visa; **∠зжа́ть** [1], ⟨∠хать⟩ [въе́ду, -дешь; въезжа́й(-те)!] enter, ride *or* drive in(to), up, on (**в, на** В); move in(to); **∠сться** → **∠да́ться**

вы [21] you (polite form *a.* ⚥); **∠с ним** and he; **у вас** (**был**) you have (had)

выб|а́лтывать *coll.* [1], ⟨∠олтать⟩ blab *or* let out; **∠ега́ть** [1], ⟨∠ежать⟩ [4; вы́бегу, -ежишь] run out; **∠ива́ть** [1], ⟨∠ить⟩ [вы́бью, -бьешь, *etc.* → **бить**] beat *or* knock out; *стекло́ и т. д.* break; smash; (*изгнать*) drive out, *mil.* dislodge; **∠ить из коле́й** unsettle; **-ся** break out *or* forth; **∠ива́ться из сил** be(come) exhausted, fatigued; **∠ива́ться из коле́й** go off the beaten track; **∠ира́ть** [1], ⟨∠рать⟩ [вы́беру, -решь; -бранный] choose, pick out (*избирать*) elect; take out; *мину́тку* find; **-ся** get out; *на конце́рт и т. д.* find time to go; **∠ить** → **∠ива́ть**

вы́боина f [5] dent; *на доро́ге* pothole; rut

вы́бор m [1] choice, option; (*отбор*) selection; *pl.* election(s); **на ~** (*or* **по ∠у**) at a p.'s discretion; random (*test*); **всео́бщие ∠ы** *pl.* general election; **допол-ни́тельные ∠ы** by-election; **∠ка** f [5; *g/pl.*: -рок] selection; *pl.* excerpts; *statistics* sample; **∠ный** [14] electoral; elected

выбр|а́сывать [1], ⟨∼о́сить⟩ [15] throw (out *or* away); discard; (*исключить*) exclude, omit; **∼а́сывать (зря) де́ньги** waste money; **-ся** throw o.s. out; **∼ать →** **выбира́ть**; **∼ить** [-ею, -еешь; -итый] *pf.* shave clean; (*v/i.* **-ся**); **∼о́сить → ∼а́сывать**

выб|ыва́ть [1], ⟨∼ы́ть⟩ [-буду, -будешь] leave; *из игры́* drop out

выв|а́ливать [1], ⟨∼а́лить⟩ [13] discharge, throw out; **-ся** fall out; **∼а́ривать** [1], ⟨∼а́рить⟩ [13] (*экстраги́ровать*) extract; boil (down); **∼е́дывать**, ⟨∼едать⟩ [1] find out, (try to) elicit; **∼езти → ∼ози́ть**

вы́в|ертывать [1], ⟨∼ернуть⟩ [20] unscrew; *де́рево* tear out; *ру́ку и т. д.* dislocate; *наизна́нку* turn (inside out); *v/i.* **-ся**; slip out; extricate o.s.

вы́вес|ить → **выве́шивать**; **∼ка** *f* [5; *g/pl.*: -сок] sign(board); *fig.* screen, pretext; **∼ти → выводи́ть**

выв|е́тривать [1], ⟨∼етрить⟩ [13] (remove by) air(ing); **-ся** *geol.* weather; disappear; **∼е́триваться из па́мяти** be effaced from memory; **∼е́шивать** [1], ⟨∼есить⟩ [15] hang out *or* put out; **∼и́нчивать** [1], ⟨∼интить⟩ [15] unscrew

вы́вих *m* [1] dislocation; **∼нуть** [20] *pf.* dislocate, put out of joint

вы́вод *m* [1] **1.** *войск* withdrawal; conclusion; **сде́лать ∼** draw a conclusion; **∼и́ть** [15], ⟨вы́вести⟩ [25] **1.** take, lead *or* move (out, to); **2.** conclude; **3.** *птенцо́в* hatch; *сорт расте́ния* cultivate; **4.** *пятно́* remove, *насеко́мых* extirpate; **5.** *бу́квы* write *or* draw carefully; **6.** *о́браз* depict; **∼и́ть (В) из себя́** make s.b. lose his temper; **-ся**, ⟨-сь⟩ disappear; **∼ок** *m* [1; -дка] brood

вы́воз *m* [1] export; *му́сора* removal; **∼и́ть** [15], ⟨вы́везти⟩ [24] remove, take *or* bring out; export

выв|ора́чивать *coll.* [1], ⟨∼оротить⟩ [15] → **вывёртывать**

выг|а́дывать, ⟨∼адать⟩ [1] gain *or* save (В/**на** П s.th. from)

вы́г|ать *m* [1] bend, curve; **∼а́ть** [1], ⟨вы́гнуть⟩ [20] *о ко́шке* arch; curve, bend

выгля|де́ть [11 *st.*] *impf.* look (s.th. T,

like *как*); **как она́ ∼дит?** what does she look like?; **он ∼дит моло́же свои́х лет** he doesn't look his age; **∼дывать** [1], *once* ⟨∼нуть⟩ [20 *st.*] look *or* peep out (of **в** B, **из** P)

вы́гнать → выгоня́ть

вы́гнуть → выгиба́ть

выгов|а́ривать [1], ⟨∼орить⟩ [13] **1.** pronounce; utter; **2.** *impf. coll.* (Д) tell off; **∼ор** *m* [1] **1.** pronunciation; **2.** reproof, reprimand

вы́год|а *f* [5] (*при́быль*) profit; (*преиму́щество*) advantage; (*по́льза*) benefit; **∼ный** [14; -ден, -дна] profitable; advantageous (Д, **для** P to)

вы́гон *m* [1] pasture; **∼я́ть** [28], ⟨вы́гнать⟩ [вы́гоню, -нишь] turn *or* drive out; *coll.* **с рабо́ты** fire

выгор|а́живать [1], ⟨∼оди́ть⟩ [15] fence off; P shield, absolve from blame; **∼а́ть** [1], ⟨∼еть⟩ [9] **1.** burn down; **2.** (*вы́цвести*) fade; **3.** *coll.* (*получи́ться*) click, come off

выгр|ужа́ть [1], ⟨∼узить⟩ [15] unload, discharge; *с су́дна* disembark; (*v/i.* **-ся**); **∼узка** *f* [5; *g/pl.*: -зок] unloading; disembarkation

выдава́ть [5], ⟨вы́дать⟩ [-дам, -дашь, *etc.* → **дать**] **1.** give (out), pay (out); **2.** *про́пуск* issue; **3.** *преда́ть* betray; *друго́му госуда́рству* extradite; **∼ (себя́) за** (B) pass (o.s. off) as; **∼ (за́муж) за** (B) give (a girl) in marriage to; **-ся 1.** (*выступа́ть*) stand out; **2.** *coll. день и т. д.* happen *or* turn out

выд|а́вливать [1], ⟨∼авить⟩ [14] press *or* squeeze out (*a. fig.*); **∼авить улы́бку** force a smile; **∼а́лбливать** [1], ⟨∼олби́ть⟩ [14] hollow out, gouge out

вы́да|ть → ∼ва́ть; **∼ча** *f* [5] **1.** (*разда́ча*) distribution; *сда́ча* delivery; *де́нег* payment; **2.** issue; **3.** disclosure; **4.** extradition; **день ∼чи зарпла́ты** payday; **∼ющийся** [17; -щегося *etc.*] outstanding, prominent, distinguished

выдви|га́ть [1], ⟨∼нуть⟩ [20] **1.** pull out; **2.** *предложе́ние* put forward, propose; *на до́лжность* promote; *кандида́та* nominate; **-ся 1.** slide in and out; **2.** *esp. mil.* move forward; **3.** *по слу́жбе*

advance; **4.** *impf.* → **~жно́й** [14] pull-
-out…, sliding; (*tech.*) telescopic

выд|еле́ние *n* [12] discharge, secretion;
~елка *f* [5; *g/pl.*: -лок] *о качестве*
workmanship; *кожи* dressing; **~е́лы-**
вать, ⟨~елать⟩ [1] work, make *кожу*;
~еля́ть [28], ⟨~елить⟩ [13] **1.** mark
out, single out; (*отметить*) empha-
size; **2.** *землю и т. д.* allot; satisfy (*co-*
heirs); **3.** *med.* secrete; **4.** *chem.* isolate;
-ся *v/i.* 1, 4; (*отличаться*) stand out,
rise above; excel, **~ёргивать**, ⟨-
~ернуть⟩ [20] pull out

выде́рж|ивать [1], ⟨~ать⟩ [4] stand,
bear, endure; *экзамен* pass; *размеры*
и т. д. observe; **~ать хара́ктер** be
firm; **~анный** self-possessed; (*после-*
довательный) consistent; *о вине* ma-
ture; **~ка** *f* [5; *g/pl.*: -жек] **1.** self-con-
trol; **2.** (*отрывок*) excerpt, quotation;
3. *phot.* exposure

выд|ира́ть *coll.* [1], ⟨~рать⟩ [-деру,
-ерешь] tear out; *зуб* pull; *pf.* thrash;
~олбить → **~а́лбливать**; **~охнуть** →
~ыха́ть; **~ра** *f* [5] otter; **~рать** →
~ира́ть; **~умка** *f* [5; *g/pl.*: -мок] invention; made-up story, fabrication; **~у́мы-**
вать, ⟨~умать⟩ [1] invent, contrive, devise

выд|ыха́ть [1], ⟨~охнуть⟩ [20] breathe
out; **-ся** become stale; *fig.* be played out

вы́езд *m* [1] departure; *из города* town/
city gate

выез|жа́ть [1], ⟨вы́ехать⟩ [вы́еду,
-едешь; езжа́й(те)!] *v/i.* (*из/с* P) **1.**
leave, depart; **2.** *на машине, лошади*
drive *or* ride out, on(to); **3.** *из кварти-*
ры leave *or* move (from)

вы́емка *f* [5; *g/pl.*: -мок] excavation;
ямка hollow

вы́ехать → **выезжа́ть**

выж|ать → **~има́ть**; **~дать** → **выжи-**
да́ть; **~ива́ние** *n* [12] survival; **~ива́ть**
[1], ⟨~ить⟩ [-иву, -ивешь; -итый] sur-
vive; go through; stay; *coll. из дома и*
т. д. oust, drive out; **~ить из ума́** be
in one's dotage; *fig.* take leave of one's
senses; **~ига́ть** [1], ⟨~ечь⟩ [26 г/ж: -жгу,
-жжешь, -жгут; -жег, -жженный] burn
out; burn down; scorch; **~ида́ть** [1],

⟨~дать⟩ [-жду, -ждешь; -жди(те)!] (P
or B) wait for *or* till (after); **~има́ть**
[1], ⟨~жать⟩ [-жму, -жмешь; -жатый]
squeeze, press *or о белье* wring out;
sport lift (weights); **~ить** → **~ива́ть**

вы́звать → **вызыва́ть**

выздор|а́вливать [1], ⟨~оветь⟩ [10]
recover; **~а́вливающий** [17] convales-
cent; **~овле́ние** *n* [12] recovery

вы́з|ов *m* [1] call, summons; (*при-*
глашение) invitation; *mst. fig.* challenge; **~убри́ть** [1] → **зубри́ть 2**;
~ыва́ть [1], ⟨~вать⟩ [-ову, -овешь] **1.**
call (to; for *thea.*: up *tel.*); *врача* send
for; **2.** summon (**к** Д to, **в суд** before
a court); **3.** challenge (to **на** B); **4.** (*при-*
водить) rouse, cause; *воспоминания*
evoke; **-ся** undertake *or* offer;
~ыва́ющий [17] defiant, provoking

вы́йгр|ывать, ⟨~ать⟩ [1] win (from **у** P);
(*извлечь выгоду*) gain, benefit; **~ыш**
m [1] win(ning[s]), gain(s), prize; profit;
быть в ~ыше have won (profited);
~ышный [14] *положение* advanta-
geous, effective

вы́йти → **выходи́ть**

вык|а́лывать [1], ⟨~олоть⟩ [17] put out;
prick out; **~а́пывать**, ⟨~опать⟩ [1] dig
out *or* up; **~ара́бкиваться**, ⟨-
~арабкаться⟩ [1] scramble *or* get out;
~а́рмливать [1], ⟨~ормить⟩ [14] bring
up, rear; **~а́тывать**, ⟨~атить⟩ [15]
push *or* wheel out; **~атить глаза́** P stare

выки́|дывать [1], *once* ⟨~нуть⟩ [20] **1.**
throw out *or* away; discard; (*опу-*
стить) omit; **2.** *белый флаг* hoist
(up); **3.** *coll.* *фокус* play (trick);
~дыш *m* [1] miscarriage

выкл|а́дка *f* [5; *g/pl.*: -док] *math.* com-
putation, calculation; *mil.* pack *or* kit;
~а́дывать [1], ⟨вы́ложить⟩ [16] **1.** *день-*
ги lay out; tell; **2.** (*отделать*) face with
masonry

выключ|а́тель *m* [4] *el.* switch; **~а́ть** [1],
⟨~ить⟩ [16] switch *or* turn off; *двига-*
тель stop; **~е́ние** *n* [12] switching off,
stopping

вык|о́вывать [1], ⟨~овать⟩ [7] forge;
fig. mo(u)ld; **~ола́чивать** [1], ⟨-
~олотить⟩ [15] *ковёр* beat *or* knock

out; *долги и т. д.* exact; ~**олоть** → ~**а́лывать**; ~**опать** → ~**а́пывать**; ~**ормчёвывать** → ~**а́рмчивать**; ~**орчёвывать** [1], ⟨~**орчевать**⟩ [7] root up *or* out

выкр|а́ивать [1], ⟨~**оить**⟩ [13] *sew.* cut out; *coll. время* spare; *деньги* find; ~**а́шивать** [1], ⟨~**асить**⟩ paint, dye; ~**и́кивать** [1], *once* ⟨~**икнуть**⟩ [20] cry *or* call (out); ~**оить** → ~**а́ивать**; ~**о́йка** *f* [5; *g/pl.*: -оек] pattern

выкр|ута́сы *coll. m/pl.* [1] *о поведении* vagaries, crotchets; ~**у́чивать** [1], ⟨~**утить**⟩ [15] twist; *бельё* wring (out); *coll.* unscrew; **-ся** *coll. лампочку и т. д.* slip out

вы́куп *m* [1] redemption; *заложника и т. д.* ransom; ~**а́ть** [1], ⟨~**ить**⟩ [14] *вещь* redeem; ransom; ~**а́ть** → **купа́ть**

выку́р|ивать [1], ⟨~**ить**⟩ [13] smoke

выл|а́вливать [1], ⟨~**овить**⟩ [14] fish out, draw out; ~**а́зка** *f* [5; *g/pl.*: -зок] *mil.* sally; ~**а́мывать**, ⟨~**омать**⟩ [1] break open

выл|еза́ть [1], ⟨~**езть**⟩ [24] climb *or* get out; *о волосах* fall out; ~**епля́ть** [28], ⟨~**епить**⟩ [14] model, fashion

вы́лет *m* [1] *ae.* taking off, flight; ~**а́ть** [1], ⟨~**еть**⟩ [11] fly out; *ae.* take off, (**в** B for); rush out *or* up; (*вывалиться*) fall out; slip (a *p.'s* memory ~**еть из головы́**); ~**еть в трубу́** go broke

выл|е́чивать [1], ⟨~**ечить**⟩ [16] cure, heal (*v/i.* **-ся**); ~**ива́ть** [1], ⟨~**ить**⟩ [-лью, -льешь; → **лить**] pour out; ~**итый** [14] the image of, just like (И s.b.)

вы́л|овить → ~**а́вливать**; ~**ожить** → **выкла́дывать**; ~**омать** → ~**а́мывать**; ~**упля́ться** [28], ⟨~**иться**⟩ [14] hatch

вым|а́зывать [1], ⟨~**азать**⟩ [3] smear; daub (**-ся** *o.s.*) (T with); ~**а́ливать** [1], ⟨~**олить**⟩ [13] get *or* obtain by entreaties; ~**а́ливать проще́ние** beg for forgiveness; ~**а́нивать** [1], ⟨~**анить**⟩ [13] lure (**из** P out of); coax *or* cheat (**у** P/B a p. out of s.th.); ~**а́ривать** [1], ⟨~**орить**⟩ [13] exterminate; ~**а́чивать** [1], ⟨~**очить**⟩ [16] *дождём* drench; *в жидкости* soak; ~**а́щивать** [1], ⟨~

~**остить**⟩ [15] pave ~**е́нивать** [1], ⟨~**еня́ть**⟩ [28] exchange (for **на** B); ~**ере́ть** → **ира́ть**; ~**ета́ть** [1], ⟨~**ести**⟩ [25; -т- *st.*: -ету, -етешь] sweep (out); ~**еща́ть** [1], ⟨~**естить**⟩ [15] avenge o.s. (on Д); *злобу* vent (**на** П on p.); ~**ира́ть** [1], ⟨~**ереть**⟩ [12] die out, become extinct

вымога́т|ельство *n* [9] blackmail, extortion; ~**ь** [1] extort (B *or* P/у P s.th from)

вым|ока́ть [1], ⟨~**окнуть**⟩ [21] get wet through; ~**окнуть до ни́тки** get soaked to the skin; ~**олвить** [14] *pf.* utter, say; ~**олить** → ~**а́ливать**; ~**орить** → ~**а́ривать**; ~**остить** → ~**а́щивать**; ~**очить** → ~**а́чивать**

вы́мпел *m* [1] pennant, pennon

вым|ыва́ть [1], ⟨~**ыть**⟩ [22] wash (out, up); ~**ысел** *m* [1; -сла] invention; fantasy; *ложь* falsehood; ~**ыть** → ~**ыва́ть**; ~**ышля́ть** [28], ⟨~**ыслить**⟩ [15] think up, invent; ~**ышленный** *a.* fictitious

вы́мя *n* [13] udder

вын|а́шивать [1]: ~**а́шивать план** nurture a plan; ~**ести** → ~**оси́ть**

вын|има́ть [1], ⟨~**уть**⟩ [20] take *or* draw out, produce

вын|оси́ть [15], ⟨~**ести**⟩ [24; -с-: -су, -сешь; -с, -сла, -сло] **1.** carry *or* take out (away), remove; **2.** (*терпеть*) endure, bear; **3.** *благода́рность* express; pass (*a. law*); ~**оси́ть сор из избы́** wash one's dirty linen in public; ~**о́сливость** *f* [8] endurance; ~**о́сливый** [14 *sh.*] sturdy, hardy, tough

вын|ужда́ть [1], ⟨~**удить**⟩ [15] force, compel; extort (B/у *or* **от** P s.th. from); ~**ужденный** [14 *sh.*] forced; of necessity; ~**ужденная поса́дка** emergency landing

вы́нырнуть [20] *pf.* come to the surface, emerge; *coll.* turn up (unexpectedly)

вы́пад *m* [1] *fencing* lunge; thrust; *fig* attack

выпа|да́ть [1], ⟨~**сть**⟩ [25] **1.** fall *or* drop (out); (*выскользнуть*) slip out; **2.** fall (Д to, *a.* **на до́лю** to a *p.'s* lot); devolve on

вып|а́ливать [1], ⟨~**алить**⟩ [13] *coll*

blurt out; shoot (*из* P with); **~а́лывать** [1], ⟨~оло́ть⟩ [17] weed (out); **~а́ривать** [1], ⟨~а́рить⟩ [13] steam; clean, disinfect; (*chem.*) evaporate

вып|ека́ть [1], ⟨~ечь⟩ [26] bake; **~ива́ть** [1], ⟨~ить⟩ [-пью, -пьешь; → **пить**] drink (up); *coll.* be fond of the bottle; **~ить (ли́шнее)** *coll.* have one too many; **~ить ча́шку ча́ю** have a cup of tea; **~ивка** *coll. f* [5; *g/pl.*: -вок] booze

вы́п|иска *f* [5; *g/pl.*: -сок] **1.** writing out, copying; **2.** *из те́кста* extract; statement (of account *из счёта*); **3.** order; subscription; **4.** *из больни́цы* discharge; *с ме́ста жи́тельства* notice of departure; **~и́сывать** [1], ⟨~иса́ть⟩ [3] **1.** write out (*or* down); copy; **2.** → **выводи́ть 6.**; **3.** *журна́л и т. д.* order; subscribe; **4.** discharge; **-ся** sign out; **~и́сываться из больни́цы** leave hospital

вы́пла|вка *f* [5] smelting; **~кать** [3] *pf.* cry (one's eyes *глаза́*) out; **~та** *f* [5] payment; **~чивать** [1], ⟨~тить⟩ [15] pay (out *or* off)

выпл|ёвывать [1], *once* ⟨~юнуть⟩ [20] spit out; **~ёскивать** [1], ⟨~ескать⟩ [3], *once* ⟨~еснуть⟩ [20] dash *or* splash (out); **~еснуть с водо́й ребёнка** throw the baby out with the bathwater

выпл|ыва́ть [1], ⟨~ыть⟩ [23] swim out; surface; emerge, appear

выпол|а́скивать [1], ⟨~оскать⟩ [3] rinse; *го́рло* gargle; **~за́ть** [1], ⟨~зти⟩ [24] creep *or* crawl out; **~не́ние** *n* [12] fulfil(l)ment, execution, realization; **~ня́ть** [1], ⟨~нить⟩ [13] carry out, fulfil(l); execute; **~оть** → **выпа́лывать**

вы́пр|авка *f* [5; *g/pl.*: -вок]: *вое́нная* **~авка** soldierly bearing; **~авля́ть** [28], ⟨~авить⟩ [14] set right *or* straighten out; *ру́копись и т. д.* correct; **~а́шивать** [1], ⟨~осить⟩ [15] try to get *or* obtain, solicit; **~оса́живать** *coll.* [1], ⟨~оводить⟩ [15] send s.o. packing, turn out; **~ы́гивать** [1], ⟨~ыгнуть⟩ [20] jump out; **~яга́ть** [1], ⟨~ячь⟩ [26 г/ж: -ягу, -яжешь; -яг] unharness; **~ямля́ть** [28], ⟨~ямить⟩ [14] straighten; **-ся** become straight; *спи́ну* straighten

вы́пукл|ость *f* [8] protuberance; prominence, bulge; **~ый** [14] convex; prominent; *fig.* expressive; distinct

вы́пуск *m* [1] output; issue; publication; (*часть рома́на*) instal(l)ment; *о студе́нтах* graduate class; **~а́ть** [1], ⟨вы́пустить⟩ [15] let out; *law* release; *това́ры* produce, issue, publish; (*исключи́ть*) omit, leave out; graduate; **~а́ть в прода́жу** put on sale; **~ни́к** *m* [1 *e.*] graduate; **~но́й** [14] graduate..., graduation..., final, leaving; *tech.* discharge...; exhaust...

вып|у́тывать, ⟨~утать⟩ [1] disentangle *or* extricate (**-ся** *o.s.*); **~у́чивать** [1], ⟨~учить⟩ [16] **1.** bulge; **2.** P → **тара́щить**

вы́п|ытывать, ⟨~ытать⟩ [1] find out, (try to) elicit

выпя́|ливать P [1], ⟨~лить⟩ [13] → **тара́щить**; **~чивать** *coll.* [1], ⟨~тить⟩ [15] stick *or* thrust out; *fig.* emphasize

выраб|а́тывать, ⟨~отать⟩ [1] manufacture, produce; *план и т. д.* elaborate, work out; develop; **~отка** *f* [15; *g/pl.*: -ток] manufacture, production; output

выра́в|нивать [1], ⟨~овнять⟩ [28] **1.** level; smooth out; **2.** align; (*уравнивать*) equalize; **-ся** straighten; become even

выра|жа́ть [1], ⟨~зить⟩ [15] express, show; **~жа́ть слова́ми** put into words; **~жа́ться** [1], ⟨~зиться⟩ [15] **1.** express *o.s.*; **2.** manifest itself (*в* П in); **~же́ние** *n* [12] expression; **~зи́тельный** [14; -лен, -льна] expressive; *coll.* significant

выр|аста́ть [1], ⟨~асти⟩ [24 -ст-: -асту; → **расти́**] **1.** grow (up); increase; (*превти́ться*) develop into; **2.** (*появиться*) emerge, appear; **~а́щивать** [1], ⟨~астить⟩ [15] *расте́ние* grow; *живо́тных* breed; *ребёнка* bring up; *fig.* *чемпио́на* train; **~вать 1.** → **~ыва́ть; 2.** → **рвать 3**

вы́рез *m* [1] notch; cut; *пла́тье с глубо́ким* **~ом** low-necked dress; **~а́ть** [1], ⟨~ать⟩ [15] **1.** cut out, clip; **2.** *из де́рева* carve; (*гравирова́ть*) engrave; **3.** slaughter; **~ка** *f* [5; *g/pl.*: -зок] cutting out, clipping; *cul.* tenderloin; **~но́й** [14] carved

вы́ро|док *m* [1; -дка] *coll.* monster;

~жда́ться [1], ⟨~диться⟩ [15] degenerate; **~жде́ние** *n* [12] degeneration
вы́ронить [13] *pf.* drop
вы́росший [17] grown
выр|уба́ть [1], ⟨~уби́ть⟩ [14] cut down *or* fell; **~уча́ть** [1], ⟨~учи́ть⟩ [16] **1.** come to s.o.'s help *or* rescue; **2.** *за товар* make, net; **~учка** *f* [5] rescue; assistance, help; *comm.* proceeds; **прийти́ на ~учку** come to the aid (Д of)
выр|ыва́ть [1], ⟨~ва́ть⟩ [-ву, -ве́шь] **1.** pull out; tear out; **2.** snatch (*из* P, *у* P from); *fig.* extort (*В/у* P s.th. from a p.); **-ся** break away; tear o.s. away (*из* P from); break loose; escape; **~ыва́ть**, ⟨~ы́ть⟩ [22] dig out, up
выс|а́дка *f* [5; *g/pl.*: -док] disembarkation, landing; **~а́живать** [1], ⟨~а́дить⟩ [15] **1.** land, disembark; **2.** help out; make *or* let a p. get off; **3.** *растения* transplant; **-ся** *v/i.*; *a.* get out, off
выс|а́сывать [1], ⟨~оса́ть⟩ [-осу, -осе́шь] suck out; **~ве́рливать** [1], ⟨~верлить⟩ [13] bore, drill; **~вобожда́ть** [1], ⟨~вободить⟩ [15] free, disentangle
выс|ева́ть [1], ⟨~еять⟩ [27] sow; **~ека́ть** [1], ⟨~ечь⟩ [26] **1.** hew, carve; **2.** → *сечь*; **~еле́ние** *n* [12] eviction; **~еля́ть** [28], ⟨~елить⟩ [13] evict; **~еять** → **~ева́ть**; **~и́живать** [1], ⟨~идеть⟩ [11] sit out, stay; *яйцо* hatch
выск|а́бливать [1], ⟨~облить⟩ [13] scrape clean; *удалить* erase; **~а́зывать** [1], ⟨~азать⟩ [3] express, tell, state; **~азать предположе́ние** suggest; **-ся** express o.s.; express one's opinion, thoughts, *etc.* (*о* П about); speak (*за* В for; *про́тив* P against); **~а́кивать** [1], ⟨~очить⟩ [16] jump, leap *or* rush out; **~а́льзывать**, **~ольза́ть** [1], ⟨~ользнуть⟩ [20] slip out; **~облить** → **~а́бливать**; **~очить** → **~а́кивать**; **~очка** *m/f* [5; *g/pl.*: -чек] upstart; **~ребать** [1], ⟨~рести⟩ [25 -б-: → **скрести́**] scrape out (off); (*удалить*) scratch out
высл|ать → **высыла́ть**; **~е́живать** [1], ⟨~едить⟩ [15] track down; **~у́живать** [1], ⟨~ужить⟩ [16] obtain by *or* for service; **-ся** curry favo(u)r (*пе́ред* T with s.b.); **~у́шивать**, ⟨~ушать⟩ [1] listen

(to), hear (out); *med.* auscultate
высм|е́ивать [1], ⟨~еять⟩ [27] deride, ridicule
выс|о́бывать [1], ⟨~унуть⟩ [20 *st.*] put out; **-ся** lean out
высо́кий [16; высо́к, -а́, -со́ко́; *comp.*: вы́ше] high; tall (*a.* **~ ро́стом**); *fig.* lofty
высоко|ка́чественный [14] (of) high-quality; **~квалифици́рованный** [14] highly skilled; **~ме́рие** *n* [12] haughtiness; **~ме́рный** [14; -рен, -рна] haughty, arrogant; **~па́рный** [14; -рен, -рна] bombastic, high-flown; **~превосходи́тельство** [9] *hist.* Excellency; **~произво́дительный** [14; -лен, -льна] *работа* highly productive; *оборудование* high-efficiency
вы́сосать → **выса́сывать**
высо|та́ *f* [5; *g/pl.*: -о́ты, *etc. st.*] height; *mus.* pitch; *geogr.* eminence; hill; altitude; *у́ровень* level; **оказа́ться на ~те́** be equal to (the occasion); **~то́й в** (В) ... или ...; **в ~ту́** ... high
вы́сох|нуть → **высыха́ть**; **~ший** [17] dried up, withered
высоча́йший [17] highest; *достиже́ние* supreme; **~о́чество** *n* [9] *hist.* Highness; **~паться** → **высыпа́ться**
вы́спренний [15] bombastic
вы́став|ить → **~ля́ть**; **~ка** *f* [5; *g/pl.*: -вок] exhibition, show; **~ля́ть** [28], ⟨~ить⟩ [14] **1.** (*вынуть*) put (take) out; **2.** *карти́ну и т. д.* exhibit, display; represent (**себя** o.s.); **3.** *оце́нку* give a mark; *mil.* post; *выгнать* turn out; **~ля́ть напока́з** show, parade; **-ся** exhibit; **~очный** [14] (of the) exhibition, show...
выстр|а́ивать(ся) [1] → **стро́ить(ся)**; **~ел** *m* [1] shot; (noise) report; **на ~стоя́ние, -ии** ⟨~ел(а)⟩ within gunshot; **~елить** → **стреля́ть**
вы́ступ *m* [1] projection; **~а́ть** [1], ⟨~ить⟩ [14] **1.** step forth, forward; come *or* stand out; *слёзы и т. д.* appear; **2.** *в поход* set out; **3.** speak (sing, play) in public; **~а́ть с ре́чью (в пре́ниях)** address an audience, deliver a speech; take the floor; **~ле́ние** *n* [12] setting out; *pol.* speech; appearance (in public); *thea.*

performance, turn

вы́сунуть(ся) → *высо́вывать(ся)*

высу́ш|ивать [1], ⟨**~ить**⟩ [16] dry up, *coll.* emaciate

выс|чи́тывать [1], ⟨**~читать**⟩ calculate, compute; *coll.* deduct

вы́сш|ий [17] highest, supreme, higher (*a. educ.*), superior; **~ая ме́ра наказа́ния** capital punishment

вы́с|ыла́ть [1], ⟨**~лать**⟩ [вы́шлю, -лешь] send, send out, *pol.* exile; *из страны* deport; **~ылка** *f* [15] dispatch; exile, expulsion; **~ыпа́ть** [1], ⟨**~ыпать**⟩ [2] pour out *or* in, on; *v/i. о людях* spill out; **~ыпа́ться** [1], ⟨**вы́спаться**⟩ [-сплюсь, -спишься] sleep one's fill, have a good night's rest; **~ыха́ть** [1], ⟨**~охнуть**⟩ [21] dry up, wither; **~ь** *f* [8] height, summit

выт|а́лкивать, *coll.* ⟨**~о́лкать**⟩ [1], *once* ⟨**~толкнуть**⟩ [20 *st.*] throw out; **~а́пливать** [1], ⟨**~опить**⟩ [14] 1. heat; 2. *о жире* melt (down); **~а́скивать** [1], ⟨**~ащить**⟩ [16] drag off *or* out; *coll. украсть* pilfer

выт|ека́ть [1], ⟨**~ечь**⟩ [26] flow out; *fig.* follow, result; **~ереть** → **~ира́ть**; **~ерпеть** [14] *pf.* endure, bear; *не ~ерпел* couldn't help; **~есня́ть** [28], ⟨**~еснить**⟩ [13] force, push out; *оппонента* oust, supplant; **~ечь** → **~ека́ть**

выт|ира́ть [1], ⟨**~ереть**⟩ [12] dry, wipe (**-ся** o.s.); wear out

вы́точенный [14] chiseled; *tech.* turned

вы́тр|ебовать [7] *pf.* ask for, demand, order, summon; *добиться требованием* obtain on demand; **~ясать** [1], ⟨**~ясти**⟩ [24 -с-] shake out

выть [22], ⟨вз-⟩ howl

выт|я́гивать [1], ⟨**~януть**⟩ [20 *st.*] draw, pull *or* stretch (out); elicit; *сведения* endure, bear; **-ся** stretch, extend (o.s.); *вырасти* grow (up); **~яжка** *f chem.* extract

выу́|живать [1], ⟨**~дить**⟩ [15] catch, dig out (*a. fig.*)

выу́ч|ивать [1], ⟨**~ить**⟩ [16] learn, memorize (В + *inf. or* Д); teach (a p. to … *or* s.th.); **-ся** learn (Д/у Р s.th. from); **~иваться на врача́** become a doctor

вых|а́живать [1], ⟨**~одить**⟩ [15] *больно́го* nurse, restore to health; **~ва́тывать** [1], ⟨**~ватить**⟩ [15] snatch away, from, out; pull out, draw

вы́хлоп *m* [1] exhaust; **~ной** [14] exhaust…

вы́ход *m* [1] 1. exit; way out (*a. fig.*); *чувствам* outlet; 2. departure; withdrawal, *на пенсию* retirement; 3. *книги* appearance, publication; *thea.* entrance (on stage); 4. *проду́кции* yield, output; *~ за́муж* marriage (of woman); *~ в отста́вку* retirement, resignation; **~ец** *m* [1; -дца] immigrant, native of; *быть ~цем из* come from

выходи́ть [15], ⟨**вы́йти**⟩ [вы́йду, -дешь; вы́шел] 1. go *or* come out; leave; withdraw; retire; 2. *о кни́ге* appear, be published *or* issued; 3. *получи́ться* come off; turn out, result; happen, arise, originate; *вы́шло!* it's worked!; **вы́йти в отста́вку (на пе́нсию)** retire, resign; *~ за преде́лы* (Р) transgress the bounds of; *~ (за́муж) за* (В) marry (*v/t.*; *of woman*); *~ из себя́* be beside o.s.; *~ из терпе́ния* lose one's temper (patience); **окно́ выхо́дит на у́лицу** window facing the street; *~ из стро́я* fail; be out of action; *из него́ вы́шел …* he has become …; *из э́того ничего́ не вы́йдет* nothing will come of it

вы́ход|ить → **выха́живать**; **~ка** *f* [5; *g/pl.*: -док] trick, prank; excess; **~но́й** [14] exit…; outlet…; **~но́й день** *m* day off; (have a **быть** Т); **~но́е посо́бие** gratuity

вы́холенный [14] well-groomed

вы́цве|та́ть [1], ⟨**~сти**⟩ [25 -т-: -ету] fade

выч|ёркивать [1], ⟨**~еркнуть**⟩ [20] cross *or* strike out; *из па́мяти* erase, obliterate; **~ёрпывать**, ⟨**~ерпать**⟩ [1], *once* ⟨**~ерпнуть**⟩ [20 *st.*] bail, scoop (out); **~есть** → **~ита́ть**; **~ет** *m* [1] deduction; *за ~ом* (Р) less, minus

вычисл|е́ние *n* [12] calculation; **~я́ть** [1], ⟨**~ить**⟩ [13] calculate, compute

вычи|та́ть → **~щать**; **~та́емое** *n* [14] subtrahend; **~та́ние** *n* [12] subtraction; **~та́ть** [1], ⟨**вы́честь**⟩ [25 -т-: -чту; -чел, -чла; *g. pt.*: вы́чтя] deduct; subtract;

~**щáть** [1], ⟨~**стить**⟩ [15] clean, scrub, scour; brush

вы́чурный [14; -рен, -рна] ornate, flowery; fanciful

вы́швырнуть [20 *st.*] *pf.* throw out

вы́ше higher; above; *сил и т. д.* beyond; **онá ~ меня́** she is taller than I (am); **э́то ~ моего́ понимáния** that's beyond my comprehension

вы́ше... above...

выш|ибáть [1], ⟨~**ибить**⟩ [-бу, -бешь; -б, -бла; -бленный] *coll.* (*вы́бить*) knock out; (*вы́гнать*) kick out; ~**ивáние** *n* [12] embroidery; ~**ивáть** [1], ⟨~**ить**⟩ [-шью, -шьешь] embroider; ~**ивка** *f* [5; *g/pl.:* -вок] embroidery

вышинá *f* [5] height; → **высотá**

вы́шка *f* [5; *g/pl.:* -шек] tower; **буровáя ~** derrick; **диспéтчерская ~** *ae.* control tower

выявля́ть [28], ⟨~**ить**⟩ [14] display, make known; uncover, reveal

выясн|éние *n* [12] clarification; ~**я́ть** [28], ⟨~**ить**⟩ [13] clear up, find out, ascertain; -**ся** turn out; come to light

вью́|га *f* [5] snowstorm; ~**щийся** [17] curly; ~**щееся растéние** *n* creeper, climber

вя́жущий [17] astringent

вяз *m* [1] elm

вязáльн|ый [14] knitting...; ~**ый крючóк** crochet hook; ~**ая спи́ца** knitting needle

вязáн|ка *f* [5; *g/pl.:* -нок] knitted garment; fag(g)ot; ~**ный** [14] knitted; ~**ье** *n* [10] (*a.* ~**ие** *n* [12]) knitting; **крючкóм** crochet

вяз|áть [3], ⟨с-⟩ **1.** tie, bind (together); **2.** knit; **крючкóм** crochet; -**ся** *impf.* (*соотвéтствовать*) agree, be in keeping; **разговóр не ~áлся** the conversation flagged; ~**кий** [16; -зок, -зкá, -о] viscous; *о пóчве* swampy, marshy; ~**нуть** [21], ⟨за-, у-⟩ get stuck in; sink into

вя́лить [13], ⟨про-⟩ dry, dry-cure, jerk (*meat, fish*)

вя́|лый [14 *sh.*] *цветóк* withered, faded; *физи́чески* flabby; *fig.* sluggish; dull (*a. comm.*); ~**нуть** [20], ⟨за-, у-⟩ wither, fade

Г

габари́т *m* [1] *tech.* clearance-related dimension, size

гáвань *f* [8] harbo(u)r

гáга *f* [5] *zo.* eider

гадá|лка *f* [5; *g/pl.:* -лок] fortuneteller; ~**ние** *n* [12] fortune-telling; *догáдка* guessing, conjecture; ~**ть** [1] **1.** ⟨по-⟩ tell fortunes (with cards **на кáртах**); **2.** *impf.* guess, conjecture

гáд|ина *f* [5] *coll.* loathsome person, cur; ~**ить** [15] ⟨на-, за-⟩ soil; (Д) botch; ⟨из-⟩ P botch; ~**кий** [16; -док, -дкá, -о; *comp.:* гáже] nasty, ugly, disgusting, repulsive; ~**ли́вый** [14 *sh.*]: ~**ли́вое чу́вство** feeling of disgust; ~**ость** *f* [8] *coll.* filth; low *or* dirty trick; ~**ю́ка** *f* [5] *zo.* viper (*a.* P *fig.*), adder

гáечный ключ *m* [1; *g/pl.:* -éй] spanner, wrench

газ *m* [1] **1.** gas; **дать ~** *mot.* step on the gas; **на пóлном ~у́** at full speed (throttle); *pl. med.* flatulence; **2.** *ткань* gauze

газéль *f* [8] gazelle

газéт|а *f* [5] newspaper; ~**ный** [14] news...; ~**ный киóск** *m* newsstand, *Brt.* news stall; ~**чик** *m* [1] *coll.* journalist

газирóван|ный [14]: ~**ная водá** soda water

гáз|овый [14] **1.** gas...; ~**овая колóнка** geyser; water heater; ~**овая плитá** gas stove; ~**овщи́к** *m* [1] *coll.* gasman

газóн *m* [1] lawn; ~**окоси́лка** *f* [5; *g/pl.:* -лок] lawnmower

газо|обрáзный [14; -зен, -зна] gaseous; ~**провóд** *m* [1] gas pipeline

га́йка f [5; g/pl.: га́ек] tech. nut

галантере́|йный [14]: **~е́йный магази́н** notions store, haberdashery; **~е́йные това́ры** m/pl. = **~е́я** f [6] notions pl., haberdashery

галд|ёж m [1 e.] row, hubbub; **~е́ть** [11], ⟨за-⟩ clamo(u)r, din

гал|ере́я f [6] gallery; **~ёрка** coll. f [5] thea. gallery, "the gods" (occupants of gallery seats)

галиматья́ f [7] coll. balderdash, nonsense; **сплошна́я ~** sheer nonsense

галифе́ pl. [indecl.] riding breeches pl.

га́лка f [5; g/pl.: -лок] jackdaw

гало́п m [1] gallop; **~ом** at a gallop; **~и́ровать** [7] gallop

га́лочк|а f [5] tick; **для ~и** for purely formal purposes

гало́ши f/pl. [5] galoshes, rubbers

га́лстук m [1] (neck)tie

галу́н m [1 e.] galloon, braid

гальван|изи́ровать [7] (im)pf. galvanize; **~и́ческий** [16] galvanic

га́лька f [5; g/pl.: -лек] pebble

гам m [1] coll. din, row, rumpus

рама́к m [1 e.] hammock

га́мма f [5] mus. scale; красок range; **~-излуче́ние** gamma rays

гангре́на f [5] gangrene

га́нгстер m [1] gangster

гандбо́л m [1] handball

ганте́ли (-'tɛ-) f/pl. [8] (sport) dumbbells

гара́ж m [1 e.] garage

гарант|и́ровать [7] (im)pf., **~ия** f [7] guarantee

гардеро́б m [1] wardrobe, a. collect.; **~ная** f [14] check-, cloakroom; **~щик** m [1], **~щица** f [5] cloakroom attendant

гарди́на f [5] curtain

гармо́|ника f [5] (kind of) accordion; **губна́я ~** mouth organ, harmonica; **~ни́ровать** [7] harmonize, be in harmony (с-т with); **~ни́ст** m [1] accordionist; harmonist; **~ни́чный** [14; -чен, -чна] harmonious; **~ния** f [7] harmony; **~нь** f [8], **~шка** f [5; g/pl.: -шек] = **~ника**

гарни|зо́н m [1] garrison; **~р** m [1], **~рова́ть** [7] (im)pf., cul. garnish; **~ту́р** m [1] set; ме́бели suite

гарпу́н m [1 e.], **~ить** [13] harpoon

гарь f [8] (s.th.) burnt, chared; **па́хнет ~ю** there is a smell of smoke

гаси́ть [15], ⟨по-, за-⟩ extinguish, put or blow out; и́звесть slake; **~ почто́вую ма́рку** frank a postage stamp

га́снуть [21], ⟨по-, у-⟩ grow feeble, die away; fig. fade, wither

гастроли́|ёр m [1] guest actor or artiste; coll. casual worker moving from town to town; **~рова́ть** [7] tour; perform on tour; **~и** f/pl. [8] tour

гастроно́м m [1] a. = **~и́ческий магази́н** m grocery store or shop; **~и́ческий** [16] gastronomic(al); **~ия** f [7] provisions; delicacies pl.

гвалт coll. m [1] rumpus, uproar

гвард|е́ец m [1; -е́йца] guardsman; **~ия** f [7] Guards pl.

гвозд|и́к dim. → **~ь**; **~и́ка** f [5] carnation, pink; (spice) clove; **~ь** m [4 e.; pl.: гво́зди, -де́й] tack, nail; fig. програ́ммы main feature

где where; coll. → **куда́**; **~~ь** = **ко́е-где́**; → **ни**; **~** = **~-либо**, **~-нибудь**, **~-то** anywhere; somewhere; **~-то здесь** hereabout(s)

гей! int. hi!

гекта́р m [1] hectare

ге́лий m [3] helium

ген m [1] gene

генеоло́гия f [7] genealogy

генера́|л m [1] general; **~литѐт** m [1] collect. generals; coll. top brass; **~льный** [14] general; **~льная репети́ция** f dress rehearsal; **~тор** m [1] generator

гене́ти|ка f [5] genetics; **~ческий** [16] genetic, genic

ген|иа́льный [14: -лен, -льна] of genius; ingenious; **~ий** m [3] genius

гениа́лии m/pl. [3] genitals

геноци́д m [1] genocide

гео́|граф m [1] geographer; **~графи́ческий** [16] geographic(al); **~гра́фия** f [7] geography; **~лог** m [1] geologist; **~ло́гия** f [7] geology; **~ме́трия** f [7] geometry

георги́н(а f [5]) m [1] dahlia

гера́нь f [8] geranium

герб m [1 e.] (coat of) arms; emblem;

⁓овый [14] heraldic; stamp(ed)

геркуле́с m [1] **1.** man of herculian strength; **2.** rolled oats; porridge

герма́нский [16] German, *ling.* Germanic

гермети́ческий [16] airtight

герои́зм m [1] heroism

герои́н m [1] heroin

геро|и́ня f [6] heroine; ⁓и́ческий [16] heroic; ⁓й m [3] hero; ⁓йский [16] heroic

гиаци́нт m [1] hyacinth

ги́бель f [8] death; *корабля и т. д.* loss; (*разрушение*) ruin, destruction; ⁓ный [14; -лен, -льна] disastrous, fatal

ги́бк|ий [16; -бок, -бка́, -о́; *compr.*: ги́бче] supple, pliant, flexible (*a. fig.*); ⁓ость f [8] flexibility

ги́б|лый [14]: ⁓лое де́ло hopeless case; ⁓лое ме́сто godforsaken place; ⁓нуть [21], ⟨по-⟩ perish

гига́нт m [1] giant; ⁓ский [16] gigantic, huge

гигие́н|а f [5] hygiene; ⁓и́ческий [16], ⁓и́чный [14; -чен, -чна] hygienic

гигроскопи́ческий [16; -чен, -чна] hygroscopic

гид m [1] guide

гидравли́ческий [16] hydraulic

гидро|пла́н m [1] seaplane, hydroplane; ⁓(электро)ста́нция f [7] hydroelectric (power) station

гие́на f [5] hyena

ги́льза f [5] (cartridge) case; (cylinder) sleeve

гимн m [1] hymn; *госуда́рственный* anthem

гимна|зи́ст m [1] pupil; ⁓зия f [7] high school, *Brt.* grammar school; ⁓ст m [1] gymnast; ⁓стёрка f [5; *g/pl.*: -рок] *mil.* blouse, *Brt.* tunic; ⁓стика f [5] gymnastics; ⁓сти́ческий [16] gymnastic; ⁓сти́ческий зал gymnasium

гипе́рбола¹ f [5] *math.* hyperbola

гипе́рбол|а² f [5] hyperbole; exaggeration; ⁓и́ческий [16] hyperbolic, exaggerated

гипертони́я f [7] high blood-pressure, hypertension

гипно́|з m [1] hypnosis; ⁓тизи́ровать [7], ⟨за-⟩ hypnotize

гипо́теза f [5] hypothesis

гипс m [1] *min.* gypsum; *tech.* plaster of Paris; ⁓овый [14] gypseous, plaster…

гирля́нда f [5] garland

ги́ря f [6] weight

гита́р|а f [5] guitar; ⁓и́ст m [1] guitarist

глава́¹ f [5; *pl. st.*] chapter

глав|а́² f [5; *pl.st.*] head; (**быть, стоя́ть**) **во ⁓е́** (be) at the head; lead (**с** T by); **поста́вить во ⁓у угла́** consider to be of the greatest importance; ⁓а́рь m [4 *e.*] (ring-) leader

главе́нство n [9] supremacy; domination; ⁓вать [7] command, hold sway (over)

главнокома́ндующий m [17] commander in chief; *Верхо́вный* ⁓ Commander in Chief; Supreme Commander

гла́вн|ый [14] chief, main, principal, central; head…; … in chief; ⁓ое (**де́ло**) the main thing; above all; ⁓ым о́бразом mainly, chiefly

глаго́л m [1] *gr.* verb; ⁓ьный [14] verbal

глад|и́льный m [14] ironing; ⁓и́льная доска́ ironing board; ⁓ить [15] **1.** ⟨вы-⟩ iron, press; **2.** ⟨по-⟩ stroke, caress; *coll.* ⁓ить по голо́вке indulge; favo(u)r; ⁓ить про́тив ше́рсти rub the wrong way; ⁓кий [16; -док, -дка́; *compr.*: гла́же] smooth (*a. fig.*); *во́лосы* lank; *ткань* plain; ⁓ко smoothly, successfully; **всё прошло́ ⁓ко** everything went off smoothly; ⁓ь f [8] smoothness; smooth surface; **тишь да ⁓ь** *coll.* peace and quiet

глаз m [1; в ⁓у́; *pl.*: -а́, глаз, -а́м] eye; look; *зре́ние* (eye)sight; *coll.* *присмотр* heed, care; **в ⁓а́** (Д) to s.b.'s face; **в мои́х ⁓а́х** in my view *or* opinion; **за ⁓а́** in s.b.'s absence, behind one's back; more than enough; **на ⁓** approximately, by eye; **на ⁓а́х** (*poss. or* у P) in s.b.'s presence; **не в бровь, а в ⁓** *coll.* hit the mark; **с ⁓у на ⁓** privately, tête-à-tête; **невооружённым ⁓ом** with the naked eye; **темно́, хоть ⁓ вы́коли** *coll.* it is pitch-dark; ⁓а́стый *coll.* [14 *sh.*] sharp-sighted; ⁓е́ть P [8] stare, gape; ⁓но́й [14] eye…, optic; ⁓но́й врач m ophthalmologist; ∼ное я́блоко eyeball; ∼ок *m* [1; -зка́] **1.** [*pl. st.*: -зок] *dim.* → глаз; анютины ∼ки *pl.* pansy; **2.** [*pl. e.*: -зки́, -зко́в] *bot.* bud; в двери peephole

глазоме́р *m* [1]: хоро́ший ∼ good eye

глазу́нья *f* [6] fried eggs *pl.*

глазур|ова́ть [7] (*im*)*pf.* glaze; ∼ь *f* [8] glaze, icing

гла́нда *f* [5] tonsil

глас *m* [1]: ∼ вопию́щего в пусты́не voice of one crying in the wilderness

гла|си́ть [15 *e.; 3. sg. only*] say, read, run; ∼сность *f* [8] public(ity), openness; ∼сный [14] open, public; (*a. su.*) vowel

глетчер *m* [1] glacier

гли́н|а *f* [5] clay; loam; ∼истый [14 *sh.*] clayey; loamy; ∼озём *m* [1] *min.* alumina; ∼яный [14] clay- *or* earthenware-related

глист *m* [1 *e.*], ∼а́ *f* [5] (intestinal) worm; (ле́нточный) ∼ tapeworm

глицери́н *m* [1] glycerin(e)

глоб|а́льный [14; -лен, -льна] global, worldwide; ∼ус *m* [1] globe

глода́ть [3], (об-) gnaw (at, round)

глот|а́ть [1], (про-∼ить) [15], *once* (∼ну́ть) [20] swallow; *coll.* жа́дно devour; ∼ка *f* [5; *g/pl.*: -ток] throat; во всю ∼ку → го́лос; ∼о́к *m* [1; -тка́] mouthful, gulp (T of)

гло́хнуть [21] **1.** (о-) grow deaf; **2.** (за-) *о звуке* fade, die away; *о саде и т. д.* grow desolate, become wild

глуб|ина́ *f* [5] depth; веко́в antiquity *fig.* profundity; *леса* heart of the forest; Т/в В ..., *or* ... в В ... deep; ∼и́нка *f* [5] remote places; ∼о́кий [16; -бо́к, -бока́, -бо́ко; *comp.*: глу́бже] low; remote; *fig.* profound; complete; *ста́рость* extreme old age; ∼о́кой зимо́й (но́чью) in the dead of winter (late at night)

глубоко́|мы́сленный [14 *sh.*] thoughtful, profound; ∼мы́слие *n* [12] thoughtfulness, profundity; ∼уважа́емый [14] highly-esteemed; *в письме* dear

глубь *f* [8] → глубина́

глум|и́ться [14 *e.*; -млю́сь, -ми́шься] sneer, mock, scoff (над Т at); ∼ле́ние *n* [12] mockery

глуп|е́ть [8], (по-) become stupid; ∼е́ц *m* [1; -пца́] fool, blockhead; ∼и́ть [14 *e.*; -плю́, -пи́шь] fool; ∼ость *f* [8] stupidity, foolishness; nonsense; ∼ый [14; глуп, -а́, -о] foolish, silly, stupid

глух|а́рь *m* [4 *e.*] wood grouse; ∼о́й [14; глух, -а́, -о; *comp.*: глу́ше] deaf (*a. fig.*; к Д to; → слепо́й); *звук* dull, muffled; *ме́сто* desolate, wild; out-of-the-way; *arch.* solid, blind; ∼о́й но́чью late at night, in the dead of night; ∼онемо́й [14] deaf-mute; ∼ота́ *f* [5] deafness

глуш|и́тель *m* [4] *tech.* silencer, muffler; ∼и́ть [16 *e.*; -шу́, -ши́шь, -шённый] **1.** (о-) deafen, stun; **2.** (за-) *о звуке* muffler; *боль* mitigate; *подавить* smother, suppress (*a. bot.*); *tech.* switch off, throttle; ∼и́ть мото́р stop the engine; ∼ь *f* [8] out-of-the-way place

глы́ба *f* [5] lump, clod; block

глюко́за *f* [5] glucose

гля|де́ть [11; гля́дя], (по-), *once* (∼ну́ть) [20] look, glance (на В at); peep (из Р out of, from); *того́ и ∼ди́* ... it looks as though; идти́ куда́ глаза́ ∼дя́т follow one's nose; *на ночь ∼дя́* late in the evening

гля́н|ец *m* [1; -нца] luster; polish; ∼це́в(ит)ый [14 (*sh.*)] glossy, lustrous; glazed paper; ∼уть → гляде́ть

гнать [гоню́, го́нишь; гони́мый; гнал, -а́, -о, (по-)] **1.** *v/t.* drive; urge on; *из до́ма* turn out; **2.** *hunting* pursue, chase; (*a.* ∼ся за Т; *fig.* strive for); **3.** *coll. v/i.* speed along

гнев *m* [1] anger; ∼а́ться [1], (раз-, про-) be(come) angry (на В with); ∼ный [14; -вен, -вна́, -о] angry

гнедо́й [14] sorrel, bay

гнезд|и́ться [15] nest; ∼о́ *n* [9; *pl.*: гнёзда, *etc. st.*] nest, aerie; *el.* socket

гнёт *m* [1] *fig.* oppression, yoke

гни|е́ние *n* [12] decay, rot, putrefaction; ∼ло́й [14; гнил, -а́, -о] rotten, putrid; ∼ль *f* [8] rottenness; ∼ть [гнию́, -ёшь; гнил, -а́, -о], (с-) rot, decay, putrefy

гно|и́ть, (-ся) [13] let rot, fester; ∼й *m* [3] pus; ∼йный [14] purulent

гнуса́вить [14] snuffle; twang

гну́сн|ость f [8] vileness; **~ый** [14; -сен, -сна́, -о] vile, foul

гнуть [20], ⟨со-⟩ bend; curve; bow; *coll.* клони́ть drive (**к** Д at)

гнуша́ться [1], ⟨по-⟩ (P *or* T) scorn, despise, disdain

гобеле́н *m* [1] tapestry

гобо́й *m* [3] oboe

го́вор *m* [1] talk; hum; murmur; accent; dialect; **~и́ть** [13], ⟨по-, сказа́ть⟩ [3] speak *or* talk (**о** П, **про** В about, of; **с** T to *or* with p.); say, tell; **~я́т, ~и́тся** they say, it is said; **~и́ть по-ру́сски** speak Russian; **ина́че ~я́** in other words; **не ~я́ уже́ о** (П) let alone; **по пра́вде (со́-вести) ~я́** tell the truth; **что вы ~и́те!** you don't say!; **что (как) ни ~и́** whatever you (one) may say; **что и ~и́ть, и не ~и́(те)!** yes, of course!, sure!; **~и́вый** [14 *sh.*] talkative

говя́|дина f [5], **~жий** [18] beef

го́голь-мо́голь *m* [4] eggflip

го́гот *m* [1], **~а́ть** [3], ⟨за-⟩ *гусе́й* cackle; P roar (with laughter)

год *m* [1; *pl.*: -ды, -да́, *from g/pl. e.* & лет, *etc. 9 e.*] year (**в ~** a year, per annum); **в ~а́х** elderly, old; **в ~ы** during; **в те ~ы** in those days; **в э́том (про́шлом) ~у́** this (last) year; **из ~а в ~** year in year out; **~ от ~у** year by year; **кру́глый ~** all (the) year round; **(с) ~а́ми** for years; as years went on; **спустя́ ~** a year later

годи́|ться [15 *e.*; гожу́сь, годи́шься], ⟨при-⟩ be of use (**для** Р, К, В for), do; fit; *pf.* come in handy; **э́то (никуда́) не ~ся** that's no good (for anything), that won't do, it's (very) bad

годи́чный [4] annual

го́дный [14; -ден, -дна́, -о, го́дны] fit, suitable; *де́йствующий* valid; *поле́зный* useful, good; **ни на что не ~** good-for-nothing

годова́|лый [14] one-year-old, yearling; **~о́й** [14] annual, yearly; **~щина** f [5] anniversary

гол *m* [1] *sport* goal; **заби́ть ~** score (a goal)

гол|ени́ще *n* [11] bootleg; **~ень** f [8] shin, shank

голла́нд|ец *m* [1; -дца] Dutchman; **~ка** f

[5; *g/pl.*:-док] Dutchwoman; **~ский** [16] Dutch

голов|а́ f [5; *ac/sg.*: ~у; *pl.*: го́ловы, голо́в, -ва́м] head; mind, brain; **как снег на́ ~у** all of a sudden; **лома́ть ~у** rack one's brains; **с ~ы́ до ног** from head to toe; **на свою́ ~у** *coll.* to one's own detriment; **пове́сить ~у** become discouraged *or* despondent; **~а́ идёт кру́гом** (у P s.b.'s) thoughts are in a whirl; **~ка** f [5; *g/pl.*: -вок] small head; *винта́* head; *лу́ка и т. д.* bulb, clove; **~но́й** [14] head...; **~на́я боль** f headache; **~но́й платок** head-scarf; **~но́й убо́р** headgear, head-dress

голово|круже́ние *n* [12] giddiness; **~кружи́тельный** [14] dizzy, giddy; **~ло́мка** [5; *g/pl.*: -мок] puzzle; **~мо́йка** [5; *g/pl.*: -мо́ек] *coll.* dressing-down; **~ре́з** *coll. m* [1] daredevil; *банди́т* cut-throat; thug; **~тя́п** *coll. m* [1] booby, bungler

го́лод *m* [1] hunger; starvation; famine; **~а́ть** [1] hunger, starve; go without food, fast; **~ный** [14; го́лоден, -дна́, -о, го́лодны] hungry, starving; **~о́вка** f [5; *g/pl.*: -вок] hunger strike

гололе́дица f [5] ice-crusted ground

го́лос *m* [1; *pl.*: -са́, *etc. e.*] voice; **на вы́борах** vote; **пра́во ~а** suffrage; **во весь ~** at the top of one's voice; **в один ~** unanimously; **~а́ за и про́тив** the yeas (ayes) & nays; **~лова́ный** [14; -вен, -вна] unfounded; **~ова́ние** *n* [12] voting, poll(ing); **та́йное ~ова́ние** secret vote; **~ова́ть** [7], ⟨про-⟩ vote; *coll.* thumb a lift (by raising one's hand); **~ово́й** [14] vocal (cords **свя́зки** f/pl.)

голуб|е́ц *m* [1; -бца́] cabbage-roll; **~о́й** [14] (sky) blue; **~ушка** f [5; *g/pl.*: -бо-к(шек)], **~чик** *m* [1] *often iro.* (my) dear; **~ь ~** *m* [4] pigeon; **~я́тня** f [6; *g/pl.*: -тен] dovecote

го́л|ый [14; гол, -а́, -о] naked, nude; bare (*a. fig.*); **~ь** f [8]: **~ь на вы́думки хитра́** necessity is the mother of invention

гомеопа́тия f [7] homeopathy

го́мон *coll. m* [1] din, hubbub

гондо́ла f [5] gondola (*a. ae.*)

гон|е́ние *n* [12] persecution; **~ка** f [5

g/pl.: -нок] rush; chase; *coll.* haste; *pl.* race(s); *naut.* regatta; **~ка вооружéний** arms race

гóнор *m* [1] *coll.* arrogance; airs *pl.*

гонорáр *m* [1] honorarium, fee; *авторский* royalties

гóночный [14] race…, racing

гончáр *m* [1 *e.*] potter; **~ный** [14] potter's; **~ные издéлия** *n/pl.* pottery

гóнчая *f* [17] hound

гоня́ть(ся) [1] drive, *etc.*, → **гнать**

гор|á *f* [5; *ac/sg.*: гóру, *pl.*: гóры, гор, горáм] mountain; *куча* heap, pile; *катáться с ~ы́* toboggan; *в ~у или на́ ~у* uphill; *fig.* up(ward); *под ~у или с ~ы́* downhill; *под ~óй* at the foot of a hill (*or* mountain); *не за ~áми* not far off, soon; *пир ~óй* sumptuous feast; *стоя́ть ~óй (за* В) defend s.th. *or* s.b. with might & main; *как у меня́ ~á с плеч свали́лась* as if a load had been taken off my mind

горáздо *used with the comp.* much, far

горб *m* [1 *e.*; на ~ý] hump, hunch; **~áтый** [14 *sh.*] humpbacked; curved; *нос* aquiline; **~ить** [14], ⟨с-⟩ stoop, bend, curve (*v/i.* -ся); **~ýн** *m* [1 *e.*] hunchback; **~ýша** *f* [5] humpback salmon; **~ýшка** *f* [5; *g/pl.*: -шек] crust (*of a loaf*)

горд|елúвый [14 *sh.*] haughty, proud; **~éц** *m* [1 *e.*] proud man; **~úться** [15 *e.*; горжýсь, гордúшься], ⟨воз-⟩ be(-come) proud (Т of); **~ость** *f* [8] pride; **~ый** [14; горд, -á, -о] proud (Т of)

гóр|е *n* [10] grief, sorrow; misfortune, disaster; **с ~я** out of grief; **емý и ~я мáло** *coll.* he doesn't care a bit; **с ~ем пополáм** *coll.* hardly, with difficulty; **~евáть** [6], ⟨по-⟩ grieve; (*сожалéть*) regret (о П s.th.)

горéл|ка *f* [5; *g/pl.*: -лок] burner; **~ый** [14] burnt

гóрест|ный [14; -тен, -тна] sorrowful, mournful; **~ь** *f* [8] → **гóре**

горéть [9], ⟨с-⟩ burn (*a. fig.*), be alight, be on fire; (*светúться*) glow, gleam; **не ~úт** *coll.* there's no hurry; **дéло ~úт** *coll.* the matter is very urgent

гóрец *m* [1; -рца] mountain-dweller; highlander

гóречь *f* [8] bitter taste; *fig.* bitterness; *утрáты* grief

горизóнт *m* [1] horizon; skyline; **~áльный** [14; -лен, -льна] horizontal, level

горúстый [14 *sh.*] mountainous; hilly

гóрка *f* [5; *g/pl.*: -рок] *dim.* → **горá** hillock

горлáнить Р [13], ⟨за-, про-⟩ bawl

гóрл|о *n* [9] throat; gullet; *сосýда* neck (*a.* **~ышко** *n* [9; *g/pl.*: -шек]); **дел по ~о** *coll.* up to the eyes in work; **я сыт по ~о** *coll.* I've had my fill (*fig.* I'm fed up with [Т]); **во всё ~о** → **гóлос**

горн *m* [1] horn, bugle; **~úст** *m* [1] bugler

гóрничная *f* [14] (house)maid

горнопромы́шленный [14] mining

горностáй *m* [3] ermine

гóрн|ый [14] mountain(ous), hilly; *min.* rock…; mining; **~ое дéло** *n* mining; **~я́к** *m* [1 *e.*] miner; mining engineer

гóрод *m* [1; *pl.*: -дá, *etc. e.*] town; city (large town), *coll.* downtown); **за ~(ом)** go (live) out of tówn; **~úть** Р [15], ⟨на-⟩ *вздор etc.* talk nonsense; **~óк** *m* [1; -дкá] small town; **~скóй** [14] town…, city…, urban, municipal; → **горсовéт**

горожáн|ин *m* [1; *pl.*: -жáне, -жáн] townsman; *pl.* townspeople; **~ка** *f* [5; *g/pl.*: -нок] townswoman

горó|х *m* [1] *растéние* pea; *collect.* peas *pl.*; **~ховый** [14] pea(s)…; **чýчело ~ховое** *n*, **шут ~ховый** *m* *coll. fig.* scarecrow; buffoon, merryandrew; **~шек** *m* [1; -шка] *collect.* green peas *pl.*; **~шин(-к)а** *f* [5 (*g/pl.*: -нок)] pea

горсовéт (городскóй совéт) *m* [1] city *or* town council

гóрст|очка *f* [5; *g/pl.*: -чек] very small group of people, *dim. of* **~ь** *f* [8; *from g/pl. e.*] *о ладóни* hollow; *земли и т. д.* handful (*a. fig.*)

гортáн|ный [14] guttural; **~ь** *f* [8] larynx

горчú|чник *m* [1] mustard poultice; **~ца** *f* [5] mustard

горшóк *m* [1; -шкá] pot, jug

гóрьк|ий [16; -рек, -рькá, -о; *compr.*: гóрьче, гóрше] bitter (*a. fig.*); **~ий пья́ница** *coll. m* inveterate drunkard

горю́ч|ее *n* [17] liquid fuel; gasoline, *Brt.*

petrol; **~ий** [17 *sh.*] combustible; *old use* bitter (tears)

горя́|чий [17; горя́ч, -á] hot (*a. fig.*); (*вспыльчивый*) fiery, hot-tempered; *любовь, поклонник* ardent, passionate; *спор* heated; *след* warm; *приём* hearty; *время* busy; **~ая то́чка**; **по ~им следа́м** hot on the trail; *fig.* without delay; **~и́ть** [16 *e.*; -чу́, -чи́шь], ⟨раз-⟩ excite, irritate; (*a. fig.*), **-ся** get or be excited; **~ка** *f* [5] fever (*a. fig.*); **поро́ть ~ку** *coll.* act impetuously; **~ность** *f* [8] zeal, enthusiasm; impulsiveness

гос = **госуда́рственный** state...

госпитал|изи́ровать [7] hospitalize; **~ь** *m* [4] *esp. mil.* hospital

господи́н *m* [1; *pl.*: -пода́, -по́д, -да́м] gentleman; Mr.; *pl.* (ladies &) gentlemen; **уважа́емые ~á в письме** Dear Sirs; **~ство** *n* [9] rule; (*превосходство*) supremacy; (*преобладание*) predominance; **~ствовать** [7] rule, reign; (pre)dominate, prevail (**над** T over); (*возвышаться*) command; **2~ь** *m* [Го́спода, -ду; *vocative*: -ди] Lord, God (*a. as int.*), → **Бог**

госпожа́ *f* [5] Mrs.; Miss

гостеприи́м|ный [14; -мен, -мна] hospitable; **~ство** *n* [9] hospitality

гост|и́ная *f* [14] drawing room, living room; **~и́нец** *m* [1; -нца] present, gift; **~и́ница** *f* [5] hotel; inn; **~и́ть** [15 *e.*; гощу́, гости́шь] be on a visit, stay with (**у** P); **~ь** *m* [4; *from g/pl. e.*] guest; visitor (**г** [ъя] [6]); **идти́ (éхать) в ~и** go to see (**к** Д *s.b.*); **быть в ~я́х (у** P) → **~и́ть**

госуда́рственн|ый [14] state...; public; *измена* high (*treason*); **~ый переворо́т** *m* coup d'état; **~ый строй** *m* political system, regime; **~ая слу́жба** public *or* civil service

госуда́р|ство *n* [9] state; **~ь** *m* [4] *hist.* sovereign

готова́льня *f* [6; *g/pl.*: -лен] (case of) drawing utensils *pl.*

гото́в|ить [14] **1.** ⟨при-⟩ cook; prepare (**-ся к** Д *o.s. or* get ready for); **2.** ⟨под-⟩ prepare, train; **3.** ⟨за-⟩ store up; lay in (stock); **~ность** *f*[8] readiness, preparedness, willingness; **~ый** [14 *sh.*]

ready (**к** Д *or inf.* for), on the point of; finished; willing; *одежда* ready-made

гофриро́ванн|ый [14]: **~ое желе́зо** corrugated iron

граб *m* [1] hornbeam

граб|ёж *m* [1 *e.*] robbery; **~и́тель** *m* [4] robber; **~и́тельский** [16] *цены* exorbitant; **~ить** [14], ⟨о-⟩ rob, plunder

гра́бли *f/pl.* [6; *gen.*: -бель, -блей] rake

грав|ёр *m* [1] engraver; **~ий** *m* [3] gravel; **~ирова́ть** [7], ⟨вы-⟩ engrave; **~иро́вка** *f* [5; *g/pl.*: -вок] engraving, etching, print, (*a.* **~ю́ра** *f* [5])

град *m* [1] hail (*a. fig.* = shower); **вопро́сы посы́пались ~ом** he was showered with questions; **~ идёт** it is hailing; **~ом** thick and fast, profusely

гра́дус *m* [1] degree (**в** B of); **под ~ом** under the weather; **~ник** *m* [1] thermometer

гражд|ани́н *m* [1; *pl.*: гра́ждане, -ан], **~а́нка** *f* [5; *g/pl.*: -нок] citizen (*address mst. without name*); **~а́нский** [16] civil (*a. war*); civic (*a. right*); **~а́нство** *n* [9] citizenship; citizens *pl.*: **дать (получи́ть) пра́во ~а́нства** give or (be given) civic rights; (*fig.*) gain general (public) recognition; **приня́ть ... ~а́нство** become a ... citizen

грамм *m* [1] gram(me)

грамма́т|ика *f* [5] grammar; **~и́ческий** [16] grammatical

гра́мот|а *f* [5] reading & writing; **вери́тельная ~а** credentials; **это для меня́ кита́йская ~а** *coll.* it's Greek to me; **~ность** *f* [8] literacy; **~ный** [14; -тен, -тна] literate; *специалист* competent, expert

грана́т *m* [1] pomegranate; *min.* garnet; **~а** *f* [5] shell; *ручная* grenade

грандио́зный [14; -зен, -зна] grandiose, mighty, vast

гранёный [14] facet(t)ed; cut

грани́т *m* [1] granite

грани́|ца *f* [5] border, frontier; boundary; *fig.* limit, verge; **за ~цу (~цей)** (go, be) abroad; **из-за ~цы** from abroad; **перейти́ все ~цы** pass all bounds; **~чить** [16] border *or* verge (**с** T [up]on)

гра́н|ка *f* [5; *g/pl.*: -нок] *typ.* galley

(proof); **~ь** f [8] → **грани́ца**; math. plane; драгоценного камня facet; edge; fig. verge

граф m [1] earl (Brt.); count

граф|а́ f [5] column; **~ик** m [1] diagram, graph; временной schedule; **~ика** f [5] graphic arts; (произведения) drawings

графи́н m [1] decanter, carafe

графи́ня f [6] countess

графи́|т m [1] graphite; **~ть** [14 e.; -флю́, -фи́шь; -флённый], ⟨раз-⟩ line or rule (paper); **~ческий** [16] graphic(al)

грацио́зный [14; -зен, -зна] graceful; **~я** f [7] grace(fulness)

грач m [1 e.] zo. rook

греб|ёнка f [5; g/pl.: -нок] comb; **стри́чь всех под одну́ ~ёнку** reduce everyone to the same level; **~ень** m [4; -бня] comb; волны, горы crest; **~е́ц** m [1; -бца́] oarsman; **~ешо́к** m [1; -шка́] → **~ень**; **~ля́** f [6] rowing; **~но́й** [14] row(-ing)...

грёза f [5] rare (day) dream

гре́зить [15] impf. dream (о П of)

гре́йдер m [1] tech. grader; coll. earth road

грейпфру́т m [1] grapefruit

грек m [1] Greek

гре́лка f [5; g/pl.: -лок] hot-water bottle; **электри́ческая ~** heating pad, electric blanket

грем|е́ть [10 e.; гремлю́, -ми́шь], ⟨про-, за-⟩ thunder, peal (a. о голосе, колоколах, etc.); телега, ключи rattle, clank, tinkle; посудой clatter; **~у́чий** [17]; **~у́чая змея́** f rattlesnake

гре́нки m/pl. [1 e.] toast (sg.: -нок)

грести́ [26 -б-: гребу́; грёб, гребла́], ⟨по-⟩ row; scull; граблями rake

греть [8; ...гре́тый], ⟨со-, на-, разо-, обо-, подо-⟩ warm (**-ся** o.s.) (up); heat; **-ся на со́лнце** sun

грех m [1 e.] sin; (недостаток) fault; coll. → **грешно́**; **с ~ом попола́м** just manage; → **го́ре**; **есть тако́й ~** coll. well, I own it; **как на ~** coll. unfortunately

гре́|цкий [16]; **~цкий оре́х** m walnut; **~ча́нка** f [5; g/pl.: -нок], **~ческий** [16] Greek

греч|и́ха, **~ка** f [5] buckwheat; **~невый** [14] buckwheat...

греш|и́ть [16 e.; -шу́, -ши́шь], ⟨со-⟩ sin (про́тив Р a. against); **~и́ть про́тив и́стины** distort the truth; **~ник** m [1], **~ница** f [5] sinner; **~но́** (it's a) shame (on Д); **~ный** [14; -шен, -шна́, -о́] sinful; F sh.: sorry

гриб m [1 e.] mushroom; **~о́к** m [1; -бка́] dim. → **гриб**; fungus

гри́ва f [5] mane

гри́венник coll. m [1] ten-kopeck coin

гриль m [4] grill

грим m [1] thea. makeup

грима́с|а f [5] grimace; **~ничать** [1] make faces or grimaces

гримирова́ть [7], ⟨за-, на-⟩ make up (v/i. **-ся**)

грипп m [1] influenza

гриф m [1]: **~ секре́тности** inscription designating the degree of confidentiality

гроб m [1; в -у́ pl.: -ы́, -а́, etc. e.] coffin; **~ни́ца** f [5] tomb; **~ово́й** [14] coffin...; tomb...; **~ово́е молча́ние** deathly silence

гроза́ f [5; pl. st.] (thunder) storm (a. fig.); menace; terror

гроздь m [4; pl.: -ди, -дей, etc. e., -дья, -дьев] виногра́да bunch; ягод, цветов cluster

грози́ть [15 e.; грожу́, -зи́шь], ⟨по-⟩ threaten (Д/Т a p. with) (a. **-ся**)

гро́з|ный [14; -зен, -зна́, -о] menacing, threatening; человек formidable; coll. голос stern, severe; **~ово́й** [14] stormy; **~ова́я ту́ча** thundercloud

гром m [1; from g/pl. e.] thunder (a. fig.); **~ греми́т** it thunders; **как ~ среди́ я́сного не́ба** like a bolt from the blue; **как ~ом поражённый** fig. thunderstruck

грома́д|а f [5] bulk, mass of; **~ный** [14; -ден, -дна] vast, huge; успех и т. д. tremendous

громи́|ть [14 e.; -млю́, -ми́шь; -млённый], ⟨раз-⟩ smash, crush; врага́ rout, smash

гро́мк|ий [16; -мок, -мка́, -о; compr.: гро́мче] loud; noisy; fig. famous, great, noted; *слова* pompous

громо|во́й [14] thunder…; *голос* thunderous; **~гла́сный** [14; -сен, -сна] loud; *mst. adv.* publicly, openly; **~зди́ть(ся)** [15 *e.*; -зжу́, -зди́шь] → **взгроможда́ть(ся)**; **~зкий** [16; -док, -дка] bulky, cumbersome; **~отво́д** *m* [1] lightning rod or conductor

громыха́ть *coll.* [1] rumble; *посудой* clatter; *о пушках* boom

гроссме́йстер *m* [1] *chess* grand master

грот *m* [1] grotto

гроте́ск *m* [1], **~ный** [14] grotesque

гро́х|нуть *coll.* [20] *pf.* crash, bang down (*v/i.* **-ся** fall with a crash); **~от** *m* [1] din; **~ота́ть** [3], ⟨за-⟩ rumble; *пушек* roar

грош *m* [1 *e.*]: **ни ~а́** not a farthing; **~ цена́** *or* **~а́ ло́маного не сто́ит** not worth a pin; **ни в ~ не ста́вить** not care a straw (B for); **~о́вый** [14] *fig.* (dirt-)cheap

грубе́|ть [8], ⟨за-⟩ coarsen, become rude; **~и́ть** [14 *e.*; -блю́, -би́шь] ⟨на-⟩ be rude (Д to); **~ия́н** *coll. m* [1] rude fellow, boor; **~ость** *f* [8] rudeness; **~ый** [14; груб, -á, -о] *материал* coarse; *игра, работа* rough; rude; *ошибка и т. д.* gross

гру́да *f* [5] pile, heap

груд|и́нка *f* [5; *g/pl.:* -нок] brisket; bacon; **~но́й** [14]; **~на́я кле́тка** *f* thorax; **~но́й ребёнок** infant in arms; **~ь** *f* [8; в, на -ди́; *from g/pl. e.*] breast; chest; **стоя́ть ~ью (за** B) champion, defend

груз *m* [1] load (*a. fig.*); *перевозимый* freight; *naut.* cargo

грузи́н *m* [1; *g/pl.:* грузи́н], **~ка** *f* [5; *g/pl.:* -нок] Georgian; **~ский** [16] Georgian

грузи́ть [15 *e.*; -ужу́, -у́зишь] ⟨на-, за-, по-⟩ load, freight

гру́з|ный [14; -зен, -зна́, -о] massive, heavy; **~ови́к** *m* [1 *e.*] truck, *Brt.* lorry; **~ово́й** [14] freight…, goods…; *naut.* cargo; **~ово́й автомоби́ль** *m* → **~ови́к**; **~оподъёмность** *f* [8] carrying capacity; *naut.* tonnage; **~получа́тель** *m* [4] consignee; **~чик** *m* [1] loader; *naut.* docker, stevedore

грунт *m* [1] soil, earth; ground (*a. paint.*); **~ово́й** [14] *о воде* subsoil; *дорога* dirt road

гру́пп|а *f* [5] group; **~ирова́ть(ся)** [7], ⟨с-⟩ (form a) group

грусти́ть [15 *e.*; -ущу́, -сти́шь] ⟨взгрустну́ть⟩ [20] be sad; long for (*по* П); **~ный** [14; -тен, -тна́, -о] sad, sorrowful; *coll.* grievous, distressing; **мне ~о** I feel sad; **~ь** *f* [8] sadness, grief, melancholy

гру́ша *f* [5] pear (*a.* tree)

гры́жа *f* [5] hernia, rupture

грыз|ня́ *f* [6] squabble; **~ть** [24; *pt. st.*] gnaw (*a. fig.*), nibble; bite; *орехи* crack; **-ся** fight, squabble; **~у́н** *m* [1 *e.*] *zo.* rodent

гряд|á *f* [5; *nom/pl. st.*] ridge, range; *agric.* bed (*a.* **~ка** *f* [5; *g/pl.:* -док])

гряду́щий [17] future, coming; **на сон ~** before going to bed

гряз|ево́й [14] mud…; **~езащи́тный** [14] antisplash; **~елече́бница** *f* [5] therapeutic mud baths; **~и** *f/pl.* [8] (curative) mud; **~ни́ть** [13], ⟨за-⟩ soil (*a. fig.*); **-ся** get dirty; **~нуть** [21], ⟨по-⟩ sink (mud, *etc., fig.*); **~ный** [14; -зен, -зна́, -о, гря́зны] dirty (*a. fig.*); muddy; **~ь** *f* [8; в -зи́] dirt, mud; *в ~и́* dirty; **не удари́ть лицо́м в ~** manage to do s.th. successfully; **смеша́ть с ~ью** sling mud (B at)

гря́нуть [19 *st.*] *pf. гром* burst out; *вы́стрел* ring, roar; *война́* break out; *песня* burst, start

губ|á *f* [5; *nom/pl. st.*] lip; *залив, устье* bay; **у него́ ~á не ду́ра** his taste isn't bad; he knows which side his bread is buttered on

губерн|а́тор *m* [1] governor; **~ия** *f* [5] *hist.* province

губи́т|ельный [14; -лен, -льна] ruinous; pernicious; **~ь** [14], ⟨по-, с-⟩ destroy, ruin; *время* waste

гу́б|ка *f* [5; *g/pl.:* -бок] **1.** *dim.* → **~á; 2.** sponge; **~но́й** [14] labial; **~на́я пома́да** *f* lipstick

гуд|е́ть [11], ⟨за-⟩ buzz; *о гудке* honk, hoot, whistle; *coll. болеть* ache; **~о́к** *m* [1; -дкá] honk, hoot, signal; horn; siren; whistle

гул *m* [1] boom, rumble; *голосов* hum; **~кий** [16; -лок, -лкá, -о] *громкий* booming, loud; resonant

гуля́|нье *n* [10] walk(ing); *массовое*

open-air merrymaking, fête [28], ⟨по-⟩ [20] go for a walk (*a.* **идти ~ть**), stroll; *fig. о ветре и т. д.* sweep; *coll.* carouse, go on a spree

гуля́ш *m* [1; *g/pl.*: -éй] goulash, stew

гуманита́рны|й [14]: **~е нау́ки** the humanities

гума́нн|ость *f* [8] humanity; **~ый** [14; -а́нен, -а́нна] humane

гурма́н *m* [1] gourmet

гур|т *m* [1 *e.*] herd, drove (cattle); **~ба́** *f* [5] crowd (T in)

гу́сеница *f* [5] caterpillar

гуси́ный [14] goose (*a.* gooseflesh **ко́-жа**)

густ|е́ть [8], ⟨за-⟩ thicken; **~о́й** [14; густ, -á, -о; *comp.*: гу́ще] thick, dense; deep, rich (*colo(u)r, sound*)

гус|ь *m* [4; *from g/pl. e.*] goose; *fig.* **хоро́ш ~ь** *b.s.* fine fellow indeed!; **как с ~я вода́** like water off a duck's back, thick-skinned; **~ько́м** in single file

гу́ща *f* [5] grounds *pl.*; *осадок* sediment; *леса* thicket; *fig.* in the center (-tre) of things

Д

да *1. part.* yes; oh (yes), indeed (*a. interr.*); (oh) but, now, well; *imperative* do(n't)…!; *tags*: aren't, don't, *etc.*; may, let; *2. cj.* (*a. ~ и*) and; but; **~ и то́лько** nothing but; and that's all; **~ что вы!** you don't say!

да́бы *old use* (in order) that *or* to

да|ва́ть [5], ⟨~ть⟩ [дам, дашь, даст, дади́м, дади́те, даду́т (…-) дал, -á, -о; (…)да́нный (дан, -á)] give; (*позво́лить*) let; (*дарова́ть*) bestow; *кля́тву* take, pledge; make (way); **~ва́й(те)!** come on!; *with vb.* (*a.* **~й[те]**) let us (me); **ни ~ть ни взять** exactly alike; **~ва́ть ход де́лу** set s.th. going; further s.th.; **-ся** let o.s. (в В *be caught, cheated*); *с трудом и т. д.* (turn out to) be (*e.g.* hard for Д); (can) master (И s.th.)

дави́ть [14] **1.** ⟨на-⟩ press; squeeze ⟨вы́-⟩ out); **2.** ⟨за-, раз-⟩ crush; Р (*сбить машиной*) run over, knock down; **3.** ⟨по-⟩ oppress; suppress; **4.** ⟨при-, с-⟩ press (down *or* together), jam, compress; crush, trample; **5.** ⟨у-⟩ strangle; **-ся** choke; (*повеситься*) hang o.s.

да́в|ка *f* [5] throng, jam; **~ле́ние** *n* [12] pressure (*a. fig.*)

да́вн|(ишн)ий [15] old; of long standing; **~о́** long ago; for a long time, long since;

~опроше́дший [17] remote, long past; **~ость** *f* [8] antiquity; *law* prescription; **срок ~ости** term of limitation; **~ы́м-~о́** very long ago, ages ago

да́же (*a. ~ и*) even; **~ не** not even

да́л|ее → **да́льше**; **и так ~ее** and so on (*or* forth); **~ёкий** [16; -лёк, -лека́; -лекó -лёко; *comp.*: да́льше] far (away), distant (**от** P from); long (way); *fig.* wide (of); strange (to); **он не о́чень ~ёкий челове́к** he is not very clever; **~екó, ~ёко** far (off, away); a long way (**до** P to); (Д) **~екó до** (P) far from, much inferior to; **~екó не** by no means; **~екó за** (B) long after; *о возрасте* well over; **~екó иду́щий** [17] farreaching; **~ь** *f* [8; в ~и́] distance; open space; **~нéйший** [17] further; **в ~нéйшем** in future, henceforth; **~ний** [15] distant (*a. kin*); remote; → *a.* **~ёкий**, **~невосто́чный** [14] Far Eastern

дально|бо́йный [14] *mil.* long range; **~ви́дность** *f* [8] foresight; **~ви́дный** [14; -ден, -дна] *fig.* farsighted; **~зо́ркий** [16; -рок, -рка] far-, long-sighted; **~сть** *f* [8] distance; *mil., tech.* (long-)range

да́льше farther; further (more); then, next; (**чита́йте**) **~!** go on (reading)

да́м|а *f* [5] lady; (dance) partner; *cards* queen; **~ба** *f* [5] dam, dike; **~ка** *f* [5; *g/pl.*: -мок] king (*in draughts*); **~ский**

[16] ladies', women's

да́н|ный [14] given, present, in question; **∼ные** *pl.* data, facts; statistics; **обрабо́тка ∼ных** data processing

дань *f* [8] tribute (*a. fig.*); **отдава́ть ∼** appreciate, recognize

дар *m* [1; *pl. e.*] gift (*a. fig.*); **∼и́ть** [13], ⟨по-⟩ give (Д/В a p. s.th.), present (В/Та p. with); **∼мое́д** *coll. m* [1] sponger; **∼ова́ние** *n* [12] donation, giving; talent; **∼ови́тый** [14 *sh.*] gifted, talented; **∼ово́й** [14] gratis, free

да́ром *adv.* gratis, for nothing; (*напра́сно*) in vain; **пропа́сть ∼** be wasted; **э́то ему́ ∼ не пройдёт** he will smart for this

да́т|а *f* [5] date; **∼ельный** [14] *gr.* dative (*case*); **∼и́ровать** [7] (*im*)*pf.* (*за́дним число́м* ante)date

да́т|ский [16] Danish; **∼ча́нин** *m* [1; *pl.*: -ча́не, -ча́н], **∼ча́нка** *f* [5; *g/pl.*: -нок] Dane

да́тчик *m* [1] *tech.* sensor

да́ть(ся) → **дава́ть(ся)**

да́ч|а *f* [5] dacha, cottage, summer residence, villa; **на ∼е** in a dacha; out of town; in the country; **∼ник** *m* [1] summer resident; **∼ный** [14] suburban; country…; garden (suburb *посёлок*)

два *m, n,* **две** *f* [34] two; **∼ пять, пя́тый; в ∼ счёта** *coll.* in a jiffy

двадцат|иле́тний [15] twenty-year; twenty-year-old; **∼ый** [14] twentieth; → **пя́т(идеся́т)ый; ∼ь** [35; -ти] twenty; → **пять**

два́жды twice; **∼ два** *math.* two by two; **я́сно как ∼ два (четы́ре)** plain as day

двена́дцат|и… (*in compds.*) twelve…; dodec(а)…; duodecimal, duodenary; **∼ый** [14] twelfth; → **пя́тый; ∼ь** [35] twelve; → **пять**

двер|но́й [14] door…; **∼но́й проём** doorway; **∼ца** *f* [5; *g/pl.*: -рец] (*cupboard, etc.*) door; **∼ь** *f* [8; в -ри́; *from g/pl. e.*; *instr. a.* -рьми́] door (*a. pl.* ∼и)

две́сти [36] two hundred

дви́|гатель *m* [4] engine, motor; **∼гать** [13], ⟨∼нуть⟩ [20] (В/Т) move, set in motion; stir; **∼ся** move, advance; *отправи́ться* set out; start; **∼же́ние** *n* [12] movement (*a. pol.*); stir; *phys.* motion;

traffic; *fig.* emotion; **приводи́ть (приходи́ть) в ∼же́ние** set going (start [moving]); **∼жимый** [14 *sh.*] prompted, moved; movable; **∼жущий** [17]: **∼жущая си́ла** driving force; **∼нуть** → **∼гать**

дво́е [37] two (in a group, together); **нас бы́ло ∼** there were two of us; **∼то́чие** *n* [12] *gr.* colon

двои́ть|ся [13], ⟨раз-⟩ divide into two; **у меня́ в глаза́х ∼ся** I see double

дво́й|ка *f* [5; *g/pl.*: дво́ек] two (*a.* boat; team; bus, *etc.*, *no.* 2; cards; *a.* deuce); pair; (*mark*) = пло́хо; **∼ник** *m* [1 *e.*] double; **∼но́й** [14] double (*a. fig.*); **∼ня** *f* [6; *g/pl.*: дво́ен] twins *pl.*; **∼ственный** [14 *sh.*]; **∼ственное отноше́ние** mixed feelings

дво́йчный [14; -чен, -чна] binary

двор *m* [1 *e.*] (court) yard; farm (-stead); *короле́вский* court; **на ∼е** outside, outdoors; **∼е́ц** *m* [1; -рца́] palace; ♀ **бракосочета́ний** Wedding Palace; ♀ **культу́ры** Palace of Culture; **∼ник** *m* [1] janitor, (yard and) street cleaner; *mot.* windshield (*Brt.* windscreen) wiper; **∼ня́га** *coll. f* [5], **∼ня́жка** *coll. f* [5; *g/pl.*: -жек] mongrel; **∼цо́вый** [14] court…, palace…; **∼цо́вый переворо́т** palace revolution; **∼яни́н** *m* [1; *pl.*: -я́не, -я́н] nobleman; **∼я́нка** *f* [5; *g/pl.*: -нок] noblewoman; **∼я́нский** [16] of the nobility; of noble birth; **∼я́нство** *n* [9] nobility

двою́родн|ый [14]: **∼ый брат** *m*, **∼ая сестра́** *f* cousin

двоя́к|ий [16 *sh.*] double, twofold; **∼о** in two ways

дву|бо́ртный [14] double-breasted; **∼гла́вый** [14] double-headed; **∼жи́льный** [14] sturdy, tough; *tech.* twin-core; **∼кра́тный** [14] double; done twice; **∼ли́чие** *n* [12] duplicity, double-dealing; **∼ли́чный** [14; -чен, -чна] two-faced; **∼смы́сленный** [14 *sh.*] ambiguous; **∼ство́лка** *f* [5; *g/pl.*: -лок] double-barrel(l)ed gun; **∼ство́льный** [14]: **∼ство́льное ружьё** *n* → **∼ство́лка**; **∼ство́рчатый** [14]: **∼ство́рчатая дверь** *f* folding doors; **∼сторо́нний**

[15] bilateral; *движение* two-way; *ткань* reversible

двух|... (→ *а.* **дву**...): **~дне́вный** [14] two days; **~коле́йный** [14] double--track; **~колёсный** [14] two-wheel(ed); **~ле́тний** [15] two-years-old; two-years'; **~ме́стный** [14] two-seat(er); **~ме́сячный** [14] two months' *or* two--months-old; **~мото́рный** [14] twin-engine(d); **~неде́льный** [14] two weeks', *Brt. a.* a fortnight's; **~со́тый** [14] two hundredth; **~эта́жный** [14] two-storied (*Brt.* -reyed)

двуязы́чный [14; -чен, -чна] bilingual

деба́ты *m/pl.* [1] debate

дебе́т *m* [1] *comm.* debit; *занести́ в ~* = **~ова́ть** [7] (*im*)*pf.* debit (sum against *or* to a p. В/Д)

дебито́р *m* [1] debtor

дебо́ш *m* [1] shindy, riot

де́бр|**и** *f/pl.* [8] thickets; the wilds; *запу́таться в ~ях* get bogged down (P in)

дебю́т *m* [1] debut; *chess* opening

де́ва *f* [5]: ♀ **Мари́я** the Virgin; ♀ Virgo; (**ста́рая**) **~** (old) maid

девальва́ция *f* [7] devaluation

дева́ть [1], ⟨**деть**⟩ [**де́ну**, -нешь] put, leave, mislay; *куда́ ~ а.* what to do with, how to spend; **-ся** go, get; *vb.* + И = put, leave + *obj.*; be (*pr*); *куда́ мне ~ся?* where shall I go *or* stay?; *куда́ он де́лся?* what has become of him?

де́верь *m* [4; *pl.*: -рья́, -ре́й, -рья́м] brother-in-law (*husband's brother*)

деви́з *m* [1] motto

дев|**и́ца** *f* [5] *iro.* young lady, girl; **~и́чий** [18] maidenly; girlish; **~о́чка** *f* [5; *g/pl.*: -чек] (little) girl; **~ственный** [14 *sh.*] maiden, virgin...; *лес и т. д.* primeval; **~ушка** *f* [5; *g/pl.*: -шек] young lady, unmarried girl (*a. form of address*); **~чо́нка** *f* [5; *g/pl.*: -нок] girl

девя|**но́сто** [35] ninety; **~но́стый** [14] ninetieth; → **пят(идеся́т)ый**; **~тисо́тый** [14] nine hundredth; **~тка** [5; *g/pl.*: -ток] nine (→ **дво́йка**); **~тна́дцатый** [14] ninetieth; → **пять, пя́тый**; **~тна́дцать** [35] nineteen; → **пять**; **~тый** [14] ninth; → **пя́тый**; **~ть** [35] nine; → **пять**; **~тьсо́т** [36] nine hundred; **~тью** nine times

дегенера́т *m* [1] degenerate

дегра́д|**ация** *f* [7] degradation; **~и́ровать** [7] (*im*)*pf.* degrade

дед|(**ушка** *m* [5; *g/pl.*: -шек]) *m* [1] grandfather; old man; *pl.* **~ы** *a.* forefathers; **~-моро́з** *m* Santa Claus, Father Christmas

дееприча́стие *n* [12] *gr.* gerund

дежу́р|**ить** [13] be on duty; be on watch; **~ный** *m* [14] (*p.*) duty..., on duty; **~ство** *n* [9] duty, (night) watch

дезерти́р *m* [1] deserter; **~ова́ть** [7] (*im*)*pf.* desert; **~ство** *n* [9] desertion

дезинф|**е́кция** *f* [7] disinfection; **~ици́ровать** [7] (*im*)*pf.* disinfect

дезинформ|**а́ция** *f* [7] misinformation; **~и́ровать** [7] (*im*)*pf.* misinform

дезодора́нт *m* [1] deodorant; air freshener

дезорганизова́ть [7] (*im*)*pf.* disorganize

де́йств|**енный** [14 *sh.*] effective; *сре́дство* efficacious; **~ие** *n* [12] action; activity; *mil., tech., math.* operation; *thea.* act; *лека́рства и т. д.* effect; (*влия́ние*) influence, impact; **ме́сто ~ия** scene; **свобо́да ~ий** free play; **~ительно** really, indeed; **~и́тельность** *f* [8] reality, (real) life; **~и́тельный** [14; -лен, -льна] real, actual; *биле́т и т. д.* valid; *mil., gr.* active (*service*; *voice*); **~овать** [7], ⟨**по-**⟩ act, work (**на** B on); operate, function; apply; have effect (**на** B on); get (on one's nerves); **~ующий** [17] active; acting; **~ующее лицо́** character, personage

дека́брь *m* [4 *e.*] December

дека́да *f* [5] decade

дека́н *m* [1] *acad.* dean; **~а́т** *m* [1] dean's office

декла|**ми́ровать** [7], ⟨**про-**⟩ recite, declaim; **~ма́ция** *f* [7] declamation

декольт|**е́** (dɛ-'tɛ) *n* [*indecl.*] décolleté; **~и́рованный** [14 *sh.*] lowcut; *thea.*

декора́|**тор** *m* [1] (interior) decorator; *thea.* scene-painter; **~ция** *f* [7] decoration; *thea.* scenery

декре́т *m* [1] decree, edict; *coll.* maternity leave

де́ла|нный [14 *sh.*] affected, forced; **~ть** [1], ⟨с-⟩ make, do; *coll.* **~ть не́чего** it can't be helped; **-ся** (Т) become, grow, turn; happen (**с** Т with, to), be going on; **что с ним сде́лалось?** what has become of him?

делега́|т *m* [1] delegate; **~ция** *f* [7] delegation

дел|ёж *coll. m* [1 *e.*] distribution, sharing; **~е́ние** *n* [12] division (*a.* math.); **на шкале** point, degree (*scale*)

деле́ц *m* [1; -льца́] *mst. pej.* smart operator; *pers.* on the make

деликате́с *m* [1] *cul.* delicatessen

делика́тн|ость *f* [8] tact(fulness), delicacy; **~ый** [14; -тен, -тна] delicate

дели́|мое *n* [14] math. dividend; **~тель** *m* [4] math. divisor; **~ть** [13; делю́, де́лишь] **1.** ⟨раз-, по-⟩ (**на** В) divide (in[-to]), *a.* by; **2.** ⟨по-⟩ share (*a.* **-ся** [Т/с Т s.th. with s.b.], exchange; confide [s.th. to], tell; math. be divisible)

де́л|о *n* [9; *pl. e.*] affair, matter, concern; affair(s), work, business (**по** Д on); (*деяние*) deed, act(ion); *law* case, (*a. fig.*) cause; **говори́ть ~о** talk sense; **де́лать ~о** *fig.* do serious work; **то и ~о** continually, time and again; **в чём ~о?** what's the matter?; **в том то и ~о** that's just the point; **како́е вам ~о?, э́то не ва́ше ~о** that's no business of yours; **ме́жду ~ом** in between; **на ~е** in practice; **на** (*or* **в**) **са́мом ~е** in reality, in fact; really, indeed; **пусти́ть в ~о** use; **по ~а́м** on business; **как ~а́?** how are you?; **~о идёт →** идти́

делов|и́тый [14 *sh.*], **~о́й** [14] businesslike; efficient; *a.* business...; work(ing)

де́льный [14] businesslike; (*разумный*) sensible

де́льта *f* [5] delta

дельфи́н *m* [1] dolphin

демаго́г *m* [1] demagogue; **~ия** *f* [7] demagoguery

демаркацио́нный [14] (*adj. of*) demarcation

демилитаризова́ть [7] (*im*)*pf.* demilitarize

демобилизова́ть [7] (*im*)*pf.* demobilize

демокра́т *m* [1] democrat; **~и́ческий** [16] democratic; **~ия** *f* [7] democracy

демонстр|ати́вный [14; -вен, -вна] demonstrative, done for effect; **~а́ция** *f* [7] demonstration; **~и́ровать** [7] (*im*)*pf.*, *a.* ⟨про-⟩ demonstrate; *фильм* show

демонта́ж *m* [1] dismantling

де́мпинг *m* [1] *econ.* dumping

де́нежный [14] money..., monetary, pecuniary; currency...; *coll.* moneyed

день *m* [4; дня] day; **в ~ a** *or* per day; **в э́тот~** (on) that day; **~за днём** day after day; **изо дня́ в ~** day by day; **~ото дня́** with every passing day; **весь ~** all day (long); **на днях** the other day; in the next few days (*a.* **со дня на́ ~**); **три часа́ дня** 3 p.m., 3 o'clock in the afternoon; **→ днём; ~ рожде́ния** birthday

де́ньги *f/pl.* [*gen.*: де́нег; *from. dat. e.*] money

департа́мент *m* [1] department

депози́т *m* [1] deposit

депута́т *m* [1] deputy, delegate

дёр|гать [1], *once* ⟨~нуть⟩ [20] pull, tug (*a.* **за** В at); jerk; *о теле* twitch; **отрыва́ть от де́ла** worry, harrass; **чёрт меня́ ~нул** why the devil did I do it

дерев|ене́ть [8], ⟨за-, о-⟩ stiffen; grow numb; **~е́нский** [16] village..., country..., rural, rustic; **~е́нский жи́тель** *m* villager; **~ня** *f* [6; *g/pl.*: -ве́нь, *etc. e.*] village; *не город* country(side); **~о** *n* [9; *pl.*: -е́вья, -е́вьев] tree; *sg.* wood; **кра́сное ~о** mahogany; **чёрное ~о** ebony; **резьба́ по ~у** wood carving; **~я́нный** [14] wooden (*a. fig.*)

держа́ва *f* [5] *pol.* power

держа́ть [4] hold; keep; support; have (*a. comm.* in stock); **~ пари́** bet; **~ в ку́рсе** keep posted; **~ в неве́дении** keep in the dark; **~ себя́ (кого́-либо) в рука́х** (have) control (over) o.s. (*a p.*); **~ себя́** conduct o.s., behave **= -ся 1. ~ за язы́к за зуба́ми** hold one's tongue; **2.** ⟨у~ся⟩ (**за** В, Р) hold (on[to]); *fig.* stick (to); keep; (*выдерживать*) hold out, stand

дерз|а́ть [1], ⟨~ну́ть⟩ [20] dare, venture; **~кий** [16; -зок, -зка́, -о; *comp.* -зче] impudent, insolent; (*смелый*) bold, daring, audacious; **~ость** *f* [8] impudence, cheek; daring, audacity

дёрн *m* [1] turf

дёрн|**ать** → **дёргать**

дес|**а́нт** *m* [1] landing; troops *pl.* (landed) (**а́вия...** airborne); **~е́рт** *m* [1] dessert; **~на́** *f* [5; *pl.:* дёсны, -сен, *etc. st.*] *anat.* gum; **~е́ртный** [14] (*adj. of*) dessert; *вино́* sweet; **~по́т** *m* [1] despot

десяти|**дне́вный** [14] ten days; **~кра́тный** [14] tenfold; **~ле́тие** *n* [12] decade; *годовщина* tenth anniversary; **~ле́тний** [14] ten-years; ten-year-old

деся́т|**ичный** [14] decimal; **~ка** *f* [5; *g/pl.:* -ток] ten (→ **дво́йка**); **~ок** *m* [1; -тка] ten; *pl.* dozens of, many; → **идти́**; **не ро́бкого ~ка** plucky, not a coward; **~ый** [14] tenth (*a., f.,* part; 3, 2-read: **три це́лых и две ~ых** = 3. 2); → **пят(и́)деся́т)ый**; **с пя́того на ~ое** discursively, in a rambling manner; **~ь** [35 *e.*] ten; → **пять & пя́тый**; **~ью** ten times

дета́ль *f* [8] detail; *tech.* part, component; **~но** in detail; **~ный** [14; -лен, -льна] detailed, minute

дет|**вора́** *f* [5] *coll.* → **~и́**; **~ёныш** *m* [1] young one; cub, *etc.*; **~и́** *n/pl.* [-ей, -ям, -ьми́, -ях] children; kids; **дво́е** (**тро́е, че́тверо**, *etc.*) **~е́й** two (three, four) children; *sg.:* **дитя́** (*a.* **ребёнок**); **~ский** [16] child(ren)'s, infant(ile); childlike; childish; **~ский дом** children's home; **~ский сад** kindergarten; **~ская** *f* nursery; **~ство** *n* [9] childhood

деть(ся) → **дева́ть(ся)**

дефе́кт *m* [1] defect; **~ный** [14] defective, faulty

дефици́т *m* [1] *econ.* deficit; *това́ров* shortage; *товар* commodity in short supply; **~ный** [14; -тен, -тна] *econ.* showing a loss; in short supply, scarce

деш|**еве́ть** [8], ⟨по-⟩ fall in price; become cheaper; **~еви́зна**, **~ёвка** *f* [5] cheapness, low price(s); **купи́ть по ~ёвке** buy cheap; **~ёвый** [14; дёшев, дешева́, дёшево; *comp.:* деше́вле] cheap (*a. fig.*)

де́ятель *m* [4]: **госуда́рственный ~** statesman; **нау́чный ~** scientist; **обще́ственный ~** public figure; **полити́ческий ~** politician; **~ность** *f* [8] activity, -ties *pl.*; work; **~ный** [14; -лен, -льна] active

джин *m* [1] gin

джи́нсы [1] *pl.* jeans

джу́нгли *f/pl.* [*gen.:* -лей] jungle

диабе́т *m* [1] diabetes; **~ик** *m* [1] diabetic

диа́|гноз *m* [1] diagnosis; **~гона́ль** *f* [8] diagonal; **~ле́кт** *m* [1] dialect; **~ле́ктный** [14] dialect..., dialectal; **~лог** *m* [1] dialogue; **~метр** *m* [1] diameter; **~пазо́н** *m* [1] range (*a. fig.*); **~позити́в** *m* [1] *phot.* slide; **~фра́гма** *f* [5] diaphragm; *phot.* aperture

дива́н *m* [1] divan, sofa

диве́рсия *f* [7] *mil.* diversion; sabotage

дивиде́нд *m* [1] dividend

диви́зия *f* [7] *mil.* division

ди́вный [14; -вен, -вна] wonderful; amazing

дие́т|**а** (-'ɛта) *f* [5] diet; **~и́ческий** [16] dietetic

ди́зель *m* [4] diesel engine; **~ный** [14] diesel...

дизентери́я *f* [7] dysentery

дик|**а́рь** *m* [4 *e.*] savage (*a. fig.*); *coll.* shy, unsociable person; **~ий** [16; дик, -а́, -о] wild; savage (*a. fig.*); *поведение и т. д.* odd, bizarre, absurd; **~ость** *f* [8] wildness; savagery; absurdity

дикт|**а́нт** *m* [1] → **~о́вка**; **~а́тор** *m* [1] dictator; **~а́торский** [16] dictatorial; **~ату́ра** *f* [5] dictatorship; **~ова́ть** [7], ⟨про-⟩ dictate; **~о́вка** *f* [5; *g/pl.:* -вок] dictation; **~ор** *m* [1] (radio, TV) announcer

ди́кция *f* [7] articulation, enunciation

диле́мм|**а** *f* [5] dilemma; **стоя́ть пе́ред диле́ммой** face a dilemma

дилета́нт *m* [1] dilettante, dabbler; **~ский** [16] dilettantish

динам|**и́зм** *m* [1] dynamism; **~ика** *f* [5] dynamics; **~и́т** *m* [1] dynamite; **~и́чный** [14; -чен, -чна] dynamic

дина́стия *f* [7] dynasty

дипло́м *m* [1] diploma; *univ.* degree; *coll.* degree work, research

диплома́т *m* [1] **1.** diplomat; **2.** *coll.* (attaché) case; **~и́ческий** [16] diplomatic; **~и́чный** [14; -чен, -чна] *fig.* diplomatic, tactful; **~ия** *f* [7] diplomacy

дире́к|**тор** *m* [1; *pl.:* -ра́, *etc. e.*] manager,

director; (*школы*) principal, headmaster; **~ция** *f* [7] management, directorate

дириж|а́бль *m* [4] dirigible, airship; **~ёр** *m* [1] *mus.* conductor; **~и́ровать** [7] (T) conduct

дисгармо́ния *f* [7] *mus. and fig.* disharmony, discord

диск *m* [1] disk

диск|валифици́ровать [7] (*im*)*pf.* disqualify; **~реди́тировать** [7] (*im*)*pf.* discredit; **~римина́ция** *f* [7] discrimination

дискуссия *f* [7] discussion

дисп|ансе́р (-'ser) *m* [1] health clinic; **~е́тчер** *m* [1] (traffic) controller; *ae.* flight control officer; **~ут** *m* [1] dispute, disputation

дис|серта́ция *f* [7] dissertation, thesis; **~сона́нс** *m* [1] *mus. and fig.* dissonance, discord; **~та́нция** *f* [7] distance; **сойти́ с ~та́нции** withdraw; **~тилиро́ванный** [14 *sh.*] distilled; **~циплина** *f* [5] discipline

дитя́ *n* [-я́ти; *pl.* → **де́ти**] child

диф|ира́мб *m* [1] dithyramb; (*fig.*) eulogy; **петь ~ира́мбы** sing praises (to Д); **~тери́т** *m* [1], **~терия** *f* [7] diphtheria

дифференци|а́л *m* [1], **~а́льный** [14] *math, tech.* differential; **~и́ровать** [7] (*im*)*pf.* differentiate

дич|а́ть [1], ⟨о-⟩ run wild, grow wild; *fig.* become unsociable; **~и́ться** [16 *e.*; -чу́сь, -чи́шься] be shy *or* unsociable; shun (a p. P); **~ь** *f* [8] game, wild fowl; *coll.* (*чушь*) nonsense, bosh

длин|а́ *f* [5] length; **в ~у́** (at) full length, lengthwise; **~о́й в** (B) ... *or* ... **в ~у́** long; **~но...** (*in compds.*) long-...; **~ный** [14; -и́нен, -и́нна, -и́нно] long, too long; *coll.* (*высокий*) tall

дли́т|ельный [14; -лен, -льна] long, protracted, lengthy; **~ься** [13], ⟨про-⟩ last

для (P) for; to; because of; **~ того́, что́бы** (in order) to, that... may; **~ чего́?** what for; **я́щик ~ пи́сем** mail (*Brt.* letter) box

дне|ва́ть [6]: **~ва́ть и ночева́ть где́-л.** spend all one's time somewhere; **~вни́к** *m* [1 *e.*] journal, diary (*vb.*: **вести́** keep); **~вно́й** [14] day('s), daily; day(light, свет *m*)

днём by day, during the day

дн|о *n* [9; *pl.*: до́нья, -ньев] bottom; **вверх ~ом** upside down; **золото́е ~о** *fig.* gold mine; **вы́пить до ~а** drain to the dregs; **идти́ ко ~у** *v/i.* (пусти́ть на ~о *v/t.*) sink

до (P) *place*: to, as far as, up (*or* down) to; *time*: till, until, to; before; *degree*: to, up to; *age*: under; *quantity*: up to, about; **~ того́** so (much); (Д) **не ~ того́** not be interested in, have no time, *etc.*, for, to

доба́в|ить → **~ля́ть**; **~ле́ние** *n* [12] addition; supplement; **~ля́ть** [28], ⟨~ить⟩ [14] add; **~очный** [14] additional, extra; supplementary, accessory

добе|га́ть [1], ⟨~жа́ть⟩ [-егу́, -ежи́шь, -егу́т] run up to, reach (**до** P)

доб|ива́ть [1], ⟨~и́ть⟩ [-бью, -бьёшь, -бе́й(те)!; -би́тый] deal the final blow, kill, finish off; completely smash; **~ся** (P) (try to) get, obtain *or* reach; (*стреми́ться*) strive for; *правды и т. д.* find out (about); **он ~и́лся своего́** he gained his ends; **~ира́ться** [1], ⟨~ра́ться⟩ [-беру́сь, -рёшься] (**до** P) get to, reach

до́блест|ный [14; -тен, -тна] valiant, brave; **~ь** *f* [8] valo(u)r

добро́ *n* [9] good deed; *coll.* property; **~м** kindly, amicably; **~бы** it would be a different matter if; **~ пожа́ловать!** welcome!; **жела́ть добра́** wish *s.o.* well; **~во́лец** *m* [1; -льца] volunteer; **~во́льный** [14; -лен, -льна] voluntary; **~де́тель** *f* [8] virtue; **~ду́шие** *n* [12] good nature; **~ду́шный** [14; -шен, -шна] good-natured; **~жела́тельный** [14; -лен, -льна] benevolent; **~жела́тельство** *n* [9] benevolence; **~ка́чественный** [14 *sh.*] of good quality; *med.* benign; **~серде́чный** [14; -чен, -чна] good-hearted; **~со́вестный** [14; -тен, -тна] conscientious; **~сосе́дский** [16] friendly, neighbo(u)rly

добр|ота́ *f* [5] kindness; **~о́тный** [14; -тен, -тна] of good *or* high quality; **~ый** [14; добр, -á, -о, до́бры] kind, good; *coll.* solid; **~ых два часа́** two solid hours; **~ое у́тро** (**~ый день**, **ве́чер**)!

good morning (afternoon, evening); **в** ~**ый час!, всего** ~**ого!** good luck!; **по** ~**ой во́ле** of one's own free will; **чего́** ~**ого** after all; **будь(те)** ~**(ы́)!** would you be so kind as to

добы́|ва́ть [1], ⟨~ть⟩ [-бу́ду, -бу́дешь; добы́л, -а́, добы́ла (добы́т, добыта́, добы́то)] get, obtain, procure; extract, mine, quarry; ~**ча** *f* [5] procurement; extraction, mining; (*награбленное*) booty, spoils; *животного* prey (*a. fig.*); *hunt.* bag, catch

довезти́ → довози́ть

дове́р|енность *f* [8] (**на** В) power of attorney; → ~**ие**; ~**енный** [14] person empowered to act for s.b.; proxy, agent; ~**енное де́ло** work entrusted; ~**ие** *n* [12] confidence, trust (**к** Д in); ~**и́тельный** [14; -лен, -льна] confidential; ~**ить** → ~**я́ть**; ~**и́вый** [14 *sh.*] trusting, trustful; ~**ша́ть** [1], ⟨~ши́ть⟩ [16 *e.*; -шу́, -ши́шь] finish, complete; ~**ше́ние** *n* [12]: **в** ~**ше́ние всего́** to crown it all, to boot; ~**я́ть** [28], ⟨~ить⟩ [13] trust (Д a *p.*); confide or entrust (В/Д s.th. to); entrust (Д/В a *p.* with); **-ся** (Д) *a.* trust, rely on

дов|ести́ → ~**оди́ть**; ~**од** *m* [1] argument; ~**оди́ть** [15], ⟨~ести́⟩ [25] (**до** P) see (a *p.* to); lead (up [to]); *до конца́* bring (to); *до отча́яния и т. д.* drive, make; ~**ести́ до све́дения** inform, bring to the notice (P of)

довое́нный [14] prewar

дов|ози́ть [15], ⟨~езти́⟩ [24] (**до** P) take *or* bring ([right up] to)

дово́ль|но enough, sufficient; (*до не́которой сте́пени*) rather, pretty, fairly; ~**ный** [14; -лен, -льна] content(ed), satisfied (with T); ~**ствие** *n* [12] *mil.* ration, allowance; ~**ствоваться** [7] content o.s. (T with)

догад|а́ться → ~**ываться**; ~**ка** *f* [5; *g/pl.*: -док] guess, conjecture ~**ливый** [14 *sh.*] quick-witted; ~**ываться**, ⟨~а́ться⟩ [1] (**о** П) guess, surmise

до́гма *f* [5], ~**т** *m* [1] dogma

догна́ть → догоня́ть

догов|а́ривать [1], ⟨~ори́ть⟩ [13] finish saying *or* telling; **-ся** (**о** П) agree (up-

on), arrange; ~**а́ривающиеся сто́роны** *f/pl.* contracting parties; ~**о́р** *m* [1] contract; *pol.* treaty; ~**ори́ть(ся)** → ~**а́ривать(ся)**; ~**о́рный** [14] contract(ual); *цена́* agreed

дог|оня́ть [28], ⟨~на́ть⟩ [-гоню́, -го́нишь; → *гнать*] catch up (with); **до како́го-л. ме́ста** drive *or* bring to; *impf. a.* pursue, try to catch up, be (on the point of) overtaking; ~**ора́ть** [1], ⟨~оре́ть⟩ [9] burn down; *fig.* fade, die out

дод|е́лывать, ⟨~е́лать⟩ [1] finish, complete; ~**у́мываться**, ⟨~у́маться⟩ [1] (**до** P) find, reach; hit upon (*s.th.*, by thinking)

доезжа́|ть [1], ⟨дое́хать⟩ [-е́ду, -е́дешь] (**до** P) reach; **не** ~**я** short of

дожд|а́ться → дожида́ться; ~**еви́к** *m* [1 *e.*] raincoat; ~**ево́й** [14] rain(y); ~**ево́й червь** earthworm; ~**ли́вый** [14 *sh.*] rainy; ~**ь** *m* [4 *e.*] rain (**под** Т, **на** П in); ~**ь идёт** it is raining

дож|ива́ть [1], ⟨~и́ть⟩ [-живу́, -вёшь; до́жил, -а́, -о (до́жит, -а́, -о)] *impf.* live out (one's time, years, *etc.*); (**до** P) *pf.* live (till *or* up to); *до собы́тия* (live to) see; (*докати́ться*) come to; ~**ида́ться** [1], ⟨~да́ться⟩ [-ду́сь, -дёшься; → *ждать*] (P) wait (for, till); *pf. a.* see

до́за *f* [5] dose

дозвони́ться [13] *pf.* ring s.b. (**до** or **к**) by means of telephone or doorbell until one gets an answer; get through to s.b. by telephone; gain access to s.b. by doorbell

дои́гр|ываться [1; -а́юсь, -а́ешься], ⟨~а́ться⟩ get o.s. into *or* land o.s. in trouble

дои́ск|иваться *coll.* [1], ⟨~а́ться⟩ [3] (P) (try to) find (out)

дои́ть(ся) [13], ⟨по-⟩ (give) milk

дойти́ → доходи́ть

док *m* [1] *naut.* dock

доказа́|тельство *n* [9] proof, evidence; ~**ывать** [1], ⟨~а́ть⟩ [3] prove; argue

док|а́нчивать [1], ⟨~о́нчить⟩ [16] finish, complete

дока́|тываться [1], ⟨~ти́ться⟩ [15; -ачу́сь, -а́тишься] roll up to; *о зву́ке* reach; *о челове́ке* come to (P)

до́кер *m* [1] docker

докла́д *m* [1] report; lecture (**о П** on); paper; address, talk; **~на́я** [14] (*a.* **запи́ска** *f*) memorandum, report; **~чик** *m* [1] lecturer; speaker; **~ывать** [1], ⟨**доложи́ть**⟩ [16] report (**В** s.th. *or* **о** П on); announce (**о** П а р.)

доко́нчить → **дока́нчивать**

до́ктор *m* [1; *pl.:* -ра́, *etc. e.*] doctor

доктри́на *f* [5] doctrine

докуме́нт *m* [1] document, paper

долби́ть [14 *e.*; -блю́, -би́шь, -блённый] **1.** ⟨вы́-, про-⟩ hollow (out); chisel; *o птице* peck (*bird*); **2.** Р ⟨в-⟩ **в го́лову** inculcate, cram

долг *m* [1; *pl. e.*] debt; *sg.* duty; (*после́дний*) (last) respects *pl.*; **в ~** → **взаймы́**; **в ~у́** indebted (*a. fig.*, **у** Р, **пе́ред** Т to); **~ий** [16; до́лог, долга́, -о; *comp:* до́льше] long; **~о** long, (for) a long time *or* while

долго|ве́чный [14; -чен, -чна] perennial, lasting; **~во́й** [14]: **~во́е обяза́тельство** *n* promissory note; **~вре́менный** [14 *sh.*] (very) long; **~вя́зый** [14] *coll.* lanky; **~жда́нный** [14] long-awaited; **~ле́тие** *n* [12] longevity; **~ле́тний** [15] longstanding; of several years; **~сро́чный** [14] long-term; **~та́** *f* [5; *pl.:* -го́ты, *etc. st.*] duration; *geogr.* longitude

дол|ета́ть [1], ⟨**~ете́ть**⟩ [11] (**до** Р) fly (to, as far as), reach; *a.* = **доноси́ться**

до́лж|ен *m*, **~на́** *f*, **~но́** *n* (→ **~но́**), **~ны́** *pl.* **1.** must [*pr.:* о́ен был, -ла́ была́, *etc.* had to]; **2.** (Д) owe (а р.)

долж|ни́к *m* [1 *e.*] debtor; **~но́** one (it) should *or* ought to (be…); proper(ly); **~но́** = **~но́ быть** probably, apparently; **~ностно́й** [14] official; **~ность** *f* [8] post office; **~ный** [14] due (*a. su.* **~ное** *n*), proper; **~ным о́бразом** duly

доли|ва́ть [1], ⟨**~ть**⟩ [-лью́, -льёшь; → **лить**] fill (up), add

доли́на *f* [5] valley

до́ллар *m* [1] dollar

доложи́ть → **докла́дывать**

доло́й *coll.* off, down; **~ …** (В)! down *or* off with …!; **с глаз ~ из се́рдца вон** out of sight, out of mind

долото́ *n* [9; *pl. st.:* -ло́та] chisel

до́льше (*comp.* of **до́лгий**) longer

до́ля *f* [6; *from g/pl. e.*] **1.** lot, fate; **2.** part, portion; share; *пра́вды* grain; **льви́ная ~** the lion's share

дом *m* [1; *pl.:* -а́, *etc. e.*] house, building; *оча́г* home; (*дома́шние*) household; **вы́йти из ~у** leave (one's home), go out; **на́ ~** = **~о́й**; **на ~у́** = **~а** at home; **как ~а** at one's ease; (**у** Р) **не все ~а** (be) a bit off (one's head), nutty; **~ о́тдыха** holiday home; **~а́шний** [15] home…, house(hold)…, private; *живо́тное* domestic; *pl.su.* folks; **~а́шняя еда́** home cooking; **~енный** [14]: **~енная печь** *f* → **~на**; **~ик** *m* [1] *dim.* → **дом**

домини́ровать [7] (pre)dominate

домино́ *n* [*indecl.*] dominoes

домкра́т *m* [1] jack

до́мна *f* [5; *g/pl.:* -мен] blast furnace

домовладе́лец *m* [1; -льца] house owner

домога́ться [1] (Р) strive for, solicit

домо́|й home; **~рощенный** [14] homespun; crude, primitive; **~се́д** *m* [1] stay-at-home; **~хозя́йка** *f* [5; *g/pl.:* -за́ек] housewife

домрабо́тница *f* [5] domestic (servant), maid

до́мысел *m* [1; -сла] conjecture

донага́ *adv.*: **разде́ть ~** leave nothing on; *coll. fig.* fleece

доне|се́ние *n* [12] *mst. mil.* dispatch, report; **~сти́(сь)** → **доноси́ть(ся)**

донжуа́н *m* [1] Don Juan, philanderer

до́н|изу to the bottom; **~има́ть** [1], ⟨**~я́ть**⟩ [дойму́, -мёшь; → **заня́ть**] weary, exhaust (T with)

до́нор *m* [1] donor (*mst. of blood*)

доно́с *m* [1] *law* denunciation, information (**на** В against); **~и́ть** [15], ⟨донести́⟩ [24; -су́, -сёшь] **1.** carry *or* bring (up) to; **2.** report (**о** П *s.th.*, about, on); denounce, inform (against **на** В); *a.* **-ся** (**до** Р) waft (to); *o зву́ке* reach, (re)sound; **~чик** *m* [1] informer

донско́й [16] (*adj. of river* **Дон**) Don…

доня́ть → **донима́ть**

допи|ва́ть [1], ⟨**~ть**⟩ [-пью́, -пьёшь; → **пить**] drink up

до́пинг m [1] stimulant; *fig.* boost, shot in the arm; *sport* use of illicit substances

допла́|та f [5] additional payment, extra (*or* sur)charge; **~чивать** [1], **~ти́ть** [15] pay in addition

допо́длинно for sure

дополн|е́ние n [12] addition; supplement; *gr.* object; **~и́тельный** [14] additional; supplementary; extra; *adv. a.* in addition; more; **~я́ть** [28], ⟨**~ить**⟩ [13] add to, complete, embellish; *издание* enlarge

допото́пный [14] *joc.* old-fashioned, antediluvian

допр|а́шивать [1], ⟨**~оси́ть**⟩ [15] *law* interrogate, examine; *impf.* question; **~о́с** m [1] *law* interrogation, examination; *coll.* questioning; **~оси́ть** → **~а́шивать**

до́пу|ск m [1] access, admittance; *tech.* tolerance; **~ска́ть** [1], ⟨**~сти́ть**⟩ [15] admit (*a.* of), concede; *разрешать* allow; (*терпеть*) tolerate; (*предполагать*) suppose; *ошибку* make; **~сти́мый** [14 *sh.*] admissible, permissible; **~ще́ние** n [12] assumption

допы́т|ываться, ⟨**~а́ться**⟩ [1] *coll.* (try to) find out

дораб|а́тывать, ⟨**~о́тать**⟩ [1] complete, finish off; **-ся** exhaust o.s. with work (**до изнеможе́ния**)

дореволюцио́нный [14] prerevolutionary, before the revolution

доро́г|а f [5] road, way (*a. fig.*); (*путешествие*) passage; trip, journey; **желе́зная ~а** railroad, *Brt.* railway; **по ~е** on the way; **туда́ ему́ и ~а** *coll.* it serves him right; → *a.* **путь**

дорого|ви́зна f [5] dearness, expensiveness; **~́й** [16; до́рог, -á, -о; *compr.*: доро́же] dear (*a. fig.*), expensive

доро́дный [14; -ден, -дна] portly

дорож|а́ть [1], ⟨вз-, по-⟩ become dearer, rise in price; **~и́ть** [16 *e.*; -жу́, -жи́шь] (T) esteem (highly), (set a high) value (on)

доро́ж|ка f [5; *g/pl.*: -жек] path; *ковровая* **~ка** runner; *беговая* **~ка** race track; **~ный** [14] road..., travel..., traffic

доса́|да f [5] vexation; annoyance; **ка-**

ка́я ~да! how annoying!, what a pity!; **~ди́ть** → **~жда́ть**; **~дный** [14; -ден, -дна] annoying, vexatious; (*прискорбный*) deplorable; (**мне**) **~дно** it is annoying (annoys me); **~довать** [7] feel *or* be annoyed *or* vexed (**на** В at, with); **~жда́ть** [1], ⟨**~ди́ть**⟩ [15 *e.*; -ажу́, -ади́шь] vex, annoy (Д/Т a p. with)

доск|а́ f [5; *ac*/*sg*: до́ску; *pl.*: до́ски, до́сок, доска́м] board, plank; (*a.* **кла́ссная ~á**) blackboard; *мемориальная* plate; **ша́хматная ~á** chessboard; **поста́вить на одну́ ~у** put on the same level

доскона́льный [14; -лен, -льна] thorough

досло́вный [14] literal, verbatim

досм|а́тривать [1], ⟨**~отре́ть**⟩ [9; -отрю́, -о́тришь] see up to *or* to the end (**до** P); *на таможне* examine; **~о́тр** m [1] (customs) examination; **~отре́ть** → **~а́тривать**

доспе́хи m/pl. [1] *hist.* armo(u)r

досро́чный [14] ahead of schedule, early

дост|ава́ть [5], ⟨**~а́ть**⟩ [-ста́ну, -ста́нешь] take (out, *etc.*); get; procure; (**до** P) touch; reach (to); **-ся** (Д) fall to a p.'s lot; **по насле́дству** inherit; (*быть наказанным*) catch it; **~а́вить** → **~авля́ть**; **~а́вка** f [5; *g/pl.*: -вок] delivery; conveyance; **с ~а́вкой** (**на́ дом**) carriage paid; free to the door; **~авля́ть** [28], ⟨**~а́вить**⟩ [14] deliver, hand; bring; *fig.* cause, give; **~а́ток** m [1; -тка] prosperity; sufficiency; **жить в ~а́тке** be comfortably off; **~а́точно** sufficiently; (P) (be) enough, sufficient; suffice; **~а́точный** [14; -чен, -чна] sufficient

дости|га́ть [1], ⟨**~гнуть**⟩, ⟨**~чь**⟩ [21; -г-: -сти́гну, -гнешь] (P) reach, arrive at, attain (*a. fig.*); *о ценах* amount *or* run up (to); **~же́ние** n [12] attainment, achievement; **~жи́мый** [14 *sh.*] attainable

достове́рный [14; -рен, -рна] trustworthy, reliable

досто́|инство n [9] dignity; (*положительное качество*) merit, virtue;

(*ценность, стоимость*) worth, value; **~йный** [14; -ойн, -ой-на] worthy (*a.* of P); well-deserved; **~примечáтельность** *f* [8] (*mst. pl.*) place of interest; **осмóтр ~примечáтельностей** sight-seeing; **~яние** *n* [12] property (*a. fig.*); **стать ~янием обще́ственности** become public property

дóступ *m* [1] access; **~ный** [14; -пен, -пна] accessible (*a. fig.*); approachable, affable; (*понятный*) comprehensible; *цена* moderate

досýг *m* [1] leisure; **на ~е** at leisure, during one's spare time

дóс|уха (quite) dry; **~ыта** to one's fill

дотáция *f* [7] state subsidy

дотлá: utterly; **сгорéть ~** burn to the ground

дотóшный [14; -шен, -шна] meticulous

дотр|áгиваться [1], 〈~óнуться〉 [20] (**до** P) touch

дóх|лый [14] *животное* dead; P *о человеке* puny; **~лятина** *f* [5] carrion; feeble person; **~нуть¹** [21], 〈из-, по-〉 (*of animals*) die; P (*of human beings*) *coll.* croak, kick the bucket; **~нуть²** → **дыша́ть**

дохóд *m* [1] income, revenue; (*выручка*) proceeds *pl.*; **~йть** [15], 〈дойти́〉 [дойду́, -дёшь; → **идти́**] (**до** P) go or come (to), arrive (at); reach: *hist.* come down to; *о ценах* rise or run up to; **~ный** [14; -ден, -дна] profitable

доце́нт *m* [1] senior lecturer, assistant professor, *Brt.* reader

дочéрн|ий [15] daughter's; **~яя компáния** affiliate

дóчиста (quite) clean; *coll.* completely

дочи́т|ывать, 〈~áть〉 finish reading or read up to (**до** P)

дóч|ка *f* [5; *g/pl.*: -чек] *coll.* = **~ь** *f* [дóчери, *etc.* = 8; *pl.*: дóчери, -рéй, *etc. e.; instr.*: -рьми́] daughter

дошкóльн|ик *m* [1] child under school age; **~ый** *m* [1] preschool

дощáт|ый [14] of boards, plank...; **~éчка** *f* [5; *g/pl.*: -чек] *dim.* → **доскá**

доя́рка *f* [5; *g/pl.*: -рок] milkmaid

драгоцéнн|ость *f* [8] jewel, gem (*a. fig.*);

precious thing *or* possession; **~ый** [14; -цéнен, -цéнна] precious (*a.* stone), costly, valuable

дразни́ть [13; -ню́, дрáзнишь] **1.** 〈по-〉 tease, mock; **2.** 〈раз-〉 excite, tantalize

дрáка *f* [5] scuffle, fight

дракóн *m* [1] dragon; **~овский** [16] draconian, extremely severe

дрáма *f* [5] drama; *fig.* tragedy; **~ти́ческий** [16] dramatic (*a. fig.*); **~тýрг** *m* [1] playwright, dramatist

драп|ирова́ть [7], 〈за-〉 drape; **~овый** [14] (of thick) woolen cloth (*драп*)

дра|ть [деру́, -рёшь; драл, -á, -о; ...дрáный], 〈со-〉 (→ **сдира́ть**) pull (off); tweak (*p.'s* ear В/за В); *coll.* = **выдира́ть** & **раздира́ть**; **-ся**, 〈по-〉 scuffle, fight, struggle; **~чли́вый** [14 *sh.*] pugnacious

дребеде́нь *coll.* *f* [8] trash; **~зг** *coll.* *m* [1] tinkle, jingle, rattle; **~зжáть** [-зжи́т], 〈за-〉 tinkle, jingle, rattle

древ|еси́на *f* [5] timber; **~éсный** [14]: **~éсный спирт** methyl alcohol; **~éсный ýголь** charcoal; **~ко** *n* [9; *pl.*: -ки, -ков] flagpole

дрéвн|ий [15; -вен, -вня] ancient (*a. su.*), antique; aged, (very) old; **~ость** *f* [8] antiquity (*a. pl.* = -ties)

дрейф *m* [1] *naut.*, **~ова́ть** [7] drift

дрем|áть [2], 〈за-〉 doze (off), slumber; **~óта** *f* [5] drowsiness, sleepiness; **~ýчий** [17] dense (*a. fig.*)

дрессирова́ть [7], 〈вы-〉 train

дроб|и́ть [14 *e.*; -блю́, -би́шь; -блённый], 〈раз-〉 break in pieces, crush; (*делить*) divide or split up; **~ный** [14; -бен, -бна] *math.* fractional; **~ь** *f* [8] *coll.* (small) shot; *барабанная math.* [*from g/pl. e.*] fraction; **десяти́чная ~ь** decimal

дров|á *n pl.* [9] firewood; **~яни́к** *m* [1], **~яно́й** [14]: **~ сара́й** woodshed

дро|гнуть **1.** [21] (*зябнуть*) shiver or shake (with cold); 〈про-〉 be chilled to the bone; **2.** [20 *st.*] *pf. голос* quaver; (*заколебаться*) waver, falter; flinch; **не ~гнув** without flinching; **~жа́ть** [4 *e.*; -жу́, -жи́шь], 〈за-〉 tremble, shake, shiver (**от** P with); *о пламени и т. д.* flicker, glimmer; dread (*s.th.* **пе́ред**

T); be anxious (**за** B about); tremble (for s.o.); grudge (**над** T); **⤳жжи** f/pl. [8; *from gen. e.*] yeast; **⤳жь** f [8] trembling, shiver; vibration

дрозд m [1 *e.*] thrush; **чёрный ⤳** blackbird

друг m [1; *pl.*: друзья́, -зе́й, -зья́м] friend (*a. address*); **⤳ ⤳а** each (one an)other; **⤳ за ⤳ом** one after another; **⤳ с ⤳ом** with each other; **⤳о́й** [16] (an)other, different; else, next, second; **(н)и тот (н)и ⤳о́й** both (neither); **на ⤳о́й день** the next day

дру́ж|ба f [5] friendship; **⤳елю́бный** [14; -бен, -бна] amicable, friendly; **⤳еский** [16], **⤳ественный** [14 *sh.*] friendly; *comput.* userfriendly; **⤳и́ть** [16; -жу́, -у́жишь] be friends, be on friendly terms (**с** T with); **⤳ище** m [11] old chap *or* boy; **⤳ный** [14; -жен, -жна́, -о; дру́жны] friendly, on friendly terms; (*совместный*) joint, concerted (*bot.*, *mil.*, *etc.* vigorous; *adv. a.* together; at once

дря́|блый [14; дрябл, -á, -о] limp, flabby; **⤳зги** *coll.* f/pl. [5] squabbles; **⤳нно́й** P [14] wretched, worthless, trashy; **⤳нь** *coll.* f [8] rubbish, trash (*a. fig.*); Р вещь rotten thing; *человек* rotter; **⤳хлый** [14; дряхл, -á, -о] decrepit; *coll.* **дом** *u m. ∂.* dilapidated

дуб m [1; *pl. e.*] oak; **⤳и́на** f [5] club, cudgel; P boor, dolt; **⤳и́нка** f [5; *g/pl.*: -нок] (policeman's) club; **⤳лёр** m [1], **⤳лика́т** m [1] duplicate; reserve; *thea.* understudy; **⤳ли́ровать** [7] *impf.* duplicate; *thea.* understudy a part; *cine.* dub; **⤳о́вый** [14] oak(en)

дуг|á f [5; *pl. st.*] arc (*a. el.*); **согну́ть в ⤳у́** bring under, compel; **⤳о́й** arched

ду́дк|а f [5; *g/pl.*: -док] pipe; *coll.* **⤳и!** not on your life!; **плясáть под чью́-л. ⤳у** dance to s.b.'s tune

ду́ло n [9] muzzle; barrel (gun)

ду́ма f [5] **1.** *old use* thought; meditation; **2.** *pol.* duma, parliament; (*in Russia*) duma = council; elective legislative assembly; **⤳ть** [1], **⟨по-⟩** think (**о** П about, of); reflect (**над** T, **о** П on); (+ *inf.*) intend to, be going to; care (**о** П about); **как ты ⤳ешь?** what do you think?;

мно́го о себе́ ⤳ть be conceited; **не до́лго ⤳я** without hesitation; **-ся** seem, appear; **⤳ется, он прав** I think he is right; **мне ⤳ется, что** I think that …

дун|ове́ние n [12] waft, breath; **⤳уть** → **дуть**

дупло́ n [9; *pl. st.*: ду́пла, -пел, -плам] *дерева* hollow; *в зубе* cavity (*in tooth*)

ду́р|а f [5] silly woman; **⤳áк** m [1 *e.*] fool, simpleton; **⤳áк ⤳ако́м** arrant fool; **сваля́ть ⤳aкá** do something foolish; **⤳áцкий** [16] foolish, silly, idiotic; **⤳áчество** *coll.* n [9] tomfoolery; **⤳áчить** [16], **⟨о-⟩** fool, hoax; **-ся** play the fool; **⤳е́ть** *coll.* [8], **⟨о-⟩** become stupefied; **⤳и́ть** *coll.* [13]: **⤳и́ть го́лову** confuse, deceive; → **⤳áчиться**; be naughty *or* obstinate

дурма́н m [1] *fig.* narcotic; **⤳ить** [13], **⟨о-⟩** stupefy

дурн|е́ть [8], **⟨по-⟩** grow plain *or* ugly; **⤳о́й** [14; дурен, -рнá, -о] bad; *о внешности* plain, ugly; **мне ⤳о** I feel (am) sick *or* unwell; **⤳отá** *coll.* f [5] giddiness; nausea

дурь *coll.* f [8] folly, caprice

ду́т|ый [14] *fig. авторитет* inflated; *цифры* distorted; **⤳ь** [18], **⟨по-⟩**, *once* **⟨ду́нуть⟩** [20] blow; **ду́ет** there is a draught (draft); **-ся**, **⟨на-⟩** swell; *coll.* sulk; be angry with (**на** B)

дух m [1] *времени* spirit; *боевой* courage; (*привидение*) ghost; **здоро́вый ⤳ в здоро́вом те́ле** a sound mind in a sound body; **(не) в ⤳е** in a good (bad) temper *or* in high (low) spirits; **в моём ⤳е** to my taste; **пáдать ⤳ом** lose heart; **прису́тствие ⤳а** presence of mind; P **⤳ом** in a jiffy *or* trice; old use **во весь ⤳, что есть ⤳у** at full speed; **⤳и́** m/pl. [1 *e.*] perfume

духов|е́нство n [9] *coll.* clergy; **⤳кa** f [5; *g/pl.*: -вок] oven; **⤳ный** [14] spiritual; *состояние* mental; ecclesiastical, clerical, religious; **⤳ный мир** inner world; **⤳о́й** [14] *mus.* wind (*instrument*); **⤳о́й орке́стр** m brass band

духотá f [5] sultriness, stuffiness

душ m [1] shower; **приня́ть ⤳** take a shower

душ|á f [5; ac/sg.: дýшу; pl. st.] soul; fig. heart; hist. serf; **в ~é** at heart; **~á в ~у** at one; in harmony; **в глубинé ~и** in one's heart of hearts; **~и́ не чáять** adore; **~á о́бщества** life and soul of the party; **не по ~é** not to like (the idea of) or care; **от (всей) ~и́** from (with all) one's heart; **~á в пя́тки ушлá** have one's heart in one's mouth

душ|евнобольнóй [14] mentally ill or deranged (person); **~éвный** [14] sincere, heartfelt, cordial; **~ераздирáющий** [17] heart-rending

душ|и́стый [14 sh.] fragrant; горошек sweet (peas); **~и́ть** [16] 1. ⟨за-⟩ strangle; smother (a. fig.); 2. ⟨на-⟩ perfume (**-ся** o.s.); **~ный** [14; -шен, -шнá, -о] stuffy, sultry

дуэ́|ль f [8] hist. duel (a. fig.); **~т** m [1] duet

дыб|óм (stand) on end (of hair); **~ы́:** (встать etc.) **на ~ы́** rear (a. up); fig. resist, revolt (against)

дым m [1] smoke; **~и́ть** [14 e.; -млю, -ми́шь], ⟨на-⟩ or **~и́ться** smoke; **~ка** f [5] haze; **~ный** [14] smoky; **~овóй** [14]: **~овáя трубá** chimney; naut. funnel; **~óк** m [1; -мкá] small puff of smoke

дымохóд m [1] flue

дыня f [6] (musk) melon

дыр|á f [5; pl. st.], **~кá** f [5; g/pl.: -рок] hole; **~я́вый** [14 sh.] having a hole, full of holes; coll. пáмять bad; **~я́вая головá** coll. forgetful person

дыхá|ние n [12] breath(ing); **искýсственное ~ние** artificial respiration; **~тельный** [14] respiratory; **~тельное гóрло** windpipe

дышá|ть [4], ⟨по-⟩, coll. (a. once) ⟨дохнýть⟩ [20] breathe (T s.th.); a. devote o.s. to; **~ свéжим вóздухом** take the air; **éле ~** or **~ на лáдан** have one foot in the grave; о вещах be completely worn out or very old

дья́|вол m [1] devil; **~вольский** [16] devilish, diabolical

дья́кон m [1] deacon

дю́жин|а f [5] dozen

дю́|йм m [1] inch; **~на** f [5] dune

дя́дя m [6; g/pl.: -дей] uncle (a. coll. as mode of address by child to any adult male)

дя́тел m [1; -тла] woodpecker

Е

Евáнгелие n [12] collect. the Gospels

еврéй m [3] Jew; **~ка** f [5; g/pl.: -рéек] Jewess; **~ский** [16] Jewish

европ|éец m [1; -пéйца], **~éйка** f [5; g/pl.: -пéек], **~éйский** [16] European; **Еврейский Союз** European Union

éгерь m [4; pl.: a. -рá, etc.] hunter, huntsman; chasseur

еги́п|етский [16] Egyptian; **~тя́нин** m [1; pl.: -áне, -áн], **~тя́нка** f [5; g/pl.: -нок] Egyptian

егó (ji'vɔ) his; its; → **он**

едá f [5] food, meal

едвá (a. **~ли**) hardly, scarcely; → a. **éле**; no sooner; **~ не** almost, nearly; **~ли** perhaps

еди́н|éние n [12] unity, union; **~и́ца** f [5] math. one; часть, величинá unit; coll. оцéнка very bad; pl. (a) few; **~и́чный** [14; -чен, -чна] single, isolated

едино|... (→ a. **однó**): **~бóрство** n [9] (single) combat; **~влáстие** n [12] autocracy; **~врéменный** [14] once only; **~собие** extraordinary; **~глáсие** n [12] unanimity; **~глáсный** [14; -сен, -сна] unanimous; **~глáсно** unanimously; **~дýшие** n [12] unanimity; **~дýшный** [14; -шен, -шна] unanimous; **~ли́чный** [14] individual, personal; **~мы́шленник** m [1] like-minded p., associate, confederate; **~обрáзный** [14; -зен, -зна] uniform

еди́нствен|ный [14 sh.] only, single, sole; **~ный в своём рóде** unique;

~ое число́ *gr.* singular

еди́н|ство *n* [9] unity; *взгля́дов и т. д.* unanimity; **~ый** [14 *sh.*] one, single, common; (*то́лько оди́н*) only (one, sole); (*объединённый*) one whole; united; **все до ~ого** all to a man

е́дкий [16; -док, -дка́, -о] caustic

едо́к *m* [1 *e.*] (*coll.* big) eater; **на ка́ждого ~а́** per head; **пять ~о́в в семье́** five mouths to feed

её her; its; → **она́**

ёж *m* [1 *e.*] hedgehog

ежеви́ка *f* [5] blackberry, -ries *pl.*

еже|го́дный [14] annual; **~дне́вный** [14] daily, everyday; **~ме́сячный** [14] monthly; **~мину́тный** [14] (occurring) every minute; (*непреры́вный*) continual; **~неде́льник** *m* [1], **~неде́льный** [14] weekly; **~ча́сный** [14] hourly

ёжиться [16], ⟨съ-⟩ shiver (from cold, fever); shrink (from fear); *от смуще́ния* be shy, hem and haw

ежо́в|ый [14]: **держа́ть в ~ых рукави́цах** rule with a rod of iron

езд|а́ *f* [5] ride, drive; **~ить** [15], go (T by), ride, drive; (*посеща́ть регуля́рно*) come, visit; travel

ей: **~-бо́гу** *int./coll.* really, indeed

е́ле (*a.* **е́ле-е́ле**) hardly, scarcely, barely; *слегка́* slightly; **с трудо́м** with (great) difficulty

еле́йный [14] *fig.* unctuous

ёлка *f* [5; *g/pl.:* ёлок] fir; **рожде́ственская (нового́дняя) ~** Christmas (New Year's) tree *or* (children's) party (**на** B to, for; **на** П at)

ел|о́вый [14] fir; **~ь** *f* [8] fir; **~ьник** *m* [1] fir-grove; *collect.* firwood

ёмк|ий [16; ёмок, ёмка] capacious; **~ость** *f* [8] capacity; **~ость запомина́ющего устро́йства** storage capacity; *comput.* memory capacity

ено́т *m* [1] raccoon

епи́скоп *m* [1] bishop

ерала́ш *m* [1] *coll.* jumble, muddle

е́ре|сь *f* [8] heresy; *fig.* nonsense

ёрзать [1] *coll.* fidget

еро́шить [16] → **взъеро́шивать**

ерунда́ *f* [5] *coll.* nonsense; trifle(s)

ёрш *m* [1 *e.*] **1.** *zo.* ruff; **2.** *coll.* mixture of vodka with beer *or* wine

е́сли if; in case; once (*a.* **~ уж[é]**); **a** *or* **и ~** if ever; whereas; **~ и** *or* (**да́**)**же** even though; **ах** *or* **о, ~ б(ы)...** oh, could *or* would...; **~ бы не** but for; **~ то́лько** provided

есте́ств|енно naturally, of course; **~енный** [14 *sh.*] natural; **~енные нау́ки** natural sciences; **~о́** *n* [9] *челове́ка* nature; essence; **~озна́ние** *n* old use [12] natural science

есть¹ [ем, ешь, ест, еди́м, еди́те, едя́т; éшь(те)!; ел; ...éденный] **1.** ⟨съ-, по-⟩ eat (*pf. a.* up); have; **2.** ⟨разъ-⟩ eat away (of rust); *chem.* corrode

есть² → **быть** am, is, are; there is (are); **у меня́ ~ ...** I have ...; **так и ~** I thought as much

ефре́йтор *m* [1] *mil.* private first class, *Brt.* lance-corporal

е́ха|ть [е́ду, е́дешь; поезжа́й!], ⟨по-⟩ (be) go(ing, *etc.*) (by T), ride, drive (T *or* **в, на** П in, on); (**в, на** B) leave (for), go (to); (**за** T) go for, fetch; **по~ли!** → **идти́**

ехи́д|ный [14; -ден, -дна] caustic, spiteful; malicious; **~ство** *n* [9] spite, malice; innuendo

ещё (не) (not) yet; (**всё**) **~** still (*a.* with *comp.*); another, more (and more **~ и ~**); **~ раз** once more; again; **кто ~?** who else?; *о вре́мени* as early (late, *etc.*); **~ бы!** (to be) sure! I should think so!, of course!; **пока́ ~** for the time being; **э́то ~ ничего́** it could have been worse; **он ~ мо́лод** he is still young

Ж

ж → же

жа́б|а f [5] toad; **~ра** f [5] gill

жа́воронок m [1; -нка] lark

жа́дн|ичать [1], ⟨по-⟩ be greedy *or* avaricious; **~ость** f [8] greed(iness), avarice; **~ый** [14; -ден, -дна́, -о] greedy (**на** B, **до** P, **к** Д of), avaricious

жа́жда f [5] thirst (*a. fig.*, P *or inf.* for); **~ть** [-ду, -дешь] thirst, crave (P *or inf.* for)

жаке́т m [1] (lady's) jacket

жале́ть [8], ⟨по-⟩ **1.** pity, feel sorry for; (*о* П) regret; **2.** (P *or* B) spare; (*скупиться*) grudge

жа́лить [13], ⟨у-⟩ sting, bite

жа́лк|ий [16; -лок, -лка́, -о; *сотр.*: жа́льче] pitiable; (*несчастный*) pathetic, wretched; **~о → жаль**

жа́ло n [9] sting (*a. fig.*)

жа́лоб|а f [5] complaint; **~ный** [14; -бен, -бна] mournful, plaintive

жа́лова|нье n [10] *old use* pay, salary; **~ть** [7]: **не ~ть** not like; ⟨по-⟩ *mst. iro.* come (to visit, see a p. **к** Д); **-ся** (**на** B) complain (of, about)

жа́лост|ливый [14 *sh.*] coll. compassionate; **~ный** [14; -тен, -тна] mournful; (*соболезнующий*) compassionate; **~ь** f [8] pity, compassion

жаль it is a pity (**как ~** what a pity); (*as adv*) unfortunately; (Д **~** В): **мне ~его́** I am sorry for *or* I pity him; *a.* regret; grudge

жанр m [1] genre; **~овый** [14] genre...; **~овая жи́вопись** genrepainting

жар m [1; в **~у́**] heat; *med.* fever; *fig.* ardo(u)r; **~а́** f [5] heat, hot weather; **~еный** [14] roast, broiled; fried, grilled; → *a.* **~ко́е**; **~ить** [13], ⟨за-, из-⟩ roast; fry; *coll. о со́лнце* burn; **~кий** [16; -рок, -рка́, -о; *сотр.*: жа́рче] hot; *fig.* heated, ardent, vehement, intense; **мне ~ко** I am hot; **~ко́е** n [16] roast meat; **~опонижа́ющий** [17] *med.* febrifugal

жасми́н m [1] jasmin(e)

жа́т|ва f [5] harvest(ing); **~венный** [14] reaping

жать¹ [жну, жнёшь; ...жа́тый], ⟨с-⟩ [сожну́], ⟨по-⟩ reap, cut, harvest

жать² [жму, жмёшь; ...жа́тый], ⟨с-⟩, ⟨по-⟩ press, squeeze; **~ ру́ку** shake hands (Д with); *об обуви и т. д.* pinch; **-ся** shrink (**от** P with); crowd, huddle up, snuggle; (*быть в нерешительности*) hesitate, waver

жва́ч|ка f [5] chewing, rumination; *coll.* chewing gum; **~ный** [14]: **~ные** (*живо́тные*) n/pl. ruminants

жгут m [1 *e.*] *med.* tourniquet

жгу́чий [17 *sh.*] burning; smarting

ждать [жду, ждёшь; ждал, -á, -о], ⟨подо-⟩ wait (for P); (*ожидать*) expect, await; **вре́мя не ждёт** time presses; **~ не дожда́ться** wait impatiently (P for)

же 1. *conj.* but, and; whereas, as to; **2.** → **ведь**; *a. do + vb.*: **э́то ~** the (this) very, same *место, время и т. д.*: **э́тот ~ челове́к** this very man; **что ~ ты молча́л?** why on earth didn't you tell me about it?; **скажи́ ~ что́-нибудь!** for goodness' sake say something!; **когда́ ~ она́ уйдёт** whenever will she leave?

жева́|ть [7 *e.*; жую́, жуёшь] chew; **~тельный** [14] *движе́ние мы́шцы* masticatory; *рези́нка* chewing

жезл m [1 *e.*] *маршальский* staff; rod

жела́|ние n [12] wish, desire; **по (согла́сно) ~нию** at, by (as) request(ed); **~нный** [14] desired; wished for; *гость и т. д.* welcome; (*люби́мый*) beloved; **~тельный** [14; -лен, -льна] desirable, desired; **мне ~тельно** I am anxious to; **~ть** [1], ⟨по-⟩ wish (Д/P a p. s.th.), desire; **э́то оставля́ет ~ть лу́чшего** it leaves much to be desired; **~ющие** pl. [17] those interested in, those wishing to ...

желе́ n [indecl.] jelly (*a. fish, meat*)

железа́ f [5; *pl.*: же́лезы, желёз, железа́м] *anat.* gland

желез|нодоро́жник m [1] railroad (Brt. railway-) man; **~нодоро́жный** [14] railroad…, Brt. railway…; **~ная доро́га** railway; **~о** n [9] iron; **кро́вельное ~о** sheet iron; **куй ~о, пока́ горячо́** strike while the iron is hot; **~обето́н** m [1] reinforced concrete

жёлоб m [1; pl.: -ба́, etc. e.] gutter; chute

желт|е́ть [8], ⟨по-⟩ grow or turn yellow; impf. (a. **-ся**) appear yellow; **~изна́** f [5] yellow(ness); **~ова́тый** [14 sh.] yellowish; **~о́к** m [1; -тка́] yolk; **~у́ха** f med. jaundice

жёлтый [14; жёлт, -а́, -о] yellow

желу́до|к m [1; -дка] stomach; **~чный** [14] gastric, stomach

жёлудь m [4; from g/pl. e.] acorn

же́лч|ный [14] gall…; **~ный пузы́рь** gall bladder; [жёлчен, -а́, -о] fig. irritable; **~ь** f [8] bile, gall (a. fig.)

жема́н|иться [13] coll. mince; be prim; behave affectedly; **~ный** [14; -а́нен, -а́нна] affected, mincing, prim; **~ство** n [9] primness, prudery, affectedness

же́мч|уг m [1; pl.: -га́, etc. e.] coll. pearls pl.; **~у́жина** f [5] pearl; **~у́жный** [14] pearly

жен|а́ f [5; pl. st.: жёны] wife; **~а́тый** [14 sh.] married (man; **на** П to a p.); **~и́ть** [13; женю́, же́нишь] (im)pf. marry (a man **на** П to); **-ся** marry (v/t. **на** П; of men); **~и́тьба** f [5] marriage (**на** П to); **~и́х** m [1 e.] fiancé; bridegroom; **~оненави́стник** m [1] misogynist, woman hater; **~оподо́бный** [14; -бен, -бна] effeminate; **~ский** [16] female, lady's, woman's, women's, girl's; gr. feminine; **~ственный** [14 sh.] feminine; womanly; **~щина** f [5] woman

жердь f [8; from g/pl. e.] pole

жеребёнок m [2] foal, colt; **~е́ц** m [1; -бца́] stallion

жёрнов m [1; pl. e.: -ва́] millstone

же́ртв|а f [5] victim; sacrifice; (a. **-приноси́ть в ~у**); **~овать** [7], ⟨по-⟩ (Т) sacrifice (v/t.: o.s. **собо́й**); (B) give

жест m [1] gesture; **~икули́ровать** [7] gesticulate

жёсткий [16; -ток, -тка́, -о; comp.: -тче]

жесто́к|ий [16; жесто́к, -а́, -о] cruel; (ужасный) terrible, dreadful; **мороз** fierce; действительность grim; **~осе́рдие** n [12] hard-heartedness; **~ость** f [8] cruelty, brutality

жесть f [8] tin (plate); **~яно́й** [14] tin…

жето́н m [1] counter; token

жечь, ⟨с-⟩ [26; г/ж: (со)жгу́, -жжёшь, -жгу́т; (с)жёг, (со)жгла́; сожжённый] burn (a. fig.); torment

живи́т|ельный [14; -лен, -льна] life-giving, vivifying; воздух crisp, bracing

жи́вность f [8] coll. small (domestic) animals, poultry and fowl

жив|о́й [14; жив, -а́, -о] living; alive (pred.); (деятельный и т. д.) lively, vivacious; ум quick; (подвижный) nimble; воображение lively, vivid; в **~ы́х** alive; **как ~о́й** true to life; **~ и здоро́в** safe and sound; **ни ~ ни мёртв** more dead than alive; petrified with fear or astonishment; **заде́ть за ~о́е** cut to the quick; **принима́ть ~о́е уча́стие** take an active part; feel keen sympathy (with); **~опи́сец** m [1; -сца] painter; **~опи́сный** [14; -сен, -сна] picturesque; **~опись** f [8] painting; **~ость** f [8] liveliness, vivacity; animation

живо́т m [1 e.] abdomen, stomach, belly; **~во́рный** [14; -рен, -рна] vivifying; **~ново́дство** n [9] cattle breeding; **~ное** n [14] animal; **~ный** [14] animal; fig. bestial, brutal; **~ный мир** animal kingdom; **~ный страх** blind fear

жив|отрепе́щущий [17] actual, topical, of vital importance; fig. burning; **~у́чий** [17 sh.] (выносливый) hardy, tough; традиция и т. д. enduring; **~ьём** alive

жи́дк|ий [16; -док, -дка́, -о; comp.: жи́же] liquid, fluid; (водянистый) watery, weak; каша и т. д. thin; волосы и т. д. sparse, scanty; **~ость** f [8] liquid

жи́жа f [5] coll. liquid; (грязь) slush; (бульон) broth

жи́зне|нность f [8] viability; vitality; **~нный 1.** [14 sh.] (of) life('s), wordly; vivid; **2.** [14] (жизненно важный) vital;

~ра́достный [14; -тен, -тна] cheerful, joyful; **~спосо́бный** [14; -бен, -бна] viable

жизн|ь f [8] life; (**никогда́**) **в ~и не** ... never (in one's life); **о́браз ~и** way of life; **провести́ в ~ь** put into practice; **при ~и** in a p.'s lifetime; alive; **вопро́сы ~и и сме́рти** vital question

жи́л|а f [5] coll. sinew, tendon; vein (a. geol.); **~ет** m [1], **~е́тка** f [5; g/pl.: -ток] vest, Brt. waistcoat; **~е́ц** m [1; -льца́] lodger, roomer; tenant; **~истый** [14 sh.] sinewy, wiry; **мя́со** stringy; **~и́ще** n [11] dwelling, lodging(s); **~и́щный** [14] housing; **~ка** f [5; g/pl.: -лок] dim. → **~а**; veinlet; **на листья́х, мра́море** vein (a. fig.); **~о́й** [14]: **~о́й дом** dwelling, house; **~пло́щадь** f [8] living space; **~ьё** n [10] habitation; dwelling; lodging(s)

жир m [1; в -у́; pl. e.] fat; grease; **ры́бий ~** cod-liver oil; **~е́ть** [8], ⟨о-, раз-⟩ grow fat; **~ный** [14; -рен, -рна́, -о] fat; (of) grease, greasy; **земля́** rich soil; typ. bold(faced); **~ово́й** [14] fat(ty)

жит|е́йский [16] wordly, (of) life('s); everyday; **~ель** m [4], **~ельница** f [5] inhabitant, resident; **~ельство** n [9] residence; **вид на ~ельство** residence permit; **~ие́** n [12] life, biography (mst. of a saint)

жи́тница f [5] fig. granary

жить [живу́, -вёшь; жил, -а́, -о; не жил(и)] live (Т, **на** В [up]on; Т a. for); ⟨прожива́ть⟩ reside, lodge; **как живёте?**

how are you (getting on)?; **жи́л(и)-бы́л(и)** ... once upon a time there was (were) ...; **~ся: ей хорошо́ живётся** she is well off; **~ё(-бытьё)** coll. n [10] life, living

жмот m [1] coll. skinflint, miser

жму́рить [13], ⟨за-⟩ screw up, tighten, narrow (one's eyes **-ся**)

жрать P coarse [жру, жрёшь, жрал, -а́, -о], ⟨со-⟩ devour, gorge, gobble

жре́бий m [3] lot (a. fig. = destiny); **броса́ть (тяну́ть) ~** cast (draw) lots; **~ бро́шен** the die is cast

жрец m [1 e.] (pagan) priest (a. fig.)

жужжа́|ние n [12], **~ть** [4 e.; жужжу́, -и́шь] buzz, hum

жу́к m [1 e.] beetle; **ма́йский ~к** cockchafer; **~лик** coll. m [1] (**моше́нник**) swindler, cheat, trickster; (**вор**) filcher, pilferer; **~льничать**[1], ⟨с-⟩ cheat, trick

жура́вль m [4 e., well] zo. crane

жури́ть coll. [13], ⟨по-⟩ scold mildly, reprove

журна́л m [1] magazine, periodical, journal; diary; naut. log(book); **~и́ст** m [1] news(paper)man, journalist; **~и́стика** f [5] journalism

журча́|ние n [12], **~ть** [-чи́т] purl, murmur

жу́т|кий [14; -ток, -тка́, -о] weird, uncanny, sinister; **мне ~ко** I am terrified; coll. **~ь** f [8] horror; (**меня́) пря́мо ~ь берёт** I feel terrified

жюри́ n [indecl.] jury (prizes)

З

за 1. (В): (direction) behind; over, across, beyond; out of; (distance) at; (time) after; over, past; before (a. ~ ... до Р); **ему́ ~ со́рок** he is over forty; (with) in, for, during; (object[ive], favo[u]r, reason, value, substitute) for; **~то́, ~ что** because; **~ что?** what for? why?; **2.** (Т): (position) behind; across, beyond; at, over; after (time & place); because of; with; **~ мной** ... a. I owe ...; **ко́мната ~ мной** I'll take (or reserve) the room

заба́в|а f [5] amusement, entertainment; **~ля́ть**[28], ⟨(по)~ить⟩[13] amuse (-ся o.s., be amused at Т); **~ный** [14; -вен, -вна] amusing, funny

забасто́в|ка f [5; g/pl.: -вок] strike, walkout; **всео́бщая ~ка** general strike; **~очный** [14] strike...; **~щик** m [1] striker

забве́ние n [12] oblivion

забе́|г m [1] *sport* heat, race; **~га́ть** [1], ⟨**~жа́ть**⟩ [4; забегу́, -ежи́шь, -егу́т; -еги́!] run in(to), get; *далеко́* run off; *coll.* drop in (**к** Д on); **~га́ть вперёд** anticipate, forestall

забере́менеть [8] *pf.* become pregnant

заб|ива́ть [1], ⟨**~и́ть**⟩ [-бью, -бьёшь → **бить**] drive in; *гвоздями* nail up; *гол* score; (*засори́ть*) block (up); *фонтан* spout forth; *тревогу* sound; *coll.* **го́лову** stuff; **-ся** *coll.* (*спря́таться*) hide, get; *pf.* begin to beat; get clogged (T with)

заб|ира́ть [1], ⟨**~ра́ть**⟩, [-беру́, -рёшь → **брать**] take (*a., coll.*, away); *в плен* capture (*a. fig.*), seize; arrest; (*отклони́ться*) turn, steer; **-ся** climb *or* creep (in, up); *тайно* steal in, penetrate; (*спря́таться*) hide; *pf.* далеко́ get

заби́|тый [14] browbeaten, cowed, downtrodden; **~ть** → **~ва́ть**; **~я́ка** m/f [5] bully, squabbler

забла́го|вре́менно in good time; in advance; **~вре́менный** [14] done ahead of time; timely; **~рассу́диться** [15; *impers.* Д with] think fit

забл|уди́ться [15] *pf.* lose one's way, go astray; **~у́дший** [17] *fig.* gone astray; **~ужда́ться** [1] be mistaken, err; **~ужде́ние** n [12] error, mistake; (*ложное мнение*) delusion; **ввести́ в ~ужде́ние** mislead

забол|ева́ть [1], ⟨**~е́ть**⟩ [8] fall sick *or* ill (of T), be taken ill with; *о боли* begin to ache; *su.*: **~ева́ние** n [12] → **боле́знь**

забо́р m [1] fence

забо́т|а f [5] care (**о** П about, of), concern, anxiety, worry, trouble; *без ~* жизнь carefree; **~иться** [15], ⟨по-⟩ (**о** П) care (for), take care of, look after; worry, be anxious (about); **~ливый** [14 *sh.*] хозяин careful, provident; *по отношению к кому-л.* attentive, thoughtful, solicitous

забр|а́сывать [1] **1.** ⟨**~оса́ть**⟩ (T) (*заполнить*) fill up; *вопросами а ~* shower (Twith); *камнями* pelt; **2.** ⟨**~о́сить**⟩ [15] throw, fling (*a. fig.*), cast; *дело,*

ребёнка и т. д. neglect; **~а́ть → забира́ть;** **~еда́ть** [1], ⟨**~е́сти**⟩ [25] wander or get (in[to], far); **~оса́ть, ~о́сить →** **~а́сывать; ~о́шенный** [14] neglected; deserted; *ребёнок* unkempt

забры́згать [1] *pf.* splash; *грязью* bespatter

заб|ыва́ть [1], ⟨**~ы́ть**⟩ [-бу́ду, -бу́дешь] forget (o.s. **-ся** *перейти́ грани́цу до́зволенного*; *a.* nap, doze); **~ы́вчивый** [14 *sh.*] forgetful; absent-minded; **~ытьё** n [10; в -тьи́] (*беспа́мятство*) unconsciousness, swoon; (*дрёмота*) drowsiness; (*лёгкий сон*) slumber

зава́л m [1] obstruction, blockage; **~ивать** [1], ⟨**~и́ть**⟩ [13; -алю́, -а́лишь] fill *or* heap (up); cover; *доро́гу* block, obstruct, close; *рабо́той* overburden (with T); *экзамен coll.* fail; *дело* ruin; **-ся** *fall;* стена́ collapse

зава́р|ивать [1], ⟨**~и́ть**⟩ [13; -арю́, -а́ришь] brew, make (tea); pour boiling water (over); *coll. fig.* **~и́ть ка́шу** stir up trouble

заве|де́ние n [12] establishment, institution; **вы́сшее уче́бное ~де́ние** higher education(al) institution; **~до́вать** [7] (T) be in charge *or* the head or chief of, manage; **~до́мый** [14] undoubted; **~до́мо зна́я** being fully aware; **дава́ть ~до́мо ло́жные показа́ния** commit perjury; **~ду́ющий** m [17] (T) chief, head; director; **~зти́ → ~ози́ть**

заве|ре́ние n [12] assurance; **~е́рить →** **~еря́ть; ~ерну́ть → ~ёртывать; ~ерте́ть** [11; -ерчу́, -е́ртишь] *pf.* start turning (*v/i.* **-ся**); **~ёртывать** [1], ⟨**~ерну́ть**⟩ [20] wrap up; *за угол* turn (*a.* углы; *кран и т. д.* off); screw up; (*зайти́*) drop in; **~ерша́ть** [1], ⟨**~ерши́ть**⟩ [16 *е.;* -шу́, -ши́шь, -шённый] finish, complete; **-ся** успе́хом crown; **~ерше́ние** n [12] conclusion; completion; **~еря́ть** [28], ⟨**~е́рить**⟩ [13] assure (В/в П а p. of); attest, authenticate; *по́дпись* witness a signature

заве́|са f [5] *секре́тности fig.* veil; **ды́мова́я ~са** smoke screen; **~сить →** **~шивать; ~сти́ → заводи́ть**

заве́т *m* [1] *Bibl.* (**Ве́тхий** Old, **Но́вый** New) Testament; **~ный** [14]: **~ная мечта́** cherished ambition

заве́|шивать [1], ⟨**~сить**⟩ [15] cover, hang with, curtain

завеща́|ние *n* [12] testament, will; **~ть** [1] *im(pf.)* leave, bequeath

завзя́тый [14] *coll.* **кури́льщик** inveterate; incorrigible

зав|ива́ть [1], ⟨**~и́ть**⟩ [-вью́, -вьёшь; → **вить**] *во́лосы* wave, curl; wind round; **~и́вка** *f* [5; *g/pl.*: -вок] wave (*in hair*)

зави́д|ный [14; -ден, -дна] enviable; **~овать** [7], ⟨**по-**⟩ envy (Д/в П a *p. a th.*), be envious (of)

завин|чивать [1], ⟨**~ти́ть**⟩ [15 *e.*; -нчу́, -нти́шь] screw up, down *or* tight

зави́с|еть [11] depend (**от** Р on); **~имость** *f* [8] dependence; **в ~имости от** (Р) depending on; **~имый** [14 *sh.*] dependent

зави́ст|ливый [14 *sh.*] envious; **~ь** *f* [8] envy (**к** Д of, at)

зави|то́й [14] curly; **~то́к** *m* [1; -тка́] curl, ringlet; **~ть** → **~ва́ть**

завлад|ева́ть [1], ⟨**~е́ть**⟩ [8] (Т) take possession *or* hold of, seize, capture (*a. fig.*)

завл|ека́тельный [14; -лен, -льна] enticing, tempting; **~ека́ть** [1], ⟨**~е́чь**⟩ [26] (al)lure, entice, tempt

заво́д¹ *m* [1] works, factory, plant, mill (**на** П/В at/to); **ко́нский ~** stud farm

заво́д² *m* [1] winding mechanism; **~и́ть** [15], ⟨**завести́**⟩ [25] **1.** (*приводить*) take, bring, lead; **2.** *дело* establish, set up, found; *привычку, дружбу и т. д.* form, contract; *машину и т. д.* get, procure, acquire; *разговор и т. д.* start (*a. мотор*), begin; *собаку и т. д.* keep; **3.** *часы* wind up; **-ся**, ⟨завести́сь⟩ appear; (*возбудиться*) become excited; get, have; **~но́й** [14] *tech.* starting; *игрушка* mechanical; *чело́век* full of beans; **~ский**, **~ско́й** [16] works…; factory…

завоева́|ние *n* [12] conquest; *fig.* (*mst. pl.*) achievement(s); **~тель** *m* [4] conqueror; **~ёвывать** [1], ⟨**~ева́ть**⟩ [6] conquer; (*добиться*) win, gain

зав|ози́ть [15], ⟨**~езти́**⟩ [24] take, bring, drive; *coll.* deliver

завол|а́кивать [1], ⟨**~о́чь**⟩ [26] obscure; *слезами* cloud; get cloudy

завор|а́чивать [1], ⟨**~оти́ть**⟩ [15] turn (up, down); roll up

завсегда́тай *m* [3] habitué, regular

за́втра tomorrow

за́втрак *m* [1] breakfast (**за** Т at; **на** В, ◊ Д for); **~ать** [1], ⟨**по-**⟩ (have *or* take) breakfast

за́втрашний [15] tomorrow's; **~день** tomorrow; *fig.* (near) future

за́вуч *m* [1; *g/pl.*: -ей] (= **заве́дующий уче́бной ча́стью**) director of studies (*at school*)

завыва́ть [1], ⟨завы́ть⟩ [22] howl

зав|яза́ть [3], ⟨**~я́знуть**⟩ [21] sink in, stick; *coll. fig.* get involved in; **~яза́ть** → **~я́зывать**; **~я́зка** *f* [5; *g/pl.*: -зок] string, tie; *загадку* propose; *coll. за-мыслить* plan; **~а́живать** [1], ⟨**~а́дить**⟩ [15] soil, befoul

зага́р *m* [1] sunburn, tan

загво́здка *f* [5; *g/pl.*: -док] hitch; snag

заги́б *m* [1] bend; *страницы* dogear; **~а́ть** [1], ⟨загну́ть⟩ [20] bend, fold (over), turn up; *pf. coll.* exaggerate

загла́в|ие *n* [12] title; **~ный** [14] title…; **~ная бу́ква** capital letter

загла́|живать [1], ⟨**~дить**⟩ [15] smooth; *утюго́м* press, iron; *fig.* make up (*or amends*) for; expiate

загл|о́хнуть → **гло́хнуть 2.** **~о́хший** *сад* overgrown; **~уша́ть** [1], ⟨**~уши́ть**⟩ [16] → **глуши́ть 2.**

загля́|дывать [1], ⟨**~ну́ть**⟩ [19] glance, peep in; *в кни́гу* look (through, up), look in; (*навестить*) drop in *or* call (**к** Д on); **~дываться** [1], ⟨**~де́ться**⟩ [11] (**на** В) gaze, gape *or* stare (at), feast one's eyes *or* gloat (up[on])

аг|нать → **~онять**; **~нуть** → **~ибать**; **~овáривать** [1], ⟨**~оворить**⟩ [13] **1.** *v/i.* begin *or* start to talk *or* speak; **2.** *v/t.* tire with one's talk; **3. -ся** *слишком увлечься разговором* be carried away by a conversation; ramble, be confused; **~овóр** *m* [1] conspiracy, plot; **~оворить** → **~овáривать**; **~овóрщик** *m* [1] conspirator, plotter

аголóв|ок *m* [1; -вка] heading, headline

агóн *m* [1] enclosure; **быть в ~e** *fig.* be kept down, suffer neglect

агоня́ть [28], ⟨**загнáть**⟩ [-гоню́, -гóнишь; → **гнать**] drive (in, off); (*измучить*) exhaust, fatigue

агор|áживать [1], ⟨**~одить**⟩ [15, 15 *e.*; -рожý, -рóдишь] enclose, fence in; *дорогу* block (up); **-ся** *от ветра* protect; **~áть** [1], ⟨**~éть**⟩ [9] sunbathe; become sunburnt; **-ся** catch fire; begin to burn; *свет* light up; *от гнева* blaze up; *щёки* blush; *спор* break out; **~éлый** [14] sunburnt; **~одить** → **~áживать**; **~óдка** *coll. f* [5; *g/pl.*: -док] fence, enclosure; partition; **~óдный** [14] *дом и т. д.* country; out-of-town

агот|áвливать [1] & **~овля́ть** [28], ⟨**~óвить**⟩ [14] prepare; *впрок* store up; lay in; **~óвка** *f* [5; *g/pl.*: -вок] procurement, storage, laying in

агра|ди́тельный [14] *mil.* **огóнь** barrage; **~ждáть** [1], ⟨**~ди́ть**⟩ [15 *e.*; -ажý, -ади́шь; -аждённый] block, obstruct; **~ждéние** *n* [12] block(ing), obstruction; **прóволочное ~ждéние** barbed-wire entanglement

аграни́ца *f* [5] *collect.* foreign countries; **жить ~ей** live abroad

аграни́чный [14] foreign, from abroad

агре|бáть [1], ⟨**~сти́**⟩ → **грести́**

агрóбн|ый [14] beyond the grave; **гóлос** sepulchral; **~ый мир** the other world; **~ая жизнь** the beyond

агромо|ждáть [1], ⟨**~зди́ть**⟩ [15 *e.*; -зжý, -зди́шь; -мождённый] block (up), (en)cumber, crowd; *fig.* cram, overload

агрубéлый [14] callous, coarse

загр|ужáть [1], ⟨**~узи́ть**⟩ [15 *e.*; -ужý, -ýзишь] (T) load; *coll.* **работой** keep busy, assign work to; be occupied with work; **~ýзка** *f* [5] loading; workload; **~ызáть** [1], ⟨**~ы́зть**⟩ [24; *pt. st.*: загры́зенный] bite (*fig.* worry) to death

загрязн|éние *n* [12] pollution, contamination; **~éние окружáющей среды́** environmental pollution; **~я́ть** [28], ⟨**~и́ть**⟩ [13] (**-ся** become) soil(ed); pollute(d), contaminate(d)

ЗАГС, **загс** *m* [1] (*abbr.* **отдéл зáписей áктов граждáнского состоя́ния**) registry office

зад *m* [1; на -ý; *pl. e.*] back, rear *or* hind part; buttocks; *животного* rump; *pl.* things already known *or* learned; **~ом наперёд** back to front

зад|áбривать [1], ⟨**~óбрить**⟩ [13] (B) cajole, coax, wheedle

задавáть [5], ⟨**~áть**⟩ [-дáм, -дáшь, *etc.*, → **дать**] задáл, -á, -ó; зáданный (зáдан, -á, -ó) *задáние* set, assign; *вопрос* ask; **~авáть тон** set the tone; *coll.* **я тебé ~áм!** you'll catch it!; **-ся** [*pt.*: -дáлся, -лáсь] **цéлью (мы́слью)** take it into one's head to do, set one's mind on doing

задáв|ливать [1], ⟨**~и́ть**⟩ [14] crush; Р **маши́ной** run over, knock down; (*задуши́ть*) strangle

задáние *n* [12] assignment, task; *вáжное* mission; **домáшнее ~** homework

задáток *m* [1; -тка] advance, deposit; *pl.* instincts, inclinations

задá|ть → **~вáть**; **~ча** *f* [5] problem (*a. math.*); task; (*цель*) object(ive), aim, end; **~чник** *m* [1] book of (mathematical) problems

задв|игáть [1], ⟨**~и́нуть**⟩ [20] push (into, *etc.*); *ящик* shut; *задви́жку* slide; **~и́жка** *f* [5; *g/pl.*: -жек] bolt; **~ижнóй** [14] sliding (*door*)

задевáть [1], ⟨**~éть**⟩ [-éну, -éнешь; -éтый] **1.** be caught (**за** B on), brush against, touch; *fig.* hurt, wound; *med.* affect; **~éть за живóе** cut to the quick; **2.** *coll.* (*подевáть*) mislay; **~éлывать**, ⟨**~éлать**⟩ [1] block up, close (up); wall up

задёр|гать [1] *pf. coll.* worry, harrass; **~гивать** [1], ⟨**~нуть**⟩ [20] занавеску draw

задержа́ние *n* [12] arrest

задерж|ивать [1], ⟨**~а́ть**⟩ [4] detain, delay; arrest; *выплату и т. д.* withhold, stop; (замедлить) slow down; **-ся** stay; be delayed; linger; stop; be late; **~ка** *f* [5; *g/pl.*: -жек] delay; (*a. tech.*) trouble, setback

задёрнуть → **задёргивать**

заде́ть → **задева́ть**

зад|ира́ть [1], ⟨**~ра́ть**⟩ [-деру́, -рёшь; → **драть**] lift or pull (up); *impf.* provoke, pick a quarrel (with); **~(и)ра́ть нос** be haughty, turn up one's nose

за́дний [15] back, hind; *mot.* reverse (*gear*)

задо́лго (до Р) long before

зад|олжа́ть [1] *pf.* (наделать долгов) run into debt; (Д) owe; **~о́лженность** *f* [8] debts *pl.*

за́дом backward(s); → **зад**

задо́р *m* [1] fervo(u)r; **юношеский ~** youthful enthusiasm; **~ный** [14; -рен, -рна] fervent, ardent

задра́ть → **задира́ть**

зад|ува́ть [1], ⟨**~у́ть**⟩ [18] blow out; *ветер* begin to blow; *impf.* blow (in)

заду́|мать → **~мывать**; **~мчивый** [14 *sh.*] thoughtful, pensive; **~мывать**, ⟨**~мать**⟩ [1] conceive; (решить) resolve, decide; (намереваться) plan, intend; **-ся** think (**о** П about, of); reflect, meditate (**над** Т on); be lost in thought; *coll.* (колебаться) hesitate; **~ть** → **~вать**

задуше́вный [14] sincere, intimate

зад|ыха́ться [1], ⟨**~охну́ться**⟩ [21] gasp, pant; (*a. fig.* **от** P with)

зае́зд *m* [1] *sport* lap, round

заезжа́ть [1], ⟨зае́хать⟩ [-е́ду, -е́дешь; -езжа́й!] call on (*on the way*), drive, go *or* come (**к** Д to [see, etc.] *or* **в** P in-to); pick up, fetch (**за** Т)

заём *m* [1; за́йма] loan

за|е́хать → **~езжа́ть**; **~жа́ть** → **~жима́ть**; **~же́чь** → **~жига́ть**

заж|ива́ть [1], ⟨**~и́ть**⟩ [-иву́; -вёшь; за́-жил, -а́, -о] **1.** heal, (затягиваться)

close up; **2.** begin to live

за́живо alive

зажига́|лка *f* [5; *g/pl.*: -лок] (cigarette) lighter; **~ние** *n* [12] ignition; **~тельны** [14] incendiary; *fig.* stirring, rousing **~ть** [1], ⟨заже́чь⟩ [26 г/ж: -жгу -жжёшь; → **жечь**] light, kindle (*fig.*); спичку strike; свет turn on; **-с** light (up); catch fire; become enthusia tic (Т about)

зажи́м *m* [1] clamp; *tech.* terminal; *fig* suppression; **~а́ть** [1], ⟨зажа́ть⟩ [-жму -жмёшь; -жа́тый] press, squeeze clutch; *fig.* критику suppress; *por* stop; *нос* hold; *уши* close

зажи́|точный [14; -чен, -чна] prospe ous; **~точность** *f* [8] prosperity; **~т** → **~ва́ть**

зазева́ться [1] stand gaping at

зазна|ва́ться [5], ⟨**~ться**⟩ [1] be(come conceited; put on airs

зазо́р *m* [1] *tech.* clearance, gap

заз|о́рный [14; -рен, -рна] shamefu scandalous; **~ре́ние** *n* [12]: **без ~ре́ни (со́вести)** without remorse *or* shame

заз|убр|ивать [1] → **зубри́ть**; **~ина** *f* [5 notch

заи́грывать *coll.* [1] (**с** Т) flirt, make ac vances (to); (заискивать) ingratiat o.s. (with)

заи́к|а *m/f* [5] stutterer; **~а́ние** *n* [12] stu tering, stammering; **~а́ться** [1], *on* ⟨**~ну́ться**⟩ [20] stutter; stammer; *co* (give a) hint (**о** П at), suggest, mentio in passing

заи́мствова|ние *n* [12] borrowing; loa word (*a.* **~нное сло́во**); **~ть** [7] *impf.* *a* ⟨по-⟩ borrow, adopt

заиндеве́лый [14] frosty, covered wit hoar-frost

заинтересо́в|ывать(ся) [1], ⟨**~а́ть(ся** [7] (be[come]) interest(ed in T), rous a p.'s interest (**в** П in); **я ~ан(а)** I am in terested (**в** П in)

заи́скивать [1] ingratiate o.s. (**у** P with

зайти́ → **заходи́ть**

закавка́зский [16] Transcaucasian

закады́чный [14] bosom (friend)

нка́з *m* [1] order; **дать, сде́лать ~** (**на** В/Д) place an order (for… with); **на** ~ to order; **об оде́жде** (made) to measure; **а́ть** → **ывать**, **ной** [14]: **ное** (**письмо́**) registered (letter); **~чик** *m* [1] customer; **ывать**, ⟨**а́ть**⟩ [3] order (**себе́** o.s.)

нка́л|ка *f* [5] tempering; *fig.* hardening; (**выносливость**) endurance, hardiness; **~я́ть** [28], ⟨**~и́ть**⟩ [13] temper; *fig.* harden; **ённый мета́лл** tempered (*metal*); *fig.* hardened

нк|а́лывать [1], ⟨**~оло́ть**⟩ [17] kill, slaughter; **штыко́м и т. д.** stab; **була́вкой** pin (up); **у меня́ ~оло́ло в боку́** I have a stitch in one's side; **~а́нчивать** [1], ⟨**~о́нчить**⟩ [16] finish, conclude; **~а́пывать** [1], ⟨**~опа́ть**⟩ [1] bury; **я́му** fill up

нка́т *m* [1] sunset; *fig.* decline; **~ывать** [1] **1.** ⟨**~а́ть**⟩ roll up; **2.** ⟨**~и́ть**⟩ [15] roll (**в, под** В into, under, *etc*.); **глаза́** screw up; **~и́ть исте́рику** go into hysterics; **-ся** roll; **о со́лнце** set (*of sun etc*.); *fig.* end; **сме́хом, слеза́ми** burst (out laughing or into tears)

нка́шлять [28] *pf.* start coughing; **-ся** have a fit of coughing

нква́ска *f* [5] ferment; leaven; *fig.* breed

нки́|дывать [1] **1.** ⟨**~да́ть**⟩ [1] *coll.* **я́му** fill up, cover; *fig.* **вопро́сами** ply; **ка́мнями** pelt; **2.** ⟨**~нуть**⟩ [20] throw (**в, на, за** В in[to], on, over, behind, *etc*.); **сеть** throw out; **го́лову** throw back; fling, cast; **~нуть у́дочку** *fig.* put out feelers

нк|ипа́ть [1], ⟨**~ипе́ть**⟩ [10; -пи́т] begin to boil; → **кипе́ть**; **~иса́ть** [1], ⟨**~иснуть**⟩ [21] turn sour

нкла́д|ка *f* [5; *g/pl.*: -док] bookmark; **~ывать** [1], ⟨**заложи́ть**⟩ [16] put (*a.* in, *an*), lay (*a.* out [*caд*]), the foundation (**фунда́мент**) of, found, place; (**заде́ть**) mislay; (**загромозди́ть**) heap, pile (T with); wall up; **в ломба́рд** pawn; **страни́цу** mark, put in; *impers. нос, уши* stuff

нкл|ёвывать [1], ⟨**~ева́ть**⟩ [6 *е.*; -клю́ю, -юёшь] *fig. coll.* bait, hector,

torment; **~ёивать** [1], ⟨**~е́ить**⟩ [13] glue or paste up (over); **конве́рт** seal; **~ёпка** *f* [5; *g/pl.*: -пок], **~ёпывать**, ⟨**~епа́ть**⟩ [1] rivet

закли́на́|ние *n* [12] entreaty *mst. pl.*; **~ть** [1] entreat

заключ|а́ть [1], ⟨**~и́ть**⟩ [16 *е.*; -чу́, -чи́шь; -чённый] enclose, put; **в тюрьму́** confine, imprison; conclude (= finish, with T; = infer, from **из** Р, **по** Д – **что**; *v/t.*: **догово́р** [= make] **мир и т. д.**); *impf.* (**а. в себе́**) contain; **~а́ться** [1] consist (**в** П in); (**зака́нчиваться**) end (T with); **~е́ние** *n* [12] confinement, imprisonment (**а. тюре́мное**); (**вы́вод**) conclusion; **~ённый** [14] prisoner; **~и́тельный** [14] final, concluding

закля́тый [14] sworn; **~ враг** enemy

закол|а́чивать [1], ⟨**~оти́ть**⟩ [15] drive in; **гвоздя́ми** nail up; **доска́ми** board up; **~до́вывать** [1], ⟨**~дова́ть**⟩ bewitch, charm; **~до́ванный круг** vicious circle; **~оти́ть** → **~а́чивать**; **~о́ть** → **зака́лывать**

зако́лка *f* [5; *g/pl.*: -лок] hairpin

зако́н *m* [1] law; (**пра́вило**) rule; **нару́шить ~** break the law; **по** (**вопреки́**) **~у** according (contrary) to law; **~ность** *f* [8] legality, lawfulness; **~ный** [14; -о́нен, -о́нна] legal, lawful, legitimate

законо|да́тель *m* [4] legislator; **~да́тельный** [14] legislative; **~да́тельство** *n* [9] legislation; **~ме́рность** *f* [8] regularity; **~ме́рный** [14; -рен, -рна] regular; normal; **~прое́кт** *m* [1] bill, draft

зако́|нчить → **зака́нчивать**; **~па́ть** → **зака́пывать**; **~пте́лый** [14] sooty; **~ренелый** [14] deeprooted, inveterate, ingrained; **~рю́чка** *f* [5; *g/pl.*: -чек] **на письме́** flourish; *fig.* hitch; **~у́лок** *m* [1; -лка] alleyway, (*Brt.*) (narrow) lane; *coll.* **уголо́к** nook; **~чене́лый** [14] numb with cold

закра́|дываться [1], ⟨**~сться**⟩ [25; *pt. st.*] creep in *mst. fig.*; **~шивать** [1], ⟨**~сить**⟩ [15] paint over

закреп|ля́ть [28], ⟨**~и́ть**⟩ [14 *е.*; -плю́, -пи́шь; -плённый] secure, fasten, (*a. phot.*) fix; **успе́хи** consolidate; assign (**за** T to)

закрепо|щáть [1], ⟨~стúть⟩ [15 *e.*; -ощу́, -остúшь; -ощённый] enserf

закрóйщи|к *m* [1], **~ца** *f* [5] cutter

закругл|éние *n* [12] rounding (off); curve; **~я́ть** [28], ⟨~úть⟩ [13] round (off); **-ся** *coll. joc.* round off

закру́|чивать [1], ⟨~тúть⟩ [15] turn (round, off, up); twist

закр|ывáть [1], ⟨~ы́ть⟩ [22] shut, close; *на замóк* lock (up); *крышкой и т. д.* cover, hide; *кран* turn off; **~ывáть глазá (на** B) shut one's eyes (to); **~ы́тие** *n* [12] closing, shutting; *врéмя* **~ы́тия** closing time; **~ы́ть → ~ывáть**; **~ы́тый** [14] closed; (*тáйный*) secret; *плáтье* high-necked; **в ~ы́том помещéнии** indoor(s)

закулúсный [14] occuring behind the scenes; secret

закуп|áть [1], ⟨~úть⟩ [14] buy (*a.* in), purchase; **~ка** *f* [5; *g/pl.:* -пок] purchase

закупóр|ивать [1], ⟨~ить⟩ [13] *бутылку* cork (up); *бóчку* bung (up); **~ка** *f* [5; *g/pl.:* -рок] corking; *med.* embolism

заку́почн|ый [14]: **~ая ценá** purchase price

заку́пщик *m* [1] purchasing agent, buyer

заку́р|ивать [1], ⟨~úть⟩ [13; -урю́, -у́ришь] light a cigarette *etc.*; **~ú(те)!** have a cigar(ette)!

заку́с|ка *f* [5; *g/pl.:* -сок] hors d'œuvres; **на ~ку** *a.* for the last bit; *coll.* as a special treat; **~очная** *f* [14] snackbar; **~ывать** [1], ⟨~úть⟩ [15] bite (*a.* one's lip[s]); take or have a snack; eat (s.th. [*with, after a drink*] T); **~úть удилá** *fig.* get the bit between one's teeth

заку́т|ывать, ⟨~ать⟩ [1] wrap up

зал *m* [1] hall; room; **спортúвный ~** gymnasium

зал|егáние *n* [12] *geol.* deposit(ion); **~егáть** [1], ⟨~éчь⟩ [26; -ля́гу, -ля́жешь] *geol.* lie; *в засáду* hide; (*заболéть*) take to one's bed

заледенéлый [14] icy, ice cold; covered with ice

зал|ежáлый [14] stale, spoiled (by long storage); **~ёживаться** [1], ⟨~ежáться⟩ [4 *e.*; -жу́сь, -жи́шься] lie (too) long (*a.*

goods, & spoil thus); **~ежь** *f* [8] *geol.* d posit

зал|езáть [1], ⟨~éзть⟩ [24 *st.*] climb u in(to) *etc.*; hide; (*прони́кнуть*) steal get in(to); **~éзть в кармáн** pick s.o pocket; **~éзть в долги́** run into deb **~еплять** [28], ⟨~епи́ть⟩ [14] stop, clos (*заклéить*) glue or paste up; stick ove **~етáть** [1], ⟨~етéть⟩ [11] fly in(to), u far, off, beyond; **~етéть высокó** rise the world

залé|чивать [1], ⟨~чи́ть⟩ [16] heal; *c* doctor to death; **~чь → ~гáть**

зал|и́в *m* [1] gulf, bay; **~ивáть** [1], ⟨~ú [-лью́, -льёшь; зáлил, -á, -о; зáлиты (T) flood, overflow; pour (all) over, co er; (*вливáть*) fill; *огóнь* extinguis **-ся** break into or shed (tears **слезáм** burst out (laughing **смéхом**); *о пти́* trill, warble; **~ивнóе** *n* [14] *su.* fish meat in aspic; **~ивнóй** [14]: **~ивнó лу́г** water-meadow; **~úть → ~ивáть**

зал|óг *m* [1] pledge (*a. fig.*); security; g voice; *fig.* guarantee; **отдáть в ~** pawn; **под ~óг** on the security; **~ожи́т → заклáдывать**, **~óжник** *m* [1], **~ó ница** *f* [5] hostage

залп *m* [1] volley; salvo; **вы́пить ~ом** one draught; *прочитáть* at one si ting; *произнести́* without pausi for breath

зама́|зка *f* [5] putty; **~зывать** [⟨~зать⟩ [3] (*запáчкать*) smear, so *крáской* paint over; *щéли* putty; *c fig.* veil, hush up; **~лчивать** [1], ⟨~ молчáть⟩ [4 *e.*; -чу́, -чи́шь] concea keep secret; **~нивать** [1], ⟨~ни́ть⟩ [1 -маню́, -мáнишь] lure, decoy, enti **~нчивый** [14 *sh.*] alluring, tempti **~хиваться** [1], *once* ⟨~хну́ться⟩ [20] li one's arm (*etc.* T/**на** B against), threate (with); **~шка** *coll. f* [5; *g/pl.:* -шек] *m pl.* habit, manner

замедл|éние *n* [12] slowing down, d lay; **~я́ть** [28], ⟨~ить⟩ [13] slow down, r duce; *скóрость* decelerate; *развити* retard

замé|на *f* [5] substitution (T/P of/fo replacement (T by); *law* commutati substitute; **~ни́мый** [14 *sh.*] replace

...ble, exchangeable; **~ни́тель** *m* [4] substitute; **~ня́ть** [28], ⟨**~ни́ть**⟩ [13; -меню́, -ме́нишь; -менённый] replace (T by), substitute (T/B *p.*, *th.* for); *law* commute (for, into)

мере́ть → **замира́ть**

мерза́|ние *n* [12] freezing; **то́чка ~ния** freezing point; **на то́чке ~ния** *fig.* at a standstill; **~ть** [1], ⟨**замёрзнуть**⟩ [21] freeze (up); be frozen (to death, *a. coll.* feel very cold)

мертво́ (as, if) dead, unconscious

мести́ → **замета́ть**

мести́|тель *m* [4] deputy; vice...; **~ть** → **замеща́ть**

мета́ть [1], ⟨**~сти́**⟩ [25; -т-: -мету́] sweep (up); *снегом* drift, cover; *дорогу* lock up; *следы* wipe out

ме́|тить → **~ча́ть**; **~тка** *f* [5; *g/pl.*: -ток] mark; (*запись*) note; *в газете* paragraph, short article, item; **взять на ~тку** make a note (of); **~тный** [14; -тен, -тна] noticeable, perceptible; marked, appreciable; *успех, человек* outstanding, remarkable; **~тно** *a.* one (it) can (be) see(n), notice(d); **~ча́ние** *n* [12] remark, observation; *pl.* criticism; *выговор* reproof, rebuke; **~ча́тельный** [14; -лен, -льна] remarkable, outstanding; wonderful; noted (T or); **~ча́ть** [1], ⟨**~тить**⟩ [15] notice, mark; (*сказать*) observe, remark

меша́|тельств|о *n* [9] confusion, embarrassment; **в ~е** confused, disconcerted, embarrassed; **привести́ в ~о** throw into confusion

м|е́шивать, ⟨**~еша́ть**⟩ [1] involve, entangle; **~е́шан(а)** в (П) *a.* mixed up with; **~е́шкаться** [1] *pf.* linger, tarry; **~еща́ть** [1], ⟨**~ести́ть**⟩ [15 *e.*; -ещу́, -ести́шь; -ещённый] replace; substitute; act for, deputize; *вакансию* fill; **~еще́ние** *n* [12] substitution (*a. math.*, *chem.*); replacement; deputizing; filling

м|ина́ть *coll.* [1], ⟨**~я́ть**⟩ [-мну́, -мнёшь; -мя́тый] put a stop to; **~я́ть разгово́р** change the subject; **-ся** falter, halt; be(come) confused; **~и́нка** *f* [5; *g/pl.*: -нок] hesitation (*in speech*); **~итch;** **~ира́ть** [1], ⟨**~ере́ть**⟩ [12; за́мер,

-рла́, -о] be(come) or stand stockstill, transfixed (**от** P with); stop; *о звуках* fade, die away; **у меня́ се́рдце ~ерло** my heart stood still

за́мкнутый [14 *sh.*] exclusive; *жизнь* unsociable; *человек* reserved; → **замыка́ть**

за́м|ок¹ *m* [1; -мка] castle; **возду́шные ~ки** castles in the air

зам|о́к² *m* [1; -мка́] lock; *на ожере́лье* clasp; **на ~ке́** *or* **под ~ко́м** under lock and key

замо́л|вить [14] *pf.*: **~вить сло́в(е́чк)о** *coll.* put in a word (**за** B, **о** П for a *p.*); **~ка́ть** [1], ⟨**~кнуть**⟩ [21] fall silent, stop (speaking *etc.*), cease, break off; *шаги и т. д.* die away *or* off; **~ча́ть** [4 *e.*; -чу́, -чи́шь] *pf.* **1.** *v/i.* → **~ка́ть; 2.** *v/t.* → **зама́лчивать**

замор|а́живать [1], ⟨**~о́зить**⟩ [15] freeze, ice; **~о́зки** *m/pl.* [1] (light morning *or* night) frost; **~ский** [16] oversea(s)

за́муж → **выдава́ть & выходи́ть; ~ем** married (**за** T to, *of women*); **~ество** *n* [9] marriage (*of women*); **~ний** [15]: **~няя (же́нщина)** married (woman)

замуро́в|ывать [1], ⟨**~а́ть**⟩ [7] immure; wall up

заму́ч|ивать [1], ⟨**~ить**⟩ [16] torment the life out of; bore to death; *измота́ть* fatigue, exhaust

за́мш|а *f* [5], **~евый** [14] chamois, suede

замыка́|ние *n* [12]: **коро́ткое ~ние** *el.* short circuit; **~ть** [1], ⟨**замкну́ть**⟩ [20] (en)close; **-ся** isolate o.s. (**в** B *or* T in); **-ся в себе́** become unsociable

за́м|ысел *m* [1; -сла] project, plan, design; scheme, idea; **~ыслить** → **~ышля́ть; ~ыслова́тый** [14 *sh.*] intricate, ingenious; fanciful; **~ышля́ть** [28], ⟨**~ы́слить**⟩ [15] plan, intend; contemplate; *план и т. д.* conceive

замя́ть(ся) → **замина́ть(ся)**

за́нав|ес *m* [1] curtain (*a. thea.*); **~е́сить** → **~е́шивать; ~е́ска** *f* [5; *g/pl.*: -сок] (*window*) curtain; **~е́шивать** [1], ⟨**~е́сить**⟩ [15] curtain

зан|а́шивать [1], ⟨**~оси́ть**⟩ [15] wear out; **~ести́** → **~оси́ть**

занима́|тельный [14; -лен, -льна] inter-

esting, entertaining, amusing; челове́к
engaging; ~ть [1], ⟨заня́ть⟩ [займу́,
-мёшь; за́нял, -á, -о; за́нял or заня́вший; за́-
нятый (за́нят, -á, -o)] **1.** borrow (у P
from); **2.** (T) occupy, (a. time) take; ме́-
сто, пост fill, take up; interest, engross, absorb; развлека́ть entertain;
-ся [заня́лся, -ла́сь] **1.** occupy or busy
o.s. (with); (a. sport) engage in; кем-
то attend (to); учи́ться learn, study; set
about, begin to; **2.** v/i. огонь blaze or
flare up; заря́ break, dawn; → a. заря́

за́ново anew, afresh

зано́|за f [5] splinter; **~зи́ть** [15 e.; -ожу́,
-ози́шь] pf. get a splinter (in)

зано́с m [1] drift; **~и́ть** [15] **1.** ⟨занести́⟩
[24; -с-: -су́, -сёшь] bring, carry; в про-
токо́л и т. д. note down, enter, register; (a. impers.) (be) cast, get; доро́ги
drift, cover, block up; ру́ку lift, raise;
куда́ её занесло́? where on earth
has she got to?; **2.** pf., → **зана́шивать**;
~чивый [14 sh.] arrogant, haughty

зану́д|а coll. m/f [5] bore; **~ливый** [14
sh.] boring, tiresome

заня́т|ие n [12] occupation, work, busi-
ness; excercise (T of); pl. studies, les-
sons; **~ный** [14; -тен, -тна] → coll. **занима́-
тельный**; **~ь(ся)** → **занима́ть(ся)**;
~о́й [14] busy; **~ый** [14; за́нят, -á, -o] occupied, busy, engaged

заодно́ together; at one; (попутно) at
the same time, besides, too

заостр|я́ть [28], ⟨**~и́ть**⟩ [13] sharpen; fig.
stress; **-ся** become pointed or sharp

зао́чн|ик [1] univ. student taking a cor-
respondence course; **~ый** [14] in a p.'s
absence; **~ое обуче́ние** instruction by
correspondence; **~ое реше́ние** n law
judg(e)ment by default

за́пад m [1] west; ⚥ the West; → восто́к;
~а́ть [1], ⟨запа́сть⟩ [25; -пал, -a] fall behind; в па́мять и т. д. impress (a. на or
в B on); **~ный** [14] west(ern, -erly)

западн|я́ f [6; g/pl.: -ней] trap; **попа́сть в
~ю́** mst. fig. fall into a trap

запа́|здывать, ⟨запозда́ть⟩ [1] be late
(на B for), be slow (с T with); **~ивать**
[1], ⟨**~я́ть**⟩ [28] solder (up); **~ко́вывать**
[1], ⟨**~кова́ть**⟩ [7] pack (up), wrap up

запа́л m [1] mil., mining touchhol...
fuse; impulse; fit of passion; **~чивы**...
[14 sh.] quick-tempered, irascible

запа́с m [1] stock (a. fig., слов и т. д...
store, supply, (a. mil.) reserve); у н...
два часа́ в ~e we have two hours ...
hand; **про ~** in store or reserve; **~á**...
[1], ⟨**~ти́**⟩ [24 -с-: -су́, -сёшь]; ...
⟨**~ти́сь**⟩ provide o.s. (with T); **~ливы**...
[14 sh.] provident; **~но́й**, **~ный** [14] ...
spare (a. tech.); reserve... (a. mi...
~ный вы́ход emergency exit; **~ть** → ...
пада́ть

за́п|ах m [1] smell, odo(u)r, scent; **~áх**...
вать [1] **1.** ⟨**~аха́ть**⟩ [3] plow (B...
plough) or turn up; **2.** ⟨**~ахну́ть**⟩ [2...
wrap (-ся o.s.) (в B, T in); дверь sla...
~аять → **~а́ивать**

запе|ва́ла m/f [5] leader (of choir); ...
initiator, leader; **~ва́ть** [1], ⟨**~ть**⟩ [-по-
-поёшь; -пе́тый] start singing; imp...
lead a choir; **~ка́нка** f [5; g/pl.: -нок...
baked pudding; **~ка́ть** [1], ⟨**~чь**⟩ [...
bake; **-ся** кровь clot, coagulate; гу́б...
crack; **~ре́ть** → **запира́ть**

запеча́т|ать → **~ывать**; **~лева́ть** [...
⟨**~ле́ть**⟩ [8] embody, render; в па́мят...
imprint, impress (в П on), reta...
~ывать, ⟨**~ать**⟩ [1] seal (up)

запе́чь → **запека́ть**

запи|ва́ть, ⟨**~ть**⟩ [1 -пью́, -пьёшь; ...
пить] wash down (T with), drink or ta...
(with, after); pf. take to drink

запи|на́ться, ⟨**~ну́ться**⟩ [20] ...
stumble (за or о B over, against); ...
речи falter, pause, hesitate; **~и́нка**...
[5]: **без ~и́нки** fluently, smoothly

запира́|тельство n [9] disavowal, deni-
al; **~ть** [1], ⟨запере́ть⟩ [12; за́пер, ...
-о; за́пертый (за́перт, -á, -o)] lock ...
(up; a. **~ть на ключ, замо́к**); **-ся** ...
o.s. in

запис|а́ть → **~ывать**; **~ка** f [5; ...
-сок] note, short letter; докладна́...
memorandum; pl. воспомина́ни...
notes, memoirs; труды́ transaction...
proceedings; **~но́й** [14]: **~ная кни́ж**...
notebook; **~ывать** [1], ⟨**~а́ть**⟩ [6] wri...
down, note (down); record (тж. ...
плёнку и т. д.); в чле́ны и т. д. ent...

enrol(l), register; **-ся** enrol(l), register, enter one's name; make an appointment (**к врачу** with a doctor); **~** f [8] entry; enrol(l)ment; registration; record(ing)

запи́ть → **запива́ть**

запи́х|ивать coll. [1], ⟨**~а́ть**⟩ [1], once ⟨**~ну́ть**⟩ [20] cram, stuff

запла́ка|нный [14 sh.] tearful, in tears, tear-stained; **~ть** [3] pf. begin to cry

запла́та f [5] patch

заплесневе́лый [14] mo(u)ldy

запле|та́ть [1], ⟨**~сти́**⟩ [25 -т-: -плету́, -тёшь] braid, plait; **-ся**: **но́ги ~та́ются** be unsteady on one's legs; **язы́к ~та́ется** slur, falter

заплы́в m [1] water sports round, heat; **~ва́ть¹** [1], ⟨**~ть**⟩ [23] swim far out

заплы́|ва́ть² [23], ⟨**~ть**⟩ об отёке swell, puff up

запну́ться → **запина́ться**

запове́д|ник m [1] reserve, preserve; **госуда́рственный ~ник** national park; sanctuary; **~ный** [14] prohibited, reserved; мечта и т. д. secret, precious; **~ь** ('za-) f [8] Bibl. commandment

запод|а́зривать [1], ⟨**~о́зрить**⟩ [13] suspect (**в** П of)

запозда́|лый [14] (be) late(d), tardy; **~ть** → **запа́здывать**

запо́|й m [3] periodic hard drinking

заполз|а́ть [1], ⟨**~ти́**⟩ [24] creep into, under

заполн|я́ть [28], ⟨**~ить**⟩ [13] fill (up); бланк fill out (Brt. in)

заполя́р|ный [14] polar, transpolar; **~ье** n [10; g/pl.: -ий] polar regions

запом|ина́ть [1], ⟨**~нить**⟩ [13] remember, keep in mind; стихи и т. д. memorize; **~ина́ющий** [17]: **~ина́ющее устро́йство** computer memory, storage; **-ся** (Д) remember, stick in mind

за́понка f [5; g/pl.: -нок] cuff link; collar button (Brt. stud)

запо́р m [1] bar, bolt; lock; med. constipation; **на ~е** bolted, locked

запороши́ть [16 e.; 3rd p. only] powder or cover (with snow T)

запоте́лый coll. [14] moist, sweaty; о стекле misted

заправ|и́ла m [5] coll. boss, leader; **~ля́ть** [28], ⟨**~ить**⟩ [14] put, tuck (in); блюдо (T) dress, season; горючим tank (up); refuel; **~ка** f [5; g/pl.: -вок] refuel(l)ing; seasoning; condiment; **~очный** [14]: **~очная ста́нция** f filling (gas) station; **~ский** [16] true, real

запр|а́шивать [1], ⟨**~оси́ть**⟩ [15] ask, inquire (**у** P/**о** П for/about); (a. P) request; coll. цену charge, ask (**с** P)

запре́|т m [1], **~ще́ние**; **наложи́ть ~т** place a ban (**на** В on); **~ти́тельный** [14] prohibitive; **~ти́ть** → **~ща́ть**; **~тный** [14] forbidden; **~тная зо́на** mil. restricted area; **~ща́ть** [1], ⟨**~ти́ть**⟩ [15 e.; -ещу́, -ети́шь; -ещённый] forbid, prohibit, ban; **~ще́ние** n [12] prohibition; law injunction

заприхо́довать [7] pf. enter, book

запроки́|дывать [1], ⟨**~нуть**⟩ [20] throw back

запро́с m [1] inquiry (**о** П about); pl. потре́бности needs, interests; **~и́ть** → **запра́шивать**; **~то** without formality

запру́|да f [5] dam, weir; **~живать** [1], ⟨**~ди́ть**⟩ **1.** [15 & 15 e.; -ужу́, -у́дишь] dam up; **2.** [15 e.; -ужу́, -у́дишь] coll. block up, crowd

запр|яга́ть [1], ⟨**~я́чь**⟩ [26 г/ж: -ягу́, -я́жешь; → **напря́чь**] harness; **~я́тывать** [1], ⟨**~я́тать**⟩ [3] hide, conceal; put (away); **~я́чь** → **запряга́ть**

запу́г|ивать [1], ⟨**~а́ть**⟩ [1] intimidate; **~анный** (in)timid(ated)

за́пус|к m [1] start; раке́ты launching; **~ка́ть** [1], ⟨**~ти́ть**⟩ [15] **1.** neglect; **2.** tech. start, set going; змея fly; раке́ту launch; (a. T/в В) fling, hurl (s.th. at) put, thrust; **~те́лый** [14] desolate; **~ти́ть** → **~ка́ть**

запу́|тывать [1], ⟨**~тать**⟩ [1] (**-ся** become, get) tangle(d, etc.); fig. confuse, perplex; complicate; coll. **~таться в долга́х** be deep in debt; **~танный** тж. intricate; **~танный вопро́с** knotty question; **~щенный** [14] deserted, desolate; neglected, uncared-for, unkempt

запыха́ться coll. [1] pf. pant, be out of breath

запя́стье n [10] wrist; *poet.* bracelet

запята́я f [14] comma; *coll.* snag

зараб|а́тывать, ⟨~о́тать⟩ [1] earn; **~а́тывать на жизнь** earn one's living; **-ся** *coll.* overwork; work late *or* long; **'~о́тный** [14]: **'~о́тная пла́та** wages *pl.*; *служащего* salary; pay; **'~о́ток** [1; -тка] earnings *pl.*

зара|жа́ть [1], ⟨~зи́ть⟩ [15 *e.*; -ражу́, -рази́шь; -ражённый] infect (*a. fig.*); **-ся** become infected (T with), catch; **~же́ние** n [12] infection; **~же́ние кро́ви** blood poisoning

зара́з *coll.* at once; at one sitting

зара́|за f [5] infection; contagion; **~зи́тельный** [14; -лен, -льна] *mst. fig.* infectious; **~зи́ть** → **~жа́ть**; **~зный** [14; -зен, -зна] infectious, contagious

зара́нее beforehand, in advance; **~ ра́доваться** (Д) look forward to

зара|ста́ть [1], ⟨~сти́⟩ [24; -сту́, -стёшь; → **расти́**] be overgrown (with)

за́рево n [9] blaze, glow, gleam

заре́з m [1] *coll.* disaster; **до ~у, по ~** *coll.* (need *s.th.*) very badly

заре|ка́ться [1], ⟨~чься⟩ [26] forswear, promise to give up; **~комендова́ть** [7]: **~комендова́ть себя́** (T) show o.s., prove o.s. (to be)

заржа́вленный [14] rusty

зарисо́вка f [5; *g/pl.*: -вок] drawing, sketch

зарни́ца f [5] summer (heat) lightning

зар|оди́ть(ся) → **~ожда́ть(ся)**; **~о́дыш** m [1] embryo, f(o)etus, germ (*a. fig.*); **подави́ть в ~о́дыше** nip in the bud; **~ожда́ть** [1], ⟨~оди́ть⟩ [15 *e.*; -ожу́, -оди́шь; -ождённый] generate, engender; **-ся** arise; conception

заро́к m [1] vow, pledge, promise

зарони́ть [13; -роню́, -ро́нишь] *pf. fig.* rouse; infuse

за́росль f [8] underbrush; thicket

зар|пла́та f [5] *coll.* → **~а́ботный**

заруб|а́ть [1], ⟨~и́ть⟩ [14] kill; **~и́(те) на носу́ (на лбу, в па́мяти)**! mark it well!

зарубе́жный [14] foreign

зар|уби́ть → **~уба́ть**; **~у́бка** f [5; *g/pl.*: -бок] incision, notch; **~убцева́ться** [7] *pf.* cicatrize

заруч|а́ться [1], ⟨~и́ться⟩ [16 *e.*; -учу́сь, -учи́шься] (T) secure; **~и́ться согла́сием** obtain consent

зар|ыва́ть [1], ⟨~ы́ть⟩ [22] bury; **~ы́ть тала́нт в зе́млю** bury one's talent

зар|я́ f [6; *pl.*: зо́ри, зорь, заря́м, зо́рям] (**у́тренняя**) **~я́** (*a. fig.*) dawn; **вече́рняя ~я́** evening glow; **на ~е́** at dawn *or* daybreak (*a. c ~е́й*); *fig.* at the earliest stage *or* beginning; **от ~и́ до ~и́** from morning to night, all day (night); **~я́ занима́ется** dawn is breaking

заря́|д m [1] charge (*mil., el.*); *fig. бо́дрости* store; **~ди́ть** → **~жа́ть**; **~дка** f [5] *el.* charge, charging; *sport:* gymnastics *pl.*, exercises; **~жа́ть** [1], ⟨~ди́ть⟩ [15 & 15 *e.*; -яжу́, -я́дишь; -я́женный & -яжённый] *mil., phot.* load; *el.* charge; *pl. coll.* set in, go on & on

заса́|да f [5] ambush; **попа́сть в ~ду** be ambushed; **~жива́ть** [1], ⟨~ди́ть⟩ [15] plant (T with); *coll. в тюрьму́* confine; *за рабо́ту и т. д.* compel (*to do s.th.*); **-ся**, *coll.* ⟨засе́сть⟩ [25; -ся́ду, -дешь; -се́л] sit down; *в заса́де* hide, lie in ambush; (*за* B) begin to, bury o.s.

заса́л|ивать [1], ⟨засоли́ть⟩ [13; -олю́, -о́лишь, -о́ленный] salt; *мясо* corn

заса́|ривать [1] & **засоря́ть** [28], ⟨~ори́ть⟩ [13] litter; *трубу́ и т. д.* clog; *сорняка́ми* become weedy; **~ори́ть глаз(а́)** have (get) s.th. in one's eye(s)

заса́|сывать [1], ⟨~оса́ть⟩ [-су́, -сёшь, -о́санный] suck in; *о боло́те* engulf, swallow up

заса́харенный [14] candied, crystallized

засве́т|ить(ся) [13; -све́тится] *pf.* light (up); **'~ло** by daylight; before dark

засвиде́тельствовать [7] *pf.* testify; attest, authenticate

засе́|в m [1] sowing; **~ва́ть** [1], ⟨~я́ть⟩ [27] sow

заседа́|ние n [12] *law, parl.* session; meeting; (*prp.:* in, at **на** П); **~тель** m [4]: **наро́дный ~тель** approx. juryman; **~ть** [1] 1. be in session; sit; meet; **2.** ⟨засе́сть⟩ [-ся́ду, -дешь; -се́л] stick

засе|ка́ть [1], ⟨~чь⟩ [26] **1.** [-сёк, -ла́; -сечённый] notch; *время* mark; note;

～чь на ме́сте преступле́ния catch red-handed

засел|е́ние n [12] settlement, colonization; **～я́ть** [28], ⟨**～и́ть**⟩ [13] people, populate; *дом* occupy, inhabit

засе́|сть → **заса́живаться** & **～да́ть** 2.; **～чь** → **～ка́ть**; **～ять** → **～ива́ть**

заси́|живать [1], ⟨**～де́ть**⟩ [11] **～жен-ный** (**му́хами**) flyblow(n); **-ся** sit *or* stay (too) long; sit up late

заскору́злый [14] hardened, calloused

засло́н|ка f [5; g/pl.: -нок] (stove) damper; *tech.* slide valve; **～я́ть** [28], ⟨**～и́ть**⟩ [13] shield, screen; *свет* shut off; stand in s.o.'s light; *fig.* put into the background

заслу́|га f [8] merit, desert; **он получи́л по ～гам** (it) serves him right; **～женный** [14] merited, (well-)deserved, just; *человек* worthy, hono(u)red (*a. in titles*); **～жи́ть** [16] merit, deserve (*impf. a.* P); *coll.* earn

заслу́ш|ивать, ⟨**～ать**⟩ [1] hear; **-ся** listen (T, P to) with delight

засма́триваться [1], ⟨**～отре́ться**⟩ [9; -отрю́сь, -о́тришься] (**на** B) feast one's eyes ([up]on), look (at) with delight

засме́|ивать [1; -ею́, -ёшь], ⟨**～я́ть**⟩ [27 e.] ridicule

заснý|ть → **засыпа́ть** 2

засо́в m [1] bar, bolt; **～о́вывать** [1], ⟨**～у́нуть**⟩ [20] put, slip, tuck; (*заде́ть куда́-то*) mislay; **～оли́ть** → **～а́ливать** 2

засор|е́ние n [12] littering, obstruction, clogging up; **～и́ть**, **～я́ть** → **заса́ривать**

засоса́ть → **заса́сывать**

засо́х|ший [17] dry, dried up; *bot.* dead; **～нуть** → **засыха́ть**

за́спанный *coll.* [14] looking sleepy

заста́|ва f [5]: **пограни́чная ～ва** frontier post; **～ва́ть** [5], ⟨**～ть**⟩ [-а́ну, -а́нешь] *до́ма и т. д.* find; *неожи́данно* surprise; **～ть на ме́сте преступле́ния** catch red-handed; **～вля́ть** [28], ⟨**～вить**⟩ [14] **1.** compel, force, make; **～вить ждать** keep waiting; **～вить замолча́ть** silence; **2.** (T) block (up); fill; **～ре́лый** [14] inveterate; *med.* chronic; **～ть** → **～ва́ть**

заст|ёгивать [1], ⟨**～егну́ть**⟩ [20; -ёгнутый] button up (*a.* **-ся** o.s. up); *пря́жкой, крючка́ми* buckle, clasp, hook (up); **～ёжка** f [5; g/pl.: -жек] fastener; clasp, buckle

застекл|я́ть [28], ⟨**～и́ть**⟩ [13] glaze, fit with glass

засте́нчивый [14 *sh.*] shy, bashful

засти|га́ть [1], ⟨**～гну́ть**⟩, ⟨**～чь**⟩ [21 -г-: -и́гну, -и́гнешь; -и́г, -и́гла; -и́гнутый] surprise, catch; **～гну́ть враспло́х** take unawares

заст|ила́ть [1], ⟨**～ла́ть**⟩ [-телю́, -те́лешь; за́стланный] cover; *глаза́, не́бо* cloud

засто́|й m [3] stagnation; *econ.* depression; **～йный** [14] stagnant, chronic; **～льный** [14] table…; drinking; **～я́ться** [-ою́сь, -ои́шься] *pf. перед карти́ной и т. д.* stand *or* stay too long; *о воде́ и т. д.* be(come) stagnant *or* stale

застр|а́ивать [1], ⟨**～о́ить**⟩ [13] build on (up, over); **～ахо́вывать** [1], ⟨**～ахова́ть**⟩ [7] insure; *fig.* safeguard; **～ева́ть** [1], ⟨**～я́ть**⟩ [-я́ну, -я́нешь] stick; *coll.* (*задержа́ться*) be delayed; **～е́ливать** [1], ⟨**～ели́ть**⟩ [13; -елю́, -е́лишь; -е́ленный] shoot, kill; **～е́льщик** m [5] skirmisher; *fig.* instigator; initiator; **～о́ить** → **～а́ивать**; **～о́йка** f [5; g/pl.: -о́ек] building (on); *пра́во на ～о́йку* building permit; **～я́ть** → **～ева́ть**

за́ступ m [1] spade

заступ|а́ться [1], ⟨**～и́ться**⟩ [14] (**за** B) take s.b.'s side; protect; intercede for; **～ник** m [1], **～ница** f [5] defender, protector; **～ничество** n [9] intercession

засты|ва́ть [1], ⟨**～ть**⟩ [-ы́ну, -ы́нешь] cool down; *жир и т. д.* congeal; *на ме́сте* stiffen, stand stockstill; *кровь ～ла у него́ в жи́лах* his blood ran cold

засу́нуть → **засо́вывать**

за́суха f [5] drought

засу́ч|ивать [1], ⟨**～и́ть**⟩ [16] turn *or* roll up

засу́ш|ивать [1], ⟨**～и́ть**⟩ [16] dry (up); **～ливый** [14 *sh.*] dry

засчи́ты|вать, ⟨**～ать**⟩ [1] take into account; include; reckon

зас|ыпа́ть [1] **1.** ⟨**～ы́пать**⟩ [2] (T) fill up; (*покры́ть*) cover; *fig.* heap, ply, overwhelm; *цветами и т. д.* strew; **2.** ⟨~нуть⟩ [20] fall asleep; **~ыхáть** [1], ⟨~óхнуть⟩ [21] dry up; wither

затá|ивать [1], ⟨~и́ть⟩ [13] conceal, hide; *дыхание* hold; *обиду* bear; **~ённый** *a.* secret

зат|áпливать [1] **~опли́ть** [28], ⟨~опи́ть⟩ [14] **1.** *печь* light; **2.** *судно* sink; **~áптывать** [1], ⟨~оптáть⟩ [3] trample, tread (down); **~áскивать** [1] **1.** ⟨~аскáть⟩ [1] wear out; **~áсканный** worn, shabby; *выражение* hackneyed; **2.** ⟨~ащи́ть⟩ [16] drag, pull (off, away); (*задеть куда-л.*) mislay; *в гости* take s.o. to one's (*or* somebody's) place

затв|ердевáть [1], ⟨~ердéть⟩ [8] harden

затвóр *m* [1] *винтовки* lock, bolt; *phot.* shutter; **~я́ть** [28], ⟨~и́ть⟩ [13; -орю́, -ори́шь; -óренный] shut, close; **-ся** shut o.s. up

зат|евáть *coll.* [1], ⟨~éять⟩ [27] start, undertake; *что он ~éял?* what is he up to?; **~éйливый** [14 *sh.*] ingenious, intricate; **~екáть** [1], ⟨~éчь⟩ [26] flow (in, *etc.*); (*распухнуть*) swell up; *ноги* be(come) numb, be asleep

затéм then; *по этой причине* for that reason, that is why; **~ чтóбы** in order to (*or* that)

затемн|éние *n* [12] darkening; *mil.* blackout; *med. в лёгких* dark patch; **~я́ть** [28], ⟨~и́ть⟩ [13] darken, overshadow, (*a. fig.*) obscure

затер|éть → **затирáть**; **~я́ть** [28] *pf.* lose; **-ся** get *or* be lost; *о вещи* disappear; *селение и т. д.* lost *or* inconspicuous in the midst of

затесáться [3] (*в* B) worm o.s. into

затé|чь → **затекáть**; **~я** *f* [6] plan, undertaking; escapade; **~ять** → **~вáть**

зат|ирáть *coll.* [1], ⟨~ерéть⟩ [12] *mst. fig.* impede, give no chance to get on; **~ихáть** [1], ⟨~и́хнуть⟩ [21] become silent *or* quiet, stop (speaking, *etc.*); *звук* die away, fade; (*успокоиться*) calm down, abate; **~и́шье** *n* [10] lull, calm

заткну́ть → **затыкáть**

затм|евáть [1], ⟨~и́ть⟩ [14 *е.*; *no 1st p.*

sg.; -ми́шь], **~éние** *n* [12] eclipse; **на негó нашлó ~éние** his mind went blank

затó but (then, at the same time), but on the other hand

затовáривание *comm.* *n* [12] glut

затоп|и́ть, **~ля́ть** → **затáпливать**; **~тáть** → **затáптывать**

затóр *m* [1] obstruction; **~ у́личного движéния** traffic jam

заточ|áть [1], ⟨~и́ть⟩ [16 *е.*; -чу́, -чи́шь, -чённый] *old use* confine, imprison; **~éние** *n* [12] confinement, imprisonment

затрá|вливать [1], ⟨~ви́ть⟩ [14] hunt *or* chase down; *fig.* persecute; bait; **~гивать** [1], ⟨~трóнуть⟩ [20] touch (*a. fig.*, [up]on); affect; **затрóнуть чьё-л. самолю́бие** wound s.o.'s pride

затрáта *f* [5] expense, outlay; **~чивать** [1], ⟨~тить⟩ [15] spend

затрóнуть → **затрáгивать**

затрудн|éние *n* [12] difficulty, trouble; embarrassment; *в ~éнии* *a.* at a loss; **~и́тельный** [14; -лен, -льна] difficult, hard; embarrassing; **~и́тельное положéние** predicament; **~я́ть** [28], ⟨~и́ть⟩ [13] embarrass, (cause) trouble; *что-л.* render (more) difficult; *кого-л.* inconvenience; *что-л.* aggravate, complicate; **-ся** *a.* be at a loss (*в* П, Т for)

зату|мáнивать(ся) [1], ⟨~мáнить(ся)⟩ [13] fog, dim, cloud; **~хáть** [1], ⟨~хнуть⟩ [21] die away, fade; *огонь* go out; **~шёвывать** [1], ⟨~шевáть⟩ [6] shade; *fig. coll.* veil; gloss over; **~ши́ть** [16] → **тушить**

зáтхлый [14] musty, fusty

зат|ыкáть [1], ⟨~кну́ть⟩ [20] stop up, plug, (*пробкой*) cork; **~кну́ть когó-л. за пóяс** *coll.* outdo s.o.; **~ы́лок** *m* [1; -лка] back of the head

заты́чка *f* [5; *g/pl.*: -чек] stopper, plug

затя́|гивать [1], ⟨~ну́ть⟩ [19] tighten, draw tight; (*засосать*) draw in, *etc.*; (*покрыть*) cover; *рану* close; *время* protract, delay; **~ги́вать пéсню** *coll.* strike up a song; **~жка** *f* [5; *g/pl.*: -жек] protraction, delaying; **сдéлать ~жку** draw, inhale, take a whiff; **~жнóй** [14] long, lengthy, protracted

зау|ны́вный [14; -вен, -вна] doleful, mournful; **~ря́дный** [14; -ден, -дна] common(place), ordinary, mediocre; **~се́ница** f [5] hangnail

зау́треня f [6] matins pl.

зау́ч|ивать [1], ⟨~и́ть⟩ [16] memorize

захва́т m [1] seizure, capture; usurpation; **~ывать** [1], ⟨~и́ть⟩ [15] grasp; take (along with one, a. **с собо́й**); (завладе́ть) seize, capture; usurp; fig. absorb, captivate, thrill; (застигнуть) catch; дух take (away [breath], by [surprise], etc.); **~ни́ческий** [16] aggressive; **~чик** m [1] invader, aggressor; **~ывать → ~и́ть**

захвора́ть [1] pf. fall sick or ill

захл|ёбываться [1], ⟨~ебну́ться⟩ [20] choke, stifle (T, **от** P with); fig. от гне́ва be beside o.s.; **~ёстывать** [1], ⟨~естну́ть⟩ [20; -хлёснутый] swamp, overwhelm; flow over; **~о́пывать(ся)** [1], ⟨~о́пнуть(ся)⟩ [20] slam, bang

захо́д m [1] (**со́лнца** sun)set; в порт call; ae. approach; **~и́ть** [5], ⟨зайти́⟩ [зайду́, -дёшь; g. pt.: зайдя́; → идти́] go or come in or to (see, etc.), call or drop in (**к** Д, **в** B on, at); pick up, fetch (**за** T); naut. call, enter; куда́-то get; за угол turn, ширму и т. д. go behind (**за** B); astr. set; **речь зашла́ о** (П) (we, etc.) began (came) to (or had a) talk (about)

захолу́ст|ный [14] remote, provincial; **~ье** n [10] out-of-the-way place

захуда́лый [14] coll. shabby, impoverished

зацеп|ля́ть [28], ⟨~и́ть⟩ [14] (a. **за** B) catch, hook on, grapple; (соединить) fasten; **-ся → задева́ть**

зачаро́в|ывать [1], ⟨~а́ть⟩ [7] charm, enchant

зачасти́|ть [15; -щу́, -сти́шь; -и́вший] pf. take to doing; begin to visit often (**в го́сти и т. д.**); **~л дождь** it began to rain heavily

зача́стую coll. often, frequently

зача́|тие n [12] conception; **~ток** m [1; -тка] embryo; rudiment; **~точный** [14] rudimentary; **~ть** [-чну́, -чнёшь; зача́л, -а́, -о; зача́тый (зача́т, -а́, -о)] pf. conceive

заче́м why, wherefore, what for; **~то** for some reason or other

зачёр|кивать [1], ⟨~кну́ть⟩ [20; -чёркнутый] cross out, strike out; **~пывать** [1], ⟨~пну́ть⟩ [20; -чёрпнутый] scoop, draw up; cyn ladle; **~ствелый** [14] stale; **~есть → ~и́тывать; ~ёсывать** [1], ⟨~еса́ть⟩ [3] comb (back); **~ёт** m [1] reckoning; educ. test; credit; coll. **это не в ~ёт** this does not count

зачи́н|щик m [1] instigator; **~исля́ть** [28], ⟨~и́слить⟩ [13] enrol(l), enlist; в штат take on the staff; comm. enter; **~и́тывать** [1], ⟨~е́сть⟩ [25 -т-: -чту́, -чтёшь; → проче́сть] reckon, charge, account; educ. credit; **~и́тывать**, ⟨~ита́ть⟩ [1] read (to, aloud); coll. взя́тую кни́гу not return; **-ся** (увле́чься) be(come) absorbed (T в); go on reading for too long

заш|ива́ть [1], ⟨~и́ть⟩ [-шью, -шьёшь; → шить] sew up; **~нуро́вывать** [1], ⟨~нурова́ть⟩ [7] lace (up); **~то́панный** [14] darned

защёлк|а f [5; g/pl.: -лок] latch; **~ивать** [1], ⟨~нуть⟩ [20] snap, latch

защем|ля́ть [28], ⟨~и́ть⟩ [14 e.; - емлю́, -еми́шь; -емлённый] pinch, jam; impers. fig. ache

защи́|та f [5] defense (Brt. -nce), protection, cover; sport, law the defense (-nce); **~ти́ть → ~ща́ть; ~тник** m [1] defender; protector; law advocate (a. fig.), counsel for the defense (-nce); sport (full)back; **~тный** [14] protective, safety...; цвет khaki...; шлем crash; **~ща́ть** [1], ⟨~ти́ть⟩ [15; -ищу́, -ити́шь; -ищённый] (**от** P) defend (from, against); от дождя́ и т. д. protect (from); uphold, back, stand up for; advocate; диссерта́цию maintain, support; impf. law defend, plead (for)

заявл|е́ние → **~ля́ть; ~ка** f [5; g/pl.: -вок] application (for **на** B); claim; request; **~ле́ние** n [12] declaration, statement; (про́сьба) petition, application (for **о** П); **~ля́ть** [28], ⟨~и́ть⟩ [14] (a. **о** П) declare, announce, state; права́ claim; (сообщи́ть) notify, inform

зая́|длый coll. [14] → **завзя́тый**

зая́|ц m [1; за́йца] hare; coll. stowaway; *в автобусе и т. д.* bilker; **~чий** [18] hare('s)...; **~чья губа́** harelip

зва́|ние n [12] mil. rank (*тж. академическое*); *чемпиона и т. д.* title; standing; **~ный** [14] invited; **~ть** [зову́, зовёшь; звал, -á, -о; (...) зва́нный (зван, -á, -о)] **1.** ⟨по-⟩ call; invite ([*a.* **~ть в го́сти**] к Д, на В to); **2.** ⟨на-⟩ (Т) (be) called; *как Вас зову́т?* what is your (first) name?; *меня́ зову́т Петро́м* or *Пётр* my name is Peter

звезда́ f [5; pl. звёзды, etc. st.] star (*a. fig.*); *морска́я ~* zo. starfish

звёзд|ный [14] star..., stellar; *небо* starry; *ночь* starlit; **~очка** f [5; g/pl.: -чек] starlet; asterisk

звен|е́ть [9], ⟨за-, про-⟩ ring, jingle, clink; *у меня́ ~и́т в уша́х* my ears are ringing

звено́ n [9; pl.: зве́нья, -ьев] link; fig. team, section, *произво́дства* branch

звери́н|ец m [1; -нца] menagerie; **~ый** [14] animal; fig. savage, brutal; → **зве́рский**

зверово́дство n [9] fur-farming

звер|ский [16] → **звери́ный**; fig. brutal; coll. mst. adv. (о́чень) awful(ly), dog(-tired); **~ство** [9] brutality; pl. atrocities; **~ь** m [4; from g/pl. e.] (wild) animal, beast; fig. brute

звон m [1] ring, jingle, peal, chime; **~а́рь** m [4 e.] bell ringer; rumo(u)rmonger; **~и́ть** [13], ⟨по-⟩ ring (v/t. в В), ring, peal; (Д) telephone, call up; *вы не туда́ звони́те* you've got the wrong number; **~кий** [16; зво́нок, -нка́, -о; compr.: зво́нче] sonorous, clear; resonant; gr. voiced; **~о́к** m [1; -нка́] bell (звук) ring

звук m [1] sound; *пусто́й ~* empty words; **~ово́й** [14] sound...; **~оза́пись** f [8] sound recording; **~онепроница́емый** [14] soundproof; **~ооперáтор** m [1] cine. sound producer

звуч|а́ние n [12] sounding; **~а́ть** [4 e.; 3rd p. only], ⟨про-⟩ (re)sound; *звоно́к* bell, ring; **~ный** [14; -чен, -чна́, -о] sonorous, clear; resonant

звя́к|ать [1], ⟨~нуть⟩ [20] jingle, tinkle

зги: (only in phr.) **ни зги не ви́дно** it is pitch-dark

зда́ние n [12] building

зде|сь (of place) here; (on mail) local; **~сь нет ничего́ удиви́тельного** there is nothing surprising in this; **~шний** [15] local; *я не ~шний* I am a stranger here

здоро́в|аться [1], ⟨по-⟩ (с Т) greet or salute (o.a.); wish good morning, etc.; **~аться за́ руку** shake hands; **~о!**¹ hi!, hello!; **~о**² awfully; well done; **~ый** [14 sh.] com. healthy (a. su.), sound (a. fig.); *пища* wholesome; *климат* salubrious; Р strong; in good health; **бу́дь(те) ~(ы)!** good-by(e)!, good luck!; (*ваше здоро́вье!*) your health!; **~ье** n [10] health; *как ва́ше ~ье?* how are you?; *за ва́ше ~ье!* your health!, here's to you!; **на ~ье!** good luck (health)!; **éшь(те) на ~ье!** help yourself, please!

здра́в|ница f [5] health resort, sanatorium; **~омы́слящий** [17] sane, sensible; **~оохране́ние** n [12] public health service; **~ствовать** [7] be in good health; **~ствуй(те)!** hello!, hi!, good morning! (etc); *при знако́мстве* how do you do?; **~ый** [14 sh.] → **здоро́вый**; fig. sound, sane, sensible; **~ый смысл** common sense; *в ~ом уме́* in one's senses; **~и невреди́м** safe and sound

зе́бра f [5] zebra

зев m [1] anat. pharynx; **~áка** m/f [5] gaper; **~а́ть** [1], once ⟨~ну́ть⟩ [20] yawn; **~а́ть по сторона́м** stand about gaping; *не ~а́й!* look out!; **~о́к** m [1; -вка́] yawn; **~о́та** f [5] yawning

зелен|е́ть [8], ⟨за-, по-⟩ grow, turn or be green; impf. (a. **-ся**) appear or show green; **~ова́тый** [14 sh.] greenish

зелё|ный [14; зе́лен, -á, -о] green (a. fig.), verdant; **~ая у́лица** fig. green light; **~ юне́ц** coll. greenhorn

зе́л|ень f [8] verdure; green; cul. potherbs, greens pl.; **~ье** n [10] coll. potion, alcoholic drink

земе́л|ьный [14] land...; **~ уча́сток** plot of land

землевладе́|лец m [1; -льца] landowner; **~ние** n [12] land ownership

земледе́л|ец m [1; -льца] farmer; **~ие** n

[12] agriculture, farming; **~ьческий** [16] agricultural

земле|ме́р *m* [1] (land)surveyor; **~по́льзование** *n* [12] land tenure; **~трясе́ние** *n* [12] earthquake; **~черпа́лка** *f* [5; *g/pl.*: -лок] dredger, excavator

земли́стый [14 *sh.*] earthy; *цвет лица́* ashy, sallow

земл|я́ *f* [6; *ac/sg.*: зе́млю; *pl.*: зе́мли, земе́ль, зе́млям] earth (as planet ⚨*й*); land; (*пове́рхность, по́чва*) ground, soil; **на ~ю** to the ground; **~я́к** *m* [1 *e.*] (fellow) countryman; **~яни́ка** *f* [5] (wild) strawberry, -ries *pl.*; **~я́нка** *f* [5; *g/pl.*: -нок] *mil.* dugout; **~яно́й** [14] earth(en); **~яны́е рабо́ты** excavations

земново́дный [14] amphibious

земно́й [14] (of the) earth, terrestrial; earthly; *fig.* earthy, mundane

зени́т *m* [1] zenith (*a. fig.*); **~ный** [14] *mil.* anti-aircraft...

зени́ц|а *f* [5]: **бере́чь как ~у о́ка** cherish

зе́ркал|о *n* [9; *pl. e.*] looking glass, mirror (*a. fig.*); **~ьный** [14] *fig.* (dead-)smooth; **~ьное стекло́** plate glass

зерн|и́стый [14 *sh.*] grainy, granular; **~о́** *n* [9; *pl.*: зёрна, зёрен, зёрнам] grain (*a. coll.*), corn (*a. fig.*), seed; **~о́ и́стины** grain of truth; **ко́фе в зёрнах** coffee beans; **~ово́й** [14] grain...; *su. pl.* cereals

зефи́р *m* [1] sweetmeat (*of egg-white, sugar and gelatin(e)*)

зигза́г *m* [1], **~ообра́зный** [14; -зен, -зна] zigzag

зим|а́ *f* [5; *ac/sg.*: зи́му; *pl. st.*] winter (T in [the]; **на** B for the); **~ний** [15] winter..., wintry; **~ова́ть** [7], ⟨за-, пере-⟩ winter, hibernate

зия́ть [28] gape

злак *m* [1] *pl.* gramineous plants; **хле́бные ~и** *pl.* cereals

зла́то... *obs. or poet.* gold(en)

злить [13], ⟨обо-, разо-⟩ anger, make angry; (*раздража́ть*) vex, irritate; **~ся** be(come) *or* feel angry (**на** B with); be in a bad temper

зло *n* [9; *pl. gen.* зол *only*] evil; (*меня́*) **~ берёт** it annoys me

зло́б|а *f* [5] malice, spite; rage; **~а дня**

topic of the day; **~ный** [14; -бен, -бна] spiteful, malicious; **~одне́вный** [14; -вен, -вна] topical, burning; **~ствовать** [7] → **зли́ться**

злов|е́щий [17 *sh.*] ominous; **~о́ние** *n* [12] stench; **~о́нный** [14; -о́нен, -о́нна] stinking, fetid; **~ре́дный** [14; -ден, -дна] pernicious, noxious

злоде́|й *m* [3] villain; **~йский** [16] *преступле́ние* vile, outrageous; *за́мысел и т. д.* malicious; **~йство** *n* [9], **~я́ние** *n* [12] outrage, villainy, crime

злой [14; зол, зла, зло] wicked, evil; *язы́к, де́йствие* malicious, spiteful; angry (with **на** B); *соба́ка* fierce; *нрав* severe; **~ ге́ний** evil genius

зло|ка́чественный [14 *sh.*] *med.* malignant; **~ключе́ние** *n* [12] misfortune; **~наме́ренный** [14 *sh.*] malevolent; **~па́мятный** [14; -тен, -тна] rancorous; **~получный** [14; -чен, -чна] unfortunate, ill-fated; **~ра́дный** [14; -ден, -дна] gloating

зло|сло́ви|е *n* [12], **~ть** [14] malicious gossip, backbiting

зло́ст|ный [14; -тен, -тна] malicious, spiteful; malevolent; *закоренелый* inveterate; **~ь** *f* [8] spite, rage

зло|сча́стный [14; -тен, -тна] → **~получный**

злоумы́шленник *m* [1] plotter; malefactor

злоупотреб|ле́ние *n* [12], **~ля́ть** [28], ⟨**~и́ть**⟩ [14 *e.*; -блю́, -би́шь] (T) *вла́стью, дове́рием* abuse; *спиртны́м* drink too much

зме|и́ный [14] snake('s), serpent('s), serpentine; **~и́ться** [13] meander, wind (o.s.); **~й** *m* [3]: *возду́шный* **~й** kite; **~я́** *f* [6; *pl. st.*: зме́и, змей] snake, serpent (*a. fig.*)

знак *m* [1] sign, mark; *дру́жбы и т. д.* token; symbol; (*предзнаменова́ние*) omen; (*значо́к*) badge; signal; **доро́жный ~** road sign; **~и** *pl.* **препина́ния** punctuation marks; **в ~** (P) in token *or* as a sign of

знако́м|ить [14], ⟨по-⟩ introduce (B/с T a p. to); *a.* ⟨о-⟩ acquaint (**с** T with); **-ся** (**с** T) *p.*: meet, make the acquaintance of, (*a. th.*) become acquainted with; *th.*: familiarize o.s. with, go into; **~ство** *n* [9] acquaintance (-ces *pl.*); **~ый** [14 *sh.*] familiar, acquainted (**с** T with); know; *su.* acquaintance; **~ьтесь, ...,** meet...

знамена́тель *m* [4] denominator; **~ный** [14; -лен, -льна] memorable, remarkable; (*важный*) significant, important

знамен|ие *n* [12]: **~ие вре́мени** sign of the times; **~итость** *f* [8] fame, renown; *p.*: celebrity; **~итый** [14 *sh.*] famous, renowned, celebrated (T by, for); **~ова́ть** [7] *impf.* mark, signify

зна́мя *n* [13; *pl.*: -мёна, -мён] banner, flag; *mil.* standard; colo(u)rs

зна́ни|е *n* [12] (*a. pl.* **~я**) knowledge; **со ~ем де́ла** competently

зна́т|ный [14; -тен, -тна́, -о] *род и т. д.* noble; **~о́к** *m* [1 *e.*] expert; *цени́тель* connoisseur

знать[1] know; **дать ~** (Д) let know; **дать себя́ (о себе́) ~** make itself felt (send news); **кто его́ зна́ет** goodness knows

знать[2] *f* [8] *hist.* nobility, notables *pl.*

знач|е́ние *n* [12] meaning, sense; *math.* value; significance, importance (*vb.*: **име́ть** be of); **~и́тельный** [14; -лен, -льна] considerable; large; (*важный*) important, significant; large [14 *sh.*] mean, signify; (*име́ть значе́ние*) matter; **~ит** consequently, so; well (then); **-ся** be mentioned, be registered; *impers.* (it) say(s); **~о́к** *m* [1; -чка́] badge; (*поме́тка*) sign

зноби́т|ь: меня́ ~ I feel shivery

зной *m* [3] heat, sultriness; **~ный** [14; зно́ен, зно́йна] sultry, hot

зоб *m* [1] crop, craw (*of birds*); *med.* goiter (-tre)

зов *m* [1] call

зо́дчество *n* [9] architecture

зола́ *f* [5] ashes *pl.*

золо́вка *f* [5; *g/pl.*: -вок] sister-in-law (*husband's sister*)

золоти́|стый [14 *sh.*] golden; **~ть** [15 *e.*; -очу́, -оти́шь], ⟨по-, вы-⟩ gild

зо́лот|о *n* [9] gold; **на вес ~а** worth its weight in gold; **~о́й** [14] gold(en) (*a. fig.*); **~о́е дно** gold mine; **~о́й запа́с**

econ. gold reserves; **~ы́е ру́ки** golden hands; **~а́я середи́на** golden mean

золочёный [14] gilt, gilded

Зо́лушка *f* [5; *g/pl.*: -шек] Cinderella

зо́н|а *f* [5] zone; **~а́льный** [14] zonal, regional

зонд *m* [1] probe, sound; **~и́ровать** [7] sound; **~и́ровать по́чву** *fig.* explore the ground

зонт, ~ик *m* [1] umbrella; sunshade; **складно́й ~ик** telescopic umbrella

зоо́|лог *m* [1] zoologist; **~логи́ческий** [16] zoological; **~ло́гия** *f* [7] zoology; **~па́рк** *m* [1] zoo(logical garden)

зо́рк|ий [16; зо́рок, -рка́, -о; *comp.*: зо́рче] sharp-sighted (*a. fig.*); observant, watchful, vigilant

зрачо́к *m* [1; -чка́] *anat.* pupil

зре́л|ище *n* [11] sight; spectacle; show; **~ость** *f* [8] ripeness; *о человеке* maturity; **~ый** [14; зрел, -á, -о] ripe, mature; **по ~ому размышле́нию** on reflection

зре́ни|е *n* [12] (eye)sight; **по́ле ~я** field of vision, eyeshot; *fig.* horizon; **обма́н ~я** optical illusion; **то́чка ~я** point of view; standpoint, angle (*prp.*: **с то́чки ~я = под угло́м ~я** from ...)

зреть [8], ⟨со-, вы-⟩ ripen, mature

зри́тель *m* [4] spectator, onlooker, observer; **~ный** [14] visual, optic; **~ный зал** hall, auditorium; **~ная па́мять** visual memory

зря *coll.* in vain, to no purpose, (all) for nothing; **~ ты э́то сде́лал** you should not have done it

зря́чий [17] sighted (*opp.* blind)

зуб *m* [1; *from g/pl. e.*; зу́бья, зу́бьев] tooth; *tech. a.* cog; **до ~о́в** to the teeth; **не по ~а́м** too tough (*a. fig.*); **сквозь ~ы** through clenched teeth; **име́ть ~ (на** B) have a grudge against; **~а́стый** [14 *sh.*] *fig.* sharptongued; **~е́ц** *m* [1; -бца́] *tech.* → **зуб**; **~и́ло** *n* [9] chisel; **~но́й** [14] tooth, dental; **~но́й врач** *m* dentist; **~на́я боль** toothache; **~на́я щётка** toothbrush; **~овраче́бный** [14]: **~овраче́бный кабине́т** dental surgery

зубр *m* [1] European bison; *fig.* diehard; *coll.* pundit

зубр|ёжка *f* [5] cramming; **~и́ть 1.** [13],

⟨за-⟩ notch; *зазу́бренный* jagged; **2.** [13; зубрю́, зубри́шь], ⟨вы́-, за-⟩ [зазу́бренный] cram, learn by rote

зу́бчатый [14] *tech.* cog (wheel)..., gear...; jagged

зуд *m* [1], **~е́ть** *coll.* [9] itch; urge; *fig.* complain constantly, talk boringly

зу́ммер *m* [1] buzzer

зы́б|кий [16; зы́бок, -бка́, -о; *comp.*: зы́бче] unsteady, unstable (*a. fig.*) vague; **~ь** *f* [8] ripples *pl.*

зы́чный [14; -чен, -чна; *comp.*: -чнее] loud, shrill

зя́б|нуть [21], ⟨(пр)о-⟩ feel chilly; **~ь** *f* [8] winter tillage *or* cold

зять *m* [4; *pl. e.*: зятья́, -ьёв] son- *or* brother-in-law (*daughter's or sister's husband*)

И

и 1. *cj.* and; and then, and so; but; (even) though, much as; (that's) just (what... is *etc.*), (this) very *or* same; **2.** *part.* oh; too, (n)either; even; *и ... и ...* both ... and

и́бо *c.j.* for

и́ва *f* [5; *pl. st.*] willow; *плаку́чая* **~** weeping willow

и́волга *f* [5] oriole

игл|а́ *f* [5] needle (*a. tech.*); *bot.* thorn, prickle; *zo.* quill, spine, bristle; **~отерапи́я** *f* [7], **~ука́лывание** *n* [12] acupuncture

игнори́ровать [7] (*im*)*pf.* ignore

и́го *n* [9] *fig.* yoke

иго́л|ка *f* [5; *g/pl.*: -лок] → *игла́*; *как на ~ках* on tenterhooks; *с ~(оч)ки* brand-new, spick-and-span; **~ьный** [14] needle('s)...; **~ьное у́шко** eye of a needle

иго́рный [14] gambling; card...

игр|а́ *f* [5; *pl. st.*] play; game (*в* B of); sparkle; **~** *слов* play on words, pun; **~** *не сто́ит свеч* it isn't worth while; **~** *воображе́ния* pure fantasy; **~льный** [14] *карта* playing; **~ть** [1], ⟨по-, сыгра́ть⟩ play (*в* B, *на* П); *в аза́ртные игры* gamble; sparkle (wine, *etc.*); *thea. a.* act; **~ть свое́й жи́знью** risk one's life; *э́то не ~ет ро́ли* it does not matter

игри́|вый [14 *sh.*] playful; **~стый** [14 *sh.*] sparkling

игро́к *m* [1 *e.*] player; gambler

игру́шка *f* [5; *g/pl.*: -шек] toy; *fig.* plaything

идеа́л *m* [1] ideal; **~изи́ровать** [7] (*im*)*pf.* idealize; **~и́зм** *m* [1] idealism;

~и́ст *m* [1] idealist; **~исти́ческий** [16] idealistic; **~ьный** [14; -лен, -льна] ideal

идентифика́тор *m* [1] *comput.* name

идео́лог *m* [1] ideologist; **~и́ческий** [16] ideologic(al); **~ия** *f* [7] ideology

иде́я *f* [6] idea

иди́лл|ия *f* [7] idyl(l); **~и́ческий** [16] idyllic

идио́ма *f* [5] idiom

идио́т *m* [1] idiot; **~и́зм** *m* [1] idiocy; **~ский** [16] idiotic

и́дол *m* [1] idol (*a. fig.*)

идти́ [иду́, идёшь; шёл, шла; ше́дший; идя́, *coll.* и́дучи], ⟨пойти́⟩ [пойду́, -дёшь; пошёл, -шла́] (be) go(ing, *etc.*), *a. fig.*), walk; come; (*за* T) follow, *a.* go for, fetch; leave; (*двигать[ся]*) move (*a.* chess, T), flow, drift (*в, на* B); *школу и т. д.* enter; *а́рмию и т. д.* join, become; (*происходи́ть*) proceed, be in progress, take place; *thea.* фильм be on; *доро́га* lead (*o ка́рте с* P); (*на* B) attack; *o това́ре* sell; (*в, на, под* B) be used, spent (for); (*к* Д) suit; (*за* B) marry; **~ в счёт** count; **на вёслах** row; *пойти́ в отца́* take after one's father; *идёт!* all right!, done!; *пошёл (пошли́)!* (let's) go!; *де́ло (речь) идёт о* (П) the question *or* matter is (whether), it is a question *or* matter of; ... is at stake; *ему́ идёт или пошёл шесто́й год (деся́ток)* he is over five (fifty)

иезуи́т *m* [1] Jesuit (*a. fig.*)

иера́рхия *f* [7] hierarchy

иеро́глиф *m* [1] hieroglyph(ic)

иждиве́н|ец *m* [1; -нца] dependent (-dant); **~ие** *n* [12]: **быть на ~ии** (P) be s.o.'s dependent (-dant)

из, ~о (P) from, out of; of; for, through; with; in; by; **что ж ~ э́того?** what does that mean?

изба́ *f* [5; *pl. st.*] (peasant's) house, cottage

избав|и́тель *m* [4] rescuer, deliverer; **~ить** → **~ля́ть**; **~ле́ние** *n* [12] deliverance, rescue; **~ля́ть** [28], ⟨**~ить**⟩ [14] (**от** P from) (*освободи́ть*) deliver, free; (*спасти́*) save; *от бо́ли* relieve; **-ся** (**от** P) get rid of

избало́ванный [14 *sh.*] spoilt

избе|га́ть [1], ⟨**~жа́ть**⟩ [4; -егу́, -ежи́шь, -егу́т], ⟨**~гну́ть**⟩ [21] (P) avoid, shun; *сме́рти* escape; (*уклони́ться*) evade; **~жа́ние** *n* [12]: **во ~жа́ние** (P) (in order) to avoid

изб|ива́ть [1], ⟨**~и́ть**⟩ [изобью́, -бьёшь; → **бить**] beat unmercifully; **~ие́ние** *n* [12] beating; massacre

избира́тель *m* [4] voter, elector; *pl. a.* electorate, constituency; **~ный** [14] electoral; ballot...; election; **~ный уча́сток** polling station; **~ный о́круг** constituency

изб|ира́ть [1], ⟨**~ра́ть**⟩ [-беру́, -рёшь; → **брать**] choose; elect (В/в И *pl. or*/Т); **~ранный** *a.* select(ed); **~ранные сочине́ния** selected works

изби́|тый [14 *sh.*] *fig.* hackneyed, trite; **~ть** → **~ва́ть**

избра́|ние *n* [12] election; **~нник** *m* [1] (young) man of her choice; **~ть** → **избира́ть**

избы́т|ок *m* [1; -тка] surplus; abundance, plenty; **в ~ке, с ~ком** in plenty, plentiful(ly); **в ~ке чувств** *fig.* overcome by emotion; **~очный** [14; -чен, -чна] superfluous, surplus...

и́звер|г *m* [1] monster, cruel person; **~же́ние** *n* [12] eruption

изверну́ться → **извора́чиваться**

извести́ → **изводи́ть**

изве́ст|ие *n* [12] news *sg.*; information; *pl. a.* bulletin; **после́дние ~ия** rad. news(cast), the latest news; **извести́ть**

→ **извеща́ть**

известк|а́ *f* [5], **~о́вый** [14] lime

изве́ст|ость *f* [8] reputation, fame; **по́льзоваться (мирово́й) ~остью** be (world-)renowned *or* famous *or* well-known; **ста́вить** (В) **в ~ость** bring s.th. to a p.'s notice (**о** П); **~ный** [14; -тен, -тна] known (for T; as **как, за** В), familiar; well-known, renowned, famous; notorious; (*не́который*) certain; **наско́лько мне ~о** as far as I know; (мне) **~о** it is known (I know), **ему́ э́то хорошо́ ~о** he is well aware of this

изве́ст|ня́к *m* [1 *e.*] limestone; **~ь** *f* [8] lime

изве|ща́ть [1], ⟨**~сти́ть**⟩ [15 *e.*; -ещу́, -ести́шь; -ещённый] inform (**о** П of); notify; *comm. a.* advise; **~ще́ние** *n* [12] notification, notice; *comm.* advice

изви|ва́ться [1] wind, meander, twist; *о те́ле, змее и т. д.* wriggle; **~лина** *f* [5] bend, curve; turn; *мо́зга* convolution; **~листый** [14 *sh.*] winding, tortuous

извин|е́ние *n* [12] apology, excuse; **~и́тельный** [14; -лен, -льна] pardonable; [*no sh.*] apologetic; **~я́ть** [28], ⟨**~и́ть**⟩ [13] excuse, pardon; forgive (Д/В a p. a th.); **~и́(те)!** excuse me!, I am sorry!; **нет, уж ~и́(те)!** oh no!, on no account!; **-ся** apologize (**пе́ред** Т, **за** В to/for); **~я́юсь!** *coll.* → **~и́(те)**

извле|ка́ть [1], ⟨**~чь**⟩ [26] take *or* draw out; extract (*a. math.*); *вы́году* derive; **~че́ние** *n* [12] extract(ion)

извне́ from outside

изводи́ть *coll.* [15], ⟨**извести́**⟩ [25] (*израсхо́довать*) use up; (*изму́чить*) exhaust, torment

изво́л|ить [13] *iro.* please, deign; **~ь(те)** + *inf.* (would you) please + *vb*

извора́|чиваться [1], ⟨**изверну́ться**⟩ [20] *coll.* dodge; (try to) wriggle out; **~тливый** [14 *sh.*] resourceful; shrewd

извра|ща́ть [1], ⟨**~ти́ть**⟩ [15 *e.*; -ащу́, -ати́шь; -ащённый] *фа́кты* misconstrue, distort; *о челове́ке* pervert

изги́б *m* [1] bend, curve, turn; *fig.* shade; **~а́ть** [1], ⟨**изогну́ть**⟩ [20] bend, curve, crook (*v/i.* **-ся**)

изгла́|живать [1], ⟨~дить⟩ [15] (**-ся** be[come]) efface(d), erase(d); **~дить из па́мяти** blot out of one's memory

изгна́|ние *n* [12] *old use, lit.* banishment; exile; **~нник** *m* [1] exile; **~ть** → **изгоня́ть**

изголо́вье *n* [10] *крова́ти* head

изг|оня́ть [28], ⟨~на́ть⟩ [-гоню́, -го́нишь; -гна́л, -ла́] drive out; oust; expel; exile; banish

и́згородь *f* [8] fence; *зелёная* hedge(-row)

изгот|а́вливать [1], **~овля́ть** [28], ⟨~о́вить⟩ [14] make, produce; manufacture; *mil.* preparation; **~овле́ние** *n* [12] manufacture; making; *mil.* preparation

изда|ва́ть [5], ⟨~ть⟩ [-да́м, -да́шь, *etc.*, → **дать**; и́зданный (и́здан, -á, -o)] publish; *прика́з* issue; *за́пах* exhale; *звук* utter, emit; *law* promulgate

и́зда|вна for a long time; from time immemorial; **~лека́, ~лёка** *or* **~ли** from afar; from a distance

изда́|ние *n* [12] publication; edition; issue; **~тель** *m* [4] publisher; **~тельство** *n* [9] publishing house, publishers *pl.*; **~ть** → **издава́ть**

издева́т|ельство *n* [9] jeering, scoffing, sneering (**над** T at); **~ся** [1] jeer, sneer, mock (**над** T at); bully

изде́лие *n* [12] product, article; (needle)work; *pl. a.* goods

издёргать [1] harass, harry; **-ся** overstrain one's nerves; worry one's head off

издерж|а́ться [4] *pf. coll.* spend a lot of (*or* run short of) money; **~ки** *f/pl.* [5; *gen*: -жек] expenses; *law* costs

издыха́ть [1] → **до́хнуть**

изж|ива́ть [5], ⟨~и́ть⟩ [-живу́, -вёшь; -жи́тый, *coll.* -то́й (и́зжит, -á, -o)] (gradually) overcome; **~и́ть себя́** be(come) outdated, have had one's day; **~о́га** *f* [5] heartburn

и́з-за (P) from behind; from; because of; over; for (the sake of); **~чего́?** why?, for what reason?; **~ э́того** for that reason

излага́ть [1], ⟨изложи́ть⟩ [16] state, set forth, expound, word

излеч|е́ние *n* [12] cure, (medical) treatment; (*выздоровле́ние*) recovery; **~ивать** [1], ⟨~и́ть⟩ [16] cure; **~и́мый** [14 *sh.*] curable

изл|ива́ть [1], ⟨~и́ть⟩ [изолью́, -льёшь; → **лить**]: **~и́ть ду́шу** unbosom o.s.; *гнев* give vent (*to anger*)

изли́ш|ек *m* [1; -шка] surplus, *a.* **~ество** *n* [9] excess; **~не** unnecessarily; **~ний** [15; -шен, -шня, -не] superfluous, excessive; (*нену́жный*) needless

изл|ия́ние *n* [12] outpouring, effusion; **~и́ть** [28] → **~ива́ть**

изловчи́ться *coll.* [16 *e.*; -чу́сь, -чи́шься] *pf.* contrive

изложе́|ние *n* [12] exposition, account; **~и́ть** → **излага́ть**

изло́манный [14] broken; warped; *жизнь, хара́ктер* spoilt, deformed

излуч|а́ть [1] radiate; **~е́ние** *n* [12] radiation

излу́чина *f* [5] *реки́* → **изги́б**

излю́бленный [14] favo(u)rite

изме́н|а *f* [5] treason (Д to); *супру́жеская* unfaithfulness; **~е́ние** *n* [12] change, alteration, modification; **~и́ть** → **~я́ть**; **~ник** *m* [1] traitor; **~чивый** [14 *sh.*] changeable, variable; *о челове́ке, настрое́нии* fickle; **~я́ть** [28], ⟨~и́ть⟩ [13; -еню́, -е́нишь] **1.** *v/i.* change (*v/i.* **-ся**) alter; modify; vary; **2.** *v/i.* (Д) betray; be(come) unfaithful (to): *кля́тве и т. д.* break, violate; *па́мять* fail

измер|е́ние *n* [12] measurement; *math.* dimension; **~и́мый** [14 *sh.*] measurable; **~и́тельный** [14]: **~и́тельный прибо́р** measuring instrument, gauge; **~я́ть** [28], ⟨~ить⟩ [13 *st.*] measure; *температу́ру* take; *глубину́* fathom (*a. fig.*)

изможлённый [14 *sh.*] *вид* emaciated; (*изнурённый*) exhausted

измо́р: взять кого́-нибудь ~ом *fig.* worry s.o. into doing s.th

и́зморозь *f* [8] rime, hoar-frost

и́зморось *f* [8] drizzle

изму́чи|вать [1], ⟨~ть⟩ [16] (**-ся** be[come]) fatigue(d), exhaust(ed), wear (worn) out

измышле́ние *n* [12] fabrication, invention

изна́нка f [5] back, inside; *ткани* wrong side; *fig.* seamy side

изнаси́лов|ание n [12], **~ать** [7] *pf.* rape, assault, violation

изна́шивать [1], ⟨износи́ть⟩ [15] wear out; *v/i.* **-ся**

изне́женный [14] coddled

изнемо|га́ть [1], ⟨~о́чь⟩ [26; г/ж: -огу́, -о́жешь, -о́гут] be(come) exhausted *or* enervated; **~ога́ть от уста́лости** feel dead tired; **~оже́ние** n [12] exhaustion, weariness

изно́с m [1] wear (and tear); **рабо́тать на ~** wear o.s. out with work; **~и́ть →** *изна́шивать*

изно́шенный [14 *sh.*] worn (out); threadbare

изнуре́|ние n [12] exhaustion, fatigue; **~и́тельный** [14; -лен, -льна] *труд* hard, exhausting; *болезнь* wasting; **~я́ть** [28], ⟨~и́ть⟩ (**-ся** be[come]) fatigue(d), exhauste(d)

изнутри́ from within; on the inside

изны|ва́ть [1] *impf.* (**от** P); **~ва́ть от жа́жды** be dying of thirst; **~ва́ть от ску́ки** be bored to death

изоби́л|ие n [12] abundance, plenty (P *a.* **в** П of); **~овать** [7] abound (T in); **~ьный** [14; -лен, -льна] rich, abundant (T in)

изоблич|а́ть [1], ⟨~и́ть⟩ [16 *e.*; -чу́, -чи́шь; -чённый] unmask; *impf.* reveal, show

изобра|жа́ть [1], ⟨~зи́ть⟩ [15 *e.*; -ажу́, -ази́шь; -аже́нный] represent, portray, depict; describe; express; **~жа́ть из себя́** (B) make o.s. out to be; **~же́ние** n [12] representation; description; *о́браз* image, picture; **~зи́тельный** [14]: **~зи́тельное иску́сство** fine arts

изобре|сти́ → **~та́ть**; **~та́тель** m [4] inventor; **~та́тельный** [14; -лен, -льна] inventive, resourceful; **~та́ть** [1], ⟨~сти́⟩ [25 -т-: -брету́, -тёшь] invent; **~те́ние** n [12] invention

изо́гнут|ый [14 *sh.*] bent, curved; **~ь →** *изгиба́ть*

изо́дранный [14] *coll.* → *изо́рванный*

изоли́|ровать [7] (*im*)*pf.* isolate; *el. a.* insulate; **~я́тор** m [1] *el.* insulator;

med. isolation ward; *в тюрьме* cell, jail for imprisonment during investigation; **~я́ция** f [7] isolation; *el.* insulation

изо́рванный [14] torn, tattered

изощр|ённый [14] refine, subtle; **~я́ться** [28], ⟨~и́ться⟩ [13] exert o.s., excel (**в** П *or* Т in); **~я́ться в остроу́мии** sparkle with wit

из-под (P) from under; from; from the vicinity of; **буты́лка ~ молока́** milk bottle

изразе́ц m [1; -зца́] (Dutch) tile

и́зредка occasionally; *места́ми* here and there

изре́з|ывать [1], ⟨~ать⟩ [3] cut up

изре|ка́ть [1], ⟨~чь⟩ *iro.* pronounce; **~че́ние** n [12] aphorism, maxim

изруб|а́ть [1], ⟨~и́ть⟩ [14] chop, mince; cut (up)

изря́дный [14; -ден, -дна] *сумма* large, fair; *моро́з* rather severe; *подле́ц* real scoundrel

изуве́ч|ивать [1], ⟨~ить⟩ [16] mutilate

изум|и́тельный [14; -лен, -льна] amazing, wonderful; **~и́ть(ся) →** **~ля́ть(ся)**; **~ле́ние** n [12] amazement; **~ля́ть** [28], ⟨~и́ть⟩ [14 *e.*; -млю́, -ми́шь, -млённый] (**-ся** Д be) amaze(d), astonish(ed), surprise(d at)

изумру́д m [1] emerald

изуч|а́ть [1], ⟨~и́ть⟩ [16] study, learn; (*ознако́миться*) familiarize o.s. with; (*овладе́ть*) master; *тща́тельно* scrutinize; **~е́ние** n [12] study

изъе́здить [15] *pf.* travel all over

изъяв|и́тельный [14] *gr.* indicative; **~ля́ть** [28], ⟨~и́ть⟩ [14] express, show; *согла́сие* give

изъя́н m [1] defect, flaw

изыма́ть [1], ⟨изъя́ть⟩ [изыму́, изы́мешь] withdraw, confiscate

изыска́ние n [12] *mst. mining* prospecting

изы́сканный [14 *sh.*] refined, elegant; *еда́ и т. д.* choice, exquisite

изы́ск|ивать [1], ⟨~а́ть⟩ [3] find

изю́м m [1] *coll.* raisins *pl.*; sultanas; **~инка** f [5]: **с ~инкой** piquant

изя́щн|ый [14; -щен, -щна] graceful, elegant

ик|а́ть [1], ⟨~ну́ть⟩ [20] hiccup

ико́н|а f [5] icon; **~опись** f [8] icon painting

ико́та f [5] hiccup

икра́¹ f [5] (hard) roe, spawn, caviar; **зерни́стая ~** soft caviar; **па́юсная ~** pressed caviar

икра́² f [5] mst. pl. [st.] calf (of leg)

ил m [1] silt

и́ли or; or else; **~ ... ~ ...** either… or

иллю́|зия f [7] illusion; **~мина́ция** f [7] illumination; **~мини́ровать** [7] (im)pf. illuminate; **~стра́ция** f [7] illustration; **~стри́ровать** [7] (im)pf. illustrate

имби́рь m [4 e.] ginger

име́ние n [12] estate, landed property

имени́|ны f/pl. [5] name day; nameday party; **~тельный** [14] gr. nominative; **~тый** [14 sh.] eminent, distinguished

и́менно just, very (adj.), exactly, in particular; (a. a.~) namely, to wit, that is to say; (a. **вот ~**) coll. indeed

именова́ть [7], ⟨на-⟩ call, name

име́ть [8] have, possess; **~ де́ло с** (T) have to do with; **~ ме́сто** take place; **~ в виду́** have in mind, mean, intend; (не забыва́ть) remember, bear in mind; **-ся под руко́й** be at, in or on hand; (у P) there is, are, etc.

имита́ция f [7] imitation

иммигра́нт m [1] immigrant

иммуните́т m [1] immunity

импера́т|ор m [1] emperor; **~ри́ца** f [5] empress

импе́р|ия f [7] empire; **~ский** [16] imperial

и́мпорт m [1], **~и́ровать** [7] (im)pf. import; **~ный** [14] imported

импоте́нция f [7] sexual impotence

импровизи́ровать [7] (im)pf. ⟨сымпровизи́ровать⟩ improvise

и́мпульс m [1] impulse; el. pulse; **~и́вный** [14; -вен, -вна] impulsive

иму́щ|ество n [9] property; belongings pl.; **недви́жимое ~ество** real estate; **~ий** [17] well-to-do; **власть ~ие** the powers that be

и́мя n [13] (esp. first, Christian) name (a. fig. gr.; parts of speech = Lat. nomen); **и́мени: шко́ла им. Че́хова** Chekhov

school; **во ~** for the sake of; **от и́мени** in the name of (P); **на ~** addressed to, for; **по и́мени** named; in name (only); (know) by name; **называ́ть ве́щи свои́ми имена́ми** call a spade a spade

и́наче differently; otherwise, (or) else; **так и́ли ~** one way or another, anyhow

инвали́д m [1] invalid; **~ труда́ (войны́)** disabled worker (veteran, Brt. ex-serviceman)

инвент|ариза́ция f [7] stock-taking; **~а́рь** m [4 e.] спи́сок inventory; stock, equipment; implements

инд|е́ец m [1; -е́йца] (American) Indian; **~е́йка** f [5; g/pl.: -е́ек] turkey; **~е́йский** [16] (American) Indian; **~иа́нка** f [5; g/pl.: -нок] fem. of **~е́ец, ~е́ц**

индиви́д m [1] individual; **~уа́льность** f [8] individuality; **~уа́льный** [14; -лен, -льна] individual

инди́|ец m [1; -и́йца] Indian; **~йский** [16] Indian

инду́с m [1], **~ка** f [5; g/pl.: -сок], **~ский** [16] Hindu

инд|устриа́льный [14] industrial; **~у́стрия** f [7] industry

индю́к m [1 e.] turkey (cock)

и́ней m [3] hoar-frost

ине́р|тность f [8] inertness, inaction; **~тный** [14; -тен, -тна] inert; **~ция** f [7] inertia; phys. **по ~ции** under one's own momentum; fig. mechanically

инжене́р m [1] engineer; **~-строи́тель** m [1/4] civil engineer

инициа́|лы m/pl. [1] initials; **~ти́ва** f [5] initiative; **~ти́вный** [14; -вен, -вна] enterprising, full of initiative; **~тор** m [1] initiator, organizer

инкруста́ция f [7] inlay, incrustation

иногда́ sometimes, now and then

иногоро́дний [15] nonresident, person from another town

ино́|й [14] (an)other, different; (не́который и т. д.) some, many a; **~й раз** sometimes; **не кто ~й (не что ~е), как ...** none other than

иноро́дн|ый [14], heterogeneous; **~ое те́ло** med. foreign body

иносказа́тельный [14; -лен, -льна] allegorical

иностра́н|ец *m* [1; -нца], **~ка** *f* [5; *g/pl.*: -нок] foreigner; **~ный** [14] foreign; → *a.* **министе́рство**

инсинуа́ция *f* [7] insinuation

инспе́к|тор *m* [1] inspector; **~ция** *f* [7] inspection

инста́нция *f* [7] *pl.* (official) channels; *pol.* level of authority; *law* instance

инсти́нкт *m* [1] instinct; **~и́вный** [14; -вен, -вна] instinctive

институ́т *m* [1] institute; *брака и т. д.* institution

инстру́кция *f* [7] instruction, direction; **~ по эксплуата́ции** manual

инструме́нт *m* [1] *mus. etc.* instrument; *рабочий* tool

инсу́льт *m* [1] *med.* stroke

инсцени́р|овать [7] (*im*)*pf.* adapt for the stage *or* screen; *fig.* feign; **~о́вка** *f* [5; *g/pl.*: -вок] dramatization

интегра́ция *f* [7] integration

интелле́кт *m* [1] intellect; **~уа́льный** [14; -лен, -льна] intellectual

интеллиге́н|т *m* [1] intellectual; **~тность** *f* [8] intelligence and good breeding; **~тный** [14; -тен, -тна] cultured, well-educated; **~ция** *f* [7] intelligentsia, intellectuals *pl.*

интенси́вный (-тɛn-) [14; -вен, -вна] intense, (*a. econ.*) intensive

интерва́л *m* [1] interval; *typ.* space

интервью́ (-тɛr-) *n* [*indecl.*], **брать**, **взять ~**, **~и́ровать** (-тɛr-) [7] (*im*)*pl.* interview

интере́с *m* [1] interest (**к** Д in; **име́ть ~ для** P be of/to; **в ~ах** P in the/of); use; **~ный** [14; -сен, -сна] interesting; *о внешности* handsome, attractive; **~но, кто э́то сказа́л?** I wonder who said this?; **~ова́ть** [7], ⟨за-⟩ **(-ся** be[come]) interest(ed), take an interest (T in)

интерна́т *m* [1]: **шко́ла-~** boarding school

интернациона́льный [14; -лен, -льна] international

интерпрета́ция *f* [7] interpretation

интерфе́йс *m* [1] *comput.* interface

интерье́р *m* [1] *art* interior

инти́мн|ость *f* [8] intimacy; **~ый** [14; -мен, -мна] intimate

интона́ция *f* [7] intonation

интри́г|а *f* [5] intrigue; **~а́н** *m* [1] intriguer; **~а́нка** *f* [5; *g/pl.*: -нок] intrigante; **~ова́ть** [7], ⟨за-⟩ intrigue

интуи|ти́вный [14; -вен, -вна] intuitive; **~ция** *f* [7] intuition

интури́ст *m* [1] foreign tourist

инфа́ркт *m* [1] infarction

инфе́кция *f* [7] infection

инфля́ция *f* [7] inflation

информ|а́ция *f* [7] information; **~и́ровать** [7] (*im*)*pf.*, ⟨про-⟩ inform

инциде́нт *m* [1] *mst. mil.*, *pol.* incident

ипподро́м *m* [1] racetrack (course)

и́рис¹ *m* [1] *bot.* iris

ири́с² *m* [1], **~ка** *f* [5; *g/pl.*: -сок] toffee

ирла́нд|ец *m* [1; -дца] Irishman; **~ка** *f* [5; *g/pl.*: -док] Irishwoman; **~ский** [16] Irish

иро́н|изи́ровать [7] speak ironically (about **над** T); **~и́ческий** [16] ironic(al); **~ия** *f* [7] irony

иск *m* [1] *law* suit, action

иска|жа́ть [1], ⟨~зи́ть⟩ [15 *e.*; -ажу́, -ази́шь; -аже́нный] distort, twist; misrepresent; **~же́ние** *n* [12] distortion

иска́ть [3], ⟨по-⟩ (B) look for; (*mst.* P) seek

исключ|а́ть [1], ⟨~и́ть⟩ [16 *e.*; -чу́, -чи́шь; -чённый] exclude, leave out; *из школы* expel; **~а́я** (P) except(ing); **~ено́** ruled out; **~е́ние** *n* [12] exclusion; expulsion; exception (**за** T with the; **в ви́де** P as an); **~и́тельный** [14; -лен, -льна] exceptional; **~и́тельная ме́ра наказа́ния** capital punishment; *coll.* excellent; *adv. a.* solely, only; **~и́ть** → **~а́ть**

иско́мый [14] sought-after, looked-for

иско́нный [14] primordial

ископа́ем|ый [14] (*a. fig. su. n*) fossilized; *pl. su.* minerals; **полéзные ~ые** mineral resources

искорен|я́ть [28], ⟨~и́ть⟩ [13] eradicate, extirpate

и́скоса askance; sideways; **взгляд ~** sidelong glance

и́скра *f* [5] spark(le); flash; **~ наде́жды** glimmer of hope

и́скренн|ий [15; -ренен, -ренна, -е/о,

-и/ы] sincere, frank, candid; **~е Ваш** yours sincerely; **~ость** f [8] sincerity, frankness

искр|истый [14 sh.] spark(l)ing; **~иться** [13] sparkle, scintillate

искуп|а́ть [1], **⟨~и́ть⟩** (B) atone for; make up for; **~ле́ние** n [12] atonement

искуси́ть → искуша́ть

искус|ный [14; -сен, -сна] skil(l)ful; expert; skilled; **~ственный** [14 sh.] artificial; *зубы и т. д.* false; *жемчуг и т. д.* imitation; **~ство** n [9] fine arts; *мастерство* skill, trade, craft

искуша́ть [1], **⟨~си́ть⟩** [15 e.; -ушу́, -уси́шь] tempt; **~ша́ть судьбу́** tempt fate; **~ше́ние** n [12] temptation; **подда́ться ~ше́нию** yield to temptation; **~шённый** [14 sh.] experienced

исла́м m [1] Islam

испа́н|ец m [1; -нца], **~ка** f [5; g/pl.: -нок] Spaniard; **~ский** [16] Spanish

испар|е́ние n [12] evaporation; pl. a. vapo(u)r(s); **~я́ть** [28], **⟨~и́ть⟩** [13] evaporate (v/i. **-ся**, a. fig.)

испе|пеля́ть [28], **⟨~пели́ть⟩** [13] lit. burn to ashes; **~пеля́ющий взгляд** annihilating look; **~щря́ть** [28], **⟨~щри́ть⟩** [13] mottle, spot (with), cover all over (with)

испи́с|ывать [1], **⟨~а́ть⟩** [3] write on, cover with writing; *тетрадь* fill (up); **~ан** full of notes, *etc.*

испове́доваться [7] (im)pf. confess (*пе́ред* T to a p.; *в* П *s.th.*)

и́споведь f [8] confession (eccl. [prp.: на В/П to/at] a. fig.)

и́спод|воль coll. gradually; **~ло́бья** (недове́рчиво) distrustfully; (нахму́ривишсь) frowningly; **~тишка́** coll. in an underhand way

испоко́н: ~ ве́ку (веко́в) → и́здавна

исполи́н m [1] giant; **~ский** [16] gigantic

исполне́ние n [12] execution; fulfil(1)-ment, performance; *обязанности* discharge; **~и́мый** [14 sh.] realizable; practicable; **~и́тель** m [4] executor; thea., mus. performer; law bailiff; **соста́в ~и́телей** thea. cast; **~и́тельный** [14] executive; [-лен, -льна] efficient and reliable; **~я́ть** [28], **⟨~ить⟩** [13] carry out, ex-

ecute; *долг* fulfil(l), do; *обещание* keep; thea., mus. perform; **-ся** come true; *лет* be: **ей ~и́лось пять лет** she is five; *прошло* pass (since [**с тех пор] как**)

испо́льзова|ние n [12] use, utilization; **~ть** [7] (im)pf. use, utilize

испо́р|тить → по́ртить, **~ченный** [14 sh.] spoilt; (тж. *ребёнок*) broken; *о человеке* depraved

исправи|тельно-трудово́й [1]: **~тельно-трудова́я коло́ни́я** approx. reformatory; **~ле́ние** n [12] correction; repair; *человека* reform; **~ля́ть** [28], **⟨~ить⟩** [14] correct; improve; reform; repair; **-ся** reform

испра́вн|ость f [8] good (working) order; **в ~ости** = **~ый** [14; -вен, -вна] intact, in good working order

испражн|е́ние n [12] med. defecation; pl. f(a)eces; **~я́ться** [28], **⟨~и́ться⟩** [13] defecate

испу́г m [1] fright; **~а́ть → пуга́ть**

испус|ка́ть [1], **⟨~ти́ть⟩** [15] *звуки* utter; *запах* emit; **~ти́ть дух** give up the ghost

испыт|а́ние n [12] test, trial; (a. fig.) ordeal; examination (**на** П at); **~анный** [14] tried; **~а́тельный** [14] test; *срок* probationary; **~у́ющий** [17] *взгляд* searching; **~ывать** [1], **⟨~а́ть⟩** [1] try (a. fig.), test; (подвергнуться) experience, undergo; *боль и т. д.* feel

иссле́дова|ние n [12] investigation, research; geogr. exploration; med. examination; chem. analysis; научное treatise, paper, essay (**по** Д on); **~тель** m [4] research worker, researcher; explorer; **~тельский** [16] research… (a. **нау́чно-~тельский**); **~ть** [7] (im)pf. investigate; explore; do research into; examine (a. med.); chem. analyze (Brt. -yse)

исступл|е́ние n [12] *о слушателях и т. д.* ecstasy, frenzy; (*ярость*) rage; **~ённый** [14] frantic

исс|яка́ть [1], **⟨~я́кнуть⟩** [21] v/i. dry (v/i. up); fig. a. exhaust, wear out (v/i. o.s. or become …)

ист|ека́ть [1], **⟨~е́чь⟩** [26] *время* elapse; *срок* expire, become due; **~ека́ть кро́вью** bleed to death; **~е́кший** [17] past, last

исте́р|ика f [5] hysterics pl.; **~и́ческий** [16], **~и́чный** [14; -чен, -чна] hysterical; **~и́я** f [7] hysteria

исте́ц m [1; -тца́] plaintiff; *в бракоразво́дном проце́ссе* petitioner

истече́ни|е n [12] *сро́ка* expiration; *вре́мени* lapse; **по ~и** (P) at the end of

исте́чь → **истека́ть**

и́стин|а f [5] truth; **избита́я ~а** truism; **~ный** [14; -инен, -инна] true, genuine; *пра́вда* plain

истл|ева́ть [1], ⟨~е́ть⟩ [8] rot, decay; *об узла́х* die away

исто́к m [1] source (a. fig.)

истолк|ова́ние n [12] interpretation; commentary; **~о́вывать** [1], ⟨~ова́ть⟩ [7] interpret, expound

исто́м|а m [5] languor; **~и́ться** [14 e.; -млю́сь, -ми́шься] (be[come]) tire(d), weary (-ied)

истопта́ть [3] pf. trample; *о́бувь* wear out

исто́р|ик m [1] historian; **~и́ческий** [16] historical; *собы́тие и т. д.* historic; **~ия** f [7] history; *расска́з* story; coll. event, affair, thing; **ве́чная ~ия!** the same old story!; **~ия боле́зни** case history

источ|а́ть [1], ⟨~и́ть⟩ [16 e.; -чу́, -чи́шь] give off, impart; *за́пах* emit; **~ник** m [1] spring; (a. fig.) source

истощ|а́ть [1], ⟨~и́ть⟩ [16 e.; -щу́, -щи́шь; -щённый] (**-ся** be[come]) exhaust(ed); *запа́сы* use(d) up; *ресу́рсы* deplete; **~ённый** [14 sh.] *челове́к* emaciated

истра́чивать [1] → **тра́тить**

истреб|и́тель m [4] destroyer; ae. fighter plane; **~и́тельный** [14] *война́* de-

structive; fighter…; **~и́ть** → **~ля́ть**; **~ле́ние** n [12] destruction; *тарака́нов и т. д.* extermination; **~ля́ть** [28], ⟨~и́ть⟩ [14 e.; -блю́, -би́шь; -блённый] destroy, annihilate; exterminate

и́стый [14] true, genuine

истяза́|ние n [12], **~ть** [1] torture

исхо́д m [1] end, outcome, result; *Bibl.* Exodus; **быть на ~е** be coming to an end; *о проду́ктах и т. д.* be running short of; **~и́ть** [15] (*из* P) come, emanate (from); (*происходи́ть*) originate; (*осно́вываться*) proceed (from); **~ный** [14] initial; **~ное положе́ние** (**~ная то́чка**) point of departure

исхуда́лый [14] emaciated, thin

исцара́пать [1] pf. scratch (all over)

исцел|е́ние n [12] healing; (*выздоровле́ние*) recovery; **~и́ть** [28], ⟨~и́ть⟩ [13] heal, cure; **-ся** recover

исчез|а́ть [1], ⟨~нуть⟩ [21] disappear, vanish; **~нове́ние** n [12] disappearance; **~нуть** → **~а́ть**

исче́рп|ывать, ⟨~ать⟩ [1] exhaust, use up; *вопро́с и т. д.* settle; **~ывающий** exhaustive

исчисл|е́ние n [12] calculation; calculus; **~я́ть** [28], ⟨~ить⟩ [13] calculate

ита́к thus, so; well, then, now

италья́н|ец m [1; -нца], **~ка** f [5; g/pl.: -нок], **~ский** [16] Italian

ито́г m [1] sum, total; result; **в ~е** in the end; *подвести́* sum up; **~о́** (-'vɔ) altogether; in all; total

их → **они́**, (a. possessive adj.) their(s)

ишь int. coll. P (just) look!; listen!

ище́йка f [5; g/pl.: -еек] bloodhound

ию́|ль m [4] July; **~нь** m [4] June

Й

йог m [1] yogi; **~a** yoga

йод m [1] iodine; **~ный** [14]; **~ный рас-** **тво́р** tincture of iodine

йо́|та f [5]: **ни на ~ту** not a jot

К

к, **ко** (Д) to, toward(s); *о времени тж.* by; for; **~ тому́ же** besides

-ка *coll.* (*after vb.*) just, will you

каба́к *m* [1 *e.*] *hist.* tavern *fig. coll.* hubbub and disorder

кабала́ *f* [5] *hist.* debt-slavery; *fig.* bondage

каба́н *m* [1 *e.*] (*a.* wild) boar

кабачо́к *m* [1; *g/pl.*: -чко́в] vegetable marrow

ка́бель *m* [4] cable

каби́н|а *f* [5] cabin, booth; *ae.* cockpit; *води́теля* cab; **~е́т** *m* [1] study, office; *med.* (consulting) room; *pol.* cabinet

каблу́к *m* [1 *e.*] heel (*of shoe*); **быть под ~о́м** *fig.* be under s.o.'s thumb

кабота́ж *m* [1] coastal trade

кавале́р *m* [1] bearer of an order; *old use* boyfriend; *в та́нце* partner

кавале|ри́йский [16] cavalry…; **~ри́ст** *m* cavalryman; **~рия** *f* [7] cavalry

ка́верзный *coll.* [14] tricky

кавка́з|ец *m* [1; -зца] Caucasian; **~ский** [16] Caucasian

кавы́чк|и *f/pl.* [5; *gen.*: -чек] quotation marks; **в ~ах** *fig. coll.* socalled

ка́дка *f* [5; *g/pl.*: -док] tub, vat

ка́дмий *m* [3] cadmium

кадр *m* [1] *cine.* frame, still; close-up

ка́др|овый [14] *mil.* regular; *рабочий* skilled; **~ы** *pl.* skilled workers; experienced personnel

кады́к *m* [1 *e.*] Adam's apple

каждодне́вный [14] daily

ка́ждый [14] every, each; *su.* everybody, everyone

ка́ж|ется, ~ущийся, → **каза́ться**

каза́к *m* [1 *e.*; *pl. a.* 1] Cossack

каза́рма *f* [5] *mil.* barracks *pl.*

каза́|ться [3], ⟨по-⟩ (Т) seem, appear, look; **мне ка́жется (~лось), что …** it seems (seemed) to me that; **он, ка́-жется, прав** he seems to be right; *тж.* apparently; **ка́жущийся** seeming;

~лось бы one would think; it would seem

каза́х *m* [1], **~ский** [16] Kazak(h)

каза́|цкий [16], **~чий** [18] Cossack('s)…

каза́шка *f* [5; *g/pl.*: -шек] Kazak(h) woman

каз|ённый [14] *подход и т. д.* formal; bureaucratic; *бана́льный* commonplace; **на ~ённый счёт** at public expense; **~на́** *f* [5] treasury, exchequer; **~наче́й** *m* [3] treasurer

казни́ть [13] (*im*)*pf.* execute, put to death; *impf. fig.* **~и́ть себя́, -ся** torment o.s. with remorse; **~ь** *f* [8] execution

кайма́ *f* [5; *g/pl.*: каём] border; hem

как how; as; like; what; since; *coll.* when, if; (+ *su.*, *adv.*) very (much), awfully; (+ *pf.*, *vb.*) suddenly; **я ви́дела, как он шёл …** I saw him going …; **~ бу́дто, ~ бы** as if, as it were; **~ бы мне** (+ *inf.*) how am I to …; **~ ни** however; **~ же!** sure!; **~ (же) так?** you don't say !; **~ …, так и …** both … and …; **~ когда́** that depends; **~ не** (+ *inf.*) of course …; **~ мо́жно скоре́е (лу́чше)** as soon as (in the best way) possible

кака́о *n* [*indecl.*] cocoa

ка́к-нибудь somehow (or other); anyhow; sometime

како́в [-ва́, -о́] how; what; what sort of; (such) as; **~! / just look (at him)!; ~о́?** what do you say?; **~о́й** [14] which

како́й [16] what, which; *тж.* how; such as; *coll.* any; that; **ещё ~!** and what … (*su.*)!; **како́е там!** not at all!; **~-либо, ~-нибудь** any, some; *coll.* no more than, (only) about; **~-то** some, a

ка́к-то *adv.* somehow; somewhat; *coll.* (*тж.* **~ раз**) once, one day

каламбу́р *m* [1] pun

каланча́ *f* [5; *g/pl.*: -че́й] watchtower; *fig. coll. о челове́ке* beanpole

кала́ч *m* [1 *e.*] small (*padlock-shaped*)

white loaf; **тёртый** ~ *fig. coll.* cunning, fellow

кале́ка *m/f* [5] cripple

календа́рь *m* [4 *e.*] calendar

калёный [14] red-hot; *орехи* roasted

кале́чить [16], ⟨ис-⟩ cripple, maim

кали́бр *m* [1] caliber (-bre); *tech.* gauge

ка́лий *m* [3] potassium

кали́на *f* [5] snowball tree

кали́тка *f* [5; *g/pl.*: -ток] wicket-gate

кали́ть [13] 1. ⟨на-, рас-⟩ heat *орехи*; roast; 2. ⟨за-⟩ *tech.* temper

кало́рия *f* [7] calorie

ка́лька *f* [5; *g/pl.*: -лек] tracing paper; *fig. ling.* loan translation, calque

калькул|я́тор *m* [1] calculator; **~я́ция** *f* [7] calculation

кальсо́ны *f/pl.* [5] long underpants

ка́льций *m* [3] calcium

ка́мбала *f* [5] flounder

камен|е́ть [8], ⟨о-⟩ turn (in)to stone, petrify; **~и́стый** [14 *sh.*] stony; **~ноу́гольный** [14]: **~ноу́гольный бассе́йн** coalfield; **~ный** [14] stone...; *fig.* stony; **соль** *rock*; **~ный у́голь** coal; **~оло́мня** *f* [6; *g/pl.*: -мен] quarry; **~щик** *m* [1] bricklayer; **~ь** *m* [4; -мня; *from g/pl. e.*] stone; rock; *fig.* weight; **ка́мнем** like a stone; **~ь преткнове́ния** stumbling block

ка́мер|а *f* [5] *тюремная*, cell; *tech.* chamber; *phot.* camera; *mot.* inner tube; **~а хране́ния** left luggage office; **~ный** [14] *mus.* chamber...

ками́н *m* [1] fireplace

камо́рка *f* [5; *g/pl.*: -рок] closet, small room

кампа́ния *f* [7] *mil.*, *pol.* campaign

камфара́ *f* [5] camphor

камы́ш *m* [1 *e.*], **~о́вый** [14] reed

кана́ва *f* [5] ditch; *сточная* gutter

кана́д|ец *m* [1; -ца], **~ка** *f* [5; *g/pl.*: -ок], **~ский** [16] Canadian

кана́л *m* [1] canal; *radio*, *TV*, *fig.* channel; **~иза́ция** *f* [7] *городская* sewerage

канаре́йка *f* [5; *g/pl.*: -е́ек] canary

кана́т *m* [1], **~ный** [14] rope; cable

канва́ *f* [5] canvas; *fig.* basis; outline

кандида́т *m* [1] candidate; kandidat (*in former USSR, holder of postgraduate* *higher degree before doctorate*); **~у́ра** *f* [5] candidature

кани́кулы *f/pl.* [5] vacation, *Brt. a.* holidays (**на П, в В** during)

каните́ль *coll. f* [8] tedious and drawn-out procedure

канона́да *f* [5] cannonade

каноэ́ *n* [*indecl.*] canoe

кант *m* [1] edging, piping

кану́н *m* [1] eve

ка́нуть [20] *pf.*: **как в во́ду** ~ disappear without trace; **~ в ве́чность (в Ле́ту)** sink into oblivion

канцеля́р|ия *f* [7] office; **~ский** [16] office...; **~ские това́ры** stationery

ка́нцлер *m* [1] chancellor

ка́п|ать [1 & 2], *once* ⟨~нуть⟩ [20] drip, drop, trickle; *дождь* fall; **~елька** [5; *g/pl.*: -лек] droplet; *sg. coll.* bit, grain

капита́л *m* [1] *fin.* capital; *акционерный* stock; *оборотный* working capital; **~и́зм** *m* [1] capitalism; **~и́ст** *m* [1] capitalist; **~исти́ческий** [16] capitalist(ic); **~овложе́ние** *n* [12] investment; **~ьный** [14] fundamental, main; **~ьный ремо́нт** major repairs

капита́н *m* [1] *naut.*, *mil.*, *sport* captain; *торгового судна* skipper

капитул|и́ровать *f* [7] (*im*)*pf.* capitulate; **~я́ция** *f* [7] capitulation

капка́н *m* [1] trap (*a. fig.*)

ка́пл|я *f* [6; *g/pl.*: -пель] drop; *sg. coll.* bit, grain; **~ями** drops by; **как две ~и воды́** as like as two peas

капо́т *m* [1] *mot.* hood, *Brt.* bonnet

капри́з *m* [1] whim, caprice; **~ничать** *coll.* [1] be capricious; *о ребёнке* play up; **~ный** [14; -зен, -зна] capricious, whimsical; wil(l)ful

ка́псула *f* [5] capsule

капу́ста *f* [5] cabbage; **ки́слая** ~ sauerkraut; **цветна́я** ~ cauliflower

капюшо́н *m* [1] hood

ка́ра *f* [5] punishment

караби́н *m* [1] carbine

кара́бкаться [1], ⟨вс-⟩ climb

карава́й *m* [3] (big) loaf

карава́н *m* [1] caravan; *кораблей и т. д.* convoy

кара́емый [14 *sh.*] *law.* punishable

кара́куля f [6] f scribble

кара́кул|ь m [4], **~евый** [14] astrakhan

караме́ль f [8] caramel(s)

каран|да́ш m [1 e.] pencil; **~ти́н** m [1] quarantine

карапу́з coll. m [1] chubby tot

кара́сь m [4 e.] crucian

карате́ n [indecl.] karate

кара́|тельный [14] punitive; **~ть** [1], ⟨по-⟩ punish

карау́л m [1] sentry, guard; **стоя́ть на ~е** be on guard; int. **~!** help!; **~ить** [13], ⟨по-⟩ guard, watch (coll. …out, for); **~ьный** [14] sentry… (a. su.); **~ное поме́щение** guardroom

карбу́нкул m [1] carbuncle

карбюра́тор m [1] carburet(t)or

каре́л m [1] Karelian; **~ка** [5; g/pl.: -ок] Karelian

каре́та f [5] hist. carriage, coach

ка́рий [15] (dark) brown

карикату́р|а f [5] caricature, cartoon; **~ный** [14] caricature…; [-рен, -рна] comic(al), funny

карка́с m [1] frame(work), skeleton

ка́рк|ать m [1], once ⟨-нуть⟩ [20] croak (coll., fig.), caw

ка́рлик m [1] dwarf; **~овый** [14] dwarf…; dwarfish

карма́н m [1] pocket; **э́то мне не по ~у** coll. I can't afford that; **э́то бьёт по ~у** that costs a pretty penny; **держи́ ~ (ши́ре)** that's a vain hope; **она́ за сло́вом в ~е ле́зет** she has a ready tongue; **~ный** [14] pocket…; **~ный вор** pickpocket

карнава́л m [1] carnival

карни́з m [1] cornice; **для штор** curtain fixture

ка́рт|а f [5] map; naut. chart; (playing) card; **ста́вить (всё) на ~у** stake (have all one's eggs in one basket); **~а́вить** [14] mispronounce Russ. r or l (esp. as uvular r or u, v); **~ёжник** m [1] gambler (at cards)

карти́н|а f [5] picture (**на** П in); cine. movie; art painting; scene (a. thea.); **~ка** [5; g/pl.: -нок] (small) picture, illustration; **~ный** [14] picture…

карто́н m [1] cardboard; **~ка** [5; g/pl.: -нок] (cardboard) box

картоте́ка f [5] card index

карто́фель m [4] collect. potatoes pl.

ка́рточ|ка f [5; g/pl.: -чек] card; coll. photo; season ticket; **~ный** [14] card(s)…; **~ный до́мик** house of cards

карто́шка coll. f [5; g/pl.: -шек] potato(es)

карусе́ль f [8] merry-go-round

ка́рцер m [1] cell, lockup

карье́р m [1] full gallop (at T); **с ме́ста в ~** at once; **~а** f [5] career; **~и́ст** m [1] careerist

каса́|тельная f [14] math. tangent; **~ться** [1], ⟨косну́ться⟩ [20] touch (a. fig.); concern; coll. be about, deal or be concerned with; **де́ло ~ется = де́ло идёт о → идти́; что ~ется …** as regards, as to

ка́ска f [5; g/pl.: -сок] helmet

каска́д m [1] cascade

каспи́йский [16] Caspian

ка́сса f [5] pay desk or office; (a. **биле́тная ~**) rail. ticket window, Brt. booking office; thea. box office; **де́ньги** cash; **в магази́не** cash register; **сберега́тельная ~** savings bank

кассаци|о́нный [14] → **апелляцио́нный**; **~ия** law [7] cassation

кассе́т|а f [5], **~ный** [14] cassette

касси́р m [1], **~ша** f [5] cashier

ка́ста f [5] caste (a. fig.)

касто́ровый [14] castor

кастри́ровать [7] (im)pf. castrate

кастрю́ля f [6] saucepan; pot

катакли́зм m [1] cataclysm

катализа́тор m [1] catalyst

катало́г m [1] catalogue

ката́ние n [10] driving, riding, skating, etc. (→ **ката́ть(ся)**)

катастро́ф|а f [5] catastrophe; **~и́ческий** [16] catastrophic

ката́ть [1] roll (a. tech.); ⟨по-⟩ (take for a) drive, ride, row, etc.; **-ся** (go for a) drive, ride (a. **верхо́м**, etc.), row (**на ло́дке**); skate (**на конька́х**); sled(ge) (**на саня́х**), etc.; roll

катег|ори́ческий [16], **~ори́чный** [14; -чен, -чна] categorical; **~о́рия** f [7] category

ка́тер m [1; pl., etc. e.] naut. cutter; **мо-**

то́рный ~ motor-launch

кати́ть [15], ⟨по-⟩ roll, wheel (*v/i* -**ся**; sweep; *слёзы* flow; *во́лны* roll; → **ката́ться**)

като́к *m* [1; -тка] (skating) rink

като́л|ик *m* [1], **~и́чка** *f* [5; *g/pl.*: -чек], **~и́ческий** [16] (Roman) Catholic

ка́тор|га *f* [5] penal servitude, hard labo(u)r; *fig.* very hard work, drudgery, **~жный** [14] hard, arduous

кату́шка *f* [5; *g/pl.*: -шек] spool; *el.* coil

каучу́к *m* [1] caoutchouc, india rubber

кафе́ *n* [*indecl.*] café

ка́федра *f* [5] *в це́ркви* pulpit; department (*of English, etc.*); *univ.* chair

ка́фель *m* [4] (Dutch) tile

кача́|лка *f* [5; *g/pl.*: -лок] rocking chair; **~ние** *n* [12] rocking; swing(ing); *нефти, воды* pumping; **~ть** [1] **1.** ⟨по-⟩, *once* ⟨качну́ть⟩ [20] rock; swing; shake (*a.* one's head *голово́й*), toss; *naut.* roll, pitch; (**-ся** *v/i.*; stagger, lurch); **2.** ⟨на-⟩ pump

каче́ли *f/pl.* [8] swing; seesaw

ка́честв|енный [14] qualitative; high-quality; **~о** *n* [9] quality; *в ~е* (P) in one's capacity as, in the capacity of

ка́ч|ка *f* [5] rolling *naut.* (*бортова́я* or *бокова́я ~ка*); pitching (*килева́я ~ка*); **~ну́ть(ся)** → **~а́ть(ся)**

ка́ша *f* [5] *гре́чневая ~а* buckwheat gruel; *ма́нная ~а* semolina; *овся́ная ~а* porridge; *ри́совая ~а* boiled rice; *coll. fig.* mess, jumble; *завари́ть ~у* stir up trouble

кашало́т *m* [1] sperm whale

ка́ш|ель *m* [4; -шля], **~лять** [28], *once* ⟨~лянуть⟩ [20] cough

кашта́н *m* [1], **~овый** [14] chestnut

каю́та *f* [5] *naut.* cabin, stateroom

ка́яться [27], ⟨по-⟩ (*в* П) repent

квадра́т *m* [1], **~ный** [14] square

ква́к|ать [1], *once* ⟨~нуть⟩ [20] croak

квалифи|ка́ция *f* [7] qualification(s); **~ци́рованный** [14] qualified, competent; *рабочий* skilled, trained

кварта́л *m* [1] quarter (= 3 months); block, *coll.* building (*betw.* 2 cross *streets*); **~ьный** [14] quarter(ly)

кварти́р|а *f* [5] apartment, *Brt.* flat;

двухко́мнатная ~а two-room apt./flat; **~а́нт** *m* [1], **~а́нтка** *f* [5; *g/pl.*: -ток] lodger; **~ный** [14] housing, house-...; **~ная пла́та** = **квартпла́та** *f* [5] rent; **~осъёмщик** *m* [1] tenant

квас *m* [1; -а, -у; *pl. e.*] kvass (*Russ. drink*); **~и́ть** [15], ⟨за-⟩ sour

ква́шеный [14] sour, fermented

кве́рху up, upward(s)

квит|а́нция *f* [7] receipt; *бага́жная ~а́нция* (luggage) ticket; **~(ы)** *coll.* quits, even, square

кво́рум *m* [1] *parl.* quorum

кво́та *f* [5] quota, share

кедр *m* [1] cedar; *сиби́рский ~* Siberian pine; **~о́вый** [14]: **~о́вый оре́х** cedar nut

кекс *m* [1] cake

келе́йно privately; in camera

кельт *m* [1] Celt; **~ский** [16] Celtic

ке́лья *f* [6] *eccl.* cell

кем Т → **кто**

ке́мпинг *m* [1] campsite

кенгуру́ *m* [*indecl.*] kangaroo

ке́пка *f* [5; *g/pl.*: -ок] (peaked) cap

кера́м|ика *f* [5] ceramics; **~и́ческий** [16] ceramic

кероси́н *m* [1], **~овый** [14] kerosene

кета́ *f* [5] Siberian salmon

кефа́ль *f* [8] grey mullet

кефи́р *m* [1] kefir

киберне́тика *f* [5] cybernetics

кив|а́ть [1], *once* ⟨~ну́ть⟩ [20] nod; point (to на В); **~о́к** [1; -вка́] nod

кида́|ть(ся) [1], *once* ⟨ки́нуть(ся)⟩ [20] → **броса́ть(ся)**; *меня́ ~ет в жар и хо́лод* I'm hot and cold all over

киев|ля́нин *m* [1; *pl.*: -я́не, -я́н], **~ля́нка** *f* [5; *g/pl.*: -нок] person from Kiev; **~ский** [16] Kiev...

кий *m* [3; кия́; *pl.*: кии́, киёв] cue

кило́ *n* [*indecl.*] → **~гра́мм**; **~ва́тт** (**-ча́с**) *m* [1; *g/pl.*: -но́к] kilowatt(-hour); **~гра́мм** *m* [1] kilogram(me); **~ме́тр** *m* [1] kilometer (*Brt.* -tre)

киль *m* [4] keel; **~ва́тер** (-ter) *m* [1] wake

ки́лька *f* [5; *g/pl.*: -лек] sprat

кинемато́гр|аф *m* [1], **~а́фия** *f* [7] cinematography

кинеско́п *m* [1] television tube

кинжа́л m [1] dagger

кино́ n [indecl.] movie, motion picture, Brt. the pictures, cinema (**в В/П** to/at); coll. screen, film; **~актёр** m [1] screen (or film) actor; **~актри́са** f [5] screen (or film) actress; **~журна́л** m [1] newsreel; **~звезда́** coll. f [5; pl. -звёзды] filmstar; **~карти́на** f [5] film; **~ле́нта** f [5] reel, film (copy); **~опера́тор** m [1] cameraman; **~плёнка** f [5; g/pl.: -нок] film (strip); **~режиссёр** m [1] film director; **~сеа́нс** m [1] show, performance; **~сту́дия** f [7] film studio; **~сцена́рий** m [3] scenario; **~съёмка** f [5; g/pl.: -мок] shooting (of a film), filming; **~теа́тр** m [1] movie theater, cinema; **~хро́ника** f [5] newsreel

ки́нуть(ся) → **кида́ть(ся)**

кио́ск m [1] kiosk, stand; **газе́тный ~** newsstand

ки́па f [5] pile, stack; **това́ров** bale, pack

кипари́с m [1] cypress

кипе́|ние n [12] boiling; **то́чка ~ния** boiling point; **~ть** [10 e.; -плю́, -пи́шь], ⟨за-, вс-⟩ boil; **от возмущения** seethe; be in full swing (о работе и т. д.)

кипу́ч|ий [17 sh.] жизнь busy, lively, vigorous, exuberant, vehement, seething; **де́ятельность** tireless

кипят|и́льник m [1] boiler; **~и́ть** [15 e.; -ячу́, -яти́шь], ⟨вс-⟩ boil (up); v/i. **-ся**); coll. be(come) excited; **~о́к** m [1; -тка́] boiling (hot) water

кирги́з m [1], **~ский** [16] Kirghiz

кири́ллица f [5] Cyrillic alphabet

кирка́ f [5; g/pl.: -рок] pick(ax[e])

кирпи́ч m [1 e.], **~ный** [14] brick

кисе́ль m [4 e.] (kind of) blancmange

кисл|ова́тый [14 sh.] sourish; **~оро́д** m [1] oxygen; **~ота́** f [5; pl. st.: -о́ты] sourness, acidity; **~о́тный** [14] acid; **~ый** [14; -сел, -сла́, -о] sour, acid...

ки́снуть [21], ⟨с-, про-⟩ turn sour; coll. fig. mope

ки́ст|очка f [5; g/pl.: -чек] brush; dim. of **~ь** f [8; from g/pl. e.] brush; **виногра́да** cluster, bunch; **руки́** hand

кит m [1 e.] whale

кита́|ец m [1; -та́йца] Chinese; **~йский** [16] Chinese; **~я́нка** f [5; g/pl.: -нок] Chinese

ки́тель m [4; pl. -ля́, etc. e.] mil. jacket

кич|и́ться [16 e.; -чу́сь, -чи́шься] put on airs; **хва́статься** boast (of T); **~ли́вый** [14 sh.] haughty, conceited

кише́ть [кишит] teem, swarm (with T; тж. **кишмя́ ~**)

киш|е́чник [1] bowels, intestines pl.; **~е́чный** [14] intestinal, enteric; **~ка́** f [5; g/pl.: -о́к] intestine (small **то́нкая**, large **то́лстая**), gut; pl. coll. bowels; **для воды́** hose

клавиату́ра f [5] keyboard (тж. tech.)

кла́виш m [1], **~а** f [5] mus., tech. key

клад m [1] treasure (a. fig.); **~бище** n [11] cemetery; **~ка** f [5] laying, (brick-, stone)work; **~ова́я** f [14] в доме pantry, larder; stock- or storeroom; **~овщи́к** m [1 e.] storekeeper

кла́н|яться [28], ⟨поклони́ться⟩ [13; -оню́сь, -о́нишься] (Д) bow (to); old use **приве́тствовать** greet

кла́пан m [1] tech. valve; **на оде́жде** flap

класс m [1] class; **шко́лы** grade, Brt. form; classroom; **~ик** m [1] classic; **~ифици́ровать** [7] (im)pf. class(ify); **~и́ческий** [16] classic(al); **~ный** [14] class; coll. classy; **~овый** [14] pol. soc. class

класть [кладу́, -дёшь; клал] **1.** ⟨положи́ть⟩ [16] (**в, на,** etc., В) put, lay (down, on, etc.); **в банк** deposit; **в осно́ву** (**в** В take as basis); **положи́ть коне́ц** put an end (to Д); **положи́ть под сукно́** shelve; **2.** ⟨сложи́ть⟩ [16] **ору́жие** lay (down)

клева́ть [6 e.; клюю́, клюёшь], once ⟨клю́нуть⟩ [20] peck, pick; о рыбе bite; **~ но́сом** coll. nod

кле́вер m [1] clover, trefoil

клевет|а́ f [5], **~а́ть** [3; -вещу́, -ве́щешь], ⟨о-⟩ v/t., ⟨на-⟩ (**на** В) slander; **~ни́к** m [1 e.] slanderer; **~ни́ческий** [16] slanderous

клеёнка f [5] oilcloth

кле́|ить [13], ⟨с-⟩ glue, paste; **-ся** stick; coll. work, get on or along; **~й** m [3; на клею́] glue, paste; **~йкий** [16; клеёк, кле́йка] sticky, adhesive

клейм|и́ть [14 *e.*; -млю́, -ми́шь] ⟨за-⟩ brand; *fig. a.* stigmatize; ~ó *n* [9; *pl. st.*] brand; *fig.* stigma, stain; **фабри́чное ~ó** trademark

клён *m* [1] maple

клепа́ть [1], ⟨за-⟩ rivet

клёпка *f* [5; *g/pl.*: -пок] riveting

клет|ка *f* [5; *g/pl.*: -ток] cage; square, check; *biol.* (*a.* ~о́чка) cell; **в ~(оч)ку** check(er)ed; *Brt.* chequered; **грудна́я ~ка** thorax; ~ча́тка *f* [5] cellulose; ~чатый [14] checkered (*Brt.* chequered)

кле|шня́ *f* [6; *g/pl.*: -нéй] claw; ~щ *m* [1; *g/pl.*: -щéй] tick; ~щи *f/pl.* [5; *gen.*: -щéй, *etc. e.*] pincers

клие́нт *m* [1] client; ~у́ра *f* [5] *collect.* clientele

кли́зма *f* [5] enema

кли́ка *f* [5] clique

кли́макс *m* [1] climacteric, menopause

кли́мат *m* [1] climate; ~и́ческий [16] climatic

клин *m* [3; *pl.*: кли́нья, -ьев] wedge; gusset; ~ом (*борода́ и т. д.*) pointed; **свет не ~ом сошёлся** the world is large; there is always a way out

кли́ника *f* [5] clinic

клино́к *m* [1; -нка́] blade

кли́ренс *m* [1] *tech.* clearance

кли́ринг *m* [1] *fin.* clearing

клич *m* [1] call; cry; ~ка *f* [5; *g/pl.*: -чек] *живо́тного* name; (*прозвище*) nickname

клише́ *n* [*indecl.*] cliché (*a. fig.*)

клок *m* [1 *e. pl.*: -очья, -ьев] клоки́, -ко́в] *воло́с* tuft; shred, rag, tatter

клокота́ть [3] seethe (*тж. fig.*), bubble

клон|и́ть [13; -оню́, -о́нишь], ⟨на-, с-⟩ bend, bow; *fig.* incline; drive (*or* aim) at (**к** Д); **меня́ ~ит ко сну** I am nodding off; (-ся *v/i.*; *a.* decline; approach)

клоп *m* [1 *e.*] bedbug

кло́ун *m* [1] clown

клочо́к *m* [1; -чка́] *бума́ги* scrap; *земли́* patch

клуб¹ *m* [1; *pl. e.*] *ды́ма* cloud, puff; *a.* ~о́к; ~² *m* [1] club(house); ~ень *m* [4; -бня] tuber, bulb; ~и́ться [14 *e.*; 3rd p. only] *дым* wreathe, puff (up); *пыль*

whirl

клубни́ка *f* [5] (*cultivated*) strawberry, -ries *pl.*

клубо́к *m* [1; -бка́] *ше́рсти* ball; *противоре́чий* tangle

клу́мба *f* [5] (flower) bed

клык *m* [1 *e.*] *моржа́* tusk; *челове́ка* canine (tooth); *живо́тного* fang

клюв *m* [1] beak, bill

клю́ква *f* [5] cranberry, -ries *pl.*; **разве́систая ~** *mythology* s.th. improbable, nonsensical

клю́нуть → клева́ть

ключ *m* [1 *e.*] key (*a. fig.*, clue); *tech.* [**га́ечный ~**] = wrench, spanner; *mus.* clef; (*родни́к*) spring; ~и́ца *f* [5] clavicle, collarbone

клю́шка *f* [5; *g/pl.*: -шек] (golf) club; (hockey) stick

кля́нчить *coll.* [16] beg for

кляп *m* [1] gag

кля|сть [-яну́, -нёшь, -ял, -á, -o] → **проклина́ть; -ся** (покля́сться) swear (**в** П s.th.; T by); ~тва *f* [5] oath; **дать ~тву** (*or* ~твенное обеща́ние) take an oath, swear

кля́уза *f* [5] intrigue; cavil; slander

кля́ча *f* [5] *pej.* (*horse*) jade

кни́г|а *f* [5] book; ~опеча́тание *n* [12] (book-)printing, typography; ~охрани́лище *n* [11] book depository; library

кни́ж|ка *f* [5; *g/pl.*: -жек] book(let); *записна́я* notebook; *чекова́я* check (*Brt.* cheque)book; **сберега́тельная ~ка** savings bank book; ~ный [14] book...; *о слове* bookish; ~о́нка *f* [5; *g/pl.*: -нок] trashy book

кни́зу down, downward(s)

кно́пк|а *f* [5; *g/pl.*: -пок] thumbtack, *Brt.* drawing pin; *el.* (push) button; (snap), fastener; **нажа́ть на все ~и** *fig.* pull all wires

кнут *m* [1 *e.*] whip

кня|ги́ня *f* [6] princess (*prince's consort*); ~жна́ *f* [5; *g/pl.*: -жо́н]) princess (*prince's unmarried daughter*); ~зь *m* [4; *pl.*: -зья́ -зе́й] prince; **вели́кий ~зь** grand duke

коа|лицио́нный [14] coalition...; ~ли́ция *f* [7] coalition

кобе́ль *m* [4 *e.*] (male) dog

кобура́ *f* [5] holster

кобы́ла *f* [5] mare; *sport* horse

ко́ваный [14] wrought (*iron.*)

кова́р|ный [14; -рен, -рна] crafty, guileful, insidious; **~ство** *n* [9] craftiness, guile, wile

кова́ть [7 *e.*; кую́, куёшь] **1.** ⟨вы́-⟩ forge; **2.** ⟨под-⟩ shoe (*horse*)

ковёр *m* [1; -вра́] carpet, rug

кове́ркать [1], ⟨ис-⟩ distort; *слова* mispronounce; *жизнь* spoil, ruin

коври́жка *f* [5; *g/pl.*: -жек] gingerbread

ковче́г *m* [1]: *Но́ев* ~ Noah's Ark

ковш *m* [1 *e.*] scoop; *землечерпалки* bucket

ковы́ль *m* [4 *e.*] feather grass

ковыля́ть [28] hobble; *о ребёнке* toddle

ковыря́ть [28], ⟨по-⟩ pick, poke

когда́ when; while, as; *coll.* if; ever; sometimes; → **ни**; ~ **как** it depends; **~-либо**; **~-нибудь** (at) some time (or other), one day; *interr.* ever; **~-то** once, one day, sometime

ко́|готь *m* [4; -гтя; *from g/pl. e.*] claw

код *m* [1], **~и́ровать** [7], ⟨за-⟩ code

ко́е|-где́ here and there, in some places; **~-ка́к** anyhow, somehow; with (great) difficulty; **~-како́й** [16] some; any; **~-когда́** off and on; **~-кто́** [23] some(body); **~-куда́** here and there, (in)to some place(s), somewhere; **~-что́** [23] something; a little

ко́ж|а *f* [5]; skin; *материал* leather; *из* ~ (*вон*) *лезть coll.* do one's utmost; **~а да ко́сти** skin and bone; **~аный** [14] leather…; **~ица** *f* [5] skin, peel; rind; (*a. ~ура́ f* [5]); cuticle

коз|а́ *f* [5; *pl. st.*] (she-)goat; **~ёл** [1; -зла́] (he-)goat; **~ёл отпуще́ния** scapegoat; **~и́й** [18] goat…; **~лёнок** *m* [2] kid; **~лы** *f/pl.* [5; *gen.*: -зел] *для пилки* trestle

ко́зни *f/pl.* [8] intrigues, plots

коз|ырёк *m* [1; -рька́] peak (*of cap*); **~ырь** *m* [4; *from g/pl. e.*] trump; **~ыря́ть** *coll.* [28], *once* ⟨~ырну́ть⟩ [20] (*хвастаться*) boast

ко́йка *f* [5; *g/pl.*: ко́ек] bed, bunkbed;

naut. berth

коке́т|ка *f* [5; *g/pl.*: -ток] coquette; **~ливый** [14 *sh.*] coquettish; **~ничать** [1] flirt (with); **~ство** *n* [9] coquetry

коклю́ш *m* [1] whooping cough

ко́кон *m* [1] cocoon

кок|о́с *m* [1] coco; *плод* coconut; **~о́совый** [14] coco(nut)…

кокс *m* [1] coke

кол 1. [1 *e.*; ко́лья, -ев] stake, picket; **2.** [*pl.* 1 *e.*] **ни ~а́ ни двора́** neither house nor home

колбаса́ *f* [5; *pl. st.*:-а́сы] sausage

колго́тки *f* [5; *g/pl.*:-ток] *pl.* panty hose, *Brt.* tights *pl.*

колдо́бина *f* [5] rut, pothole

колд|ова́ть [7] practice (-ise) witchcraft; conjure; **~овство́** *n* [9] magic, sorcery; **~у́н** *m* [1 *e.*] sorcerer, wizard; **~у́нья** *f* [6] sorceress, witch, enchantress

колеб|а́ние *n* [12] oscillation; vibration; *fig.* (*сомнение*) hesitation; (*a. comm.*) fluctuation; **~а́ть** [2 *st.*: -блю, *etc.*; -ебли(те); -ебля], ⟨по-⟩, *once* ⟨~ну́ть⟩ [20] shake (*a. fig.*); **-ся** shake; (*a. comm.*) fluctuate; waver, hesitate; oscillate, vibrate

коле́н|о *n* [*sg.*: 9; *pl.*: 4] knee; **стать на ~и** kneel; **по ~и** knee-deep; **ему́ мо́ре по ~о** he doesn't care a damn; [*pl.*: -нья, -ев; *pl. a.* 9] *tech.* bend, crank; **~чатый** [14] *tech.* **вал** crank (shaft)

колес|и́ть *coll.* [15 *e.*; -ешу́, -еси́шь] travel about, rove; **~ни́ца** *f* [5] chariot; **~о́** *n* [9; *pl. st.*: -лёса] wheel; **кружи́ться, как бе́лка в ~е́** run round in circles; **вставля́ть кому́-нибудь па́лки в колёса** put a spoke in a p.'s wheel

коле|я́ *f* [6; *g/pl.*: -лей] rut, (*a. rail*) track (*both a. fig.*); **вы́битый из ~и́** unsettled

коли́бри *m/f* [*indecl.*] hummingbird

ко́лики *f/pl.* [5] colic

коли́честв|енный [14] quantitative; *gr.* cardinal (*number*); **~о** *n* [9] quantity; number; amount

ко́лка *f* [5] splitting, chopping

ко́лк|ий [16; ко́лок, колка́, -о] prickly; *fig.* biting; **~ость** *f* [8] sharpness

колле́г|а *m/f* [5] colleague; **~ия** *f* [7] board, collegium; **~ия адвока́тов** the

Bar

коллекти́в *m* [1] group, body; **~иза́ция** *f* [7] *hist.* collectivization; **~ный** [14] collective, joint

коллек|ционе́р *m* [1] collector; **~ция** [7] collection

коло́д|а *f* [5] block; *карт* pack, deck; **~ец** [1; -дца] well; **~ка** *f* [5; *g/pl.:* -док] last; *tech.* (brake) shoe

ко́лок|ол *m* [1; *pl.:* -ла́, *etc. e.*] bell; **~о́льня** *f* [6; *g/pl.:* -лен] bell tower, belfry; **~о́льчик** *m* [1] (little) bell; *bot.* bluebell

коло́ния *f* [7] colony

коло́н|ка *f* [5; *g/pl.:* -нок] *typ.* column; (*apparatus*) water heater, *Brt.* geyser; *a. dim. of* **~на** *f* [5] column (*arch. a.* pillar)

колори́т *m* [1] colo(u)ring; colo(u)r; **~ный** [14; -тен, -тна] colo(u)rful, picturesque

ко́лос *m* [1; *pl.:* -ло́сья, -ьев], (*agric.*) ear, spike; **~и́ться** [15 *e.*; *3rd p. only*] form ears

колосса́льный [14; -лен, льна] colossal, fantastic

колоти́ть [15] knock (**в** B, **по** Д at, on)

коло́ть [17] **1.** ⟨рас-⟩ split, cleave; *орехи* crack; **2.** ⟨на-⟩ (P) chop; **3.** ⟨у-⟩, *once* ⟨кольну́ть⟩ [20] prick; *fig. coll.* taunt; **4.** ⟨за-⟩ stab; *животное* kill, slaughter (*animals*); *impers.* have a stitch in one's side

колпа́к *m* [1 *e.*] cap; shade; bell glass

колхо́з *m* [1] collective farm, kolkhoz; **~ный** [14] kolkhoz...; **~ник** *m* [1], **~ница** *f* [5] collective farmer

колыбе́ль *f* [8] cradle; **~ный** [14]: **~ная** (**пе́сня**) *f* lullaby

колых|а́ть [3 *st.:* -ы́шу, *etc., or* 1], ⟨вс-⟩, *once* ⟨~ну́ть⟩ [20] sway, swing; *листья* stir; *пламя* flicker; **-ся** *v/i.*

ко́лышек *m* [1; -шка] peg

кольну́ть → **коло́ть** 3. & *impers.*

коль|цево́й [14] ring...; circular; **~цо́** *n* [9; *pl. st., gen.:* коле́ц] ring; circle; *обруча́льное* **~цо́** wedding ring; *hist.* **~чу́га** *f* [5] shirt of mail

колю́ч|ий [17 *sh.*] thorny, prickly; *про́волока* barbed; *fig.* → **ко́лкий**; **~ка** *f*

ком *m* [1; *pl.:* ко́мья, -ьев] lump, clod

кома́нда *f* [5] command, order; *naut.* crew; *sport* team; *пожа́рная* **~** fire brigade

команди́р *m* [1] commander; **~ова́ть** [7] (*im*)*pf., a.* ⟨от-⟩ send (on a mission); **~о́вка** *f* [5; *g/pl.:* -вок] business trip; *она́* **в ~о́вке** she is away on business

кома́нд|ный [14] command(ing); **~ова́ние** *n* [12] command; **~овать** [7] (⟨над⟩ Т) command (*a.* [give] order[s], ⟨с-⟩); *coll.* order about **~ующий** [17] (Т) commander

кома́р *m* [1 *e.*] mosquito, gnat

комба́йн *m* [1] *agric.* combine

комбин|а́т *m* [1] industrial complex; group of complementary enterprises; **~а́т бытово́го обслу́живания** multiple (consumer-)services establishment; **~а́ция** *f* [7] combination; *econ.* merger; **~и́ровать** [7], ⟨с-⟩ combine

коме́дия *f* [5] comedy; farce

коменда́|нт *m* [1] *mil.* commandant; superintendent; *общежития* warden; **~нтский** [16]: **~нтский час** curfew; **~ту́ра** *f* [5] commandant's office

коме́та *f* [5] comet

ком|и́зм *m* [1] comic side; **~ик** *m* [1] comedian, comic (actor)

комисса́р *m* [1] commissar; commissioner; **~иа́т** *m* [1] commissariat

коми|ссио́нный [14] commission (*a. comm.; pl. su.* = sum); **~ссия** *f* [7] commission (*a. comm.*), committee; **~те́т** *m* [1] committee

коми́ч|еский [16], **~ный** [14; -чен, -чна] comic(al), funny

ко́мкать [1], ⟨ис-, с-⟩ crumple

коммент|а́рий *m* [3] comment(ary); **~а́тор** *m* [1] commentator; **~и́ровать** [7] (*im*)*pf.* comment (on)

коммер|са́нт *m* [1] merchant; businessman; **~ческий** [16] commercial

коммуни|а́ *f* [5] commune; **~а́льный** [14] communal; municipal; **~а́льная кварти́ра** (*coll.* **~а́лка**) communal flat;

~и́зм m [1] communism; **~ика́ция** f [7] communication (*pl. mil.*); **~и́ст** m [1], **~и́стка** f [5; *g/pl.*: -ток], **~исти́ческий** [14] communist

коммута́тор m [1] *el.* switchboard

ко́мнат|а f [5] room; **~ный** [14] room…; *bot.* house…

комо́к m [1; -мка́] lump, clod

компа́н|ия f [7] company (*a. comm*); **води́ть ~ию с** (T) associate with; **~ьо́н** m [1] *comm.* partner; companion

компа́ртия f [7] Communist Party

ко́мпас m [1] compass

компенс|а́ция f [7] compensation; **~и́ровать** [7] (*im*)*pf.* compensate

компете́н|тный [14; -тен, -тна] competent; **~ция** [7] competence; scope

ко́мплек|с m [1], **~сный** [14] complex; **~т** m [1] (complete) set; **~тный** [14], **~това́ть** [7], ⟨у-⟩ complete

комплиме́нт m [1] compliment

компози́тор m [1] *mus.* composer

компости́ровать [7], ⟨про-⟩ punch

компо́т m [1] compote, stewed fruit

компре́сс m [1] compress

компром|ети́ровать [7], ⟨с-⟩, **~и́сс** m [1] compromise (*v/i. a.* **идти́ на ~и́сс**)

компью́тер m [1] computer

комсомо́л m [1] *hist.* Komsomol (Young Communist League); **~ец** m [1; -льца], **~ка** f [5; *g/pl.*: -лок], **~ьский** [16] Komsomol

комфо́рт m [1] comfort, convenience; **~а́бельный** [14; -лен, -льна] comfortable, convenient

конве́йер m [1] (belt) conveyor; assembly line

конве́нция f [7] convention, agreement

конве́рсия f [7] *econ.* conversion

конве́рт m [1] envelope

конв|о́йр m [1], **~о́йровать** [7], **~о́й** m [3], **~о́йный** [14] convoy, escort

конгре́сс m [1] congress

конденс|а́тор (-дэ-) m [1] *napa* condenser; *el.* capacitor; **~и́ровать** [7] (*im*)*pf.* condense; evaporate (*milk*)

конди́тер|ская f [16]: **~ский магази́н** confectioner's shop; **~ские изде́лия** *pl.* confectionery

кондиционе́р m [1] air conditioner

конево́дство n [9] horse-breeding

конёк m [1; -нька́] skate; *coll.* hobby

кон|е́ц m [1; -нца́] end; close; point; *naut.* rope; **без ~ца́** endless(ly); **в ~е́ц (до ~ца́)** completely; **в ~це́** (P) at the end of; **в ~це́ ~цо́в** at long last; **в оди́н ~е́ц** one way; **в о́ба ~ца́** there and back; **на худо́й ~е́ц** at (the) worst; **под ~е́ц** in the end; **тре́тий с ~ца́** last but two

коне́чно (-ʃнə-) of course, certainly

коне́чности f/pl. [8] extremities

коне́чн|ый [14; -чен, -чна] *philos.*, *math.* finite; final, terminal; **цель и т. д.** ultimate

конкре́тный [14; -тен, -тна] concrete, specific

конкур|е́нт m [1] competitor; rival; **~ентоспосо́бный** [14; -бен, -бна] competitive; **~е́нция** *coll.* f [7] competition; **~и́ровать** [7] compete; **~с** m [1] competition

ко́нн|ица f [5] *hist.* cavalry; **~ый** [14] horse…; (of) cavalry

конопля́ f [6] hemp; **~ный** [14] hempen

коносаме́нт m [1] bill of lading

консерв|ати́вный [14; -вен, -вна] conservative; **~ато́рия** f [7] conservatory, *Brt.* school of music, conservatoire; **~и́ровать** [7] (*im*)*pf.*, *a.* ⟨за-⟩ conserve, preserve; can, *Brt.* tin; **~ный** [14], **~ы** m/pl. [1] canned (*Brt.* tinned) food

ко́нский [16] horse (*hair, etc.*)

консолида́ция f [7] consolidation

конспе́кт m [1] summary, abstract; synopsis; notes made at a lecture; **~и́ровать** [7] make an abstract (of P); make notes at a lecture

конспир|ати́вный [14; -вен, -вна] secret; **~а́ция** f [7], conspiracy

конст|ати́ровать [7] (*im*)*pf.* establish, ascertain; **~иту́ция** f [7] constitution

констр|уи́ровать [7] (*im*)*pf. a.* ⟨с-⟩ design; **~укти́вный** [14; -вен, -вна] constructive; **~у́ктор** m [1] designer; constructor; **~у́кция** f [7] design; construction, structure

ко́нсул m [1] consul; **~ьский** [16] consular; **~ьство** n [9] consulate; **~ьта́ция** f [7] consultation; advice; **юриди́ческая консульта́ция** legal advice office;

~тировать [7], ⟨про-⟩ advise; **-ся** consult (with **с** T)

контакт *m* [1] contact; **~ный** [14] *tech.* contact…; [-тен, -тна] *coll.* sociable

контингент *m* [1] quota, contingent

континент *m* [1] continent

контора *f* [5] office

контрабанд|а *f* [5] contraband, smuggling; **занима́ться ~ой** smuggle; **~и́ст** *m* [1] smuggler

контр|аге́нт *m* [1] contractor; **~адмира́л** *m* [1] rear admiral

контра́кт *m* [1] contract

контра́льто *n* [9] contralto

контра́ст *m* [1], **~и́ровать** [7] contrast

контрата́ка *f* [5] counterattack

контрибу́ция *f* [7] contribution

контролёр *m* [1] inspector (*rail. a.* ticket collector); **~и́ровать** [7], ⟨про-⟩ control, check; **~ь** *m* [4] control, checking; **~ьный** [14] control…, check…; **~ьная работа** test (*in school, etc.*)

контр|разве́дка *f* [5] counterespionage, counterintelligence; **~револю́ция** *f* [7] counterrevolution

конту́з|ить [15] *pf.*; **~ия** *f* [7] contusion; shell-shock

ко́нтур *m* [1] contour, outline

конура́ *f* [5] kennel

ко́нус *m* [1] cone; **~ообра́зный** [14; -зен, -зна] conic(al)

конфедера|ти́вный [14] confederative; **~ция** *f* [7] confederation

конфере́нция *f* [7] conference (at **на** П)

конфе́та *f* [5] candy, *Brt.* sweet(s)

конфи|денциа́льный [14; -лен, -льна] confidential; **~скова́ть** [7] (*im*)*pf.* confiscate

конфли́кт *m* [1] conflict

конфу́з|ить [15], ⟨с-⟩ (**-ся** be[come]) embarrass(ed), confuse(d); **~ливый** *coll.* [14 *sh.*] bashful, shy

конц|ентра́т *m* [1] concentrated product; **~ентрацио́нный** [14] *coll.*, → **~ла́герь**; **~ентри́ровать** [7], ⟨с-⟩ concentrate (**-ся** *v/i.*); **~е́рт** *m* [1] concert (**на** П at); *mus.* concerto; **~ла́герь** *m* [4] concentration camp

конч|а́ть [1], ⟨**~ить**⟩ [16] finish, end, (**-ся** *v/i.*); *univ., etc.* graduate from; **-ся срок** terminate, expire; **~ено! enough!;** **~ик** *m* [1] tip; point; **~и́на** *f* [5] decease

коньюнкту́р|а *f* [5] *comm.* state of the market; **~щик** *m* [1] timeserver

конь *m* [4 *e.*; *nom/pl. st.*] horse; *poet.* steed; *chess* knight; **~ки́** *m/pl.* [1] (**ро́ликовые** roller) skates; **~кобе́жец** *m* [1; -жца] skater; **~кобе́жный** [14] skating

конья́к *m* [1 *e.*; *part.g.*: -ý] cognac

ко́н|юх *m* [1] groom; **~ю́шня** *f* [6; *g/pl.*: -шен] stable

коопер|ати́в *m* [1] cooperative (store, society); **~а́ция** *f* [7] cooperation; **потреби́тельская ~а́ция** consumers' society

координа́ты *f/pl.* [5] *math.* coordinates; *coll.* particulars for making contact (*address, telephone and fax numbers etc.*)

координи́ровать [7] (*im*)*pf.* coordinate

копа́ть [1], ⟨вы́-⟩ dig (up); **-ся** *impf.* dig, root; **в веща́х** rummage (about); **в саду́ и т. д.** putter about; (**ме́дленно де́лать**) dawdle

копе́йка *f* [5; *g/pl.*: -éек] kopeck

копи́лка *f* [5; *g/pl.*: -лок] money box

копир|ова́льный [14]: **~ова́льная бума́га** *f* (*coll.* **~ка**) carbon paper; **~ова́ть** [7], ⟨с-⟩ copy; **~о́вщик** *m* [1] copyist

копи́ть [14], ⟨на-⟩ accumulate, save, store up

ко́п|ия *f* [7] copy (*vb.* **снять ~ию с** P); **~на́** *f* [5; *pl.*: ко́пны, -пён, -пна́м] stack; *волос* shock

ко́поть *f* [8] lampblack; soot

копоши́ться [16 *e.*; -шу́сь, -ши́шься], ⟨за-⟩ *coll.* **о лю́дях** putter about, mess around

копти́ть [15 *e.*; -пчу́, -пти́шь, -пчённый], ⟨за-⟩ smoke

копы́то *n* [9] hoof

копьё *n* [10; *pl. st.*] spear; lance

кора́ *f* [5] bark; *земли́ и т. д.* crust

кораб|лекруше́ние *n* [12] shipwreck; **~лестрое́ние** *n* [12] shipbuilding; **~ль** *m* [4 *e.*] ship

кора́лл *m* [1] coral; **~овый** [14] coral…, coralline

Кора́н *m* [1] Koran

коре́|ец *m* [1; -е́йца], **~йский** [16] Korean

корен|а́стый [14 *sh.*] thickset, stocky; **~и́ться** [13] be rooted in; **~но́й** [14] native; (*основно́й*) fundamental; *зуб* molar; **~ь** *m* [4; -рня; *from g/pl. e.*] root; **в ко́рне** radically; **пусти́ть ко́рни** take root; **вы́рвать с ко́рнем** pull up by the roots; **~ья** *n/pl.* [*gen.*: -ьев] roots

корешо́к *m* [1; -шка́] rootlet; *книги* spine; *квитанции* stub, counterfoil

корея́нка *f* [5; (*g/pl.*: -нок)] Korean

корзи́н(к)а *f* [5 (*g/pl.*: -нок)] basket

коридо́р *m* [1] corridor, passage

кори́нка *f* [5; *no pl.*] currant(s)

корифе́й *m* [3] *fig.* luminary

кори́ца *f* [5] cinnamon

кори́чневый [14] brown

ко́рка *f* [5; *g/pl.*: -рок] *хлеба и т. д.* crust; *кожура* rind, peel

корм *m* [1; *pl.*: -ма́ *etc. e.*] fodder

корма́ *f* [5] *naut.* stern

корм|и́лец *m* [1; льца] breadwinner; **~и́ть** [14], ⟨на-, по-⟩ feed; **~и́ть гру́дью** nurse; ⟨про-⟩ *fig.* maintain, support; **~ся** live on (T); **~ле́ние** *n* [12] feeding; nursing

корнепло́ды *m/pl.* [1] root crops

коро́б|ить [14], ⟨по-⟩ warp (*a. fig.*); jar upon, grate upon: **~ка** *f* [5; *g/pl.*: -бок] box, case

коро́в|а *f* [5] cow; **до́йная ~а** milch cow; **~ий** [18] cow…; **~ка** *f* [5; *g/pl.*: -вок] **бо́жья ~ка** ladybird; **~ник** *m* [1] cowshed

короле́в|а *f* [5] queen; **~ский** [16] royal, regal; **~ство** *n* [9] kingdom

коро́ль *m* [4 *e.*] king

коромы́сло *n* [9; *g/pl.*: -сел] yoke; (*a. scale*) beam

коро́н|а *f* [5] crown; **~а́ция** coronation; **~ка** *f* [5; *g/pl.*: -нок] (*of tooth*) crown; **~ова́ние** *n* [12] coronation; **~ова́ть** [7] (*im*)*pf.* crown

корот|а́ть *coll.* [1], ⟨с-⟩ while away; **~кий** [16; ко́роток, -тка́, ко́ротко́, ко́ро́тки; *compr.*: коро́че] short, brief; на **~кой ноге́** on close terms; **коро́че (говоря́)** in a word, in short, in brief; **~ко и я́сно** (quite) plainly; **ру́ки ~ки́!** just try!

ко́рпус *m* [1] body; [*pl.*: -са́, *etc. c.*] frame, case; building; (*a. mil., dipl.*) corps; *судна* hull

корре́кт|ива *f* [5] correction; **~и́ровать** [7], ⟨про-⟩ correct; *typ.* proofread; **~ный** [14; -тен, -тна] correct, proper; **~ор** *m* [1] proofreader; **~у́ра** *f* [5] proof(-reading)

корреспонд|е́нт *m* [1] correspondent; **~е́нция** *f* [7] correspondence

корсе́т *m* [1] corset, *Brt. a.* stays *pl.*

корт *m* [1] (tennis) court

корте́ж *m* [5; *g/pl.*: -жей] cortège; motorcade

ко́ртик *m* [1] dagger

ко́рточк|и *f/pl.* [5; *gen.*: -чек] **сесть (сиде́ть) на ~и (~ах)** squat

корчева́|ние *n* [12] rooting out; **~ть** [7], ⟨вы-, рас-⟩ root out

ко́рчить [16], ⟨с-⟩ *impers.* (-ся) writhe (**от бо́ли** with pain); convulse; (*no pf.*) *coll. рожи* make faces; (*a.* **~ из себя́**) pose as

коршу́н *m* [1] kite

коры́ст|ный [14; -тен, -тна] selfish, self-interested; *a.* **~олюби́вый** [14 *sh.*] greedy, mercenary; **~олюбие** *n* [12] self-interest, cupidity; **~ь** *f* [8] gain, profit; cupidity

коры́то *n* [9] through

корь *f* [8] measles

ко́рюшка *f* [5; *g/pl.*: -шек] smelt

коря́вый [14 *sh.*] knotty, gnarled; rugged, rough; *почерк* crooked; *речь* clumsy

коса́ *f* [5; *ac/sg.*: ко́су; *pl. st.*] **1.** plait, braid; **2.** [*ac/sg. a.* косу́] scythe; spit (*of land*)

ко́свенный [14] oblique, indirect (*a. gr.*); *law.* circumstantial

коси́|лка *f* [5; *g/pl.*: -лок] mower machine; **~ть**, ⟨с-⟩ **1.** [15; кошу́, ко́сишь] mow; **2.** [15 *e.*; кошу́, коси́шь] squint; **-ся**, ⟨по-⟩ *v/i.*; *a.* look askance (**на** В at); **~чка** *f* [5; *g/pl.*: -чек] *dim.* → **коса́ 1**

косма́тый [14 *sh.*] shaggy

косм|е́тика *f* [5] cosmetics *pl.*; **~ети́ческий** [16] cosmetic; **~и́ческий** [16] cosmic; *корабль* spaceship, spacecraft; **~она́вт** *m* [1] cosmonaut, astronaut

ко́сн|ость *f* [8] sluggishness, inertness, stagnation; **~у́ться** [14] → **каса́ться**; **~ый** [14; -сен, -сна] sluggish, inert, stagnant

косо|гла́зый [14 *sh.*] cross- *or* squint-eyed; **~й** [14; кос, -á, -о] slanting, oblique; sloping; *coll.* улы́бка wry; **~ла́пый** [14 *sh.*] pigeon-toed; *coll.* неуклю́жий clumsy

костёр *m* [1; -трá] (camp)fire, bonfire

кост|и́стый [14 *sh.*] bony; **~ля́вый** [14 *sh.*] scrawny, raw-boned; *ры́ба*; **~очка** *f* [5; *g/pl.*: -чек] bone; *bot.* pit, stone; **перемыва́ть ~очки** gossip (Д about)

костыль *m* [4 *e.*] crutch

кост|ь *f* [8; в -ти́; *from g/pl. e.*] bone; **промо́кнуть до ~éй** get soaked to the skin

костю́м *m* [1] suit; dress; costume

костя́|к *m* [1 *e.*] skeleton; *fig.* backbone; **~но́й** [14] bone...

косу́ля *f* [6] roe deer

косы́нка *f* [5; *g/pl.*: -нок] kerchief

кося́к *m* [1 *e.*] (door)post; *птиц* flock; *ры́бы* school

кот *m* [1 *e.*] tomcat; → *a.* **ко́тик**; **купи́ть ~á в мешке́** buy a pig in a poke; **~ напла́кал** *coll.* very little

кот|ёл *m* [1; -тлá] boiler, cauldron; **~ело́к** *m* [1; -лкá] kettle, pot; *mil.* mess tin; *шля́па* bowler

котёнок *m* [2] kitten

ко́тик *m* [1] *dim.* → **кот**; fur seal; *мех* sealskin; *adj.*: **~овый** [14]

котле́та *f* [5] cutlet; burger; rissole chop

котлови́на *f* [5] *geogr.* hollow, basin

кото́р|ый [14] which; who; that; what; many a; one; **~ый раз** how many times; **~ый час?** what time is it?; **в ~ом часу́?** (at) what time?

котте́дж *n* [1; *g/pl.* -ей] small detached house

ко́фе *m* [*indecl.*] coffee; **раствори́мый ~** instant coffee; **~ва́рка** *f* [5; *g/pl.*: -рок] coffeemaker; **~йник** *m* [1] coffeepot; **~мо́лка** *f* [5; *g/pl.*: -лок] coffee mill; **~йный** [14] coffee...

ко́фт|а *f* [5] (woman's) jacket; (**вя́заная ~а**) jersey, cardigan; **~очка** *f* [5; *g/pl.*:

-чек] blouse

коча́н *m* [1 *e.*] head (*of cabbage*)

кочев|а́ть [7] be a nomad; wander, roam; move from place to place; **~ник** *m* [1] nomad

коченéть [8], ⟨за-, о-⟩ grow numb (**от** P with), stiffen

кочергá *f* [5; *g/pl.*: -рёг] poker

ко́чка *f* [5; *g/pl.*: -ек] hummock; tussock

коша́чий [18] cat('s); feline

кошелёк *m* [1; -лькá] purse

ко́шка *f* [5; *g/pl.*: -шек] cat

кошма́р *m* [1] nightmare; **~ный** [14; -рен, -рна] nightmarish; horrible, awful

кощу́нств|енный [14 *sh.*] blasphemous; **~о** *n* [9] blasphemy; **~овать** [7] blaspheme

коэффициéнт *m* [1] *math., el.* coefficient; factor; **~ поле́зного де́йствия** efficiency

краб *m* [1] *zo.* crab

кра́деный [14] stolen (goods *n su.*)

краеуго́льный [14] basic; *fig.* ка́мень corner(stone)

кра́жа *f* [5] theft; **~со взло́мом** burglary

край *m* [3; с кра́ю; в кра́ю: *pl.*: -ая́, -аёв, *etc. e.*] edge; (b)rim; brink (*a. fig.* = edge); end; fringe, border, outskirt; region, land, country; **~ний** [15] utmost, (*a. fig.*) utmost, extreme(ly, utterly, most, very, badly **~не**); **в ~нем слу́чае** as a last resort; in case of emergency; **~ность** *f* [8] extreme; (*о положе́нии*) extremity; **до ~ности = ~не**; **впада́ть в (доходи́ть до) ~ности** go to extremes

крамо́ла *f* [5] *obs.* sedition

кран *m* [1] *tech.* tap; (stop)cock; crane

кра́пать [1 *or* 2 *st.*] drip, trickle

крапи́в|а *f* [5] (stinging) nettle; **~ница** *f* [5] nettle rash

кра́пинка *f* [5; *g/pl.*: -нок] speck, spot

крас|á *f* [5] → **~отá**; **~áвец** *m* [1; -вца] handsome man; **~áвица** *f* [5] beautiful woman; **~и́вый** [14 *sh.*] beautiful; handsome; *a. слова́ и т. д. iro.* pretty

крас|и́тель *m* [4] dye(stuff); **~ить** [15], ⟨(п)о-, вы́-, рас-⟩ paint, colo(u)r, dye; *coll.* ⟨на-⟩ paint, makeup, **~ка** *f* [5; *g/pl.*: -сок] colo(u)r, paint, dye

красне́ть [8], ⟨по-⟩ redden, grow *or* turn red; *от стыда́* blush; *impf.* be ashamed; (*a.* **-ся**) appear *or* show red

красно|арме́ец *m* [1; -ме́йца] *hist.* Red Army man; **~ба́й** *m* [3] *coll.* phrasemaker; rhetorician; glib talker; **~ва́тый** [14 *sh.*] reddish; **~речи́вый** [14 *sh.*] eloquent; **~ре́чие** *n* [12] eloquence; **~та́** *f* [5] redness; **~ще́кий** [16 *sh.*] ruddy

красну́ха *f* [5] German measles

кра́с|ный [14; -сен, -сна́, -о] red (*a. fig.*); **~ная строка́** *f typ.* (*first line of*) new paragraph, new line; **~ная цена́** *f coll.* outside price; **~ное словцо́** *n coll.* witticism; *проходи́ть* **~ной ни́тью** run through (*of motif, theme, etc.*)

красова́ться [7] stand out *or* impress because of beauty; *coll.* flaunt, show off

красота́ *f* [5; *pl. st.:* -со́ты] beauty

кра́сочный [14; -чен, -чна] colo(u)rful

красть [25 *pt. st.*; кра́денный], ⟨у-⟩ steal (**-ся** *v/i.*, *impf.*; *a.* prowl, slink)

кра́тер *m* [1] crater

кра́тк|ий [16; -ток, -тка́, -о; *comp.:* кра́тче] short, brief, concise; *й* **~ое** *the letter* й; → **коро́ткий**; **~овре́менный** [14; -енен, -енна] of short duration; (*преходя́щий*) transitory; **~осро́чный** [14; -чен, -чна] short; *ссуда и т. д.* shortterm; **~ость** *f* [8] brevity

кра́тный [14; -тен, -тна] divisible without remainder

крах *m* [1] failure, crash, ruin

крахма́л *m* [1], **~ить** [13], ⟨на-⟩ starch; **~ьный** [14] starch(ed)

кра́шеный [14] painted; dyed

креве́тка *f* [5; *g/pl.:* -ток] *zo.* shrimp

креди́т *m* [1] credit; *в* **~** on credit; **~ный** [14], **~ова́ть** [7] (*im*)*pf.* credit; **~о́р** *m* [1] creditor; **~оспосо́бный** [14; -бен, -бна] creditworthy; solvent

кре́йс|ер *m* [1] cruiser; **~и́ровать** [7] cruise; ply

крем *m* [1] cream; **~** *для лица́* face cream; **~** *для о́буви* shoe polish

крема|то́рий *m* [3] crematorium; **~́ция** *f* [7] cremation; **~и́ровать** [7] cremate

кремл|ёвский [16], **2ь** *m* [4 *e.*] Kremlin

кре́мний [3] *chem.* silicon

крен *m* [1] *naut.* list, heel; *ae.* bank

кре́ндель *m* [4 *from g/pl. e.*] pretzel

крени́ть [13], ⟨на-⟩ list (**-ся** *v/i.*)

креп *m* [1] crepe, crape

креп|и́ть [14 *e.*; -плю́, -пи́шь] fix, secure; *fig.* strengthen; **-ся** hold out, bear up; **~кий** [16; -пок, -пка́, -о; *comp.:* кре́пче] strong; sturdy; *здоро́вье* sound, robust; **~кий оре́шек** hard nut to crack; **~ко** *a.* strongly, firmly; **~нуть** [21], ⟨о-⟩ grow strong(er)

крепост|но́й [14] *hist. su.* serf; **~но́е пра́во** serfdom; **~ь** *f* [8; *from g/pl. e.*] fortress; → **кре́пкий** strength; firmness, *etc.*

кре́сло *n* [9; *g/pl.:* -сел] armchair

крест *m* [1 *e.*] cross (*a. fig.*); **~-на́** crosswise; **~и́ны** *f/pl.* [5] baptism, christening; **~и́ть** [15; -щённый] (*im*)*pf.*, ⟨о-⟩ baptize, christen; ⟨пере-⟩ cross (**-ся** *o.s.*); **~ник** *m* [1] godson; **~ница** *f* [5] goddaughter; **~ный** [14] 1. (of the) cross; 2. **~ный** (*оте́ц*) godfather; **~ная** (*мать*) godmother

крестья́н|ин *m* [1; *pl.:* -я́не, -я́н] peasant; **~ка** *f* [5; *g/pl.:* -нок] peasant woman; **~ский** [16] farm(er('s), peasant...; country...; **~ство** *n* [9] *collect.* peasants; peasantry

крети́н *m* [1] cretin; *fig. coll.* idiot

креще́ние *n* [12] baptism, christening; 2 Epiphany

крив|а́я *f* [14] *math.* curve; **~изна́** *f* [5] crookedness, curvature; **~и́ть** [14 *e.*; -влю́, -ви́шь, -влённый], ⟨по-, с-⟩ (**-ся** be[come] crook(ed), (bent); ⟨с-⟩ (**-ся**) make a wry face; **~и́ть душо́й** act against one's conscience *or* convictions; **~ля́нье** *n* [12] affectation; **~ля́ться** [18] (make) grimace(s); mince; **~о́й** [14; крив, -а́, -о] crooked (*a. fig.*), wry; curve(d); Р one-eyed; **~оно́гий** [16 *sh.*] bandy-legged, bowlegged; **~ото́лки** *coll. m/pl.* [1] rumo(u)rs, gossip

кри́зис *m* [1] crisis

крик *m* [1] cry, shout; outcry; *после́дний* **~** *мо́ды* the latest word in fashion; **~ли́вый** [14 *sh.*] shrill; clamorous; loud; **~нуть** → **крича́ть**

кри|мина́льный [14] criminal; **~ста́лл**

m [1] crystal; **~ста́льный** [14; -лен, -льна] crystalline; *fig.* crystal-clear

крите́рий *m* [3] criterion

кри́ти|к *m* [1] critic; **~ка** *f* [5] criticism; *lit., art* critique, review; **~кова́ть** [7] criticize; **~ческий** [16], **~чный** [14; -чен, -чна] critical

крича́ть [4 *e*.; -чу́, -чи́шь], ⟨за-⟩, *once* ⟨кри́кнуть⟩ [20] cry (out), shout (**на** В at); scream

кров *m* [1] roof; shelter

крова́|вый [14 *sh.*] bloody; **~ть** *f* [8] bed

кро́вельщик *m* [1] roofer

кровено́сный [14] blood (*vessel*)

кро́вля *f* [6; *g/pl.*: -вель] roof(ing)

кро́вный [14] (*adv.* by) blood; (*жизненно важный*) vital

крово|жа́дный [14; -ден, -дна] bloodthirsty; **~излия́ние** *n* [12] *med.* h(a)emorrhage; **~обраще́ние** *n* [12] circulation of the blood; **~пи́йца** *m/f*[5] bloodsucker; **~подтёк** *m* [1] bruise; **~пролитие** *n*[12] bloodshed; **~проли́тный** [14; -тен, -тна] → **крова́вый**; **~смеше́ние** *n* [12] incest; **~тече́ние** *n* [12] bleeding; **~излия́ние**; **~точи́ть** [16 *e*.; -чи́т] bleed

кров|ь *f* [8; -ви] blood (*a. fig.*); **~яно́й** [14] blood…

кро|и́ть [13; кро́енный], ⟨вы́-, с-⟩ cut (out); **~́йка** *f* [5] cutting (out)

крокоди́л *m* [1] crocodile

кро́лик *m* [1] rabbit

кро́ме (Р) except, besides (*a.* **~ того́**), apart (*or* aside) from; but

кромса́ть [1], ⟨ис-⟩ hack

кро́на *f* [5] crown (*of tree*); (*unit of currency*) crown, krone, krona

кропи́ть [14 *e*.; -плю́, -пи́шь, -плённый], ⟨о-⟩ sprinkle

кропотли́вый [14 *sh.*] laborious, toilsome; painstaking, assiduous

кроссво́рд *m* [1] crossword puzzle

кроссо́вки *f* [5; *g/pl.*: -вок] running shoes; *Brt.* trainers

крот *m* [1 *e*.] *zo.* mole

кро́ткий [16; -ток, -тка́, -о; *compr.*: кро́тче] gentle, meek

кро́|ха *f* [5; *ac/sg.*: кро́ху; *from dat/pl.* ле] crumb; *о количестве* bit; **~хотный** *coll.* [14; -тен, -тна], **~шечный** *coll.*

[14] tiny; **~ши́ть** [16], ⟨на-, по-, из-⟩ crumb(le); (*мелко рубить*) chop; **~шка** *f* [5; *g/pl.*: -шек] crumb; *coll.* little one; **ни ~шки** not a bit

круг *m* [1; в, на -у́; *pl. e*.] circle (*a. fig.*); *интересов и т. д.* sphere, range; **~лова́тый** [14 *sh.*] roundish; **~ло́ли́цый** [14 *sh.*] chubbyfaced; **~лый** [14; кругл, -á, -о] round; *coll. дурак* perfect; **~лая су́мма** round sum; **~лые су́тки** day and night; **~ово́й** [14] circular; *порука* mutual; **~оворо́т** *m* [1] circulation; *событий* succession; **~озо́р** *m* [1] prospect; range of interests; **~ом** round; *вокруг* around, (round) about; **~осве́тный** [14] round-the-world

кру́ж|ево *n* [9; *pl. e*.; *g/pl.*: кру́жев] lace; **~и́ть** [16 & 16 *e*.; кружу́, кру́жишь], ⟨за-, вс-⟩ turn (round), whirl; circle; spin; *плутать* stray about; ⟨-ся *v/i.*⟩ **вскружи́ть го́лову** (Д) turn s.o.'s head; **голова́ ~ится** (у Р) feel giddy; **~ка** *f* [5; *g/pl.*: -жек] mug; tankard; *пива* glass

кру́жный *coll.* [14] traffic circle, *Brt.* roundabout

кружо́к *m* [1; -жка́] (small) circle; *lit. pol.* study group

круп *m* [1] *лошади* croup

круп|á *f*[5] groats *pl.*; *fig. снег* sleet; **~и́нка** *f* [5; *g/pl.*: -нок] grain (*a. fig.* = **~и́ца** *f* [5])

кру́пный [14; -пен, -пна́, -о] big, large(scale); great; (*выдающийся*) outstanding; (*важный*) important, serious; *cine.* close (up); *fig.* **~ разгово́р** high words

крутизна́ *f* [5] steep(ness)

крути́ть [15], ⟨за-, с-⟩ twist; twirl; roll (up); turn; whirl; Р *impf.* be insincere *or* evasive; trick; *любовь* have a love affair (with)

круто́|й [14; крут, -á, -о; *compr.*: кру́че] steep, (*резкий*) sharp, abrupt; (*неожиданный*) sudden; *яйцо* hard (*a.* -boiled); *мера и т. д.* harsh; **~сть** *f* [8] harshness

круше́ние *n* [12] wreck; *надежд* ruin; collapse; *a. rail.* derailment

крыжо́вник *m*[1] gooseberry bush; *collect.* gooseberries

крыл|áтый [14 *sh.*] winged (*a. fig.*); **~óн** *n* [9; *pl.*: крылья, -льев] wing (*a. arch., ae., pol.*); **~ьцó** *n* [9; *pl.* крыльца, -лéц. -льцáм] steps *pl.*; porch

крымский [16] Crimean

крыса *f* [5] rat

крыть [22], ⟨по-⟩ cover, roof; *крáской* coat; *в кáртах* trump; **-ся** *impf.* (*в* П) lie *or* be in; be concealed

крыш|а *f* [5] roof; **~ка** *f* [5; *g/pl.*:-шек] lid, cover; Р (Д p.'s) end

крюк *m* [1 *e.*; *pl. a.*: крючья, -ев] hook; *coll.* detour

крюч|ковáтый [14 *sh.*] hooked; **~котвóрство** *n* [9] chicanery; pettifoggery; **~óк** *m* [1; -чкá] hook; **~óк для вязáния** crochet hook

кряж *m* [1] mountain range; chain of hills

кря́к|ать [1], *once* ⟨~нуть⟩ [20] quack

кряхтéть [11] groan, grunt

кстáти to the point (*or* purpose); opportune(ly), in the nick of time; apropos; besides, too, as well; incidentally, by the way

кто [23] who; **~...,~...** some..., others...; **~ бы ни** whoever; **~ бы то ни был** who(so)ever it may be; **~** *coll.* = **~-либо, ~-нибудь, ~-то** [23] anyone; someone

куб *m* [1] *math.* cube

кýбарем *coll.* head over heels

кýб|ик *m* [1] (small) cube; *игрýшка* brick, block (*toy*); **~ический** [16] cubic

кýбок *m* [1; -бка] goblet; *приз* cup

кубомéтр *m* [1] cubic meter (-tre)

кувшин *m* [1] jug; pitcher

кувшинка *f* [5; *g/pl.*: -нок] water lily

кувырк|áться [1], *once* ⟨-нýться⟩ [20] somersault, tumble; **~óм** → **кýбарем**

кудá where (... to); what ... for; *coll.* (*a.~ как(óй), etc.*) very, awfully, how; at all; by far, much; (*a. + Д [& inf.]*) how can ...; **~ни** wherever; (*a.~ тут, там*) (that's) impossible!, certainly not!, what an idea!, (*esp. ~ тебé!*) rats!; **~...,~...** to some places ..., to others ...; **~ вы** (*i. e.* идёте)?; where are you going? **хоть ~** Р fine; couldn't be better; → **ни = ~-либо, ~-нибудь, ~-то** any-,

somewhere

кудáхтать [3] cackle, cluck

кудéсник *m* [1] magician, sorcerer

кýдр|и *f/pl.* [-éй, *etc. e.*] curls; **~я́вый** [14 *sh.*] curly(-headed); *дéрево* bushy

кузнéц *m* [1 *e.*] (black)smith; **~éчик** *m* [1] *zo.* grasshopper; **~ица** *f* [5] smithy

кýзов *m* [1; *pl.*:-вá, *etc. e.*] body (*of car, etc.*)

кукарéкать [1] crow

кýкиш Р *m* [1] *coll.* (*gesture of derision*) fig, fico

кýк|ла *f* [5; *g/pl.*: -кол] doll; **~олка** *f* [5; *g/pl.*: -лок] **1.** *dim.* → **~ла**; **2.** *zo.* chrysalis; **~ольный** [14] doll('s); **~ольный теáтр** puppet show

кукурýза *f* [5] corn, *Brt.* maize; **~ный** [14] corn...; **~ные хлóпья** cornflakes

кукýшка *f* [5; *g/pl.*: -шек] cuckoo

кулáк *m* [1 *e.*] fist; *hist.* kulak (*prosperous farmer or peasant*)

кулёк *m* [1; -лькá] (paper) bag

кулик *m* [1 *e.*] curlew; snipe

кулинáр|ия *f* [7] cookery; **~ный** [14] culinary

кулиса *f* [5] *thea.* wing; side; *за ~ми* behind the scenes

кулич *m* [1 *e.*] Easter cake

кулóн *m* [1] pendant

кулуáры *m/pl.* [1] *sg. not used* lobbies

куль *m* [4 *e.*] sack, bag

культ *m* [1] cult; **~ивировать** [7] cultivate; **~ýра** *f* [5] culture; standard (**земледéлия** of farming); **зерновы́е ~ýры** cereals; **~ýрный** [14; -рен, -рна] cultural; cultured, well-bred

культя́ *f* [7 *e.*] *med.* stump

кумáч *m* [1 *e.*] red calico

кумир *m* [1] idol

кумовствó *n* [9] *fig.* favo(u)ritism; nepotism

куница *f* [5] marten

купá|льный [14] bathing; **~льный костю́м** bathing suit, *Brt.* bathing costume; **~льщик** *m* [1] bather; **~ть(ся)** [1], ⟨вы-, ис-⟩ (take a) bath; bathe

купé (-'рэ) *n* [*indecl.*] *rail.* compartment

купé|ц *m* [1; -пцá] merchant; **~ческий** [16] merchant('s); **~чество** *n* [9] *collect.* merchants

купи́ть → *покупа́ть*

купле́т *m* [1] couplet, stanza; song

ку́пля *f* [6] purchase

ку́пол *m* [1; *pl.:* -ла] cupola, dome

ку́пчая *f* [14] *hist.* deed of purchase

купю́ра *f* [5] bill, banknote; *в тексте* cut, excision

курга́н *m* [1] burial mound, barrow

ку́р|ево *coll. n* [9] tobacco, cigarettes; **~е́ние** *n* [12] smoking; **~и́льщик** *m* [1] smoker

кури́ный [14] chicken...; hen's; *coll.* **па́мять** short; *med.* night (*слепота* blindness)

кури́|тельный [14] smoking; **~ть** [13; курю́, ку́ришь], ⟨по-, вы-⟩ smoke (**-ся** *v/i.*)

ку́рица *f* [5; *pl.:* ку́ры, *etc. st.*] hen; *cul.* chicken

курно́сый [14 *sh.*] snub-nosed

куро́к *m* [1; -рка́] cock (*of weapon*)

куропа́тка *f* [5; *g/pl.:* -ток] partridge

куро́рт *m* [1] health resort

курс *m* [1] course (*naut.*, *ae.*, *med.*, *educ.*; **держа́ть ~ на** head for; *a. univ.* year); *fin.* rate of exchange; *fig.* line, policy; **держа́ть (быть) в ~е** (P) keep (be) (well) posted on; **~а́нт** *m* [1] *mil.* cadet; **~и́в** *m* [1] *typ.* italics; **~и́ровать** [7] ply; **~о́р** *m* [1] *computer* cursor

ку́ртка *f* [5; *g/pl.:* -ток] jacket

курча́вый [14 *sh.*] curly(-headed)

курь|ёз *m* [1] curious; amusing; **~ер** *m* [1] messenger; courier

куря́щий *m* [17] smoker

кус|а́ть [1], ⟨укуси́ть⟩ [15] bite (**-ся** *v/i.*, *impf.*), sting; **~о́к** *m* [1; -ска́] piece, bit, morsel; scrap; *мыла* cake; *пирога и т. д.* slice; **на ~ки́** to pieces; **зараба́тывать на ~о́к хле́ба** earn one's bread and butter; **~о́чек** *m* [1; -чка] *dim.* → **~о́к**

куст *m* [1 *e.*] bush, shrub; **~а́рник** *m* [1] *collect.* bush(es), shrub(s)

куста́р|ный [14] handicraft...; hand(-made); *fig.* primitive, crude; **~ь** *m* [4 *e.*] craftsman

ку́тать(ся) [1], ⟨за-⟩ muffle *or* wrap o.s. (up, in)

кут|ёж *m* [1 *e.*], **~и́ть** [15] carouse

ку́х|ня *f* [6; *g/pl.:* ку́хонь] kitchen; *русская и т. д.* cuisine, cookery; **~онный** [14] kitchen...

ку́цый [14 *sh.*] dock-tailed; short

ку́ч|а *f* [5] heap, pile; a lot of; **~ами** in heaps, in crowds; **вали́ть всё в одну́ ~у** lump everything together; **класть в ~у** pile up; **~ер** *m* [1; *pl.:* -ра, *etc. e.*] coachman; **~ка** *f* [5; *g/pl.:* -чек] *dim.* → **~а**; small group

куша́к *m* [1 *e.*] belt, girdle, sash

ку́ша|нье *n* [10] dish; food; **~ть** [1], ⟨по-⟩ eat (up ⟨с-⟩)

куше́тка *f* [5; *g/pl.:* -ток] couch

кюве́т *m* [1] drainage ditch

Л

лабири́нт *m* [1] labyrinth, maze

лабор|а́нт *m* [1], **~а́нтка** *f* [5; *g/pl.:* -ток] laboratory assistant; **~ато́рия** *f* [7] laboratory

ла́ва *f* [5] lava

лави́на *f* [5] avalanche

лави́ровать [7] *naut.* tack; (*fig.*) maneuver (-noeuvre)

лавр *m* [1] laurel; **~о́вый** [14] (of) laurel(s)

ла́гер|ь *m* 1. [4; *pl.:* -ря́, *etc. e.*] camp (*a.*, *pl.:* -ри, *etc. st.*, *fig.*); **располага́ться** (**стоя́ть**) **~ем** camp (out), be encamped; **~ный** [14] camp...

лад *m* [1; в ~у́; *pl. e.*]: (не) в ~у́ (~а́х) → (не) **~ить**; **идти́ на ~** work (well), get on *or* along; **~ан** *m* [1] incense; **дыша́ть на ~ан** have one foot in the grave; **~ить** *coll.* [15], ⟨по-, с-⟩ get along *or* on (well), *pf. a.* make it up; (*справиться*) manage; **не ~ить** *a.* be at odds *or* variance; **-ся** *coll. impf.* → **идти́ на ~**, **~ить**; **~но**

coll. all right, O.K.; **~ный** [14; -ден, -дна́, -о] *coll.* fine, excellent

ладо́|нь *f* [8], P *f* [5] palm; **как на ~ни** spread before the eyes; **бить в ~ши** clap (one's hands)

ладья́ *f* [6] *obs.* boat; *chess*: rook

лаз|е́йка *f* [5; *g/pl.*: -е́ек] loophole; **~ить** [15] climb (*v/t.* **на** B); clamber

лазу́р|ный [14; -рен, -рна], **~ь** *f* [8] azure

лай *m* [3] bark(ing), yelp; **~ка** *f* [5; *g/pl.*: ла́ек] **1.** Eskimo dog; **2.** *кожа* kid; **~ковый** [14] kid...

лак *m* [1] varnish, lacquer; **~овый** [14] varnish(ed), lacquer(ed); *кожа* patent leather...

лака́ть [1], ⟨вы́-⟩ lap

лаке́й *m* [3] *fig.* flunk(e)y; **~ский** [16] *fig.* servile

лакирова́ть [7], ⟨от-⟩ lacquer, varnish

ла́ком|иться [14], ⟨по-⟩ (T) enjoy, relish (*a. fig.*), eat with delight; **~ка** *coll. m/f* [5] lover of dainties; **быть ~кой** *a.* have a sweet tooth; **~ство** *n* [9] dainty, delicacy; *pl.* sweetmeats; **~ый** [14 *sh.*] dainty; **~ый кусо́(че)к** *m* tidbit, *Brt.* titbit

лакони́ч|еский [16], **~ный** [14; -чен, -чна] laconic(al)

ла́мп|а *f* [5] lamp; **~а́да** *f* [5 (*g/pl.*)] lamp (*for icon*); **~овый** [14] lamp...; **~очка** *f* [5; *g/pl.*: -чек] bulb

ландша́фт *m* [1] landscape

ла́ндыш *m* [1] lily of the valley

лань *f* [8] fallow deer; hind, doe

ла́па *f* [5] paw; *fig.* clutch

лапша́ *f* [5] noodles *pl.*; noodle soup

ларёк *m* [1; -рька́] kiosk, stand

ла́ск|а *f* [5] caress; **~а́тельный** [14] endearing, pet; *a.* **~овый**; **~а́ть** [1], ⟨при-⟩ caress, pet, fondle; **-ся** endear o.s. (**к** Д to); *о собаке* fawn (*of dog*); **~овый** [14 *sh.*] affectionate, tender; caressing; *ветер* soft

ла́сточка *f* [5; *g/pl.*: -чек] swallow

лата́ть *coll.* [1], ⟨за-⟩ patch, mend

латви́йский [16] Latvian

лати́нский [16] Latin

лату́нь *f* [8] brass

ла́ты *f/pl.* [5] *hist.* armo(u)r

латы́нь *f* [8] Latin

латы́ш *m* [1 *e.*], **~ка** *f* [5; *g/pl.*: -шек] Lett;

~ский [16] Lettish

лауреа́т *m* [1] prizewinner

ла́цкан *m* [1] lapel

лачу́га *f* [5] hovel, shack

ла́ять [27], ⟨за-⟩ bark

лгать [лгу, лжёшь, лгут; лгал, -а́, -о], ⟨со-⟩ lie, tell lies

лгун *m* [1 *e.*], **~ья** *f* [6] liar

лебёдка *f* [5; *g/pl.*: -док] winch

лебеди́ный [14] swan...; **~дь** *m* [4; *from g/pl.*: *e.*] (*poet. a. f*) swan; **~зи́ть** *coll.* [15 *e.*; -бежу́, -бези́шь] fawn (**пе́ред** T upon)

лев *m* [1; льва́] lion; ♌ Leo

лев|ша́ *m/f* [5; *g/pl.*: -ше́й] left-hander; **~ый** [14] left (*a. fig.*), left-hand; *ткани* wrong (*side*; on **с** P)

лега́льный [14; -лен, -льна] legal

леге́нд|а *f* [5] legend; **~а́рный** [14; -рен, -рна] legendary

легио́н *m* [1] legion (*mst. fig = a great number of people*)

лёгкий (-хк-) [16; лёгок, легка́; *a.* лёгки; *compr.*: ле́гче] light (*a. fig.*); *нетру́дный* easy; *прикоснове́ние* slight; (Д) **легко́** + *inf.* it is very well for ... + *inf.*; **лёгок на поми́не** *coll.* talk of the devil!

легкоатле́т *m* [1] track and field athlete

легко|ве́рный (-хк-) [14; -рен, -рна] credulous; **~ве́сный** [14; -сен, -сна] lightweight; *fig.* shallow; **~во́й** [14]: **легково́й автомоби́ль** *a.* **~ва́я (а́вто-) маши́на** auto(mobile), car

лёгкое *n* [16] lung

легкомы́сл|енный (-хк-) [14 *sh.*] light--minded, frivolous; thoughtless; **~ие** *n* [12] levity; frivolity; flippancy

лёгкость (-хк-) *f* [8] lightness; easiness; ease

лёд *m* [1; льда́, на льду́] ice

лед|ене́ть [8], ⟨за-, о-⟩ freeze, ice (up, over); grow numb (*with cold*); **~ене́ц** *m* [1; -нца́] (sugar) candy; **~ени́ть** [13], ⟨о(б)-⟩ freeze, ice; *се́рдце* chill; **~ни́к** *m* [1 *e.*] glacier; **~нико́вый** [14] glacial; ice...; **~око́л** *m* [1] icebreaker; **~охо́д** *m* [1] pack ice; **~яно́й** [14] ice...; ice-cold; icy (*a. fig.*)

лежа́|ть [4 *e.*; лёжа] lie; (*быть распо-*

ложенным) be (situated); rest, be incumbent; **~ть в осно́ве** (**в** П form the basis); **~чий** [17] lying; **~чий больно́й** (in)patient

ле́звие *n* [12] edge; razor blade

лезть [24 *st.*: ле́зу; лезь!; лез, -ла], ⟨по-⟩ (be) climb(ing, *etc.*; *v/t.*); creep; (*прони́кнуть*) penetrate; *coll.* reach into; (**к** Д [**с** Т]) importune, press; *о волоса́х* fall out; (**на** В) fit (*v/t*); P *не в своё де́ло* meddle

лейбори́ст *m* [1] *pol.* Labo(u)rite

ле́й|ка *f* [5; *g/pl.:* ле́ек] watering can; **~копла́стырь** *m* [4] adhesive plaster; **~тена́нт** *m* [1] (second) lieutenant; **~тмоти́в** *m* [1] leitmotif

лека́р|ственный [14] medicinal; **~ство** *n* [9] drug, medicine, remedy (**про́тив** P for)

ле́ксика *f* [5] vocabulary

лек|тор *m* [1] lecturer; **~то́рий** *m* [3] lecture hall; **~ция** *f* [7] lecture (at **на** П; *vb.*: *слу́шать* [*чита́ть*] attend [give, deliver])

леле́ять [27] pamper; *fig.* cherish

лён *m* [1; льна́] flax

лени́в|ец *m* [1; -вца] → **лентя́й**; **~ица** *f* [5] → **лентя́йка**; **~ый** [14 *sh.*] lazy, idle; *вя́лый* sluggish

лени́ться [13; леню́сь, ле́нишься], be lazy

ле́нта *f* [5] ribbon; band; *tech.* tape

лентя́й *m* [3], **~ка** *f* [5; *g/pl.:* -я́ек] lazybones; sluggard; **~ничать** *coll.* [1] idle

лень *f* [8] laziness, idleness; *coll.* (**мне**) **~** I am too lazy to …

леопа́рд *m* [1] leopard

лепе|сто́к *m* [1; -тка́] petal; **~т** *m* [1], **~та́ть** [4], ⟨про-⟩ babble, prattle

лепёшка *f* [5; *g/pl.:* -шек] scone

леп|и́ть [14], ⟨вы́-, с-⟩ sculpture, model, mo(u)ld; *coll.* ⟨на-⟩ stick (**на** В to); **~ка** model(l)ing; **~но́й** [14] mo(u)lded; **~но́е украше́ние** stucco mo(u)lding

ле́пт|а *f* [5]: *внести́ свою́* **~у** make one's own contribution to s.th

лес *m* [1] [*из лесу, из ле́са; в лесу:́ pl.:* леса́, *etc. e.*] wood, forest; *материа́л* lumber, *Brt.* timber; *pl.* scaffolding; **~ом** through a (the) wood

леса́ *f* [5; *pl.:* ле́сы, *etc. st.*] (fishing) line

леси́стый [14 *sh.*] woody, wooded

ле́ска *f* [5; *g/pl.:* -сок] → **леса́**

лес|ни́к *m* [1 *e.*] ranger, forester; **~ни́чество** *n* [9] forest district; **~ни́чий** *m* [17] forest warden; **~но́й** [14] forest…; wood(y); lumber…; timber…

лесо|во́дство *n* [9] forestry; **~насажде́ние** *n* [12] afforestation; wood; **~пи́льный** [14]: **~пи́льный заво́д** = **~пи́льня** *f* [6; *g/pl.:* -лен] sawmill; **~ру́б** *m* [1] lumberman, woodcutter

ле́стница (-сн-) *f* [5] (flight of) stairs *pl.*, staircase; *приставна́я* ladder; **пожа́рная ~** fire escape

ле́ст|ный [14; -тен, -тна] flattering; **~ь** *f* [8] flattery

лёт *m* [1]: *хвата́ть на лету́* grasp quickly, be quick on the uptake

лета́, лет → **ле́то**; → *a.* **год**

лета́тельный [14] flying

лета́ть [1] fly

лете́ть [1], ⟨по-⟩ (be) fly(ing)

ле́тний [15] summer…

лётный [14] *пого́да* flying; **~ соста́в** aircrew

ле́т|о *n* [9; *pl. e.*] summer (T in [the]; **на** В for the); *pl.* years, age (**в** В at); *ско́лько* **вам ~?** how old are you? (→ **быть**); в **~а́х** elderly, advanced in years; **~опись** *f* [8] chronicle; **~очисле́ние** *n* [12] chronology; era

летý|чий [17 *sh.*] *chem.* volatile; **~чая мышь** *zo.* bat

лётчи|к *m* [1], **~ца** *f* [5] pilot, aviator, flier, air(wo)man; **лётчик-испыта́тель** test pilot

лече́бн|ица *f* [5] clinic, hospital; **~ый** [14] medic(in)al

лече́|ние *n* [12] *med.* treatment; **~и́ть** [16] treat; **-ся** undergo treatment, be treated; treat (one's … **от** P)

лечь → **ложи́ться**; → *a.* **лежа́ть**

ле́ший *m* [17] *Russian mythology* wood goblin; P Old Nick

лещ *m* [1 *e.*] *zo.* bream

лж|е… false; pseudo…; **~ец** *m* [1 *e.*] mock…; liar; **~и́вость** *f* [8] mendacity; **~и́вый** [14 *sh.*] false, lying; mendacious

ли, (*short, after vowels, a.*) **ль 1.** (*interr,*

part.) **зна́ет ~ она́ ...?** (= **она́ зна́ет ...?**) does she know ...?; **2.** (*cj.*) whether, if; **...**, **~**, **...** ~ whether ..., or...

либера́л *m* [1], **~ьный** [14; -лен, -льна] liberal

ли́бо or; **~ ...**, **~ ...** ... either ... or ...

либре́тто *n* [*indecl.*] libretto

ли́вень *m* [4; -вня] downpour, cloudburst

ливре́я *f* [6; *g/pl.*: -ре́й] livery

ли́га *f* [5] league

ли́дер *m* [1] *pol.*, *sport* leader

лиз|а́ть [3], *once* ⟨**~ну́ть**⟩ lick

лик *m* [1] face; countenance; *образ* image; *eccl.* assembly; **причи́слить к ~у святы́х** canonize

ликвиди́ровать [7] (*im*)*pf.* liquidate

ликёр *m* [1] liqueur

ликова́ть [7], ⟨**воз-**⟩ exult

ли́лия *f* [7] lily

лило́вый [14] lilac(-colo[u]red)

лими́т *m* [1] quota, limit; **~и́ровать** [7] (*im*)*pf.* limit

лимо́н *m* [1] lemon; **~а́д** *m* [1] lemonade; **~ный** [14] lemon; **~ная кислота́** citric acid

ли́мфа *f* [5] lymph

лингви́стика *f* [5] → **языкозна́ние**

лине́й|ка *f* [5; *g/pl.*: -е́ек] line, ruler; **~ный** [14] linear

ли́н|за *f* [5] lens; **конта́ктные ~зы** contact lenses; **~ия** *f* [7] line (*a. fig.*; **по** Д in); **~ко́р** *m* [1] battleship; **~ова́ть** [7], ⟨**на-**⟩ rule; **~о́леум** *m* [1] linoleum

линчева́ть [7] (*im*)*pf.* lynch

линь *m* [4 *e.*] *zo.* tench

ли́н|ька *f* [5] mo(u)lt(ing); **~я́лый** *coll.* [14] *о ткани* faded; mo(u)lted; **~я́ть** [28], ⟨**вы-**, **по-**⟩ fade; mo(u)lt

ли́па *f* [5] linden, lime tree

ли́п|кий [16; -пок, -пка́, -о] sticky, adhesive; **пла́стырь** sticking; **~нуть** [21], ⟨**при-**⟩ stick

ли́р|а *f* [5] lyre; **~ик** *m* [1] lyric poet; **~ика** *f* [5] lyric poetry; **~и́ческий** [16], **~и́чный** [14; -чен, -чна] lyric(al)

лис|(и́ц)а́ *f* [5; *pl. st.*] fox (silver... **черно-бу́рая**); **~ий** [18] fox...; foxy

лист *m* **1.** [1 *e.*] sheet; (*исполни́тельный*) writ; **2.** [1 *e.*; *pl. st.*: ли́стья, -ев]

---

bot. leaf; *coll. a.* → **~ва́**; **~а́ть** *coll.* [1] leaf *or* thumb through; **~ва́** *f* [5] *collec.* foliage, leaves *pl.*; **~венница** *f* [5] larch; **~венный** [14] deciduous; **~ик** *m* [1] *dim.* → **~**; **~о́вка** *f* [5 *g/pl.*: -вок] leaflet; **~о́к** *m* [1; -тка́] *dim.* → **~**; slip; **~ово́й** [14] sheet...; *железо и т. д.*

лите́йный [14]: **~ цех** foundry

литер|а́тор *m* [1] man of letters; writer; **~ату́ра** *f* [5] literature; **~ату́рный** [14; -рен, -рна] literary

лито́в|ец *m* [1; -вца], **~ка** *f* [5; *g/pl.*: -вок], **~ский** [16] Lithuanian

лито́й [14] cast

литр *m* [1] liter (*Brt.* -tre)

лить [лью, льёшь; лил, -а́, -о; лей(те)! **~тый** (лит, -а́, -о)] pour; *слёзы* shed; *tech.* cast; **дождь льёт как из ведра́** it's raining cats and dogs; **-ся** flow, pour; *песня* sound; *слёзы и т. д.* stream; **~ё** *n* [10] founding, cast(ing)

лифт *m* [1] elevator, *Brt.* lift; **~ёр** *m* [1] lift operator

ли́фчик *m* [1] bra(ssière)

лих|о́й [14; лих, -а́, -о] *coll.* bold, daring; dashing; **~ора́дка** *f* [5] fever; **~ора́дочный** [14; -чен, -чна] feverish; **~ость** *f* [8] *coll.* swagger; spirit; dash

лицев|а́ть [7], ⟨**пере-**⟩ face; turn; **~о́й** [14] face...; front...; *сторона́* right; **~о́й счёт** personal account

лицеме́р *m* [1] hypocrite; **~ие** *n* [12] hypocrisy; **~ный** [14; -рен, -рна] hypocritical; **~ить** [13] dissemble

лице́нзия *f* [7] license (*Brt.* -ce) (**B** for **на**)

лиц|о́ *n* [9; *pl. st.*] face; countenance (*change v/t.* **в** П); front; person, individual(ity); **в ~о́** by sight; **to s.b.'s face**; **от ~а́** (P) in the name of; **~о́м к ~у́** face to face; **быть** (Д) **к ~у́** suit *or* become a p.; **нет ~а́** be bewildered; **должностно́е ~о́** official

личи́нка *f* [5; *g/pl.*: -нок] larva; maggot

ли́чн|ость *f* [8] personality; person, individual; **~ый** [14] personal; private

лиша́й *m* [3 *e.*] *bot.* lichen (*a.* **~ник**); *med.* herpes

лиш|а́ть [1], ⟨**~и́ть**⟩ [16 *e.*; -шу́, -ши́шь, -шённый] deprive; strip (of P); **на-**

следства disinherit; **~а́ть себя́ жи́зни** commit (*suicide*); **~ённый** *a.* devoid of, lacking; **-ся** (P) lose; **~и́ться чу́вств** faint; **~е́ние** *n* [12] (de)privation; loss; *pl.* privations, hardships; **~е́ние прав** disfranchisement; **~е́ние свобо́ды** imprisonment; **~и́ть(ся)** → **~а́ть(ся)**

ли́шн|ий [15] superfluous, odd, excessive, over...; *sur...*; *запасно́й* spare; extra; *нену́жный* needless, unnecessary; *su.* outsider; **~ее** undue (*things, etc.*); *вы́пить* (*a.* a glass) too much; **... ~им** over ...; **~ий раз** once again; **не ~е** + *inf.* (p.) had better

лишь (*a.* + **то́лько**) only; merely; just; as soon as, no sooner ... than, hardly; **~бы** if only, provided that

лоб *m* [1; лба; во, на лбу́] forehead

лови́ть [14], ⟨пойма́ть⟩ [1] catch; *в за́падню* (en)trap; *случай* seize; **~ на сло́ве** take at one's word; *по ра́дио* pick up

ло́вк|ий [16; ло́вок, ловка́, -о; *compr.*: ло́вче] dexterous, adroit, deft; **~ость** *f* [8] adroitness, dexterity

ло́в|ля *f* [6] catching; *ры́бы* fishing; **~у́шка** *f* [5; *g/pl.*: -шек] trap; (*силок*) snare

логари́фм *m* [1] *math.* logarithm

ло́г|ика *f* [5] logic; **~и́ческий** [16], **~и́чный** [11; -чен, -чна] logical

ло́гов|ище *n* [11], **~о** *n* [9] lair, den

ло́д|ка *f* [5; *g/pl.*: -док] boat; **подво́дная ~ка** submarine

лоды́жка *f* [5; *g/pl.*: -жек] ankle

ло́дырь *coll. m* [4] idler, loafer

ло́жа *f* [5] *thea.* box

ложби́на *f* [5] narrow, shallow gully; *fig. coll.* cleavage

ло́же *n* [11] channel, bed (*a. of river*)

ложи́ться [16 *e.*; -жу́сь, -жи́шься], ⟨лечь⟩ [26] [г/ж: ля́гу, лягут, ля́г(те)!; лёг, легла́] lie down; **~ в** (B) go to (bed, *a.* **~ спать**); **~ в больни́цу** go to hospital

ло́жка *f* [5; *g/pl.*: -жек] spoon; **ча́йная ~** teaspoon; **столо́вая ~** tablespoon

ло́ж|ный [14; -жен, -жна] false; **~ный шаг** false step; **~ь** *f* [8; лжи; ло́жью] lie, falsehood

лоза́ *f* [5; *pl. st.*] *виногра́дная* vine

ло́зунг *m* [1] slogan

локализова́ть [7] (*im*)*pf.* localize

локо|моти́в *m* [1] locomotive, railway engine; **~н** *m* [1] curl, lock; **~ть** *m* [4; -ктя; *from g/pl. e.*] elbow

лом *m* [1; *from g/pl.e.*] crowbar; *мета́ллолом* scrap (metal); **~аный** [14] broken; **~а́ть** [1], ⟨по-, с-⟩ break (*a.* up); *дом* pull down; **~а́ть себе́ го́лову** rack one's brains (**над** T over); **~** break; ⟨по-⟩ P clown, jest; put on airs

ломба́рд *m* [1] pawnshop

лом|и́ть [14] *coll.* → **~а́ть**; **-ся** bend, burst; *в дверь* и *т. д.* force (*v/t.* **в** B), break (into); **~ка** *f* [15] breaking (up); **~кий** [16; ло́мок, ломка́, -о] brittle, fragile; **~о́та** *f* [5] rheumatic pain, ache *pl.*; **~о́ть** *m* [4; -мтя́] slice; **~тик** *m* [1] *dim.* → **~о́ть**

ло́н|о *n* [9] *семьи́* bosom; **на ~е приро́ды** in the open air

ло́па|сть *f* [8; *from g/pl. e.*] blade; *ae.* vane; **~та** *f* [8] shovel, spade; **~тка** *f* [5; *g/pl.*: -ток] **1.** *dim.* → **~та**; **2.** *anat.* shoulder blade

ло́паться [1], ⟨-нуть⟩ [20] break, burst; split, crack; **чуть не ~ от сме́ха** split one's sides with laughter

лопу́х *m* [1 *e.*] *bot.* burdock; *coll.* fool

лоск *m* [1] luster (-tre), gloss, polish

лоску́т *m* [1 *e.*; *pl. a.*: -ку́тья, -ьев] rag, shred, scrap

лосни́ться [13] be glossy, shine; **~оси́на** *f* [5] *cul.* **~ось** *m* [1] salmon

лось *m* [4; *from g/pl. e.*] elk

лотере́я *f* [6] lottery

лото́к *m* [1; -тка́] street vendor's tray *or* stall; **продава́ть с лотка́** sell in the street

лохм|а́тый [14 *sh.*] shaggy, dishevel(l)ed; **~о́тья** *n/pl.* [*gen.*: -ьев] rags

ло́цман *m* [1] *naut.* pilot

лошад|и́ный [14] horse...; **~и́ная си́ла** horsepower; **~ь** *f* [8; *from g/pl. e.*, *instr.*: -дьми́ & -дя́ми] horse

лощи́на *f* [5] hollow, depression

лоя́льн|ость *f* [8] loyalty; **~ый** [14; -лен, -льна] loyal

лу|бо́к *m* [1; -бка́] cheap popular print;

~г *m* [1; на -ý; *pl.* -á, *etc. e.*] meadow

лýж|а *f* [5] puddle, pool; **сесть в ~у** *coll.* get into a mess

лужáйка *f* [5; *g/pl.*: -áек] (small) glade

лук *m* [1] **1.** *collect.* onion(s); **2.** bow (*weapon*)

лукáв|ить [14], ⟨с-⟩ dissemble, be cunning; **~ство** *n* [9] cunning, slyness, ruse; **~ый** [14 *sh.*] crafty, wily; (*игривый*) saucy, playful

лýковица *f* [5] onion; *bot.* bulb

лун|á *f* [5] moon; **~áтик** *m* [1] sleepwalker, somnambulist; **~ный** [14] moon(lit); *astr.* lunar

лýпа *f* [5] magnifying glass

лупи́ть [14], ⟨об-⟩ thrash, flog

лупи́ться [14], ⟨об-⟩ peel, scale (off)

луч *m* [1 *e.*] ray, beam; **~евóй** [14] radial; radiation (*болéзнь* sickness); **~езáрный** [14; -рен, -рна] resplendent; **~и́стый** [14 *sh.*] radiant

лýчш|е *adv.*, *comp.* → **хорошó**; **~ий** [17] better; best (**в ~ем слýчае** at …)

лущи́ть [16 *e.*; -щý, -щи́шь], ⟨вы́-⟩ shell, husk

лы́ж|а *f* [5] ski; snowshoe (*vb.*: **ходи́ть,** *etc.*, **на ~ах**); **~ник** *m* [1], **~ница** *f* [5] skier; **~ный** [14] ski…

лы́с|ый [14 *sh.*] bald; **~ина** *f* [5] bald spot, bald patch

ль → **ли**

льви́|ный [14] lion's; **~ный зев** *bot.* snapdragon; **~ца** *f* [5] lioness

льгóт|а *f* [5] privilege; **~ный** [14; -тен, -тна] privileged; (*сниженный*) reduced; preferential; favo(u)rable

льди́на *f* [5] ice floe

льну́ть [20], ⟨при-⟩ cling, stick (to); *fig. coll.* have a weakness (for)

льнянóй [14] flax(en); *ткань* linen…

льст|éц *m* [1 *e.*] flatterer; **~и́вый** [14 *sh.*] flattering; **~и́ть** [15], ⟨по-⟩ flatter; delude (o.s. **себя́** with T)

любéзн|ичать *coll.* [1] (**с** T) pay court (**с** T to), flirt, pay compliments (**с** T to); **~ость** *f* [8] courtesy; kindness; (*услуга*) favo(u)r; *pl.* compliments; **~ый** [14;

-зен, -зна] polite, amiable, kind; obliging

люби́м|ец *m* [1; -мца], **~ица** *f* [5] favo(u)rite, pet; **~ый** [14] beloved, darling; favo(u)rite, pet

люби́тель *m* [4], **~ница** *f* [5] lover, fan; amateur; **~ский** [16] amateur

люби́ть [14] love; like, be (⟨по-⟩ grow) fond of; *pf.* fall in love with

любóв|áться [7], ⟨по-⟩ (T or **на** B) admire, (be) delight(ed) (in); **~ник** *m* [1] lover; **~ница** *f* [5] mistress; **~ный** [14] love…; *отношéние* loving, affectionate; **~ная связь** love affair; **~ь** *f* [8; -бви́, -бóвью] love (**к** Д of, for)

любо|знáтельный [14; -лен, -льна] inquisitive, curious; *ум* inquiring; **~й** [14] either, any(one *su.*); **~пы́тный** [14; -тен, -тна] curious, inquisitive; interesting; **мне ~пы́тно …** I wonder …; **~пы́тство** *n* [9] curiosity; interest; **прáздное ~пы́тство** idle curiosity

любя́щий [17] loving, affectionate

люд *m* [1] *collect. coll.*, **~и** [-éй, -ям, -ьми́, -ях] people; **вы́йти в ~и** get on in life; **на ~ях** in the presence of others, in company; **~ный** [14; -ден, -дна] crowded; **~оéд** *m* [1] cannibal; *в сказках* ogre

люк *m* [1] hatch(way); manhole

лю́стра *f* [5] chandelier, luster (*Brt.* -tre)

лютерá|нин *m* [1; *nom./pl.* -ра́не, g. -ра́н], **~ка** *f* [5; *g/pl.*: -нок], **~ский** [16] Lutheran

лю́тик *m* [1] buttercup

лю́тый [14; лют, -á, -о; *comp.*: -тéе] fierce, cruel

люцéрна *f* [5] alfalfa, lucerne

ляг|áть(ся) [1], ⟨~ну́ть⟩ [20] kick

лягуш|áтник *m* [1] wading pool for children; **~ка** *f* [5; *g/pl.*: -шек] frog

ля́жка *f* [5; *g/pl.*: -жек] *coll.* thigh, haunch

лязг *m* [1], **~ать** [1] clank, clang; *зубами* clack

ля́мк|а *f* [5; *g/pl.*: -мок] strap; **тяну́ть ~у** *fig. coll.* drudge, toil

M

мавзоле́й *m* [3] mausoleum

магази́н *m* [1] store, shop

магистра́ль *f* [8] main; *rail.* main line; *во́дная* waterway; thoroughfare; trunk (line)

маги́ческий [16] magic(al)

ма́гний *m* [3] *chem.* magnesium

магни́т *m* [1] magnet; **~офо́н** *m* [1] tape recorder

магомета́н|ин *m* [1; *pl.:* -а́не, -а́н], **~ка** *f* [5; *g/pl.:* -нок] Mohammedan

ма́з|ать [3] **1.** ⟨по-, на-⟩ (*па́чкать*) smear; *esp. eccl.* anoint; *ма́слом и т. д.* spread, butter; **2.** ⟨с-⟩ oil, lubricate; **3.** *coll.* ⟨за-⟩ soil; *impf.* daub; **~ня́** *coll.* *f* [6] daub(ing); **~о́к** *m* [1; -зка́] daub; stroke; *med.* smear; swab; **~у́т** *m* [1] heavy fuel oil; **~ь** *f* [8] ointment

май *m* [3] May

ма́й|ка *f* [5; *g/pl.:* ма́ек] undershirt; T-shirt; sports shirt; **~оне́з** *m* [1] mayonnaise; **~о́р** *m* [1] major; **~ский** [16] May(-Day)...

мак *m* [1] poppy

макаро́ны *m* [1] macaroni

мак|а́ть [1], *once* ⟨~ну́ть⟩ [20] dip

маке́т *m* [1] model; *mil.* dummy

ма́клер *m* [1] *comm.* broker

макну́ть → **мака́ть**

максима́льный [14; -лен, -льна] maximum; **~ум** *m* [1] maximum; at most

маку́шка *f* [5; *g/pl.:* -шек] top; *головы* crown

малева́ть [6], ⟨на-⟩ *coll.* paint, daub

мале́йший [17] least, slightest

ма́ленький [16] little, small; (*ни́зкий*) short; trifling, petty

мали́н|а *f* [5] raspberry; -ries *pl.*], **~овка** *f* [5; *g/pl.:* -вок] robin (redbreast); **~овый** [14] raspberry-...; crimson

ма́ло little (*a.* **~ что**); few (*a.* **~ кто**); a little; not enough; less; **~где** in few places; **~когда́** seldom; *coll.* **~ ли что** much, many things, anything; (*a.*) yes, but ...; that doesn't matter, even though; **~того́** besides, and what is more; **~того́, что** not only (that)

мало|ва́жный [14; -жен, -жна] insignificant, trifling; **~ва́то** *coll.* little, not (quite) enough; **~вероя́тный** [14; -тен, -тна] unlikely; **~габари́тный** [14; -тен, -тна] small; **~гра́мотный** [14; -тен, -тна] uneducated, ignorant; *подход и т. д.* crude, faulty; **~доказа́тельный** [14; -лен, -льна] unconvincing; **~ду́шный** [14; -шен, -шна] pusillanimous; **~зна́чащий** [17 *sh.*] → **~ва́жный**; **~иму́щий** [17 *sh.*] poor; **~кро́вие** *n* [12] an(a)emia; **~ле́тний** [15] minor, underage; little (one); **~литра́жка** *f* [5; *g/pl.:* -жек] *coll.* compact (car); mini car; **~лю́дный** [14; -ден, -дна] poorly populated (*or* attended); **~-ма́льски** *coll.* in the slightest degree; at all; **~общи́тельный** [14; -лен, -льна] unsociable; **~о́пытный** [14; -тен, -тна] inexperienced; **~пома́лу** *coll.* gradually, little by little; **~приго́дный** [14; -ден, -дна] of little use; **~ро́слый** [14 *sh.*] undersized; **~содержа́тельный** [14; -лен, льна] uninteresting, shallow, empty

ма́л|ость *f* [8] *coll.* trifle; a bit; **~оце́нный** [14; -е́нен, -е́нна] of little value, inferior; **~очи́сленный** [14 *sh.*] small (in number), few; **~ый** [14; мал, -а́; *compr.:* ме́ньше] small, little; *ро́стом* short; → **~енький**; *su.* fellow, guy; *без ~ого* almost, all but; *от ~а до вели́ка* young and old; *с ~ых лет* from childhood; **~ы́ш** *coll. m* [1 *e.*] kid(dy), little boy

ма́льч|ик *m* [1] boy, lad; **~и́шеский** [16] boyish; mischievous; **~и́шка** *coll. m* [5; *g/pl.:* -шек] urchin; greenhorn; **~уга́н** *coll. m* [1] → **ма́льш**; *a.* → **~и́шка**

малю́тка *m/f* [5; *g/pl.:* -ток] baby, tot

маля́р *m* [1 *e.*] (house) painter

маляри́я *f* [7] *med.* malaria

ма́м|а *f* [5] mam(m)a, mother; **~а́ша** *coll. f* [5], **~очка** *f* [5; *g/pl.:* -чек] mommy, mummy

ма́нго *n* [*indecl.*] mango

мандари́н m [1] mandarin(e), tangerine

мандат m [1] mandate

ман|ёвр m [1], **~еври́ровать** [7] maneuver, *Brt.* manoeuvre; **~ёж** m [1] riding school; *цирк* arena; **~екéн** m [1] mannequin (*dummy*)

манéр|а f [5] manner; **~ный** [14; -рен, -рна] affected

манжéт(к)а f [(5; g/pl.: -ток)] cuff

манипули́ровать [7] manipulate

мани́ть [13; маню́, ма́нишь], ⟨по-⟩ (Т) beckon; *fig.* entice, tempt

ма́н|ия f [7] (*вели́чия* megalo)mania; **~ки́ровать** [7] (*im*)*pf.* (Т) neglect

ма́нная [14]: **~ крупа́** semolina

мара́зм m [1] *med.* senility; *fig.* nonsense, absurdity

мара́ть *coll.* [1], ⟨за-⟩ soil, stain; ⟨на-⟩ scribble, daub; ⟨вы́-⟩ delete

марганцо́вка f [5; -вок] *chem.* potassium manganate

маргари́н m [1] margarine

маргари́тка f [5; g/pl.: -ток] daisy

маринова́ть [7], ⟨за-⟩ pickle

ма́рк|а f [5; g/pl.: -рок] (postage) stamp; make; grade, brand, trademark; **~éтинг** m [1] marketing; **~си́стский** [16] Marxist

ма́рля f [6] gauze

мармела́д m [1] fruit jelly (*candied*)

ма́рочный [14] *вино* vintage

март m [1], **~овский** [16] March

марты́шка f [5; g/pl.: -шек] marmoset

марш m [1], **~ирова́ть** [7] march; **~ру́т** m [1] route, itinerary; **~ру́тный** [14]: **~ру́тное такси́** fixedroute taxi

ма́ск|а f [5; g/pl.: -сок] mask; **~ара́д** m [1] (*a.* **бал-~ара́д**) masked ball, masquerade; **~ирова́ть** [7], ⟨за-⟩, **~иро́вка** f [5; g/pl.: -вок] mask; disguise, camouflage

ма́сл|еница f [5] Shrovetide; **~ёнка** f [5; g/pl.: -нок] butter dish; **~еный** [14] → **~яный**; **~и́на** f [5] olive; **~и́чный** [14] olive...; oil ...; **~о** n [9; pl.: -сла́, -сел, -слам] (*a.* **сли́вочное ~о**) butter; (*a.* **расти́тельное ~о**) oil; **как по ~у** *fig.* swimmingly; **~озаво́д** creamery; **~яный** [14] oil(y); butter(y); greasy; *fig.* unctuous

ма́сс|а f [5] mass; bulk; *людей* multitude; *coll.* a lot; **~аж** m [1], **~и́ровать** [7] (*pt. a. pf.*) massage; **~и́в** m [1] *горный* massif; **~и́вный** [14; -вен, -вна] massive; **~овый** [14] mass...; popular...

ма́стер m [1; *pl.:* -ра́, *etc. e.*] master; (*бригади́р*) foreman; (*умелец*) craftsman; (*знато́к*) expert; **~ на все ру́ки** jack-of-all-trades; **~и́ть** *coll.* [13], ⟨с-⟩ work; make; **~ска́я** f [16] workshop; *худо́жник и т. д.* atelier, studio; **~ско́й** [16] masterly (*adv.* **~ски́**); **~ство́** n [9] trade, craft; skill, craftsmanship

масти́тый [14 *sh.*] venerable; eminent

масть f [8; *from g/pl. e.*] colo(u)r (*of animal's coat*); *карты* suit

масшта́б m [1] scale (on **в** П); *fig.* scope; caliber (-bre); repute

мат m [1] **1.** *sport* mat; **2.** *chess* checkmate; **3.** foul language

матема́ти|к m [1] mathematician; **~ка** f [5] mathematics; **~ческий** [16] mathematical

материа́л m [1] material; **~и́зм** m [1] materialism; **~и́ст** m [1] materialist; **~исти́ческий** [16] materialistic; **~ьный** [14; -лен, -льна] material; economic; financial

матери́к m [1 *e.*] continent

матери́|нский [16] mother('s), motherly, maternal; **~нство** n [9] maternity; **~я** f [7] matter; *ткань* fabric, material

ма́тка f [5; g/pl.: -ток] *anat.* uterus

ма́товый [14] dull, dim, mat

матра́с m [1] mattress

ма́трица f [5] *typ.* matrix; die, mo(u)ld; *math.* array of elements

матро́с m [1] sailor, seaman

матч m [1] *sport* match

мать f [ма́тери, *etc.* = 8; *pl.:* ма́тери, -рéй, *etc. e.*] mother

мах m [1] stroke, swing; **с (одного́) ~у** at one stroke *or* stretch; at once; **дать ~у** miss one's mark, make a blunder; **~а́ть** [3, *coll.* 1], *once* ⟨~ну́ть⟩ [20] (Т) wave; *хвосто́м* wag; *крыльями* flap; *pf. coll.* go; **~ну́ть руко́й на** (В) give up; **~ови́к** m [1 *e.*], **~ово́й** [14]: **~ово́е колесо́** flywheel

махо́рка f [5] coarse tobacco

махро́вый [14] *bot.* double; Turkish *or* terry-cloth (*полоте́нце* towel); *fig.* dyed-in-the-wool

ма́чеха *f* [5] stepmother

ма́чта *f* [5] mast

маши́н|**а** *f* [5] machine; engine; *coll.* car; *стира́льная* ~**а** washing machine; *швейная* ~**а** sewing-machine; ~**а́льный** [14; -лен, -льна] mechanical, perfunctory; ~**и́ст** *m* [1] *rail.* engineer, *Brt.* engine driver; ~**ка** *f* [5; *g/pl.:* -ток] (girl) typist; ~**ка** *f* [5; *g/pl.:* -нок] (*пи́шущая*) typewriter; ~**ный** [14] machine…, engine…; ~**опись** *f* [8] typewriting; ~**остро́ение** *n* [12] mechanical engineering

мая́к *m* [1 *e.*] lighthouse; beacon; leading light

ма́я|**тник** *m* [1] pendulum; ~**ться** P [27] drudge; *от бо́ли* suffer; ~**чить** *coll.* [16] loom

мгла *f* [5] gloom, darkness; heat mist

мгнове́н|**ие** *n* [12] moment; instant; *в* ~**ие о́ка** in the twinkling of an eye; ~**ный** [14; -е́нен, -е́нна] momentary, instantaneous

ме́б|**ель** *f* [8] furniture; ~**лиро́вка** *f* [5] furnishing(s)

мёд *m* [1; *part. g.:* мёду; в меду́; *pl. e.*] honey

меда́ль *f* [8] medal; ~**о́н** *m* [1] locket, medallion

медве́|**дица** *f* [5] she-bear; *astr.* ♀*дица* Bear; ~**дь** *m* [4] bear (*coll. a. fig.*); ~**жий** [18] bear('s)…; *услу́га* bad (*service*); ~**жо́нок** *m* [2] bear cub

ме́ди|**к** *m* [1] physician, doctor; medical student; ~**ка́менты** *m/pl.* [1] medication, medical supplies; ~**ци́на** *f* [5] medicine; ~**ци́нский** [16] medical

ме́дл|**енный** [14 *sh.*] slow; ~**и́тельный** [14; -лен, -льна] sluggish, slow, tardy; ~**ить** [14], ⟨про-⟩ delay, linger; be slow, tarry; hesitate

ме́дный [14] copper…

мед|**осмо́тр** *m* [1] medical examination; ~**пу́нкт** *m* [1] first-aid station; ~**сестра́** *f* [5; *pl. st.:* -сёстры, -сестёр, -сёстрам] (*medical*) nurse

меду́за *f* [5] jellyfish

медь *f* [8] copper; *coll.* copper (*coin*)

меж → ~**ду**; ~**а́** *f* [5; *pl.:* ме́жи, меж, межа́м] boundary; ~**доме́тие** *n* [12] *gr.* interjection; ~**континента́льный** intercontinental

ме́жду (Т) between; among(st); ~ *тем* meanwhile, (in the) meantime; ~ *тем как* whereas; while; ~**горо́дный** [14] *tel.* long-distance…, *Brt.* trunk…; interurban; ~**наро́дный** [14] international

межпланет́ный [14] interplanetary

мексик|**а́нец** *m* [1; -нца], ~**а́нка** *f* [5; *g/pl.:* -нок], ~**а́нский** [16] Mexican

мел *m* [1; в ~у́] chalk; *для побе́лки* whitewash

меланхо́л|**ик** *m* [1] melancholic; ~**и́ческий** [16], ~**и́чный** [14; -чен, -чна] melancholy, melancholic; ~**ия** *f* [7] melancholy

меле́ть [8], ⟨об-⟩ grow shallow

ме́лк|**ий** [16; -лок, -лка́, -о; *comp.:* ме́льче] small, little; *интере́сы* petty; *песо́к* fine; *река́* shallow; *таре́лка* flat; ~**ий дождь** drizzle; ~**ота́** *f* [8] small fry

мелоди́|**ческий** [16] melodic; melodious; ~**чный** [14; -чен, -чна] melodious; ~**я** *f* [7] melody

ме́лоч|**ность** *f* [8] pettiness, smallmindedness, paltriness; ~**ный** [14; -чен, -чна] petty, paltry; ~**ь** *f* [8; *from g/pl. e.*] trifle; trinket; *coll.* small fry; *де́ньги* (small) change; *pl.* details, particulars

мель *f* [8] shoal, sandbank; *на* ~**и́** aground; *coll.* in a fix

мельк|**а́ть** [1], ⟨~**ну́ть**⟩ [20] flash; gleam; flit; fly (past); pass by fleetingly; ~**о́м** for a brief moment; *взгляну́ть* ~**о́м** cast a cursory glance

ме́льни|**к** *m* [1] miller; ~**ца** *f* [5] mill

мельхио́р *m* [1] cupronickel, German silver

мельч|**а́ть** [1], ⟨из-⟩ become (~**и́ть** [16 *e.*; -чу́, -чи́шь] make) small(er) *or* shallow(er); become petty

мелюзга́ *coll.* *f* [5] → **ме́лочь** *coll.*

мемориа́л *m* [1], ~**ный** [14] memorial; ~**ная доска́** memorial plaque

мемуа́ры *m/pl.* [1] memoirs

ме́нее less; ~ *всего́* least of all; *тем не* ~ nevertheless

меньш|е less; smaller; *a.* **ме́нее**; ~ий [17] smaller; lesser; younger; least; ~инство́ *n* [9] minority

меню́ *n* [*indecl.*] menu, bill of fare

меня́ть [28], ⟨по-, об-⟩ exchange, barter (**на** B for); change (→ **пере~**); **-ся** *v/i.* (*T/c* T s.th. with)

ме́р|а *f* [5] measure; degree; way; **по ~е** (P) *or* **того́ как** according to (*a.* **в ~у** P); as far as; while the …, the … (+ *comp.*); **по кра́йней (ме́ньшей) ~е** at least

мере́нга *f* [5] meringue

мере́щиться [16], ⟨по-⟩ (Д) seem (*to hear, etc.*); appear (to), imagine

мерз|а́вец *coll. m* [1; -вца] swine, scoundrel; ~кий [16; -зок, -зка́, -о] vile, disgusting, loathsome, foul

мёрз|лый [14] frozen; ~нуть [21], ⟨за-⟩ freeze; feel cold

ме́рзость *f* [8] vileness, loathsomeness

ме́рин *m* [1] gelding; **врать как си́вый ~** lie in one's teeth

ме́р|ить [13], ⟨с-⟩ measure; ⟨при-, по-⟩ *coll.* try on; ~ка *f* [5; *g/pl.*: -рок] **снять ~ку** take s.o.'s measure

ме́ркнуть [21], ⟨по-⟩ fade, darken

мерлу́шка *f* [5; *g/pl.*: -шек] lambskin

ме́р|ный [14; -рен, -рна] measured; rhythmical; ~опри́ятие *n* [12] measure; action

мёртв|енный [14 *sh.*] deathly (pale); ~е́ть [8], ⟨о-⟩ deaden; *med.* mortify; grow *or* turn numb (pale, desolate); ~е́ц *m* [1 *e.*] corpse

мёртв|ый [14; мёртв, мертва́, мёртво; *fig.*: мертво́, мёртвы] dead; ~ая то́чка dead point, dead center (-tre) *fig.*; **на ~ой то́чке** at a standstill

мерца́|ние *n* [12], ~ть [1] twinkle

меси́ть [15], ⟨за-, с-⟩ knead

ме́сса *f* [5] *mus.* mass

мести́ [25 -т-; мету́, метёшь; мётший], ⟨под-⟩ sweep, whirl

ме́стн|ость *f* [8] region, district, locality, place; ~ый [14] local; ~ый жи́тель local inhabitant

ме́ст|о *n* [9; *pl. e.*] place, site; *сиде́ние* seat; *coll.* old use job, post; **в те́ксте** passage *pl. a.*; → **~ность; о́бщее** (*or* **изби́тое**) **~о** platitude, commonplace;

(**заде́ть за**) **больно́е ~о** tender spot (touch on the raw); (**не**) **к ~у** in (out of) place; **не на ~е** in the wrong place; **~а́ми** in (some) places, here and there; **спа́льное ~о** berth; **~ожи́тельство** *n* [9] residence; **~оиме́ние** *n* [12] *gr.* pronoun; **~онахожде́ние**, **~оположе́ние** *n* [12] location, position; **~опребыва́ние** *n* [12] whereabouts; residence; **~орожде́ние** *n* [12] deposit; *нефтяно́е* field

месть *f* [8] revenge

ме́ся|ц *m* [1] month; moon; **в ~ц** a month, per month; **медо́вый ~ц** honeymoon; ~чный [14] month's; monthly

мета́лл *m* [1] metal; ~и́ст *m* [1] metalworker; ~и́ческий [16] metal(lic); ~ургия *f* [7] metallurgy

метаморфо́за *f* [5] metamorphosis; change in s.o.'s behavio(u)r, outlook, etc.

мет|а́ть [3] **1.** ⟨на-, с-⟩ baste, tack; **2.** [3], *once* ⟨~ну́ть⟩ [20] throw; **~а́ть икру́** spawn; **-ся** toss (*in bed*); rush about

мете́ль *f* [8] snowstorm, blizzard

метеоро́лог *m* [1] meteorologist; ~и́ческий [16] meteorological; ~ия *f* [7] meteorology

ме́т|ить [15], ⟨по-⟩ mark; (**в, на** B) aim, drive at, mean; ~ка *f* [5; *g/pl.*: -ток] mark(ing); ~кий [16; -ток, -тка́, -о] well-aimed; *стрело́к* good; keen, accurate, steady; pointed; (*выраже́ние*) apt, to the point

мет|ла́ *f* [5; *pl. st.*: мётлы, мётел; мётлам] broom; ~ну́ть → **мета́ть**

ме́тод *m* [1] method; ~и́ческий [16], ~и́чный [14; -чен, -чна] methodic(al), systematic(al)

метр *m* [1] meter, *Brt.* metre

ме́трика *f* [5] *obs.* birth certificate

метри́ческ|ий [16]: ~ая систе́ма metric system

метро́ *n* [*indecl.*], ~полите́н *m* [1] subway, *Brt.* tube, underground

мех *m* [1; *pl.*: -ха́, *etc.*, *e.*] fur; **на ~у́** fur-lined

механ|и́зм *m* [1] mechanism, gear; ~ик *m* [1] mechanic; *naut.* engineer; ~ика *f* [5] mechanics; ~и́ческий [16] mechanical

мехов|о́й [14] fur…; **~щи́к** *m* [1 *e.*] furrier

меч *m* [1 *e.*] sword; **Дамо́клов ~** sword of Damocles

мече́ть *f* [8] mosque

мечта́ *f* [5] dream, daydream, reverie; **~тель** *m* [4] (day)dreamer; **~тельный** [14; -лен, -льна] dreamy; **~ть** [1] dream (*о* П of)

меша́|ть [1], ⟨раз-⟩ stir; ⟨с-, пере-⟩ mix; *о чувствах* mingle; ⟨по-⟩ disturb; (*препятствовать*) hinder, impede, prevent; **вам не ~ет** (**~ло бы**) you'd better; **-ся** meddle, interfere (**в** В with); **не ~йтесь не в своё дело!** mind your own business!

ме́шк|ать *coll.* [1], ⟨про-⟩ → **ме́длить**; **~ова́тый** [14 *sh.*] (*clothing*) baggy

мешо́к *m* [1; -шка́] sack, bag

меща́н|ин *m* [1; *pl.*: -а́не, -а́н], **~ский** [16] *hist.* (petty) bourgeois, Philistine; narrow-minded

мзда́ *f* [5] *archaic, now joc.* recompense, payment; *iro.* bribe

миг *m* [1] moment, instant; **~ом** *coll.* in a trice (*or* flash); **~а́ть** [1], *once* ⟨~ну́ть⟩ [20] blink, wink; *звёзды* twinkle; *огоньки* glimmer

мигре́нь *f* [8] migraine

ми́зерный [14; -рен, -рна] scanty, paltry

мизи́нец [1; -нца] little finger

микро́б *m* [1] microbe

микроско́п *m* [1] microscope

микрофо́н *m* [1] microphone

миксту́ра *f* [5] medicine (*liquid*), mixture

ми́ленький *coll.* [16] lovely; dear; (*as form of address*) darling

милици|оне́р *m* [1] policeman; militiaman; **~я** *f* [7] police; militia

миллиа́рд *m* [1] billion; **~ме́тр** *m* [1] millimeter (*Brt.* -tre); **~о́н** *m* [1] million

мило|ви́дный [14; -ден, -дна] nice-looking; **~се́рдие** *n* [12] charity, mercy; **~се́рдный** [14; -ден, -дна] charitable, merciful; **~стыня** *f* [8] alms; **~сть** *f* [8] mercy; (*одолжение*) favo(u)r; **~сти про́сим!** welcome!; *iro.*, *coll.* **по твое́й (ва́шей) ми́лости** because

of you

ми́лый [14; мил, -а́, -о] nice, lovable, sweet; (my) dear, darling

ми́ля *f* [6] mile

ми́мо (Р) past, by; **бить ~** miss; **~лётный** [14; -тен, -тна] fleeting, transient; **~хо́дом** in passing; incidentally

ми́на *f* [5] 1. *mil.* mine; 2. mien, expression

минда́|лина *f* [5] almond; *anat.* tonsil; **~ль** *m* [4 *e.*] collect. almond(s); **~льничать** *coll.* [1] be too soft (towards **с** Т)

миниатю́р|а *f* [5], **~ный** [14; -рен, -рна] miniature…; *fig.* tiny, diminutive

ми́нимум *m* [1] minimum; **прожи́точный ~** living wage; *adv.* at the least

минист|е́рство *n* [9] *pol.* ministry; **~е́рство иностра́нных (вну́тренних) дел** Ministry of Foreign (Internal) Affairs; **~р** *m* [1] minister, secretary

мин|ова́ть [7] (*im*)*pf.*, ⟨~у́ть⟩ [20] pass (by); *pf.* be over; escape; (Д) **~уло** (*о возрасте*) → **испо́лниться**; **~у́вший**, **~у́вшее** *su.* past

мино́рный [14] *mus.* minor; *fig.* gloomy, depressed

ми́нус *m* [1] *math.* minus; *fig.* shortcoming

мину́т|а *f* [5] minute; moment, instant (**в** В at; **на** В for); **сию́ ~у** at once, immediately; at this moment; **с ~ы на ~у** (at) any moment; → **пя́тый**, **пять**; **~ный** [14] minute('s); moment('s), momentary

ми́нуть → **минова́ть**

мир *m* [1] 1. peace; 2. [*pl. e.*] world; *fig.* universe, planet; **не от ~а сего́** otherworldly

мир|и́ть [13], ⟨по-, при-⟩ reconcile (to с Т); **-ся** make it up, be(come) reconciled; ⟨при-⟩ resign o.s. to; put up with; **~ный** [14; -рен, -рна] peace…; peaceful

мировоззре́ние *n* [12] weltanschauung, world view; ideology

мирово́й [14] world('s); worldwide, universal; *coll.* first-class

миро|люби́вый [14 *sh.*] peaceable; peaceloving; **~тво́рческий** [16] peacemaking

ми́ска *f* [5; *g/pl*.: -сок] dish, tureen; bowl

ми́ссия *f* [7] mission; *dipl.* legation

ми́стика *f* [5] mysticism

мистифика́ция *f* [7] mystification; hoax

ми́тинг *m* [1] *pol.* mass meeting; **~ова́ть** [7] *impf. coll.* hold (*or* take part in) a mass meeting

митрополи́т *m* [1] *eccl.* metropolitan

миф *m* [1] myth; **~и́ческий** [16] mythic(al); **~оло́гия** *f* [7] mythology

ми́чман *m* [1] warrant officer

мише́нь *f* [8] target

ми́шка *coll. m* [5; *g/pl*.: -шек] (*pet name used for*) bear; (*плю́шевый*) teddy bear

мишура́ *f* [5] tinsel

младе́н|ец *m* [1; -нца] infant, baby; **~чество** *n* [9] infancy

мла́дший [17] younger, youngest; junior

млекопита́ющее *n* [17] *zo.* mammal

мле́чный [14] milk…, milky (*a.* ♀, *ast.*); **~ сок** latex

мне́ни|е *n* [12] opinion (*по* Д in); **обще́ственное ~е** public opinion; **по моему́ ~ю** to my mind

мни́|мый [14 *sh., no m*] imaginary; (*ло́жный*) sham; **~тельный** [14; -лен, -льна] (*подозри́тельный*) hypochondriac(al); suspicious

мно́гие *pl.* [16] many (people, *su.*)

мно́го (Р) much, many; a lot (*or* plenty) of; **ни ~ ни ма́ло** *coll.* neither more nor less; **~ва́то** *coll.* rather too much (many); **~веково́й** [14] centuries-old; **~гра́нный** [14; -а́нен, -а́нна] many-sided; **~де́тный** [14; -тен, -тна] having many children; **~значи́тельный** [14; -лен, -льна] significant; **~кра́тный** [14; -тен, -тна] repeated; *gr.* frequentative; **~ле́тний** [15] longstanding, of many years; *план и т. д.* long-term…; *bot.* perennial **~лю́дный** [14; -ден, -дна] crowded, populous; *ми́тинг* mass…; **~национа́льный** [14; -лен, -льна] multinational; **~обеща́ющий** [17] (very) promising; **~обра́зный** [14; -зен, -зна] varied, manifold; **~сло́вный** [14; -вен, -вна] wordy; **~сторо́нний** [15; -о́нен, -о́ння] many-sided; **~страда́льный**; [14; -лен, -льна]

long-suffering; **~то́чие** *n* [12] ellipsis; **~уважа́емый** [14] dear (*address*); **~цве́тный** [14; -тен, -тна] multicolo(u)red; **~чи́сленный** [14 *sh.*] numerous; **~эта́жный** [14] manystoried (*Brt.* -reyed)

мно́ж|ественный [14. *sh.*] *gr.* plural; **~ество** *n* [9] multitude; a great number; **~имое** *n* [14] *math.* multiplicand; **~итель** *m* [4] multiplier, factor; **~ить**, ⟨по-⟩ → **умножа́ть**

мобилизова́ть [7] (*im*)*pf.* mobilize

моби́льный [14; -лен, -льна] mobile

моги́л|а *f* [5] grave; **~ьный** [14] tomb…

могу́|чий [17 *sh.*], **~щественный** [14 *sh.*] mighty, powerful; **~щество** *n* [9] might, power

мо́д|а *f* [5] fashion, vogue; **~ели́рование** *n* [12] *tech.* simulation; **~е́ль** (-дɛl) *f* [8] model; **~елье́р** *m* [1] fashion designer; **~е́м** (-дɛ-) *m* [1] *comput.* modem; **~ернизи́ровать** (-дɛr-) [7] (*im*)*pf.* modernize; **~ифици́ровать** [7] (*im*)*pf.* modify; **~ный** [14; -ден, -дна́, -о] fashionable, stylish; *пе́сня* popular

мо́ж|ет быть perhaps, maybe; **~но** (*мне, etc.*) one (I, *etc.*) can *or* may; it is possible; → **как**

можжеве́льник *m* [1] juniper

моза́ика *f* [5] mosaic

мозг *m* [1; -а (-у); в **~у́**; *pl.* e.] brain; *ко́стный* marrow; *спинно́й* cord; **шевели́ть ~а́ми** *coll.* use one's brains; **уте́чка ~о́в** brain drain; **~ово́й** [14] cerebral

мозо́|листый [14 *sh.*] horny, calloused; **~лить** [13]: **~лить глаза́** Д *coll.* be an eyesore to; **~ль** *f* [8] callus; corn

мо́|й *m*, **~я́** *f*, **~ё** *n*, **~и́** *pl.* [24] my; mine; *pl. su. coll.* my folks; → **ваш**

мо́к|нуть [21], ⟨про-⟩ become wet; soak; **~ро́та** *f* [5] *med.* phlegm; **~рый** [14; мокр, -а́, -о] wet

мол *m* [1] jetty, pier, mole

молв|а́ *f* [5] rumo(u)r; talk; **~ить** [14] (*im*)*pf. obs.*, ⟨про-⟩ say, utter

молдава́н|ин *m* [1; *pl*.: -ва́не, -а́н], **~ка** *f* [5; *g/pl*.: -нок] Moldavian

моле́бен *m* [1; -бна] *eccl.* service; public prayer

моле́кул|а *f* [5] molecule; **~я́рный** [14]

molecular

моли́т|ва f [5] prayer; **~венник** m [1] prayer book; **~ь** [13; молю́, мо́лишь] (**о** П) implore, entreat, beseech (for); **~ся**, ⟨по-⟩ pray (Д to; **о** П for); *fig.* idolize (**на** В)

молни|ено́сный [14; -сен, сна] instantaneous; **~я** f [7] lightning; (*застёжка*) zipper, zip fastener

молод|ёжь f [8] *collect.* youth, young people *pl.*; **~е́ть** [8], ⟨по-⟩ grow (look) younger; **~е́ц** *coll.* m [1; -дца́] fine fellow, brick; (*оценка*) *as int.* well done!; **~и́ть** [15 *e.*; -ложу́, -ло́дишь] make look younger; **~ня́к** m [1 *e.*] *о животных* offspring; **~ожь** undergrowth; **~оже́ны** m/pl. [1] newly wedded couple; **~о́й** [14; мо́лод, -á, -o; *comp.*: моло́же] young; *картофель, месяц* new: *pl. a.* = **~ожёны**; **~ость** f [8] youth, adolescence; **~цева́тый** [14 *sh.*] smart; *шаг* sprightly

моложа́вый [14 *sh.*] youthful, young-looking

моло́к|и f/pl. [5] milt, soft roe; **~о́** n [9] milk; **сгущённое ~о́** condensed milk; **~осо́с** *coll.* m [1] greenhorn

мо́лот m [1] sledgehammer; **~о́к** m [1; -тка́] hammer; **с ~ка́** by auction; **~ь** [17; мелю́, ме́лешь, меля́] ⟨пере-, с-⟩ grind; *coll.* talk (*вздор* nonsense); **~ьба́** f [5] threshing (time)

моло́чн|ик m [1] milk jug; **~ый** [14] milk...; dairy...

мо́лча silently, tacitly; in silence; **~ли́вый** [14 *sh.*] taciturn; *согласие* tacit; **~ние** n [12] silence; **~ть** [4 *e.*; молча́] be (*or* keep) silent; ⟨за⟩**молчи́!** shut up!

моль f [8] (clothes) moth

мольба́ f [5] entreaty; (*молитва*) prayer

моме́нт m [1] moment, instant (**в** В at); (*черта, сторона*) feature, aspect; **~а́льный** [14] momentary, instantaneous

мона́рхия f [7] monarchy

мона|сты́рь m [4 *e.*] monastery; *женский* convent; **~х** m [1] monk; **~хиня** f [6] nun (*a., F,* **~шенка** f [5; *g/pl.*: -нок]); **~шеский** [16] monastic; monk's

монго́льский [16] Mongolian

моне́т|а f [5] coin; *той же* **~ой** in a p.'s own coin; *за чи́стую* **~у** in good faith; *звонкая* **~а** hard cash; **~ный** [14] monetary; **~ный двор** mint

монито́р m [1] *tech.* monitor

моно|ло́г m [1] monologue; **~полизи́ровать** [7] (*im*)*pf.* monopolize; **~по́лия** f [7] monopoly; **~то́нный** [14; -то́нен, -то́нна] monotonous

монт|а́ж m [1] assembly, installation, montage; **~ёр** m [1] fitter; electrician; **~и́ровать** [7], ⟨с-⟩ *tech.* assemble, mount, fit; *cine.* arrange

монуме́нт m [1] monument; **~а́льный** [14; -лен, -льна] monumental (*a. fig.*)

мопе́д m [1] moped

мора́ль f [8] morals, ethics *pl.*; morality; moral; *чита́ть* **~** *coll.* lecture, moralize; **~ный** [14; -лен, -льна] moral; **~ное состоя́ние** morale

морг m [1] morgue

морг|а́ть [1], ⟨~ну́ть⟩ [20] blink (Т); *и* **гла́зом не** ~**ну́в** *coll.* without batting an eyelid

мо́рда f [5] muzzle, snout

мо́ре n [10; *pl. e.*] sea; seaside (**на** П at); **~м** by sea; **~пла́вание** n [12] navigation; **~пла́ватель** m [4] navigator, seafarer

морж m [1 *e.*], **~о́вый** [14] walrus; *coll.* out-of-doors winter bather

мори́ть [13], ⟨за-, у-⟩ exterminate; **~** **го́лодом** starve; exhaust

морко́в|ь f [8], *coll.* **~ка** f [5; *g/pl.*: -вок] carrot(s)

моро́женое n [14] ice cream

моро́з m [1] frost; **~и́льник** m [1] deep-freeze; **~ить** [15], ⟨за-⟩ freeze; **~ный** [14; -зен, -зна] frosty

мороси́ть [15; -си́т] drizzle

моро́чить *coll.* [16] fool, pull the wool over the eyes of

морс m [1]: fruit drink; *клюквенный* **~** cranberry juice

морско́й [14] sea..., maritime; naval; nautical; seaside...; **~** **волк** sea dog, old salt

мо́рфий m [3] morphine, morphia

морфоло́гия f [7] morphology

морщи́|на f [5] wrinkle; **~нистый** [14

sh.] wrinkled; **~ть** [16], ⟨на-, с-⟩ wrinkle, frown (*v/i.* **~ться**); *ткань* crease

моря́к *m* [1 *e.*] seaman, sailor

моск|ви́ч *m* [1 *e.*], **~ви́чка** *f* [5; *g/pl.*: -чек] Muscovite; **~о́вский** [16] Moscow…

моски́т *m* [1] mosquito

мост *m* [1 & 1 *e.*; на -у́; *pl. e.*] bridge; **~и́ть** [15 *e.*; мощу́, мости́шь, мощённый], ⟨вы-⟩ pave; **~ки́** *m/pl.* [1 *e.*] footbridge; **~ова́я** *f* [14] *old use* carriage way

мот *m* [1] spendthrift, prodigal

мота́|ть [1], ⟨на-, с-⟩ reel, wind; *coll.* ⟨по-⟩, *once* ⟨~ну́ть⟩ shake, wag; (*трясти́*) jerk; *coll.* ⟨про-⟩ squander; **~й отсю́да!** scram!; **-ся** *impf.* dangle; P knock about

моти́в[1] *m* [1] *mus.* tune; motif

моти́в[2] *m* [1] motive, reason; **~и́ровать** [7] (*im*)*pf.* give a reason (for), justify

мото́к *m* [1; -тка́] skein, hank

мото́р *m* [1] motor, engine

мото|ро́ллер *m* [1] motor scooter; **~ци́кл** [1], **-е́т** [1] motorcycle; **~цикли́ст** *m* [1] motorcyclist

мотылёк *m* [1; -лька́] moth

мох *m* [1; мха & мо́ха, во (на) мху́: *pl.*: мхи, мхов] moss

мохна́тый [14 *sh.*] shaggy, hairy

моч|а́ *f* [5] urine; **~а́лка** *f* [5; *g/pl.*: -лок] washing-up mop; loofah; bath sponge; **~ево́й** [14]: **~ево́й пузы́рь** *anat.* bladder; **~и́ть** [16], ⟨на-, за-⟩ wet, moisten; soak, steep (*v/i.* a. urinate); **~ка** *f* [5; -чек] lobe (*of the ear*)

мочь[1] [26 г/ж: могу́, мо́жешь, мо́гут; мог, -ла́; могу́щий], ⟨с-⟩ can, be able; may; **я не могу́ не** + *inf.* I can't help …ing; **мо́жет быть** maybe, perhaps; **не мо́жет быть!** that's impossible!

мочь[2] P *f* [8]: **во всю ~ь, изо всей ~и, что есть ~и** with all one's might; **~и нет** it's unbearable

моше́нни|к *m* [1] swindler, cheat; **~чать** [1], ⟨с-⟩ swindle; **~чество** *n* [9] swindling, cheating

мо́шка *f* [5; *g/pl.*: -шек] midge

мо́щи *f/pl.* [*gen.*: -ще́й, *etc. e.*] relics

мо́щ|ность *f* [8] power; *tech.* capacity; *предприятия* output; **~ный** [14;

мо́щен, -щна́, -о] powerful, mighty; **~ь** *f* [8] power, might; strength

мрак *m* [1] dark(ness); gloom

мра́мор *m* [1] marble

мрачн|е́ть [8], ⟨по-⟩ darken; become gloomy; **~ый** [14; -чен, -чна́, -о] dark; gloomy, somber (*Brt.* -bre)

мсти|тель *m* [4] avenger; **~тельный** [14; -лен, -льна] revengeful; **~ть** [15], ⟨ото-⟩ revenge o.s., take revenge (Д on); (*за* В) avenge a p.

мудр|ёный *coll.* [14; -ён, -ена́ -ене́е] difficult, hard, intricate; (*замыслова́тый*) fanciful; **не ~ено́, что** (it's) no wonder; **~е́ц** *m* [1 *e.*] sage; **~и́ть** *coll.* [13], ⟨на-⟩ complicate matters unnecessarily; **~ость** *f* [8] wisdom; **зуб ~ости** wisdom tooth; **~ствовать** *coll.* [7] → **~и́ть**; **~ый** [14; мудр, -а́, -о] wise

муж *m* **1.** [1; *pl.*: -жья́, -же́й, -жья́м] husband; **2.** *rare* [1; *pl.*: -жи́, -же́й, -жа́м] man; **~а́ть** [1], ⟨воз-⟩ mature, grow; **-ся** *impf.* take courage; **~ественный** [14 *sh.*] steadfast; manly; **~ество** *n* [9] courage, fortitude; **~и́к** *m* [1 *e.*] peasant; P man; **~ско́й** [16] male, masculine (*a. gr.*); (gentle)man('s); **~чи́на** *m* [5] man

музе́й *m* [3] museum

му́зык|а *f* [5] music; **~а́льный** [14; -лен, -льна] musical; **~а́нт** *m* [1] musician

му́ка[1] *f* [5] pain, torment, suffering, torture(s); *coll.* trouble

мука́[2] *f* [5] flour

мультфи́льм *m* [1] animated cartoon

му́мия *f* [7] mummy

мунди́р *m* [1] full-dress uniform; **карто́фель в ~е** *coll.* potatoes cooked in their jackets *or* skin

мундшту́к (-nʃ-) *m* [1 *e.*] cigarette holder; *mus.* mouthpiece

муниципалите́т *m* [1] municipality; town council

мура́в|ей *m* [3; -вья́; *pl.*: -вьи́, -вьёв] ant; **~е́йник** *m* [1] ant hill

мура́шки: **~ (от** P**) бе́гают по спине́** (у P F) (s.th.) gives (a p.) the creeps

мурлы́кать [3 & 1] purr; *coll. песню* hum

муска́т *m* [1] nutmeg; *вино* muscat; **~ный** [14]: **~ный оре́х** nutmeg

му́скул *m* [1] muscle; **~ату́ра** *f* [5] *collect.* muscles; muscular system; **~и́стый** [14 *sh.*] muscular

му́сор *m* [1] rubbish, refuse; sweepings; **~ить** [13], ⟨за-, на-⟩ *coll.* litter; **~опро́вод** *m* [1] refuse chute

муссо́н *m* [1] monsoon

мусульма́н|ин *m* [1; *pl.*: -а́не, -а́н], **~ка** *f* [5; *g/pl.*: -нок] Muslim

мут|и́ть [15; мучу́, му́ти́шь], ⟨вз-, по-⟩ make muddy; *fig.* trouble; fog; **меня́ ~и́т** *coll.* I feel sick; **-ся**, **~не́ть** [8], ⟨по-⟩ grow turbid; blur; **~ный** [14; -тен, -тна́, -о] muddy (*a. fig.*); troubled (*waters*); dull; blurred; foggy; **~о́вка** *f* [5; *g/pl.*: -вок] whisk; **~ь** *f* [8] dregs *pl.*; murk

му́фта *f* [5] muff; *tech.* (**~ сцепле́ния**) clutch sleeve, coupling sleeve

му́фтий *m* [3] *eccl.* Mufti

му́х|а *f* [5] fly; **~омо́р** *m* [1] fly agaric (*mushroom*); *coll.* decrepit old person

муч|е́ние *n* [12] → **му́ка; ~еник** *m* [1] martyr; **~и́тель** *m* [4] tormentor; **~и́тельный** [14; -лен, -льна] painful, agonizing; **~и́ть** [16], P **~а́ть** [1], ⟨за-, из-⟩ torment, torture; *fig.* vex, worry; **-ся** suffer (*pain*); *fig.* suffer torments; **над зада́чей и т. д.** take great pains (over), toil

му́шк|а *f* [5; *g/pl.*: -шек] *ружья́* (fore)-sight; **взять на ~у** take aim (at)

мча́ть(ся) [4], ⟨по-⟩ rush *or* speed (along)

мши́стый [14 *sh.*] mossy

мще́ние *n* [12] vengeance

мы [20] we; **~ с ним** he and I

мы́л|ить [13], ⟨на-⟩ soap; **~ить го́лову** (Д) *coll.* give s.o. a dressing-down, scold; **~о** *n* [9; *pl. e.*] soap; **~ница** *f* [5] soap dish; **~ьный** [14] soap(y); **~ьная пе́на** lather, suds

мыс *m* [1] *geogr.* cape, promontory

мы́сл|енный [14] mental; **~имый** [14 *sh.*] conceivable; **~итель** *m* [4] thinker;

~ить [13] think (**о** of, about); reason; (*представля́ть*) imagine; **~ь** *f* [8] thought, idea (**о** П of); **за́дняя ~ь** ulterior motive

мыта́рство *n* [9] hardship, ordeal

мы́ть(ся) [22], ⟨по-, у-, вы́-⟩ wash (o.s.)

мыча́ть [4 *e.*; -чу́, -чи́шь] moo, low; *coll.* mumble

мышело́вка *f* [5; *g/pl.*: -вок] mouse-trap

мы́шечный [14] muscular

мы́шк|а *f* [5; *g/pl.*: -шек]: **под ~ой** under one's arm

мышле́ние *n* [12] thinking, thought

мы́шца *f* [5] muscle

мышь *f* [8; *from g/pl. e.*] mouse

мышья́к *m* [1 *e.*] *chem.* arsenic

мэр *m* [1] mayor

мя́гк|ий [-хк-] [16; -гок, -гка́, -о; *compr.*: мя́гче] soft; *движе́ние* smooth; *мя́со и. т. д.* tender; *fig.* mild, gentle; lenient; **~ое кре́сло** easy chair; **~ий ваго́н** *rail.* first-class coach *or* car(riage); **~осерде́чный** [14; -чен, -чна] soft-hearted; **~ость** *f* [8] softness; *fig.* mildness **~оте́лый** [14] *fig.* flabby, spineless

мя́к|иш *m* [1] soft part (*of loaf*); **~нуть** [21], ⟨на-, раз-⟩ become soft; **~оть** *f* [8] flesh; *плода́* pulp

мя́мл|ить P [13] mumble; **~я** *m & f* [6] *coll.* mumbler; irresolute person; milksop

мяс|и́стый [14 *sh.*] fleshy; pulpy; **~ни́к** *m* [1 *e.*] butcher; **~но́й** [14] meat...; butcher's; **~о** *n* [9] meat; flesh **~ору́бка** *f* [5; *g/pl.*: -бок] mincer

мя́та *f* [8] mint

мяте́ж *m* [1 *e.*] rebellion, mutiny; **~ник** *m* [1] rebel, mutineer

мять [мну, мнёшь; мя́тый], ⟨с-, по-, из-⟩ [сомну́; изомну́] (c)rumple, press; knead; *тра́ву и т. д.* trample; **-ся** be easily crumpled; *fig. coll.* waver, vacillate

мяу́к|ать [1], *once* ⟨-нуть⟩ mew

мяч *m* [1 *e.*] ball; **~ик** [1] *dim.* → **мяч**

Н

на[1] **1.** (В): (*направление*) on, onto; to, toward(s); into, in; (*длительность, назначение и т. д.*) for; till; *math.* by; **~ что?** what for?; **2.** (П): (*расположение*) on, upon; in, at; with; for; **~ ней ... she has ... on**

на[2] *int. coll.* there, here (you are); *a.* **вот тебе на!** well, I never!

набав|ля́ть [28], ⟨~ить⟩ [14] raise, add to, increase

набат *m* [1]: **бить в ~** *mst. fig.* sound the alarm

набе́|г *m* [1] incursion, raid; **~га́ть** [1], ⟨~жа́ть⟩ [4]; -егу́, -ежи́шь, -егу́т; -еги́(-те)!] run (into **на** В); (*покрывать*) cover; **~га́ться** [1] *pf.* be exhausted with running about

набекре́нь *coll.* aslant, cocked

на́бережная *f* [14] embankment, quay

наби|ва́ть [1], ⟨~ть⟩ [-бью, -бьёшь; → **бить**] stuff, fill; **~вка** *f* [5; *g/pl.*: -вок] stuffing, padding

набира́ть [1], ⟨набра́ть⟩ [-беру́, -рёшь; → **брать**] gather; *на работу* recruit; *tel.* dial; *typ.* set; take (many, much); *высоту, скорость* gain; **-ся** (*набиться*) become crowded; Р (*напиться*) get soused; **-ся сме́лости** pluck up one's courage

наби́|тый [14 *sh.*] (Т) packed; Р **~тый дура́к** arrant fool; **битко́м ~тый**; *coll.* crammed full; **~ть** → **~ва́ть**

наблюд|а́тель *m* [4] observer; **~а́тельный** [14; -лен, -льна] observant, alert; *пост* observation; **~а́ть** [1] (*v/t. & за* Т) observe; watch; (*a.* **про-**); see to (it that); **-ся** be observed *or* noted; **~е́ние** *n* [12] observation; supervision

набо́йк|а *f* [5; *g/pl.*: -бо́ек] heel (*of shoe*); **набива́ть** ⟨-би́ть⟩ **~у** put a heel on, heel

на́бок to *or* on one side, awry

наболе́вший [16] sore, painful (*a. fig.*)

набо́р *m* [1] *на курсы и т. д.* enrol(l)-ment; (*комплéкт*) set, kit; typesetting

набра́сывать [1] **1.** ⟨~оса́ть⟩ [1] sketch, design, draft; **2.** ⟨~о́сить⟩ [15] throw over *or* on (**на** В); **-ся** fall (up)on

набра́ть → **набира́ть**

набрести́ [25] *pf. coll.* come across (**на** В); happen upon

набро́сок *m* [1; -ска] sketch, draft

набух|а́ть [1], ⟨~нуть⟩ [21] swell

нава́л|ивать [1], ⟨~и́ть⟩ [13; -алю́, -а́лишь, -а́ленный] heap; *работу* load (with); **-ся** fall (up)on

нава́лом *adv.* in bulk; *coll.* loads of

наве́д|ываться, ⟨~аться⟩ [1] *coll.* call on (**к** Д)

наве́к, ~и forever, for good

наве́рн|о(е) probably; for certain, definitely; (*a., coll.* **~яка́**) for sure, without fail

наве́рх up(ward[s]); *по лестнице* upstairs; **~у́** above; upstairs

наве́с *m* [1] awning; annex (*with sloping roof*); shed, carport

навеселе́ *coll.* tipsy, drunk

навести́ → **наводи́ть**

навести́ть → **навеща́ть**

наве́тренный [14] windward

наве́чно forever, for good

наве|ща́ть [1], ⟨~сти́ть⟩ [15 *e.*; -ещу́, -ести́шь; -ещённый] call on

на́взничь backwards, on one's back

навзры́д: **пла́кать ~** sob

навига́ция *f* [7] navigation

нависа́ть [1], ⟨~нуть⟩ [21] hang (over); *опасность и т. д.* impend, threaten

навле|ка́ть [1], ⟨~чь⟩ [26] (**на** В) bring on, incur

наводи́ть [15], ⟨навести́⟩ [25] (**на** В) direct (at); point (at); turn (to); lead (to), bring on *or* about, cause, raise (→ **нагоня́ть**); make; construct; **~ на мысль** come up with an idea; **~ поря́док** put in order; **~ ску́ку** bore; **~ спра́вки** inquire (**о** П after)

наводн|е́ние *n* [12] flood, inundation; **~я́ть** [28], ⟨~и́ть⟩ [13] flood with (*a. fig.*), inundate with

наво́з m [1], **-и́ть** [15], ⟨у-⟩ dung, manure

на́волочка f [5; g/pl.: -чек] pillowcase

навостри́ть [13] pf. уши prick up

навря́д (ли) hardly, scarcely

навсегда́ forever; раз и ~ once and for all

навстре́чу toward(s); идти́ ~ (Д) go to meet; fig. meet halfway

на́выворот P (наизна́нку) inside out; де́лать ши́ворот-~ put the cart before the horse

на́вык m [1] experience, skill (в П in)

навя́з|ывать [1], ⟨~а́ть⟩ [3] мне́ние, во́лю impose, foist ([up]on; Д v/i. -ся); **~чивый** [14 sh.] obtrusive; **~чивая иде́я** idée fixe

наг|иба́ть [1], ⟨~ну́ть⟩ [20] bend, bow, stoop (v/i. -ся)

нагишо́м coll. stark naked

нагл|е́ть [8], ⟨об-⟩ become impudent; **~е́ц** m [1 e.] impudent fellow; **~ость** f [8] impudence, insolence; верх ~ости the height of impudence; **~ухо** tightly; **~ый** [14; нагл, -а́, -о] impudent, insolent, coll. cheeky

нагляд|е́ться [11] не ~е́ться never get tired of looking (at); **~ный** [14; -ден, -дна] clear, graphic; (очеви́дный) obvious; пособие visual; **~ный уро́к** object lesson

нагна́ть → **нагоня́ть**

нагнета́ть [1]: ~ стра́сти stir up passions

нагное́ние n [12] suppuration

нагну́ть → **нагиба́ть**

нагов|а́ривать [1], ⟨~ори́ть⟩ [13] say, tell, talk ([too] much or a lot of ...); coll. slander (a p. на В, о П); записать) record; **~ори́ться** pf. talk o.s. out; не **~ори́ться** never get tired of talking

наго́й [14; наг, -а́, -о] nude, naked, bare

нагон|я́й coll. m [3] scolding, upbraiding; **~я́ть** [28], ⟨нагна́ть⟩ [-гоню́, -го́нишь; → **гнать**] overtake, catch up (with); (навёрстывать) make up (for); **~я́ть страх, ску́ку,** etc. на (В) frighten, bore, etc.

нагота́ f [5] nudity; nakedness

нагот|а́вливать [1], ⟨~о́вить⟩ [14] prepare; (запасти́сь) lay in; **~о́ве** in readiness, on call

награ́бить [14] pf. amass by robbery, plunder (a lot of)

награ́|да f [5] reward (в В as a); (знак отли́чия) decoration; **~жда́ть** [1], ⟨~ди́ть⟩ [15 e.; -ажу́, -ади́шь; -аждён-ный] (Т) reward; decorate; fig. endow with

нагрева́т|ельный [14] heating; **~ь** [1] → **греть**

нагромо|жда́ть [1], ⟨~зди́ть⟩ [15 e.; -зжу́, -зди́шь; -ождённый] pile up, heap up

нагру́дник m [1] bib, breastplate

нагру|жа́ть [1], ⟨~зи́ть⟩ [15 & 15 e.; -ужу́, -у́зи́шь; -у́женный] load (with Т); coll. рабо́той a. burden, assign; **~зка** f [5; g/pl.: -зок] load(ing); coll. a burden, job, assignment; преподава́теля teaching load

нагря́нуть [20] pf. о гостя́х appear unexpectedly, descend (on)

над, **~о** (Т) over, above; смея́ться at; about; труди́ться at, on

нада́в|ливать [1], ⟨~и́ть⟩ [14] (a. на В) press; squeeze; со́ку press out

надба́в|ка f [5; g/pl.: -вок] addition; extra charge; к зарпла́те increment, rise; **~ля́ть** [28], ⟨~ить⟩ [14] coll. → **наба́вля́ть**

надви|га́ть [1], ⟨~нуть⟩ [20] move, push, pull (up to, over); **~га́ть ша́пку** pull one's hat over one's eyes; **-ся** approach, draw near; (закры́ть) cover

на́двое in two (parts or halves); ambiguously; ба́бушка ~ сказа́ла it remains to be seen

надгро́бие n [12] tombstone

наде|ва́ть [1], ⟨~ть⟩ [-е́ну, -е́нешь; -е́тый] put on (clothes, etc.)

наде́жд|а f [5] hope (на В of); подава́ть **~ы** show promise

наде́жный [14; -жен, -жна] reliable, dependable; (про́чный) firm; (безопа́сный) safe

наде́л|ать [1] pf. make (a lot of); (причиня́ть) do, cause, inflict; **~ть** [28], ⟨~и́ть⟩ [13] умо́м и т. д. endow with

наде́ть → **надева́ть**

наде́яться [27] (на В) hope (for); (по-

лагаться) rely (on)

надзо́р *m* [1] supervision; *мили́ции и т. д.* surveillance

надла́|мывать, ⟨*~ома́ть*⟩ [1] *coll.*, ⟨*~оми́ть*⟩ [14] crack; *fig.* overtax, break down

надлежа́|ть [4; *impers.* + *dat. and inf.*] it is necessary; **~щий** [17] appropriate, suitable; **~щим о́бразом** properly, duly

надлома́ть → **надла́мывать**

надме́нный [14; -е́нен, -е́нна] haughty

на́до it is necessary (for Д); (Д) (one) must (*go, etc.*); need; want; **так ему́ и ~** it serves him right; **~бность** *f* [8] need (**в** П for), necessity; affair, matter (**по** Д in); **по ме́ре ~бности** when necessary

надо|еда́ть [1], ⟨*~е́сть*⟩ [-е́м, -е́шь, *etc.*, → **есть**¹] (Д, Т) tire; *вопро́сами и т. д.* bother, pester; **мне ~ел...** I'm tired (of) fed up (with); **~е́дливый** [14 *sh.*] tiresome; *челове́к* troublesome, annoying

надо́лго for (a) long (time)

надорва́ть → **надрыва́ть**

надпи́|сывать [1], ⟨*~са́ть*⟩ [3] inscribe; *конве́рт и т. д.* superscribe; **~сь** *f* [8] inscription

надре́з *m* [1] cut, incision; **~а́ть** *and* **~ывать** [1], ⟨*~ать*⟩ [3] cut, incise

надруга́тельство *n* [9] outrage

надры́в *m* [1] rent, tear; *fig.* strain; **~а́ть** [1], ⟨*надорва́ть*⟩ [-ву́, -вёшь; надорва́л, -а́, -о; -о́рванный] tear; *здоро́вье* undermine; (over)strain (o.s. себя́, -ся; be[come] worn out *or* exhausted; let o.s. go; **~а́ть живо́т от сме́ха**, **~а́ться** (**со́ смеху**) split one's sides (with laughter)

надстра́|ивать [1], ⟨*~о́ить*⟩ [13] build on; raise the height of; **~о́йка** [5; *g/pl.*: -ро́ек] superstructure

наду|ва́ть [1], ⟨*~ть*⟩ [18] inflate; (*обма́нывать*) dupe; **~ть гу́бы** pout; **-ся** *v/i. coll.* (*оби́деться*) be sulky (**на** В with); **~вно́й** [14] inflatable, air...; **~ть** → **~ва́ть**

наду́м|анный [14] far-fetched, strained; **~ать** *coll.* [1] *pf.* think (of), make up one's mind

наду́тый [1] (*оби́женный*) sulky

наеда́ться [1], ⟨*нае́сться*⟩ [-е́мся,

-е́шься, *etc.*, → **есть**¹] eat one's fill

наедине́ alone, in private

нае́зд *m* [1] (**~ом** on) short *or* flying visit(s); **~ник** *m* [1] rider

нае|зжа́ть [1], ⟨*~́хать*⟩ [нае́ду, -е́дешь] (**на** В) run into *or* over; *coll.* come (occasionally), call on (**к** Д)

наём *m* [1; на́йма] *рабо́тника* hire; *кварти́ры* rent; **~ник** *m* [1] *солда́т* mercenary; **~ный** [14] hired

нае́|сться → **~да́ться**; **~хать** → **~зжа́ть**

нажа́ть → **нажима́ть**

нажда́|к *m* [1 *e.*], **~чный** [14] emery

нажи́|ва *f* [5] gain, profit; **~ва́ть** [1], ⟨*~ть*⟩ [-живу́, -вёшь; на́жил, -а́, -о; на́живший; на́житый (на́жит, -а́, -о)] earn, gain; *добро́* amass; *состоя́ние, враго́в* make; *ревмати́зм* get; **~вка** *f* [5; *g/pl.*: -вок] bait

нажи́м *m* [1] pressure (*a. fig.*); **~а́ть** [1], ⟨*нажа́ть*⟩ [-жму́, -жмёшь; -жа́тый] (*a.* **на** В) press, push (*a. coll. fig.* = urge, impel; influence)

нажи́ть → **нажива́ть**

наза́д back(ward[s]); **~!** get back!; *тому́* **~** ago

назва́|ние *n* [12] name; title; **~ть** → **называ́ть**

назе́мный [14]: **~ тра́нспорт** overland transport

назида́|ние *n* [12] edification (for p.'s **в** В/Д); **~тельный** [14; -лен, -льна] edifying

на́зло́ Д out of spite, to spite (s.b.)

назнач|а́ть [1], ⟨*~ить*⟩ [16] appoint (p. s.th. В/Т), designate; *вре́мя и т. д.* fix, settle; *лека́рство* prescribe; *день и т. д.* assign; **~е́ние** *n* [12] appointment; assignment; (*цель*) purpose; pre-scription; (*ме́сто ~е́ния*) destination

назо́йливый [14 *sh.*] importunate

назре|ва́ть [1], ⟨*~ть*⟩ [8] ripen, mature; *fig.* be imminent *or* impending; **~ло вре́мя** the time is ripe

назубо́к *coll.* by heart, thoroughly

называ́|ть [1], ⟨*назва́ть*⟩ [-зову́, -зо-вёшь; -зва́л, -а́, -о; на́званный (на́зван, -а́, -о)] call, name; (*упомяну́ть*) mention; **~ть себя́** introduce o.s.; **~ть ве́щи свои́ми имена́ми** call a spade a spade;

так ⸺емый so-called; **-ся** call o.s., be called; **как ⸺ется …?** what is (or do you call) …?

наи... in compds. of all, very; **⸺бо́лее** most, …est of all

наи́вн|ость f [8] naiveté; **⸺ый** [14; -вен, -вна] naive, ingenuous

наизна́нку inside out

наизу́сть by heart

наиме́нее least … of all

наименова́ние n [12] name; title

наискосо́к obliquely

найти|е n [12]: **по ⸺ю** by intuition

найти́ → **находи́ть**

наказ|а́ние n [12] punishment (**в** B as a); penalty; coll. nuisance; **⸺у́емый** [14 sh.] punishable; **⸺ывать**, ⟨⸺а́ть⟩ [3] punish

нака́л m [1] incandescence; **⸺ивать** [1], ⟨⸺и́ть⟩ [13] incandesce; **стра́сти ⸺и́лись** passions ran high; **⸺ённый** incandescent, red-hot; **атмосфе́ра** tense

нак|а́лывать [1], ⟨⸺оло́ть⟩ [17] дров chop

накану́не the day before; **~** (P) on the eve (of)

нака́п|ливать [1] **&** **⸺опля́ть** [28], ⟨⸺опи́ть⟩ [14] accumulate, amass; деньги save up

наки|дка f [5; g/pl.: -док] cape, cloak; **⸺дывать** [1] **1.** ⟨⸺да́ть⟩ [1] throw about; **2.** ⟨⸺нуть⟩ [20] throw on; coll. (набавить) add; raise; **-ся** (**на** B) coll. fall (up)on

на́кипь f [8] пена scum (a. fig.); осадок scale

наклад|на́я f [14] invoice, waybill; **⸺но́й** [14]: **⸺ные расхо́ды** overhead, expenses, overheads; **⸺ывать** and **налага́ть** [1], ⟨наложи́ть⟩ [16] (**на** B) lay (on), apply (to); put (on), set (to); взыскание, штраф impose; отпечаток leave; (наполнить) fill, pack, load

накле́|ивать [1], ⟨⸺ить⟩ [13; -е́ю] glue or paste on; марку stick on; **⸺йка** f [5; g/pl.: -е́ек] label

накло́н m [1] incline; slope; **⸺е́ние** n [12] gr. inclination; mood; **⸺йть** → **⸺я́ть**; **⸺ный** [14] inclined, slanting; **⸺я́ть** [28], ⟨⸺и́ть⟩ [13; -оню́, -о́нишь; -онён-

ный] bend, tilt; bow, stoop; incline; **-ся** v/i.

накова́льня f [6; g/pl.: -лен] anvil

наколо́ть → **нака́лывать**

наконе́|ц (**⸺ц-то** oh) at last, finally; at length; **⸺чник** m [1] tip, point

накоп|ле́ние n [12] accumulation; **⸺ля́ть**, **⸺и́ть** → **нака́пливать**

накрахма́ленный [14] starched

на́крепко fast, tight

накры|ва́ть [1], ⟨⸺ть⟩ [22] cover; стол (a. B) lay (the table); P преступника catch, trap

накуп|а́ть [1], ⟨⸺и́ть⟩ [14] (P) buy up (a lot)

наку́р|ивать [1], ⟨⸺и́ть⟩ [13; -урю́, -у́ришь; -у́ренный] fill with smoke or fumes

налага́ть → **накла́дывать**

нала́|живать [1], ⟨⸺дить⟩ [15] put right or in order, get straight, fix; дела get things going; отношения establish

нале́во to or on the left of; → **напра́во**

нале|га́ть [1], ⟨⸺чь⟩ [26; г/ж: -ля́гу, -ля́жешь, -ля́гут; -лёг, -гла́; -ля́г(те)!] (**на** B) lean (on); press (against, down); fig. **на рабо́ту** и m. д. apply o.s. (to)

налегке́ coll. with no baggage (Brt. luggage)

нал|ёт m [1] mil., ae. raid, attack; med. fur; (a. fig.) touch; **⸺ета́ть** [1], ⟨⸺ете́ть⟩ [11] (**на** B) fly (at, [a. knock, strike] against); swoop down; raid, attack; (наброситься) fall ([up]on); о ветре, буре spring up; **⸺ётчик** m [1] bandit

нале́чь → **налега́ть**

нали|ва́ть [1], ⟨⸺ть⟩ [-лью́, -льёшь; -ле́й(те)!; на́ли́л, -а́, -о; -ли́вший; на́ли́тый (на́ли́т, -а́, -о)] pour (out); fill; p. pt. p. (a. **⸺то́й**) ripe, jucy; о теле firm; (**-ся** v/i.; a. ripen); **⸺вка** f [5; g/pl.: -вок] (fruit) liqueur; **⸺м** m [1] burbot

налито́й, нали́ть → **налива́ть**

налицо́ present, on hand

нали́ч|ие n [12] presence; **⸺ность** f [8] cash-in-hand; a → **⸺ие**; **в ⸺ности** → **налицо́**; **⸺ный** [14] (a. pl., su.); деньги ready cash (a. down T); (имеющийся) present, on hand; **за ⸺ные** for cash

нало́г m [1] tax; **на това́ры** duty;

~оплате́льщик *m* [1] taxpayer

нало́ж|енный [14]: **~енным платежо́м** cash (*or* collect) on delivery; **~ть** → **накла́дывать**

налюбова́ться [7] *pf.* (T) gaze to one's heart's content; **не ~** never get tired of admiring (o.s. **собо́й**)

нама́|зывать [1] → **ма́зать**; **~тывать** [1] → **мота́ть**

нам|ёк *m* [1] (**на** В) allusion (to), hint (at); **~ека́ть** [1], **⟨~екну́ть⟩** [20] (**на** В) allude (to), hint (at)

намер|ева́ться [1] intend → (**я** I, *etc.*) **~ен(а)**; **~ение** *n* [12] intention, design; purpose (**с** T on); **~енный** [14] intentional, deliberate

намета́ть → **намётывать**

наме́тить → **намеча́ть**

нам|ётка *f* [5; *g/pl.*: -ток], **~ётывать** [1], **⟨~ета́ть⟩** [3] *sew.* baste, tack

намеча́|ть [1], **⟨~тить⟩** [15] (*плани́ровать*) plan, have in view; (*отбира́ть*) nominate, select

намно́го much, (by) far

намока́|ть [1], **⟨~нуть⟩** [21] get wet

намо́рдник *m* [1] muzzle

нанести́ → **наноси́ть**

нани́з|ывать [1], **⟨~а́ть⟩** [3] string, thread

нан|има́ть [1], **⟨~я́ть⟩** [найму́, -мёшь; на́нял, -а́, -о; -я́вший; на́нятый (на́нят, -а́, -о)] rent, hire; *рабо́чего* take on, engage; **-ся** *coll.* take a job

на́ново anew, (over) again

наноси́|ть [15], **⟨нанести́⟩** [24 -с-: несу́, -сёшь; -нёс, -несла́] bring (much, many); *водо́й* carry, waft, deposit, wash ashore; *кра́ску и т. д.* lay on, apply; *на ка́рту и т. д.* plot, draw; (*причиня́ть*) inflict (on Д), cause; *визи́т* pay; *уда́р* deal

наня́ть(ся) → **нанима́ть(ся)**

наоборо́т the other way round, vice versa, conversely; on the contrary

наобу́м *coll.* at random, haphazardly; without thinking

наотре́з bluntly, categorically

напа|да́ть [1], **⟨~сть⟩** [25; *pt. st.*: -па́л, -а; -па́вший] (**на** В) attack, fall (up)on; (*случа́йно обнару́жить*) come across

or upon; hit on; *страх* come over, seize, grip; **~да́ющий** *m* [17] assailant; *sport* forward; **~де́ние** *n* [12] attack; assault; **~дки** *f/pl.* [5; *gen.*: -док] accusations; (*приди́рки*) carping, faultfinding *sg.*

нап|а́ивать [1], **⟨~ои́ть⟩** [13] *водо́й и т. д.* give to drink; *спиртны́м* make drunk

напа́|сть 1. *coll. f* [8] misfortune, bad luck; **2.** → **~да́ть**

напе́в *m* [1] melody, tune; **~ва́ть** [1] hum, croon

напере|бо́й *coll.* vying with one another; **~го́нки** *coll.*: **бежа́ть ~го́нки** racing one another; **~ко́р** (Д) in spite *or* defiance (of), counter (to); **~ре́з** cutting (across s.b.'s way Д, Р); **~чёт** each and every; *as pred.* not many, very few

напёрсток *m* [1; -тка] thimble

напи|ва́ться [1], **⟨~ться⟩** [-пью́сь, -пьёшься; -пи́лся, -пила́сь; пе́йся, -пе́йтесь!] drink, quench one's thirst; (*опьяне́ть*) get drunk

напи́льник *m* [1] (*tool*) file

напи́|ток *m* [1; -тка] drink, beverage; *прохлади́тельные (спиртны́е)* **~тки** soft (alcoholic) drinks; **~ться** → **~ва́ться**

напи́х|ивать, **⟨~а́ть⟩** [1] cram into, stuff into

наплы́в *m* [1] *покупа́телей и т. д.* influx

напова́л outright, on the spot

наподо́бие (Р) like, resembling

напои́ть → **напа́ивать**

напока́з for show; → **выставля́ть**

наполн|я́ть [28], **⟨~ить⟩** [13] (T) fill; crowd; *p. pt. p. a.* full

наполови́ну half; (*do*) by halves

напом|ина́ние *n* [12] reminding, reminder; **~ина́ть** [1], **⟨~нить⟩** [13] remind (a. p. of Д/о П)

напо́р *m* [1] pressure (*a. fig.*); **~истость** [8] push, vigo(u)r

напосле́док *coll.* in the end, finally

напра́в|иться → **~ля́ть(ся)**; **~ле́ние** *n* [12] direction (**в** П, **по** Д in); *fig.* trend, tendency; **~ля́ть** [28], **⟨~ить⟩** [14] direct, aim; send, refer to; assign, detach; **-ся**

head for; (*coll.*) get going, get under way; turn (**на** B to)

напра́во (**от** P) to the right, on the right

напра́сн|ый [14; -сен, -сна] vain; (*необоснованный*) groundless, idle; **∼о** in vain; (*незаслуженно*) wrongly

напр|а́шиваться [1], ⟨∼оси́ться⟩ [15] (**на** B) (pr)offer (o.s. for); solicit; *на оскорбле́ния* provoke; *на комплиме́нты* fish (for); *impf. вы́воды и т. д.* suggest itself

наприме́р for example, for instance

напро|ка́т for hire; **взять** (**дать**) **∼ка́т** hire (out); **∼лёт** *coll.* (all)… through(-out); without a break; **∼лóм** *coll.*: **идти́ ∼лóм** force one's way; (*act*) regardless of obstacles

напроси́ться → **напра́шиваться**

напро́тив (P) opposite; on the contrary; → *a.* **наперекóр** and **наоборо́т**

напря|га́ть [1], ⟨∼чь⟩ [26; г/ж: -ягу, -яжёшь; -пря́г] strain (*a. fig.*); exert; *му́скулы* tense; **∼же́ние** *n* [12] tension (*a. el.* voltage), strain, exertion, effort; close attention; **∼жённый** [14 *sh.*] *отноше́ния* strained; *труд и т. д.* (in)tense; *внима́ние* keen, close

напрями́к *coll.* straight out; outright

напря́чь → **напряга́ть**

напу́ганный [14] scared, frightened

напус|ка́ть [1], ⟨∼ти́ть⟩ [15] let in, fill; set on (**на** B); *coll.* (**∼ка́ть на себя́**) put on (*airs*); P *стра́ху* cause; **-ся** *coll.* fly at, go for (**на** B); **∼кнóй** [14] affected, assumed, put-on

напу́тств|енный [14] farewell…, parting; **∼ие** *n* [12] parting words

напы́щенный [14 *sh.*] pompous; *стиль* high-flown

наравне́ (**с** T) on a level with; equally; together (*or* along) with

нараспа́шку *coll.* unbuttoned; (*душа́*) **∼** frank, candid

нараспе́в with a singsong voice

нараст|а́ть [1], ⟨∼и́⟩ [24; -стёт; → **расти́**] grow; *о проце́нтах* accrue; increase; *о зву́ке* swell

нарасхва́т *coll.* like hot cakes

нареза́ть [1], ⟨∼а́ть⟩ [3] cut; *мя́со* carve; *ло́мтиками* slice; **∼ыва́ть** → **∼а́ть**

нарека́ние *n* [12] reprimand, censure

наре́чие¹ *n* [12] dialect

наре́чие² *gr.* adverb

нарица́тельный [14] *econ.* nominal; *gr.* common

нарко́|з *m* [1] narcosis, an(a)esthesia; **∼ма́н** *m* [1] drug addict; **∼тик** *m* [1] narcotic

наро́д *m* [1] people, nation, **∼ность** *f* [8] nationality; **∼ный** [14] people's, popular, folk…; national; **∼ное хозя́йство** national economy

наро́ст *m* [1] (out)growth

нарóч|итый [14 *sh.*] deliberate, intentional; *adv.* = **∼но** *a.* on purpose; *coll.* in fun; *coll. a.* = **назло́**; **∼ный** [14] courier

на́рты *f/pl.* [5] sledge (*drawn by dogs or reindeer*)

нару́ж|ность *f* [8] exterior; outward appearance; **∼ный** [14], external; *спокóйствие и т. д.* outward(s); **∼у** outside, outward(s); **вы́йти ∼у** *fig.* come to light

наруш|а́ть [1], ⟨∼ить⟩ [16] disturb; *пра́вило и т. д.* infringe, violate; *тишину́ и т. д.* break; **∼е́ние** *n* [12] violation, transgression, breach; disturbance; **∼и́тель** *m* [4] *грани́цы* trespasser; *спокóйствия* disturber; *зако́на* infringer; **∼ить** → **∼а́ть**

нарци́сс *m* [1] daffodil

на́ры *f/pl.* [5] plank bed

нары́в *m* [1] abscess; **∼а́ть** [1], ⟨нарва́ть⟩ *med.* come to a head

наря́|д *m* [1] *оде́жда* attire, dress; **∼ди́ть** → **∼жа́ть**; **∼дный** [14; -ден, -дна] well-dressed; elegant; smart

наряду́ (**с** T) together (*or* along) with, side by side; at the same time; *a.* → **наравне́**

наря|жа́ть [1], ⟨∼ди́ть⟩ [15 & 15 *е.*; -яжу́, -я́дишь; -я́женный & -яжённый] dress up (as) (*v/i.* **-ся**)

наса|жда́ть [1], ⟨∼ди́ть⟩ [15] (im)plant (*a. fig.*); → *a.* **∼жива́ть**; **∼жде́ние** *n* [12] *mst. pl.* specially planted trees, bushes; **∼жива́ть** [1], ⟨∼жа́ть⟩, ⟨∼ди́ть⟩ [15] plant (many); *на ру́чку* haft

насви́стывать [1] whistle

наседа́ть [1] *impf.* press (*of crowds, etc.*)

насеко́мое *n* [14] insect

насел|е́ние *n* [12] population; *города́* inhabitants; **~ённый** [14; -лён, -лена́, -лено́] populated; **~ённый пункт** (*official designation*) locality, built-up area; **~я́ть** [28], ⟨**~и́ть**⟩ [13] people, settle; *impf.* inhabit, live in

наси́женный [14] snug; familiar, comfortable

наси́л|ие *n* [12] violence, force; (*принужде́ние*) coercion; **~овать** [7] violate, force; rape; (*a.* из-); **~лу** *coll.* → **е́ле**; **~льно** by force; forcibly; **~льственный** [14] forcible; *смерть* violent

наск|а́кивать [1], ⟨**~очи́ть**⟩ [16] (*на* В) *fig. coll.* fly at, fall (up)on; *ка́мень и т. д.* run *or* strike against; (*столкну́ться*) collide (with)

насквозь throughout; *coll.* through and through

наско́лько as (far as); how (much); to what extent

на́скоро *coll.* hastily, in a hurry

наскочи́ть → **наска́кивать**

наску́чить *coll.* [16] *pf.*, → **надоеда́ть**

насла|жда́ться [1], ⟨**~ди́ться**⟩ [15 *e.*; -ажу́сь, -ади́шься] (Т) enjoy (o.s.), (be) delight(ed); **~жде́ние** *n* [12] enjoyment; delight; pleasure

насле́д|ие *n* [12] heritage, legacy; → *a.* **~ство**; **~ник** *m* [1] heir; **~ница** *f* [5] heiress; **~ный** [14] *принц* crown...; **~овать** [7] (*im*)*pf.*, ⟨у-⟩ inherit; (Д) succeed to; **~ственность** *f* [8] heredity; **~ственный** [14] hereditary; *иму́щество* inherited; **~ство** *n* [9] inheritance; → *a.* **~ие**; *vb.* + **в ~ство** (*or* **по ~ству**) inherit

наслое́ние *n* [12] stratification

насл|у́шаться [1] *pf.* (P) listen to one's heart's content; **не мочь ~у́шаться** never get tired of listening to; *a.* → **~ы́шаться** [4] (P) hear a lot (of) *or* much; → **понаслы́шке**

насма́рку: пойти́ ~ come to nothing

на́смерть to death (*a. fig.*), mortally; **стоя́ть ~** fight to the last ditch

насме|ха́ться [1] mock, jeer; sneer (at **над** Т); **~шка** *f* [5; *g/pl.*: -шек] mockery,

ridicule; **~шливый** [14 *sh.*] derisive, mocking; **~шник** *m* [1], **~шница** *f* [5] scoffer, mocker

на́сморк *m* [1] cold (*in the head*); **подхвати́ть ~** catch a cold

насмотре́ться [9; -отрю́сь, -о́тришься] *pf.* → **нагляде́ться**

насо́с *m* [1] pump

на́спех hastily, carelessly

наста|ва́ть [5], ⟨**~ть**⟩ [-ста́нет] come; **~вить** → **~влять**; **~вле́ние** *n* [12] (*поуче́ние*) admonition, guidance; **~влять** [28], ⟨**~вить**⟩ [14] **1.** put, place, set (many P); **2.** (*поуча́ть*) instruct; teach (Д, **в** П s.th.) **~ивать** [1], ⟨**настоя́ть**⟩ [-сто́ю, -сто́ишь] insist (**на** П on); *чай и т. д.* draw, extract; *настоя́ть на своём* insist on having it one's own way; **~ть** → **~ва́ть**

на́стежь wide open

насти|га́ть [1], ⟨**~гнуть**⟩ & ⟨**~чь**⟩ [21; -г: -и́гну] overtake; catch (up with)

насти|ла́ть [1], ⟨**~ла́ть**⟩ [-телю́, -те́лешь; на́стланный] lay, spread; *доска́ми* plank; *пол* lay

насто́й *m* [3] infusion, extract; **~ка** *f* [5; *g/pl.*: -о́ек] liqueur; *a.* → **~**

насто́йчивый [14 *sh.*] persevering; *тре́бование* urgent, insistent, persistent; (*упо́рный*) obstinate

насто́ль|ко so (*or* as [much]); **~ный** [14] table...

насторо́|живаться [1], ⟨**~жи́ться**⟩ [16 *e.*: -жу́сь, -жи́шься] prick up one's ears; become suspicious; **~жé** on the alert, on one's guard

настоя́|ние *n* [12] insistence, urgent request (**по** Д at); **~тельный** [14; -лен, -льна] urgent, pressing, insistent; **~ть** → **наста́ивать**

настоя́щ|ий [17] present (*time*) (**в** В at); *a. gr.* **~ее вре́мя** present tense; true, real, genuine; **по-~ему** properly

настра́|ивать [1], ⟨**~оить**⟩ [13] build (many P); *инструме́нт, орке́стр, ра́дио* tune (up, in); *про́тив* set against; *a.* **нала́живать** adjust; **~ого** strictly; **~ое́ние** *n* [12] mood, spirits *pl.*, frame (of mind); **~о́ить** → **~а́ивать**; **~о́йка** *f* [5; *g/pl.*: -о́ек] tuning

наступ|а́тельный [14] offensive; **~а́ть** [1], ⟨**~и́ть**⟩ [14] tread *or* step (**на** B on); (*начаться*) come, set in; *impf. mil.* attack, advance; (*приближаться*) approach; **~ле́ние** *n* [12] offensive, attack, advance; coming, approach; *дня* daybreak; *сумерек* nightfall (**с** T at)

насту́рция [7] nasturtium

насу́пить(ся) [14] *pf.* frown

на́сухо dry

насу́щный [14; -щен, -щна] vital; **~ хлеб** daily bread

насчёт (P) *coll.* concerning, about

насчи́т|ывать, ⟨**~а́ть**⟩ [1] number (= *to have or contain*); **-ся** *impf.* there is (are)

насып|а́ть [1], ⟨**~ать**⟩ [2] pour; fill; **~ь** *f* [8] embankment

насы|ща́ть [1], ⟨**~тить**⟩ [15] satisfy; *влагой* saturate; **~ще́ние** *n* [12] satiation; saturation

нат|а́лкивать [1], ⟨**~олкну́ть**⟩ [20] (**на** B) push (against, on); *coll.* prompt, suggest; **-ся** strike against; (*случайно встретить*) run across

натвори́ть *coll.* [13] *pf.* do, get up to

нат|ира́ть [1], ⟨**~ере́ть**⟩ [12] (T) rub; *мозоль* get; *пол* wax, polish

на́тиск *m* [1] pressure; *mil.* onslaught, charge

наткну́ться → **натыка́ться**

натолкну́ть(ся) → **ната́лкиваться**

натоща́к on an empty stomach

натра́в|ливать [1], ⟨**~и́ть**⟩ [14] set (**на** B on), incite

на́трий *m* [3] *chem.* sodium

нату́|га *coll. f* [5] strain, effort; **~го** *coll.* tight(ly)

нату́р|а *f* [5] (*характер*) nature; (artist's) model (= **~щик** *m* [1], **~щица** [5]): **с ~ы** from nature *or* life; **~а́льный** [14; -лен, -льна] natural

нат|ыка́ться [1], ⟨**~кну́ться**⟩ [20] (**на** B) run *or* come across

натя́|гивать [1], ⟨**~ну́ть**⟩ [19] stretch, draw tight; pull (**на** B on); draw in (*reins*); **~жка** *f* [5; *g/pl.*: -жек] forced *or* strained interpretation; *допусти́ть* **~жку** stretch a point; **с ~жкой** *a.* at a stretch; **~нутый** [14] tight; *отношения* strained; *улыбка* forced; **~ну́ть** → **~гивать**

науга́д at random, by guessing

нау́ка *f* [5] science; *coll.* lesson

наутёк: *coll.* пусти́ться **~** take to one's heels

нау́тро the next morning

научи́ть [16] teach (В/Д a p. s.th.); **-ся** learn (Д s.th.)

нау́чный [14; -чен, -чна] scientific

нау́шники *m/pl.* [1] ear- *or* headphones; earmuffs

наха́л *m* [1] impudent fellow; **~ьный** [14; -лен, -льна] impudent, insolent; **~ьство** *n* [12] impudence, insolence

нахва́т|ывать ⟨**~а́ть**⟩ [1] (P) pick up, come by, get hold of; hoard; *a.* **-ся**

нахлы́нуть [20] *pf.* flow; gush (over, into); *чувства* sweep over

нахму́ривать [1] → **хму́рить**

находи́ть [15], ⟨**найти́**⟩ [найду́, -дёшь; нашёл, -шла́; -ше́дший; на́йденный; *g. pt.*: найдя́] **1.** find (*a. fig.* = think, consider); *impf.* удово́льствие take; **2.** come (over **на** B); (*закрыть*) cover; *тоска и т. д.*; be seized with; (**-ся**, ⟨найти́сь⟩) be (found, there, [*impf.*] situated, located); (*иметься*) happen to have; (*не растеряться*) not be at a loss; **~ка** *f* [5; *g/pl.*: -док] find; *coll.* discovery; *coll. fig.* godsend; **стол ~ок** lost-property office; **~чивый** [14 *sh.*] resourceful; quick-witted, smart

наце́нка *f* [5; *g/pl.*: -нок] markup

национал|из(и́р)ова́ть [7] (*im)pf.* nationalize; **~и́зм** *m* [1] nationalism; **~ьность** *f* [8] nationality; **~ьный** [14; -лен, -льна] national

на́ция *f* [7] nation

нача́|ло *n* [9] beginning (at a П); (*источник*) source, origin; (*основа*) basis; principle; **~льник** *m* [1] head, chief, superior; **~льный** [14] initial, first; *строки* opening; **~льство** *n* [9] (the) authorities; command(er[s], chief[s], superior[s]); (*администрация*) administration, management; **~тки** *m/pl.* [1] elements; **~ть(ся)** → **начина́ть(ся)**

начеку́ on the alert, on the qui vive

на́черно roughly, in draft form

начина́|ние n [12] undertaking; **~ть** [1], ⟨нача́ть⟩ [-чну́, -чнёшь; на́чал, -а́, -о; нача́вший; на́чатый (на́чат, -а́, -о)] begin, start (**с** P or T with);-**ся** v/i.; **~ющий** [17] beginner

начина́я as prep. (**с** P) as (from), beginning (with)

начи́н|ка f [5; g/pl.: -нок] mst. cul. filling, stuffing; **~я́ть** [28] ⟨~и́ть⟩ [13] fill, stuff (with T)

начисле́ние n [12] additional sum, extra charge

на́чисто clean; → **на́бело** (*полностью*) fully

начи́т|анный [14 sh.] well-read; **~а́ться** [1] (P) read (a lot of); *доста́точно* read enough (of); **не мочь ~а́ться** never get tired of reading

наш m, **~а** f, **~е** n, **~и** pl. [25] our; ours; *по ~ему* our way of thinking; **~а взяла́!** we've won!

нашаты́р|ный [14]: **~ный спирт** m liquid ammonia; *coll.* **a. ~ь** m [4 e.] *chem.* ammonium chloride

наше́ствие n [12] invasion, inroad

наши|ва́ть [1], ⟨~ть⟩ [-шью, -шьёшь; → **шить**] sew on (**на** B or Π) or many...; **~вка** f [5; g/pl.: -вок] *mil.* stripe, chevron

нащу́п|ывать, ⟨~ать⟩ [1] find by feeling or groping; *fig.* discover; detect

наяву́ while awake, in reality

не not; no; **~ то** *coll.* or else, otherwise

неаккура́т|ный [14; -тен, -тна] (*небрежный*) careless; (*неряшливый*) untidy; *в работе* inaccurate; unpunctual

небе́сный [14] celestial, heavenly; *цвет* sky-blue; (*божественный*) divine; → **небосво́д**

неблаго|ви́дный [14; -ден, -дна] unseemly; **~да́рность** f [8] ingratitude; **~да́рный** [14; -рен, -рна] ungrateful; **~полу́чный** [14; -чен, чна] unfavorable, adverse, bad; *adv.* not successfully, not favo(u)rably; **~прия́тный** [14; -тен, -тна] unfavo(u)rable, inauspicious; **~разу́мный** [14; -мен, -мна] imprudent; unreasonable; **~ро́дный** [14; -ден, -дна] ignoble; **~скло́нный** [14;

-о́нен, -о́нна] unkindly; ill-disposed; *судьба́ ко мне ~скло́нна* fate has not treated me too kindly

не́бо¹ n [9; pl.: небеса́, -éc] sky (in **на** Π); heaven(s); *под откры́тым ~м* in the open air

нё́бо² n [9] *anat.* palate

небога́тый [14 sh.] of modest means; poor

небольш|о́й [17] small; short; **... с ~и́м** ... odd

небо|сво́д m [1] firmament; *a.* **~скло́н** m [1] horizon; **~скрёб** m [1] skyscraper

небре́жный [14; -жен, -жна] careless, negligent; slipshod

небы|ва́лый [14] unheard-of, unprecedented; **~ли́ца** f [5] fable, invention

нева́жн|ый [14; -жен, -жна, -о] unimportant, trifling; *coll.* poor, bad; *э́то ~о* it does not matter

невдалеке́ not far off or from (**от** P)

невдомёк: *мне бы́ло ~* it never occurred to me

неве́|дение n [12] ignorance; **~домый** [14 sh.] unknown; **~жа** m/f [5] boor; **~жда** m/f [5] ignoramus; **~жество** n [9] ignorance; **~жливость** f [8] incivility; **~жливый** [14 sh.] impolite, rude

неве́р|ие n [12] *в свои́ си́лы* lack of self-confidence; **~ный** [14; -рен, -рна, -о], incorrect; *fig.* false; *друг* unfaithful; *походка и т. д.* unsteady; *su.* infidel; **~оя́тный** [14; -тен, -тна] improbable; incredible

невесо́мый [14 sh.] imponderable; weightless (*a. fig.*)

неве́ст|а f [5] fiancée, bride; *coll.* marriageable girl; **~ка** f [5; g/pl.: -ток] daughter-in-law; sister-in-law (*brother's wife*)

невзго́да f [5] adversity, misfortune; **~ира́я** (**на** B) in spite of, despite; without respect of (p.'s); **~нача́й** *coll.* unexpectedly, by chance; **~ра́чный** [14; -чен, -чна] plain, unattractive; **~ыска́тельный** [14] unpretentious, undemanding

неви́д|анный [14] singular, unprecedented; **~имый** [14 sh.] invisible

неви́нный [14; -и́нен, -и́нна] innocent, virginal

невку́сный [14; -сен, -сна] unpalatable

невме|ня́емый [14 *sh.*] *law* irresponsible; *coll.* beside o.s. **~ша́тельство** *n* [9] nonintervention

невнима́тельный [14; -лен, -льна] inattentive

невня́тный [14; -тен, -тна] indistinct, inarticulate

не́вод *m* [1] seine, sweep-net

невоз|врати́мый [14 *sh.*], **~вра́тный** [14; -тен, -тна] irretrievable, irreparable, irrevocable; **~мо́жный** [14; -жен, -жна] impossible; **~мути́мый** [14 *sh.*] imperturbable

нево́л|ить [13] force, compel; **~ьный** [14; -лен, -льна] involuntary; (*вынужденный*) forced; **~я** *f* [6] captivity; *coll.* *необходимость* need, necessity; **охо́та пу́ще ~и** where there's a will, there's a way

невоо|брази́мый [14 *sh.*] unimaginable; **~ружённый** [14] unarmed, **~ружённым гла́зом** with the naked eye

невоспи́танный [14 *sh.*] ill-bred

невосполни́мый [14 *sh.*] irreplaceable

невпопа́д *coll.* → **некста́ти**

невреди́мый [14 *sh.*] unharmed, sound

невы́|годный [14; -ден, -дна] unprofitable; *положение* disadvantageous; **~держанный** [14 *sh.*] inconsistent, uneven; *сыр и т. д.* unripe; **~носи́мый** [14 *sh.*] unbearable, intolerable; **~полне́ние** *n* [12] nonfulfil(l)ment; **~полни́мый** → **неисполни́мый**; **~рази́мый** [14 *sh.*] inexpressible, ineffable; **~рази́тельный** [14; -лен, -льна] inexpressive; **~со́кий** [16; -со́к, -а́, -со́ко́] low, small; *человек* short; *качество* inferior

не́где there is nowhere (+ *inf.*); **~ сесть** there is nowhere to sit

негла́сный [14; -сен, -сна] secret; *расследование* private

него́д|ный [14; -ден, -дна, -о] unsuitable; unfit; *coll.* worthless; **~ова́ние** *n* [12] indignation; **~ова́ть** [7] be indignant (**на** B with); **~я́й** *m* [3] scoundrel, rascal

негр *m* [1] Negro

негра́мотн|ость → **безгра́мотность**; **~ый** → **безгра́мотный**

негритя́н|ка *f* [5; *g/pl.*: -нок] Negress; **~ский** [16] Negro...

неда́|вний [15] recent; **с ~них (~ней) пор(ы́)** of late; **~вно** recently; **~лёкий** [16; -ёк, -ека́, -еко́ *and* -ёко] near(by), close; short; not far (off); (*недавний*) recent; (*глуповатый*) dull, stupid; **~льнови́дный** [14] lacking foresight, shortsighted; **~ром** not in vain, not without reason; justly

недви́жимость *f* [8] *law* real estate

неде|йстви́тельный [14; -лен, -льна] invalid, void; **~ли́мый** [14] indivisible

неде́л|ьный [14] a week's, weekly; **~я** *f* [6] week; **в ~ю** a or per week; **на э́той (про́шлой, бу́дущей) ~е** this (last, next) week; **че́рез ~ю** in a week's time

недобро|жела́тельный [14; -лен, -льна] malevolent, ill-disposed; **~ка́чественный** [14 *sh.*] inferior, low-grade; **~со́вестный** [14; -тен, -тна] *конкуренция* unscrupulous, unfair; *работа* careless

недо́брый [14; -добр, -а́, -о] unkind(ly), hostile; *предзнаменование* evil, bad

недове́р|ие *n* [12] distrust; **~чивый** [14 *sh.*] distrustful (**к** Д of)

недово́ль|ный [14; -лен, -льна] (Т) dissatisfied, discontented; **~ство** *n* [9] discontent, dissatisfaction

недога́дливый [14 *sh.*] slowwitted

недоеда́|ние *n* [12] malnutrition; **~ть** [1] be underfed or undernourished

недо́лго not long, short; **~и** (+ *inf.*) one can easily; **~ ду́мая** without hesitation

недомога́ть [1] be unwell or sick

недомо́лвка *f* [5; *g/pl.*: -вок] reservation, innuendo

недооце́н|ивать [1], **⟨~и́ть⟩** [13] underestimate, undervalue

недо|пусти́мый [14 *sh.*] inadmisible, intolerable; **~ра́звитый** [14 *sh.*] underdeveloped; **~разуме́ние** *n* [12] misunderstanding (**по** Д through); **~рого́й** [16; -до́рог, -а́, -о] inexpensive

недослы́шать [1] *pf.* fail to hear all of

недосмо́тр *m* [1] oversight, inadvertence (**по** Д through); **~е́ть** [9; -отрю́,

-о́тришь; -о́тренный] *pf.* overlook (*s.th.*)

недост|**ава́ть** [5], ⟨∼а́ть⟩ [-ста́нет] *impers.*: (Д) (be) lack(ing), want(ing), be short *or* in need of (Р) *кого́-л.*; miss; *э́того ещё* ∼**ава́ло!*; and that too!; ∼**а́ток** *m* [1; -тка] lack, shortage (Р, **в** П of); deficiency; defect, shortcoming; *физи́ческий* ∼**а́ток** deformity; ∼**а́точный** [14; -чен, -чна] insufficient, deficient, inadequate; *gr.* defective; ∼**а́ть** → ∼**ава́ть**

недо|**стижи́мый** [14 *sh.*] unattainable; ∼**сто́йный** [14; -о́ин, -о́йна] unworthy; ∼**сту́пный** [14; -пен, -пна] inaccessible

недосу́г *coll. m* [1] lack of time (*за* Т, *по* Д for); *мне* ∼ I have no time

недосяга́емый [14 *sh.*] unattainable

недоум|**ева́ть** [1] be puzzled, be perplexed; ∼**е́ние** *n* [12] bewilderment; **в** ∼**е́нии** in a quandary

недочёт *m* [1] deficit; *изъя́н* defect

не́дра *n/pl.* [9] *зе́мли* bowels, depths (*a. fig.*)

не́друг *m* [1] enemy, foe

недружелю́бный [14; -бен, -бна] unfriendly

неду́г *m* [1] ailment

недурно́й [14; -ду́рен & -рён, -рна́, -о] not bad; *собо́й* not bad-looking

недю́жинный [14] out of the ordinary, uncommon

неесте́ственный [14 *sh.*] unnatural; *смех* affected; *улы́бка* forced

нежела́|ние *n* [12] unwillingness; ∼**тельный** [14; -лен, -льна] undesirable

не́жели *lit.* → **чем** than

нежена́тый [14] single, unmarried

нежили́ [14] not fit for habitation

не́ж|**ить** [16] luxuriate; ∼**ничать** *coll.* [1] caress, spoon; ∼**ность** *f* [8] tenderness; *pl.* display of affection ∼**ный** [14; -жен, -жна́, -о] tender, affectionate; *о ко́же, вку́се* delicate

незаб|**ве́нный** [14 *sh.*], ∼**ыва́емый** [14 *sh.*] unforgettable; ∼**у́дка** *f* [5; *g/pl.*: -док] *bot.* forget-me-not

незави́сим|**ость** *f* [8] independence; ∼**ый** [14 *sh.*] independent

незада́чливый *coll.* [14 *sh.*] unlucky

незадо́лго shortly (*до* Р before)

незако́нный [14; -о́нен, -о́нна] illegal, unlawful, illicit; *ребёнок и т. д.* illegitimate

незаме|**ни́мый** [14 *sh.*] irreplaceable; ∼**тный** [14; -тен, -тна] imperceptible, inconspicuous; *челове́к* plain, ordinary; ∼**ченный** [14] unnoticed

неза|**мыслова́тый** *coll.* [14 *sh.*] simple, uncomplicated; ∼**па́мятный** [14]: **с** ∼**па́мятных времён** from time immemorial; ∼**тейливый** [14 *sh.*] plain, simple; ∼**уря́дный** [14; -ден, -дна] outstanding, exceptional

не́зачем there is no need *or* point

незва́ный [14] uninvited

нездоро́в|**иться** [14]: *мне* ∼**ится** I feel (am) unwell; ∼**ый** [14] sick; morbid (*a. fig.*); *кли́мат и т. д.* unhealthy

незло́бивый [14 *sh.*] forgiving

незнако́м|**ец** *m* [1; -мца], ∼**ка** *f* [5; *g/pl.*: -мок] stranger; ∼**ый** [14] unknown, unfamiliar

незна́|**ние** *n* [12] ignorance; ∼**чи́тельный** [14; -лен, -льна] insignificant

незр|**е́лый** [14 *sh.*] unripe; *fig.* immature; ∼**и́мый** [14 *sh.*] invisible

незы́блемый [14 *sh.*] firm, stable, unshak(e)able

неиз|**бе́жный** [14; -жен, -жна] inevitable; ∼**ве́стный** [14; -тен, -тна] unknown; *su. a.* stranger; ∼**гла́димый** [14 *sh.*] indelible; ∼**лечи́мый** [14 *sh.*] incurable; ∼**ме́нный** [14; -е́нен, -е́нна] invariable; immutable; ∼**мери́мый** [14 *sh.*] immeasurable, immense; ∼**ъясни́мый** [14 *sh.*] inexplicable

неим|**е́ние** *n* [12]: *за* ∼**е́нием** (Р) for want of; ∼**ове́рный** [14; -рен, -рна] incredible; ∼**у́щий** [17] poor

неи́с|**кренний** [15; -енен, -енна] insincere; ∼**куше́нный** [14; -шён, -шена́] inexperienced, innocent; ∼**полне́ние** *n* [12] *зако́на* failure to observe (*the law*); ∼**полни́мый** [14 *sh.*] impracticable

неиспр|**ави́мый** [14 *sh.*] incorrigible; ∼**а́вность** *f* [8] disrepair; carelessness; ∼**а́вный** [14; -вен, -вна] out of order, broken, defective; *плате́льщик* unpunctual

неиссяка́емый [14 *sh.*] inexhaustible

нейстов|**ство** *n* [9] rage, frenzy; **~ство-
вать** [7] rage; **~ый** [14 *sh.*] frantic, furious

неис|**тощи́мый** [14 *sh.*] inexhaustible;
~треби́мый [14 *sh.*] ineradicable; **~це-
ли́мый** [14 *sh.*] incurable;
~черпа́емый [14 *sh.*] → **~тощи́мый**;
~числи́мый [14 *sh.*] innumerable

нейло́н *m* [1], **~овый** [14] nylon (…)

нейтрал|**ите́т** *m* [1] neutrality; **~ьный**
[14; -лен, -льна] neutral

неказ́йстый *coll.* [14 *sh.*] → **не-
взра́чный**

не́|**кий** [24 *st.*] a certain, some; **~когда́**
there is (**мне ~когда́** I have) no time;
once; **~кого** [23] there is (**мне ~кого**
I have) nobody *or* no one (to *inf.*);
~компете́нтный [14; -тен, -тна] incompetent; **~корре́ктный** [-тен, -тна]
impolite, discourteous; **~который**
[14] some (*pl. из* P of); **~краси́вый**
[14 *sh.*] plain, unattractive; *поведение*
unseemly, indecorous

некроло́г *m* [1] obituary

некста́ти inopportunely; (*неуместно*)
inappropriately

не́кто somebody, someone; a certain

не́куда there is nowhere (+ *inf.*); **мне ~
пойти́** I have nowhere to go; *coll.* **ху́же
и т. д.** **~** could not be worse, *etc.*

некуря́щий [17] nonsmoker, non-
smoking

нел|**а́дный** *coll.* [14; -ден, -дна] wrong,
bad; **будь он ~а́ден!** blast him!;
~ега́льный [14; -лен, -льна] illegal;
~е́пый [14 *sh.*] absurd

нело́вкий [16; -вок, -вка́, -о] awkward,
clumsy; *ситуация* embarrassing

нело́вко *adv.* → **нело́вкий**;
чу́вствовать себя́ ~ feel ill at ease

нелоги́чный [14; -чен, -чна] illogical

нельзя́ (it is) impossible, one (**мне** I)
cannot *or* must not; **~! no!**; **как ~ лу́чше**
in the best way possible, excellently; **~
не → не** (*мочь*)

нелюди́мый [14 *sh.*] unsociable

нема́ло (P) a lot, a great deal (of)

неме́дленный [14] immediate

неме́ть [8], ⟨о-⟩ grow dumb, numb

не́м|**ец** *m* [1; -мца], **~е́цкий** [16], **~ка** *f*[5;
g/pl.: -мок] German

неми́лость *f* [8] disgrace, disfavour

нецину́емый [14 *sh.*] inevitable

немно́|**гие** *pl.* [16] (a) few, some; **~го**
little; *слегка* slightly, somewhat; **~го**
n [16] few things, little; **~гим** a little;
~ж(еч)ко *coll.* a (little) bit, a trifle

немо́й [14; нем, -а́, -о] dumb, mute

немо|**лодо́й** [14; -мо́лод, -а́, -о] elderly;
~та́ *f* [5] dumbness, muteness

не́мощный [14; -щен, -щна] infirm

немы́слимый [14 *sh.*] inconceivable,
unthinkable

ненави́|**деть** [11], ⟨воз-⟩ hate; **~стный**
[14; -тен, -тна] hateful, odious; **~ст**
('не-) *f* [8] hatred (**к** Д of)

нена|**гля́дный** [14] *coll.* beloved;
~дёжный [14; -жен, -жна] unreliable;
(*непрочный*) unsafe, insecure; **~дол-
го** for a short while; **~ме́ренный** [14]
unintentional; **~паде́ние** *n* [12] nonag-
gression; **~стный** [14; -тен, -тна] rainy,
foul; **~стье** *n* [10] foul weather; **~сы́т-
ный** [14; -тен, -тна] insatiable

нен|**орма́льный** [14; -лен, -льна] abnor-
mal; *coll.* crazy; **~у́жный** [14; -жен,
-жна́, -о] unnecessary

необ|**ду́манный** [14 *sh.*] rash, hasty;
~ита́емый [14 *sh.*] uninhabited; *ос-
тров* desert; **~озри́мый** [14 *sh.*] immense, boundless; **~осно́ванный** [14
sh.] unfounded; **~рабо́танный** [14]
земля uncultivated; **~у́зданный** [14
sh.] unbridled, ungovernable

необходи́м|**ость** *f* [8] necessity (**по** I
of), need (P, **в** П for); **~ый** [14] necessary (П; **для** P for), essential; → **ну́ж-
ный**

необ|**щи́тельный** [14; -лен, -льна] un-
sociable, reserved; **~ясни́мый** [14
sh.] inexplicable; **~ъя́тный** [14; -тен,
-тна] immense, unbounded; **~ыкно-
ве́нный** [14; -е́нен, -е́нна] unusual, uncommon; **~ыч(а́й)ный** [14; -ч(а́)ен,
-ч(а́й)на] extraordinary, exceptional;
~яза́тельный [14; -лен, -льна] option-
al; *человек* unreliable

неограни́ченный [14 *sh.*] unrestricted,

неод|нокра́тный [14] repeated; **~обре́-ние** n [12] disapproval; **~обри́тельный** [14]; -лен, -льна] disapproving; **~оли́-мый → непреодоли́мый**; **~ушевлён-ный** [14] inanimate

неожи́данн|ость f [8] unexpectedness, surprise; **~ый** [14 sh.] unexpected, sudden

неóн m [1] chem. neon; **~овый** [14] ne-он...

неоп|ису́емый [14 sh.] indescribable; **~ла́ченный** [14 sh.] unpaid, unsettled; **~ра́вданный** [14] unjustified; **~ре-делённый** [14; -ёнен, -ённа] indefinite (a. gr.), uncertain, vague; **~рове́ржи́-мый** [14 sh.] irrefutable; **~ытный** [14; -тен, -тна] inexperienced

неос|ведомлённый [14; -лён, -лена́, -лены́] ill-informed; **~ла́бный** [14; -бен, -бна] unremitting, unabated; **~мотри́тельный** [14; -лен, -льна] imprudent; **~пори́мый** [14] undisputable; **~торо́жный** [14; -жен, -жна] careless, incautious; imprudent; **~уществи́мый** [14 sh.] impracticable; **~яза́емый** [14 sh.] intangible

неот|врати́мый [14 sh.] inevitable; **~ёсанный** [14 sh.] unpolished; coll. челове́к uncouth; **'~куда → не́где**; **~ло́жный** [14; -жен, -жна] pressing, urgent; **~лу́чный** ever-present → **посто́янный**; **~рази́мый** [14 sh.] irresistible; до́вод irrefutable; **~сту́пный** [14; -пен, -пна] persistent; importunate; **~чётливый** [14 sh.] indistinct, vague; **~ъе́млемый** [14 sh.] часть integral; пра́во inalienable

неохо́т|а f [5] reluctance; (мне) **~а** coll. I (etc.) am not in the mood; **~но** unwillingly

неоцени́мый [14 sh.] inestimable; invaluable; **~перехо́дный** [14] gr. intransitive

неплатёжеспосо́бный [14; -бен, -бна] insolvent

непо|беди́мый [14 sh.] invincible; **~воро́тливый** [14 sh.] clumsy, slow; **~го́да** f [5] foul weather; **~греши́мый** [14 sh.] infallible; **~вдалеку́** not far (away or off); **~да́тливый** [14 sh.] unyielding, in-tractable

непод|ви́жный [14; -жен, -жна] motionless, fixed, stationary; **~де́льный** [14; -лен, -льна] genuine, unfeigned; и́скренний sincere; **~ку́пный** [14; -пен, -пна] incorruptible; **~оба́ющий** [17] improper, unbecoming; **~ража́емый** [14 sh.] inimitable; **~ходя́щий** [17] unsuitable; **~чине́ние** n [12] insubordination

непо|зволи́тельный [14; -лен, -льна] not permissible; **~колеби́мый** [14 sh.] (надёжный) firm, steadfast; (сто́йкий) unflinching; **~ко́рный** [14; -рен, -рна] refractory; **~ла́дка** coll. f [5; g/pl.: -док] tech. defect, fault; **~лный** [14; -лон, -лна́, -о] incomplete; рабо́чий день short; **~ме́рный** [14; -рен, -рна] excessive, inordinate

непоня́т|ливый [14 sh.] slow-witted; **~ный** [14; -тен, -тна] unintelligible, incomprehensible; явле́ние strange, odd

непо|прави́мый [14 sh.] irreparable, irremediable; **~ря́дочный** [14; -чен, -чна] dishono(u)rable; disreputable; **~се́дливый** [14 sh.] fidgety; **~си́льный** [14; -лен, -льна] beyond one's strength; **~сле́довательный** [14; -лен, -льна] inconsistent; **~слу́шный** [14; -шен, -шна] disobedient

непо|сре́дственный [14 sh.] immediate, direct; (есте́ственный) spontaneous; **~стижи́мый** [14 sh.] inconceivable; **~стоя́нный** [14; -я́нен, -я́нна] inconstant, changeable, fickle; **~хо́жий** [17 sh.] unlike, different (**на** B from)

непра́в|да f [5] untruth, lie; (it is) not true; **все́ми пра́вдами и ~дами** by hook or by crook; **~доподо́бный** [14; -бен, -бна] improbable; implausible; **~ильный** [14; -лен, -льна] incorrect, wrong; irregular (a. gr.); improper (a. math.); **~ый** [14; непра́в, -á, -о] mistaken; (несправедли́вый) unjust

непре|взойдённый [14 sh.] unsurpassed; **~ду́виденный** [14] unforeseen; **~дубеждённый** [14] unbiased; **~кло́нный** [14; -о́нен, -о́нна] inflexible; obdurate, inexorable; **~ло́жный** [14; -жен, жна] и́стина indisputable; **~ме́нный**

[14; -енен, -енна] indispensable, necessary; **∼ме́нно** → **обяза́тельно**; **∼одоли́мый** [14 sh.] insuperable; *стремле́ние* irresistible; **∼река́емый** [14 sh.] indisputable; **∼ры́вный** [14; -вен, -вна] uninterrupted, continuous; **∼ста́нный** [14; -а́нен, -а́нна] incessant

непри|вы́чный [14; -чен, -чна] unaccustomed; (*необы́чный*) unusual; **∼гля́дный** [14; -ден, -дна *вне́шность* homely; unattractive; ungainly; **∼го́дный** [14; -ден, -дна] unfit; useless; **∼е́млемый** [14 sh.] unacceptable; **∼коснове́нный** [14; -е́нен, -е́нна] inviolable; *mil. запа́с* emergency; **∼кра́шенный** [14] unvarnished; **∼ли́чный** [14; -чен, -чна] indecent, unseemly; **∼ме́тный** [14; -тен, -тна] imperceptible; *челове́к* unremarkable; **∼мири́мый** [14 sh.] irreconcilable; **∼нуждённый** [14 sh.] unconstrained; relaxed, laid-back; **∼сто́йный** [14; -о́ен, -о́йна] obscene, indecent; **∼сту́пный** [14; -пен, -пна] inaccessible; *кре́пость* impregnable; *челове́к* unapproachable, haughty; **∼тво́рный** [14; -рен, -рна] genuine, unfeigned; **∼тяза́тельный** [14; -лен, -льна] modest, unassuming

непри́я|зненный [14 sh.] inimical, unfriendly; **∼знь** *f* [8] hostility

непри́я|тель *m* [4] enemy; **∼тельский** [16] hostile, enemy('s); **∼тность** *f* [8] unpleasantness; trouble; **∼тный** [14; -тен, -тна] disagreeable, unpleasant

непро|гля́дный [14; -ден, -дна] *тьма* pitch-dark; **∼должи́тельный** [14; -лен, -льна] short, brief; **∼е́зжий** [17] impassable; **∼зра́чный** [14; -чен, -чна] opaque; **∼изводи́тельный** [14; -лен, -льна] unproductive; **∼изво́льный** [14; -лен, -льна] involuntary; **∼мока́емый** [14 sh.] waterproof; **∼ница́емый** [14 sh.] impenetrable, impermeable; *улы́бка и т. д.* inscrutable; **∼сти́тельный** [14; -лен, -льна] unpardonable; **∼ходи́мый** [14 sh.] impassable; *coll.* complete; **∼чный** [14; -чен, -чна, -о] flimsy; *мир* unstable

нерабо́чий [17] nonworking, free, off (*day*)

нера́в|енство *n* [9] inequality; **∼номе́р|ный** [14; -рен, -рна] uneven; **∼ный** [14; -вен, -вна́, -о] unequal

неради́вый [14 sh.] careless, negligent

нераз|бери́ха *coll. f* [5] muddle, confusion; **∼бо́рчивый** [14 sh.] illegible; *fig.* undiscriminating; *в сре́дствах* unscrupulous; **∼ви́той** [14; -ра́звит, -а́, -о] undeveloped; *ребёнок* backward; **∼личи́мый** [14 sh.] indistinguishable; **∼лу́чный** [14; -чен, -чна] inseparable; **∼реши́мый** [14 sh.] insoluble; **∼ры́вный** [14; -вен, -вна] indissoluble; **∼у́мный** [14; -мен, -мна] injudicious

нерасположе́ние *n* [12] к челове́ку dislike; disinclination (to, for)

нерациона́льный [14; -лен, -льна] unpractical

нерв *m* [1] nerve; **∼и́ровать** [7], **∼нича́ть** [1] to get on one's nerves; become fidgety *or* irritated; **∼(о́з)ный** [14; -вен, -вна́, -о (-зен, -зна)] nervous; high-strung

нереа́льный [14; -лен, -льна] unreal; (*невыполни́мый*) impracticable

нереши́тельн|ость *f* [8] indecision; **∼ости** undecided; **∼ый** [14; -лен, -льна] indecisive, irresolute

нержаве́ющ|ий [15] rust-free; **∼ая сталь** stainless steel

неро́|бкий [16; -бок, -бка́, -о] not timid, brave; **∼вный** [14; -вен, -вна́, -о] uneven, rough; *пульс* irregular

неря́|ха *m/f* [5] sloven; **∼шливый** [14 sh.] slovenly; *в рабо́те* careless, slipshod

несамостоя́тельный [14; -лен, -льна] not independent

несбы́точный [14; -чен, -чна] unrealizable

не|своевре́менный [14; -енен, -енна] inopportune, untimely; tardy; **∼свя́зный** [14; зен, зна] incoherent; **∼сгора́емый** [14] fireproof; **∼сде́ржан|ный** [14 sh.] unrestrained; **∼серьёзный** [14; -зен, -зна] not serious, frivolous; **∼ска́занный** *lit.* [14 sh., *no m*] indescribable; **∼скла́дный** [14; -ден, -дна] *челове́к* ungainly; *речь* incoherent; **∼склоня́емый** [14 sh.] *gr.* indeclinable

е́сколько [32] a few; some, several; *adv.* somewhat

е|**скро́мный** [14; -мен, -мна́, -о] immodest; **~слы́ханный** [14 *sh.*] unheard-of; (*беспримерный*) unprecedented; **~сме́тный** [14; -тен, -тна] innumerable, incalculable

есмотря́ (**на** B) in spite of, despite, notwithstanding; (al)though

есно́сный [14; -сен, -сна] intolerable

есо|**блюде́ние** *n* [12] nonobservance; **~вершенноле́тие** *n* [12] minority; **~верше́нный** [14; -енен, -енна] *gr.* imperfective; **~верше́нство** *n* [9] imperfection; **~вмести́мый** [14 *sh.*] incompatible; **~гла́сие** *n* [12] disagreement; **~измери́мый** [14 *sh.*] incommensurable; **~круши́мый** [14 *sh.*] indestructible; **~мне́нный** [14; -енен, -енна] undoubted; **~мне́нно** *a.* undoubtedly, without doubt; **~отве́тствие** *n* [12] discrepancy; **~разме́рный** [14; -ерен, -ерна] disproportionate; **~стоя́тельный** [14; -лен, -льна] *должник* insolvent; (*необоснованный*) groundless, unsupported

есп|**око́йный** [14; -оен, -о́йна] restless, uneasy; **~осо́бный** [14; -бен, -бна] incapable (**к** Д, **на** B of); **~раведли́вость** *f* [8] injustice, unfairness; **~раведли́вый** [14 *sh.*] unjust, unfair; **~ро́ста** *coll.* → **неда́ром**

есрав|**не́нный** [14; -е́нен, -е́нна] and **~ни́мый** [14 *sh.*] incomparable, matchless

естерпи́мый [14 *sh.*] intolerable

ести́ [24; -с-: -су́], ⟨по-⟩ (be) carry(ing, *etc.*); bear; bring; *убытки и т. д.* suffer; *о запахе и т. д.* smell (of T); drift, waft; (**-сь** *v/i.*; *a.* be heard; spread); ⟨с-⟩ lay (eggs **-сь**); talk *чушь*; **несёт** (*сквозит*) there's a draft (*Brt.* draught)

е|**стро́йный** [14; -оен, -о́йна, -о] *звуки* discordant; *ряды* disorderly; **~сура́з-ный** *coll.* [14; -зен, -зна] senseless, absurd; **~сусве́тный** [14] unimaginable; *чушь* sheer

есча́ст|**ный** [14; -тен, -тна] unhappy, unfortunate; **~ный слу́чай** accident; **~ье** *n* [12] misfortune; disaster; accident; **к ~ью** unfortunately

несчётный [14; -тен, -тна] innumerable

нет 1. *part.*: no; **~ ещё** не бу́дет; **2.** *impers. vb.* [*pt.* не́ было, *ft.* не бу́дет] (P) there is (are) no; **у меня́** (*etc.*) **~** I (*etc.*) have no(ne); **его́** (**её**) **~** (s)he is not (t)here *or* in; **на ~ и суда́ нет** well, it can't be helped

нетакти́чный [14; -чен, -чна] tactless

нетвёрдый [14; -вёрд, -верда́] unsteady; shaky (*a. fig.*)

нетерп|**ели́вый** [14 *sh.*] impatient; **~е́ние** *n* [12] impatience; **~и́мый** [14 *sh.*] intolerant; (*невыносимый*) intolerable

не|**тле́нный** [14; -е́нен, -е́нна] imperishable; **~трёзвый** [14; трезв, -а́, -о] drunk (*a.* **в трёзвом ви́де**); **~тро́нутый** [14 *sh.*] untouched; *fig.* chaste, virgin; **~трудоспосо́бный** [14; -бен, -бна] disabled

нёт|**то** [*indecl.*] *comm.* net; **~у** *coll.* → **нет 2**

неу|**важе́ние** *n* [12] disrespect (**к** Д for); **~ве́ренный** [14 *sh.*] uncertain; **~вяда́емый** [14 *sh.*] *rhet.* unfading; everlasting; **~вя́зка** [5; *g/pl.*: -зок] *coll.* misunderstanding; (*несогласованность*) discrepancy, lack of coordination; **~гаси́мый** [14 *sh.*] inextinguishable; **~гомо́нный** [14; -о́нен, -о́нна] restless, untiring

неуда́ч|**а** *f* [5] misfortune; failure; **потерпе́ть ~у** fail; **~ливый** [14 *sh.*] unlucky; **~ник** *m* [1] unlucky person, failure; **~ный** [14; -чен, -чна] unsuccessful, unfortunate

неуде́ржи́мый [14 *sh.*] irrepressible; **~иви́тельно** (it is) no wonder

неудо́б|**ный** [14; -бен, -бна] uncomfortable; *время* inconvenient; *положение* awkward, embarrassing; **~ство** *n* [9] inconvenience

неудов|**летвори́тельный** [14; -лен, -льна] unsatisfactory; **~летворённость** *f* [8] dissatisfaction, discontent; **~о́льствие** *n* [12] displeasure

неуже́ли *interr. part.* really?, is it possible?

неу|**жи́вчивый** [14 *sh.*] unsociable, unaccommodating; **~кло́нный** [14;

-óнен, -óнна steady; **∼клю́жий** [17 *sh.*] clumsy, awkward; **∼кроти́мый** [14 *sh.*] indomitable; (*еле заме́тный*) elusive; (*еле заме́тный*) imperceptible; **∼ме́лый** [14 *sh.*] unskil(l)ful, awkward; **∼ме́ние** *n* [12] inability; **∼ме́ренный** [14 *sh.*] intemperate, immoderate; **∼ме́стный** [14; -тен, -тна] inappropriate; **∼моли́мый** [14 *sh.*] inexorable; **∼мы́шленный** [14 *sh.*] unintentional; **∼потреби́тельный** [14; -лен, -льна] not in use, not current; **∼рожа́й** *m* [3] bad harvest; **∼ста́нный** [14; -áнен, -áнна] tireless, unwearying; *a.* → **∼томи́мый; ∼сто́йка** [5; *g/pl.*: -оек] forfeit; **∼сто́йчивый** [14 *sh.*] unstable; unsteady; *пого́да* changeable; **∼страши́мый** [14 *sh.*] intrepid, dauntless; **∼ступчивый** [14 *sh.*] unyielding, tenacious; **∼толи́мый** [14 *sh.*] unquenchable; **∼томи́мый** [14 *sh.*] tireless, indefatigable

нéуч *coll. m* [1] ignoramus

неу|чти́вый [14 *sh.*] uncivil; **∼ю́тный** [14; -тен, -тна] comfortless; **∼язви́мый** [14 *sh.*] invulnerable

нефт|епрово́д *m* [1] pipeline; **∼ь** *f* [8] (mineral) oil, petroleum; **∼яно́й** [14] oil…

не|хва́тка *f* [5; *g/pl.*: -ток] shortage; **∼хоро́ший** [17; -рóш., -á] bad; **∼хотя́** unwillingly; **∼цензу́рный** [14; -рен, -рна] unprintable; **∼цензу́рное сло́во** swearword; **∼ча́янный** [14] *встре́ча* unexpected; (*случа́йный*) accidental; (*неумышленный*) unintentional

нéчего [23]: (**мне**, *etc.*) + *inf.* (there is or one can), (I have) nothing to…; (one) need not, (there is) no need; (it is) no use; stop …ing

не|челове́ческий [16] inhuman; *уси́лия* superhuman; **∼чéстный** [14; -тен, -тná, -о] dishonest; **∼чётный** [14] odd (*number*)

нечист|опло́тный [14; -тен, -тна] dirty; *fig.* unscrupulous; **∼отá** *f* [5; *pl. st.*: -óты] dirtiness; *pl.* sewage; **∼ый** [14; -чúст, -á, -о] unclean, dirty; impure; *по́мыслы и т. д.* evil, vile, bad, foul

нéчто something

не|чувстви́тельный [14; -лен, -льна]

insensitive, insensible (**к** Д to); **∼ща́д ный** [14; -ден, -дна] merciless; **∼я́вк f** [5] nonappearance; **∼я́ркий** [16; -я́ро -яркá, -о] dull, dim; *fig.* mediocr **∼я́сный** [14; -сен, -снá, -о] not clea *fig.* vague

ни not a (single **оди́н**); **∼ …, ∼** neither . nor; … ever (*e. g.* **кто [бы] ∼** whoever **кто (что, когда́, где, куда́) бы то бы́л(о)** whosoever (what-, when wheresoever); **как ∼** + *vb. a.* in spi of or for all + *su.*; **как бы (то) ∼ бы** anyway, whatever happens; **∼ за что про что**, for no apparent reason

нигде́ nowhere

ни́ж|е below, beneath; *ро́стом* shorte **∼еподписа́вшийся** *m* [17] (the) undesigned; **∼ний** [15] lower; under…; *эта* first, *Brt.* ground

низ *m* [1; *pl. e.*] bottom, lower part; **∼** [3], ⟨на-⟩ string, thread

низи́на *f* [5] hollow, lowland

ни́зк|ий [16; -зок, -зкá, -о; *compr.*: ни́ж low; *fig.* mean, base; *рост* short; **∼ор слый** [14 *sh.*] undersized, stunted; *к стари́к* low; **∼осо́ртный** [14; -те -тна] lowgrade; *това́р* of inferior qua ity

ни́зменн|ость *f* [8] *geogr.* lowlan plain; **∼ый** [14 *sh.*] low-lying

низо́|вье *n* [10; *g/pl.*: -вьев] lower reach es (*of a river*); **∼сть** *f* [8] meanness

ника́к by no means, not at all; **∼о́й** [1 no … (at all *coll.*)

ни́кел|ь *m* [4] nickel; **∼иро́ванный** [1 *sh.*] nickel-plated

никогда́ never

ни|ко́й: *now only in* **∼ко́им о́бразом** b no means *and* **ни в ко́ем слу́чае** on n account; **∼ктó** [23] nobody, no on none; **∼куда́** nowhere; → *a.* **годи́ться го́дный; ∼кчёмный** *coll.* [14] good-fo -nothing; **∼мáло** → **скóлько; ∼откýд** from nowhere; **∼почём** *coll.* ve cheap, easy, *etc.*; **∼скóлько** not in th least, not at all

нисходя́щий [17] descending

ни́т|ка *f* [5; *g/pl.*: -ток], **∼ь** [8] threa жéмчуга string; хлопчатобума́жна cotton; **∼ь** *a.* filament; **до ∼ки** *coll.*

the skin; *ши́то бе́лыми ~ками* be transparent; *на живу́ю ~ку* carelessly, superficially

~иче́го nothing; not bad; so-so; no(t) matter; *~!* never mind!, that's all right!; *~ себе́!* well (I never)!

~ч|е́й *m*, *~я́* *f*, *~ьё* *n*, *~ьи́* *pl.* [26] nobody's; *su. f в игре́* draw

~чко́м prone

~что́ [23] nothing → *ничего́*; *~же́ство n* [9] nonentity; *~жный* [14; -жен, -жна] insignificant, tiny; *причи́на* paltry

~чу́ть *coll.* → *ниско́лько*; *~ья́* → *~е́й*

~ша *f* [5] niche

~щ|ая [17], *~енка coll.* [5; *g/pl.:* -нок] beggar woman; *~енский* [16] beggarly; *~ета́ f* [5] poverty, destitution; *~ий 1.* [17; нищ, -а́, -е] beggarly; *2. m* [17] beggar

~ but, yet, still, nevertheless

~ва́тор *m* [1] innovator

~ве́лла *f* [5] short story

~ве́нький [16; -нек] (brand-) new; ~изна́ *f* [5], *~и́нка* [5; *g/pl.:* -нок] novelty; *~ичо́к m* [1; -чка́] novice, tyro

~во|бра́чный [14] newly married; *~введе́ние n* [12] innovation; *~го́дний* 15] New Year's (Eve *~го́дний ве́чер*); *~лу́ние n* [12] new moon; *~рождён-* ный [14] newborn (child); *~се́лье n* [12] house-warming; *справля́ть ⟨спра́- вить⟩ ~се́лье* give a house-warming party

~в|ость *f* [8] (piece of) news; novelty; *~шество n* [9] innovation, novelty; *~ый* [14; нов, -а́, -о] new; novel; (*по- сле́дний*) fresh; *~ый год m* New Year's Day; *с ~ым го́дом!* Happy New Year!; *что ~ого?* what's (the) new(s)?

~г|а́ *f* [5; *ac/sg.:* но́гу; *pl.:* но́ги, ног, но- *~а́м, etc. e.*] foot, leg; *идти́ в ~у со вре́- менем* keep abreast of the times; *со ~все́х* as fast as one's legs will carry one; *стать на́ ~и выздорове́ть* recover; become independent; *положи́ть ~у на́ ~у* cross one's legs; *ни ~о́й (к Д)* never set foot (*in s.o.'s house*); *~и унести́* (have a narrow) escape; *под ~а́ми* underfoot

~готь *m* [4; -гтя; *from g/pl.:* e.] (finger-, toe-) nail

нож *m* [1 e.] knife; *на ~а́х* at daggers drawn; *~ик m* [1] coll. → *нож*; *~ка f* [5; *g/pl.:* -жек] *dim.* → *нога́*; *сту́ла и m. д.* leg; *~ницы f/pl.* [5] (pair of) scissors; *econ.* discrepancy; *~но́й* [14] foot...; *~ны f/pl.* [5; *gen.:* -жен] sheath

ноздря́ *f* [6; *pl.:* но́здри, ноздре́й, *etc. e.*] nostril

ноль *m.* = нуль *m* [4] naught; zero

но́мер *m* [1; *pl.:* -ра́, *etc. e.*] number ([with] *за* T); (*разме́р*) size; *в оте́ле* room; *програ́ммы* item, turn; trick; **вы́кинуть ~** do an odd *or* unexpected thing; (*a., dim.,* *~о́к m* [1; -рка́]) cloakroom ticket

номина́льный [14; -лен, -льна] nominal

нора́ *f* [5; *ac/sg.:* -ру́; *pl. st.*] hole, burrow, lair

норве́|жец *m* [1; -жца], *~жка f* [5; *g/pl.:* -жек], *~жский* [16] Norwegian

но́рка *f* [5; *g/pl.:* -рок] *zo.* mink

но́рм|а *f* [5] norm, standard; *вы́работ- ки и т. д.* rate; *~ализова́ть* [7] (*im*)*pf.* standardize; *~а́льный* [14; -лен, -льна] normal

нос *m* [1; в, на носу́; *pl. e.*] nose; *пти́цы* beak; *ло́дки,* bow, prow; **води́ть за ~** lead by the nose; (*вско́ре*) **на ~у́** at hand; *у меня́ идёт кровь ~ом* my nose is bleeding; *~ик m* [1] *dim.* → *нос*; spout

носи́|лки *f/pl.* [5; -лок] stretcher; *~льщик m* [1] porter; *~тель m med.* [4] carrier; *~ть* [15] carry, bear, *etc.*; → *нести́*; wear (*v/i. -ся*); *coll.* *-ся* run about; (*с* T) *a.* have one's mind occupied with

носово́й [14] *зву́к* nasal; *naut.* bow; ~ **плато́к** handkerchief

носо́к *m* [1; -ска́] sock; *боти́нка* toe

носоро́г *m* [1] rhinoceros

но́т|а *f* [5] note; *pl. a.* music; *как по ~ам* without a hitch

нота́риус *m* [1] notary (public)

нота́ция *f* [7] reprimand, lecture

ноч|ева́ть [7], ⟨пере-⟩ pass (*or* spend) the night; *~ёвка f* [5; *g/pl.:* -вок] overnight stop (*or* stay *or* rest); *a.* → *~лёг*; *~лёг m* [1] night's lodging, night quarters; *a.* → *~ёвка*; *~но́й* [14] night(ly), (*a. bot., zo.*) nocturnal; *~ь f* [8; в ночи́;

from g/pl. e.] night; **~ью** at (*or* by) night (= *a.* **в ~ь, по ~ám**) **~ь под ... (В) ...** night

нóша *f* [5] load, burden

ноя́брь *m* [4 *e.*] November

нрав *m* [1] disposition, temper; *pl.* ways, customs; (**не**) **по ~у** (Д) (not) to one's liking; **~иться** [14], ⟨по-⟩ please (a *p.* Д); **онá мне ~ится** I like her; **~оучéние** *n* [12] moral admonition; **~ственность** *f* [8] morals *pl.*, morality; **~ственный** [14 *sh.*] moral

ну (*a.* **~-ка**) well *or* now (then *же*)! come (on)!, why!, what!; the deuce (take him *or* it **~ егó**)!; (*a.* **да ~?**) indeed?, really?, you don't say!; ha?; **~ да** of course, sure; **~ так чтó же?** what about it?

нýдный [14; нýден, -á, -o] tedious, boring

нужд|**á** *f* [5; *pl. st.*] need, want (**в** П of); **в слýчае ~ы** if necessary; **в э́том нет ~ы**

there is no need for this; **~áться** [1] ◀ П) (be in) need (of); **в деньгáх** be ha~ up, needy

нýжн|**ый** [14; нýжен, -жнá, -o, нýжни◀ necessary (Д for); (Д) **~o** + *inf.* mu (→ **нáдо**)

нуль → **ноль**

нумер|**áция** *f* [7] numeration; numbe ing; **~овáть** [7], ⟨за-, про-⟩ number

нýтрия *f* [7] *zo.* coypu; *mex* nutria

ны́н|**е** *obs.* now(adays), today; **~ешни** *coll.* [15] present *coll.* today's; **~че** *co* → **~е**

ныр|**я́ть** [28], *once* ⟨**~нýть**⟩ [20] dive

ныть [22] ache; *coll.* whine, make a fu

нюх [1], **~ать** [1], ⟨по-⟩ *о животно* smell, scent

ня́н|**чить** [16] nurse, tend; **-ся** *coll.* fu over, busy o.s. (**с** T with); **~я** *f* [6] (**~** [5; -нек] nurse, *Brt. a.* nanny

О

о, об, обо 1. (П) about, of; on; **2.** (В) against, (up)on; **бок ó бок** side by side; **рукá óб руку** hand in hand

о! *int.* oh!, o!

óб|**а** *m & n*, **~e** *f* [37] both

обагр|**я́ть** [28], ⟨**~и́ть**⟩ [13]: **~и́ть рýки в кровú** steep one's hands in blood

обанкрóтиться → **банкрóтиться**

обая́|**ние** *n* [12] spell, charm; **~тельный** [14; -лен, -льна] charming

обвáл *m* [1] collapse; landslide; *снеж-ный* avalanche; **~иваться** [1], ⟨**~и́ться**⟩ [13; обвáлится] fall in *or* off; **~я́ть** [1] *pf.* roll

обвари́ть [13; -арю́, -áришь] scald; pour boiling water over

обвé|**сить** [15] *coll.* → **~шивать**

обвести́ → **обводи́ть**

обвéтренный [14 *sh.*] weatherbeaten; *гýбы* chapped

обветшáлый [14] decayed

обвéш|**ивать**, ⟨**~ать**⟩ [1] **1.** hang, cover (T with); **2.** *pf.* ⟨обвéсить⟩ [1] give short

weight to; cheat

обви|**вáть** [1], ⟨**~ть**⟩ [обовью́, -вьёшь; **вить**] wind round; **~ть шéю рукáм** throw one's arms round s.o.'s neck

обвинéние *n* [12] accusation, charg *law* indictment; the prosecutio **~итель** *m* [4] accuser; *law* prosecuto **~и́тельный** [14] accusatory; *заключ nue* of 'guilty'; **~я́ть** [28] ⟨**~и́ть**⟩ [13] ◀ П) accuse (of), charge (with); **~я́емь** accused; (*ответчик*) defendant

обви́слый *coll.* [14] flabby

обви́ть → **~вáть**

обводи́ть [13], ⟨обвести́⟩ [25] lead, s *or* look (round, about); enclose, enci cle *or* border (Twith); **~ вокрýг пáль** twist round one's little finger

обвор|**áживать** [1], ⟨**~ожи́ть**⟩ [16 -жу́, -жи́шь, -жённый] charm, fascina **~ожи́тельный** [14; -лен, -льна] charr ing, fascinating; **~ожи́ть** → **~áжива**

обвя́з|**ывать** [1], ⟨**~áть**⟩ [3] *верёвк* tie up *or* round

обгоня́ть [28], ⟨обогна́ть⟩ [обгоню́, -о́нишь; обо́гнанный] (out) distance, outstrip (*a. fig.*); pass, leave behind

обгрыз|а́ть [1], ⟨~ть⟩ [24; *pt. st.*] gnaw (at, round, away)

обд|ава́ть [5], ⟨~а́ть⟩ [-а́м, -а́шь; → **дать**]; обдал, -а́, -о; о́бданный (обдан, -а́, -о)] pour over; **~а́ть кипятко́м** scald; **~а́ть гря́зью** bespatter with mud

обдел|я́ть [28], ⟨~и́ть⟩ [13; -елю́, -е́лишь] deprive of one's due share (of T)

обдира́ть [1], ⟨ободра́ть⟩ [обдеру́, -рёшь; ободра́л, -а́, -о; обо́дранный] *кору* bark, *обои и т. д.* tear (off); *тушу* skin; *колено* scrape; *fig. coll.* fleece

обду́м|ать → **~ывать**; **~анный** [14 *sh.*] well considered; **~ывать**, ⟨~ать⟩ [1] consider, think over

обе́д *m* [1] dinner (*за* Т at, *на* В, *к* Д for), lunch; *до (по́сле)* **~а** in the morning (afternoon); **~ать** [1], ⟨по-⟩ have dinner (lunch), dine; **~енный** [14] dinner..., lunch...

обедне́вший [17] impoverished

обез|бо́ливание *n* [12] an(a)esthetization; **~вре́живать** [1], ⟨~вре́дить⟩ [15] render harmless; neutralize; **~до́ленный** [14] unfortunate, hapless; **~за́раживание** *n* [12] disinfection; **~лю́деть** [8] *pf.* become depopulated, deserted; **~обра́живать** [1], ⟨~обра́зить⟩ [15] disfigure; **~опа́сить** [15] *pf.* secure (**от** Р against); **~ору́живать** [1], ⟨~ору́жить⟩ [16] disarm (*a. fig.*); **~у́меть** [8] *pf.* lose one's mind, go mad

обезья́н|а *f* [5] monkey; ape; **~ий** [18] monkey('s); apish, apelike; **~ичать** *coll.* [1] ape

обели́ск *m* [1] obelisk

обер|ега́ть [1], ⟨~е́чь⟩ [26; г/ж: -гу, -жёшь] guard, *v/i.* **-ся**, protect o.s.; (against, from **от** Р)

обернуть(ся) → **обёртывать(ся)**

обёрт|ка *f* [5; *g/pl.*: -ток] *книги* cover; **~очный** [14] wrapping (*or* brown) paper; **~ывать** ⟨оберну́ть⟩ [20] wrap (up); wind; **~ывать лицо́** turn one's face toward(s); **-ся** turn (round, *coll.*

back)

обескура́ж|ивать [1], ⟨~ить⟩ [16] discourage, dishearten

обеспе́ч|ение *n* [12] securing; *о займе* (**под** В on) security, guarantee; *порядка* maintenance; *социальное* security; **~енность** *f* [8] (adequate) provision; *зажиточность* prosperity; **~енный** [14] well-to-do; well provided for; **~ивать** [1], ⟨~ить⟩ [16] (*снабжать*) provide (for; with T); *мир и т. д.* secure, guarantee; ensure

обесси́л|еть [8] *pf.* become enervated, exhausted; **~ивать** [1], ⟨~ить⟩ [13] enervate, weaken

обесцве́|чивать [1], ⟨~тить⟩ [15] discolo(u)r, make colo(u)rless

обесце́н|ивать [1], ⟨~ить⟩ [13] depreciate

обесче́стить [15] *pf.* dishono(u)r; *себя* disgrace o.s

обе́т *m* [1] vow, promise; **~ова́нный** [14]: **~ова́нная земля́** the Promised Land

обеща́|ние *n* [12], **~ть** [1] (*im*)*pf.*, *coll. a.* ⟨по-⟩ promise

обжа́лование *n* [12] *law* appeal

обж|ига́ть [1], ⟨~е́чь⟩ [26; г/ж: обожгу́, -жжёшь, обжёг, обожгла́; обо-жжённый] burn; scorch; *глину* bake; **-ся** burn o.s. (*coll.* one's fingers)

обжо́р|а *coll. m/f* [5] glutton; **~ливый** *coll.* [14 *sh.*] gluttonous; **~ство** *coll. n* [9] gluttony

обзав|оди́ться [15], ⟨~ести́сь⟩ [25] provide o.s. (T with), acquire, set up

обзо́р *m* [1] survey; review

обзыва́ть [1], ⟨обозва́ть⟩ [обзову́, -ёшь; обозва́л, -а́, -о; обо́званный] call (*names* Т)

оби|ва́ть [1], ⟨~ть⟩ [обобью́, обобьёшь; → **бить**] upholster; **~вка** *f* [5] upholstery

оби́|да *f* [5] insult; *не в* **~ду будь ска́зано** no offense (-nce) meant; *не дать в* **~ду** let not be offended; **~деть(ся)** → **~жа́ть(ся)**; **~дный** [14; -ден, -дна] offensive, insulting; *мне* **~дно** it is a shame *or* vexing; it offends *or* vexes me; I am sorry (for *за* В); **~дчивый** [14 *sh.*] touchy; **~дчик** *coll. m* [1] of-

fender; **~жа́ть** [1], ⟨**~деть**⟩ [11] (**-ся** be),
offend(ed), (*a.* be angry with *or* at **на**
В); wrong; overreach (→ *a.* **обделя́ть**);
~женный [14 *sh.*] offended (*a.* →
~жа́ть(ся))

оби́лие *n* [12] abundance, plenty

оби́льный [14; -лен, -льна] abundant (Т
in), plentiful, rich (in)

обиня́к *m* [1 *e.*] only in phrr. **говори́ть
~а́ми** beat about the bush; **говори́ть
без ~о́в** speak plainly

обира́ть *coll.* [1], ⟨обобра́ть⟩ [оберу́,
-ёшь; обобра́л, -а́, -о; обо́бранный] rob

обита́|емый [14 *sh.*] inhabited; **~тель** *m*
[4] inhabitant; **~ть** [1] live, dwell, reside

обить → **обива́ть**

обихо́д *m* [1] use, custom, practice;
предме́ты дома́шнего ~а household
articles; **~ный** [14; -ден, -дна] everyday;
язык colloquial

обкла́дывать [1], ⟨обложи́ть⟩ [16] *по-
ду́шками* lay round; *ту́чами* cover;
med. fur; → **облага́ть**

обкра́дывать [1], ⟨обокра́сть⟩ [25; об-
краду́, -дёшь; *pt. st.*: обкра́денный] rob

обла́ва *f* [5] *на охоте* battue; *полиции*
raid; roundup

облага́|емый [14 *sh.*] taxable; **~ть** [1],
⟨обложи́ть⟩ [16] *нало́гом* impose (*tax*
Т)

облагор|а́живать [1], ⟨~о́дить⟩ [15] en-
noble, refine

облада́|ние *n* [12] possession (of Т);
~тель *m* [4] possessor; **~ть** [1] (Т) possess, have; be in (**хоро́шим здоро́вь-
ем**) good health

о́блак|о *n* [9; *pl.*: -ка́, -ко́в] cloud; **вита́ть
в ~а́х** be up in the clouds

обл|а́мывать [1], ⟨~ома́ть⟩ [1] &
⟨~оми́ть⟩ [14] break off

обласка́ть [1] *pf.* treat kindly

област|но́й [14] regional; **~ь** *f* [8; *from
g/pl. e.*] region; *fig.* province, sphere,
field

облач|а́ться [1], ⟨~и́ться⟩ [16] *eccl.* put
on one's robes; *coll. joc.* array oneself

облача́ться → **облача́ться**

о́блачный [14; -чен, -чна] cloudy

обле|га́ть [1], ⟨~чь⟩ [26; г/ж: → **лечь**] fit
closely

облегч|а́ть [1], ⟨~и́ть⟩ [16 *e.*; -чу́, -чи́шь;
-чённый] lighten; (*упрости́ть*) facili-
tate; *боль* ease, relieve

обледене́лый [14] ice-covered

обле́злый *coll.* [14] mangy, shabby

обле|ка́ть [1], ⟨~чь⟩ [26] *полно-
мо́чиями* invest (Т with); (*вы́разить*)
put, express

облеп|ля́ть [28], ⟨~и́ть⟩ [14] stick all
over (*or* round); (*окружи́ть*) surround; *о мухах и т. д.* cover

облет|а́ть [1], ⟨~е́ть⟩ [11] fly round (*or*
all over, past, in); *ли́стья* fall; *о слухах
и т. д.* spread

обле́чь [1] → **облега́ть & облека́ть**

обли|ва́ть [1], ⟨~ть⟩ [оболью́, -льёшь;
обле́й!; о́бли́л, -а́, -о; обли́тый (о́бли́т,
-а́, -о)] pour (s.th. Т) over; **~ть гря́зью**
coll. fling mud (at); **-ся** [*pf.*: -и́лся,
-ила́сь, -ило́сь] Т pour over o.s.; *сле-
зами* shed; *пото́м* be dripping; *or
кро́вью* covered; *се́рдце* bleed

облига́ция *f* [7] *fin.* bond, debenture

обли́з|ывать [1], ⟨~а́ть⟩ [3] lick (off);
-ся lick one's lips (*or* o.s.)

о́блик *m* [1] aspect, look; appearance

обли|ть(ся) → **~ва́ть(ся)**; **~цо́вывать**
[1], ⟨~цева́ть⟩ [7] face (with), revet

облич|а́ть [1], ⟨~и́ть⟩ [16 *e.*; -чу́, -чи́шь,
-чённый] unmask; (*раскрыва́ть*) re-
veal; (*обвиня́ть*) accuse (**в** П of);
~и́тельный [14; -лен, -льна] accusatory, incriminating; **~и́ть** → **~а́ть**

облож|е́ние *n* [12] taxation; **~и́ть** → **об-
кла́дывать** *and* **облага́ть**; **~ка** [5;
g/pl.: -жек] cover; (*супер~ка*) dust-
cover, folder

облоко́|а́чиваться [1], ⟨~оти́ться⟩ [15 &
15 *e.*; -кочу́сь, -ко́тишься] lean one's elbow (**на** В on)

облом|а́ть, ~и́ть → **обла́мывать**; **~ок**
m [1; -мка] fragment; *pl.* debris, wreck-
age

облуч|а́ть [1], ⟨~и́ть⟩ [16 *e.*; -чу́, -чи́шь,
-чённый] irradiate

облюбова́ть [7] *pf.* take a fancy to,
choose

обма́з|ывать [1], ⟨~ать⟩ [3] besmear;
plaster, putty, coat, cement

обма́к|ивать [1], ⟨~ну́ть⟩ [20] dip

обма́н *m* [1] deception; deceit, *mst. law* fraud; **~ зре́ния** optical illusion; **~ный** [14] deceitful, fraudulent; **~ýть(ся)** → **~ывать(ся)**; **~чивый** [14 *sh.*] deceptive; **~щик** *m* [1], **~щица** *f* [5] cheat, deceiver; **~ывать** [1], ⟨**~ýть**⟩ [20] (**-ся** be) deceive(d), cheat; be mistaken (in **в** П)

обма́|тывать, ⟨**~отáть**⟩ [1] wind (round); **~áхивать** [1], ⟨**~ахнýть**⟩ [20] *пыль* wipe, dust; *веером* fan

обме́н *m* [1] exchange (in/for **в/на** В); interchange (T, P of); **~ивать** [1], ⟨**~я́ть**⟩ [28] exchange (**на** В for; **-ся** T s.th.)

обме́|ривать → **ме́рить**; **~тáть** [1], ⟨**~ести́**⟩ [25 -т-: обметý] sweep (off), dust; **~озгóвывать** [1], ⟨**~озговáть**⟩ [7] *coll.* think over

обмо́лв|иться [14] *pf.* make a slip of the tongue; (*упомянýть*) mention, say; **~ка** *f* [5; *g/pl.:* -вок] slip of the tongue

обморо́зить [15] *pf.* frostbite

óбморок *m* [1] fainting spell, swoon

обмотá|ть → **обмáтывать**; **~ка** *f* [5; *g/pl.:* -ток] *el.* winding

обмундировá|ние *n* [12], **~ть** [7] *pf.* fit out with uniform

обмы|вáть [1], ⟨**~ть**⟩ [22] bathe, wash (off); *coll. покýпку и т. д.* celebrate

обнадёж|ивать [1], ⟨**~ить**⟩ [16] (re)assure, encourage, give hope to

обнаж|áть [1], ⟨**~и́ть**⟩ [16 *e.*; -жý, -жи́шь; -жённый] *голову* bare, uncover; *fig.* lay bare; *шпáгу* draw, unsheathe; **~ённый** [14; -жён, -женá] naked, bare; nude (*a. su*)

обнаро́довать [7] *pf.* promulgate

обнарýж|ивать [1], ⟨**~ить**⟩ [16] (*вы́явить*) disclose, show, reveal; (*найти́*) discover, detect; **-ся** appear, show; come to light; be found, discovered

обнести́ → **обноси́ть**

обн|имáть [1], ⟨**~я́ть**⟩ [обнимý, обни́мешь; о́бнял, -á, -о; о́бнятый (о́бнят, -á, -о)] embrace, hug, clasp in one's arms

обно́в|(к)а *f* [5; *g/pl.:* -вок] *coll.* new; article of clothing; **~и́ть** → **~ля́ть**; **~ле́ние** *n* [12] *репертуáра и т. д.* renewal; (*ремóнт и т. д.*) renovation; **~ля́ть** [28], ⟨**~и́ть**⟩ [14 *e.*; -влю́, -ви́шь;

-влённый] renew; renovate; update; repair

обн|оси́ть [15], ⟨**~ести́**⟩ [24; -с-: -сý] pass (round); *coll.* serve; (T) fence in, enclose; **-ся** *coll. impf.* wear out one's clothes

обнюх|ивать, ⟨**~ать**⟩ [1] sniff around

обня́ть → **обнимáть**

обобрáть → **обирáть**

обобщ|áть [1], ⟨**~и́ть**⟩ [16 *e.*; -щý, -щи́шь; -щённый] generalize; **~и́ть** → **~áть**

обога|щáть [1], ⟨**~ти́ть**⟩ [15 *e.*; -ащý, -ти́шь; -ащённый] enrich; *рýду* concentrate

обогнáть → **обгоня́ть**

обогнýть → **огибáть**

обоготворя́ть [28] → **боготвори́ть**

óбод *m* [1; *pl.:* обо́дья, -дьев] rim, felloe; **~óк** *m* [1; -дкá] rim

обо́др|анный [14] *coll.* ragged, shabby; **~áть** → **обдирáть**; **~е́ние** *n* [12] encouragement; **~я́ть** [28], ⟨**~и́ть**⟩ [13] cheer up, reassure; **-ся** take heart, cheer up

обожáть [1] adore, worship

обожеств|ля́ть [28], ⟨**~и́ть**⟩ [14 *e.*; -влю́, -ви́шь; -влённый] deify

обожжённый [14; -ён, -ená] burnt

обозвáть → **обзывáть**

обознач|áть [1], ⟨**~ить**⟩ [16] denote, designate, mark; **-ся** appear; **~е́ние** *n* [12] designation; *знак* sign, symbol

обозр|евáть [1], ⟨**~е́ть**⟩ [9], **~е́ние** *n* [12] survey; *mst. lit.* review

обо́|и *m/pl.* [3] wallpaper; **~йти́(сь)** → **обходи́ть(ся)**; **~крáсть** → **обкрáдывать**

оболо́чка *f* [5; *g/pl.:* -чек] cover(ing), envelope; *anat. слизистая и т. д.* membrane; **рáдужная (рогова́я)** iris (cornea)

оболь|сти́тель *m* [4] seducer; **~сти́тельный** [14; -лен, -льна] seductive; **~щáть** [1], ⟨**~сти́ть**⟩ [15 *e.*; -льщý, льсти́шь; -льщённый] seduce; (**-ся** be) delude(d; flatter o.s.)

обомле́ть [8] *pf. coll.* be stupefied

обоня́ние *n* [12] (sense of) smell

оборáчивать(ся) → **обёртывать(ся)**

оборв|а́нец coll. m [1; -нца] ragamuffin; **~анный** [14 sh.] ragged; **~а́ть** → **обрыва́ть**

обо́рка f [5; g/pl.: -рок] frill, ruffle

оборо́н|а f [5] defense (Brt. defence); **~и́тельный** [14] defensive; **~ный** [14] defense..., armament...; **~ная промы́шленность** defense industry; **~оспосо́бность** f [8] defensive capability; **~я́ть** [28] defend

оборо́т m [1] turn; tech. revolution, rotation; fin. circulation; comm. turnover; сторона́ back, reverse; (см.) **на ~е** please turn over (PTO); **ввести́ в ~** put into circulation; **взять кого́-нибудь в ~** fig. coll. get at s.o.; take s.o. to task; **~и́ть(ся)** P [15] pf. → **оберну́ть(ся)**; **~ливый** [14 sh.] coll. resourceful; **~ный** [14] сторона́ back, reverse; fig. seamy (side); **~ный капита́л** working capital

обору́дова|ние n [12] equipment; **вспомога́тельное ~ние** comput. peripherals, add-ons; **~ть** [7] (im)pf. equip, fit out

обосн|ова́ние n [12] substantiation; ground(s); **~о́вывать** [1], ⟨~ова́ть⟩ [7] prove, substantiate; **-ся** settle down

обос|обля́ть [28], ⟨~о́бить⟩ [14] isolate; **-ся** keep aloof, stand apart

обостр|я́ть [28], ⟨~и́ть⟩ [13] (**-ся** become); (ухудшить) aggravate(d), strain(ed); о чувствах become keener; med. become acute

обою́дный [14; -ден, -дна] mutual, reciprocal

обраб|а́тывать, ⟨~о́тать⟩ [1] work, process; agr. till; текст и т. д. elaborate, finish, polish; chem. etc. treat; (адапти́ровать) adapt; coll. work upon, win round кого́-л.; p. pr. a. промы́шленность manufacturing; **~о́тка** f [5; g/pl.: -ток] processing; agric. cultivation; elaboration; adaptation

о́браз m [1] manner, way (T in); mode; shape, form; lit. figure, character; image; [pl.: -а́, etc. e.] icon; **каки́м (таки́м) ~ом** how (thus); **нико́им ~ом** by no means; **~ жи́зни** way of life; **~е́ц** m [1; -зца́] specimen, sample; (приме́р)

model, example; материа́ла pattern; **~ный** [14; -зен, -зна] graphic, picturesque, vivid; **~ова́ние** n [12] слова́ и т. д. formation; education **~о́ванный** [14 sh.] educated; **~ова́тельный** [14; -лен, -льна] educational (qualification); **~о́вывать** [1], ⟨~ова́ть⟩ [7] form; **-ся** (v/i.) arise; constitute; **~уми́ть(ся)** [14] pf. coll. bring (come) to one's senses; **~цо́вый** [14] exemplary, model...; **~чик** m [1] → **~е́ц**

обрам|ля́ть [28], ⟨~и́ть⟩ [14 st.], fig. ⟨~и́ть⟩ [14 e.; -млю́, -ми́шь; -млённый] frame

обраст|а́ть [1], ⟨~и́⟩ [24; -ст-: -сту́; обро́с, -ла́] мхом и т. д. become overgrown with, covered with

обра|ти́ть → **~ща́ть**; **~тный** [14] back, return...; reverse; (a. math. inverse) law retroactive; **~тная связь** tech. feedback (a. fig.); **~ща́ть** [1], ⟨~ти́ть⟩ [15 e.; -ащу́, -ати́шь; -ащённый] turn; взор direct; eccl. convert; draw or pay or (**на себя́**) attract (attention; to **на** B); **не ~ща́ть внима́ния (на** B) disregard; **-ся** turn (**в** B to); address o.s. (**к** Д to); apply (to; for за Т); appeal; **~ща́ться в бе́гство** take to flight; impf. (**с** Т) treat, handle; дви́гаться circulate; **~ще́ние** n [12] address, appeal; оборо́том circulation; (**с** Т) treatment (of), management; manners

обре́з m [1] edge; **де́нег в ~** just enough money; **~а́ть** [1], ⟨~а́ть⟩ [3] cut (off); cut short; ногти и т. д. pare; ветки prune; coll. (прерва́ть) snub, cut short; **~ок** m [1; -зка] scrap; pl. clippings **~ыва́ть** [1] → **~а́ть**

обре|ка́ть [1], ⟨~чь⟩ [26] condemn, doom (to **на** B, Д)

обремен|и́тельный [14; -лен, -льна] burdensome; **~я́ть** [28], ⟨~и́ть⟩ [13] burden

обре|чённый [14] doomed (to **на** B); **~чь** → **~ка́ть**

обрисо́в|ывать [1], ⟨~а́ть⟩ [7] outline, sketch; **-ся** loom, appear

обро́сший [17] covered with

обруб|а́ть [1], ⟨~и́ть⟩ [14] chop (off), lop; **~ок** m [1; -бка] stump, block

о́бруч *m* [1; *from g/pl.: е.*] hoop; **~а́льный** [14] wedding...; **~а́ться** [1], ⟨**~и́ться**⟩ [16 *е.*; -чу́сь, -чи́шься] be(come) engaged (to **с** Т) betrothal

обру́ш|ивать [1], ⟨**~ить**⟩ [16] bring down; **-ся** fall in, collapse; fall (up)on (**на** В)

обры́в *m* [1] precipice; *tech.* break; **~а́ть** [1], ⟨оборва́ть⟩ [-ву́, -вёшь; -ва́л, -вала́, -о; обо́рванный] tear *or* pluck (off); break off, cut short; **-ся** *a.* fall (from **с** Р); **~истый** [14 *sh.*] steep; abrupt; **~ок** *m* [1; -вка] scrap, shred; **~очный** [14; -чен, -чна] scrappy

обры́зг|ивать, ⟨**~ать**⟩ [1] sprinkle

обрю́зглый [14] flabby, bloated

обря́д *m* [1] ceremony, rite

обса́живать [1], ⟨обсади́ть⟩ [15] plant round (**с** Т)

обсервато́рия *f* [7] observatory

обсле́дова|ние *n* [12] (Р) inspection (of), inquiry (into), investigation (of); medical examination; **~ть** [7] (*im*)*pf.* inspect, examine, investigate

обслу́ж|ивание *n* [12] service; *tech.* servicing, maintenance; operation; **~ивать** [1], ⟨**~и́ть**⟩ [16] serve, attend; *tech.* service

обсо́хнуть → **обсыха́ть**

обста|вля́ть [28], ⟨**~вить**⟩ [14] surround (with); furnish (Т with); *coll.* outwit, deceive **~но́вка** *f* [5; *g/pl.*: -вок] furniture; (*обстоя́тельства*) situation, conditions *pl.*

обстоя́тель|ный [14; -лен, -льна] detailed, circumstantial; *coll.* **челове́к** *и т. д.* thorough; **~ство** *n* [9] circumstance (*при* П, **в** П under, in); **по ~ствам** depending on circumstances

обстоя́ть [-ои́т] be, get on; stand; **как обстои́т де́ло с** (Т)? how are things going?

обстре́л *m* [1] bombardment, firing; **~ивать** [1], ⟨**~я́ть**⟩ [28] fire at, on; shell

обстру́кция *f* [7] *pol.* obstruction, filibustering

обступа́ть [1], ⟨**~и́ть**⟩ [14] surround

об|сужда́ть [1], ⟨**~суди́ть**⟩ [15; -ждённый] discuss; **~сужде́ние** *n* [12]

discussion; **~суши́ться** [16] *pf.* dry o.s.; **~считать** [1] *pf.* cheat; **-ся** miscalculate

обсып|а́ть [1], ⟨**~ать**⟩ [2] strew, sprinkle

обс|ыха́ть [1], ⟨**~о́хнуть**⟩ [21] dry

обта́чивать [1], ⟨**~очи́ть**⟩ [16] turn; **~ека́емый** [14] streamlined; *ответ* vague; **~ере́ть** → **~ира́ть** [1], ⟨**~еса́ть**⟩ [3] hew; **~ира́ть** [1], ⟨**~ере́ть**⟩ [12]; оботру́; обтёр; *g. pt. a.*: -тёрши & -терев] rub off *or* down, wipe (off), dry; coll. wear thin

оботочи́ть → **обта́чивать**

обтрёпанный [14] shabby, *обшлага́* frayed

обтя́|гивать [1], ⟨**~ну́ть**⟩ [19] *ме́бель* cover (Т with); *impf.* be closefitting; **~жка** *f* [5]: **в ~жку** closefitting dress

обу|ва́ть [1], ⟨**~ть**⟩ [18] put (**-ся** one's) shoes on; **~вь** *f* [8] footwear, shoes *pl.*

обу́г|ливаться [1], ⟨**~иться**⟩ [13] char; carbonize

обу́за *f* [5] *fig.* burden

обу́зд|ывать [1], ⟨**~а́ть**⟩ [1] bridle, curb

обусло́в|ливать [1], ⟨**~ить**⟩ [14] make conditional (Т on); cause

обу́ть(ся) → **обува́ть(ся)**

о́бух *m* [1] *топора́* head; **его́ как ~ом по голове́** he was thunderstruck

обуч|а́ть [1], ⟨**~и́ть**⟩ [16] teach (Д s.th.), train; **-ся** (Д) learn, be taught; **~е́ние** *n* [12] instruction, training; education

обхва́т *m* [1] arm's span; circumference; **~ывать** [1], ⟨**~и́ть**⟩ [15] clasp (Т in), embrace, enfold

обхо́д *m* [1] round; *полице́йского* beat; **де́лать ~** make one's round(s); **пойти́ в ~** make a detour; **~и́тельный** [14; -лен, -льна] affable, amiable; **~и́ть** [15], ⟨обойти́⟩ [обойду́, -дёшь; → **идти́**] go round; visit (all one's); (*вопро́с*) avoid, evade; *зако́н* circumvent; pass over (Т in); **-ся**, ⟨-сь⟩ cost (**мне** me); (*спра́виться*) manage, make, do with(out) (**без** Р); there is (*no ... without*); treat (**с** Т s.b.); **~ный** [14] roundabout

обш|а́ривать [1], ⟨**~а́рить**⟩ [13] rummage (around); **~ива́ть** [1], ⟨**~и́ть**⟩ [обошью́, -шьёшь; → **шить**] sew round, border (T with); *досками и т. д.* plank, face, *coll.* clothe; **∼и́вка** *f* [5] trimming, *etc.* (*vb.*)

обши́|рный [14; -рен, -рна] vast, extensive; (*многочисленный*) numerous; **∼ть** → **∼ва́ть**

обща́ться [1] associate (**с** T with)

обще|досту́пный [14; -пен, -пна] popular; *a.* → **досту́пный**; **∼жи́тие** *n* [12] hostel; society, community; communal life; **∼изве́стный** [14; -тен, -тна] well-known

обще́ние *n* [12] intercourse; relations

общепри́нятый [14 *sh.*] generally accepted, common

обще́ств|енность *f* [8] community, public; **∼енный** [14] social, public; **∼енное мне́ние** public opinion; **∼о** *n* [9] society; company (*a. econ*); association; community; **акционе́рное ∼о** joint-stock company; **∼ове́дение** *n* [12] social science

общеупотреби́тельный [14; -лен, -льна] current, in general use

о́бщ|ий [17; о́бщ., о́бщ, -а́, -е] general; common (in ∼его); public; total, (**в** ∼ем on the) whole; **∼ина** *f* [5] *eccl. pol., etc.* group, community; **∼и́тельный** [14; -лен, -льна] sociable, affable; **∼ность** *f* [8] community

объе|да́ть [1], ⟨∼сть⟩ [-е́м, -е́шь, *etc.* → **есть**] eat *or* gnaw round, away; **-ся** overeat

объедин|е́ние *n* [12] association, union; *действие* unification; **∼я́ть** [28], ⟨∼и́ть⟩ [13] unite, join; **-ся** (*v/i.*) join, unite (with)

объе́дки *coll. m/pl.* [1] leftovers

объе́|зд *m* [1] detour, by-pass; *vb.* **в ∼зд** = **∼зжа́ть** [1] **1.** ⟨∼хать⟩ [-е́ду, -е́дешь] go, drive round; travel through *or* over; visit (all [one's]); **2.** ⟨∼здить⟩ [15] break in (*horses*); **∼кт** *m* [1] object; **∼кти́вный** [14; -вен, -вна] objective

объём *m* [1] volume; (*величина*) size; *знаний и т. д.* extent, range; **∼истый** [14 *sh.*] *coll.* voluminous, bulky

объе́сть(ся) → **объеда́ть(ся)**

объе́хать → **объезжа́ть** 1

объяв|и́ть → **∼ля́ть**; **∼ле́ние** *n* [12] an-

nouncement, notice; *реклама* advertisement; *войны* declaration; **∼ля́ть** [28], ⟨∼и́ть⟩ [14] declare (s.th. *a. o* П; s.b. [to be] s.th. B/T), tell, anounce, proclaim; *благода́рность* express

объясн|е́ние *n* [12] explanation; declaration (of love **в любви́**); **∼и́мый** [14 *sh.*] explicable, accountable; **∼и́тельный** [14] explanatory; **∼я́ть** [28], ⟨∼и́ть⟩ [13] explain, illustrate; account for; **-ся** explain o.s.; be accounted for; have it out (**с** T with); *impf.* make o.s. understood (T by)

объя́тия *n/pl.* [12] embrace (*vb.*: **заключи́ть в ∼**); **с распростёртыми ∼ми** with open arms

обыва́тель *m* [4] philistine; **∼ский** [14] narrow-minded; philistine...

обы́гр|ывать, ⟨∼а́ть⟩ [1] beat (*at a game*); win

обы́денный [14] everyday, ordinary

обыкнове́н|ие *n* [12] habit; **по ∼ию** as usual; **∼ный** [14; -е́нен, -е́нна] ordinary; *де́йствия* usual, habitual

обы́ск *m* [1], **∼ивать** [1], ⟨∼а́ть⟩ [3] search

обы́ч|ай *m* [3] custom; *coll.* habit; **∼ный** [14; -чен, -чна] customary, usual, habitual

обя́занн|ость *f* [8] duty; **во́инская ∼ость** military service; **исполня́ющий ∼ости** (P) acting; **∼ый** [14 *sh.*] obliged; indebted; **он вам обя́зан жи́знью** he owes you his life

обяза́тель|ный [14; -лен, -льна] obligatory, compulsory; **∼но** without fail, certainly; **∼ство** *n* [9] obligation; *law* liability; engagement; **вы́полнить свои́ ∼ства** meet one's obligations

обя́з|ывать [1], ⟨∼а́ть⟩ [3] oblige; bind, commit; **-ся** engage, undertake, pledge o. s

овдове́вший [17] widowed

овёс *m* [1; овса́] oats *pl*

ове́чий [18] sheep('s)

овлад|ева́ть [1], ⟨∼е́ть⟩ [8] (T) seize, take possession of; get control over; *знаниями* master; **∼е́ть собо́й** regain one's self-control

о́вощ|и *m/pl.* [1; *gen.*: -ще́й, *etc. e.*] vegetables; **~ной** [14]: **~ной магазин** place selling fresh fruits and vegetables; (*chiefly Brt.*) greengrocer's

овра́г *m* [1] ravine

овся́нка *f* [5; *g/pl.*: -нок] oatmeal

овца́ *f* [5; *pl. st.*; *g/pl.*: ове́ц] sheep; **~ево́дство** *n* [9] sheepbreeding

овча́рка *f* [5; *g/pl.*: -рок] sheepdog; **неме́цкая ~** Alsation (dog)

овчи́на *f* [5] sheepskin

огиба́ть [1], ⟨обогну́ть⟩ [20] turn *or* bend (round)

оглавле́ние *n* [12] table of contents

огла́|ска *f* [5] publicity; **~ша́ть** [1], ⟨~си́ть⟩ [15 *e.*; -ашу́, -аси́шь, -ашённый] announce, make public; **-ся** *криками и т. д.* fill; resound; ring; **~ше́ние** *n* [12] proclamation; publication

оглуш|а́ть [1], ⟨~и́ть⟩ [16 *e.*; -шу́, -ши́шь, -шённый] deafen; stun; **~и́тельный** [14; -лен, -льна] deafening

огля́|дка *coll. f* [5] looking back; **без ~дки** without turning one's head; **с ~дкой** carefully; **~дывать** [1], ⟨~де́ть⟩ [11] examine, look around; **-ся 1.** look round; *fig.* to adapt o.s.; **2.** *pf.:* ⟨~ну́ться⟩ [20] look back (**на** В at)

о́гне|нный [14] fiery; **~опа́сный** [14; -сен, -сна] inflammable; **~сто́йкий** [16; -о́ек, -о́йка] *→* **~упо́рный**; **~стре́льный** [14] fire (*arm*); **~туши́тель** *m* [4] fire extinguisher; **~упо́рный** [14; -рен, -рна] fireproof

огова́|ривать [1], ⟨~ори́ть⟩ [13] (*оклеветать*) slander; *условия* stipulate; **-ся** make a slip of the tongue; *→* **обмо́лвиться**; **~орка** *f* [5; *g/pl.*: -рок] slip of the tongue; reservation, proviso

оголя́ть [28], ⟨~и́ть⟩ [13] bare

огонёк *m* [1; -нька́] (small) light; *fig.* zest, spirit

ого́нь *m* [4; огня́] fire (*a. fig.*); light; *из огня́ да в по́лымя* out of the frying pan into the fire; **пойти́ в ~ и во́ду** through thick and thin; *тако́го днём с огнём не найдёшь* impossible to find another like it

огор|а́живать [1], ⟨~оди́ть⟩ [15 & 15 *e.*; -ожу́, -о́дишь; -о́женный] enclose, fence (in); **~о́д** *m* [1] kitchen garden;

~о́дник *m* [1] market *or* kitchen gardener; **~о́дничество** *n* [9] market gardening

огорч|а́ть [1], ⟨~и́ть⟩ [16 *e.*; -чу́, -чи́шь; -чённый] grieve (**-ся** *v/i.*), (be) vex(ed), distress(ed T); **~е́ние** *n* [9] grief, affliction; **~и́тельный** [14; -лен, -льна] grievous; distressing

огра|бле́ние *n* [12] burglary, robbery; **~да** *f* [5] fence; *каменная* wall; **~жда́ть** [1], ⟨~ди́ть⟩ [15 *e.*; -ажу́, -ади́шь; -аждённый] guard, protect; **~жде́ние** *n* [12] barrier; railing

ограниче́ние *n* [12] limitation; restriction; **~енный** [14 *sh.*] confined; *средства* limited; *человек* narrow(-minded); **~ивать** [1], ⟨~ить⟩ [16] confine, limit, restrict (o.s. **-ся**; to T); content o.s. with; not go beyond; **~и́тельный** [14; -лен, -льна] restrictive, limiting

огро́мный [14; -мен, -мна] huge, vast; *интерес и т. д.* enormous, tremendous

огрубе́лый [14] coarse, hardened

огрыз|а́ться *coll.* [1], *once* ⟨~ну́ться⟩ [20] snap (at); **~ок** *m* [1; -зка] bit, end; *карандаша* stump, stub

огу́льный *coll.* [14; -лен, -льна] wholesale, indiscriminate; (*необоснованный*) unfounded

огуре́ц *m* [1; -рца́] cucumber

ода́лживать [1], ⟨одолжи́ть⟩ [16 *e.*; -жу́, -жи́шь] lend (Д/В a. p. s.th.); *coll.* взять borrow

одар|ённый [14 *sh.*] gifted; talented; **~ивать** [1], ⟨~и́ть⟩ [13] give (presents) to (T); *fig.* (*impf.* **~я́ть** [28]) endow (T with)

оде|ва́ть [1], ⟨~ть⟩ [-е́ну, -е́нешь; -е́тый] dress in; clothe in (**-ся** *v/i.* dress o.s., clothe o.s.); **~жда** *f* [5] clothes *pl.*, clothing

одеколо́н *m* [1] eau de cologne

одеревене́лый [14] numb

оде́рж|ивать [1], ⟨~а́ть⟩ [4] gain, win; **~а́ть верх над** (T) gain the upper hand (over); **~и́мый** [14 *sh.*] (T) obsessed (by); *страхом* ridden (by)

оде́ть(ся) *→* **одева́ть(ся)**

одея́ло *n* [9] blanket, cover(let); *стёга-ное* quilt

оди́н *m*, **одна́** *f*, **одно́** *n*, **одни́** *pl.* [33] one; alone; only; a, a certain; some; ~ **мой друг** a friend of mine; **одно́** *su.* one thing, thought, *etc.*; ~ **на** ~ tête-à--tête; **все до одного́** (*or* все как ~) all to a (*or* the last) man

один|а́ковый [14 *sh.*] identical (with), the same (as); ~**надцатый** [14] eleventh; → **пя́тый**; ~**надцать** [35] eleven; → **пять**; ~**о́кий** [16 *sh.*] lonely, lonesome; (*незамужняя и т. д.*) single; ~**о́чество** *n* [9] solitude, loneliness; ~**о́чка** *m/f* [5; *g/pl.*: -чек] lone person; one-man boat (*or* coll. cell); ~**о́чкой**, **в** ~**о́чку** alone; ~**о́чный** [14] single; *заключе́ние* solitary; individual; one--man...

одио́зный [14; -зен, -зна] odious, offensive

одича́лый [14] (having gone) wild

одна́жды once, one day

одна́ко, (*а*...**ж[е]**) however; yet, still; but, though

одно́|...: ~**бо́кий** [16 *sh.*] *mst. fig.* one--sided; ~**бо́ртный** [14] singlebreasted; ~**вре́ме́нный** [14] simultaneous; ~**зву́чный** [14; -чен, -чна] monotonous; ~**зна́чный** [14; -чен, -чна] synonymous; *math.* simple; ~**имённый** [14; -ёнен, -ённа] of the same name; ~**кла́ссник** *m* [1] classmate; ~**коле́йный** [14] single-track; ~**кра́тный** [14; -тен, -тна] occurring once, single; ~**ле́тний** [15] one-year(-old); *bot.* annual; ~**ле́ток** *m* [1; -тка] of the same age (as); ~**ме́стный** [14] singleseater; ~**обра́зный** [14; -зен, -зна] monotonous; ~**ро́дный** [14; -ден, -дна] homogeneous; ~**сло́жный** [14; -жен, -жна] monosyllabic; *fig.* terse, abrupt; ~**сторо́нний** [15; -о́нен, -о́ння] one-sided (*a. fig.*); unilateral; *движе́ние* oneway; ~**фами́лец** *m* [1; -льца́] namesake; ~**цве́тный** [14; -тен, -тна] monochromatic; ~**эта́жный** [14] one-storied (*Brt.* -reyed)

одобр|е́ние *n* [12] approval; ~**и́тельный** [14; -лен, -льна] approving; ~**я́ть**

[28], ⟨~**ить**⟩ [13] approve (of)

одол|ева́ть [1], ⟨~**е́ть**⟩ [8] overcome, defeat; *fig.* master; cope with; *страх и т. д.* (be) overcome (by)

одолж|е́ние *n* [12] favo(u)r, service; ~**и́ть** → **ода́лживать**

одува́нчик *m* [1] dandelion

оду́м|ываться, ⟨~**аться**⟩ [1] change one's mind

одура́чивать → **дура́чить**

одур|ма́нивать [1], ⟨~**ма́нить**⟩ [13] stupefy

одутлова́тый [14 *sh.*] puffy

одухотворённый [14 *sh.*] inspired

одушев|лённый [14] *gr.* animate; ~**ля́ть** [28], ⟨~**и́ть**⟩ [14 *e.*; -влю́, -ви́шь; -влённый] animate; (*воодушеви́ть*) inspire

оды́шка *f* [5] short breath

ожере́лье *n* [10] necklace

ожесточ|а́ть [1], ⟨~**и́ть**⟩ [16 *e.*; -чу́, -чи́шь; -чённый] harden; embitter; ~**е́ние** [12] bitterness; ~**ённый** [14 *sh.*] *a.* hardened, fierce, bitter

ожи|ва́ть [1], ⟨~**ть**⟩ [-иву́, -ивёшь; о́жил, -á, -о] revive; ~**ви́ть(ся)** → ~**вля́ть(ся)**; ~**вле́ние** *n* [12] animation; ~**влённый** [14 *sh.*] animated, lively; ~**вля́ть** [28], ⟨~**ви́ть**⟩ [14 *e.*; -влю́, -ви́шь, -влённый] revive; enliven, animate; -**ся** quicken, revive; brighten

ожида́|ние *n* [12] expectation; **зал** ~**ния** waiting room; **обману́ть** ~**ния** disappoint; ~**ть** [1] wait (for P); expect; **как мы** *и* ~**ли** just as we expected

ожи́ть → **ожива́ть**

ожо́г *m* [1] burn; *кипятко́м* scald

озабо́|чивать [1], ⟨~**тить**⟩ [15] disquiet, alarm; ~**ченный** [14 *sh.*] anxious, worried (Tabout); (*поглощённый*) preoccupied

озагла́в|ливать [1], ⟨~**ить**⟩ [14] give a title to; head (*a chapter*)

озада́|чивать [1], ⟨~**чить**⟩ [16] puzzle, perplex

озар|я́ть [28], ⟨~**и́ть**⟩ [13] (-**ся** be[come]) illuminate(d), light (lit up); brighten, lighten

озвере́ть [8] *pf.* become furious

оздоров|ля́ть [1], ⟨~**и́ть**⟩ [14] *обста-*

новку и т. д. improve

о́зеро *n* [9; *pl.*: озёра, -ёр] lake

ози́мый [14] winter (*crops*)

озира́ться [1] look round

озло́б|ля́ть [28], ⟨~и́ть⟩ [14] (**-ся** become) embitter(ed); **~ле́ние** *n* [12] bitterness, animosity

ознак|омля́ть [28], ⟨~о́мить⟩ [14] familiarize (**-ся** o.s., **с** T with)

означа́ть [1] signify, mean

озно́б *m* [1] chill; shivering; **чу́вствовать ~** feel shivery

озор|ни́к *m* [1 *e.*], **~ни́ца** *f* [5] *coll.* → **шалу́н(ья)**; *coll.* **~нича́ть** [1] → **шали́ть**; **~но́й** *coll.* [14] mischievous, naughty; **~ство́** *coll. n* [9] mischief, naughtiness

ой *int.* oh! o dear!

ока́з|ывать [1], ⟨~а́ть⟩ [3] show; render, do; *влия́ние* exert; *предпочте́ние* give; **-ся** (T) turn out (to be), be found; find o.s

окайм|ля́ть [28], ⟨~и́ть⟩ [14 *e.*; -млю́, -ми́шь, -млённый] border

окамене́лый [14] petrified

ока́нчивать [1], ⟨око́нчить⟩ [16] finish, end (**-ся** *v/i.*)

ока́пывать [1], ⟨окопа́ть⟩ [1] dig round; entrench (**-ся** o.s.)

океа́н *m* [1], **~ский** [16] ocean

оки́д|ывать [1], ⟨~нуть⟩ [20] (**взгля́дом**) take in at a glance

окис|ля́ть [28], ⟨~ли́ть⟩ [13] oxidize; **~ь** *f* [8] *chem.* oxide

оккуп|ацио́нный [14] occupation,..; **~и́ровать** [7] (*im*)*pf.* occupy

окла́д *m* [1] salary; salary scale

окла́дистый [14 *sh.*] (*of a beard*) full

окле́и|вать [1], ⟨~ть⟩ [13] paste over (with); *обо́ями* paper

о́клик *m* [1], **~а́ть** [1], ⟨~нуть⟩ [20] call, hail

окно́ *n* [9; *pl. st*: о́кна, о́кон, о́кнам] window (*look through* **в** B); *school sl.* free period

о́ко *n* [9; *pl.*: о́чи, оче́й, *etc. e.*] *mst. poet.* eye

око́вы *f/pl.*: [5] fetters (*mst. fig.*)

околдо́вывать [7] *pf.* bewitch

околева́ть [1], ⟨~е́ть⟩ [8] die (*of animals*)

о́коло (P) (*приблизи́тельно*) about, around, nearly; (*ря́дом*) by, at, near; nearby

око́нный [14] window...

оконча́ние *n* [12] end(ing *gr.*) close, termination; *рабо́ты* completion ([up]on **по** П); *univ.* graduation; **~тельный** [14; -лен, -льна] final, definitive; **~ить** → **ока́нчивать**

око́п *m* [1] *mil.* trench; **~а́ть(ся)** → **ока́пывать(ся)**

о́корок *m* [1; *pl.*: -ка, *etc. e.*] ham

око|стене́лый [14] ossified (*a. fig.*); **~чене́лый** [14] numb (with cold)

око́ш|ечко *n* [9; *g/pl.*: -чек], **~ко** *n* [9; *g/pl.*: -шек] *dim.* → **окно́**

окра́ина *f* [5] outskirts *pl.*

окра́|ска *f* [5] painting; dyeing; colo(u)ring; *fig.* tinge; **~шивать** [1], ⟨~сить⟩ [15] paint; dye; stain; tint

окре́стн|ость (*often pl.*) *f* [8] environs *pl.*, neighbo(u)rhood; **~ый** [14] surrounding; in the vicinity

окрова́вленный [14] bloodstained, bloody

о́круг *m* [1; *pl.*: -ра́, *etc. e.*] region, district; circuit

округл|я́ть [28], ⟨~и́ть⟩ [13] round (off); **~ый** [14 *sh.*] rounded

окруж|а́ть [1], ⟨~и́ть⟩ [16 *e.*; -жу́, -жи́шь; -жённый] surround; **~а́ющий** [17] surrounding; **~е́ние** *n* [12] *среда́* environment; *mil.* encirclement; *лю́ди* milieu, circle, company; **~и́ть** → **~а́ть**; **~но́й** [14] district...; circular; **~ность** *f* [8] circumference

окрыл|я́ть [28], ⟨~и́ть⟩ [13] *fig.* encourage, lend wings, inspire

октя́брь *m* [4 *e.*], **~ский** [16] October; *fig.* Russian revolution of October 1917

окуна́ть [1], ⟨~у́ть⟩ [20] dip, plunge (*v/i.* **-ся**; dive, *a. fig.*)

о́кунь *m* [4; *from g/pl. e.*] perch (*fish*)

окуп|а́ть [1], ⟨~и́ть⟩ [14] be offset, recompense(d), compensate(d)

оку́рок *m* [1; -рка] cigarette end, stub,

butt

оку́т|**ывать**, ⟨**∠ать**⟩ [1] wrap (up); *fig.* shroud, cloak

ола́дья *f* [6; *g/pl.*: -дий] *cul.* fritter

оледене́лый [14] frozen, iced

оле́нь *m* [4] deer; **се́верный ~** reindeer

оли́в|**а** *f* [5], **∠ка** *f* [5; *g/pl.*: -вок], olive (tree); **∠ковый** [14] olive ...

олимп|**иа́да** *f* [5] Olympiad, Olympics; **∠и́йский** [16] Olympic; **∠и́йские и́гры** Olympic Games

олицетвор|**е́ние** *n* [12] personification, embodiment; **∠я́ть** [28], ⟨**∠и́ть**⟩ [13] personify, embody

о́лов|**о** *n* [9], tin; **∠янный** [14] tin, tin--bearing, stannic

о́лух *m* [1] *coll.* blockhead, dolt

ольх|**а́** *f* [5], **∠о́вый** [14] alder (tree)

ома́р *m* [1] lobster

оме́ла *f* [5] mistletoe

омерз|**е́ние** *n* [12] loathing; **∠и́тельный** [14; -лен, -льна] sickening, loathsome

омертве́лый [14] stiff, numb; *med.* necrotic

омле́т *m* [1] omelet(te)

омоложе́ние *n* [12] rejuvenation

омо́ним *m* [1] *ling.* homonym

омрач|**а́ть** [1], ⟨**∠и́ть**⟩ [16 *e.*; -чу́, -чи́шь; -чённый] darken, sadden (*v/i.* **-ся**)

о́мут *m* [1] whirlpool; deep place (*in river or lake*); **в ти́хом ∠е че́рти во́дятся** still waters run deep

омы́|**ва́ть** [1], ⟨**∠ть**⟩ [22] wash (*of seas*)

он *m*, **∠а́** *f*, **∠о́** *n*, **∠и́** *pl.* [22] he, she, it, they

онда́тра *f* [5] muskrat; *mex* musquash

онеме́лый [14] dump; numb

опа|**да́ть** [1], ⟨**∠сть**⟩ [25; *pt. st.*] fall (off); (*уменьшаться*) diminish, subside

опа́здывать, ⟨**опозда́ть**⟩ [1] be late (**на** В, **к** Д for); **на пять мину́т** arrive 5 min, late; **на по́езд** miss; *impf. only* be slow (*of timepieces*)

опал|**я́ть** [28], ⟨**∠и́ть**⟩ [13] singe

опас|**а́ться** [1] (P) fear, apprehend; beware (of); **∠е́ние** *n* [12] fear, apprehension, anxiety; **∠ка** *f* [5; *g/pl.*: -сок]: **с ∠кой** cautiously, warily; **∠ливый** [14 *sh.*] wary; anxious; **∠ность** [8] danger, peril; risk (**с** T/ **для** P at/of); **с ∠ностью для себя́** at a risk to himself;

∠ный [14; -сен, -сна] dangerous (**для** P to); **∠ть** → **опада́ть**

опе́к|**а** *f* [5] guardianship, (*a. fig.*) tutelage; **над иму́ществом** trusteeship; **∠а́ть** [1] be guardian (trustee) of; patronize; **∠а́емый** [14] ward; **∠у́н** *m* [1 *e.*], **∠у́нша** *f* [5] guardian; trustee

о́пера *f* [5] opera

опер|**ати́вный** [14] *руково́дство* efficient; *med.* surgical; **∠а́тор** *m* [1] operator; **∠ацио́нный** [14] operating; **∠ацио́нная** *su.* operating room; **∠а́ция** *f* [7] operation; **перенести́ ∠а́цию** be operated on

опер|**ежа́ть** [1], ⟨**∠ди́ть**⟩ [15] outstrip (*a. fig.* = outdo, surpass); **∠ние** *n* [12] plumage; **∠и́ться** → **опира́ться**

опери́ровать [7] (*im*)*pf.* operate

о́перный [14] opera(tic); **~ теа́тр** opera house

опер|**я́ться** [28], ⟨**∠и́ться**⟩ [13] fledge

опеча́т|**ка** *f* [5; *g/pl.*: -ток] misprint, erratum; **∠ывать**, ⟨**∠ать**⟩ [1] seal (up)

опеши́ть *coll.* [16] *pf.* be taken aback

опи́лки *f/pl.* [5; *gen.*: -лок] sawdust

опира́ться [1], ⟨**опере́ться**⟩ [12; обопру́сь, -рёшься, опёрся, опёрлась] lean (**на** B against, on), *a. fig.* = rest, rely ([up]on)

опис|**а́ние** *n* [12] description; **∠а́тельный** [14] descriptive; **∠а́ть** → **∠ывать**; **∠ка** *f* [5; *g/pl.*: -сок] slip of the pen; **∠ывать** [1], ⟨**∠а́ть**⟩ [3] describe (*a. math.*); list, make an inventory (of); *иму́щество* distrain; **-ся** make a slip of the pen; **∠ь** *f* [8] list, inventory; distraint

опла́к|**ивать** [1], ⟨**∠ать**⟩ [3] bewail, mourn (over)

опла́|**та** *f* [5] pay(ment); (*вознагражде́ние*) remuneration, settlement; **∠чивать** [1], ⟨**∠ти́ть**⟩ [15] pay (for); **счёт** settle; **∠ти́ть убы́тки** pay damages

оплеу́ха *coll. f* [5] slap in the face

оплодотвор|**е́ние** *n* [12] impregnation; fertilization; **∠я́ть** [28], ⟨**∠и́ть**⟩ [13] impregnate; fertilize, fecundate

опло́т *m* [1] bulwark, stronghold

опло́шность *f* [8] blunder

опове|**ща́ть** [1], ⟨**∠сти́ть**⟩ [15 *e.*; -ещу́,

-ести́шь; -ещённый] notify; inform

опозда́|ние n [12] lateness; delay; vb. + с **~нием** = **~ть** → **опа́здывать**

опозн|ава́тельный [14] distinguishing; **~ава́ть** [5], ⟨**~а́ть**⟩ [1] identify

о́ползень m [4; -зня] landslide

ополч|а́ться , ⟨**~и́ться**⟩ [16 e.; -чу́сь, -чи́шься] take up arms (against); fig. turn (against)

опо́мниться [13] pf. come to or recover one's senses

опо́р m [1]: **во весь ~** at full speed, at a gallop

опо́р|а f [5] support, prop, rest; **~ный** [14] tech. bearing, supporting

опоро́|жнить [13] pf. empty; **~чивать** [1], ⟨**~чить**⟩ [16] defile

опошл|я́ть [28], ⟨**~ить**⟩ [13] vulgarize

опоя́с|ывать [1], ⟨**~ать**⟩ [3] gird

оппозици|о́нный [14], **~я** f [7] opposition...

оппон|е́нт m [1] opponent; **~и́ровать** [7] (Д) oppose; univ. act as opponent at defense of dissertation, etc.

опра́ва f [5] камня setting; очков и т. д. rim, frame

оправд|а́ние n [12] justification, excuse; law acquittal; **~а́тельный** [14] justificatory; приговор 'not guilty'; **~ывать** [1], ⟨**~а́ть**⟩ [1] justify, excuse; law acquit; **~а́ть дове́рие** come up to expectations; **-ся** a. prove (or come) true

оправ|ля́ть [28], ⟨**~ить**⟩ [14] ка́мень set; **-ся** recover (a. o.s.)

опра́шивать [1], ⟨**опроси́ть**⟩ [15] interrogate, cross-examine

определ|е́ние n [12] determination; ling., etc. definition; decision; gr. attribute; **~ённый** [14; -ёнен, -ённа] definite; certain; **в ~ённых слу́чаях** in certain cases; **~я́ть** [28], ⟨**~и́ть**⟩ [13] determine; define; **-ся** take shape; (проясни́ться) become clearer

опрове|рга́ть [1], ⟨**~е́ргнуть**⟩ [21] refute; disprove; **~рже́ние** n [12] refutation; denial

опроки́|дывать [1], ⟨**~нуть**⟩ [20] overturn, upset, о ло́дке capsize (**-ся** v/i.); пла́ны upset

опро|ме́тчивый [14 sh.] rash, precipi-

tate; **~метью**: **вы́бежать ~метью** rush out headlong

опро́с m [1]: interrogation; cross-examination; referendum; **~ обще́ственного мне́ния** opinion poll; **~и́ть** → **опра́шивать**; **~ный** [14] adj. of **~**; **~ный лист** questionnaire

опры́с|кивать , ⟨**~ать**⟩ [1] sprinkle, spray

опря́тный [14; -тен, -тна] tidy

о́птика f [5] optics

опто́|вый [14], **~м** adv. wholesale

опубликов|а́ние n [12] publication; **~ывать** [1] → **публикова́ть**

опус|ка́ть [1], ⟨**~ти́ть**⟩ [15] lower; let down; го́лову hang; глаза́ look down; (исключи́ть) omit; **~ти́ть ру́ки** lose heart; **-ся** sink; о температу́ре fall; о со́лнце, температу́ре go down; fig. come down (in the world); p. pt. a. down and out

опуст|е́лый [14] deserted; **~и́ть(ся)** → **опуска́ть(ся)**; **~оша́ть** [1], ⟨**~оши́ть**⟩ [16 e.; -шу́, -ши́шь; -шённый] devastate; **~оше́ние** n [12] devastation; **~оши́тельный** [14; -лен, -льна] devastating

опу́т|ывать , ⟨**~ать**⟩ [1] entangle (a. fig.); ensnare

опух|а́ть [1], ⟨**~нуть**⟩ [21] swell; **~оль** f [8] swelling; tumo(u)r

опу́шка f [5; g/pl.:-шек] edge (of a forest)

опыл|я́ть [28], ⟨**~и́ть**⟩ [13] pollinate

о́пыт m [1] жи́зненный и т. д. experience; experiment; **~ный** [14] [-тен, -тна] experienced; experiment(al); empirical

опьяне́ние n [12] intoxication

опя́ть again; a. coll., **~-таки** (and) what is more; but again; however

ора́ва coll. f [5] gang, horde, mob

ора́кул m [1] oracle

ора́нже|вый [14] orange...; **~ре́я** f [6] greenhouse

ора́ть coll. [orý, opéшь] yell, bawl

орби́т|а f [5] orbit; **вы́вести на ~у** put into orbit

о́рган¹ m [1] biol., pol. organ

орга́н² m [1] mus. organ

организ|а́тор m [1] organizer; **~м** m [1] organism; **~ова́ть** [7] (im)pf. (impf. a. **~о́вывать** [1]) arrange, organize (v/i.

-ся)

органи́ч|еский [16] organic; **~ный** [14; -чен, -чна]: **~ное це́лое** integral whole

о́ргия f [7] orgy

орда́ f [5; pl. st.] horde

о́рден m [1; pl.: -на́, etc. e.] order, decoration

о́рдер m [1; pl.: -ра́, etc. e.] law warrant, writ

орёл m [1; орла́] eagle; **~ и́ли ре́шка?** heads or tails?

орео́л m [1] halo, aureole

оре́х m [1] nut; **гре́цкий ~** walnut; **лесно́й ~** hazelnut; **муска́тный ~** nutmeg; **~овый** [14] nut...; (wood) walnut

оригина́льный [14; -лен, -льна] original

ориенти́р|оваться [7] (im)pf. orient o.s. (**на** В by), take one's bearings; **~о́вка** f [5; g/pl.: -вок] orientation, bearings pl.; **~о́вочный** [14; -чен, -чна] approximate

орке́стр m [1] orchestra; band

орли́ный [14] aquiline

орна́мент m [1] ornament, ornamental design

оро|ша́ть [1], **⟨~си́ть⟩** [15; -ошу́, -оси́шь; -ошённый] irrigate; **~ше́ние** n [12] irrigation

ору́д|ие n [12] tool (a. fig.); instrument, implement; mil. gun; **~ийный** [14] gun...; **~овать** coll. [7] (Т) handle, operate

оруж|е́йный [14] arms...; **~ие** n [12] weapon(s), arm(s); холодное (cold) steel

орфогра́ф|ия f [7] spelling; **~и́ческий** [16] orthographic(al)

орхиде́я f [6] bot. orchid

оса́ f [5; pl. st.] wasp

оса́|да f [5] siege; **~ди́ть** → **жда́ть** and **~жива́ть**; **~док** m [1; -дка] precipitation, sediment; fig. aftertaste; **~жда́ть** [1], **⟨~ди́ть⟩** [15 & 15 e.; -ажу́, -а́дишь; -аждённый] besiege; **~жда́ть вопро́сами** ply with questions; **~жива́ть** [1], **⟨~ди́ть⟩** [15] check, snub

оса́н|истый [14 sh.] dignified, stately; **~ка** f [5] carriage, bearing

осва́|ивать [1], **⟨~о́ить⟩** [13] (овладе-

вать) assimilate, master; новые земли и т. д. open up; **-ся** accustom o.s. (**в** П to); familiarize o.s. (**с** Т with)

осведом|ля́ть [28], **⟨~ить⟩** [14] inform (**о** П of); **-ся** inquire (**о** П after, for; about); **~лённый** [14] informed; versed (in)

освеж|а́ть [1], **⟨~и́ть⟩** [16 e.; -жу́, -жи́шь; -жённый] refresh; freshen or touch up; fig. brush up; **~а́ющий** [17 sh.] refreshing

осве|ща́ть [1], **⟨~ти́ть⟩** [15 e.; -ещу́, -ети́шь; -ещённый] light (up), illuminate; fig. elucidate, cast light on; cover, report on (in the press)

освиде́тельствова|ние n [12] examination; **~ть** [7] pf. examine

освист|ывать [1], **⟨~а́ть⟩** [3] hiss (off)

освобо|ди́тель m [4] liberator; **~ди́тельный** [14] emancipatory, liberation; **~жда́ть** [1], **⟨~ди́ть⟩** [15 e.; -ожу́, -оди́шь; -ождённый] (set) free, release; liberate, рабов и т. д. emancipate; от уплаты exempt; место clear; **~ди́ть от до́лжности** relieve of one's post; **~жде́ние** n [12] liberation; release, emancipation; exemption

освое́|ние n [12] assimilation; mastering; земель opening up; **~ить(ся)** → **осва́ивать(ся)**

освя|ща́ть [1], **⟨~ти́ть⟩** [15 e.; -ящу́, -яти́шь; -ящённый] eccl. consecrate

осе|да́ть [1], **⟨~сть⟩** [25; ося́дет; осёл; → **сесть**] subside, settle; **~длый** [14] settled

осёл m [1; осла́] donkey, ass (a. fig.)

осени́ть → **осеня́ть**

осе́н|ний [15] autumnal, fall...; **~ь** f [8] fall, autumn (in [the] Т)

осен|я́ть [28], **⟨~и́ть⟩** [13] overshadow; **~и́ть кресто́м** make the sign of the cross; **меня́ ~и́ла мысль** it dawned on me, it occurred to me

осе́сть → **оседа́ть**

осётр m [1 e.] sturgeon

осетри́на f [5] cul. sturgeon

осе́чка f [5; g/pl.: -чек] misfire

оси́ли|вать [1], **⟨~ть⟩** [13] → **одолева́ть**

оси́н|а f [5] asp; **~овый** [14] asp

осипнуть [21] pf. grow hoarse

осироте́лый [14] orphan(ed); *fig.* deserted

оска́ли|вать [1], ⟨~ть⟩ [13]: **~ть зу́бы** bare one's teeth

осканда́ли|ваться [1], ⟨-иться⟩ [13] *coll.* disgrace o.s.; make a mess of s. th.

осквер|ня́ть [28], ⟨~и́ть⟩ [13] profane, desecrate, defile

оско́лок *m* [1; -лка] splinter, fragment

оскорб|и́тельный [14; -лен, -льна] offensive, insulting; **~ле́ние** *n* [12] insult, offence; **~ля́ть** [28], ⟨~и́ть⟩ [14 *e.*;-блю́, -би́шь;-блённый] **(-ся** feel) offend(ed); insult(ed)

оскуд|ева́ть [1], ⟨~е́ть⟩ [8] grow scarce

ослаб|ева́ть [1], ⟨~е́ть⟩ [8] grow weak *or* feeble; **натяже́ние** slacken; *ветер и т. д.* abate; **~ить → ~ля́ть**; **~ле́ние** *n* [12] weakening; slackening; relaxation; **~ля́ть** [28], ⟨~ить⟩ [14] weaken, slacken; *внима́ние и т. д.* relax, loosen

ослеп|и́тельный [14; -лен, -льна] dazzling; **~ля́ть** [28], ⟨~и́ть⟩ [14 *e.*;-плю́, -пи́шь; -плённый] blind; dazzle; **~ну́ть** [21] *pf.* go blind

осложн|е́ние *n* [12 complication; **~я́ть** [28], ⟨~и́ть⟩ [13] **(-ся** be[come] complicate(d)

ослу́ш|иваться, ⟨~аться⟩ [1] disobey

ослы́шаться [4] *pf.* mishear

осма́|тривать [1], ⟨~отре́ть⟩ [9; -отрю́ -о́тришь; -о́треный] view, look around; examine, inspect; see; **-ся** look round; *fig.* take one's bearings; see how the land lies

осме́|ивать [1], ⟨~я́ть⟩ [27 *e.*;-ею́, -еёшь; -еянный] mock, ridicule, deride

осме́ли|ваться [1], ⟨~ться⟩ [13] dare, take the liberty (of), venture

осмея́|ние *n* [12] ridicule, derision; **~ть → осме́ивать**

осмо́тр *m* [1] examination, inspection; *достопримеча́тельностей* sight-seeing; **~е́ться** → **осма́тривать(ся)**; **~и́тельность** *f* [8] circumspection; **~и́тельный** [14; -лен, -льна] circumspect

осмысл|енный [14 *sh.*] sensible; intelligent; **~ивать** [1] *and* **~я́ть** [28], ⟨~ить⟩ [13] comprehend, grasp, make sense of

осна́|стка *f* [5] *naut.* rigging (out, up); **~ща́ть** [1], ⟨~сти́ть⟩ [15 *e.*; -ащу́, -асти́шь; -ащённый] rig; equip; **~ще́ние** *n* [12] rigging, fitting out; equipment

осно́в|а *f* [5] basis, foundation, fundamentals; *gr.* stem; **~а́ние** *n* [12] foundation, basis; *math., chem.* base; *(причи́на)* ground(s), reason; argument; **~а́тель** *m* [4] founder; **~а́тельный** [14; -лен, -льна] wellfounded, sound, solid; *(тща́тельный)* thorough; **~а́ть → ~ывать**; **~но́й** [14] fundamental, basic, principal, primary; **в ~о́м** on the whole; **~ополо́жник** *m* [1] founder; **~ывать**, ⟨~а́ть⟩ [7] found; establish; **-ся** be based, rest (on)

осо́ба *f* [5] person; personage; **ва́жная ~** bigwig

осо́бенн|ость *f* [8] peculiarity; feature; **~ый** [14] (e)special, particular, peculiar

особня́к *m* [1 *e.*] private residence, detached house

особняко́м by o.s., separate(ly); **держа́ться ~** keep aloof

осо́б|ый [14] → **~енный**

осозн|ава́ть [5], ⟨~а́ть⟩ [1] realize

осо́ка *f* [5] *bot.* sedge

о́сп|а *f* [5] smallpox; **ветряна́я ~а** chickenpox

осп|а́ривать [1], ⟨~о́рить⟩ [13] contest, dispute; *зва́ние чемпио́на и т. д.* contend (for)

остава́ться [5], ⟨оста́ться⟩ [-а́нусь, -а́нешься] (Т) remain, stay; be left; keep, stick (to); be(come); have to; go, get off; *(за* Т) get, win; *пра́во и т. д.* reserve; *долг* owe; **~ без** (Р) lose, have no (left); **~ с но́сом** *coll.* get nothing

остав|ля́ть [28], ⟨~ить⟩ [14] leave; abandon; *(отказа́ться)* give up; drop, stop; *в поко́е* leave *(alone)*; keep; **~ля́ть за собо́й** reserve

остально́й [14] remaining; *pl. a.* the others; *n & pl. a. su.* the rest **(в ~м** in other respects; as for the rest)

остан|а́вливать [1], ⟨~ови́ть⟩ [14] stop, bring to a stop; *взгляд* rest, fix; **-ся** stop; *в оте́ле и т. д.* put up **(в** П at); *в ре́чи* dwell **(на** П on); **~ки**

m/pl. [1] remains; **~ови́ть(ся)** → **~а́вливать(ся)**; **~о́вка** *f* [5; *g/p.:* -вок] stop(-page); *автобусная* bus stop; **~о́вка за ...** (T) (*only*) ... is holding up

оста́|ток *m* [1; -тка] remainder (*a. math*), rest; *ткани* remnant; *pl.* remains; **~ться** → **~ва́ться**

остекл|я́ть [28], ⟨~и́ть⟩ [13] glaze

остервене́лый [14] frenzied

остер|ега́ться [1], ⟨~е́чься⟩ [26 г/ж: -егу́сь, -ежёшься, -егу́тся] (P) beware of, be careful of

о́стов *m* [1] frame, framework; *anat.* skeleton

остолбене́лый *coll.* [14] dumbfounded

осторо́жн|ость *f* [8] care; caution; **обраща́ться с ~остью!** handle with care!; **~ый** [14; -жен, -жна] cautious, careful; (*благоразумный*) prudent; **~о!** look out!

остри|га́ть [1], ⟨~чь⟩ [26; г/ж: -игу́, -ижёшь, -игу́т] cut; *овец* shear; *ногти* pare; **~ё** *n* [12; *g/pl.:* -иёв] point; spike; **~ть** [13], ⟨за-⟩ sharpen; ⟨с-⟩ joke; be witty; **~чь** → **~га́ть**

о́стров *m* [1; *pl.:* -ва́, *etc. e.*] island; isle; **~итя́нин** *m* [1; -яне, -ян] islander; **~о́к** *m* [1; -вка́] islet

остро|гла́зый *coll.* [14 *sh.*] sharp-sighted; **~коне́чный** [14; -чен, -чна] pointed; **~та́¹** *f* [5; *pl. st*; -о́ты] sharpness, keenness, acuteness; **~та²** *f* [5] witticism; joke; **~у́мие** *n* [12] wit; **~у́мный** [14; -мен, -мна] witty; *решение* ingenious

о́стр|ый [14; остр, (*coll. a.* остёр), -а́, -о] sharp, pointed; *интерес* keen; *угол и т. д.* acute; critical; **~я́к** *m* [1 *e.*] wit(ty fellow)

оступ|а́ться [1], ⟨~и́ться⟩ [14] stumble

остыва́ть [1] → **сты́нуть**

осу|жда́ть [1], ⟨~ди́ть⟩ [15; -уждённый] censure, condemn; *law* convict; **~жде́ние** *n* [12] condemnation; *law* conviction

осу́нуться [20] *pf.* grow thin

осуш|а́ть [1], ⟨~и́ть⟩ [16] drain; dry (up); (*опорожнить*) empty

осуществ|и́мый [14 *sh.*] feasible; practicable; **~ля́ть** [28], ⟨~и́ть⟩ [14 *e.*; -влю,

-ви́шь; -влённый] bring about, realize; **-ся** be realized, fulfilled, implemented; *мечта* come true; **~ле́ние** *n* [12] realization

осчастли́вить [14] *pf.* make happy

осыпа́|ть [1], ⟨~ать⟩ [2] strew (with); shower (on); *звёздами* stud (with); *fig.* heap (on); **-ся** crumble; fall

ось *f* [8; *from g/pl. e.*] axis; axle

осяза́|емый [14 *sh.*] tangible; **~ние** *n* [12] sense of touch; **~тельный** [14] tactile; [-лен, -льна] palpable; **~ть** [1] touch, feel

от, ото (P) from; of; off; against; for, with; in; *имени* on behalf of

ота́пливать [1], ⟨отопи́ть⟩ [14] heat

отбав|ля́ть [28], ⟨~ить⟩ [14]: *coll.* **хоть ~ля́й** more than enough, in plenty

отбе|га́ть [1], ⟨~жа́ть⟩ [4; -бегу́, -бежи́шь, -бегу́т] run off

отби|ва́ть [1], ⟨~ть⟩ [отобью, -бьёшь; → **бить**] beat, strike (*or* kick) off; *mil.* repel; *coll. девушку* take away (**у** P from;) *край* break away; *охоту* discourage s.o. from sth.; **-ся** ward off (**от** P); *от гру́ппы* get lost; drop behind; break off; *coll.;* (*избавиться*) get rid of

отбивна́я *f* [14]: *cul.* **~ котле́та** *su.* chop

отбира́ть [1], ⟨отобра́ть⟩ [отберу́, -рёшь; отобра́л, -а́, -о; отобранный] (*забрать*) take (away); seize; (*выбрать*) select, pick out; *билеты* collect

отби́ть(ся) → **отбива́ть(ся)**

о́тблеск *m* [1] reflection, gleam

отбо́й *m* [3]: **нет отбо́ю от** (P) have very many

отбо́р *m* [1] selection, choice; **~ный** [14] select, choice; **~очный** [14]: **~очное соревнова́ние** *sport* knock-out competition

отбра́|сывать [1], ⟨~о́сить⟩ [15] throw off *or* away; *mil.* throw back; *идею* reject; *тень* cast; **~сы** *m/pl.* [1] refuse, waste

отбы|ва́ть [1], ⟨~ть⟩ [-бу́ду, -бу́дешь; о́тбыл, -а́, -о] **1.** *v/i.* leave, depart (**в** B for); **2.** *v/t. срок и т. д.* serve, do (time); **~тие** *n* [12] departure

отва́|га *f* [5] bravery, courage; **~жи-**

ваться [1], ⟨~житься⟩ [16] have the courage to, venture to, dare to; **~жный** [14; -жен, -жна] valiant, brave

отвáл: до ~а coll. one's fill; **~иваться** [1], ⟨~и́ться⟩ [13; -алится] fall off; slip

отварнóй [14] cul. boiled

отвезти́ → **отвози́ть**

отверг|áть [1], ⟨~нуть⟩ [21] reject, turn down; repudiate, spurn

отвердевáть [1] → **твердéть**

отвернýть(ся) → **отвёртывать** and **отворáчивать(ся)**

отвёрт|ка [5; g/pl.: -ток] screwdriver; **~ывать** [1], ⟨отвернýть⟩ [20; отвёрнутый], ⟨отвертéть⟩ coll. [11] unscrew

отвéс|ный [14; -сен, -сна] precipitous, steep, sheer; **~ти́** → **отводи́ть**

отвéт m [1] answer, reply (**в ~ на** B in reply to); **быть в ~е** be answerable (**за** for)

ответвл|éние n [12] branch, offshoot; **~я́ться** [28] branch off

отвé|тить → **~чáть**; **~тственность** f [8] responsibility; **~тственный** [14 sh.] responsible (**to** пéред T); **~тчик** m [1] defendant; **~чáть** [1], ⟨~тить⟩ [15] (**на** B) answer, reply (to); (**за** B) answer, account (for); (**соответствовать**) (Д) answer, suit, meet

отви́н|чивать [1], ⟨~ти́ть⟩ [15 e.; -нчý, -нти́шь; -и́нченный] unscrew

отвис|áть [1], ⟨~нуть⟩ [21] hang down, flop, sag; **~лый** [14] loose, flopping, sagging

отвле|кáть [1], ⟨~чь⟩ [26] divert, distract; **~чённый** [14 sh.] abstract

отводи́ть [15], ⟨отвести́⟩ [25] lead, take; **глазá** avert; **удáр** parry; **кандидатýру** reject; **зéмлю** allot; **~и́ть дýшу** coll. unburden one's heart

отво|ёвывать [1], ⟨~евáть⟩ [6] (re)conquer, win back; **~зи́ть** [15], ⟨отвезти́⟩ [24] take, drive away

отворáчивать [1], ⟨отвернýть⟩ [20] turn off; **-ся** turn away

отвори́ть(ся) → **отворя́ть(ся)**

отворóт m [1] lapel

отвор|я́ть [28], ⟨~и́ть⟩ [13; -орю́ -о́ришь; -о́ренный] open (v/i. **-ся**)

отврати́тельный [14; -лен, -льна] dis-

gusting, abominable; **~щáть** [1], ⟨~ти́ть⟩ [15 e.; -ащý, -ати́шь; -ащённый] avert; **~щéние** n [12] aversion, disgust (**к** Д for, at)

отвык|áть [1], ⟨~нуть⟩ [21] (**от** P) get out of the habit of, grow out of, give up

отвя́з|ывать [1], ⟨~áть⟩ [3] ⟨-ся [be]come) untie(d), undo(ne); coll. (**отдéлываться**) get rid of (**от** P); **отвяжи́сь!** leave me alone!

отгáд|ывать [1], ⟨~áть⟩ guess; **~ка** f [5; g/pl.: -док] solution (to a riddle)

отгибáть [1], ⟨отогнýть⟩ [20] unbend; turn up (or back)

отгов|áривать [1], ⟨~ори́ть⟩ [13] dissuade (**от** P from); **~óрка** f [5; g/pl.: -рок] excuse, pretext

отголóсок m [1; -ска] → **óтзвук**

отгоня́ть [28], ⟨отогнáть⟩ [отгоню́, -óнишь; отóгнанный; → **гнать**] drive (or frighten) away; fig. **мысль** banish, suppress

отгор|áживать [1], ⟨~оди́ть⟩ [15 & 15 e.; -ожý, -óди́шь; -óженный] fence in; **в дóме** partition off

отгру|жáть [1], ⟨~зи́ть⟩ [15 & 15; e.; -ужý, -у́зи́шь; -у́женный & -ужённый] ship, dispatch

отгрыз|áть [1], ⟨~ть⟩ [24; pt. st.] bite off, gnaw off

отда|вáть [5], ⟨~ть⟩ [-дáм, -дáшь, etc., → **дать**]; óтдал, -á, -о] give back, return; (give away); **в шкóлу** send (**в** B to); **долг** pay; **~вáть честь** (Д) mil. salute; coll. sell; **~вáть дóлжное** give s.o. his due; **~вáть прикáз** give an order; impf. smell or taste (T of); **-ся** devote o.s. to; **чýвство** surrender, give o.s. to; **о звуке** resound

отдáв|ливать [1], ⟨~и́ть⟩ [14] crush; (**наступи́ть**) tread on

отдал|éние n [12]: **в ~éнии** in the distance; **~ённый** [14 sh.] remote; **~я́ть** [28], ⟨~и́ть⟩ [13] move away; **встрéчу** put off, postpone; fig. alienate; **-ся** move away (**от** P from); fig. become estranged; digress

отдá|ть(ся) → **отдавáть(ся)**; **~ча** f [5] return; mil. recoil; tech. output, efficiency

отдéл m [1] department; **в газéте** section; **~ ка́дров** personnel department; **~ать(ся)** → **~ывать(ся)**; **~ение** n [12] separation; department, division; branch (office); *mil.* squad; *в столе и т. д.* compartment; *в больнице* ward; *концерта* part; *coll.* (police) station; **~ение связи** post office; **~имый** [14 *sh.*] separable; **~и́ть(ся)** → **~я́ть(ся)**; **~ка** f [5; *g/pl.*: -лок] finishing; *одежды* trimming; **~ывать**, ⟨**~ать**⟩ [1] finish, put the final touches to; **-ся** get rid of (**от** P); get off, escape (T with); **~ьность** f [8]: **в ~ьности** individually; **~ьный** [14] separate; individual, **~я́ть** [28], ⟨**~и́ть**⟩ [13; -елю, -е́лишь] separate (*v/i.* **-ся** от P from; come off)

отдёр|гивать [1], ⟨**~нуть**⟩ [20] draw back; pull aside

отдира́ть [1], ⟨**отодра́ть**⟩ [отдеру́, -рёшь; отодра́л, -а́, -о; ото́дранный] tear *or* rip (off); *pf. coll.* thrash

отдохну́ть → **отдыха́ть**

отду́шина f [5] (air) vent (*a. fig.*)

о́тдых m [1] rest, relaxation; holiday; **~а́ть** [1], ⟨**отдохну́ть**⟩ [20] rest, relax

отдыша́ться [4] *pf.* get one's breath back

отёк m [1] swelling, edema

оте|ка́ть, ⟨**~чь**⟩ [26] swell

оте́ль m [4] hotel

оте́ц m [1; отца́] father

оте́че|ский [16] fatherly; paternal; **~ственный** [14] native, home…; *война* patriotic; **~ство** n [9] motherland, fatherland, one's (native) country

оте́чь → **отека́ть**

отжи|ва́ть [1], ⟨**~ть**⟩ [-живу́; -вёшь; о́тжил, -а́, -о; о́тжи́тый (о́тжи́т, -а́, -о)] (have) lived (d, had) (one's time *or* day); *о традиции и т. д.* become obsolete, outmoded; die out

о́тзвук m [1] echo, repercussion; *чувство* response

о́тзыв m [1] opinion, judg(e)ment (**по** Д on *or* about), reference; comment, review; *дипломата* recall; **~а́ть** [1], ⟨**отозва́ть**⟩ [отзову́, -вёшь; ото́званный] take aside; recall; **-ся** respond, answer; speak (**о** П of *or* to); (re)sound; (*вызвать*) call forth (T s.th.); (*влиять*) af-

fect (**на** В s.th.); **~чивый** [14 *sh.*] responsive

отка́з m [1] refusal, denial, rejection (**в** П, Р of); renunciation (**от** Р of); *tech.* failure; **без ~а** smoothly; **по́лный до ~а** cram-full; **получи́ть ~** be refused; **~ывать** [1], ⟨**~а́ть**⟩ [3] refuse, deny (a p. s.th. Д/**в** П); *tech.* fail; **-ся** (**от** Р) refuse, decline, reject; renounce, give up; (**я**) **не откажу́сь** *coll.* I wouldn't mind

отка́|лывать [1], ⟨**отколо́ть**⟩ [17] break *or* chop off; *булавку* unpin, unfasten; **-ся** break off; come undone; *fig.* break away; **~пывать**, ⟨**откопа́ть**⟩ [1] dig up, unearth; **~рмливать** [1], ⟨**откорми́ть**⟩ [14] fatten up; **~тывать** [1], ⟨**~ти́ть**⟩ [15] roll, haul (away) (**-ся** *v/i.*); **~чивать**, ⟨**~ча́ть**⟩ [1] pump out; resuscitate; **~шливаться** [1], ⟨**~шляться**⟩ [28] clear one's throat

отки|дно́й [14] *сидение* tip-up; **~дывать** [1], ⟨**~нуть**⟩ [20] throw away; turn back, fold back; **-ся** lean back recline

откла́|дывать [1], ⟨**отложи́ть**⟩ [16] lay aside; *деньги* save; (*отсрочить*) put off, defer, postpone

откле́|ивать [1], ⟨**~ить**⟩ [13] unstick; **-ся** come unstuck

о́тклик m [1] response; comment; → **о́тзвук**; **~а́ться** [1], ⟨**~нуться**⟩ [20] (**на** В) respond (to), answer; comment (on)

отклон|е́ние n [12] deviation; *от темы* digression; *предложения* rejection; **~я́ть** [28], ⟨**~и́ть**⟩ [13; -оню́, -о́нишь] decline, reject; **-ся** deviate; digress

отключ|а́ть [4], ⟨**~чи́ть**⟩ [16] *el.* cut off, disconnect; *p. p. p.* dead

отк|оло́ть → **~а́лывать**, **~опа́ть** → **~а́пывать**; **~орми́ть** → **~а́рмливать**

отко́с m [1] slope, slant, escarp

открове́н|ие n [12] revelation; **~ный** [14; -е́нен, -е́нна] frank, candid, blunt, outspoken

откры|ва́ть [1], ⟨**~ть**⟩ [22] open; *кран* turn on; *новую планету* discover; *тайну* disclose, reveal; *памятник* unveil; *учреждение* inaugurate; **-ся** open; *кому-л.* unbosom o.s.; **~тие** n [12] opening; discovery; revelation; inauguration; unveiling; **∠тка** f [5; g/pl.: -ток] (с *видом picture*) post card; **∠тый** [14] open; *слушания и т. д.* public; **∠ть(ся)** → **∠ваться**

откýда where from?; whence; **~ вы?** where do you come from? **~ вы знáете?** how do you know …?; **~-нибýдь**, **~-то** (from) somewhere or other

откуп|áться [1], **⟨~ить ся⟩** [14] pay off

откупóри|вать [1], **⟨~ть⟩** [13] uncork; open

откýс|ывать [1], **⟨~ить⟩** [15] bite off

отлагáтельств|о n [9]: *дéло не тéрпит ∠а* the matter is urgent

отлагáться [1], **⟨отложиться⟩** [16] *geol.* be deposited

отлáмывать, **⟨отломáть⟩** [1], **⟨отломить⟩** [14] break off (*v/i.* **-ся**)

отлёт m [1] *птиц* flying away; **~áть** [1], **⟨~éть⟩** [11] fly away *or* off; *coll.* come off

отлив¹ m [1] ebb (tide)

отлив² m [1] play of colo(u)rs, shimmer

отли|вáть¹ [1], **⟨~ть⟩** [отолью, -льёшь; óтлил, -á, -о; → **лить**] pour off, in, out (some… P); *tech.* found, cast

отливáть² *impf.* (T) shimmer, play

отлич|áть [1], **⟨~ить⟩** [16 *е.*; -чý, -чишь; -чённый] distinguish (**от** P from); **∠ся** *a. impf.* differ; be noted (T for); **∠ие** n [12] distinction, difference; **в ∠ие от** (P) as against; **знáки ∠ия** decorations; **∠ительный** [14] distinctive; **∠ник** m [1], **∠ница** f [5] excellent pupil, *etc.*; **∠ный** [14; -чен, -чна] excellent, perfect; *от чего-л.* different; *adv. a.* very good (as *su. a mark* → **пятёрка**)

отлóгий [16 *sh.*] sloping

отлож|éние n [12] deposit; **∠ить(ся)** → **отклáдывать & отлагáться**; **∠нóй** [14] *воротник* turndown

отломáть, **⟨~ить⟩** → **отлáмывать**

отлуч|áться [1], **⟨~иться⟩** [16 *е.*; -чýсь, -чишься] (*из* P) leave, absent o.s. (from); **∠ка** f [5] absence

отмáлчиваться [1] keep silent

отмá|тывать [1], **⟨отмотáть⟩** [1] wind *or* reel off, unwind; **∠хиваться** [1], **⟨~хнýться⟩** [20] disregard, brush aside

óтмель f [8] shoal, sandbank

отмéн|а f [5] *закона* abolition; *спектакля* cancellation; *приказа* countermand; **~ный** [14; -éнен, -éнна] → **отличный**; **∠ить** [28], **⟨~ить⟩** [14]; -еню, -éнишь] abolish; cancel; countermand

отмерз|éть → **отмерзáть** [1], **⟨~áть⟩** [1], **⟨~мёрзнуть⟩** [21] be frostbitten

отмéр|ивать [1] & **~ять** [28], **⟨~ить⟩** [13] measure (off)

отмéстк|а *coll.* f [5]: **в ∠у** in revenge

отмéт|ка f [5; g/pl.: -ток] mark, *школьная тж.* grade; **~áть** [1], **⟨~ить⟩** [15] mark, note

отмирáть [1], **⟨отмерéть⟩** [12; отомрёт; óтмер, -рлá, -о; отмéрший] *об обычае* die away *or* out

отмор|áживать [1], **⟨~óзить⟩** [15] frostbite

отмотáть → **отмáтывать**

отмы|вáть [1], **⟨~ть⟩** [22] clean; wash (off); **~кáть** [1], **⟨отомкнýть⟩** [20] unlock, open; **∠чка** f [5; g/pl.: -чек] master key; picklock

отнéкиваться *coll.* [1] deny, disavow

отнести(сь) → **относить(ся)**

отнимáть [1], **⟨отнять⟩** [-нимý, -нимешь; óтнял, -á, -о; óтнятый (óтнят, -á, -о)] take away (**у** P from); *время* take; amputate; **~ от грýди** wean; **-ся** *coll.* be paralyzed

относительн|ый [14; -лен, -льна] relative; **∠о** (P) concerning, about

отно|сить [15], **⟨отнести⟩** [24; -с-, -есý; -ёс, -еслá] take (Д, **в** В, **к** Д to); *ветром и т. д.* carry (off, away); *на место* put; *fig.* refer to; ascribe; **-ся**, **⟨отнестись⟩** (**к** Д) treat, be; *impf.* concern; refer; belong; date from; be relevant; *это к дéлу не ∠сится* that's irrelevant; **∠шéние** n [12] attitude (toward[s] **к** Д); treatment; relation; *math.* ratio; respect (**в** П, **по** Д in, with); *по* **∠шéнию** (**к** Д) as regards, to(ward[s]); *имéть* **∠шéние** (**к** Д) concern, bear a relation to

отнЫне *old use* henceforth

отнЮдь: **~ не** by no means

отнять(ся) → **отнимáть(ся)**

отобра|жáть [1], **⟨~зить⟩** [15 *е.*; -ажý, -азишь; -ажённый] represent; reflect

ото|бра́ть → отбира́ть; ~всю́ду from everywhere; ~гна́ть → отгоня́ть; ~гну́ть → отгиба́ть; ~грева́ть [1], ⟨~гре́ть⟩ [8]; ~гре́тый] warm (up); ~двига́ть [1], ⟨~дви́нуть⟩ [20 st.] move aside, away (v/i. -ся)

отодра́ть (ся) → отдира́ть

отож(д)еств|ля́ть [28], ⟨~и́ть⟩ [14; -влю́, -ви́шь, -влённый] identify

ото|зва́ть(ся) → отзыва́ть(ся); ~йти́ → отходи́ть; ~мкну́ть → отмыка́ть; ~мсти́ть → мстить

отоп|и́ть [28] → ота́пливать; ~ле́ние n [12] heating

оторва́ть(ся) → отрыва́ть(ся)

оропе́ть [8] pf. coll. be struck dumb

отосла́ть → отсыла́ть

отпа|да́ть [1], ⟨~сть⟩ [25; pt. st.] (от Р) fall off or away; fig. (минова́ть) pass

отпе|ва́ние n [12] funeral service; ~тый [14] coll. inveterate, out-and-out; ~ре́ть(ся) → отпира́ть(ся)

отпеча́т|ок m [1; -тка] (im)print; impress; a. fig. ~ок па́льца fingerprint; ~ывать, ⟨~а́ть⟩ [1] print; type; -ся imprint, impress

отпи|ва́ть [1], ⟨~ть⟩ [отопью, -пьёшь; о́тпил, -а́, -о; -пе́й(те)!] drink (some... Р); ~ливать [1], ⟨~ли́ть⟩ [13] saw off

отпира́ть [1], ⟨отпере́ть⟩ [12; отопру́, -прёшь; о́тпер, -рла́, -о; отпе́рший; о́тпертый (-ерт, -а́, -о)] unlock, unbar, open; -ся[1] open

отпира́ться² deny; disown

отпи́ть → отпива́ть

отпи́х|ивать coll. [1], once ⟨~ну́ть⟩ [20] push off; shove aside

отпла́|та f [5] repayment, requital; ~чивать [1], ⟨~ти́ть⟩ [15] (re)pay, requite

отплы|ва́ть [1], ⟨~ть⟩ [23] sail, leave; swim (off); ~тие n [12] sailing off, departure

о́тповедь f [8] rebuff, rebuke

отпо́р m [1] repulse, rebuff

отпоро́ть [17] pf. rip (off)

отправ|и́тель m [4] sender; ~ить(ся) → ~ля́ть(ся); ~ка coll. f [5] sending off, dispatch; ~ле́ние n [12] dispatch; departure; ~ля́ть [28], ⟨~ить⟩ [14] send, dis-

patch, forward; mail; impf. only exercise, perform (duties, functions, etc.); -ся set out; go; leave, depart (в, на В for); ~но́й [14] starting...

отпра́шиваться [1], ⟨отпроси́ться⟩ [15] ask for leave; pf. ask for and obtain leave

отпры́г|ивать [1], once ⟨~нуть⟩ [20] jump, spring back (or aside)

о́тпрыск m [1] bot. and fig. offshoot, scion

отпря́нуть [20 st.] pf. recoil

отпу́г|ивать [1], ⟨~нуть⟩ [20] scare away

о́тпуск m [1; pl. -ка́, etc. e.] holiday(s), leave (a. mil.), vacation (on: go в В; be в П); по боле́зни sick leave; ~а́ть [1], ⟨отпусти́ть⟩ [15] 1. let go; release, set free; dismiss; slacken; бороду grow; coll. шутку crack; 2. товар serve; ~ни́к m [1 e.] vacationer, holiday maker; ~но́й [14] vacation..., holiday...; 2. econ. цена selling

отпуще́н|ие n [12] козёл ~ия scapegoat

отраб|а́тывать, ⟨~о́тать⟩ [1] долг и т. д. work off; finish work; p. pt. p. a. tech. waste, exhaust

отра́в|а f [5] poison; fig. bane; ~ле́ние n [12] poisoning; ~ля́ть [28], ⟨~и́ть⟩ [14] poison; fig. spoil

отра́д|а f [5] comfort, joy, pleasure; ~ный [14; -ден, -дна] pleasant, gratifying, comforting

отра|жа́ть [1], ⟨~зи́ть⟩ [15 e.; ажу́ -ази́шь; -ажённый] repel, ward off; в зеркале, образе reflect, mirror; -ся (v/i.) (на П) affect; show

о́трасль f [8] branch

отра|ста́ть [1], ⟨~сти́⟩ [24; -ст-: -сту́; → расти́] grow; ~щивать [1], ⟨~сти́ть⟩ [15 e.; -ащу́, -асти́шь; -ащённый] (let) grow

отре́бье n [10] obs. waste; fig. rabble

отре́з m [1] length (of cloth); ~а́ть, ~ыва́ть [1], ⟨~а́ть⟩ [3] cut off; coll. give a curt answer

отрезв|ля́ть [28], ⟨~и́ть⟩ [14 e.; -влю́, -ви́шь; -влённый] sober

отре́з|ок m [1; -зка] piece; доро́ги stretch; вре́мени space; math. segment; ~ывать → ~а́ть

отре|ка́ться [1], ⟨᷉чься⟩ [26] **(от** P) dis-own, disavow; *от убежде́ний и т. д.* renounce; *᷉чься от престо́ла* abdicate

отре|че́ние *n* [12] renunciation; abdication; *᷉чься* → *᷉ка́ться*; *᷉шённый* [14] estranged, aloof

отрица́|ние *n* [12] negation, denial; *᷉тельный* [14; -лен, -льна] negative; *᷉ть** [1] deny; *(law)* **᷉ть вино́вность** plead not guilty

отро́|г *m* [1] *geogr.* spur; *᷉ду coll.* in age; from birth; in one's life; *᷉дье** *n* [10] *coll. pej.* spawn; *᷉сток** *m* [1; -тка] *bot.* shoot; *anat.* appendix; *᷉чество** *n* [9] boyhood; adolescence

отруб|а́ть [1], ⟨᷉и́ть⟩ [14] chop off

о́труби *f/pl.* [8; *from g/pl. e.*] bran

отры́в *m* [1]: **в ᷉е (от** P) out of touch (with); *᷉а́ть** [1] **1.** ⟨оторва́ть⟩ [-рву́, -вёшь; -ва́л, -а́, -о; ото́рванный] tear off; *от рабо́ты* tear away; separate; *-ся* **(от** P) come off; tear o.s. away; *от друзе́й* lose contact (with); *не ᷉я́сь* without rest; **2.** ⟨отры́ть⟩ [22] dig up, out; *᷉истый** [14 *sh.*] abrupt; *᷉но́й** [14] perforated; tearoff (*sheet, block, calendar etc.*); *᷉ок** *m* [1; -вка] fragment; extract; passage; *᷉очный** [14; -чен, -чна] fragmentary, scrappy

отры́жка *f* [5; *g/pl.*: -жек] belch(ing), eructation

отры́ть → **отрыва́ть**

отря́|д *m* [1] detachment; *biol.* class; *᷉хивать** [1], *once* ⟨᷉хну́ть⟩ [20] shake off

отсве́чивать [1] be reflected; shine (with T)

отсе́|ивать [1], ⟨᷉ять⟩ [27] sift, screen; *fig.* eliminate; *᷉ка́ть** [1], ⟨᷉чь⟩ [26; *pl.*: -се́к, -секла́; -сечённый] sever; cut off; *᷉че́ние** *n* [12]: **дава́ть го́лову на ᷉че́ние** *coll.* stake one's life

отси́|живать [1], ⟨᷉де́ть⟩ [11; -жу́, -ди́шь] sit out; *в тюрьме́* serve; *но́гу* have pins and needles (in one's leg)

отск|а́кивать [1], ⟨᷉очи́ть⟩ [16] jump aside, away; *мяч* rebound; *coll.* break off, come off

отслу́ж|ивать [1], ⟨᷉и́ть⟩ [16] *в а́рмии* serve (one's time); *оде́жда и т. д.* be

worn out

отсове́товать [7] *pf.* dissuade (from)

отсо́хнуть → **отсыха́ть**

отсро́ч|ивать [1], ⟨᷉ить⟩ [16] postpone; *᷉ка** *f* [5; *g/pl.*: -чек] postponement, delay; *law* adjournment

отста|ва́ть [5], ⟨᷉ть⟩ [-а́ну, -а́нешь] **(от** P) lag *or* fall behind; be slow **(на пять мину́т** 5 min.); *обои и т. д.* come off; *coll. pf.* leave alone

отста́в|ка *f* [5] resignation; retirement; *(увольне́ние)* dismissal; **в ᷉ке = ᷉но́й**; *᷉ля́ть** [28], ⟨᷉ить⟩ [14] remove, set aside; *᷉но́й** [14] *mil.* retired

отст|а́ивать¹ [1], ⟨᷉оя́ть⟩ [-ою́, -ои́шь] defend; *права́ и т. д.* uphold, maintain; stand up for

отст|а́ивать² [1], ⟨᷉оя́ть⟩ stand (through), remain standing

отста́|лость *f* [8] backwardness; *᷉лый* [14] backward; *᷉ть* → *᷉ва́ть*

отстёгивать [1], ⟨отстегну́ть⟩ [20; -ёгнутый] unbutton, unfasten

отстоя́ть [1] *pf.* be at a distance (of P)

отстоя́ть(ся) → **отста́ивать(ся)**

отстр|а́ивать [1], ⟨᷉о́ить⟩ [13] finish building; build (up); *᷉аня́ть** [28], ⟨᷉ани́ть⟩ [13] push aside, remove; *от до́лжности* dismiss; *-ся* **(от** P) dodge; shirk; keep aloof; *᷉о́ить** → *᷉а́ивать*

отступ|а́ть [1], ⟨᷉и́ть⟩ [14] step back; *mil.* retreat, fall back; *в у́жасе* recoil; *fig.* back down; go back on; *от пра́вила* deviate; *᷉ле́ние** *n* [12] retreat; deviation; *в изложе́нии* digression

отсу́тств|ие *n* [12] absence; **в её ᷉ие** in her absence; **за ᷉ием** for lack of; **находи́ться в ᷉ии** be absent; *᷉овать** [7] be absent; be lacking

отсчи́т|ывать [1], ⟨᷉а́ть⟩ [1] count (out); count (off)

отсыл|а́ть [1], ⟨отосла́ть⟩ [-ошлю́, -шлёшь; ото́сланный] send (off, back); refer **(к** D to); *᷉ка** *f* [5; *g/pl.*: -лок] → **ссы́лка**

отсып|а́ть [1], ⟨᷉ать⟩ [2] pour (out); measure (out)

отсы|ре́лый [14] damp; *᷉ха́ть** [1], ⟨отсо́хнуть⟩ [21] dry up; wither

отсю́да from here; *(сле́довательно)*

hence; (*fig.*) from this

отта́|ивать [1], ⟨~ять⟩ [27] thaw out; **~лкивать** [1], ⟨оттолкну́ть⟩ [20] push away, aside; *fig.* antagonize; *друзей* alienate; **~лкивающий** [17] repulsive, repellent; **~скивать** [1], ⟨~щи́ть⟩ [16] drag away, aside; **~чивать** [1], ⟨отточи́ть⟩ [16] whet, sharpen; *стиль и т. д.* perfect; **~ять** → **~ивать**

отте́н|ок *m* [1; -нка] shade, nuance (*a. fig.*); tinge; **~я́ть** [28], ⟨~и́ть⟩ [13] shade; (*подчеркнуть*) set off, emphasize

о́ттепель *f* [8] thaw

оттесн|я́ть [28], ⟨~и́ть⟩ [13] push back, aside; *mil.* drive back

о́ттиск *m* [1] impression, offprint

отто|го́ therefore, (*a.* **~го́ и**) that's why; **~го́ что** because; **~лкну́ть** → **отта́лкивать**; **~пы́рить** *coll.* [13] *pf.* bulge, protrude, stick out (*v/i.* **-ся**); **~чи́ть** → **отта́чивать**

отту́да from there

оття́|гивать [1], ⟨~ну́ть⟩ [20; -я́нутый] draw out, pull away (*mil.*) draw off (back); *coll. решение* delay; **он хо́чет ~ну́ть вре́мя** he wants to gain time

отуч|а́ть [1], ⟨~и́ть⟩ [16] break (**от** P of), cure (of); wean; **-ся** break o.s. (of)

отхлы́нуть [20] *pf.* flood back, rush back

отхо́д *m* [1] departure; withdrawal; *fig.* deviation; **~и́ть** [15], ⟨отойти́⟩ -ойду́, -дёшь; отошёл, -шла́; отойдя́] move (away, off); leave, depart; deviate; *mil.* withdraw; (*успокоиться*) recover; **~ы** *m/pl.* [1] waste

отцве|та́ть [1], ⟨~сти́⟩ [25; -т-: -ету́] finish blooming, fade (*a. fig.*)

отцеп|ля́ть [28], ⟨~и́ть⟩ [14] unhook; uncouple; *coll.* **~и́сь!** leave me alone!

отцо́в|ский [16] paternal; fatherly; **~ство** *n* [9] paternity

отча́|иваться [1], ⟨~яться⟩ [27] despair (of **в** П); be despondent

отчали|вать [1], ⟨~ть⟩ [13] cast off, push off; *coll.* **~вай!** beat it!; scram!

отча́сти partly, in part

отча́я|ние *n* [12] despair; **~нный** [14 *sh.*] desperate; **~ться** → **отча́иваться**

о́тче: ♀ **наш** Our Father; Lord's Prayer

отчего́ why; **~-то** that's why

отчека́н|ивать [1], ⟨~ить⟩ [13] mint, coin; say distinctly

о́тчество *n* [9] patronymic

отчёт *m* [1] account (**о, в** П of), report (on); (**от**)**дава́ть себе́ ~ в** (П) realize *v/t.*; **~ливый** [14 *sh.*] distinct, clear; **~ность** *f* [8] accounting

отчи́|зна *f* [5] fatherland; **~й** [17]: **~й дом** family home; **~м** *m* [1] stepfather

отчисл|е́ние *n* [12] (*вычет денег*) deduction; *студента* expulsion; **~я́ть** [28], ⟨~ить⟩ [13] deduct; dismiss

отчи́т|ывать *coll.*, ⟨~а́ть⟩ [1] *coll.* read a lecture to; tell off; **-ся** give *or* render an account (to **пе́ред** Т)

от|чужда́ть [1] *law.* alienate; estrange; **~шатну́ться** [20] *pf.* start *or* shrink back; recoil; **~швырну́ть** *coll.* [20] *pf.* fling (away); throw off; **~шéльник** *m* [1] hermit; *fig.* recluse

отъе́|зд *m* [1] departure; **~зжа́ть** [1], ⟨~хать⟩[-е́ду, -е́дешь] drive (off), depart

отъя́|вленный [14] inveterate, thorough, out-and-out

отыгр|ывать [1], ⟨~а́ть⟩ [1] win back, regain; **-ся** regain one's lost money

оты́ск|ивать [1], ⟨~а́ть⟩ [3] find; track down; **-ся** turn up; appear

отяго|ща́ть [1], ⟨~ти́ть⟩ [15 *e.*; -щу́, -ти́шь; -ощённый] burden

отягч|а́ть [4], ⟨~и́ть⟩ [16] make worse, aggravate

офице́р *m* [1] officer; **~ерский** [16] officer('s, -s'); **~иа́льный** [14; -лен, -льна] official; **~иа́нт** *m* [1] waiter; **~иа́нтка** *f* [5] waitress

оформ|ля́ть [28], ⟨~ить⟩ [14] *книгу* design; *документы* draw up; *витрину* dress; *брак* register; **~ить на рабо́ту** take on the staff

офо́рт *m* [1] etching

ох *int.* oh!, ah!; **~анье** *n* [10] *col.* moaning, groaning

оха́пка *f* [5; *g/pl.*: -пок] armful

о́х|ать [1], *once* ⟨~нуть⟩ [20] groan

охва́т|ывать [1], ⟨~и́ть⟩ [15] enclose; *о чувстве* seize, grip; *вопросы* embrace; *пламенем* envelop; *fig.* comprehend

охла|дева́ть, ⟨~де́ть⟩ [8] grow cold (toward); *a. fig.* lose interest in; **~жда́ть** [1], ⟨~ди́ть⟩ [15 *e.*; -ажу́, -ади́шь; -аждённый] cool; **~жде́ние** *n* [12] cooling

охмеле́ть [8] *coll.* get tipsy

о́хнуть → **о́хать**

охо́та[1] *f* [5] *coll.* desire (for); mind (to)

охо́т|а[2] *f* [5] (**на** В, **за** Т) hunt(ing) (of, for); chase (after); **~иться** [15] (**на** В, **за** Т) hunt; chase (after); **~ник**[1] *m* [1] hunter

охо́тник[2] *m* [1] volunteer; lover (of **до** Р)

охо́тничий [18] hunting, shooting; hunter's

охо́тн|о willingly, gladly, with pleasure; **~ее** rather; **~ее всего́** best of all

охра́н|а *f* [5] guard(s); *прав* protection; **ли́чная ~а** bodyguard; **~я́ть** [28], ⟨~и́ть⟩ [13] guard, protect (**от** Р from, against)

охри́п|лый *coll.* [14], **~ший** [17] hoarse

оце́н|ивать [1], ⟨~и́ть⟩ [13; -еню́, -е́нишь] value (**в** В at); estimate; *ситуацию* appraise; (*по достоинству*) appreciate; **~ка** *f* [5; *g/pl.:* -нок] evaluation, estimation; appraisal; appreciation; *школьная* mark

оцепене́|лый [14] torpid, benumbed; *fig.* petrified, stupefied; **~ние** *n* [12]: **в ~нии** petrified

оцеп|ля́ть [28], ⟨~и́ть⟩ [14] encircle, cordon off

оча́г *m* [1 *e.*] hearth (*a. fig.*); *fig.* center (-tre) seat

очарова́|ние *n* [12] charm, fascination; **~тельный** [14; -лен, -льна] charming; **~ывать** [1], ⟨~а́ть⟩ [7] charm, fascinate, enchant

очеви́д|ец *m* [1; -дца] eyewitness; **~ный** [14; -ден, -дна] evident, obvious

о́чень very; (very) much

очередно́й [14] next (in turn); yet another; latest

о́черед|ь *f* [8; *from g/pl. e.*] turn (**по ~и** in turns); order, succession; line (*Brt.* queue); *mil.* volley; **ва́ша ~ь** or **~ь за ва́ми** it is your turn; **на ~и** next; **в свою́ ~ь** in (for) my, *etc.*, turn (part)

о́черк *m* [1] sketch; essay

очерня́ть [28] → **черни́ть**

очерстве́лый [14] hardened, callous

очер|та́ние *n* [12] outline, contour; **~чивать** [1], ⟨~ти́ть⟩ [15] outline, sketch; **~тя́ го́лову** *coll.* headlong

очи́|стка *f* [5; *g/pl.:* -ток] clean(s)ing; *tech.* refinement; *pl.* peelings; **для ~стки со́вести** clear one's conscience; **~ща́ть** [1], ⟨~́стить⟩ [15] clean(se); clear; peel; purify; *tech.* refine

очк|и́ *n/pl.* [1] spectacles, eyeglasses; **защи́тные ~и́** protective goggles; **~о́** *n* [9; *pl.:* -ки́, -ко́в] *sport:* point; *cards:* spot, *Brt.* pip; **~овтира́тельство** *coll. n* [9] eyewash, deception

очну́ться [20] *pf.* → **опо́мниться**

очути́ться [15; *1 st. p. sg. not used*] find o.s.; come to be

ошале́лый *coll.* [14] crazy, mad

оше́йник *m* [1] collar (*on a dog only*)

ошело́м|ля́ть [28], ⟨~и́ть⟩ [14 *e.*; -млю́, -ми́шь; -млённый] stun, stupefy

ошиб|а́ться [1], ⟨~и́ться⟩ [-бу́сь, -бёшься; -и́бся; -и́блась] be mistaken, make a mistake, err; be wrong *or* at fault; **~ка** *f* [5; *g/pl.:* -бок] mistake (**по** Д by), error, fault; **~очный** [14; -чен, -чна] erroneous, mistaken

ошпа́р|ивать [1], ⟨~ить⟩ [13] scald

ощу́п|ывать, ⟨~ать⟩ [1] feel, grope about; touch; **~ь** *f* [8]: **на ~ь** to the touch; **дви́гаться на ~ь** grope one's way; **~ью** *adv.* gropingly; *fig.* blindly

ощу|ти́мый [14], **~ти́тельный** [14; -лен, -льна] palpable, tangible; felt; (*заметный*) appreciable; **~ща́ть** [1], ⟨~ти́ть⟩ [15 *e.*; -ущу́, -ути́шь; -ущённый] feel, sense; experience; **-ся** be felt; **~ще́ние** *n* [12] sensation; feeling

П

павиа́н m [1] baboon

павильо́н m [1] pavilion; exhibition hall

павли́н m [1], **~ий** [18] peacock

па́водок m [1; -дка] flood, freshet

па́|губный [14; -бен, -бна] ruinous, pernicious; **~даль** f [8] carrion

па́да|ть [1] **1.** ⟨упа́сть⟩ [25; pt. st.] fall; цена́ drop; **2.** ⟨пасть⟩ [15] fig. fall; **~ть ду́хом** lose heart

пад|е́ж¹ m [1 e.] gr. case; **~ёж²** m [1 e.] скота́ murrain; epizootic; **~е́ние** n [12] fall; fig. downfall; **~кий** [16; -док, -дка] (на В) greedy (for), having a weakness (for)

па́дчерица f [5] stepdaughter

паёк m [1; пайка́] ration

па́зух|а f [5] bosom (**за** В, **за** T in); anat. sinus; **держа́ть ка́мень за ~ой** harbo(u)r a grudge (against)

пай m [3; pl. e.: пай, паёв] share; **~щик** m [1] shareholder

паке́т m [1] parcel, package, packet; paper bag

па́кля f [6] (material) tow, oakum

пакова́ть [7], ⟨у-, за-⟩ pack

па́кость f [8] filth, smut; dirty trick; **пакт** m [1] pact, treaty

пала́т|а f [5] chamber (often used in names of state institutions); parl. house; больни́чная ward; **оруже́йная ~а** armo(u)ry; **~ка** f [5; g/pl.: -ток] tent; **в ~ках** under canvas

пала́ч m [1 e.] hangman, executioner; fig. butcher

па́л|ец m [1; -льца] finger; ноги́ toe; **смотре́ть сквозь па́льцы** connive (**на** В at); **знать как свой пять ~ьцев** have at one's fingertips; **~иса́дник** m [1] (small) front garden

пали́тра f [5] palette

пали́ть [13] **1.** ⟨с-⟩ burn, scorch; **2.** ⟨о-⟩ singe; **3.** ⟨вы́-⟩ fire, shoot

па́л|ка f [5; g/pl.: -лок] stick; трость cane; **из-под ~ки** coll. under constraint; **э́то ~ка о двух конца́х** it cuts both ways; **~очка** f [5; g/pl.: -чек]

(small) stick; mus. baton; **волше́бная** wand; med. bacillus

пало́мни|к m [1] pilgrim; **~чество** n [9] pilgrimage

па́лтус m [1] halibut

па́луба f [5] deck

пальба́ f [5] firing; fire

па́льма f [5] palm (tree)

пальто́ n [indecl.] (over)coat

па́мят|ник m [1] monument, memorial; **~ный** [14; -тен, -тна] memorable, unforgettable; **~ь** f [8] memory (**на, о** П in/of); remembrance; recollection (**о** П of); **на ~ь** a. by heart; **быть без ~и** coll. be crazy (**от** P about s.o.)

пане́ль f [8] panel; panel(l)ing

па́ника f [5] panic

панихи́да f [5] funeral service; **гражда́нская ~** civil funeral

пансиона́т m [1] boardinghouse

панте́ра f [5] panther

па́нты f/pl. [5] antlers of young Siberian stag

па́нцирь m [4] coat of mail

па́па¹ coll. m [5] papa, dad(dy)

па́па² m [5] pope

па́перть f [8] porch (of a church)

папиро́са f [5] Russian cigarette

па́пка f [5; g/pl.: -пок] folder; file

па́поротник m [1] fern

пар [1; в -у; pl. e.] **1.** steam; **2.** fallow

па́ра f [5] pair, couple

пара́граф m [1] те́кста section; догово́ра и т. д. article

пара́д m [1] parade; **~ный** [14] фо́рма full; дверь front

парадо́кс m [1] paradox; **~а́льный** [14; -лен, -льна] paradoxical

парали|зова́ть [7] (im)pf. paralyze (a. fig.); **~ч** m [1 e.] paralysis

паралле́ль f [8] parallel; **провести́ ~** draw a parallel; (ме́жду) between

парашю́т (-'ʃut) m [1] parachute; **~и́ст** [1] parachutist

паре́ние n [12] soar(ing), hover(ing)

па́рень m [4; -рня; from g/pl. e.] lad, boy;

coll. chap

пари́ *n* [*indecl.*] bet, wager (*vb.:* **держа́ть** ~)

парижа́нин *m* [1; *pl.:* -а́не, -а́н], **~а́нка** *f* [5; *g/pl.:* -нок] Parisian

пари́к *m* [1 *e.*] wig; **~ма́хер** *m* [1] hairdresser, barber; **~ма́херская** *f*[16] hairdressing salon, barber's (shop)

пари́|ровать [7] (*im*)*pf., a.* ⟨от-⟩ parry; **~ть¹** [13] soar, hover

па́рить² [13] steam (*in a bath:* **-ся**)

парке́т *m* [1], **~ный** [14] parquet

парла́мент *m* [1] parliament; **~а́рий** *m* [3] parliamentarian; **~ский** [16] parliamentary

парни́к *m* [1 *e.*] hotbed; **~о́вый** [14] hotbed; **~о́вый эффе́кт** greenhouse effect

парни́шка *m* [5; *g/pl.:* -шек] *coll.* boy, lad, youngster

па́рный [14] paired; twin...

паро|во́з *m* [1] steam locomotive; **~во́й** [14] steam...; **~ди́ровать** [7] (*im*)*pf.,* **~ди́я** *f* [7] parody

паро́ль *m* [4] password, parole

паро́м *m*[1] ferry(boat); *переправля́ть* **на ~е** ferry; **~щик** *m* [1] ferryman

парохо́д *m* [1] steamer; **~ный** [14] steamship...; **~ство** *n* [9] steamship line

па́рт|а *f*[5] school desk; **~ёр** *m* (-'tér) [1] *thea.* stalls; **~иза́н** *m* [1] guerilla, partisan; **~иту́ра** *f* [5] *mus.* score; **~ия** *f* [7] party; *comm.* lot, consignment, batch; *sport* game; set; match; *mus.* part; **~нёр** *m* [1], **~нёрша** *f* [5] partner

па́рус *m* [1; *pl.:* -са́, *etc. e.*] sail; **на всех ~а́х** under full sail; **~и́на** *f* [5] sailcloth, canvas, duck; **~и́новый** [14] canvas...; **~ник** *m* [1] = **~ное су́дно** *n* [14/9] sailing ship

парфюме́рия *f* [7] perfumery

парча́ *f*[5], **~о́вый** [14] brocade

парши́вый [14 *sh.*] mangy; *coll.* **настрое́ние** bad

пас *m* [1] pass (*sport, cards*); **я ~** count me out

па́сека *f* [5] apiary

па́сквиль *m* [4] lampoon

па́смурный [14; -рен, -рна] dull, cloudy; *вид* gloomy

пасова́ть [7] pass (*sport; cards,* ⟨с-⟩); *coll.*

give in, yield (*пе́ред* Т to)

па́спорт *m* [1; *pl.:* -та́, *etc. e.*], **~ный** [14] passport

пассажи́р *m* [1], **~ка** *f* [5; *g/pl.:* -рок], **~ский** [16] passenger

пасси́в *m*[1] *comm.* liabilities *pl.;* **~ный** [14; -вен, -вна] passive

па́ста *f* [5] paste; **зубна́я ~** toothpaste

па́ст|бище *n* [11] pasture; **~ва** *f* [5] *eccl.* flock; **~и́** [24 -с-] graze (*v/i.* **-сь**), pasture; **~у́х** *m* [1 *e.*] herdsman, shepherd; **~ь 1.** → **па́дать; 2.** *f* [8] jaws *pl.*, mouth

Па́сха *f*[5] Easter (**на** B for); Easter pudding (*sweet dish of cottage cheese*); **~льный** [14] Easter...

па́сынок *m* [1; -нка] stepson

пате́нт *m* [1], **~ова́ть** [7] (*im*)*pf., a.* ⟨за-⟩ patent

па́тока *f* [5] molasses, *Brt. a.* treacle

патр|ио́т *m* [1] patriot; **~иоти́ческий** [16] patriotic; **~о́н** *m* [1] cartridge, shell; (*lamp*) socket; **~онта́ш** *m* [1] cartridge belt, pouch; **~ули́ровать** [7], **~у́ль** [4 *e.*] *mil.* patrol

па́уза *f* [5] pause

пау́к *m* [1 *e.*] spider

паути́на *f* [5] cobweb

па́фос *m* [1] pathos; enthusiasm, zeal (for)

пах *m* [1; в -у́] *anat.* groin

паха́ть [3], ⟨вс-⟩ plow (*Brt.* plough), till

па́хн|уть¹ [20] smell (Т of); **~у́ть²** [20] *pf. coll.* puff, blow

па́хот|а *f* [5] tillage; **~ный** [14] arable

паху́чий [17 *sh.*] odorous, strongsmelling

пацие́нт *m* [1], **~ка** *f* [5; *g/pl.:* -ток] patient

па́чка *f*[5; *g/pl.:* -чек] pack(et), package; *писем* batch

па́чкать [1], ⟨за-, ис-, вы-⟩ soil

па́шня *f* [6; *g/pl.:* -шен] tillage, field

паште́т *m* [1] pâté

пая́льник *m* [1] soldering iron

пая́ть [28], ⟨за-⟩ solder

пев|е́ц *m* [1; -вца́], **~и́ца** *f* [5] singer; **~у́чий** [17 *sh.*] melodious; **~чий** [17] singing; **~чая пти́ца** songbird; *su. eccl.* choirboy

педаго́г *m*[1] pedagogue, teacher; **~ика**

f [5] pedagogics; **~и́ческий** [16]: **~и́ческий институ́т** teachers' training college; **~и́чный** [14; -чен, -чна] sensible

педа́ль *f* [8] treadle, pedal

педа́нт *m* [1] pedant; **~и́чный** [14; -чен, -чна] pedantic

педиа́тр *m* [1] p(a)ediatrician

пейза́ж *m* [1] landscape

пека́р|ня *f* [6; *g/pl.*: -рен] bakery; **~ь** *m* [4; *a.* -ря́, *etc. e.*] baker

пелена́ *f* [5] shroud; **~а́ть** [1], ⟨за-, с-⟩ swaddle

пелён|ка *f* [5; *g/pl.*: -нок] diaper, *Brt. a.* nappy; **с ~ок** *fig.* from the cradle

пельме́ни *m/pl.* [-ней] *cul.* kind of ravioli

пе́на *f* [5] foam, froth; *мы́льная* lather, soapsuds

пе́ние *n* [12] singing; *петуха́* crow

пе́н|истый [14 *sh.*] foamy, frothy; **~иться** [13], ⟨вс-⟩ foam, froth; **~ка** *f* [5; *g/pl.*: -нок] *на молоке́ и т. д.* skin; **снять ~ки** skim (с Р); *fig.* take the pickings (of)

пенси|оне́р *m* [1] pensioner; **~о́нный** [14], **~я́** *f* [7] pension

пень *m* [4; пня] stump

пеньк|а́ *f* [5] hemp; **~о́вый** [14] hemp(en)

пе́ня *f* [6; *g/pl.*: -ней] fine (*penalty*)

пеня́|ть *coll.* [28]: blame; **~й на себя́!** it's your own fault!

пе́пел [1; -пла] ashes *pl.*; **~ище** *n* [11] site of a fire; **~ница** *f* [5] ashtray; **~ьный** [14] ashy; *цвет* ashgrey

пе́рвен|ец *m* [1; -нца] first-born; **~ство** *n* [9] first place; *sport* championship

перви́чный [14; -чен, -чна] primary

перво|бы́тный [14; -тен, -тна] primitive, primeval; **~исто́чник** *m* [1] primary source; origin; **~кла́ссный** [14] first-rate *or* -class; **~ку́рсник** *m* [1] freshman; **~-на́перво** Р *coll.* first of all; **~нача́льный** [14; -лен, -льна] original; primary; **~очередно́й** [14] first and foremost; immediate; **~со́ртный** → **~кла́ссный**; **~степе́нный** [14; -énen, -énna] paramount, of the first order

пе́рв|ый [14] first; former; earliest; **~ый эта́ж** first (*Brt.* ground) floor; **~ое**

вре́мя at first; **~ая по́мощь** first aid; **~ый рейс** maiden voyage; *из ~ых рук* firsthand; *на ~ый взгляд* at first sight; **~ое** *n* first course (*meal*; **на** В for); **~ым де́лом (до́лгом)** *or* **в ~ую о́чередь** first of all, first thing; *coll.* **~éйший** the very first; → **пя́тый**

перга́мент *m* [1] parchment

переб|ега́ть [1], ⟨~ежа́ть⟩ [4; -егу́, -ежи́шь, -егу́т] run over (*or* across); **~éжчик** *m* [1] traitor, turncoat; **~ива́ть** [1], ⟨~и́ть⟩ [-бью́, -бьёшь, → **би́ть**] interrupt

переб|ива́ться ⟨~и́ться⟩ *coll.* make ends meet

переб|ира́ть [1], ⟨~ра́ть⟩ [-беру́, -рёшь; -бра́л, -а́, -о; -ébранный] look through; sort out (*a. fig.*); turn over, think over; *impf. mus.* finger; **-ся** move (**на, в** В into); cross (*v/t.* **че́рез** В)

переб|и́ть 1. → **~ива́ть; 2.** *pf.* kill, slay; *посу́ду* break; **~о́й** *m* [3] interruption, intermission; **~оро́ть** [17] *pf.* overcome, master

пребр|а́нка F *f* [5; *g/pl.*: -нок] wrangle; **~а́сывать** [1], ⟨~о́сить⟩ [15] throw over; *mil., comm.* transfer, shift; **-ся**; *слова́ми* exchange (*v/t.* Т); **~а́ть(ся)** → **перебира́ть(ся)**; **~о́ска** *f* [5; *g/pl.*: -сок] transfer

перева́л *m* [1] pass; **~ивать** [1], ⟨~и́ть⟩ [13; -алю́, -а́лишь; -а́ленный] transfer, shift (*v/i.* **-ся**; *impf.* waddle); *coll.* cross, pass; *impers.* **ему́ ~и́ло за 40** he is past 40

перева́р|ивать [1], ⟨~и́ть⟩ [13; -арю́, -а́ришь; -а́ренный] digest; *coll. fig.* **она́ его́ не ~ивает** she can't stand him

пере|везти́ → **~вози́ть**; **~вёртывать** [1], ⟨~верну́ть⟩ [20; -вёрнутый] turn over (*v/i.* **-ся**); **~вес** *m* [1] preponderance; **~вести́(сь)** → **переводи́ть(ся)**; **~ве́шивать** [1], ⟨~ве́сить⟩ [15] hang (elsewhere); reweigh; *fig.* outweigh; **-ся** lean over; **~вира́ть** [1], ⟨~вра́ть⟩ [-вру́, -врёшь; -éвранный] *coll.* garble; misquote; misinterpret

перево́д *m* [1] transfer; translation (с Р/на В from/into); *де́нег* remittance; *почто́вый* (money *or* postal) order;

~и́ть [15], ⟨перевести́⟩ [25] lead; transfer; translate (с/на B from/into) interpret; remit; set (*watch, clock*; *usu.* **стре́лку**); ~и́ть дух take a breath; **-ся**, ⟨-сь⟩ be transferred, move; ~ный [14] transfer...; (*a. comm.*) transfer...; ~чик *m* [1], ~чица *f* [5] translator; interpreter

перевоз|**и́ть** [15], ⟨перевезти́⟩ [24] transport, convey; ме́бель remove; че́рез ре́ку и т. д. ferry (over); ~ка *f* [5; *g/pl.*: -зок] transportation, conveyance, ferrying, *etc.*

пере|**вооруже́ние** *n* [12] rearmament; ~ора́чивать → ~ве́ртывать; ~воро́т *m* [1] revolution; *госуда́рственный* coup d'état; ~воспита́ние *n* [12] reeducation; ~вра́ть → ~вира́ть; ~вы́боры *m/pl.* [1] reelection

перевя́з|**ка** *f* [5; *g/pl.*: -зок] dressing, bandage; ~очный [14] dressing...; ~ывать [1], ⟨~а́ть⟩ [3] tie up; ра́ну и т. д. dress, bandage

перегиб *m* [1] bend, fold; *fig.* exaggeration; ~а́ть [1], ⟨перегну́ть⟩ [20] bend; ~а́ть па́лку go too far; **-ся** lean over

перегля́|**дываться** [1], *once* ⟨~ну́ться⟩ [19] exchange glances

пере|**гна́ть** → ~гоня́ть; ~гно́й *m* [3] humus; ~гну́ть(ся) → ~гиба́ть(ся)

перегов|**а́ривать** [1], ⟨~ори́ть⟩ [13] talk (s. th) over (о T), discuss; ~о́ры *m/pl.* [1] negotiations; *вести́* ~о́ры (с T) negotiate (with)

перег|**о́нка** *f* [5] distillation; ~оня́ть [28], ⟨~на́ть⟩ [-гоню́, -го́нишь; -гна́л, -á, -ой; ég̈нанный] **1.** outdistance, leave behind; overtake, outstrip, surpass, outdo; **2.** *chem.* distil

перегор|**а́живать** [1], ⟨~оди́ть⟩ [15 & 15 *e.*; -рожу́, -роди́шь] partition (off); ~а́ть [1], ⟨~е́ть⟩ [9] ла́мпочка, про́бка burn out; ~о́дка *f* [5; *g/pl.*: -док] partition

перегр|**ева́ть** [1], ⟨~е́ть⟩ [8; -éтый] overheat; ~ужа́ть [1], ⟨~узи́ть⟩ [15 & 15 *e.*; -ужу́, -у́зишь], overload; ~у́зка *f* [5; *g/pl.*: -зок] дви́гателя overload; *о рабо́те* overwork; ~уппирова́ть [7] *pf.* regroup; ~уппиро́вка *f* [5; -вок] regrouping; ~ыза́ть [1], ⟨~ы́зть⟩ [24; *pt.*

st.: -ы́зенный] gnaw through

пе́ред[1], ~о (T) before; in front of; **извини́ться** ~ кем-л. apologize to s.o.

перёд[2] *m* [1; пе́реда; *pl.*: -да́, *etc.* *e.*] front

переда|**ва́ть** [5], ⟨~а́ть⟩ [-да́м, -да́шь, *etc.* → **да́ть**] *pt.* пе́редал, -á, -о] pass, hand (over); deliver; give (*a.* приве́т); *radio, TV* broadcast, transmit; *содержа́ние* render; tell; *по телефо́ну* take a message (for Д, *on the phone*); **-ся** *med.* be transmitted, communicated; ~а́тчик *m* [1] transmitter; ~а́ть(ся) → ~ава́ть(ся); ~а́ча *f* [5] delivery, handing over; transfer; transmission, (*a. tech.*) transmission; *mot.* gear

передв|**ига́ть** [1], ⟨~и́нуть⟩ [20] move, shift; ~иже́ние *n* [12] movement; *гру́зов* transportation; ~ижно́й [14] travel(l)ing, mobile

переде́л|**ка** *f* [5; *g/pl.*: -лок] alteration; *coll.* попа́сть в ~ку get into a pretty mess; ~ывать [1], ⟨~ать⟩ [1] do again; alter; ~ать мно́го дел run over

пере́дн|**ий** [15] front..., fore...; ~ик *m* [1] apron; ~яя *f* [15] (entrance) hall, lobby

передов|**и́ца** *f* [5] leading article, editorial; ~о́й [14] foremost; *mil.* frontline; ~а́я статья́ → передови́ца

пере|**дохну́ть** [20] *pf.* pause for breath or a rest; ~дра́знивать [1], ⟨дразни́ть⟩ [13; -азню́, -а́знишь] mimic; ~дря́га *coll.* f [5] fix, scrape; ~ду́мывать, ⟨~ду́мать⟩ [1] change one's mind; *coll.* → **обду́мать**; ~ды́шка *f* [5; *g/pl.*: -шек] breathing space, respite

пере|**е́зд** *m* [1] *rail., etc.* crossing; *в друго́е ме́сто* move (**в, на** B [in]to); ~ежа́ть [1], ⟨~е́хать⟩ [-е́ду, -е́дешь; -е́зжай!] **1.** *v/i.* cross (*v/t.* **че́рез** B); move (**в, на** B [in]to); **2.** *v/t.* маши́ной run over

пережи|**да́ть** → ~да́ть; ~ёвывать [1], ⟨~ева́ть⟩ [7 *e.*; -жую́, -жуёшь] masticate, chew; *fig.* repeat over and over again; ~ива́ние *n* [12] emotional experience; worry *etc.*; ~ива́ть, ⟨~и́ть⟩ [-живу́, -вёшь; пе́режил, -á, -о; пе́режи́тый (пе́режи́т, -á, -о)] experience; live through, endure; *жить дольше* survive, outlive; **~ида́ть** [1], ⟨~да́ть⟩ [-жду́, -ждёшь; -жда́л, -á, -o] wait (till s.th. is over); **~и́ток** *m* [1; -тка] survival

перезаключа́|ть [1], ⟨~чи́ть⟩ [16 *e.*; -чу́, -чи́шь; -чённый] renew a contract; **~чи́ть догово́р (контра́кт)** renew a contract

перезре́лый [14] overripe; *fig.* past one's prime

переизбира́|ть [1], ⟨~бра́ть⟩ [-беру́, -рёшь; -бра́л, -á, -o; -и́збранный] reelect; **~бра́ние** *n* [12] reelection; **~дава́ть** [5], ⟨~да́ть⟩ [-да́м, -да́шь, *etc.* → **дать**; -да́л, -á, -o] reprint, republish; **~да́ние** *n* [12] republication; new edition, reprint; **~да́ть** → **~дава́ть**

переименова́ть [7] *pf.* rename

переина́чи|вать *coll.* [1], ⟨~ть⟩ [16] alter, modify; (*исказить*) distort

перейти́ → **переходи́ть**

переки́|дывать [1], ⟨~нуть⟩ [20] throw over (че́рез B); **-ся** exchange (*v/t.* T); *огонь* spread

переки|па́ть [1], ⟨~пе́ть⟩ [10 *e.*; 3rd *p. only*] boil over

пе́рекись *f* [8] *chem.* peroxide; **~ водоро́да** hydrogen peroxide

перекла́д|ина *f* [5] crossbar, crossbeam; **~ывать** [1], ⟨переложи́ть⟩ [16] put, lay (elsewhere); move, shift; interlay (T with); → **перелага́ть**

перекл|ика́ться [1], ⟨~и́кнуться⟩ [20] call to o.a.; have s.th. in common (**с** T with); reecho (*v/t.* **с** T)

переключ|а́тель *m* [4] switch; **~а́ть** [1], ⟨~и́ть⟩ [16; -чу́, -чи́шь; -чённый] switch over (*v/i.* **-ся**); *внимание* switch; **~éние** *n* [12] switching over; **~и́ть** → **~а́ть**

переко́шенный [14] twisted, distorted; *дверь и т. д.* warped; wry

перекрёст|ный [14] cross...; **~ный ого́нь** cross-fire; **~ный допро́с** cross-examination; **~ок** *m* [1; -тка] crossroads, crossing

перекр|ыва́ть [1], ⟨~ы́ть⟩ [22] cover again; *рекорд и т. д.* exceed, surpass; *закрыть* close; *реку* dam; **~ы́тие** *n* [12] *arch.* ceiling; floor

переку́с|ывать [1], ⟨~и́ть⟩ [15] bite through; *coll.* have a bite *or* snack

перел|ага́ть [1], ⟨~ожи́ть⟩ [16]: **~ожи́ть на му́зыку** set to music

перела́мывать [1] **1.** ⟨~оми́ть⟩ [14] break in two; *fig.* overcome; change; **2.** ⟨~ома́ть⟩ [1] break

перел|еза́ть [1], ⟨~е́зть⟩ [24 *st.*; -лéз] climb over, get over (че́рез B)

переле́т *m* [1] *птиц* passage; *ae.* flight; **~а́ть** [1], ⟨~е́ть⟩ [11] fly over (across); migrate; overshoot; **~е́тный** [14]: **~е́тная пти́ца** bird of passage *a. fig.*, migratory bird

перели́|в *m* [1] *голоса* modulation; *цвета* play; **~ва́ние** *n* [12] *med.* transfusion; **~ва́ть** [1], ⟨~ть⟩ [-пью́, -льёшь, *etc.*, → **лить**] decant, pour from one vessel into another; *med.* transfuse; **~ва́ть из пусто́го в поро́жнее** mill the wind; **-ся** overflow; *impf. о цвете* play, shimmer

перели́ст|ывать, ⟨~а́ть⟩ [1] *страницы* turn over; *книгу* look *or* leaf through

перели́ть → **перелива́ть**

перелицева́ть [7] *pf.* turn, make over

переложе́ние *n* [12] transposition; arrangement; *на музыку* setting to music; **~и́ть** → **перекла́дывать, перелага́ть**

перело́м *m* [1] break, fracture; *fig.* crisis, turning point; **~а́ть, ~и́ть** → **перела́мывать**

перема́лывать [1], ⟨~оло́ть⟩ [17; -мелю́, -ме́лешь; -мелá] grind, mill; **~ежа́ть(ся)** [1] alternate

переме́н|а *f* [5] change; *в школе* break; **~и́ть(ся)** → **~я́ть(ся)**; **~ный** [14] variable; *el.* alternating; **~чивый** *coll.* [14] changeable; **~я́ть** [28], ⟨~и́ть⟩ [13; -еню́, -éнишь] change (*v/i.* **-ся**)

переме|сти́ть(ся) → **~ща́ть(ся)**; **~шивать**, ⟨~ша́ть⟩ [1] intermingle, intermix; *coll.* mix (up); **-ся**: *у меня́ в голове́ всё ~ша́лось* I feel confused; **~ща́ть** [1], ⟨~сти́ть⟩ [15 *e.*; -ещу́, -ести́шь; -ещённый] move, shift (*v/i.* **-ся**)

переми́рие *n* [12] armistice, truce

перемоло́ть → **перема́лывать**

перенаселе́ние *n* [12] overpopulation

перенести́ → **переноси́ть**

перен|има́ть [1], ⟨~я́ть⟩ [-ейму́, -мёшь; перена́л, -а́, -о; пе́ренятый (пе́ренят, -а́, -о)] adopt; *мане́ру и т. д.* imitate

перено́с *m* [1] *typ.* word division; *зна́к* ~а hyphen; ~и́ть, ⟨перенести́⟩ [24 -с-] transfer, carry over; (*испыта́ть*) bear, endure, stand; (*отложи́ть*) postpone, put off (till *на* В); ~и́ца *f* [5] bridge (*of nose*)

перено́с|ка *f* [5; *g/pl.*: -сок] carrying over; ~ный [14] portable; figurative

переня́ть → *перенима́ть*

переобору́дова|ть [7] (*im*)*pf.*; refit, reequip; ~ние *n* [12] reequipment

переод|ева́ться [1], ⟨~е́ться⟩ [-е́нусь, -не́шься] change (one's clothes); ~е́тый [14 *sh.*] *a.* disguised

переоце́н|ивать [1], ⟨~и́ть⟩ [13; -еню́, -е́нишь] overestimate, overrate; (*оцени́ть зано́во*) revalue; ~ка *f* [5; *g/pl.*: -нок] overestimation; revaluation

пе́репел *m* [1; *pl.*: -ла́, *etc. e.*] *zo.* quail

перепеча́т|ка *f* [5; *g/pl.*: -ток] reprint; ~ывать, ⟨~ать⟩ [1] reprint; *на маши́нке* type

перепи́с|ка *f* [5; *g/pl.*: -сок] correspondence; ~ывать [1], ⟨~а́ть⟩ [3] rewrite, copy; ~а́ть на́бело make a fair copy; -ся *impf.* correspond (с Т with); ~ь ('ре-) *f* [8] census

перепла́|чивать [1], ⟨~ти́ть⟩ [15] overpay

перепл|ета́ть [1], ⟨~ести́⟩ [25 -т-] *кни́гу* bind; interlace, intertwine (*v/i.* -ся ⟨-сь⟩); ~ёт *m* [1] binding, book cover; ~ётчик *m* [1] bookbinder; ~ыва́ть [1], ⟨~ы́ть⟩ [23] swim *or* sail (*че́рез* В across)

переполз|а́ть [1], ⟨~ти́⟩ [24] creep, crawl

перепо́лн|енный [14 *sh.*] overcrowded; *жи́дкостью* overflowing; overfull; ~я́ть [28], ⟨~и́ть⟩ [13] overfill; -ся (*v/i.*) be overcrowded

переполо́|х *m* [1] commotion, alarm, flurry; ~ши́ть *coll.* [16 *e.*; -шу́, -ши́шь; -шённый] *pf.* (-ся get) alarm(ed)

перепо́нка *f* [5; *g/pl.*: -нок] membrane; *пти́цы* web; *бараба́нная* ~ eardrum

перепра́в|а *f* [5] crossing, passage; *брод* ford; temporary bridge; ~ля́ть [28], ⟨~и́ть⟩ [14] carry (over), convey, take across; transport (to); *mail* forward; -ся cross, get across

перепрод|ава́ть [5], ⟨~а́ть⟩ [-да́м, -да́шь, *etc.* → дать; *pt.*: -о́дал, -да́, -о] resell; ~а́жа *f* [5] resale

перепры́г|ивать [1], ⟨~нуть⟩ [20] jump (over)

перепу́г *coll. m* [1] fright (of с ~у); ~а́ть [1] *pf.* (-ся get) frighten(ed)

перепу́тывать [1] → *пу́тать*

перепу́тье *n* [10] *fig.* crossroad(s)

перераб|а́тывать, ⟨~о́тать⟩ [1] work into; remake; *кни́гу* revise; ~о́тка *f* [5; *g/pl.*: -ток] processing; remaking; revision; ~о́тка втори́чного сырья́ recycling

перераст|а́ть [1], ⟨~и́⟩ [24; -ст-; -ро́с, -сла́] (*видоизмени́ться*) grow, develop; *о ро́сте* outstrip; ~хо́д *m* [1] excess expenditure

перерез|а́ть *and* ~ыва́ть [1], ⟨~а́ть⟩ [3] cut (through); cut off, intercept; kill (all *or* many of)

переро|жда́ться [1], ⟨~ди́ться⟩ [15 *e.*; -ожу́сь, -оди́шься; -ождённый] *coll.* be reborn; *fig.* regenerate; *biol.* degenerate

переруб|а́ть [1], ⟨~и́ть⟩ [14] hew *or* cut through

переры́в *m* [1] interruption; break; interval; ~ на обе́д lunch time

переса́|дка *f* [5; *g/pl.*: -док] *bot., med.* transplanting; *med.* grafting; *rail.* change; ~живать [1], ⟨~ди́ть⟩ [15] transplant; graft; make change seats; -ся, ⟨пересе́сть⟩ [25; -ся́ду, -ся́дешь; -се́л] take another seat, change seats; *rail.* change (*trains*)

пересд|ава́ть [5], ⟨~а́ть⟩ [-да́м, -да́шь, *etc.*, → дать] repeat (*exam.*)

пересе́|ка́ть [1], ⟨~чь⟩ [26; *pt.*: -се́к, -секла́] traverse; intersect, cross (*v/i.* -ся)

пересел|е́нец *m* [1; -нца] migrant; (re)settler; ~е́ние *n* [12] (e)migration; ~я́ть [28], ⟨~и́ть⟩ [13] (re)move (*v/i.* -ся; [e]migrate)

пересе́сть → *переса́живаться*

пересе|че́ние *n* [12] crossing; intersection; **∠чь** → **∠ка́ть**

переси́ли|вать [1], ⟨**∠ть**⟩ [13] overpower; *fig.* master, subdue

переска́з *m* [1] retelling; **∠ывать** [1], ⟨**∠а́ть**⟩ [3] retell

переск|а́кивать [1], ⟨**∠очи́ть**⟩ [16] jump (over **че́рез** B); *при чтении* skip over

пересла́ть → **пересыла́ть**

пересм|а́тривать [1], ⟨**∠отре́ть**⟩ [9; -отрю́, -о́тришь; -о́тренный] reconsider, *планы* revise; *law* review; **∠отр** *m* [1] reconsideration, revision; *law* review

пересо|ли́ть [13; -солю́, -о́лишь] *pf.* put too much salt (**в** B in); *coll. fig.* go too far; **∠хнуть** → **пересыха́ть**

переспа́ть → **спать**; oversleep; *coll.* spend the night; sleep with s.o.

переспр|а́шивать [1], ⟨**∠оси́ть**⟩ [15] repeat one's question

пересcо́риться [13] *pf.* quarrel (*mst.* with everybody)

перест|ава́ть [5], ⟨**∠а́ть**⟩ [-а́ну, -а́нешь] stop, cease, quit; **∠авля́ть** [28], ⟨**∠а́вить**⟩ [14] put (elsewhere), (*тж. часы*) set, move; *мебель* rearrange; **∠ано́вка** *f* [5; *g/pl.*: -вок] transposition; rearrangement; *math.* permutation; **∠а́ть** → **∠ава́ть**

перестр|а́ивать [1], ⟨**∠о́ить**⟩ [13] rebuild, reconstruct; *рабо́ту* reorganize; *силы* regroup; **-ся** (*v/i.*) adapt, change one's views; **∠е́ливаться** [1], **∠е́лка** *f* [5; *g/pl.*: -лок] firing; skirmish; **∠о́ить** → **∠а́ивать**; **∠о́йка** *f* [5; *g/pl.*: -о́ек] rebuilding, reconstruction; reorganization; perestroika

переступ|а́ть [1], ⟨**∠и́ть**⟩ [14] step over, cross; *fig.* transgress

пересчи́т|ывать, ⟨**∠а́ть**⟩ [1] (re)count; count up

перес|ыла́ть [1], ⟨**∠ла́ть**⟩ [-ешлю́, -шлёшь; -е́сланный] send (over), *де́ньги* remit; *письмо́* forward; **∠ылка** *f* [5; *g/pl.*: -лок] remittance; **сто́имость ∠ылки** postage; carriage; **∠ыха́ть** [1], ⟨**∠о́хнуть**⟩ [21] dry up; *го́рло* be parched

перета́|скивать [1], ⟨**∠щи́ть**⟩ [16] drag or carry (**че́рез** B over, across)

перет|я́гивать [1], ⟨**∠яну́ть**⟩ [19] draw

(*fig.* **на свою́ сто́рону** win) over; **верёвкой** cord

переубе|жда́ть [1], ⟨**∠ди́ть**⟩ [15 *e.*; *no 1st. p. sg.*; -ди́шь, -еждённый] make s.o. change his mind

переу́лок *m* [1; -лка] lane, alleyway; side street

переутомл|е́ние *n* [12] overstrain; overwork; **∠ённый** [14 *sh.*] overtired

переучёт *m* [1] stock-taking

перехва́т|ывать [1], ⟨**∠и́ть**⟩ [15] intercept, catch; *coll. де́нег* borrow; *перекуси́ть* have a quick snack

перехитри́ть [13] *pf.* outwit

перехо́д *m* [1] passage; crossing; *fig.* transition; **∠и́ть** [15], ⟨перейти́⟩ [-йду́, -дёшь; -шёл, -шла́; → **идти́**] cross, go over; pass (on), proceed; (**к** Д to); (**в** B [in]to); *грани́цы* exceed, transgress; **∠ный** [14] transitional; *gr.* transitive; intermittent; **∠ящий** [17] *sport* challenge (*cup, etc.*)

пе́рец *m* [1; -рца] pepper; **стручко́вый ∼** paprika

пе́речень *m* [4; -чня] list; enumeration

пере|чёркивать [1], ⟨**∠черкну́ть**⟩ [20] cross out; **∠че́сть** → **∠счи́тывать & ∠чи́тывать**; **∠числя́ть** [28], ⟨**∠чи́слить**⟩ [13] enumerate; *де́ньги* transfer; **∠чи́тывать**, ⟨**∠чита́ть**⟩ [1] & ⟨**∠че́сть**⟩ [-чту́, -чтёшь, -чёл, -чла́] re-read; read (many, all …); **∠чить** *coll.* [16] contradict; oppose; **∠чница** *f* [5] pepper-pot; **∠ша́гивать** [1], ⟨**∠шагну́ть**⟩ [20] step over; cross; **∠шеек** *m* [1; -ше́йка] isthmus; **∠шёптываться** [1] whisper (to one another); **∠шива́ть** [1], ⟨**∠ши́ть**⟩ [-шью́, -шьёшь, *etc.* → **шить**] sew alter; **∠щеголя́ть** *coll.* [28] *pf.* outdo

пери́ла *n/pl.* [9] railing; banisters

пери́на *f* [5] feather bed

пери́од *m* [1] period; *geol.* age; **∠ика** *f* [5] *collect.* periodicals; **∠и́ческий** [16] periodic(al); *math.* recurring

периферия *f* [7] periphery; outskirts *pl.* (**на** П in); the provinces

перламу́тр *m* [1] mother-of-pearl

перло́вый [14] pearl (*крупа* barley)

перна́тые *pl. su.* feathered, feathery (*birds*)

перо́ n [9; pl.: пе́рья, -ьев] feather, plume; pen; *ни пу́ха ни пера́!* good-luck!; **~чи́нный** [14]: *~чи́нный но́ж(ик)* penknife

перро́н m [1] rail. platform

перси́дский [16] Persian; **~ик** m [1] peach; **~о́на** f [5] person; **~она́л** m [1] personnel; staff; **~пекти́ва** f [5] perspective; *fig.* prospect, outlook; **~пек-ти́вный** [14; -вен, -вна] with prospects; forward-looking, promising

пе́рстень m [4; -тня] ring (*with a precious stone, etc.*)

пе́рхоть f [8] dandruff

перча́тка f [5; g/pl.: -ток] glove

пёс m [1; пса] dog

пе́сенка f [5; g/pl.: -нок] song

песе́ц m [1; песца́] Arctic fox; *бе́лый (голубо́й)* **~** white (blue) fox (fur)

песн|ь f [8] (*poet.*, *eccl.*), **~я** f [6; g/pl.: -сен] song; *до́лгая* **~я** long story; *ста́рая* **~я** it's the same old story

песо́|к m [1; -ска́] sand; *саха́рный* granulated sugar; **~чный** [14] sand(y); **~чное пече́нье** shortbread

пессимисти́ч|еский [16], **~ный** [14; -чен, -чна] pessimistic

пестре́ть [8] *оши́бками* be full (of); **~и́ть** [13], **пёстрый** [14; пёстр, пестра́, пёстро & пестро́] variegated, parti-colo(u)red, motley (*a. fig.*); gay

песча́ный [14] sand(y); **~и́нка** f [5; g/pl.: -нок] grain (of sand)

петли́ца f [5] buttonhole; tab

петл|я́ f [6; g/pl.: -тель] loop (*a., ae., мёртвая* **~**); *для крючка́* eye; stitch; *дверна́я* hinge; *спусти́ть пе́тлю* drop a stitch

петру́шка f [5] parsley

пету́|х m [1 e.] rooster, cock; **~ши́ный** [14] cock(s)...

петь [пою́, поёшь; пе́тый] **1.** ⟨с-, про-⟩ sing; **2.** ⟨про-⟩ *пету́х* crow

пехо́т|а f [5], **~ный** [14] infantry; **~и́нец** m [1; -нца] infantryman

печа́л|ить [13], ⟨о-⟩ grieve (*v/i.* **-ся**); **~ь** f [8] grief, sorrow; **~ьный** [14; -лен, -льна] sad, mournful, sorrowful

печа́т|ать [1], ⟨на-⟩ print; *на маши́нке* type; **-ся** *impf.* be in the press; appear in

(*в* П); **~ник** m [1] printer; **~ный** [14] printed; printing; **~ь** f [8] seal, stamp (*a. fig.*); *пресса* press; *ме́лкая, чёткая* print, type; *вы́йти из* **~и** be published

печён|ка f [5; g/pl.: -нок] *cul.* liver; **~ый** [14] baked

пе́чень f [8] *anat.* liver

пече́нье n [10] cookie, biscuit

пе́чка f [5; g/pl.: -чек] → **печь¹**

печь¹ f [8; в чи́; *from g/pl. e.*] stove; oven; *tech.* furnace; kiln

печь² [26], ⟨ис-⟩ bake; *со́лнце* scorch

пеш|ехо́д m [1], **~ехо́дный** [14] pedestrian; **~ка** f [5; g/pl.: -шек] *in chess* pawn (*a. fig.*); **~ко́м** on foot

пеще́ра f [5] cave

пиани́|но n [*indecl.*] upright (piano); **~ст** m [1] pianist

пивна́я f [14] pub, saloon

пи́во n [9] beer; *све́тлое* **~** pale ale; **~ва́р** m [1] brewer; **~ва́ренный** [14]: **~ва́ренный заво́д** brewery

пигме́нт m [1] pigment

пиджа́к m [1 e.] coat, jacket

пижа́ма f [5] pajamas (*Brt.* py-) pl.

пик m [1] peak; *часы́* **~** rush hour

пика́нтный [14; -тен, -тна] piquant, spicy (*a. fig.*)

пика́п m [1] pickup (van)

пике́т m [1], **~и́ровать** [7] (*im*)*pf.* picket

пи́ки f/pl. [5] spades (*cards*)

пики́ровать *ae.* [7] (*im*)*pf.* dive

пи́кнуть [20] *pf.* peep; *он и* **~** *не успе́л* before he could say knife; *то́лько пи́кни!* (*threat implied*) just one peep out of you!

пил|а́ f [5; pl. st.], **~и́ть** [13; пилю́, пи́лишь] saw; **~о́т** m [1] pilot

пилю́ля f [6] pill

пингви́н m [1] penguin

пино́к m [1; -нка́] *coll.* kick

пинце́т m [1] pincers, tweezers pl.

пио́н m [1] peony

пионе́р m [1] pioneer

пипе́тка [5; g/pl.: -ток] *med.* dropper

пир [1; в **~у́**; pl. e.] feast

пирами́да f [5] pyramid

пира́т m [1] pirate

пиро́|г m [1 e.] pie; **~жное** n [14] pastry; (fancy) cake; **~жо́к** m [1; -жка́] pastry;

patty

пир|у́шка f [5; g/pl.: -шек] carousal, binge, revelry; **~шество** n [9] feast, banquet

писа́|ние n [12] writing; (свяще́нное) Holy Scripture; **~тель** m [4] writer, author; **~тельница** f [5] authoress; **~ть** [3], ⟨на-⟩ write; карти́ну paint

писк m [1] chirp, squeak; **~ли́вый** [14 sh.] squeaky; **~нуть** → **пища́ть**

пистоле́т m [1] pistol

пи́сч|ий [17]: **~ая бума́га** writing paper, note paper

пи́сьмен|ность f [8] collect. literary texts; written language; **~ный** [14] written; in writing; стол и т. д. writing

письмо́ n [9; pl. st., gen.: пи́сем] letter; writing (на П in); **делово́е ~** business letter; **заказно́е ~** registered letter

пита́|ние n [12] nutrition; nourishment; feeding; **~тельный** [14; -лен, -льна] nutritious, nourishing; **~ть** [1] nourish (a. fig.), feed (a. tech.); наде́жду и т. д. cherish; не́нависть bear against (к Д); **-ся** feed or live (T on)

пито́м|ец m [1; -мца], **~ица** f [5] foster child; charge; pupil; alumnus; **~ник** m [1] nursery

пить [пью, пьёшь; пил, -а́, -о; пе́й(те)!; пи́тый; пит, пита́, пи́то], ⟨вы-⟩ drink (pf. a. up; за В to); have, take; **мне хо́чется ~** I feel thirsty; **~ё** n [10] drink(-ing); **~ево́й** [14] вода́ drinking

пи́хта f [5] fir tree

пи́цц|а f [5] pizza; **~ери́я** f [7] pizzeria

пи́чкать coll. [1], ⟨на-⟩ coll. stuff, cram (with T)

пи́шущ|ий [17]: **~ая маши́нка** typewriter

пи́ща f [5] food (a. fig.)

пища́ть [4 e.; -щу́, -щи́шь], ⟨за-⟩, once ⟨пи́скнуть⟩ [20] peep, squeak, cheep

пищеваре́ние n [12] digestion; **~во́д** m [1] anat. (o)esophagus, gullet; **~во́й** [14]: **~вы́е проду́кты** foodstuffs

пия́вка f [5; g/pl.: -вок] leech

пла́ва|ние n [12] swimming; naut. navigation; (путеше́ствие) voyage, trip; **~ть** [1] swim; float; sail, navigate

пла́в|ить [14], ⟨рас-⟩ smelt; **~ки** pl. [5; g/pl.: -вок] swimming trunks; **~кий** [16]: **~кий предохрани́тель** fuse; **~ник** m [1 e.] fin, flipper

пла́вный [14; -вен, -вна] речь и т. д. fluent; движе́ние и т. д. smooth

плаву́ч|есть f [8] buoyancy; **~ий** [17] док floating

плагиа́т m [1] plagiarism

плака́т m [1] poster

пла́к|ать [3] weep, cry (от Р for; о П); **-ся** coll. complain (на В of); **~са** coll. m/f [5] crybaby; **~си́вый** coll. [14 sh.] го́лос whining

плам|ене́ть [8] blaze, flame; **~енный** [14] flaming, fiery; fig. a. ardent; **~я** n [13] flame; blaze

план [1] plan; scheme; plane; **уче́бный ~** curriculum; **пере́дний ~** foreground; **за́дний ~** background

планёр, пла́нер ae. m [1] ae. glider

плане́та f [5] planet

плани́ров|ать [7] **1.** ⟨за-⟩ plan; **2.** ⟨с-⟩ ae. glide; **~ка** f [5; g/pl.: -вок] planning; па́рка и т. д. lay(ing)-out

пла́нка f [5; g/pl.: -нок] plank; sport (cross)bar

пла́но|вый [14] planned; plan(ning); **~ме́рный** [14; -рен, -рна] systematic, planned

планта́ция f [7] plantation

пласт m [1 e.] layer, stratum

пла́ст|ика f [5] plastic arts pl.; eurhythmics; **~и́нка** f [5; g/pl.: -нок] plate; record, disc; **~и́ческий** [16]: **~и́ческая хирурги́я** plastic surgery; **~ма́сса** f [5] plastic; **~ырь** m [4] plaster

пла́т|а f [5] pay(ment); fee; wages pl.; за прое́зд fare; за кварти́ру rent; **~ёж** m [1 e.] payment; **~ёжеспосо́бный** [14; -бен, -бна] solvent; **~ёжный** [14] of payment; **~и́на** f [5] platinum; **~и́ть** [15], ⟨за-, у-⟩ pay (T in; за B for); settle (account по Д); **-ся**, ⟨по-⟩ fig. pay (T with, за B for); **~ный** [14] paid; be paid for

плато́к m [1; -тка́] handkerchief

платфо́рма f [5] platform (a. fig.)

пла́т|ье n [10; g/pl.: -ьев] dress; gown; **~яно́й** [14] clothes...; **~яно́й шкаф** wardrobe

пла́ха f [5] (hist. executioner's) block

плац|да́рм *m* [1] base; *mil.* bridgehead; **~ка́рта** *f* [5] ticket for a reserved seat *or* berth

пла́ч *m* [1] weeping; **~е́вный** [14; -вен, -вна] deplorable, pitiable, lamentable; **~шмя́** flat, prone

плащ *m* [1 *e.*] raincoat; cloak

плебисци́т *m* [1] plebiscite

плева́ть [6 *e.*; плюю, плюёшь, *once* ⟨плю́нуть⟩ [20] spit (out); not care (**на** B for)

плево́к [1; -вка] spit(tle)

плеври́т *m* [1] pleurisy

плед *m* [1] plaid, blanket

плем|енно́й [14] tribal; *скот* brood...; *лошадь* stud...; **~я́** *n* [13] tribe; breed; *coll.* brood; **на ~я́** for breeding

племя́нни|к *m* [1] nephew; **~ца** *f* [5] niece

плен *m* [1; в ~у́] captivity; **взять (по-па́сть) в ~** (be) take(n) prisoner

плен|а́рный [14] plenary; **~и́тельный** [14; -лен, -льна] captivating, fascinating; **~и́ть(ся)** → **~я́ть(ся)**

плёнка *f* [5; *g/pl.*: -нок] film; *для записи* tape

пле́н|ник *m* [1], **~ный** *m* [14] captive, prisoner; **~я́ть** [28], ⟨~и́ть⟩ [13] (**-ся** be) captivate(d)

пле́нум *m* [1] plenary session

пле́сень *f* [8] mo(u)ld

плеск *m* [1], **~а́ть** [3], *once* ⟨плесну́ть⟩ [20], **-а́ться** *impf.* splash

пле́сневеть [8], ⟨за-⟩ grow mo(u)ldy, musty

пле|сти́ [25 -т-: плету́], ⟨с-, за-⟩ braind, plait; weave; *coll.* **~сти́ небыли́цы** spin yarns; **~сти́ интри́ги** intrigue (against); *coll.* **что ты ~тёшь?** what on earth are you talking about?; **-сь** drag, lag; **~тёный** [14] wattled; wicker...; **~тень** *m* [4; -тня] wattle fence

плётка *f* [5; *g/pl.*: -ток], **плеть** *f* [8; *from g/pl. e.*] lash

плечо́ *n* [9; *pl.*: пле́чи, плеч, -ча́м] shoulder; *tech.* arm; **с(о всего́) ~а́** with all one's might; **~м не по ~у́** (Д) not be equal to a th.; → *a.* **гора́** *coll.*

плешь *f* [8] bald patch

плит|а́ *f* [5; *pl. st.*] slab, (flag-, grave-)

stone; *металли́ческая* plate; (*kitchen*) range; (*gas*) cooker, stove; **~ка́** *f* [5; *g/pl.*: -ток] tile; *шокола́да* bar; cooker, stove; electric hotplate

плов|е́ц *m* [1; -вца́] swimmer

плод *m* [1 *e.*] fruit; **~и́ть** [15 *e.*; пложу́, -ди́шь], ⟨рас-⟩ propagate, multiply (*v/i.* **-ся**); **~ови́тый** [14 *sh.*] fruitful, prolific (*a. fig.*); **~ово́дство** *n* [9] fruit growing; **~о́вый** [14] fruit...; **~о́вый сад** orchard; **~оно́сный** [14; -сен, -сна] fruit-bearing; **~оро́дие** *n* [12] fertility; **~оро́дный** [14; -ден, -дна] fertile; **~отво́рный** [14; -рен, -рна] fruitful, productive; *влия́ние* good, positive

пло́мб|а *f* [5] (lead) seal; *зубная* filling; **~и́ровать** [7], ⟨о-⟩ seal; ⟨за-⟩ fill, stop

пло́ск|ий [16; -сок, -ска́, -о; *compr.*: пло́ще] flat (*a. fig.* = stale, trite), level; **~ого́рье** *n* [10] plateau, tableland; **~огу́бцы** *pl.* [1; *g/pl.*: -цев] pliers; **~ость** *f* [8; *from g/pl. e.*] flatness; plane (*a. math.*); platitude

плот *m* [1 *e.*] raft; **~и́на** *f* [5] dam, dike; **~ник** *m* [1] carpenter

пло́тн|ость *f* [8] density (*a. fig.*); solidity; **~ый** [14; -тен, -тна́, -о] compact, solid; *ткань* dense, close, thick; *о сложении* thickset

плот|оя́дный [14; -ден, -дна] carnivorous; *взгляд* lascivious; **~ский** [16] carnal; **~ь** *f* [8] flesh

плох|о́й [16; плох, -а́, -о; *compr.*: ху́же] bad; **~о** bad(ly); *coll.* bad mark; → **дво́йка & едини́ца**

площа́д|ка *f* [5; *g/pl.*: -док] ground, area; *детская* playground; *sport* court; platform; *лестничная* landing; **пусковая́ ~ка** launching pad; **строи́тельная ~ка** building site; **~ь** *f* [8; *from g/pl. e.*] square; area (*a. math.*); space; *жилая́ ~ь* → **жилпло́щадь**

плуг *m* [1; *pl. e.*] plow, *Brt.* plough

плут *m* [1 *e.*] rogue; trickster, cheat; **~а́ть** [1] *coll.* stray; **~ова́ть** [7], ⟨с-⟩ trick, cheat; **~овство́** *n* [9] trickery, cheating

плыть [23] (be) swim(ming); float(ing); **на корабле́** sail(ing); **~ по тече́нию** *fig.* swim with the tide; → **пла́вать**

плю́нуть → **плева́ть**

плюс (*su. m* [1]) plus; *coll.* advantage

плюш *m* [1] plush

плющ *m* [1 *e.*] ivy

пляж *m* [1] beach

пляс|áть [3], ⟨с-⟩ dance; **∠ка** *f* [5; *g/pl.*: -сок] (folk) dance; dancing

пневмати́ческий [16] pneumatic

пневмони́я *f* [7] pneumonia

по 1. (Д); on, along; through; all over; in; by; according to, after; through; owing to; for; over; across; upon; each, at a time (*2, 3, 4, with* B); *по два*); **2.** (B) to, up to; till, through; for; **3.** (П) (up)on; ~ **мне** for all I care; ~ **чáсу в день** an hour a day

по- (in *compds.*); → **рýсский**, **ваш**

побáиваться [1] be a little afraid of (P)

побéг *m* [1] escape, flight; *bot.* shoot, sprout

побег|ýшки: быть на ∠ýшках *coll.* run errands (у P for)

побé|да *f* [5] victory; **∠дитель** *m* [4] victor; winner; **∠ди́ть** → **жда́ть**; **∠дный** [14], **∠доно́сный** [14; -сен, -сна] victorious; **∠жда́ть** [1], ⟨∠ди́ть⟩ [15 *e.*; *1st p. sg. not used;* -ди́шь, -еждённый] be victorious (B over), win (*a.* victory), conquer, defeat; beat; *страх, сомнения* overcome

побере́жье *n* [10] coast, seaboard, littoral

поблáжка *coll. f* [5; *g/pl.*: -жек] indulgence

поблизости close by; (от P) near

побо́и *m/pl.* [3] beating; **∠ще** *n* [11] bloody battle

побо́р|ник *m* [1] advocate; **∠о́ть** [17] *pf.* conquer; overcome; beat

побо́чный [14] *эффект* side; *продукт* by-(*product*); *old use* сын, дочь illegitimate

побу|ди́тельный [14]: **∠ди́тельная причи́на** motive; **∠жда́ть** [1], ⟨∠ди́ть⟩ [15 *e.*; -ужу́, -уди́шь; -уждённый] induce, prompt, impel; **∠жде́ние** *n* [12] motive, impulse, incentive

повáд|иться *coll.* [15] *pf.* fall into the habit (of [visiting] *inf.*); **∠ка** [5; *g/pl.*: -док] *coll.* habit

повáльный [14] indiscriminate; *ув-*

лече́ние general

пóвар *m* [1; *pl.*: -рá, *etc. e.*] culinary; cook; **∠енный** [14] *кни́га* cook (*book*, *Brt.* cookery book); *соль* (*salt*) table

пове|де́ние *n* [12] behavio(u)r, conduct; **∠ли́тельный** [14; -лен, -льна] *тон* peremptory; *gr.* imperative

поверг|áть [1], ⟨∠нуть⟩ [21] *в отчая́ние* plunge into (в B)

пове́р|енный [14]: **∠енный в дела́х** chargé d'affaires; **∠ить** → **ве́рить**; **∠ну́ть(ся)** → **повора́чивать(ся)**

повéрх (P) over, above; **∠ностный** [14; -тен, -тна] *fig.* superficial; surface...; **∠ность** *f* [8] superficiality

пове́рье *n* [10] popular belief, superstition

пове́сить(ся) → **ве́шать(ся)**

повествовáние *n* [12] narration, narrative; **∠тельный** [14] *стиль* narrative; **∠тельное предложе́ние** *gr.* sentence; **∠ть** [7] narrate (*v/t. о* П)

повéст|ка *f* [5; *g/pl.*: -ток] *law* summons; (*уведомление*) notice; **∠ка дня** agenda; **∠ь** *f* [8; *from g/pl. e.*] story, tale

по-ви́димому apparently

пови́дло *n* [9] jam

пови́н|ность *f* [8] duty; **∠ный** [14; -и́нен, -и́нна] guilty; **∠овáться** [7] (*pt. a. pf.*) (Д) obey; comply with; **∠ове́ние** *n* [12] obedience

пóвод *m* **1.** [1] ground, cause; occasion (on *по* Д); *по* ∠**у** (P) as regards, concerning; **2.** [1; в -дý: *pl.*: -óдья, -óдьев] rein; *на* ∠**ý** (у P) be under s.b.'s thumb; **∠óк** *m* [1; -дкá *и т. д.*; *pl.* -дки́ *и т. д.*] (dog's) lead

повóзка *f* [5; *g/pl.*: -зок] vehicle, conveyance; (*not equipped with springs*) carriage; cart

повор|áчивать [1], ⟨поверну́ть⟩ [20] turn (*v/i. -ся*; **∠áчивайся!** come on!); **∠óт** *m* [1] turn; **∠óтливый** [14 *sh.*] nimble, agile; **∠óтный** [14] turning (*a. fig.*)

повре|жда́ть [1], ⟨∠ди́ть⟩ [15 *e.*; -ежу́, -еди́шь; -еждённый] damage; *ногу и m. д.* injure, hurt; **∠жде́ние** *n* [12] damage; injury

повреме́н|и́ть [13] *pf.* wait a little; **∠ённый** [14] *оплата* payment on time ba-

повсе|дне́вный [14; -вен, -вна] everyday, daily; **~ме́стный** [14; -тен, -тна] general, universal; **~ме́стно** everywhere

повста́н|ец m [1; -нца] rebel, insurgent; **~ческий** [16] rebel(lious)

повсю́ду everywhere

повтор|е́ние n [12] repetition; *материала* review; *событий* recurrence; **~ный** [14] repeated, recurring; **~я́ть** [28], ⟨**~и́ть**⟩ [13] repeat (**-ся** o.s.); review

повы|ша́ть [1], ⟨**~сить**⟩ [15] raise, increase; *по службе* promote; **-ся** rise; *в звании* advance; **~ше́ние** n [12] rise; promotion; **~шенный** [14] increased, higher; *температура* high

повя́з|ка f [5; g/pl.: -зок] med. bandage; band, armlet

пога|ша́ть [1], ⟨**~си́ть**⟩ [15] put out, extinguish; *долг* pay; *марку* cancel

погиба́ть [1], ⟨**~нуть**⟩ [21] perish; be killed, fall; **~ший** [17] lost, killed

поглоща́ть [1], ⟨**~ти́ть**⟩ [15; ·-ощу́; -ощённый] swallow up, devour; (*впитывать*) absorb (*a. fig.*)

погля́дывать [1] cast looks (**на** B at)

погова́ривать [1]: **~а́ривают** there is talk (**о** П of); **~о́рка** [5; g/pl.: -рок] saying, proverb

пого́|да f [5] weather (**в** В, **при** П in); *э́то **~ды не де́лает*** this does not change anything; **~ди́ть** pf. wait a little; **-дя́** later; **~ло́вный** [14] general, universal; **~ло́вно** without exception; **~ло́вье** n [10] livestock

пого́н m [1] mil. shoulder strap

пого́н|я f [6] pursuit (**за** T of); pursuers pl.; **~я́ть** [28] drive *or* urge (on); drive (*for a certain time*)

пограни́ч|ный [14] border...; **~ик** m [1] border guard

по́гре|б [6 ; pl.: -ба́, *etc. e.*] cellar; **~ба́льный** [14] funeral; **~бе́ние** n [12] burial; funeral; **~му́шка** f [5; g/pl.: -шек] rattle; **~шность** f [8] error, mistake

погру|жа́ть [1], ⟨**~зи́ть**⟩ [15 & 15 e.; -ужу́, -у́зишь; -у́женный & -ужённый] immerse; sink, plunge, submerge (*v/i.*

-ся); **~жённый** *a.* absorbed, lost (**в** В in); load, ship; **~же́ние** n [12] *подло́дки* diving; *аппарата* submersion; **~зка** [5; g/pl.: -зок] loading, shipment

погряз|а́ть [1], ⟨**~нуть**⟩ [21] get stuck (**в** T in)

под, **~о 1.** (В) (*направление*) under; toward(s), to; (*возраст, время*) about; on the eve of; à la, in imitation of; for, suitable as; **2.** (Т) (*расположение*) under, below, beneath; near, by; *сраже́ние* of; *для* (used) for; *по́ле **~ ро́жью** rye field

пода|ва́ть [5], ⟨**~ть**⟩ [-да́м, -да́шь, *etc.*, → **дать**⟩ give; serve (*a. sport*); *заявле́ние* hand (*or* send) in; *жалобу* lodge; *пример* set; *руку помощи* render; **~ть в суд (на** В) bring an action against; *не **~вать ви́ду*** give no sign; **-ся** move; yield

подав|и́ть → **~ля́ть**; **~и́ться** pf. [14] choke; **~ле́ние** n [12] suppression; **~ля́ть** [28], ⟨**~и́ть**⟩ [14] suppress; repress; depress; crush; **~ля́ющий** *a.* overwhelming

пода́вно coll. so much *or* all the more

пода́льше coll. a little farther

пода́|рок m [1; -рка] present, gift; **~тливый** [14 *sh.*] (com)pliant; **~ть(ся)** → **~ва́ть(ся)**; **~ча** f [5] serve; *sport* service; *материала* presentation; *воды, газа* supply; *tech.* feed(ing); **~чка** f [5; g/pl.: -чек] sop; *fig.* tip

подбе|га́ть [1], ⟨**~жа́ть**⟩ [4; -бегу́, -бежи́шь, -бегу́т] run up (**к** Д to)

подби|ва́ть [1], ⟨**~ть**⟩ [подобью́, -бьёшь, *etc.*, → **бить**] line (T with); *подмётку* (re)sole; hit, injure; coll. instigate, incite; **~тый** coll. *глаз* black

под|бира́ть [1], ⟨**~обра́ть**⟩ [подберу́, -рёшь; подобра́л, -а, -о; подо́бранный] pick up; *юбку* tuck up; *живот* draw in; (*отбирать*) pick out, select; **-ся** sneak up (**к** Д to); **~би́ть** → **~бива́ть**; **~бо́р** m [1] selection; assortment; **на ~бо́р** choice, well-matched, select

подборо́док m [1; -дка] chin

подбр|а́сывать [1], ⟨**~о́сить**⟩ [15] throw *or* toss (up); jolt; *в огонь* add; (*подвез-*

mu) give a lift

подва́л *m* [1] basement; cellar

подвезти́ → подвози́ть

подвер|га́ть [1], ⟨~гнуть⟩ [21] subject, expose; *~гнуть испыта́нию* put to the test; *~гнуть сомне́нию* call into question; **-ся** undergo; *~женный* [14 *sh.*] subject to

подве́с|ить → подве́шивать; ~но́й [14] hanging, pendant; *мост* suspension; *мотор* outboard

подвести́ → подводи́ть

подве́тренный [14] *naut.* leeward; sheltered side

подве́|шивать [1], ⟨~сить⟩ [15] hang (under; on); suspend (from)

по́двиг *m* [1] feat, exploit, deed

подви|га́ть [1], ⟨~нуть⟩ [20] move little (*v/i.* **-ся**); *~жно́й* [14] *mil.* mobile; *rail.* rolling; *~жность f* [8] mobility; *человека* agility; *~нуть(ся)* → *~га́ть(ся)*

подвла́стный [14; -тен, -тна] subject to, dependent on

подводи́ть [15], ⟨подвести́⟩ [25] lead ([up] to); *фундамент* lay; build; *coll.* let a p. down (*обмануть и т. д.*); *~ито́ги* sum up

подво́дный [14] underwater; submarine; *~ая ло́дка* submarine; *~ый ка́мень* reef; *fig.* unexpected obstacle

подво́з *m* [1] supply; *~и́ть* [15], ⟨подвезти́⟩ [24] bring, transport; *кого-л.* give a p. a lift

подвы́пивший *coll.* [17] tipsy, slightly drunk

подвя́з|ывать [1], ⟨~а́ть⟩ [3] tie (up)

под|гиба́ть [1], ⟨~огну́ть⟩ [20] tuck (under); bend (*a.* **-ся**); *но́ги ~гиба́ются от уста́лости* I am barely able to stand (*with tiredness*)

подгля́д|ывать [1], ⟨~е́ть⟩ [11] peep at, spy on

подгова́ривать [1], ⟨~ори́ть⟩ [13] instigate, put a p. up to

под|гоня́ть [28], ⟨~огна́ть⟩ [подгоню́, -го́нишь, → **гнать**] drive to *or* urge on, hurry; *к фигуре и т. д.* fit, adapt (to)

подгор|а́ть [1], ⟨~е́ть⟩ [9] burn slightly

подготов|и́тельный [14] preparatory *рабо́та* spadework; *~ка f* [5; *g/pl.:* -вок] preparation, training (*к Д* for); *~ля́ть* [28], ⟨~ить⟩ [14] prepare; *~ить по́чву fig.* pave the way

подда|ва́ться [5], ⟨~ться⟩ [-да́мся -да́шься, *etc.*, → **дать**] yield; *не ~ва́ться описа́нию* defy *or* beggar description

подда́к|ивать [1], ⟨~нуть⟩ [20] say yes (to everything), consent

по́дда|нный *m* [14] subject; *~нство n* [9] nationality, citizenship; *~ться ~ва́ться*

подде́л|ка [5; *g/pl.:* -лок] *бумаг, подписи, денег и т. д.* forgery, counterfeit; *~ывать,* ⟨~ать⟩ [1] forge; *~ьный* [14] counterfeit...; sham...

подде́рж|ивать [1], ⟨~а́ть⟩ [4] support back (up); *порядок* maintain; *разговор и т. д.* keep up; *~ка f* [5; *g/pl.:* -жек] support; backing

поде́л|ать *coll.* [1] *pf.* do; *ничего не ~аешь* there's nothing to be done; → *а.* **де́лать**; *coll. ~о́м: ~о́м ему́* it serves him right

поде́ржанный [14] secondhand; worn used

поджа́р|ивать [1], ⟨~ить⟩ [13] fry, roast grill slightly; brown; *хлеб* toast

поджа́рый [14 *sh.*] lean

поджа́ть → поджима́ть

под|же́чь → ~жига́ть; ~жига́ть [1] ⟨~же́чь⟩ [26; подожгу́; -жжёшь поджёг, подожгла́, подожжённый] set on fire (*or* fire to)

под|жида́ть [1], ⟨~ожда́ть⟩ [-ду́, -дёшь -а́л, -а́, -о] wait (for P, B)

под|жима́ть [1], ⟨~жа́ть⟩ [подожму́ -мёшь; поджа́тый] draw in; *ноги* cross (one's legs); *губы* purse (one's lips) *~жа́ть хвост* have one's tail between one's legs; *время ~жима́ет* time i pressing

поджо́г *m* [1] arson

подзаголо́вок *m* [1; -вка] subtitle

подзадо́р|ивать *coll.* [1], ⟨~ить⟩ [13 egg on, incite (*на* В, *к* Д to)

подза́ты́льник *m* [1] cuff on the back of the head; *~щитный* *m* [14] *law* clien

подзе́мный [14] underground, subterranean; **~ толчо́к** tremor

под|зыва́ть [1], ⟨~озва́ть⟩ [подзову́, -ёшь; подозва́л, -á, -о; подо́званный] call, beckon

под|карау́ливать *coll.* [1], ⟨~карау́лить⟩ [13] → **подстерега́ть**; **~ка́рмливать** [1], ⟨~корми́ть⟩ [14] *скот* feed up, fatten; *расте́ния* give extra fertilizer; **~ка́тывать** [1], ⟨~кати́ть⟩ [15] roll *or* drive up; **~ка́тываться** [1], ⟨~коси́ться⟩ [15] give way

подки́|дывать [1], ⟨~нуть⟩ [20] → **подбра́сывать**; **~дыш** *m* [1] foundling

подкла́дка [5; *g/pl.*: -док] lining; **~ывать** [1], ⟨~ложи́ть⟩ [16] lay in (under); (*доба́вить*) add; **подложи́ть свинью́** *approx.* play a dirty trick on s.o

подкле́|ивать [1], ⟨~ить⟩ [13] glue, paste

подключ|а́ть [4], ⟨~и́ть⟩ [16] *tech.* connect, link up; *fig.* include, attach

подко́в|а *f* [5] horseshoe; **~ывать** [1], ⟨~а́ть⟩ [7 *e.*; -кую́, -куёшь] shoe; give a grounding in; **~анный** [14] *a.* versed in

подко́жный [14] hypodermic

подкоси́ть|ся → **подка́шиваться**

подкра́|дываться [1], ⟨~сться⟩ [25] steal *or* sneak up (**к** Д to); **~шивать** [1], ⟨~сить⟩ [15] touch up one's make-up (*a.* **-ся**)

подкрепл|я́ть [28], ⟨~и́ть⟩ [14 *e.*; -плю́, -пи́шь, -плённый] reinforce, support; *fig.* corroborate; **-ся** fortify o.s.; **~ле́ние** *n* [12] *mil.* reinforcement

по́дкуп *m* [1], **~а́ть** [1], ⟨~и́ть⟩ [14] suborn; bribe; *улы́бкой и т. д.* win over, charm

подла́|живаться [1], ⟨~диться⟩ [15] adapt o.s. to, fit in with; humo(u)r, make up to

по́дле (P) beside, by (the side of); nearby

подлеж|а́ть [4 *e.*; -жу́, -жи́шь] be subject to; be liable to; (И) **не ~и́т сомне́нию** there can be no doubt (about); **~а́щий** [17] subject (Д to); liable to; **~а́щее** *n* *gr.* subject

подле|за́ть [1], ⟨~зть⟩ [24 *st.*] creep (under; up); **~со́к** *m* [1; -ска и т. д.] under-

growth; **~та́ть** [1], ⟨~те́ть⟩ [11] fly up (to)

подле́ц *m* [1 *e.*] scoundrel, rascal

подли|ва́ть [1], ⟨~ть⟩ [подолью́, -льёшь; подле́й! подли́л, -а, -о; подли́тый (-ли́т, -á, -о)] add to, pour on; **~вка** *f* [5; *g/pl.*: -вок] gravy; sauce

подли́з|а *coll. m/f* [5] toady; **~ываться** *coll.* [1], ⟨~а́ться⟩ [3] flatter, insinuate o.s. (**к** Д with), toady (to)

подли́ть → **подлива́ть**

подло́|г *m* [1] forgery; **~жи́ть** → **подкла́дывать**; **~жный** [14; -жен, -жна] spurious, false

по́дл|ость *f* [8] meanness; baseness; low-down trick; **~ый** [14; подл, -á, -о] mean, base, contemptible

подма́з|ывать [1], ⟨~ать⟩ [3] grease (*a.*, *coll. fig.*); **-ся** *coll.* insinuate o.s., curry favo(u)r (**к** Д with)

подма́н|ивать [1], ⟨~и́ть⟩ [13; -аню́, -а́нишь] beckon, call to

подме́н|а *f* [5] substitution (*of s.th. false for s.th. real*), exchange; **~ивать** [1], ⟨~и́ть⟩ [13; -еню́, -е́нишь] substitute (T/B s.th./for), (ex)change

подме|та́ть [1], ⟨~сти́⟩ [25; -т-: -мету́] sweep; **~ти́ть** → **подмеча́ть**

подмётка *f* [5; *g/pl.*: -ток] sole

подме|ча́ть [1], ⟨~ти́ть⟩ [15] notice, observe, perceive

подме́ш|ивать, ⟨~а́ть⟩ [1] mix *or* stir (into), add

подми́г|ивать [1], ⟨~ну́ть⟩ [20] wink (Д at)

подмо́га *coll. f* [5] help, assistance

подмок|а́ть [1], ⟨~нуть⟩ get slightly wet

подмо́стки *m/pl.* [1] *thea.* stage

подмо́ченный [14] slightly wet; *coll. fig.* tarnished

подмы|ва́ть [1], ⟨~ть⟩ [22] wash (*a.* out, away); undermine; *impf. coll.* (*impers.*) **меня́ так и ~ва́ет…** I can hardly keep myself from…

поднести́ → **подноси́ть**

поднима́ть [1], ⟨подня́ть⟩ [-ниму́, -ни́мешь; по́днятый (-нят, -á, -о)] lift; pick up (**с** P from); hoist; *трево́гу, пла́ту* raise; *ору́жие* take up; *флаг* hoist; *я́корь* weigh; *паруса́* set; *шум* make; **~ нос** put on airs; **~ на́ ноги** rouse; **~ на́ смех** ridicule; **-ся** [*pt.*: -ня́лся, -ла́сь] (**с** P from) rise; go up (stairs **по ле́стнице**); *coll.* climb (hill **на холм**); *спор и т. д.* arise; develop

подного́тная *coll. f* [14] all there is to know; the ins and outs *pl.*

подно́ж|ие *n* [12] foot, bottom (*of a hill, etc.*) (at **у** P); pedestal; **~ка** *f* [5; *g/pl.*: -жек] footboard; *mot.* running board; (*wrestling*) tripping up one's opponent

подно́|с *m* [1] tray; **~си́ть** [15], ⟨поднести́⟩ [24 -с-] bring, carry, take; present (Д); **~ше́ние** *n* [12] gift, present

подня́т|ие *n* [12] lifting; raising, hoisting, *etc.*, →; **поднима́ть(ся)**; **~ь(ся)** → **поднима́ть(ся)**

подоб|а́ть *impf.* (*impers.*) **~а́ет** it becomes; befits; **~ие** *n* 12] resemblance; image (*a. eccl.*); *math.* similarity; **~ный** [14; -бен, -бна] similar (Д to); such; *и тому́* **~ное** and the like; *ничего́* **~ного** nothing of the kind; *по тому́ как* just as; **~остра́стный** [14; -тен, -тна] servile

подо|бра́ть(ся) → **подбира́ть(ся)**; **~гна́ть** → **подгоня́ть**; **~гну́ть(ся)** → **подгиба́ть(ся)**; **~грева́ть** [1], ⟨-гре́ть⟩ [8; -е́тый] warm up, heat up; rouse; **~двига́ть** [1], ⟨-дви́нуть⟩ [20] move (**к** Д [up] to) (*v/i.* **-ся**); **~жда́ть** → **поджида́ть & ждать**; **~зва́ть** → **подзыва́ть**

подозр|ева́ть [1], ⟨заподо́зрить⟩ [13] suspect (**в** П of); **~е́ние** *n* [12] suspicion; **~и́тельный** [14; -лен, -льна] suspicious

подойти́ → **подходи́ть**

подоко́нник *m* [1] window sill

подо́л *m* [1] hem (*of skirt*)

подо́лгу (for) a long (time)

подо́нки *pl.* [*sg.* 1; -нка] dregs; *fig.* scum, riffraff

подо́пытный [14; -тен, -тна] experimental; **~ кро́лик** *fig.* guineapig

подорва́ть → **подрыва́ть**

подоро́жник *m* [1] *bot.* plantain

подо|сла́ть → **подсыла́ть**; **~спе́ть** [8] *pf.* come (in time); **~стла́ть** → **подсти-лать**

подотчётный [14; -тен, -тна] accountable to

подохо́дный [14]; **~ нало́г** income tax

подо́шва *f* [5] sole (*of foot or boot*); *холма́ и т. д.* foot, bottom

подпа|да́ть [1], ⟨сть⟩ [25; *pt. st.*] fall (under); **~ли́ть** [13] *pf. coll.* → **подже́чь**; singe; *coll.* **~сть** → **~да́ть**

подпира́ть [1], ⟨подпере́ть⟩ [12; подопру́, -прёшь] support, prop up

подпис|а́ть(ся) → **~ывать(ся)**; **~ка** *f* [5; *g/pl.*: -сок] subscription (**на** В to; for); signed statement; **~но́й** [14] subscription...; **~чик** *m* [1] subscriber; **~ывать(ся)** [1], ⟨~а́ть(ся)⟩ [3] sign; subscribe (**на** В to; for); **~ь** *f* [8] signature (for **на** В); **за ~ью** (P) signed by

подпло|ва́ть [1], ⟨~ть⟩ [23] swim up to; sail up to [**к** Д]

подпо|лза́ть [1], ⟨~лзти́⟩ [24] creep *or* crawl (**под** В under; **к** Д up to); **~лко́вник** *m* [1] lieutenant colonel; **~лье** [10; *g/pl.*: -ьев] cellar; (*fig.*) underground work *or* organization; **~льный** [14] underground...; **~р(к)а** *f* [5 (*g/pl.*: -рок)] prop; **~чва** *f* [5] subsoil; **~я́сывать** [1], ⟨~я́сать⟩ [3] belt; gird

подпры́|гивать [1], *once* ⟨~ыгнуть⟩ [20] jump up

подпус|ка́ть [1], ⟨~ти́ть⟩ [15] allow to approach

подра|ба́тывать [1], ⟨~бо́тать⟩ [1] earn additionally; put the finishing touches to

подра́внивать [1], ⟨~овня́ть⟩ [28] straighten; level; *изгоро́дь* clip; *во́лосы* trim

подража́|ние *n* [12] imitation (in/of **в** В/Д); **~тель** *m* [4] imitator (of Д); **~ть** [1] imitate, copy (*v/t.* Д)

подраздел|е́ние *n* [12] subdivision; subunit; **~я́ть** [28], ⟨~и́ть⟩ [13] (**-ся** be) subdivide(d) (into **на** В)

подра|зумева́ть [1] mean (**под** Т by); imply; **-ся** be implied; be meant, be understood; **~ста́ть** [1], ⟨~сти́⟩ [24 -ст-; -ро́с, -ла́] grow (up); grow a little older; **~ста́ющее поколе́ние** the rising generation

подрез|а́ть & **~ывать** [1], ⟨~а́ть⟩ [3] cut; clip, trim

подро́бн|ость f [8] detail; **вдава́ться в ~ости** go into details; **~ый** [14; -бен, -бна] detailed, minute; **~о** in detail, in full

подровня́ть → **подра́внивать**

подро́сток m [1; -стка] juvenile, teenager; youth; young girl

подруб|а́ть [1], ⟨~и́ть⟩ [14] **1.** cut; **2.** sew. hem

подру́га [5] (girl) friend

по-дру́жески (in a) friendly (way)

подружи́ться [16 e.; -жу́сь, -жи́шься] pf. make friends (**с** T with)

подрумя́ниться [13] pf. rouge; cul. brown

подру́чный [14] improvised; su. assistant; mate

подры|в m [1] undermining; blowing up; **~ва́ть** [1] **1.** ⟨~ть⟩ [22] здоровье и m. д. sap, undermine; **2.** ⟨подорва́ть⟩ [-рву́, -рвёшь; -рва́л, -á, -o; подо́рванный] blow up, blast, fig. undermine; **~вно́й** [14] де́ятельность subversive; **~вно́й заря́д** charge

подря́д 1. adv. successive(ly), running; one after another; **2.** m [1] contract; **~чик** m [1], contractor

подс|а́живать [1], ⟨~ади́ть⟩ [15] help sit down; расте́ния plant additionally; **-ся**, ⟨~е́сть⟩ [25; -ся́ду, -ся́дешь; -сел] sit down (**к** Д near, next to)

подсве́чник m [1] candlestick

подсе́сть → **подса́живаться**

подска́з|ывать [1], ⟨~а́ть⟩ [3] prompt; **~ка** coll. f [5] prompting

подска́к|ать [3] pf. gallop (**к** Д up to); **~ивать** [1], ⟨подскочи́ть⟩ [16] run (**к** Д [up] to); jump up

под|сла́щивать [1], ⟨~сласти́ть⟩ [15 e.; -ащу́, -асти́шь; -ащённый] sweeten; **~сле́дственный** m [14] law under investigation; **~слепова́тый** [14 sh.] weak-sighted; **~слу́шивать**, ⟨~слу́шать⟩ [1] eavesdrop, overhear; **~сма́тривать** [1], ⟨~смотре́ть⟩ [9; -отрю́, -о́тришь] spy, peep; **~сме́иваться** [1] laugh (**над** T at); **~смотре́ть** → **сма́тривать**

подсне́жник m [1] bot. snowdrop

подсо́|бный [14] subsidiary, by-..., side...; рабо́чий auxiliary; **~вать** [1], ⟨подсу́нуть⟩ [20] shove under; coll. palm (Д [off] on); **~зна́тельный** [14; -лен, -льна] subconscious; **~лнечник** m [1] sunflower; **~хнуть** → **подсыха́ть**

подспо́рье coll. n [10] help, support; **быть хоро́шим ~м** be a great help

подста́в|ить → **~ля́ть; ~ка** f [5; g/pl.: -вок] support, prop, stand; **~ля́ть** [28], ⟨~ить⟩ [14] put, place, set (**под** В under); math. substitute (подвести) coll. let down; **~ля́ть но́гу** or (**но́жку**) (Д) trip (a p.) up; **~но́й** [14] false; substitute; **~но́е лицо́** figurehead

подстан|о́вка f [5; g/pl.: -вок] math. substitution; **~ция** f [7] el. substation

подстер|ега́ть [1], ⟨~е́чь⟩ [26 г/ж: -регу́, -режёшь; -рёг, -регла́] lie in wait for, be on the watch for; **его́ ~ега́ла опа́сность** he was in danger

подстил|а́ть [1], ⟨подостла́ть⟩ [подстелю́, -е́лешь; подо́стланный & подсте́ленный] spread (**под** В under)

подстр|а́ивать [1], ⟨~о́ить⟩ [13] build on to; coll. fig. bring about by secret plotting; connive against

подстрек|а́тель m [4] instigator; **~а́тельство** n [9] instigation; **~а́ть** [1], ⟨~ну́ть⟩ [20] incite (**на** В to); stir up, provoke

подстр|е́ливать [1], ⟨~ели́ть⟩ [13; -елю́, -е́лишь] hit, wound; **~ига́ть** [1], ⟨~и́чь⟩ [26 г/ж: -игу́, -ижёшь; -и́г, -и́гла -и́женный] cut, crop, clip; trim, lop; **~о́ить** → **подстра́ивать; ~о́чный** [14] interlinear; foot(note)

по́дступ m [1] approach (a. mil.); **~а́ть** [1], ⟨~и́ть⟩ [14] approach (v/t. **к** Д); rise; press

подсуди́|мый m [14] defendant; **~ность** f [8] jurisdiction

подсу́нуть → **подсо́вывать**

подсч|ёт m [1] calculation, computation, cast; **~и́тывать**, ⟨~ита́ть⟩ [1] count (up), compute

подсы|ла́ть [1], ⟨подосла́ть⟩ [-шлю́, -шлёшь; -о́сланный] send (secretly); **~па́ть** [1], ⟨~пать⟩ [2] add, pour; **~ха́ть**

[1], ⟨подсо́хнуть⟩ [21] dry (up)

подта́|лкивать [1], ⟨подтолкну́ть⟩ [20] push; nudge; **∼со́вывать** [1], ⟨∼сова́ть⟩ [7] shuffle garble; **∼чивать** [1], ⟨подто́чить⟩ [16] eat (away); wash (out); sharpen; *fig.* undermine

подтвер|жда́ть [1], ⟨∼ди́ть⟩ [15 *e.*; -ржу́, -рди́шь; -рждённый] confirm, corroborate; acknowledge; **-ся** prove (to be) true; **∼жде́ние** [12] confirmation; acknowledg(e)ment

подтере́ть → **∼тира́ть**; **∼тёк** *m* [1] bloodshot spot; **∼тира́ть** [1], ⟨∼тере́ть⟩ [12; подотру́; подтёр] wipe (*up*); **∼тол****кну́ть → ∼та́лкивать**; **∼точи́ть →** **∼та́чивать**

подтру́н|ивать [1], ⟨∼ить⟩ [13] tease, banter, chaff (*v/t.* **над** Т)

подтя́|гивать [1], ⟨∼ну́ть⟩ [19] pull (up); draw (in *reins*); tighten; raise (*wages*); wind *or* key up; egg on; join in (song); **-ся** chin; brace up; improve, pick up; **∼жки** *f/pl.* [5; *gen.*: -жек] suspenders, *Brt.* braces

поду́мывать [1] think (о П about)

подуч|а́ть [1], ⟨∼и́ть⟩ [16] → **учи́ть**

поду́шка *f* [5; *g/pl.*: -шек] pillow; cushion, pad

подхали́м *m* [1] toady, lickspittle

подхва́т|ывать [1], ⟨∼и́ть⟩ [15] catch; pick up; take up; join in

подхо́д *m* [1] approach (*a. fig.*); **∼и́ть** [15], ⟨подойти́⟩ [-ойду́, -дёшь; -ошёл; -шла́; *g. pt.* -ойдя́] (**к** Д) approach, go (up to); arrive, come; (Д) suit, fit; **∼я́щий** [17] suitable, fit(ting), appropriate; convenient

подцеп|ля́ть [28], ⟨∼и́ть⟩ [14] hook on; couple; *fig.* pick up; *насморк* catch (a cold)

подча́с at times, sometimes

подчёркивать [1], ⟨∼еркну́ть⟩ [20; -ёркнутый] underline; stress

подчин|е́ние *n* [12] subordination (*a. gr.*); submission; subjection; **∼ённый** [14] subordinate; **∼я́ть** [28], ⟨∼и́ть⟩ [13] subject, subordinate; put under (Д s.b.'s) command; **-ся** (Д) submit (to); *прика́зу* obey

под|шива́ть [1], ⟨∼ши́ть⟩ [подошью́,

-шьёшь; → **шить**] sew on (**к** Д to); hem; file (*papers*); **∼ши́пник** *m* [1] *tech.* bearing; **∼шива́ть** [1], ⟨∼шива́ть⟩ [1], ⟨∼шути́ть⟩ [15] play a trick (**над** Тon); chaff, mock (**над** Тat)

подъе́|зд *m* [1] entrance, porch; *доро́га* drive; approach; **∼зжа́ть** [1], ⟨∼хать⟩ [-е́ду, -е́дешь] (**к** Д) drive or ride up (to); approach; *coll.* drop in (on); *fig.* get round s.o., make up to s.o.

подъём *m* [1] lift(ing); ascent, rise (*a. fig.*); enthusiasm; *ноги* instep; **лёгок** (**тяжёл**) **на ∼** nimble (slow); **∼ник** *m* [1] elevator, lift, hoist; **∼ный** [14]: **∼ный мост** drawbridge

подъе́|хать → ∼зжа́ть

под|ыма́ть(ся) → нима́ть(ся)

подыск|ивать [1], ⟨∼а́ть⟩ [3] *impf.* seek, look for; *pf.* seek out, find; (*выбрать*) choose

подыто́ж|ивать [1], ⟨∼ить⟩ [16] sum up

поеда́ть [1], ⟨пое́сть⟩ → **есть¹**

поеди́нок *m* [1; -нка] duel (with weapons **на** П) (*mst. fig.*)

по́езд *m* [1; *pl.*: -да́, *etc. e.*] train; **∼ка** *f* [5; *g/pl.*: -док] trip, journey; tour

пожа́луй maybe, perhaps; I suppose; **∼ста** please; certainly, by all means; *в ответ на благода́рность* don't mention it; → *a.* (**не за**) что

пожа́р *m* [1] fire (**на** В/П to/at); conflagration; **∼ище** *n* [11] scene of a fire; *coll.* big fire; **∼ник** *m* [1] fireman; **∼ный** [14] fire...; *su.* **∼ник**; **∼ кома́нда**

пожа́ть → пожима́ть & пожина́ть

пожела́ни|е *n* [12] wish, desire; **наи****лу́чшие ∼я** best wishes

пожелте́лый [14] yellowed

поже́ртвование *n* [12] donation

пожи|ва́ть [1]: **как (вы) ∼ва́ете?** how are you (getting on)?; **∼ви́ться** [14 *e.*; -влю́сь, -ви́шься] *pf. coll.* get s.th. at another's expense; live off; **∼зненный** [14] life...; **∼ло́й** [14] elderly

пожи|ма́ть [1], ⟨пожа́ть⟩ [-жму́, -жмёшь; -жа́тый] → **жать¹**; press, squeeze; **∼ма́ть ру́ку** shake hands; **∼ма́ть плеча́ми** shrug one's shoulders; **∼на́ть** [1], ⟨пожа́ть⟩ [-жну́, -жнёшь; -жа́тый] → **жать²**; **∼ра́ть** P [1], ⟨по жра́ть⟩ [-жру́, -рёшь; -а́л, -а́, -о] eat up, devour; ~тки coll. m/pl. [1] belongings, (one's) things

по́за f [5] pose, posture, attitude

позавчера́ the day before yesterday; ~ди́ (P) behind; past; ~про́шлый [14] the … before last

позволе́ние n [12] permission (с P with), leave (by); ~и́тельный [14; -лен, -льна] permissible; ~я́ть [28], ⟨~ить⟩ [13] allow (a. of), permit (Д); ~я́ть себе́ allow o.s.; venture; расходы ~ь(те) may I? let me

позвоно́к m [1; -нка́] anat. vertebra; ~чник m [1] spinal (or vertebral) column, spine, backbone; ~чный [14] vertebral; vertebrate

по́здн|ий [15] (-zn-) (~о a. it is) late

поздоро́виться coll. pf.: ему́ не ~ся it won't do him much good

поздрав|и́тель m [4] congratulator; ~и́тельный [14] congratulatory; ~ить → ~ля́ть; ~ле́ние n [12] congratulation; pl. compliments of … (с Т); ~ля́ть [28], ⟨~ить⟩ [14] (с Т) congratulate (on), wish many happy returns of … (the day, occasion, event, etc.); send (or give) one's compliments (of the season)

по́зже later; не ~ (P) … at the latest

позити́вный [14; -вен, -вна] positive

пози́ци|я f [7] fig. stand, position, attitude (по Д on); заня́ть твёрдую ~ю take a firm stand

позна|ва́ть [5], ⟨~ть⟩ [1] perceive; (come to) know; ~ние n [12] perception; pl. knowledge; philos. cognition

позоло́та f [5] gilding

позо́р m [1] shame, disgrace, infamy; ~ить [13], ⟨о-⟩ dishono(u)r, disgrace; ~ный [14; -рен, -рна] shameful, disgraceful, infamous, ignominious

поимённый [14] of names; nominal; by (roll) call

по́иск|и m/pl. [1] search (в П in), quest; ~тине truly, really

по|и́ть [13], ⟨на-⟩ скот water; give to drink (s.th. Т)

пойма́ть → лови́ть; ~ти́ → идти́

пока́ for the time being (a. ~ что); meanwhile; cj. while; ~ (не) until; ~! coll. so long!, (I'll) see you later!

пока́з m [1] demonstration; showing; ~а́ние (usu. pl.) n [12] evidence; law deposition; techn. reading (on a meter, etc.); ~а́тель m [4] math. exponent; index; выпуска продукции и т. д. figure; ~а́тельный [14; -лен, -льна] significant; revealing; ~а́ть(ся) → ~ывать(ся); ~но́й [14] ostentatious; for show; ~ывать [1], ⟨~а́ть⟩ [3] фильм и т. д. show; demonstrate; point; (на В at); tech. indicate, read; ~а́ть себя́ (Т) prove o.s. or one's worth; и ви́ду не ~ывать seem to know nothing; look unconcerned; ~ся appear, seem (Т); come in sight; ~ываться врачу́ see a doctor

пока́т|ость f [8] declivity; slope, incline; ~ый [14 sh.] slanting, sloping; лоб retreating

покая́ние n [12] confession; repentance

поки|да́ть [1], ⟨~нуть⟩ [20] leave, quit; (бросить) abandon, desert

покла|да́я: не ~да́я рук indefatigably; ~дистый [14 sh.] complaisant; accommodating; ~жа f [5] load; luggage

покло́н m [1] bow (in greeting); fig. посла́ть ~ы send regards pl.; ~е́ние n [12] (Д) worship; ~и́ться → кла́няться; ~ник m [1] admirer; ~я́ться [28] (Д) worship

поко́иться [13] rest, lie on; (осно́вываться) be based on

поко́|й m [3] rest, peace; calm; оста́вить в ~е leave alone; приёмный ~й casualty ward; ~йник m [1], ~йница f [5] the deceased; ~йный [14; -оен, -ойна] the late; su. → ~йник, ~йница

поколе́ние [12] generation

поко́нчить [16] pf. ([с] Т) finish; (с Т) do away with; дурно́й привы́чкой give up; ~ с собо́й commit suicide

покоре́|ние n [12] приро́ды subjugation; ~тель m [4] subjugator; ~ть (ся) → ~я́ть(ся); ~ность f [8] submissiveness, obedience; ~ный [14; -рен, -рна] obedient, submissive; ~я́ть [28], ⟨~и́ть⟩ [13] subjugate; subdue; се́рдце win; -ся submit; необходи́мости и т. д. resign o.s.

покóс *m* [1] (hay)mowing; meadow (-land)

покрúкивать *coll.* [1] shout (*на* В at)

покрóв *m* [1] cover

покровúтель *m* [4] patron, protector; **~ница** *f* [5] patroness, protectress; **~ственный** [14] protective; patronizing; *тон* condescending; **~ство** *n* [9] protection (of Д); patronage; **~ствовать** [7] (Д) protect; patronize

покрóй *m* [1] *одежды* cut

покры|вáло *n* [9] coverlet; **~вáть** [1], ⟨**~ть**⟩ [22] (Т) cover (*a.* = defray); *краской* coat; *cards* beat, trump; **-ся** cover o.s.; *сыпью* be(come) covered; **~тие** *n* [12] cover(ing); coat(ing); defrayal; **~шка** *f* [5; -шек] *mot.* tire (*Brt.* tyre)

покуп|áтель *m* [4], **~áтельница** *f* [5] buyer; customer; **~áтельный** [14] purchasing; **~áть** [1], ⟨купúть⟩ [14] buy, purchase (from *у* P); **~ка** *f* [5; *g/pl.*: -пок] purchase; *идтú за* **~ками** go shopping; **~нóй** [14] bought, purchased

поку|шáться [1], ⟨**~сúться**⟩ [15 *e.*; -ушýсь, -усúшься] attempt (*v/t.* *на* В); *на чьи-л. правá* encroach ([up]on); **~шéние** *n* [12] attempt (*на* В [up]on)

пол¹ *m* [1; на **~**; на **~ý**; *pl. e.*] floor

пол² *m* [1; *from g/pl. e.*] *sex*

пол³(...) [*g/sg., etc.*: **~**(y)...] half (...)

полагá|ть [1], ⟨положúть⟩ [16] think, suppose, guess; *нáдо* **~ть** probably; *положúм, что* ... suppose, let's assume that; **-ся** rely (on *на* В); (Д) **~ется** must; be due *or* proper; *как* **~ется** properly

пóл|день *m* [*gen.*: -(ý)дня: *g/pl.*: -дён] noon (*в* В at); → *обéд*; *пóсле* **~ýдня** in the afternoon; **~дорóги** → *~путú*; **~дюжины** [*gen.*: -удюжины] half (a) dozen

пóле *n* [10; *pl. e.*] field (*a. fig.*; *на, в* П in, *по* Д, *Т* across); ground; (*край листа*) *mst. pl.* margin; **~вóй** [14] field...; *цветы* wild

полéзный [14; -зен, -зна] useful, of use; *совéт и т. д.* helpful; *для здорóвья* wholesome, healthy

полем|изúровать [7] engage in polemics; **~ика** *f* [5], **~úческий** [16] polemic

полéно *n* [9; *pl.*: -нья, -ньев] log

полёт *m* [1] flight; *брéющий* **~** lowlevel flight

пóлз|ать [1], **~тú** [24] creep, crawl; **~кóм** on all fours; **~ýчий** [17]: **~ýчее растéние** creeper, climber

поли|вáть [1], ⟨**~ть**⟩ [-лью, -льёшь, **-лить**] water; *pf.* start raining (*or* pouring); **~вка** *f* [5] watering

полигóн *m* [1] *mil.* firing range

поликлúника *f* [5] polyclinic; *больничная* outpatient's department

полинá|лый [14] faded

поли|ровáть [7], ⟨от-⟩ polish; **~рóвка** *f* [5; *g/pl.*: -вок] polish(ing)

пóлис *m* [1]: *страховóй* **~** insurance policy

политехнúческий [16]: **~ институ́т** polytechnic

политзаключённый *m* [14] political prisoner

полúт|ик *m* [1] politician; **~ика** *f* [5] policy; politics *pl.*; **~úческий** [16] political

полúть → *поливáть*

полицéйский [16] police(man *su.*); **~ия** *f* [7] police

полúчн|ое *n* [14]: *поймáть с* **~ым** catch red-handed

полиэтилéн *m* [1], **~овый** [14] polyethylene (*Brt.* polythene)

полк *m* [1 *e.*: в **~ý**] regiment

пóлка *f* [5; *g/pl.*: -лок] shelf

полкóв|ник *m* [1] colonel; **~óдец** *m* [1; -дца] (*not a designation of military rank*) commander, military leader, warlord; one who leads and supervises; **~óй** [14] regimental

полнéйший [17] utter, sheer

полнéть [8], ⟨по-⟩ grow stout

полно|вéсный [14; -сен, -сна] of full weight; weighty; **~влáстный** [14; -тен, -тна] sovereign; **~вóдный** [14; -ден, -дна] deep; **~крóвный** [14; -вен, -вна] fullblooded; **~лýние** *n* [12] full moon; **~мóчие** *n* [12] authority, (full) power; **~мóчный** [14; -чен, -чна] plenipotentiary; → *полпрéд*; **~прáвный** [14; -вен, -вна]: **~прáвный член** full member; **~стью** completely, entirely; **~тá** *f* [5] fullness; *информáции* completeness; (*тучность*) corpulence;

для **~ты́ карти́ны** to complete the picture; **~це́нный** [14; -е́нен, -е́нна] full (value)…; *fig. специали́ст* fullfledged

по́лночь *f* [8; -(у́)ночи] midnight

по́лн|ый [14; по́лон, полна́, по́лно́, полне́е] full (of P *or* T); (*наби́тый*) packed; complete, absolute; perfect (*a. right*); (*тучный*) stout; **~ое собра́ние сочине́ний** complete works; **~ым-о́** *coll.* chock-full, packed (with P); lots of

полови́к *m* [1 *e.*] mat

полови́н|а *f* [5] half (**на** B by); **~а (в ~е) пя́того** (at) half past four; **два с ~ой** two and a half; **~ка** *f* [5; *g/pl.*: -нок] half; **~чатый** [14] *fig.* indeterminate

полови́ца *f* [5] floor; board

полово́дье *n* [10] high tide (*in spring*)

полов|о́й¹ [14] floor…; **~а́я тря́пка** floor cloth; **~о́й²** [14] sexual; **~а́я зре́лость** puberty; **~ы́е о́рганы** *m/pl.* genitals

поло́гий [16; *compr.*: поло́же] gently sloping

положе́ние *n* [12] position, location, situation; (*состоя́ние*) state, condition; *социа́льное* standing; (*правила*) regulations *pl.*; thesis; **семе́йное ~ние** marital status; **~и́тельный** [14; -лен, -льна] positive; *ответ* affirmative; **~и́ть(ся)** → **класть 1. & полага́ть(ся)**

поло́мка *f* [5; *g/pl.*: -мок] breakage, breakdown

полоса́ [5; *ac/sg.*: по́лосу; *pl.*: по́лосы, поло́с, -са́м] stripe, streak; strip; belt, zone; field; period; **~ неуда́ч** a run of bad luck; **~тый** [14 *sh.*] striped

полоска́ть [3], ⟨про-⟩ rinse; gargle; **-ся** paddle; *о флаге* flap

по́лость *f* [8; *from g/pl. e.*] *anat.* cavity; **брюшна́я ~** abdominal cavity

полоте́нце *n* [11; *g/pl.*: -нец] towel (T on); **ку́хонное ~** dish towel; **махро́вое ~** Turkish towel

полотн|и́ще *n* [11] width; **~о́** *n* [9; *pl.*: -о́тна, -о́тен, -о́тнам]; **~я́ный** [14] linen(…)

поло́ть [17], ⟨вы-, про-⟩ weed

пол|пре́д *m* [1] plenipotentiary; **~пути́** halfway (*a.* **на ~пути́**); **~сло́ва** [9; *gen.*: -(у)сло́ва] **ни ~сло́ва** not a word;

(a few) word(s); **останови́ться на ~(у)сло́ве** stop short; **~со́тни** [6; *g/sg.*: -(у)со́тни; *g/pl.*: -лусо́тен] fifty

полтор|а́ *m & n,* **~ы́** *f* [*gen.*: -у́тора, -ры (*f*)] one and a half; **~а́ста** [*obl. cases*: -у́тораста] a hundred and fifty

полу|боти́нки *old use m/pl.* [1; *g/pl.*: -нок] (low) shoes; **~го́дие** *n* [12] half year, six months; **~годи́чный, ~годово́й** [14] half-yearly; **~гра́мотный** [14; -тен, -тна] semiliterate; **~де́нный** [14] midday…; **~живо́й** [14; -жи́в, -а́, -о] half dead; **~защи́тник** *m* [1] *sport* half-back; **~кру́г** *m* [1] semicircle; **~ме́сяц** *m* [1] half moon, crescent; **~мра́к** *m* [1] twilight, semidarkness; **~но́чный** [14] midnight…; **~оборо́т** *m* [1] half-turn; **~о́стров** *m* [1; *pl.*: -ва́, *etc. e.*] peninsula; **~проводни́к** *m* [1] semiconductor, transistor; **~стано́к** *m* [1; -нка] *rail.* stop; **~тьма́** *f* [5] → **~мра́к**; **~фабрика́т** *m* [1] semifinished product *or* foodstuff

получ|а́тель *m* [4] addressee, recipient; **~а́ть** [1], ⟨~и́ть⟩ [16] receive, get; *разреше́ние и т. д.* obtain; *удово́льствие* derive; **-ся** (*оказа́ться*) result, prove, turn out; **~е́ние** *n* [12] receipt; **~ка** *coll.* *f* [5; *g/pl.*: -чек] pay(day)

полу|ша́рие *n* [12] hemisphere; **~шу́бок** *m* [1; -бка] knee-length sheepskin coat

пол|цены́: за ~цены́ at half price; **~часа́** *m* [1; *g/sg.*: -уча́са] half (an) hour

по́лчище *n* [11] horde; *fig.* mass

по́лый [14] hollow

полы́нь *f* [8] wormwood

полынья́ *f* [6] polnya, patch of open water in sea ice

по́льз|а *f* [5] use; benefit (**на**, в B, **для** P for), profit, advantage; **в ~у** (P) in favo(u)r of; **~ователь** *m* [4] user; **~оваться** [7], ⟨вос-⟩оваться⟩ (T) use, make use of; avail o.s. of; *репута́цией и т. д.* enjoy, have; *случаем* take

по́ль|ка *f* [5; *g/pl.*: -лек] **1.** Pole, Polish woman; **2.** polka; **~ский** [16] Polish

полюбо́вный [14] amicable

по́люс *m* [1] pole (*a.* el)

поля́|к *m* [1] Pole; **~на** *f* [5] *лесна́я* glade; clearing; **~рный** [14] polar

пома́да *f* [5] pomade; **губна́я ~** lipstick

помале́ньку *coll.* so-so; in a small way; (постепе́нно) little by little

пома́лкивать *coll.* [1] keep silent *or* mum

пома́|рка [5; *g/pl.:* -рок] blot; correction

помести́ть(ся) → **помеща́ть(ся)**

поме́стье *n* [10] *hist.* estate

по́месь *f* [8] crossbreed, mongrel

помёт *m* [1] dung; (припло́д) litter, brood

поме́|тить → **~ча́ть; ~тка** *f* [5; *g/pl.:* -ток] mark, note; **~ха** *f* [5] hindrance; obstacle; *pl. only radio* interference; **~ча́ть** [1], ⟨~тить⟩ [15] mark, note

помеш|а́нный *coll.* [14 *sh.*] crazy; mad (about *на* П); **~а́тельство** *n* [9] insanity; **~а́ть** → **меша́ть; -ся** *pf.* go mad; be mad (*на* П about)

поме|ща́ть [1], ⟨~сти́ть⟩ [15 *e.*; -ещу́, -ести́шь; -ещённый] place; (посели́ть) lodge, accommodate; капита́л invest; insert, publish; **-ся** locate; lodge; find room; (вмеща́ть) be placed *or* invested; *impf.* be (located); **~ще́ние** *n* [12] premise(s), room; investment; **~щик** *m* [1] *hist.* landowner, landlord

помидо́р *m* [1] tomato

поми́л|ование *n* [12], ~**ова́ть** [7] *pf. law* pardon; forgiveness; **~уй бог!** God forbid!

поми́мо (Р) besides, apart from

помин *m* [1]: **лёгок на ~е** talk of the devil; **~а́ть** [1], ⟨помяну́ть⟩ [19] speak about, mention; commemorate; **не ~а́ть ли́хом** bear no ill will (toward[s] a p. В); **~ки** *f/pl.* [5; *gen.:* -нок] commemoration (for the dead); **~у́тно** every minute; constantly

по́мни|ть [13], ⟨вс-⟩ remember (о П); **мне ~ся** (as far as) I remember; **не ~ь себя́ от ра́дости** be beside o.s. with joy

помо|га́ть [1], ⟨~чь⟩ [26; г/ж: -огу́, -о́жешь, -о́гут, -о́г, -огла́] (Д) help; aid, assist; *о лека́рстве* relieve, bring relief

помо́|и *m/pl.* [3] slops; *coll.* **~йка** *f* [5; *g/pl.:* -о́ек] rubbish heap

помо́л *m* [1] grind(ing)

помо́лвка *f* [5; *g/pl.:* -вок] betrothal, engagement

помо́ст *m* [1] dais; rostrum; scaffold

помо́чь → **помога́ть**

помо́щ|ник *m* [1], **~ница** *f* [5] assistant; helper, aide; **~ь** *f* [8] help, aid, assistance (**с** Т, **при** П with, **на** В/Д to one's); relief; **маши́на ско́рой ~и** ambulance; **пе́рвая ~ь** first aid

по́мпа *f* [5] pomp

помутне́ние *n* [12] dimness; turbidity

помы|сел *m* [1; -сла] thought; (наме́рение) design; **~шля́ть** [28], ⟨~слить⟩ [13], think (о П of), contemplate

помяну́ть → **помина́ть**

помя́тый [14] (c)rumpled; *трава́* trodden

пона|до́биться [14] *pf.* (Д) be, become necessary; **~слы́шке** *coll.* by hearsay

поне|во́ле *coll.* willy-nilly; against one's will; **~де́льник** *m* [1] Monday (**в** В, *pl.* **по** Д on)

понемно́|гу, *coll.* **~жку** (a) little; little by little, gradually; *coll. a.* (так себе́) so-so

пони|жа́ть [1], ⟨~зить⟩ [15] lower; (осла́бить, уме́ньшить) reduce (*v/i.* **-ся**; fall, sink); **~же́ние** *n* [12] fall; reduction; drop

поника́ть [1], ⟨~нуть⟩ [21] droop, hang (one's head голово́й); *цветы́* wilt

понима́|ние *n* [12] comprehension, understanding; conception; **в моём ~нии** as I see it; **~ть** [1], ⟨поня́ть⟩ [пойму́, ~мёшь; по́нял, -а́, -о; по́нятый (по́нят, -а́, -о)] understand, comprehend; realize; (цени́ть) appreciate; **~ю** (~ешь, ~ете ли) I (you) see

поно́с *m* [1] diarrh(o)ea

поноси́ть [15] revile, abuse

поно́шенный [14 *sh.*] worn, shabby

понто́н [1], **~ный** [14] pontoon

пону|жда́ть [1], ⟨~ди́ть⟩ [15; -у-, -ждённый] force, compel

понука́ть [1] *coll.* urge on, spur

пону́р|ить [13] hang; **~ый** [14 *sh.*] downcast

по́нчик *m* [1] doughnut

поны́не *obs.* until now

поня́т|ие *n* [12] idea, notion; concept(ion); **(я) не име́ю ни мале́йшего ~ия** I haven't the faintest idea; **~ливый**

[14 *sh.*] quick-witted; **~ный** [14; -тен, -тна] understandable; intelligible; clear, plain; **~ь →** *понимать*

поо|даль at some distance; **~диночке** one by one; **~черёдный** [14] taken in turns

поощр|ение *n* [12] encouragement; *материальное ~ение* bonus; **~ять** [28], ⟨**~ить**⟩ [13] encourage

попа|дание *n* [12] hit; **~дать** [1], ⟨**~сть**⟩ [25; *pt. st.*] (**в, на** В) (*оказаться*) get; fall; find o.s.; *в цель* hit; *на поезд* catch; *coll.* (Д *impers.*) catch it; **не ~сть** miss; *как ~ло* anyhow, at random, haphazard; *кому ~ло* to the first comer (= *первому ~вшемуся*); **-ся** (**в** В) be caught; fall (into a trap *на удочку*); *coll.* (Д + *vb.* + И) *статья и т. д.* come across, chance (up)on, meet; (*бывать*) occur, there is (are); strike (Д *на глаза* a p.'s eye); *вам не ~далась моя книга?* did you happen to see my book?

попарно in pairs, two by two

попасть → *попадать(ся)*

попер|ёк (Р) across, crosswise; *дороги* in (*a p. 's way*); **~еменно** in turns; **~ечный** [14] transverse; diametrical

попеч|ение *n* [12] care, charge (in *на* П); **~итель** *m* [4] guardian, trustee

попирать [1] trample (on); (*fig.*) flout

поплавок *m* [1; -вка] float (*a. tech*)

попойка *coll. f* [5; *g/pl.*: -оек] booze

попол|ам in half; half-and-half; fifty-fifty; **~знновение** *n* [12]: *у меня было ~зновение* I had half a mind to …; **~нять** [28], ⟨**~нить**⟩ [13] replenish, supplement; *знания* enrich

пополудни in the afternoon, p. m.

поправ|ить(ся) → ~лять(ся); **~ка** *f* [5; *g/pl.*: -вок] correction; *parl.* amendment; (*улучшение*) improvement; recovery; **~лять** [28], ⟨**~ить**⟩ [14] adjust; correct, (a)mend; improve; *здоровье* recover (*v/i.* **-ся**); put on weight

по-прежнему as before

попрек|ать [1], ⟨**~нуть**⟩ [20] reproach (with Т)

поприще *n* [11] field (*на* П in); walk of life, profession

попро|сту plainly, unceremoniously;

~сту говоря to put it plainly; **~шайка** *coll. m/f* [5; *g/pl.*: -аек] beggar; cadger

попугай *m* [3] parrot

популя́р|ность *f* [8] popularity; **~ый** [14; -рен, -рна] popular

попус|тительство *n* [9] tolerance; connivance; **~ту** *coll.* in vain, to no avail

попут|ный [14] accompanying; *ветер* fair, favo(u)rable; (**~но** in) passing, incidental(ly); **~чик** *m* [1] travel(l)ing companion; *fig. pol.* fellow-travel(l)er

попыт|ать [1] *pf.* try (one's luck *счастья*); **~ка** [5; *g/pl.*: -ток] attempt

пор|á¹ *f* [5; *ac/sg.*: пору; *pl. st.*] time; season; *в зимнюю ~у* in winter (time); (*давно*) *~á* it's high time (for Д); *до ~ы, до времени* for the time being; not forever; *до* (*с*) *каких ~?* how long (since when)?; *до сих ~* so far, up to now (here); *до тех ~* (, *пока*) so (or as) long (as); *с тех ~* (*как*) since (then); *на первых ~ах* at first, in the beginning; **~ой** at times; *вечерней* **~ой →** *вечером*

пора² *f* [5] pore

пора|бощать [1], ⟨**~тить**⟩ [15 *e.*; -ощу, -отишь; -ощённый] enslave, enthrall

поравняться [28] *pf.* draw level (**с** Т with), come up (to), come alongside (of)

пора|жать [1], ⟨**~зить**⟩ [15 *e.*; -ажу, -азишь; -ажённый] strike (*a. fig.* = amaze; *med.* affect); defeat; **~жение** *n* [12] defeat; *law* disenfranchisement; **~зительный** [14; -лен, -льна] striking; **~зить → ~жать**; **~нить** [13] *pf.* wound, injure

порвать(ся) → *порывать(ся)*

порез [1], **~ать** [3] *pf.* cut

порей *m* [3] leek

пористый [14 *sh.*] porous

порица|ние [12], **~ть** [1] blame, censure

поровну in equal parts, equally

порог *m* [1] threshold; *pl.* rapids

поро|да *f* [5] breed, species, race; *о человеке* stock; *geol.* rock; **~дистый** [14 *sh.*] thoroughbred; **~ждать** [1], ⟨**~дить**⟩ [15 *e.*; -ожу, -одишь; -ождённый] engender, give rise to, entail

порожний *coll.* [15] empty; idling

по́рознь *coll.* separately; one by one

поро́к *m* [1] vice; *речи* defect; *сердца* disease

пороло́н *m* [1] foam rubber

поросёнок *m* [2] piglet

поро́|ть [17] **1.** ⟨рас-⟩ undo, unpick; *impf. coll.* talk (**вздор** nonsense); **2.** *coll.* ⟨вы-⟩ whip, flog; **∼х** *m* [1] gunpowder; **∼ховой** [14] gunpowder …

поро́ч|ить [16], ⟨о-⟩ discredit; *репутацию* blacken, defame; **∼ный** [14; -чен, -чна] *круг* vicious; *идея и т. д.* faulty; *человек* depraved

порошо́к *m* [1; -шка́] powder

порт *m* [1; в ∼у́; *from g/pl. e.*] port; harbo(u)r

порт|ати́вный [14; -вен, -вна] portable; **∼ить** [15], ⟨ис-⟩ spoil; **-ся** (*v/i.*) break down

порт|ни́ха *f* [5] dressmaker; **∼но́й** *m* [14] tailor

порто́в|ый [14] port…, dock…; **∼ый го́род** seaport

портре́т *m* [1] portrait; (*похожесть*) likeness

портсига́р *m* [1] cigar(ette) case

португа́л|ец *m* [1; -льца] Portuguese; **∼ка** *f* [5; *g/pl.:* -лок], **∼ьский** [16] Portuguese

порт|упе́я *f* [6] *mil.* sword belt; shoulder belt; **∼фе́ль** *m* [4] brief case; *министра* (*functions and office*) portfolio

пору́|ка *f* [5] bail (**на** В *pl.* on), security; guarantee; **кругова́я ∼ка** collective guarantee; **∼ча́ть** [1], ⟨∼чи́ть⟩ [16] charge (Д/В a p. with); commission, bid, instruct (+ *inf.*); entrust; **∼че́ние** *n* [12] commission; instruction; *dipl.* mission; (*a. comm.*) order (**по** Д by, on behalf of); **∼чик** *m* [1] *obs.* (first) lieutenant; **∼чи́тель** *m* [4] guarantor; **∼чи́тельство** *n* [9] (*залог*) bail, surety, guarantee; **∼чи́ть** → **∼ча́ть**

порх|а́ть [1], *once* ⟨∼ну́ть⟩ [20] flit

по́рция *f* [7] (*of food*) portion, helping

по́р|ча *f* [5] spoiling; damage; **∼шень** *m* [4; -шня] (*tech.*) piston

поры́в *m* [1] gust, squall; *гнева и т. д.* fit, outburst; *благородный* impulse; **∼а́ть** [1], ⟨порва́ть⟩ [-ву́, -вёшь; -а́л,

-а́, -о; по́рванный] tear; break off (**с** Т with); **-ся** *v/i.*; *impf.* strive; *a.* → **рва́ть(ся)**; **∼истый** [14 *sh.*] gusty; *fig.* impetuous, fitful

поря́дко|вый [14] *gr.* ordinal; **∼м** *coll.* rather

поря́д|ок *m* [1; -дка] order; (*последовательность*) sequence; *pl.* conditions; **∼ок дня** agenda; **в ∼ке исключе́ния** by way of an exception; **это в ∼ке веще́й** it's quite natural; **по ∼ку** one after another; **∼очный** [14; -чен, -чна] *человек* decent; fair(ly large *or* great)

посад|и́ть → **сажа́ть & сади́ть**; **∼ка** *f* [5; *g/pl.:* -док] planting; *naut.* embarkation, (*a. rail.*) boarding; *ae.* landing; **вы́нужденная ∼ка** forced landing; **∼очный** [14] landing…

по-сво́ему in one's own way

посвя|ща́ть [1], ⟨∼ти́ть⟩ [15 *e.*; -ящу́, -яти́шь; -ящённый] devote ([o.s.] to [себя́] Д); *кому-л.* dedicate; **в тайну** let, initiate (**в** В into); **∼ще́ние** *n* [12] initiation; dedication

посе́в *m* [1] sowing; crop; **∼но́й** [14] sowing; **∼на́я пло́щадь** area under crops

поседе́вший [14] (turned) gray, *Brt.* grey

посел|е́нец [1; -нца] settler

посёлок *m* [1; -лка] urban settlement; **∼я́ть** [28], ⟨∼и́ть⟩ [13] settle; **-ся** (*v/i.*) put up (**в** П at)

посереди́не in the middle *or* midst of

посе|ти́тель [4], **∼ти́тельница** *f* [5] visitor, caller; **∼ти́ть** → **∼ща́ть**; **∼ща́емость** *f* [8] attendance; **∼ща́ть** [1], ⟨∼ти́ть⟩ [15 *e.*; -ещу́, -ети́шь; -ещённый] visit, call on; *impf.* *занятия и т. д.* attend; **∼ще́ние** *n* [12] visit (P to), call

поси́льный [14; -лен, -льна] one's strength *or* possibilities; feasible

поскользну́ться [20] *pf.* slip

поско́льку so far as, as far as

посла́|ние *n* [12] message; *lit.* epistle; **∼ния** *Bibl.* the Epistles; **∼нник** *m* [1] *dipl.* envoy; **∼ть** → **посыла́ть**

по́сле 1. (P) after (*a.* **∼ того́ как** + *vb.*); **∼ чего́** whereupon; **2.** *adv.* after(ward[s]), later (on); **∼вое́нный** [14] postwar

после́дний [15] last; *изве́стия, мо́да* latest; (*оконча́тельный*) last, final; *из двух* latter; worst

после́д|ователь *m* [4] follower; **ова́тельный** [14; -лен, -льна] consistent; successive; **ствие** *n* [12] consequence; **ующий** [17] subsequent, succeeding, following

после|за́втра the day after tomorrow; **сло́вие** *n* [12] epilogue

посло́вица *f* [5] proverb

послуш|а́ние *n* [12] obedience; **ник** *m* [1] novice; **ный** [14; -шен, -шна] obedient

посм|а́тривать [1] look (at) from time to time; **е́иваться** [1] chuckle; laugh (**над** T at); **е́ртный** [14] posthumous; **е́шище** *n* [11] laughingstock, butt; **ея́ние** *n* [12] ridicule

посо́б|ие *n* [12] relief, benefit; textbook, manual; *нагля́дные* **ия** visual aids; **ие по безрабо́тице** unemployment benefit

посо́л *m* [1; -сла́] ambassador; **ьство** *n* [9] embassy

поспа́ть [-сплю́, -спи́шь; -спа́л, -á, -о] *pf.* (have a) nap

поспе|ва́ть [1], ⟨**ть**⟩ [8] (*созрева́ть*) ripen; (*of food being cooked or prepared*) be done; *coll.* → **успева́ть**

поспе́шн|ость *f* [8] haste; **ый** [14; -шен, -шна] hasty, hurried; (*необду́манный*) rash

посред|и́(не) (P) amid(st), in the middle (of); **ник** *m* [1] mediator, intermediary, *comm.* middleman; **ничество** *n* [9] mediation; **ственность** *f* [8] mediocrity; **ственный** [14 *sh.*] middling; mediocre; **ственно** *a.* fair, so-so, satisfactory, C (mark; → **тро́йка**); **ством** (P) by means of

пост[1] *m* [1 *e.*] post; **~ управле́ния** *tech.* control station

пост[2] *m* [1 *e.*] fasting; *eccl.* **Вели́кий ~** Lent

поста́в|ить → **ля́ть** & **ста́вить**; **ка** *f* [5; *g/pl.:* -вок] delivery (on **при**); **ля́ть** [28], ⟨**ить**⟩ [14] deliver (*v/t.*; Д р.); supply, furnish; **щи́к** *m* [1 *e.*] supplier

постан|ови́ть → **овля́ть**; **о́вка** *f* [5; *g/pl.:* -вок] *thea.* staging, production; *де́ла* organization; **о́вка вопро́са** the way a question is put; **овле́ние** *n* [12] resolution, decision; *parl., etc.* decree; **овля́ть** [28], ⟨**ови́ть**⟩ [14] decide; decree; **о́вщик** *m* [1] stage manager; director (of film); producer (of play)

посте|ли́ть → **стла́ть**; **ль** *f* [8] bed; **льный** [14; -éнен, -éнна] gradual

пости|га́ть [1], ⟨**гнуть**⟩ & ⟨**чь**⟩ [21] comprehend, grasp; *несча́стье* befall; **жи́мый** [14 *sh.*] understandable; conceivable

пост|ила́ть [1] → **стла́ть**; **и́ться** [15 *e.*; пощу́сь, пости́шься] fast; **и́чь** → **-ига́ть**; **ный** [14; -тен, -тна́, -о] *coll. мя́со* lean; *fig.* sour; (*ха́нжеский*) sanctimonious

посто́льку: ~ поско́льку to that extent, insofar as

посторо́нни|й [15] strange(r *su.*), outside(r), foreign (*тж. предме́т*); unauthorized; **м вход воспрещён** unauthorized persons not admitted

постоя́н|ный [14; -я́нен, -я́нна] constant, permanent; (*непреры́вный*) continual, continuous; *рабо́та* steady; *el.* direct; **ство** *n* [9] constancy

пострада́вший [17] victim; *при ава́рии* injured

постре́л *coll. m* [1] little imp, rascal

постри|га́ть [1], ⟨**чь**⟩ [26 г/ж: -игу́, -ижёшь, -игу́т] (**-ся** have one's hair) cut; become a monk *or* nun

постро́йка *f* [5; *g/pl.:* -о́ек] construction; *зда́ние* building; building site

поступ|а́тельный [14] forward, progressive; **а́ть** [1], ⟨**и́ть**⟩ [14] act; (**с** T) treat, deal (with), handle; (**в, на** B) enter, join; *univ.* matriculate; *заявле́ние* come in, be received (**на** B for); **и́ть в прода́жу** go on sale; **-ся** (T) waive; **ле́ние** *n* [12] entry; matriculation; receipt; **ле́ние дохо́дов** revenue return; **ок** *m* [1; -пка] act; (*поведе́ние*) behavio(u)r, conduct; **ь** [8] gait, step

посты́|дный [14; -ден, -дна] shameful;

~лый [14 *sh.*] *coll.* hateful; repellent

посу́да *f* [5] crockery; plates and dishes; **фая́нсовая** (**фарфо́ровая**) **~** earthenware (china)

посчастли́ви|ться [14; *impers.*] *pf.*: **ей ~лось** she succeeded (in *inf.*) *or* was lucky enough (to)

посыл|а́ть [1], ⟨посла́ть⟩ [пошлю́, -шлёшь; по́сланный] send (for **за** T); dispatch; **~ка¹** *f* [5; *g/pl.*: -лок] package, parcel

посы́лка² *f* [5; *g/pl.*: -лок] *philos.* premise

посыл|а́ть [1], ⟨~а́ть⟩ [2] (be-) strew (T over; with); sprinkle (with); **~а́ться** *pf.* begin to fall; *fig.* rain; *coll. о вопросах* shower (with)

посяг|а́тельство *n* [9] encroachment; infringement; **~а́ть** [1], ⟨~ну́ть⟩ [20] encroach, infringe (**на** B on); attempt

пот *m* [1] sweat; **весь в ~у́** sweating all over

пота|йно́й [14] secret; **~ка́ть** *coll.* [1] indulge; **~со́вка** *coll. f* [5; *g/pl.*: -вок] scuffle

по-тво́ему in your opinion; as you wish; **пусть бу́дет ~** have it your own way

потво́рство *n* [9] indulgence, connivance; **~вать** [7] indulge, connive (Д at)

потёмки *f/pl.* [5; *gen.*: -мок] darkness

потенциа́л *m* [1] potential

потерпе́вший [17] victim

потёртый [14 *sh.*] shabby, threadbare, worn

поте́ря *f* [6] loss; *времени, денег* waste

потесни́ть → **тесни́ть**; **-ся** squeeze up (*to make room for others*)

поте́ть [8], ⟨вс-⟩ sweat, *coll.* toil; *стекло* ⟨за-⟩ mist over

поте́|ха *f* [5] fun, *coll.* lark; **~шный** [14; -шен, -шна] funny, amusing

поти|ра́ть *coll.* [1] rub; **~хо́ньку** *coll.* slowly; silently; secretly, on the sly

по́тный [14; -тен, -тна; -о] sweaty

пото́к *m* [1] stream; torrent; flow

пото|ло́к *m* [1; -лка́] ceiling; **взять что́-л. с ~лка́** spin s.th. out of thin air

пото́м afterward(s); then; **~ок** *m* [1; -мка] descendant, offspring; **~ственный** [14] hereditary; **~ство** *n* [9] poster-

ity, descendants *pl.*

потому́ that is why; **~ что** because

пото́п *m* [1] flood, deluge

потреб|и́тель *m* [4] consumer; **~и́ть** → **~ля́ть**; **~ле́ние** *n* [12] consumption; use; **~ля́ть** [28], ⟨~и́ть⟩ [14 *e.*; -блю́, -би́шь; -блённый] consume; use; **~ность** *f* [8] need, want (**в** П of), requirement

потрёпанный *coll.* [14] shabby, tattered, worn

потро|ха́ *m/pl.* [1 *e.*] pluck; giblets; **~ши́ть** [16 *e.*; -шу́, -ши́шь; -шённый], ⟨вы-⟩ draw, disembowel

потряс|а́ть [1], ⟨~ти́⟩ [24; -с-] shake (*a. fig.*); **~а́ющий** [17] tremendous; **~е́ние** *n* [12] shock; **~ти́** → **~а́ть**

поту́|ги *f/pl.* [5] *fig.* (vain) attempt; **~пля́ть** [28], ⟨~пи́ть⟩ [14] *взгляд* cast down; *голову* hang; **~ха́ть** [1] → **ту́хнуть**

потя́гивать(ся) → **тяну́ть(ся)**

поуч|а́ть [1] *coll.* preach at, lecture; **~и́тельный** [14; -лен, -льна] instructive

поха́бный Р [14; -бен, -бна] *coll.* obscene, smutty

похвал|а́ *f* [5] praise; commendation; **~ьный** [14; -лен, -льна] commendable, praiseworthy

похи|ща́ть [1], ⟨~тить⟩ [15; -и́щу, -и́щенный] purloin; *человека* kidnap; **~ще́ние** *n* [12] theft; kidnap(p)ing, abduction

похлёбка *f* [5; *g/pl.*: -бок] soup

похме́лье *n* [10] hangover

похо́д *m* [1] march; *mil. fig.*, campaign; *туристский* hike; **кресто́вый ~** crusade

походи́ть [15] (**на** B) be like, resemble

похо́д|ка *f* [5] gait; **~ный** [14] *песня* marching

похожде́ние *n* [12] adventure

похо́ж|ий [17 *sh.*] (**на** B) like, resembling; similar (to); **быть ~им** look like; **ни на что не ~е** *coll.* like nothing else; unheard of

по-хозя́йски thriftily; wisely

похо|ро́нный [14] funeral...; *марш* dead; **~ро́нное бюро́** undertaker's office; **~роны** *f/pl.* [5; -о́н, -она́м] funeral, burial (**на** П at); **~тли́вый** [14 *sh.*] lustful, lewd; **~ть** *f* [8] lust

поцелу́й *m* [3] kiss (**в** B on)

по́чва *f* [5] soil, (*a. fig.*) ground

почём *coll.* how much (is/are)…; (*only used with parts of verb* знать) **~ я зна́ю, что …** how should I know that

почему́ why; **~-то** for some reason

по́черк *m* [1] handwriting

поче́рпнуть [20; -е́рпнутый] get, obtain

по́честь *f* [8] hono(u)r

почёт *m* [1] hono(u)r, esteem; hono(u)rable; (*карау́л* guard) of hono(u)r

почи́н *m* [1] initiative; **по со́бственному ~у** on his own initiative

почи́н|ка *f* [5; *g/pl.:* -нок] repair; *отдава́ть в ~ку* have s.th. repaired; **~я́ть** [28] → **чини́ть** *1a*

поч|ита́ть¹ [1], ⟨~ти́ть⟩ [-чту́, -ти́шь; -чтённый] esteem, respect, hono(u)r; **~ти́ть па́мять встава́нием** stand in s.o.'s memory; **~ита́ть²** [1] *pf.* read (a while)

по́чка *f* [5; *g/pl.:* -чек] **1.** *bot.* bud; **2.** *anat.* kidney

по́чт|а *f* [5] mail, *Brt.* post (**по** Д by); **~альо́н** *m* [1] mailman, *Brt.* postman; **~а́мт** *m* [1] main post office (**на** П at)

почте́н|ие *n* [12] respect (к Д for), esteem; **~ный** [14; -е́нен, -е́нна] respectable; *во́зраст* venerable

почти́ almost, nearly, all but; **~тельность** *f* [8] respect; **~тельный** [14; -лен, -льна] respectful; *coll. о расстоя́нии и т. д.* considerable; **~ть** → **почита́ть**

почто́в|ый [14] post(al), mail…; post-office; **~ый я́щик** mail (*Brt.* letter) box; **~ый и́ндекс** zip (*Brt.* post) code; **~ое отделе́ние** post office

по́шл|ина *f* [5] customs, duty; **~ость** [8] vulgarity; **~ый** [14; -пошл, -á, -о] vulgar

поштучный [14] by the piece

поща́да *f* [5] mercy

поэ́|зия *f* [7] poetry; **~т** *m* [1] poet; **~ти́ческий** [16] poetic(al)

поэ́тому therefore; and so

появ|и́ться → **~ля́ться**; **~ле́ние** *n* [12] appearance; **~ля́ться** [28], ⟨~и́ться⟩ [14] appear; emerge

по́яс *m* [1; *pl.:* -сá, *etc. e.*] belt; zone

поясн|е́ние *n* [12] explanation; **~и́тельный** [14] explanatory; **~и́ть** → **~я́ть**; **~и́ца** *f* [5] small of the back; **~о́й** [14] waist…; zonal; *портрет* half-length; **~я́ть** [28], ⟨~и́ть⟩ [13] explain

прабабушка *f* [5; *g/pl.:* -шек] great-grandmother

пра́вд|а *f* [5] truth; (*это*) **~а** it is true; *ва́ша* **~а** you are right; *не* **~а** *ли?* isn't it, (s)he?, aren't you, they?, do(es)n't … (*etc.*)?; **~и́вый** [14 *sh.*] true, truthful; **~оподо́бный** [14; -бен, -бна] (*вероя́тный*) likely, probable; (*похо́жий на правду*) probable, likely

пра́ведн|ик *m* [1] righteous person; **~ый** [14; -ден, -дна] just, righteous, upright

пра́вил|о *n* [9] rule; principle; *pl.* regulations; *как* **~о** as a rule; **~а у́личного движе́ния** traffic regulations; **~ьный** [14; -лен, -льна] correct, right; *черты́ лица́ и т. д.* regular

прави́тель *m* [4] ruler; **~ственный** [14] governmental; **~ство** *n* [9] government

пра́в|ить [14] (Т) govern, rule; *mot.* drive; *гранки* (proof) read; **~ка** *f* [5] proofreading; **~ле́ние** *n* [12] governing; board of directors; managing *or* governing body

пра́внук *m* [1] great-grandson

пра́во¹ *n* [9; *pl. e.*] right (**на** B to; **по** Д of, by); law; *води́тельские права́* driving license (*Brt.* licence); **~²** *adv. coll.* indeed, really; **~во́й** [14] legal; **~мо́чный** [14; -чен, -чна] competent; authorized; (*опра́вданный*) justifiable; **~наруши́тель** *m* [1] offender; **~писа́ние** *n* [12] orthography, spelling; **~сла́вие** *n* [12] Orthodoxy; **~сла́вный** [14] Orthodox; **~су́дие** *n* [12] administration of the law; **~та́** *f* [5] rightness

пра́вый [14; *fig.* прав, -á, -о] right, correct (*a. fig.*; *a. side*; on *a.* **с** P), right-hand

пра́вящий [17] ruling

пра́дед *m* [1] great-grandfather

пра́здни|к *m* [1] (public) holiday; (religious) feast; festival; **с ~ком!** compliments *pl.* (of the season)!; **~чный** [14] festive, holiday…; **~ование** *n* [12] celebration; **~овать** [7], ⟨от⟩ celebrate; **~ость** *f* [8] idleness; **~ый** [14; -ден, -дна] idle, inactive

пра́кти|к *m* [1] practical worker *or* person; **~ка** *f* [5] practice (**на** П in); **войти́ в ~ку** become customary; **~кова́ть** [7] practice (-ise); **-ся** (*v/i.*); be in use *or* used; **~ческий** [16], **~чный** [14; чен, -чна] practical

пра́порщик *m* [1] (*in tsarist army*) ensign; (*in Russian army*) warrant officer

прах *m* [1; *no pl.*] *obs. rhet.* dust; ashes *pl.* (*fig.*); **всё пошло́ ~ом** our efforts were in vain

пра́чечная *f* [14] laundry

пребыва́|ние *n* [12], **~ть** [1] stay

превзойти́ → **превосходи́ть**

превоз|мога́ть [1], ⟨~мо́чь⟩ [26; г/ж: -огу́, -о́жешь, -о́гут; -о́г, -гла́] overcome, surmount; **~носи́ть** [15], ⟨~нести́⟩ [24 -с-] extol, exalt

превосх|оди́тельство *n* [9] *hist.* Excellency; **~оди́ть** [15], ⟨превзойти́⟩ [-йду́, -йдёшь, *etc*., → **идти́**; -йдённый] excel (in), surpass (in); **~о́дный** [14; -ден, -дна] superb, outstanding; *качество* superior; superlative *a. gr.*; **~о́дство** *n* [9] superiority

превра|ти́ть(ся) → **~ща́ть(ся)**; **~тность** *f* [8] vicissitude; *судьбы* reverses; **~тный** [14; -тен, тна] *неверный* wrong, mis-...; **~ща́ть** [1], ⟨~ти́ть⟩ [15 *е.*; -ащу́, -ати́шь; -ащённый] change, convert, turn, transform (**в** В into) (*v/i.* **-ся**; **~ще́ние** *n* [12] change; transformation

превы|ша́ть [1], ⟨~сить⟩ [15] exceed; **~ше́ние** *n* [12] excess, exceeding

прегра|да́ *f* [5] barrier; obstacle; **~жда́ть** [1], ⟨~ди́ть⟩ [15 *е.*; -ажу́, -ади́шь; -аждённый] bar, block, obstruct

пред → **пе́ред**

преда|ва́ть [5], ⟨~ть⟩ [-да́м, -да́шь, *etc*., → **да́ть**; пре́дал, -а́, -о; -да́й(те)!; пре́данный (-ан, -а́, -о)] betray; **~ть гла́сности** make public; **~ть забве́нию** consign to oblivion; **~ть суду́** bring to trial; **-ся** (Д) indulge (in); give o.s. up (to); *отчаянию* give way to (*despair*); **~ние** *n* [12] legend; tradition; **~нный** [14 *sh.*] devoted, faithful, true;

→ **и́скренний**; **~тель** *m* [4] traitor; **~тельский** [16] treacherous; **~тельство** *n* [9] *pol.* betrayal, perfidy, treachery; **~ть(ся)** → **~ва́ть(ся)**

предвари́|тельно as a preliminary, before(hand); **~тельный** [14] preliminary; **~ть** [28], ⟨~и́ть⟩ [13] (В) forestall; anticipate; *выступление и т. д.* preface

предве́|стие → **предзнаменова́ние**; **~стник** *m* [1] precursor, herald; **~ща́ть** [1] portend, presage

предвзя́тый [14 *sh.*] preconceived

предви́деть [11] foresee

предвку|ша́ть [1], ⟨~си́ть⟩ [15] look forward (to); **~ше́ние** *n* [12] (pleasurable) anticipation

предводи́тель *m* [4] leader; *hist.* marshal of the nobility; ringleader, **~ство** *n* [9] leadership

предвосх|ища́ть [1], ⟨~и́тить⟩ [15; -ищу́] anticipate, forestall

предвы́борный [14] (pre)election...

преде́л *m* [1] limit, bound(ary) (**в** П within); *страны* border; *pl.* precincts; **положи́ть ~** put an end (to); **~ьный** [14] maximum..., utmost, extreme

предзнаменова́|ние *n* [12] omen, augury, portent; **~ть** [7] *pf.* portend, augur, bode

предисло́вие *n* [12] preface

предл|ага́ть [1], ⟨~ожи́ть⟩ [16] offer (a p. s.th. Д/В); *идею и т. д.* propose, suggest; (*велеть*) order

предло́|г *m* [1] pretext (on, under **под** Т), pretense (under); *gr.* preposition; **~же́ние** *n* [12] offer; proposal, proposition, suggestion; *parl.* motion; *comm.* supply; *gr.* sentence, clause; **~жи́ть** → **предлага́ть**; **~жный** [14] *gr.* prepositional (*case*)

предме́стье *n* [10] suburb

предме́т *m* [1] object; subject (matter); *comm.* article; **на ~** (Р) with the object of; **~ный** [14]: **~ный указа́тель** index

предназн|ача́ть [1], ⟨~а́чить⟩ [16] (-ся be) intend(ed) for, destine(d) for

преднаме́ренный [14 *sh.*] premeditated, deliberate

пре́док *m* [1; -дка] ancestor

предопредел|éние *n* [12] predestination; **∼я́ть** [28], ⟨**∼и́ть**⟩ [13] predetermine

предост|авля́ть [28], ⟨**∼а́вить**⟩ [14] (Д) let (a p.) leave (to); give; *креди́т, пра́во* grant; *в распоряже́ние* place (at a p.'s disposal)

предостер|ега́ть [1], ⟨**∼е́чь**⟩ [26; г/ж] warn (**от** P of, against); **∼еже́ние** *n* [12] warning, caution

предосторо́жность *f* [8] precaution(-ary measure **мéра ∼и**)

предосуди́тельный [14; -лен, льна] reprehensible, blameworthy

предотвра|ща́ть [1], ⟨**∼ти́ть**⟩ [15 *e.*; -ащу́ -ати́шь; -ащённый] avert, prevent; **∼ще́ние** *n* [12] prevention

предохран|éние *n* [12] protection (**от** P from, against); **∼и́тельный** [14] precautionary; *med.* preventive; *tech.* safety…; **∼я́ть** [28], ⟨**∼и́ть**⟩ [13] guard, preserve (**от** P from, against)

предпис|а́ние *n* [12] order, injunction; instructions, directions; **∼ывать** [1], ⟨**∼а́ть**⟩ [3] order, prescribe

предпол|ага́ть [1], ⟨**∼ожи́ть**⟩ [16] suppose, assume; *impf.* (*намерева́ться*) intend, plan; (*быть усло́вием*) presuppose; **∼ожи́тельный** [14; -лен, -льна] conjectural; hypothetical; *дата* estimated; **∼ожи́ть** → **∼ага́ть**

предпо|сла́ть → **∼сыла́ть**; **∼сле́дний** [15] penultimate, last but one; **∼сыла́ть** [1], ⟨**∼сла́ть**⟩ [-шлю, -шлёшь; → **сла́ть**] preface (with); **∼сы́лка** *f* [5; *g/pl.*: -лок] (pre)condition, prerequiste

предпоч|ита́ть [1], ⟨**∼éсть**⟩ [25; -т-; -чту́, -чтёшь; -чёл, -чла́; -чтённый] prefer; *pt.* + *бы* would rather; **∼те́ние** *n* [12] preference; predilection; **отда́ть ∼те́ние** (Д) show a preference for; give preference to; **∼ти́тельный** [14; -лен, -льна] preferable

предпри|и́мчивость *f* [8] enterprise; **∼и́мчивый** [14 *sh.*] enterprising; **∼нима́тель** *m* [4] entrepreneur; employer; **∼нима́ть** [1], ⟨**∼ня́ть**⟩ [-иму́ -и́мешь; -и́нял, -á, -о; -и́нятый (-и́нят, -á, -о)] undertake; **∼я́тие** *n* [12] undertaking, enterprise; *заво́д и т. д.* plant, works,

factory (**на** П at); **риско́ванное ∼я́тие** risky undertaking

предрасполо|ага́ть [1], ⟨**∼ожи́ть**⟩ [16] predispose; **∼оже́ние** *n* [12] predisposition (to)

предрассу́док *m* [1; -дка] prejudice

предрешённый [14; -шён, -шена́] predetermined, already decided

председа́тель *m* [4] chairman; president; **∼ство** *n* [9] chairmanship; presidency; **∼ствовать** [7] preside (**на** П over), be in the chair

предсказ|а́ние *n* [12] prediction; *пого́ды* forecast; (*проро́щание*) prophecy; **∼ывать** [1], ⟨**∼а́ть**⟩ [3] foretell, predict; forecast; prophesy

предсмéртный [14] occurring before death

представи́тель *m* [4] representative; → *а. полпре́д;* **∼ный** [14; -лен, -льна] representative; *о вне́шности* stately, imposing; **∼ство** *n* [9] representation; → *а. полпре́дство*

представ|и́ть(ся) → **∼ля́ть(ся)**; **∼лéние** *n* [12] *кни́ги и т. д.* presentation; *thea.* performance; *при знако́мстве* introduction; idea, notion; **∼ля́ть** [28], ⟨**∼и́ть**⟩ [14] present; **-ся** present o.s., occur, offer; (*предъявля́ть*) produce; introduce (o.s.); (*а. собо́й*) represent, be; act (*а.* = feign **∼ля́ться** [Т]); (*esp.* **∼ля́ть себе́**) imagine; (*к зва́нию*) propose (**к** Д for); *refl. a.* appear; seem

предст|ава́ть [5], ⟨**∼а́ть**⟩ [-а́ну, -а́нешь] appear (before); **∼оя́ть**, [-ои́т] be in store (Д for), lie ahead; (will) have to; **∼оя́щий** [17] (forth)coming

преду|бежде́ние *n* [12] prejudice, bias; **∼га́дывать**, ⟨**∼гада́ть**⟩ [1] guess; foresee; **∼мы́шленный** [14] → **преднаме́ренный**

предупре|ди́тельный [14; -лен, -льна] preventive; *челове́к* obliging; **∼жда́ть** [1], ⟨**∼ди́ть**⟩ [15 *e.*; -ежу́, -еди́шь; -еждённый] forestall; anticipate (*p.*); (*предотвраща́ть*) prevent (*th.*); *об опа́сности и т. д* warn (**о** П of); *об ухо́де* give notice (of); **∼жде́ние** *n* [12] warning; notice, notification; prevention

предусм|а́тривать [1], ⟨~отре́ть⟩ [9; -отрю́, -о́тришь] foresee; (*обеспе́чивать*) provide (for), stipulate; **~отри́тельный** [14; -лен, -льна] prudent, far-sighted

предчу́вств|ие *n* [12] presentiment; foreboding; **~овать** [7] have a presentiment (of)

предше́ств|енник *m* [1] predecessor; **~овать** [7] (Д) precede

предъяв|и́тель *m* [4] bearer; **~ля́ть** [28], ⟨~и́ть⟩ [14] present, produce, show; *law* **~ля́ть иск** bring a suit *or* an action (про́тив Д against); **~ля́ть пра́во на** (В) raise a claim to

пре|ды́дущий [17] preceding, previous; **~е́мник** *m* [1] successor

пре́ж|де formerly; (at) first; (P) before (*a.* **~де чем**); **~девре́менный** [14; -енен, -енна] premature, early; **~ний** [15] former, previous

президе́нт *m* [1] president; **~иум** *m* [1] presidium

през|ира́ть [1] despise; ⟨~ре́ть⟩ [9] scorn, disdain; **~ре́ние** *n* [12] contempt (**к** Д for); **~ре́ть** → **~ира́ть**; **~ри́тельный** [14; -лен, -льна] contemptuous, scornful, disdainful

преиму́ществ|енно chiefly, principally, mainly; **~о** *n* [9] advantage; preference; privilege; **по ~у** → **~енно**

прейскура́нт *m* [1] price list

преклон|е́ние *n* [12] admiration (**пе́ред** T of); **~и́ться** → **~я́ться**; **~ный** [14] old; advanced; **~я́ться** [28], ⟨~и́ться⟩ [13] revere, worship

прекосло́вить [14] contradict

прекра́сный [14; -сен, -сна] beautiful; fine; splendid, excellent; **~ пол** the fair sex; *adv. a.* perfectly well

прекра|ща́ть [1], ⟨~ти́ть⟩ [15 *e.*; -ащу́, -ати́шь; -аще́нный] stop, cease, end (*v*/*i.* **-ся**); (*прерыва́ть*) break off; **~ще́ние** *n* [12] cessation, discontinuance

преле́ст|ный [14; -тен, -тна] lovely, charming, delightful; **~ь** *f* [8] charm; *coll.* → **~ный**

прелом|ле́ние *n* [12] *phys.* refraction; *fig.* interpretation; **~ля́ть** [28], ⟨~и́ть⟩ [14; -мле́нный] (**-ся** be) refract(ed)

пре́лый [14 *sh.*] rotten; musty

прель|ща́ть [1], ⟨~сти́ть⟩ [15 *e.*; -льщу́, -льсти́шь; -льще́нный] (**-ся** be) charm(ed), tempt(ed), attract(ed)

прелю́дия *f* [7] prelude

преми́нуть [19] *pf.* fail (*used only with* **не** + *inf.*:) not fail to

пре́мия *f* [7] prize; bonus; *страхова́я* premium

премье́р *m* [1] premier, (*usu.* **~-мини́стр**) prime minister; **~а** *f* [7] *thea.* première, first night

пренебр|ега́ть [1], ⟨~е́чь⟩ [26 г/ж]; **~еже́ние** *n* [12] (Т) (*невнима́ние*) neglect, disregard; (*презре́ние*) disdain, scorn, slight; **~ежи́тельный** [14; -лен, -льна] slighting, scornful, disdainful; **~е́чь** → **~ега́ть**

пре́ния *n/pl.* [12] debate, discussion

преоблада́|ние *n* [12] predominance; **~ть** [1] prevail; *чи́сленно* predominate

преобра|жа́ть [1], ⟨~зи́ть⟩ [15 *e.*; -ажу́, -ази́шь, -аже́нный] change, (*vi.* **-ся**); **~же́ние** *n* [12] transformation; **~же́ние** *eccl.* Transfiguration; **~зи́ть(ся)** → **~жа́ть(ся)**; **~зова́ние** *n* [12] transformation; reorganization; reform; **~зо́вывать** [1], ⟨~зова́ть⟩ [7] reform, reorganize; transform

преодол|ева́ть [1], ⟨~е́ть⟩ [8] overcome, surmount

препара́т *m* [1] *chem.*, *pharm.* preparation

препира́тельство *n* [9] altercation, wrangling

преподава́|ние *n* [12] teaching, instruction; **~тель** *m* [4], **~тельница** *f* [5] teacher; lecturer; instructor; **~ть** [5] teach

преподн|оси́ть [15], ⟨~ести́⟩ [24 -с-] present with, make a present of; **~ести́ сюрпри́з** give s.o. a surprise

препрово|жда́ть [1], ⟨~ди́ть⟩ [15 *e.*; -ожу́, -оди́шь; -ожде́нный] *докуме́нты* forward, send, dispatch

препя́тств|ие *n* [12] obstacle, hindrance; *ска́чки с ~ями* steeplechase; *бег с ~ями* hurdles (race); **~овать** [7], ⟨вос-⟩ hinder, prevent (Д/в П a p. from)

прер|ва́ть(ся) → ~ыва́ть(ся); ~ека́ние
n [12] squabble, argument; ~ыва́ть [1],
⟨-ва́ть⟩ [-ву́, -вёшь, -вёшь, -а́л, -а́, -о; пре́рва-
ный (-ан, -а́, -о)] interrupt; break (off),
v/i. -ся; ~ы́вистый [14 *sh.*] broken, fal-
tering

пересе|ка́ть [1], ⟨~чь⟩ [26] cut short; *по-
пытки* suppress; ~чь в ко́рне nip in
the bud; -ся break; stop

пресле́дов|ание *n* [12] pursuit; (*при-
теснение*) persecution; *law* prosecution; ~ать [7] pursue; persecute; *law*
prosecute

пресло́вутый [14] notorious

пресмыка́|ться [1] creep, crawl; *fig.*
grovel, cringe (**перед** T to); ~ющиеся
n/pl. [17] reptiles

пре́сный [14; -сен, -сна́, -о] *вода* fresh,
fig. insipid, stale

пресс *m* [1] the press; ~а *f* [5] the press;
~-конфере́нция *f* [7] press conference

престаре́лый [14] aged, advanced in
years

престо́л *m* [1] throne; *eccl.* altar

преступ|а́ть [1], ⟨~и́ть⟩ [14] break, in-
fringe; ~ле́ние *n* [12] crime; **на ме́сте
~ле́ния** red-handed; ~ник *m* [1] criminal, offender; ~ность *f* [8] criminality;
crime

пресы|ща́ться [1], ⟨~титься⟩ [15], ~ще́-
ние *n* [12] satiety

претвор|я́ть [28], ⟨~и́ть⟩ [13]: ~я́ть в
жизнь put into practice, realize

претен|де́нт *m* [1] claimant (to); candi-
date (for); *на престол* pretender; ~до-
ва́ть [7] (**на** B) (lay) claim (to); ~зия *f*
[7] claim, pretension (**на** B, **к** Д to);
быть в ~зии (**на** B [**за** B]) have a
grudge against s.o.

претерп|ева́ть [1], ⟨~е́ть⟩ [10] suffer,
endure; (*подвергнуться*) undergo

преувел|иче́ние *n* [12] exaggeration;
~и́чивать [1], ⟨~и́чить⟩ [16] exaggerate

преусп|ева́ть [1], ⟨~е́ть⟩ [8] succeed;
(*процветать*) thrive, prosper

при (П) by, at, near; (*битва*) of; under,
in the time of; in a p.'s possession: by,
with, on; about (one ~ **себе́**); with; in
(*погоде и т. д.*); for (all that ~ **всём
том**); when, on (-ing); ~ э́том at that;

быть ни ~ чём *coll.* have nothing to
do with (it **тут**), not be a p.'s fault

приба́в|ить(ся) → ~ля́ть(ся); ~ка [5;
g/pl.: -вок], ~ле́ние *n* [12] augmenta-
tion, supplement; *семейства* addition;
~ля́ть [28], ⟨~ить⟩ [14] (B *or* P) add;
augment; put on (*weight* **в** П); ~ля́ть
ша́гу quicken one's steps; -ся increase;
be added; (a)rise; grow longer; ~очный
[14] additional; *стоимость* surplus...

прибалти́йский [16] Baltic

прибе|га́ть [1] **1.** ⟨~жа́ть⟩ [4; -егу́,
-ежи́шь, -егу́т] come running; **2.** ⟨-
~гнуть⟩ [20] resort, have recourse (**к**
Д to); ~рега́ть [1], ⟨~ре́чь⟩ [26 г/ж] save
up, reserve

приби|ва́ть [1], ⟨~ть⟩ [-бью, -бьёшь,
etc., → **бить**] nail; *пыль и т. д.* lay, flatten; **к берегу** throw *or* wash ashore
(*mst. impers.*); ~ра́ть [1], ⟨прибра́ть⟩
[-беру́, -рёшь; -бра́л-а, -о; при́бранный]
tidy *or* clean (up); **прибра́ть к рука́м**
lay one's hands on s.th.; take s.o. in
hand; ~ть → ~ва́ть

прибли|жа́ть [1], ⟨~зить⟩ [15] ap-
proach, draw near (**к** Д; *v/i.* -ся); *событие* hasten; *о величинах* approximate;
~же́ние *n* [12] approach(ing); approxi-
mation; ~зи́тельный [14; -лен, -льна]
approximate; ~зить(ся) → ~жа́ть(-ся)

прибо́й *m* [3] surf

прибо́р *m* [1] apparatus; instrument

прибра́ть → прибира́ть

прибре́жный [14] coastal, littoral

прибы|ва́ть [1], ⟨~ть⟩ [-бу́ду, -дешь;
при́был, -а́, -о] arrive (**в** B in, at); *о воде*
rise; ~ль *f* [8] profit, gains *pl.*; ~льный
[14; -лен, -льна] profitable; ~тие *n* [12]
arrival (**в** B in, at; *по* Д upon); ~ть →
~ва́ть

прива́л *m* [1] halt, rest

привезти́ → привози́ть

привере́дливый [14 *sh.*] fastidious;
squeamish

приве́рж|енец *m* [1; -нца] adherent;
~ность *f*[8] devotion; ~ный [14 *sh.*] de-
voted

привести́ → приводи́ть

приве́т *m* [1] greeting(s); regards, compliments *pl.*; *coll.* hello!, hi!; ~ливый

[14 *sh.*] affable; **~ственный** [14] salutatory, welcoming; **~ствие** *n* [12] greeting, welcome; **~ствовать** [7; *pt. a. pf.*] greet, salute; (*одобрять*) welcome

приви|ва́ть [1], ⟨~́ть⟩ [-вью́, -вьёшь, *etc.*, → **вить**] inoculate, vaccinate; *bot.* graft; *привычки и т. д. fig.* cultivate, inculcate; **-ся** take; **~вка** *f* [5; *g/pl.*: -вок] inoculation, vaccination; grafting; **~де́ние** *n* [12] ghost; **~легиро́ванный** [14] privileged; *акции* preferred; **~ле́гия** *f* [7] privilege; **~нчивать** [1], ⟨~ти́ть⟩ [15 *e.*; -нчу́, -нти́шь] screw on; **~ть(ся)** → **~ва́ть(ся)**

при́вкус *m* [1] aftertaste; smack (of) (*a. fig.*)

привле|ка́тельный [14; -лен, -льна] attractive; **~ка́ть** [1], ⟨~́чь⟩ [26] draw, attract; *к работе* recruit (**к** Д in); call (**к** *ответственности* to account); bring (**к** *суду* to trial)

приво́д *m* [1] *tech.* drive, driving gear; **~и́ть** [15], ⟨привести́⟩ [25] bring; lead; result (**к** Д in); (*цитировать*) adduce, cite; *math.* reduce; *в порядок* put, set; *в отчаяние* drive; **~но́й** [14] driving (*ремень и т. д. belt, etc.*)

привози́ть [15], ⟨привезти́⟩ [24] bring (*other than on foot*); import; **~но́й** [14] imported

приво́лье *n* [10] open space, vast expanse; freedom

привы|ка́ть [1], ⟨~́кнуть⟩ [21] get *or* be(come) accustomed *or* used (**к** Д to); **~чка** *f* [5; *g/pl.*: -чек] habit; custom; **~чный** [14; -чен, -чна] habitual, usual

привя́з|анность *f* [8] attachment (to); **~а́ть(ся)** → **~ывать(ся)**; **~чивый** [14 *sh.*] coll. affectionate; (*надоедливый*) obtrusive; **~ывать** [1], ⟨~а́ть⟩ [3] (**к** Д) tie, attach (to); **-ся** become attached; *coll.* pester; **~ь** [8] leash, tether

пригла|си́тельный [14] invitation...; **~ша́ть** [1], ⟨~си́ть⟩ [15 *e.*; -ашу́, -аси́шь; -ашённый] invite (*to* **mst на** В), ask; *врача* call; **~ше́ние** *n* [12] invitation

пригна́ть → **пригоня́ть**

пригов|а́ривать [1], ⟨~ори́ть⟩ [13] sentence; condemn; *impf. coll.* keep saying; **~о́р** *m* [1] sentence; verdict (*a.*

fig.); **~ори́ть** → **~а́ривать**

приго́дный [14; -ден, -дна] → **го́дный**

пригоня́ть [28], ⟨пригна́ть⟩ [-гоню́, -го́нишь; -гна́л, -а́, -о; при́гнанный] fit, adjust

пригор|а́ть [1], ⟨~е́ть⟩ [9] be burnt; **~од** *m* [1] suburb; **~одный** [14] suburban; *поезд и т. д.* local; **~шня** *f* [6; *g/pl.*: -ней & -шен] hand(ful)

пригот|а́вливать(ся) [1] → **~овля́ть(ся)**; **~о́вить(ся)** → **~овля́ть(ся)**; **~овле́ние** *n* [12] preparation (**к** Д for); **~овля́ть** [28], ⟨~о́вить⟩ [14] prepare; **-ся** (*v/i.*) prepare o.s. (**к** Д for)

прида|ва́ть [5], ⟨~́ть⟩ [-да́м, -да́шь, *etc.*, → **дать**; при́дал, -а, -о; при́данный (-ан, -а́, -о)] add; give; *значение* attach; **~ное** *n* [14] dowry; **~точный** [14] supplementary; *gr.* subordinate (*clause*); **~ть** → **~ва́ть**; **~ча** *f* [5]: **в ~чу** in addition

придви|га́ть [1], ⟨~нуть⟩ [20] move up (*v/i.* **-ся**; draw near)

придво́рный [14] court (*of a sovereign or similar dignitary*); courtier (*su. m*)

приде́л|ывать, ⟨~ать⟩ [1] fasten, fix (**к** Д to)

приде́рж|ивать [1], ⟨~а́ть⟩ [4] hold (back); **-ся** *impf.* (P) hold, adhere (to)

придир|а́ться [1], ⟨придра́ться⟩ [-деру́сь, -рёшься; -дра́лся, -ала́сь, -а́лось] (**к** Д) find fault (with), carp *or* cavil (at); **~ка** *f* [5; *g/pl.*: -рок] faultfinding, carping; **~чивый** [14 *sh.*] captious, faultfinding

придира́ться → **придра́ться**

приду́м|ывать, ⟨~ать⟩ [1] think up, devise, invent

прие́з|д *m* [1] arrival (**в** В in); **по ~е** arrival (in, at); **~жа́ть** [1], ⟨прие́хать⟩ [-е́ду, -е́дешь] arrive (*other than on foot* **в** В in, at); **~жий** [17] newly arrived; guest...

прие́м *m* [1] reception; *в университет и т. д.* admission; *лекарства* taking (*способ действия*) way, mode; device; trick; method; **в оди́н ~ём** at one go; **~лемый** [14 *sh.*] acceptable; *допустимый* admissible; **~ёмная** *f* [14] *su.* reception room; waiting room

~ёмник *m* [1] *tech.* receiver; *для детей* reception center, *Brt.* -tre; → **радио-приёмник**; ~ёмный *часы* office; *экзамен* entrance; *отец, сын* foster

при|éхать → **~езжáть**; **~жáть(ся)** → **~жимáть(ся)**; **~жигáть** [1], ⟨~жéчь⟩ [26 г/ж: -жгý, -жжёшь, → жéчь] cauterize; **~жимáть** [1], ⟨~жáть⟩ [-жмý, -жмёшь; -áтый] press, clasp (**к** Д to, on); **-ся** press o.s. (to, against); nestle, cuddle up (to); **~жимистый** [14 *sh.*] tightfisted, stingy; **~з** *m* [1] prize

призвá|ние *n* [12] vocation, calling; **~ть** → **призывáть**

приземл|я́ться [28], ⟨~и́ться⟩ [13] *ae.* land; **~éние** *n* [12] landing, touchdown

призёр *m* [1] prizewinner

при́зма *f* [5] prism

призна|вáть [5], ⟨~ть⟩ [1] (Т; *a.* **за** В) recognize, acknowledge (as); (*сознавáть*) see, admit, own; (*считáть*) find, consider; **-ся** confess (**в** П s.th.), admit; **~ться** *or* **~ю́сь** tell the truth, frankly speaking; **~к** *m* [1] sign; indication; **~ние** *n* [12] acknowledge(e)ment, recognition; **~ние в преступлéнии** confession; declaration (**в любви́** of love); **~тельность** *f* [8] gratitude; **~тельный** [14; -лен, -льна] grateful, thankful (for **за** В); **~ть(ся)** → **~вáть(ся)**

при́зра|к *m* [1] phantom, specter (*Brt.* -tre); **~чный** [14; -чен, -чна] spectral, ghostly; *надéжда* illusory

призы́в *m* [1] appeal, call (**на** В for); *mil.* draft, conscription; **~áть** [1], ⟨призвáть⟩ [-зовý, -вёшь -звáл, -á, -о; при́званный] call, move dawn appeal (**на** В for); *mil.* draft, call up (**на** В for); **~ник** *m* [1 *e.*] draftee, conscript; **~ной** [14]: **~ной вóзраст** call-up age

при́иск *m* [1] mine (*for precious metals*); **золотóй ~** gold field

прийти́(сь) → **приходи́ть(ся)**

прикáз *m* [1] order, command; **~áть** → **~ывать**; **~ывать** [1], ⟨~áть⟩ [3] order, command; give orders

при|кáлывать [1], ⟨~колóть⟩ [17] pin, fasten; **~касáться** [1], ⟨косну́ться⟩ [20] (**к** Д) touch (lightly); **~ки́дывать**

⟨~ки́нуть⟩ [20] weigh; estimate (approximately); **~ки́нуть в умé** *fig.* ponder, weigh up; **-ся** pretend *or* feign to be, act (the Т)

приклáд *m* [1] *винтóвки* butt

приклáд|ной [14] applied; **~ывать** [1], ⟨приложи́ть⟩ [16] (**к** Д) apply (to), put (on); **к письму́ и т. д.** enclose (with); *печáть* affix a seal

приклéи|вать [1], ⟨~ть⟩ [13] paste

приключ|áться *coll.* [1], ⟨~и́ться⟩ [16 *e.*; *3rd p. only*] happen, occur; **~éние** *n* [12] (**~éнческий** [16]) of) adventure(…)

прико́|вывать [1], ⟨~вáть⟩ [7 *e.*; -кую́, -куёшь] chain; *внимáние и т. д.* arrest; **~лáчивать** [1], ⟨~лоти́ть⟩ [15] nail (on, to **к**), fasten with nails; **~ло́ть** → **прикáлывать**; **~мандировáть** [7] *pf.* attach; **~сновéние** *n* [12] touch, contact; **~сну́ться** → **прикасáться**

прикрáс|а *f* [5] *coll.* embellishment; **без ~** unvarnished

прикреп|и́ть(ся) → **~ля́ть(ся)**; **~ля́ть** [28], ⟨~и́ть⟩ [14 *e.*; -плю́, пи́шь; -плённый] fasten; attach; **-ся** register (at, with **к** Д)

прикры́|вáть [1], ⟨~ть⟩ [22] cover; (*защищáть*) protect; **~тие** *n* [12] cover, escort (*a. mil.*); *fig.* cloak

прилáвок *m* [1; -вка] (*shop*) counter

прилагá|тельное *n* [14] *gr.* adjective (*a.* **и́мя ~тельное**); **~ть** [1], ⟨приложи́ть⟩ [16] (**к** Д) enclose; apply (to); *уси́лия* take, make (*efforts*); **~емый** enclosed

прилá|живать [1], ⟨~дить⟩ [15] fit to, adjust to

приле|гáть [1] **1.** (**к** Д) (ad)join, border; **2.** ⟨~чь⟩ [26 г/ж: -ля́гу, -ля́жешь, -ля́гут; -лёг, леглá, -ля́г(те)!] lie down (for a while); **3.** *об одéжде* fit (closely); **~жáние** *n* [12] diligence; **~жный** [14; -жен, -жна] industrious; **~плять** [28], ⟨~пи́ть⟩ [14] stick to; **~тáть** [1], ⟨~тéть⟩ [11] arrive by air, fly in; **~чь** → **~гáть 2**

прили́в *m* [1] flood, flow; *fig. крóви* rush; **~в энéргии** surge of energy; **~вáть** [1], ⟨~ть⟩ [-лью́, -льёшь; → **лить**] flow to; rush to; **~пáть** [1], ⟨**~пнуть**⟩ [21] stick; **~ть → ~вáть**

прили́ч|ие n [12] decency, decorum; **~ный** [14; -чен, -чна] decent, proper; *coll.* сумма и т. д. decent, fair

приложéние n [12] enclosure (*document with a letter etc.*); *журнальное* supplement; *сил и т. д.* application (putting to use); *в книге* appendix, addendum; *gr.* apposition; **~и́ть → прикла́дывать & прилага́ть**

прима́нка f [5; g/pl.: -нок] bait, lure; (*fig.*) enticement

применéние n [12] application; use; **~и́мый** [14 sh.] applicable; **~и́тельно** in conformity with; **~и́ть** [28], ⟨**~и́ть**⟩ [13; -еню́ -е́нишь; -енённый] apply (**к** Д to); use, employ

примéр m [1] example; *привести́ в ~* cite as an example; *не в ~ coll.* unlike; **к ~у** *coll.* —*напримéр*; **~** *напримéр* [1], ⟨**~ить**⟩ [13] try on; fit; **~ка** f [5; g/pl.: -рок] trying on; fitting; **~ный** [14; -рен, -рна] exemplary; (*приблизи́тельный*) approximate; **~я́ть** [28] → **~ивать**

при́месь f [8] admixture; *fig.* touch

примéт|а f [5] mark, sign; *дурная* omen; *на ~те* in view; **~ный → заме́тный**; **~ча́ние** n [12] (foot)note; **~ча́тельный** [14; -лен, -льна] notable, remarkable

примирéние n [12] reconciliation; **~и́тельный** [14; -лен, -льна] conciliatory; **~я́ть(ся)** [28] → **мири́ть(ся)**

примити́вный [14; -вен, -вна] primitive, crude

прим|кну́ть → ~ыка́ть; **~о́рский** [16] coastal, seaside...; **~о́чка** f [5; g/pl.: -чек] lotion; **~у́ла** f [5] primrose; **~ус** m [1] trademark Primus (stove); **~ча́ться** [4 e.; ~мчусь, -чи́шься] *pf.* come in a great hurry; **~ыка́ть** [1], ⟨**~кну́ть**⟩ [20] join (*v/t.* **к** Д); *о здании и т. д. impf.* adjoin

принадл|ежа́ть [4 e.; -жу́, -жи́шь] belong ([к] Д to); **~е́жность** f [8] belonging (**к** Р to); *pl.* accessories

принести́ → приноси́ть

принима́ть [1], ⟨приня́ть⟩ [приму́, -и́мешь; при́нял, -á, -о; при́нятый (-ят, á, -о)] take (*a. over*; **за** В *for*; *measures*); *предложе́ние* accept; *госте́й* receive; *в шко́лу и т. д.* admit (**в, на** В); *закон и т. д.* pass, adopt; *обязанно́сти* assume; **~ на себя́** take (up)on o.s., undertake; **~ на свой счёт** take as referring to o.s.; **-ся** [-ня́лся́ -ла́сь] (**за** В) start, begin; set to, get down to; *coll.* take in hand; *bot., med.* take effect (injections)

приноров́иться [14 e.; -влю́сь, -ви́шься] *pf. coll.* adapt o.s. to

прин|оси́ть [15], ⟨**~ести́**⟩ [24 -с-: -есу́ -ёс, -есла́] bring (*a.* forth, in), *плоды́* yield; make (sacrifice **в** В); **~оси́ть по́льзу** be of use *or* of benefit

прину|ди́тельный [14; -лен, -льна] forced, compulsory, coercive; **~жда́ть** [1], ⟨**~ди́ть**⟩ [15] force, compel, constrain; **~жде́ние** n [12] compulsion, coercion, constraint (**по** Д under)

при́нцип m [1] principle; **в ~е** in principle; **из ~а** on principle; **~иа́льный** [14; -лен, -льна] of principle; guided by principle

приня́|тие n [12] taking, taking up; acceptance; admission (**в, на** В to); *закона и т. д.* passing, adoption; **~тый** [14] customary; **~ть(ся) → принима́ть(ся)**

приобре|та́ть [1], ⟨**~сти́**⟩ [25 -т-] acquire, obtain, get; buy; **~те́ние** n [12] acquisition

приоб|ща́ть [1], ⟨**~щи́ть**⟩ [16 e.; -щу́, -щи́шь; -щённый] (**к** Д) *докуме́нт* file; introduce (to); **-ся** join (in); consort with

приостан|а́вливать [1], ⟨**~ови́ть**⟩ [14] call a halt to (*v/i.* **-ся**); *law* suspend

припа́док m [1; -дка] fit, attack

припа́сы m/pl. [1] supplies, stores; **съестны́е ~** provisions

припа́ять [28] *pf.* solder (**к** Д to)

припе́|в m [1] refrain; **~ка́ть** [1], ⟨**~чь**⟩ [26] *coll.* (of the sun) burn, be hot

припи́с|ка f [5; g/pl.: -сок] postscript; addition; **~ывать** [1], ⟨**~а́ть**⟩ [3] ascribe, attribute (**к** Д to)

припла́та f [5] extra payment

припло́д m [1] increase (in number of *animals*)

приплы|ва́ть [1], ⟨˷сть⟩ [23] swim; sail (**к** Д up to)

приплю́снутый [14] flat (*nose*)

приподн|има́ть [1], ⟨˷я́ть⟩ [-ниму́, -ни́мешь; -по́днял, -á, -o; -по́днятый (-ят, -á, -o)] lift *or* raise (**-ся** rise) (a little); **˷я́тый** [14] *настрое́ние* elated; animated

приполз|а́ть [1], ⟨˷ти́⟩ [24] creep up, in

припом|ина́ть [1], ⟨˷нить⟩ [13] remember, recollect; **он тебе́ это ˷нит** he'll get even with you for this

приправ|а f [5] seasoning; dressing; **˷ля́ть** [28], ⟨˷ить⟩ [14] season; dress

припух|а́ть [1], ⟨˷нуть⟩ [21] swell (a little)

прира|ба́тывать [1], ⟨˷бо́тать⟩ [1] earn in addition

прира́вн|ивать [1], ⟨˷я́ть⟩ [28] equate (with); place on the same footing (as)

прира|ста́ть [1], ⟨˷сти́⟩ [24 -ст-; -стёт; -ро́с, -слá] take; grow (**к** Д to); increase (**на** В by); **˷ще́ние** n [12] increment

приро́д|а f [5] nature; **от ˷ы** by nature, congenitally; **по ˷де** by nature, naturally; **˷ный** [14] natural; *a.* = **˷жде́нный** [14] (in)born, innate; **˷ст** m [1] increase, growth

прируч|а́ть [1], ⟨˷и́ть⟩ [16 *e.*; -чу́, -чи́шь; -чённый] tame

при|са́живаться [1], ⟨˷се́сть⟩ [25; -ся́ду; -сéл] sit down (for a while), take a seat

присв|а́ивать [1], ⟨˷о́ить⟩ [13] appropriate; *сте́пень и т. д.* confer ([up]on Д); **˷о́ить зва́ние** promote to the rank (of); **˷о́ить и́мя** name; **˷ое́ние** n [12] appropriation

присе|да́ть [1], ⟨˷сть⟩ [25; -ся́ду, -сéл] sit down; squat; **˷ст** m [1]: **в оди́н ˷ст** at one sitting; **˷сть** → **˷да́ть & при|са́живаться**

приско́рб|ие n [12] sorrow; regret; **˷ный** [14; -бен, -бна] regrettable, deplorable

присла́ть → **присыла́ть**

прислон|я́ть [28], ⟨˷и́ть⟩ [13] lean (*v/i.* **-ся**; **к** Д against)

прислу́|га f [5] maid; servant; **˷живать** [1] wait (up)on (Д), serve; **˷шиваться**

⟨˷шаться⟩ [1] listen, pay attention (**к** Д to)

присм|а́тривать [1], ⟨˷отре́ть⟩ [9; -отрю́, -о́тришь; -о́тренный] look after (**за** Т); *coll.* *но́вый дом и т. д.* find; **-ся** (**к** Д) peer, look narrowly (at); examine (closely); *к кому́-л.* size s.o. up; *к рабо́те и т. д.* familiarize o.s., get acquainted (with); **˷отр** m [1] care, supervision; surveillance; **˷отре́ть(ся)** → **˷а́тривать(ся)**

присоедин|е́ние n [12] addition; *pol.* annexation; **˷я́ть** [28], ⟨˷и́ть⟩ [13] (**к** Д) join (*a.* **-ся**); connect, attach (to); annex, incorporate

приспосо́б|ить(ся) → **˷ля́ть(ся)**; **˷ле́ние** n [12] adaptation; (*устро́йство*) device; **˷ля́ть** [28], ⟨˷ить⟩ [14] fit, adapt (**-ся** o.s.; **к** Д, **под** В to, for)

приста|ва́ть [5], ⟨˷ть⟩ [-а́ну, -а́нешь] (**к** Д) stick (to); *к кому́-л.* bother, pester; *о ло́дке* put in; *о су́дне* tie up; **˷вить** → **˷вля́ть**; **˷вка** f [5; *g/pl.*: -вок] gr. prefix; **˷вля́ть** [28], ⟨˷вить⟩ [14] (**к** Д) set, put (to), lean (against); (*приде́лать*) add on; **˷льный** [14; -лен, -льна] steadfast, intent; **˷нь** f [8; *from g/pl. e.*] landing stage; quay, wharf, pier; **˷ть** → **˷ва́ть**

пристёгивать [1], ⟨пристегну́ть⟩ [20] button (up), fasten

пристра́|ивать [1], ⟨˷о́ить⟩ [13] (**к** Д) add *or* attach (to); settle; place; provide; **-ся** *coll.* → **устра́иваться**; join

пристра́ст|ие n [12] predilection, weakness (**к** Д for); bias; **˷ный** [14; -тен, -тна] bias(s)ed, partial (**к** Д to)

пристре́ли|вать [1], ⟨˷ть⟩ [13; -стрелю́, -е́лишь] shoot (down)

пристро́|ить(ся) → **˷а́ивать(ся)**; **˷йка** f [5; *g/pl.*: -о́ек] annex(e); out-house

при́ступ m [1] *mil.* assault, onslaught, storm (by Т); *med. fig.* fit, attack; *боли* pang; *боле́зни* bout; **˷а́ть** [1], ⟨˷и́ть⟩ [14] set about, start, begin

прису|жда́ть [1], ⟨˷ди́ть⟩ [15; -ужде́нный] (**к** Д) *law* sentence to; condemn to; *приз и т. д.* award; **˷жде́ние** n [12] awarding; adjudication

прису́тств|ие n [12] presence (in **в** П; of mind *ду́ха*); **˷овать** [7] be present (**на**,

в, при П at); **~ующий** [17] present

прису́щий [17 *sh.*] inherent (in Д)

прис|ыла́ть [1], ⟨~ла́ть⟩ [-шлю́, -шлёшь; при́сланный] send (**за** T for)

прися́|га *f* [5] oath (**под** T on); **~га́ть** [1], ⟨~гну́ть⟩ [20] swear (to); **~жный** [14] juror; **суд ~жных** jury; *coll.* born, inveterate

прита́|иться [13] *pf.* hide; keep quiet; **~скивать** [1], ⟨~щи́ть⟩ [16] drag, haul (**-ся** *coll.* o.s.; **к** Д [up] to); *coll.* bring (come)

притвор|и́ть(ся) → **~я́ть(ся)**; **~ный** [14; -рен, -рна] feigned, pretended, sham; **~ство** *n* [9] pretense, -nce; **~я́ть** [28], ⟨~и́ть⟩ [-орю́ -о́ришь; -о́ренный] leave ajar; **-ся** [13] feign, pretend (to be T); be ajar

притесн|е́ние *n* [12] oppression; **~и́тель** *m* [4] oppressor; **~я́ть** [28], ⟨~и́ть⟩ [13] oppress

притих|а́ть [1], ⟨~нуть⟩ [21] become silent, grow quiet; *ветер* abate

прито́к *m* [1] tributary; influx (*a. fig.*)

прито́м (and) besides

прито́н *m* [1] den

при́торный [14; -рен, -рна] too sweet, cloying (*a. fig.*)

притр|а́гиваться [1], ⟨~о́нуться⟩ [20] touch (*v/t.* **к** Д)

притуп|ля́ть [28], ⟨~и́ть⟩ [14] (**-ся** become) blunt; *fig.* dull

при́тча *f* [5] parable

притя́|гивать [1], ⟨~ну́ть⟩ [19] drag, pull; *о магните* attract; *coll.* → **привлека́ть**; **~жа́тельный** [14] *gr.* possessive; **~же́ние** *n* [12] (*phys.*) attraction; **~за́ние** *n* [12] claim, pretension (**на** В to); **~ну́ть** → **~гивать**

приу|ро́чить [16] *pf.* time, date (for *or* to coincide with **к** Д); **~са́дебный** [14]: **~са́дебный уча́сток** plot adjoining the (farm)house; **~ча́ть** [1], ⟨~чи́ть⟩ [16] accustom; train

при|хва́рывать *coll.* [1], ⟨~хворну́ть⟩ [20] be(come *pf.*) unwell

прихо́д *m* [1] **1.** arrival, coming; **2.** *comm.* receipt(s); **3.** *eccl.* parish; **~и́ть** [15], ⟨прийти́⟩ [приду́, -дёшь; пришёл, -шла́, -ше́дший; *g. pt.:* придя́] come

(to), arrive (**в, на** В in, at, **за** T for); **~и́ть в упа́док** fall into decay; **~и́ть в я́рость** fly into a rage; **~и́ть в го́лову, на ум,** *etc.* think of, cross one's mind, take into one's head; **~и́ть в себя́** (*or* **чу́вство**) come to (o.s.); **-ся** *родственником* be; *праздник* fall (**в** В on, **на** В to); **мне ~ится** I have to, must; **~ский** [16] parish...

прихож|а́нин *m* [1; *pl.* -а́не, -а́н] parishioner; **~ая** *f* [17] → **пере́дняя**

прихот|ли́вый [14 *sh.*] *узор* fanciful; **~ь** *f* [8] whim

прихра́мывать [1] limp slightly

прице́л *m* [1] sight; **~иваться** [1], ⟨~иться⟩ [13] (take) aim (at **в** В)

прице́п *m* [1] trailer; **~ля́ть** [28], ⟨~и́ть⟩ [14] hook on (**к** Д to); couple; **-ся** stick, cling; → *a.* **приста́(ва́)ть**

прича́л *m* [1] mooring; **~ивать** [1], ⟨~ить⟩ [13] moor

прича́|стие *n* [12] *gr.* participle; *eccl.* Communion; the Eucharist; **~стный** [14; -тен, -тна] participating *or* involved (**к** Д in); **~ща́ть** [1], ⟨~сти́ть⟩ [15 *e.*; -ащу́, -асти́шь; -ащённый] administer (**-ся** receive) Communion; **~ще́ние** *n* [12] receiving Communion

причём moreover; in spite of the fact that; while

причёс|ка *f* [5; *g/pl.*: -сок] haircut; hairdo, coiffure; **~ывать** [1], ⟨причеса́ть⟩ [3] do, brush, comb (**-ся** one's hair)

причи́н|а *f* [5] cause; reason (**по** Д for); **по ~е** because of; **по той и́ли ино́й ~е** for some reason or other; **~я́ть** [28], ⟨~и́ть⟩ [13] cause, do

причи|сля́ть [28], ⟨~сли́ть⟩ [13] rank, number (**к** Д among); **~та́ние** *n* [12] (ritual) lamentation; **~та́ть** [1] lament; **~та́ться** [1] be due, (*p.:* **с** P) have to pay

причу́д|а *f* [5] whim, caprice; *характера* oddity; **~ливый** [14 *sh.*] odd; quaint; *coll.* whimsical, fanciful

при|шле́ц *m* [1; -льца] newcomer, stranger; a being from space; **~ши́бленный** *coll.* [14] dejected; **~ши́ть** [-шью, -шьёшь, *etc.* → **шить**] (**к** Д) sew ([on] to); **~щемля́ть** [28], ⟨~щеми́ть⟩ [14 *e.*; -млю́, ми́шь;

-млённый] pinch, squeeze; **~щёпка** f [5; g/pl.: -пок] clothes-peg; **~щу́ривать** [1], ⟨~щу́рить⟩ [13] → **жму́рить**

прию́т m [1] refuge, shelter; **~и́ть** [15 e.; -ючу́, -юти́шь] pf. give shelter (v/i. **-ся**)

прия́|тель m [4], **~тельница** f [5] friend; **~тельский** [16] friendly; **~тный** [14; -тен, -тна] pleasant, pleasing, agreeable

про coll. (В) about, for, of; **~ себя́** to o.s., (read) silently

про́ба f [5] для анализа sample; о золоте standard; на изделии hallmark

пробе́|г m [1] sport run, race; **~га́ть** [1], ⟨~жа́ть⟩ [4 e.; -егу́, -ежи́шь, -гу́т] run (through, over), pass (by); расстояние cover; глазами skim

пробе́л m [1] blank, gap (a. fig.)

проби|ва́ть [1], ⟨~ть⟩ [-бью, -бьёшь; -бе́й(те)!; пробил, -а, -о] break through; pierce, punch; **-ся** fight (or make) one's way (сквозь В through); bot come up; солнце shine through; **~ра́ть** [1], ⟨пробра́ть⟩ [-беру́, -рёшь, → брать] coll. scold; до костей chill (to the bone); **-ся** [-бра́лся, -ла́сь, -ло́сь] force one's way (сквозь В through); steal, slip; **~ка** f [5; g/pl.: -рок] test tube; **~ть(ся)** → **~ва́ть(ся)**

про́бк|а f [5; g/pl.: -бок] cork (material of bottle); stopper, plug; el. fuse; fig. traffic jam; **~овый** [14] cork…

пробле́ма [5] problem; **~ти́чный** [14; -чен, -чна] problematic(al)

про́блеск m [1] gleam; flash; **~ наде́жды** ray of hope

про́б|ный [14] trial…, test…; **экземпля́р** specimen…, sample…; **~ный ка́мень** touchstone (a. fig.); **~овать** [7], ⟨по-⟩ try; на вкус taste

пробо́ина f [5] hole; naut. leak

пробо́р m [1] parting (of the hair)

пробра́ться → **пробира́ться(ся)**

пробу|жда́ть [1], ⟨~ди́ть⟩ [15; -уждённый] waken, rouse; **-ся** awake, wake up; **~жде́ние** n [12] awakening

пробы́ть [-бу́ду, -бу́дешь; про́был, -а, -о] pf. stay

прова́л m [1] collapse; fig. failure; **~ивать** [1], ⟨~и́ть⟩ [13; -алю́, -а́лишь; -а́ленный] на экзамене fail; **~ивай(те)!**

coll. beat it!; **-ся**; collapse, fall in; fail, flunk; (исчезнуть) coll. disappear, vanish

прове́|дать coll. [1] pf. visit; (узнать) find out; **~де́ние** n [12] carrying out, implementation; **~зти́** → **провози́ть**; **~рить** → **~ря́ть**; **~рка** f [5; g/pl.: -рок] inspection, check(up), examination, control; **~ря́ть** [28], ⟨~рить⟩ [13] inspect, examine, check (up on), control; **~сти́** → **проводи́ть**; **~тривать** [1], ⟨~трить⟩ [13] air, ventilate

прови|ни́ться [13] pf. commit an offense (-nce), be guilty (в П of), offend (пе́ред Т р.; в П with); **~нциа́льный** [14; -лен, -льна] mst. fig. provincial; **~нция** f [7] province(s)

про́во|д m [1; pl.: -да́, etc. e.] wire, line; el. lead; **~ди́мость** f [8] conductivity; **~ди́ть** [15] 1. ⟨провести́⟩ [25] lead, a. el. impf. conduct, guide; (осуществлять) carry out (or through), realize, put (into practice); put or get through; pass; spend (время; за Тat); линию и т. д. draw; водопровод и т. д. lay; политику pursue; собрание hold; coll. trick, cheat; 2. **~жа́ть**; **~дка** f [5; g/pl.: -док] installation; el. wiring; tel. line, wire(s); **~дни́к** m [1 e.] guide; rail., el. conductor (Brt. rail. guard); **~жа́ть** [1], ⟨~ди́ть⟩ [15] see (off), accompany; глазами follow with one's eyes; **~з** m [1] conveyance; transport(ation)

провозгла|ша́ть [1], ⟨~си́ть⟩ [15 e.; -ашу́, -аси́шь; -ашённый] proclaim; тост propose

провози́ть [15], ⟨провезти́⟩ [24] convey, transport, bring (with one)

провока́|тор m [1] agent provocateur; instigator; **~ция** f [7] provocation

про́вол|ока f [5] wire; **~очка** coll. f [5; g/pl.: -чек] delay (с Т in), protraction

прово́р|ный [14; -рен, -рна] quick, nimble, deft; **~ство** n [9] quickness, nimbleness, deftness

провоци́ровать [7] (im)pf., a. ⟨с-⟩ provoke (на В to)

прогада́ть [1] pf. coll. miscalculate (на П by)

прога́лина *f* [5] glade

прогл|а́тывать [1], ⟨~оти́ть⟩ [15] swallow, gulp; *coll.* **~а́тывать язы́к** lose one's tongue; **~я́дывать** [1] **1.** ⟨~яде́ть⟩ [11] overlook; (*просматривать*) look over (*or* through); **2.** ⟨~яну́ть⟩ [19] peep out, appear

прогн|а́ть → **прогоня́ть**; **~о́з** *m* [1] (*пого́ды*) (weather) forecast; *med.* prognosis

прого|ва́ривать [1], ⟨~вори́ть⟩ [13] say; talk; **-ся** blab (out) (*v/t.* **о** П); **~лода́ться** [1] *pf.* get *or* feel hungry; **~ня́ть** [28] ⟨прогна́ть⟩ [-гоню́, -го́нишь; -гна́л, -а́, -о; про́гнанный] drive (away); *coll.* **рабо́ты** fire; **~ра́ть** [1], ⟨~ре́ть⟩ [9] burn through; *coll.* (*обанкротиться*) go bust

прого́рклый [14] rancid

програ́мм|а *f* [5] program(me *Brt.*); **~и́ровать** [1] program(me); **~и́ст** *m* [1] (computer) program(m)er

прогре́сс *m* [1] progress; **~и́вный** [14; -вен, -вна] progressive; **~и́ровать** [1] (make) progress; *о болезни* get progressively worse

прогрыз|а́ть [1], ⟨~ть⟩ [24; *pt. st.*] gnaw *or* bite through

прогу́л *m* [1] truancy; absence from work; **~ивать** [1], ⟨~я́ть⟩ [28] shirk (work); play truant; **-ся** take (*or* go for a) walk; **~ка** *f* [5; *g/pl.*: -лок] walk (**на** В for), stroll, *верхом* ride; **~ьщик** *m* [1] shirker; truant; **~я́ть(ся)** → **~ивать(ся)**

прода|ва́ть [5], ⟨~ть⟩ [-да́м, -да́шь, *etc.*, → **дать**; про́дал, -а́, -о; про́данный (про́дан, -а́, -о)] sell; **-ся** (*v/i.*); *a.* be for *or* on sale; **~ве́ц** *m* [1; -вца́], **~вщи́ца** *f* [5] seller, sales(wo)man, (store) clerk, *Brt.* shop assistant; **~жа** *f* [5] sale (**в** П on; **в** В for); **~жный** [14] for sale; *цена́* sale; [-жен, -жна] venal, corrupt; **~ть(ся)** → **~ва́ть(ся)**

продви|га́ть [1], ⟨~нуть⟩ [20] move, push (ahead); **-ся** advance; **~же́ние** *n* [12] advance(ment)

проде́л|ать → **~ывать**; **~ка** *f* [5; *g/pl.*: -лок] trick, prank; **~ывать**, ⟨~ать⟩ [1] *отве́рстие* break through, make; *pa-*

боту и т. д. carry through *or* out, do

проде́ть [-де́ну, -де́нешь; -де́нь (-те), -де́тый] *pf.* pass, run through; *ни́тку* thread

продл|ева́ть [1], ⟨~и́ть⟩ [13] extend, prolong; **~е́ние** *n* [12] extension, prolongation

продово́льств|енный [14] food…; grocery…; **~ие** *n* [12] food(stuffs), provisions *pl.*

продол|гова́тый [14 *sh.*] oblong; **~жа́тель** *m* [4] continuer; **~жа́ть** [1], ⟨~жить⟩ [16] continue, go on; lengthen, prolong; **-ся** last; **~же́ние** *n* [12] continuation; *романа* sequel; **~же́ние сле́дует** to be continued; **~жи́тельность** *f* [8] duration; **~жи́тельный** [14; -лен, -льна] long; protracted; **~жить(ся)** → **~жа́ть(ся)**; **~ьный** [14] longitudinal

продро́гнуть [21] *pf.* be chilled to the marrow

проду́к|т *m* [1] product; *pl. a.* foodstuffs; **~ти́вный** [14; -вен, -вна] productive, fruitful; **~то́вый** [14] grocery (store); **~ция** *f* [7] production, output

проду́м|ывать, ⟨~ать⟩ [1] think over, think out

про|еда́ть [1], ⟨~е́сть⟩ [-е́м, -е́шь, *etc.*, → **есть**¹] eat through, corrode; *coll.* spend on food

прое́з|д *m* [1] passage, thoroughfare; **~да нет!** "no thoroughfare!"; **~до́м** on the way, en route; **пла́та за ~д** fare; **~ди́ть** → **~жа́ть**; **~дно́й** [14]: **~дно́й биле́т** season ticket; **~жа́ть** [1], ⟨про́ехать⟩ [-е́ду, -е́дешь; -езжа́й(те)!] pass; drive *or* ride through (*or* past, by); travel; **-ся** take a drive *or* ride; **~жий** [17] (through) travel(l)er; passerby; transient; **~жая доро́га** thoroughfare

прое́к|т *m* [1] project, plan, scheme; *доку́мента* draft; **~ти́ровать** [7], ⟨с-⟩ project; plan; design; **~ция** *f* [7] *math.* projection; view

прое́|сть → **~да́ть**; **~хать** → **~зжа́ть**

прожё́ктор *m* [1] searchlight

прожи|ва́ть [1], ⟨~ть⟩ [-иву́, -иве́шь; про́жил, -а́, -о; про́житый (про́жит, -а́, -о)] live; *pf.* spend; **~га́ть** [1], ⟨прожё́чь⟩ [26 г/ж: -жгу́, -жжё́шь] burn (through)

~**га́ть жизнь** *coll.* live fast; **∠точный** [14]: **∠точный ми́нимум** *m* living *or* subsistence wage; **∠ть → ∠ва́ть**

прожо́рлив|ость *f* [8] gluttony, voracity; **∼ый** [14 *sh.*] gluttonous

про́за *f* [5] prose; **∼ик** *m* [1] prose writer; **∼и́ческий** [16] prosaic; prose…

про́з|вище *n* [11] nickname; *по* **∼зви́щу** nicknamed; **∼зва́ть → ∼зыва́ть**; **∼зева́ть** *coll.* [1] *pf.* miss; let slip; **∼зорли́вый** [14 *sh.*] perspicacious; **∼зра́чный** [14; -чен, -чна] transparent; *a. fig.* limpid; **∼зре́ть** [9] *pf.* recover one's sight; begin to see clearly; perceive; **∼зыва́ть** [1], ⟨∼зва́ть⟩ [-зову́, -вёшь; -зва́л, -á, -о; про́званный] (Т) nickname; **∼зяба́ть** [1] vegetate; **∼зя́бнуть** [21] *coll.* → **продро́гнуть**

прои́гр|ывать [1], ⟨∼а́ть⟩ [1] lose (at play); *coll.* play; **-ся** lose all one's money; **∼ыш** *m* [1] loss (*в* П)

произв|еде́ние *n* [12] work, product(ion); **∼вести́ → ∼оди́ть**; **∼оди́тель** *m* [4] producer; (*animal*) male parent, sire; **∼оди́тельность** *f* [8] productivity; *завода* output; **∼оди́тельный** [14; -лен, -льна] productive; **∼оди́ть** [15], ⟨∼ести́⟩ [25] (**-ся** *impf.* be) make (made), carry (-ried) out, execute(d); effect(ed); (*tech. usu. impf.*) produce(d); *на свет* bring forth; *impf.* derive (d; *от* P from); **∼о́дный** [14] *слово* derivative (*a. su. f math*.); **∼о́дственный** [14] production…; manufacturing; works…; **∼о́дство** *n* [9] production, manufacture; *coll.* plant, works, factory (**на** П at)

произв|о́л *m* [1] arbitrariness; *судьбы* mercy; tyranny; **∼во́льный** [14; -лен, -льна] arbitrary; **∼носи́ть** [15], ⟨∼нести́⟩ [24 -с-] pronounce; *речь* deliver, make; utter; **∼ноше́ние** *n* [12] pronunciation; **∼ойти́ → происходи́ть**

про́ис|ки *m/pl.* intrigues; **∼ходи́ть** [15], ⟨произойти́⟩ [-зойдёт; -зошёл, -шла́; *g. pt.:* произойдя́] take place, happen; (*возникать*) arise, result (**от** P from); *о человеке* descend (**от** P from, **из** P from); **∼хожде́ние** *n* [12] origin (by [= birth] **по** Д), descent; **∼ше́ствие**

n [12] incident, occurrence, event

про|йти́(сь) → ∼ходи́ть & ∼ха́живаться

прок *coll. m* [1] → **по́льза**

прока́з|а *f* [5] **1.** prank, mischief; **2.** *med.* leprosy; **∼ник** *m* [1], **∼ница** *f* [5] → *coll.* **шалу́н(ья)**; **∼ничать** [1] *coll.* → **шали́ть**

прока́|лывать [1], ⟨проколо́ть⟩ [17] pierce; perforate; *шину* puncture; **∼пывать** [1], ⟨прокопа́ть⟩ [1] dig (through); **∼рмливать** [1], ⟨прокорми́ть⟩ [14] support, nourish; feed

прока́т *m* [1] hire (**на** B for); *фильма* distribution; **∼и́ть(ся)** [15] *pf.* give (take) a drive *or* ride; **∼ывать** ⟨∼а́ть⟩ [1] mangle; ride; **-ся** → *coll.* **∼и́ться**

прокла́д|ка *f* [5; *g/pl.:* -док] *трубопро́вода* laying; *доро́ги* construction; *tech.* gasket, packing; **∼ывать** [1], ⟨проложи́ть⟩ [16] lay (*a.* = build); *fig.* pave; force (one's *way* себе́); *между* interlay

прокл|ина́ть [1], ⟨∼я́сть⟩ [-яну́, -янёшь; про́клял, -á, -о; про́клятый (про́клят, -á, -о)] curse, damn; **∼я́тие** *n* [12] damnation; **∼я́тый** [14] cursed, damned

проко́|л *m* [1] perforation; *mot.* puncture; **∼ло́ть → прока́лывать**; **∼па́ть → прока́пывать**; **∼рми́ть → прока́рмливать**

прокра́|дываться [1], ⟨∼сться⟩ [25; *pt. st.*] steal, go stealthily

прокуро́р *m* [1] public prosecutor; *на суде́* counsel for the prosecution

про|лага́ть → ∼кла́дывать; ∼ла́мывать, ⟨∼лома́ть⟩ [1] & ⟨∼ломи́ть⟩ [14] break (through; *v/i.* **-ся**); fracture; **∼лега́ть** [1] lie; run; **∼леза́ть** [1], ⟨∼ле́зть⟩ [24 *st.*] climb *or* get (in[to], through); **∼лёт** *m* [1] flight; *моста* span; *лестни́цы* well; **∼летариа́т** *m* [1] proletariat; **∼лета́рий** *m* [3], **∼лета́рский** [16] proletarian; **∼лета́ть** [1], ⟨∼лете́ть⟩ [11] fly (covering a certain distance); fly (past, by, over); *fig.* flash, flit

проли́в *m* [1] strait (*e.g.* **∼в Паде́-Кале́** Strait of Dover [the Pas de Calais]); **∼ва́ть** [1], ⟨∼ть⟩ [-лью, -льёшь; ле́й(те)!; про́лило; про́ли́тый (про́ли́т, -á, -о) spill; (*v/i.* **-ся**); *слёзы, свет* shed;

~вно́й [14]: ~вно́й дождь pouring rain, pelting rain; ~ть → ~ва́ть

проло́г|m [1] prologue; ~жи́ть → прокла́дывать; ~м m [1] breach; ~ма́ть, ~ми́ть → прола́мывать

про́мах m [1] miss; blunder (make дать or сде́лать a. slip, fail); coll. он па́рень не ~ he is no fool; ~иваться [1], ⟨~ну́ться⟩ [20] miss

промедле́ние n [12] delay; procrastination

промежу́то|к m [1; -тка] interval (в П at; в B of); period; ~чный [14] intermediate

проме|лькну́ть → мелькну́ть; ~нивать [1], ⟨~ня́ть⟩ [28] exchange (на B for); ~рза́ть [1], ⟨~рзнуть⟩ [21] freeze (through); coll. → продро́гнуть

промо|ка́ть [1], ⟨~кнуть⟩ [21] get soaked or drenched; impf. only let water through; not be water proof; ~лча́ть [4 e.; -чу, -чи́шь] pf. keep silent; ~чи́ть [16] pf. get soaked or drenched

промтова́ры m/pl. [1] manufactured goods (other than food stuffs)

промча́ться [4] pf. dart, tear or fly (past, by)

промы|ва́ть [1], ⟨~ть⟩ [22] wash (out, away); med. bathe, irrigate

про́мы|сел m [1; -сла]: наро́дные ~слы folk crafts; ~сло́вый [14]: ~сло́вый сезо́н fishing (hunting, etc.) season; ~ть → ~ва́ть

промышлен|ник m [1] manufacturer, industrialist; ~ность f [8] industry; ~ный [14] industrial

пронести́(сь) → проноси́ть(ся)

прон|за́ть [1], ⟨~зи́ть⟩ [15 e.; -нжу́, -нзи́шь; -нзённый] pierce, stab; ~зи́тельный [14; -лен, -льна] shrill, piercing; взгляд penetrating; ~изывать [1], ⟨~иза́ть⟩ [3] penetrate, pierce

прони|ка́ть [1], ⟨~кнуть⟩ [21] penetrate; permeate (че́рез through); get (in); -ся be imbued (T with); ~кнове́ние n [12] penetration; fig. fervo(u)r; ~кнове́нный [14; -вен, -нна] heartfelt; ~цаемый [14 sh.] permeable; ~ца́тельный [14; -лен, -льна] penetrating, searching;

челове́к acute, shrewd

про|носи́ть [15] 1. ⟨~нести́⟩ [24 -с-: -есу́ -ёс, -есла́] carry (through, by, away) -ся, ⟨-сь⟩ о пуле, камне fly (past, by) pass or слухи spread (swiftly); 2. pf coll. wear out; ~ны́рливый [14 sh.] crafty; pushy; ~ню́хать [1] coll. get wind of

прообраз m [1] prototype

пропага́нда f [5] propaganda

пропа|да́ть [1], ⟨~сть⟩ [25; pt. st.] get or be lost; да́ром go to waste; be (missing a. ~сть без вести; интере́с lose, vanish; ~жа f [5] loss; ~сть¹ → ~да́ть '~сть² f [8] precipice, abyss; на кра́ю '~сти on the verge of disaster; coll ~много lots or a lot (of)

пропива́ть [1], ⟨~ть⟩ [-пью, -пьёшь -пей(те)!; про́пил, -а́, -о; про́питый (про́пит, -а́, -о)] spend on drink

пропи|са́ть(ся) → ~сывать(ся); ~ска [5; g/pl.: -сок] registration; ~но́й [14 capital, → бу́ква; ~на́я и́стина truism ~сывать [1], ⟨~а́ть⟩ [3] med. prescribe (Л for); register (v/i. -ся); ~ью (write) ir full

пропи|тывать, ⟨~та́ть⟩ [1] (-ся be[-come]) steeped in, saturate(d; T with); ~ть → ~ва́ть

проплы|ва́ть [1], ⟨~ть⟩ [23] swim or sail (by); float, drift (by, past); fig. joc. swim (by, past)

propovéд|ник m [1] preacher; ~овать [1] preach; fig. advocate; ~ь ('про-) [8] eccl. sermon

пропол|за́ть [1], ⟨~зти́⟩ [24] creep crawl (by, through, under); ~ка f [5 weeding

пропорциона́льный [14; -лен, -льна proportional, proportionate

про́пус|к m [1] 1. [pl.: -ки] omission blank; (отсутствие) absence; 2 [pl.: -ка́, etc. e.] pass, permit; admissior ~ка́ть [1], ⟨~ти́ть⟩ [15] let pass (o through), admit; (опусти́ть) omit; за́ нятие и т. д. miss; let slip; impf (течь) leak

прора|ба́тывать, ⟨~бо́тать⟩ coll. study; ~ста́ть [1], ⟨~сти́⟩ [24 -ст- -стёт; -рос, -росла́] germinate; sprout shoot (of plant)

прорва́ть(ся) → прорыва́ть(ся)

проре́з|ать [1], ⟨~а́ть⟩ [3] cut through; -ся о зуба́х cut through (teeth)

проре́ха f [5] slit, tear

проро́|к m [1] prophet; ~чи́ть [13; -очу́, -о́чишь; -о́ченный] pf. utter; ~ческий [16] prophetic; ~чество n [9] prophecy; ~чить [16] prophesy

проруба́ть [1], ⟨~и́ть⟩ [14] cut (through); ~ь f [8] hole cut in ice

прорыв́ m [1] break; breach; ~ыва́ть [1] 1. ⟨~ва́ть⟩ [-ву́, -вёшь; -ва́л, -а́, -о; про́рванный (-ан, -á, -о)] break through; -ся (v/i.) break through; burst open; force one's way; 2. ⟨~ы́ть⟩ [22] dig (through)

про|са́чиваться [1], ⟨~сочи́ться⟩ [16 е.; 3rd p. only] ooze (out), percolate; ~сверли́ть [13] pf. drill, bore (through)

просве́т m [1] в облака́х gap; (щель) chink; fig. ray of hope; ~ти́ть → ~ща́ть & ~чива́ть 2.; ~тле́ть [8] pf. clear up, brighten up; ~чива́ть [1] 1. shine through, be seen; 2. ⟨~ти́ть⟩ [15] med. X-ray; ~ща́ть [1], ⟨~ти́ть⟩ [15 е.; -ещу́, -ети́шь; -ещённый] enlighten, educate, instruct; ~ще́ние n [12] education; ☉ще́ние Enlightenment

про́|седь f [8] streaks of gray (Brt. grey), grizzly hair; ~се́ивать [1], ⟨~се́ять⟩ [27] sift; ~се́ка f [5] cutting, opening (in a forest); ~сёлочный [14]: ~сёлочная доро́га country road, cart track, unmetalled road; ~се́ять → ~се́ивать

проси́|живать [1], ⟨~де́ть⟩ [11] sit (up), stay, remain (for a certain time); над чем-л. spend; ~ть [15], ⟨по-⟩ ask (B/о П; у P/Р p. for), beg, request; (пригласи́ть) invite; intercede (за В for); прошу́, про́сят a. please; прошу́! please come in!; -ся (в, на В) ask (for; leave [to enter, go]); ~я́ть [28] pf. begin to shine; light up

проск|ользну́ть [20] pf. slip, creep (в В in); ~очи́ть [16] pf. rush by, tear by; slip through; fall between or through

просл|авля́ть [28], ⟨~а́вить⟩ [14] glorify, make (-ся become) famous; ~еди́ть [15 е.; -ежу́, -еди́шь, -еженный] pf.

track down; trace; ~ези́ться [15 е.; -ежу́сь, -ези́шься] pf. shed (a few) tears

просло́йка f [5; g/pl.: -оек] layer

про|слу́шать [1] pf. hear; (through); med. auscultate; coll. miss, not catch (what is said e.g.); ~сма́тривать [1], ⟨~смотре́ть⟩ [9; -отрю́, -о́тришь; -о́тренный] survey; view; look through or over; (не заме́тить) overlook; ~смо́тр m [1] докуме́нтов examination, survey; review (о фи́льме тж. preview); ~сну́ться → ~сыпа́ться; ~со n [9] millet; ~со́вывать [1], ⟨~су́нуть⟩ [20] pass or push (through); ~со́хнуть → ~сыха́ть; ~сочи́ться → ~са́чиваться; ~спа́ть → ~сыпа́ть

проспе́кт[1] m [1] avenue

проспе́кт[2] m [1] prospectus

просро́ч|ивать [1], ⟨~ить⟩ [16] let lapse or expire; exceed the time limit; ~ка f [5; g/pl.: -чек] expiration; (превыше́ние сро́ка) exceeding

прост|а́ивать [1], ⟨~оя́ть⟩ [-ою́, -ои́шь] stand stay (for a certain time); tech. stand idle; ~а́к m [1 е.] simpleton

прост|ира́ть [1], ⟨~ере́ть⟩ [12] stretch (v/i. -ся), extend

прости́тельный [14; -лен, -льна] pardonable, excusable

проститу́тка f [5; g/pl.: -ток] prostitute

прости́ть(ся) → проща́ть(ся)

простоду́ш|ие n [12] naiveté; ~ный [14; -шен, -шна] ingenuous, artless; simple-minded

просто́|й[1] [14; прост, -á, -о; comp.: про́ще] simple, plain; easy; мане́ры и т. д. unaffected, unpretentious; о лю́дях ordinary, common; math. prime

просто́й[2] m [3] stoppage, standstill

простоква́ша f [5] sour milk, yog(h)urt

просто́р m [1] open (space); freedom (на П in); fig. scope; ~ре́чие n [12] popular speech; common parlance; ~рный [14; -рен, -рна] spacious, roomy; ~та́ f [5] simplicity; naiveté; ~я́ть → проста́ивать

простра́н|ный [14; -áнен, -áнна] vast; о ре́чи, письме́ long-winded, verbose; ~ство n [9] space; expanse

простра́ция f [7] prostration, complete

physical *or* mental exhaustion

прострел *m* [1] *coll.* lumbago; **~ивать** [1], ⟨**~ить**⟩ [13; -елю, -елишь; -елённый] shoot (through)

просту|да *f* [5] common cold; **~жать** [1], ⟨**~дить**⟩ [15] chill; **-ся** catch a cold

проступок *m* [1; -пка] misdeed; offense (-ce); *law* misdemeano(u)r

простыня *f* [6; *pl.*: простыни, -ынь, *etc. e.*] (bed) sheet

просу|нуть → **просовывать**; **~шивать** [1], ⟨**~шить**⟩ [16] dry thoroughly

просчитаться [1] *pf.* miscalculate

просыпать [1], ⟨**~проспать**⟩ [-плю, -пишь; -спал, -á, o] oversleep; sleep; *coll.* miss (by sleeping); **~ся**, ⟨**проснуться**⟩ [20] awake, wake up

прос|ыхать [1], ⟨**~óхнуть**⟩ [21] get dry, dry out

просьба *f* [5] request (*по* П at; *о* П for); please (don't **не** + *inf.*) **у меня к вам ~** I have a favo(u)r to ask you

про|талкивать [1], *once* ⟨**~толкнуть**⟩ [20], *coll.* ⟨**~толкать**⟩ [1] push (through); **-ся** force one's way (through); **~тáптывать** [1], ⟨**~топтáть**⟩ [3] *дорожку* tread; **~тáскивать** [1], ⟨**~тащить**⟩ [16] carry *or* drag (past, by); *coll.* smuggle in

протез ('tes) *m* [1] prosthetic appliance; artificial limb; **зубной ~** false teeth, dentures

проте|кáть [1], ⟨**~чь**⟩ [26] *impf. only* (of a river *or* stream) flow, run (by); *лодка* leak; *pf.* *время* pass, elapse; take its course; **~кция** *f* [7] patronage; **~реть** → **протирáть**; **~ст** *m* [1], **~стовáть** [7], *v/t.* (*im*)*pf.* & ⟨о-⟩ protest; **~чь** → **~кáть**

против (P) against; opposite; *быть or иметь* **~** (have) object(ion; to), mind; **~иться** [14], ⟨вос-⟩ (Д) oppose, object; **~ник** *m* [1] opponent, adversary; enemy; **~ный**¹ [14; -вен, -вна] repugnant, disgusting, offensive, nasty; **~ный**² opposite, contrary; opposing, opposed; **мне ~но** *a.* I hate; **в ~ном случае** otherwise

противо|вес *m* [1] counterbalance; **~воздушный** [14] antiaircraft...; **~воз-**

душная оборóна air defense (-ce); **~действие** *n* [12] counteraction; (*co противление*) resistance; **~действовать** [7] counteract; resist; **~естествен ный** [14 *sh.*] unnatural; **~закóнный** [14; -óнен, -óнна] unlawful, illegal; **~за чáточный** [14] contraceptive; **~пока зáние** *n* [12] *med.* contra-indication; **~полóжность** *f* [8] contrast, oppositio (*в* В in); antithesis; **~полóжный** [14; -жен, -жна] opposite; contrary, op posed; **~поставлять** [28], ⟨-поставить⟩ [14] oppose; **~поставлéние** *n* [12] op position; **~ракéтный** [14] antimissile **~речивый** [14 *sh.*] contradictory; **~рéчие** *n* [12] contradiction; **~рéчить** [16] (Д) contradict; **~стоять** [-ойю, -ойшь] (Д) withstand; stand against **~ядие** *n* [12] antidote

про|тирáть [1], ⟨**~терéть**⟩ [12] wea (through); *стекло* wipe; **~ткнуть** → **~тыкáть**; **~токóл** *m* [1] **~токоли́ро вать** [7] [*im*]*pf.*, *a.*, ⟨за-⟩ take dow (the) minutes *pl.*, record; *su. a.* protoco **~толкáть**, **~толкнуть** → **~тáлкивать ~топтáть** → **~тáптывать**; **~тóренный** [14] *дорога* beaten well-trodden; **~то тип** *m* [1] prototype; **~тóчный** [14] flow ing, running; **~трезвля́ться** [28] ⟨**~трезви́ться**⟩ [14 *e.*; -влюсь, -ви́шьс -влённый] sober up; **~тыкáть** [1], *once* ⟨**~ткнуть**⟩ [20] pierce, skewer; transfix

протя́|гивать [1], ⟨**~нуть**⟩ [19] stretcl (out), extend, hold out; (*передавать*) pass; **~жéние** *n* [12] extent, stretcl (*на* П over, along); (*of time*) space (*на* П for, during); **~жный** [14; -жен -жна] *звук* drawn-out; **~нуть** → **~гивать**

проучи́ть *coll.* [16] *pf.* teach a lesson

профессионáльный [14] professional trade... (*e.g.* trade union → **профс союз**); **~ия** *f* [7] profession, trade (*по* Д by); **~ор** *m* [1; *pl.*: -рá, *etc. e.*] profes sor; **~ýра** *f* [5] professorship; *collect.* the professors

прóфиль *m* [4] **1.** profile; **2. ~ учи́лища** type of school or college

профóрма *coll. f* [5] form, formality

профсою́з *m* [1], **~ный** [14] trade union

про|хáживаться [1], ⟨~йти́сь⟩ [-йду́сь, -йдёшься; -шёлся, -шлáсь⟩ (go for a) walk, stroll; *coll.* have a go at s.o. (**на чей-либо счёт**); **~хвóст** *coll. m* [1] scoundrel

прохлáд|а *f* [5] coolness; **~йтельный** [14; -лен, льна]: **~йтельные напи́тки** soft drinks; **~ный** [14; -ден, -дна] cool (*a. fig.*), fresh

прохó|д *m* [1] passage, pass; *anat.* duct (**зáдний ~д** anus); **~ди́мец** *m* [1; -мца] rogue, scoundrel; **~ди́мость** *f* [8] *дороги* passability; *anat.* permeability; **~ди́ть** [15], ⟨пройти́⟩ [пройду́, -дёшь; прошёл; шéдший; прóйденный; *g. pt.:* пройдя́] pass, go (by, through, over, along); take a ... course, be; **~днóй** [14] двор (with a) through passage; **~ждéние** *n* [12] passage, passing; **~жий** *m* [17] passerby

процветáть [1] prosper, thrive

проце|ду́ра *f* [5] procedure; **~жива́ть** [1], ⟨~ди́ть⟩ [15] filter, strain; **~нт** *m* [1] percent(age) (**на** B by); (*usu. pl.*) interest; *стáвка* **~нта** rate of interest; **~сс** *m* [1] process; *law* trial (**на** П at); **~ссия** [7] procession

прочéсть → прочи́тывать

прóч|ий [17] other; *n & pl. a. su.* the rest; **и ~ее** and so on *or* forth, *etc.*; **~им** by the way, incidentally; *помимо всего́ ~его* in addition

прочи|стить → **~щáть**; **~тывать**, ⟨~тáть⟩ [1] & ⟨прочéсть⟩ [25 -т-: -чту́, -тёшь; -чёл, -члá; *g. pt.:* -чтя́, -чтённый] read (through); **~ть** [16] intend (for), have s.o. in mind (**в** B as); *ycнé* destine (for); **~щáть** [1], ⟨~стить⟩ [15] clean

прóчн|ость *f* [8] durability, firmness; **~ый** [14; -чен, -чна; -о] firm, solid, strong; *мир* lasting; *знáния* sound

прочтéние *n* [12] reading; perusal; *fig.* interpretation

прочь away → *долóй; я не ~* + *inf. coll.* I wouldn't mind ...ing

прош|éдший [17] past, last (*a. su. n* **~éдшее** the past); *gr.* past (tense); **~éствие** *n* [12] → *истечéние; ~логóдний* [15] last year's; **~лый** [14] past (*a. su. n* **~лое**), bygone; **~мыгну́ть** *coll.* [20]

pf. slip, whisk (by, past)

прощáй(те)**!** farewell!, goodbye(e)!, adieu!; **~áльный** [14] farewell...; *словá* parting; **~áние** *n* [12] parting (**при** П, **на** B when, at), leavetaking, farewell; **~áть** [1], ⟨прости́ть⟩ [15 *е.;* -ощу́, -ости́шь; -ощённый] forgive (p. Д), excuse, pardon; **-ся** (**с** T) take leave (of), say goodby (to); **~éние** *n* [12] forgiveness, pardon

проявля́|тель *m* [4] *phot.* developer; **~и́ть(ся)** → **~ля́ть(ся)**; **~лéние** *n* [12] manifestation, display, demonstration; *phot.* development; **~ля́ть** [28], ⟨~и́ть⟩ [14] show, display, manifest; *phot.* develop

проясн|я́ться [28], ⟨~и́ться⟩ [13] (*of weather*) clear up (*a. fig.*); brighten

пруд *m* [1 *е.;* **в ~у́**] pond

пружи́на *f* [5] spring; *скры́тая* **~** motive

прут *m* [1; *a. е.; pl.:* -ья, -ьев] twig; *желéзный* rod

пры́|гать [1], *once* ⟨~гнуть⟩ [20] jump, spring, leap; **~гу́н** *m* [1 *е.*] (*sport*) jumper; **~жóк** *m* [1; -жкá] jump, leap, bound; *в воду* dive; **~ткий** [16; -ток, -тка, -о] nimble, quick; **~ть** *coll. f* [8] agility; speed (**во всю** at full); **~щ** *m* [1 *е.*], **~щик** *m* [1] pimple

пряди́льный [14] spinning

пря́|дь *f* [8] lock, tress, strand; **~жа** *f* [5] yarn; **~жка** *f* [5; *g/pl.:* -жек] buckle

прям|изнá *f* [5] straightness; **~óй** [14; прям, -á, -о] straight (*a.* = bee) line (**~áя** *su. f*); direct (*a. gr.*); *rail* through...; **~óй** *su.* right; *fig.* straight (-forward), downright, outspoken, frank; **~áя кишкá** rectum; **~олинéйный** [14; -éен, -éйна] rectilinear; *fig.*; → **~óй** *fig.*; **~отá** *f* [5] straightforwardness, frankness; **~уго́льник** *m* [1] rectangle; **~уго́льный** [14] rectangular

пря́н|ик *m* [1] *имби́рный* gingerbread; *медóвый* **~ик** honeycake; **~ость** *f* [8] spice; **~ый** [14 *sh.*] spicy, *fig.* piquant

прясть [25; -ял, -á, -о], ⟨с-⟩ spin

пря́т|ать [3], ⟨с-⟩ hide (*v/i.* **-ся**), conceal; **~ки** *f/pl.* [5; *gen.:* -ток] hide-and-seek

псалó|м *m* [1; -лмá] psalm; **~ты́рь** *f* [8] Psalter

псевдони́м *m* [1] pseudonym

псих|иа́тр *m* [1] psychiatrist; **~ика** *f* [5] state of mind; psyche; mentality; **~и́ческий** [16] mental, psychic(al); **~и́ческое заболева́ние** mental illness; **~о́лог** *m* [1] psychologist; **~оло́гия** *f* [7] psychology

птене́ц [1; -нца́] nestling, fledgling

пти́|ца *f* [5] bird; **дома́шняя ~ца** collect. poultry; **~цево́дство** *n* [9] poultry farming; **~чий** [18] bird('s); poultry...; **вид с ~чьего полёта** bird's-eye view; **~чка** *f* [5; *g/pl.*: -чек] (*галочка*) tick

пу́бли|ка *f* [5] audience; public; **~ка́ция** *f* [7] publication; **~кова́ть** [7], ⟨о-⟩ publish; **~цист** *m* [1] publicist; **~чный** [14] public; **~чный дом** brothel

пу́г|ало *n* [9] scarecrow; **~а́ть** [1], ⟨ис-, на-⟩, *once* ⟨~ну́ть⟩ [20] **(-ся** be) frighten(ed; of P), scare(d); **~ли́вый** [14 *sh.*] timid, fearful

пу́говица *f* [5] button

пу́дель *m* [4; *pl. a. etc. e.*] poodle

пу́др|а *f* [5] powder; **са́харная ~а** powdered (*Brt.* caster) sugar; **~еница** *f* [5] powder compact; **~ить** [13], ⟨на-⟩ powder

пуз|а́тый P [14 *sh.*] paunchy; **~о** P *n* [9] paunch, potbelly

пузыр|ёк *m* [1; -рька́] vial; *a. dim.* → **~ь** *m* [4 *e.*] bubble; *anat.* bladder; coll. **на коже** blister

пулемёт *m* [1] machine gun

пульвериза́тор *m* [1] spray(er); **~с** *m* [1] pulse; coll. **щу́пать ~с** feel the pulse; **~си́ровать** [7] puls(at)e; **~т** *m* [1] conductor's stand; *tech.* control panel *or* desk

пу́ля *f* [6] bullet

пункт *m* [1] point, station; place, spot; *докуме́нта* item, clause, article; **по ~ам** point by point; **~и́р** *m* [1] dotted line; **~уа́льность** *f* [8] punctuality; accuracy; **~уа́льный** [14; -лен, -льна] punctual; accurate; **~уа́ция** *f* [7] punctuation

пунцо́вый [1] crimson

пунш *m* [1] punch (*drink*)

пуп|о́к *m* [1; -пка́], coll. **~** *m* [1 *e.*] navel

пурга́ *f* [5] blizzard, snowstorm

пу́рпур *m* [1], **~ный**, **~овый** [14] purple

пуск *m* [1] (*a.* **~ в ход**) start(ing), setting in operation; **~а́й** → coll. **пусть**; **~а́ть** [1], ⟨пусти́ть⟩ [15] let (go; in[to]), set going, in motion *or* operation [*a.* **~а́ть в ход**]; start; (*бро́сить*) throw; *корни* take root; *fig.* begin; **в прода́жу** offer (*for sale*); **~а́ть под отко́с** derail; **~а́ться** (+ *inf.*) **в путь** start (...ing; *v/ct.* **в** B), set out (**в** B on); begin, undertake; enter upon

пуст|е́ть [8], ⟨о-, за-⟩ become empty *or* deserted; **~и́ть** → **пуска́ть**

пусто́й [14; пуст, -о́, -о] empty; *наде́жда, разгово́р* vain, idle (talk **~о́е**; *n su.* → *a.* **~я́к**); *ме́сто* vacant; *взгляд* blank; *geol. поро́да* barren rock; (*по́лый*) hollow; **~ота́** *f* [5; *pl. st.*: -о́ты] emptiness; void; *phys.* vacuum

пусты́|нный [14; -ынен, -ынна] uninhabited, deserted; **~ня** *f* [6] desert, wilderness; **~рь** *m* [4 *e.*] waste land; **~шка** *f* [5; *g/pl.*: -шек] coll. baby's dummy; *fig.* hollow man

пусть let (him, *etc.* + *vb.*; **~ [он]** + *vb.* 3rd *p.*); even (if)

пустя́|к coll. *m* [1 *e.*] trifle; *pl* (it's) nothing; **па́ра ~ко́в** child's play; **~ко́вый**, **~чный** coll. [14] trifling, trivial

пу́та|ница *f* [5] confusion, muddle; mess; **~ть** [1], ⟨за-, с-, пере-⟩ **(-ся** get) confuse(d), muddle(d), mix(ed) up, entangled, **-ся под нога́ми** get in the way

путёвка *f* [5; *g/pl.*: -вок] pass, authorization (*for a place on a tour, in a holiday home, etc.*)

путе|води́тель *m* [4] guide(book) (**по** to); **~во́дный** [14] *звезда́* lodestar; **~во́й** [14] travel(l)ing; **~вы́е заме́тки** travel notes

путеше́ств|енник *m* [1] travel(l)er; **~ие** *n* [12] journey, trip; voyage, *море́м* cruise; **~овать** [7] travel (**по** Д through)

пу́т|ник *m* [1] travel(l)er, wayfarer; **~ный** coll. [14] → **де́льный**

путч *m* [1] *pol.* coup, putsch

пут|ь *m* [8 *e.*; *instr/sg.*: -тём] way (*a. fig.* [in] *that* way **~ём**, *a.* by means of P); road, path; *rail* track, line; (*спо́соб*) means; (*пое́здка*) trip, journey (**в** B *or* П on); route; **в** *or* **по ~й** on the way; in passing; **нам по ~й I** (we) am (are) going the same way (**с** Tas); **быть на ло́жном ~й** be on the wrong track

пух *m* [1; в -ху́] down, fluff; **в ~ (и прах)** (*defeat*) utterly, totally; **~ленький** *coll.* [16], **~лый** [14; пухл, -á, -o] chubby, plump; **~нуть** [21], ⟨рас-⟩ swell; **~о́вый** [14] downy

пучи́на *f* [5] gulf, abyss (*a. fig.*)

пучо́к *m* [1; -чка́] bunch; *coll.* bun (hair-do)

пу́ш|ечный [14] gun…, cannon…; **~и́нка** *f* [5; *g/pl.*: -нок] down, fluff; **~и́стый** [14 *sh.*] downy, fluffy; **~ка** *f* [5; *g/pl.*: -шек] gun, cannon; **~ни́на** *f* [5] *collect.* furs, pelts *pl.*; **~но́й** [14] fur…; **~о́к** *coll. m* [1; -шка́] fluff

пчел|á *f* [5; *pl. st.*: пчёлы] bee; **~ово́д** *m* [1] beekeeper; **~ово́дство** *n* [9] beekeeping

пшен|и́ца *f* [5] wheat; **~и́чный** [14] wheaten; **пшённый** ('рʃо-) [14] millet…; **~ó** *n* [9] millet

пыл *m* [1] *fig.* ardo(u)r, zeal; **в ~у́ сраже́ния** in the heat of the battle; **~áть** [1], ⟨за-⟩ blaze, flame, *о лице* glow, burn; rage; (T) *гневом*, **~есо́с** *m* [1] vacuum cleaner; **~и́нка** *f* [5; *g/pl.*: -нок] mote, speck of dust; **~и́ть** [13], ⟨за-⟩ get dusty; **-ся** be(come) dusty; **~кий** [16; -лок, -лка́, -o] ardent, passionate

пыль *f* [8; в пыли́] dust; **~ный** [14; -лен, -льна́, -o] dusty (*a.* = **в -ли́**); **~ца́** *f* [5] pollen

пыт|а́ть [1] torture; **~а́ться** [1], ⟨по-⟩ try, attempt; **~ка** *f* [5; *g/pl.*: -ток] torture; **~ли́вый** [14 *sh.*] inquisitive, searching

пыхте́ть [11] puff, pant; *coll.* **~ над чем-либо** sweat over something

пы́шн|ость *f* [8] splendo(u)r, pomp; **~ый** [14; -шен, -шна́, -o] magnificent,

splendid, sumptuous; *волосы, расти́тельность* luxuriant, rich

пьедеста́л *m* [1] pedestal

пье́са *f* [5] *thea.* play; *mus.* piece

пьян|е́ть [8], ⟨о-⟩ get drunk (*a. fig.*; from, on **от** P); **~ица** *m/f* [5] drunkard; **~ство** *n* [9] drunkenness; **~ствовать** [7] drink heavily; *coll.* booze; **~ый** [14; пьян, -á, -o] drunk(en), *a. fig.* (**от** P with)

пюре́ (-'re) *n* [*indecl.*] purée; **карто́фельное ~** mashed potatoes *pl.*

пята́ *f* [5; *nom/pl. st.*] heel; **ходи́ть за кем-л. по ~м** follow on s.o.'s heels

пят|а́к *coll. m* [1 *e.*], **~ачо́к** *coll. m* [1; -чка́] five-kopeck (*Brt.* -copeck) coin; **~ёрка** *f* [5; *g/pl.*: -рок] five (→ **дво́йка**); *coll.* **~** отли́чно; five-ruble (*Brt.* -rouble) note; **~еро** [37] five (→ **дво́е**)

пяти|деся́тый [14] fiftieth; **~деся́тые го́ды** *pl.* the fifties; → **пя́тый**; **~ле́тний** [15] five-year (old), of five; **~со́тый** [14] five hundredth

пя́титься [15], ⟨по-⟩ (move) back

пя́тк|а *f* [5; *g/pl.*: -ток] heel (take to one's heels **показа́ть ~и**)

пятна́дцат|ый [14] fifteenth; → **пя́тый**; **~ь** [35] fifteen; → **пять**

пятни́стый [14 *sh.*] spotted, dappled

пя́тн|ица *f* [5] Friday (on: **в** B; *pl.*: **по** Д); **~ó** *n* [9; *pl. st.*; *g/pl.*: -тен] spot, stain (*a. fig.*), blot(ch) (*pl.* **в** B with); **роди́мое ~ó** birthmark

пя́т|ый [14] fifth; (*page, chapter, etc.*) five; **~ая** *f su. math.* a fifth (*part*); **~ое** *n su.* the fifth (*date*; on P: **~ого**; → **число́**); **~ь мину́т ~ого** five (minutes) past four; **~ь** [35] five; **без ~и (мину́т) час (два**, *etc.*, [часá], five (minutes) to one (two, *etc.* [o'clock]); **~ь**, *etc.* (**часо́в**) five, *etc.* (o'clock); **~ьдеся́т** [35] fifty; **~ьсо́т** [36] five hundred; **~ью** five times

P

раб *m* [1 *e.*], **~á** *f* [5] slave

рабóт|а *f* [5] work (*за* T; *на* П at); job; labo(u)r, toil; *качество* workmanship; **~ать** [1] work (*над* T on; *на* В for; T as); labo(u)r, toil; *tech.* run, operate; *магазин и т. д.* be open; **~ник** *m* [1], **~ница** *f* [5] worker, working (wo)man; day labo(u)rer, (farm)hand; official; functionary; employee; *научный* scientist; **~одáтель** *m* [4] employer, *coll.* boss; **~оспосóбный** [14; -бен, -бна] able-bodied; hard-working; **~я́щий** [17 *sh.*] industrious

ráб|ский [16] slave...; slavish, servile; **~ство** *n* [9] slavery, servitude; **~ы́ня** *f* [6] → **~á**

ráв|енство *n* [9] equality; **~ни́на** *f* [5] *geog.* plain; **~нó** alike; as well as; *всё* **~нó** it's all the same, it doesn't matter; anyway, in any case; *не всё ли* **~нó?** what's the difference?

равно|вéсие *n* [12] balance (*a. fig.*), equilibrium; **~дýшие** *n* [12] indifference (*к* Д to); **~дýшный** [14; -шен, -шна] indifferent (*к* Д to); **~мéрный** [14; -рен, -рна] uniform, even; **~прáвие** *n* [12] equality (of rights); **~прáвный** [14; -вен, -вна] (enjoying) equal (rights); **~си́льный** [14; -лен, -льна] of equal strength; tantamount to; equivalent; **~цéнный** [14; -éнен, -éнна] equal (in value)

рáвн|ый [14; рáвен, -внá] equal (*a. su.*); **~ым óбразом** → **~ó**; *ему́ нет* **~ого** he is unrivalled; **~я́ть** [28], ⟨с-⟩ equalize; *coll.* compare with, treat as equal to; (*v/i.* **-ся**; *a.* be [equal to Д])

рад [14; рáда] (be) glad (Д at, of; *a.* to see p.), pleased, delighted; *не* **~** (be) sorry; regret

радáр *m* [1] radar

рáди (P) for the sake of; for (...'s sake); for

радиáтор *m* [1] radiator

радикáл [1], **~ьный** [14; -лен, -льна] radical

рáдио *n* [*indecl.*] radio (*по* Д on); **~актúвность** *f* [8] radioactivity; **~актúвный** [14; -вен, -вна] radioactive; **~актúвное загрязнéние (осáдки)** radioactive contamination (fallout); **~вещáние** *n* [12] broadcasting (system); **~любúтель** *m* [4] radio amateur; **~передáча** *f* [5] (radio) broadcast, transmission; **~приёмник** *m* [1] radio set; receiver; **~слýшатель** *m* [4] listener; **~стáнция** *f* [7] radio station; **~телефóн** *m* [1] radiotelephone

радúст *m* [1] radio operator

рáдиус *m* [1] radius

рáдо|вать [7], ⟨об-, по-⟩ (В) gladden, please; **-ся** (Д) rejoice (at), be glad *or* pleased (of, at); **~стный** [14; -тен, -тна] joyful, glad; merry; **~сть** *f* [8] joy, gladness; pleasure

рáду|га *f* [5] rainbow; **~жный** [14] iridescent, rainbow...; *fig.* rosy; **~жная оболóчка** *anat.* iris

радýш|ие *n* [12] cordiality; kindness; (*гостеприи́мство*) hospitality; **~ный** [14; -шен, -шна] kindly, hearty; hospitable

раз *m* [1; *pl. e.*, *gen.* раз] time ([*в*] В this, *etc.*); one; *одúн* **~** once; *два* **~а** twice; *ни* **~у** not once, never; *не* **~** repeatedly; *как* **~** just (in time *coll.* *в сáмый* → *a.* **впóру**), the very; *вот тебé* **~** → *на²*

разба|влять [28], ⟨**~вить**⟩ [14] dilute; **~лтывать** *coll.*, ⟨разболтáть⟩ [1] blab out, give away

разбéг *m* [1] running start, run (with, at *c* Р); **~áться** [1], ⟨**~жáться**⟩ [4; -егýсь, -ежи́шься, -егýтся] take a run; *в рáзные стóроны* scatter; *у меня́ глазá* **~жáлись** I was dazzled

разби|вáть [1], ⟨**~ть**⟩ [разобью́, -бьёшь; разбéй(те)!; -úтый] break (to pieces); crash, crush; defeat (*a. mil.*); ⟨*разде-*

лить) divide up (into **на** В); *парк* lay out; *палатку* pitch; *колено и т. д.* hurt badly; *доводы и т. д.* smash; **-ся** break; get broken; *на группы* break up, divide; hurt o.s. badly; **~ра́тельство** *n* [9] examination, investigation; **~ра́ть** [1], ⟨разобра́ть⟩ [разберу́, -рёшь; разобра́л, -á, -о; -обранный] take to pieces, dismantle; *дом* pull down; *дело* investigate, inquire into; (*различать*) make out, decipher, understand; *вещи* sort out; (*раскупать*) buy up; **-ся** (**в** П) grasp, understand; **~тый** [14 *sh.*] broken; *coll.* (*усталый*) jaded; **~ть(ся)** → **~ва́ть(ся)**

разбо́й *m* [3] robbery; **~ник** *m* [1] robber; *joc.* (little) rogue; scamp

разболта́ть → **разба́лтывать**

разбо́р *m* [1] analysis; *произведения* review, critique; *дела* investigation, inquiry (into); *без ~у coll.* indiscriminately; **~ка** *f* [5] taking to pieces, dismantling; (*сортировка*) sorting (out); **~ный** [14] collapsible; **~чивость** *f* [8] *почерка* legibility; *о человеке* scrupulousness; **~чивый** [14 *sh.*] scrupulous, fastidious; legible

разбра́|сывать, ⟨~оса́ть⟩ [1] scatter, throw about; strew; **~да́ться** [1], ⟨~сти́сь⟩ [25] disperse; **~óд** [1] disorder; **~óсанный** [14] sparse, scattered; **~оса́ть** → **~а́сывать**

разбух|а́ть [1], ⟨~нуть⟩ [21] swell

разва́л *m* [1] collapse, breakdown; disintegration; **без ~а**, ⟨~и́ть⟩ [13; -алю́, -а́лишь] pull (*or* break) down; disorganize; **-ся** fall to pieces, collapse; *coll.* *в кресле* collapse, sprawl; **~ины** *f pl.* [5] ruins (*coll. a. sg. = p.*)

ра́зве really; perhaps; only; except that

развева́ться [1] fly, flutter, flap

разве́д|ать → **~ывать**; **~ение** *n* [12] breeding; *растений* cultivation; **~ённый** [14] divorced; divorcé(e) *su.*; **~ка** *f* [5; *g/pl.*: -док] *mil.* reconnaissance; intelligence service; *geol.* prospecting; **~чик** *m* [1] scout; intelligence officer; reconnaissance aircraft; **~ывательный** [14] reconnaissance.; **~ывать**, ⟨~ать⟩ [1] reconnoiter (*Brt.*

-tre); *geol.* prospect; *coll.* find out

разве|зти́ → **развози́ть**; **~нча́ть** [1] *pf.* *fig.* debunk

развёр|нутый [14] (*широкомасшта́бный*) large-scale; detailed; **~тывать** [1], ⟨развернуть⟩ [20] unfold, unroll, unwrap; *mil.* deploy; *fig.* develop; (**-ся** *v/i.*; *a.* turn)

разве|сно́й [14] sold by weight; **~сить** → **~шивать**; **~сти́(сь)** → **разводи́ть(ся)**; **~твле́ние** *n* [12] ramification, branching; **~твля́ться** [28], ⟨~тви́ться⟩ [14 *e.*; *3*rd *p. only*] ramify, branch; **~шивать** [1], ⟨~сить⟩ [15] weigh (out); *бельё* hang (out); **~ять** [27] *pf.* disperse; *сомнения* dispel

разви|ва́ть [1], ⟨~ть⟩ [разовью, -вьёшь; развей(те)!; развил, -á, -о; -ви́тый (ра́звит, -á, -о)] develop (*v/i.* **-ся**); evolve; **~нчивать** [1], ⟨~нти́ть⟩ [15 *e.*; -нчу, -нти́шь; -нченный] unscrew; **~тие** *n* [12] development, evolution; **~то́й** [14; ра́звит, -á, -о] developed; *ребёнок* advanced, well-developed; **~ть(ся)** → **~ва́ть(ся)**

развле|ка́ть [1], ⟨~чь⟩ [26] entertain, amuse (**-ся** o.s.); (*развлечь отвлекая*) divert; **~че́ние** *n* [12] entertainment, amusement; diversion

разво́д *m* [1] divorce; *быть в ~e* be divorced; **~и́ть** [15], ⟨развести́⟩ [25] take (along), bring; divorce (**с** T from); (*растворить*) dilute; *животных* rear, breed; *agric.* plant, cultivate; *огонь* light, make; *мост* raise; **-ся**, ⟨-сь⟩ get *or* be divorced (**с** T from); *coll.* multiply, grow *or* increase in number

раз|вози́ть [15], ⟨~везти́⟩ [24] *товары* deliver; *гостей* drive; **~вора́чивать** *coll.* → **~вёртывать**

развра́|т *m* [1] debauchery; depravity; **~ти́ть(ся)** → **~ща́ть(ся)**; **~тник** *m* [1] profligate; debauchee, rake; **~тный** [14; -тен, -тна] depraved, corrupt; **~ща́ть** [1], ⟨~ти́ть⟩ [15 *e.*; -ащу́, -ати́шь; -ащённый] (**-ся** become) deprave(d), debauch(ed), corrupt; **~щённость** *f* [8] depravity

развя́з|ать → **~ывать**; **~ка** *f* [5; *g/pl.*: -зок] *lit.* denouement; outcome; upshot; *дело идёт к ~ке* things are coming to a head; **~ный** [14; -зен, -зна] forward, (overly) familiar; **~ывать** [1], ⟨**~áть**⟩ [3] untie, undo; *fig. войну* unleash; *coll. язык* loosen; **-ся** come untied; *coll. (освободиться)* be through (*с* T with)

разгад|áть → **~ывать**; **~ка** [5; *g/pl.:* -док] solution; **~ывать**, ⟨**~áть**⟩ [1] guess; *загáдку* solve

разгáр *m* [1] (*в П or* В) **в ~е** *спóра* in the heat of; *в ~е лéта* at the height of; *в пóлном ~е* in full swing

раз|гибáть [1], ⟨**~огнýть**⟩ [20] unbend, straighten (**-ся** *o.s.*)

разгла|живать [1], ⟨**~дить**⟩[15] smooth out; *швы и т. д.* iron, press; **~шáть** [1], ⟨**~сить**⟩ [15 *е.;* -ашý, -асишь; -ашённый] divulge, give away, let out

разгляд|éть [11] *pf.* make out; discern; **~ывать** [1] examine, scrutinize

разгнéванный [14] angry

разгов|áривать [1] talk (*с* T to, with; *о* П about, of), converse, speak; **~óр** *m* [1] talk, conversation; → **речь**; *переменить тéму ~óра* change the subject; **~óрный** [14] colloquial; **~óрчивый** [14 *sh.*] talkative, loquacious

разгóн *m* [1] dispersal; *a.* → **разбéг**; **~áть** [28], ⟨**разогнáть**⟩ [разгоню, -óнишь; разгнáл, -á, -о; разóгнанный] drive away, disperse; *тоскý и т. д.* dispel; *coll.* drive at high speed; **-ся** gather speed; gather momentum

разгор|áться [1], ⟨**~éться**⟩ [9] flare up; *щёки* flush

разгра|блять [28], ⟨**~бить**⟩ [14], **~блéние** *n* [12] plunder, pillage, loot; **~ничéние** *n* [12] delimitation, differentiation; **~ничивать** [1], ⟨**~ничить**⟩ [16] demarcate, delimit; *обязанности* divide

разгрóм *m* [1] *mil., etc.* crushing defeat, rout; *coll. (полный беспорядок)* havoc, devastation, chaos

разгру|жáть [1], ⟨**~зить**⟩ [15 & 15 *е.;* -ужý, -ýзишь; -уженный & -ужённый] (**-ся** be) unload(ed); **~зка** *f* [5; *g/pl.:* -зок] unloading

разгýл *m* [1] (*кутёж*) revelry, carousal; *шовинизма* outburst of; **~ивать** F [1]

stroll, saunter; **-ся**, ⟨**~Áться**⟩ [28] *о погóде* clear up; **~ьный** *coll.* [14; -лен, -льна]: **~ьный óбраз жи́зни** life of dissipation

разда|вáть [5], ⟨**~ть**⟩ [-дáм, -дáшь, *etc.* → **дать**; рóздал, раздалá, рóздало; рóзданный, (-ан, раздана́, рóздано)] distribute; dispense; give (*cards:* deal) out; **-ся** (re)sound, ring out, be heard; **~вливать** [1] → **давить 2.**; **~ть(ся)** → **~вáть(ся)**; **~ча** *f* [5] distribution

раздавáться → двои́ться

раздви|гáть [1], ⟨**~нуть**⟩ [20] part, move apart; *занавески* draw back; **~жнóй** [14] *стол* expanding; *дверь* sliding

раздвоéние *n* [12] division into two, bifurcation; **~ ли́чности** *med.* split personality

раздева́|лка *coll. f* [5; *g/pl.:* -лок] checkroom, cloakroom; **~ть** [1], ⟨**раздéть**⟩ [-дéну, -дéнешь; -дéтый] undress (*v/i.* **-ся**) strip (of)

раздéл *m* [1] division; *книги* section; **~áться** *coll.* [1] *pf.* get rid *or* be quit (*с* То); **~éние** *n* [12] division (*на* В into); **~и́тельный** [14] dividing; *gr.* disjunctive; **~и́ть(ся)** → **~я́ть(ся)** & **дели́ть(ся)**; **~ьный** [14] separate; (*отчётливый*) distinct; **~я́ть** [28], ⟨**~и́ть**⟩ [13; -елю́, -éлишь; -елённый] divide (*на* В into; *a.* [-ed] by); separate; *гóре и т. д.* share; **-ся** (be) divide(d)

раздéть(ся) → раздевáться

раз|дирáть *coll.* [1], ⟨**~одрáть**⟩ [раздерý, -рёшь; раздрал, -á, -о; -óдранный] *impf.* rend; *pf. coll.* tear up; **~добы́ть** *coll.* [-бýду, -бýдешь] *pf.* get, procure, come by

раздóлье *n* [10] → **привóлье**

раздóр *m* [1] discord, contention; *я́блоко ~а* bone of contention

раздосáдованный *coll.* [14] angry

раздраж|áть [1], ⟨**~и́ть**⟩ [16 *е.;* -жý, -жишь; -жённый] irritate, provoke, vex, annoy; **-ся** become irritated; **~éние** *n* [12] irritation; **~и́тельный** [14; -лен, -льна] irritable, short-tempered; **~и́ть(ся)** → **~áть(ся)**

раздробл|éние *n* [12] breaking, smashing to pieces; **~я́ть** [28] → **дроби́ть**

разду́|ва́ть [1], ⟨~ть⟩ [18] fan; blow, blow about; (*распухнуть*) swell; (*преувеличивать*) inflate; exaggerate; **-ся** swell

разду́м|ывать, ⟨~ать⟩ [1] (*передумать*) change one's mind; *impf.* deliberate, consider; **не ~ывая** without a moment's thought; **~ье** *n* [10] thought(s), meditation; (*сомнение*) doubt(s)

разду́ть(ся) → **раздува́ть(ся)**

раз|ева́ть *coll.* [1], ⟨~и́нуть⟩ [20] open wide; **~ева́ть рот** gape; **~жа́лобить** [14] *pf.* move to pity; **~жа́ть** → **~жима́ть**; **~жёвывать**, ⟨~жева́ть⟩ [7 *e.*; -жую́, -жуёшь] chew; **~жига́ть** [1], ⟨~жéчь⟩ [г/ж: -зожгу́, -зожжёшь; -жгут; разжёг, -зожгла́; разожжённый] kindle (*a. fig.*); *страсти* rouse; *вражду* stir up; **~жима́ть** [1], ⟨~жа́ть⟩ [разожму́, -мёшь; разжа́тый] unclasp, undo; **~и́нуть** → **~ева́ть**; **~и́ня** *coll. m/f* [6] scatterbrain; **~и́тельный** [14; -лен, -льна] striking; **~и́ть** [13] reek (Т of)

раз|лага́ть [1], ⟨~ложи́ть⟩ [16] break down, decompose; (*v/i.* **-ся**); (become) demoralize(d), corrupt(ed); go to pieces; **~ла́д** *m* [1] discord; **~ла́живаться** [1], ⟨~ла́диться⟩ [1] get out of order; *coll.* go wrong; **~ла́мывать** [1], ⟨~лома́ть⟩ [1], ⟨~ломи́ть⟩ [14] break (in pieces); **~лета́ться** [1], ⟨~лете́ться⟩ [11] fly (away, asunder); *coll.* shatter (to pieces); *надежды* come to naught; *о новостях и т. д.* spread quickly

разли́|в *m* [1] flood; **~ва́ть** [1], ⟨~ть⟩ [разолью́, -льёшь; → **лить**; -ле́й(те); -и́л, -á, -о; -и́тый (-и́т, -á, -о)] spill; pour out; bottle; *суп и т. д.* ladle; **-ся** (*v/i.*) flood, overflow

различ|а́ть [1], ⟨~и́ть⟩ [16 *e.*; -чу́, -чи́шь; -чённый] (*отличать*) distinguish; (*разглядеть*) discern; **-ся** *impf.* differ (Т, **по** Д in); **~ие** *n* [12] distinction, difference; **~и́тельный** [14] distinctive; **~и́ть** → **~а́ть**; **~ный** [14; -чен, -чна] different, various, diverse

разлож|éние *n* [12] decomposition, decay; *fig.* corruption; **~и́ть(ся)** → *разлага́ть (-ся)* & *раскла́дывать*

разлом|а́ть, **~и́ть** → *разла́мывать*

разлу́|ка *f* [5] separation (**с** Т from), parting; **~ча́ть** [1], ⟨~чи́ть⟩ [16 *e.*; -чу́, -чи́шь; -чённый] separate (*v/i.* **-ся**; **с** Т from), part

разма́|зывать [1], ⟨~зать⟩ [3] smear, spread; **~тывать** [1], ⟨размота́ть⟩ unwind, uncoil; **~х** *m* [1] swing; span (*ae. & fig.*); sweep; *маятника* amplitude; *fig.* scope; **~хивать** [1], *once* ⟨~хну́ть⟩ [20] (Т) swing, sway; *саблей и т. д.* brandish; gesticulate; **-ся** lift (one's hand); *fig.* do things in a big way; **~шистый** *coll.* [14 *sh.*] *шаг, жест* wide; *почерк* bold

разме|жёвывать [7] *pf.* delimit, demarcate; **~льча́ть** [1], ⟨~льчи́ть⟩ [16 *e.*; -чу́, -чи́шь; -чённый] pulverize

размéн [1], **~ивать** [1], ⟨~я́ть⟩ [28] (ex)change (**на** В for); **~ный** [14]: **~ная монéта** small change

размéр *m* [1] size, dimension(s); rate (**в** П at); amount; scale; extent; **в широ́ких ~ах** on a large scale; **доска́ ~ом 0.2 х 2 мéтра** board measuring 0.2 х 2 meters, *Brt.* -tres; **~енный** [14 *sh.*] measured; **~я́ть** [28], ⟨~ить⟩ [13] measure (off)

разме|сти́ть → **~ща́ть**; **~ча́ть** [1], ⟨~тить⟩ [15] mark (out); **~шивать** [1], ⟨~ша́ть⟩ [1] stir (up); **~ща́ть** [1], ⟨~сти́ть⟩ [15 *e.*; -ещу́, -ести́шь; -ещённый] place; lodge, accommodate (**в** П, **по** Д in, at, with); (*распределить*) distribute; stow; **~ще́ние** *n* [12] distribution; accommodation; arrangement, order; *груза* stowage; *mil.* stationing, quartering; *fin.* placing, investment

разми|на́ть [1], ⟨размя́ть⟩ [разомну́, -нёшь; размя́тый] knead; *coll.* **ноги** stretch (one's legs); **~ну́ться** *coll. pf.* [20] *о письмах* cross; miss o.a.

размнож|а́ть [1], ⟨~ить⟩ [16] multiply; duplicate; (*v/i.* **-ся**); reproduce; breed; **~éние** *n* [12] multiplication; mimeographing; *biol.* propagation, reproduction; **~ить(ся)** → **~а́ть(ся)**

размо|зжи́ть [16 *e.*; -жу́, -жи́шь; -жжённый] *pf.* smash; **~ка́ть** [1], ⟨~кнуть⟩ [21] get soaked; **~лвка** *f* [5; *g/pl.*: -вок] tiff, quarrel; **~ло́ть** [17;

-мелю́, -ме́лешь] grind; **~та́ть** → **разма́тывать**; **~чи́ть** [16] *pf.* soak; steep

размыва́|ть [1], ⟨**~ть**⟩ [22] *geol.* wash away; erode; **~ка́ть** [1], ⟨**разомкну́ть**⟩ [20] open (*mil.* order, ranks); disconnect, break (*el.* circuit); **~ть** → **~ва́ть**

размышл|е́ние *n* [12] reflection (**о** П on), thought; *по зре́лому ~е́нию* on second thoughts; **~я́ть** [28] reflect, meditate (**о** П on)

.**размягч|а́ть** [1], ⟨**~и́ть**⟩ [16 *e.*; -чу́, -чи́шь; -чённый] soften; *fig.* mollify

раз|мя́ть → **~мина́ть**; **~на́шивать**, ⟨**~носи́ть**⟩ [15] *туфли* wear in; **~нести́** → **~носи́ть 1.**; **~нима́ть** [1], ⟨**~ня́ть**⟩ [-ниму́, -ни́мешь; -на́л & ро́знял, -а́, -о; -ня́тый (-ня́т, -а́, -о)] *деру́щихся* separate, part

ра́зница *f* [5; *sg. only*; -цей] difference

разнобо́й *m* [3] disagreement; *в де́йствиях* lack of coordination

разно|ви́дность *f* [8] variety; **~гла́сие** *n* [12] discord, disagreement; difference; (*расхожде́ние*) discrepancy; **~кали́берный** *coll.* [14], **~ма́стный** [14; -тен, -тна] → **~шёрстный**; **~обра́зие** *n* [12] variety, diversity, multiplicity; **~обра́зный** [14; -зен, -зна] varied, various; **~реч...** → **противоре́ч...**; **~ро́дный** [14; -ден, -дна] heterogeneous

разно́с *m* [1] *почты* delivery; *coll.* **уст-ро́йть** **~** give s.o. a dressingdown; **~и́ть** [15] **1.** ⟨**разнести́**⟩ [25 -с-] deliver (*по* Д to, at), carry; *слухи и т. д.* spread; (*разбить*) smash, destroy; *ве́тром* scatter; *coll.* ⟨*распу́хнуть*⟩ swell; **2.** → **разна́шивать**

разно|сторо́нний [15; -онен, -о́нна] many-sided; *fig.* versatile; *math.* scalene; **~сть** *f* [8] difference; **~счик** *m* [1] peddler (*Brt.* pedlar); *газе́т* delivery boy; **~счик телегра́мм** one delivering telegrams; **~цве́тный** [14; -тен, -тна] of different colo(u)rs; multicolo(u)red; **~шёрстный** [14; -тен, -тна] *coll. пу́блика* motley, mixed

разну́зданный [14 *sh.*] unbridled

ра́зн|ый [14] various, different, diverse; **~я́ть** → **~има́ть**

разо|блача́ть [1], ⟨**~блачи́ть**⟩ [16 *e.*; -чу́,

-чи́шь; -чённый] *eccl.* disrobe, divest; *fig.* expose, unmask; **~блаче́ние** *n* [12] exposure, unmasking; **~бра́ть(ся)** → **разбира́ть(ся)**; **~гна́ть(ся)** → **разгоня́ть(ся)**; **~гну́ть(ся)** → **разгиба́ть(ся)**; **~грева́ть** [1], ⟨**~гре́ть**⟩ [8; -е́тый] warm (up); **~де́тый** *coll.* [14 *sh.*] dressed up; **~дра́ть** → **раздира́ть**; **~йти́сь** → **расходи́ться**; **~мкну́ть** → **размыка́ть**; **~рва́ть(ся)** → **разрыва́ть(ся)**

разоре́|ние *n* [12] *fig.* ruin; *в результа́те войны́* devastation; **~и́тельный** [14; -лен, -льна] ruinous; **~и́ть(ся)** → **~я́ть(ся)**; **~ужа́ть** [1], ⟨**~ужи́ть**⟩ [16 *e.*; -жу́, -жи́шь; -жённый] disarm (*v/i.* **-ся**); **~уже́ние** *n* [12] disarmament; **~я́ть** [28], ⟨**~и́ть**⟩ [13] ruin; devastate; (**-ся** be ruined, bankrupt)

разосла́ть → **рассыла́ть**

разостла́ть → **расстила́ть**

разочаро́в|ание *n* [12] disappointment; **~о́вывать** [1], ⟨**~ова́ть**⟩ [7] (**-ся** be) disappoint(ed) (**в** П in)

разра|ба́тывать, ⟨**~бо́тать**⟩ [1] *agric.* cultivate; work out, develop, elaborate; *mining* exploit; **~бо́тка** *f* [5; *g/pl.*: -ток] *agric.* cultivation; working (out), elaboration; exploitation; **~жа́ться** [1], ⟨**~зи́ться**⟩ [15 *e.*; -ажу́сь, -ази́шься] *о што́рме, войне́* break out; *сме́хом* burst out laughing; **~ста́ться** [1], ⟨**~сти́сь**⟩ [24; *3rd p. only*: -тётся; -ро́сся, -сла́сь] grow (*a. fig.*); *расте́ния* spread

разрежённый [14] *phys.* rarefied; rare

разре́з *m* [1] cut (*сече́ние*) section; slit; *гла́з* shape of the eyes; **~а́ть** [1], ⟨**~а́ть**⟩ [3] cut (up), slit; **~ыва́ть** [1] → **~а́ть**

разреш|а́ть [1], ⟨**~и́ть**⟩ [16 *e.*; -шу́, -ши́шь; -шённый] permit, allow; *пробле́му* (re)solve; (*ула́живать*) settle; **-ся** be (re)solved; **~е́ние** *n* [12] permission (**с** P with); permit; authorization (**на** B for); *пробле́мы* (re)solution; *конфли́ктов и т. д.* settlement; **~и́ть(ся)** → **~а́ть(ся)**

раз|рисова́ть [7] *pf.* cover with drawings; ornament; **~ро́зненный** [14] broken up (as, e.g., a set); left over *or* apart (from, e.g., a set); odd; **~руба́ть**;

⟨∼руби́ть⟩ [14] chop; **∼руби́ть гóрдиев ýзел** cut the Gordian knot

разрý|ха f [5] ruin; **экономи́ческая ∼ха** dislocation; **∼шáть** [1], ⟨∼шить⟩ [16] destroy, demolish; *здорóвье* ruin; (*расстрóить*) frustrate; **-ся** fall to ruin; **∼шéние** n [12] destruction, devastation; **∼шить(ся)** → **∼шáть(ся)**

разры́|в m [1] breach, break, rupture; (*взрыв*) explosion; (*промежýток*) gap; **∼вáть** [1] **1.** ⟨разорвáть⟩ [-ву́, -вёшь; -вáл, -á, -о; -óрванный] tear (to *pieces* **на** В); break (off); (**-ся** *v/i.*, *a.* explode). **2.** ⟨∼ть⟩ [22] dig up; **∼дáться** [1] *pf.* break into sobs; **∼ть** → **∼вáть** & ∼рывáть [28] → **рыхли́ть**

разря́|д m [1] **1.** category, class; *sport* rating. **2.** *el.* discharge; **∼ди́ть** → **∼жáть**; **∼дка** f [5; *g/pl.*: -док] **1.** *typ.* letterspacing. **2.** discharging; unloading; *pol.* détente; **∼жáть** [1], ⟨∼ди́ть⟩ [15 *e.* & 15; -яжу́, -яди́шь; -яжённый & -яженный] discharge; *typ.* space out; **∼ди́ть атмосфéру** relieve tension

разу|бежда́ть, ⟨∼беди́ть⟩ [15 *e.*; -ежу́, -еди́шь; -еждённый] (**в** П) dissuade (from); **-ся** change one's mind about; **∼вáться** [1], ⟨∼ться⟩ [18] take off one's shoes; **∼вéриться** [28], ⟨∼вéриться⟩ [13] (**в** П) lose faith in); **∼знавáть** *coll.* [5], ⟨∼знáть⟩ [1] find out (**о** П, В about); *impf.* make inquiries about; **∼крáшивать** [1], ⟨∼крáсить⟩ decorate, embellish; **∼крупни́ть** [28], ⟨∼крупни́ть⟩ [14] break up into smaller units

рáзум m [1] reason; intellect; **∼éть** [8] understand; know; mean, imply (**под** Т by); **-ся** [8]: *самó собóй ∼éется* it goes without saying; *разумéется* of course; **∼ный** [14; -мен, -мна] rational; reasonable, sensible; wise

разу́|ться → **∼вáться**; **∼чивать** [1], ⟨∼чи́ть⟩ [16] learn, study, *стихи и т. д.* learn; **-ся** forget

разъе|дáть [1] → **есть**[1] **2.**; **∼дина́ть** [28], ⟨∼дини́ть⟩ [13] separate; *el.* disconnect; **∼жáть** [1], ⟨∼хаться⟩ [-éдусь, -éдешься; -езжáйтесь!] leave (**по** Д for); *о супрýгах* separate; *о маши́нах*

pass o.a. (**с** Т)

разъярённый [14] enraged, furious

разъясн|éние n [12] explanation; clarification; **∼я́ть** [28], ⟨∼и́ть⟩ [13] explain, elucidate

разы́|грывать, ⟨∼грáть⟩ [1] play; *в лотерéе* raffle; (*подшути́ть*) play a trick (on); **-ся** *о бýре* break out; *о страстя́х* run high; happen; **∼скивать** [1], ⟨∼скáть⟩ [3] seek, search (for; *pf.* out = find)

рай m [3; в раю́] paradise

рай|óн m [1] district; region; area; **∼óнный** [14] district...; regional; **∼совéт** m [1] (**райóнный совéт**) district soviet (or council)

рак m [1] crayfish; *med.* cancer; *astron.* Cancer; *крáсный как* **∼** red as a lobster

ракéт|а f [5] rocket; missile; **∼ка** f [5; *g/pl.*: -ток] *sport* racket; **∼ный** [14] rocket-powered; missile...; **∼чик** m [1] missile specialist

рáковина f [5] shell; *на кýхне* sink; **ушнáя ∼** helix

рáм|(к)а f [5; (*g/pl.*: -мок)] frame (-work, *a. fig.* = limits; **в** П within); **∼па** f [5] footlights

рáн|а f [5] wound; **∼г** m [1] rank; **∼éние** n [12] wound(ing); **∼еный** [14] wounded (*a. su.*); **∼ец** m [1; -нца] *школьный* schoolbag, satchel; **∼ить** [13] (*im*)*pf.* wound, injure (**в** В in)

рáн|ний [15] early (*adv.* ∼о); **∼о и́ли пóздно** sooner or late; **∼овáто** *coll.* rather early; **∼ьше** earlier; formerly; (*спервá*) first; (Р) before; *как мóжно ∼ьше* as soon as possible

рап|и́ра f [5] foil; **∼óрт** [1], **∼ортовáть** (*im*)*pf.* report; **∼сóдия** f [7] *mus.* rhapsody

рáса f [5] race

раскá|иваться [1], ⟨∼я́ться⟩ [27] repent (*v/t.*); **∼лённый** [14], **∼ля́ть(ся)** **∼ля́ть(ся)**, **∼лывать** [1], ⟨расколóть⟩ [17] split, cleave; crack; (*v/i.* **-ся**); **∼ля́ть** [28], ⟨∼ли́ть⟩ [13] make (**-ся** become) red-hot, white-hot; heat; **∼пывать** [1], ⟨раскопáть⟩ [1] dig out *or* up; **∼т** m [1] roll, peal; **∼тистый** [14 *sh.*] rolling; **∼тывать**, ⟨∼тáть⟩ [1] (un)roll; *v/i.*

-ся; **~чивать**, ⟨~ча́ть⟩ [1] swing; shake; **-ся** *coll.* bestir o.s.; **~я́ние** *n* [12] repentance (**в** П of); **~я́ться** → **~ива́ться**

раски́дистый [14 *sh.*] spreading

раски́|дывать [1], ⟨~нуть⟩ [20] spread (out); stretch (out); *шатёр* pitch, set up

раскла|дно́й [14] folding, collapsible; **~ду́шка** *coll. f* [5; *g/pl.:* -шек] folding *or* folding bed; **~дывать** [1], ⟨разложи́ть⟩ [16] lay *or* spread out, distribute; *костёр* make, light; (*распределить*) apportion

раско́л *m* [1] *hist.* schism, dissent; *pol.* division, split; **~ло́ть(ся)** → **раска́лывать(ся)**; **~па́ть** → **раска́пывать**; **~пка** *f* [5; *g/pl.:* -пок] excavation

раскра́|шивать [1], → **кра́сить**; **~епоща́ть** [1], ⟨~епости́ть⟩ [15 *e.*; -ощу́, -ости́шь; -ощённый] emancipate, liberate; **~епоще́ние** *n* [12] emancipation, liberation; **~итикова́ть** [7] *pf.* severely criticize; **~ича́ться** [4 *e.*; -чусь, -чи́шься] *pf.* shout, bellow (**на** В at); **~ыва́ть** [1], ⟨~ы́ть⟩ [22] open wide (*v/i.* **-ся**); uncover, disclose, reveal; **~ы́ть свои́ ка́рты** show one's cards *or* one's hand

раску|па́ть [1], ⟨~пи́ть⟩ [14] buy up; **~по́ривать** [1], ⟨~по́рить⟩ [13] uncork; open; **~сывать** [1], ⟨~си́ть⟩ [15] bite through; *pf. only* get to the heart of; *coll. кого-л.* see through; *что-л.* understand; **~тывать**, ⟨~тать⟩ [1] unwrap

ра́совый [14] racial

распа́д *m* [1] disintegration; *радиоактивный* decay

распа|да́ться [1], ⟨~сться⟩ [25; -па́лся, -лась; -па́вшийся] fall to pieces; disintegrate; break up (**на** В into); collapse; *chem.* decompose; **~ко́вывать** [1], ⟨~кова́ть⟩ [7] unpack; **~рывать** [1] → **поро́ть**; **~сться** → **~да́ться**; **~хивать** [1] **1.** ⟨~ха́ть⟩ [1] plow (*Brt.* plough) up; **2.** ⟨~хну́ть⟩ [20] throw *or* fling open (*v/i.* **-ся**); **~шо́нка** *f* [5; *g/pl.:* -нок] baby's undershirt (*Brt.* vest)

распе|ва́ть [1] sing for a time; **~ка́ть** *coll.* [1], ⟨~чь⟩ [26] scold; **~ча́тка** *f* [5; *g/pl.:* -ток] *tech.* hard copy; *comput.* printout; **~ча́тывать**, ⟨~ча́тать⟩ [1] **1.**

unseal; open; **2.** print out

распи́|ливать [1], ⟨~ли́ть⟩ [13; -илю́, -и́лишь; -и́ленный] saw up; **~на́ть** [1], ⟨распя́ть⟩ [-пну́, -пнёшь; -пя́тый] crucify

распис|а́ние *n* [12] timetable (*rail.*) **~а́ние поездо́в**; **~а́ние уро́ков** schedule (**по** Д of, for); **~а́ть(ся)** → **~ывать(ся)**; **~ка** *f* [5; *g/pl.:* -сок] receipt (**под** В against); **~ывать** [1], ⟨~а́ть⟩ [3] write, enter; *art* paint; ornament; **-ся** sign (one's name); (*acknowledge*) receipt (**в** П); *coll.* register one's marriage

распл|авля́ть [28] → **пла́вить**; **~а́каться** [3] *pf.* burst into tears; **~а́та** *f* [5] payment; (*возмездие*) reckoning; **~а́чиваться** [1], ⟨~ати́ться⟩ [15] (**с** Т) pay off, settle accounts (with); pay (**за** В for); **~еска́ть** [3] *pf.* spill

распле|та́ть [1], ⟨~сти́⟩ [25 -т-] (**-ся**, ⟨-сь⟩ come) unbraid(ed); untwist(ed), undo(ne)

расплы|ва́ться [1], ⟨~ться⟩ [23] spread; *чернила и т. д.* run; *на воде* swim about; *очертания* blur; **~ться в улы́бке** break into a smile; **~вчатый** [14 *sh.*] blurred, vague

расплю́щить [16] *pf.* flatten out, hammer out

распозн|ава́ть [5], ⟨~а́ть⟩ [1] recognize, identify; *болезнь* diagnose

распол|ага́ть [1], ⟨~ожи́ть⟩ [16] arrange; *войск* dispose; *impf.* (Т) dispose (of), have (at one's disposal); **-ся** settle; encamp; *pf.* be situated; **~ага́ющий** [17] prepossessing; **~за́ться** [1], ⟨~зти́сь⟩ [24] creep *or* crawl away; *слухи* spread; **~оже́ние** *n* [12] arrangement; (dis)position (**к** Д toward[s]); location, situation; (*влечение, доброе отношение*) inclination, propensity; **~оже́ние ду́ха** mood; **~о́женный** [14 *sh.*] *a.* situated; (well-)disposed (**к** Д toward[s]); inclined; **~ожи́ть(ся)** → **~ага́ть(ся)**

распоря|ди́тельность *f* [8] good management; **~ди́тельный** [14; -лен, -льна] capable; efficient; **~ди́ться** → **~жа́ться**; **~́док** *m* [1; -дка] order; *в больнице и т. д.* regulations *pl.*; **~жа́ться** [1], ⟨~ди́ться⟩ [15 *e.*;

-яжу́сь, -яди́шься] order; (T) dispose (of); see to, take care of; *impf.* (*управля́ть*) be the boss; manage; **~яже́ние** *n* [12] order(s), instruction(s); disposal (**в** В; **в** П at); **име́ть в своём ~яже́нии** have at one's disposal

распра́в|**а** *f* [5] violence; reprisal; *крова́вая* massacre; **~ля́ть** [28], ⟨~ить⟩ [14] straighten; smooth; *кры́лья* spread; *но́ги* stretch; **-ся** (**с** T) deal with; make short work of

распредел|**е́ние** *n* [12] distribution; **~и́тельный** [14] distributing; *el.* **щит** switch...; **~я́ть** [28], ⟨~и́ть⟩ [13] distribute; *зада́ния и т. д.* allot; (*напра́вить*) assign (**по** Д to)

распрост|**ира́ть** [1], ⟨~ере́ть⟩ [12] stretch out; *влия́ние* extend (*v/i.* **-ся**); **~ёртый** *a.* open (arms *объя́тия pl.*); outstretched; prostrate, prone; **~и́ться** [15 *e.*; -ощу́сь, -ости́шься] (**с** T) bid farewell (to); (*отказа́ться*) give up, abandon

распростран|**е́ние** *n* [12] *слу́хов и т. д.* spread(ing); *зна́ний* dissemination, propagation; **получи́ть широ́кое ~е́ние** become popular; be widely practiced; **~ённый** [14] widespread; **~я́ть** [28], ⟨~и́ть⟩ [13] spread, diffuse (*v/i.* **-ся**); propagate, disseminate; extend; *за́пах* give off; **~я́ться** *coll.* enlarge upon

распро|**ща́ться** [1] *coll.* → **~сти́ться**

ра́спря *f* [6; *g/pl.*: -рей] strife, conflict; **~га́ть** [1], ⟨~чь⟩ [26 г/ж: -ягу́, -яжёшь] unharness

распу|**ска́ть** [1], ⟨~сти́ть⟩ [15] dismiss, disband; *parl.* dissolve; **на кани́кулы** dismiss for; *вяза́ние* undo; *во́лосы* loosen; *слу́хи* spread; *ма́сло* melt; *fig.* spoil; **-ся** *цвето́к* open; (*раствори́ться*) dissolve; *coll.* become intractable; let o.s. go; **~тать** → **~тывать**; **~тица** *f* [5] season of bad roads; **~тывать**, ⟨~тать⟩ [1] untangle; **~тье** *n* [10] crossroad(s); **~ха́ть** [1], ⟨

~хнуть⟩ [21] swell; **~хший** [17] swollen; **~щенный** [14 *sh.*] spoiled, undisciplined; dissolute

распыл|**и́тель** *m* [4] spray(er), atomizer; **~я́ть** [28], ⟨~и́ть⟩ [13] spray, atomize; *fig.* dissipate

распя́|**тие** *n* [12] crucifixion; crucifix; **~ть** → **распина́ть**

расса́|**да** *f* [5] seedlings; **~ди́ть** → **~жива́ть**; **~дник** *m* [1] seedbed; *a. fig.* hotbed; **~жива́ть** [1], ⟨~ди́ть⟩ [15] transplant; *люде́й* seat; **-ся**, ⟨~се́сться⟩ [рассяду́сь, -де́шься; -се́лся, -се́лась] sit down, take one's seat; *fig.* sprawl

рассве́|**т** *m* [1] dawn (**на** П at), daybreak; **~та́ть** [1], ⟨~сти́⟩ [25 -т-: -светёт; -свело́] dawn

рассе|**дла́ть** [1] *pf.* unsaddle; **~ива́ть** [1], ⟨~ять⟩ [27] sow; *молпы* scatter, *тучи* disperse (*v/i.* **-ся**); *сомне́ния* dispel; **~ка́ть** [1], ⟨~чь⟩ [26] cut through, cleave; (*of a cane, etc.*) swish; **~ля́ть** [28], ⟨~ли́ть⟩ [13] settle in a new location (*v/i.* **-ся**); **~сться** → **расса́живаться**; **~янность** *f* [8] absent-mindedness; **~янный** [14 *sh.*] absent-minded; scattered; *phys.* diffused; **~ять(ся)** → **~ива́ть(ся)**

расска́з *m* [1] account, narrative; tale, story; **~а́ть** → **~ывать**; **~чик** *m* [1] narrator; storyteller; **~ывать** [1], ⟨~а́ть⟩ [3] tell; recount, narrate

рассла́б|**ля́ть** [28], ⟨~ить⟩ [14] weaken, enervate (*v/i.* **~е́ть** [8] *pf.*)

рассл|**е́дование** *n* [12] investigation, inquiry; **~е́довать** [7] (*im*)*pf.* investigate, inquire into; **~ое́ние** *n* [12] stratification; **~ы́шать** [16] *pf.* catch (*what a p. is saying*); **не ~ы́шать** not (quite) catch

рассм|**а́тривать** [1], ⟨~отре́ть⟩ [-отрю́, -о́тришь; -о́тренный] examine, view; consider; (*различи́ть*) discern, distinguish; **~ея́ться** [27 *e.*; -ею́сь, -еёшься] *pf.* burst out laughing; **~отре́ние** *n* [12] examination (**при** П at); consideration; **~отре́ть** → **~а́тривать**

рассо́л *m* [1] brine

расспр|**а́шивать** [1], ⟨~оси́ть⟩ [15] inquire, ask; **~о́сы** *pl.* [1] inquiries

рассро́чка *f* [5] (payment by) instal(l)-ments (**в** B *sg.* by)

расста|ва́ние → *проща́ние* [5], ⟨~ться⟩ [-аю́сь, -ае́шься] part (**с** T with); leave; *с мечто́й и т. д.* give up; **~вля́ть** [28], ⟨~вить⟩ [14] place; arrange; set up; (*раздвига́ть*) move apart; **~но́вка** *f* [5; *g/pl.:* -вок] arrangement; punctuation; *персона́л* placing; **~но́вка полити́ческих сил** political scene; **~ться** → **~ва́ться**

расст|ёгивать [1], ⟨~егну́ть⟩ [20] unbutton; unfasten (*v/i.* **-ся**); **~ила́ть** [1], ⟨разостла́ть⟩ [расстелю́, -е́лешь; разо́стланный] spread out; lay (*v/i.* **-ся**); **~оя́ние** *n* [12] distance (at a **на** П); **держа́ться на ~оя́нии** keep aloof

расстр|а́ивать [1], ⟨~о́ить⟩ [13] upset; disorganize; disturb, spoil; shatter; *пла́ны* frustrate; *mus.* put out of tune; **-ся** be(come) upset, illhumo(u)red, *etc.*

расстре́л *m* [1] execution by shooting; **~ивать** [1], ⟨~я́ть⟩ [28] shoot

расстро́|ить(ся) → *расстра́ивать(ся)*; **~йство** *n* [9] disorder, confusion; derangement; frustration; *желу́дка* stomach disorder; *coll.* diarrh(o)ea

расступ|а́ться [1], ⟨~и́ться⟩ [14] make way; *о толпе* part

рассу|ди́тельность *f* [8] judiciousness; **~ди́тельный** [14; -лен, -льна] judicious, reasonable; **~ди́ть** [15] *pf.* judge; arbitrate; think, consider; decide; **~док** *m* [1; -дка] reason; common sense; **~дочный** [14; -чен, -чна] rational; **~жда́ть** [1] argue, reason; discourse (on); argue (about); discuss; **~жде́ние** *n* [12] reasoning, argument, debate, discussion

рассчи́т|ывать, ⟨~а́ть⟩ [1] calculate, estimate; *с рабо́ты* dismiss, sack; *impf.* count or reckon (**на** B on); (*ожида́ть*) expect; (*намерева́ться*) intend; **-ся** settle accounts, *fig.* get even (**с** T with); (*расплати́ться*) pay off

рассыл|а́ть [1], ⟨разосла́ть⟩ [-ошлю́, -ошлёшь; -о́сланный] send out (or round); **~ка** *f* [5] distribution; dispatch

рассып|а́ть [1], ⟨~ать⟩ [2] scatter, spill; *v/i.* **-ся** crumble, fall to pieces; break up;

~а́ться в комплиме́нтах shower compliments (on Д)

раста́|лкивать, ⟨растолка́ть⟩ [1] push asunder, apart; (*буди́ть*) shake; **~пливать** [1], ⟨растопи́ть⟩ [14] light, kindle; *жир* melt; (*v/i.* **-ся**); **~птывать** [1], ⟨растопта́ть⟩ [3] trample, stamp (on); crush; **~скивать** [1], ⟨~щи́ть⟩ [16], *coll.* ⟨~ска́ть⟩ [1] (*раскра́сть*) pilfer; *на ча́сти* take away, remove little by little; *деру́щихся* separate

раство́р *m* [1] *chem.* solution; *цеме́нта* mortar; **~и́мый** [14 *sh.*] soluble; **~я́ть** [28], ⟨~и́ть⟩ **1.** [13] dissolve; **2.** [13; -орю́, -о́ришь; -о́ренный] open

расте́|ние *n* [12] plant; **~ре́ть** → *растира́ть*; **~рза́ть** [1] *pf.* tear to pieces; **~рянный** [14 *sh.*] confused, perplexed, bewildered; **~ря́ть** [28] *pf.* lose (little by little); (**-ся** get lost, lose one's head; be(come) perplexed or puzzled)

расти́ [24 -ст-: -сту́, -стёшь; рос, -сла́; ро́сший] ⟨вы́-⟩ grow; grow up; (*увели́чиваться*) increase

раст|ира́ть [1], ⟨~ере́ть⟩ [12; разотру́, -трёшь] grind, pulverize; rub in; rub, massage

расти́тельн|ость *f* [8] vegetation; verdure; *на лице* hair; **~ый** [14] vegetable; **вести́ ~ый о́браз жи́зни** vegetate

расти́ть [15 *e.*; ращу́, расти́шь] rear; grow, cultivate

расто|лка́ть → *раста́лкивать*; **~лкова́ть** [7] *pf.* expound, explain; **~пи́ть** → *раста́пливать*; **~пта́ть** → *раста́птывать*; **~пы́рить** [13] *pf.* spread wide; **~рга́ть** [1], ⟨~ргну́ть⟩ [21] *догово́р* cancel, annul; *брак* dissolve; **~рже́ние** *n* [12] cancellation; annulment; dissolution; **~ро́пный** [14; -пен, -пна] *coll.* smart, deft, quick; **~ча́ть** [1], ⟨~чи́ть⟩ [16 *e.*; -чу́, -чи́шь; -чённый] squander, waste, dissipate; *похвалы́* lavish (Д on); **~чи́тель** *m* [4], squanderer, spendthrift; **~чи́тельный** [14; -лен, -лен] wasteful, extravagant

растра|вля́ть [28], ⟨~ви́ть⟩ [14] irritate; *ду́шу* aggravate; **~ви́ть ра́ну** *fig.* rub salt in the wound; **~та** *f* [5] squandering; embezzlement; **~тчик** *m* [1] embezzler;

~чивать [1], ⟨~тить⟩ [15] spend, waste; embezzle

растре|па́ть [2] *pf.* (**-ся** be[come]) tousle(d, ~ёпанный [14]), dishevel([l]ed); **в ~ёпанных чу́вствах** confused, mixed up

растрога́ть [1] *pf.* move, touch

раста́|гивать [1], ⟨~ну́ть⟩ [19] stretch (*v/i.* **-ся**; *coll.* fall flat); *med.* sprain, strain; *слова* drawl; *во времени* drag out, prolong; **~же́ние** *n* [12] stretching; strain(ing); **~жи́мый** [14 *sh.*] extensible, elastic; *fig.* vague; **~ну́тый** [14] long-winded, prolix; **~ну́ться** → **~ги́ваться**

рас|формирова́ть [8] *pf.* disband; **~ха́живать** [1] walk about, pace up and down; **~хва́ливать** [1], ⟨~хвали́ть⟩ [13; -алю́, -а́лишь; -а́ленный] shower praise on; **~хва́тывать**, *coll.* ⟨~хвата́ть⟩ [1] snatch away; (*раскупить*) buy up (quickly)

расхи|ща́ть [1], ⟨~тить⟩ [15] plunder; misappropriate; **~ще́ние** *n* [12] theft; misappropriation

расхо́|д *m* [1] expenditure (**на** B for), expense(s); *топлива и т. д.* consumption; **~ди́ться** [15], ⟨разойти́сь⟩ [-ойду́сь, -ойдёшься; -оше́дшийся; *g. pt.*: -ойдя́сь] go away; disperse; break up; *во мнениях* differ (**с** T from); *т. ж.* *о линиях* diverge; (*расстаться*) part, separate; pass (*without meeting*); (*letters*) cross; *товар* be sold out, sell; *деньги* be spent, (*у* P) run out of; **~довать** [7], ⟨из-⟩ spend, expend; *pf. a.* use up; **~жде́ние** *n* [12] divergence, difference (**в** П of)

расцара́п|ывать, ⟨~ать⟩ [1] scratch (all over)

расцве́|т *m* [1] bloom, blossoming; *fig.* flowering; heyday, prime; *искусства и т. д.* flourishing; **в ~те лет** in his prime; **~та́ть** [1], ⟨~сти́⟩ [25; -т] blo(s-s)om; flourish, thrive; **~тка** *f* [5; *g/pl.*: -ток] colo(u)ring, colo(u)rs

расце́|нивать [1], ⟨~ни́ть⟩ [13; -ению́, -е́нишь; -енённый] estimate, value, rate; (*считать*) consider, think; **~нка** *f* [5; *g/pl.*: -нок] valuation; *цена*

price; *об оплате* rate; **~пля́ть** [28], ⟨~пи́ть⟩ [14] uncouple, unhook; disengage

расчеса́ть → **~чёсывать**; **~чёска** *f* [5; *g/pl.*: -сок] comb; **~че́сть** → **рассчита́ть**; **~чёсывать** [1], ⟨~чеса́ть⟩ [3] comb (one's hair **-ся** *coll.*)

расчёт *m* [1] calculation; estimate; settlement (of accounts); payment; (*увольнение*) dismissal, sack; account, consideration; **принима́ть в ~** take into account; **из ~а** on the basis (of); **в ~е** quits with; **безнали́чный ~** payment by written order; by check (*Brt.* cheque); **~ нали́чными** cash payment; **~ливый** [14 *sh.*] provident, thrifty; circumspect

рас|чища́ть [1], ⟨~чи́стить⟩ [15] clear; **~членя́ть** [28], ⟨~члени́ть⟩ [13] dismember; divide; **~ша́тывать**, ⟨~ша-та́ть⟩ [1] loosen (*v/i.* **-ся** become loose); *о нервах, здоровье* (be)come impair(ed); shatter(ed); **~шевели́ть** *coll.* [13] *pf.* stir (up)

расши|ба́ть → **ушиба́ть**; **~ва́ть** [1], ⟨~ть⟩ [разошью́, -шьёшь; → **шить**] embroider; **~ре́ние** *n* [12] widening, enlargement; expansion; **~ря́ть** [28], ⟨~рить⟩ [13] widen, enlarge; extend, expand; *med.* dilate; **~рить кругозо́р** broaden one's mind; **~ть** → **~ва́ть**; **~фро́вывать** [1], ⟨~фрова́ть⟩ [7] decipher, decode

рас|шнуро́вывать [7] *pf.* unlace; **~ще́-лина** *f* [5] crevice, cleft, crack; **~щепле́ние** *n* [12] splitting; *phys.* fission; **~щепля́ть** [28], ⟨~щепи́ть⟩ [14 *e.*; -плю́, -пи́шь; -плённый] split

ратифи|ка́ция *f* [7] ratification; **~ци́ро-вать** [7] (*im*)*pf.* ratify

ра́товать [7] *за что-л.* fight for, stand up for; *против* inveigh against, declaim against

рахи́т *m* [1] rickets

рацион|ализи́ровать [7] (*im*)*pf.* rationalize, improve; **~а́льный** [14; -лен, -льна] rational (*a. math.*, *no sh.*); efficient

рвану́ть [20] *pf.* jerk; tug (**за** B at); **-ся** dart

рвать [рву, рвёшь; рвал, -á, -о] **1.** ⟨разо-, изо-⟩ [-óрванный] tear (**на**, **в** B to pieces); v/i. **-ся**; **2.** ⟨со-⟩ pluck; **3.** ⟨вы́-⟩ pull out; impers. (B) vomit, spew; **4.** ⟨пре-⟩ break off; **5.** ⟨взо-⟩ blow up; ~ **и метáть** coll. be in a rage; **-ся** break; (стремиться) be spoiling for

рвéние n [12] zeal; eagerness

рвóт|а f [5] vomit(ing); ~**ный** [14] emetic (a. n, su.)

реа|билити́ровать [7] (im)pf. rehabilitate; ~**ги́ровать** [7] (**на** B) react (to); respond (to); ~**кти́вный** [14] chem. reactive; tech. ae. jet-propelled; ~**ктор** m [1] tech. reactor, pile; ~**кционéр** m [1], ~**кцио́нный** [14] reactionary; ~**кция** f [7] reaction

реал|и́зм m [1] realism; ~**изовáть** [7] realize; comm. a. sell; ~**исти́ческий** [16] realistic; ~**ьность** f [8] reality; ~**ьный** [14; -лен, -льна] real; (осуществи́мый) realizable

ребёнок m [2; pl. a. дéти] child, coll. kid; baby; **груднóй** ~ suckling

ребрó n [9; pl.: рёбра, рёбер, рёбрам] rib; edge (on ~м); **постáвить вопрóс** ~**м** fig. put a question point-blank

ребя́|та pl. of **ребёнок**; coll. children; (of adults) boys and lads; ~**ческий** [16], ~**чий** coll. [18] childish; ~**чество** n [9] coll. childishness; ~**читься** coll. [16] behave childishly

рёв m [1] roar; bellow; howl

ревáнш m [1] revenge; sport return match; ~**éнь** m [4 e.] rhubarb; ~**éть** [-ву́, -вёшь] roar; bellow; howl; coll. cry

реви́зия f [7] inspection; fin. audit; нали́чия товáров и т. д. revision; ~**óр** m [1] inspector; auditor

ревмати́зм m [1] rheumatism; ~**ческий** [16] rheumatic

ревни́вый [14 sh.] jealous; ~**овáть** [7], ⟨при-⟩ be jealous (**к** Д [B] of [p.'s]); ~**ость** f [8] jealousy; ~**остный** [14; -тен, -тна] zealous, fervent

револь|вéр m [1] revolver; ~**юционéр** m [1], ~**юцио́нный** [14] revolutionary; ~**юция** f [7] revolution

реги́|стр m [1], ~**и́ровать** [7], pf. and impf., pf. also ⟨за-⟩ register, record; (v/i. ~**и́роваться**); register (o.s.); register one's marriage

регл|áмент m [1] order, regulation pl.; ~**рéсс** m [1] regression

регул|и́ровать [7], ⟨у-⟩ regulate; adjust; (esp. pf.) settle; ~**иро́вщик** m [1] traffic controller; ~**я́рный** [14; -рен, -рна] regular; ~**я́тор** m [1] regulator

редак|ти́ровать [7], ⟨от-⟩ edit; ~**тор** m [1] editor; ~**ция** f [7] editorial staff; editorial office; wording; **под** ~**цией** edited by

ред|éть [8], ⟨по-⟩ thin, thin out; ~**и́ска** f [5; g/pl.: -сок] (red) radish

рéдк|ий [16; -док, -дкá, -о; compr.: рéже] uncommon; во́лосы thin, sparse; кни́га и т. д. rare; adv. a. seldom; ~**ость** f [8] rarity; curiosity; uncommon (thing); **на** ~**ость** coll. exceptionally

рéдька f [5; g/pl.: -дек] radish

режи́м m [1] regime(n); routine; (усло́вия рабо́ты) conditions

режиссёр m [1] cine. director; thea. producer

рéзать [3] **1.** ⟨раз-⟩ cut (up, open); slice; **мя́со** carve; **2.** ⟨за-⟩ slaughter, kill; **3.** ⟨вы́-⟩ carve, cut (**по** В, **на** П in wood); **4.** ⟨с-⟩ coll. **на экзáмене** fail; **5. -ся** coll. cut (one's teeth)

резви́ться [14 e.; -влю́сь, -ви́шься] frolic, frisk, gambol; ~**ый** [14; -резв, -á, -о] frisky, sportive, frolicsome; quick; **ребёнок** lively

резéрв m [1] mil., etc. reserve(s); ~**и́ст** m [1] reservist; ~**ный** [14] reserve

резéц m [1; -зцá] зуб incisor; tech. cutter; cutting tool

рези́н|а f [5] rubber; ~**овый** [14] rubber...; ~**ка** f [5; g/pl.: -нок] eraser; rubber band, (piece of) elastic

рéз|кий [16; -зок, -зкá, -о; compr.: рéзче] sharp, keen; **вéтер** biting, piercing; **боль** acute; **звук** harsh; shrill; **свет** glaring; **манéра** rough, abrupt; ~**кость** f [8] sharpness, etc., → ~**кий**; harsh word; ~**нóй** [14] carved; ~**ня́** f [6] slaughter; ~**олю́ция** f [7] resolution; instruction; ~**óн** m [1] reason; ~**онáнс** m [1] resonance; (о́тклик) response; ~**óнный** coll. [14; -óнен, -óнна] reasonable;

~ультáт *m* [1] result (as a в П); **~бá** *f* [5] carving, fretwork

резюмé *n* [indecl.] summary; **~йровать** [7] (*im*)*pf.* summarize

рейд¹ *m* [1] *naut.* road(stead)

рейд² *m* [1] *mil.* raid

рейс *m* [1] trip; voyage; flight

рекá *f* [5; *ac/sg a. st.; pl. st.; from dat/pl. a. e.*] river

рéквием *m* [1] requiem

реклáм|а *f* [5] advertising; advertisement; publicity; **~йровать** [7] (*im*)*pf.* advertise; publicize; boost; **~ный** [14] publicity

реко|мендáтельный [14] of recommendation; **~мендáция** *f* [7] (*совет*) advice, recommendation; **~мендовáть** [7] (*im*)*pf.*, *a.*, ⟨по-⟩ recommend, advise; **~нструйровать** [7] (*im*)*pf.* reconstruct; **~рд** *m* [1] record; **установйть ~рд** set a record; **~рдный** [14] record...; record-breaking; **~рдсмéн** *m* [1], **~рдсмéнка** *f* [5; *g/pl.*: -нок] record-holder

рéктор *m* [1] president, (*Brt.* vice-)chancellor of a university

рели|гиóзный [14; -зен, -зна] religious; **~гия** *f* [7] religion; **~квия** [7] relic

рельс [1], **~овый** [14] rail; track

ремéнь *m* [4; -мня́] strap, belt

ремéсл|енник *m* [1] craftsman, artisan; *fig.* bungler; **~енный** [14] trade...; handicraft...; **~ó** *n* [9; -мёсла, -мёсел, -мёслам] trade; (handi)craft; occupation

ремóнт *m* [1] repair(s); maintenance; *капитáльный* overhaul; **~йровать** [7] (*im*)*pf.*, **~ный** [14] repair...

рентáбельный [14; -лен, -льна] profitable, cost effective

рентгéновск|ий [16]: **~ий снímок** X-ray photograph

реорганизовáть [7] (*im*)*pf.* reorganize

рéп|а *f* [5] turnip; *прóще пáреной ~ы* (as) easy as ABC

репа|рáция *f* [7] reparation; **~трийровать** [7] (*im*)*pf.* repatriate

репéйник *m* [1] burdock

репертуáр *m* [1] repertoire, repertory

репетй|ровать [7], ⟨про-⟩ rehearse;

~тор *m* [1] coach (*teacher*); **~ция** *f* [7] rehearsal

рéплика *f* [5] rejoinder, retort; *thea.* cue

репортáж *m* [1] report(ing)

репортёр *m* [1] reporter

репресс|úрованный *m* [14] *su.* one subjected to repression; **~ия** *f* [7] *mst.* *pl.* repressions *pl.*

респúца *f* [5] eyelash

респýблик|а *f* [5] republic; **~áнец** *m* [1; -нца], **~áнский** [16] republican

рессóра *f* [5] *tech.* spring

ресторáн *m* [1] restaurant (в П at)

ресýрсы *m/pl.* [5] resources

реферáт *m* [1] synopsis; essay

референдум *m* [1] referendum

рефóрм|а *f* [5], **~úровать** [7] (*im*)*pf.* reform; **~áтор** *m* [1] reformer

рефрижерáтор *m* [1] *tech.* refrigerator; *rail.* refrigerator car, *Brt.* van

рецензéнт *m* [1] reviewer; **~úровать** [7], ⟨про-⟩, **~ия** *f* [7] review

рецéпт *m* [1] *cul.* recipe; *med.* prescription

рецидúв *m* [1] *med.* relapse; recurrence; *law* repeat offence

рéч|ка *f* [5; *g/pl.*: -чек] (small) river; **~нóй** [14] river...

речь *f* [8; *from g/pl. e.*] speech; (*выступлéние*) address, speech; *об э́том не мóжет быть и* that is out of the question; → **идтú**

реш|áть [1], ⟨**~úть**⟩ [16 *e.*; -шý, -шúшь; -шённый] *проблéму* solve; (*принять решéние*) decide, resolve (*a.* **-ся** [на B on, to]), make up one's mind; (*осмéлиться*) dare, risk; **не ~áться** hesitate; **~áющий** [17] decisive; **~éние** *n* [12] decision; (re)solution; **~ётка** *f* [5; -ток] grating; lattice; trellis; fender; **~етó** *n* [9; *pl. st.*: -шёта] sieve; **~úмость** *f* [8] resoluteness; determination; **~úтельный** [14; -лен, -льна] *человéк* resolute, firm; decisive; definite; **~úть(ся)** → **~áть(ся)**

ржа|вéть [8], ⟨за-⟩, **~вчина** *f* [5] rust; **~вый** [14] rusty; **~нóй** [14] rye...; **~ть** [ржёт], ⟨за-⟩ neigh

рúм|ский [14] Roman; **~ская цúфра** Roman numeral

ри́нуться [20] *pf.* dash; rush; dart

рис *m* [1] rice

риск *m* [1] risk; **на свой (страх и)** ~ at one's own risk; **с ~ом** at the risk (**для** P of); **~о́ванный** [14 *sh.*] risky; **~ова́ть** [7], ⟨~ну́ть⟩ [20] (*usu.* T) risk, venture

рисова́|ние *n* [12] drawing; **~ть** [7], ⟨на-⟩ draw; *fig.* depict, paint; **-ся** act, pose

ри́совый [14] rice...

рису́нок *m* [1; -нка] drawing; design; picture, illustration; figure

ритм *m* [1] rhythm; **~и́чный** [14; -чен, -чна] rhythmical

ритуа́л *m* [1], **~ьный** [14; -лен, -льна] ritual

риф *m* [1] reef

ри́фма *f* [5] rhyme

роб|е́ть [8], ⟨о-⟩ be timid, quail; **не ~е́й!** don't be afraid!; **~кий** [16; -бок, -бка́, -о; *compr.*: ро́бче] shy, timid; **~ость** *f* [8] shyness, timidity

ро́бот *m* [1] robot

ров *m* [1; рва; во рву] ditch

рове́сник *m* [1] of the same age

ро́вн|ый [14; -вен, -вна́, -о] even, level, flat; straight; equal; *хара́ктер* equable; **~о** precisely, exactly; *о времени тж.* sharp; *coll.* absolutely; **~я** *f* [5] equal, match

рог *m* [1; *pl. e.*: -га́] horn; antler; **~ изоби́лия** horn of plenty; **~а́тый** [14 *sh.*] horned; **кру́пный ~а́тый скот** cattle; **~ови́ца** *f* [5] cornea; **~ово́й** [14] horn...

род *m* [1; в, на -у́; *pl. e.*] *biol.* genus; *челове́ческий* human race; (*поколе́ние*) generation; family; (*сорт*) kind; *gr.* gender; (*происхожде́ние*) birth (T by); **~ом из, с** P come *or* be from; **от ~у** (Д) be ... old; **с ~у** in one's life

роди́|льный [14] maternity (hospital **дом** *m*); **~мый** [14] → **~но́й**; **~на** *f* [5] native land, home(land) (**на** П in); **~нка** *f* [5; *g/pl.*: -нок] birthmark; mole; **~тели** *m/pl.* [4] parents; **~тельный** [14] *gr.* genitive; **~тельский** [16] parental, parent's

роди́ть [15 *e.*; рожу́, роди́шь; -и́л, -а (*pf.*: -á), -о; рождённый] (*im*)*pf.* (*impf. a.*

рожда́ть, *coll.* **рожа́ть** [1]) bear, give birth to; *fig.* give rise to; **-ся** [*pf.* -и́лся] be born; come into being

родн|и́к *m* [1 *e.*] (*source of water*) spring; **~о́й** [14] own (*by blood relationship*); *го́род и т. д.* native; (my) dear; *pl.*: **~я́** *f* [6] relative(s), relation(s)

родо|нача́льник *m* [1] ancestor, (*a. fig.*) father; **~сло́вный** [14] genealogical; **~сло́вная** *f* family tree

ро́дствен|ник *m* [1], **~ница** *f* [5] relative, relation; **~ный** [14 *sh.*] related, kindred; *языки́* cognate; of blood

родств|о́ *n* [9] relationship; **в ~е́** related (**с** T to)

ро́ды *pl.* [1] (child)birth

ро́жа *f* [5] **1.** *med.* erysipelas; **2.** P mug

рожд|а́емость *f* [8] birthrate; **~а́ть(ся)** → **роди́ть(ся)**; **~е́ние** *n* [12] birth (**от** P by); **день ~е́ния** birthday (**в** B on); **~е́ственский** [14] Christmas...; **~ество́** *n* [9] (*a.* 2ество́ [христо́во]) Christmas (**на** В at); **поздра́вить с 2ество́м христо́вым** wish a Merry Christmas; **до (по́сле) Р.хр.** B.C. (A.D.)

рож|о́к *m* [1; -жка́] feeding bottle; *для о́буви* shoehorn; **~ь** *f* [8; ржи; *instr./sg.*: ро́жью] rye

ро́за *f* [5] rose

розе́тка *f* [5; *g/pl.*: -ток] **1.** jam-dish; **2.** *el.* socket, wall plug

ро́зн|ица *f* [5]: **в ~ицу** retail; **~ичный** [14] retail...

ро́зовый [14 *sh.*] pink, rosy

ро́зыгрыш *m* [1] (*жеребьёвка*) draw; drawing in a lottery; (*шутка*) (practical) joke; **~ ку́бка** play-off

ро́зыск *m* [1] search; *law* inquiry; **уголо́вный ~** criminal investigation department

рои́ться [13] swarm (*of bees*); crowd (*of thoughts*); **~й** [3; в рою́; *pl. e.*: рои́, рое́в] swarm

рок *m* [1] **1.** fate; **2.** *mus.* rock; **~ер** *m* [1] rocker; **~ово́й** [14] fatal; **~от** *m* [1], **~ота́ть** [3] roar, rumble

роль *f* [8; *from g/pl. e.*] *thea.* part, role; **э́то не игра́ет ро́ли** it is of no importance

ром *m* [1] rum

рома́н m [1] novel; *coll.* (love) affair; **~и́ст** m [1] novelist; **~с** m [1] *mus.* romance; **~ти́зм** m [1] romanticism; **~ти́ка** f [5] romance; **~ти́ческий** [16], **~ти́чный** [14; -чен, -чна] romantic

рома́шка f [5; *g/pl.*: -шек] *bot.* camomile; **~б** m [1] *math.* rhombus

роня́ть [28], ⟨урони́ть⟩ [13; -оню́, -о́нишь; -о́ненный] drop; *листья* shed; *fig.* disparage, discredit

ро́п|от m [1], **~та́ть** [3; -пщу́, ро́пщешь] murmur, grumble, complain (about **на** B)

роса́ f [5; *pl. st.*] dew

роско́ш|ный [14; -шен, -шна] luxurious; sumptuous, luxuriant; **~ь** f [8] luxury; luxuriance

ро́слый [14] big, tall

ро́спись f [8] *art* fresco, mural

ро́спуск m [1] *parl.* dissolution; *на кани́кулы* breaking up

рост m [1] growth; *цен и т. д.* increase, rise; *человека* stature, height; **высо́кого ~а** tall

рос|то́к m [1; -тка́] sprout, shoot; **~черк** m [1] flourish; *одни́м ~черком пера́* with a stroke of the pen

рот m [1; рта, во рту́] mouth

ро́та f [5] *mil.* company

ро́ща f [5] grove

роя́ль m [4] (grand) piano

ртуть f [8] mercury, quicksilver

руба́|нок m [1; -нка] plane; **~шка** f [5; *g/pl.*: -шек] shirt; *ни́жняя ~шка* undershirt (*Brt.* vest); *ночна́я ~шка* nightshirt; *же́нская* nightgown

рубе́ж m [1 *e.*] boundary; border(line), frontier; *за ~о́м* abroad

руберо́ид m [1] ruberoid

рубе́ц m [1; -бца́] *шов* hem; *на теле* scar

руби́н m [1] ruby

руби́ть [14] **1.** ⟨на-⟩ chop, cut, hew, hack; **2.** ⟨с-⟩ fell

ру́бка¹ f [5] *леса* felling

ру́бка² f [5] *naut.* wheelhouse

ру́бленый [14] minced, chopped

рубль m [4 *e.*] ruble (*Brt.* rouble)

ру́брика f [5] heading

ру́га|нь f [8] abuse; **~тельный** [14] abusive; **~тельство** n [9] swearword, oath; **~ть** [1], ⟨вы́-⟩ abuse, swear at; attack verbally; **~ся** swear, curse; abuse o.a.

руд|а́ f [5; *pl. st.*] ore; **~ни́к** m [1 *e.*] mine, pit; **~око́п** m [1] miner

руж|е́йный [14] gun...; **~ье́** n [10; *pl. st.*; *g/pl.*: -жей] (hand)gun, rifle

руи́на f [5] ruin (*mst. pl.*)

рук|а́ f [5; *ac/sg.*: ру́ку; *pl.*: ру́ки, рук, -ка́м] hand; arm; **~а́ о́б ~у** hand in hand (arm in arm); *по́д ~у* arm in arm; with s.o. on one's arm; *из ~ вон (пло́хо) coll.* wretchedly; *быть на́ ~у* (Д) suit (well); *махну́ть ~о́й* give up as a bad job; *на́ ~у нечи́ст* light-fingered; *от ~и́* handwritten; *пожа́ть ~у* shake hands (Д with); *по ~а́м!* it's a bargain!; *под ~о́й* at hand, within reach; *~о́й пода́ть* it's no distance (a stone's throw); (*у* Р) *~и ко́ротки́* Р not in one's power; *из пе́рвых ~* at first hand; *приложи́ть ~у* take part in s.th. bad

рука́в m [1 *e.*; *pl.*: -ва́, -во́в] sleeve; *реки* branch; *tech.* hose; **~и́ца** f [5] mitten; gauntlet

руковод|и́тель m [4] leader; head, manager; *нау́чный ~и́тель* supervisor (of studies); **~и́ть** [15] (Т) lead; direct, manage; **~ство** n [9] leadership; guidance; *mst. tech.* instruction(s); handbook, guide, manual; **~ствовать(ся)** [7] manual; follow; be guided (by Т); **~я́щий** [17] leading

руко|де́лие n [12] needlework; **~мо́йник** m [1] washstand; **~па́шный** [14] hand-to-hand; **~пись** f [8] manuscript; **~плеска́ние** n [12] (*mst. pl.*) applause; **~пожа́тие** n [12] handshake; **~я́тка** f [5; *g/pl.*: -ток] handle, grip; hilt

рул|ево́й [14] steering; *su. naut.* helmsman; **~о́н** m [1] roll; **~ь** m [4 *e.*] *судна* rudder, helm; *mot.* steering wheel; *велосипеда* handlebars

румы́н m [1], **~ка** f [5; *g/pl.*: -нок], **~ский** [16] Romanian

румя́н|ец m [1; -нца] ruddiness; blush; **~ить** [13] **1.** ⟨за-⟩ redden; **2.** ⟨на-⟩ rouge; **~ый** [14 *sh.*] ruddy, rosy; *я́блоко* red

ру́пор m [1] megaphone; *fig.* mouthpiece

руса́лка *f* [5; *g/pl.*: -лок] mermaid

ру́сло *n* [9] (river)bed, (*a. fig.*) channel

ру́сский [16] Russian (*a. su.*); *adv.* **по-ру́сски** (in) Russian

ру́сый [14 *sh.*] light brown

рути́н|а *f* [5], **~ный** [14] routine

ру́хлядь *coll. f* [8] lumber, junk

ру́хнуть [20] *pf.* crash down; *fig.* fail

руча́ться [1], ⟨поручи́ться⟩ [16] (*за* В) warrant, guarantee, vouch for

руче́й *m* [3; -чья́] brook, stream

ру́чка *f* [5; -чек] *dim.* → **рука́**; *двери* handle, knob; *кресла* arm; **ша́риковая ~** ballpoint pen

ручно́й [14] hand...; *труд* manual; **~ рабо́ты** handmade; small; *животное* tame

ру́шить [16] (*im*)*pf.* pull down; **-ся** collapse

ры́б|а *f* [5] fish; **~а́к** *m* [1 *e.*] fisherman; **~ий** [18] fish...; *жир* cod-liver oil; **~ный** [14] fish(y); **~ная ло́вля** fishing

рыболо́в *m* [1] fisherman; angler; **~ный** [14] fishing; fish...; **~ные принадле́жности** fishing tackle; **~ство** *n* [9] fishery

рыво́к *m* [1; -вка́] jerk; *sport* spurt, dash

рыг|а́ть [1], ⟨~ну́ть⟩ [20] belch

рыда́|ние *n* [12] sob(bing); **~ть** [1] sob

ры́жий [17; рыж, -а́, -о] red (haired), ginger

ры́ло *n* [9] snout; P mug

ры́но|к *m* [1; -нка] market (*на* П in); **~чный** [14] market...

рыс|а́к *m* [1 *e.*] trotter; **~ка́ть** [3] rove, run about; **~ь** *f* [8] **1.** trot (at T); **2.** *zo.* lynx

ры́твина *f* [5] rut, groove; hole

рыть [22], ⟨вы́-⟩ dig; burrow; **~ся** rummage

рыхл|и́ть [13], ⟨вз-, раз-⟩ loosen (*soil*); **~ый** [14; рыхл, -а́, -о] friable, loose; *те́ло* flabby; podgy

ры́цар|ский [16] knightly, chivalrous; knight's; **~ь** *m* [4] knight

рыча́г *m* [1 *e.*] lever

рыча́ть [4; -чу́, -чи́шь] growl, snarl

рья́ный [14 *sh.*] zealous

рюкза́к *m* [1] rucksack, knapsack

рю́мка *f* [5; *g/pl.*: -мок] (wine)glass

ряби́на *f* [5] mountain ash

ряби́ть [14; -и́т] *воду* ripple; *impers.* flicker (*в глаза́х у* Р before one's eyes)

ря́б|чик *m* [1] *zo.* hazelhen; **~ь** *f* ripples *pl.*; *в глаза́х* dazzle

ря́вк|ать *coll.* [1], *once* ⟨~нуть⟩ [20] bellow, roar (*на* В at)

ряд *m* [1; в -у́; *pl. e.*; *after* 2, 3, 4, ряда́] row; line; series; *в ~е слу́чаев* in a number of cases; *pl.* ranks; *thea.* tier; **~а́ми** in rows; *из ~а вон выходя́щий* remarkable, extraordinary; **~ово́й** [14] ordinary; *su. mil.* private; **~ом** side by side; (*с* Т) beside; next to; next door; close by; *сплошь и ~ом* more often than not

ря́са *f* [5] cassock

С

с, со 1. (Р) from; since; with; for; **2.** (В) about; **3.** (Т) with; of; to; *мы ~ ва́ми* you and I; *ско́лько ~ меня́?* how much do I owe you?

са́бля *f* [6; *g/pl.*: -бель] saber (*Brt.* -bre)

сабот|а́ж *m* [1], **~и́ровать** [7] (*im*)*pf.* sabotage

сад *m* [1; в ~у́; *pl. e.*] garden; **фрукто́вый ~** orchard

сади́ть [15], ⟨по-⟩ → **сажа́ть**; **~ся**, ⟨сесть⟩ [25; ся́ду, -дешь; сел, -а; сев-

ший] (*на, в* В) sit down; *в маши́ну и т. д.* get in(to) *or* on, board *a. rail.*; *naut.* embark; *на ло́шадь* mount; *о пти́це* alight; *ae.* land; *со́лнце* set, sink; *ткань* shrink; set (*за* В to work); run (around *на мель*)

садо́в|ник *m* [1] gardener; **~одство** *n* [9] gardening, horticulture

са́ж|а *f* [5] soot; **в ~е** sooty

сажа́ть [1] (*iter. of* **сади́ть**) seat; *в тюрьму́* put into; *расте́ния* plant

са́женец *m* [1; -нца и т. д.] seedling; sapling

са́йра *f* [5] saury

сала́т *m* [1] salad; *bot.* lettuce

са́ло *n* [9] fat, lard

сало́н *m* [1] lounge; showroom; saloon; *ae.* passenger cabin; **космети́ческий ~** beauty salon

салфе́тка *f* [5; *g/pl.*: -ток] (table) napkin

са́льдо *n* [*indecl.*] *comm.* balance

са́льный [14; -лен, -льна] greasy; *анекдот* bawdy

салю́т *m* [1], **~ова́ть** [7] (*im*)*pf.* salute

сам *m*, **~а́** *f*, **~о́** *n*, **~и** *pl.* [30] -self: **я ~(а́)** I ... myself; **мы ~и** we ... ourselves; **~о́ собо́й разуме́ется** it goes without saying; **~е́ц** *m* [1; -мца́] *zo.* male; **~ка** *f* [5; *g/pl.*: -мок] *zo.* female

само|бы́тный [14; -тен, -тна] original; **~ва́р** *m* [1] samovar; **~во́льный** [14; -лен, -льна] unauthorized; **~го́н** *m* [1] home-brew, moonshine; **~де́льный** [14] homemade

самодержа́вие *n* [12] autocracy

само|де́ятельность *f* [8] independent action *or* activity; *художественная* amateur performances (*theatricals*, *musicals*, *etc.*); **~дово́льный** [14; -лен, -льна] self-satisfied, self-complacent; **~защи́та** *f* [5] self-defense (-nce); **~кри́тика** *f* [5] self-criticism

самолёт *m* [1] airplane (*Brt.* aeroplane), aircraft; **пассажи́рский ~** airliner

само|люби́вый [14 *sh.*] proud, touchy; **~лю́бие** *n* [12] pride, self-esteem; **~мне́ние** *n* [12] conceit; **~наде́янный** [14 *sh.*] self-confident, presumptuous; **~облада́ние** *n* [12] self-control; **~обма́н** *m* [1] self-deception; **~оборо́на** *f* [5] self-defense (-nce); **~обслу́живание** *n* [12] self-service; **~определе́ние** *n* [12] self-determination; **~отве́рженный** [14] selfless; **~отво́д** *m* [1] *кандидатуры* withdrawal; **~поже́ртвование** *n* [12] self-sacrifice; **~свал** *m* [1] dump truck; **~сохране́ние** *n* [12] self-preservation

самостоя́тельн|ость *f* [8] independence; **~ый** [14; -лен, -льна] independent

само|су́д *m* [1] lynch *or* mob law; **~уби́йство** *n* [9], **~уби́йца** *m/f* [5] suicide; **~уве́ренный** [14 *sh.*] self-confident; **~управле́ние** *n* [12] self-government; **~у́чка** *m/f* [5; *g/pl.*: -чек] self-taught pers.; **~хо́дный** [14] self-propelled; **~цветы́** *m/pl.* [1] semiprecious stones; **~це́ль** *f* [8] end in itself; **~чу́вствие** *n* [12] (state of) health

са́м|ый [14] the most, ...est; the very; the (self)same; just, right; early or late; **~ое большо́е (ма́лое)** *coll.* at (the) most (least)

сан *m* [1] dignity, office

санато́рий *m* [3] sanatorium

санда́лии *f/pl.* [7] sandals

са́ни *f/pl.* [8; *from gen. e.*] sled(ge), sleigh

санита́р *m* [1], **~ка** *f* [5; *g/pl.*: -рок] hospital attendant, orderly; **~ный** [14] sanitary

сан|кциони́ровать [7] (*im*)*pf.* sanction; **~те́хник** *m* [1] plumber

сантиме́тр *m* [1] centimeter (*Brt.* -tre)

сану́зел *m* [1] lavatory

сапёр *m* [1] engineer

сапо́г *m* [1 *e.*; *g/pl.*: сапо́г] boot

сапо́жник *m* [1] shoemaker

сапфи́р *m* [1] sapphire

сара́й *m* [3] shed

саранча́ *f* [5; *g/pl.*: -че́й] locust

сарафа́н *m* [1] sarafan (*Russian peasant women's dress*)

сард|е́лька *f* [5; *g/pl.*: -лек] (*sausage*) saveloy, polony.; **~и́на** *f* [5] sardine

сарка́зм *m* [1] sarcasm

сатана́ *m* [5] Satan

сати́н *m* [1] sateen, glazed cotton

сати́р|а *f* [5] satire; **~ик** *m* [1] satirist; **~и́ческий** [16] satirical

са́хар *m* [1; *part.g.*: -у] sugar; **~истый** [14 *sh.*] sugary; **~ница** *f* [5] sugar bowl; **~ный** [14] sugar...; **~ная боле́знь** diabetes

сачо́к *m* [1; -чка́] butterfly net

сбав|ля́ть [28], ⟨~ить⟩ [14] reduce

сбе|га́ть¹ [1], ⟨~жа́ть⟩ [4; -егу́, -ежи́шь, -егу́т] run down (from); *pf.* run away, escape, flee; **~ся** come running; **~га́ть²** [1] *pf.* run for, run to fetch (**за** T)

сбере|га́тельный [14] savings

(bank)...; **~га́ть** [1], ⟨**~чь**⟩ [26 г/ж: -регу́, -ре́жешь, -регу́т] save; preserve; **~же́ние** *n* [12] economy; savings *pl.*

сберка́сса *f* [5] savings bank

сби|ва́ть [1], ⟨**~ть**⟩ [собью́, -бьёшь; сбей!; сби́тый] knock down (*or off, a.* **с ног**); *ae.* shoot down; *сли́вки* whip; *я́йца* beat up; *ма́сло* churn; (*сколоти́ть*) knock together; lead (astray **с пути́**; **~ся** lose one's way); **~ть с то́лку** confuse; *refl. a.* run o.s. off (one's legs **с ноги́**); flock, huddle (together **в ку́чу**); **~вчивый** [14 *sh.*] confused; inconsistent; **~ть(ся)** → **~ва́ть(ся)**

сбли|жа́ть [1], ⟨**~зить**⟩ [15] bring *or* draw together; **-ся** become friends (**с** T with) *or* lovers; **~же́ние** *n* [12] *a. pol.*) rapprochement; approach(es)

сбо́ку from one side; on one side; (*ря́дом*) next to

сбор *m* [1] collection; gathering; **~ уро-жа́я** harvest; **~ нало́гов** tax collection; *порто́вый* **~** harbo(u)r dues; *тамо́-женный* **~** customs duty; *pl.* preparations; **в ~е** assembled; **~ище** *n* [11] mob, crowd; **~ка** *f* [5; *g/pl.*: -рок] *sew.* gather; *tech.* assembly, assembling; **~ник** *m* [1] collection; **~ный** [14] *sport* combined team; **~очный** [14] assembly

сбра́|сывать [1], ⟨**~о́сить**⟩ [15] throw down; drop; *оде́жду и т. д.* shed; **~од** *m* [1] rabble, riff-raff; **~о́сить** → **~а́сывать**; **~у́я** *f* [6] harness

сбы|ва́ть [1], ⟨**~ть**⟩ [сбу́ду, -дешь; сбыл, -á, -о] sell, market; get rid of (*a.* **с рук**); **-ся** come true; **~т** *m* [1] sale; **~ть(ся)** → **~ва́ть(ся)**

сва́д|ебный [14], **~ьба** *f* [5; *g/pl.*: -деб] wedding

сва́л|ивать [1], ⟨**~и́ть**⟩ [13; -алю́, -а́лишь] bring down; *де́рево* fell; *в ку́чу* dump; heap up; *вину́* shift (**на** B to); **-ся** fall down; **~ка** *f* [5; *g/pl.*: -лок] dump; (*дра́ка*) brawl

сва́р|ивать [1], ⟨**~и́ть**⟩ [13; сварю́, сва́ришь, сва́ренный] weld; **~ка** *f* [5], **~очный** [14] welding

сварли́вый [14 *sh.*] quarrelsome

свая́ *f* [6; *g/pl.*: свай] pile

све́д|ение *n* [12] information; *приня́ть* **к ~ению** note; **~ущий** [17 *sh.*] well-informed, knowledgable

свеж|е́сть *f* [8] freshness; coolness; **~е́ть** [8], ⟨по-⟩ freshen, become cooler; *pf. a.* look healthy; **~ий** [15; свеж, -á, -о, све-жи́] fresh; cool; *но́вости* latest; *хлеб* new

свезти́ → **свози́ть**

свёкла *f* [5; *g/pl.*: -кол] red beet

свёк|ор *m* [1; -кра] father-in-law (*husband's father*); **~ро́вь** *f* [8] mother-in-law (*husband' mother*)

свер|га́ть [1], ⟨**~гнуть**⟩ [21] overthrow; dethrone (**с престо́ла**); **~же́ние** *n* [12] overthrow; **~ить** → **~я́ть**

сверк|а́ть [1], *once* ⟨**~ну́ть**⟩ [20] sparkle, glitter; *мо́лнии* flash

сверле́ние *n* [12], **~и́льный** [14] drilling; **~и́ть** [13], ⟨про-⟩, **~о́** *n* [9; *pl. st.*: свёрла] drill

свер|ну́ть(ся) → **свёртывать(ся)** & **свора́чивать**; **~стник** → **рове́сник**

свёрт|ок *m* [1; -тка] roll; parcel; bundle; **~ывать** [1], ⟨сверну́ть⟩ [20] roll (up); *за у́гол* turn; (*сократи́ть*) curtail; *строи́тельство* stop; twist; **-ся** coil up; *молоко́* curdle; *кровь* coagulate

сверх (P) above, beyond; over; besides; **~ вся́ких ожида́ний** beyond (all) expectations; **~ того́** moreover; **~звуко-во́й** [14] supersonic; **~при́быль** *f* [8] excess profit; **~у** from above; **~уро́чный** [14] overtime; **~ъесте́ственный** [14 *sh.*] supernatural

сверчо́к *m* [1; -чка́] *zo.* cricket

свер|я́ть [28], ⟨**~ить**⟩ [13] compare, collate

све́сить → **све́шивать**

свести́(сь) → **своди́ть(ся)**

свет *m* [1] light; world (**на** П in); *вы́пу-стить в* **~** publish; *чуть* **~** at dawn; **~а́ть** [1] dawn; **~и́ло** *n* [9] *poet.* the sun; luminary (*a. fig.*); **~и́ть(ся)** [15] shine

светл|е́ть [8], ⟨по-⟩ brighten; grow light(er); **~о...** light...; **~ый** [14; -тел, -тлá, -о] light, bright; lucid; **~ая голова́** good head; **~я́к** *m* [1 *e.*; -чка́] glowworm

свето|во́й [14] light...; **~фо́р** *m* [1] traffic light

све́тский [16] worldly

светя́щийся [17] luminous

свеча́ *f* [5; *pl.*: све́чи, -е́й, -а́м] candle; *el.* spark(ing) plug; candlepower

све́|шивать [1], ⟨**~сить**⟩ [15] let down; dangle; **-ся** hang over; *pf.* lean over

сви|ва́ть [1], ⟨**~ть**⟩ [совью́, -вьёшь; → **вить**] wind, twist; *гнездо* build

свида́ние *n* [12] appointment, meeting, date; **до ~я** good-by(e)

свиде́тель *m* [4], **~ница** *f* [5] witness; **~ство** *n* [9] evidence; testimony; certificate; **~ство о рожде́нии** birth certificate; **~ствовать** [7], ⟨за-⟩ testify; attest *тж. подпись*; *impf.* (**о** П) show

свине́ц *m* [1; -нца́] *metal* lead

свин|и́на *f* [5] pork; **~ка** *f* [5; *g/pl.*: -нок] *med.* mumps; **морска́я ~ка** guinea pig; **~о́й** [14] pig...; pork...; **~ство** *n* [9] dirty *or* rotten act

сви́н|чивать [1], ⟨**~ти́ть**⟩ [15 *е.*; -нчу́, -нти́шь; свинченный] screw together, fasten with screws; unscrew

свинья́ *f* [6; *pl. st.*, *gen.*: -не́й; *a.* -нья́м] pig, sow; *fig.* swine; **подложи́ть ~ю́ кому́-л.** play a mean trick (on)

свире́п|ствовать [7] rage; **~ый** [14 *sh.*] fierce, ferocious

свиса́ть [1] hang down, droop

свист *m* [1] whistle; hiss; **~а́ть** [13] & **~е́ть** [11], *once* ⟨**~нуть**⟩ [20] whistle; *pf.* P ⟨стяну́ть⟩ pilfer; **~о́к** *m* [1; -тка́] whistle

свистопля́ска *f* [5; *g/pl.*: -сок] turmoil and confusion

сви́т|а *f* [5] retinue, suite; **~ер** (-тɛr) *m* [1] sweater; **~ок** *m* [1; -тка] scroll; **~ь** → **свива́ть**

свихну́ть *coll.* [20] *pf.* sprain; **-ся** go mad

свищ *m* [1 *е.*] *med.* fistula

свобо́д|а *f* [5] freedom, liberty; **вы́пустить на ~у** set free; **~ный** [14; -ден, -дна] free (**от** P from, of); *место и т. д.* vacant; *время и т. д.* spare; *до́ступ* easy; *одежда* loose; *владение* fluent; exempt (**от** P from); **~омысля́щий** [17] freethinking; *su.* freethinker, liberal

свод *m* [1] *arch.* arch, vault

сводить [15], ⟨свести́⟩ [25] lead; take down (from, off); bring (together); reduce (**к** Д to); *счёты* square; *ногу* cramp; drive (mad **с ума́**); **~ на нет** bring to nought; **-ся**, ⟨-сь⟩ (**к** Д) come *or* amount (to), result (in)

сво́д|ка *f* [5; *g/pl.*: -док] report, communiqué; **~ный** [14] *таблица* summary; *брат* step...; **~чатый** [14] vaulted

свое|во́льный [14; -лен, -льна] self-willed, wil(l)ful; **~вре́менный** [14; -менен, -менна] timely; **~нра́вный** [14; -вен, -вна] capricious; **~обра́зный** [14; -зен, -зна] original; peculiar, distinctive

свозить [15], ⟨свезти́⟩ [24] take, convey

свой *m*, **~я́** *f*, **~ё** *n*, **~и́** *pl.* [24] my, his, her, its, our, your, their (*refl.*); one's own; peculiar; **в ~ё вре́мя** at one time; in due course; *su. pl.* one's people, folks, relations; **не ~й** frantic (*voice* in T); (Д p.'s) usual; **~йство** *n* [9] property, quality, characteristic

сво́|лочь *f* [8] scum, swine; **~ра** *f* [5] pack; **~ра́чивать** [1], ⟨сверну́ть⟩ [20] turn (**с** P off); roll (up); **~я́ченица** *f* [5] sister-in-law (*wife's sister*)

свы|ка́ться [1], ⟨**~кнуться**⟩ [21] get used (**с** T to); **~сока́** haughtily; **~ше** from above; (P) over, more than

связ|а́ть(ся) → **~ывать(ся)**; **~и́ст** *m* [1] signalman; **~ка** *f* [5; *g/pl.*: -зок] bunch; *anat.* ligament; *anat.* (*vocal*) cord; *gr.* copula; **~ный** [14; -зен, -зна] coherent; **~ывать** [1], ⟨**~а́ть**⟩ [3] tie (together), bind; connect, join; unite; associate; *teleph.* put through, connect; **-ся** get in touch (with), contact; get involved with (**с** T); **~ь** *f* [8; в -зи́] tie, bond; connection; relation; contact; *половая* liaison; communication (radio, telephone, post, *etc.*)

свят|и́ть [15 *е.*; -ячу́, -яти́шь], ⟨о-⟩ consecrate, hallow; **~ки** *f/pl.* [5; *gen.*: -ток] Christmas (**на** П at); **~о́й** [14; свят, -а́, -о] holy; sacred (*a. fig.*); *su.* saint; **~ость** *f* [8] holiness, sanctity; **~ота́тство** *n* [9] sacrilege; **~ы́ня** *f* [6] *eccl.* sacred place; (*fig.*) sacred object

свяще́нн|ик *m* [1] priest; **~ый** [14 *sh.*]

holy; sacred

сгиб *m* [1], **~а́ть**, ⟨согну́ть⟩ [20] bend, fold; *v/i.* **-а́ться**

сгла́|живать [1], ⟨**~дить**⟩ [15] smooth out; **-ся** become smooth

сгнива́ть → гнить

сго́вор *m* [1] *usu. pej* agreement; collusion; **~и́ться** [13] *pf.* agree; come to terms; **~чивый** [14 *sh.*] compliant, amenable

сго|ня́ть [28], ⟨согна́ть⟩ [сгоню́, сго́нишь; со́гнанный] drive (off); **~ра́ние** *n* [12] combustion; **~ра́ть** [1], ⟨**~ре́ть**⟩ [9] burn down; **~ра́ть от стыда́** burn with shame; **~ряча́** in a fit of temper

сгр|еба́ть [1], ⟨**~ести́**⟩ [24 -б-: сгребу́; сгрёб, сгребла́] rake up; shovel off, from; **~ужа́ть** [1], ⟨**~узи́ть**⟩ [15 & 15 *е.*; -ужу́, -у́зишь; -у́женный & -ужённый] unload

сгу|сти́ть → ~ща́ть; **~сток** *m* [1; -тка] clot; **~ща́ть** [1], ⟨**~сти́ть**⟩ [15 *е.*; -ущу́, -усти́шь; -ущённый] thicken; condense; **~ща́ть кра́ски** lay it on thick, exaggerate; **~щёнка** *f* [5; *g/pl.*: -нок] condensed milk

сда|ва́ть [5], ⟨**~ть**⟩ [сдам, сдашь *etc.* → **дать**] deliver, hand in (*or* over); *бага́ж* check, register; *дом и т. д.* rent, let (out); *ка́рты* deal; *экза́мен* pass; *mil.* surrender; **-ся** surrender; **~ётся...** for rent (*Brt.* to let); **~влива́ть** [1], ⟨**~ви́ть**⟩ [14] squeeze; **~ть(ся) → ~ва́ть(ся)**; **~ча** *f* [5] *mil.* surrender; (*переда́ча*) handing over; *де́ньги* change

сдвиг *m* [1] shift; *geol.* fault; *fig.* change (for the better), improvement; **~а́ть** [1], ⟨сдви́нуть⟩ [20] move, shift (*v/i.* **-ся**); *бро́ви* knit; push together

сде́л|ка *f* [5; *g/pl.*: -лок] bargain, transaction, deal; **~ный** [14] piecework

сде́рж|анный [14 *sh.*] reserved, (self-)restrained; **~ивать** [1], ⟨**~а́ть**⟩ [4] check, restrain; *гнев и т. д.* suppress; *сло́во и т. д.* keep; **-ся** control o.s.

сдира́ть [1], ⟨содра́ть⟩ [сдеру́, -рёшь; содра́л, -á, -о; со́дранный] tear off (*or* down); strip; *шку́ру* flay (*a. fig.*)

сдо́бн|ый [14] *cul.* rich, short; **~ая бу́л|(оч)ка** bun

сдружи́ться → подружи́ться

сду|ва́ть [1], ⟨**~ть**⟩ [16], *once* ⟨**~нуть**⟩ [20] blow off (*or* away); **~ру** *coll.* foolishly

сеа́нс *m* [1] sitting; *cine.* show

себесто́имость *f* [8] cost; cost price

себ|я́ [21] myself, yourself, himself, herself, itself, ourselves, yourselves, themselves (*refl.*); oneself; **к ~é** home; into one's room; **мне не по ~é** I don't feel quite myself, I don't feel too well; **так ~é** so-so

сев *m* [1] sowing

се́вер *m* [1] north; → **восто́к**; **~ный** [14] north(ern); northerly; arctic; **~о-восто́к** *m* [1] northeast; **~о-восто́чный** [14] northeast...; **~о-за́пад** *m* [1] northwest; **~о-за́падный** [14] northwest...; **~я́нин** *m* [1; *pl.*: -я́не, -я́н *и т. д.*] northerner

севрю́га *f* [5] stellate sturgeon

сего́дня (sıv'ə-) today; **~ у́тром** this morning; **~шний** [15] today's

сед|е́ть [8], ⟨по-⟩ turn gray (*Brt.* grey); **~ина́** *f* [5] gray hair

седл|а́ть [1], ⟨о-⟩ *n* [9; *pl. st.*: сёдла, сёдел, сёдлам] saddle

седо|воло́сый [14 *sh.*], **~й** [14; сед, -á, -о] gray-haired (*Brt.* grey)

седо́к *m* [1 *е.*] horseman, rider; fare (*passenger*)

седьмо́й [14] seventh; → **пя́тый**

сезо́н *m* [1] season; **~ный** [14] seasonal

сей *m*, **сия́** *f*, **сие́** *n*, **сий** *pl. obs.* [29] this; **по ~ день** till now; **на ~ раз** this time; **сию́ мину́ту** at once; right now; **сего́ го́да (ме́сяца)** of this year (month)

сейф *m* [1] safe

сейча́с now, at present; (*о́чень ско́ро*) presently, (*a. ~ же*) immediately, at once; (*то́лько что*) just (now)

сека́тор *m* [1] secateurs, pruning shears

секре́т *m* [1] secret (**по** Д, **под** T in); **~ариа́т** *m* [1] secretariat; **~а́рь** *m* [1 *е.*] secretary; **~ничать** *coll.* [1] be secretive; **~ный** [14; -тен, -тна] secret; confidential

сек|суа́льный [14; -лен, -льна] sexual; **~та** *f* [5] sect; **~тор** *m* [1] sector

секу́нд|а *f* [5] (*of time*) second; **~ный**

[14] second...; **~ная стре́лка** (*of time-piece*) second hand; **~оме́р** *m* [1] stop-watch

селёдка *f* [5; *g/pl.*: -док] herring

селезёнка *f* [5; *g/pl.*: -нок] *anat.* spleen; **~ень** *m* [4; -зня] drake

селе́кция *f* [7] *agric.* selection, breeding

сели́ть(ся) [13] → **посели́ть(ся)**

сел|о́ *n* [9; *pl. st.*: сёла] village (**в** *or* **на** П in); **ни к у́ ни к го́роду** *coll.* for no reason at all; neither here nor there

сельд|ере́й *m* [3] celery; **~ь** *f* [8; *from g/pl. e.*] herring

се́ль|ский [16] rural, country..., village...; **~ское хозя́йство** agriculture; **~скохозя́йственный** [14] agricultural; **~сове́т** *m* [1] village soviet

сёмга *f* [5] salmon

семе́й|ный [14] family...; having a family; **~ство** *n* [9] family

семена́ → **се́мя**

семен|и́ть *coll.* [13] (*when walking*) mince; **~но́й** [14] seed...; *biol.* seminal

семёрка [5; *g/pl.*:-рок] seven; → **дво́йка**

се́меро [37] seven; → **дво́е**

семе́стр *m* [1] term, semester

се́мечко *n* [9; *pl.*:-чки, -чек, -чкам] *dim. of* **се́мя**; (*pl.*) sunflower seeds

семи|деся́тый [14] seventieth; → **пя́(ти-деся́)тый**; **~ле́тний** [15] seventy-year-old; of seventy

семина́р *m* [1] seminar; **~ия** *f* [7] seminary; **духо́вная ~ия** theological college

семисо́тый [14] seven hundredth

семна́дцат|ый [14] seventeenth; → **пя́тый**; **~ь** [35] seventeen; → **пять**

семь [35] seven; → **пять & пя́тый**; **~деся́т** [35] seventy; **~со́т** [36] seven hundred; **~ю** seven times

семья́ *f* [6; *pl.*: се́мьи, семе́й, се́мьям] family; **~ни́н** *m* [1] family man

се́мя *n* [13; *pl.*:-мена́, -мя́н, -мена́м] seed (*a. fig.*); *biol.* semen

сена́т *m* [1] senate; **~ор** *m* [1] senator

се́ни *f/pl.* [8; *from gen. e.*] entryway (*in a Russian village house*)

се́но *n* [9] hay; **~ва́л** *m* [1] hayloft; **~ко́с** *m* [1] haymaking; → **коси́лка**

сен|саци́о́нный [14; -о́нен, -о́нна] sen-sational; **~тимента́льный** [14; -лен, -льна] sentimental

сентя́брь *m* [4 *e.*] September

сень *f* [8; в -ни́] *obs. or poet.* canopy, shade; *fig.* protection

сепарат|и́ст *m* [1] separatist; **~ный** [14] separate

се́п|сис *m* [1] *med.* sepsis

се́ра *f* [5] sulfur; *coll.* earwax

серб *m* [1], **~(ия́н)ка** *f* [5; *g/pl.*:-б(ия́н)ок] Serb(ian); **~ский** [16] Serbian

серви́|з *m* [1] service, set; **~рова́ть** [7] (*im*)*pf.* serve

се́рвис *m* [1] (*consumer*) service

серде́чный [14; -чен, -чна] of the heart; *прие́м* hearty, cordial; *челове́к* warm-hearted; *благода́рность* heartfelt; **~ при́ступ** heart attack

серди́|тый [14 *sh.*] angry, mad (**на** В with, at); **~ть** [15], ⟨рас-⟩ annoy, vex, anger; **-ся** be(come) angry, cross (**на** В with)

се́рдц|е *n* [11; *pl. e.*: -дца́, -де́ц, -дца́м] heart; **в ~а́х** in a fit of temper; *принима́ть бли́зко к ~у* take to heart; *от всего́ ~а* wholeheartedly; *по́ ~у* (Д) to one's liking; *положа́ ру́ку на́ сердце coll.* (quite) frankly; **~ебие́ние** *n* [12] palpitation; **~еви́на** *f* [5] core, pith, heart

серебр|и́стый [14 *sh.*] silvery; **~и́ть** [13], ⟨по-, вы-⟩ silver; **-ся** become silvery; **~о́** *n* [9] silver; **~я́ный** [14] silver(y)

середи́на *f* [5] middle; midst; mean

серёжка *f* [5; *g/pl.*: -жек] earring; *bot.* catkin

сере́ть [8], ⟨по-⟩ turn (*impf.* show) gray (*Brt.* grey)

сержа́нт *m* [1] sergeant

сери́|йный [14] serial; **~я** *f* [7] series

се́рна *f* [5] *zo.* chamois

се́р|ный [14] sulfuric; sulfur...; **~ова́тый** [14 *sh.*] grayish, *Brt.* greyish

серп *m* [1 *e.*] sickle; *луны́* crescent

серпанти́н *m* [1] paper streamer; road with sharp, U-shaped curves

сертифика́т *m* [1] *ка́чества и т. д.* certificate

сёрфинг *m* [1] surfing

се́рый [14; сер, -а́, -о] gray, *Brt.* grey;

dull, dim

се́рьги f/pl. [5; серёг, серьга́м; sg. e.] earrings

серьёзн|ый [14; -зен, -зна] serious, grave; earnest; **~о** a. indeed, really

се́ссия f [7] session (**на** П in)

сестра́ f [5; pl.: сёстры, сестёр, сёстрам] sister; (first) cousin; nurse

сесть → **сади́ться**

сет|ка f [5; g/pl.: -ток] net; *тарифов и т. д.*; **~ова́ть** [1] complain (**на** B about); **~ча́тка** f [5; g/pl.: -ток] anat. retina; **~ь** f [8; в сети́; *from g/pl. e.*] net; (*система*) network

сече́ние n [12] section; cutting; **ке́сарево ~** cesarean birth

сечь¹ [26; pt. e.; сек, секла́] cut (up); **-ся** split; **~²** [26; pt. st.; сек, се́кла, ⟨вы́-⟩] whip

се́ялка f [5; g/pl.: -лок] drill

се́ять [27], ⟨по-⟩ sow (a. fig.)

сжа́литься [13] pf. (**над** T) have or take pity (on)

сжа́т|ие n [12] pressure; compression; **~ый** [14] (*воздух и т. д.*) compressed; fig. compact, concise, terse; **~ь(ся)** → **сжима́ть(ся)** & **жать¹**, **жать²**

сжига́ть [1], ⟨сжечь⟩ → **жечь**

сжима́ть [1], ⟨сжать⟩ [сожму́, -мёшь; сжа́тый] (com)press, squeeze; (*кулаки*) clench; **-ся** contract; shrink; become clenched

сза́ди (from) behind (as prp.: P)

сзыва́ть → **созыва́ть**

сиби́р|ский [16], **~я́к** m [1 e.], **~я́чка** f [5; g/pl.: -чек] Siberian

сига́р(ет)а f [5] cigar(ette)

сигна́л m [1], **~изи́ровать** [7] (im)pf., **~ьный** [14] signal, alarm

сиде́лка f [5; g/pl.: -лок] nurse

сиде́|нье n [10] seat; **~ть** [11; си́дя] sit (**за** T at, over); *дома* be, stay; *об одежде* fit (**на** П a р.); *на корточках* squat; **-ся**: *ему́ не сиди́тся на ме́сте* he can't sit still

сидр m [1] cider

сидя́чий [17] *образ жизни* sedentary; sitting

си́зый [14; сиз, -á, -o] blue-gray, Brt. -grey; dove-colo(u)red

си́л|а f [5] strength; force (*тж. привы́чки*); power, might; vigo(u)r; intensity; energy; *звука* volume; **сво́ими ~ами** unaided, by o.s.; **в ~у** (P) by virtue of; **не в ~ах** unable; **не по ~ам, свы́ше чьи́х-л. сил** beyond one's power; **изо всех сил** coll. with all one's might; **~áч** m [1 e.] strong man; **~иться** [13] try, endeavo(u)r; **~ово́й** [14] power…

силуэ́т m [1] silhouette

си́льн|ый [14; си́лен & силён, -льна́, -о, си́льны́] strong, powerful, mighty; intense; *дождь* heavy; *насморк* bad; **~о** a. very much; strongly; badly

си́мвол m [1] symbol; **~и́ческий** [16], **~и́чный** [14; -чен, -чна] symbolic

симметри́|чный [14; -чен, -чна] symmetrical; **~я** f [7] symmetry

симпат|изи́ровать [7] sympathize (with Д); **~и́чный** [14; -чен, -чна] nice, attractive; **он мне ~и́чен** I like him; **~ия** f [7] liking (**к** Д for)

симпто́м m [1] symptom

симул|и́ровать [7] (im)pf. feign, sham; simulate; **~я́нт** m [1], **~я́нтка** f [5; g/pl.: -ток] simulator; malingerer

симфони́|ческий [16] symphonic, symphony…; **~я** f [7] symphony

син|ева́ f [5] blue; **~ева́тый** [14 sh.] bluish; **~е́ть** [8], ⟨по-⟩ turn (*impf.* show) blue; **~ий** [15; синь, синя́, си́не] blue; **~и́ть** [13], ⟨под-⟩ blue; apply blueing to; **~и́ца** f [5] titmouse

син|о́д m [1] eccl. synod; **~о́ним** m [1] synonym; **~та́ксис** m [1] syntax; **~тез** m [1] synthesis; **~те́тика** f [5] synthetic material; **~тети́ческий** [16] synthetic; **~хронизи́ровать** [7] (im)pf. synchronize; **~хро́нный** [14] synchronous; **~хро́нный перево́д** interpretation

синь f [8] blue colo(u)r; **~ка** f [5; g/pl.: -нек] blue; blueing; blueprint

синя́к m [1 e.] bruise

си́плый [14; сипл, -á, -о] hoarse

сире́на f [5] siren

сире́н|евый [14], **~ь** f [8] lilac (colo[u]r)

сиро́п m [1] syrup

сирота́ m/f [5; pl. st.: сиро́ты] orphan

систе́ма f [5] system; **~ управле́ния** control system; **~ти́ческий** [16],

∼ти́чный [14; -чен, -чна] systematic

си́тец m [1; -тца] chintz, cotton

си́то n [9] sieve

ситуа́ция f [7] situation

сия́|ние n [12] radiance; (нимб) halo; *се́-
верное ∼ние* northern lights; **∼ть** [28]
shine; *от ра́дости* beam; *от
сча́стья* radiate

сказ|а́ние n [12] legend; story; tale; **∼а́ть**
→ **говори́ть**; **∼ка** f [5; g/pl.: -зок] fairy
tale; *coll.* tall tale, fib; **∼очный** [14;
-чен, -чна] fabulous; fantastic; fairy
(tale)...

сказу́емое n [14] *gr.* predicate

скак|а́ть [3] skip, hop, jump; gallop;
race; **∼ово́й** [14] race...; racing

скал|а́ [5; *pl. st.*] rock face, crag; cliff;
reef; **∼и́стый** [14 *sh.*] rocky, craggy;
∼и́ть [13], ⟨о-⟩ show, bare; *coll.* **∼и́ть зу́-
бы** *impf.* grin; jeer; **∼ка** f [5; g/pl.: -лок]
rolling pin; **∼ывать** [1], ⟨сколо́ть⟩ [17]
pin together; (*отка́лывать*) break
(off)

скам|е́ечка f [5; -чек] footstool; *a. dim.
of* **∼е́йка** f [5; g/pl.: -е́ек], **∼ья́** f [6; *nom/
pl. a. st.*] bench; **∼ья́ подсуди́мых** *law*
dock

сканда́л m [1] scandal; disgrace; *coll.*
shame; **∼ить** [13], ⟨на-⟩ row, brawl;
∼ьный [14; -лен, -льна] scandalous

скандина́вский [16] Scandinavian

ска́пливать(ся) [1] → **скопля́ть(ся)**

скар|б *coll.* [1] belongings; goods and
chattels; **∼лати́на** f [5] scarlet fever

скат m [1] slope, pitch

скат|а́ть → **ска́тывать** 2; **∼ерть** f [8;
from g/pl. e.] tablecloth; **∼ертью доро́-
га** good riddance!

ска́т|ывать [1] 1. ⟨∼и́ть⟩ [15] roll (*or*
slide) down (*v/i.* -ся); 2. ⟨∼а́ть⟩ [1] roll
(up)

ска́ч|ка f [5; g/pl.: -чек] galloping; *pl.*
horse race(s); **∼о́к** → **прыжо́к**

ска́шивать [1], ⟨скоси́ть⟩ [15] mow

сква́жина f [5] slit, hole; *замо́чная ∼*
keyhole; *нефтяна́я ∼* oil well

сквер m [1] public garden; **∼носло́вить**
[14] use foul language; **∼ный** [14; -рен,
-рна́, -о] *ка́чество* bad, poor; *челове́к,
посту́пок* nasty, foul

сквоз|и́ть [15 *e.*; -и́т] *о све́те* shine
through; **∼и́т** there is a draught, *Brt.*
draught; **∼но́й** [14] through...; **∼ня́к**
m [1 *e.*] draft, *Brt.* draught; **∼ь** (В)
prp. through

скворе́|ц m [1; -рца́] starling; **∼чница** f
(-ʃn-) [5] nesting box

скеле́т m [1] skeleton

скепти́ческий [16] skeptical (*Brt.* scep-
tical)

ски́|дка f [5; g/pl.: -док] discount, rebate;
де́лать ∼дку make allowances (**на** for);
∼дывать [1], ⟨∼нуть⟩ [20] throw off *or*
down; *оде́жду* take *or* throw off; *coll.
це́ну* knock off (from); **∼петр** m [1]
scepter, *Brt.* -tre; **∼пида́р** m [1] turpentine; **∼рда́** f [5] stack, rick

скис|а́ть [1], ⟨∼нуть⟩ [21] turn sour

скита́ться [1] wander, rove

склад m [1] 1. warehouse, storehouse
(**на** П in); *mil.* depot; 2. (*нрав*) disposition, turn of mind; **∼ка** f [5; g/pl.:
-док] pleat, fold; *на брю́ках и т. д.*
crease; *на лбу́* wrinkle; **∼но́й** [14] fold(-
ing), collapsible; camp...; **∼ный** [14;
-ден, -дна] *речь* coherent, smooth; P
well-made (*or* -built); **∼чина** f [5]: *в
∼чину* by clubbing together; **∼ывать**
[1], ⟨сложи́ть⟩ [16] lay *or* put (together);
pile up/ pack (up); fold; *чи́сла* add up;
пе́сню compose; *ору́жие, жизнь* lay
down; *сложа́ ру́ки* idle; **-ся** (be)
form(ed), develop; *coll.* club together

скле́и|вать [1], ⟨∼ть⟩ [13; -е́ю] stick to-
gether, glue together (*v/i.* -ся)

склеп m [1] crypt, vault

скло́ка f [5] squabble

склон m [1] slope; **∼е́ние** n [12] *gr.* declension; *astr.* declination; **∼и́ть(ся)** →
∼я́ть(ся); **∼ность** f [8] inclination
(*fig.*; **к** Д to, for), disposition; **∼ный**
[14; -о́нен, -онна́, -о] inclined (**к** Д
to), disposed; **∼я́ть** [28] 1. ⟨∼и́ть⟩ [13;
-оню́, -о́нишь, -онённый] bend, incline
(*a. fig.*; *v/i.* -ся; *о со́лнце* sink); (*убе-
ди́ть*) persuade; 2. ⟨просклоня́ть⟩
gr.; **-ся** *no pf.* decline(d)

скоб|а́ f [5; *pl.:* ско́бы, скоб, скоба́м]
cramp (iron), clamp; **∼ка** f [5; g/pl.:
-бок] cramp; *gr., typ.* bracket, parenthe-

sis; **~лить** [13; -облю, -обли́шь, -обле́н-ный] scrape; plane

скова́ть → **ско́вывать**

сковорода́ f [5; pl.: ско́вороды, -ро́д, -да́м] frying pan

ско́в|ывать [1], ⟨~а́ть⟩ [7 е.; скую́, скуёшь⟩ forge (together); weld; fig. fet-ter; bind; arrest

сколо́ть → **ска́лывать**

скольз|и́ть [15 е.; -льжу́, -льзи́шь], once ⟨~ну́ть⟩ [20] slide, glide, slip; **~кий** [16; -зок, -зка́, -о] slippery

ско́лько [32] how (or as) much, many; coll. **~ лет, ~ зим** → **ве́чность** coll.

сконча́ться [1] pf. die, expire

скоп|ля́ть [28], ⟨~и́ть⟩ [14] accumulate, gather (v/i. **-ся**), amass; save; **~ле́ние** n [12] accumulation; люде́й gathering, crowd

скорб|е́ть [10 е.; -блю, -би́шь] grieve (о П over); **~ный** [14; -бен, -бна] mourn-ful, sorrowful; **~ь** f [8] grief, sorrow

скорлупа́ f [5; pl. st. -лу́пы] shell

скорня́к m [1 е.] furrier

скоро|гово́рка f [5; g/pl.: -рок] tongue twister; речь patter; **~па́ли́тельный** [14 sh.] hasty, rash; **~пости́жный** [14; -жен, -жна] sudden; **~спе́лый** [14 sh.] early; fig. hasty; **~стно́й** [14] (high-)speed...; **~сть** f [8; from g/pl. е.] speed; све́та и т. д. velocity; mot. gear; **со ~стью** at the rate of; **груз ма́лой ~стью** slow freight

ско́р|ый [14; скор, -а́, -о] quick, fast, rap-id, swift; помощь first (aid); бу́дущем near; **~о** a. soon; **~ее всего́** coll. most probably; **на ~ую ру́ку** coll. in haste, an-yhow

скоси́ть → **ска́шивать**

скот m [1 е.] cattle, livestock; **~и́на** f [5] coll. cattle; P beast, brute; **~ный** [14]: **~ный двор** cattle yard; **~обо́йня** f [6; g/pl.: -бен] slaughterhouse; **~ово́дство** n [9] cattle breeding; **~ский** [16] brutish, bestial

скра́|шивать [1], ⟨~сить⟩ [15] fig. re-lieve, lighten, smooth over

скребо́к m [1; -бка́] scraper

скре́жет [1], **~а́ть** [3] (Т) gnash

скреп|и́ть → **~ля́ть**; **~ка** f [5; g/pl.: -пок]

(paper) clip; **~ле́ние** n [12] fastening; **~ля́ть** [28], ⟨~и́ть⟩ [14 е.; -плю, -пи́шь; -плённый] fasten together; clamp; make fast; по́дписью countersign; **~я́ се́рдце** reluctantly

скрести́ [24 -б-: скребу́; скрёб] scrape; scratch

скре́щива|ть [1], ⟨скрести́ть⟩ [15 е.; -ещу́, -ести́шь; -ещённый] cross; clash (v/i. **-ся**); **~ние** n [12] crossing; inter-section

скрип m [1] creak, squeak; снега crunch; **~а́ч** m [1 е.] violinist; **~е́ть** [10 е.; -плю, -пи́шь], ⟨про-⟩, once ⟨~ну́ть⟩ [20] creak, squeak; crunch; зу-ба́ми grit, gnash; **~ка** f [5; g/pl.: -пок] violin

скро́мн|ость f [8] modesty; **~ый** [14; -мен, -мна́, -о] modest; обе́д frugal

скру́|чивать [1], ⟨~ти́ть⟩ [15] twist; roll; bind

скры|ва́ть [1], ⟨~ть⟩ [22] hide, conceal (**от** Р from); **-ся** disappear; (пря́таться) hide; **~тность** f [8] re-serve; **~тный** [14; -тен, -тна] reserved, reticent; **~тый** [14] concealed, latent (a. phys.); secret; смысл hidden; **~ть(ся)** → **~ва́ть(ся)**

скря́га m/f [5] miser, skinflint

ску́дный [14; -ден, -дна] scanty, poor

ску́ка f [5] boredom, ennui

скула́ f [5; pl. st.] cheekbone; **~стый** [14 sh.] with high or prominent cheek-bones

скули́ть [13] whimper

ску́льпт|ор m [1] sculptor; **~у́ра** f [5] sculpture

ску́мбрия f [7] mackerel

скуп|а́ть [1], ⟨~и́ть⟩ [14] buy up, corner

скуп|и́ться [14], ⟨по-⟩ be stingy (or spar-ing), stint (**на** В in, of); **~о́й** [14; скуп, -а́, -о] stingy; sparing (**на** В in); inadequate; taciturn (**на слова**); su. miser; **~ость** f [8] stinginess, miserliness

скуча́ть [1] be bored (о П, по Д) long (for), miss; **~ный** (-ʃn-) [14; -чен, -чна́, -о] boring, tedious, dull; (Д) **~но** feel bored

слаб|е́ть [8], ⟨о-⟩ weaken; о ветре и т. д. slacken; **~и́тельный** [14] laxative (n *a. su.*); **~ово́льный** [14; -лен, -льна] weak-willed; **~ость** *f* [8] weakness, *a. fig.* = foible (**к** Д for); infirmity; **~оу́мный** [14; -мен, -мна] feeble-minded; **~охара́ктерный** [14; -рен, -рна] characterless; of weak character; **~ый** [14; слаб, -а́, -о] weak (*a. el.*); feeble; *звук, сходство* faint; *здоровье* delicate; *характер* flabby; *зрение* poor

сла́в|а *f* [5] glory; fame, renown; reputation, repute; **~а бо́гу!** thank goodness!; **на ~у** *coll.* first-rate, wonderful, right-on; **~ить** [14], ⟨про-⟩ glorify; praise, extol; **-ся** be famous (T for); **~ный** [14; -вен, -вна, -о] glorious, famous; *coll.* nice; splendid

славя́н|ин *m* [1; *pl.*: -я́не, -я́н], **~ка** *f* [5; *g/pl.*: -нок] Slav; **~ский** [16] Slavic, Slavonic

слага́ть [1], ⟨сложи́ть⟩ [16] *песню* compose; *оружие* lay down; *полномочия* resign (from); *обязанности* relieve o.s. (of); → **скла́дывать(ся)**

сла́д|кий [16; -док, -дка́, -о; *сотр*.: -сла́ще] sweet; sugary; **~кое** *su.* dessert (**на** B for); **~остный** [14; -тен, -тна] sweet, delightful; **~остра́стие** *n* [12] voluptuousness; **~остра́стный** [14] voluptuous; **~ость** *f* [8] sweetness, delight; → **сла́сти**

сла́женный [14 *sh.*] harmonious; *действия* coordinated

слайд *m* [1] slide, transparency

сла́нец *m* [1; -нца] shale, slate

сла́сти *f/pl.* [8; *from gen. e.*] candy *sg.*, *Brt. a.* sweets

слать [шлю, шлёшь], ⟨по-⟩ send

слаща́вый [14 *sh.*] sugary, sickly sweet

сле́ва on, to (*or* from) the left

слегка́ slightly; somewhat; *прикоснуться* lightly, gently

след *m* [1; *g/sg. e.* & -ду; на -ду́; *pl. e.*] trace (*a. fig*); track; footprint; ⟨*запах*⟩ scent; **~ом** (right) behind; **его́ и ~ просты́л** *coll.* he vanished into thin air; **~ить** [15 *e.*; -ежу́, -еди́шь] (**за** T) watch, follow; (*присма́тривать*) look after; *тайно* shadow; *за собы́тиями* keep up (**за** T with)

сле́доват|ель *m* [4] investigator; **~ель-**

но consequently, therefore; so; **~ь** [7] (**за** T; Д) follow; result (*из* P from); be bound for; (Д) *impers.* should, ought to; *как сле́дует* properly, as it should be; *кому́ or куда́ сле́дует* to the proper person *or* quarter

сле́дствие *n* [12] **1.** consequence; **2.** investigation

сле́дующий [17] following, next

слёжка *f* [5; *g/pl.*: -жек] shadowing

слез|а́ *f* [5; *pl.*: слёзы, слёз, слеза́м] tear; **~а́ть** [1], ⟨~ть⟩ [24 *st.*] come or get down (from); *с ло́шади* dismount; *coll. о ко́же, кра́ске* come off; **~а́ться** [15; -и́тся] water; **~ли́вый** [14 *sh.*] given to crying; tearful, lachrymose; **~ото́чивый** [14] *глаза́* running; *газ* tear; **~ть** → **~а́ть**

слеп|е́нь *m* [8; -пня́] gadfly; **~е́ц** *m* [1; -пца́] blind man; *fig.* one who fails to notice the obvious; **~и́ть 1.** [14 *e.*; -плю́ -пи́шь], ⟨о-⟩ [ослеплённый] blind; *ярким све́том* dazzle; **2.** [14] *pf.*; *impf.*: **~ля́ть** [28] stick together (*v/i.* **-ся**) → *a.* **лепи́ть**; **~нуть** [21], ⟨о-⟩ go (*or* become) blind; **~о́й** [14; слеп, -а́, -о] blind (*a. fig.*); *текст* indistinct; *su.* blind man; **~о́к** *m* [1; -пка] mo(u)ld, cast; **~ота́** *f* [5] blindness

сле́сар|ь *m* [4; *pl.*: -ря́, *etc. e.*, & -ри] metalworker; fitter; locksmith

слет|а́ть [1], ⟨~е́ть⟩ [11] fly down, (from); *coll.* fall (down, off); **-ся** fly together

слечь *coll.* [26 г/ж: сля́гу, сля́жешь; сля́г(те)!] *pf.* fall ill; take to one's bed

сли́ва *f* [5] plum

сли|ва́ть [1], ⟨~ть⟩ [солью́, -льёшь; → **лить**] pour (off, out, together); *о фи́рмах и т. д.* merge, amalgamate (*v/i.* **-ся**)

сли́в|ки *f/pl.* [5; *gen.*: -вок] cream (*a. fig.* = elite); **~очный** [14] creamy; **~очное ма́сло** butter; **~очное моро́женое** ice cream

сли́з|истый [14 *sh.*] mucous; slimy; **~истая оболо́чка** mucous membrane; **~ь** *f* [8] slime; mucus; phlegm

слипа́ться [1] stick together; *о глаза́х* close

слит|ный [14] joined; united; **~ное написа́ние слов** omission of hyphen from words; **~но** *a.* together; **~ок** *m* [1; -тка] ingot; **~ь(ся)** → **слива́ться**

слич|а́ть [1], ⟨~и́ть⟩ [16 *e.*; -чу́, -чи́шь; -чённый] compare, collate

сли́шком too; too much; **э́то (уж) ~** *coll.* that beats everything

слия́ние *n* [12] *рек* confluence; *фирм* amalgamation, merger

слова́к *m* [1] Slovak

слова́р|ный [14]: **~ный соста́в** stock of words; **~ь** *m* [4 *e.*] dictionary; vocabulary, glossary; lexicon

слов|а́цкий [16], **~а́чка** *f* [5; *g/pl.*: -чек] Slovak; **~е́нец** *m* [1; -нца], **~е́нка** *f* [5; *g/pl.*: -нок], **~е́нский** [16] Slovene

словесн|ость *f* [8] literature; *obs.* philology; **~ый** [14] verbal, oral

сло́вно as if; like; *coll.* as it were

сло́в|о *n* [9; *pl. e.*] word; **~ом** in a word; **~о за ~о** word for word; speech; **к ~у сказа́ть** by the way; **по слова́м** according to; **проси́ть (предоста́вить** Д) **~а** ask (give p.) permission to speak; **~оизмене́ние** *n* [12] inflection (*Brt.* -xion); **~оохо́тливый** [14 *sh.*] talkative

слог *m* [1; *from g/pl. e.*] syllable; style

слоёный [14] *тесто* puff pastry

слож|е́ние *n* [12] *math.* addition; *челове́ка* constitution, build; *полномо́чий* laying down; **~и́ть(ся)** → **скла́дывать(ся), слага́ть(ся)** & **класть 2.**; **~ность** *f* [8] complexity; **в о́бщей ~ности** all in all; **~ный** [14; -жен, -жна́, -о] complicated, complex, intricate; *слово* compound

сло́|истый [14 *sh.*] stratiform; flaky; **~й** *m* [3; *pl. e.*: слои́, слоёв] layer, stratum (in T *pl.*); *кра́ски* coat(ing)

слом *m* [1] demolition, pulling down; **~и́ть** [14] *pf.* break, smash; *fig.* overcome; **~я́ го́лову** *coll.* headlong, at breakneck speed

слон *m* [1 *e.*] elephant; bishop (*chess*); **~о́вый** [14]: **~о́вая кость** ivory

слоня́ться *coll.* [28] loiter about

слу|га́ *m* [5; *pl. st.*] servant; **~жащий** [17] employee; **~жба** *f* [5] service; work; employment; **~же́бный** [14] office…; offi-

cial; **~же́ние** *n* [12] service; **~жи́ть** [16] ⟨по-⟩ serve (a p./th. Д); be in use

слух *m* [1] hearing; ear (**на** В by; **по** Д) rumo(u)r, hearsay; **~ово́й** [14] of hearing; acoustic; ear…

слу́ча|й *m* [3] case; occurrence, event; occasion (**по** Д on; **при** П), opportunity, chance; (*a.* **несча́стный ~й**) accident; **во вся́ком ~е** in any case; **в проти́вном ~е** otherwise; **на вся́кий ~й** to be on the safe side; **по ~ю** on the occasion (of Р); **~йность** *f* [8] chance; **~йный** [14; -а́ен, -а́йна] accidental, fortuitous; casual, chance (**~йно** by chance); **~ться** [1], ⟨случи́ться⟩ [16 *e.*; 3ʳᵈ *p. or impers.*] happen (**с** T to); come about; take place; **что бы ни ~чи́лось** come what may

слу́ша|тель *m* [4] listener, hearer; student; *pl. collect.* audience; **~ть** [1] ⟨по-⟩ listen (В to); *ле́кции* attend; **~ю!** (*on telephone*) hello!; **-ся** obey (Р р.); *сове́та* take

слыть [23], ⟨про-⟩ (T) have a reputation for

слы́|шать [4], ⟨у-⟩ hear (of, about **о** П); **~шаться** [4] be heard; **~шимость** *f* [8] audibility; **~шно** one can hear; **мне ~шно** I can hear; **что ~шно?** what's new?; **~шный** [14; -шен, -шна, -о] audible

слюда́ *f* [5] mica

слюн|а́ *f* [5], **~и** *coll. pl.* [8; *from gen. e.*] saliva, spittle; **~ки** *coll. f/pl.*: **(у** Р) **от э́того ~ки теку́т** makes one's mouth water

сля́коть *f* [8] slush

сма́з|ать → **~ывать**; **~ка** *f* [5; *g/pl.*: -зок] greasing, oiling, lubrication; lubricant; **~очный** [14] lubricating; **~ывать** [1] ⟨~ать⟩ [3] grease, oil, lubricate; *coll.* *очерта́ния* slur; blur

сма́|нивать [1], ⟨~ни́ть⟩ [13; сманю́, -а́нишь; -а́ненный & -анённый] lure, entice; **~тывать**, ⟨смота́ть⟩ [1] wind, reel; **~хивать** [1], ⟨~хну́ть⟩ [20] brush off (**о** aside); *impf. coll.* (*походи́ть*) have a likeness (**на** В to); **~чивать** [1] ⟨смочи́ть⟩ [16] moisten

сме́жный [14; -жен, -жна́] adjacent

сме́л|ость *f* [8] boldness; courage; **~ый** [14; смел, -á, -о] courageous; bold; *coll.* easily; **могý ~о сказа́ть** I can safely say

сме́н|а *f* [5] shift (**в** B in); change; changing; replacement; successors *pl.*; **прийти́ на ~у → ~и́ться; ~и́ть** [28], ⟨~и́ть⟩ [13; -еню́, -е́нишь; -енённый] (**-ся** be) supersede(d; o.a.), relieve(d), replace(d by T), substitut(ed; for); give way to

смерк|а́ться [1], ⟨~нуться⟩ [20] grow dusky *or* dark

смерт|е́льный [14; -лен, -льна] mortal; *исхо́д* fatal; *яд* deadly; **~ность** *f* [8] mortality, death rate; **~ный** [14; -тен, -тна] mortal (*a. su.*); *грех* deadly; *law* death...; *казнь* capital; **~ь** *f* [8; *from g/pl. e.*] death; *coll.* **надое́сть до́ ~и** bore to death; **при ~и** at death's door

смерч *m* [1] waterspout; tornado

смести́ → смета́ть; **~ь → смеща́ть**

сме́с|ь *f* [8] mixture; blend, compound; **~та** *f* [5] *fin.* estimate

смета́на *f* [5] sour cream

смета́ть [1], ⟨~сти́⟩ [25 -т-] sweep off *or* away; sweep into; **~ с лица́ земли́** wipe off the face of the earth

сме́тливый [14 *sh.*] sharp, quick on the uptake

сметь [8], ⟨по-⟩ dare, venture

смех *m* [1] laughter; **со́ ~у** with laughter; **~а ра́ди** for a joke, for fun, in jest; **подня́ть на́ ~** ridicule); → **шу́тка**

смеш|анный [14] mixed; **~а́ть(ся) → ~ивать(ся); ~ивать**, ⟨~а́ть⟩ [1] mix with, blend with (*v/i.* **-ся**); get *or* be[come]) confuse(d); **с толпо́й** mingle with

смеши́ть [16 *e.*; -шý, -ши́шь], ⟨рас-⟩ [-шённый] make laugh; **~но́й** [14; -шо́н, -шна́] laughable, ludicrous; ridiculous; funny; **мне не ~но́** I don't see anything funny in it

сме|ща́ть [1], ⟨~сти́ть⟩ [15 *e.*; -ещý, -ести́шь; -ещённый] displace, shift, remove; **~ще́ние** *n* [12] displacement, removal

смея́ться [27 *e.*; -ею́сь, -еёшься], ⟨за-⟩ laugh (*impf.* **над** T at); mock (at); deride; *coll.* **шути́ть** joke

смире́ние *n* [12], **~́нность** *f* [8] humility; meekness; **~и́ть(ся) → ~я́ть(ся); ~́ный** [14; -рен (*coll.* -рён), -рна́, -о] meek, gentle; (*поко́рный*) submissive; **~я́ть** [28], ⟨~и́ть⟩ [13] subdue; restrain, check; **-ся** resign o.s. (**с** T to)

смо́кинг *m* [1] tuxedo, dinner jacket

смол|а́ *f* [5; *pl. st.*] resin; pitch; tar; **~и́стый** [14 *sh.*] resinous; **~и́ть** [13], ⟨вы́-, за-⟩ pitch; tar; **~ка́ть** [1], ⟨~кнуть⟩ [21] grow silent; *звук* cease; **~оду** *coll.* from *or* in one's youth; **~яно́й** [14] pitch..., tar...

сморка́ться [1], ⟨вы́-⟩ blow one's nose

сморо́дина *f* [5] currant(s *pl.*)

смота́ть → сма́тывать

смотр|е́ть [9; -отрю́, -о́тришь; -о́тренный], ⟨по-⟩ look (**на** B at), gaze; view, see, watch; *больно́го и т. д.* inspect; **~я́** depending (**по** Д on), according (to); **~е́ть в о́ба** keep one's eyes open, be on guard; **~и́ не опозда́й!** mind you are not late!; **~и́тель** *m* [4] supervisor; *музея* custodian, keeper

смочи́ть → сма́чивать

смрад *m* [1] stench; **~ный** [14; -ден, -дна] stinking

сму́глый [14; смугл, -á, -о] swarthy

смут|и́ть(ся) → смуща́ть(ся); **~ный** [14; -тен, -тна] vague, dim; *на душе́* restless, uneasy

смуща́ть [1], ⟨смути́ть⟩ [15 *e.*; -ущý, -ути́шь; -ущённый] (**-ся** be[come]) embarrass(ed); confuse(d), perplex(ed); **~е́ние** *n* [12] embarrassment, confusion; **~ённый** [14] embarrassed, confused

смы|ва́ть [1], ⟨~ть⟩ [22] wash off (*or* away); **~ка́ть** [1], ⟨сомкну́ть⟩ [20] close (*v/i.* **-ся**); **~сл** *m* [1] sense; meaning; **в э́том ~сле** in this respect; *coll.* **како́й ~сл?** what's the point?; **~слить** *coll.* [13] understand; **~ть → ~ва́ть; ~чко́вый** [14] *mus.* stringed; **~чо́к** *m* [1; -чка́] *mus.* bow; **~шлёный** *coll.* [14 *sh.*] clever, bright

смягч|а́ть (-хт∫-) [1], ⟨~и́ть⟩ [16 *e.*; -чý, -чи́шь; -чённый] soften (*v/i.* **-ся**); *наказа́ние, боль* mitigate, alleviate; **-ся** *a.*

relent; **⸗а́ющий** *law* extenuating; **⸗е́ние** *n* [12] mitigation; **⸗и́ть(ся)** → **⸗а́ть(ся)**

смяте́ние *n* [12] confusion

снаб|жа́ть [1], ⟨**⸗ди́ть**⟩ [15 *e.*; -бжу́, -бди́шь; -бжённый] supply, furnish, provide (with P); **⸗же́ние** *n* [12] supply, provision

сна́йпер *m* [1] sharpshooter, sniper

снару́жи on the outside; from (the) outside

снаря́|д projectile, missile, shell; *гимнасти́ческий* apparatus; **⸗жа́ть** [1], ⟨**⸗ди́ть**⟩ [15 *e.*; -яжу́, -яди́шь; -яжённый] equip, fit out (T with); **⸗же́ние** *n* [12] equipment; outfit; *mil.* munitions *pl.*

снасть *f* [8; *from g/pl. e.*] tackle; *usu. pl.* rigging

снача́ла at first; first; (*сно́ва*) all over again

снег *m* [1; в -у́; *pl. e.*: -á] snow; **⸗ идёт** it is snowing; **⸗и́рь** *m* [4 *e.*] bullfinch; **⸗опа́д** *m* [1] snowfall

снеж|и́нка *f* [5; *g/pl.*: -нок] snowflake; **⸗ный** [14; -жен, -жна] snow(y); **⸗о́к** *m* [1; -жка́] *dim.* → **снег**; light snow; snowball

сни|жа́ть [1], ⟨**⸗зить**⟩ [15] lower; (*уменьши́ть*) reduce, decrease; (**-ся** *v/i.*; *a.* fall) (*себесто́имости*) cut production costs; **⸗же́ние** *n* [12] lowering; reduction, decrease; fall; **⸗зойти́** → **⸗сходи́ть**; **⸗зу** from below

сним|а́ть [1], ⟨**снять**⟩ [сниму́, сни́мешь; снял, -á, -о; сня́тый (снят, -á, -о)] take (off *or* down); remove, discard; *с рабо́ты* sack, dismiss; *кандидату́ру* withdraw; *фильм* shoot; *ко́мнату* rent; (take) a photograph (of); *урожа́й* reap, gather; *оса́ду* raise; *ко́пию* make; **⸗а́ть сли́вки** skim; **-ся** weigh (*с я́коря* anchor); have a picture of o.s. taken; *с уче́та* be struck off; **⸗ок** *m* [1; -мка] photograph, photo, print (*на* П in)

сниска́ть [3] get, win

снисхо|ди́тельный [14; -лен, -льна] condescending; indulgent; **⸗ди́ть** [15], ⟨**снизойти́**⟩ [-ойду́, -ойдёшь; → **идти́**] condescend; **⸗жде́ние** *n* [12] indul-

gence, leniency; condescension

сни́ться [13], ⟨при-⟩ *impers.* (Д) dream (of И)

сно́ва (over) again, anew

сно|ва́ть [7 *e.*] scurry about, dash about; **⸗виде́ние** *n* [12] dream

сноп *m* [1 *e.*] sheaf

сноро́вка *f* [5] knack, skill

снос|и́ть [15], ⟨**снести́**⟩ [24 -с-: снесу́, снёс] carry (down, away *or* off); take; *зда́ние* pull down, demolish; (*терпе́ть*) endure, bear, tolerate; → *a.* **нести́**; **⸗ка** *f* [5; *g/pl.*: -сок] footnote; **⸗ный** [14; -сен, -сна] tolerable

снотво́рное *n* [14] *su.* soporific

сноха́ *f* [5; *pl. st.*] daughter-in-law

снят|о́й [14]: **⸗о́е молоко́** skimmed milk; **⸗ь(ся)** → **снима́ть(ся)**

соба́|ка *f* [5] dog; hound; **⸗чий** [18] dog('s), canine

собесе́дник *m* [1] interlocutor

собира́|тель *m* [4] collector; **⸗ельный** [14] *gr.* collective; **⸗ь** [1], ⟨**собра́ть**⟩ [-беру́, -рёшь; -áл, -á, -о; со́бранный (-ан, -á, -о)] gather, collect; *tech.* assemble; prepare; **-ся** gather, assemble; prepare for, make o.s. (*or* be) ready to start (*or* set out *or* go; **в путь** on a journey); (*намерева́ться*) be going to, intend to; collect (**с мы́слями** one's thoughts); (*с си́лами*) brace up

собла́зн *m* [1] temptation; **⸗и́тель** *m* [4] tempter; seducer; **⸗и́тельный** [14; -лен, -льна] tempting, seductive; **⸗я́ть** [28], ⟨**⸗и́ть**⟩ [13] (**-ся** be) tempt(ed); allured, enticed

соблю|да́ть [1], ⟨**⸗сти́**⟩ [25] observe, obey, adhere (to); *поря́док* maintain; **⸗де́ние** *n* [12] observance; maintenance; **⸗сти́** → **⸗да́ть**

соболе́знова|ние *n* [12] sympathy, condolences; **⸗ть** [7] sympathize (Д with)

собо́|ль *m* [4; *pl. a.* -ля́, *etc. e.*] sable; **⸗р** *m* [1] cathedral

собра́|ние *n* [12] meeting (**на** B at, in), assembly; collection; **⸗ть(ся)** → **собира́ть(ся)**

со́бственн|ик *m* [1] owner, proprietor; **⸗ость** *f* [8] property; possession, ownership; **⸗ый** [14] own; *и́мя* proper; personal

собы́тие n [12] event, occurrence

сова́ f [5; pl. st.] owl

сова́ть [7 e.; сую́, суёшь], ⟨су́нуть⟩ [20] shove, thrust; coll. slip; butt in, poke one's nose into

соверш|а́ть [1], ⟨¬и́ть⟩ [16 e.; -шу́, -ши́шь; -шённый] accomplish; *преступле́ние и т. д.* commit; *пое́здку и т. д.* make; *сде́лку* strike; **-ся** happen, take place; **¬енноле́тие** n [12] majority, full age; **¬енноле́тний** [15] (**стать** T come) of age; **¬ённый** [14; -ёнен, -ённа] perfect(ive gr.); coll. absolute, complete; adv. a. quite; **¬е́нство** n [9] perfection; **в ¬е́нстве** a. perfectly; **¬е́нствовать** [7], ⟨у-⟩ perfect (**-ся** o.s.), improve, develop; **¬и́ть(ся)** → **соверша́ть(ся)**

со́вест|ливый [14 sh.] conscientious; **¬но** (р. Д) ashamed; **¬ь** f [8] conscience; **по ¬и** honestly, to be honest

сове́т m [1] advice; law opinion; board; soviet; ♀ **Безопа́сности** Security Council; **¬ник** m [1] adviser; (as title of office or post) councillor; **¬овать** [7], ⟨по-⟩ advise (Д р); **-ся** ask advice, consult (о П on); **¬ский** [16] soviet (of local bodies); **¬чик** m [1] adviser

совеща́|ние n [12] conference (at **на** B), meeting (a. in); (обсужде́ние) deliberation; **¬тельный** [14] deliberative, consultative; **¬ться** [1] confer, consult, deliberate

совме|сти́мый [14 sh.] compatible; **¬сти́ть** → **¬ща́ть**; **¬стный** [14] joint, combined; **¬стно** common; **¬ща́ть** [1], ⟨¬сти́ть⟩ [15 e.; -ещу́, -ести́шь; -ещённый] combine; tech. match

сово́к m [1; -вка́] shovel; scoop; *для му́сора* dustpan

совоку́пн|ость f [8] total(ity), aggregate, whole; **¬ый** [14] joint

совпа|да́ть [1], ⟨¬сть⟩ [25; pt. st.] coincide with; agree with; **¬де́ние** n [12] coincidence, etc. → vb.

совреме́нн|ик m [1] contemporary; **¬ый** [14; -ёнен, -ённа] contemporaneous; of the time (of); present-day; up-to-date; → a. **¬ик** contemporary

совсе́м quite, entirely; at all; *я его́ ¬ не зна́ю* I don't know him at all

совхо́з m [1] (**сове́тское хозя́йство**) state farm; → **колхо́з**

согла́|сие n [12] consent (**на** B to; **с** P with); agreement (**по** Д by); harmony, concord; **¬си́ться** → **¬ша́ться**; **¬сно** (Д) according to, in accordance with; **¬сный** [14; -сен, -сна] agreeable; harmonious; *я ¬сен* (f **¬сна**) I agree (**с** T with; **на** B su.) consonant; **¬сова́ние** n [12] coordination; gr. agreement; **¬сова́ть** → **¬со́вывать**; **¬сова́ться** [7] (im)pf. (**с** T) conform (to); agree (with); **¬со́вывать** [1], ⟨¬сова́ть⟩ [7] coordinate; come to an agreement (**с** T with); (a. gr.) make agree; **¬ша́ться** [1], ⟨¬си́ться⟩ [15 e.; -ашу́сь, -аси́шься] agree (**с** T with; **на** B to), consent (to); coll. (признава́ть) admit; **¬ше́ние** n [12] agreement, understanding; covenant

согна́ть → **сгоня́ть**

согну́ть(ся) → **сгиба́ть(ся)**

согре|ва́ть [1], ⟨¬ть⟩ [28] warm, heat

соде́йств|ие n [12] assistance, help; **¬овать** [7] (im)pf., a. ⟨по-⟩ (Д) assist, help; *успе́ху, согла́сию* contribute (to), further, promote

содерж|а́ние n [12] content(s); *семьи́ и т. д.* maintenance, support, upkeep; **¬а́тельный** [14; -лен, -льна] pithy, having substance and point; **¬а́ть** [4] contain, hold; maintain, support; keep; **-ся** be contained, etc.; **¬и́мое** [14] contents pl.

содра́ть → **сдира́ть**

содрог|а́ние n [12], **¬а́ться** [1], once ⟨¬ну́ться⟩ [20] shudder

содру́жеств|о n [9] community; concord; **Брита́нское ¬о на́ций** the British Commonwealth; **в те́сном ¬е** in close cooperation (**с** T with)

соедин|е́ние n [12] joining; conjunction; (at a. **на** П), connection; combination; chem. compound; tech. joint; **¬и́тельный** [14] connective; a. gr. copulative; **¬я́ть** [28], ⟨¬и́ть⟩ [13] unite, join; connect; link (by telephone, etc.); (v/i. **-ся**); → **США**

сожал|éние *n* [12] regret (**о** П for); **к ~éнию** unfortunately, to (p.'s) regret; **~éть** [8] (**о** П) regret

сожжéние *n* [12] burning; cremation

сожúтельство *n* [9] cohabitation

созвá|ть → **созывáть**; **~éздие** *n* [12] constellation; **~онúться** *coll.* [13] *pf.* (**с** Т) speak on the phone; arrange s.th. on the phone; phone; **~ýчный** [14; -чен, -чна] in keeping with, consonant with

созда|вáть [5], ⟨~ть⟩ [-дáм, -дáшь *etc.*, → **дать**; сóздал, -á, -о; сóзданный (-ан, -á, -о)] create; produce; found; establish; **-ся** arise, form; **у меня ~лóсь впечатлéние** I have gained the impression that …; **~ние** *n* [12] creation; (*существо*) creature; **~тель** *m* [4] creator; founder; **~ться** → **~вáть(ся)**

созерцáт|ельный [14; -лен, -льна] contemplative; **~ь** [1] contemplate

созидáтельный [14; -лен, -льна] creative

сознá|вáть [5], ⟨~ть⟩ [1] realize, be conscious of, see; **-ся** (**в** П) confess; **~ние** *n* [12] consciousness; **без ~ния** unconscious; **~тельный** [14; -лен, -льна] conscious; *отношение и т. д.* conscientious; **~ть(ся)** → **~вáть(ся)**

созы́в *m* [1] convocation; **~áть** [1], ⟨созвáть⟩ [созовý, -вёшь; -звáл, -á, -о; сóзванный] *гостéй* invite; *собрание* call, convene; *parl.* convoke

соизмерúмый [14 *sh.*] commensurable

сойтú(сь) → **сходúть(ся)**

сок *m* [1; в -ý] juice; *берёзовый и т. д.* sap; **~овыжимáлка** *f* [5; -лок] juice extractor

сóкол *m* [1] falcon

сокра|щáть [1], ⟨~тúть⟩ [15 *e.*; -ащý, -атúшь; -ащённый] shorten; abbreviate; abridge; *расходы* reduce, curtail; *p.pt.p.a.* short, brief; **-ся** grow shorter; decrease; *о мышцах и т. д.* contract; **~щéние** *n* [12] shortening, abbreviation, reduction, curtailment; *текста* abridgement; contraction

сокровéнный [14 *sh.*] innermost; secret; concealed; **~ище** *n* [11] treasure; **~ищница** *f* [5] treasury

сокруш|áть [1], ⟨~úть⟩ [16 *e.*; -шý, -шúшь; -шённый] shatter, smash; **~úть врагá** rout the enemy; **-ся** *impf.* grieve, be distressed; **~úтельный** [14; -лен, -льна] shattering; **~úть** → **~áть**

солдáт *m* [1; *g/pl.:* солдáт] soldier; **~ский** [16] soldier's

сол|éние *n* [12] salting; **~ёный** [14; сóлон, -á, -о] salt(y); corned; pickled; *fig.* spicy; (*short forms only*) hot

солидáрн|ость *f* [8] solidarity; **~ый** [14; -рен, -рна] in sympathy with, at one with; *law* jointly liable

солúдн|ость *f* [8] solidity; **~ый** [14; -ден, -дна] solid, strong, sound; *фирма* reputable, respectable; *coll.* sizable

солúст *m* [1], **~ка** *f* [5; *g/pl.:* -ток] soloist

солúть [13; солю́, сóлишь; сóленный] **1.** ⟨по-⟩ salt; **2.** ⟨за-⟩ corn; pickle; ⟨на-⟩ *coll.* spite; cause annoyance; do s.o. a bad turn

сóлн|ечный [14; -чен, -чна] sun(ny); solar; **~це** ('сон-) *n* [11] sun (**на** П *lie* in); **~цепёк** *m* [1]: **на ~цепёке** in the blazing sun

соловéй *m* [3; -вьá] nightingale

сóлод *m* [1], **~овый** [14] malt

солóм|а *f* [5] straw; thatch; **~енный** [14] straw…; thatched; grass (*widow*); **~инка** *f* [5; *g/pl.:* -нок] straw; **хватáться за ~инку** clutch at straws

солóнка *f* [5; *g/pl.:* -нок] saltcellar

соль *m* [8; *from g/pl. e.*] salt (*a. fig.*); *coll.* **вот в чём вся ~** that's the whole point; **~янóй** [14] salt…; saline

сом *m* [1 *e.*] catfish

сомкнýть(ся) → **смыкáть(ся)**

сомн|евáться [1], ⟨усомнúться⟩ [13] (**в** П) doubt; **~éние** *n* [12] doubt (**в** П about); question (**под** Т in); **~úтельный** [14; -лен, -льна] doubtful; questionable, dubious

сон *m* [1; сна] sleep; dream (in **в** П); **~лúвый** [14 *sh.*] sleepy; **~ный** [14] sleeping (*a. med.*); sleepy, drowsy; **~я** *coll. m/f* [6; *g/pl.:* -ней] sleepyhead

сообра|жáть [1], ⟨~зúть⟩ [15 *e.*; -ажý, -азúшь; -ажённый] consider, weigh, think (over); (*понять*) grasp, understand; **~жéние** *n* [12] consideration;

263 **СОСОК**

(*причина*) reason; **~зи́тельный** [14; -лен, -льна] sharp, quick-witted; **~зи́ть** → **~жа́ть**; **~зный** [14; -зен, -зна] conformable (**с** T to); *adv. a.* in conformity (with); **~зова́ть** [7] (*im*)*pf.* (make) conform, adapt (to) (**с** T); **-ся** conform, adapt (**с** T to)

сообща́ together, jointly

сообща́|ть [1], **⟨~и́ть⟩** [16 *e.*; -щу́, -щи́шь; -щённый] communicate (*v*/*i.* **-ся** *impf.*), report; inform (Д/о П *p.* of); impart; **~е́ние** *n* [12] communication, report; statement; announcement; information; **~ество** *n* [9] association, fellowship; community; **~и́ть** → **~а́ть**; **~ник** *m* [1]; **~ница** *f* [5] accomplice

сооружа́|ть [1], **⟨~ди́ть⟩** [15 *e.*; -ужу́, -уди́шь; -ужённый] build, construct, erect, raise; **~же́ние** *n* [12] construction, building, structure

соотве́тств|енный [14 *sh.*] corresponding; *adv. a.* according(ly) (Д to), in accordance (with); **~ие** *n* [12] conformity, accordance; **~овать** [7] (Д) correspond, conform (to), agree; **~ующий** [17] corresponding, appropriate; suitable

соотéчественни|к *m* [1], **~ца** *f* [5] compatriot, fellow country (wo)man

соотноше́ние *n* [12] correlation

сопе́рни|к *m* [1] rival; **~чать** [1] compete, vie (with); rival; be a match (for **с** T); **~чество** *n* [9] rivalry

соп|е́ть [10 *e.*; соплю́, сопи́шь] breathe heavily through the nose; wheeze; **~ка** *f* [5; *g*/*pl.*: -пок] hill; volcano; **~ли** P *pl.* [6; *gen.*: -лей, *etc. e.*] snot

сопоставл|е́ние *n* [12] comparison; confrontation; **~я́ть** [28], **⟨~ви́ть⟩** compare

сопри|каса́ться [1], **⟨~косну́ться⟩** [20] (**с** T) (*примыкать*) adjoin; (*касаться*) touch; *с людьми* deal with; **~коснове́ние** *n* [12] contact

сопрово|ди́тельный [14] covering (*letter*); **~жда́ть** [1] **1.** accompany; escort; **2.** ⟨~ди́ть⟩ [15 *e.*; -ожу́, -оди́шь; -ождённый] *примечанием и т. д.* provide (T with); **-ся** *impf.* be accompanied (T by); entail; **~жде́ние** *n* [12] accompaniment; **в ~жде́нии** (P) accompanied (by)

сопротивл|е́ние *n* [12] resistance; opposition; **~я́ться** [28] (Д) resist; oppose

сопряжённый [14; -жён, -жена́] connected with; entailing

сопу́тствовать [14] (Д) accompany

сор *m* [1] dust; litter

соразме́рно in proportion (Д to)

сорв|ане́ц *coll. m* [1; -нца́] madcap; (*of a child*) a terror; **~а́ть(ся)** → **срыва́ть(ся)**; **~иголова́** *coll. m*/*f* [5; *ac*/*sg.*: сорвиголову́; *pl.* → **голова́**] daredevil

соревнова́|ние *n* [12] competition; contest; **отбо́рочные ~ния** heats, qualifying rounds; **~ться** [7] (**с** T) compete (with)

сор|и́ть [13], ⟨на-⟩ litter; *fig. деньгами* squander; **~ный** [14]: **~ная трава́** = **~ня́к** *m* [1 *e.*] weed

со́рок [35] forty; **~а́** *f* [5] magpie

сороко|во́й [14] fortieth; → **пя́т(идеся́т)ый**; **~но́жка** *f* [5; *g*/*pl.*: -жек] centipede

соро́чка *f* [5; -чек] shirt; undershirt; chemise

сорт *m* [1; *pl.*: -та́, *etc. e.*] sort, brand; variety, quality; **~ирова́ть** [7], ⟨рас-⟩ sort out; *по размеру* grade; **~иро́вка** *f* [5] sorting

соса́ть [-су́, -сёшь; со́санный] suck

сосе́д *m* [*sg.*: 1; *pl.*: 4], **~ка** *f* [5; *g*/*pl.*: -док] neighbo(u)r; **~ний** [15] neighbo(u)ring, adjoining; **~ский** [16] neighbo(u)r's; **~ство** *n* [9] neighbo(u)rhood

соси́ска *f* [5; *g*/*pl.*: -сок] sausage; frankfurter

со́ска *f* [5; *g*/*pl.*: -сок] (*baby's*) dummy, pacifier

соск|а́кивать [1], ⟨~очи́ть⟩ [16] jump *or* spring (off, down); come off; **~а́льзывать** [1], ⟨~ользну́ть⟩ [20] slide (down, off); slip (off); **~у́читься** [16] *pf.* become bored; miss (*по* Д)

сосл|ага́тельный [14] *gr.* subjunctive; **~а́ть(ся)** → **ссыла́ться**; **~уживец** *m* [1; -вца] colleague

сосна́ *f* [5; *pl. st.*: со́сны, со́сен, со́снам] pine tree

сосо́к *m* [1; -ска́] nipple, teat

сосредоточ|ение n [12] concentration; **~ивать** [1], ⟨**~ить**⟩ [16] concentrate (v/i. **-ся**); p. pt. p. a. intent

состáв m [1] composition (a. chem.); structure; студéнтов и т. д. body; thea. cast; rail. train; **подвижнóй ~** rolling stock; **в ~е** (P) a. consisting of; **~йтель** m [4] compiler; author; **~ить** → **~лять**; **~лéние** n [12] словаря и т. д. compilation; докумéнта и т. д. drawing up; **~ля́ть** [28], ⟨**~ить**⟩ [14] compose, make (up); put together; план и т. д. draw up, work out; compile; (образовывать) form, constitute; (равняться) amount (or come) to; **~нóй** [14]: composite; **~нáя часть** constituent part; component

состоя́|ние n [12] state, condition; position; (богáтство) fortune; **быть в ~нии ...** a. be able to ...; **я не в ~нии** I am not in a position ...; **~тельный** [14; -лен, -льна] well-to-do, well-off; (обоснóванный) sound, well-founded; **~ть** [-ою, -óишь] consist (из P of; в П in); члéном и т. д. be (a. T); **-ся** pf. take place

сострадáние n [12] compassion, sympathy

состязá|ние n [12] contest, competition; match; **~ться** [1] compete, vie, contend (with)

сосýд m [1] vessel

сосýлька f [5; g/pl.: -лек] icicle

сосуществовá|ние n [12] coexistence; **~ть** [7] coexist

сотворéние n [12] creation

сóтня f [6; g/pl.: -тен] a hundred

сотрýдни|к m [1] employee; pl. staff; газéты contributor; colleague; **~чать** [1] collaborate with; contribute to; **~чество** n [9] collaboration, cooperation

сотрясéние n [12] shaking; мóзга concussion

сóты m/pl. [1] honeycomb(s); **~й** [14] hundredth; → **пя́тый**; **две цéлых и двáдцать пять ~х** 2.25

сóус m [1] sauce; gravy

соучáст|ие n [12] complicity; **~ник** m [1] accomplice

сóхнуть [21] 1. ⟨вы́-⟩ dry; 2. ⟨за-⟩ coll. wither; 3. coll. impf. pine away

сохран|éние n [12] preservation; conservation; **~и́ть(ся)** → **~я́ть(ся)**; **~ность** f [8] safety; undamaged state; **в ~ности** a. safe; **~я́ть** [28], ⟨**~и́ть**⟩ [13] keep; preserve; retain; maintain; reserve (for o.s. **за собóй**); **Бóже сохрани́!** God forbid!; **-ся** be preserved; в пáмяти и т. д. remain

социáл|-демокрáт m [1] social democrat; **~-демократи́ческий** [16] social democrat(ic); **~и́зм** m [1] socialism; **~и́ст** m [1] socialist; **~исти́ческий** [16] socialist(ic); **~ьный** [14] social

соцстрáх m [1] social insurance

сочéльник m [1] Christmas Eve

сочетá|ние n [12] combination; **~ть** [1] combine (v/i. **-ся**)

сочин|éние n [12] composition; writing, work; научное thesis; gr. coordination; **~я́ть** [28], ⟨**~и́ть**⟩ [13] compose (a lit. or mus. work); write; (вы́думать) invent, make up

сочи́ться [16 e.; 3rd p. only] exude; ooze (out); о крóви bleed; **~** [14; -чен, -чна] juicy; fig. succulent; rich

сочýвств|енный [14 sh.] sympathetic, sympathizing; **~ие** n [12] sympathy (**к** Д with, for); **~овать** [7] (Д) sympathize with, feel for; **~ующий** [17] sympathizer

сою́з m [1] union; alliance; confederation; league; gr. conjunction; **~ник** m [1] ally; **~ный** [14] allied

сóя f [6] soya bean

спа|д m [1] econ. recession, slump; **~дáть** [1], ⟨**~сть**⟩ [25; pt. st.] fall; **~ивать 1.** ⟨**~я́ть**⟩ [28] solder; **2.** coll. ⟨споúть⟩ [13] accustom to drinking; **~йка** f [5] fig. union

спáльн|ый [14] sleeping; bed...; **~ое мéсто** bunk, berth; **~я** f [6; g/pl.: -лен] bedroom

спáржа f [5] asparagus

спас|áтель m [4] one of a rescue team; (at seaside) lifeguard; **~áтельный** [14] rescue...; life-saving; **~áть** [1], ⟨**~ти́**⟩ [24 -с-] save, rescue; **~ти́ положéние** save the situation; **-ся**, ⟨**-сь**⟩ save o.s.; a. escape (v/i. **от** P); **~éние** n [12] rescue;

escape; salvation

спаси́бо (**вам**) thank you (very much **большо́е ~**), thanks (**за** B, **на** П for)

спаси́тель *m* [4], ♀ the Savio(u)r; rescuer; **~ный** [14] saving

спас|ти́ → **~а́ть**; **~ть** → **спада́ть**

спать [сплю, спишь; спал, -á, -о] sleep; be asleep; (*a.* **идти́, ложи́ться ~**) go to bed; *coll.* **мне не спи́тся** I can't (get to) sleep

спа́ть → **спа́ивать** *1*

спека́ться [1] *coll.* → **запека́ться**

спекта́кль *m* [4] *thea.* performance; show

спекул|и́ровать [7] speculate (T in); **~я́нт** *m* [1] speculator, profiteer; **~я́ция** *f* [7] speculation (in); profiteering; *philos.* speculation

спе́лый [14; спел, -á, -о] ripe

сперва́ *coll.* (at) first

спе́реди in front (of); at the front, from the front (*as prp.:* P)

спёртый *coll.* [14 *sh.*] stuffy, close

спеть [8], ⟨по-⟩ ripen; → *a.* **петь**

спех *coll. m* [1]: **не к ~у** there is no hurry

специ|ализи́роваться [7] (*im*)*pf.* specialize (**в** П, **по** Д in); **~али́ст** *m* [1] specialist, expert (**по** Д in); **~а́льность** *f* [8] speciality, special interest, profession (**по** Д by); **~а́льный** [14; -лен, -льна] special; **~фи́ческий** [16] specific

спе́ция *f* [7] *mst.pl.* spice

спецоде́жда *f* [5] working clothes; overalls *pl.*

спеш|и́ть [16 *e.*; -шу́, -ши́шь] hurry (up), hasten; of *clock* be fast (**на пять мину́т** 5 min.); **~ка** *coll.* *f* [5] haste, hurry; **~ный** [14; -шен, -шна] urgent, pressing; **в ~ном поря́дке** quickly

спи́н|а *f* [5; *ac. sg.:* спи́ну; *pl. st.*] back; **~ка** *f* [5; *g/pl.:* -нок] *of piece of clothing or furniture* back; **~но́й** [14] spinal (**мозг** *cord*); vertebral (**хребе́т** column), back (*bone*)

спи́ннинг *m* [1] (*method of fishing*) spinning

спира́ль *f* [8], **~ный** [14] spiral

спирт *m* [1; *a.* **в -у́**; *pl. e.*] alcohol, spirit(s *pl.*); **~но́й** [14] alcoholic; **напи́ток тж.** strong

спис|а́ть → **~ывать**; **~ок** *m* [1; -ска] list, register; **~ывать** [1], ⟨**~а́ть**⟩ [3] copy; *долг и т. д.* write (off); plagiarize, crib; *naut.* transfer, post (out of)

спи́х|ивать [1], *once* ⟨**~ну́ть**⟩ *coll.* [20] push (down), aside)

спи́ца *f* [5] spoke; knitting needle

спи́чка *f* [5; *g/pl.:* -чек] match

сплав *m* [1] **1.** alloy; **2.** *ле́са* float(ing); **~ля́ть** [28], ⟨**~ить**⟩ [14] **1.** alloy; **2.** float

спла́чивать [1], ⟨сплоти́ть⟩ [15 *e.*; -очу́, -оти́шь; -очённый] rally (*v/i.* **-ся**)

сплет|а́ть [1], ⟨сплести́⟩ [25 -т-] plait, braid; (inter)lace; **~е́ние** *n* [12] interlacing; **со́лнечное ~е́ние** solar plexus; **~ник** *m* [1], **~ница** *f* [5] scandalmonger; **~ничать** [1], ⟨на-⟩ gossip; **~ня** *f* [6; *g/pl.:* -тен] gossip

спло|ти́ть(ся) → **спла́чивать(ся)**; **~хова́ть** *coll.* [7] *pf.* blunder; **~че́ние** *n* [12] rallying; **~шно́й** [14] *ма́сса и т. д.* solid, compact; (*непреры́вный*) continuous; *coll.* sheer, utter; **~шь** throughout, entirely, all over; **~шь и ря́дом** quite often

сплю́щить [16] *pf.* flatten, laminate

спо́ить → **спа́ивать** *2*

споко́й|ный [14; -о́ен, -о́йна] calm, quiet, tranquil; (*сде́ржанный*) composed; **~но** *coll.* → *смело́ coll.*; **~ной но́чи!** good night!; **бу́дьте ~ны!** don't worry!; **~ствие** *n* [12] calm(ness), tranquillity; composure; **в о́бществе и т. д.** peace, order

сполз|а́ть [1], ⟨**~ти́**⟩ [24] climb down (from); *fig. coll.* slip (into)

сполна́... wholly, in full

сполосну́ть [20] *pf.* rinse (out)

спо́нсор *m* [1] sponsor

спор *m* [1] dispute, controversy, argument; **~у нет** undoubtedly; **~ить** [13], ⟨по-⟩ dispute, argue, debate; *coll.* **держа́ть пари́** bet (on); **~иться** *coll.* [13] *рабо́та* go well; **~ный** [14; -рен, -рна] disputable, questionable

спорт *m* [1] sport; **лы́жный ~** skiing; **~и́вный** [14] sporting, athletic; sport(s)...; **~и́вный зал** gymnasium; **~сме́н** *m* [1] sportsman; **~сме́нка** *f* [5; *g/pl.:* -нок] sportswoman

спо́соб *m* [1] method, means; way, mode

(Т in); *употребле́ния* directions *pl.* (for *use* Р); **~ность** *f* [8] (cap)ability (**к** Д for); talent; *к языка́м и т. д.* faculty, capacity; power; **покупа́тельная ~ность** purchasing power; **~ный** [14; -бен, -бна] (**к** Д) able, talented, clever (at); capable (of; *a.* **на** В); **~ствовать** [7], ⟨по-⟩ (Д) promote, further, contribute to

спот|ыка́ться [1], ⟨~кну́ться⟩ [20] stumble (**о** В against, over)

спохва́т|ываться [1], ⟨~и́ться⟩ [15] suddenly remember

спра́ва to the right (of)

справедли́в|ость *f* [8] justice, fairness; **~ый** [14 *sh.*] just, fair; (*пра́вильный*) true, right

спра́в|иться → **~ля́ться**; **~ка** *f* [5; *g/pl.*: -вок] inquiry (make **наводи́ть**); information; certificate; **~ля́ться** inquiry (**о** П about); consult (*v/t.* **в** П); (**с** Т) manage, cope with; **~очник** *m* [1] reference book; *телефо́нный* directory; *путеводи́тель* guide; *бюро́* ~очный [14] (of) бюро́ inquiries…; *кни́га* reference…

спра́шива|ть [1], ⟨спроси́ть⟩ [15] ask (p. *a.* **у** Р; for s.th. *a.* Р), inquire (**с** Р) make answer for, call to account; **~ется** one may ask

спрос *m* [1] *econ.* demand (**на** В for); **без ~а** or **~y** *coll.* without permission; **~ и предложе́ние** supply and demand

спросо́нок *coll.* half asleep

спроста́ *coll.* **не ~** it's not by chance

спры́|гивать [1], *once* ⟨~гнуть⟩ [20] jump down (from); **~скивать** [1], ⟨~снуть⟩ [20] sprinkle

спря|га́ть [1], ⟨про-⟩ *gr.* (**-ся** *impf.* be) conjugate(d); **~же́ние** *n* [12] *gr.* conjugation

спу́г|ивать [1], ⟨~ну́ть⟩ [20; -ну́, -нёшь] frighten off

спуск *m* [1] lowering; descent; *склон* slope; *корабля́* launch(ing); *воды́* drain(ing); **не дава́ть ~ку** (Д) *coll.* give no quarter; **~ка́ть** [1], ⟨~ти́ть⟩ [15] lower, let down; launch; drain; *соба́ку* unchain, set free; *куро́к* pull; *о ши́не* go down; **-ся** go (*or* come) down (*stairs по ле́стнице*), descend; **~тя́** (В) later, after

спу́тни|к *m* [1], **~ца** *f* [5] travelling companion; *жи́зни* companion; **~к** *astr.* satellite; *иску́сственный тж.* sputnik

спя́чка *f* [5] hibernation

сравн|е́ние *n* [12] comparison (*по* Д/с Т in/with); *lit.* simile; **~ивать** [1] **1.** ⟨~и́ть⟩ [13] compare (**с** Т; *v/i.* **-ся** to, with); **2.** ⟨~я́ть⟩ [28] level, equalize; **~и́тельный** [14] comparative; **~и́ть(ся)** – **~ивать(ся)**; **~я́ть** → **~ивать 2**

сра|жа́ть [1], ⟨~зи́ть⟩ [15 *е.*; -ажу́ -ази́шь; -ажённый] smite; overwhelm; **-ся** fight, battle; *coll.* contend, play; **~же́ние** *n* [12] battle; **~зи́ть(ся)** – **~жа́ть(ся)**

сра́зу at once, straight away

срам *m* [1] shame, disgrace; **~и́ть** [14 *е.* -млю́, -ми́шь], ⟨о-⟩ [осрамлённый] disgrace, shame, compromise; **-ся** bring shame upon o.s

сраст|а́ться [1], ⟨~и́сь⟩ [24 -ст-; сро́сся сросла́сь] *med.* grow together, knit

сред|а́ *f* **1.** [5; *ac/sg.*: сре́ду; *nom/pl.* st.] Wednesday (on: **в** В, *pl.*: **по** Д); **2.** [5; *ac. sg.*: -ду; *pl. st.*] environment, surroundings *pl.*, milieu; *phys.* medium; midst; **в на́шей ~е́** in our midst; **~и́** (Р) among; in the middle (of), amid(st); **~изе́мный** [14], **~иземномо́рский** [16] Mediterranean; **~невеко́вый** [14] medieval; **~ний** [15] middle; medium…; central; (*посре́дственный*) middling; average… (**в** П *or*); *math.* mean; *gr.* neuter; **~ото́чие** → **сра́внивать 2**

средото́чие *n* [12] focus, center (*Brt* -tre)

сре́дство *n* [9] means ([*не*]*по* Д *pl.* within [beyond] one's); (*лека́рство*) remedy; *pl. a.* facilities

сре́з|ать, ~ыва́ть [1], ⟨~ать⟩ [3] cut off; *coll.* **на экза́мене** fail (*v/i.* **~аться**)

сровня́ть → **сра́внивать 2**

срок *m* [1] term (Т/**на** В for/of), date; deadline; time (**в** В; **к** Д in, on), period; **продли́ть ~к ви́зы** extend a visa; **~чный** [14; -чен, -чна́, -о] urgent, pressing; at a fixed date

сруб|а́ть [1], ⟨~и́ть⟩ [14] cut down, fell; *дом* build of logs

сры|в *m* [1] frustration; derangement; *переговоров* breakdown; **~ва́ть** [1], ⟨сорва́ть⟩ [-ву, -вёшь; сорва́л, -á, -о; со́рванный] tear off; *цветы и т. д.* pluck, pick; *планы и т. д.* disrupt, frustrate; *злость* vent; **-ся (с Р)** come off; break away (*or* loose); fall down; *coll. с места* dart off; *о планах* fail, miscarry

сса́ди|на *f* [5] scratch, abrasion; **~ть** [15] *pf.* graze

сса́живать [1], ⟨ссади́ть⟩ [15; -жу́, -дишь] help down; help alight; make get off (*public transport*)

ссо́р|а *f* [5] quarrel; **~иться** [13], ⟨по-⟩ quarrel, falling-out

ссу́д|а *f* [5] loan; **~и́ть** [15] *pf.* lend, loan

ссыл|а́ть [1], ⟨сосла́ть⟩ [сошлю́, -лёшь; со́сланный] exile, deport, banish; **-ся (на В)** refer to, cite; **~ка** *f* [5; *g/pl.:* -лок] **1.** exile; **2.** reference (**на В** to)

ссыпа́|ть [1], ⟨~ть⟩ [2] pour

стабил|изи́(ир)овать [7] (*im*)*pf.* stabilize; **~ьный** [14; -лен, -льна] stable, firm

ста́вень *m* [4; -вня] shutter (*for window*)

ста́в|ить [14], ⟨по-⟩ put, place, set, stand; *часы и т. д.* set; *памятник и т. д.* put (*or* set) up; *на лошадь* stake, (**на** В) back; *thea.* stage; *условия* make; *в известность* inform, bring to the notice of; **~ить в тупи́к** nonplus; **~ка** *f* [5; *g/pl.:* -вок] (*учётная и т. д.*) rate; (*зарплата*) wage, salary; **сде́лать ~ку** gamble (on **на** В); **~ленник** *m* [1] protegé; **~ня** *f* [6; *g/pl.:* -вен] → **~ень**

стадио́н *m* [1] stadium (**на** П in)

ста́ди|я *f* [7] stage

ста́до *n* [9; *pl. e.*] herd, flock

стаж *m* [1] length of service

стажёр *m* [1] probationer; student in special course not leading to degree

стака́н *m* [1] glass

ста́лкивать [1], ⟨столкну́ть⟩ [20] push (off, away); **-ся (с** Т) come into collision with; *a. fig.* conflict with; *с кем-л.* come across; run into

сталь *f* [8] steel; *нержаве́ющая* **~** stainless steel; **~но́й** [14] steel...

стаме́ска *f* [5; *g/pl.:* -сок] chisel

станда́рт *m* [1] standard; **~ный** [14; -тен, -тна] standard...

стани́ца *f* [5] Cossack village

станови́ться [14], ⟨стать⟩ [ста́ну, -нешь] *impf.* (Т) become, grow, get; stand; stop; **~ в о́чередь** get in line, *Brt.* queue up; *pf.* begin to; start; *лучше feel;* **во что бы то ни ста́ло** at all costs, at any cost

стано́к *m* [1; -нка] machine; *тока́рный* lathe; *печа́тный* press; **ткáцкий ~** loom

ста́нция *f* [7] station (**на** П at); *tel.* exchange

ста́птывать [1], ⟨стопта́ть⟩ [3] trample; (*сносить*) wear out

стара́|ние *n* [12] pains *pl.*, care; endeavo(u)r; **~тельный** [14; -лен, -льна] assiduous, diligent; painstaking; **~ться** [1], ⟨по-⟩ endeavo(u)r, try (hard)

стар|е́ть [21] **1.** ⟨по-⟩ grow old, age; **2.** ⟨у-⟩ grow obsolete; **~и́к** *m* [1 *e.*] old man; **~ина́** *f* [5] olden times, days of yore (**в** В in); *coll.* old man *or* chap; **~и́нный** [14] ancient, antique; old; *обыча́й* time-hono(u)red; **~и́ть** [13], ⟨со-⟩ make (**-ся** grow) old

старо|мо́дный [14; -ден, -дна] old-fashioned, out-of-date; **~ста** *m* class prefect, monitor; **~сть** *f* [8] old age (in one's **на** П *лет*)

стартова́ть [7] (*im*)*pf. sport* start; *ae.* take off

стар|у́ха *f* [5] old woman; **~ческий** [16] old man's; senile; **~ший** [17] elder, older, senior; eldest; oldest; *по должности* senior, superior; head, chief; *лейтена́нт* first; **~шина́** *m* [5] *mil.* first sergeant (*naut.* mate); **~шинство́** *n* [9] seniority

ста́р|ый [14; стар, -á, -о; *comp.*: ста́рше *or* -ре́е] old; *времена́* olden [в] in [10] *coll.* old clothes *pl.*; junk, *Brt.* lumber

ста́|скивать [1], ⟨~щи́ть⟩ [16] drag off, pull off; drag down; take, bring; *coll.* filch

стати́ст *m* [1], **~ка** *f* [5; *g/pl.:* -ток] *thea.* supernumerary; *film* extra; **~ика** *f* [5] statistics; **~и́ческий** [16] statistical

ста́т|ный [14; -тен, -тна, -о] wellbuilt;

~уя *f* [6; *g/pl.*: -уй] statue; ~ь¹ *f* [8]: с ка-кóй ~и? *coll.* why (should I, *etc.*)?

стать² → станови́ться; ~ся *coll.* (*im-pers.*) happen (to с Т); мóжет ~ся it may be, perhaps

статья́ *f* [6; *g/pl.*: -тéй] article; *договóра u m. д.* clause, item, entry; *coll.* matter (another *осóбая*)

стациона́р *m* [1] permanent establish-ment; *лечéбный* ~ hospital; ~ный [14] permanent, fixed; ~ный больнóй in-patient

стáчка *f* [5; *g/pl.*: -чек] strike

стащи́ть → стáскивать

стáя *f* [6; *g/pl.*: стай] flight, flock; *волкóв* pack

стáять [27] *pf.* thaw, melt

ствол *m* [1 *e.*] trunk; *ружья́* barrel

стéбель *m* [4; -бля; *from g/pl. e.*] stalk, stem

стёганый [14] quilted

сте|ка́ть [1], ⟨~чь⟩ [26] flow (down); -ся flow together; (*собира́ться*) gather, throng

стек|ло́ [9; *pl.*: стёкла, стёкол, стёклам] glass; *окóнное* pane; *пере́д-нее ~ло́* windshield (*Brt.* windscreen); ~ля́нный [14] glass...; glassy; ~óльщик *m* [1] glazier

стел|и́ть(ся) *coll.* → стла́ть(ся); ~áж *m* [1 *e.*] shelf; ~ька *f* [5; *g/pl.*: -лек] inner sole

сте|на́ *f* [5; *as/sg.*: стéну; *pl.*: стéны, стен, стена́м] wall; ~га́зета *f* [5] (стенна́я га-зéта) wall newspaper; ~д *m* [1] stand; ~ка *f* [5; *g/pl.*: -нок] wall; *как об ~ку го-рóх* like talking to a brick wall; ~нóй [14] wall...

стеногра́|мма *f* [5] shorthand (verba-tim) report *or* notes *pl.*; ~фи́стка *f* [5; *g/pl.*: -ток] stenographer; ~фия *f* [7] shorthand

стéпень *f* [8; *from g/pl. e.*] degree (to до Р), extent; *math.* power

степ|нóй [14] steppe...; ~ь *f* [8; в -пи́; *from g/pl. e.*] steppe

стéрва Р *f* [5] (*as term of abuse*) bitch

стéрео- *combining form* stereo-; сте-реоти́п *m* [1], стереоти́пный [14; -пен, -пна] stereotype

стерéть → стира́ть

стерéчь [26 г/ж: -егý, -ежёшь; -ёг, -егла́] guard, watch (over)

стéржень *m* [4; -жня] *tech.* rod, pivot

стерил|изова́ть [7] (*im*)*pf.* sterilize; ~ьный [14; -лен, -льна] sterile, free of germs

стерпéть [10] *pf.* endure, bear

стесн|éние *n* [12] constraint; ~и́тель-ный [14; -лен, -льна] shy; ~я́ть [28], ⟨~и́ть⟩ [13] constrain, restrain; (*смуща́ть*) embarrass; (*меша́ть*) hamper; ~я́ться, ⟨по-⟩ feel (*or* be) shy, self-conscious *or* embarrassed; (Р) be ashamed of; (*колеба́ться*) hes-itate

стечéние *n* [12] confluence; *обстоя́-тельств* coincidence; *нарóда* con-course; ~ь(ся) → стека́ть(ся)

стиль *m* [4] style; *нóвый* ~ New Style (*according to the Gregorian calendar*); *стáрый* ~ Old Style (*according to the Julian calendar*)

сти́мул *m* [1] stimulus, incentive

стипéндия *f* [7] scholarship, grant

стир|а́льный [14] washing; ~а́ть [1] **1.** ⟨стерéть⟩ [12; сотрý, -трёшь; стёр(ла); стёрши & стерéв] wipe *or* rub off; erase, efface, blot out; *нóгу* rub sore; **2.** ⟨вы-⟩ wash, launder; ~ка *f* [5] wash(-ing), laundering; **отда́ть в ~ку** send to the wash

сти́с|кивать [1], ⟨~нуть⟩ [20] squeeze, clench; *в объя́тиях* hug

стих (*a.* -й *pl.*) *m* [1 *e.*] verse; *pl. a.* po-em(s); ~а́ть [1], ⟨~нуть⟩ [21] *вéтер u m. д.* abate; subside; (*успокóиться*) calm down, become quiet; ~и́йный [14; -и́ен, -и́йна] elemental; *fig.* sponta-neous; *бéдствие* natural; ~я *f* [7] ele-ment(s); ~нуть → ~а́ть

стихотворéние *n* [12] poem

стлать & *coll.* стели́ть [стелю, стé-лешь], ⟨по-⟩ [пóстланный] spread, lay; *постéль* make; -ся *impf.* (be) spread; drift; *bot.* creep

сто [35] hundred

стог *m* [1; в стóге & в стогý; *pl.*: -á, *etc. e.*] *agric.* stack, rick

сто́и|мость *f* [8] cost; value, worth (...

Т/в В); **~ть** [13] cost; be worth; (*заслуживать*) deserve: **не ~т** *coll.* → **не́ за что**

стой! stop!, halt!

сто́й|ка f [5; g/pl.: стоек] stand; *tech.* support; *в банке* counter; *в ресторане* bar; **~кий** [16; стоек, стойка́, -о; *compr.:* сто́йче] firm, stable, steady; (*in compounds*) ... proof; **~кость** f [8] firmness; steadfastness

сток m [1] flowing (off); drainage, drain

стол m [1 *e.*] table (**за** T at); (*питание*) board, fare; diet; **~ нахо́док** lost property office

столб m [1 *e*] post, pole; *дыма* pillar; **~е́ц** m [1; -бца́], **~ик** m [1] column (*in newspaper, etc.*); **~ня́к** m [1 *e.*] *med.* tetanus

столе́тие n [12] century; (*годовщина*) centenary

сто́лик m [1] *dim.* → **стол**; small table

столи|ца f [5] capital; **~чный** [14] capital...; metropolitan

столкн|ове́ние n [12] collision; *fig. mil.* clash; **~у́ть(ся)** → **ста́лкивать(ся)**

столо́в|ая f [14] dining room; café, restaurant; *на предприятии* canteen; **~ый** [14]: **~ая ло́жка** table spoon; **~ый серви́з** dinner service

столп m [1 *e.*] *arch.* pillar, column

столь so; **~ко** [32] so much, so many; **~ко же** as much *or* many

столя́р m [1 *e.*] joiner, cabinetmaker; **~ный** [14] joiner's

стон m [1], **~а́ть** [-ну́, сто́нешь, стоня́], ⟨про-⟩ groan, moan

стоп||1 stop!; **~ сигна́л** *mot.* stoplight; **~а́ 1.** f [*e.*] foot; **идти по чьи́м-л. стопа́м** follow in s.o.'s footsteps; **~ка** f [5; g/pl.: -пок] pile, heap; **~о́рить** [13], ⟨за-⟩ stop; bring to a standstill; **~та́ть** → **ста́птывать**

сто́рож m [1; *pl.:* -а́; *etc. e.*] guard, watchman; **~ево́й** [14] watch...; on duty; *naut.* escort...; patrol...; **~и́ть** [16 *e.*; -жу́, -жи́шь] guard, watch (over)

сторон|а́ f [5; *ac/sg.:* сто́рону; *pl.:* сто́роны, сторо́н, -на́м] side (on *a.* **по** Д; **с** Р); (*направление*) direction; part (**с** Р on); (*местность*) place, region, country; в

суде́ и т. д. party; distance (**в** П at; **с** Р from); **~ю** aside, apart (*a.* joking **шу́тки**); **в ~е́ от** at some distance (from); **с одно́й ~ы** on the one hand; ... **с ва́шей ~ы** *a.* ... of you; **со свое́й ~ы** on my part; **~и́ться** [13; -оню́сь, -о́нишься], ⟨по-⟩ make way, step aside; (*избегать*) (P) avoid, shun; **~ник** m [1] adherent, follower, supporter

сто́чный [14] waste...; **~ воды́** sewage

стоя́нка f [5; g/pl.: -нок] stop (**на** П at); **автомоби́льная ~** parking place *or* lot; *naut.* anchorage; **~ такси́** taxi stand (*Brt.* rank)

стоя́|ть [стою́, стои́шь; стоя́] stand; be; stop; stand up (**за** В for), defend, insist (**на** П on); **сто́йте!** stop!; *coll.* wait!; **~чий** [17] *положение* upright; *вода* stagnant; *воротник* stand-up

сто́ящий [17] worthwhile; *человек* worthy, deserving

страда́|лец m [1; -льца] sufferer; *iro.* martyr; **~ние** n [12] suffering; **~тельный** [14] *gr.* passive; **~ть** [1], ⟨по-⟩ suffer (**от** Р, T from); **он ~ет забы́вчивостью** he has a poor memory

стра́жа f [5] guard, watch; **~ поря́дка** *mst. pl.* the militia

стран|а́ f [5; *pl. st.*] country; **~и́ца** f [5] page (→ **пя́тый**); **~ность** f [8] strangeness, oddity; **~ный** [14; -а́нен, -а́нна, -о] strange, odd; **~ствовать** [7] wander, travel

страст|но́й [14] *неделя* Holy; *пятница* Good; **~ный** (-sn-) [14; -тен, -тна́, -о] passionate, fervent; **он ~ный люби́тель джа́за** he's mad about jazz; **~ь** f [8; *from g/pl. e.*] passion (**к** Д for)

стратег|и́ческий [16] strategic; **~ия** f [7] strategy

стра́ус m [1] ostrich

страх m [1] fear (**от, со** Р for); risk, terror (**на** В at); **~ова́ние** n [12] insurance (*fire...* **от** Р); **~ова́ть** [7], ⟨за-⟩ insure (**от** Р against); *fig.* safeguard o.s. (against); **~о́вка** f [5; g/pl.: -вок] insurance (rate); **~ово́й** [14] insurance...

страш|и́ть [16 *e.*; -шу́, -ши́шь], ⟨у-⟩ [-шённый] (**-ся** be) frighten(ed; at P; fear, dread, be afraid of); **~ный** [14;

-шен, -шна́, -о] terrible, frightful, dreadful; *coll.* awful; **~ный суд** the Day of Judg(e)ment; **мне ~но** I'm afraid, I fear

стрекоза́ *f* [5; *pl. st.*: -озы, -оз, -озам] dragonfly

стрел|а́ *f* [5; *pl. st.*] arrow; *a. fig.* shaft, dart; **~ка** *f* [5; *g/pl.*: -лок] (*of a clock or watch*) hand; *компаса и т. д.* needle; *на рисунке* arrow; **~ко́вый** [14] shooting; (*of*) rifles *pl.*; **~о́к** *m* [1; -лка́] marksman, shot; **~ьба́** *f* [5; *pl. st.*] shooting, fire; **~я́ть** [28], ⟨вы́стрелить⟩ [13] shoot, fire (**в** B, **по** D at; *gun из* P)

стрем|гла́в headlong; **~и́тельный** [14; -лен, -льна] impetuous, headlong, swift; **~и́ться** [14 *e.*; -млю́сь, -ми́шься] (**к** Д) aspire (to), strive (for); **~ле́ние** *n* [12] aspiration (to), striving (for), urge, desire (to)

стремя́нка *f* [5; *g/pl.*: -нок] stepladder

стресс *m* [1] *psych.* stress

стриж *m* [1 *e.*] sand martin

стри́|жка *f* [5] haircut(ting); *овец* shearing; *ногтей* clipping; **~чь** [26; -игу́, -ижёшь; *pl. st.*], ⟨по-, о-(об-)⟩ cut; shear; clip, (*подровня́ть*) level, trim; **-ся** have one's hair cut

строга́ть [1], ⟨вы-⟩ plane

стро́г|ий [16; строг, -а́, -о; *compr.*: стро́же] severe; strict; *стиль и т. д.* austere; *взгляд* stern; **~о говоря́** strictly speaking; **~ость** *f*[8] severity; austerity; strictness

строе|во́й [14] building...; **~во́й лес** timber; **~ние** *n* [12] construction, building; structure

строи́тель *m* [4] builder, constructor; **~ный** [14] building...; **~ная площа́дка** building *or* construction site; **~ство** *n* [9] construction

стро́ить [13], ⟨по-⟩ build (up), construct; *планы и т. д.* make, scheme; play *fig.* (*из* P); **-ся** ⟨вы-, по-⟩ be built; build (*a house, etc.*); *в о́чередь* form

строй *m* **1.** [3; в строю; *pl. e.*: строй, строёв] order, array; line; **2.** [3] system, order, regime; **ввести́ в ~** put into operation; **~ка** *f* [5; *g/pl.*: -о́ек] construc-

tion; building site; **~ность** *f*[8] proportion; *mus.* harmony; *о сложении* slenderness; **~ный** [14; -о́ен, -ойна́, -о] slender, slim; well-shaped; *mus., etc.* harmonious, well-balanced

строка́ [5; *ac/sg.*: стро́ку; *pl.* стро́ки, строк, стро́кам] line; **кра́сная ~** *typ.* indent

стропи́ло *n* [9] rafter, beam

стропти́вый [14 *sh.*] obstinate, refractory

строфа́ *f* [5; *nom/pl. st.*] stanza

строч|и́ть [16 & 16 *e.*; -очу́, -о́чишь; -о́ченный & -очёный] stitch, sew; *coll.* (*писа́ть*) scribble, dash off; **~ка** *f* [5; *g/pl.*: -чек] line; *sew.* stitch

стру́|жка *f* [5; *g/pl.*: -жек] shavings *pl.*; **~и́ться** [13] stream, flow; **~йка** *f* [5; *g/pl.*: -у́ек] *dim.* → **~я́**

структу́ра *f* [5] structure

струн|а́ *f* [5; *pl. st.*] *mus.*; **~ный** [14] string

стрючко́вый → **бобо́вый**; **~о́к** *m* [1; -чка́] pod

струя́ *f* [6; *pl. st.*: -у́и] stream (T in); jet; *во́здуха* current; **бить струёй** spurt

стря́|пать *coll.* [1], ⟨со-⟩ cook; concoct; **~хивать** [1], ⟨~хну́ть⟩ [20] shake off

студе́н|т *m* [1], **~тка** *f* [5; *g/pl.*: -ток] student, undergraduate; **~ческий** [16] students'...

сту́день *m* [4; -дня] aspic

сту́дия *f* [7] studio, atelier

сту́жа *f* [7] hard frost

стук *m* [1] *в дверь* knock, rattle, clatter, noise; **~нуть** → **стуча́ть**

стул *m* [1; *pl.*: сту́лья, -льев] chair; seat; *med.* stool

ступ|а́ть [1], ⟨~и́ть⟩ [14] step, tread, go; **~е́нь** *f* **1.** [8; *pl.*: ступе́ни, ступе́ней] step (*of stairs*); rung (*of ladder*); **2.** [8; *pl.*: ступе́ни, -не́й, *etc. e.*] stage, grade; *раке́ты* rocket stage; **~е́нька** *f* [5; *g/pl.*: -нек] = **2.**; **~и́ть** → **~а́ть**; **~ка** *f* [5; *g/pl.*: -пок] (small) mortar; **~ня́** *f* [6; *g/pl.*: -не́й] foot, sole (*of foot*)

сту|ча́ть [4 *e.*; -чу́, -чи́шь], ⟨по-⟩, *once* ⟨-кнуть⟩ [20] knock (*door* в B at; *a.* -ся); rap, tap; *о се́рдце и т. д.* throb; (*зуба́ми*) chatter; clatter, rattle; **~ча́т** there's a knock at the door; **~кнуть** → **испол-**

ниться

стыд *m* [1 *e.*] shame; **~и́ть** [15 *e.*; -ыжу́, -ыди́шь], ⟨при-⟩ [пристыжённый] shame, make ashamed; **-ся**, ⟨по-⟩ be ashamed (P of); **~ли́вый** [14 *sh.*] shy, bashful; *~но!* (for) shame!; *мне ~но* I am ashamed (*за* B of p.)

стык *m* [1] joint, juncture (*на* П at); **~о́вка** *f* [5; *g/pl.*: -вок] docking (*of space vehicles*), rendezvous

сты́(ну)ть [21], ⟨о-⟩ (become) cool

сты́чка *f* [5; *g/pl.*: -чек] skirmish; scuffle

стюарде́сса *f* [5] stewardess, air hostess

стя́|гивать [1], ⟨~ну́ть⟩ [19] tighten; pull together; *mil.* gather, assemble; pull off; *coll.* pilfer

суббо́та *f* [5] Saturday (on: *в* B *pl.*: *по* Д); **~си́дия** *f* [7] subsidy

субтропи́ческий [16] subtropical

субъе́кт *m* [1] subject; *coll.* fellow; **~и́вный** [14; -вен, -вна] subjective

сувени́р *m* [1] souvenir

суверен|ите́т *m* [1] sovereignty; **~ный** [14; -е́нен, -е́нна] sovereign

сугро́б *m* [1] snowdrift; **~убо** *adv.* especially; *э́то ~убо ча́стный вопро́с* this is a purely private matter

суд *m* [1 *e.*] (*суждение*) judg(e)ment; court (of law); trial (*отда́ть под ~* put on trial; *преда́ть ~у́* bring to trial, prosecute; (*правосудие*) justice

суда́к *m* [1 *e.*] pike perch

суда́р|ыня *f* [6] *obs.* (*mode of address*) madam; **~ь** *m* [4] *obs.* (*mode of address*) sir

суд|е́бный [14] judicial, legal; forensic; law…; (*в той*) court; **~и́ть** [15; сужде́нный] **1.** ⟨по-⟩ judge (*по* Д by); *fig.* form an opinion (*о* П of); **2.** (*im*)*pf.* try, judge; **~я́ по** (Д) judging by

су́д|но *n* [9; *pl.*: суда́, -о́в] *naut.* ship, vessel; *~но на возду́шной поду́шке* hovercraft; *~но на возду́шных кры́льях* hydrofoil

судопроизво́дство *n* [9] legal proceedings

су́доро|га *f* [5] cramp, convulsion, spasm; **~жный** [14; -жен, -жна] convulsive, spasmodic

судо|строе́ние *n* [12] shipbuilding;

~стро́ительный [14] shipbuilding…; ship(yard); **~хо́дный** [14; -ден, -дна] navigable; **~хо́дство** *n* [9] navigation

судьб|а́ *f* [5; *pl.*: су́дьбы, су́деб, су́дьбам] destiny, fate; *благодари́ть ~у́* thank one's lucky stars

судья́ *m* [6; *pl.*: су́дьи, суде́й, су́дьям] judge; *sport* referee, umpire

суеве́р|ие *n* [12] superstition; **~ный** [14; -рен, -рна] superstitious

сует|а́ *f* [5; *pl. st.*] [15 *e.*; суечу́сь, суети́шься] bustle, fuss; **~ли́вый** [14 *sh.*] bustling, fussy

суж|де́ние *n* [12] opinion, judg(e)ment; **~е́ние** *n* [12] narrowing; **~ивать** [1], ⟨су́зить⟩ [15] narrow (*v/i.*: **-ся**; taper); *пла́тье* take in

сук *n* [1 *e.*; на-у́; *pl.*: су́чья, -ьев & -и́, -о́в] bough; *в древеси́не* knot

су́к|а *f* [5] bitch (*also as term of abuse*); **~ин** [19]; **~ин сын** son of a bitch

сукно́ *n* [9; *pl. st.*: су́кна, су́кон, су́кнам] broadcloth; heavy, coarse cloth; *положи́ть под ~ fig.* shelve

сули́ть [13], ⟨по-⟩ promise

султа́н *m* [1] sultan

сумасбро́д|ный [14; -ден, -дна] wild, extravagant; **~ство** *n* [9] madcap *or* extravagant behavio(u)r

сумасше́|дший [17] mad, insane; *su.* madman; **~дший дом** *fig.* madhouse; **~ствие** *n* [12] madness, lunacy

сумато́ха *f* [5] turmoil, confusion, hurly-burly

сум|бу́р *m* [1] → *пу́таница*; **~ерки** *f/pl.* [5; *gen.*: -рек] dusk, twilight; **~ка** *f* [5; *g/pl.*: -мок] (hand)bag; *biol.* pouch; **~ма** *f* [5] sum (*на* В/*в* В for/of), amount; **~ма́рный** [14; -рен, -рна] total; **~ми́ровать** [7] (*im*)*pf.* sum up

су́мочка *f* [5; *g/pl.*: -чек] handbag

су́мра|к *m* [1] twilight, dusk; gloom; **~чный** [14; -чен, -чна] gloomy

сунду́к *m* [1 *e.*] trunk, chest

су́нуть(ся) → *сова́ть(ся)*

суп *m* [1; *pl. e.*], **~овой** [14] soup(…)

суперобло́жка *f* [5; *g/pl.*: -жек] dust jacket

супру́|г *m* [1] husband; **~га** *f* [5] wife; **~жеский** [16] matrimonial, conjugal;

жизнь married; **~жество** *n* [9] matrimony, wedlock

сургу́ч *m* [1 *e.*] sealing wax

суро́в|ость *f* [8] severity; **~ый** [14 *sh.*] harsh, rough; *климат и т. д.* severe; stern; *дисциплина* rigorous

суррога́т *m* [1] substitute

суста́в *m* [1] *anat.* joint

су́тки *f/pl.* [5; *gen.*: -ток] twentyfour-hour period; *кру́глые* **~** round the clock

су́точный [14] day's, daily; twentyfour-hour, round-the-clock; *pl. su.* daily allowance

суту́лый [14 *sh.*] round-shouldered

суть|ь *f* [8] essence, crux, heart; *по ~и де́ла* as a matter of fact

суфле́ *n* [*indecl.*] soufflé

сух|а́рь *m* [4 *e.*] *сдобный* rusk, zwieback; dried piece of bread; **~ожи́лие** *n* [12] sinew; **~о́й** [14; сух, -а́, -о; *compr.*: су́ше] dry; *климат* arid; *дерево* dead; *fig.* cool, cold; *доклад* boring, dull; **~о́е молоко́** dried milk; **~опу́тный** [14] land...; **~ость** *f* [8] dryness, *etc.* – **~о́й**; **~оща́вый** [14 *sh.*] lean; skinny; **~офру́кты** *pl.* [1] dried fruit

сучо́к *m* [1; -чка́] *dim.* → **сук**

су́ш|а *f* [5] (dry) land; **~ёный** [14] dried; **~и́лка** *m* [5; *g/pl.*: -лок] *coll.* dish drainer; **~и́ть** [16], ⟨вы́-⟩ dry; **~ка** *f* [5; *g/pl.*: -шек] drying; dry, ring-shaped cracker

суще́ств|енный [14 *sh.*] essential, substantial; **~и́тельное** [14] noun, substantive (*a.* **и́мя ~и́тельное**); **~о́** *n* [9] creature, being; *суть* essence; *по ~у́* at bottom; to the point; **~ова́ние** *n* [12] existence, being; *сре́дства к ~ова́нию* livelihood; **~ова́ть** [7] exist, be; live, subsist

су́щ|ий [17] *coll. правда* plain; *вздор* absolute, sheer, downright; **~ность** *f* [8] essence, substance; *в ~ности* in fact; really and truly

сфе́ра *f* [5] sphere; field, realm

схват|и́ть(ся) → **~ывать(ся)**; **~ка** *f* [5; *g/pl.*: -ток] skirmish, fight, combat; scuffle; *a. pl.* contractions, labo(u)r, birth pangs; **~ывать** [1], ⟨~и́ть⟩ [15] seize (*за* B by), grasp (*a. fig.*), grab; snatch; (*поймать*) catch (*a cold,*

etc.); **-ся** seize; *coll.* grapple (with)

схе́ма *f* [5] diagram, chart (in **на** П), plan, outline; **~ти́ческий** [16] schematic; *fig.* sketchy

сход|и́ть [15], ⟨сойти́⟩ [сойду́, -дёшь; сошёл, -шла́, *g. pt.*: сойдя́] go (*or* come) down, descend (from *c* P); *о коже и т. д.* come off; *о снеге* melt; *coll.* pass (*за* B for); P do; pass off; *ей всё ~ит с рук* she can get away with anything; **~и́ть** *pf.* go (*or* & get *or* fetch *за* T); **~, -ся**, ⟨-сь⟩ meet; gather; become friends; agree (*в* П upon); (*совпасть*) coincide; *coll.* click; **~ни** *f/pl.* [6; *gen.*: -ней] gangplank, gangway; **~ный** [14; -ден, -дна, -о] similar (*с* T to), like; *coll. цена* reasonable; **~ство** *n* [9] similarity (*с* T to), likeness

сцеди́ть [15] *pf.* pour off; draw off

сце́н|а *f* [5] stage; scene (*a. fig.*); **~а́рий** *m* [3] scenario, script; **~и́ческий** [16] stage..., scenic

сцеп|и́ть(ся) → **~ля́ть(ся)**; **~ка** *f* [5; *g/pl.*: -пок] coupling; **~ле́ние** *n* [12] *phys.* adhesion; cohesion; *tech.* clutch, coupling; **~ля́ть** [28], ⟨~и́ть⟩ [15] link; couple (*v/i.* **-ся**; *coll.* quarrel, grapple)

счаст|ли́вец *m* [1; -вца] lucky man; **~ли́вый** [14; сча́стлив, -а, -о] happy; fortunate; lucky; **~ли́вого пути́!** bon voyage!; **~ли́во** *coll.* good luck!; **~ли́во отде́латься** have a narrow escape; **~ье** *n* [10] happiness; luck; good fortune; **к ~ью** fortunately

сче́сть(ся) → **счита́ть(ся)**

счёт *m* [1; на ~е & счёту́; *pl.*: счета́, *etc. e.*] count, calculation; *в банке* account (*в* B; *на* B on); *счёт к оплате* bill; *sport* score; *в два ~а* in a jiffy, in a trice; *в коне́чном ~е* ultimately; *за ~* (P) at the expense (of); *на э́тот ~* on this score, in this respect; *ска́зано на мой ~* aimed at me; *быть на хоро́шем счету́* (*у* P) be in good repute

счёт|чик *m* [1] meter; counter; **~ы** *pl.* [1] abacus *sg.*; *свести́ ~ы* square accounts, settle a score (with)

счита́|ть [1], ⟨со-⟩ & ⟨счесть⟩ [25; сочту́, -тёшь; счёл, сочла́; сочтённый; *g. pt.*: сочтя́] count; (*pf.* счесть) (T, *за* B) consider, regard (*a.* as), hold, think;

~я *a.* including; ~нные *pl.* very few; ~ться (T) be considered (*or* reputed) to be; (с T) consider, respect

сши|ва́ть [1], ⟨~ть⟩ [сошью́, -шьёшь; сшей(те)!; сши́тый] sew (together)

съеда́|ть [1], ⟨съесть⟩ → есть *1*; ~о́б-ный [14; -бен, -бна] edible

съезд *m* [1] congress (**на** П at); ~дить [15] *pf.* go; (**за** T) fetch; (**к** Д) visit; ~жа́ть [1], ⟨съе́хать⟩ [съе́ду, -дешь] go *or* drive (*or* slide) down; **-ся** meet; gather

съёмка *f* [5; *g/pl.*: -мок] survey; *филь-ма* shooting

съёмный [14] detachable

съестно́й [14] food…

съе́хать(ся) → съезжа́ть(ся)

сы́|воротка *f* [5; *g/pl.*: -ток] whey; *med.* serum; ~гра́ть → игра́ть

сы́знова *coll.* anew, (once) again

сын *m* [1; *pl.*: сыновья́, -ве́й, -вья́м; *fig. pl.* сыны́] son; *fig. a.* child; ~о́вний [15] filial; ~о́к *coll. m* [1; -нка́] (*as mode of address*) sonny

сы́п|ать [2], ⟨по-⟩ strew, scatter; pour; **-ся** pour; *уда́ры, град* hail; *дождь, град* pelt; ~но́й [14]: ~но́й тиф typhus; spotted fever; ~у́чий [17 *sh.*] *тело* dry; ~ь *f* [8] rash

сыр *m* [1; *pl. e.*] cheese; ката́ться как ~ в ма́сле live off the fat of the land; ~е́ть [8], ⟨от-⟩ become damp; ~е́ц *m* [1; -рца́]: шёлк-~е́ц raw silk; ~ник *m* [1] curd frit-ter; ~ный [14] cheese…; ~ова́тый [14 *sh.*] dampish; rare, undercooked; ~о́й [14; сыр, -á, -о] damp; moist; (*не варё-ный*) raw; *нефть* crude; *хлеб* sodden; ~ость *f* [8] dampness; humidity; ~ьё *n* [10] *collect.* raw material

сы́т|ный [14; сы́тен, -тнá, -о] substantial, copious; ~ый [14; сыт, -á, -о] satisfied, full

сыч *m* [1 *e.*] little owl

сы́щик *m* [1] detective

сюда́ here; hither

сюже́т *m* [1] subject; plot

сюи́та *f* [5] *mus.* suite

сюрпри́з *m* [1] surprise

Т

та → **тот**

таба́|к *m* [1 *e.*; *part.g.*: -ý] tobacco; ~чный [14] tobacco…

та́б|ель *m* [1] table; time-keeping *or* at-tendance record (*in a factory, school, etc.*); ~ле́тка *f* [5; *g/pl.*: -ток] pill, tablet; ~ли́ца *f* [5] table; ~ли́ца умноже́ния multiplication table; электро́нная ~ли́ца *comput.* spreadsheet; ~ло́ *n* [*in-decl.*] indicator *or* score board; ~ор *m* [1 *e.*] camp; Gypsy encampment

табу́н *m* [1 *e.*] herd, drove

табуре́тка *f* [5; *g/pl.*: -ток] stool

таджи́к *m* [1], ~ский [16] Tajik

таз *m* [1; в -ý; *pl. e.*] basin; *anat.* pelvis

таи́нств|енный [14 *sh.*] mysterious; se-cret(ive); ~о *n* [9] sacrament

таи́ть [13] hide, conceal; **-ся** be in hiding; *fig.* lurk

тайга́ *f* [5] *geog.* taiga

тай|ко́м secretly; behind (one's back (**от** P); ~м *m* [1] *sport* half, period; ~мер *m* [1] timer; ~на *f* [5] secret; mystery; ~ник *m* [1 *e.*] hiding (place); ~ный [14] secret; stealthy

так so, thus; like that; (~ же just) as; so much; just so; then; well; yes; one way…; → *a.* пра́вда; *coll.* properly; не ~ wrong(ly); ~ и (*both*…) and; ~ как as, since; и ~ even so; without that; ~же also, too; ~же не neither, nor; а ~же as well as; ~ *coll.* all the same; in-deed; ~ называ́емый socalled; alleged; ~ово́й [14; -ко́в, -кова́] such; (a)like; same; *был(á)* ~о́в(á) disappeared, van-ished; ~о́й [16] such; so; ~о́е *su.* such things; ~о́й же the same; as…; ~о́й-то such-and-such; so-and-so; **что (это)** ~о́е? *coll.* what's that?; what did you say?, what's on?; **кто вы** ~о́й (~а́я)?

= *кто вы?*

та́кса¹ *f* [5] statutory price; tariff

та́кса² *f* [5] dachshund

такси́ *n* [*indecl.*] taxi(cab); **~ст** *m* [1] taxi driver

такт *m* [1] *mus.* time, measure, bar; *fig.* tact; **~ика** *f* [5] tactics *pl. & sg.*; **~и́ческий** [16] tactical; **~и́чность** *f* [8] tactfulness; **~и́чный** [14; -чен, -чна] tactful

тала́нт *m* [1] talent, gift (**к** Д for); man of talent; gifted person; **~ливый** [14 *sh.*] talented, gifted

та́лия *f* [7] waist

тало́н *m* [1] coupon

та́лый [14] thawed; melted

там there; when; **~ же** in the same place; ibid; **~ ви́дно бу́дет** we shall see; **~ и сям** here, there, and everywhere; **как бы ~ ни́ было** at any rate

та́мбур *m* [1] *rail.* vestibule

тамо́ж|енный [14] customs...; **~ня** [6; *g/pl.*: -жен] customs house

та́мошний [15] *coll.* of that place

та́н|ец *m* [1; -нца] dance (*go dancing* **на** В; *pl.*); **~к** *m* [1] tank; **~кер** *m* [1] tanker; **~ковый** [14] tank...

танц|ева́льный [14] dancing...; **~ева́ть** [7], ⟨с-⟩ dance; **~о́вщик** *m* [1], **~о́вщица** *f* [5] (ballet) dancer; **~о́р** *m* [1] dancer

та́почка *f* [5; *g/pl.*: -чек] *coll.* slipper; *sport* sneaker, *Brt.* trainer

та́ра *f* [5] packing, packaging

тарака́н *m* [1] cockroach

тарахте́ть *coll.* [11] rumble, rattle

тара́щить [16], ⟨вы-⟩: **~ глаза́** goggle (at **на** В; *suprise* **от** Р)

таре́л|ка *f* [5; *g/pl.*: -лок] plate; *глубо́кая* soup plate; **лета́ющая ~ка** flying saucer; **чу́вствовать себя́ не в свое́й ~ке** feel out of place; feel ill at ease

тари́ф *m* [1] tariff; **~ный** [14] tariff...; standard (*wages*)

таска́ть [1] carry; drag, pull; *coll.* steal; P wear; **-ся** wander, gad about

тасова́ть [7], ⟨с-⟩ shuffle (cards)

тата́р|ин *m* [1; *pl.*: -ры, -р, -рам], **~ка** *f* [5; *g/pl.*: -рок], **~ский** [16] Ta(r)tar

тахта́ *f* [5] ottoman

та́чка *f* [5] wheelbarrow

тащи́ть [16] **1.** ⟨по-⟩ drag, pull, carry; ⟨при-⟩ bring; **2.** *coll.* ⟨с-⟩ steal, pilfer; **-ся** *coll.* trudge, drag o.s. along

та́ять [27], ⟨рас-⟩ thaw, melt; *fig.* fade, wane, languish (**от** Р with)

тварь *f* [8] creature; *collect.* creatures; (*a. pej.* miscreant)

тверде́ть [8], ⟨за-⟩ harden

твёрд|ость *f* [8] firmness, hardness; **~ый** [14: твёрд, тверда́, -о] hard; solid; firm; (*a. fig.*) stable, steadfast; *зна́ния* sound, good; *це́ны* fixed, *coll.* sure; **~о** *a.* well, for sure; **~о обеща́ть** make a firm promise

тво|й *m*, **~я́** *f*, **~ё** *n*, **~и́** *pl.* [24] your; yours; *pl. su. coll.* your folks; → **ваш**

творе́|ние *n* [12] creation; work; (*существо́*) creature; being; **~ц** *m* [1; -рца́] creator, author; **~тельный** [14] *gr.* instrumental (case); **~ть** [13], ⟨со-⟩ create, do; **-ся** *coll.* be (going) on; **~г** *m* [1 *e.*] curd(s); **~о́жник** curd pancake

творче|ский [16] creative; **~ство** *n* [9] creation; creative work(s)

теа́тр *m* [1] theater (*Brt.* -tre; **в** П at); the stage; **~а́льный** [14; -лен, -льна] theatrical; theater..., drama...

тёзка *f* [5; *g/pl.*: -зок] namesake

текст *m* [1] text; words, libretto

тексти́ль *m* [4] *collect.* textiles *pl.*; **~ный** [14] textile; *комбина́т* weaving

теку́щ|ий [17] current; *ме́сяц* the present; *ремо́нт* routine; **~щие собы́тия** current affairs

телеви́|дение *n* [12] television, TV; **по ~дению** on TV; **~зио́нный** [14] TV; **~зор** *m* [1] TV set

теле́га *f* [5] cart

телегра́мма *f* [5] telegram

телегра́ф *m* [1] telegraph (office); **~и́ровать** [7] (*im*)*pf.* (Д) telegraph, wire, cable; **~ный** [14] telegraph(ic); telegram...; by wire

теле́жка *f* [5; *g/pl.*: -жек] handcart

те́лекс *m* [1] telex

телёнок *m* [2] calf

телепереда́ча *f* [5] telecast

телеско́п *m* [1] telescope

теле́сный [14] *наказа́ние* corporal; *по-*

вреждения physical; fleshcolo(u)red

телефóн *m* [1] telephone (*по* Д by); **звони́ть по ~у** call, phone, ring up; **~-автомáт** *m* [1] telephone booth, *Brt.* telephone box; **~и́ст** *m* [1], **~и́стка** *f* [5; *g/pl.*: -ток] telephone operator; **~ный** [14] tele(phone)...

Телéц *m* [1] *astr.* Taurus

тéло *n* [9; *pl. e.*] body; **инорóдное ~** foreign body; **всем ~м** all over; **~сложéние** *n*[12] build; **~храни́тель** *m*[4] bodyguard

теля́|тина *f* [5], **~чий** [18] veal

тем → **тот**

тéм(áтик)а *f* [5] subject, topic, theme(s)

тембр ('tε-) *m* [1] timbre

темн|éть [8] **1.** ⟨по-⟩ darken; **2.** ⟨с-⟩ grow *or* get dark; **3.** (*a.* **-ся**) appear dark; loom

тёмно... (*in compds.*) dark...

темнотá *f* [5] darkness; dark

тёмный [14; тёмен, темнá] dark; *fig.* obscure; gloomy; (*подозрительный*) shady, dubious; (*силы*) evil; (*невежественный*) ignorant

темп ('tε-) *m* [1] tempo; rate, pace, speed

темперáмент *m* [1] temperament; spirit; **~ный** [14; -тен, -тна] energetic; vigorous; spirited

температýра *f* [5] temperature

тéмя *n* [13] crown, top of the head

тенденци|óзный (-tεndε-) [-зен, -зна] biased; **~я** (tεn'de-) *f* [7] tendency

тéндер *fin.* ('tεndεr) *m* [1] *naut. rail.* tender

тени́стый [14 *sh.*] shady

тéннис *m* [1] tennis; **настóльный ~** table tennis; **~и́ст** *m* [1] tennis player

тéнор *m* [1; *pl.*: -рá, *etc. e.*] *mus.* tenor

тень *f* [8; в тени́; *pl.*: тéни, тенéй; *etc. e.*] shade; shadow; **ни тéни сомнéния** not a shadow of doubt

теор|éтик *m* [1] theorist; **~ети́ческий** [16] theoretical; **~ия** *f* [7] theory

тепéр|ешний [1] *coll.* present; **~ь** now, nowadays, today

тепл|éть [8; *3ʳᵈ p. only*], ⟨по-⟩ grow warm; **~и́ться** [13] *mst. fig.* gleam, flicker, glimmer; **~и́ца** *f* [5], **~и́чный** [14] greenhouse, hothouse; **~ó 1.** *n* [9]

warmth; *phys.* heat; warm weather; **2.** *adv.* → **тёплый**; **~овóз** *m* [1] diesel locomotive; **~овóй** [14] (of) heat, thermal; **~отá** *f*[5] warmth; *phys.* heat; **~охóд** *m* [1] motor ship

тёплый [14; тёпел, теплá, -ó & тéпло] warm (*a. fig.*); (**мне**) **теплó** it is (I am) warm

терапи́я *f* [7] therapy

тере|би́ть [14 *e.*; -блю́, -би́шь] pull (at); pick (at); tousle; *coll.* (*надоедать*) pester; **~ть** [12] rub; *на тёрке* grate

терзá|ние *n* [12] *lit.* torment, agony; **~ть** [1] **1.** ⟨ис-⟩ torment, torture; **2.** ⟨рас-⟩ tear to pieces

тёрка *f* [5; *g/pl.*: -рок] grater

тéрмин *m* [1] term

термó|метр *m* [1] thermometer; **~с** ('tε-) *m* [1] vacuum flask; **~я́дерный** [14] thermonuclear

тёрн *m* [1] *bot.* blackthorn, sloe

терни́стый [14 *sh.*] thorny

терп|ели́вый [14 *sh.*] patient; **~éние** *n* [12] patience; **~éть** [10], ⟨по-⟩ suffer, endure; (*мириться*) tolerate, bear, stand; **врéмя не ~ит** there is no time to be lost; (Д) **не -ся** *impf.* be impatient *or* eager; **~и́мость** *f*[8] tolerance (**к** Д toward[s]); **~и́мый** [14 *sh.*] tolerant; *условия и т. д.* tolerable, bearable

тéрпкий [16; -пок, -пкá, -о; *comp.*: тéрпче] tart, astringent

террáса *f* [5] terrace

террит|ориáльный [14] territorial; **~óрия** *f* [7] territory

террóр *m* [1] terror; **~изи́ровать** &; **~изовáть** [7] *im(pf.)* terrorize

тёртый [14] ground, grated

теря́ть [28], ⟨по-⟩ lose; *врéмя* waste; *листвý* shed; *надéжду* give up; **не ~ из ви́ду** keep in sight; *fig.* bear in mind; **-ся** get lost; disappear, vanish; (*смущаться*) become flustered, be at a loss

тесáть [3], ⟨об-⟩ hew, cut

тесн|и́ть [13], ⟨с-⟩ press, crowd; **-ся** crowd, throng; jostle; **~отá** *f*[5] crowded state; narrowness; crush; **~ый** [14; тéсен, теснá, -о] crowded; cramped; narrow; *fig.* tight; close; *отношения* intimate; *мир тесен* it's a small world

тест|о *n* [9] dough, pastry; **~ь** *m* [4] father-in-law (*wife's father*)

тесьма *f* [5; *g/pl.:* -сём] tape; ribbon

тетерев *m* [1; *pl.:* -á, *etc. e.*] *zo.* black grouse, blackcock

тетива *f* [5] bowstring

тётка *f* [5; *g/pl.:* -ток] aunt; (*as term of address to any older woman*) ma'am, lady

тетрад|ь *f* [8], **~ка** *f* [5; *g/pl.:* -док] exercise book, notebook, copybook

тётя *coll.* *f* [6; *g/pl.:* -тей] aunt

техн|ик *m* [1] technician; **~ика** *f* [5] engineering; *исполнения и т. д.* technique; equipment; **~икум** *m* [1] technical college; **~ический** [16] technical; engineering...; **~ическое обслуживание** maintenance; **~ические условия** specifications; **~ология** *f* [7] technology

теч|ение *n* [12] current; stream (**вверх** [**вниз**] **по** Д up[down]); course (**в** В in; **с** Т/Р in/of time); trend; tendency; **~ь** [26] 1. flow, run; stream; *время* pass; (*протекать*) leak; 2. *f* [8] leak (spring **дать**)

тёща *f* [5] mother-in-law (*wife's mother*)

тибетец *m* [1; -тца] Tibetan

тигр *m* [1] tiger; **~ица** *f* [5] tigress

ти́ка|нье [10], **~ть** [1] *of clock* tick

ти́на *f* [5] slime, mud, ooze

тип *m* [1] type; *coll.* character; **~ичный** [14; -чен, -чна] typical; **~ография** *f* [7] printing office

тир *m* [1] shooting gallery

тира́да *f* [5] tirade

тира́ж *m* [1 *e.*] circulation; edition; *лотереи* drawing; **~ом в 2000** edition of 2,000 copies

тира́н *m* [1] tyrant; **~ить** [13] tyranize; **~ия** *f* [7], **~ство** *n* [9] tyranny

тире́ *n* [*indecl.*] dash

ти́с|кать [1], **⟨~нуть⟩** [20] squeeze, press; **~ки** *m/pl.* [1 *e.*] vise, *Brt.* vice; grip; **в ~ка́х** in the grip of (Р); **~нёный** [14] printed

титр *m* [1] *cine.* caption, subtitle, credit

ти́тул *m* [1] title; **~ьный лист** [14] title page

тиф *m* [1] typhus

ти́|хий [16; тих, -á, -о; *comp.:* ти́ше] quiet, still; calm; soft, gentle; *ход* slow; **~ше!** be quiet!, silence!; **~шина́** *f* [5] silence, stillness, calm; **~шь** [8; в тиши́] quiet, silence

тка|нь *f* [8] fabric, cloth; *anat.* tissue; **~ть** [тку, ткёшь; ткал, ткала́, -о], ⟨**со**⟩ [**со́тканный**] weave; **~цкий** [16] weaver's; weaving; **~ч** *m* [1 *e.*], **~чи́ха** *f* [5] weaver

ткну́ть(ся) → **ты́кать(ся)**

тле́|ние *n* [12] decay, putrefaction; *углей* smo(u)ldering; **~ть** [8], ⟨**ис-**⟩ smo(u)lder; decay, rot, putrefy; *о надежде* glimmer

то 1. [28] that; **~ же** the same; **к ~му́ (же)** in addition (to that), moreover; add to this; **ни ~ ни сё** *coll.* neither fish nor flesh; **ни с ~го́ ни с сего́** *coll.* all of a sudden, without any visible reason; **до ~го́** so; **она́ до ~го́ разозли́лась** she was so angry; **до ~го́ вре́мени** before (that); **2.** (*cj.*) then; **~ ... ~** now ... now; **не ~ ... не ~ ... или ~ ... ли ...** either ... or ..., half ... half ...; **не ~, что́бы** not that; **а не ~** (or) else; **3. ~~** just, exactly; **в то́м ~ и де́ло** that's just it

това́р *m* [1] commodity, article; *pl.* goods, wares; **~ы широ́кого потребле́ния** consumer goods

това́рищ *m* [1] comrade, friend; mate, companion (*по* Д in *arms*); colleague; **~ по шко́ле** schoolmate; **~ по университе́ту** fellow student; **~еский** [16] friendly; **~ество** *n* [9] comradeship, fellowship; *comm.* association, company

това́р|ный [14] goods...; **~ный склад** warehouse; *rail.* freight...; **~ообме́н** *m* [1] barter; **~ооборо́т** *m* [1] commodity circulation

тогда́ then, at that time; **~ как** whereas, while; **~шний** [15] of that (*or* the) time, then

то́ есть that is (to say), i.e

тожде́ств|енный [14 *sh.*] identical; **~о** *n* [9] identity

то́же also, too, as well; → **та́кже**

ток *m* [1] current

тока́р|ный [14] turner's; *станок* turning; **~ь** m [4] turner, lathe operator

токси́чный [14; -чен, -чна] toxic

толк m [1; бе́з ~у] sense; use; understanding; *знать ~ (в П)* know what one is talking about; *бе́з ~у* senselessly; *сбить с ~y* muddle; **~а́ть** [1], *once* ⟨~ну́ть⟩ [20] push, shove, jog; *fig.* induce, prompt; *coll.* urge on, spur; **-ся** push (o.a.); **~ова́ть** [7] **1.** ⟨ис-⟩ interpret, expound, explain; comment; **2.** ⟨по-⟩ talk (с Т to); **~о́вый** [14] explanatory; [*sh.*] smart, sensible; **~ом** plainly; *я ~ом не зна́ю ...* I don't really know ...; **~отня́** *coll. f* [6] crush, crowding

толокно́ n [9] oat meal; **~чь** [26; -лку́, -лчёшь, -лку́т; -лок, -лкла́; -лчённый], ⟨рас-, ис-⟩ pound, crush

толп|а́ *f* [5; *pl. st.*], **~и́ться** [14 *e.*; *no 1st. & 2nd p. sg.*], ⟨с-⟩ crowd, throng

толст|е́ть [8], ⟨по-, рас-⟩ grow fat; grow stout; **~око́жий** [17 *sh.*] thick-skinned; **~ый** [14; толст, -á, -о; *sompr.:* -то́лще] thick; heavy; (*тучный*) stout; fat; **~я́к** *coll.* m [1 *e.*] fat man

толч|ённый [14] pounded; **~ея́** *coll. f* [6] crush, crowd; **~о́к** m [1; -чка́] push; shove; jolt; *при землетрясении* shock, tremor; *fig.* impulse, spur

толщин|а́ *f* [5] fatness; corpulence; thickness; **~о́й в** (В), *... в ~y* ...thick

толь m [4] roofing felt

то́лько only, but; *как ~* as soon as; *лишь* (*or едва́*) *~* no sooner ... than; *~ бы* if only; *~ что* just now; *~ ~ coll.* barely

том m [1; *pl.:* -á; *etc. e.*] volume

тома́т m [1], **~ный** [14] tomato; **~ный сок** tomato juice

том|и́тельный [14; -лен, -льна] wearisome; trying; *ожидание* tedious; *жара́* oppressive; **~ность** *f* [8] languor; **~ный** [14; -мен, -мна́, -о] languid, languorous

тон m [1; *pl.:* -á; *etc. e.*] *mus. and fig.* tone

то́нк|ий [16; -нок, -нка́, -о; *сompr.:* то́ньше] thin; *талия и т. д.* slim, slender; *шёлк и т. д.* fine; *вопрос и т. д.* delicate, subtle; *слух* keen; *голос* high; *политик* clever, cunning; **~ость** *f* [8] thinness, *etc.* → **~ий**; delicacy, subtlety; *pl.* details (go into *вда́ваться в* В); *coll.* split hairs

то́нна *f* [5] ton; **~ж** m [1] (*metric*) ton

тонне́ль (-'nєá-) m [4] tunnel

то́нус m [1] *med.* tone

тону́ть [19] *v/i.* **1.** ⟨по-, за-⟩ sink; **2.** ⟨у-⟩ drown

то́п|ать [1], *once* ⟨~нуть⟩ [20] stamp; **~и́ть** [14] *v/t.* **1.** ⟨за-, по-⟩ sink; *водой* flood; **2.** ⟨за-, ис-, на-⟩ stoke (*a stove, etc.*); heat up; **3.** ⟨рас-⟩ melt; **4.** ⟨у-⟩ drown; **~кий** [16; -пок, -пка́, -о] boggy, marshy; **~лёный** [14] melted; *молоко ~лёное* baked; **~ливо** n [9] fuel; *жи́дкое ~ливо* fuel oil; **~нуть** → **~ать**

топогра́фия *f* [7] topography

то́поль m [4; *pl.:* -ля́; *etc. e.*] poplar

топо́р m [1 *e.*] ax(e); **~ный** [14; -рен, -рна] clumsy; coarse, uncouth

то́пот m [1] stamp(ing), tramp(ing)

топта́ть [3], ⟨по-, за-⟩ trample, tread; ⟨вы́-⟩ trample down; ⟨с-⟩ wear out; **-ся** tramp(le); *coll.* hang about; mark time (*на месте*)

топь *f* [8] marsh, bog, swamp

торг m [1; на -ý; *pl.:* -и́; *etc. e.*] trading; bargaining, haggling; *pl.* auction (с Р by; *на* П at); **~а́ш** m [1 *e.*] *pej.* (petty) tradesman; mercenaryminded person; **~ова́ть** [8] trade, deal (in Т) sell; **-ся**, ⟨с-⟩ (strike) a bargain (о П for); **~о́вец** m [1; -вца] dealer, trader, merchant; **~о́вка** *f* [5; *g/pl.:* -вок] market woman; **~о́вля** *f* [6] trade, commerce; *наркотиками* traffic; **~о́вый** [14] trade..., trading, commercial, of commerce; *naut.* merchant...; **~пре́д** m [1] trade representative; **~пре́дство** n [9] trade delegation

торже́ств|енность *f* [8] solemnity; **~енный** [14 *sh.*] solemn; festive; **~о** n [9] triumph; (*празднество*) festivity, celebration; **~ова́ть** [7], ⟨вос-⟩ triumph (*над* Т over); *impf.* celebrate

то́рмо|з m **1.** [1; *pl.:* -á; *etc. e.*] brake; **2.** [1] *fig.* drag; **~зи́ть** [15 *e.*; -ожу́, -ози́шь; -ожённый], ⟨за-⟩ (put) the brake(s) on); *fig.* hamper; *psych.* inhibit; **~ши́ть** *coll.* [16; -шу́, -ши́шь] → *тереби́ть*

торо́п|ить [14], ⟨по-⟩ hasten, hurry up (*v/i.* **-ся**; *a.* be in hurry); **~ли́вый** [14 *sh.*] hasty, hurried

торпед|а f [5], **~и́ровать** [7] (im)pf. torpedo (a. fig.); **~ный** [14] torpedo..

торт m [1] cake

торф m [1] peat; **~яно́й** [14] peat…

торча́ть [4 e.; -чу́, -чи́шь] stick up, stick out; coll. hang about

торше́р m [1] standard lamp

тоск|а́ f [5] melancholy; (томление) yearning; (скука) boredom, ennui; **~а́ по ро́дине** homesickness; **~ли́вый** [14] melancholy; погода dull, dreary; **~ова́ть** [7] grieve, feel sad (or lonely); feel bored; yearn or long (for по П or Д); be homesick (по родине)

тост m [1] toast; **предложи́ть ~** propose a toast (**за** B to)

тот m, **та** f, **то** n, **те** pl. [28] that, pl. those; the one; the other; **не ~** wrong; **(н)и тот (н)и друго́й** both (neither); **тот же (са́мый)** the same; **тем бо́лее** the more so; **тем лу́чше** so much the better; **тем са́мым** thereby; → a. **то**

тоталитар|и́зм m [1] totalitarianism; **~ный** [14] totalitarian

то́тчас (же) immediately, at once

точёный [14] sharpened; черты лица chisel(l)ed; фигура shapely

точи́|льный [14]: **~льный брусо́к** whetstone; **~ть 1.** ⟨на-⟩ whet, grind; sharpen; **2.** ⟨вы-⟩ turn; **3.** ⟨ис-⟩ eat (or gnaw) away

то́чк|а f [5; g/pl.: -чек] point; dot; gr. period, full stop; **вы́сшая ~а** zenith, climax (на П at); **~а с запято́й** gr. semicolon; **~а заре́ния** point of view; **попа́сть в са́мую ~у** hit the nail on the head; **дойти́ до ~и** coll. come to the end of one's tether

то́чн|о adv. → **~ый**; a. → **сло́вно**; indeed; **~ость** f [8] accuracy, exactness, precision; **в ~ости** → **~о**; **~ый** [14; -чен, -чна́, -о] exact, precise, accurate; punctual; прибор (of) precision

точь: ~ в ~ coll. exactly

тошн|и́ть [13]: **меня́ ~и́т** I feel sick; I loathe; **~ота́** f [5] nausea

то́щий [17; тощ, -а́, -о] lean, lank, gaunt; coll. empty; растительность scanty, poor

трава́ f [5; pl. st.] grass; med. pl. herbs; сорная weed

трав|и́ть [14 sh.] **1.** ⟨за-⟩ fig. persecute; **2.** ⟨вы-⟩ exterminate; **~ля** f [6; g/pl.: -лей] persecution

травян|и́стый [14 sh.], **~о́й** [14] grass(y)

траг|е́дия f [7] tragedy; **~ик** m [1] tragic actor, tragedian; **~и́ческий** [16], **~и́чный** [14; -чен, -чна] tragic

традици|о́нный [14; -о́нен, -о́нна] traditional; **~я** f [7] tradition, custom

тракт m [1]: high road, highway; anat. **желу́дочно-кише́чный ~** alimentary canal; **~ова́ть** [7] treat; discuss; interpret; **~о́вка** [5; g/pl.: -вок] treatment; interpretation; **~ори́ст** m [1] tractor driver; **~орный** [14] tractor

тра́льщик m [1] trawler; mil. mine sweeper

трамбова́ть [7], ⟨у-⟩ ram

трамва́й m [3] streetcar, Brt. tram(car) (Т, **на** П by)

трампли́н m [1] sport springboard (a. fig.); **лы́жный ~** ski-jump

транзи́стор m [1] el. (component) transistor

транзи́т m [1], **~ный** [14] transit

транс|криби́ровать [7] (im)pf. transcribe; **~ли́ровать** [7] (im)pf. broadcast, transmit (by radio); relay; **~ля́ция** f [7] transmission; **~пара́нт** m [1] transparency; banner

тра́нспорт m [1] transport; transport(ation; a. system [of]); **~и́ровать** [7] (im)pf. transport, convey; **~ный** [14] (of) transport(ation)…

трансформа́тор m [1] el. transformer

транше́я f [6; g/pl.: -ей] trench

трап m [1] naut. ladder; ae. gangway

тра́сса f [5] route, line

тра́т|а f [5] expenditure; waste; **пуста́я ~а вре́мени** a waste of time; **~ить** [15], ⟨ис-, по-⟩ spend, expend; use up; waste

тра́ур m [1] mourning; **~ный** [14 mourning…; марш и т. д. funeral…

трафаре́т m [1] stencil; stereotype; cliché (a. fig.)

трах int. bang!

тре́бова|ние n [12] demand (по Д on); request, requirement; (претензия) claim; *судьи* order; **~тельный** [14; -лен, -льна] exacting; (*разборчивый*) particular; **~ть** [7], ⟨по-⟩ (P) demand; require; claim; summon, call for; **-ся** be required (*or* wanted); be necessary

трево́|га *f* [5] alarm, anxiety; *mil. etc.* warning, alert; **~жить** [16] **1.** ⟨вс-, рас-⟩ alarm, disquiet. **2.** ⟨по-⟩ disturb, trouble; **-ся** be anxious; worry; **~жный** [14; -жен, -жна] worried, anxious, uneasy; *известия и т. д.* alarm(ing), disturbing

тре́зв|ость *f* [8] sobriety; **~ый** [14; трезв, -á, -о] sober (*a.fig.*).

тре́нер *m* [1] trainer, coach

тре́ние *n* [12] friction (*a. fig.*)

трениро́в|ать [12], ⟨на-⟩ train, coach; *v/i.* **-ся**; **~ка** *f* [7] training, coaching

трепа́ть [2], ⟨по-⟩ *ветром* tousle; dishevel; blow about; **~ кому́-л. не́рвы** get on s.o.'s nerves

тре́пет *m* [1] trembling, quivering; **~а́ть** [3], ⟨за-⟩ tremble (**от** P with); quiver, shiver; *о пламени* flicker; *от ужаса* palpitate; **~ный** [14; -тен, -тна] quivering; flickering

треск *m* [1] crack, crackle

треска́ *f* [5] cod

тре́ск|аться [1], ⟨по-, тре́снуть⟩ [20] crack, split; *о коже и т. д.* chap; **~отня́** *f* [6] *о речи* chatter, prattle; **~у́чий** [17 *sh.*] *мороз* hard, ringing; *fig.* bombastic

тре́снуть → **тре́скаться & треща́ть**

трест *m* [1] *econ.* trust

тре́т|ий [18] third; **~и́ровать** [7] slight; **~ь** *f* [8; *from g/pl. e.*] (one) third

треуго́льн|ик *m* [1] triangle; **~ый** [14] triangular

тре́фы *f/pl.* [5] clubs (*cards*)

трёх|годи́чный [14] three-year; **~дне́вный** [14] three-day; **~колёсный** [14] three-wheeled; **~ле́тний** [15] three-year; threeyear-old; **~со́тый** [14] three hundredth; **~цветно́й** [14] tricolo(u)r; **~эта́жный** [14] threestoried (*Brt.* -reyed)

треща́|ть [4 *e.*; -щу́, -щи́шь] **1.** ⟨за-⟩ crack; crackle; *о мебели* creak; *coll.* prattle; **голова́ ~и́т** have a splitting headache. **2.** ⟨тре́снуть⟩ [20] burst; **~ина** *f* [5] split

(*a. fig.*), crack, cleft, crevice, fissure; *на коже* chap

три [34] three; → **пять**

трибу́н|а *f* [5] platform; rostrum; tribune; (*at sports stadium*) stand; **~а́л** *m* [1] tribunal

тривиа́льный [14; -лен, -льна] trivial; trite

тригономе́трия *f* [7] trigonometry

тридца́|тый [14] thirtieth; → **пятидеся́тый**; **~ть** [35 *e.*] thirty

три́жды three times

трикота́ж *m* [1] knitted fabric; *collect.* knitwear

трило́гия *f* [7] trilogy

трина́дца|тый [14] thirteenth; → **пя́тый**; **~ть** [35] thirteen; → **пять**

три́ста [36] three hundred

триу́мф *m* [1] triumph; **~а́льный** [14] *арка* triumphal; triumphant

тро́га|тельный [14; -лен, -льна] touching, moving; **~ть** [1], *once* ⟨тро́нуть⟩ [20] touch (*a. fig.* = affect, move); *coll.* pester; **не тронь её!** leave her alone!; **-ся** start; set out (**в путь** on a journey)

тро́е [37] three (→ **дво́е**); **~кра́тный** [14] -тен, -тна] thrice-repeated

Тро́ица *f* [5] Trinity; Whitsun(day); 2 *coll.* trio

тро́й|ка *f* [5; *g/pl.:* тро́ек] three (→ **дво́йка**); troika (*team of three horses abreast* [+ *vehicle*]); *coll.* (*of school mark* =) **посре́дственно**; **~но́й** [14] threefold, triple, treble; **~ня** *f* [6; *g/pl.:* тро́ен] triplets *pl.*

тролле́йбус *m* [1] trolley bus

трон *m* [1] throne; **~ный** [14] *речь* King's, Queen's

тро́нуть(ся) → **тро́гать(ся)**

троп|á *f* [5; *pl.:* тро́пы, троп, -па́м] path, track; **~и́нка** [5; *g/pl.:* -нок] (small) path

тропи́ческий [16] tropical

трос *m* [1] *naut.* line; cable, hawser

трост|ни́к *m* [1 *e.*] reed; *сахарный* cane; **~нико́вый** [14] reed...; cane...; **~ь** *f* [8; *from g/pl. e.*] cane, walking stick

тротуа́р *m* [1] sidewalk, *Brt.* pavement

трофе́й *m* [3] trophy (*a. fig.*); *pl.* spoils of war; booty; **~ный** [14] *mil.* captured

тро|ю́родный [14] second (cousin **брат**

m, **сестра́** *f*); **~я́кий** [16 *sh.*] threefold, triple

труб|а́ *f* [5; *pl. st.*] pipe; *печная* chimney; *naut.* funnel; *mus.* trumpet; **вы́лететь в ~у́** go bust; **~а́ч** *m* [1 *e.*] trumpeter; **~и́ть** [14; -блю́, -би́шь], ⟨про-⟩ blow (the в B); **~ка** *f* [5; *g/pl.:* -бок] tube; *для курения* pipe; *teleph.* receiver; **~опрово́д** *m* [1] pipeline; **~о́чный** [14] *таба́к* pipe

труд *m* [1 *e.*] labo(u)r, work; pains *pl.,* trouble; difficulty (**с** T with; *a.* hard[ly]); scholarly work; *pl.* (*in published records of scholarly meetings, etc.*) transactions; *coll.* (*услуга*) service; **взять на себя́ ~** take the trouble (to); **~и́ться** [15], ⟨по-⟩ work; toil; **~ность** *f* [8] difficulty; **~ный** [14; -ден, -дна́, -о] difficult, hard; *coll.* heavy; **де́ло оказа́лось ~ным** it was heavy going; **~ово́й** [14] labo(u)r…; *день* working; *доход* earned; *стаж* service…; **~олюби́вый** [14 *sh.*] industrious; **~оспосо́бный** [14; -бен, -бна] able-bodied, capable of working; **~я́щийся** [17] working; *su. mst. pl.* working people

тру́женик *m* [1] toiler, worker

труп *m* [1] corpse, dead body

тру́ппа *f* [5] company, troupe

трус *m* [1] coward

тру́с|ить [15], be a coward; ⟨с-⟩ be afraid (of P); **~и́ха** *coll./f* [5] f → **трус; ~ли́вый** [14 *sh.*] cowardly; **~ость** *f* [8] cowardice

трусы́ *no sg.* = **тру́сики**

трущо́ба *f* [5] thicket; *fig.* out-of-the-way place; slum

трюк *m* [1] feat, stunt; *fig.* gimmick; *pej.* trick

трюм *m* [1] *naut.* hold

трюмо́ *n* [*indecl.*] pier glass

тря́п|ка *f* [5; *g/pl.:* -пок] rag; *для пыли* duster; *pl. coll.* finery; *о человеке* milksop; **~ьё** *n* [10] rag(s)

тря́с|ка *f* [5] jolting; **~ти́** [24; -с-], *once* ⟨тряхну́ть⟩ [20] shake (a *p.'s* Д *hand, head, etc.* T; *a. fig.*); (*impers.*) jolt; **~ти́сь** shake; shiver (with **от** P)

тряхну́ть → **трясти́**

тсс! *int.* hush!; ssh!

туале́т *m* [1] toilet, lavatory; dress, dressing

туберкулёз *m* [1] tuberculosis; **~ный** [14] *больно́й* tubercular

туго́|й [14; туг, -á, -о *comp.:* ту́же] tight, taut; *замок* stiff; (*туго набитый*) crammed; hard (*a.* of hearing **на у́хо**); *adv. a.* **открыва́ться** hard; with difficulty; **у него́ ~ с деньга́ми** he is short of money

туда́ there, thither; that way

туз *m* [1 *e.*] *cards* ace

тузе́м|ец *m* [1; -мца] native; **~ный** [14] native

ту́ловище *n* [11] trunk, torso

тулу́п *m* [1] sheepskin coat

тума́н *m* [1] fog, mist; *дымка* haze (*a. fig.*); **~ный** [14; -áнен, -áнна] foggy, misty; *fig.* hazy, vague

ту́мбочка *f* [5; *g/pl.:* -чек] bedside table

ту́ндра *f* [5] *geog.* tundra

туне́ц *m* [1; -нца́ *и т. д.*] tuna *or* tunny fish

тунне́ль → **тонне́ль**

туп|е́ть [8], ⟨(п)о-⟩ *fig.* grow blunt; **~и́к** *m* [1 *e.*] blind alley, cul-de-sac; *fig.* deadlock, impasse; **ста́вить в ~и́к** reach a deadlock; **стать в ~и́к** be at a loss, be nonplussed; **~о́й** [14; туп, -á, -о] blunt; *math.* obtuse; *fig.* dull, stupid; **~ость** *f* [8] bluntness; dullness; **~оу́мный** [14; -мен, -мна] dull, obtuse

тур *m* [1] *переговоров* round; tour; turn (*at a dance*); *zo.* aurochs

турба́за *f* [5] hostel

турби́на *f* [5] turbine

туре́цкий [16] Turkish

тури́|зм *m* [1 *e.*] tourism; **~ст** *m* [1] tourist

туркме́н *m* [1] Turkmen; **~ский** [16] Turkmen

турне́ (-'nɛ) *n* [*indecl.*] tour (*esp. of performers or sports competitors*)

тури́к *m* [1 *e.*] *sport* horizontal bar

турнике́т [1] turnstile; *med.* tourniquet

турни́р *m* [1] tournament (**на** П in)

ту́р|ок *m* [1; -рка; *g/pl.:* ту́рок], **~ча́нка** [5; *g/pl.:* -нок] Turk

ту́ск|лый [14; тускл, -á, -о] *свет* dim; dull; **~не́ть** [8], ⟨по-⟩ & **~нуть** [20] grow dim *or* dull; lose luster (-tre); pale (*пé-*

ред T before)

тут here; there; then; ~! present!, here!; ~ **же** there and then, on the spot; ~ **как** ~ *coll.* there he is; there they are; that's that

ту́тов|**ый** [14]: ~**ое де́рево** mulberry tree

ту́фля f [6; *g/pl.*: -фель] shoe; *дома́шняя* slipper

ту́х|**лый** [14; тухл, -á, -о] *яйцо́* bad, rotten; ~**нуть** [21] 1. ⟨по-⟩ *о све́те* go out; *о костре́* go or die out; 2. ⟨про-⟩ go bad

ту́ч|**а** f [5] cloud; rain *or* storm cloud *наро́да* crowd; *мух* swarm; *dim.* ~**ка** f [5; *g/pl.*: -чек]; ~**ный** [14; -чен, -чнá, -о] corpulent, stout

туш m [1] *mus.* flourish

ту́ша f [5] carcass

туш|**ёнка** f [5] *coll.* corned beef *or* pork; ~**ёный** [14] stewed; ~**и́ть** [16], ⟨по-⟩ 1. switch off, put out, extinguish; *сканда́л* quell; 2. *impf.* stew

тушь f [8] Indian ink; mascara

тща́тельн|**ость** f [8] thoroughness; care(fulness); ~**ый** [14; -лен, -льна] painstaking; careful

тще|**ду́шный** [14; -шен, -шна] sickly; ~**сла́вие** n [12] vanity; ~**сла́вный** [14; -вен, -вна] vain (-glorious); ~**тный** [14; -тен, -тна] vain, futile; **~тно** in vain

ты [21] you; *obs.* thou; **быть на ~** (с T) be on familiar terms with s.o.

ты́кать [3], ⟨ткнуть⟩ [20] poke, jab, thrust; (*v/i.* -**ся**) knock (**в** B against, into)

ты́ква f [5] pumpkin

тыл m [1; в -ý; *pl.* e.] rear, back

ты́сяч|**а** f [5] thousand; ~**еле́тие** n [12] millenium; ~**ный** [14] thousandth; of thousand(s)

тьма f [5] dark(ness); *coll.* a host of, a multitude of

тьфу! *coll.* fie!, for shame!

тю́бик m [1] tube (*of toothpaste, etc.*)

тюк m [1 e.] bale, pack

тюле́нь m [4] *zo.* seal

тюль m [4] tulle

тюльпа́н m [1] tulip

тюр|**ёмный** [14] prison...; ~**ёмный контролёр** jailer, *Brt.* gaoler, warder; ~**ьма́** f [5; *pl.*: тю́рьмы, -рем, -рьмам] prison, jail, *Brt.* gaol

тюфя́к m [1 e.] mattress (*filled with straw, etc.*)

тя́вкать *coll.* [1] yap, yelp

тя́г|**а** f [5] *в печи́* draft, *Brt.* draught; *си́ла* traction; *fig.* bent (**к** Д for); ~**а́ться** *coll.* [1] (с T) be a match (for), vie (with); ~**остный** [14; -тен, -тна] (*обремени́тельный*) burdensome; (*неприя́тный*) painful; ~**ость** f [8] burden (*be... to* в В/Д); ~**оте́ние** n [12] *земно́е* gravitation; *a.* → ~**а** *fig.*; ~**оте́ть** [8] gravitate (toward[s] **к** Д); weigh (upon **над** T); ~**оти́ть** [15 e.; -ощý, -оти́шь] weigh upon, be a burden to; -**ся** feel a burden (T of); ~**у́чий** [17 sh.] *жи́дкость* viscous; *речь* drawling

тяж|**елове́с** m [1] *sport* heavyweight; ~**елове́сный** [14; -сен, -сна] heavy, ponderous; ~**ёлый** [14; -жел, -желá] heavy, difficult, hard; *стиль* laborious; *ране́ние и т. д.* serious; *уда́р, положе́ние* severe, grave; *обстоя́тельства и т. д.* grievous, sad, oppressive, painful; *во́здух* close; (Д) ~**ело́** feel miserable; ~**есть** f [8] heaviness; weight; load; burden; gravity; seriousness; ~**кий** [16; тя́жек, тяжкá, -о] heavy (*fig.*), *etc.*, → ~**ёлый**

тян|**у́ть** [19] pull, draw; *наут.* tow; *ме́длить* protract; *слова́* drawl (out); (*влечь*) attract; long; have a mind to; would like; *о за́пахе* waft; ~**ет** there is a draft (*Brt.* draught) (T of); *coll.* *красть* steal; take (**с** P from); -**ся** stretch (*a.* = extend); last; drag; draw on; reach out (**к** Д for)

У

у (P) at, by, near; with; (at) ...'s; at ...'s place; **у меня (был, -á ...)** I have (had); my; **взять, узнать** *и т. д.* from, of; *берега и т. д.* off; in; **у себя́** in (at) one's home *or* room *or* office

убав|ля́ть [28], ⟨~ить⟩ [14] reduce, diminish, decrease; **~ить в ве́се** lose weight; *v/i.* **-ся**

убе|га́ть [1], ⟨~жа́ть⟩ [4; -егу́, -жи́шь, -гу́т] run away; *тайко́м* escape

убеди́тельный [14; -лен, -льна] convincing; *про́сьба* urgent; **~жда́ть** [1], ⟨~ди́ть⟩ [15 *e.*; *no 1st p. sg.*; -еди́шь, -еждённый] convince (**в** П of); (*угово-ри́ть*) persuade (*impf. a.* try to...); **~жде́ние** *n* [12] persuasion; conviction; belief

убеж|а́ть → **убега́ть**; **~ище** *n* [11] shelter, refuge; *полити́ческое* asylum

убер|ега́ть [1], ⟨~е́чь⟩ [26 г/ж] keep safe, safeguard

уби|ва́ть [1], ⟨~ть⟩ [убью, -ьёшь; уби́-тый] kill, murder; assassinate; *fig.* drive to despair; **~ва́ть вре́мя** kill *or* waste time

уби́й|ственный [14 *sh.*] killing; *взгляд* murderous; **~ство** *n* [9] murder; *полити́ческое* assassination; **покуше́ние на ~ство** murderous assault; **~ца** *m/f* [5] murderer; assassin

убира́|ть [1], ⟨убра́ть⟩ [уберу́, -рёшь; убра́л, -á, -о; у́бранный] take (*or* put, clear) away (in); gather, harvest; tidy up; (*украша́ть*) decorate, adorn, trim; **-ся** *coll.* clear off; **~йся (вон)!** get out of here!, beat it!

уби́ть → **убива́ть**

убо́|гий [16 *sh.*] (*бе́дный*) needy, poor; *жили́ще* miserable; **~жество** *n* [9] poverty; mediocrity

убо́й *m* [3] slaughter (*of livestock*) (for **на** B)

убо́р *m* [1]: **головно́й ~** headgear; **~ис-тый** [14 *sh.*] close; **~ка** *f* [5; *g/pl.:* -рок] harvest, gathering; *ко́мнаты и т. д.* tidying up; **~ная** *f* [14] lavatory, toilet;

thea. dressing room; **~очный** [14] harvest(ing); **~щица** *f* [5] cleaner (*in offices, etc.*); charwoman

убра́|нство *n* [9] furniture, appointments; interior decor; **~ть(ся)** → **убира́ть(ся)**

убы|ва́ть [1], ⟨~ть⟩ [убуду, -будешь; убыл, -á, -о] *о воде́* subside, fall; (*уменьша́ться*) decrease; **~ль** *f* [8] diminution, fall; **~ток** *m* [1; -тка] loss, damage; **~точный** [14; -чен, -чна] unprofitable; **~ть** → **~ва́ть**

уваж|а́емый [14] respected; dear (*as salutation in letter*); **~а́ть** [1], **~е́ние** *n* [12] respect, esteem (*su.* **к** Д for); **~и́тель-ный** [14; -лен, -льна] *причи́на* valid; *отноше́ние* respectful

уведом|ля́ть [28], ⟨~ить⟩ [14] inform, notify, advise (**о** П of); **~ле́ние** *n* [12] notification, information

увезти́ → **увози́ть**

увекове́чи|вать [1], ⟨~ть⟩ [16] immortalize, perpetuate

увеличе́ние *n* [12] increase; *phot.* enlargement; **~ивать** [1], ⟨~ить⟩ [16] increase; enlarge; extend; *v/i.* **-ся**; **~и́тельный** [14] magnifying

увенча́ться [1] *pf.* (T) be crowned

увер|е́ние *n* [12] assurance (of **в** П); **~енность** *f* [8] assurance; certainty; confidence (**в** П in); **~енный** [14 *sh.*] confident, sure, certain (**в** П of); **бу́дь-те ~ены** you may be sure, you may depend on it; **~ить** → **~я́ть**

уверт|ка *coll. f* [5; *g/pl.:* -ток] subterfuge, dodge, evasion; **~ливый** [14 *sh.*] evasive, shifty

увертю́ра *f* [5] overture

увер|я́ть [28], ⟨~ить⟩ [13] assure (**в** П of); *убеди́ть(ся)* make believe (sure **-ся**), persuade

увести́ → **уводи́ть**

уве́ч|ить [16], ⟨из-⟩ maim, mutilate; **~ный** [14] maimed, mutilated, crippled;

~ье *n* [10] mutilation

увещ(ев)а́ние *n* [12] admonition; ~ть [1] admonish

увил|ивать [1], ⟨~ьну́ть⟩ [20] shirk

увлажн|я́ть [28], ⟨~и́ть⟩ [13] wet, dampen, moisten

увле|ка́тельный [14; -лен, -льна] fascinating, absorbing; ~ка́ть [1], ⟨~чь⟩ [26] carry (away; *a. fig.* = transport, captivate); -ся (T) be carried away (by), be(come) enthusiastic (about); (*погрузиться*) be(come) absorbed (in); (*влюбиться*) fall (*or* be) in love (with); ~че́ние *n* [12] enthusiasm, passion (for T)

уво|ди́ть [15], ⟨увести́⟩ [25] take, lead (away, off); *coll.* (*украсть*) steal; ~зи́ть [15], ⟨увезти́⟩ [24] take, carry, drive (away, off); abduct, kidnap

уво́л|ить → ~ня́ть; ~ьне́ние *n* [12] dismissal (с P from); ~ня́ть [28], ⟨~ить⟩ [13] dismiss (с P from)

увы́! *int.* alas!

увя|да́ние *n* [12] withering; *о человеке* signs of aging; ~да́ть [21], ⟨~нуть⟩ [20] wither, fade; ~дший [17] withered

увяз|а́ть [1] **1.** ⟨~нуть⟩ [21] get stuck (in); *fig.* get bogged down (in); **2.** → ~ывать(ся); ~ка *f* [5] coordination; ~ывать [1], ⟨~а́ть⟩ [3] tie up; (*согласовывать*) coordinate (*v/i.* -ся)

уга́д|ывать [1], ⟨~а́ть⟩ [1] guess

уга́р *m* [1] charcoal fumes; *fig.* ecstasy, intoxication

угас|а́ть [1], ⟨~нуть⟩ [21] *об огне* die down; *о звуке* die (*or* fade) away; *надежда* die; *силы* fail; *о человеке* fade away

угле|ки́слый [14] *chem.* carbonate (of); (~ки́слый газ carbon dioxide); ~ро́д *m* [1] carbon

углово́й [14] *дом* corner…; angle…; angular

углуб|и́ть(ся) → ~ля́ть(ся); ~ле́ние *n* [12] deepening; (*впадина*) hollow, cavity, hole; *знаний* extension; ~лённый [14 *sh.*] profound; *a. pt. pt. p. of* ~и́ть(ся); ~ля́ть [28], ⟨~и́ть⟩ [14 *e.*; -блю́ -бишь; -блённый] deepen (*v/i.* -ся); make (become) more profound,

extend; **-ся** *a.* go deep (в В into), be(come) absorbed (in)

угна́ть → угоня́ть

угнет|а́тель *m* [4] oppressor; ~а́ть [1] oppress; (*мучить*) depress; ~е́ние *n* [12] oppression; (*a.* ~е́нность *f* [8]) depression; ~ённый [14; -тён, -тена́] oppressed; depressed

угов|а́ривать [1], ⟨~ори́ть⟩ [13] (В) (*impf.* try to) persuade; **-ся** arrange, agree; ~о́р *m* [1] agreement; *pl.* persuasion; ~ори́ть(ся) → ~а́ривать(ся)

уго́д|а *f* [5]: в ~у (Д) for the benefit of, to please; ~и́ть → угожда́ть; ~ливый [14 *sh.*] fawning, ingratiating, toadyish; ~ник *m* [1]: свято́й ~ник saint; ~но please; **как (что) вам ~но** just as (whatever) you like; **(что) вам ~но?** what can I do for you?; **ско́лько (душе́) ~но** → вдо́воль & всла́сть

уго|жда́ть [1], ⟨~ди́ть⟩ [15 *e.*; -ожу́, -оди́шь] (Д, на В) please; *pf. coll.* в яму fall (into); в беду́ get; в глаз и *т. д.* hit

у́гол *m* [1; угла́; в, на углу́] corner (на П at); *math.* angle

уголо́вный [14] criminal; ~ ко́декс criminal law

уголо́к *m* [1; -лка́] nook, corner

у́голь *m* [4; у́гля] coal; **как на ~я́х** *coll.* on tenterhooks; ~ный [14] coal…; carbonic

угомони́ть(ся) [13] *pf. coll.* calm (down)

угоня́ть [28], ⟨угна́ть⟩ [угоню́, уго́нишь; угна́л] drive (away, off); *машину* steal; *самолёт* hijack; **-ся** *coll.* catch up (за T with)

угор|а́ть [1], ⟨~е́ть⟩ [9] be poisoned by carbon monoxide fumes

у́горь¹ *m* [4 *e.*; угря́] eel

у́горь² *m* [4 *e.*; угря́] *med.* blackhead

уго|ща́ть [1], ⟨~сти́ть⟩ [15 *e.*; -ощу́, -ости́шь; -ощённый] treat (T), entertain; ~ще́ние *n* [12] entertaining; treating (to); refreshments; food, drinks *pl.*

угро|жа́ть [1] threaten (p. with Д/Т); ~за *f* [5] threat, menace

угрызе́ни|е *n* [12]: ~я *pl.* со́вести pangs of conscience; remorse

угрю́мый [14 *sh.*] morose, gloomy

уда́в *m* [1] boa, boa constrictor

уда|ва́ться [5], ⟨¬сться⟩ [уда́стся, -аду́тся; уда́лся, -ала́сь] succeed; **мне ¬ётся (¬ло́сь)** (+ *inf.*) I succeed(ed) (in …ing)

удал|е́ние *n* [12] removal; *зуба* extraction; sending away (*sport* off); **на ¬е́нии** at a distance; **¬и́ть(ся)** → **¬я́ть(ся)**; **¬о́й, ¬ый** [14; уда́л, -а́, -о] bold, daring; **¬ь** *f* [8], *coll.* **¬ьство́** *n* [9] boldness, daring; **¬я́ть** [28], ⟨¬и́ть⟩ [13] remove; *зуб* extract; **-ся** retire, withdraw; move away

уда́р *m* [1] blow (*a. fig.*); (*a. med.*) stroke; *el.* shock (*a. fig.*); (*столкнове́ние*) impact; *ножо́м* slash; *гро́ма* clap; *coll.* form; **он в ¬е** he's in good form; **¬е́ние** *n* [12] stress, accent; **¬иться** → **¬я́ться**; **¬ный** [14]; **¬ные инструме́нты** percussion instruments; **¬я́ть** [28], ⟨¬ить⟩ [13] strike (*по* Д on); hit; knock; beat; sound (*трево́гу*); punch (*кулако́м*); butt (*голово́й*); kick (*ного́й*); *моро́зы* set in; **-ся** strike *or* knock (Т/о В with/ against); hit (*в* В); **¬я́ться в кра́йности** go to extremes

уда́ться → **удава́ться**

уда́ч|а *f* [5] success, (good) luck; **¬ник** *coll. m* [1] lucky person; **¬ный** [14; -чен, -чна] successful; good

удв|а́ивать [1], ⟨¬о́ить⟩ [13] double (*v/i.* **-ся**)

уде́л *m* [1] lot, destiny; **¬и́ть** → **¬я́ть**; **¬ьный** [14] *phys.* specific; **¬я́ть** [28], ⟨¬и́ть⟩ [13] devote, spare; allot

уде́рж|ивать [1], ⟨¬а́ть⟩ [4] withhold, restrain; *в па́мяти* keep, retain; *де́ньги* deduct; **-ся** hold (*за* В on; to; *a.* out); refrain (from **от** Р)

удешев|ля́ть [1], ⟨¬и́ть⟩ [14 *е.*; -влю́, -ви́шь, -влённый] reduce the price of

удив|и́тельный [14; -лен, -льна] astonishing, surprising; (*необы́чный*) amazing, strange; (**не**) **¬и́тельно** it is a (no) wonder; **¬и́ть(ся)** → **¬ля́ть(ся)**; **¬ле́ние** *n* [12] astonishment, surprise; **¬ля́ть** [28], ⟨¬и́ть⟩ [14 *е.*; -влю́, -ви́шь, -влённый] **-ся** be) astonish(ed at Д), surprise(d, wonder)

удила́ *n/pl.* [9; -и́л, -ила́м]: **закуси́ть ¬** get (*or* take) the bit between one's teeth

удира́ть *coll.* [1], ⟨удра́ть⟩ [удеру́, -рёшь; удра́л; удра́н, -á, -о] make off; run away

уди́ть [15] angle (for *v/t.*), fish

удлин|е́ние *n* [12] lengthening; **¬я́ть** [28], ⟨¬и́ть⟩ [13] lengthen, prolong

удо́б|ный [14; -бен, -бна] (*подходя́щий*) convenient; *ме́бель и т. д.* comfortable; **воспо́льзоваться ¬ным слу́чаем** take an opportunity; **¬о…** easily…; **¬ре́ние** *n* [12] fertilizer; fertilization; **¬ря́ть** [28], ⟨¬рить⟩ [13] fertilize, manure; **¬ство́** *n* [9] convenience; comfort

удовлетвор|е́ние *n* [12] satisfaction; **¬и́тельный** [14; -лен, -льна] satisfactory; *adv. a.* "fair" (*as school mark*); **¬я́ть** [28], ⟨¬и́ть⟩ [13] satisfy; *про́сьбу* grant; (Д) meet; **-ся** content o.s. (Т with)

удо|во́льствие *n* [12] pleasure; **¬рожа́ть** [1], ⟨¬рожи́ть⟩ [16] raise the price of

удост|а́ивать [1], ⟨¬о́ить⟩ [13] (**-ся** be) award(ed); deign (*взгля́да*, -*ом* В to look at p.); **¬овере́ние** *n* [12] certificate, certification; **¬оверéние ли́чности** identity card; **¬оверя́ть** [28], ⟨¬ове́рить⟩ [13] certify, attest; *ли́чность* prove; *по́дпись* witness; convince (**в** П of; **-ся** o.s.; *a.* make sure); **¬о́ить(ся)** → **¬а́ивать(ся)**

удосу́житься *coll.* [16] find time

у́дочк|а *f* [5; *g/pl.:* -чек] fishing rod; **заки́нуть ¬у** *fig.* cast a line, put a line out; **попа́сться на ¬у** swallow the bait

удра́ть → **удира́ть**

удружи́ть [16 *е.*; -жу́, -жи́шь] *coll.* do a service *or* good turn; *iro.* unwittingly do a disservice

удруч|а́ть [1], ⟨¬и́ть⟩ [16 *е.*; -чу́, -чи́шь; -чённый] deject, depress

удуш|е́ние *n* [12] suffocation; **¬ли́вый** [14 *sh.*] stifling, suffocating; **¬ье** *n* [10] asthma; asphyxia

едине́ние *n* [12] solitude; **¬ённый** [14 *sh.*] secluded, lonely, solitary; **¬я́ться** [28], ⟨¬и́ть(ся)⟩ [13] withdraw, go off (by o.s.); seclude o.s.

уе́зд *m* [1] *hist.* **¬ный** [14] district

уезжа́ть [1], ⟨уе́хать⟩ [уе́ду, -дешь] (**в** В) leave (for); go away; to)

уж 1. *m* [1 *e.*] grass snake; **2.** → **ужé**; indeed, well; *do, be* (+ *vb.*)

ýжас *m* [1] horror; terror, fright; *coll.* → **∠ный**, **∠но**; **∠áть** [1], ⟨∠нýть⟩ [20] horrify; **-ся** be horrified *or* terrified (Р, Д at); **∠áющий** [17] horrifying; **∠ный** [14; -сен, -сна] terrible, horrible, dreadful; awful

ужé already; by this time; by now; **~ не** not... any more; (**вот**) **~** for; **~ порá** it's time (to + *inf.*)

ужéние *n* [12] angling, fishing

ужива́ться [1], ⟨∠ться⟩ [14; -ивýсь, -вёшься; -и́лся, -ила́сь] get accustomed (**в** П to); get along (**с** Т with); **∠вчивый** [14 *sh.*] easy to get on with

ýжин *m* [1] supper (**за** Т at; **на** В, **к** Д for); **∠ать** [1], ⟨по-⟩ have supper

ужи́ться → **ужива́ться**

узако́н∣ивать [1], ⟨∠ить⟩ [13] legalize

узбéк *m* [1], **∠ский** [16] Uzbek

узд∣á *f* [5; *pl. st.*], **∠éчка** *f* [5; *g/pl.*: -чек] bridle

ýзел *m* [1; узла́] knot; *rail.* junction; *tech.* assembly; *вещей* bundle; **∠óк** *m* [1; -лка́] knot; small bundle

ýзк∣ий [16; ýзок, узка́, -о; *compr.*: ýже] narrow (*a. fig.*); (*тéсный*) tight; **∠ое мéсто** bottleneck; weak point; **∠околéйный** [14] narrowgauge

узлов∣áтый [14 *sh.*] knotty; **∠óй** [14] (*основной*) central, chief

узна∣ва́ть [5], ⟨∠ть⟩ [1] recognize (by **по** Д); learn (**от** Р from: p.; **из** Р th.), find out, (get to) know

ýзник *m* [1] prisoner

узóр *m* [1] pattern, design; **с ∠ами** = **∠чатый** [14 *sh.*] figured; decorated with a pattern

ýзость *f* [8] narrow(-minded)ness

ýзы *f/pl.* [5] bonds, ties

ýйма *coll. f* [5] lots of, heaps of

уйти́ → **уходи́ть**

указ *m* [1] decree, edict; **∠áние** *n* [12] instruction (**по** Д by), direction; indication (Р, **на** В of); **∠áтель** *m* [4] *в книге* index; indicator (*a. mot.*); **∠áтельный** [14] indicating; (*палец*) index finger; *gr.* demonstrative; **∠áть** → **∠ывать**; **∠ка** *f* [5] pointer; *coll.* orders *pl.*, bidding

(*of s.o. else*) (**по** Д by); **∠ывать** [1], ⟨∠áть⟩ [3] point out; point (**на** В to); **путь** *и т. д.* show; indicate

укáч∣ивать, ⟨∠áть⟩ [1] rock to sleep, lull; *impers.* make (sea)sick

уклáд *m* [1] structure; mode, way (*жи́зни*); **∠ка** *f* [5] packing; *рельсов и т. д.* laying; *волос* set(ting); **∠ывать** [1], ⟨уложи́ть⟩ [16] put (to bed); lay; stack, pack (up *coll.* **-ся**); place; cover; **-ся** *a.* go into; *coll.* manage; **∠ываться в головé** sink in

уклóн *m* [1] slope, incline; slant (*a. fig.* = bias, bent, tendency); *pol.* deviation; **∠éние** *n* [12] evasion; **∠я́ться** → **∠я́ться**; **∠я́вчивый** [14 *sh.*] evasive; **∠я́ться** [28], ⟨∠и́ться⟩ [13; -онюсь, -óнишься] *от тéмы и т. д.* digress, deviate; evade (*v/t.* **от** Р)

уключина *f* [5] oarlock (*Brt.* row-)

укóл *m* [1] prick; jab; *med.* injection

укомплектóв∣ывать [1], ⟨∠áть⟩ [7] complete, bring up to (full) strength; supply (fully; with Т)

укóр *m* [1] reproach

укор∣áчивать [1], ⟨∠оти́ть⟩ [15 *e.*; -очý, -оти́шь; -óченный] shorten; **∠еня́ться** [28], ⟨∠ени́ться⟩ [13] take root; **∠изна** *f* [5] → ∠; **∠и́зненный** [14] reproachful; **∠и́ть** → **∠я́ть**; **∠оти́ть** → **∠а́чивать**; **∠я́ть** [28], ⟨∠и́ть⟩ [13] reproach (with), blame (for) (**в** П, **за** В)

укрáдкой furtively

украи́н∣ец *m* [1; -нца], **∠ка** *f* [5; *g/pl.*: -нок], **∠ский** [16] Ukrainian

укра∣ша́ть [1], ⟨∠сить⟩ [15] adorn; (**-ся** be) decorat(ed); trim; embellish; **∠шéние** *n* [12] adornment; decoration; ornament; embellishment

укреп∣и́ть(ся) → **∠ля́ть(ся)**; **∠лéние** *n* [12] strengthening; (*положéния*) reinforcing; *mil.* fortification; **∠ля́ть** [28], ⟨∠и́ть⟩ [14 *e.*; -плю, -пи́шь; -плённый] strengthen; make fast; consolidate; *mil.* fortify; **-ся** strengthen, become stronger

укрóм∣ный [14; -мен, -мна] secluded; **∠** *m* [1] dill fennel

укро∣ти́тель *m* [4], **∠ти́тельница** *f* [5] (animal) tamer; **∠ща́ть** [1], ⟨∠ти́ть⟩

укрощение [15 *e.*; -ощу́, -оти́шь; -още́нный] tame; (*умерить*) subdue, restrain; **~ще́ние** *n* [12] taming

укрупн|я́ть [28], ⟨~и́ть⟩ [13] enlarge, extend; amalgamate

укры|ва́ть [1], ⟨~ть⟩ [22] cover; give shelter; (*прятать*) conceal, harbo(u)r; **-ся** cover o.s.; hide; take shelter or cover; **~тие** *n* [12] cover, shelter

у́ксус *m* [1] vinegar

уку́с *m* [1] bite; **~и́ть** → **куса́ть**

уку́т|ывать [1], ⟨~ать⟩ [1] wrap up (in)

ула́|вливать [1], ⟨улови́ть⟩ [14] catch; perceive, detect; *coll.* seize (*an opportunity, etc.*); (*понять*) grasp; **~живать** [1], ⟨~дить⟩ [12] settle, arrange, resolve

у́лей *m* [3; у́лья] beehive

улет|а́ть [1], ⟨~е́ть⟩ [11] fly (away)

улету́чи|ваться [1], ⟨~ться⟩ [16] evaporate, volatilize; *coll.* disappear, vanish

уле́чься [26 г/ж: уля́гусь, уля́жешься, уля́гутся; улёгся *pf.*] lie down, go to bed); *о пыли и т. д.* settle; (*утихнуть*) calm down, abate

ули́ка *f* [5] evidence

ули́тка *f* [5; *g/pl.:* -ток] snail

у́лиц|а *f* [5] street (in, on **на** П); **на ~е** *a.* outside, outdoors

улич|а́ть [1], ⟨~и́ть⟩ [16 *e.*; -чу́, -чи́шь, -чённый] (в П) catch out in lying; establish the guilt (of); **~и́ть во лжи** give s.o. the lie

у́личн|ый [14] street...; **~ое движе́ние** road traffic

уло́в *m* [1] catch; **~и́мый** [14 *sh.*] perceptible; **~и́ть** → **ула́|вливать**; **~ка** *f* [5; *g/pl.:* -вок] trick, ruse

уложи́ть(ся) → **укла́дывать(ся)**

улуч|а́ть *coll.* [1], ⟨~и́ть⟩ [16 *e.*; -чу́, -чи́шь;-чённый] find, seize, catch

улучш|а́ть [1], ⟨~и́ть⟩ [16] improve; *v/i.* **-ся**; **~е́ние** *n* [12] improvement; **~и́ть(ся)** → **~а́ть(ся)**

улыб|а́ться [1], ⟨~ну́ться⟩ [20], **~ка** *f* [5; *g/pl.:* -бок] smile (at Д)

ультимат|и́вный [14; -вен, -вна] categorical, express; **~ум** *m* [1] ultimatum

ультра|звуково́й [14] ultrasonic; **~коро́ткий** [16] ultra-short (frequency)

ум *m* [1 *e.*] intellect; mind; sense(s); *без ~а́* mad (about **от** P); *за́дним ~о́м кре́пок* wise after the event; *быть на ~е́* (*у* P) be on one's mind; *э́то не его́ ~а́ де́ло* it's not his business; *сойти́ с ~а́* go mad; *сходи́ть с ~а́ coll. a.* be mad (about *по* П); *coll.* **~ за ра́зум захо́дит** I'm at my wits end

умал|е́ние *n* [12] belittling; **~и́ть** → **~я́ть**; **~чивать** [1], ⟨умолча́ть⟩ [4 *e.*; -чу́, -чи́шь] (**о** П) pass over in silence; **~я́ть** [28], ⟨~и́ть⟩ [13] belittle, derogate, disparage

уме́|лый [14] able, capable, skilled; **~ние** *n* [12] skill, ability, know-how

уменьш|а́ть [1], ⟨~ить⟩ [16 & 16 *e.*; -е́ньшу, -е́ньши́шь; -е́ньшенный & -шённый] reduce, diminish, decrease (*v/i.* **-ся**); **~ить расхо́ды** cut down expenditures; **~е́ние** *n* [12] decrease, reduction; **~и́тельный** [14] diminishing; *gr.* diminutive; **~и́ть(ся)** → **~а́ть(ся)**

уме́ренн|ость *f* [8] moderation; **~ый** [14 *sh.*] moderate, (*a. geogr.* [*no sh.*]) temperate

умере́ть → **умира́ть**; **~и́ть** → **~я́ть**; **~тви́ть** → **~щвля́ть**; **~ший** [17] dead; **~щвля́ть** [28], ⟨~тви́ть⟩ [14; -рщвлю́, -ртви́шь; -рщвлённый] kill; **~я́ть** [28], ⟨~ить⟩ [13] become moderate

уме|сти́ть(ся) → **~ща́ть(ся)**; **~стный** (-'mesn) [14; -тен, -тна] appropriate; **~сть** [8], ⟨с-⟩ be able to; know how to; **~ща́ть** [1], ⟨~сти́ть⟩ [15 *e.*; -ещу́, -ести́шь; -ещённый] fit, get (into **в** В); **-ся** find room

умил|е́ние *n* [12] emotion, tenderness; **~ённый** [14] touched, moved; **~я́ть** [28], ⟨~и́ть⟩ [13] (**-ся** be) move(d), touch(ed)

умира́ть [1], ⟨умере́ть⟩ [12; *pt.:* у́мер, умерла́, -о; у́мерший] die (of, from **от**); **~ от ску́ки** be bored to death

умиротворённый [14; -ена, -ён] tranquil; contented

умн|е́ть [8], ⟨по-⟩ grow wiser; **~и́к** *coll. m* [1], **~и́ца** *m/f* [5] clever person; **~и́чать** *coll.* [1] → **мудри́ть**

умнож|а́ть [1], ⟨~ить⟩ [16] multiply (by **на** В); (*увеличивать*) increase; *v/i.* **-ся**; **~е́ние** *n* [12] multiplication

у́м|ный [14; умён, умна́, у́мно́] clever, smart, wise, intelligent; ~озаключе́ние n [12] conclusion; ~озри́тельный [14; -лен, -льна] speculative

умол|и́ть → ~я́ть; ᷄к: без ᷄ку incessantly; ~ка́ть [1], ⟨᷄кнуть⟩ [21] шум stop; lapse into silence, become silent; ~ча́ть → ума́лчивать; ᷄я́ть [28], ⟨᷄и́ть⟩ [13; -олю́, -о́лишь] implore (v/t.), beseech, entreat (for о П)

умопомрача́|тельный [14; -лен, -льна] coll. fantastic

умо́р|а coll. f [5], ~и́тельный coll. [14; -лен, -льна] side-splitting, hilarious; ~и́ть coll. [13] pf. kill; exhaust, fatigue (a. with laughing со́ сме́ху)

у́мственный [14] intellectual, mental; рабо́та brainwork

умудр|я́ть [28], ⟨᷄и́ть⟩ [13] teach; make wiser; -ся coll. contrive, manage

умыва́|льник m [1] washbowl, Brt. wash-basin; ~ние n [12] washing; wash; ~ть [1], ⟨умы́ть⟩ [22] (-ся) wash (a. o.s.)

у́мы|сел m [1; -сла] design, intent(ion); с ᷄слом (без ᷄сла) (un-) intentionally; ᷄ть(ся) → ~ва́ть (-ся); ᷄шленный [14] deliberate; intentional

унести́(сь) → уноси́ть(ся)

универ|ма́г m [1] (᷄са́льный магази́н) department store; ~са́льный [14; -лен, -льна] universal; ~са́м m [1] supermarket; ~ситéт m [1] university (at, in в П)

уни|жа́ть [1], ⟨᷄зить⟩ [15] humiliate; ~же́ние n [12] humiliation; ~жённый [14 sh.] humble; ~зи́тельный [14; -лен, -льна] humiliating; ᷄зить → ~жа́ть

унима́ть [1], ⟨уня́ть⟩ [уйму́, уймёшь; уня́л, -á, -о; -я́тый (-я́т, -á, -о)] appease, soothe; боль still; -ся calm or quiet down; ве́тер и т. д. subside

уничт|ожа́ть [1], ⟨᷄о́жить⟩ [16] annihilate, destroy; ~оже́ние n [12] annihilation; ᷄о́жить → ~ожа́ть

уноси́ть [15], ⟨унести́⟩ [24 -с-] carry, take (away, off); -ся ⟨сь-⟩ speed away

уны|ва́ть [1] be depressed, be dejected; ᷄лый [14 sh.] depressed; dejected; ~ние n [12] despondency; depression; dejection

уня́ть(ся) → унима́ть(ся)

упа́|док m [1; -дка] decay, decline; ᷄к ду́ха depression; ᷄к сил breakdown

упако́в|а́ть → ᷄ывать; ᷄ка f [5; g/pl.: -вок] packing; wrapping; ᷄щик m [1] packer; ᷄ывать [1] ⟨᷄а́ть⟩ [7] pack (up), wrap up

упа́сть → па́дать

упира́ть [1], ⟨упере́ть⟩ [12] rest, prop (against в В); -ся lean, prop (s.th. Т; against в В); в сте́нку и т. д. knock or run against; ⟨наста́ивать⟩ insist on; be obstinate

упи́танный [14 sh.] well-fed, fattened

упла́|та f [5] payment (in в В); ~чивать [1], ⟨᷄ти́ть⟩ [15] pay; по счёту pay, settle

уплотн|е́ние n [12] compression; packing; ~я́ть [28], ⟨᷄и́ть⟩ [13] condense, make compact; fill up (with work); tech. seal

уплы|ва́ть [1], ⟨᷄ть⟩ [23] swim or sail (away, off); pass (away), vanish

упова́ть [1] (на В) trust (in), hope (for)

уподо́бля́ть [28], ⟨᷄о́бить⟩ [14] liken, become like (v/i. -ся)

упое́|ние n [12] rapture, ecstasy; ~ённый [14; -ён, -ена] enraptured; ~и́тельный [14; -лен, -льна] rapturous, intoxicating

уползти́ [24] pf. creep away

уполномо́ч|енный [14 sh.] authorized; ~ивать [1], ⟨᷄ить⟩ [16] authorize, empower (to на В)

упомина́|ние n [12] mention (of о П); ~ть [1], ⟨упомяну́ть⟩ [19] mention (v/t. В, о П)

упо́р m [1] rest; support, prop; stop; де́лать ~ lay stress or emphasis (on на В); в ~ point-blank, straightforward; смотре́ть в ~ на кого́-л. look full in the face of s.o.; ~ный [14; -рен, -рна] persistent, persevering; ⟨упря́мый⟩ stubborn, obstinate; ~ство n [9] persistence, perseverance; obstinacy; ~ствовать [7] be stubborn; persevere, persist (in в П)

употреб|и́тельный [14; -лен, -льна] common, customary; сло́во in current use; ᷄и́ть → ~ля́ть; ~ле́ние n [12] use; usage; ~ля́ть [28], ⟨᷄и́ть⟩ [14 e.; -блю́,

-би́шь; -блённый] (*impf.* **-ся** be) use(d), employ(ed); **~и́ть все сре́дства** make every effort; **~и́ть во зло** abuse

упра́в|иться → **~ля́ться**; **~ле́ние** *n* [12] administration (of P; T); management; *tech.* control; *gr.* government; *маши́ной* driving; **орке́стр под ~ле́нием** orchestra conducted by (P); **~ля́ть** (T) manage, operate; rule; govern (*a. gr.*); drive; *naut.* steer; *tech.* control; *mus.* conduct; **-ся**, ⟨~и́ться⟩ [14] (с T) manage; finish; **~ля́ющий** [17] manager

упражн|е́ние *n* [12] exercise; practice; **~я́ть** [28] exercise (*v/i., v/refl.* **-ся в** П: practice (-ise) s.th.)

упраздн|е́ние *n* [12] abolition; liquidation; **~я́ть** [28], ⟨~и́ть⟩ [13] abolish; liquidate

упра́шивать [1], ⟨упроси́ть⟩ [15] (*impf.*) beg, entreat; (*pf.*) prevail upon

упрёк *m* [1] reproach

упрек|а́ть [1], ⟨~ну́ть⟩ [20] reproach (with **в** П)

упро|си́ть → **упра́шивать**; **~сти́ть** → **~ща́ть**; **~че́ние** *n* [12] consolidation; **~чивать** [1], ⟨~чить⟩ [16] consolidate (*v/i.* **-ся**), stabilize; **~ща́ть** [1], ⟨~сти́ть⟩ [15 *e.*; -ощу́, -ости́шь; -ощённый] simplify; **~ще́ние** *n* [12] simplification

упру́г|ий [16 *sh.*] elastic, resilient; **~ость** *f* [8] elasticity

упря́м|иться [14] be obstinate; persist in; **~ство** *n* [9] obstinacy, stubbornness; **~ый** [14 *sh.*] obstinate, stubborn

упря́т|ывать [1], ⟨~ать⟩ [3] hide

упу|ска́ть [1], ⟨~сти́ть⟩ [15] let go; let slip; let fall; *возмо́жность* miss; **~ще́ние** *n* [12] neglect, ommission

ура́! *int.* hurrah!

уравн|е́ние *n* [12] equalization; *math.* equation; **~ивать** [1] **1.** ⟨уровня́ть⟩ [28] level; **2.** ⟨~я́ть⟩ [28] level, equalize *fig.*; **~и́ловка** *f* [5; *g/pl.:* -вок] *pej.* egalitarianism (*esp.* with respect to economic rights and wage level[l]ing); **~ове́шивать** [1], ⟨~ове́сить⟩ [15] balance; *p. pt. p. a.* well-balanced, composed, calm; **~я́ть** → **~ивать** 2

урага́н *m* [1] hurricane

ура́льский [16] Ural(s)

ура́н *m* [1], **~овый** [14] uranium

урегули́рование *n* [12] settlement; regulation; *vb.* → **регули́ровать**

уреза́|ть &, **~ывать** *coll.* [1], ⟨~ать⟩ [3] cut down, curtail; axe; **~о́нить** *coll.* [13] *pf.* bring to reason

у́рна *f* [5] ballot box; refuse bin

у́ров|ень *m* [4; -вня] level (at, on **на** П; **в** В); standard; *tech.* gauge; (*показа́тель*) rate; **жи́зненный ~ень** standard of living; **~ня́ть** → **ура́внивать** 1

уро́д *m* [1] monster; *coll.* ugly creature; **~ливый** [14 *sh.*] deformed; ugly; abnormal; **~овать** [7], ⟨из-⟩ deform, disfigure; (*кале́чить*) mutilate; maim; **~ство** *n* [9] deformity; ugliness; *fig.* abnormality

урож|а́й *m* [3] harvest, (abundant) crop; **~а́йность** *f* [8] yield (heavy **высо́кая**), productivity; **~а́йный** [14] productive; *год* good year for crops; **~е́нец** *m* [1; -нца], **~е́нка** *f* [5; *g/pl.:* -нок] native (of)

уро́|к *m* [1] lesson; **~н** *m* [1] (*уще́рб*) loss(es); *репута́ции* injury; **~ни́ть** → **роня́ть**

урча́ть [4 *e.*; -чу́, -чи́шь] *в желу́дке* rumble; *пёс* growl

уры́вками *coll.* by fits and starts; in snatches; at odd moments

ус *m* [1; *pl. e.*] (*mst. pl.*) m(o)ustache

уса|ди́ть → **~живать**; **~дьба** *f* [5; *g/pl.:* -деб] farmstead, farm center (-tre); *hist.* country estate, country seat; **~живать** [1], ⟨~ди́ть⟩ [15] seat; set; *дере́вьями и т. д.* plant (with T); **-ся**, ⟨усе́сться⟩ [25; уся́дусь, -дешься; усади́ся!; усе́лся, -лась] sit down, take a seat; settle down (to **за** В)

уса́тый [14] with a m(o)ustache; (*of animals*) with whiskers

усв|а́ивать [1], ⟨~о́ить⟩ [13] *привы́чку* adopt; *зна́ния* acquire, assimilate; *язы́к и т. д.* master, learn; **~ое́ние** *n* [12] adoption; acquirement; assimilation; mastering, learning

усе́|ивать [1], ⟨~ять⟩ [27] sow, cover litter, strew (with); *звёздами* stud

усе́рд|ие *n* [12] zeal; (*приле́жание*) diligence, assiduity; **~ный** [14; -ден, -дна] zealous; diligent, assiduous

усе́сться → уса́живаться

усе́ять → усе́ивать

усид|е́ть [11] *pf.* remain sitting; keep one's place; sit still; *coll.* (*выдержать*) hold out, keep a job; **~чивый** [14 *sh.*] assiduous, persevering

усил|е́ние *n* [12] strengthening, *звука* intensification; *el.* amplification; **~енный** [14] intensified; *питание* high-caloric; **~ивать** [1], ⟨~ить⟩ [13] strengthen, reinforce; intensify; *звук* amplify; *боль и т. д.* aggravate; **-ся** increase; **~ие** *n* [12] effort, exertion; *приложи́ть все ~ия* make every effort; **~йтель** *m* [4] *el.* amplifier; *tech.* booster; **~ить(ся)** → **~ивать(ся)**

ускольз|а́ть [1], ⟨~ну́ть⟩ [20] slip (off, away), escape (from *от* P)

ускор|е́ние *n* [12] acceleration; **~я́ть** [28], ⟨~ить⟩ [13] quicken; speed up, accelerate; *v/i.* **-ся**

усла|вл`ивать [1], ⟨усло́виться⟩ [14] arrange; settle, agree (up on *о* П); **~ть** → **усыла́ть**

усло́в|ие *n* [12] condition (on *с* Т, *при* П; under *на* П), term; stipulation; proviso; *pl.* circumstances; **~иться** → **усла́вливаться**; **~ленный** [14 *sh.*] agreed, fixed; **~ность** *f* [8] conditionality; convention; **~ный** [14; -вен, -вна] *рефлекс* conditional; (*относительный*) relative; **~ный пригово́р** suspended, sentence; **~ный знак** conventional sign

усложн|я́ть [28], ⟨~и́ть⟩ [13] (**-ся** become) complicate(d)

услу́|га *f* [5] service (at *к* Д *pl.*), favo(u)r; **~живать** [1], ⟨~жи́ть⟩ [16] do (p. Д) a service or favo(u)r; → *iro.* **удружи́ть**; **~жливый** [14 *sh.*] obliging

усма́тривать [1], ⟨~отре́ть⟩ [9; -отрю́, -о́тришь; -о́тренный] see (in *в* П); **~еха́ться** [1], ⟨~ехну́ться⟩ [20], **~е́шка** *f* [5; *g/pl.*: -шек] smile, grin; **~ире́ние** *n* [12] suppression; **~иря́ть** [28], ⟨~ири́ть⟩ [13] pacify; *силой* suppress; **~отре́ние** *n* [12] discretion (at *по* Д; to *на* В), judg(e)ment; **~отре́ть** → **~а́тривать**

усну́ть [20] *pf.* go to sleep, fall asleep

усоверше́нствован|ие *n* [12] improve-

ment, refinement; **~ный** [14] improved, perfected

усомни́ться → сомнева́ться

усо́пший [17] *lit.* deceased

успе|ва́емость *f* [8] progress (*in studies*); **~ва́ть** [1], ⟨~ть⟩ [8] have (*or* find) time, manage, succeed; arrive, be in time (for *к* Д, *на* В); catch (*train* **на по́езд**); *impf.* get on, make progress, learn; *не ~л(а)* (+ *inf.*), *как* no sooner + *pt.* than; **~ется** *pf. impers.* there is no hurry; **~х** *m* [1] success; *pl. a.* progress; *с тем же ~хом* with the same result; **~шный** [14; -шен, -шна] successful; **~шно** *a.* with success

успок|а́ивать [1], ⟨~о́ить⟩ [13] calm, soothe; reassure, **-ся** calm down; *ветер, боль* subside; become quiet; content o.s. (with *на* П); **~оéние** *n* [12] peace; calm; **~ои́тельный** [14; -лен, -льна] soothing, reassuring; **~о́ить(ся)** → **~а́ивать(ся)**

уст|а́ *n/pl.* [9] *obs. or poet.* mouth, lips *pl.*; *узна́ть из пе́рвых ~* learn at first hand; *у всех на ~а́х* everybody is talking about it

уста́в *m* [1] statute(s); regulations *pl.*; *~ ООН и т. д.* charter

уста|ва́ть [5], ⟨~ть⟩ [-а́ну, -а́нешь] get tired; **~вля́ть** [1], ⟨~вить⟩ [14] place; cover (with T), fill; *взгляд* direct, fix (*eyes* on *на* В); **-ся** stare (at *на* or *в* В); **~лость** *f* [8] weariness, fatigue; **~лый** [14] tired, weary; **~на́вливать** [1], ⟨~нови́ть⟩ [14] set or put up; *tech.* mount; arrange; fix; *порядок* establish; (*узнать*) find out, ascertain; adjust (to *на* В); **-ся** be established; form; *погода* set in; **~но́вка** *f* [5; *g/pl.*: -вок] *tech.* mounting, installation; *силовая* plant; *fig.* orientation (toward[s] *на* В); **~новле́ние** *n* [12] establishment; **~ре́лый** [14] obsolete, out-of-date; **~ть** → **~ва́ть**

устила́ть [1], ⟨устла́ть⟩ [-телю́, -те́лешь; у́стланный] cover, pave (with T)

у́стный [14] oral, verbal

усто́|и *m/pl.* [3] foundation; **~йчивость** *f* [8] stability; **~йчивый** [14 *sh.*] stable; **~я́ть** [-ою́, -ои́шь] keep one's balance; stand one's ground; resist (*v/t.* **про́тив**

P; **пе́ред** T)

устр|а́ивать [1], ⟨~о́ить⟩ [13] arrange, organize; (*созда́вать*) set up, establish; *сце́ну* make; provide (*job* **на** B; *place* in **в** B); *coll. impers.* (*подходи́ть*) suit; **-ся** be settled; settle; get a job (*a.* **на рабо́ту**); **~а́не́ние** *n* [12] removal; elimination; **~аня́ть** [28], ⟨~ани́ть⟩ [13] remove; eliminate, clear; **~аша́ть** [1] (**-ся**) → **страши́ться**; **~емля́ть** [28], ⟨~еми́ть⟩ [14 *e.*; -млю́, -ми́шь; -млённый] (**на** B) direct (to, at), fix (on); **-ся** rush; be directed; **~ица** *f* [5] oyster; **~о́ить(ся)** → **~а́ивать(ся)**; **~о́йство** *n* [9] arrangement; organization; *обще́ственное* structure, system; device; mechanism

усту́п *m* [1] *скалы́* ledge; projection; terrace; **~а́ть** [1], ⟨~и́ть⟩ [14] cede, let (*p.* Д) have; *в спо́ре* yield; (*быть ху́же*) be inferior to (Д); (*прода́ть*) sell; **~а́ть доро́гу** (Д) let pass, give way; **~а́ть ме́сто** give up one's place; **~ка** *f* [5; *g/pl.:* -пок] concession; cession; **~чивый** [14 *sh.*] compliant, pliant

устыди́ть [15 *e.*; -ыжу́, -ыди́шь; -ыжённый] (**-ся**) be ashame(d; of P)

у́стье *n* [10; *g/pl.:* -ьев] (*of a river*) mouth, estuary (at **в** П)

усугуб|ля́ть [28], ⟨~и́ть⟩ [14 & 14 *e.*; -гублю́, -гу́би́шь; -гу́бленный & -гублённый] increase, intensify; aggravate

усы́ → **ус**; **~ла́ть** [1], ⟨усла́ть⟩ [ушлю́, ушлёшь; у́сланный] send (away); **~новля́ть** [28], ⟨~нови́ть⟩ [14 *e.*; -влю́, -ви́шь; -влённый] adopt; **~па́ть** [1], ⟨~пать⟩ [2] (be)strew (with P); **~пля́ть** [28], ⟨~пи́ть⟩ [14 *e.*; -плю́, -пи́шь; -плённый] put to sleep (*by means of narcotics, etc.*) lull to sleep; *живо́тное* put to sleep; *fig.* lull, weaken, neutralize

ута́|ивать [1], ⟨~и́ть⟩ [13] conceal, keep to o.s.; appropriate; **~йка** *coll.:* **без ~йки** frankly; **~птывать** [1], ⟨утопта́ть⟩[3] tread *or* trample (down); **~скивать** [1], ⟨~щи́ть⟩ [16] carry, drag *or* take (off, away); *coll.* walk off with, pilfer

у́тварь *f* [8] *collect.* equipment; utensils

pl.; **церко́вная ~** church plate

утвер|ди́тельный [14; -лен, -льна] affirmative; **~жда́ть** [1], ⟨~ди́ть⟩ [15 *e.*; -ржу́, -рди́шь; -рждённый] confirm; (*укрепля́ть*) consolidate (*v/i.* **-ся**); *impf.* affirm, assert, maintain; **~жде́ние** *n* [12] confirmation; affirmation, assertion; consolidation

уте|ка́ть [1], ⟨~чь⟩ [26] flow (away); leak; (*of gas, etc.*) escape; *coll.* run away; **~ре́ть** → **утира́ть**; **~рпе́ть** [10] *pf.* restrain o.s.; **не ~рпе́л, что́бы не** (+ *inf. pf.*) could not help …ing

утёс *m* [1] cliff, crag

уте́|чка *f* [5] leakage (*a. fig.*); *га́за* escape; **~чка мозго́в** brain drain; **~ча́ть** [1], ⟨~шить⟩ [16] console, comfort; **-ся** *a.* take comfort in (T); **~ше́ние** *n* [12] comfort, consolation; **~ши́тельный** [14; -лен, -льна] comforting, consoling

ути́|ль *m* [4] *collect.* salvage, waste, scrap; **~ра́ть** [1], ⟨утере́ть⟩ [12] wipe; **~ха́ть** [1], ⟨~хнуть⟩ [21] subside, abate; *зву́ки* cease; (*успоко́иться*) calm down

у́тка *f* [5; *g/pl.:* у́ток] duck; *газе́тная* canard; false *or esp.* fabricated report

уткну́ть(ся) *coll.* [20] *pf.* лицо́м bury, hide; *в кни́гу* be(come) engrossed; (*наткну́ться*) run up against

утол|и́ть → **~я́ть**; **~ща́ть** [1], ⟨~сти́ть⟩ [15 *e.*; -лщу́, -лсти́шь; -лщённый] become thicker; **~ще́ние** *n* [12] thickening; **~я́ть** [28], ⟨~и́ть⟩ [13] *жа́жду* slake, quench; *го́лод* appease; *жела́ние* satisfy

утом|и́тельный [14; -лен, -льна] wearisome, tiring; tedious, tiresome; **~и́ть(ся)** → **~ля́ть(ся)**; **~ле́ние** *n* [12] fatigue, exhaustion; **~лённый** [14; -лён, -ена́] tired, weary; **~ля́ть** [28], ⟨~и́ть⟩ [14 *e.*; -млю́, -ми́шь; -млённый] tire, weary (*v/i.* **-ся**; *a.* get tired)

утонч|а́ть [1], ⟨~и́ть⟩ [16 *e.*; -чу́, -чи́шь; -чённый] make thinner; *p. pt. p.* thin; *fig.* refine; make refined (*v/i.* **-ся**)

утоп|а́ть [1] 1. → **утону́ть** 2.; **~** drown; **~ленник** *m* [1] drowned man;

~ленница *f* [5] drowned woman; **~та́ть** → **ута́птывать**

уточн|е́ние *n* [12] expressing *or* defining more precisely; amplification; elaboration; **~я́ть** [28], ⟨**~и́ть**⟩ [13] amplify; elaborate

утра́|ивать [1], ⟨**утро́ить**⟩ [13] treble; *v/i.* **-ся**; **~мбова́ть** [7] *pf.* ram, tamp; **~та** *f* [5] loss; **~чивать** [1], ⟨**~тить**⟩ [15] lose

у́тренний [15] morning

утри́ровать [7] exaggerate

у́тр|о *n* [9; *c*, *до* -а́; *к* -у́] morning (in the **~ом**; *по* **~а́м**); **...~á** *a* ... A.M. → **день**; **~о́ба** *f* [5] womb; **~о́ить(ся)** → **~а́ивать(ся)**; **~ужда́ть** [1], ⟨**~уди́ть**⟩ [15 *e.*; -ужу́, -уди́шь; -уждённый] trouble, bother

утря|са́ть [3; -сти́, -су́, -сёшь], ⟨**~сти́**⟩ [25] *fig.* settle

утю́|г *m* [1] (flat)iron; **~жить** [16], ⟨**вы́-**, **от-**⟩ iron

уха́ *f* [5] fish soup; **~б** *m* [1] pothole; **~би́стый** [14 *sh.*] bumpy

уха́живать [1] (*за* Т) nurse, look after; *за женщиной* court, woo

ухва́т|ывать [1], ⟨**~и́ть**⟩ [15] (*за* В) seize, grasp; **-ся** snatch; cling to; *fig.* seize, jump at

ухи|тря́ться [28], ⟨**~три́ться**⟩ [13] contrive, manage; **~щре́ние** *n* [12] contrivance; **~щря́ться** [28] contrive

ухмыл|я́ться *coll.* [28], ⟨**~ьну́ться**⟩ [20] grin, smirk

у́хо *n* [9; *pl.*: у́ши, уше́й, *etc. e.*] ear (in на В); **влюби́ться по́ уши** be head over heels in love; **пропуска́ть ми́мо уше́й** turn a deaf ear (to В); **держа́ть ~ востро́** *и* **насторо́же**

ухо́д *m* [1] going away, leaving, departure; (*за* Т) care, tending, nursing; **~и́ть** [15], ⟨**уйти́**⟩ [уйду́, уйдёшь; ушёл, ушла́; уше́дший; *g. pl.*: уйдя́] leave (*v/t.* **из**, **от** P) go away; (*миновать*) pass; *от наказания* escape; *от ответа* evade, *в отставку* resign; *на пенсию* retire; *coll.* be worn out, spent (for **на** В); **уйти́ в себя́** shrink into o.s.

ухудш|а́ть [1], ⟨**~ить**⟩ [16] deteriorate (*v.i.* **-ся**); **~е́ние** *n* [12] deterioration;

worsening

уцеле́ть [8] *pf.* come through alive; survive; escape

уцепи́ться [14] *coll.* → **ухвати́ться**

уча́ст|вовать [7] participate, take part (in *в* П); **~вующий** [17] → **~ник**; **~ие** *n* [12] (*в* П) participation (in); (*сочувствие*) interest (in), sympathy (with); **~ить(ся)** → **учаща́ть(ся)**; **~ливый** [14 *sh.*] sympathizing, sympathetic; **~ник** *m* [1], **~ница** *f* [5] participant, participator; competitor (*sports*); *член* member; **~ок** *m* [1; -тка] *земли* plot; (*часть*) part, section; **избира́тельный ~ок** electoral district; polling station; **~ь** [8] fate, lot

уча|ща́ть [1], ⟨**~сти́ть**⟩ [15 *e.*; -ащу́, -асти́шь; -ащённый] make (**-ся** become) more frequent

учи́|щийся *m* [17] schoolchild, pupil, student; **~ёба** *f* [5] studies *pl.*, study; (*подготовка*) training; **~ебник** *m* [1] textbook; **~ебный** [14] school...; educational; (*пособие*) text (*book*), exercise...; **~ебный план** curriculum

уче́н|ие *n* [12] learning; instruction apprenticeship; *mil.* training; practice; teaching, doctrine; **~и́к** *m* [1 *e.*] *and* **~и́ца** *f* [5] pupil; student; *слесаря и т. д.* apprentice; (*последовать*) disciple; **~и́ческий** [16] crude, immature

учён|ость *f* [8] learning; erudition; **~ый** [14 *sh.*] learned; **~ая сте́пень** (university) degree; *su.* scholar, scientist

уч|ёсть → **учи́тывать**; **~ёт** *m* [1] calculation; registration; *товаров* stock-taking; **с ~ётом** taking into consideration

учи́лище *n* [11] school, college (at *в* П)

учиня́ть [28] → **чини́ть 2**

учи́тель *m* [4; *pl.*: -ля́, *etc. e.*], *fig. st.*], **~ница** *f* [5] teacher, instructor; **~ский** [16] (of) teachers'); **~ская** *as. su.* teachers' common room

учи́тывать [1], ⟨**уче́сть**⟩ [25] учту́, -тёшь; учёл, учла́; *g. pt.*: учтя́; учтённый] take into account, consider; register; *вексель* discount

учи́ть [16] **1.** ⟨**на-, об-, вы́-**⟩ teach (p. s.th. В/Д), instruct; train; (*а.* **-ся** Д); **2.** ⟨**вы́-**⟩ learn, study

учреди́тель *m* [4] founder; **~ный** [14] constituent

учре|жда́ть [1], ⟨~ди́ть⟩ [15 *e.*; -ежу́, -еди́шь; -еждённый] found, establish, set up; **~жде́ние** *n* [12] founding, setting up, establishment; (*заведение*) institution

учти́вый [14 *sh.*] polite, courteous

уша́нка *f* [5; *g/pl.*:-нок] cap with earflaps

уши́б *m* [1] bruise; injury; **~а́ть** [1], ⟨~и́ть⟩ [-бу́, -бёшь; -и́б(ла)]; ушибленный] hurt, bruise (*o.s.* **-ся**)

ушко́ *n* [9; *pl.*:-ки́, -ко́в] *tech.* eye, lug; (*of a needle*) eye

ушно́й [14] ear…; aural

уще́лье *n* [10] gorge, ravine

ущем|ля́ть [28], ⟨~и́ть⟩ [14 *e.*; -млю́, -ми́шь; -млённый] *права* infringe

ущёрб *m* [1] damage; loss; **в ~** to the detriment

ущипну́ть → **щипа́ть**

ую́т *m* [1] coziness (*Brt.* cosiness); **~ный** [14; -тен, -тна] snug, cozy (*Brt.* cosy), comfortable

уязв|и́мый [14 *sh.*] vulnerable; **~ля́ть** [28], ⟨~и́ть⟩ [14 *e.*; -влю́, -ви́шь; -влённый] *fig.* hurt

уясн|я́ть [28], ⟨~и́ть⟩ [13] *себе* understand

Ф

фа́бри|ка *f* [5] factory (in *на* П); mill; **~кова́ть** [7], *pf.* ⟨с-⟩ *fig. coll.* fabricate

фа́була *f* [5] plot, story

фа́за *f* [5] phase

фаза́н *m* [1] pheasant

файл *m* [1] *comput.* file

фа́кел *m* [1] torch

факс *m* [1] fax

факт *m* [1] fact; **~ тот, что** the fact is that; **~и́ческий** [16] (f)actual, real; *adv. a.* in fact; **~у́ра** *f* [5] *lit.* style, texture

факульте́т *m* [1] faculty (in *на* П); department

фаль|сифици́ровать [7] (*im*)*pf.* falsify; forge; **~ши́вить** [14], ⟨с-⟩ sing out of tune, play falsely; *coll.* act incincerely, be false; **~ши́вка** *f* [5; *g/pl.*:-вок] forged document; false information; **~ши́вый** [14 *sh.*] false, forged, counterfeit; *монета* base; **~шь** *f* [8] falseness; *лицемерие* hypocrisy, insincerity

фами́л|ия *f* [7] surname; **как ва́ша ~ия?** what is your name?; **~ья́рный** [14; -рен, -рна] familiar

фанати́|зм *m* [1] fanaticism; **~чный** [14; -чен, -чна] fanatical

фане́ра *f* [5] plywood; veneer

фанта|зёр *m* [1] dreamer, visionary; **~зи́ровать** [7] *impf. only* indulge in fancies, dream; ⟨с-⟩ invent; **~зия** *f* [7] imagination; fancy; (*выдумка*) invention, fib; *mus.* fantasia; *coll.* (*прихоть*) whim; **~стика** *f* [5] *lit.* fantasy, fiction; **нау́чная ~стика** science fiction; *collect.* the fantastic, the unbelievable; **~сти́ческий** [16], **~сти́чный** [14; -чен, -чна] fantastic

фа́р|а *f* [5] headlight; **~ва́тер** *m* [1] *naut.* fairway; **~маце́вт** *m* [1] pharmacist; **~ту́к** *m* [1] apron; **~фо́р** [1], **~фо́ровый** [14] china, porcelain; **~ш** *m* [1] stuffing; minced meat; **~широва́ть** [7] *cul.* stuff

фаса́д *m* [1] facade, front

фасо́в|ать [7] *impf.*; **~ка** *f* [5; *g/pl.*:-вок] prepackage

фасо́ль *f* [8] string (*Brt.* runner) bean(s); **~н** *m* [1] cut, style

фата́льный [14; -лен, -льна] fatal

фаши́|зм *m* [1] fascism; **~ст** *m* [1] fascist; **~стский** [16] fascist…

фая́нс *m* [1], **~овый** [14] faience

февра́ль *m* [4 *e.*] February

федера́|льный [14] federal; **~ти́вный** [14] federative, federal; **~ция** *f* [7] federation

фейерве́рк *m* [1] firework(s)

фельд|ма́ршал *m* [1] *hist.* field marshal; **~шер** *m* [1] doctor's assistant, medical attendant

фельето́н m [1] satirical article

фен m [1] hairdryer

феноме́н m [1] phenomenon

феода́льный [14] feudal

ферзь m [4 e.] queen (*chess*)

фе́рм|а f [5] farm; **~ер** m [1] farmer

фестива́ль m [4] festival

фетр m [1] felt; **~овый** [14] felt...

фехтова́|льщик m [1] fencer; **~ние** n [12] fencing; **~ть** [7] fence

фиа́лка f [5; g/pl.: -лок] violet

фи́г|а f [5], **~овый** [14] fig

фигу́р|а f [5] figure; chess piece (*excluding pawns*); **~а́льный** [14; -лен, -льна] figurative; **~и́ровать** [7] figure, appear; **~ный** [14] figured; **~ное ката́ние** figure skating

фи́зи|к m [1] physicist; **~ка** f [5] physics; **~оло́гия** f [7] physiology; **~оно́мия** [7] physiognomy; **~ческий** [14] physical; **труд** manual

физкульту́р|а f [5] physical training; gymnastics; **~ник** m [1] sportsman; **~ни́ца** f [5] sportswoman

фик|си́ровать [7], **(за-)** record in writing; fix; **~ти́вный** [14; -вен, -вна] fictitious; **~ция** f [7] fiction; invention, untruth

фила|нтро́п m [1] philantropist; **~рмони́ческий** [16] philharmonic; **~рмо́ния** f [7] philharmonic society, the philharmonic

филе́ n [indecl.] tenderloin, fil(l)et

филиа́л m [1] branch (*of an institution*)

фи́лин m [1] eagle owl

фило́л|ог m [1] philologist; **~оги́ческий** [16] philological; **~о́гия** f [7] philology

филос́|оф m [1] philosopher; **~о́фия** f [7] philosophy; **~о́фский** [16] philosophical; **~о́фствовать** [7] philosophize

фильм m [1] film (*vb.* **снима́ть ~**); **докумета́льный ~** documentary (film); **мультипликацио́нный ~** cartoon; **худо́жественный ~** feature film

фильтр m [1], **~ова́ть** [7] filter

фина́л m [1] final; *mus.* finale

финанс|и́ровать [7] (*im*)pf. finance; **~овый** [14] financial; **~ы** m/pl. [1] finance(s)

фи́ник m [1] date (*fruit*)

финифть f [8] art enamel

фи́ниш m [1] sport finish; **~ный** [14]: **~ная пряма́я** last lap

финн m [1], **~ка** f [5; g/pl.: -ок], **~ский** [16] Finnish

фиоле́товый [14] violet

фи́рма f [5] firm

фиска́льный [14] fiscal

фити́ль m [4 e.] wick; (*igniting device*) fuse; (*detonating device*) *usu.* fuze

флаг m [1] flag, colo(u)rs *pl.*

фланг m [1], **~овый** [14] *mil.* flank

фланéл|евый [14], **~ь** f [8] flannel

флегмати́чный [14; -чен, -чна] phlegmatic

флéйта f [5] flute

фли́|гель arch. m [4; *pl.*: -ля, *etc. e.*] wing; outbuilding; **~рт** m [1] flirtation; **~ртова́ть** [7] flirt

фломáстер m [1] felt-tip pen

флот m [1] fleet; **во́енно-морско́й ~** navy; **во́енно-возду́шный ~** (air) force; **~ский** [16] naval

флю́|гер m [1] weather vane; weathercock; **~с** m [1] gumboil

фля́|га f [5], **~жка** f [5; g/pl.: -жек] flask; *mil.* canteen

фойé n [indecl.] lobby, foyer

фо́кус m [1] (juggler's *or* conjurer's) trick, sleight of hand; *coll.* caprice; whim; **~ник** m [1] juggler, conjurer; **~ничать** *coll.* [1] play tricks; *о ребёнке* play up; behave capriciously

фольга́ f [5] foil

фолькло́р m [1], **~ный** [14] folklore

фон m [1] background (against **на** П)

фона́р|ик m [1] flashlight, *Brt.* torch; **~ь** m [4 e.] lantern; (street) lamp; *coll.* black eye

фонд m [1] fund; *pl.* reserves, stock(s); **~овый** [14] stock...

фонéт|ика f [5] phonetics; **~и́ческий** [16] phonetic(al)

фонта́н m [1] fountain

форéль f [8] trout

фо́рм|а f [5] form, shape; *tech.* mo(u)ld; cast; *mil.* uniform; dress (*sports*); **~а́льность** f [8] formality; **~а́льный** [14;

-лен, -льна] formal; **~áт** *m* [1] size, format (*a. tech.*); **~енный** [14] uniform; *coll.* proper; regular; **~енная одéжда** uniform; **~ировáть** [7], ⟨с-⟩ **(-ся** be) form(ed); **~улировáть** [7] (*im*)*pf.* & ⟨с-⟩ formulate; **~улирóвка** [5; *g/pl.*: -вок] formulation

форпóст *m* [1] *mil.* advanced post; outpost (*a. fig.*)

форсúровать [7] (*im*)*pf.* force

фó|рточка *f* [5; *g/pl.*: -чек] window leaf; **~рум** *m* [1] forum; **~сфор** *m* [1] phosphorus

фóто|аппарáт *m* [1] camera; **~гра́ф** *m* [1] photographer; **~графúровать** [7], ⟨с-⟩ photograph; **~графúческий** [16] photographic; → **~аппарáт**; **~гра́фия** *f* [7] photograph; photography; photographer's studio

фрагментáрный [14; -рен, -рна] fragmentary

фра́за *f* [5] phrase

фрак *m* [1] tailcoat, full-dress coat

фра́кция *f* [7] *pol.* faction; (*chem.*) fraction

франт *m* [1] dandy, fop

францу́|женка *f* [5; *g/pl.*: -нок] Frenchwoman; **~уз** *m* [1] Frenchman; **~у́зский** [16] French

фрахт *m* [1], **~ова́ть** [7] freight

фрéска *f* [5] fresco

фронт *m* [1] *mil.* front; **~ово́й** [14] front...; front-line

фрукт *m* [1] (*mst. pl.*) fruit; **~о́вый** [14] fruit...; **~о́вый сад** orchard

фу! *int.* (*expressing revulsion*) ugh!; (*expressing surprise*) oh!; ooh!

фундáмент *m* [1] foundation; *основа* basis; **~áльный** [14; -лен, -льна] fundamental

функционúровать [7] function

фунт *m* [1] pound

фур|áж *m* [1 *e.*] fodder; **~áжка** *f* [5; *g/pl.*: -жек] *mil.* service cap; **~гóн** *m* [1] van; **~óр** *m* [1] furor(e); **~у́нкул** *m* [1] furuncle, boil

футбóл *m* [1] football, soccer (*Brt. a.* association football); **~úст** *m* [1] soccer player; **~ьный** [14] soccer..., football...

футля́р *m* [1] case, container

фы́рк|ать [1], ⟨~нуть⟩ [20] snort; *coll.* grouse

Х

ха́ки [*indecl.*] khaki

халáт *m* [1] dressing gown, bathrobe; *врача́* smock; **~ный** *coll.* [14; -тен, -тна] careless, negligent

халту́ра *coll. f* [5] potboiler; hackwork; extra work (*usu.* inferior) chiefly for profit

хам *m* [1] cad, boor, lout

хандр|á *f* [5] depression, blues *pl.*; **~úть** [13] be depressed *or* in the dumps

ханж|á *coll. m/f* [5; *g/pl.*: -жéй] hypocrite; **~ество́** *n* [9] hypocrisy

хаó|с *m* [1] chaos; **~тúческий** [16], **~тúчный** [14; -чен, -чна] chaotic

характер *m* [1] character, nature; *человека* temper, disposition; **~изовáть** [7] (*im*)*pf.* & ⟨о-⟩ characterize; (*описывать*) describe; **~úстика** *f* [5] character(istic); characterization; (*докумéнт*) reference; **~ный** [14; -рен, -рна] characteristic (**для** Р of)

ха́риус *m* [1] *zo.* grayling

ха́ря *coll. f* [6] mug (= *face*)

ха́та *f* [5] peasant house

хвал|á *f* [5] praise; **~éбный** [14; -бен, -бна] laudatory; **~ёный** [14] *iro.* much-vaunted; **~úть** [13; хвалю́, хва́лишь] praise; **-ся** boast (Т of)

хваст|áться & *coll.* **~áть** [1], ⟨по-⟩ boast, brag (Т of); **~лúвый** [14 *sh.*] boastful; **~овство́** *n* [9] boasting; **~у́н** *m* [1 *e.*] *coll.* boaster, braggart

хват|áть [1] **1.** ⟨(с)хватúть⟩ [15] (*за* В) snatch (at); grasp, seize (by); *a., coll.*, (-**ся за** В; lay hold of); **2.** ⟨~úть⟩ (*impers.*) (Р) suffice, be sufficient; (р. Д...

у P) have enough; last (*v/t.* **на** B); (*этого мне*) that (that's) enough (for me)

хвойный [14] coniferous

хворать *coll.* [1] be sick *or* ill

хворост *m* [1] brushwood

хвост *m* [1 *e.*] tail; *coll.* (*очередь*) line, *Brt.* queue; **в ~е** get behind, lag behind; **поджать ~** *coll.* become more cautious

хвоя *f* [6] (pine) needle(s *or* branches *pl.*)

херес *m* [1] sherry

хижина *f* [5] hut, cabin

хилый [14; хил, -á, -o] weak, sickly, puny

хими|к *m* [1] chemist; **~ческий** [16] chemical; **~я** *f* [7] chemistry

химчистка *f* [5; *g/pl.*:-ток] dry cleaning; dry cleaner's

хинин *m* [1] quinine

хиреть [8] weaken, grow sickly; *растение* wither; *fig.* decay

хирург *m* [1] surgeon; **~ический** [16] surgical; **~ия** *f* [7] surgery

хитр|ец *m* [1 *e.*] cunning person; **~ить** [13], ⟨с-⟩ use guile; → **мудрить**; **~ость** *f* [8] craft(iness), cunning; (*приём*) artifice, ruse, trick; stratagem; **~ый** [14; -тёр, -трá, хитро] cunning, crafty, sly, wily; *coll.* artful; (*изобретательный*) ingenious

хихикать [1] giggle, titter

хищение *n* [12] theft; embezzlement

хищн|ик *m* [1] beast (*or* bird) of prey; **~ический** [14] predatory; *fig.* injurious (*to nature*); **~ый** [16; -щен, -щна] rapacious, predatory; of prey

хладнокров|ие *n* [12] composure; **~ный** [14; -вен, -вна] cool(headed), calm

хлам *m* [1] trash, rubbish

хлеб *m* [1] **1.** bread; **2.** [*pl.*: -бá, *etc. e.*] grain, *Brt.* corn; (*пропитание*) livelihood; *pl.* cereals; **~ный** [14] grain..., corn..., cereal...; bread...; **~опекáрня** *f* [6; *g/pl.*:-рен] bakery; **~осольный** [14; -лен, -льна] hospitable

хлев *m* [1; в -é & -ý; *pl.*: -á, *etc. e.*] cattle shed; *fig.* pigsty

хлест|áть [3] *once*, ⟨~нуть⟩ [20] lash, whip, beat; *о воде* gush, spurt; *о дожде* pour

хлоп‖**!** *int.* bang! crack!, plop!; → *a.* **~ать**

[1], ⟨по-⟩, *once* ⟨~нуть⟩ [20] *по спине* slap; **в ладоши** clap; **дверью** *и т. д.* bang, slam (*v/t.* T)

хлопок *m* [1; -пка] cotton

хлопо́к *m* [1; -кá *и т. д.*] clap; bang

хлопот|áть [3], ⟨по-⟩ (*о* П) busy *or* exert o.s. (**о** П, **за** B on behalf of); *impf.* *по хозяйству* toil, bustle (about); **~ли́вый** [14 *sh.*] *о человеке* busy, fussy; **~ный** [14] troublesome; exacting; **~ы** *f/pl.* [5; *g/pl.*:-пóт] trouble(s), efforts (on behalf of, for); cares

хлопчатобума́жный [14] cotton...

хло́пья *n/pl.* [10; *gen.*: -ьев] flakes; **кукуру́зные ~** corn flakes

хлор *m* [1] chlorine; **~истый** [14] chlorine...; chloride...

хлы́нуть [20] *pf.* gush (forth); rush; *дождь* (begin to) pour in torrents

хлыст *m* [1 *e.*] whip; switch

хлю́пать *coll.* [1] squelch

хмель¹ *m* [4] hop(s)

хмель² *m* [4] intoxication

хму́р|ить [13], ⟨на-⟩ frown, knit one's brows; **-ся** frown, scowl; *погода* be(come) overcast; **~ый** [14; хмур, -á, -o] gloomy, sullen; *день* cloudy

хны́кать *coll.* [3] whimper, snivel; *fig.* whine

хо́бби *n* [*indecl.*] hobby

хо́бот *m* [1] *zo.* trunk

ход *m* [1; в (на) -ý & -е; *pl.*: хо́ды] motion; (*скорость*) speed (**на** П at); *истории и т. д.* course; *подземный* passage; *поршня* stroke; *чёрный* entrance; lead (*cards*); move (*chess*, *etc.*); **на ~ý** in transit; *a.* while walking, *etc.*; **пустить в ~** start; motion; *оружие* use; **знать все ~ы и вы́ходы** know all the ins and outs; **по́лным ~ом** in full swing; **~ мы́слей** train of thought

хода́тай|ство *n* [9] intercession; petition; **~ствовать** [7], ⟨по-⟩ intercede (**у** P, **за** B with/for); petition (**о** П for)

ходи́ть [15] go (**в**, **на** B to); walk; *под парусом* sail; *поезд и т. д.* run, ply; *в шашках и т. д.* move; visit, attend (*v/t.* **в**, **на** B; *p.* **к** Д); *о слухах* circulate; (*носить*) (**в** П) wear; **~кий** [16; хо́док, -дкá, -о; *compr.*: хо́дче] *coll.* fast; *товар* marketable, saleable; in great demand; **~у́льный** [14; -лен, -льна] stilted; **~ьба́** f [5] walking; walk; **~я́чий** [17] popular; current; *coll.* **больно́й** ambulant

хожде́ние n [12] going, walking; (*распространение*) circulation

хозя́|ин m [1; *pl.*: хозя́ева, хозя́ев] owner; boss, master; *домовладелец* landlord; *принимающий гостей* host; **~ева → ~ин & ~йка; ~йка** f [5; *g/pl.*: -я́ек] mistress; landlady; hostess; housewife; **~йничать** [1] keep house; manage (at will); make o.s. at home; **~йственный** [14 *sh.*] economic(al), thrifty; **~йственные това́ры** household goods; **~йство** n [9] economy; household; farm

хокке́й m [3] hockey; **~ с ша́йбой** ice hockey

холе́ра f [5] cholera

холи́ть [13] tend, care for

холл m [1] vestibule, foyer

холм m [1 *e.*] hill; **~и́стый** [14 *sh.*] hilly

хо́лод m [1] cold (**на** П in); chill (*a. fig.*); *pl.* [-á, *etc. e.*] cold (weather) (**в** В in); **~е́ть** [8], ⟨по-⟩ grow cold, chill; **~и́льник** [1] refrigerator; **~ность** f [8] coldness; **~ный** [14; хо́лоден, -дна́, -о] cold (*a. fig.*); *geogr. & fig.* frigid; (**мне**) **~но** it is (I am) cold

холост|о́й [14; хо́лост] single, unmarried; bachelor('s); *патрон* blank; *tech. ход* idle; **~я́к** m [1 *e.*] bachelor

холст m [1 *e.*] canvas

хомя́к m [1 *e.*] hamster

хор m [1] choir; **~ом** all together

хорва́т m [1], **~ка** f [5; *g/pl.*: -ток] Croat; **~ский** [16] Croatian

хорёк m [1; -рька́] polecat, ferret

хореогра́фия f [7] choreography

хорово́д m [1] round dance

хорони́ть [13; -оню́, -о́нишь], ⟨по-⟩ bury

хоро́ш|енький [16] pretty; **~е́нько** *coll.* properly; throughly; **~е́ть** [8], ⟨по-⟩ grow prettier; **~ий** [17; хоро́ш, -á; *compr.*: лу́чше] good; fine; nice; (*a.* **собо́й**) pretty, goodlooking, handsome; **~о́** well; *отметка* good, В (→ **четвёрка**); all right!, OK!, good!; **~о́, что вы** it's a good thing you...; **~о́**

вам (+ *inf.*) it is all very well for you to...

хоте́|ть [хочу́, хо́чешь, хо́чет, хоти́м, хоти́те, хотя́т], ⟨за-⟩ (P) want, desire; **я ~л(а) бы** I would (*Brt.* should) like; **я хочу́, что́бы вы** + *pt.* I want you to...; **хо́чешь не хо́чешь** willy-nilly; **-ся** (*impers.*): **мне хо́чется** I'd like; *a.* **→ ~ть**

хоть (*a.* **~ бы**) at least; even; even (if *or* though); if only; **~ ... ~ ...** whether ... whether, (either) or; *coll.* **~ бы и так** even if it be so; **~ убе́й** for the life of me; *a.* **хотя́**

хотя́ although, though (*a.* **~и**); **~бы** even though; if; *→ a.* **хоть**

хо́хот m [1] guffaw; loud laugh; **~а́ть** [3], ⟨за-⟩ roar (with laughter)

храбр|е́ц m [1 *e.*] brave person; **~ость** f [8] valo(u)r, bravery; **~ый** [14; храбр, -á, -о] brave, valiant

храм m [1] *eccl.* temple, church

хран|е́ние n [12] keeping; *товаров* storage; *ка́мера ~е́ния* rail., *ae.*, *etc.*; cloakroom, *Brt.* left-luggage office; *автоматическая* left-luggage locker; **~и́лище** n [11] storehouse; depository; **~и́тель** m [4] keeper, custodian; *музея* curator; **~и́ть** [13], ⟨со-⟩ keep; maintain; store *tech. a.* of computer; *памяти* preserve; (*соблюдать*) observe

храп m [1], **~е́ть** [10 *e.*; -плю́, -пи́шь] snore; snorting

хребе́т m [1; -бта́] *anat.* spine; spinal column; (mountain) range

хрен m [1] horseradish

хрип m [1], **~е́ние** n [12] wheeze; wheezing; **~е́ть** [10; -плю́, -пи́шь] wheeze; be hoarse; *coll.* speak hoarsely; **~лый** [14; хрипл, -á, -о] hoarse, husky; **~нуть** [3], ⟨о-⟩ become hoarse; **~ота́** f [5] hoarseness; husky voice

христ|иани́н m [1; *pl.*: -á́не, -á́н], **~иа́нка** f [5; *g/pl.*: -нок], **~иа́нский** [16] Christian; **~иа́нство** n [9] Christianity; **2о́с** m [Христа́] Christ

хром m [1] chromium; chrome

хром|а́ть [1] limp; be lame; **~о́й** [14; хром, -á, -о] lame

хро́н|ика f [5] chronicle; current events; newsreel; **~и́ческий** [16] chronic(al)

~ологи́ческий [16] chronological; **~оло́гия** f [7] chronology

хру́|пкий [16; -пок, -пка́, -о; *comp.*: хру́пче] brittle, fragile, frail, infirm; **~ста́ль** m [4 *e.*] crystal; **~сте́ть** [11] crunch; **~щ** m [1 *e.*] cockchafer

худо́ж|ественный [14 *sh.*] artistic; art(s)…; of art; belles(-*lettres*) applied

(*arts*); **~ество** n [9] (applied) art; **~ник** m [1] artist; painter

худо́й [14; худ, -а́, -о; *comp.*: худе́е] thin, lean, scrawny; [*comp.*: ху́же] bad, evil; **~ший** [16] worse, worst; → **лу́чший**

ху́же worse; → **лу́чше & тот**

хулига́н m [1] rowdy, hooligan

Ц

ца́п|ать *coll.* [1], *once* ⟨**~нуть**⟩ [20] snatch, grab; scratch

ца́пля f [6; *g/pl.*: -пель] heron

цара́п|ать [1], ⟨(п)о-⟩, *once* ⟨**~нуть**⟩ [20], **~ина** f [5] scratch

царе́вич m [1] czarevitch; prince; **~евна** f [5; *g/pl.*: -вен] princess; **~и́ть** [13] *fig.* reign; **~и́ца** f [5] czarina, (Russian) empress; *fig.* queen; **~ский** [16] of the czar(s), czarist; royal; **~ство** n [9] realm; kingdom (*a. fig.*); rule; *а.* **~ствование** n [12] reign (**в** В in); **~ствовать** [7] reign, rule; **~ь** m [4 *e.*] czar, (Russian) emperor; *fig.* king; *без* **~я́ в голове́** stupid

цвести́ [25 -т-] bloom, blossom

цвет m [1] **1.** [*pl.*: -а́, *etc. e.*] colo(u)r; *fig.* cream, pick; *лица́* complexion; *защи́тного* **~а** khaki; **2.** [*only pl.*: -ы́, *etc. e.*] flowers; **3.** [*no pl.*: в -у́ in bloom] blossom, bloom; **~е́ние** n [12] flowering; **~и́стый** [14 *sh.*] multicolo(u)red, florid; **~ни́к** [1 *e.*] flower bed, garden; **~но́й** [14] colo(u)red; colo(u)r; *металлы* nonferrous; **~на́я капу́ста** cauliflower; **~о́к** m [1; -тка́; *pl.usu.* = 2] flower; **~о́чный** [14] flower…; **~о́чный магази́н** florist's; **~у́щий** [17 *sh.*] flowering; *fig.* flourishing; *возраст* prime (of life)

целе́|бный [14; -бен, -бна] curative, medicinal; **~во́й** [14] special, having a special purpose; **~сообра́зный** [14; -зен, -зна] expedient; **~устремлённый** [14 *sh.*] purposeful

цели|ко́м entirely, wholly; **~на́** f [5] vir-

gin lands; virgin soil; **~тельный** [14; -лен, -льна] salutary, curative; **~ть(ся** [13], ⟨при-⟩ aim (**в** В at)

целлюло́за f [5] cellulose

целова́ть(ся [7], ⟨по-⟩ kiss

це́л|ое [14] whole (**в** П on the); **~ому́дренный** [14 *sh.*] chaste; **~ому́дрие** n [12] chastity; **~остность** f [8] integrity; **~ость** f [8]: safety; **в ~ости** intact; **~ый** [14; цел, -а́, -о] whole, entire, intact; **~ый и невреди́мый** safe and sound; **~ое число́** whole number, integer; → **деся́тый & со́тый**

цель f [8] aim, end, goal, object; (*мишень*) target; purpose (**с** Т, **в** П *pl.* for); **име́ть ~ю** aim at; **~ность** f [8] integrity; **~ный** [14; це́лен, -льна́, -о] of one piece; entire, whole; *челове́к* self-contained; *молоко́* [*no sh.*] unskimmed

цеме́нт m [1] cement; **~и́ровать**[7] *tech.* cement, case-harden

цен|а́ f [5; *ac/sg.*: це́ну; *pl. st.*] price (Р of; **по** Д/**в** В at/of), cost; value (Д of *or* one's); **знать себе́ ~у** know one's worth; **~ы́ нет** (Д) be invaluable; *любо́й* **~о́й** at any price; **~зу́ра** f[5] censorship

цен|и́тель m [4] judge, connoisseur; **~и́ть** [13; ценю́, це́нишь], ⟨о-⟩ estimate; value, appreciate; **~ность** f[8] value; *pl.* valuables; **~ный** [14; -е́нен, -е́нна] valuable; *fig.* precious, important; **~ные бума́ги** *pl.* securities

це́нтнер m [1] centner

центр m [1] center, *Brt.* centre; **~ализо-**

ва́ть [7] (*im*)*pf*. centralize; **~а́льный** [14] central; **~а́льная газе́та** national newspaper; **~обе́жный** [14] centrifugal

цеп|ене́ть [8], ⟨о-⟩ become rigid, freeze; be rooted to the spot; *fig.* be transfixed; **~кий** [16; -пок, -пка́, -о] tenacious (*a. fig.*); **~ля́ться** [28] cling (to **за** В), **~но́й** [14] chain(ed); **~о́чка** *f* [5; *g/pl.:* -чек] chain; **~ь** *f* [8; в, на -и́; *from g/pl. e.*] chain (*a. fig.*); *mil.* line; *el.* circuit

церемо́н|иться [13], ⟨по-⟩ stand on ceremony; **~ия** *f* [7] ceremony; **~ный** [14] ceremonious

церко́в|ный [14] church…; ecclesiastical; **~ь** *f* [8; -кви; *instr./sg.:* -ковью; *pl.:* -кви, -вей, -вам] church (*building and organization*)

цех *m* [1] shop (*section of factory*)

цивилиз|а́ция *f* [7] civilization; **~о́ванный** [14] civilized

цикл *m* [1] cycle; *ле́кций* course; **~о́н** *m* [1] cyclone

цико́рий *m* [3] chicory

цили́ндр *m* [1] cylinder; **~и́ческий** [16] cylindrical

цинга́ *f* [5] *med.* scurvy

цини́|зм *m* [1] cynicism; **~к** *m* [1] cynic; **~чный** [14; -чен, -чна] cynical

цинк *m* [1] zinc; **~овый** [14] zinc…

цино́вка *f* [5; *g/pl.:* -вок] mat

цирк *m* [1], **~ово́й** [14] circus

циркул|и́ровать [7] circulate; **~ь** *m* [4] (a pair of) compasses *pl.;* **~я́р** *m* [1] (official) instruction

цисте́рна *f* [5] cistern, tank

цитаде́ль (-'dɛ-) *f* [8] citadel; *fig.* bulwark; stronghold

цита́та *f* [5] quotation

цити́ровать [7], ⟨про-⟩ quote

ци́трусовый [14] citrus (trees)

циф|ербла́т *m* [1] dial; *часо́в* face; **~ра** *f* [5] figure; number

цо́коль *m* [4] *arch.* socle; *el.* screw base (*of light bulb*)

цыга́н *m* [1; *nom./pl.:* -е & -ы; *gen.:* цыга́н], **~ка** *f* [5; *g/pl.:* -нок], **~ский** [16] Gypsy, *Brt.* Gipsy

цыплёнок *m* [2] chicken

цы́почк|и: на ~ах (~и) on tiptoe

Ч

чад *m* [1; в -у́] fume(s); *fig.* daze; intoxication; **~и́ть** [15 *e.*; чажу́, чади́шь], ⟨на-⟩ smoke

ча́до *n* [9] *obs. or joc.* child

чаевы́е *pl.* [14] tip, gratuity

чай *m* [3; *part. g.:* -ю; в -е & -ю́; *pl. e.:* чай, чаёв] tea; **дать на ~** tip

ча́йка *f* [5; *g/pl.:* ча́ек] (sea) gull

чай|ник *m* [1] *для зава́рки* teapot; tea-kettle; **~ный** [14] *ло́жка и т. д.* tea

чалма́ *f* [5] turban

чан *m* [1; *pl. e.*] tub, vat

ча́р|ка *f* [5; *g/pl.:* -рок] *old use* cup, goblet; **~ова́ть** [20] charm; **~оде́й** *m* [3] magician, wizard (*a. fig.*)

час *m* [1; в -е & -у́; *after* 2, 3, 4: -а́; *pl. e.*] hour (*for pl.* **~а́ми**); (one) o'clock (at **в** В); time, moment (at **в** В); an hour's…; **второ́й ~** (it is) past one; **в пя́том ~у́**

between four and five; (→ **пять** & **пя́тый**); **кото́рый ~?** what's the time?; **с ~у на ~** soon; **~ от ~у не ле́гче** things are getting worse and worse; **~о́вня** *f* [6; *g/pl.:* -вен] chapel; **~ово́й** [14] hour's; watch…, clock…; *su.* sentry, guard; **~ово́й по́яс** time zone; **~ово́й ма́стер** = **~овщи́к** *m* [1 *e.*] watchmaker

част|и́ца *f* [5] particle; **~и́чный** [14; -чен, -чна] partial; **~ник** *coll.* private trader; owner of a small business; **~ное** *n* [14] *math.* quotient; **~ность** *f* [8] detail; **~ный** [14] private; particular, individual; **~ная со́бственность** private property; **~ота́** *f* [5; *pl. st.:* -о́ты] frequency; **~у́шка** *f* [5; *g/pl.:* -шек] humorous *or* topical two- or four-lined verse; **~ый** [14; част, -а́, -о; *comp.:* ча́ще] frequent (*adv. a.* often); *густо́й* thick, dense;

стежки и т. д. close; *пульс и т. д.* quick, rapid; **~ь** *f* [8; *from g/pl. e.*] part (in T; *pl. a.* **по** Д); *(доля)* share; piece; section; *mil.* unit; **бо́льшей ~ью, по бо́льшей ~и** for the most part, mostly; **разобра́ть на ~и** take to pieces

час|ы́ *no sg.* [1] *ручны́е* watch; clock; **по мои́м ~а́м** by my watch

ча́х|лый [14 *sh.*] sickly; *раститель-ность* stunted; **~нуть** [21], ⟨за-⟩ wither away; *о человеке* become weak, waste away

ча́ш|а *f* [5] cup, bowl; *eccl.* chalice; **~ечка** *f* [5] *dim.* → **ча́шка: коле́нная ~ечка** kneecap; **~ка** *f* [5; *g/pl.:* -шек] cup; *ве-сов* pan

ча́ща *f* [5] thicket

ча́ще more (**~ всего́** most) often

ча́яние *n* [12] expectation, aspiration

чей *m*, **чья** *f*, **чьё** *n*, **чьи** *pl.* [26] whose; **~ э́то дом?** whose house is this?

чек *m* [1] check, *Brt.* cheque; *для опла-ты* chit, bill; *оплаченный* receipt; **~а́нить** [13], ⟨вы-⟩ mint, coin; *узор* chase; **~а́нка** *f* [5; *g/pl.:* -нок] minting, coinage; chasing; **~и́ст** *m* [1] (state) security officer; *hist.* member of the che-ka; **~овый** [14] check...

челно́|к *m* [1 *e.*], **~чный** [14] shuttle

чело́ *n* [9; *pl. st.*] *obs.* brow

челове́|к *m* [1; *pl.:* лю́ди; 5, 6, *etc.* -ёк] man, human being; person, individual; **ру́сский ~к** Russian; **~колю́бие** *n* [12] philanthropy; **~ческий** [16] human(e); **~чество** *n* [9] mankind, humanity; **~чный** [14; -чен, -чна] humane

че́люсть *f* [8] jaw; (full) denture

чем than; rather than; instead of; **~ ..., тем ...** the more ... the more ...; **~ ско-ре́е, тем лу́чше** the sooner, the better; **~ода́н** *m* [1] suitcase

чемпио́н *m* [1] champion; **~а́т** *m* [1] championship

чепуха́ *f* [5] *coll.* nonsense; *(мелочь)* tri-fle

че́пчик *m* [1] baby's bonnet

че́рв|и *n* f/pl. [4; *from gen. e.*] **& ~ы** f/pl. [5] hearts *(cards)*

черви́вый [14 *sh.*] worm-eaten

черво́нец *m* [1; -нца] *hist.* *(gold coin)* chervonets; *(ten-r(o)uble bank note in circulation 1922-47)*

черв|ь [4; *e.*; *nom/pl. st.*: че́рви, черве́й] **~я́к** *m* [1 *e.*] worm

черда́к *m* [1 *e.*] garret, attic, loft

черёд *coll. m* [1 *e.*] *(очередь)* turn; *(по-рядок)* course

чередова́|ние *n* [12] alternation; **~ть(ся)** [7] alternate (with)

че́рез (В) through; *улицу* across, over; *время* in, after; *ехать* via; **~ день** *a.* ev-ery other day

черёмуха *f* [5] bird cherry

че́реп *m* [1; *pl.:* -а́, *etc. e.*] skull

черепа́|ха *f* [5] tortoise; *морская* turtle; **~ховый** [14] tortoise(shell)...; **~ший** [18] tortoise's, snail's

череп|и́ца *f* [5] tile *(of roof)*; **~и́чный** [14] tiled; **~о́к** [1; -пка́] fragment, piece

чере|счу́р too, too much; **~шня** *f* [6; *g/pl.:* -шен] (sweet) cherry, cherry tree

черкну́ть *coll.* [20] *pf.*: scribble; dash off; **~ па́ру** (*or* **не́сколько**) **слов** drop a line

черн|е́ть [8], ⟨по-⟩ blacken, grow black; *impf.* show up black; **~и́ка** f [5] bilberry, -ries *pl.*; **~и́ла** *n/pl.* [9] ink; **~и́ть** [13], ⟨о-⟩ *fig.* blacken, denigrate, slander

черно|ви́к *m* [1 *e.*] rough copy; draft; **~во́й** [14] draft...; rough; **~воло́сый** [14 *sh.*] black-haired; **~гла́зый** [14 *sh.*] black-eyed; **~зём** *m* [1] chernozem, black earth; **~ко́жий** [17 *sh.*] black; *as su.* [-его́] *m* (black man); negro; **~мо́р-ский** [16] Black Sea...; **~сли́в** *m* [1] prune(s); **~та́** *f* [5] blackness

чёрн|ый [14; чёрен, черна́] black (*a. fig.*); *хлеб* brown; *металл* ferrous; *ра-бота* rough; *ход* back; **на ~ый день** for a rainy day; **~ым по бе́лому** in black and white

чернь *f* [8] *art* niello

черп|ать [1], ⟨~ну́ть⟩ [20] scoop, ladle; *знания, силы* derive, draw (from **из** Р, **в** П)

черстве́ть [8], ⟨за-, по-⟩ grow stale; *fig.* harden

чёрствый [14; чёрств, -а́, -о] stale, hard; *fig.* callous

чёрт *m* [1; *pl.* 4: че́рти, -те́й, *etc. e.*] devil;

coll. **∼побери** the devil take it; *на кой ∼ coll.* what the deuce; **ни черта́** *coll.* nothing at all; **∼а́ с два!** like hell!

черт|а́ *f* [5] line; trait, feature (*a.* **∼ы́ лица́**); **в ∼е́ го́рода** within the city boundary

чертёж *m* [1 *e.*] drawing, draft (*Brt.* draught), design; **∼ник** *m* [1] draftsman, *Brt.* draughtsman; **∼ный** [14] *доска и т. д.* drawing (*board, etc.*)

черт|и́ть [15], ⟨на-⟩ draw, design; **∼о́вский** [16] *coll.* devilish

чёрточка *f* [5; *g/pl.:* -чек] hyphen

черче́ние *n* [12] drawing

чеса́ть [3] **1.** ⟨по-⟩ scratch; **2.** ⟨при-⟩ *coll.* comb; **-ся** itch

чесно́к *m* [1 *e.*] garlic

чесо́тка *f* [5] scab, rash, mange

чест|вование *n* [12] celebration; **∼вовать** [7] celebrate, hono(u)r; **∼ность** *f* [8] honesty; **∼ный** [14; че́стен, -тна́, -o] honest, upright; (*справедливый*) fair; **∼олюби́вый** [14 *sh.*] ambitious; **∼олю́бие** *n* [12] ambition; **∼ь** *f* [8] hono(u)r (in *в* B); credit; **э́то де́лает вам ∼ь** it does you credit; *coll.* **∼ь ∼ью** properly, well

чета́ *f* [5] couple, pair; match; **она́ ему́ не ∼** she is no match for him

четве́р|г *m* [1 *e.*] Thursday (on *в* B, *pl.:* по Д); **∼еньки** *coll. f/pl.* [5] all fours (on *на* B, П); **четвёрка** *f* [5; *g/pl.:* -рок] four (→ **тро́йка**); *coll.* (*mark*) → **хорошо́**; **∼o** [37] four (→ **дво́е**); **четвёртый** (-'vɔr-) [14] fourth → **пя́тый**; **∼ь** *f* [8; *from g/pl. e.*] (one) fourth; *школьная* (school-)term; quarter (to *без* Р; past one *второ́го*)

чёткий [16; чёток, четка́, -o] precise; clear; *почерк* legible; (*точный*) exact, accurate

чётный [14] even (*of numbers*)

четы́ре [34] four; → **пять**; **∼жды** four times; **∼ста** [36] four hundred

четырёх|ле́тний [15] of four years; four-year; **∼ме́стный** [14] fourseater; **∼со́тый** [14] four hundredth; **∼у́гольник** *m* [1] quadrangle; **∼уго́льный** [14] quadrangular

четы́рнадца|тый [14] fourteenth; →

∼тый; **∼ть** [35] fourteen; → **пять**

чех *m* [1] Czech

чехарда́ *f* [5] leapfrog; **министе́рская ∼** frequent changes in personnel (*esp. in government appointments*)

чехо́л *m* [1; -хла́] case, cover

чечеви́ца *f* [5] lentil(s)

чеш|ка *f* [5; *g/pl.:* -шек] Czech (woman); **∼ский** [16] Czech

чешуя́ *f* [6] *zo.* scales *pl.*

чи́бис *m* [1] *zo.* lapwing

чиж *m* [1 *e.*], **∼ик** *m* [1] *zo.* siskin

чин *m* [1; *pl. e.*] *mil.* rank

чин|и́ть [13; чиню́, чи́нишь] a) ⟨по-⟩ mend, repair; b) ⟨o-⟩ *карандаш* sharpen, point; **∼и́ть препя́тствие** (Д) obstruct, impede; **∼ный** [14; чи́нен, чинна́, чи́нно] proper; sedate; **∼о́вник** *m* [1] official, functionary

чири́к|ать [1], ⟨∼нуть⟩ [20] chirp

чи́рк|ать [1], ⟨∼нуть⟩ [20] strike

чи́сл|енность *f* [8] number; **∼енный** [14] numerical; **∼и́тель** *m* [4] *math.* numerator; **∼и́тельное** *n* [14] *gr.* numeral (*a.* **и́мя ∼и́тельное**); **∼и́ться** [13] be or be reckoned (**в** П *or* **по** Д/Р); **∼о́** *n* [9; *pl. st.:* чи́сла, чи́сел, чи́слам] number; date, day; **како́е сего́дня ∼о́?** what is the date today? (→ **пя́тый**); **в ∼е́** (Р) among, **в том ∼е́** including

чи́ст|ить [15] **1.** ⟨по-, вы́-⟩ clean(se); brush; *обувь* polish; **2.** ⟨o-⟩ peel; **∼ка** [5; *g/pl.:* -ток] clean(s)ing; *pol.* purge; **∼окро́вный** [14; -вен, -вна] thoroughbred; **∼опло́тный** [14; -тен, -тна] cleanly; *fig.* clean, decent; **∼осерде́чный** [14; -чен, -чна] openhearted, frank, sincere; **∼ота́** *f* [5] clean(li)ness; purity; **∼ый** [14; чист, -á, -o; *compr.:* чи́ще] clean; *золото и т. д.* pure; *спирт* neat; *небо* clear; *вес* net; *лист* blank; *работа* fine, faultless; *правда* plain; *случайность* mere

чита́|льный [14]: **∼льный зал** reading room; **∼тель** *m* [4] reader; **∼ть** [1], ⟨про-⟩ & *coll.* ⟨проче́сть⟩ [25; -чту́, -чтёшь; чёл, -чла́; -чтённый] read, recite; give (*lecture* on *о* П); deliver; **∼ть мора́ль** lecture

чи́тка *f* [5; *g/pl.:* -ток] reading (*usu. by a*

group)

чих|а́ть [1], *once* ⟨**~ну́ть**⟩ [20] sneeze

член *m* [1] member; (*конечность*) limb; part; **~оразде́льный** [14; -лен, -льна] articulate; **~ский** [16] member(ship)…; **~ство** *n* [9] membership

чмо́к|ать *coll.* [1], *once* ⟨**~нуть**⟩ [20] smack; (*поцеловать*) give s.o. a smacking kiss

чо́к|аться [1], *once* ⟨**~нуться**⟩ [20] clink (glasses T) (with **с** T)

чо́|порный [14; -рен, -рна] prim, stiff; **~рт** → **чёрт**

чрев|а́тый [14 *sh.*] fraught (with T); **~о** [9] womb

чрез → **че́рез**

чрез|выча́йный [14; -а́ен, -а́йна] extraordinary; extreme; special; **~выча́йное положе́ние** state of emergency; **~ме́рный** [14; -рен, -рна] excessive

чте́|ние *n* [12] reading; *худо́жественное* recital; **~ц** *m* [1 *e.*] reader

чтить → **почита́ть¹**

что [23] **1.** *pron.* what (*a.* ~ **за**); that, which; how; (*a.* ~ **~**) why (so?); (*a.* ~) what about; what's the matter; *coll.* **а ~?** well?; **вот** ~ the following; listen; that's it; ~ **до меня́** as for me; ~ **вы (ты)!** you don't say!, what next!; **не́ за** ~ (you are) welcome, *Brt.* don't mention it; **ни за** ~ not for the world; **ну и** ~? what of that; (**уж**) **на** ~ *coll.* however; **с чего́ бы э́то?** *coll.* why? why …?; ~ **и говори́ть** *coll.* sure; ~ **ни**; *coll.* → **~-нибу́дь**, **~-то**; **2.** *cj.* that; like, as if; ~ **(ни)** …, **то** … every … (a) …

чтоб(ы) (in order) that *or* to (*a.* **с тем, ~**); ~ **не** lest, for fear that; **вме́сто того́ ~** + *inf.* instead of …ing; **скажи́ ему́, ~ он** + *pt.* tell him to *inf.*

что́|-либо, **~-нибу́дь**, **~-то** [23] something; anything; **~-то** *a. coll.* somewhat; somehow, for some reason or other

чу́вств|енный [14 *sh.*] sensuous;

(*плотский*) sensual; **~ительность** *f* [8] sensibility; **~ительный** [14; -лен, -льна] sensitive; sentimental; sensible (*a.* = considerable, great, strong); **~о** *n* [9] sense; feeling; sensation; *coll.* love; **о́рганы ~** organs of sense; **~овать** [7], ⟨**по-**⟩ feel (*a.* **себя́** [T *s.th.*]); **-ся** be felt

чугу́н *m* [1 *e.*] cast iron; **~ный** [14] cast-iron…

чуд|а́к *m* [1 *e.*] crank, eccentric; **~а́чество** *n* [9] eccentricity; **~е́сный** [14; -сен, -сна] wonderful, marvel(l)ous; *спасе́ние* miraculous; **~и́ть** [15 *e.*] *coll.* → **дури́ть**; **~и́ться** [15] *coll.* → **мере́щиться**; **~ный** [14; -ден, -дна] wonderful, marvel(l)ous; **~о** *n* [9; *pl.*: чудеса́, -е́с, -еса́м] miracle, marvel; wonder; *a.* **~но**, **~о́вище** *n* [11] monster; **~о́вищный** [14; -щен, -щна] monstrous; *поте́ри и т. д.* enormous

чуж|би́на *f* [5] foreign country (in **на** П; *a.* abroad); **~да́ться** [1] (P) shun, avoid; **~дый** [14; чужд, -а́, -о] foreign; alien; free (from P); **~о́й** [14] someone else's, others'; alien; strange, foreign; *su. a.* stranger, outsider

чул|а́н *m* [1] storeroom, larder; **~о́к** *m* [1; -лка́; *g/pl.*: -ло́к] stocking

чума́ *f* [5] plague

чурба́н *m* [1] block; *fig.* blockhead

чу́тк|ий [16; -ток, -тка́, -о; *compr.*: чу́тче] sensitive (to **на** В), keen; *сон* light; *слух* quick (of hearing); *челове́к* sympathetic; **~ость** *f* [8] keenness; delicacy (of feeling)

чу́точку *coll.* a wee bit

чуть hardly, scarcely; a little; **~ не** nearly, almost; ~ **ли не** *coll.* almost, all but; ~ **что** *coll.* on the slightest pretext; **чуть-чуть** → **чуть**

чутьё *n* [10] instinct (for **на** В); flair

чу́чело *n* [9] stuffed animal; ~ **горо́ховое** scarecrow; *coll.* dolt

чушь *coll. f* [8] bosh, twaddle

чу́ять [27], ⟨**по-**⟩ scent, *fig.* feel

Ш

шаба́шник *m* [1] *coll. pej.* moonlighter

шабло́н *m* [1] stencil, pattern, cliché; **~ный** [14] trite, hackneyed

шаг *m* [1; *after* 2, 3, 4: -á; в -ý; *pl. e.*] step (by step **~ за** Т) (*a. fig.*); **большо́й** stride; *звук* footsteps; *tech.* pitch; **приба́вить ~у** quicken one's pace; **ни ~у** (**да́льше**) not a step futher; **на ка́ждом ~ý** everywhere, at every turn, continually; **~а́ть** [1], *once* ⟨**~ну́ть**⟩ [20] step, stride; walk; pace; (*через*) cross; *pf.* take a step; **далеко́ ~ну́ть** *fig.* make great progress; **~а́ть взад и вперёд** pace back and forth

ша́йба *f* [5] *tech.* washer; *sport* puck

ша́йка *f* [5; *g/pl.:* ша́ек] gang

шака́л *m* [1] jackal

шала́ш *m* [1] hut

шал|и́ть [13] be naughty, frolic, romp; fool (about), play (pranks); **~и́шь!** *coll.* (*rebuke*) don't try this trick!; none of your tricks!; **~овли́вый** [14 *sh.*] mischievous, playful; **~опа́й** *coll. m* [3] loafer; **~ость** *f* [8] prank; **~у́н** *m* [1 *e.*] naughty boy; **~у́нья** *f* [6; *g/pl.:* -ний] naughty girl

шалфе́й *m* [3] *bot.* sage

шаль *f* [8] shawl

шальн|о́й [14] mad, crazy; *пуля* stray…; **~ы́е де́ньги** easy money

ша́мкать [1] mumble

шампа́нское *n* [16] champagne

шампиньо́н *m* [1] field mushroom

шампу́нь *m* [4] shampoo

шанс *m* [1] chance, prospect (of **на** В)

шанта́ж *m* [1], **~и́ровать** [7] blackmail

ша́пка *f* [5; *g/pl.:* -пок] cap; *typ.* banner headlines

шар *m* [1; *after* 2, 3, 4: -á; *pl. e.*] sphere; ball; **возду́шный ~** balloon; **земно́й ~** globe

шара́х|аться *coll.* [1], ⟨**~ну́ться**⟩ [20] dash, jump (aside), recoil; *о лошади* shy

шарж *m* [1] cartoon, caricature; **дру́жеский ~** harmless, wellmeant caricature

ша́рик *m* [1] *dim.* → **шар**; **~овый** [14] → **ру́чка**; **~оподши́пник** *m* [1] ball bearing

ша́рить [13], ⟨по-⟩ **в чём-л.** rummage; grope about, feel

шар|кать [1], *once* ⟨**~кнуть**⟩ [20] shuffle

шарни́р *m* [1] *tech.* hinge, joint

шаро|ва́ры *f/pl.* [5] baggy trousers; **~ви́дный** [14; -ден, -дна], **~обра́зный** [14; -зен, -зна] spherical, globe-shaped

шарф *m* [1] scarf, neckerchief

шасси́ *n* [*indecl.*] chassis; *ae.* undercarriage

шат|а́ть [1], *once* ⟨(по)шатну́ть⟩ [20] shake; rock; **-ся** *о зубе и т. д.* be loose; *о человеке* stagger, reel, totter; *coll. без дела* lounge *or* loaf, gad about

шатёр *m* [1; -трá] tent, marquee

ша́т|кий [16; -ток, -тка] shaky, unsteady (*a. fig.*); *мебель* rickety; *fig. friend, etc.* unreliable; fickle; **~ну́ть(ся)** → **~а́ть(ся)**

шах *m* [1] shah; check (*chess*)

шахмат|и́ст *m* [1] chess player; **~ный** [14] chess…; **~ы** *f/pl.* [5] chess; **игра́ть в ~ы** play chess; chessmen

ша́хт|а *f* [5] mine, pit; *tech.* shaft; **~ёр** *m* [1] miner; **~ёрский** [16] miner's

ша́шка¹ *f* [5; *g/pl.:* -шек] saber, *Brt.* sabre

ша́шка² *f* [5; *g/pl.:* -шек] checker, draughtsman; *pl.* checkers, *Brt.* draughts

шашлы́к *m* [1] shashlik, kebab

швартова́ться [7], ⟨при-⟩ *naut.* moor, make fast

швед *m* [1], **~ка** *f* [5; *g/pl.:* -док] Swede; **~ский** [16] Swedish

шве́йн|ый [14] sewing; **~ая маши́на** sewing machine

швейца́р *m* [1] doorman, doorkeeper, porter

швейца́р|ец *m* [1; -рца], **~ка** *f* [5; *g/pl.:* -рок] Swiss; **Яия** [7] Switzerland; **~ский** [16] Swiss

швыр|я́ть [28], *once* ⟨**~ну́ть**⟩ [20] hurl, fling (*a.* Т)

шеве|ли́ть [13; -елю́, -е́ли́шь], ⟨по-⟩, *once* ⟨по-⟩**~льну́ть** [20] stir, move (*v/i.* **-ся**); **~ли́ть мозга́ми** *coll.* use one's wits

шевелю́ра *f* [5] (head of) hair

шеде́вр (-'dɛvr) *m* [1] masterpiece, chef d'œuvre

ше́йка *f* [5; *g/pl.*: ше́ек] neck

ше́лест *m* [1], **~е́ть** [11] rustle

шёлк *m* [1; *g/sg. a.* -у; в шелку́; *pl.*: шелка́, *etc. a.*] silk

шелкови́|стый [14 *sh.*] silky; **~ца** *f* [5] mulberry (tree)

шёлковый [14] silk(en); **как ~** meek as a lamb

шел|охну́ться [20] *pf.* stir; **~уха́** *f* [5], **~ушить** [16 *e.*; -шу́, -ши́шь] peel, husk; **~уши́ться** *о коже* peel

шельмова́ть [7], ⟨о-⟩ *hist.* punish publicly; *coll.* defame, charge falsely

шепеля́в|ить [14] lisp; **~ый** [14 *sh.*] lisping

шёпот *m* [1] whisper (in a T)

шеп|та́ть [3], ⟨про-⟩, *once* ⟨~ну́ть⟩ [20] whisper (*v/i. a.* **-ся**)

шере́нга *f* [5] file, rank

шерохова́тый [14 *sh.*] rough, *fig.* uneven, rugged

шерст|ь *f* [8; *from g/pl. e.*] wool; *животного* coat; *овцы* fleece; **~яно́й** [14] wool([l]en)

шерша́вый [14 *sh.*] rough

шест *m* [1 *e.*] pole

ше́ств|ие *n* [12] procession; **~овать** [7] stride, walk (*as in a procession*)

шест|ёрка *f* [5; *g/pl.*: -рок] six (→ **тро́йка**); six-oar boat; **~ерня́** *f* [6; *g/pl.*: -рён] *tech.* pinion; cogwheel; **~еро** [37] six (→ **дво́е**); **~идеся́тый** [14] sixtieth; **~имéсячный** [14] of six months; six-month; **~исо́тый** [14] six hundredth; **~иуго́льник** *m* [1] hexagon; **~на́дцатый** [14] sixteenth; **~на́дцать** [35] sixteen; → **пять**; **~пятый**; **~на́дцать** [35] sixteen; → **пять**; **~о́й** [14] sixth; → **пя́тый**; **~ь** [35 *e.*] six; → **пять**; **~деся́т** [35] sixty; **~со́т** [36] six hundred; **~ью** six times

шеф *m* [1] chief, head; *coll.* boss

ше́я *f* [6; *g/pl.*: -шей] neck

ши́ворот: взять за ~ seize by the collar

шик|а́рный [14; -рен, -рна] chic, smart; **~ать** *coll.* [1], *once* ⟨~нуть⟩ [20] shush, hush, urge to be quiet

ши́ло *n* [1; *pl.*: -лья, -льев] awl

ши́на *f* [5] tire, *Brt.* tyre; *med.* splint

шине́ль *f* [8] greatcoat

шинкова́ть [7] chop, shred

шип *m* [1 *e.*] thorn; *на обуви* spike

шипе́|ние *n* [12] hiss(ing); **~ть** [10], ⟨про-⟩ hiss; *о кошке* spit; *на сковороде* sizzle

шипо́вник *m* [1] *bot.* dogrose

шип|у́чий [17 *sh.*] sparkling, fizzy; **~у́чка** *f* [5; *g/pl.*: -чек] *coll.* fizzy drink; **~я́щий** [17] sibilant

шири|на́ *f* [5] width, breadth; **~но́й в** (B) *or* **... в ~ну́ ...** wide; **~ть** [13] (**-ся**) widen, expand

ши́ринка *f* [5; *g/pl.*: -нок] fly (of trousers)

ши́рма *f* [5] (*mst. pl.*) screen

широ́к|ий [16; широ́к, -ока́, -о́ко́; *compr.*: ши́ре] broad; wide; vast; great; mass...; *наступление и т. д.* large-scale; **на ~ую но́гу** in grand style; **~омасшта́бный** [14; -бен, -бна] large-scale; **~опле́чий** [17 *sh.*] broad-shouldered

шир|ота́ *f* [5; *pl. st.*: -о́ты] breadth; *geogr.* latitude; **~потре́б** *coll. m* [1] consumer goods; **~ь** *f* [8] expanse width; extent

шить [шью, шьёшь, шей(те)!; ши́тый], ⟨с-⟩ [сошью́, -ьёшь, сши́тый] sew (*pf. a.* together); (*вышить*) embroider; *себé* have made; **~ё** *n* [10] sewing; needlework; embroidery

ши́фер *m* [1] (roofing) slate

шифр *m* [1] cipher, code; *библиоте́чный* pressmark (*chiefly Brt.*); **~ова́ть** [7], ⟨за-⟩ encipher, encode

шиш *coll. m* [1 *e.*]: **ни ~а́** damn all

ши́шка *f* [5; *g/pl.*: -шек] *на голове* bump, lump; *bot.* cone; *coll.* bigwig

шка|ла́ *f* [5; *pl. st.*] scale; **~ту́лка** *f* [5; *g/pl.*: -лок] casket; **~ф** *m* [1; в -у́; *pl. e.*] cupboard; *платяной* wardrobe; **кни́жный ~ф** bookcase

шквал *m* [1] squall, gust

шкив *m* [1] *tech.* pulley

шко́л|а *f* [5] school (*go to* **в** B; *be at, in* **в** П); *вы́сшая* **~а** higher education establishment(s); **~а-интерна́т** boarding school; **~ьник** *m* [1] schoolboy; **~ьница** *f* [5] schoolgirl; **~ьный** [14] school...

шку́р|а *f*[5] skin (*a.* **~ка** *f*[5; *g/pl.:* -рок), hide

шлагба́ум *m* [1] barrier (*at road or rail crossing*)

шлак *m* [1] slag

шланг *m* [1] hose

шлем *m* [1] helmet

шлёпать [1], *once* ⟨**~нуть**⟩ [20] slap, spank (*v/i. coll.* **-ся** fall with a plop); plump down

шлифова́ть [7], ⟨от-⟩ grind; (*полировать*) polish

шлю́з *m* [1] sluice, lock; **~ка** *f*[5; *g/pl.:* -нок] launch, boat; *спасательная* lifeboat

шля́п|а *f*[5] hat; **~ка** *f*[5; *g/pl.:*-пок] *dim.* → **~a** hat; *гвоздя* head

шля́ться *coll.* [1] → **шата́ться**

шмель *m* [4 *e.*] bumblebee

шмы́г|ать *coll.* [1], *once* ⟨**~ну́ть**⟩ [20] whisk, scurry, dart; *носом* sniff

шни́цель *m* [4] cutlet, schnitzel

шнур *m* [1 *e.*] cord; **~ова́ть** [7], ⟨за-⟩ lace up; **~о́к** *m* [1; -рка́] shoestring, (shoe) lace

шныря́ть *coll.* [28] dart about

шов *m* [1; шва] seam; *tech.* joint; *в вышивке* stitch (*a. med.*)

шок *m* [1], **~и́ровать** [7] shock

шокола́д *m* [1] chocolate

шо́рох *m* [1] rustle

шо́рты *no sg.* [1] shorts

шоссе́ *n* [*indecl.*] highway

шотла́нд|ец *m* [1; -дца] Scotsman, *pl.* the Scots; **~ка** *f* [5; *g/pl.:* -док] Scotswoman; **~ский** [16] Scottish

шофёр *m* [1] driver, chauffeur

шпа́га *f* [5] *sport* épée; sword

шпага́т *m* [1] cord, string; *gymnastics* split(s)

шпа́л|а *rail.* *f* [5] cross tie, *Brt.* sleeper; **~е́ра** *f*[5] *для винограда и т. д.* trellis

шпарга́лка *coll.* *f* [5; *g/pl.:* -лок] pony, *Brt.* crib (*in school*)

шпигова́ть [7], ⟨на-⟩ lard

шпик *m* [1] lard; fatback; *coll.* secret agent

шпиль *m* [4] spire, steeple

шпи́|лька *f* [5; *g/pl.:* -лек] hairpin; hat pin; tack; *fig.* taunt, caustic remark; (*v/b.:* **подпусти́ть** В); **~на́т** *m* [1] spinach

шпио́н *m* [1], **~ка** *f* [5; *g/pl.:* -нок] spy; **~а́ж** *m* [1] espionage; **~ить** [13] spy

шприц *m* [1] syringe

шпро́ты *m* [1] sprats

шпу́лька *f* [5; *g/pl.:* -лек] spool, bobbin

шрам *m* [1] scar

шрифт *m* [1] type, typeface; script

штаб *m* [1] *mil.* staff; headquarters

шта́бель *m* [4; *pl.:* -ля́, *etc. e.*] pile

штамп *m*[1], **~ова́ть**[7], ⟨от-⟩ stamp, impress

шта́нга *f* [5] *sport:* weight; (*перекладина*) crossbar

штаны́ *coll. m/pl.* [1 *e.*] trousers

штат[1] *m* [1] state (*administrative unit*)

штат[2] *m* [1] staff; **~ный** [14] (on the) staff; **~ский** [16] civilian; *одежда* plain

штемпел|ева́ть ('ʃtɛ-) [6], **~ь** *m* [4; *pl.:* -ля́, *etc. e.*] stamp; postmark

ште́псель ('ʃtɛ-) *m* [4; *pl.:* -ля́, *etc. e.*] plug; **~ный** [14]: **~ная розе́тка** socket

штиль *m* [4] *naut.* calm

штифт *m* [1 *e.*] *tech.* joining pin, dowel

штоп|ать [1], ⟨за-⟩ darn, mend; **~ка** *f*[5] darning, mending

што́пор *m* [1] corkscrew; *ae.* spin

што́ра *f* [5] blind; curtain

шторм *m* [1] *naut.* gale; storm

штраф *m* [1] fine; **наложи́ть ~** impose a fine; **~но́й** [14] *sport* penalty...; **~ова́ть** [7], ⟨о-⟩ fine

штрейкбре́хер *m* [1] strikebreaker

штрих *m* [1 *e.*] stroke (*in drawing*), hachure; *fig.* trait; **доба́вить не́сколько ~о́в** add a few touches; **~ова́ть**[7], ⟨за-⟩ shade, hatch

штуди́ровать [7], ⟨про-⟩ study

шту́ка *f*[5] item; piece; *coll.* thing; (*выходка*) trick

штукату́р|ить [13], ⟨о-⟩, **~ка** *f*[5] plaster

штурва́л *m* [1] *naut.* steering wheel

штурм *m* [1] storm, onslaught

штурм|а́н *m* [1] navigator; **~ова́ть** [7] storm, assail; **~ови́к** *m* [1 *e.*] combat aircraft

шту́чный [14] (by the) piece (*not by*

weight)

штык *m* [1 *e.*] bayonet

шу́ба *f* [5] fur (coat)

шум *m* [1] noise; din; *во́ды* rush; *листь-
ев* rustle; *маши́ны, в уша́х* buzz; *coll.*
hubbub, row, ado; **~ и гам** hullabaloo;
наде́лать ~у cause a sensation; **~е́ть**
[10 *e.*]; шумлю́, шуми́шь] make a noise;
rustle; rush; roar; buzz; **~и́ха** *coll. f* [5]
sensation, clamo(u)r; **~ный** [14; -мен,
-мна́, -о] noisy, loud; sensational; **~о́вка**
f [5; *g/pl.:* -вок] skimmer; **~о́к** [1; -мка́]:
под ~о́к *coll.* on the sly

шу́р|ин *m* [1] brother-in-law (*wife's
brother*); **~ша́ть** [4 *e.*; -шу́, -ши́шь],
⟨за-⟩ rustle

шу́стрый *coll.* [14; -тёр, -тра́, -о] nimble

шут *m* [1 *e.*] fool, jester; *горо́ховый*
clown, buffoon; *coll.* **~ его́ зна́ет** deuce
knews; **~и́ть** [15], ⟨по-⟩ joke, jest; make
fun (of **над** Т); **~ка** *f* [5; *g/pl.:* -ток] joke,
jest (in **в** В); fun (for **ра́ди** P); *coll.* trifle
(it's no **~ка ли**); **~кро́ме ~ок** joking
apart; are you in earnest?; **не на ~ку** se-
rious(ly); (Д) **не до ~ок** be in no laughing mood; **~ли́вый** *coll.* [14 *sh.*] jocose,
playful; **~ни́к** *m* [1 *e.*] joker, wag;
~очный [14] joking, sportive, comic; *дело* laughing; **~я́** jokingly (**не** in earnest)

шушу́кать(ся) *coll.* [1] whisper

шху́на *f* [5] schooner

ш-ш shush!

Щ

щаве́ль *m* [4 *e.*] *bot.* sorrel

щади́ть [15 *e.*; щажу́, щади́шь], ⟨по-⟩
[ша́женный] spare; have mercy (on)

ще́бень *m* [4; -бня] broken stone or cin-
ders; road metal

щебета́ть [3] chirp, twitter

щего́л *m* [1; -гла́] goldfinch

щего|ева́тый [14 *sh.*] foppish, dandi-
fied; **~ль** *m* [4] dandy, fop; **~ля́ть** [28]
overdress; give exaggerated attention
to fashion; *coll.* flaunt, parade, show
off

ще́др|ость *f* [8] generosity; **~ый** [14;
щедр, -á, -о] liberal, generous

щека́ [5; *ac/sg.:* щёку; *pl.:* щёки, щёк, ще-
ка́м, *etc. e.*] cheek

щеко́лда *f* [5] latch

щекот|а́ть [3], ⟨по-⟩, **~ка** *f* [5] tickle; **~ли́-
вый** [14 *sh.*] ticklish, delicate

щёлк|ать [1], *once* ⟨~нуть⟩ [20] **1.** *язы-
ком и т. д. v/i.* click (Т), *пальцами*
snap; *кнутом* crack; *зубами* chatter;
птица warble, sing; **2.** *v/t.* flick, fillip
(on **по лбу**); *орехи* crack

щёло|чь *f* [8; *from g/pl. e.*] alkali; **~чной**
[14] alkaline

щелчо́к *m* [1; -чка́] flick, fillip; crack

щель *f* [8; *from g/pl. e.*] chink, crack,

crevice; slit

щеми́ть [14 *e.*; *3rd p. only, a. impers.*] *о
се́рдце* ache

щено́к *m* [1; -нка́; *pl.:* -нки́ & (2) -ня́та]
puppy; *ди́кого живо́тного* whelp

щеп|ети́льный [14; -лен, -льна] scrupu-
lous, punctilious; fussy, finicky; **~ка** *f* [5;
g/pl.: -пок] chip; *худо́й как ~ка* thin as
a rake

щепо́тка *f* [5; *g/pl.:* -ток] pinch (*of salt,
ect.*)

щети́н|а *f* [5] bristle(s); *coll.* stubble;
~иться [13], ⟨о-⟩ bristle

щётка *f* [5; *g/pl.:* -ток] brush

щи *f/pl.* [5; *gen.:* -щей] shchi (cabbage
soup)

щи́колотка *f* [5; *g/pl.:* -ток] ankle

щип|а́ть [2], *once* ⟨(у)ну́ть⟩ [20], pinch,
tweak (*v/t.* **за** В), (*тж. от моро́за*)
nip, bite; ⟨об-⟩ pluck; *траву* browse;
~цы́ *m/pl.* [1 *e.*] tongs, pliers, pincers,
nippers; *med.* forceps; (nut)crackers;
~чики *m/pl.* [1] tweezers

щит *m* [1 *e.*] shield; *распредели́тель-
ный* ~ switchboard

щитови́дный [14] *железа* thyroid

щу́ка *f* [5] *zo.* pike (fish)

щу́п|альце *n* [11; *g/pl.:* -лец] feeler, tentacle; **~ать** [1], ⟨по-⟩ feel; probe; touch; ⟨про-⟩ *fig.* sound; **~лый** *coll.* [14; щупл, -á, -о] puny, frail

щу́рить [13] screw up (one's eyes **-ся**)

Э

эваку|а́ция *f* [7] evacuation; **~и́ровать** [7] (*im*)*pf.* evacuate

эволюцио́нный [14] evolutionary

эги́д|а *f* [5]: **под ~ой** under the aegis (of P)

эгои́|зм [1] ego(t)ism, selfishness; **~ст** [1], **~стка** *f* [5; *g/pl.:* -ток] egoist; **~сти́ческий** [16], **~сти́чный** [14; -чен, -чна] selfish

эй! *int.* hi!, hey!

эквивале́нт [1], **~ный** [14; -тен, -тна] equivalent

экза́м|ен *m* [1] examination (in **по** Д); **~ена́тор** *m* [1] examiner; **~енова́ть** [7], ⟨про-⟩ examine; **-ся** be examined (by **у** P), have one's examination (with); *p. pr. p.* examine

экземпля́р *m* [1] copy; (*образец*) specimen

экзоти́ческий [16] exotic

экип|а́ж *m* [1] *naut.*, *ae.* crew; **~ирова́ть** [7] (*im*)*pf.* fit out, equip; **~иро́вка** *f* [5; *g/pl.:* -вок] equipping; equipment

эколо́ги|я *f* [7] ecology; **~ческий** [16] ecologic(al)

эконо́м|ика *f* [5] economy; *наука* economics; **~ить** [14], ⟨с-⟩ save; economize; **~и́ческий** [16] economic; **~ия** *f* [7] economy; saving (of P, **в** П); **~ный** [14; -мен, -мна] economical, thrifty

экра́н *m* [1] *cine.* screen; *fig.* film industry; shield, shade

экскава́тор *m* [1] excavator

экскурс|а́нт *m* [1] tourist, excursionist; **~ия** *f* [7] excursion, outing, trip; **~ово́д** *m* [1] guide

экспеди́|тор *m* [1] forwarding agent; **~ция** *f* [7] dispatch, forwarding; expedition

экспери|мента́льный [14] experimental; **~т** *m* [1] expert (in **по** Д); **~ти́за** *f* [5] examination; (expert) opinion

эксплуа|та́тор *m* [1] exploiter; **~та́ция** *f* [7] exploitation; *tech.* operation; **сдать в ~та́цию** commission, put into operation; **~ти́ровать** [7] exploit; *tech.* operate, run

экспон|а́т *m* [1] exhibit; **~и́ровать** [7] (*im*)*pf.* exhibit; *phot.* expose

э́кспорт *m* [1], **~и́ровать** [7] (*im*)*pf.* export; **~ный** [14] export...

экс|про́мт *m* [1] impromptu, improvisation; **~про́мтом** *a.* extempore; **~та́з** *m* [1] ecstasy; **~тра́кт** *m* [1] extract; **~тренный** [14 *sh.*] *выпуск* special; urgent; **в ~тренных слу́чаях** in case of emergency; **~центри́чный** [14; -чен, -чна] eccentric

эласти́чн|ость *f* [8] elasticity; **~ый** [14; -чен, -чна] elastic

элега́нтн|ость *f* [8] elegance; **~ый** [14; -тен, -тна] elegant, stylish

эле́ктр|ик *m* [1] electrician; **~и́ческий** [16] electric(al); **~и́чество** *n* [9] electricity; **~и́чка** *f* [5; *g/pl.:* -чек] *coll.* suburban electric train; **~ово́з** *m* [1] electric locomotive; **~о́н** *m* [1] electron; **~о́ника** *f* [5] electronics; **~опрово́дка** *f* [5; *g/pl.:* -док] electric wiring; **~оста́нция** *f* [7] electric power station; **~оте́хник** *m* [1] → **эле́ктрик**; **~оте́хника** *f* [5] electrical engineering

элеме́нт *m* [1] element; *comput.* pixel; *el.* cell, battery; *coll.* type, character; **~а́рный** [14; -рен, -рна] elementary

эма́л|евый [14], **~ирова́ть** [7], **~ь** *f* [8] enamel

эмба́рго *n* [*indecl.*] embargo; **наложи́ть ~** place an embargo (on **на** В)

эмбле́ма *f* [5] emblem; *mil.* insignia

эмигр|а́нт *m* [1], **~а́нтка** *f* [5; *g/pl.:* -ток], **~а́нтский** [16] emigrant; émigré; **~и́ровать** [7] (*im*)*pf.* emigrate

эми́ссия *f* [7] *денег* emission

эмоциона́льный [14; -лен, -льна] emotional

энерге́тика f [5] power engineering

энерги́|чный [14; -чен, -чна] energetic; forceful, drastic; **~ия** f [7] energy; fig. a. vigo(u)r; **~оёмкий** [16; -мок, -мка] power-consuming

энтузиа́зм m [1] enthusiasm

энциклопе́д|ия f [7] (a. **~и́ческий слова́рь** m) encyclop(a)edia

эпи|гра́мма f [5] epigram; **~де-ми́ческий** [16], **~де́мия** f [7] epidemic; **~зо́д** m [1] episode; **~ле́псия** f [7] epilepsy; **~ло́г** m [1] epilogue; **~тет** m [1] epithet; **~це́нтр** m [1] epicenter, Brt. -tre

э́по|с m [1] epic (literature), epos; **~ха** f [5] epoch, era, period (in **в** B)

эроти́ческий [16] erotic

эруди́ция f [5] erudition

эска́др|а f [5] naut. squadron; **~и́лья** f [6; g/pl.: -лий] ae. squadron

эс|кала́тор m [1] escalator; **~ки́з** m [1] sketch; **~кимо́с** m [1] Eskimo, Inuit; **~корти́ровать** [7] escort; **~ми́нец** m [1; -нца] naut. destroyer; **~се́нция** f [7] essence; **~тафе́та** f [5] relay race;

~тети́ческий [16] aesthetic

эсто́н|ец m [1; -нца], **~ка** f [5; g/pl.:-нок], **~ский** [16] Estonian

эстра́да f [5] stage, platform; → **варьете́**

эта́ж m [1 e.] floor, stor(e)y; **дом в три ~а** three-storied (Brt. -reyed) house

э́так(ий) coll. → **так(о́й)**

эта́п m [1] stage, phase; sport lap

э́тика f [5] ethics (a. pl.)

этике́тка f [5; g/pl.: -ток] label

этимоло́гия f [7] etymology

этногра́фия f [7] ethnography

э́т|от m, **~а** f, **~о** n, **~и** pl. [27] this, pl. these; su. this one; the latter; that; it; there

этю́д m [1] mus. étude, exercise; art lit. study, sketch; chess problem

эф|е́с m [1] (sword) hilt; **~и́р** m [1] ether; fig. air; **переда́ть в ~и́р** broadcast; **~и́рный** [14; -рен, -рна] ethereal

эффект|и́вность f [8] effectiveness, efficacy; **~и́вный** [14; -вен, -вна] efficacious; **~ный** [14; -тен, -тна] effective, striking

эх! int. eh!; oh!; ah!

эшело́н m [1] echelon; train

Ю

юбил|е́й m [3] jubilee, anniversary; **~е́й-ный** [14] jubilee...; **~я́р** m [1] pers. (or institution) whose anniversary is being marked

ю́бка f [5; g/pl.: ю́бок] culotte, split skirt

ювели́р m [1] jewel(l)er; **~ный** [14]) jewel(l)er's

юг m [1] south; **éхать на ~** travel south; → **восто́к**; **~о-восто́к** m [1] southeast; **~о-восто́чный** [14] southeast...; **~о-за́пад** m [1] southwest; **~о-за́падный** [14] southwest

ю́жный [14] south(ern); southerly

ю́зом adv. skidding

ю́мор m [1] humo(u)r; **~исти́ческий** [16] humorous; comic

ю́нга m [5] sea cadet

ю́ность f [8] youth (age)

ю́нош|а m [5; g/pl.:-шей] youth (person); **~ество** n [9] youth

ю́ный [14; юн, -á, -о] young, youthful

юри|ди́ческий [16] juridical, legal; of the law; **~ди́ческая консульта́ция** legal advice office; **~ско́нсульт** m [1] legal adviser

юри́ст m [1] lawyer; legal expert

ю́рк|ий [16; ю́рок, юрка́, -о] nimble, quick; **~нуть** [20] pf. scamper, dart (away)

ю́рта f [5] yurt, nomad's tent

юсти́ция f [7] justice

юти́ться [15 e.; ючу́сь, юти́шься] huddle together; take shelter

Я

я [20] I; **э́то я** it's me

я́бед|а coll. f [5] tell-tale; **~ничать** [1] tell tales; inform on

я́бло|ко m [9; pl.: -ки, -к] apple; *глазное* eyeball; **~ня** f [6] apple tree

яв|и́ть(ся) → **~ля́ть(ся)**; **~ка** f [5] appearance; attendance; rendezvous; *место* place of (secret) meeting; **~ле́ние** n [12] phenomenon; occurrence, event; *thea.* scene; **~ля́ть** [28], ⟨**~и́ть**⟩ [14] present; display, show; **~ся** appear, turn up; come; (T) be; **~ный** [14; я́вен, я́вна] obvious, evident; *вздор* sheer; **~ствовать** [7] follow (*logically*); be clear

ягнёнок m [2] lamb

я́год|а f [5], **~ный** [14] berry

я́годица f [5] buttock

яд m [1] poison; *fig. a.* venom

я́дерный [14] nuclear

ядови́тый [14 *sh.*] poisonous; *fig.* venomous

ядр|ёный coll. [14 *sh.*] *здоровый* strong, stalwart, *мороз* severe; **~ó** n [9; pl. st.; g/pl.: я́дер] kernel; *phys.*, nucleus; *fig.* core, pith

я́зв|а f [5] ulcer, sore; *fig.* plague; **~и́тельный** [14; -лен, -льна] sarcastic, caustic

язы́к m [1 e.] tongue; language (in **на** П); speech; **на ру́сском ~é** (*speak, write, etc.*) in Russian; **держа́ть ~ за зуба́ми** hold one's tongue; **~ово́й** [14] language...; linguistic; **~озна́ние** n [12] linguistics

язы́ч|еский [16] pagan; **~ество** n [9] paganism; **~ник** m [1] pagan

язычо́к m [1; -чка́] *anat.* uvula

яи́чн|ица f [5] (*a.* **~ица-глазу́нья**) fried eggs *pl.*; **~ый** [14] egg...

яйцо́ n [9; pl.: я́йца, яи́ц, я́йцам] egg; **~ вкруту́ю** (**всмя́тку**) hard-boiled (soft-boiled) egg

я́кобы allegedly; as it were

я́кор|ь m [4; pl.: -ря́, *etc.* e.] anchor (at **на** П); **стоя́ть на ~е** ride at anchor

я́м|а f [5] hole, pit; **~(оч)ка** [5; g/pl.: я́мо(че)к] dimple

ямщи́к m [1 e.] *hist.* coachman

янва́рь m [4 e.] January

янта́рь m [4 e.] amber

япо́н|ец m [1; -нца], **~ка** f [5; g/pl.: -нок], **~ский** [16] Japanese

я́ркий [16; я́рок, ярка́, -о; *comp.*: я́рче] *свет* bright; *цвет* vivid, rich; *пламя* blazing; *fig.* striking, outstanding

ярлы́к m [1 e.] label; **~марка** f [5; g/pl.: -рок] fair (at **на** П)

яров|о́й [14] *agric.* spring; *as su.* **~óе** spring crop

я́рост|ный [14; -тен, -тна] furious, fierce; **~ь** f [8] fury, rage

я́рус m [1] *thea.* circle; *geol.* layer

я́рый [14 *sh.*] ardent; vehement

я́сень m [4] ash tree

я́сли m/pl. [4; gen.: я́слей] day nursery, *Brt.* crèche

ясн|ови́дец m [1; -дца] clairvoyant; **~ость** f [8] clarity; **~ый** [14; я́сен, ясна́, -о] clear; bright; *погода* fine; (*отчётливый*) distinct; (*очевидный*) evident; *ответ* plain

я́стреб m [1; pl.: -ба́ & -бы] hawk

я́хта f [5] yacht

яче́|йка f [5; g/pl.: -е́ек] *biol. pol.* cell; **~йка па́мяти** *computer* storage cell; **~я́** f [6; g/pl.: яче́й] mesh

ячме́нь m [4 e.] barley; *med.* sty

я́щерица f [5] lizard

я́щик m [1] box, case, chest; *выдвига́ющийся* drawer; **почто́вый ~** mailbox (*Brt.* letter-box); **откла́дывать в до́лгий ~** shelve, put off

я́щур m [1] foot-and-mouth disease

English – Russian

English – Russian

A

a [ei, ə] *неопределённый артикль; как правило, не переводится;* ~ **table** стол; **ten r(o)ubles a dozen** де́сять рубле́й дю́жина

A [ei] *su.:* **from ~ to Z** от “А” до “Я”

aback [əˈbæk] *adv.:* **taken ~** поражён, озада́чен

abandon [əˈbændən] **1.** (*give up*) отка́зываться [-за́ться] от (P); (*desert*) оставля́ть [-а́вить], покида́ть [-и́нуть]; ~ **o.s.** предава́(ва́)ться (**to** Д); **2.** непринуждённость *f;* ~**ed** поки́нутый

abase [əˈbeis] унижа́ть [уни́зить]; ~**ment** [-mənt] униже́ние

abash [əˈbæʃ] смуща́ть [смути́ть]

abate [əˈbeit] *v/t.* уменьша́ть [-е́ньшить]; *of wind, etc. v/i.* утиха́ть [ути́хнуть]

abb|ess [ˈæbis] настоя́тельница монастыря́; ~**ey** [ˈæbi] монасты́рь *m;* ~**ot** [ˈæbət] абба́т, настоя́тель *m*

abbreviat|e [əˈbriːvieit] сокраща́ть [-рати́ть]; ~**ion** [əbriːviˈeiʃn] сокраще́ние

ABC [eiːbiːˈsiː] а́збука, алфави́т; **(as) easy as** ~ ле́гче лёгкого

abdicat|e [ˈæbdikeit] отрека́ться от престо́ла; *of rights, office* отка́зываться [-за́ться] от (P); ~**ion** [æbdiˈkeiʃn] отрече́ние от престо́ла

abdomen [ˈæbdəmən] брюшна́я по́лость *f, coll.* живо́т

aberration [æbəˈreiʃn] *judg(e)ment or conduct* заблужде́ние; *mental* помраче́ние ума́; *deviation* отклоне́ние от но́рмы; *astr.* аберра́ция

abeyance [əˈbeiəns] состоя́ние неизве́стности; **in** ~ **law** вре́менно отменённый

abhor [əbˈhɔː] ненави́деть; (*feel disgust*) пита́ть отвраще́ние (к Д); ~**rence** [əbˈhɒrəns] отвраще́ние; ~**rent** [-ənt] □ отврати́тельный

abide [əˈbaid] [*irr.*]: ~ **by** приде́рживаться (P); *v/t.* **not** ~ не терпе́ть

ability [əˈbiləti] спосо́бность *f*

abject [ˈæbdʒekt] □ жа́лкий; ~ **poverty** кра́йняя нищета́

ablaze [əˈbleiz]: **be** ~ пыла́ть; ~ **with anger** *of eyes, cheeks* пыла́ть гне́вом; ~ **with light** я́рко освещён(ный)

able [ˈeibl] □ спосо́бный; **be** ~ мочь, быть в состоя́нии; ~**-bodied** [-bɒdid] здоро́вый; го́дный

abnormal [æbˈnɔːml] ненорма́льный; анома́льный; *med.* ~ **psychology** психопатоло́гия

aboard [əˈbɔːd] *naut.* на су́дне, на борту́; **go** ~ сади́ться на су́дно (в самолёт; в авто́бус, на по́езд)

abolish [əˈbɒliʃ] отменя́ть [-ни́ть]; *of custom, etc.* упраздня́ть [-ни́ть]

A-bomb [ˈeibɒm] а́томная бо́мба

abomina|ble [əˈbɒminəbl] □ отврати́тельный; ~ **snowman** снежный челове́к; ~**tion** [əbɒmiˈneiʃn] отвраще́ние; *coll.* како́й-то *or* про́сто у́жас

aboriginal [æbəˈridʒənl] = **aborigine** [-ˈridʒini] *as su.* коренно́й жи́тель, тузе́мец *m*, -мка *f*, абориге́н; *as adj.* коренно́й, тузе́мный

abortion [əˈbɔːʃn] або́рт

abound [əˈbaund] быть в изоби́лии; изоби́ловать (**in** Т)

about [əˈbaut] **1.** *prp.* вокру́г (P); о́коло (P); о (П), об (П), обо (П) насчёт (P); у (P); про (В); **2.** *adv.* вокру́г, везде́; приблизи́тельно; **be** ~ **to** собира́ться

above [əˈbʌv] **1.** *prp.* над (Т); вы́ше (P); свы́ше (P); ~ **all** пре́жде всего́; **2.** *adv.* наверху́, наве́рх; вы́ше; **3.** *adj.* вышеска́занный; ~**board**

[-'bɔːd] *adv. & adj.* че́стный, откры́тый; **~mentioned** [-'menʃənd] вышеупомя́нутый

abrasion [ə'breɪʒn] *of skin* сса́дина

abreast [ə'brest] в ряд; **keep~ of** *fig.* быть в ку́рсе; **keep~ of the times** идти́ в но́гу со вре́менем

abridg|e [ə'brɪdʒ] сокраща́ть [-рати́ть]; **~(e)ment** [-mənt] сокраще́ние

abroad [ə'brɔːd] за грани́цей, за грани́цу; **there is a rumo(u)r~** хо́дит слух

abrogate ['æbrəgeɪt] *v/t.* отменя́ть [-ни́ть]; аннули́ровать *(im)pf.*

abrupt [ə'brʌpt] *(steep)* круто́й; *(sudden)* внеза́пный; *(blunt)* ре́зкий

abscess ['æbsɪs] нары́в, абсце́сс

abscond [əb'skɒnd] *v/i.* скры(ва́)ться, укры(ва́)ться

absence ['æbsəns] отсу́тствие; **~ of mind** рассе́янность *f*

absent 1. ['æbsənt] □ отсу́тствующий *(a. fig.)*; **2.** [æb'sent] **~ o.s.** отлуча́ться [-чи́ться]; **~-minded** рассе́янный

absolute ['æbsəluːt] □ абсолю́тный; *coll.* по́лный, соверше́нный

absorb [æb'sɔːb] впи́тывать [впита́ть], поглоща́ть [-лоти́ть] *(a. fig.)*; *of gas, etc.* абсорби́ровать *(im)pf.*; **~ing** [-ɪŋ] *fig.* увлека́тельный

abstain [əb'steɪn] возде́рживаться [-жа́ться] **(from** от Р)

abstention [æb'stenʃən] воздержа́ние

abstinence ['æbstɪnəns] уме́ренность *f; from drink* тре́звость *f*

abstract 1. ['æbstrækt] отвлечённый, абстра́ктный *(a. gr.)*; **2.** резюме́, кра́ткий обзо́р; **in the ~** теорети́чески; **3.** [æb'strækt] *(take out)* извлека́ть [-ле́чь]; *(purloin)* похища́ть [-хи́тить]; резюми́ровать *(im)pf.*; **~ed** [-ɪd] *of person* погружённый в свои́ мы́сли; **~ion** [-kʃn] абстра́кция

abstruse [æb'struːs] □ *fig.* непоня́тный, тёмный, мудрёный

abundan|ce [ə'bʌndəns] изоби́лие; **~t** [-dənt] □ оби́льный, бога́тый

abus|e [ə'bjuːs] **1.** *(misuse)* злоупотребле́ние; *(insult)* оскорбле́ние; *(curse)* брань *f;* **2.** [ə'bjuːz] злоупотребля́ть [-би́ть] (Т); [вы́]руга́ть; **~ive** [ə'bjuː-

siv] □ оскорби́тельный

abyss [ə'bɪs] бе́здна

acacia [ə'keɪʃə] ака́ция

academic|(al □) [ækə'demɪk(əl)] академи́ческий; **~ian** [əkædə'mɪʃn] акаде́мик

accede [æk'siːd]: **~ to** *(assent)* соглаша́ться [-аси́ться] (с Т); *of office* вступа́ть [-пи́ть] в (В)

accelerat|e [æk'seləreɪt] ускоря́ть [-о́рить]; **~or** [æk'seləreɪtə] *mot.* педа́ль га́за

accent ['æksənt] *(stress)* ударе́ние; *(mode of utterance)* произноше́ние, акце́нт; **~uate** [æk'sentjʊeɪt] де́лать и́ли ста́вить ударе́ние на (П); *fig.* подчёркивать [-черкну́ть]

accept [æk'sept] принима́ть [-ня́ть]; соглаша́ться [-гласи́ться] с (Т); **~able** [æk'septəbl] □ прие́млемый; *of a gift* прия́тный; **~ance** [æk'septəns] приня́тие; *(approval)* одобре́ние; *comm.* акце́пт

access ['ækses] до́ступ; *(way)* прохо́д, прое́зд; **easy of ~** досту́пный; **access code** *comput.* код до́ступа; **~ory** [æk'sesərɪ] соуча́стник (-ица); **~ible** [æk'sesəbl] □ досту́пный, достижи́мый; **~ion** [æk'seʃn]: **~ to the throne** вступле́ние на престо́л

accessory [æk'sesərɪ] □ **1.** дополни́тельный, второстепе́нный; **2.** *pl.* принадле́жности *f/pl.; gloves, etc.* аксессуа́ры

accident ['æksɪdənt] *(chance)* случа́йность *f; (mishap)* несча́стный слу́чай; *mot., tech.* ава́рия; *rail.* круше́ние; **~al** [æksɪ'dentl] случа́йный

acclaim [ə'kleɪm] **1.** аплоди́ровать, приве́тствовать; **2.** приве́тствие; ова́ция

acclimatize [ə'klaɪmətaɪz] акклиматизи́ровать(ся) *(im)pf.*

accommodat|e [ə'kɒmədeɪt] *(adapt)* приспособля́ть [-посо́бить]; предоста́вить жильё (Д); *(hold)* вмеща́ть [вмести́ть]; *comm.* вы́да(ва́)ть ссу́ду; **~ion** [əkɒmə'deɪʃn] жильё, помеще́ние

accompan|iment [ə'kʌmpənimənt] сопровожде́ние; аккомпанеме́нт; **~y** [-pəni] v/t. (escort) сопровожда́ть [-води́ть]; mus. аккомпани́ровать (Д)

accomplice [ə'kʌmplis] соуча́стник (-ица) (in crime)

accomplish [ə'kʌmpliʃ] (fulfill) выполня́ть [вы́полнить]; (achieve) достига́ть [-и́гнуть] (Р); (complete) заверша́ть [-и́ть]; **~ment** [-mənt] выполне́ние; достиже́ние

accord [ə'kɔːd] **1.** (agreement) согла́сие; соглаше́ние; **of one's own ~** по со́бственному жела́нию; **with one ~** единоду́шно; **2.** v/i. согласо́вываться [-сова́ться] (с Т), гармони́ровать (с Т); v/t. предоставля́ть [-ста́вить]; **~ance** [-əns] согла́сие; **in ~ with** в соотве́тствии с (Т); **~ing** [-iŋ]: **~ to** согла́сно (Д); **~ingly** [-iŋli] adv. соотве́тственно; таки́м о́бразом

accost [ə'kɒst] загова́ривать [-вори́ть] с (Т)

account [ə'kaunt] **1.** comm. счёт; (report) отчёт; (description) сообще́ние, описа́ние; **by all ~s** су́дя по всему́; **on no ~** ни в ко́ем слу́чае; **on ~ of** из-за (Р); **take into ~**, **take ~ of** принима́ть во внима́ние; **turn to (good) ~** испо́льзовать (im)pf. (с вы́годой); **call to ~** призыва́ть к отве́ту; **~ number** но́мер счёта; **2.** v/i.: **~ for** отвеча́ть [-е́тить] за (В); (explain) объясня́ть [-ни́ть]; v/t. (consider) счита́ть [счесть] (В/Т); **~able** [ə'kauntəbl] □ (responsible) отве́тственный (**to** пе́ред Т, **for** за В); **~ant** [-ənt] квалифици́рованный бухга́лтер

accredit [ə'kredit] of ambassador, etc. аккредитова́ть (im)pf.; (attribute) припи́сывать [-са́ть]; credit выдава́ть [-дать] креди́т

accrue [ə'kruː]: **~d interest** наро́сшие проце́нты

accumulat|e [ə'kjuːmjuleit] нака́пливать(ся) [-копи́ть(ся)]; скопля́ть(ся) [-пи́ть(ся)], (ся)]; **~ion** [əkjuːmjuː'leiʃn] накопле́ние; скопле́ние

accura|cy ['ækjurəsi] то́чность f, in shooting ме́ткость f; **~te** [-rit]

то́чный; of aim or shot ме́ткий

accurs|ed [ə'kɜːsid], **~t** [-st] прокля́тый

accus|ation [ækjuː'zeiʃn] обвине́ние; **~e** [ə'kjuːz] v/t. обвиня́ть [-ни́ть]; **~er** [-ə] обвини́тель m, -ница f

accustom [ə'kʌstəm] приуча́ть [-чи́ть] (**to** к Д); **get ~ed** привыка́ть [-вы́кнуть] (**to** к Д); **~ed** [-d] привы́чный; (inured) приу́ченный; (usual) обы́чный

ace [eis] туз; fig. первокла́ссный лётчик, ас; **be within an ~ of** быть на волосо́к от (Р)

acerbity [ə'sɜːbəti] те́рпкость f

acet|ic [ə'siːtik] у́ксусный

ache [eik] **1.** боль f; **2.** v/i. боле́ть

achieve [ə'tʃiːv] достига́ть [-и́гнуть] (Р); **~ment** [-mənt] достиже́ние

acid ['æsid] **1.** кислота́; **2.** ки́слый; fig. е́дкий; **~ rain** кисло́тный дождь

acknowledg|e [ək'nɒlidʒ] v/t. подтвержда́ть [-ерди́ть]; confess призна(ва́)ть; **~(e)ment** [-mənt] призна́ние; подтвержде́ние

acorn ['eikɔːn] bot. жёлудь m

acoustics [ə'kaustiks] аку́стика

acquaint [ə'kweint] v/t. [по]знако́мить; **~ o.s. with** ознако́миться с (Т); **be ~ed with** быть знако́мым с (Т); **~ance** [-əns] знако́мство; pers. знако́мый; **make s.o.'s ~** познако́миться с ке́м-л.

acquire [ə'kwaiə] v/t. приобрета́ть [-ести́]

acquisition [ækwi'ziʃn] приобрете́ние

acquit [ə'kwit] law v/t. опра́вдывать [-да́ть]; **~ o.s. well** хорошо́ прояви́ть себя́; **~tal** [-l] оправда́ние

acrid ['ækrid] о́стрый, е́дкий (a. fig.)

across [ə'krɒs] **1.** adv. поперёк; на ту сто́рону; **two miles ~** ширино́й в две ми́ли; **2.** prp. че́рез (В)

act [ækt] **1.** v/i. де́йствовать; поступа́ть [-пи́ть]; v/t. thea. игра́ть [сыгра́ть]; **2.** посту́пок; постановле́ние; зако́н; thea. де́йствие, акт; **~ing** [-iŋ] **1.** исполня́ющий обя́занности; **2.** thea. игра́

action ['ækʃn] (*conduct*) посту́пок; (*acting*) де́йствие; (*activity*) де́ятельность *f*; *mil.* бой; *law* иск; **take ~** принима́ть ме́ры

activ|e ['æktɪv] □ акти́вный; энерги́чный; де́ятельный; **~ity** [æk'tɪvɪtɪ] де́ятельность *f*, рабо́та; акти́вность *f*; эне́ргия

act|or ['æktə] актёр; **~ress** [-trɪs] актри́са

actual ['æktʃʊəl] □ действи́тельный; факти́ческий; **~ly** факти́чески, на са́мом де́ле

acute [ə'kjuːt] □ си́льный, о́стрый; (*penetrating*) проница́тельный

adamant ['ædəmənt] *fig.* непреклóнный

adapt [ə'dæpt] приспособля́ть [-посо́бить] (**to, for** к Д); *text* адапти́ровать; **~ o.s.** адапти́роваться; **~ation** [ædæp'teɪʃn] приспособле́ние; *of text* обрабо́тка; *of organism* адапта́ция

add [æd] *v/t.* прибавля́ть [-а́вить]; *math.* скла́дывать [сложи́ть]; *v/i.* увели́чи(ва)ть (**to** В)

addict [ə'dɪkt]: **drug ~** наркома́н; **~ed** [ə'dɪktɪd] скло́нный (**to** к Д)

addition [ə'dɪʃn] *math.* сложе́ние; прибавле́ние; **in ~** кро́ме того́, к тому́ же; **in ~ to** вдоба́вок к (Д); **~al** [-əl] доба́вочный, дополни́тельный

address [ə'dres] *v/t.* **1.** *a letter* адресова́ть (*im*)*pf.*; (*speak to*) обраща́ться [обрати́ться] к (Д); **2.** а́дрес; обраще́ние; речь *f*; **~ee** [ædre'siː] адреса́т

adept ['ædept] иску́сный; уме́лый

adequa|cy ['ædɪkwəsɪ] соотве́тствие; доста́точность *f*; адеква́тность; **~te** [-kwɪt] (*sufficient*) доста́точный; (*suitable*) соотве́тствующий, адеква́тный

adhere [əd'hɪə] прилипа́ть [-ли́пнуть] (**to** к Д); *fig.* приде́рживаться (**to** Р); **~nce** [-rəns] приве́рженность *f*, **~nt** [-rənt] приве́рженец (-нка)

adhesive [əd'hiːsɪv] □ ли́пкий, кле́йкий; **~ plaster** лейкопла́стырь *m*; **~ tape** ли́пкая ле́нта

adjacent [ə'dʒeɪsənt] □ сме́жный (**to** с Т), сосе́дний

adjoin [ə'dʒɔɪn] примыка́ть [-мкну́ть] к (Д); прилега́ть *pf.* к (Д)

adjourn [ə'dʒɜːn] *v/t.* (*suspend proceedings*) закрыва́ть [-ы́ть]; (*carry over*) переноси́ть [-нести́]; (*postpone*) отсро́чи(ва)ть; *parl.* де́лать переры́в; **~ment** [-mənt] отсро́чка; переры́в

administ|er [əd'mɪnɪstə] руководи́ть, управля́ть (Т); **~ justice** отправля́ть правосу́дие; **~ration** [ədmɪnɪ'streɪʃn] администра́ция; **~rative** [əd'mɪnɪstrətɪv] администрати́вный; исполни́тельный; **~rator** [əd'mɪnɪstreɪtə] администра́тор

admir|able ['ædmərəbl] превосхо́дный; замеча́тельный; **~ation** [ædmɪ'reɪʃən] восхище́ние; **~e** [əd'maɪə] восхища́ться [-и́ться] (Т); [по]любова́ться (Т *or* на В)

admiss|ible [əd'mɪsəbl] □ допусти́мый, прие́млемый; **~ion** [əd'mɪʃən] (*access*) вход; (*confession*) призна́ние; **~ fee** пла́та за вход

admit [əd'mɪt] *v/t.* (*let in*) впуска́ть [-сти́ть]; (*allow*) допуска́ть [-сти́ть]; (*confess*) призна(ва́)ть(ся); **~tance** [-əns] до́ступ, вход

admixture [əd'mɪkstʃə] при́месь *f*

admon|ish [əd'mɒnɪʃ] (*exhort*) увещ(ев)а́ть *impf.*; (*warn*) предостерега́ть [-ре́чь] (**of** от Р); **~ition** [ædmə'nɪʃn] увеща́ние; предостереже́ние

ado [ə'duː] суета́; хло́поты *f/pl.*; **without much ~** без вся́ких церемо́ний

adolescen|ce [ædə'lesəns] о́трочество; **~t** [-snt] **1.** подростко́вый; **2.** *person* подро́сток

adopt [ə'dɒpt] *v/t.* усыновля́ть [-ви́ть]; *girl* удочеря́ть [-ри́ть]; *resolution, etc.* принима́ть [-ня́ть]; **~ion** [ə'dɒpʃn] усыновле́ние; удочере́ние; приня́тие

ador|able [ə'dɔːrəbl] обожа́емый, преле́стный; **~ation** [ædə'reɪʃn] обожа́ние; **~e** [ə'dɔː] *v/t.* обожа́ть

adorn [ə'dɔːn] украша́ть [укра́сить]; **~ment** [-mənt] украше́ние

adroit [ə'drɔɪt] □ ло́вкий, иску́сный

adult ['ædʌlt] взрослый, совершенноле́тний

adulter|ate [ə'dʌltəreit] (*debase*) [ис]по́ртить; (*dilute*) разбавля́ть [-а́вить]; фальсифици́ровать (*im*)*pf*.; **~y** [-гɪ] наруше́ние супру́жеской ве́рности, адюльте́р

advance [əd'vɑːns] **1.** *v/i. mil.* наступа́ть; (*move forward*) продвига́ться [продви́нуться]; (*a. fig.*) де́лать успе́хи; *v/t.* продвига́ть [-и́нуть]; *idea, etc.* выдвига́ть [вы́двинуть]; плати́ть ава́нсом; **2.** *mil.* наступле́ние; *in studies* успе́х; прогре́сс; *of salary* ава́нс; **~d** [əd'vɑːnst] передово́й; *in years* преста́релый, пожило́й; **~ment** [-mənt] успе́х; продвиже́ние

advantage [əd'vɑːntɪdʒ] преиму́щество; (*benefit*) вы́года; **take ~ of** [вос]по́льзоваться (Т); **~ous** [ædvən'teɪdʒəs, ædvæn-] вы́годный, поле́зный, благоприя́тный

adventur|e [əd'ventʃə] приключе́ние; **~er** [-гə] иска́тель приключе́ний; авантюри́ст; **~ous** [-гəs] предприи́мчивый; авантю́рный

advers|ary ['ædvəsərɪ] (*antagonist*) проти́вник (-ица); (*opponent*) сопе́рник (-ица); **~e** ['ædvзːs] неблагоприя́тный; **~ity** [əd'vзːsɪtɪ] несча́стье, беда́

advertis|e ['ædvətaɪz] реклами́ровать (*im*)*pf*.; *in newspaper* помеща́ть [-ести́ть] объявле́ние; **~ement** [əd'vзːtɪsmənt] объявле́ние; рекла́ма; **~ing** ['ædvətaɪzɪŋ] рекла́мный

advice [əd'vaɪs] сове́т

advis|able [əd'vaɪzəbl] □ жела́тельный, целесообра́зный; **~e** [əd'vaɪz] *v/t.* [по]сове́товать (Д), [по]реко́мендова́ть; (*inform*) сообща́ть [-щи́ть]; **~er** [-ə] *official* сове́тник, *professional* консульта́нт

advocate 1. ['ædvəkət] сторо́нник (-ица); *law* адвока́т, защи́тник; **2.** [-keɪt] подде́рживать, *speak in favo(u)r of* выступа́ть [вы́ступить] (за В)

aerial ['eərɪəl] анте́нна; *outdoor* **~** нару́жная анте́нна

aero... [eərə] а́эро...; **~bics** [-bɪks] аэро́бика; **~drome** ['eərədrəum] аэродро́м; **~naut** [-nɔːt] аэрона́вт; **~nautics** [-nɔːtɪks] аэрона́втика; **~plane** [-pleɪn] самолёт; **~sol** [-sɔl] аэрозо́ль *m*; **~stat** [-stæt] аэроста́т

aesthetic [iːs'θetɪk] эстети́ческий; **~s** [-s] эсте́тика

afar [ə'fɑː] *adv.*: вдалеке́; *from* **~** издалека́

affable ['æfəbl] приве́тливый

affair [ə'feə] *business* де́ло; *love* любо́вная связь *f*, рома́н

affect [ə'fekt] *v/t.* [по]влия́ть на (В); заде́(ва́)ть; *med.* поража́ть [-рази́ть]; (*pretend*) притворя́ться [-ри́ться]; **~ation** [æfek'teɪʃən] жема́нство; **~ed** [ə'fektɪd] □ притво́рный; мане́рный; **~ion** [ə'fekʃn] привя́занность *f*, любо́вь *f*; **~ionate** [ə'fekʃnət] □ не́жный, ла́сковый, лю́бящий

affiliate [ə'fɪlieɪt] *v/t. join, attach* присоединя́ть [-ни́ть] (как филиа́л); **2.** доче́рняя компа́ния; компа́ния-филиа́л

affinity [ə'fɪnətɪ] *closeness* бли́зость *f*, *relationship* родство́; *attraction* влече́ние

affirm [ə'fзːm] утвержда́ть [-рди́ть]; **~ation** [æfə'meɪʃn] утвержде́ние; **~ative** [ə'fзːmətɪv] □ утверди́тельный

affix [ə'fɪks] прикрепля́ть [-пи́ть] (*to* к Д)

afflict [ə'flɪkt]: *be* **~ed** страда́ть (*with* Т, от Р); постига́ть [-и́чь *or* -и́гнуть]; **~ion** [ə'flɪkʃn] го́ре; неду́г

affluen|ce ['æfluəns] изоби́лие, бога́тство; **~t** [-ənt] □ оби́льный, бога́тый

afford [ə'fɔːd] позволя́ть [-во́лить] себе́; *I can* **~ it** я могу́ себе́ э́то позво́лить; *yield, give* (пре-)доставля́ть [-а́вить]

affront [ə'frʌnt] **1.** оскорбля́ть [-би́ть]; **2.** оскорбле́ние

afield [ə'fiːld] *adv.* вдалеке́; *far* **~** далеко́

afloat [ə'fləut] на воде́, на плаву́ (*a. fig.*)

afraid [ə'freɪd] испуганный; *be ~ of* бояться (P)

afresh [ə'freʃ] *adv.* снова, сызнова

African ['æfrɪkən] 1. африканец (-нка); 2. африканский

after ['ɑ:ftə] 1. *adv.* потом, после, затем; позади; *shortly ~* вскоре; 2. *prp.* за (T), позади (P); через (B); после (P); *time ~ time* сколько раз; *~ all* в конце концов; всё же; 3. *cj.* с тех пор, как; после того, как; 4. *adj.* последующий; **~math** ['ɑ:ftəmæθ] отава; *fig.* последствия *n/pl.*; **~noon** [-'nu:n] время после полудня; **~taste** (остающийся) привкус; **~thought** мысль, пришедшая поздно; **~wards** [-wədz] *adv.* впоследствии, потом

again [ə'gen] *adv.* снова, опять; *~ and ~, time and ~* неоднократно; снова и снова; *as much ~* ещё столько же

against [ə'genst] *prp.* против (P); о, об (B); на (B); *as ~* по сравнению с (T); *the wall ~* у стены, к стене

age [eɪdʒ] 1. век, возраст; года *m/pl.*; век, эпоха; *of ~* совершеннолетний; *under ~* несовершеннолетний; 2. *v/t.* [со]старить; *v/i.* [по]стареть; **~d** ['eɪdʒɪd] престарелый

agency ['eɪdʒənsɪ] агентство

agenda [ə'dʒendə] повестка дня

agent ['eɪdʒənt] агент; доверенное лицо; *chem.* средство

aggravate ['ægrəveɪt] (*make worse*) усугублять [-бить]; ухудшать [ухудшить]; (*irritate*) раздражать [-жить]

aggregate ['ægrɪgət] совокупность; общее число; *in the ~* в целом

aggress|ion [ə'greʃn] агрессия; **~or** [ə'gresə] агрессор

aghast [ə'gɑ:st] ошеломлённый, поражённый ужасом

agil|e ['ædʒaɪl] □ проворный, подвижный, живой; *~ mind* живой ум; **~ity** [ə'dʒɪlɪtɪ] проворство; живость *f*

agitat|e ['ædʒɪteɪt] *v/t.* [вз]волновать, возбуждать [-удить]; *v/i.* агитировать (*for* за B); **~ion** [ædʒɪ'teɪʃn] волнение; агитация

agnail ['ægneɪl] заусеница

ago [ə'gəu]: *a year ~* год тому назад;

long ~ давно; *not long ~* недавно

agonizing ['ægənaɪzɪŋ] мучительный

agony ['ægənɪ] агония; мучение

agree [ə'gri:] *v/i.* (*consent, accept*) соглашаться [-ласиться] (*to* с T, на B); *~ [up]on* (*settle, arrange*) уславливаться [условиться] о (P); (*reach a common decision*) договариваться [-вориться]; **~able** [-əbl] (*pleasing*) приятный; (*consenting*) согласный (*to* с T, на B); **~ment** [-mənt] согласие; (*contract, etc.*) соглашение, договор

agricultur|al [ægrɪ'kʌltʃərəl] сельскохозяйственный; **~e** ['ægrɪkʌltʃə] сельское хозяйство; земледелие; **~ist** [ægrɪ'kʌltʃərɪst] агроном

ahead [ə'hed] вперёд, впереди; *straight ~* прямо, вперёд

aid [eɪd] 1. помощь *f*; помощник (-ица); *pl.* (*financial, etc.*) пособия; 2. помогать [помочь] (Д)

AIDS [eɪdz] *med.* СПИД (синдром приобретённого иммунодефицита); **~infected** инфицированный СПИДом

ail|ing ['eɪlɪŋ] больной, нездоровый; **~ment** ['eɪlmənt] недомогание, болезнь *f*

aim [eɪm] 1. *v/i.* прицели(ва)ться (*at* в B); *fig. ~ at* иметь в виду; *v/t.* направлять [-равить] (*at* на B); 2. цель *f*, намерение; **~less** [eɪmlɪs] □ бесцельный

air¹ [eə] 1. воздух; *by ~* самолётом; авиапочтой; *go on the ~ of person* выступать [выступить] по радио; *in the ~* (*uncertain*) висеть в воздухе; *of rumour, etc.* носиться в воздухе; *clear the ~* разряжать [-ядить] атмосферу; 2. (*ventilate*) проветри(ва)ть(ся) (*a. fig.*)

air² [-] вид; *give o.s. ~s* важничать

air³ [-] *mus.* мелодия; песня

air|bag подушка безопасности; **~base** авиабаза; **~-conditioned** с кондиционированным воздухом; **~craft** самолёт; **~field** аэродром; **~force** военно-воздушные силы; **~ hostess** стюардесса; **~lift** воздушная перевозка; **~line** авиалиния; **~liner** (авиа)лайнер; **~mail** авиапо́чта; **~man** лётчик, авиа́тор; **~plane** *Am.* самолёт; **~port** аэропо́рт; **~ raid** возду́шный налёт; **~shelter** бомбоубе́жище; **~strip** взлётнопоса́дочная полоса́; **~tight** гермети́ческий

airy ['eəri] □ по́лный во́здуха; *of plans, etc.* беспе́чный, легкомы́сленный

aisle [aɪl] *thea.* прохо́д (ме́жду ряда́ми)

ajar [ə'dʒɑː] приоткры́тый

akin [ə'kɪn] ро́дственный, сро́дный (*to* Д)

alacrity [ə'lækrɪtɪ] гото́вность *f*; рве́ние

alarm [ə'lɑːm] **1.** трево́га; (*fear*) страх; *tech.* трево́жно-предупреди́тельная сигнализа́ция; **2.** [вс]трево́жить, [вз]волнова́ть; **~ clock** буди́льник; **~ing** [-ɪŋ] *adj.*: **~ news** трево́жные изве́стия *n/pl.*

album ['ælbəm] альбо́м

alcohol ['ælkəhɒl] алкого́ль *m*; спирт; **~ic** [ælkə'hɒlɪk] **1.** алкого́льный; **2.** алкого́лик; **~ism** ['ælkəhɒlɪzəm] алкоголи́зм

alcove ['ælkəʊv] алько́в, ни́ша

alder ['ɔːldə] ольха́

ale [eɪl] пи́во, эль *m*

alert [ə'lɜːt] **1.** □ (*lively*) живо́й, прово́рный; (*watchful*) бди́тельный; насторо́женный; **2.** сигна́л трево́ги; **on the ~** насторо́же

algorithm ['ælɡərɪðəm] алгори́тм

alien ['eɪlɪən] **1.** иностра́нный; чу́ждый; **2.** иностра́нец *m*, -ка *f*; **~ate** [-eɪt] *law* отчужда́ть; (*estrange*) отдаля́ть [-ли́ть]; (*turn away*) отта́лкивать [-толкну́ть]

alight[1] [ə'laɪt] сходи́ть [сойти́] (с Р)

alight[2] [-] *pred. adj.* (*on fire*) зажжённый; в огне́; (*lit up*) освещённый

align [ə'laɪn] выра́внивать(ся) [вы́ровнять(ся)]; **~ment** [-mənt] выра́внивание; (*arrangement*) расстано́вка

alike [ə'laɪk] **1.** *pred. adj.* (*similar*) подо́бный, похо́жий; (*as one*) одина́ковый; **2.** *adv.* то́чно так же; подо́бно

alimentary [ælɪ'mentərɪ]: **~ canal** пищевари́тельный тракт

alimony ['ælɪmənɪ] алиме́нты *m/pl.*

alive [ə'laɪv] (*living*) живо́й; (*alert, keen*) чу́ткий (**to** к Д); (*infested*) киша́щий (**with** Т); **be~ to** я́сно понима́ть

all [ɔːl] **1.** *adj.* весь *m*, вся *f*, всё *n*, все *pl*; вся́кий; всевозмо́жный; **for~ that** несмотря́ на то; **2.** всё, все; **at~** вообще́; **not at ~** во́все не; **not at ~!** не за что!; **for~ (that) I care** мне безразли́чно; **for ~ I know** наско́лько я зна́ю; **3.** *adv.* вполне́, всеце́ло, соверше́нно; **~ at once** сра́зу; **~ the better** тем лу́чше; **~ but** почти́; **~ right** хорошо́, ла́дно

allay [ə'leɪ] успока́ивать [-ко́ить]

allegation [ælɪ'ɡeɪʃn] голосло́вное утвержде́ние

allege [ə'ledʒ] утвержда́ть (без основа́ния)

allegiance [ə'liːdʒəns] ве́рность *f*, пре́данность *f*

allerg|**ic** [ə'lɜːdʒɪk] аллерги́ческий; **~y** ['ælədʒɪ] аллерги́я

alleviate [ə'liːvɪeɪt] облегча́ть [-чи́ть]

alley ['ælɪ] переу́лок; **blind ~** тупи́к

alliance [ə'laɪəns] сою́з

allocat|**e** ['æləkeɪt] *money* ассигнова́ть; *land, money* выделя́ть [вы́делить]; (*distribute*) распределя́ть [-ли́ть]; **~ion** [ælə'keɪʃn] распределе́ние

allot [ə'lɒt] *v/t.* распределя́ть [-ли́ть]; разда́(ва́)ть; **~ment** [-mənt] распределе́ние; до́ля, часть *f*; *Brt.* (*plot of land*) земе́льный уча́сток

allow [ə'laʊ] позволя́ть [-о́лить]; допуска́ть [-сти́ть]; *Am.* утвержда́ть; **~able** [-əbl] □ позволи́тельный; **~ance** [-əns] посо́бие, пе́нсия; *fin.* ски́дка; **make ~ for** принима́ть во внима́ние

alloy ['ælɔɪ] сплав

all-purpose многоцелево́й, универса́льный

all-round всесторо́нний

allude [ə'luːd] ссыла́ться [сосла́ться] (**to** на В); (*hint at*) намека́ть [-кну́ть] (**to** на В)

allur|**e** [ə'ljʊə] (*charm*) привлека́ть

[-ле́чь]; (*lure*) завлека́ть [-ле́чь]; ~**ing** привлека́тельный, зама́нчивый

allusion [ə'lu:ʒn] намёк, ссы́лка

ally [ə'laɪ] **1.** соединя́ть [-ни́ть] (*to, with* с Т); **2.** сою́зник

almighty [ɔ:l'maɪtɪ] всемогу́щий

almond [ɑ:mənd] минда́ль *m*

almost ['ɔ:lməʊst] почти́, едва́ не

alone [ə'ləʊn] оди́н *m*, одна́ *f*, одно́ *n*, одни́ *pl.*; одино́кий (-кая); *let* (*или* *leave*) ~ оста́вить *pf.* в поко́е; *let* ~ ... не говоря́ уже́ о ... (П)

along [ə'lɒŋ] **1.** *adv.* вперёд; *all* ~ всё вре́мя; ~ *with* вме́сте с (Т); *coll. get* ~ *with you!* убира́йтесь; **2.** *prp.* вдоль (Р), по (Д); ~**side** [~said] бок о́ бок, ря́дом

aloof [ə'lu:f]: *stand* ~ держа́ться в стороне́ *or* особняко́м

aloud [ə'laʊd] гро́мко, вслух

alpha|bet ['ælfəbet] алфави́т; ~**betic** [͵-'etik] а́збучный, алфави́тный; ~**numeric** *comput.* алфави́тно- *or* бу́квенно-цифрово́й

already [ɔ:l'redɪ] уже́

also ['ɔ:lsəʊ] та́кже, то́же

altar ['ɔ:ltə] алта́рь *m*

alter ['ɔ:ltə] *v/t.* & *v/i.* меня́т(ся) (*impf.*); изменя́ть(ся) [-ни́ть(ся)]; ~**ation** [ɔ:ltə'reɪʃn] измене́ние, переде́лка (*to* Р)

alternat|e **1.** ['ɔ:ltəneit] чередова́ть(ся); **2.** [ɔ:l'tɜ:nit] □ переме́нный; *alternating current* переме́нный ток; ~**ion** [ɔ:l'tɜ:neiʃn] чередова́ние; ~**ive** [ɔ:l'tɜ:nətɪv] **1.** альтернати́вный, переме́нно де́йствующий; **2.** альтернати́ва; вы́бор

although [ɔ:l'ðəʊ] хотя́

altitude ['æltɪtju:d] высота́

altogether [ɔ:ltə'geðə] (*entirely*) вполне́, соверше́нно; (*in general*; *as a whole*) в це́лом, в о́бщем

alumin(i)um [ælju'mɪnɪəm, *Am:* ə'lu:mɪnəm] алюми́ний

always ['ɔ:lweiz] всегда́

Alzheimer's disease ['æltshaɪməz] боле́знь Альцге́ймера

am [æm; *в предложении:* əm] [*irr.*] *1st pers. sg. pr. om* **be**

A.M. (*abbr. of* **ante meridiem**) утра́, у́тром

amalgamate [ə'mælgəmeit] *v/t.* объединя́ть [-ни́ть]; *v/i.* объединя́ться (*with* с Т)

amass [ə'mæs] соб(и)ра́ть; (*accumulate*) накопля́ть [-пи́ть]

amateur ['æmətə] люби́тель *m*, -ница *f*; дилета́нт *m*, -ка *f*, *attr.* люби́тельский

amaz|e [ə'meiz] изумля́ть [-ми́ть], поража́ть [порази́ть]; ~**ement** [-mənt] изумле́ние; ~**ing** [ə'meizɪŋ] удиви́тельный, порази́тельный

ambassador [æm'bæsədə] посо́л

amber ['æmbə] янта́рь *m*

ambigu|ity [æmbɪ'gju:ətɪ] двусмы́сленность *f*; ~**ous** [æm'bɪgjʊəs] □ двусмы́сленный

ambitio|n [æm'bɪʃn] честолю́бие; (*aim*) мечта́, стремле́ние; ~**us** [-ʃəs] честолюби́вый

amble ['æmbl] идти́ лёгкой похо́дкой, прогу́ливаться

ambulance ['æmbjʊləns] маши́на ско́рой по́мощи

ambush ['æmbʊʃ] заса́да

amenable [ə'mi:nəbl] (*tractable*) □ пода́тливый; (*obedient*) послу́шный; (*complaisant*) сгово́рчивый

amend [ə'mend] исправля́ть(ся) [-а́вить(ся)]; вноси́ть [внести́] попра́вки в (В); ~**ment** [-mənt] исправле́ние; попра́вка; ~**s** [ə'mendz]: *make* ~ *for* компенси́ровать (В)

amenity [ə'mi:nətɪ] *mst. pl.* удо́бства; *in town* места́ о́тдыха и развлече́ний; *of family life* пре́лести

American [ə'merɪkən] **1.** америка́нец *m*, -нка *f*; **2.** америка́нский

amiable ['eimjəbl] □ добуду́шный; (*sweet*) ми́лый

amicable ['æmɪkəbl] □ дружелю́бный, дру́жественный

amid(st) [ə'mɪd(st)] среди́ (Р), посреди́ (Р), ме́жду (Т)

amiss [ə'mɪs] *adv.* непра́вильно; *take* ~ обижа́ться [оби́деться]

amity ['æmɪtɪ] дру́жба

ammonia [ə'məʊnɪə] аммиа́к; *liquid*

нашатырный спирт

ammunition [æmju'nıʃn] боеприпасы *m/pl.*

amnesty ['æmnəstı] **1.** амнистия; **2.** амнистировать (*im*)*pf.*

among(st) [ə'mʌŋ(st)] среди (Р), между (Т *sometimes* Р)

amoral [eı'mɒrəl] □ аморальный

amorous ['æmərəs] □ (*in love*) влюблённый (*of* в В); (*inclined to love*) влюбчивый

amount [ə'maunt] **1.** ~ **to** равняться (Д); *fig.* быть равносильным; *it ~s to this* дело сводится к следующему; **2.** сумма, количество

ample ['æmpl] (*sufficient*) достаточный, (*abundant*) обильный; (*spacious*) просторный

ampli|fier ['æmplıfaıə] *el.* усилитель *m*; **~fy** [-faı] уси́ли(ва)ть; (*expand*) расширять [-ирить]; **~tude** [-tju:d] широта, размах; амплитуда

ampoule ['æmpu:l] ампула

amputate ['æmpjuteıt] ампутировать (*im*)*pf.*

amuse [ə'mju:z] забавлять, позабавить *pf.*, развлекать [-ечь]; **~ment** [-mənt] развлечение, забава; **~ park** площадка с аттракционами

an [æn, ən] *неопределённый артикль*

an(a)emi|a [ə'ni:mıə] анемия; **~c** [-mık] анемичный

an(a)esthetic [ænıs'θetık] обезболивающее средство; *general* ~ общий наркоз; *local* ~ местный наркоз

analog|ous [ə'næləgəs] □ аналогичный, сходный; **~y** [ə'nælədʒı] аналогия, сходство

analysis [ə'næləsıs] анализ

analyze, *Brit.* **-yse** ['ænəlaız] анализировать (*im*)*pf.*, *pf. a.* [про-]

anarchy ['ænəkı] анархия

anatomy [ə'nætəmı] (*science*) анатомия; (*dissection*) анатомирование; (*analysis*) разбор; (*human body*) тело

ancest|or ['ænsıstə] предок; **~ral** [æn'sestrəl] родовой; **~ry** ['ænsestrı] (*lineage*) происхождение; (*ancestors*) предки *m/pl.*

anchor ['æŋkə] **1.** якорь *m*; *at* ~ на якоре; **2.** *come to* ~ становиться [стать] на якорь

anchovy ['æntʃəvı] анчоус

ancient [eınʃənt] древний; античный

and [ənd, ən, ænd] и; а

anew [ə'nju:] (*again*) снова; (*in a different way*) по-новому, заново

angel ['eındʒəl] ангел; **~ic(al** □) [æn'dʒelık(l)] ангельский

anger ['æŋgə] **1.** гнев; **2.** [рас]сердить

angle[1] ['æŋgl] угол; (*viewpoint*) точка зрения

angle[2] ['æŋgl] [~] удить рыбу; *fig.* напрашиваться (*for* на В); **~r** [-ə] рыболов

Anglican ['æŋglıkən] **1.** член англиканской церкви; **2.** англиканский

angry ['æŋgrı] сердитый (*with* на В)

anguish ['æŋgwıʃ] страдание, мука

angular ['æŋgjulə] *mst. fig.* угловатый; (*awkward*) неловкий

animal ['ænıml] **1.** животное; *pack* ~ вьючное животное; **2.** животный; ~ *kingdom* животное царство

animat|e ['ænımeıt] оживлять [-вить]; **~ion** [ænı'meıʃn] живость *f*; оживление

animosity [ænı'mɒsətı] враждебность *f*

ankle ['æŋkl] лодыжка

annals ['ænlz] *pl.* летопись *f*

annex [ə'neks] аннексировать (*im*)*pf.*; присоединять [-нить]; **~ation** [ænek'seıʃn] аннексия

annex(e) ['ænəks] (*to a building*) пристройка; крыло; (*to document, etc.*) приложение

annihilate [ə'naıəleıt] уничтожать [-ожить], истреблять [-бить]

anniversary [ænı'vɜ:sərı] годовщина

annotat|e ['ænəteıt] аннотировать (*im*)*pf.*; снабжать примечаниями; **~ion** [ænə'teıʃn] аннотация; примечание

announce [ə'nauns] объявлять [-вить]; заявлять [-вить]; **~ment** [-mənt] объявление, заявление; *on the radio, etc.* сообщение; **~r** [-ə] *radio* диктор

annoy [ə'nɔı] надоедать [-есть] (Д); досаждать [досадить] (Д); раздра-

~ance [-əns] доса́да; раздраже́ние; неприя́тность f

annual ['ænjuəl] **1.** *publication* □ ежего́дный; годово́й; **2.** *plant* ежего́дник; однолетнее расте́ние

annul [ə'nʌl] аннули́ровать (*im*)*pf.*; отменя́ть [-ни́ть]; *contract* расторга́ть [-о́ргнуть]; **~ment** [-mənt] отме́на, аннули́рование

anodyne ['ænədaɪn] болеутоля́ющее сре́дство; успока́ивающее сре́дство

anomalous [ə'nɒmələs] □ *adj.* анома́льный

anonymous [ə'nɒnɪməs] □ анони́мный

another [ə'nʌðə] друго́й, ещё; *one after ~* оди́н за други́м; *quite ~ thing* совсе́м друго́е де́ло

answer ['ɑːnsə] **1.** *v/t.* отвеча́ть [-е́тить] (Д); (*fulfil*) удовлетворя́ть [-ри́ть]; **~ back** дерзи́ть; **~ the bell** or **door** открыва́ть дверь на звоно́к; **~ the telephone** взять *or* снять тру́бку; *v/i.* отвеча́ть [-е́тить] (*to a p.* Д, *to a question* на вопро́с); **~ for** отвеча́ть [-е́тить] за (В); **2.** отве́т (*to* на В); реше́ние *a.* math.; **~able** ['ɑːnsərəbl] □ отве́тственный; **~ing machine** автоотве́тчик

ant [ænt] мураве́й

antagonism [æn'tægənɪzəm] антагони́зм, вражда́

antagonize [æn'tægənaɪz] настра́ивать [-ро́ить] (*against* про́тив Р)

antenatal [æntɪ'neɪtl]: **~ clinic** *approx.* же́нская консульта́ция

antenna [æn'tenə] *Am.* → **aerial**

anterior [æn'tɪərɪə] *of time* предше́ствующий (*to* Д); *of place* пере́дний

anthem ['ænθəm] хора́л, гимн; *national ~* госуда́рственный гимн

anti... [ænti...] противо..., анти...

antiaircraft [æntɪ'ɛəkrɑːft] противовозду́шный; **~ defence** противовозду́шная оборо́на (ПВО)

antibiotic [-baɪ'ɒtɪk] антибио́тик

anticipat|e [æn'tɪsɪpeɪt] (*foresee*) предви́деть, предчу́вствовать; (*expect*) ожида́ть; предвкуша́ть [-уси́ть]; (*forestall*) предупрежда́ть [-реди́ть];

~ion [æntɪsɪ'peɪʃn] ожида́ние; предчу́вствие; *in ~* в ожида́нии, в предви́дении

antics ['æntɪks] ша́лости *f/pl.*, прока́зы *f/pl.*, проде́лки *f/pl.*

antidote ['æntɪdəut] противоя́дие

antipathy [æn'tɪpəθɪ] антипа́тия

antiqua|ry ['æntɪkwərɪ] антиква́р; **~ted** [-kweitɪd] устаре́лый; (*old-fashioned*) старомо́дный

antiqu|e [æn'tiːk] **1.** анти́чный; стари́нный; **2.** *the ~* (*art*) анти́чное иску́сство; **~ity** [æn'tɪkwəti] дре́вность f; старина́; анти́чность f

antiseptic [æntɪ'septɪk] антисепти́ческое сре́дство

antlers ['æntləz] *pl.* оле́ньи рога́ *m/pl.*

anvil ['ænvɪl] накова́льня

anxiety [æŋ'zaɪətɪ] (*worry*) беспоко́йство, (*alarm*) трево́га; (*keen desire*) стра́стное жела́ние; (*apprehension*) опасе́ние

anxious ['æŋkʃəs] озабо́ченный; беспоко́ящийся (*about, for* о П); *of news, warning signals, etc.* трево́жный

any ['enɪ] **1.** *pron. & adj.* како́й-нибудь; вся́кий, любо́й; *at ~ rate* во вся́ком слу́чае; *not ~* никако́й; **2.** *adv.* ско́лько-нибудь, ниско́лько; **~body, ~one** кто́-нибудь; вся́кий; **~how** ка́к-нибудь; так и́ли ина́че, всё же; **~thing** что́-нибудь; **~ but** то́лько не...; **~where** где́-нибудь, куда́-нибудь

apart [ə'pɑːt] отде́льно; по́рознь; **~ from** кро́ме (Р); **~ment** [-mənt] → **flat** *Brt.*; *mst. pl.* апартаме́нты *m/pl.*; *Am.* кварти́ра; **~ house** многокварти́рный дом

ape [eɪp] **1.** обезья́на; **2.** подража́ть (Д), [c]обезья́нничать

aperient [ə'pɪərɪənt] слаби́тельное

aperitif [ə'perɪtɪf] аперити́в

aperture ['æpətʃə] отве́рстие; *phot.* диафра́гма

apex ['eɪpeks] верши́на

apiece [ə'piːs] за шту́ку; за ка́ждого, с челове́ка

apolog|etic [əpɒlə'dʒetɪk] (**~ally**): *be ~* извиня́ться [-ни́ться] (*about, for* за В); **~ air** винова́тый вид; **~ize**

[ə'pɒlədʒaɪz] извиня́ться [-ни́ться] (*for* за В; *to* пе́ред Т); **~y** [-dʒɪ] извине́ние

apoplectic [æpə'plektɪk]: **~ stroke** уда́р, инсу́льт

apostle [ə'pɒsl] апо́стол

apostrophe [ə'pɒstrəfɪ] *gr.* апостро́ф

appall *or Brt.* **appal** [ə'pɔːl] ужаса́ть [-сну́ть]

apparatus [æpə'reɪtəs] прибо́р; аппарату́ра, аппара́т; *sport* снаря́ды *m/pl.*

appar|ent [ə'pærənt] (*obvious*) очеви́дный; (*visible, evident*) ви́димый; *for no ~ reason* без ви́димой причи́ны; **~ently** по-ви́димому; **~ition** [æpə'rɪʃən] при́зрак

appeal [ə'piːl] **1.** апелли́ровать (*im*)*pf.*; обраща́ться [обрати́ться] (*to* к Д); (*attract*) привлека́ть [-е́чь] (*to* В); *law* обжа́ловать; **2.** воззва́ние, призы́в; привлека́тельность *f*; обжа́лование; **~ing** [-ɪŋ] (*moving*) тро́гательный; (*attractive*) привлека́тельный

appear [ə'pɪə] появля́ться [-ви́ться]; (*seem*) пока́зываться [-за́ться]; *on stage etc.* выступа́ть [вы́ступить]; *it ~s to me* мне ка́жется; **~ance** [ə'pɪərəns] появле́ние; вне́шний вид; *person's* вне́шность *f*, **~ances** *pl.* прили́чия *n/pl.*; *keep up~* соблюда́ть прили́чия

appease [ə'piːz] умиротворя́ть [-ри́ть]; успока́ивать [-ко́ить]

append [ə'pend] прилага́ть [-ложи́ть] (к Д); **~icitis** [əpendɪ'saɪtɪs] аппендици́т; **~ix** [ə'pendɪks] *of a book, etc.* приложе́ние; *anat.* аппе́ндикс

appetite ['æpɪtaɪt] аппети́т (*for* на В); *fig.* влече́ние, скло́нность *f* (*for* к Д)

appetizing ['æpɪtaɪzɪŋ] аппети́тный

applaud [ə'plɔːd] *v/t.* аплоди́ровать (Д); (*approve*) одобря́ть [одо́брить]

applause [ə'plɔːz] аплодисме́нты *m/pl*; *fig.* (*approval*) одобре́ние

apple [æpl] я́блоко; **~ of discord** я́блоко раздо́ра; **~ tree** я́блоня

appliance [ə'plaɪəns] устро́йство, приспособле́ние, прибо́р

applica|ble ['æplɪkəbl] примени́мый, (*appropriate*) подходя́щий (*to* к Д);

delete where **~** зачеркни́те, где необходи́мо; **~nt** [-kənt] кандида́т (*for* на В); *not* **~** не отно́сится (*to* к Д); **~tion** [æplɪ'keɪʃn] примене́ние; заявле́ние; про́сьба (*for* о П); *send in an* **~** пода́ть заявле́ние, зая́вку

apply [ə'plaɪ] *v/t.* (*bring into action*) прилага́ть [-ложи́ть] (*to* к Д); (*lay or spread on*) прикла́дывать [приложи́ть]; (*use*) применя́ть [-ни́ть] (*to* к Д); **~ o.s. to** занима́ться [заня́ться] (Т); *v/i.* (*approach, request*) обраща́ться [обрати́ться] (*for* за Т; *to* к Д); (*concern, relate to*) относи́ться

appoint [ə'pɔɪnt] назнача́ть [-на́чить], **~ment** [-mənt] назначе́ние; (*meeting*) встре́ча; (*agreement*) договорённость *f*; *by* **~** по предвари́тельной договорённости, по за́писи

apportion [ə'pɔːʃn] разделя́ть [-ли́ть]

apprais|al [ə'preɪzl] оце́нка; **~e** [ə'preɪz] оце́нивать [-ни́ть], расце́нивать [-ни́ть]

apprecia|ble [ə'priːʃəbl] □ заме́тный, ощути́мый; **~te** [-ɪeɪt] *v/t.* оце́нивать [-ни́ть]; [о]цени́ть; (*understand*) понима́ть [-ня́ть]; *v/i.* повыша́ться [-вы́ситься] в цене́; **~tion** [əpriːʃɪ'eɪʃn] (*gratitude*) призна́тельность *f*; оце́нка, понима́ние

apprehen|d [æprɪ'hend] (*foresee*) предчу́вствовать; (*fear*) опаса́ться; (*seize, arrest*) заде́рживать [-жа́ть], аресто́вывать [-ова́ть]; **~sion** [-'henʃn] опасе́ние, предчу́вствие; аре́ст; **~sive** [-'hensɪv] □ озабо́ченный, по́лный трево́ги

apprentice [ə'prentɪs] учени́к; **~ship** [-ʃɪp] уче́ние, учени́чество

approach [ə'prəʊtʃ] **1.** приближа́ться [-бли́зиться] к (Д); (*speak to*) обраща́ться [обрати́ться] к (Д); **2.** приближе́ние; по́дступ; *fig.* подхо́д; **~ing** [-ɪŋ] приближа́ющийся; **~ traffic** встре́чное движе́ние

approbation [æprə'beɪʃn] одобре́ние; са́нкция, согла́сие

appropriate 1. [ə'prəʊprɪeɪt] (*take possession of*) присва́ивать [-сво́ить]; **2.** [-ət] (*suitable*) подходя́щий, соотве́тствующий

approv|al [ə'pruːvl] одобре́ние; утвержде́ние; **~e** [ə'pruːv] одобря́ть [одо́брить]; утвержда́ть [-ди́ть]; санкциони́ровать *(im)pf.*

approximate 1. [ə'prɒksɪmeɪt] приближа́ть(ся) [-бли́зить(ся)] к (Д); **2.** [-mət] приблизи́тельный

apricot ['eɪprɪkɒt] абрико́с

April ['eɪprəl] апре́ль *m*

apron ['eɪprən] пере́дник, фа́ртук

apt [æpt] □ *(suitable)* подходя́щий, *(pertinent)* уме́стный; *(gifted)* спосо́бный; **~ to** скло́нный к (Д); **~itude** ['æptɪtjuːd], **~ness** [-nɪs] спосо́бность *f*; скло́нность *f (for, to* к Д); уме́стность *f*

aqualung ['ækwəlʌŋ] аквала́нг

aquarium [ə'kweərɪəm] аква́риум

Aquarius [ə'kweərɪəs] Водоле́й

aquatic [ə'kwætɪk] **1.** водяно́й, во́дный; **2. ~s** *pl.* во́дный спорт

aqueduct ['ækwɪdʌkt] акведу́к

Arab ['ærəb] ара́б *m*, -ка *f*; **~ic** ['ærəbɪk] **1.** ара́бский язы́к; **2.** ара́бский

arable ['ærəbl] па́хотный

arbit|er ['ɑːbɪtə] *(judge)* арби́тр; *(third party)* трете́йский судья́; **~rariness** ['ɑːbɪtrərɪnɪs] произво́л; **~rary** [ˌɪ_trərɪ] произво́льный; **~rate** [ɑːbɪtreɪt] выступа́ть в ка́честве арби́тра; **~ration** [ɑːbɪ'treɪʃn] арбитра́ж; **~rator** ['ɑːbɪtreɪtə] трете́йский судья́, арби́тр

arbo(u)r ['ɑːbə] бесе́дка

arc [ɑːk] дуга́; **~ade** [ɑː'keɪd] *(covered passageway)* арка́да; *with shops* пасса́ж

arch¹ [ɑːtʃ] **1.** а́рка, свод, дуга́; **2.** придава́ть фо́рму а́рки; выгиба́ться

arch² [-] **1.** хи́трый, лука́вый; **2.** *pref.* архи...; гла́вный

archaic [ɑː'keɪɪk] *(~ally)* устаре́лый, устаре́вший; дре́вний

archbishop [ɑːtʃ'bɪʃəp] архиепи́скоп

archery ['ɑːtʃərɪ] стрельба́ из лу́ка

architect ['ɑːkɪtekt] архите́ктор; **~ural** [ɑːkɪ'tektʃərəl] архитекту́рный; **~ure** ['ɑːkɪtektʃə] архитекту́ра

archway ['ɑːtʃweɪ] сводча́тый прохо́д

arctic ['ɑːktɪk] аркти́ческий; *the Arc-*

tic А́рктика

ardent ['ɑːdənt] □ *mst. fig.* горя́чий, пы́лкий; я́рый

ardo(u)r ['ɑːdə] рве́ние, пыл

arduous ['ɑːdjʊəs] □ тру́дный

are [ɑː; *в предложении:* ə] → **be**

area ['eərɪə] *(measurement)* пло́щадь *f*; **~ of a triangle** пло́щадь треуго́льника; *(region)* райо́н, край, зо́на; *(sphere)* о́бласть

Argentine ['ɑːdʒəntaɪn] **1.** аргенти́нский; **2.** аргенти́нец *m*, -нка *f*

argue ['ɑːgjuː] *v/t.* обсужда́ть [-уди́ть]; дока́зывать [-за́ть]; **~ a p. into** убежда́ть [убеди́ть] в (П); *v/i.* [по]спо́рить (с Т); **~ against** приводи́ть до́воды про́тив (Р)

argument ['ɑːgjʊmənt] до́вод, аргуме́нт; *(discussion, debate)* спор; **~ation** [ɑːgjʊmen'teɪʃn] аргумента́ция

arid ['ærɪd] сухо́й *(a. fig.)*; засу́шливый

Aries ['eəriːz] Ове́н

arise [ə'raɪz] *(get up, stand up)* встава́ть [встать]; *(fig., come into being)* возника́ть [-ни́кнуть] *(from* из Р); явля́ться [яви́ться] результа́том *(from* из Р); **~n** [ə'rɪzn] *p. pt. om* **arise**

aristocra|cy [ærɪ'stɒkrəsɪ] аристокра́тия; **~t** ['ærɪstəkræt] аристокра́т; **~tic** [ærɪstə'krætɪk] аристократи́ческий

arithmetic [ə'rɪθmətɪk] арифме́тика

ark [ɑːk]: *Noah's ~* Но́ев ковче́г

arm¹ [ɑːm] рука́; *(sleeve)* рука́в

arm² [-] вооружа́ть(ся) [-жи́ть(ся)]; **~ed forces** вооружённые си́лы

armament ['ɑːməmənt] вооруже́ние

armchair ['ɑːmtʃeə] кре́сло

armful ['ɑːmfʊl] оха́пка

armistice ['ɑːmɪstɪs] переми́рие

armo(u)r ['ɑːmə] *hist.* доспе́хи *m/pl.*; броня́; **~y** [-rɪ] арсена́л; оруже́йная пала́та

armpit ['ɑːmpɪt] подмы́шка

arms [ɑːmz] ору́жие

army ['ɑːmɪ] а́рмия; *fig.* мно́жество

arose [ə'rəʊz] *pt. om* **arise**

around [ə'raʊnd] **1.** *adv.* всю́ду, круго́м; **2.** *prp.* вокру́г (Р)

arouse [ə'raʊz] [раз]буди́ть *(a. fig.)*;

fig. возбуждать [-удить]; *interest, envy etc.* вызывать [вызвать]

arrange [əˈreɪndʒ] приводить в порядок; *a party etc.* устраивать [-роить]; *(agree in advance)* уславливаться [условиться]; *mus.* аранжировать *(im)pf.*; **~ment** [-mənt] устройство; расположение; соглашение, мероприятие; *mus.* аранжировка

array [əˈreɪ] *fig. assemblage* множество, *display* коллекция; целый ряд

arrear(s) [əˈrɪə] *mst. pl.* отставание; задолженность *f*

arrest [əˈrest] **1.** арест, задержание; **2.** арестовывать [-овать], задерживать [-жать]

arriv|al [əˈraɪvl] прибытие, приезд; **~als** *pl.* прибывшие *pl.*; **~e** [əˈraɪv] прибы(ва)ть; приезжать [-ехать] *(at* в, на В)

arroga|nce [ˈærəɡəns] надменность *f*, высокомерие; **~nt** [-nt] надменный, высокомерный

arrow [ˈærəʊ] стрела; *as symbol on road sign, etc.* стрелка

arsenal [ˈɑːsənl] арсенал

arsenic [ˈɑːsnɪk] мышьяк

arson [ˈɑːsn] *law* поджог

art [ɑːt] искусство; *fine* **~s** изящные *or* изобразительные искусства

arter|ial [ɑːˈtɪərɪəl]: **~ road** магистраль *f*; **~y** [ˈɑːtərɪ] *anat.* артерия

artful [ˈɑːtfəl] ловкий; хитрый

article [ˈɑːtɪkl] *(object)* предмет, вещь *f*; *(piece of writing)* статья; *(clause)* пункт, параграф; артикль *m*

articulat|e [ɑːˈtɪkjʊleɪt] **1.** отчётливо, ясно произносить; **2.** [-lət] отчётливый; членораздельный; **~ion** [ɑːtɪkjʊˈleɪʃn] артикуляция

artificial [ɑːtɪˈfɪʃl] искусственный

artillery [ɑːˈtɪlərɪ] артиллерия; **~man** [-mən] артиллерист

artisan [ɑːtɪˈzæn] ремесленник

artist [ˈɑːtɪst] художник (-ица); *(actor)* актёр, актриса; **~e** [ɑːˈtiːst] артист(-ка); **~ic(al** □) [ɑːˈtɪstɪk(l)] артистический, художественный

artless [ˈɑːtlɪs] естественный; *(ingenuous)* простодушный; *(unskilled)* не-

искусный

as [əz, æz] *cj. a. adv.* когда; в то время как; так как; хотя; **~ far ~ I know** насколько мне известно; **~ it were** так сказать; как бы; **~ well** также; в такой же мере; *such* **~** такой как; как например; **~ well ~** и … и …; *prp.* **~ for, ~ to** что касается (Р); **~ from** с (Р)

ascend [əˈsend] подниматься [-няться]; восходить [взойти]

ascension [əˈsenʃn] 2 *(Day)* Вознесение

ascent [əˈsent] восхождение; *(upward slope)* подъём

ascertain [æsəˈteɪn] удостоверяться [-вериться] в (П); устанавливать [-новить]

ascribe [əˈskraɪb] приписывать [-сать] (Д/В)

aseptic [eɪˈseptɪk] *med.* асептический, стерильный

ash[1] [æʃ] *bot.* ясень *m*; *mountain* **~** рябина

ash[2] [-] *mst. pl.* **~es** [ˈæʃɪz] зола, пепел

ashamed [əˈʃeɪmd] пристыжённый; *I'm* **~ of you** мне стыдно за тебя; *feel* **~ of o.s.** стыдиться

ash can *Am.* ведро для мусора

ashen [ˈæʃən] пепельного цвета; *(pale)* бледный

ashore [əˈʃɔː] на берег, на берегу

ashtray пепельница

ashy [ˈæʃɪ] *of or relating to ashes* пепельный

Asian [ˈeɪʃn] **1.** азиатский; **2.** азиат *m*, -ка *f*

aside [əˈsaɪd] в сторону, в стороне

ask [ɑːsk] *v/t. (request)* [по]просить *(a th. of, from a p.* что-нибудь у кого-нибудь); **~ that** просить, чтобы …; *(inquire)* спрашивать [спросить]; **~ (a p.) a question** задавать вопрос (Д); *v/i.* **~ for** [по]просить (В *or* Р *o* П)

askance [əˈskæns]: *look* **~** косо посмотреть *(at* на В)

askew [əˈskjuː] криво

asleep [əˈsliːp] спящий; *be* **~** спать

asparagus [əˈspærəɡəs] спаржа

aspect [ˈæspekt] вид *(a. gr.)*; аспект, сторона

aspen ['æspən] оси́на

asperity [æ'sperɪtɪ] (*sharpness*) ре́зкость *f*; **with ~** ре́зко; (*severity*) суро́вость *f*

asphalt ['æsfælt] **1.** асфа́льт; **2.** покрыва́ть асфа́льтом

aspir|ation [æspə'reɪʃn] стремле́ние; **~e** [ə'spaɪə] стреми́ться (**to, after, at** к Д)

aspirin ['æsprɪn] аспири́н

ass [æs] осёл (*a. fig.*); **make an ~ of o.s.** поста́вить себя́ в глу́пое положе́ние; *coll.* сваля́ть дурака́

assail [ə'seɪl] (*attack*) напада́ть [-па́сть] на (В); *fig.* энерги́чно бра́ться за; **with questions** засыпа́ть [засы́пать] вопро́сами; **~ant** [-ənt] напада́ющий

assassin [ə'sæsɪn] уби́йца *m/f*; **~ate** [-ɪneɪt] уби́(ва́)ть; **~ation** [əsæsɪ'neɪʃn] уби́йство

assault [ə'sɔːlt] **1.** нападе́ние; *mil.* ата́ка, штурм; **2.** напада́ть [напа́сть], набра́сываться [-ро́ситься] на (В)

assembl|e [ə'sembl] (*gather*) собира́ть(ся) [-бра́ть(ся)]; *tech.* [с]монти́ровать, собира́ть [-бра́ть]; **~y** [-ɪ] собра́ние; ассамбле́я; *tech.* сбо́рка

assent [ə'sent] **1.** согла́сие; **2.** соглаша́ться [-ласи́ться] (**to** на В; с Т)

assert [ə'sɜːt] утвержда́ть [-рди́ть]; **~ion** [ə'sɜːʃn] утвержде́ние

assess [ə'ses] оце́нивать [-ни́ть] (*a. fig.*); *taxes etc.* определя́ть [-ли́ть], устана́вливать [-нови́ть]; **~ment** [-mənt] *for taxation* обложе́ние; *valuation* оце́нка

asset ['æset] це́нное ка́чество; *fin.* статья́ дохо́да; **~s** *pl. fin.* акти́в(ы); **~ and liabilities** акти́в и пасси́в

assiduous [ə'sɪdjʊəs] приле́жный

assign [ə'saɪn] (*appoint*) назнача́ть [-на́чить]; (*allot*) ассигно́вывать, ассигнова́ть (*im*)*pf.*; (*charge*) поруча́ть [-чи́ть]; *room, etc.* отводи́ть [-вести́]; **~ment** [-mənt] назначе́ние; зада́ние, поруче́ние

assimilat|e [ə'sɪmɪleɪt] ассимили́ровать(ся) (*im*)*pf.*; (*absorb*) усва́ивать [-во́ить]; **~ion** [əsɪmɪ'leɪʃn] ассими-

ля́ция; усвое́ние

assist [ə'sɪst] помога́ть [-мо́чь] (Д), [по]соде́йствовать (*im*)*pf.* (Д); **~ance** [-əns] по́мощь *f*; **~ant** [-ənt] ассисте́нт(ка); помо́щник (-ица); **~ professor** *univ. Am.* ассисте́нт; **shop ~** *Brt.* продаве́ц

associa|te [ə'səʊʃɪeɪt] **1.** обща́ться (**with** с Т); (*connect*) ассоции́ровать(ся) (*im*)*pf.*; **2.** [-ʃɪət] колле́га *m*; соуча́стник; *comm.* компаньо́н; **~tion** [əsəʊsɪ'eɪʃn] ассоциа́ция; объедине́ние, о́бщество

assort|ed [ə'sɔːtɪd] разнообра́зный; **~ chocolates** шокола́д ассорти́ *indecl.*; **~ment** [-mənt] ассортиме́нт

assum|e [ə'sjuːm] (*suppose*) предполага́ть [-ложи́ть]; (*take up*) вступа́ть [-пи́ть]; **~ption** [ə'sʌmpʃn] предположе́ние; *eccl.* **Ꝺption** Успе́ние

assur|ance [ə'ʃʊərəns] увере́ние; (*confidence*) уве́ренность *f*; (*insurance*) страхо́вка; **~e** [ə'ʃʊə] уверя́ть [уве́рить]; **~edly** [-rɪdlɪ] *adv.* коне́чно, несомне́нно

aster ['æstə] *bot.* а́стра

astir [əs'tɜː] в движе́нии; на нога́х

astonish [ə'stonɪʃ] удивля́ть [-ви́ть], изумля́ть [-ми́ть]; **be ~ed** удивля́ться [-ви́ться] (**at** Д); **~ing** [-ɪʃɪŋ] удиви́тельный, порази́тельный; **~ment** [-mənt] удивле́ние, изумле́ние

astound [ə'staʊnd] поража́ть [порази́ть]

astrakhan [æstrə'kæn] (*lambskin*) кара́куль *m*

astray [ə'streɪ]: **go ~** заблуди́ться, сби́ться с пути́ (*a. fig.*); **lead s.o. ~** сбить с пути́ (и́стинного)

astride [ə'straɪd] верхо́м (**of** на П)

astringent [ə'strɪndʒənt] *med.* вя́жущее сре́дство

astro|logy [ə'strolədʒɪ] астроло́гия; **~nomer** [ə'stronəmə] астроно́м; **~nomy** [ə'stronəmɪ] астроно́мия

astute [ə'stjuːt] □ (*cunning*) хи́трый; (*shrewd*) проница́тельный; **~ness** [-nɪs] хи́трость *f*; проница́тельность *f*

asylum [ə'saɪləm] (*place of refuge*) убе́жище; (*shelter*) прию́т; (*mental in-*

stitution) сумасше́дший дом

at [æt, ət] *prp.* в (П, В); у (Р); при (П); на (П, В); о́коло (Р); за (Т); ~ *school* в шко́ле; ~ *the age of* в во́зрасте (Р); ~ *first* снача́ла; ~ *first sight* с пе́рвого взгля́да; на пе́рвый взгляд; ~ *last* наконе́ц

ate [et, eit] *pt. om* eat

atheism ['eiθiizəm] атеи́зм

athlet|e ['æθli:t] спортсме́н, атле́т; ~**ic(al** □) [æθ'letik(əl)] атлети́ческий; ~**ics** [æθ'letiks] *pl.* (лёгкая) атле́тика

atmospher|e ['ætməsfiə] атмосфе́ра (*a. fig.*); ~**ic(al** □) [ætməs'ferik(əl)] атмосфе́рный

atom ['ætəm] а́том; *not an* ~ *of truth* нет и до́ли и́стины; ~**ic** [ə'tɒmik] а́томный; ~ *pile* а́томный реа́ктор; ~ *power plant* а́томная электроста́нция; ~ *waste* отхо́ды а́томной промы́шленности

atone [ə'təun]: ~ *for* загла́живать [-ла́дить], искупа́ть [-пи́ть]

atroci|ous [ə'trəuʃəs] □ зве́рский, *coll.* ужа́сный; ~**ty** [ə'trɒsəti] зве́рство

attach [ə'tætʃ] *v/t. com.* прикрепля́ть [-пи́ть]; *document* прилага́ть [-ложи́ть]; *importance, etc.* прид(ав)а́ть; *law* налага́ть аре́ст на (В); ~ *o.s. to* привя́зываться [-за́ться] к (Д); ~**ment** [-mənt] (*affection*) привя́занность *f*, (*devotion*) пре́данность *f*

attack [ə'tæk] 1. *mil.* ата́ка; нападе́ние (*a. mil.*); *in press, etc.* ре́зкая кри́тика; *med.* при́ступ; 2. *v/t.* атакова́ть (*im*)*pf.*; напада́ть [напа́сть] на (В), набра́сываться [-ро́ситься] на (В); подверга́ть [-ве́ргнуть] ре́зкой кри́тике

attain [ə'tein] *v/t.* достига́ть [-и́гнуть] (Р), доби(ва́)ться; (Р); ~**ment** [-mənt] достиже́ние

attempt [ə'tempt] 1. попы́тка; *on s.o.'s life* покуше́ние; 2. [по]пыта́ться, [по]про́бовать

attend [ə'tend] (*wait, serve*) обслу́живать [-жи́ть]; (*go to*) посеща́ть [-ети́ть]; *med.* уха́живать за (Т); *be present* прису́тствовать (*at* на П); (*accompany*) сопровожда́ть *mst. impf.*;

~**ance** [ə'tendəns] прису́тствие (*at* на П); напли́в пу́блики; посеща́емость *f*, *med.* ухо́д (за Т); ~**ant** [-ənt] 1.: ~ *nurse* дежу́рная медсестра́; 2. *in elevator* (*Brt.* lift) лифтёр

attent|ion [ə'tenʃn] внима́ние; ~**ive** [-tiv] внима́тельный

attest [ə'test] (*certify*) удостоверя́ть [-ве́рить]; (*bear witness to*) [за]свиде́тельствовать

attic ['ætik] черда́к; манса́рда

attire [ə'taiə] наря́д

attitude ['ætitju:d] отноше́ние, пози́ция; (*pose*) по́за

attorney [ə'tɜːni] уполномо́ченный, дове́ренный; *at law* пове́ренный в суде́, адвока́т; *power of* ~ дове́ренность *f*; *attorney general Am.* мини́стр юсти́ции

attract [ə'trækt] *v/t.* привлека́ть [-вле́чь] (*a. fig.*); *magnet* притя́гивать [-яну́ть]; *fig.* прельща́ть [-льсти́ть]; ~**ion** [ə'trækʃn] притяже́ние; *fig.* привлека́тельность *f*; *the town has many* ~*s* в го́роде мно́го достопримеча́тельностей; ~**ive** [-tiv] привлека́тельный, зама́нчивый; ~**iveness** [-tivnis] привлека́тельность *f*

attribute 1. [ə'tribju:t] припи́сывать [-са́ть] (Д/В); (*explain*) объясня́ть [-сни́ть]; 2. ['ætribju:t] сво́йство, при́знак; *gr.* определе́ние

aubergine ['əubəʒi:n] баклажа́н

auction ['ɔːkʃn] 1. аукцио́н, торги́ *m/pl.*; *sell by* ~, *put up for* ~ продава́ть с аукцио́на; 2. продава́ть с аукцио́на (*mst.* ~ *off*); ~**eer** [ɔːkʃə'niə] аукциони́ст

audaci|ous [ɔː'deiʃəs] (*daring*) отва́жный, де́рзкий; (*impudent*) на́глый; ~**ty** [ɔː'dæsəti] отва́га; де́рзость *f*; на́глость *f*

audible ['ɔːdəbl] вня́тный, слы́шный

audience ['ɔːdiəns] слу́шатели *m/pl.*; зри́тели *m/pl.*, пу́блика; (*interview*) аудие́нция (*of, with* у Р)

audiovisual [ɔːdiəu'viʃuəl] аудиовизуа́льный

audit ['ɔːdit] 1. прове́рка фина́нсовой

отчётности, ауди́т; **2.** проверя́ть [-éрить] отчётность *f;* **~or** [ˈɔːdɪtə] бухга́лтер-ревизо́р, контролёр

auditorium [ɔːdɪˈtɔːrɪəm] аудито́рия; зри́тельный зал

augment [ɔːɡˈment] увели́чи(ва)ть

August [ˈɔːɡəst] а́вгуст

aunt [ɑːnt] тётя, тётка

auspices [ˈɔːspɪsɪz] *pl.:* **under the ~** под эги́дой

auster|e [ɒˈstɪə] □ стро́гий, суро́вый; **~ity** [ɒˈsterətɪ] стро́гость *f,* суро́вость *f*

Australian [ɒˈstreɪlɪən] **1.** австрали́ец *m,* -и́йка *f;* **2.** австрали́йский

Austrian [ˈɒstrɪən] **1.** австри́ец *m,* -и́йка *f;* **2.** австри́йский

authentic [ɔːˈθentɪk] (**~ally**) по́длинный, достове́рный

author [ˈɔːθə] а́втор; **~itative** [ɔːˈθɒrɪtətɪv] □ авторите́тный; **~ity** [ɔːˈθɒrɪtɪ] авторите́т; *(right)* полномо́чие; власть *f* (**over** над Т); **on the ~ of** на основа́нии (Р); по утвержде́нию (Р); **~ize** [ˈɔːθəraɪz] уполномо́чи(ва)ть; *(sanction)* санкциони́ровать *(im)pf.;* **~ship** [-ʃɪp] а́вторство

autobiography [ɔːtəbaɪˈɒɡrəfɪ] автобиогра́фия

autogenic [ɔːtəˈdʒenɪk]: **~ training** аутоге́нная трениро́вка

autograph [ˈɔːtəɡrɑːf] авто́граф

automatic [ɔːtəˈmætɪk] (**~ally**) автомати́ческий; *fig.* машина́льный; **~ machine** автома́т

automobile [ˈɔːtəməbiːl] автомаши́на, автомоби́ль *m.; attr.* автомоби́льный

autonomy [ɔːˈtɒnəmɪ] автоно́мия

autumn [ˈɔːtəm] о́сень *f;* **~al** [ɔːˈtʌmnəl] осе́нний

auxiliary [ɔːɡˈzɪlɪərɪ] вспомога́тельный; *(additional)* дополни́тельный

avail [əˈveɪl] **1.** помога́ть [помо́чь] (Д); **~ o.s. of** [вос]по́льзоваться (Т); **2.** по́льза, вы́года; **of no ~** бесполе́зный; **to no ~** напра́сно; **~able** [əˈveɪləbl] *(accessible)* досту́пный; *(on hand)* име́ющийся (в нали́чии)

avalanche [ˈævəlɑːnʃ] лави́на

avaric|e [ˈævərɪs] ску́пость *f;* *(greed)* жа́дность *f;* **~ious** [ævəˈrɪʃəs] скупо́й; жа́дный

aveng|e [əˈvendʒ] [ото]мсти́ть (Д за В); **~er** [-ə] мсти́тель *m,* -ница *f*

avenue [ˈævənjuː] алле́я; *Am.* широ́кая у́лица, проспе́кт; *fig. (approach, way)* путь *m*

aver [əˈvɜː] утвержда́ть [-ди́ть]

average [ˈævərɪdʒ] **1.: on an (the) ~** в сре́днем; **2.** сре́дний; **3.** (в сре́днем) составля́ть [-а́вить]

avers|e [əˈvɜːs] □ нерасполо́женный (**to, from** к Д); **I'm not ~ to** я не прочь, я люблю́; **~ion** [əˈvɜːʃn] отвраще́ние, антипа́тия

avert [əˈvɜːt] отвраща́ть [-рати́ть]; *eyes* отводи́ть [-вести́] (*a. fig.*); *head* отвора́чивать [-верну́ть]

aviation [eɪvɪˈeɪʃn] авиа́ция

avocado [ævəˈkɑːdəʊ], **~ pear** авока́до *indecl.*

avoid [əˈvɔɪd] избега́ть [-ежа́ть]

await [əˈweɪt] ожида́ть (Р)

awake [əˈweɪk] **1.** бо́дрствующий; **be ~ to** я́сно понима́ть; **2.** [*irr.*]. *v/t.* (*mst.* **~n** [əˈweɪkən]) [раз]буди́ть; *interest, etc.* пробужда́ть [-уди́ть] (к Д); *v/i.* просыпа́ться [просну́ться]; **~ to a th.** осозна(в)а́ть (В)

award [əˈwɔːd] **1.** награ́да; *univ.* стипе́ндия; **2.** присужда́ть [-уди́ть]

aware [əˈweə]: **be ~ of** знать (В *or* о П), сознава́ть (В); **become ~ of** почу́вствовать

away [əˈweɪ] прочь; далеко́

awe [ɔː] благогове́ние, тре́пет (**of** пе́ред Т)

awful [ˈɔːful] □ стра́шный, ужа́сный (*a. coll.*)

awhile [əˈwaɪl] на не́которое вре́мя; **wait ~** подожди́ немно́го

awkward [ˈɔːkwəd] (*clumsy*) неуклю́жий, нело́вкий (*a. fig.*); (*inconvenient, uncomfortable*) неудо́бный

awl [ɔːl] ши́ло

awning [ˈɔːnɪŋ] наве́с, тент

awoke [əˈwəʊk] *pt.* и *pt. p. om* **awake**

awry [əˈraɪ] ко́со, на́бок; **everything went ~** всё пошло́ скве́рно

ax(e) [æks] топóр, колýн

axis ['æksɪs], *pl.* **axes** [-siːz] ось *f*

axle ['æksl] *tech.* ось *f*

ay(e) [aɪ] *affirmative vote* гóлос "за"

azure ['æʒə] **1.** лазýрь *f*; **2.** лазýрный

B

babble ['bæbl] **1.** лéпет; болтовня; **2.** [по]болтáть; [за]лепетáть

baboon [bə'buːn] *zo.* бабуйн

baby ['beɪbɪ] **1.** младéнец, ребёнок, дитя *n*; **2.** небольшóй; мáлый; ~ *carriage* дéтская коля́ска; ~ *grand* кабинéтный роя́ль; ~hood ['beɪbɪhud] младéнчество

bachelor ['bætʃələ] холостя́к; *univ.* бакалáвр

back [bæk] **1.** спинá; *of chair, dress, etc.* спи́нка; *of cloth* изнáнка; *sport* full~ защи́тник; *of head* затылок; *of coin, etc.* обрáтная сторонá; **2.** *adj.* зáдний; обрáтный; отдалённый; **3.** *adv.* назáд, обрáтно; томý назáд; **4.** *v/t.* поддéрживать [-жáть]; подкрепля́ть [-пи́ть]; *fin.* субсиди́ровать, финанси́ровать; гаранти́ровать; *v/i.* отступáть [-пи́ть]; [по]пяти́ться; ~bone позвонóчник, спиннóй хребéт; *fig.* опóра; ~er ['bækə] *fin.* субсиди́рующий; гарáнт; ~ground зáдний план, фон; ~ing поддéржка; ~side (*coll.* buttocks) зад; зáдница; ~stairs тáйный, закули́сный; ~stroke плáвание на спинé; ~ talk *Am.* дéрзкий отвéт; ~up **1.** поддéржка, *comput.* резéрвная кóпия; **2.** создавáть [создáть] резéрвную кóпию; ~ward ['bækwəd] **1.** *adj.* обрáтный; отстáлый; **2.** *adv.* (*a.* ~ward[s] [-z]) назáд; зáдом; наоборóт; обрáтно

bacon ['beɪkən] бекóн

bacteri|ologist [bæktɪərɪ'ɒlədʒɪst] бактериóлог; ~um [bæk'tɪərɪəm], *pl.* ~a [-rɪə] бактéрия

bad [bæd] □ плохóй, дурнóй, сквéрный; (*harmful*) врéдный; ~ cold си́льный нáсморк; ~ mistake серьёзная (грýбая ошибка); he is ~ly off он в невы́годном положéнии; ~ly wounded

тяжелорáненый; *coll.* want ~ly óчень хотéть

bade [beɪd, bæd] *pt. om* **bid**

badge [bædʒ] значóк

badger ['bædʒə] **1.** *zo.* барсýк; **2.** изводи́ть [извести́]

baffle ['bæfl] (*confuse*) сбивáть с тóлку

bag [bæg] **1.** *large* мешóк; сýмка, *small, hand*~ сýмочка; **2.** класть [положи́ть] в мешóк

baggage ['bægɪdʒ] багáж; ~ check *Am.* багáжная квитáнция

bagpipe ['bægpaɪp] волы́нка

bail [beɪl] **1.** залóг; (*guarantee*) поручи́тельство; **2.** поручáться [-чи́ться]

bait [beɪt] **1.** нажи́вка, примáнка (*a. fig.*); *fig.* искушéние; **2.** примáнивать [-ни́ть]; *fig.* преслéдовать, изводи́ть [-вести́]

bak|e [beɪk] [ис]пéчь(ся); ~er ['beɪkə] пéкарь *m*; ~'s (*shop*) бýлочная; ~ery [-rɪ] пекáрня; ~ing soda сóда (питьевáя)

balance ['bæləns] **1.** (*scales*) весы́ *m/pl.*; (*equilibrium*) равновéсие; *fin.* балáнс; сáльдо *n indecl.*; *coll.* (*remainder*) остáток; ~ of power полити́ческое равновéсие; ~ of trade торгóвый балáнс; **2.** [с]баланси́ровать (В); сохраня́ть равновéсие; *fin.* подводи́ть балáнс; *mentally* взвéшивать [-éсить]; быть в равновéсии

balcony ['bælkənɪ] балкóн

bald [bɔːld] лы́сый, плеши́вый; *fig.* (*unadorned*) неприкрáшенный; ~ly: to put it ~ говоря́ пря́мо

bale [beɪl] ки́па, тюк

balk [bɔːk] *v/t.* (*hinder*) [вос]препя́тствовать (Д), [по]мешáть (Д)

ball¹ [bɔːl] мяч; шар; *of wool* клубо́к;
  keep the ~ rolling *of a conversation*
  подде́рживать разгово́р
ball² [-] бал, танцева́льный ве́чер
ballad ['bæləd] балла́да
ballast ['bæləst] балла́ст
ballbearing(s *pl.*) шарикоподши́пник
ballet ['bæleɪ] бале́т
balloon [bə'luːn] возду́шный шар, аэроста́т
ballot ['bælət] 1. голосова́ние; 2. [про]голосова́ть; **~ box** избира́тельная у́рна; **~ paper** избира́тельный бюллете́нь *m*
ballpoint → **pen**
ballroom танцева́льный зал
ballyhoo [bælɪ'huː] шуми́ха
balm [bɑːm] бальза́м; *fig.* утеше́ние
balmy ['bɑːmɪ] □ арома́тный; успокои́тельный; *air* благоуха́нный
baloney [bə'ləʊnɪ] *Am. sl.* вздор
balsam ['bɔːlsəm] бальза́м; *bot.* бальзами́н
balustrade [bælə'streɪd] балюстра́да
bamboo [bæm'buː] бамбу́к
bamboozle *coll.* [bæm'buːzl] наду́(ва́)ть, обма́нывать
ban [bæn] 1. запре́т; **be under a ~** быть под запре́том; **raise the ~** снять запре́т; 2. налага́ть запре́т на (В)
banana [bə'nɑːnə] бана́н
band [bænd] 1. ле́нта; *of robbers, etc.* ша́йка, ба́нда; гру́ппа, отря́д; *mus.* орке́стр; 2.: **~ together** объединя́ться [-ни́ться] (**against** про́тив Р)
bandage ['bændɪdʒ] 1. бинт, повя́зка; 2. [за]бинтова́ть, перевя́зывать [-за́ть]
bandit ['bændɪt] банди́т
bandmaster ['bændmɑːstə] капельме́йстер
bandy ['bændɪ] обме́ниваться [-ня́ться] (*слова́ми, мячо́м и т.п.*) *coll.* перебра́ниваться
bane [beɪn] *fig.* поги́бель, беда́; прокля́тие
bang [bæŋ] 1. уда́р, стук; 2. (*hit*) ударя́ть(ся) [уда́рить(ся)]; стуча́ть; *once* [сту́кнуть(ся)]; *door* хло́пать; *once* [-пнуть]

banish ['bænɪʃ] *from country* высыла́ть [вы́слать]; *from one's mind* гнать
banisters ['bænɪstəz] *pl.* пери́ла *n/pl.*
bank¹ [bæŋk] бе́рег
bank² [~] 1. банк; **~ of issue** эмиссио́нный банк; 2. *fin.* класть (де́ньги) в банк; *v/i.* **~ on** полага́ться [-ложи́ться] на (В); **~ account** счёт в ба́нке; **~er** ['bæŋkə] банки́р; **~ing** ['bæŋ-kɪŋ] ба́нковое де́ло; **~ rate** учётная ста́вка; **~rupt** ['bæŋkrʌpt] 1. банкро́т; обанкро́тившийся; неплатёжеспосо́бный; 3. де́лать банкро́том; **~ruptcy** ['bæŋkrʌptsɪ] банкро́тство
banner ['bænə] зна́мя *n*, *poet.* стяг, флаг
banquet ['bæŋkwɪt] пир; *formal* банке́т
banter ['bæntə] подшу́чивать [-ути́ть], поддра́знивать [-ни́ть]
baptism ['bæptɪzəm] креще́ние
Baptist ['bæptɪst] бапти́ст
baptize [bæp'taɪz] [о]крести́ть
bar [bɑː] 1. брусо́к, *of chocolate* пли́тка; *across door* засо́в; (*bank*) о́тмель *f*; *in pub* бар; *mus.* такт; *fig.* прегра́да; *law* адвокату́ра; 2. запира́ть на засо́в; (*obstruct*) прегражда́ть [-ради́ть]; (*exclude*) исключа́ть [-чи́ть]
barbed [bɑːbd]: **~ wire** колю́чая про́волока
barbar|ian [bɑː'beərɪən] 1. ва́рвар; 2. ва́рварский; **~ous** ['bɑːbərəs] □ ди́кий; (*cruel*) жесто́кий
barbecue ['bɑːbɪkjuː] гриль для жа́рки мя́са на откры́том во́здухе
barber ['bɑːbə] (мужско́й) парикма́хер; **~shop** парикма́херская
bare [beə] 1. го́лый, обнажённый; (*empty*) пусто́й; **the ~ thought** да́же мысль (о П); 2. обнажа́ть [-жи́ть], откры́(ва́)ть; **~faced** ['beəfeɪst] бессты́дный; **~foot** босико́м; **~footed** босо́й; **~headed** с непокры́той голово́й; **~ly** ['beəlɪ] едва́, е́ле-е́ле
bargain ['bɑːgɪn] 1. сде́лка; (*sth. bought*) вы́годная поку́пка; **into the ~** в прида́чу; 2. [по]торгова́ться (о

П, с T)

barge [bɑːdʒ] **1.** ба́ржа; **2.:** (~ *into*) *coll.* ната́лкиваться [-толкну́ться]; влеза́ть [влезть] [-и́ться]; ~ *in* вва́ливаться [-и́ться]

bark[1] [bɑːk] **1.** кора́; **2.** *strip* сдира́ть кору́ с (P)

bark[2] [-] **1.** *of dog* лай; **2.** [за]ла́ять

barley ['bɑːlɪ] ячме́нь *m*

bar|maid ['bɑːmeɪd] официа́нтка в ба́ре; ~**man** [-mən] ба́рмен

barn [bɑːn] амба́р, сара́й

baron ['bærən] баро́н; ~**ess** [-ɪs] бароне́сса

baroque [bə'rɒk, bə'rəʊk] **1.** баро́чный; **2.** баро́кко *n indecl.*

barrack(s *pl.*) ['bærək(s)] бара́к; каза́рма

barrel ['bærəl] (*cask*) бо́чка, (*keg*) бочо́нок; *of gun* ствол

barren ['bærən] □ неплодоро́дный, беспло́дный

barricade [bærɪ'keɪd] **1.** баррика́да; **2.** [за]баррикади́ровать

barrier ['bærɪə] барье́р; *rail.* шлагба́ум; *fig.* препя́тствие, поме́ха

barring ['bɑːrɪŋ] *prp.* кро́ме; за исключе́нием

barrister ['bærɪstə] адвока́т

barrow ['bærəʊ] та́чка; ручна́я теле́жка

barter ['bɑːtə] **1.** ба́ртер, обме́н; ба́ртерная сде́лка; **2.** [по]меня́ть, обме́нивать [-ня́ть] (*for* на B)

base[1] [beɪs] □ по́длый, ни́зкий

base[2] [-] **1.** осно́ва, ба́зис, фунда́мент; **2.** осно́вывать [-ова́ть] (B на П), бази́ровать

base|ball ['beɪsbɔːl] бейсбо́л; ~**less** [-lɪs] необосно́ванный; ~**ment** [-mənt] подва́л, подва́льный эта́ж

bashful ['bæʃfəl] □ засте́нчивый, ро́бкий

basic ['beɪsɪk] основно́й; ~**ally** в основно́м

basin [beɪsn] таз, ми́ска; (*sink*) ра́ковина; *geogr.* бассе́йн

bas|is ['beɪsɪs], *pl.* ~**es** [-iːz] основа́ние, осно́ва

bask [bɑːsk]: ~ *in the sun* гре́ться на

со́лнце

basket ['bɑːskɪt] корзи́на; ~**ball** баскетбо́л

bass [beɪs] *mus.* **1.** бас; **2.** басо́вый

bassoon [bə'suːn] фаго́т

bastard ['bæstəd] внебра́чный ребёнок

baste [-] *sew.* смётывать [смета́ть]

bat[1] [bæt] *zo.* лету́чая мышь

bat[2] [~] **1.** *at games* бита́ (в крике́те); **2.** бить, ударя́ть в мяч

bat[3] [-]: *without ~ting an eyelid* и гла́зом не моргну́в

batch [bætʃ] па́ртия; *of letters, etc.* па́чка

bath [bɑːθ] **1.** ва́нна; **2.** [вы-, по]мы́ть, [вы́]купа́ть

bathe [beɪð] [вы́]купа́ться

bathing ['beɪðɪŋ] купа́ние

bath|robe [bɑːθrəʊb] (купа́льный) хала́т; ~**room** ва́нная (ко́мната); ~ **towel** купа́льное полоте́нце

batiste [bæ'tiːst] бати́ст

baton ['bætən] *mus.* дирижёрская па́лочка

battalion [bə'tæljən] батальо́н

batter ['bætə] **1.** взби́тое те́сто; **2.** си́льно бить, [по]колоти́ть, изби́ть *pf.;* ~ *down* взла́мывать [взлома́ть]; ~**y** [-rɪ] батаре́я; *mot.* аккумуля́тор; *for clock, etc.* батаре́йка

battle ['bætl] **1.** би́тва, сраже́ние (*of* под T); **2.** сража́ться [срази́ться]; боро́ться

battle|field по́ле сраже́ния; ~**ship** лине́йный кора́бль, линко́р

bawdy ['bɔːdɪ] непристо́йный

bawl [bɔːl] крича́ть [кри́кнуть], [за]ора́ть; ~ *out* выкри́кивать [вы́крикнуть]

bay[1] [beɪ] зали́в, бу́хта

bay[2] [-] лавро́вое де́рево

bay[3] [-] **1.** (*bark*) лай; **2.** [за]ла́ять; *bring to* ~ *fig.* припере́ть *pf.* к стене́; *keep at* ~ не подпуска́ть [-сти́ть]

bayonet ['beɪənɪt] *mil.* штык

bay window [beɪ'wɪndəʊ] *arch.* э́ркер

bazaar [bə'zɑː] база́р

be [biː, bɪ] [*irr.*]: **a)** быть, быва́ть; (*be*

situated) находи́ться; *of position* лежа́ть, стоя́ть; **there is, are** есть; ~ **about to** соб(и)ра́ться (+ *inf.*); ~ **away** отсу́тствовать; **at s.th.** де́лать, быть за́нятым (Т); ~ **off** уходи́ть [уйти́], отправля́ться [-а́виться]; ~ **on** идти́ *of a film, etc.*; ~ **going on** происходи́ть; **how are you?** как вы пожива́ете?, как вы себя́ чу́вствуете? **b)** *v/aux.* (для образова́ния дли́тельной фо́рмы) ~ **reading** чита́ть; **c)** *v/aux.* (для образова́ния пасси́ва): ~ **read** чита́ться, быть чи́танным (чита́емым)

beach [biːtʃ] **1.** пляж, взмо́рье; **2.** (*pull ashore*) вы́тащить *pf.* на бе́рег

beacon ['biːkən] сигна́льный ого́нь; мая́к; ба́кен

bead [biːd] бу́сина, би́серина; *of sweat* ка́пля

beads [biːdz] *pl.* бу́сы *f/pl.*

beak [biːk] клюв

beam [biːm] **1.** ба́лка, брус; (*ray*) луч; **2.** сия́ть; излуча́ть [-чи́ть]

bean [biːn] боб; **full of ~s** экспанси́вный, живо́й; **spill the ~s** проболта́ться *pf.*

bear[1] [beə] медве́дь *m* (-ве́дица *f*)

bear[2] [-] [*irr.*] *v/t.* носи́ть, нести́; (*endure*) [вы́]терпе́ть, выде́рживать [вы́держать]; (*give birth*) рожда́ть [роди́ть]; ~ **down** преодоле(ва́)ть; ~ **out** подтвержда́ть [-рди́ть]; ~ **o.s.** держа́ться, вести́ себя́; ~ **up** подде́рживать [-жа́ть]; ~ (**up**)**on** каса́ться [косну́ться] (Р); име́ть отноше́ние (к Д); **bring to** ~ употребля́ть [-би́ть]

beard [biəd] борода́; **~ed** [-id] борода́тый

bearer ['beərə] челове́к, несу́щий груз; *in expedition, etc.* носи́льщик; *of letter* предъяви́тель(ница *f*) *m*

bearing ['beəriŋ] (*way of behaving*) мане́ра держа́ть себя́; (*relation*) отноше́ние; **beyond (all)** ~ невыноси́мо; **find one's ~s** [с]ориенти́роваться (*a. fig.*); **lose one's ~s** заблуди́ться, *fig.* растеря́ться

beast [biːst] зверь *m*; скоти́на; **~ly** [-li] *coll.* ужа́сный

beat [biːt] **1.** [*irr.*] *v/t.* [по]би́ть; (*one blow*) ударя́ть [уда́рить]; ~ **a retreat** отступа́ть [-пи́ть]; ~ **up** изби(ва́)ть; *eggs, etc.* взби(ва́)ть; ~ **about the bush** ходи́ть вокру́г да о́коло; *v/i. drums* бить; *heart* би́ться; *on door* колоти́ть; **2.** уда́р; бой; бие́ние; ритм; **~en** ['biːtn] **1.** *p. pt.* от **beat**; **2.** би́тый, побеждённый; *track* проторённый

beautician [bjuːˈtiʃn] космето́лог

beautiful ['bjuːtifl] □ краси́вый, прекра́сный, *day, etc.* чу́дный

beautify ['bjuːtifai] украша́ть [украси́ть]

beauty ['bjuːti] красота́, краса́вица; ~ **parlo(u)r**, *Brt.* ~ **salon** космети́ческий кабине́т

beaver ['biːvə] бобр

became [biˈkeim] *pt. om* **become**

because [biˈkɒz] потому́ что, так как; ~ **of** и́з-за (Р)

beckon ['bekən] [по]мани́ть

becom|e [biˈkʌm] [*irr.* (**come**)] *v/i.* [с]де́латься; станови́ться [стать]; *of clothes v/t.* быть к лицу́, идти́ (Д); подоба́ть (Д); **~ing** [-iŋ] □ подоба́ющий; *of dress, etc.* (иду́щий) к лицу́

bed [bed] **1.** посте́ль *f*; крова́ть *f*; *agric.* гря́дка, клу́мба; *of river* ру́сло; **2.** (*plant*) выса́живать [вы́садить]

bedclothes *pl.* посте́льное бельё

bedding ['bediŋ] посте́льные принадле́жности *f/pl.*

bed|ridden ['bedridn] прико́ванный к посте́ли; **~room** спа́льня; **~spread** покрыва́ло; **~time** вре́мя ложи́ться спать

bee [biː] пчела́; **have a ~ in one's bonnet** *coll.* быть поме́шанным на чём-л.

beech [biːtʃ] бук, бу́ковое де́рево

beef [biːf] говя́дина, **~steak** бифште́кс; ~ **tea** кре́пкий бульо́н; **~y** [biːfi] му́скулистый

bee|hive у́лей; **~keeping** пчелово́дство; **~line: make a** ~ пойти́ напрями́к, стрело́й помча́ться

been [biːn, bin] *pt. p. om* **be**

beer [biə] пи́во; **small** ~ сла́бое пи́во, *fig.* ме́лкая со́шка

beet [biːt] свёкла (*chiefly Brt.:* **beet-root**)

beetle [biːtl] жук

before [bɪˈfɔː] **1.** *adv.* впереди, вперёд; раньше; **~ long** вскоре; **long ~** задолго; **2.** *cj.* прежде чем; пока не; перед тем как; скорее чем; **3.** *prp.* перед (Т); впереди (Р); до (Р); **~hand** заранее, заблаговременно

befriend [bɪˈfrend] относиться подружески к (Д)

beg [beg] *v.t.* [по]просить (Р); умолять (-лить) (**for** о П); выпрашивать [выпросить] (*of* у Р); *v/i.* нищенствовать

began [bɪˈɡæn] *pt. om* begin

beggar [ˈbeɡə] **1.** нищий, нищенка; **lucky ~** счастливчик; **poor ~** бедняга; **2.** разорять [-рить], доводить [-вести] до нищеты; **it ~s all description** не поддаётся описанию

begin [bɪˈɡɪn] [*irr.*] нач(ин)ать (**with** с Р); **to ~ with** во-первых; сначала, для начала; **~ner** [-ə] начинающий, новичок; **~ning** [-ɪŋ] начало; **in or at the ~** вначале

begrudge [bɪˈɡrʌdʒ] (*envy*) [по]завидовать (Д в П); жалеть, скупиться

begun [bɪˈɡʌn] *p. pt. om* begin

behalf [bɪˈhɑːf]: **on or in ~ of** для (Р), ради (Р); от имени (Р)

behav|e [bɪˈheɪv] вести себя; держаться; поступать [-пить]; **~iour** [-jə] поведение

behind [bɪˈhaɪnd] **1.** *adv.* позади, сзади; **look ~** оглянуться *pf.*; **be ~ s.o.** отставать [-стать] от кого-л. (*in* в П); **2.** *prp.* за (Т); позади (Р); сзади (Р); после (Р)

beige [beɪʒ] бежевый

being [ˈbiːɪŋ] бытие, существование; (*creature*) живое существо; **for the time ~** в настоящее время; на некоторое время, пока

belated [bɪˈleɪtɪd] запоздалый

belch [beltʃ] **1.** отрыжка; **2.** рыгать [рыгнуть]

belfry [ˈbelfrɪ] колокольня

Belgian [ˈbeldʒən] **1.** бельгиец *m*, -ийка *f*; **2.** бельгийский

belief [bɪˈliːf] вера (**in** в В); убеждение;

beyond ~ (просто) невероятно; **to the best of my ~** по моему убеждению; насколько мне известно

believe [bɪˈliːv] [по]верить (**in** в В); **~r** [-ə] верующий

belittle [bɪˈlɪtl] *fig.* умалять [-лить]; принижать [-низить]

bell [bel] колокол; звонок

belles-lettres [belˈletrə] *pl.* художественная литература, беллетристика

bellicose [ˈbelɪkəʊs] □ воинственный, агрессивный

belligerent [bɪˈlɪdʒərənt] **1.** воюющая сторона; **2.** воюющий

bellow [ˈbeləʊ] **1.** *of animal* мычание; *of wind, storm* рёв; **2.** реветь; орать

belly [ˈbelɪ] **1.** живот, *coll.* брюхо; **2.** над(ва)ть(ся); **~ful** [-fʊl]: **have had a ~** *coll., fig.* быть сытым по горло (**of** Т)

belong [bɪˈlɒŋ] принадлежать (Д); относиться (к Д); **~ings** [-ɪŋz] *pl.* вещи *f/pl.*, пожитки

beloved [bɪˈlʌvɪd, *pred.* bɪˈlʌvd] возлюбленный, любимый

below [bɪˈləʊ] **1.** *adv.* внизу; ниже; **2.** *prp.* ниже (Р); под (В, Т)

belt [belt] **1.** пояс, *of leather* ремень; зона; *tech.* приводной ремень; *mil.* портупея; **safety ~** *mot.* ремень безопасности; *ae.* привязной ремень; **2.** подпояс(ыв)ать; (*thrash*) пороть ремнём

bemoan [bɪˈməʊn] опла́к(ив)ать

bench [bentʃ] скамья; (*work~*) верстак

bend [bend] **1.** сгиб, изгиб; *of road* поворот, изгиб; *of river* излучина; **2.** [*irr.*] *v/t.* [по-, со]гнуть; *head, etc.* наклонять [-нить]; *v/i.* наклоняться [-ниться]; сгибаться [согнуться]

beneath [bɪˈniːθ] → **below**

benediction [benɪˈdɪkʃn] благословение

benefactor [ˈbenɪfæktə] благодетель; (*donor*) благотворитель

beneficial [benɪˈfɪʃl] □ благотворный, полезный

benefit [ˈbenɪfɪt] **1.** выгода, польза; (*allowance*) пособие; *thea.* бенефис; **2.** приносить пользу; извлекать пользу

benevolen|ce [bɪ'nevələns] благожела́тельность *f*; **~t** [-ənt] □ благожела́тельный

benign [bɪ'naɪn] □ добросерде́чный; *climate* благотво́рный; *med.* доброка́чественный

bent [bent] **1.** *pt. и p. pt. om* **bend**; **~ on** поме́шанный на (П); **2.** скло́нность *f*, спосо́бность *f*; **follow one's ~** сле́довать свои́м накло́нностям

bequeath [bɪ'kwiːð] завеща́ть (*im*)*pf.*

bequest [bɪ'kwest] насле́дство

bereave [bɪ'riːv] [*irr.*] лиша́ть [-ши́ть] (P); отнима́ть [-ня́ть]

beret ['bereɪ] бере́т

berry ['beri] я́года

berth [bɜːθ] *naut.* я́корная стоя́нка; (*cabin*) каю́та; (*sleeping place*) ко́йка; *rail.* спа́льное ме́сто, по́лка; *fig.* (вы́годная) до́лжность

beseech [bɪ'siːtʃ] [*irr.*] умоля́ть [-ли́ть], упра́шивать [упроси́ть] (+ *inf.*)

beset [bɪ'set] [*irr.* (**set**)] окружа́ть [-жи́ть]; *with questions, etc.* осажда́ть (осади́ть); ***I was ~ by doubts*** меня́ одолева́ли сомне́ния

beside [bɪ'saɪd] *prp.* ря́дом с (Т), о́коло (P), близ (P); ми́мо (P); **~ o.s.** вне себя́ (*with* от P); **~ the point** не по существу́; не отно́сится к де́лу; **~s** [-z] **1.** кро́ме того́, сверх того́; **2.** *prp.* кро́ме (P)

besiege [bɪ'siːdʒ] осажда́ть [осади́ть]

besought [bɪ'sɔːt] *pt. om* **beseech**

bespatter [bɪ'spætə] забры́зг(ив)ать

best [best] **1.** *adj.* лу́чший; **~ man** *at a wedding* ша́фер; **the ~ part** бо́льшая часть; **2.** *adv.* лу́чше всего́, всех; **3.** са́мое лу́чшее; **to the ~ of ...** наско́лько ...; **make the ~ of** испо́льзовать наилу́чшим о́бразом; **at ~** в лу́чшем слу́чае; **all the ~!** всего́ са́мого лу́чшего!

bestial ['bestɪəl, 'bestʃəl] □ (*behaviour*) ско́тский; *cruelty, etc.* зве́рский

bestow [bɪ'stəʊ] ода́ривать [-ри́ть]; награжда́ть [-ради́ть] (В/Т); *title* присва́ивать [-во́ить]

bet [bet] **1.** пари́ *n indecl.*; **2.** [*irr.*] дер-

жа́ть пари́; би́ться об закла́д; **~ on horses** игра́ть на ска́чках

betray [bɪ'treɪ] преда(ва́)ть; (*show*) выда(ва́)ть; **~al** [-əl] преда́тельство; **~er** [-ə] преда́тель *m*, -ница *f*

betrothal [bɪ'trəʊðl] помо́лвка

better ['betə] **1.** *adj.* лу́чший; **he is ~** ему́ лу́чше; **2.** *change for the ~* переме́на к лу́чшему; **get the ~ of** взять верх над (Т); [пре]одоле́ть; **3.** *adv.* лу́чше; бо́льше; **so much the ~** тем лу́чше; **you had ~ go** вам бы лу́чше уйти́; **think ~ of** переду́мать *pf.*; **4.** *v/t.* улучша́ть [улу́чшить]

between [bɪ'twiːn] **1.** *adv.* ме́жду; **2.** *prp.* ме́жду (Т); **~ you and me** ме́жду на́ми (говоря́)

beverage ['bevərɪdʒ] напи́ток

beware [bɪ'weə] бере́чься, остерега́ться (P) *impf.*; **~ of the dog!** осторо́жно, зла́я соба́ка!

bewilder [bɪ'wɪldə] смуща́ть [смути́ть]; ста́вить в тупи́к; (*confuse*) сби(ва́)ть с то́лку; **~ment** [-mənt] смуще́ние, замеша́тельство; пу́таница

bewitch [bɪ'wɪtʃ] околдо́вывать [-дова́ть], очаро́вывать [-рова́ть]

beyond [bɪ'jɒnd] **1.** *adv.* вдали́, на расстоя́нии; **this is ~ me** э́то вы́ше моего́ понима́ния; **2.** *prp.* за (В, Т); вне (P); сверх (P); по ту сто́рону (P)

bias ['baɪəs] **1.** (*prejudice*) предубежде́ние (про́тив P); (*tendency of mind*) скло́нность *f*; **2.** склоня́ть [-ни́ть]; **~ed opinion** предвзя́тое мне́ние

bib [bɪb] де́тский нагру́дник

Bible ['baɪbl] Би́блия

biblical ['bɪblɪkəl] □ библе́йский

bicarbonate [baɪ'kɑːbənət]: **~ of soda** питьева́я со́да

bicker ['bɪkə] препира́ться (с Т)

bicycle ['baɪsɪkl] **1.** велосипе́д; **2.** е́здить на велосипе́де

bid [bɪd] **1.** [*irr.*] *price* предлага́ть [-ложи́ть]; **2.** предложе́ние, (*at sale*) я́вка; **final ~** оконча́тельная цена́; **~den** [bɪdn] *p. pt. om* **bid**

biennial [baɪ'enɪəl] двухле́тний

bifocal [baɪ'fəʊkl] бифока́льный

big [bɪg] большо́й, кру́пный; (*tall*) высо́кий; *of clothes* вели́к; *coll. fig.* ва́жный; *coll. fig.* ~ **shot** ши́шка; **talk** ~ [по]хва́статься

bigamy ['bɪɡəmɪ] двоебра́чие

bigot ['bɪɡət] слепо́й приве́рженец, фана́тик

bigwig ['bɪɡwɪɡ] *coll.* ши́шка

bike [baɪk] *coll.* велосипе́д

bilateral [baɪ'lætərəl] двусторо́нний

bilberry ['bɪlbərɪ] черни́ка

bile [baɪl] жёлчь *f*, *fig.* жёлчность *f*

bilious ['bɪlɪəs]: ~ **attack** при́ступ тошноты́; рво́та

bill¹ [-] *of a bird* клюв

bill² [-] законопрое́кт, билль *m*; счёт; (*poster*) афи́ша; *fin.* ве́ксель *m*; ~ **of credit** аккредити́в; ~ **of fare** меню́; **that will fill the** ~ э́то подойдёт; **foot the** ~ оплати́ть счёт *pf.*

billiards ['bɪljədz] *pl.* билья́рд

billion ['bɪljən] биллио́н; *Am.* миллиа́рд

billow ['bɪləʊ] **1.** вал, больша́я волна́; **2.** *of sea* вздыма́ться; *sails* надува́ть [-ду́ть]

bin [bɪn]: *rubbish* ~ му́сорное ведро́

bind [baɪnd] **1.** [c]вяза́ть; свя́зывать [-за́ть]; (*oblige*) обя́зывать [-за́ть]; *book* переплета́ть [-плести́]; ~**er** ['baɪndə] переплётчик; ~**ing** [-ɪŋ] (*book cover*) переплёт

binoculars [bɪ'nɒkjʊləz] бино́кль *m*

biography [baɪ'ɒɡrəfɪ] биогра́фия

biology [baɪ'ɒlədʒɪ] биоло́гия

biosphere ['baɪəsfɪə] биосфе́ра

birch [bɜːtʃ] (~ *tree*) берёза

bird [bɜːd] пти́ца; *early* ~ ра́няя пта́шка (*о человеке*); ~**'s-eye** ['bɜːdzaɪ]: ~ **view** вид с пти́чьего полёта

Biro ['baɪərəʊ] *Brt. trademark* ша́риковая ру́чка

birth [bɜːθ] рожде́ние; (*origin*) происхожде́ние; *give* ~ рожда́ть [роди́ть]; ~**day** день рожде́ния; ~**place** ме́сто рожде́ния; ~**rate** рожда́емость *f*

biscuit ['bɪskɪt] пече́нье

bishop ['bɪʃəp] *eccl.* епи́скоп; *chess* слон; ~**ric** [-rɪk] епа́рхия

bison ['baɪsn] *zo.* бизо́н, зубр

bit¹ [bɪt] кусо́чек, части́ца; немно́го

bit² [-] *comput.* бит, двои́чная ци́фра

bit³ [-] *pt. om* ~**e**

bitch [bɪtʃ] су́ка

bit|e [baɪt] **1.** уку́с; *of fish* клёв; *of pep- per, etc.* кусо́к; **have a** ~ перекуси́ть *pf.*; **2.** [*irr.*] куса́ть [укуси́ть]; клева́ть [клю́нуть]; *of pepper, etc.* жечь; *of frost* щипа́ть; ~**ing** *wind* прони́зывающий; *remark, etc.* язви́тельный

bitten ['bɪtn] *p. pt. om* **bite**

bitter ['bɪtə] □ го́рький, ре́зкий; *fig.* го́рький, мучи́тельный; *struggle, person* ожесточённый

blab [blæb] *coll.* разба́лтывать [-болта́ть]

black [blæk] **1.** чёрный; тёмный; мра́чный; ~ **eye** синя́к под гла́зом; **in** ~ **and white** чёрным по бе́лому; **give s.o. a** ~ **look** мра́чно посмотре́ть на (В); **2.** *fig.* очерни́ть; ~ **out** потеря́ть созна́ние; **3.** чёрный цвет; (*Negro*) черноко́жий; ~**berry** ежеви́ка; ~**bird** чёрный дрозд; ~**board** кла́ссная доска́; ~**en** ['blækn] *v/t.* [за]черни́ть; *fig.* [о]черни́ть; *v/i.* [по]черне́ть; ~**guard** ['blæɡɑːd] него́дяй, подле́ц; ~**head** *med.* угри́ *m/pl.*; ~**let- ter day** несчастли́вый день; ~**mail 1.** вымога́тельство, шанта́ж; **2.** вымога́ть (*pf.*) де́ньги у (Р); ~**out** затемне́ние; *med.* поте́ря созна́ния; ~**smith** кузне́ц

bladder ['blædə] *anat.* пузы́рь *m*

blade [bleɪd] ло́пасть *f*; *of knife* ле́звие; ~ **of grass** трави́нка

blame [bleɪm] **1.** вина́; **2.** вини́ть, обвиня́ть [-ни́ть]; **he has only himself to** ~ он сам во всём винова́т; ~**less** ['bleɪmləs] безупре́чный

blanch [blɑːntʃ] (*grow pale*) побледне́ть *pf.*; *cul.* бланши́ровать

blank [blæŋk] **1.** □ (*empty*) пусто́й; (*ex- pressionless*) невырази́тельный; *of form, etc.* незапо́лненный; ~ **cartridge** холосто́й патро́н; **2.** (*empty space*) пробе́л; **my mind was a** ~ у меня́ в голове́ не́ было ни одно́й мы́сли

blanket ['blæŋkɪt] шерстяно́е одея́ло; *fig.* покро́в

blare [bleə] *radio* труби́ть, реве́ть

blasphemy ['blæsfəmɪ] богоху́льство

blast [blɑːst] 1. си́льный поры́в ве́тра; *of explosion* взрыв; **at full** ~ на по́лную мо́щность; 2. взрыва́ть [взорва́ть]; *mus.* труби́ть; ~**ed** [-ɪd] *coll.* прокля́тый; ~ **furnace** до́менная печь f

blatant ['bleɪtənt] на́глый, вопию́щий

blaze [bleɪz] 1. пла́мя *n*; *of flame, passion* вспы́шка; 2. *v/i.* горе́ть; пыла́ть (*a. fig.*); сверка́ть [-кну́ть]; ~**r** ['bleɪzə] спорти́вная ку́ртка

bleach [bliːtʃ] бели́ть

bleak [bliːk] уны́лый, безра́достный; *prospects etc.* мра́чный

bleary ['blɪərɪ] затума́ненный, нея́сный; ~**eyed** ['blɪərɪaɪd] с му́тными глаза́ми

bleat [bliːt] 1. бле́яние; 2. [за]бле́ять

bled [bled] *pt. и pt. p. om* **bleed**

bleed [bliːd] [*irr.*] *v/i.* кровото́чить; истека́ть [-те́чь] кро́вью; ~**ing** ['bliːdɪŋ] кровотече́ние

blemish ['blemɪʃ] недоста́ток; пятно́ (*a. fig.*)

blend [blend] 1. сме́шивать(ся) [-ша́ть(ся)]; (*harmonize*) сочета́ть(ся) (*im*)*pf.*; 2. смесь f

bless [bles] благословля́ть [-ви́ть]; одаря́ть [-ри́ть]; ~**ed** ['blesɪd] *adj.* счастли́вый, блаже́нный; ~**ing** ['blesɪŋ] *eccl.* благослове́ние; бла́го, сча́стье

blew [bluː] *pt. om* **blow**

blight [blaɪt] 1. *disease* головня́; ржа́вчина; мучни́стая роса́ *и т.д.*; то, что разруша́ет (*планы*), отравля́ет (*жизнь и т.д.*); 2. *hopes, etc.* разби́(ва́)ть

blind [blaɪnd] 1. □ слепо́й (*fig.* ~ **to** к Д); *handwriting* нечёткий, нея́сный; ~ **alley** тупи́к; **turn a** ~ **eye** закрыва́ть [закры́ть] глаза́ (**to** на В); ~**ly** *fig.* науга́д, наобу́м; 2. што́ра; жалюзи́ *n indecl.*; 3. ослепля́ть [-пи́ть]; ~**fold** ['blaɪndfəuld] завя́зывать глаза́ (Д); ~**ness** слепота́

blink [blɪŋk] 1. (*of eye*) морга́ние, *of light* мерца́ние; 2. *v/i.* морга́ть [-гну́ть]; мига́ть [мигну́ть]

bliss [blɪs] блаже́нство

blister ['blɪstə] 1. волды́рь *m*; 2. покрыва́ться волдыря́ми

blizzard ['blɪzəd] бура́н, си́льная мете́ль f

bloat [bləut] распуха́ть [-пу́хнуть] разду́(ва́)ться

block [blɒk] 1. *of wood* коло́да чурба́н; *of stone, etc.* глы́ба; *between streets* кварта́л; ~ **of apartments** (*Brt. flats*) многоэта́жный дом; 2. (*struct*) прегражда́ть [-ади́ть]; ~ **in** бра́сывать вчерне́; (*mst.* ~ **up**) блоки́ровать (*im*)*pf.*; *of pipe* засоря́ться [-ри́ться]

blockade [blɒ'keɪd] 1. блока́да; 2. блоки́ровать (*im*)*pf.*

blockhead ['blɒkhed] болва́н

blond(e) [blɒnd] блонди́н *m*, -ка *f*; белоку́рый

blood [blʌd] кровь f; **in cold** ~ хладнокро́вно; ~**shed** кровопроли́тие ~**thirsty** кровожа́дный; ~ **vessel** кровено́сный сосу́д; ~**y** ['blʌdɪ] окрова́вленный, крова́вый

bloom [bluːm] 1. цвето́к, цвете́ние *fig.* расцве́т; **in** ~ в цвету́; 2. цвести́ быть в цвету́

blossom ['blɒsəm] 1. цвето́к (фрукто́вого де́рева); 2. цвести́, расцвета́ть [-ести́]

blot [blɒt, blɑːt] 1. пятно́ (*a. fig.*); 2. *fig.* запятна́ть *pf.*

blotch [blɒtʃ] кля́кса, пятно́

blouse [blauz] блу́за, блу́зка

blow[1] [bləu] уда́р (*a. fig.*)

blow[2] [-] [*irr.*] 1. [по]ду́ть, ~ **up** взрыва́ть(ся) [взорва́ть(ся)]; ~ **one's nose** [вы]сморка́ться; 2. дунове́ние; ~**n** [-n *pt. p. om* **blow**

blue [bluː] 1. голубо́й; лазу́рный; (*dark* ~) си́ний; *coll.* (*be sad, depressed*) уны́лый, пода́вленный; 2. голубо́й цвет си́ний цвет; 3. окра́шивать в си́ний голубо́й цвет (*of washing* [под]сини́ть; ~**bell** колоко́льчик

blues [bluːz] *pl.* меланхо́лия, хандра́

bluff[1] [blʌf] (*abrupt*) ре́зкий; (*rough*) грубова́тый; *of headlands, etc.* обры́вистый

bluff² [-] **1.** обма́н, блеф; **2.** v/t. обма́нывать [-ну́ть]; v/i. блефова́ть

blunder ['blʌndə] **1.** гру́бая оши́бка; **2.** де́лать гру́бую оши́бку

blunt [blʌnt] **1.** □ тупо́й; remark, etc. ре́зкий; **2.** [за]тупи́ть; fig. притупля́ть [-пи́ть]

blur [blɜː] **1.** (indistinct outline) нея́сное очерта́ние; пятно́; **2.** v/t. сде́лать нея́сным pf.; сма́зывать [-зать]; tears, etc. затума́нить pf.

blush [blʌʃ] **1.** кра́ска от смуще́ния или стыда́; **2.** [по]красне́ть

boar [bɔː] бо́ров, hunt. каба́н

board [bɔːd] **1.** доска́; (food) стол; of ship борт; thea. сце́на, подмо́стки m/pl.; council правле́ние; ~ of directors правле́ние директоро́в; **2.** v/t. наст(и)ла́ть; v/i. столова́ться; train, plane, etc. сади́ться [сесть] на, в (В); ~er жиле́ц, опла́чивающий ко́мнату и пита́ние; ~ing house пансио́н; ~ing school шко́ла-интерна́т

boast [bəust] **1.** хвастовство́; **2.** горди́ться (Т); (of, about) [по]хва́статься (Т); ~ful ['bəustfəl] хвастли́вый

boat [bəut] small ло́дка, vessel су́дно; ~ing ['bəutɪŋ] ката́ние на ло́дке подпры́гивать [-гнуть]

bobbin ['bɒbɪn] кату́шка; шпу́лька

bode [bəud]: (portend) ~ well быть хоро́шим зна́ком

bodice ['bɒdɪs] лиф

bodily ['bɒdɪlɪ] теле́сный, физи́ческий

body ['bɒdɪ, 'bɑːdɪ] те́ло; (corpse) труп; mot. ку́зов; ~ building бо́дибилдинг, культури́зм

bog [bɒg] **1.** боло́то, тряси́на; **2.** get ~ged down увяза́ть [увя́знуть]

boggle ['bɒgl] отша́тываться [-тну́ться] отпря́нуть (out of surprise, fear, or doubt); the mind ~s уму́ непости́жимо

bogus ['bəugəs] подде́льный

boil¹ [bɔɪl] med. фуру́нкул

boil² [-] **1.** кипе́ние; **2.** [с]вари́ть(ся); [вс]кипяти́ть(ся); кипе́ть; ~er ['bɔɪlə] tech. котёл

boisterous ['bɔɪstərəs] □ бу́рный, шу́мный; child ре́звый

bold [bəuld] □ (daring) сме́лый; b.s. на́глый; typ. жи́рный; ~ness ['bəuldnɪs] сме́лость f; на́глость f

bolster ['bəulstə] **1.** ва́лик; опо́ра; **2.** (prop) подде́рживать [-жа́ть]; подпира́ть [-пере́ть]

bolt [bəult] **1.** болт; on door засо́в, задви́жка; (thunder~) уда́р гро́ма; a ~ from the blue гром среди́ я́сного не́ба; **2.** v/t. запира́ть на засо́в; v/i. нести́сь стрело́й; (run away) убега́ть [убежа́ть]

bomb [bɒm] **1.** бо́мба; **2.** бомби́ть

bombard [bɒmˈbɑːd]: ~ with questions бомбардирова́ть, забра́сывать [-роса́ть] вопро́сами

bombastic [bɒmˈbæstɪk] напы́щенный

bond [bɒnd] pl. fig.: ~s у́зы f/pl.; fin. облига́ции f/pl.

bone [bəun] **1.** кость f; ~ of contention я́блоко раздо́ра; make no ~s about coll. не [по]стесня́ться; не церемо́ниться с (Т); **2.** вынима́ть, выреза́ть ко́сти

bonfire ['bɒnfaɪə] костёр

bonnet ['bɒnɪt] baby's че́пчик; mot. капо́т

bonus ['bəunəs] fin. пре́мия, вознагражде́ние

bony ['bəunɪ] костля́вый

book [buk] **1.** кни́га; **2.** (tickets) зака́зывать, заброни́ровать (a. room in a hotel); ~case кни́жный шкаф; ~ing clerk ['bukɪŋklɑːk] rail. касси́р; ~ing office биле́тная ка́сса; ~keeping бухгалте́рия; ~let брошю́ра, букле́т; ~seller продаве́ц книг; second-hand ~ букини́ст

boom¹ [buːm] **1.** econ. бум; **2.** of business процвета́ть impf.

boom² [-] **1.** of gun, thunder, etc. гул; ро́кот; **2.** бу́хать, рокота́ть

boon [buːn] бла́го

boor [buə] гру́бый, невоспи́танный челове́к; ~ish ['buərɪʃ] гру́бый, невоспи́танный

boost [buːst] trade стимули́ровать (разви́тие); tech. уси́ливать [-лить];

it ~ed his morale это его подбодри́ло; (*advertise*) реклами́ровать

boot[1] [bu:t]: *to ~* в прида́чу, вдоба́вок *adv.*

boot[2] [-] сапо́г, боти́нок; *mot.* бага́жник; *~lace* ['-leɪs] шнуро́к для боти́нок

booth [bu:ð] кио́ск; *telephone ~* телефо́нная бу́дка; *polling ~* каби́на для голосова́ния

booty ['bu:tɪ] добы́ча

border ['bɔ:də] 1. грани́ца; (*edge*) край; *on tablecloth, etc.* кайма́; 2. грани́чить (*upon* с Т)

bore[1] [bɔ:] 1. расто́ченное отве́рстие; *of gun* кали́бр; *fig.* зану́да; 2. [про]сверли́ть; *fig.* надоеда́ть [-е́сть] (Д); наводи́ть ску́ку на (В)

bore[2] [-] *pt. om* **bear**[2]

boredom ['bɔ:dəm] ску́ка

born [bɔ:n] рождённый; *fig.* прирождённый; *~e* [-] *pt. p. om* **bear**[2]

borough ['bʌrə] (*town*) го́род; (*section of a town*) райо́н

borrow ['bɒrəʊ] *money* брать [взять] взаймы́; занима́ть [-ня́ть] (*from* у Р); *book* взять почита́ть

Bosnian ['bɒznɪən] 1. босни́ец *m*, -и́йка *f*; 2. босни́йский

bosom ['bʊzəm] грудь *f*; *fig.* ло́но; *~ friend* закады́чный друг

boss [bɒs] *coll.* 1. шеф, босс, нача́льник; 2. кома́ндовать (Т); *~y* ['bɒsɪ] лю́бящий кома́ндовать

botany ['bɒtənɪ] бота́ника

botch [bɒtʃ] по́ртить; сде́лать *pf.* пло́хо и́ли ко́е-как

both [bəʊθ] о́ба, о́бе; и тот и друго́й; *~ ... and ...* как ... так и ...; и ... и ...

bother ['bɒðə] *coll.* 1. беспоко́йство; *oh ~!* кака́я доса́да!; 2. вози́ться; надоеда́ть [-е́сть] (Д); [по]беспоко́ить

bottle ['bɒtl] 1. буты́лка; *for scent* флако́н; *baby's ~* рожо́к; *hotwater ~* гре́лка; 2. разлива́ть по буты́лкам; *~ opener* ключ, открыва́лка

bottom ['bɒtəm] 1. дно; *of boat* дни́ще; ни́жняя часть *f*; *of hill* подно́жье; *coll.* зад; *fig.* осно́ва, суть *f*; *at the ~* внизу́; *be at the ~ of sth.* быть причи́ной и́ли

зачи́нщиком (Р); *get to the ~ of sth.* добра́ться до су́ти (Р); 2. са́мый ни́жний

bough [baʊ] сук; ве́тка, ветвь *f*

bought [bɔ:t] *pt. и pt. p. om* **buy**

boulder ['bəʊldə] валу́н

bounce [baʊns] 1. прыжо́к, скачо́к; *full of ~* по́лный эне́ргии; 2. подпры́гивать [-гнуть]; *of ball* отска́кивать [отскочи́ть]

bound[1] [baʊnd] 1. грани́ца; преде́л (*a. fig.*); ограниче́ние; 2. (*limit*) ограни́чивать [-чить]; (*be the boundary of*) грани́чить (с Т)

bound[2] [-]: *be ~* направля́ться (*for* в В)

bound[3] [-] 1. прыжо́к, скачо́к; 2. пры́гать [-гнуть], [по]скака́ть; (*run*) бежа́ть скачка́ми

bound[4] [-] 1. *pt. и pt. p. om* **bind**; 2. свя́занный; (*obliged*) обя́занный; *of book* переплетённый

boundary ['baʊndərɪ] грани́ца; *between fields* межа́; *fig.* преде́л

boundless ['baʊndlɪs] безграни́чный

bouquet [bʊ'keɪ] буке́т (*a. of wine*)

bout [baʊt] *of illness* при́ступ; *in sports* встре́ча

bow[1] [baʊ] 1. покло́н; 2. *v/i.* [со]гну́ться; кла́няться [поклони́ться]; (*submit*) подчиня́ться [-ни́ться] (Д); *v/t.* [со]гну́ть

bow[2] [bəʊ] лук; (*curve*) дуга́; (*knot*) бант; *mus.* смычо́к

bow[3] [baʊ] *naut.* нос

bowels ['baʊəlz] *pl.* кишки́ *f/pl.*; *of the earth* не́дра *n/pl.*

bowl[1] [bəʊl] ми́ска; ва́за

bowl[2] [-] 1. шар; *pl.* игра́ в шары́; 2. *v/t.* [по]кати́ть; *v/i.* игра́ть в шары́; *~ ed over* быть покорённым и́ли ошело́мле́нным (*by* Т)

box[1] [bɒks] 1. коро́бка; я́щик; *thea.* ло́жа; 2. укла́дывать в я́щик

box[2] [-] *sport* 1. бокси́ровать; 2. *~ on the ear* пощёчина; *~er* ['-ə] *sportsman, dog* боксёр; *~ing* ['-ɪŋ] *sport* бокс

box office театра́льная ка́сса

boy [bɔɪ] ма́льчик; ю́ноша; *~friend* ['-frend] друг (*девушки*); *~hood* ['-hʊd] о́трочество; *~ish* ['bɔɪʃ] мальчишеский

brace [breis] **1.** *tech.* коловоро́т, скоба́; ~ **and bit** дрель; **2.** *(support)* подпира́ть [-пере́ть]; ~ **up** подбодря́ть [-бодри́ть]; ~ **o.s.** собра́ться с ду́хом

bracelet ['breislit] брасле́т

braces [breisiz] *pl. suspenders* подтя́жки *f/pl.*

bracket ['brækit] **1.** *tech.* кронште́йн; *(income ~)* катего́рия, гру́ппа; *typ.* ско́бка; **2.** заключа́ть [-чи́ть] в ско́бки; *fig.* ста́вить на одну́ до́ску с (Т)

brag [bræg] [по]хва́статься

braggart ['brægət] хвасту́н

braid [breid] **1.** *of hair* коса́; *(band)* тесьма́; *on uniform* галу́н; **2.** заплета́ть [-ести́]; обшива́ть тесьмо́й

brain [brein] мозг; *(fig. mst. ~s)* рассу́док, ум; у́мственные спосо́бности *f/pl.* **rack one's ~s** лома́ть себе́ го́лову (над Т); *use your ~s!* шевели́ мозга́ми!; ~**wave** блестя́щая иде́я; ~**y** ['-ı] *coll.* башкови́тый

brake [breik] **1.** *mot.* то́рмоз; **2.** [за]тормози́ть

branch [brɑːntʃ] **1.** ветвь *f*, ве́тка *(a. rail)*, сук *(pl.:* су́чья); *of science* о́трасль; *of bank, etc.* отделе́ние, филиа́л; **2.** разветвля́ть(ся) [-ви́ть(ся)]; расширя́ться [-ши́риться]

brand [brænd] **1.** клеймо́; сорт; торго́вая ма́рка; **2.** *fig. (stigmatize)* [за]клейми́ть, [о]позо́рить

brandish ['brændıʃ] разма́хивать [-хну́ть] (Т)

brand-new [brænd'njuː] *coll.* соверше́нно но́вый, с иго́лочки

brandy ['brændı] конья́к

brass [brɑːs] *coll. (impudence)* на́глость *f*, наха́льство; ~ **band** духово́й орке́стр

brassière ['bræsiə] ли́фчик, бюстга́льтер

brave [breiv] **1.** хра́брый, сме́лый; **2.** хра́бро встреча́ть; ~**ry** ['breivəri] хра́брость *f*, сме́лость *f*

brawl [brɔːl] **1.** шу́мная ссо́ра, потасо́вка; **2.** [по]сканда́лить, [по]дра́ться

brawny ['brɔːnı] си́льный; му́скулистый

brazen ['breizn] ме́дный, бро́нзовый; бессты́дный, на́глый *(a. ~faced)*

Brazilian [brə'zıliən] **1.** брази́льский; **2.** брази́лец *m*, бразилья́нка *f*

breach [briːtʃ] **1.** проло́м; *fig. (breaking)* разры́в; *of rule, etc.* наруше́ние; *(gap)* брешь *f*; **2.** пробива́ть брешь в (П)

bread [bred] хлеб

breadth [bredθ] ширина́; *fig.* широта́ (кругозо́ра); широ́кий разма́х

break [breik] **1.** *(interval)* переры́в; па́уза; *(crack)* тре́щина; разры́в; *coll.* шанс; *a bad ~* неуда́ча; **2.** [*irr.*] *v/t.* [с]лома́ть; разби́(ва́)ть; разруша́ть [-ру́шить]; *(interrupt)* прер(ы)ва́ть; *(a lock, etc.)* взла́мывать [взлома́ть]; ~ **up** разла́мывать [-лома́ть]; разби́(ва́)ть; *v/i.* пор(ы)ва́ть (с Т); [по]лома́ться, разби́(ва́)ться; ~ **away** отделя́ться [-ли́ться] (от Р); ~ **down** *tech.* потерпе́ть *pf.* ава́рию, вы́йти *pf.* из стро́я; ~ **out** вспы́хивать [-хнуть]; ~**able** ['breikəbl] ло́мкий, хру́пкий; ~**age** ['breikidʒ] поло́мка; ~**down** *of talks, etc.* прекраще́ние; *tech.* поло́мка; *nervous* ~ не́рвное расстро́йство

breakfast ['brekfəst] **1.** за́втрак; **2.** [по]за́втракать

breakup распа́д, разва́л

breast [brest] грудь *f*; *make a clean ~ of sth.* чистосерде́чно сознава́ться в чём-л.; ~**stroke** *sport* брасс

breath [breθ] дыха́ние; вздох; *take a* ~ перевести́ *pf.* дух; *with bated* ~ затаи́в дыха́ние; ~**e** [briːð] *v/i.* дыша́ть [дохну́ть]; ~**er** [briːðə] *pause* передышка; ~**less** ['breθlıs] запыха́вшийся; *of a day* безве́тренный

bred [bred] *pt. u pt. p. om* **breed**

breeches ['brıtʃız] *pl.* бри́джи *pl.*

breed [briːd] **1.** поро́да; **2.** [*irr.*] *v/t.* выводи́ть [вы́вести]; разводи́ть *v/i.* [-вести́], размножа́ться [-о́житься]; [рас]плоди́ться; ~**er** ['briːdə] *of animal* производи́тель *m*; скотово́д; ~**ing** [-dıŋ] разведе́ние (живо́тных); *of person* воспита́ние; *good* ~ воспи́танность *f*

breez|e [bri:z] лёгкий ветерóк, бриз; **~y** ['bri:zɪ] вéтренный; *person* живóй, весёлый

brevity ['brevətɪ] крáткость *f*

brew [bru:] *v/t. beer* [с]варúть; *tea* завáривать [-рúть]; *fig.* затевáть [затéять]; **~ery** ['bru:ərɪ] пивовáренный завóд

brib|e [braɪb] 1. взя́тка; пóдкуп; 2. подкупáть [-пúть]; давáть взя́тку (Д); **~ery** ['braɪbərɪ] взя́точничество

brick [brɪk] кирпúч; *fig.* молодчúна; слáвный пáрень *m*; *drop a ~* сморóзить *pf.* глýпость; (*say*) ля́пнуть *pf.*; **~layer** кáменщик

bridal ['braɪdl] □ свáдебный

bride [braɪd] невéста; *just married* новобрáчная; **~groom** женúх; *just married* новобрáчный; **~smaid** подрýжка невéсты

bridge [brɪdʒ] 1. мост; **~ of the nose** перенóсица; 2. соединя́ть мóстом; стрóить мост чéрез (В); (*overcome*) *fig.* преодолé(вá)ть

bridle ['braɪdl] 1. уздá; 2. *v/t.* взнýздывать [-дáть]

brief [bri:f] 1. корóткий, крáткий, сжáтый; 2. [про]инструктúровать; **~case** портфéль *m*

brigade [brɪ'geɪd] *mil.* бригáда

bright [braɪt] □ я́ркий; свéтлый, я́сный; (*intelligent*) смышлёный; **~en** ['braɪtn] *v/t.* оживля́ть [-вúть]; *v/i. weather* проясня́ться [-нúться]; *person:* оживля́ться [-вúться]; **~ness** ['-nɪs] я́ркость *f*; блеск

brillian|ce, ~cy ['brɪljəns, -sɪ] я́ркость *f*; блеск; (*splendo[u]r*) великолéпие; (*intelligence*) блестя́щий ум; **~t** [-jənt] 1. □ блестя́щий (*a. fig.*); сверкáющий; 2. бриллиáнт

brim [brɪm] 1. край; *of hat* поля́ *n/pl.*; 2. наполня́ть(ся) до краёв; **~over** *fig.* перелевáться [-лúться] чéрез край

brine [braɪn] *cul.* рассóл

bring [brɪŋ] [*irr.*] приносúть [-нестú]; доставля́ть [-áвить]; *in car, etc.* привозúть [-везтú]; (*lead*) приводúть [-вестú]; **~ about** осуществля́ть [-вúть]; **~ down** *prices* снижáть [снú-

зить]; **~ down the house** вы́звать *pf.* бýрю аплодисмéнтов; **~ home to** довестú чтó-нибудь до чьегó-нибудь сознáния; **~ round** приводúть [-вестú] в сознáние; **~ up** воспúтывать [-тáть]

brink [brɪŋk] (*edge*) край (*a. fig.*); (крутóй) бéрег; *on the ~ of war* на грани войны́

brisk [brɪsk] скóрый, оживлённый

bristl|e ['brɪsl] 1. щетúна; 2. [о]щетúниться; **~ with anger** [рас]сердúться; **~ with** изобúловать (Т); **~y** [-ɪ] щетúнистый, колю́чий

British ['brɪtɪʃ] британский; *the ~* британцы *m/pl.*

brittle ['brɪtl] хрýпкий, лóмкий

broach [brəutʃ] *question* поднимáть [-ня́ть]; (*begin*) нач(ин)áть

broad [brɔːd] □ широ́кий, обшúрный; *of humour* грубовáтый; *in ~ daylight* средь бéла дня; **~cast** [*irr.* (*cast*)] 1. *rumour, etc.* распространя́ть [-нúть]; передавáть по рáдио, транслúровать; радиопередáча, трансля́ция; радиовещáние

brocade [brə'keɪd] парчá

broil [brɔɪl] *question* жáрить(ся) на огнé; *coll.* жáриться на сóлнце

broke [brəuk] *pt. om* **break**; *be ~* быть без грошá; *go ~* обанкрóтиться *pf.*

broken ['brəukən] 1. *pt. p. om* **break**; разбúтый, раскóлотый; **~ health** надлóмленное здорóвье

broker ['brəukə] брóкер, мáклер

bronchitis [brɒŋ'kaɪtɪs] бронхúт

bronze [brɒnz] 1. брóнза; 2. брóнзовый; 3. загорáть [-рéть]

brooch [brəutʃ] брошь, брóшка

brood [bru:d] 1. вы́водок; *fig.* орáва; 2. *fig.* грýстно размышля́ть

brook [bruk] ручéй

broom [bru:m] метлá, вéник

broth [brɒθ] бульóн

brothel ['brɒθl] публúчный дом

brother ['brʌðə] брат; собрáт; **~hood** [-hud] брáтство; **~in-law** [-rinlɔː] (*wife's brother*) шýрин; (*sister's husband*) зять *m*; (*husband's brother*) дéверь *m*; **~ly** [-lɪ] брáтский

brought [brɔːt] *pt. и pt. p. om* **bring**

brow [braʊ] лоб; (eye~) бровь f; of hill вершина; **~beat** ['braʊbiːt] [irr. (**beat**)] запугивать [-гать]

brown [braʊn] 1. коричневый цвет; 2. коричневый; смуглый; загорелый; 3. загора́ть [-ре́ть]

browse [braʊz] пасти́сь; fig. читать беспоря́дочно, просма́тривать

bruise [bruːz] 1. синя́к, кровоподте́к; 2. ушиба́ть [-би́ть]; поста́вить pf. (себе́) синяки́

brunt [brʌnt]: **bear the ~ of sth.** fig. выноси́ть всю тя́жесть чего́-л.

brush [brʌʃ] 1. for sweeping, brushing, etc. щётка; for painting кисть f; 2. v/t. чи́стить щёткой; причёсывать щёткой; **~ aside** отма́хиваться [-хну́ться] (от P); **~ up** приводи́ть в поря́док; fig. освежа́ть в па́мяти; v/i. **~ by** прошмы́гивать [-гну́ть]; **~ against s.o.** слегка́ заде́ть кого́-либо; **~wood** ['brʌʃwʊd] хво́рост, вале́жник

brusque [brʊsk] □ гру́бый; (abrupt) ре́зкий

brussels sprouts [brʌsəls'spraʊts] брюссе́льская капу́ста

brut|al ['bruːtl] □ гру́бый; (cruel) жесто́кий; **~ality** [bruːˈtælətɪ] гру́бость f; жесто́кость f; **~e** [bruːt] 1. жесто́кий; **by ~ force** гру́бой си́лой; 2. animal живо́тное; pers. скоти́на

bubble ['bʌbl] 1. пузы́рь m, dim. пузырёк; 2. пузы́риться; (boil) кипе́ть; of spring бить ключо́м (a. fig.)

buck [bʌk] 1. zo. саме́ц (оле́ня, за́йца и др.); 2. станови́ться на дыбы́; **~ up** coll. встряхну́ться pf.; оживля́ться [-ви́ться]

bucket ['bʌkɪt] ведро́; of dredging machine ковш

buckle ['bʌkl] 1. пря́жка; 2. v/t. застёгивать [-тегну́ть]; v/i. of metal, etc. [по]коро́биться; **~ down to** принима́ться за де́ло

buckwheat ['bʌkwiːt] гречи́ха; cul. гре́чневая крупа́

bud [bʌd] 1. по́чка, буто́н; fig. заро́дыш; **nip in the ~** подави́ть в заро́дыше; 2. v/i. bot. дава́ть по́чки; fig. развива́(ва́)ться

budge ['bʌdʒ] mst. v/i. сдвига́ться [-и́нуться]; шевели́ть(ся) [-льну́ть(ся)]; fig. уступа́ть [-пи́ть]

budget ['bʌdʒɪt] 1. бюдже́т; фина́нсовая сме́та; 2.: **~ for** ассигнова́ть определённую су́мму на что́-то; предусма́тривать [-смотре́ть]

buff [bʌf] тёмно-жёлтый

buffalo ['bʌfələʊ] zo. бу́йвол

buffer ['bʌfə] rail. бу́фер

buffet¹ ['bʌfɪt] ударя́ть [-а́рить]; **~ about** броса́ть из стороны́ в сто́рону

buffet² 1. [-] буфе́т; 2. ['bʊfeɪ] буфе́тная сто́йка; **~ supper** у́жин "а́ля-фурше́т"

buffoon [bəˈfuːn] шут

bug [bʌg] клоп; Am. насеко́мое; hidden microphone подслу́шивающее устро́йство

build [bɪld] 1. [irr.] [по]стро́ить; сооружа́ть [-руди́ть]; nest [с]вить; **~ on** полага́ться [положи́ться], возлага́ть наде́жды на (В); 2. (те́ло) сложе́ние; **~er** ['bɪldə] строи́тель m; **~ing** [-ɪŋ] зда́ние; строи́тельство

built [bɪlt] pt. и pt. p. om **build**

bulb [bʌlb] bot. лу́ковица; el. ла́мпочка

bulge [bʌldʒ] 1. вы́пуклость f; 2. выпя́чиваться [вы́пятиться], выдава́ться [вы́даться]

bulk [bʌlk] объём; основна́я часть f; **in ~** нава́лом; **~y** ['bʌlkɪ] громо́здкий; person ту́чный

bull [bʊl] бык; **take the ~ by the horns** взять pf. быка́ за рога́; **~ in a china shop** слон в посу́дной ла́вке

bulldog ['bʊldɒg] бульдо́г

bulldozer ['bʊldəʊzə] бульдо́зер

bullet ['bʊlɪt] пу́ля

bulletin ['bʊlətɪn] бюллете́нь m

bull's-eye ['bʊlzaɪ] я́блочко мише́ни; **hit the ~** попа́сть pf. в цель (a. fig.)

bully ['bʊlɪ] 1. зади́ра m; 2. задира́ть, запу́гивать [-га́ть]

bum [bʌm] coll. зад(ница); Am. sl. ло́дырь m; бродя́га m

bumblebee ['bʌmblbiː] шмель m

bump [bʌmp] 1. глухо́й уда́р; (swelling) ши́шка; 2. ударя́ть(ся) [уда́-

рить(ся)]; **~ into** наталкиваться [-толкнуться] (*a. fig.*); *of cars, etc.* сталкиваться [столкнуться]; **~ against** стукаться [-кнуться]

bumper ['bʌmpə] *mot.* буфер

bumpy ['bʌmpɪ] ухабистый, неровный

bun [bʌn] булочка

bunch [bʌntʃ] *of grapes* гроздь, кисть; *of keys* связка; *of flowers* букет; *of people* группа

bundle ['bʌndl] **1.** узел; **2.** *v/t.* (*put together*) собирать вместе, связывать в узел (*a. ~ up*)

bungalow ['bʌŋgələʊ] одноэтажный коттедж

bungle ['bʌŋgl] неумело, небрежно работать; [на] портить; *coll.* завалить

bunk¹ [bʌŋk] вздор

bunk² [~] койка (*a. naut.*); *rail.* спальное место, полка

buoy [bɔɪ] *naut.* бакен, буй; **~ant** ['bɔɪənt] □ плавучий; (*cheerful*) жизнерадостный; бодрый

burden ['bɜːdn] **1.** ноша; *fig.* бремя *n*, груз; **2.** нагружать [-рузить], обременять [-нить]; **~some** [-səm] обременительный

bureau ['bjʊərəʊ] контора; бюро *n indecl.*; *information~* справочное бюро; **~cracy** [bjʊə'rɒkrəsɪ] бюрократия

burglar ['bɜːglə] взломщик; **~y** [-rɪ] кража со взломом

burial ['berɪəl] похороны *f/pl.*; **~ service** заупокойная служба

burly ['bɜːlɪ] здоровенный, дюжий

burn [bɜːn] **1.** ожог; **2.** [*irr.*] *v/i.* гореть; *of food* подгорать [-реть]; *sting* жечь; *v/t.* [с]жечь; сжигать [сжечь]; **~er** ['bɜːnə] горелка

burnt [bɜːnt] *pt. и pt. p. от* **burn**

burrow ['bʌrəʊ] **1.** нора; **2.** [вы]рыть нору

burst [bɜːst] **1.** (*explosion*) взрыв *a. fig.*; *of anger, etc.* вспышка; **2.** [*irr.*] *v/i.* взрываться [взорваться]; *dam* прор(ы)ваться [прорваться]; *pipe, etc.* лопаться [лопнуть]; **~ into the room** врываться [ворваться] в комнату; **~ into tears**

разрыдаться; *v/t.* взрывать [взорвать]

bury ['berɪ] [по]хоронить; *a bone, etc. in earth* зары(ва)ть

bus [bʌs] автобус

bush [bʊʃ] куст, кустарник; **beat about** or **around the ~** ходить вокруг да около

business ['bɪznɪs] дело; бизнес; торговое предприятие; **have no ~ to** inf. не иметь права (+ inf.); **~like** [-laɪk] деловой; практичный; **~man** бизнесмен, предприниматель; **~ trip** деловая поездка

bus|station автовокзал; **~ stop** автобусная остановка

bust [bʌst] бюст; женская грудь *f*

bustle ['bʌsl] **1.** суматоха; суета; **2.** *v/i.* [по]торопиться, [за]суетиться; *v/t.* [по]торопить

busy ['bɪzɪ] **1.** □ занятой (*at* T); занятый (*a. tel.*); **2.** (*mst. ~ o.s.*) заниматься [заняться] (*with* T)

but [bʌt, bət] **1.** *cj.* но, а; однако; тем не менее; *если бы не;* **2.** *prp.* кроме (Р), за исключением (P); **the last ~ one** предпоследний; **~ for** без (P); **3.** *adv.* только, лишь; **~ now** только что; **all ~** едва не …; **nothing ~** ничего кроме, только; **I cannot help ~** inf. не могу не (+ inf.)

butcher ['bʊtʃə] **1.** мясник; *fig.* убийца *m*; **2.** *cattle* забивать; *people* уби(ва)ть; **~y** [-rɪ] бойня, резня

butler ['bʌtlə] дворецкий

butt [bʌt] **1.** (*blow*) удар; *of rifle* приклад; (*of cigarette*) окурок; *fig. of person* мишень для насмешек; **2.** ударять головой; (*run into*) натыкаться [наткнуться]; **~ in** перебивать [-бить]

butter ['bʌtə] **1.** (сливочное) масло; **2.** намазывать маслом; **~cup** *bot.* лютик; **~fly** бабочка

buttocks ['bʌtəks] *pl.* ягодицы *f/pl.*

button ['bʌtn] **1.** пуговица; *of bell, etc.* (*knob*) кнопка; **2.** застёгивать [-тегнуть]; **~hole** петля

buxom ['bʌksəm] пышная, полногрудая

buy [baɪ] [*irr.*] *v/t.* покупать [купить]

(*from* у Р); **~er** ['baɪə] покупа́тель *m*, -ница *f*
buzz [bʌz] **1.** жужжа́ние; *of crowd* гул; **2.** *v/i.* [за]жужжа́ть
by [baɪ] **1.** *prp.* у (Р), при (П), о́коло (Р); к (Д); вдоль (Р); **~ the dozen** дю́жинами; **~ o.s.** оди́н *m*, одна́ *f*; **~ land** назе́мным тра́нспортом; **~ rail** по желе́зной доро́ге; **day ~ day** день за днём; **2.** *adv.* бли́зко, ря́дом; ми́мо; **~ and ~** вско́ре; **the way ~** ме́жду про-

чим; **~ and large** в це́лом; **~election** ['baɪlekʃn] дополни́тельные вы́боры *m/pl.*; **~gone** про́шлый; **~pass** объе́зд, объездна́я доро́га; **~product** побо́чный проду́кт; **~stander** ['-stændə] очеви́дец (-дица); **~street** у́лочка
byte [baɪt] *comput.* байт
by|way глуха́я доро́га; **~word** при́тча во язы́цех

C

cab [kæb] такси́ *n indecl.*; *mot., rail.* каби́на
cabbage ['kæbɪdʒ] капу́ста
cabin ['kæbɪn] (*hut*) хи́жина; *ae.* каби́на; *naut.* каю́та
cabinet ['kæbɪnɪt] *pol.* кабине́т; *of TV, radio, etc.* ко́рпус
cable ['keɪbl] **1.** ка́бель *m*; (*rope*) кана́т; телегра́мма; **~ television** ка́бельное телеви́дение; **2.** *tel.* телеграфи́ровать (*im*)*pf.*
cackle ['kækl] **1.** куда́хтанье; гогота́нье; **2.** [за]куда́хтать; *of geese and man* [за]гогота́ть
cad [kæd] негодя́й
cadaverous [kə'dævərəs] исхуда́вший как скеле́т
caddish ['kædɪʃ] по́длый
cadet [kə'det] каде́т, курса́нт
cadge [kædʒ] *v/t.* кля́нчить; *v/i.* попроша́йничать; **~r** ['kædʒə] попроша́йка
café ['kæfeɪ] кафе́ *n indecl.*
cafeteria [kæfɪ'tɪərɪə] кафете́рий; *at factory, univ.* столо́вая
cage [keɪdʒ] *for animals* кле́тка; (*of elevator*) каби́на ли́фта
cajole [kə'dʒəʊl] угова́ривать [-вори́ть]; *coll.* обха́живать; доби́ться *pf.* чего-л. ле́стью и́ли обма́ном
cake [keɪk] кекс, торт; *fancy* пиро́жное; *of soap* кусо́к
calamity [kə'læmətɪ] бе́дствие

calcium ['kælsɪəm] ка́льций
calculat|e ['kælkjʊleɪt] *v/t.* вычисля́ть [вы́числить]; *cost, etc.* подсчи́тывать [-ита́ть]; *v/i.* рассчи́тывать (**on** на В); **~ion** [kælkjʊ'leɪʃn] вычисле́ние; расчёт; **~or** ['kælkjʊleɪtə] калькуля́тор
calendar ['kælɪndə] календа́рь
calf¹ [kɑːf], *pl.* **calves** [kɑːvz] телёнок (*pl.*: теля́та); (*a.* **~skin**) теля́чья ко́жа, опо́ек
calf² [-], *pl.* **calves** *of the leg(s)* [-] икра́
caliber *or* **calibre** ['kælɪbə] кали́бр (*a. fig.*)
calico ['kælɪkəʊ] си́тец
call [kɔːl] **1.** крик, зов, о́клик; *tel.* звоно́к; (*summon*) вы́зов; (*appeal*) призы́в; визи́т, посеще́ние; **on ~** *of nurse, doctor* дежу́рство на дому́; **2.** *v/t.* [по]зва́ть; оклика́ть [-и́кнуть]; (*summon*) соз(ы)ва́ть; вызыва́ть [вы́звать]; [раз]буди́ть; призыва́ть; **~ off** отменя́ть [-ни́ть] (Р); **~ up** призыва́ть на вое́нную слу́жбу; **~ s.o.'s attention to** привле́чь *pf.* чье-л. внима́ние (к Д); *v/i.* крича́ть [кри́кнуть]; *tel.* [по]звони́ть; (*visit*) заходи́ть [зайти́] (**at** в В; **on** *a p.* к Д); **~ for** [по]тре́бовать; **~ for** *a p.* заходи́ть [зайти́] за (Т); **~ in** *coll.* забега́ть [-ежа́ть] (к Д); **~ on** навеща́ть [-ести́ть] (В); приз(ы)ва́ть (**to do** *etc.* сде́лать *и т.д.*); **~box** ['kɔːlbɒks] *Am.* телефо́н-автома́т, телефо́нная бу́дка; **~er** ['kɔːlə] го́сть(я

f) *m*

calling ['kɔ:lɪŋ] (*vocation*) призва́ние; профе́ссия

call|ous ['kæləs] □ огрубе́лый; мозо́листый; *fig.* бессерде́чный; **~us** ['kæləs] мозо́ль

calm [kɑ:m] **1.** □ споко́йный; безве́тренный; **2.** тишина́; *of sea* штиль *m.*; споко́йствие; **3. ~ down** успока́ивать(ся) [-ко́ить(ся)]; *of wind, etc.* стиха́ть [-и́хнуть]

calorie ['kælərɪ] *phys.* кало́рия

calve [kɑ:v] [o]тели́ться; **~s** *pl. om* **calf**

cambric ['keɪmbrɪk] бати́ст

came [keɪm] *pt. om* **come**

camera ['kæmərə] фотоаппара́т; *cine.* киноаппара́т; **in ~** при закры́тых дверя́х

camomile ['kæməmaɪl] рома́шка

camouflage ['kæməflɑ:ʒ] **1.** камуфля́ж, маскиро́вка (*a. mil.*); **2.** [за]маскирова́ть(ся)

camp [kæmp] **1.** ла́герь *m*; **~ bed** похо́дная крова́ть; **2.** стать ла́герем; **~ out** расположи́ться *pf.* и́ли ночева́ть на откры́том во́здухе

campaign [kæm'peɪn] **1.** *pol.*, *etc.* кампа́ния; **2.** проводи́ть кампа́нию; агити́ровать (**for** за В, **against** про́тив Р)

camphor ['kæmfə] камфара́

camping ['kæmpɪŋ] ке́мпинг (= *a. ~ site*)

campus ['kæmpəs] *Am. university grounds and buildings* университе́тский городо́к

can¹ [kæn] *v/aux.* [c]мочь, быть в состоя́нии; [c]уме́ть

can² [-] **1.** *for milk* бидо́н; (*tin*) ба́нка; *for petrol* кани́стра; **2.** консерви́ровать (*im*)*pf.*, *pf. a.* [за-]; **~ opener** консе́рвный нож

canal [kə'næl] кана́л

canary [kə'neərɪ] канаре́йка

cancel ['kænsl] (*call off*) отменя́ть [-ни́ть]; (*cross out*) вычёркивать [вы́черкнуть]; *agreement, etc.* аннули́ровать (*im*)*pf.*; *stamp* погаша́ть [погаси́ть]; *math.* (*a. ~ out*) сокраща́ть [-рати́ть]

cancer ['kænsə] *astr.* созве́здие Ра́ка;

med. рак; **~ous** [-rəs] ра́ковый

candid ['kændɪd] □ и́скренний, прямо́й; **~ camera** скры́тая ка́мера

candidate ['kændɪdət] кандида́т (**for** на В)

candied ['kændɪd] заса́харенный

candle ['kændl] свеча́; **the game is (not) worth the ~** игра́ (не) сто́ит свеч; **~stick** [-stɪk] подсве́чник

cando(u)r ['kændə] открове́нность *f*; и́скренность *f*

candy ['kændɪ] ледене́ц; *Am.* конфе́ты *f*/*pl.*, сла́сти *f*/*pl.*

cane [keɪn] *bot.* тростни́к; *for walking* трость *f*

canned [kænd] консерви́рованный

cannon ['kænən] пу́шка; ору́дие

cannot ['kænɒt] не в состоя́нии, → **can¹**

canoe [kə'nu:] каноэ́

canon ['kænən] *eccl.* кано́н; пра́вило

cant [kænt] пусты́е слова́; ханжество́

can't [kɑ:nt] = **cannot**

canteen [kæn'ti:n] *eating place* буфе́т; столо́вая

canvas ['kænvəs] *cloth* холст; *for embroidery* канва́; *fig.* карти́на; паруси́на

canvass [-] *v/t.*: **~ opinions** иссле́довать обще́ственное мне́ние; собира́ть голоса́ перед вы́борами

caoutchouc ['kautʃuk] каучу́к

cap [kæp] **1.** *with peak* ке́пка, *mil.* фура́жка; *without peak* ша́пка; *tech.* колпачо́к; *of mushroom* шля́пка; **~ in hand** в ро́ли проси́теля; **2.** накрыва́ть [-ры́ть] кры́шкой; *coll.* перещеголя́ть *pf.*; **to ~ it all** в доверше́ние всего́

capab|ility [keɪpə'bɪlətɪ] спосо́бность *f*; **~le** ['keɪpəbl] □ спосо́бный (**of** на В); (*gifted*) одарённый

capaci|ous [kə'peɪʃəs] □ вмести́тельный; **~ty** [kə'pæsətɪ] объём, вмести́мость *f*; (*ability*) спосо́бность *f*; *tech.* производи́тельность *f*; *of engine* мо́щность *f*; *el.* ёмкость *f*; **in the ~ of** в ка́честве (Р)

cape¹ [keɪp] плащ

cape² [-] *geogr.* мыс

caper ['keɪpə] прыжо́к, ша́лость; *cut ~s* выде́лывать антраша́; дура́читься

capital ['kæpɪtl] **1.** □ (*crime*) карае́мый сме́ртью; (*sentence, punishment*) сме́ртный; **2.** столи́ца; (*wealth*) капита́л; (*a. ~ letter*) загла́вная бу́ква; **~ism** ['kæpɪtəlɪzəm] капитали́зм; **~ize** ['kæpɪtəlaɪz]: **~ on** обраща́ть в свою́ по́льзу

capitulate [kə'pɪtʃʊleɪt] капитули́ровать, сд(ав)а́ться (**to** Д) (*a. fig.*)

capric|e [kə'priːs] капри́з, причу́да; **~ious** [kə'prɪʃəs] □ капри́зный

capsize [kæp'saɪz] *v/i. naut.* опроки́дываться [-ки́нуться]; *v/t.* опроки́дывать [-ки́нуть]

capsule ['kæpsjuːl] *med.* ка́псула

captain ['kæptɪn] *mil., naut., sport* капита́н

caption ['kæpʃn] *title, words accompanying picture* по́дпись к карти́нке; заголо́вок; *cine.* ти́тры *m/pl.*

captiv|ate ['kæptɪveɪt] пленя́ть [-ни́ть], очаро́вывать [-ова́ть]; **~e** ['kæptɪv] пле́нный; *fig.* пле́нник; **~ity** [kæp'tɪvətɪ] плен; нево́ля

capture ['kæptʃə] **1.** пойма́ть; захва́тывать [-ти́ть]; брать в плен; **2.** по́имка; захва́т

car [kɑː] *rail vehicle* ваго́н; *motor vehicle* автомоби́ль, маши́на; *by ~* маши́ной

caramel ['kærəmel] караме́ль *f*

caravan ['kærəvæn] карава́н; дома́в-топрице́п

caraway ['kærəweɪ] тмин

carbohydrate [ˌkɑːbəʊ'haɪdreɪt] углево́д

carbon ['kɑːbən] углеро́д; **~ paper** копи́рка

carburet(t)or [kɑːbju'retə] *mot.* карбюра́тор

carcase ['kɑːkəs] ту́ша

card [kɑːd] ка́рта, ка́рточка; **~board** ['kɑːdbɔːd] карто́н

cardigan ['kɑːdɪgən] кардига́н

cardinal ['kɑːdənl] **1.** □ (*chief*) гла́вный, основно́й; (*most important*) кардина́льный; **~ number** коли́чественное числи́тельное; **2.** *eccl.* кардина́л

card|index ['kɑːdɪndeks] картоте́ка; **~phone** ка́рточный телефо́н

care [keə] **1.** забо́та; (*charge*) попече́ние; (*attention*) внима́ние; (*tending*) присмо́тр (за Т); (*nursing*) ухо́д (за Т); **~ of** (*abbr. c/o*) по а́дресу (Р); *take ~ of* [с]бере́чь (В); присмотре́ть за (Т); *handle with ~!* осторо́жно!; **2.** име́ть жела́ние, [за]хоте́ть (*to: + inf.*); **~ for: a)** [по]забо́титься о (П); **b)** люби́ть (В); *coll. I don't ~!* мне всё равно́!; *well ~d for* ухо́женный

career [kə'rɪə] **1.** *fig.* карье́ра; **2.** нести́сь, мча́ться

carefree ['keəfriː] беззабо́тный

careful ['keəfl] □ (*cautious*) осторо́жный; (*done with care*) аккура́тный, тща́тельный; внима́тельный (к Д); *be ~* (*of, about, with*) забо́титься о (П); стара́ться (+ *inf.*); **~ness** [-nɪs] осторо́жность *f*; тща́тельность *f*

careless ['keəlɪs] □ *work, etc.* небре́жный; *driving, etc.* неосторо́жный; **~ness** [-nɪs] небре́жность *f*

caress [kə'res] **1.** ла́ска; **2.** ласка́ть

caretaker ['keəteɪkə] сто́рож

carfare ['kɑːfeə] *Am.* пла́та за прое́зд

cargo ['kɑːgəʊ] *naut., ae.* груз

caricature ['kærɪkətʃʊə] **1.** карикату́ра; **2.** изобража́ть в карикату́рном ви́де

car jack ['kɑːdʒæk] *lifting device* домкра́т

carnal ['kɑːnl] □ *sensual* чу́вственный, пло́тский; *sexual* половой

carnation [kɑː'neɪʃn] гвозди́ка

carnival ['kɑːnɪvl] карнава́л

carol ['kærəl] рожде́ственский гимн

carp[1] [kɑːp] *zo.* карп

carp[2] [-] □ придира́ться

carpent|er ['kɑːpəntə] пло́тник; **~ry** [-trɪ] пло́тничество

carpet ['kɑːpɪt] **1.** ковёр; **2.** устила́ть ковро́м

carriage ['kærɪdʒ] *rail.* ваго́н; перево́зка, транспортиро́вка; *of body* оса́нка; **~ free, ~ paid** опла́ченная доста́вка

carrier ['kærɪə] (*porter*) носи́льщик; *med.* носи́тель инфе́кции; **~s** тра́нспортное аге́нтство; **~ bag** су́мка

carrot ['kærət] морко́вка; *collect.* морко́вь *f*

carry ['kærɪ] **1.** *v/t.* носи́ть, [по]нести́; *in train, etc.* вози́ть, [по]везти́; **~ o.s.** держа́ться, вести́ себя́; *of law, etc.* **be carried** быть при́нятым; **~ s.th. too far** заходи́ть сли́шком далеко́; **~ on** продолжа́ть [-до́лжить]; **~ out** *или* **through** доводи́ть до конца́; выполня́ть [вы́полнить]; *v/i. of sound* доноси́ться [донести́сь]

cart [kɑːt] теле́га, пово́зка

cartilage ['kɑːtɪlɪdʒ] хрящ

carton ['kɑːtn] *container* карто́нка; *for milk, etc.* паке́т

cartoon [kɑː'tuːn] карикату́ра, шарж; *animated* мультфи́льм, *coll.* му́льтик

cartridge ['kɑːtrɪdʒ] патро́н

carve [kɑːv] *on wood* ре́зать; *meat* наре́зать [наре́зать]

carving ['kɑːvɪŋ] *object* резьба́

case¹ [keɪs] я́щик; *for spectacles, etc.* футля́р; (*suit~*) чемода́н; (*attaché ~*) (портфе́ль-)диплома́т

case² [~] слу́чай; (*state of affairs*) положе́ние; (*circumstances*) обстоя́тельство; *law* суде́бное де́ло; **in any ~** в любо́м слу́чае; **in ~ of need** в слу́чае необходи́мости; **in no ~** ни в ко́ем слу́чае

cash [kæʃ] **1.** де́ньги, нали́чные де́ньги *f/pl.*; **on a ~ basis** за нали́чный расчёт; **~ on delivery** нало́женным платежо́м; **2.** получа́ть де́ньги по (Д); **~ in on** воспо́льзоваться (Т); **~ier** [kæ'ʃɪə] касси́р(ша)

cask [kɑːsk] бо́чка, бочо́нок

casket ['kɑːskɪt] шкату́лка; *Am. a.* = *coffin* гроб

casserole ['kæsərəʊl] гли́няная кастрю́ля; запека́нка

cassette [kə'set] кассе́та

cassock ['kæsək] ря́са, сута́на

cast [kɑːst] **1.** (*act of throwing*) бросо́к; мета́ние; *thea.* (*actors*) соста́в исполни́телей; **2.** [*irr.*] *v/t.* броса́ть [бро-

сить] (*a. fig.*); *shadow* отбра́сывать; *tech. metals* отли(ва́)ть; *thea. roles* распределя́ть [-ли́ть]; **~ light on** пролива́ть [-ли́ть] свет на (В); **~ lots** броса́ть жре́бий; **be ~ down** быть в уны́нии; *v/i.* **~ about for** разы́скивать

caste [kɑːst] ка́ста

castigate ['kæstɪgeɪt] нака́зывать [-за́ть]; *fig.* жесто́ко критикова́ть

cast iron чугу́н; *attr.* чугу́нный

castle ['kɑːsl] за́мок; *chess* ладья́

castor ['kɑːstə]: **~ oil** касто́ровое ма́сло

castrate [kæ'streɪt] кастри́ровать (*im*)*pf.*

casual ['kæʒjʊl] ☐ (*chance*) случа́йный; (*careless*) небре́жный; **~ty** [-tɪ] несча́стный слу́чай; *person* пострада́вший, же́ртва; *pl. mil.* поте́ри

cat [kæt] ко́шка, (*male*) кот

catalog(ue) ['kætəlɒg] **1.** катало́г; **2.** составля́ть [-вить] катало́г, вноси́ть в катало́г

cataract ['kætərækt] (*waterfall*) водопа́д; *med.* катара́кта

catarrh [kə'tɑː] ката́р

catastrophe [kə'tæstrəfɪ] катастро́фа; *natural* стихи́йное бе́дствие

catch [kætʃ] **1.** *of fish* уло́в; (*trick*) подво́х; *on door* задви́жка; **2.** [*irr.*] *v/t.* лови́ть [пойма́ть]; (*take hold of*) схва́тывать [схвати́ть]; *disease* заража́ться [зарази́ться] (Т); *train, etc.* поспе́(ва́)ть к (Д); **~ cold** простужа́ться [-уди́ться]; **~ s.o.'s eye** пойма́ть взгляд (Р); **~ up** догоня́ть [догна́ть]; **3.** *v/i.* зацепля́ться [-пи́ться]; *coll.* **~ on** станови́ться мо́дным; **~ up with** догоня́ть [догна́ть] (В); **~ing** ['kætʃɪŋ] *fig.* зарази́тельный; *med.* зара́зный; **~word** (*popular phrase*) мо́дное слове́чко

categor|ical [kætɪ'gɒrɪkl] ☐ категори́ческий; **~y** ['kætɪgərɪ] катего́рия, разря́д

cater ['keɪtə]: **~ for** обслу́живать (В)

caterpillar *zo.* ['kætəpɪlə] гу́сеница

catgut ['kætgʌt] струна́; *med.* ке́тгут

cathedral [kə'θiːdrəl] собо́р

Catholic ['kæθəlɪk] **1.** като́лик; **2.** католи́ческий

catkin ['kætkɪn] *bot.* серёжка

cattle ['kætl] кру́пный рога́тый скот; **~ breeding** скотово́дство

caught [kɔ:t] *pt.* и *pt. p. om* **catch**

cauliflower ['kɒlɪflauə] цветна́я капу́ста

cause ['kɔ:z] **1.** причи́на, основа́ние; (*motive*) по́вод; **2.** причиня́ть [-ни́ть]; (*make happen*) вызыва́ть [вы́звать]; **~less** ['kɔ:zlɪs] □ беспричи́нный, необосно́ванный

caution ['kɔ:ʃn] **1.** (*prudence*) осторо́жность *f*; (*warning*) предостереже́ние; **2.** предостерега́ть [-ре́чь] (**against** от P)

cautious ['kɔ:ʃəs] □ осторо́жный, осмотри́тельный; **~ness** [-nɪs] осторо́жность *f*, осмотри́тельность *f*

cavalry ['kævlrɪ] кавале́рия

cave [keɪv] **1.** пеще́ра; **2. ~ in:** *v/i.* оседа́ть [осе́сть]; *fig., coll.* сда́ться *pf.*

caviar(e) ['kævɪɑ:] икра́

cavil ['kævəl] **1.** приди́рка; **2.** прид(и)ра́ться (**at, about** к Д, за В)

cavity ['kævɪtɪ] впа́дина; по́лость *f*; *in tooth, tree* дупло́

cease [si:s] *v/i.* перест(ав)а́ть; *v/t.* прекраща́ть [-крати́ть]; остана́вливать [-нови́ть]; **~fire** прекраще́ние огня́; переми́рие; **~less** ['si:sləs] □ непреры́вный, непреста́нный

cedar ['si:də] кедр

cede [si:d] уступа́ть [-пи́ть] (В)

ceiling ['si:lɪŋ] потоло́к; *attr.* максима́льный; **~ price** ~ преде́льная цена́

celebrat|e ['selɪbreɪt] [от]пра́здновать; **~ed** [-ɪd] знамени́тый; **~ion** [selɪ'breɪʃn] торжества́ *n/pl.*; пра́зднование

celebrity [sɪ'lebrɪtɪ] *pers. and state of being* знамени́тость *f*

celery ['selərɪ] сельдере́й

celestial [sɪ'lestɪəl] □ небе́сный

cell [sel] *pol.* яче́йка; *in prison* ка́мера; *eccl.* ке́лья; *biol.* кле́тка; *el.* элеме́нт

cellar ['selə] подва́л; **wine** ~ ви́нный по́греб

cello ['tʃeləu] виолонче́ль

Cellophane® ['seləfeɪn] целлофа́н

cement [sɪ'ment] **1.** цеме́нт; **2.** цементи́ровать (*im*)*pf.*; *fig.* ~ **relations** укрепля́ть [-пи́ть] свя́зи

cemetery ['semɪtrɪ] кла́дбище

censor ['sensə] **1.** це́нзор; **2.** подверга́ть цензу́ре; **~ship** ['sensəʃɪp] цензу́ра

censure ['senʃə] **1.** осужде́ние, порица́ние; **2.** осужда́ть [осуди́ть], порица́ть

census ['sensəs] пе́репись *f*

cent [sent] *Am. coin* цент

centenary [sen'ti:nərɪ] столе́тняя годовщи́на, столе́тие

center (*Brt.* **-tre**) ['sentə] **1.** центр; (*focus*) средото́чие; **in the** ~ в середи́не; **2.** [c]концентри́ровать(ся); сосредото́чи(ва)ть(ся)

centi|grade ['sentɪgreɪd] ... **degrees** ~ ... гра́дусов по Це́льсию; **~meter** (*Brt.* **-tre**) [-mi:tə] сантиме́тр; **~pede** [-pi:d] *zo.* сороконо́жка

central ['sentrəl] □ центра́льный; гла́вный; ~ **office** управле́ние; **~ize** [-laɪz] централизова́ть (*im*)*pf.*

centre → **center**

century ['sentʃərɪ] столе́тие, век

ceramics [sɪ'ræmɪks] кера́мика

cereal ['sɪərɪəl] хле́бный злак

cerebral ['serɪbrəl] мозгово́й, церебра́льный

ceremon|ial [serɪ'məunɪəl] □ торже́ственный; **~ious** [-nɪəs] церемо́нный; **~y** ['serɪmənɪ] церемо́ния

certain ['sɜ:tn] □ (*definite*) определённый; (*confident*) уве́ренный; (*undoubted*) несомне́нный; не́кий; не́который; *а* ~ **Mr. Jones** не́кий г-н Джо́унз; **to a** ~ **extent** до не́которой сте́пени; **~ty** [-tɪ] уве́ренность *f*; определённость *f*

certi|ficate 1. [sə'tɪfɪkət] свиде́тельство; спра́вка; **birth** ~ свиде́тельство о рожде́нии; **2.** [-keɪt] выда́ть удостовере́ние (Д); **~fy** ['sɜ:tɪfaɪ] удостоверя́ть [-е́рить]; **~tude** [-tju:d] уве́ренность *f*

cessation [se'seɪʃn] прекраще́ние

CFC *chlorofluorocarbon* фрео́н

chafe [tʃeɪf] *v/t. make sore* натира́ть

[натере́ть]; *v/i.* раздража́ться [-жи́ться]

chaff [tʃɑːf] подсу́чивать [-шути́ть] над (Т), подтру́нивать [-ни́ть]

chagrin ['ʃægrɪn] **1.** доса́да, огорче́ние; **2.** досажда́ть [досади́ть] (Д); огорча́ть [-чи́ть]

chain [tʃeɪn] **1.** цепь *f* (*a. fig.*); *dim.* цепо́чка; **~s** *pl. fig.* око́вы *f/pl.*; у́зы *f/pl.*; **~ reaction** цепна́я реа́кция; **2.** *dog.* держа́ть на цепи́

chair [tʃeə] стул; **be in the ~** председа́тельствовать; **~man** ['tʃeəmən] председа́тель *m*; **~woman** [-wumən] (же́нщина-)председа́тель, председа́тельница

chalk [tʃɔːk] **1.** мел; **2.** писа́ть, рисова́ть ме́лом; **~ up** (*register*) отмеча́ть [е́тить]

challenge ['tʃælɪndʒ] **1.** вы́зов; **2.** вызыва́ть [вы́звать]; *s.o.'s right, etc.* оспа́ривать [оспо́рить]

chamber ['tʃeɪmbə] (*room*) ко́мната; (*official body*) **~ of commerce** торго́вая пала́та; **~maid** го́рничная; **~music** ка́мерная му́зыка

chamois ['ʃæmwɑː] за́мша

champagne [ʃæm'peɪn] шампа́нское

champion ['tʃæmpɪən] **1.** чемпио́н *m*, -ка *f*; защи́тник *m*, -ница *f*; **2.** защища́ть [-ити́ть]; боро́ться за (В); **~ship** пе́рвенство, чемпиона́т

chance [tʃɑːns] **1.** случа́йность *f*; риск; (*opportunity*) удо́бный слу́чай; шанс (*of* на В); *by* ~ случа́йно; *take a* ~ рискова́ть [-кну́ть]; **2.** случа́йный; **3.** *v/i.* случа́ться [-чи́ться]

chancellor ['tʃɑːnsələ] ка́нцлер

chancy ['tʃɑːnsɪ] *coll.* риско́ванный

chandelier [ʃændə'lɪə] лю́стра

change [tʃeɪndʒ] **1.** переме́на, измене́ние; *of linen* сме́на; *small* ~ *money* сда́ча; *for a* ~ для разнообра́зия; **2.** *v/t.* [по]меня́ть; изменя́ть [-ни́ть]; *money* разме́нивать [-ня́ть]; *v/i.* [по]меня́ться; изменя́ться [-ни́ться]; *into different clothes* переоде́(ва́)ться; обме́ниваться [-ня́ть]; *rail.* переса́живаться [-се́сть]; **~able** ['tʃeɪndʒəbl] □ непостоя́нный, изме́нчивый

channel ['tʃænl] *river* ру́сло; (*naut. fairway*) фарва́тер; *geogr.* проли́в; *fig.* (*source*) исто́чник; **through official ~s** по официа́льным кана́лам

chaos ['keɪɒs] ха́ос, беспоря́док

chap[1] [tʃæp] **1.** (*split, crack of skin*) тре́щина; **2.** [по]тре́скаться

chap[2] [~] *coll.* па́рень *m*

chapel ['tʃæpl] часо́вня

chapter ['tʃæptə] глава́

char [tʃɑː] (*burn*) обу́гли(ва)ть(ся)

character ['kærəktə] хара́ктер; (*individual*) ли́чность *f*; *thea.* де́йствующее лицо́; *lit.* геро́й, персона́ж; (*letter*) бу́ква; **~istic** [kærəktə'rɪstɪk] **1.** (**~ally**) характе́рный; типи́чный (*of* для Р); **2.** характе́рная черта́; свойство; **~ize** ['kærəktəraɪz] характеризова́ть (*im*)*pf.*

charcoal ['tʃɑːkəul] древе́сный у́голь *m*

charge [tʃɑːdʒ] **1.** пла́та; *el.* заря́д; (*order*) поруче́ние; *law* обвине́ние; *mil.* ата́ка; *fig.* попече́ние, забо́та; **~s** *pl. comm.* расхо́ды *m/pl.*; изде́ржки *f/pl.*; *be in* ~ *of* руководи́ть (Т); быть отве́тственным (за В); **2.** *v/t. battery* заряжа́ть [-яди́ть]; поруча́ть [-чи́ть] (Д); обвиня́ть [-ни́ть] (*with* в П); *price* проси́ть (*for* за В); (*rush*) броса́ться ['-ситься]

charisma [kə'rɪzmə] ли́чное обая́ние

charitable ['tʃærətəbl] □ благотвори́тельный; (*kind*) милосе́рдный

charity ['tʃærətɪ] милосе́рдие; благотвори́тельность *f*

charm [tʃɑːm] **1.** (*trinket*) амуле́т; *fig.* ча́ры *f/pl.*; обая́ние, очарова́ние; **2.** заколдо́вывать [-дова́ть]; *fig.* очаро́вывать [-ова́ть]; **~ing** ['tʃɑːmɪŋ] □ очарова́тельный, обая́тельный

chart [tʃɑːt] *naut.* морска́я ка́рта; диагра́мма; *pl.* спи́сок шля́геров, бестсе́ллеров

charter ['tʃɑːtə] **1.** *hist.* ха́ртия; **~ of the UN** Уста́в ООН; **2.** *naut.* [за]фрахтова́ть (*судно*)

charwoman ['tʃɑːwumən] убо́рщица, приходя́щая домрабо́тница

chase [tʃeɪs] **1.** пого́ня *f*; *hunt.* охо́та; **2.**

охо́титься за (Т); пресле́довать; ~
away прогоня́ть [-гна́ть]

chasm [kæzəm] бе́здна, про́пасть f

chaste [tʃeɪst] □ целому́дренный

chastity ['tʃæstətɪ] целому́дрие;
де́вственность f

chat [tʃæt] **1.** бесе́да; **2.** [по]болта́ть,
[по]бесе́довать

chattels ['tʃætlz] pl. (mst. *goods and*
~) иму́щество, ве́щи f/pl.

chatter ['tʃætə] **1.** болтовня́ f; щебета́-
ние; **2.** [по]болта́ть; ~*box*, ~*er* [-rə]
болту́н m, -нья f

chatty ['tʃætɪ] разгово́рчивый

chauffeur ['ʃəʊfə] води́тель m;
шофёр

cheap [tʃiːp] □ дешёвый; *fig.* плохо́й;
~**en** ['tʃiːpən] [по]дешеве́ть; *fig.* уни-
жа́ть [уни́зить]

cheat [tʃiːt] **1.** *pers.* обма́нщик, плут;
(*fraud*) обма́н; **2.** обма́нывать [-ну́ть]

check [tʃek] **1.** *chess* шах; (*restraint*)
препя́тствие; остано́вка; (*verifica-
tion, examination*) контро́ль m (*on*
над Т), прове́рка (*on* Р); *luggage/bag-
gage ticket* бага́жная квита́нция; *bank
draft* (*Brt. cheque*), *receipt or bill in
restaurant, etc.* чек; **2.** проверя́ть [-ве́-
рить]; [про]контроли́ровать; при-
остана́вливать [-нови́ть]; пре-
пя́тствовать; ~*book* че́ковая кни́жка;
~*er* ['tʃekə] контролёр; ~*ers* ['tʃekəz]
pl. *Am.* ша́шки f/pl.; ~*mate* **1.** шах и
мат; **2.** де́лать мат; ~*up* прове́рка;
med. осмо́тр

cheek [tʃiːk] щека́ (pl.: щёки); *coll.* на́-
глость f, де́рзость f

cheer [tʃɪə] **1.** весе́лье; одобри́тель-
ные во́згласы m/pl.; **2.** v/t. подба́дри-
вать [-бодри́ть]; приве́тствовать во́з-
гласами; v/i. ~ *up* приободри́ться; ~*ful*
['tʃɪəfl] □ бо́дрый, весёлый; ~*less*
[-ləs] □ уны́лый, мра́чный; ~*y* [-rɪ]
□ живо́й, весёлый, ра́достный

cheese [tʃiːz] сыр

chemical ['kemɪkl] **1.** □ хими́ческий;
2. ~*s* [-s] pl. хими́ческие препара́ты
m/pl., химика́лии f/pl.

chemist ['kemɪst] *scientist* хи́мик;
pharmacist апте́карь m; ~*ry* ['kemɪs-

tri] хи́мия; ~*'s Brt.* апте́ка

cherish ['tʃerɪʃ] *hope* леле́ять; *in
memory* храни́ть; (*love*) не́жно
люби́ть

cherry ['tʃerɪ] ви́шня

chess [tʃes] ша́хматы f/pl.; ~*board*
ша́хматная доска́; ~*man* ша́хматная
фигу́ра

chest [tʃest] я́щик, сунду́к; *anat.* груд-
на́я кле́тка; ~ *of drawers* комо́д; *get
s.th. off one's* ~ облегчи́ть ду́шу

chestnut ['tʃesnʌt] **1.** кашта́н; **2.** каш-
та́новый

chew [tʃuː] жева́ть; ~ *over* (*think
about*) размышля́ть; ~*ing gum*
['tʃuːɪŋɡʌm] жева́тельная рези́нка,
coll. жва́чка

chic [ʃiːk] элега́нтный

chick [tʃɪk] цыплёнок; ~*en* ['tʃɪkɪn]
ку́рица; *cul.* куря́тина; ~*enpox* ветря́-
на́я о́спа

chief [tʃiːf] **1.** □ гла́вный; **2.** глава́, ру-
ководи́тель, нача́льник, *coll.* шеф;
~*ly* гла́вным о́бразом

child [tʃaɪld] ребёнок, дитя́ n (pl.: де́-
ти); ~ *prodigy* ['prɒdɪdʒɪ] вундерки́нд;
~*birth* ро́ды m/pl.; ~*hood* ['-hʊd]
де́тство; *from* ~ с де́тства; ~*ish* ['tʃaɪl-
dɪʃ] □ ребя́ческий; ~*like* [-laɪk] как
ребёнок; ~*ren* ['tʃɪldrən] pl. om **child**

chill [tʃɪl] **1.** хо́лод; *fig.* хо́лодность f;
med. просту́да; **2.** холо́дный; *fig.* рас-
хола́живающий; **3.** v/t. охлажда́ть
[-лади́ть]; [о]студи́ть; v/i. охлаж-
да́ться [-лади́ться]; ~*y* ['tʃɪlɪ] холо́д-
ный, прохла́дный (*both a. fig.*)

chime [tʃaɪm] **1.** звон колоколо́в; бой
часо́в; **2.** [за]звони́ть; *of clock* про-
би́ть pf.; ~ *in* вме́шиваться [-ша́ться];
fig. ~ (*in*) *with* гармони́ровать; соот-
ве́тствовать

chimney ['tʃɪmnɪ] дымова́я труба́

chin [tʃɪn] подборо́док

china ['tʃaɪnə] фарфо́р

Chinese [tʃaɪ'niːz] **1.** кита́ец m, -ая́нка
f; **2.** кита́йский

chink [tʃɪŋk] *crevice* щель f, тре́щина

chip [tʃɪp] **1.** *of wood* ще́пка; *of glass*
оско́лок; *on plate, etc.* щерби́нка; ~*s
Brt.* карто́фель-чи́псы; **2.** v/t. отби́ть

chirp

348

pf. край; *v/i.* отламываться [отломаться]

chirp [tʃɜːp] **1.** чириканье; щебетание; **2.** чирикать [-кнуть]; [за]щебетать

chisel ['tʃɪzl] **1.** долото, стамеска; *sculptor's* резец; **2.** работать долотом, резцом; **~led features** точёные черты лица́

chitchat ['tʃɪt tʃæt] болтовня

chivalrous ['ʃɪvəlrəs] □ *mst. fig.* рыцарский

chlor|inate ['klɔːrɪneɪt] хлорировать; **~oform** ['klɔːrəfɔːm] хлороформ

chocolate ['tʃɒklɪt] шоколад; *pl.* шоколадные конфеты *f/pl.*

choice ['tʃɔɪs] **1.** выбор; альтернатива; **2.** □ отборный

choir ['kwaɪə] хор

choke [tʃəʊk] *v/t.* [за]душить; (*mst.* **~ down**) глотать с трудом; *laughter* давиться (**with** от P); *v/i.* (*suffocate*) задыхаться [-дохнуться]; [по]давиться (**on** T)

choose [tʃuːz] [*irr.*] выбирать [выбрать]; (*decide*) предпочитать [-честь]; **~ to** *inf.* хотеть (+ *inf.*)

chop [tʃɒp] **1.** отбивная (котлета); **2.** *v/t. wood, etc.* [на]рубить; *parsley, etc.* [на]крошить; **~ down** срубать [-бить]; **~ and change** бесконечно менять свои взгляды, планы и т.д.; **~per** ['tʃɒpə] *tool* топор; *sl. helicopter* вертолёт; **~py** ['tʃɒpɪ] *sea* неспокойный

choral ['kɔːrəl] □ хоровой; **~(e)** [kɒ'rɑːl] хорал

chord [kɔːd] струна; *mus.* аккорд

chore [tʃɔː] нудная работа; повседневные дела

chorus ['kɔːrəs] хор; музыка для хора; *of song* припев, рефрен; **in~** хором

chose [tʃəʊz] *pt. om* **choose**, **~n** [-n] **1.** *pt. p. om* **choose**; **2.** избранный

Christ [kraɪst] Христос

christen ['krɪsn] [о]крестить; **~ing** [-ɪŋ] крестины *f/pl.*; крещение

Christian ['krɪstʃən] **1.** христианский; **~ name** имя (*в отличие от фамилии*); **2.** христианин *m*, -анка *f*; **~ity** [krɪstɪ'ænətɪ] христианство

Christmas ['krɪsməs] Рождество

chromium ['krəʊmɪəm] хром; **~plated** хромированный

chronic ['krɒnɪk] (**~ally**) хронический (*a. med.*); **~le** [-l] хроника, летопись *f*

chronolog|ical [krɒnə'lɒdʒɪkl] □ хронологический; **~y** [krə'nɒlədʒɪ] хронология

chubby ['tʃʌbɪ] *coll.* полный; *child* пухленький

chuck [tʃʌk] бросать [бросить]; *coll.* швырять [-рнуть]; **~ out** выбрасывать [выбросить]; *from work* вышвыривать [вышвырнуть]

chuckle ['tʃʌkl] посмеиваться

chum [tʃʌm] *coll.* **1.** приятель; **2.** быть в дружбе

chump [tʃʌmp] колода, чурбан; *sl.* (*fool*) болван

chunk [tʃʌnk] *coll. of bread* ломоть *m*; *of meat, etc.* толстый кусок

church [tʃɜːtʃ] церковь *f*; **~ service** богослужение; **~yard** погост, кладбище

churlish ['tʃɜːlɪʃ] □ (*ill-bred*) грубый; (*bad-tempered*) раздражительный

churn [tʃɜːn] маслобойка; бидон

chute [ʃuːt] *slide, slope* спуск; (*rubbish* **~**) мусоропровод; *for children* горка

cider ['saɪdə] сидр

cigar [sɪ'gɑː] сигара

cigarette [sɪgə'ret] сигарета; (*of Russian type*) папироса; **~ holder** мундштук

cinch [sɪntʃ] *coll.* нечто надёжное, верное

cinder ['sɪndə] **~s** *pl.* угли; **~ track** *sport* гаревая дорожка

cinema ['sɪnɪmə] кинематография, кино *n indecl.*

cinnamon ['sɪnəmən] корица

cipher ['saɪfə] **1.** шифр; (*zero*) нуль *m or* ноль *m*; **2.** зашифровывать [-овать]

circle ['sɜːkl] **1.** круг (*a. fig.*); (*ring*) кольцо; *thea.* ярус; **business ~s** деловые круги; **2.** вращаться вокруг (P); совершать круги, кружить(ся)

circuit ['sɜːkɪt] (*route*) маршрут; объезд; *el.* цепь *f*, схема

circular ['sɜːkjʊlə] **1.** □ круглый; *road*

кругово́й; ~ letter циркуля́рное письмо́; 2. циркуля́р; (*advertisement*) проспе́кт

circulat|e ['sɜːkjʊleɪt] *v/i. rumo(u)r* распространя́ться [-ни́ться]; циркули́ровать (*a. fig.*); **~ing** [-ɪŋ]: ~ **library** библиоте́ка с вы́дачей книг на́ дом; **~ion** [sɜːkjʊ'leɪʃn] кровообраще́ние; циркуля́ция; *of newspapers etc.* тира́ж; *fig.* распростране́ние

circum... ['sɜːkəm] *pref.* (*в сложных словах*) вокру́г, круго́м

circum|ference [sə'kʌmfərəns] окру́жность *f;* перифери́я; **~spect** ['sɜːkəmspekt] □ осмотри́тельный, осторо́жный; **~stance** ['sɜːkəmstəns] обстоя́тельство; **~stantial** [sɜːkəm'stænʃl] □ обстоя́тельный, подро́бный; **~vent** [-'vent] (*law, etc.*) обходи́ть [обойти́]

circus ['sɜːkəs] цирк; *attr.* цирково́й

cistern ['sɪstən] бак; *in toilet* бачо́к

cit|ation [saɪ'teɪʃn] цита́та, ссы́лка, цити́рование; **~e** [saɪt] ссыла́ться [сосла́ться] на (В)

citizen ['sɪtɪzn] граждани́н *m,* -да́нка *f;* **~ship** [-ʃɪp] гражда́нство

citrus ['sɪtrəs]: ~ **fruit** ци́трусовые

city ['sɪtɪ] го́род; *attr.* городско́й; **the ♀** Си́ти (*деловой центр в Лондоне*)

civic ['sɪvɪk] гражда́нский; *of town* городско́й

civil ['sɪvl] □ *of a community* гражда́нский (*a. law*); шта́тский; (*polite*) ве́жливый; ~ **servant** госуда́рственный служащий, *contr.* чино́вник; **~ service** госуда́рственная слу́жба; **~ian** [sɪ'vɪljən] шта́тский; **~ity** [sɪ'vɪlətɪ] ве́жливость *f;* **~ization** [sɪvəlaɪ'zeɪʃn] цивилиза́ция

clad [klæd] *pt. и pt. p. от clothe*

claim [kleɪm] **1.** претендова́ть, (*demand*) на (В); [по]тре́бовать; (*assert*) утвержда́ть [-рди́ть]; предъявля́ть права́ на (В); **2.** тре́бование; прете́нзия; *law* иск; ~ **for damages** иск за причинённый уще́рб; ~ **to be** выдава́ть себя́ за (В); **~ant** ['kleɪmənt] прете́нде́нт; *law* исте́ц

clairvoyant [kleə'vɔɪənt] яснови́дец

clamber ['klæmbə] [вс]кара́бкаться

clammy ['klæmɪ] □ (*sticky*) ли́пкий; *hands* холо́дный и вла́жный; *weather* сыро́й и холо́дный

clamo(u)r ['klæmə] **1.** шум, кри́ки *m/pl.;* шу́мные проте́сты *m/pl.;* **2.** шу́мно тре́бовать (Р)

clamp [klæmp] **1.** *tech.* скоба́; зажи́м; **2.** скрепля́ть [-пи́ть]; заж(им)а́ть

clandestine [klæn'destɪn] □ та́йный

clang [klæŋ] **1.** лязг; *of bell* звон; **2.** ля́згать [-гнуть]

clank [klæŋk] **1.** звон, лязг, бря́цание; **2.** бря́цать; [за]греме́ть

clap [klæp] **1.** хлопо́к; хло́панье; *of thunder* уда́р; **2.** хло́пать, аплоди́ровать; **~trap** пуста́я болтовня́; (*nonsense*) чепуха́

clarify ['klærɪfaɪ] *v/t. liquid, etc.* очища́ть [очи́стить]; (*make transparent*) де́лать прозра́чным; *fig.* выясня́ть [вы́яснить]; *v/i.* де́латься прозра́чным, я́сным

clarity ['klærətɪ] я́сность *f*

clash [klæʃ] **1.** столкнове́ние; (*contradiction*) противоре́чие; конфли́кт; **2.** ста́лкиваться [столкну́ться]; *of opinions, etc.* расходи́ться [разойти́сь]

clasp [klɑːsp] **1.** пря́жка, застёжка; *fig.* (*embrace*) объя́тия *n/pl.;* **2.** *v/t.* (*fasten*) застёгивать [застегну́ть]; (*hold tightly*) сж(им)а́ть; *fig.* заключа́ть в объя́тия; *hand* пож(им)а́ть

class [klɑːs] **1.** *school* класс; *social* обще́ственный класс; (*evening*) **~es** (вече́рние) ку́рсы; **2.** классифици́ровать (*im*)*pf.*

classic ['klæsɪk] **1.** кла́ссик; **2.** **~(al** □) [-(əl)] класси́ческий

classi|fication [klæsɪfɪ'keɪʃn] классифика́ция; **~fy** ['klæsɪfaɪ] классифици́ровать (*im*)*pf.*

clatter ['klætə] **1.** *of dishes* звон; *of metal* гро́хот (маши́н); (*talk*) болтовня́; *of hoofs, etc.* то́пот; **2.** [за]греме́ть; [за]то́пать; *fig.* [по]болта́ть

clause [klɔːz] *of agreement, etc.* пункт, статья́; *gr.* **principal/subordinate ~** гла́вное/прида́точное предложе́ние

claw [klɔː] **1.** *of animal* ко́готь *m; of*

crustacean клешня́; **2.** разрыва́ть, терза́ть когтя́ми

clay [kleɪ] гли́на

clean [kliːn] **1.** adj. □ чи́стый; (*tidy*) опря́тный; **2.** adv. на́чисто; соверше́нно, по́лностью; **3.** [по]чи́стить; **~ up** уб(и)ра́ть; приводи́ть в поря́док; **~er** ['kliːnə] убо́рщик m, -ица f; **~er's** химчи́стка; **~ing** ['kliːnɪŋ] чи́стка; *of room* убо́рка; **~liness** ['klenlɪnɪs] чистопло́тность f; **~ly 1.** adv. ['kliːnlɪ] чи́сто; **2.** adj. ['klenlɪ] чистопло́тный; **~se** [klenz] очища́ть [очи́стить]

clear [klɪər] **1.** □ све́тлый, я́сный (*a. fig.*); (*transparent*) прозра́чный; *fig.* свобо́дный (**from, of** от P); *profit, etc.* чи́стый; (*distinct*) отчётливый; (*plain*) я́сный, поня́тный; **2.** v/t. убира́ть [-бра́ть]; очища́ть [очи́стить] (**from, of** от P); расчища́ть [-и́стить]; (*free from blame*) опра́вдывать [-да́ть]; *the air* разряди́ть атмосфе́ру; v/i. (*a.* **~ up**) *of mist* рассе́иваться [-е́яться]; *of sky* проясня́ться [-ни́ться]; **~ance** ['klɪərəns] *comm.* разреше́ние на прово́з, на вы́воз, *naut.* на вы́ход; **~ing** ['klɪərɪŋ] *tech.* зазо́р; *mot.* кли́ренс; *in forest* про́сека, поля́на; *fin.* кли́ринг; **~ly** я́сно; (*obviously*) очеви́дно

cleave [kliːv] [*irr.*] *split* раска́лывать(ся) [-коло́ть(ся)]; рассека́ть [-е́чь]; *adhere* прилипа́ть [-ли́пнуть]

clef [klef] *mus.* ключ

cleft [kleft] рассе́лина

clemen|cy ['klemənsɪ] милосе́рдие; снисхожде́ние; **~t** ['klemənt] милосе́рдный; *weather* мя́гкий

clench [klentʃ] заж(им)а́ть; *fists* сж(им)а́ть; *teeth* сти́скивать [сти́снуть]; → **clinch**

clergy ['klɜːdʒɪ] духове́нство; **~man** [-mən] свяще́нник

clerical ['klerɪkl] □ *eccl.* духо́вный; *of clerks* канцеля́рский

clerk [klɑːk] клерк, конто́рский слу́жащий; *Am.* **sales ~** продаве́ц

clever ['klevə] □ у́мный; (*skilled*) уме́лый; *mst. b.s.* ло́вкий

click [klɪk] **1.** щёлканье; **2.** *lock* щёлкать [-кнуть]; *tongue* прищёлкивать [-кнуть]; *fig.* идти́ гла́дко; **~ on** *comput.* щёлкнуть мы́шью

client ['klaɪənt] клие́нт; покупа́тель m; **~èle** [kliːənˈtel] клиенту́ра

cliff [klɪf] утёс, скала́

climate ['klaɪmɪt] кли́мат

climax ['klaɪmæks] **1.** кульмина́ция; **2.** достига́ть [-и́гнуть] кульмина́ции

climb [klaɪm] [*irr.*] влеза́(а́)ть на (В); *mountain* поднима́ться [-ня́ться] (на В); **~er** ['klaɪmə] альпини́ст; *fig.* карьери́ст; *bot.* вью́щееся расте́ние

clinch [klɪntʃ] *fig.* оконча́тельно договори́ться *pf.*, реши́ть *pf.*; *that* **~ed the matter** э́тим вопро́с был оконча́тельно решён

cling [klɪŋ] [*irr.*] (**to**) [при]льну́ть к (Д); **~ together** держа́ться вме́сте

clinic ['klɪnɪk] кли́ника; поликли́ника; **~al** [-ɪkəl] клини́ческий

clink [klɪŋk] **1.** звон; **2.** [за]звене́ть; **~ glasses** чо́каться [-кнуться]

clip[1] [klɪp] **1.** *newspaper* вы́резка; *TV* клип; **2.** выреза́ть [вы́резать]; (*cut*) [о-, под]стри́чь

clip[2] [-] **1.** скре́пка; **2.**: **~ together** скрепля́ть [-пи́ть]

clipp|er ['klɪpə]: (*a pair of*) (nail-) **~ers** *pl.* маникю́рные но́жницы f/pl.; *hort.* сека́тор; **~ings** [-ɪŋz] *pl.* газе́тные вы́резки f/pl.; обре́зки m/pl.

cloak [kləuk] **1.** плащ; *of darkness* покро́в; *fig.* (*pretext*) предло́г; **2.** покры(ва́)ть; *fig.* прикры(ва́)ть; **~room** гардеро́б, *coll.* раздева́лка; *euph., mst. Brt.* туале́т; **~room attendant** гардеро́бщик m, -щица f

clock [klɒk] часы́ m/pl. (*стенные и т.д.*); **~wise** по часово́й стре́лке

clod [klɒd] ком; (*fool*) ду́рень m, о́лух

clog [klɒg] засоря́ть(ся) [-ри́ть(ся)], забива́ться [-би́ться]

cloister ['klɔɪstə] монасты́рь m; *arch.* кры́тая арка́да

close 1. [kləus] □ (*restricted*) закры́тый; (*near*) бли́зкий; (*tight*) те́сный; *air* ду́шный, спёртый; (*stingy*) скупо́й; *study, etc.* внима́тельный, тща́тельный; **~ by** adv. ря́дом, поблизости;

to óколо (P); 2. [kləʊz] конéц; (*conclusion*) завершéние; *come to a ~* закóнчиться, завершиться; 3. [kləʊz] *v/t.* закры(вá)ть; закáнчивать [-кóнчить]; кончáть [кóнчить]; заключáть [-чить] (речь); *v/i.* закры(вá)ться; кончáться [кóнчиться]; *~ in* приближáться [-лизиться]; наступáть [-пить]; *~ness* ['kləʊsnɪs] близость *f*; скýпость *f*

closet ['klɒzɪt] *Am.* чулáн; стеннóй шкаф

close-up: *take a ~* снимáть [снять] крýпным плáном

closure ['kləʊʒə] закрытие

clot [klɒt] **1.** *of blood* сгýсток; комóк; **2.** *mst. of blood* свёртываться [свернýться]

cloth [klɒθ], *pl.* **~s** [klɒθs] ткань *f*, материáл; *length of ~* отрéз

clothe [kləʊð] [*a. irr.*] одé(вá)ть; *fig.* облекáть [облéчь]

clothes [kləʊðz] *pl.* одéжда; *change one's ~* переодéться; *~line* верёвка для сýшки белья; *~ peg* прищéпка

clothing ['kləʊðɪŋ] одéжда; *ready--made* ~ готóвая одéжда

cloud [klaʊd] **1.** óблако, тýча; *have one's head in the ~s* витáть в облакáх; **2.** покрывáть(ся) тýчами, облакáми; (*blur*) омрачáть(ся) [-чить(ся)]; *~burst* ливень *m*; *~less* ['klaʊdləs] □ безóблачный; *~y* [-ɪ] □ óблачный; *liquid* мýтный; *ideas* тумáнный

clove[1] [kləʊv] гвоздика (прáность)

clove[2] ~ *pt. om* **cleave**

clover ['kləʊvə] клéвер; *in ~* жить припевáючи

clown [klaʊn] клóун

club [klʌb] **1.** *society* клуб; (*heavy stick*) дубина; *Am.* дубинка (полицéйского); *~s pl. at cards* трéфы *f/pl.*; **2.** *v/t.* [по]бить; *v/i.* собирáться вмéсте; *~ together* сложиться [склáдываться]; (*share expense*) устрáивать склáдчину

clue [kluː] ключ к разгáдке; *I haven't a ~* понятия не имéю

clump [klʌmp] **1.** *of bushes* кустáрник; *of trees* кýпа, грýппа; **2.** *tread heavily*

тяжелó ступáть

clumsy ['klʌmzɪ] □ неуклюжий; нелóвкий (*a. fig.*); (*tactless*) бестáктный

clung [klʌŋ] *pt. и pt. p. om* **cling**

cluster ['klʌstə] **1.** кисть *f*; гроздь *f*; **2.** расти грóздьями; *~ round* окружáть [-жить]

clutch [klʌtʃ] **1.** *of car* сцеплéние; *fall into s.o.'s ~es* попáсть *pf.* в чьи-л. лáпы; **2.** (*seize*) схвáтывать [-тить]; ухватиться *pf.* (*at* за В)

clutter ['klʌtə] **1.** беспорядок; **2.** завалить, загромоздить

coach [kəʊtʃ] **1.** *Brt.* междугорóдный автóбус; (*trainer*) трéнер; (*tutor*) репетитор; *rail.* пассажирский вагóн; **2.** [на]тренировáть; натáскивать к экзáмену

coagulate [kəʊˈægjʊleɪt] свёртываться, коагулироваться

coal [kəʊl] (кáменный) ýголь *m*

coalition [kəʊəˈlɪʃn] коалиция

coal|**mine, ~ pit** ýгольная шáхта

coarse [kɔːs] □ *material* грýбый; *sugar, etc.* крýпный; *fig.* неотёсанный; *joke* непристóйный

coast [kəʊst] морскóй бéрег, побеóéжье; *~al: ~ waters* прибрéжные вóды; *~er* ['kəʊstə] *naut.* сýдно каботáжного плáвания

coat [kəʊt] **1.** (*man's jacket*) пиджáк; (*over~*) пальтó *n indecl.*; (*fur*) мех, шерсть *f*; (*layer of paint, etc.*) слой; *~ of arms* герб; **2.** (*cover*) покры(вá)ть; *~ hanger* вéшалка; *~ing* ['kəʊtɪŋ] слой

coax [kəʊks] уговáривать [уговорить]

cob [kɒb] *of maize* початóк

cobbler ['kɒblə] сапóжник

cobblestone ['kɒblstəʊn] булыжник; *attr.* булыжный

cobweb ['kɒbweb] паутина

cock [kɒk] **1.** (*rooster*) петýх; (*tap*) кран; *in gun* курóк; **2.** *ears* насторáживать [-рожить]

cockatoo [kɒkəˈtuː] какадý *m indecl.*

cockchafer ['kɒktʃeɪfər] мáйский жук

cock-eyed ['kɒkaɪd] *sl.* косоглáзый; косóй; *Am.* пьяный

cockpit ['kɒkpɪt] *ae.* кабина

cockroach ['kɒkrəʊtʃ] *zo.* таракáн

cock|sure [kɒk'ʃʊə] coll. самоуве́ренный; **~tail** ['-teɪl] кокте́йль m; **~y** ['kɒkɪ] □ coll. наха́льный, де́рзкий

cocoa ['kəʊkəʊ] powder or drink кака́о n indecl.

coconut ['kəʊkənʌt] коко́с, коко́совый оре́х

cocoon [kə'kuːn] ко́кон

cod [kɒd] треска́

coddle ['kɒdl] [из]ба́ловать, [из]не́жить

code [kəʊd] **1.** of conduct, laws ко́декс; of symbols, ciphers код; **2.** коди́ровать (im)pf.

cod-liver: **~ oil** ры́бий жир

coerc|e [kəʊ'ɜːs] принужда́ть [-ну́дить]; **~ion** [-ʃn] принужде́ние

coexist [kəʊɪg'zɪst] сосуществова́ть (с T)

coffee ['kɒfɪ] ко́фе m indecl.; **instant ~** раствори́мый ко́фе; **~ grinder** кофемо́лка; **~ set** кофе́йный серви́з; **~pot** кофе́йник

coffin ['kɒfɪn] гроб

cog [kɒg] зубе́ц

cogent ['kəʊdʒənt] □ (convincing) убеди́тельный

cognac ['kɒnjæk] конья́к

cohabit [kəʊ'hæbɪt] сожи́тельствовать, жить вме́сте

coheren|ce [kəʊ'hɪərəns] связь f; свя́зность f; согласо́ванность f; **~t** [-rənt] □ story, etc. свя́зный; поня́тный; согласо́ванный

cohesion [kəʊ'hiːʒn] сцепле́ние; сплочённость f

coiffure [kwɑː'fjʊə] причёска

coil [kɔɪl] **1.** кольцо́; el. кату́шка; **2.** (a. ~ up) свёртываться кольцо́м (спира́лью)

coin [kɔɪn] **1.** моне́та; **pay s.o. back in his own ~** отплати́ть pf. кому́-л. той же моне́той; **2.** (mint) чека́нить; **~age** ['kɔɪnɪdʒ] чека́нка

coincide [kəʊɪn'saɪd] совпада́ть [-па́сть]; **~nce** [kəʊ'ɪnsɪdəns] совпаде́ние; fig. случа́йное стече́ние обстоя́тельств; **by sheer ~** по чи́стой случа́йности

coke[1] [kəʊk] кокс

coke[2] [~] coll. ко́ка-ко́ла

colander ['kʌləndə] дуршла́г

cold [kəʊld] **1.** □ холо́дный; fig. неприве́тливый; **2.** хо́лод; просту́да; **catch (a) ~** простуди́ться; **~ness** ['kəʊldnɪs] of temperature хо́лод; of character, etc. хо́лодность f

colic ['kɒlɪk] med. ко́лики f/pl.

collaborat|e [kə'læbəreɪt] сотру́дничать; **~ion** [kəlæbə'reɪʃn] сотру́дничество; **in ~ with** в сотру́дничестве (с T)

collapse [kə'læps] **1.** (caving in) обва́л; разруше́ние; of plans, etc. круше́ние; med. по́лный упа́док сил, колла́пс; **2.** of a structure обру́ши(ва)ться, ру́хнуть; of person упа́сть без созна́ния

collar ['kɒlər] **1.** воротни́к; dog's оше́йник; **2.** схвати́ть pf. за ши́ворот; sl. a criminal схвати́ть pf.; **~bone** anat. ключи́ца

collateral [kə'lætərəl] побо́чный; evidence ко́свенный

colleague ['kɒliːg] колле́га f/m, сослужи́вец m, -вица f

collect [kə'lekt] v/t. (get together) соб(ир)а́ть; stamps etc. коллекциони́ровать; (call for) заходи́ть [зайти́] за (T); o.s. (control o.s.) овладева́ть собо́й; v/i. (gather) соб(и)ра́ться (a. fig.); **~ on delivery** Am. нало́женным платежо́м; **~ed** [kə'lektɪd] □ fig. споко́йный; **~ works** собра́ние сочине́ний; **~ion** [kə'lekʃn] колле́кция, собра́ние; **~ive** [-tɪv] □ коллекти́вный; совоку́пный; **~or** [-tə] коллекционе́р; of tickets, etc. контролёр

college ['kɒlɪdʒ] колле́дж; институ́т, университе́т

collide [kə'laɪd] ста́лкиваться [столкну́ться]

collie ['kɒlɪ] ко́лли m/f indecl.

collier ['kɒlɪər] углеко́п, шахтёр; **~y** ['kɒljərɪ] каменноуго́льня ша́хта

collision [kə'lɪʒn] столкнове́ние

colloquial [kə'ləʊkwɪəl] □ разгово́рный

colon ['kəʊlən] typ. двоето́чие

colonel ['kɜːnl] полко́вник

colonial [kə'ləʊnɪəl] колониа́льный

colony ['kɒlənɪ] коло́ния

colo(u)r ['kʌlə] **1.** цвет; (*paint*) кра́ска; *on face* румя́нец; *fig.* колори́т; **~s** *pl.* госуда́рственный флаг; *be off ~* нева́жно себя́ чу́вствовать; **2.** *v/t.* [по]кра́сить; окра́шивать [окра́сить]; *fig.* приукра́шивать [-кра́сить]; *v/i.* [по]красне́ть; **~-blind:** *be* ~ быть дальто́ником; **~ed** [-d] окра́шенный; цветно́й; **~ful** [-fʊl] я́ркий; **~ing** [-rɪŋ] окра́ска, раскра́ска; *fig.* приукра́шивание; **~less** [-ləs] □ бесцве́тный (*a. fig.*)

colt [kəʊlt] жеребёнок (*pl.*: жеребя́та); *fig.* птене́ц

column ['kɒləm] *arch., mil.* коло́нна; *of smoke, etc.* столб; *of figures* столбе́ц

comb [kəʊm] **1.** гре́бень *m*, гребёнка; **2.** *v/t.* расчёсывать [-чеса́ть], причёсывать [-чеса́ть]

combat ['kɒmbæt] **1.** бой, сраже́ние; **2.** сража́ться [срази́ться]; боро́ться (*a. fig.*); **~ant** ['kɒmbətənt] бое́ц

combin|ation [kɒmbɪ'neɪʃn] сочета́ние; **~e** [kəm'baɪn] объединя́ть(ся) [объедини́ть(ся)]; сочета́ть(ся) (*im*)*pf.*; **~ business with pleasure** сочета́ть прия́тное с поле́зным

combusti|ble [kəm'bʌstəbl] горю́чий, воспламеня́емый; **~on** [-tʃən] горе́ние, сгора́ние; *internal ~ engine* дви́гатель вну́треннего сгора́ния

come [kʌm] [*irr.*] приходи́ть [прийти́]; *by car, etc.* приезжа́ть [прие́хать]; *to ~* бу́дущий; **~ about** случа́ться [-чи́ться], происходи́ть [произойти́]; **~ across** встреча́ться [-ре́титься] с (Т), ната́лкиваться [натку́ться] на (В); **~ back** возвраща́ться [-ти́ться]; **~ by** дост(а)ва́ть [-ста́ть]; of skin, etc. бы́ть ро́дом из (Р); **~ off**, (*be successful*) уда́ться *pf.*; *of skin, etc.* сходи́ть [сойти́]; **~ round** приходи́ть в себя́; *coll.* заходи́ть [зайти́] к (Д); *fig.* идти́ на усту́пки; **~ to** доходи́ть [дойти́] до (Р); (*equal*) равня́ться (Д), сто́ить (В *or* Р); **~ up to** соотве́тствовать (Д); **~ to know s.o. (sth.)** познако́миться *pf.* (с Т) (узнава́ть [-на́ть] В); **~ what may** что бы ни случи́лось

comedian [kə'mi:dɪən] ко́мик

comedy ['kɒmədɪ] коме́дия

comeliness ['kʌmlɪnɪs] милови́дность *f*

comfort ['kʌmfət] **1.** комфо́рт, удо́бство; *fig.* (*consolation*) утеше́ние; (*support*) подде́ржка; **2.** утеша́ть [уте́шить]; успока́ивать [-ко́ить]; **~able** [-əbl] удо́бный, комфорта́бельный; *income, life* вполне́ прили́чный; **~less** [-lɪs] □ неую́тный

comic ['kɒmɪk] **1.** коми́ческий, смешно́й; юмористи́ческий; **2.** ко́мик; *the* **~s** ко́миксы

coming ['kʌmɪŋ] **1.** прие́зд, прибы́тие; **2.** бу́дущий; наступа́ющий

comma ['kɒmə] запята́я

command [kə'mɑːnd] **1.** кома́нда, прика́з; (*authority*) кома́ндование; *have at one's ~* име́ть в своём распоряже́нии; **2.** прика́зывать [-за́ть] (Д); владе́ть (Т); *mil.* кома́ндовать; **~er** [kə'mɑːndə] *mil.* команди́р; *navy* капита́н; **~er-in-chief** [-rɪn'tʃiːf] главнокома́ндующий; **~ment** [-mənt] *eccl.* за́поведь *f*

commemora|te [kə'meməreɪt] *anniversary* ознаменова́ть; *event* отмеча́ть [отме́тить]; **~tion** [kəmemə'reɪʃn] ознаменова́ние

commence [kə'mens] нач(ин)а́ть(-ся); **~ment** [-mənt] нача́ло, торже́ственное вруче́ние дипло́мов

commend [kə'mend] отмеча́ть [-е́тить], [по]хвали́ть (*for* за В); рекомендова́ть (*im*)*pf.*

comment ['kɒment] **1.** (*remark*) замеча́ние; *on text, etc.* коммента́рий; *no ~!* коммента́рии изли́шни!; **2.** (*on*) комменти́ровать (*im*)*pf.*; отзыва́ться [отозва́ться]; [с]де́лать замеча́ние; **~ary** ['kɒmentrɪ] коммента́рий; **~ator** ['kɒmenteɪtə] коммента́тор

commerc|e ['kɒmɜːs] торго́вля, комме́рция; **~ial** [kə'mɜːʃl] □ торго́вый, комме́рческий; *su. radio, TV* рекла́ма

commiseration [kəmɪzə'reɪʃn] сочу́вствие, соболе́знование

commission [kə'mɪʃn] **1.** (*body of per-*

sons) коми́ссия; (_authority_) полномо́чие; (_errand_) поруче́ние; (_order_) зака́з; _comm._ комисcио́нные; **2.** зака́зывать [-за́ть]; поруча́ть [-чи́ть]; **~er** [-ʃənə] уполномо́ченный; член коми́ссии

commit [kə'mɪt] (_entrust_) поруча́ть [-чи́ть]; вверя́ть [вве́рить]; _for trial, etc._ преда(ва́)ть; _crime_ соверша́ть [-ши́ть]; **~** (_o.s._) обя́зывать(ся) [-за́ть(ся)]; **~** (_to prison_) заключа́ть [-чи́ть] (в тюрьму́); **~ment** [-mənt] (_promise_) обяза́тельство; **~tee** [-ɪ] коми́ссия; комите́т; _be on a_ **~** быть чле́ном коми́ссии

commodity [kə'mɒdətɪ] това́р, предме́т потребле́ния

common ['kɒmən] □ о́бщий; (_ordinary_) просто́й, обыкнове́нный; (_mediocre_) заура́дный; (_widespread_) распространённый; _it is_ **~** _knowledge that_ ... изве́стно, что ...; _out of the_ **~** незаура́дный; **~** _sense_ здра́вый смысл; _we have nothing in_ **~** у нас нет ничего́ о́бщего; **~place 1.** бана́льность _f_; **2.** бана́льный, _coll._ изби́тый; **~s** [-z] _pl._ простонаро́дье; (_mst._ **_House of_**) ♀ Пала́та общин; **~wealth** [-welθ] госуда́рство, содру́жество; _the British_ ♀ _of Nations_ Брита́нское Содру́жество На́ций

commotion [kə'məʊʃn] волне́ние, смяте́ние, возня́

communal ['kɒmjʊnl] (_pertaining to community_) обще́ственный, коммуна́льный; **~ _apartment or flat_** коммуна́льная кварти́ра

communicat|e [kə'mju:nɪkeɪt] _v.t._ сообща́ть [-щи́ть]; перед(ав)а́ть; _v/i._ сообща́ться; **~ion** [kəmju:nɪ'keɪʃn] сообще́ние; коммуника́ция; связь _f_; _satellite_ спу́тник свя́зи; **~ive** [kə'mju:nɪkətɪv] □ общи́тельный, разгово́рчивый

communion [kə'mju:njən] обще́ние; _sacrament_ прича́стие

communiqué [kə'mju:nɪkeɪ] коммюнике́ _n indecl._

communis|m ['kɒmjʊnɪzəm] коммуни́зм; **~t 1.** коммуни́ст _m_, -ка _f_; **2.** ком-

мунисти́ческий

community [kə'mju:nətɪ] о́бщество; _local_ **~** ме́стные жи́тели

commute [kə'mju:t] _law_ смягчи́ть наказа́ние; _travel back and forth regularly_ е́здить на рабо́ту (_напр. из при́города в го́род_)

compact [kəm'pækt] _adj._ компа́ктный; (_closely packed_) пло́тный; _style_ сжа́тый; _v/t._ сж(им)а́ть; уплотня́ть [-ни́ть]; **~ _disc_** компа́ктдиск

companion [kəm'pænjən] това́рищ, подру́га; (_travel[l]ing_ **~**) спу́тник; **~ship** [-ʃɪp] компа́ния; дру́жеские отноше́ния _n/pl._

company ['kʌmpənɪ] о́бщество; _comm._ компа́ния; акционе́рное о́бщество, фи́рма; (_guests_) го́сти _pl._; _thea._ тру́ппа; _have_ **~** принима́ть госте́й

compar|able ['kɒmpərəbl] □ сравни́мый; **~ative** [kəm'pærətɪv] □ сравни́тельный; **~e** (_beyond_ **~**) вне вся́кого сравне́ния; **2.** _v/t._ сра́внивать [-ни́ть], слича́ть [-чи́ть], (_to_ с Т); _v/i._ сра́вниваться [-ни́ться]; **~ favo(u)rably with** вы́годно отлича́ться от Р; **~ison** [kəm'pærɪsn] сравне́ние; _by_ **~** по сравне́нию (с Т)

compartment [kəm'pɑ:tmənt] отделе́ние; _rail._ купе́ _n indecl._

compass ['kʌmpəs] ко́мпас; (_extent_) преде́л; (_a pair of_) **~es** _pl._ ци́ркуль _m_

compassion [kəm'pæʃn] сострада́ние, жа́лость _f_; **~ate** [-ʃənət] □ сострада́тельный, сочу́вствующий

compatible [kəm'pætəbl] □ совмести́мый (_a. comput._)

compatriot [kəm'pætrɪət] соотéчественник _m_, -ница _f_

compel [kəm'pel] заставля́ть [-а́вить]; принужда́ть [-нуди́ть]

compensat|e ['kɒmpənseɪt] _v/t._ компенси́ровать; _losses_ возмеща́ть [-ести́ть]; **~ion** [kɒmpən'seɪʃn] возмеще́ние, компенса́ция

compete [kəm'pi:t] соревнова́ться, состяза́ться; конкури́ровать (_with_ с Т, _for_ за В)

competen|ce, ~cy ['kɒmpɪtəns, -ɪ]

спосо́бность *f*; компете́нтность *f*; **~t** [-tənt] □ компете́нтный

competit|ion [kɒmpə'tɪʃn] состяза́ние, соревнова́ние; *comm.* конкуре́нция; *of pianists, etc.* ко́нкурс; **~ive** [kəm'petətɪv] конкурентоспосо́бный; **~or** [kəm'petɪtə] конкуре́нт *m*, -ка *f*; (*rival*) сопе́рник *m*, -ица *f*; уча́стник ко́нкурса

compile [kəm'paɪl] составля́ть [-а́вить]

complacen|ce, **~cy** [kəm'pleɪsəns, -ɪ] самодово́льство

complain [kəm'pleɪn] [по]жа́ловаться (**of** на В); *law* обжа́ловать *pf.*; **~t** [-t] жа́лоба; *med.* боле́знь *f*; *comm.* рекла́ма́ция

complement ['kɒmplɪmənt] **1.** дополне́ние; компле́кт; **2.** дополня́ть [допо́лнить]; [у]комплектова́ть

complet|e [kəm'pliːt] **1.** □ (*whole*) по́лный; (*finished*) зако́нченный; *coll. fool* кру́глый; **~ stranger** соверше́нно незнако́мый челове́к; **2.** зака́нчивать [зако́нчить]; **~ion** [-'pliːʃn] оконча́ние

complex ['kɒmpleks] **1.** □ (*intricate*) сло́жный; (*composed of parts*) ко́мплексный, составно́й; *fig.* сло́жный, запу́танный; **2.** ко́мплекс; **~ion** [kəm'plekʃn] цвет лица́; **~ity** [-sɪtɪ] сло́жность *f*

compliance [kəm'plaɪəns] усту́пчивость *f*; согла́сие; **in ~ with** в соотве́тствии с (Т)

complicat|e ['kɒmplɪkeɪt] усложня́ть(ся) [-ни́ть(ся)]; **~ion** [-'keɪʃn] сло́жность *f*, тру́дность *f*; *pl.* осложне́ния *n/pl.*, *a. med.*

compliment 1. ['kɒmplɪmənt] комплиме́нт; (*greeting*) приве́т; **2.** [-ment] *v/t.* говори́ть комплиме́нты (Д); поздравля́ть [-а́вить] (**on** с Т)

comply [kəm'plaɪ] уступа́ть [-и́ть], соглаша́ться [-ласи́ться] (**with** с В); (*yield*) подчиня́ться [-ни́ться] (**with** Д)

component [kəm'pəʊnənt] **1.** компоне́нт; составна́я часть *f*; **2.** составно́й

compos|e [kəm'pəʊz] (*put together*) составля́ть [-а́вить]; (*create*) сочиня́ть [-ни́ть]; *compose o.s.* успо-

ка́иваться [-ко́иться]; **~ed** [-d] □ споко́йный, сде́ржанный; **~er** [-ə] компози́тор; **~ition** [kɒmpə'zɪʃn] *art* компози́ция; (*structure*) соста́в; *lit., mus.* сочине́ние; **~ure** [kəm'pəʊʒə] самооблада́ние, споко́йствие

compound 1. ['kɒmpaʊnd] *chem.* соста́в, соедине́ние; *gr.* сло́жное сло́во; **2.** сло́жный; **~ interest** сло́жные проце́нты *m/pl.*

comprehend [kɒmprɪ'hend] постига́ть [пости́гнуть], понима́ть [-ня́ть]; (*include*) охва́тывать [охвати́ть]

comprehen|sible [kɒmprɪ'hensəbl] поня́тный, постижи́мый; **~sion** [-ʃn] понима́ние; поня́тливость *f*; **~sive** [-sɪv] □ (*inclusive*) (все)объе́млющий; исче́рпывающий; *study* всесторо́нний

compress [kəm'pres] сж(им)а́ть; **~ed air** сжа́тый во́здух

comprise [kəm'praɪz] состоя́ть [заключа́ть в себе́

compromise ['kɒmprəmaɪz] **1.** компроми́сс; **2.** *v/t.* [с]компромети́ровать; *v/i.* пойти́ *pf.* на компроми́сс

compuls|ion [kəm'pʌlʃn] принужде́ние; **~ory** [-'pʌlsərɪ] *education, etc.* обяза́тельный; принуди́тельный

comput|e [kəm'pjuːt] вычисля́ть [вы́числить]; **~er** [-ə] компью́тер

comrade ['kɒmreɪd] това́рищ

con [kɒn] = **contra** про́тив; **the pros and ~s** (голоса́) за и про́тив

conceal [kən'siːl] скры(ва́)ть; ута́ивать [-и́ть], ума́лчивать [умолча́ть]

concede [kən'siːd] уступа́ть [-пи́ть]; (*allow*) допуска́ть [-сти́ть]

conceit [kən'siːt] самонаде́янность, самомне́ние; **~ed** [-ɪd] самонаде́янный

conceiv|able [kən'siːvəbl] мы́слимый; постижи́мый; *it's hardly ~* вряд ли; **~e** [kən'siːv] *v/i.* представля́ть себе́; *v/t.* заду́м(ыв)ать

concentrate ['kɒnsəntreɪt] сосредото́чи(ва)ть(ся)

conception [kən'sepʃn] конце́пция; за́мысел; *biol.* зача́тие

concern [kən'sɜːn] **1.** де́ло; (*anxiety*)

беспоко́йство; интере́с; *comm.* предприя́тие; *what ~ is it of yours?* како́е вам до э́того де́ло?; **2.** каса́ться [косну́ться] (P); *~ o.s. about, with* [за]интересова́ться, занима́ться [заня́ться] (T); *~ed* [-d] □ заинтересо́ванный; име́ющий отноше́ние; озабо́ченный; *~ing* [-ɪŋ] *prp.* относи́тельно (P)

concert ['kɒnsət] конце́рт; *act in ~* де́йствовать согласо́ванно

concerto [kən'tʃeətəʊ] конце́рт

concession [kən'seʃn] усту́пка; *econ.* конце́ссия; *in price* ски́дка

conciliat|e [kən'sɪlɪeɪt] примиря́ть [-ри́ть]; *~or* [-ə] посре́дник

concise [kən'saɪs] □ сжа́тый, кра́ткий; *~ness* [-nɪs] сжа́тость *f*, кра́ткость *f*

conclude [kən'kluːd] *agreement, etc.* заключа́ть [-чи́ть]; (*finish*) зака́нчивать [зако́нчить]; *to be ~d* оконча́ние сле́дует

conclusi|on [kən'kluːʒn] оконча́ние; (*inference*) заключе́ние; вы́вод; *draw a ~* сде́лать *pf.* вы́вод; *~ve* [-sɪv] □ (*final*) заключи́тельный; (*convincing*) убеди́тельный

concoct [kən'kɒkt] [co]стря́пать (*a. fig.*); *fig.* приду́м(ыв)ать

concord ['kɒŋkɔːd] (*agreement*) согла́сие

concrete ['kɒŋkriːt] **1.** конкре́тный; **2.** бето́н; **3.** [за]бетони́ровать

concur [kən'kɜː] (*agree*) соглаша́ться [-ласи́ться]; (*coincide*) совпада́ть [-па́сть]

concussion [kən'kʌʃn]: сотрясе́ние мо́зга

condemn [kən'dem] осужда́ть [осуди́ть]; (*blame*) порица́ть; пригова́ривать [-вори́ть] (к Д); [за]бракова́ть; *~ation* [kɒndəm'neɪʃn] осужде́ние

condens|ation [kɒnden'seɪʃn] конденса́ция, сгуще́ние; *~e* [kən'dens] сгуща́ть(ся); *fig.* сокраща́ть [-рати́ть]

condescen|d [kɒndɪ'send] снисходи́ть [снизойти́]; *~sion* [-'senʃn] снисхожде́ние; снисходи́тельность *f*

condiment ['kɒndɪmənt] припра́ва

condition [kən'dɪʃn] **1.** усло́вие; (*state*) состоя́ние; *~s pl.* (*circumstances*) обстоя́тельства *n/pl.*; усло́вия *n/pl.*; *on ~ that* при усло́вии, что; **2.** ста́вить усло́вия; обусло́вливать [-о́вить]; *~al* [-əl] □ усло́вный

condol|e [kən'dəʊl] соболе́зновать (*with* Д); *~ence* [-əns] соболе́знование

condom ['kɒndəm] презервати́в, кондо́м

condone [kən'dəʊn] проща́ть; (*overlook*) смотре́ть сквозь па́льцы

conduct **1.** ['kɒndʌkt] поведе́ние; **2.** [kən'dʌkt] вести́ себя́; *affairs* руководи́ть; *mus.* дирижи́ровать; *~or* [kən'dʌktə] *mus.* дирижёр; *el.* проводни́к

cone [kəʊn] ко́нус; *bot.* ши́шка

confectionery [kən'fekʃənərɪ] конди́терские изде́лия *n/pl.*

confedera|te 1. [kən'fedərət] федерати́вный; **2.** [~] член конфедера́ции; сою́зник; (*accomplice*) соуча́стник, сообщник; **3.** [-reɪt] объединя́ться в сою́з; *~tion* [kənfedə'reɪʃn] конфедера́ция

confer [kənfɜː] *v/t.* (*award*) присужда́ть [-уди́ть]; *v/i.* (*consult*) совеща́ться; *~ence* ['kɒnfərəns] конфере́нция; совеща́ние

confess [kən'fes] призн(ав)а́ться, созн(ав)а́ться в (П); *~ion* [-'feʃn] призна́ние; *to a priest* и́споведь *f*; *creed, denomination* вероисповеда́ние

confide [kən'faɪd] доверя́ть (*in* Д); (*entrust*) вверя́ть [вве́рить]; (*trust*) полага́ться [положи́ться] (*in* на В); *~nce* [kɒnfɪdəns] дове́рие; (*firm belief*) уве́ренность *f*; *~nt* ['kɒnfɪdənt] □ уве́ренный; *~ntial* [kɒnfɪ'denʃəl] конфиденциа́льный; секре́тный

configure [kən'fɪgə] *comput.* конфигури́ровать

confine [kən'faɪn] ограни́чи(ва)ть; *to prison* заключа́ть [-чи́ть]; *be ~d of pregnant woman* рожа́ть [роди́ть]; *~ment* [-mənt] ограниче́ние; заключе́ние; ро́ды *m/pl.*

confirm [kən'fɜːm] подтвержда́ть

[-рди́ть]; **~ed bachelor** убеждённый холостя́к; **~ation** [kɒnfə'meɪʃn] подтвержде́ние

confiscat|e ['kɒnfɪskeɪt] конфискова́ть *(im)pf.*; **~ion** [,kɒnfɪ'skeɪʃn] конфиска́ция

conflagration [kɒnfləˈgreɪʃn] бушу́ющий пожа́р

conflict 1. ['kɒnflɪkt] конфли́кт, столкнове́ние; **2.** [kən'flɪkt] быть в конфли́кте; *v/i.* противоре́чить

confluence ['kɒnfluəns] *of rivers* слия́ние

conform [kən'fɔːm] согласо́вывать [-сова́ть] *(to* с Т); *(obey)* подчиня́ться [-ни́ться] *(to* Д); *to standards etc.* удовлетворя́ть [-ри́ть], соотве́тствовать; **~ity** [-ɪtɪ] соотве́тствие; подчине́ние; *in ~ with* в соотве́тствии с (Т)

confound [kən'faʊnd] *(amaze)* поража́ть [порази́ть]; *(stump)* [по]ста́вить в тупи́к; *(confuse)* [с]пу́тать; *~ it!* чёрт побери́!

confront [kən'frʌnt] стоя́ть лицо́м к лицу́ с (Т)

confus|e [kən'fjuːz] [с]пу́тать; *(embarrass)* смуща́ть [-ути́ть]; **~ion** [kən'fjuːʒən] смуще́ние; *(disorder)* беспоря́док; *throw into ~* привести́ в замеша́тельство

congeal [kən'dʒiːl] засты(ва́)ть

congenial [kən'dʒiːnɪəl] □ бли́зкий по ду́ху, прия́тный; *climate* благоприя́тный

congenital [kən'dʒenɪtl] врождённый

congestion [kən'dʒestʃən] *traffic* перегру́женность *f*; перенаселённость *f*

conglomeration [kənglɒməˈreɪʃn] скопле́ние, конгломера́т

congratulat|e [kən'grætʃʊleɪt] поздравля́ть [-а́вить] *(on* с Т); **~ion** [kəngrætʃʊ'leɪʃn] поздравле́ние

congregat|e ['kɒŋgrɪgeɪt] соб(и)ра́ть(ся); **~ion** [kɒŋgrɪ'geɪʃn] *in Bitte church* собра́ние прихожа́н

congress ['kɒŋgres] конгре́сс; съезд; **~man** *Am.* конгрессме́н

congruous ['kɒŋgruəs] □ *(fitting)* соотве́тствующий; гармони-

рующий *(to* с Т)

conifer ['kɒnɪfə] де́рево хво́йной поро́ды

conjecture [kən'dʒektʃə] **1.** дога́дка, предположе́ние; **2.** предполага́ть [-ложи́ть]

conjugal ['kɒndʒʊgl] супру́жеский

conjunction [kən'dʒʌŋkʃn] соедине́ние; *gr.* сою́з; связь *f*; *in ~ with* совме́стно (с Т)

conjunctivitis [kəndʒʌŋktɪ'vaɪtɪs] конъюнктиви́т

conjur|e ['kʌndʒə] *~ up fig.* вызыва́ть в воображе́нии; *v/i.* пока́зывать фо́кусы; **~er**, **~or** [-rə] фо́кусник

connect [kə'nekt] соединя́ть(ся) [-ни́ть(ся)]; *(link)* свя́зывать(ся) [-за́ть(ся)]; *tel.* соединя́ть [-ни́ть]; **~ed** [-ɪd] □ свя́занный; *be ~ with* име́ть свя́зи (с Т); **~ion** [kə'nekʃn] связь *f*; соедине́ние; **~s** свя́зи; *(family)* ро́дственники

connive [kə'naɪv]: *~ at* потво́рствовать (Д), попусти́тельствовать

connoisseur [kɒnə'sɜː] знато́к

conquer ['kɒŋkə] *country* завоёвывать [-ева́ть]; *(defeat)* побежда́ть [победи́ть]; **~or** [-rə] победи́тель(ница *f*) *m*; завоева́тель *m*, -ница *f*

conquest ['kɒŋkwest] завоева́ние; побе́да

conscience ['kɒnʃəns] со́весть *f*; *have a guilty ~* чу́вствовать угрызе́ния со́вести

conscientious [kɒnʃɪ'enʃəs] □ добросо́вестный

conscious ['kɒnʃəs] □ *effort, etc.* созна́тельный; *(aware)* сознаю́щий; **~ness** [-nɪs] созна́ние

conscript [kən'skrɪpt] призывни́к; **~ion** [kən'skrɪpʃn] во́инская пови́нность *f*

consecrate ['kɒnsɪkreɪt] *a church, etc.* освяща́ть [-яти́ть]

consecutive [kən'sekjʊtɪv] □ после́довательный

consent [kən'sent] **1.** согла́сие; **2.** соглаша́ться [-ласи́ться]

consequen|ce ['kɒnsɪkwens] (по)-сле́дствие; *(importance)* ва́жность *f*;

~t [-kwənt] обусло́вленный; (*subsequent*) после́дующий; **~tly** [-kwəntlı] сле́довательно; поэ́тому

conserv|ation [kɒnsə'veiʃn] сохране́ние; *nature* ~ охра́на приро́ды; **~ative** [kən'sɜːvətıv] **1.** □ консервати́вный; **2.** *pol.* консерва́тор, **~atory** [-trı] оранжере́я; *mus.* консервато́рия; **~e** [kən'sɜːv] сохраня́ть [-ни́ть]

consider [kən'sıdə] *v/t.* обсужда́ть [-уди́ть]; (*think over*) обду́м(ыв)ать; (*regard*) полага́ть, счита́ть; (*take into account*) счита́ться с (Т); **~able** [-rəbl] □ значи́тельный; большо́й; **~ate** [-rət] внима́тельный (к Д); **~ation** [kənsıdə'reiʃn] обсужде́ние; факт; соображе́ние; внима́ние; **take into** ~ принима́ть во внима́ние, учи́тывать; **~ing** [kən'sıdərıŋ] *prp.* учи́тывая (В), принима́я во внима́ние (В)

consign [kən'saın] перед(ав)а́ть; поруча́ть [-чи́ть]; *comm.* пос(ы)ла́ть (груз) по а́дресу; **~ee** [kɒnsaı'niː] грузополуча́тель, адреса́т гру́за; **~ment** [-mənt] груз, па́ртия това́ров

consist [kən'sıst] состоя́ть (*of* из Р); заключа́ться (*in* в П); **~ence, ~ency** [-əns, -ənsı] логи́чность *f*; консисте́нция *f*; **~ent** [-ənt] □ после́довательный; согласу́ющийся (*with* с Т)

consol|ation [kɒnsə'leiʃn] утеше́ние; **~e** [kən'səʊl] утеша́ть [уте́шить]

consolidate [kən'sɒlıdeıt] *position, etc.* укрепля́ть [-пи́ть]; (*unite*) объединя́ть(ся) [-ни́ть(ся)]; *comm.* слива́ться [-и́ться]

consonant ['kɒnsənənt] □ (*in accord*) согла́сный, созву́чный

conspicuous [kən'spıkjʊəs] □ заме́тный, броса́ющийся в глаза́

conspir|acy [kən'spırəsı] за́говор; **~ator** [-tə] загово́рщик *m*, -ица *f*; **~e** [kən'spraıə] устра́ивать за́говор; сгова́риваться [сговори́ться]

constable ['kʌnstəbl] *hist.* конста́бль *m*; (*policeman*) полице́йский

constan|cy ['kɒnstənsı] постоя́нство; (*faithfulness*) ве́рность *f*; **~t** [-stənt] □ постоя́нный; ве́рный

consternation [kɒnstə'neiʃn] смяте́-ние; замеша́тельство (*от стра́ха*)

constipation [kɒnstı'peiʃn] запо́р

constituen|cy [kən'stıtjʊənsı] избира́тельный о́круг; (*voters*) избира́тели *m/pl.*; **~t** [-ənt] **1.** (*part*) составно́й; *pol.* учреди́тельный; **2.** избира́тель *m*; составна́я часть *f*

constitut|e ['kɒnstıtjuːt] (*make up*) составля́ть [-а́вить]; (*establish*) осно́вывать [-нова́ть]; **~ion** [kɒnstı'tjuːʃn] (*makeup*) строе́ние; конститу́ция; учрежде́ние; физи́ческое *or* душе́вное здоро́вье; душе́вный [-ʒnəl] □ конституцио́нный; *of body* органи́ческий

constrain [kən'streın] принужда́ть [-нуди́ть]; вынужда́ть [вы́нудить]; (*limit*) сде́рживать [-жа́ть]; **~t** [-t] принужде́ние; вы́нужденность *f*; *of feelings* ско́ванность *f*

constrict [kən'strıkt] стя́гивать [стяну́ть]; сж(им)а́ть; **~ion** [-kʃn] сжа́тие; стя́гивание

construct [kən'strʌkt] [по]стро́ить; сооружа́ть [-уди́ть]; *fig.* созд(ав)а́ть; **~ion** [-kʃn] строи́тельство, стро́йка; (*building, etc.*) строе́ние; **~ site** стро́йка; **~ive** [-tıv] конструкти́вный

construe [kən'struː] истолко́вывать [-кова́ть]

consul ['kɒnsl] ко́нсул; **~ general** генера́льный ко́нсул; **~ate** ['kɒnsjʊlət] ко́нсульство

consult [kən'sʌlt] *v/t.* спра́шивать сове́та у (Р); *v/i.* [про]консульти́роваться, совеща́ться; **~ a doctor** пойти́ на консульта́цию к врачу́; **~ant** консульта́нт; **~ation** [kɒnsl'teiʃn] *specialist advice and advice bureau* консульта́ция, конси́лиум (враче́й)

consum|e [kən'sjuːm] *v/t.* съеда́ть [съесть]; (*use*) потребля́ть [-би́ть]; [из]расхо́довать; **~er** [-ə] потреби́тель *m*; **~ goods** потреби́тельские това́ры

consummate [kən'sʌmıt] □ соверше́нный, зако́нченный

consumption [kən'sʌmpʃn] потребле́ние, расхо́д; *med.* туберкулёз лёгких

contact ['kɒntækt] конта́кт (*a. fig.*);

business ~s деловы́е свя́зи

contagious [kən'teɪdʒəs] □ зара́зный, инфекцио́нный

contain [kən'teɪn] содержа́ть (в себе́), вмеща́ть [-ести́ть]; ~ *o.s.* сде́рживаться [-жа́ться]; ~**er** [-ə] конте́йнер

contaminat|e [kən'tæmɪneɪt] *water, etc.* загрязня́ть [-ни́ть]; заража́ть [зарази́ть], *fig.* ока́зывать [-за́ть] па́губное влия́ние; ~**ion** [kəntæmɪ-'neɪʃn]: *radioactive* ~ радиоакти́вное загрязне́ние

contemplat|e ['kɒntəmpleɪt] обду́м(ыв)ать; ~**ion** [kɒntem'pleɪʃn] созерца́ние; размышле́ние

contempora|neous [kəntempə'reɪnɪəs] □ совпада́ющий по вре́мени, одновреме́нный; ~**ry** [kən'tempərərɪ] **1.** совреме́нный; **2.** совреме́нник *m*, -ица *f*

contempt [kən'tempt] презре́ние (*for* к Д); ~**ible** [-əbl] □ презре́нный; ~**uous** [-ʃʊəs] □ презри́тельный

contend [kən'tend] *v/i.* боро́ться; сопе́рничать; *v/t.* утвержда́ть

content [kən'tent] **1.** дово́льный; **2.** удовлетворя́ть [-ри́ть]; **3.** удовлетворе́ние; *to one's heart's* ~ вво́лю; **4.** ['kɒntent] содержа́ние; *table of* ~s оглавле́ние; ~**ed** [kən'tentɪd] □ дово́льный, удовлетворённый

contention [kən'tenʃn] *dissension* спор, ссо́ра; *assertion* утвержде́ние

contentment [kən'tentmənt] удовлетворённость *f*

contest 1. ['kɒntest] ко́нкурс; *sport* соревнова́ние; **2.** [kən'test] оспа́ривать [оспо́рить]; *one's rights, etc.* отста́ивать [отстоя́ть]; (*struggle*) боро́ться (за В); ~**ant** уча́стник (-ица) состяза́ния

context ['kɒntekst] конте́кст

continent ['kɒntɪnənt] матери́к, контине́нт; *the* ♀ *Brt.* (материко́вая) Евро́па

contingen|cy [kən'tɪndʒənsɪ] случа́йность *f*; непредви́денное обстоя́тельство; *be prepared for every* ~ быть гото́вым ко вся́ким случа́йностям; ~**t** [-dʒənt] □ **1.** случа́йный, непредви́денный; **2.** гру́ппа; *mil.* континге́нт

continu|al [kən'tɪnjʊəl] □ непреры́вный, беспреста́нный; ~**ation** [kəntɪnju'eɪʃn] продолже́ние; ~**e** [kən'tɪnjuː] *v/t.* продолжа́ть [-до́лжить]; *to be* ~**d** продолже́ние сле́дует; *v/i.* продолжа́ться [-до́лжиться]; *of forest, road, etc.* простира́ться, тяну́ться; ~**ity** [kɒntɪ'njuːətɪ] непреры́вность *f*; ~**ous** [kən'tɪnjʊəs] □ непреры́вный; (*unbroken*) сплошно́й

contort [kən'tɔːt] *of face* искажа́ть [искази́ть]

contour ['kɒntʊə] ко́нтур, очерта́ние

contraband ['kɒntrəbænd] контраба́нда

contraceptive [kɒntrə'septɪv] противозача́точное сре́дство

contract 1. [kən'trækt] *v/t. muscle* сокраща́ть [-рати́ть]; *alliance* заключа́ть [-чи́ть]; *v/i.* сокраща́ться [-рати́ться]; *of metal* сж(им)а́ть(ся); **2.** ['kɒntrækt] контра́кт, догово́р; ~**ion** [-ʃən] сжа́тие; сокраще́ние; ~**or** [-tə] подря́дчик

contradict [kɒntrə'dɪkt] противоре́чить (Д); ~**ion** [-kʃn] противоре́чие; ~**ory** [-tərɪ] □ противоречи́вый

contrary ['kɒntrərɪ] **1.** противополо́жный; *person* упря́мый; ~ *to prp.* вопреки́ (Д); **2.** обра́тное; *on the* ~ наоборо́т

contrast 1. ['kɒntrɑːst] противополо́жность *f*; контра́ст; **2.** [kən'trɑːst] *v/t.* сопоставля́ть [-а́вить], сра́внивать [-ни́ть]; *v/i.* отлича́ться от (Р); контрасти́ровать с (Т)

contribut|e [kən'trɪbjuːt] (*donate*) [по]же́ртвовать; *to a newspaper, etc.* сотру́дничать (*to* в П); ~**ion** [kɒntrɪ-'bjuːʃn] вклад; взнос; ~**or** [kən'trɪbjʊtə] же́ртвователь

contriv|ance [kən'traɪvəns] вы́думка; *mechanism, etc.* приспособле́ние; ~**e** [kən'traɪv] *v/t.* (*invent*) приду́м(ыв)ать; (*scheme*) затева́ть [-е́ять]; *v/i.* ухитря́ться [-ри́ться]; умудря́ться [-ри́ться]

control [kən'trəʋl] **1.** управле́ние (*a. tech.*), регули́рование; контро́ль *m*; **~ desk** пульт управле́ния; *lose ~ of o.s.* потеря́ть самооблада́ние; *under ~* в поря́дке; **2.** управля́ть (T); [про]контроли́ровать (*im)pf.*; *feelings, etc.* сде́рживать [-жа́ть]; **~ler** [-ə] контролёр, инспе́ктор; *ae., rail.* дис-пе́тчер

controver|sial [kɒntrə'vɜːʃl] □ спо́рный; **~sy** ['kɒntrəvɜːsɪ] спор, поле́мика

convalesce [kɒnvə'les] выздора́вливать *impf.*; **~nce** [-ns] выздоровле́ние; **~nt** [-nt] □ выздора́вливающий

convene [kən'viːn] *meeting, etc.* со-з(ы)ва́ть; (*come together*) соб(и)ра́ть(ся)

convenien|ce [kən'viːnɪəns] удо́бство; *at your earliest ~* как то́лько вы смо́жете; *public ~ euph.* убо́рная; **~t** [-ɪənt] □ удо́бный

convent ['kɒnvənt] монасты́рь *m*; **~ion** [kən'venʃn] съезд; (*agreement*) конве́нция, соглаше́ние; (*custom*) обы́чай, усло́вность *f*

converge [kən'vɜːdʒ] сходи́ться [сойти́сь] (в одну́ то́чку)

convers|ation [kɒnvə'seɪʃn] разгово́р, бесе́да; **~ational** [-ʃənl] разгово́рный; **~e** [kən'vɜːs] разгова́ривать, бесе́довать; **~ion** [kən'vɜːʃn] превраще́ние; *eccl., etc.* обраще́ние; *el.* преобразова́ние; *stocks, etc.* конве́рсия

convert [kən'vɜːt] превраща́ть [-ати́ть]; *el.* преобразо́вывать [-ва́ть]; *fin.* конверти́ровать; *eccl., etc.* обраща́ть [-рати́ть] (в другу́ю ве́ру); **~ible** [-əbl]: **~ currency** конверти́руемая валю́та

convey [kən'veɪ] *goods* перевози́ть [-везти́], переправля́ть [-пра́вить]; *greetings, electricity, etc.* перед(ав)а́ть; **~ance** [-əns] перево́зка; доста́вка; тра́нспортное сре́дство; **~or** [-ə] (**~ belt**) конве́йер

convict 1. ['kɒnvɪkt] осуждённый; **2.** [kən'vɪkt] признава́ть вино́вным; **~ion** [kən'vɪkʃn] *law* осужде́ние; (*firm belief*) убежде́ние

convinc|e [kən'vɪns] убежда́ть [убеди́ть] (*of* в П); **~ing** [-ɪŋ] убеди́тельный

convoy ['kɒnvɔɪ] *naut.* конво́й; сопровожде́ние

convuls|e [kən'vʌls] содрога́ться [-гну́ться]; *be ~d with laughter* смея́ться до упа́ду; *her face was ~d with pain* её лицо́ искази́лось от бо́ли; **~ion** [-ʃn] *of ground* колеба́ние; *of muscles* су́дорога; **~ive** [-sɪv] □ су́дорожный

coo [kuː] воркова́ть

cook [kʊk] **1.** по́вар; **2.** [при]гото́вить еду́; **~ery** ['kʊkərɪ] кулина́рия; приготовле́ние еды́; **~ie**, **~y** ['kʊkɪ] *Am.* пече́нье

cool [kuːl] **1.** прохла́дный; *fig.* хладнокро́вный; (*imperturbable*) невозмути́мый; *pej.* де́рзкий, наха́льный; *keep ~!* не горячи́сь!; **2.** прохла́да; **3.** охлажда́ть(ся) [охлади́ть(ся)]; осты́(ва́)ть; **~headed** [kuːl'hedɪd] □ хладнокро́вный

coolness ['kuːlnɪs] холодо́к; прохла́да; хладнокро́вие

coop [kuːp]: **~ up** или **in** держа́ть взаперти́

cooperat|e [kəʊ'ɒpəreɪt] сотру́дничать; **~ion** [kəʊɒpə'reɪʃn] сотру́дничество; **~ive** [kəʊ'ɒpərətɪv] коопера́ти́вный; **~ society** кооперати́в

coordinat|e [kəʊ'ɔːdɪneɪt] координи́ровать (*im)pf.*; согласо́вывать [-ова́ть]; **~ion** [kəʊɔːdɪ'neɪʃn] координа́ция

cope [kəʊp]: **~ with** справля́ться [-а́виться] с (T)

copier ['kɒpɪə] копирова́льный аппара́т

copious ['kəʊpɪəs] □ оби́льный

copper ['kɒpə] **1.** медь *f*; (*coin*) ме́дная моне́та; **2.** ме́дный

copy ['kɒpɪ] **1.** ко́пия; (*single example*) экземпля́р; **2.** перепи́сывать [-са́ть]; снима́ть [снять] ко́пию с (P); **~book** тетра́дь *f*; **~right** а́вторское пра́во

coral ['kɒrəl] кора́лл

cord [kɔːd] **1.** верёвка, шнур; *vocal ~s* голосовы́е свя́зки; **2.** свя́зывать

[-зать] верёвкой

cordial ['kɔːdɪəl] **1.** □ серде́чный, и́скренний; **2.** стимули́рующий напи́ток; **~ity** [kɔːdɪ'ælətɪ] серде́чность f; раду́шие

cordon ['kɔːdn] **1.** кордо́н; **2. ~ off** отгора́живать [-роди́ть]

corduroy ['kɔːdərɔɪ] вельве́т в ру́бчик; **~s** pl. вельве́товые брю́ки m/pl.

core [kɔː] сердцеви́на; fig. суть f; **to the ~** fig. до мо́зга косте́й

cork [kɔːk] **1.** про́бка; **2.** затыка́ть про́бкой; **~screw** што́пор

corn¹ [kɔːn] зерно́; хлеба́ m/pl.; Am., maize кукуру́за

corn² [-] on a toe мозо́ль

corner ['kɔːnə] **1.** у́гол; **2.** fig. загна́ть pf. в у́гол; припере́ть pf. к стене́

cornflakes корнфле́кс; кукуру́зные хло́пья

cornice ['kɔːnɪs] arch. карни́з

coronary ['kɒrənərɪ] корона́рный; su. coll. инфа́ркт

coronation [kɒrə'neɪʃn] корона́ция

corpor|al ['kɔːpərəl] **1.** □ теле́сный; **2.** mil. approx. ефре́йтор; **~ation** [kɔːpə'reɪʃn] корпора́ция

corps [kɔː]: diplomatic **~** дипломати́ческий ко́рпус

corpse [kɔːps] труп

corpulen|ce ['kɔːpjʊləns] ту́чность f; **~t** [-lənt] ту́чный

correct [kə'rekt] **1.** □ пра́вильный, ве́рный, то́чный; (proper) корре́ктный; **2.** v/t. исправля́ть [-а́вить], корректи́ровать; manuscript пра́вить; **~ion** [kə'rekʃn] (act of correcting) исправле́ние; (the correction made) попра́вка

correlat|e ['kɒrəleɪt] устана́вливать соотноше́ние; **~ion** [kɒrə'leɪʃn] соотноше́ние, взаимосвя́зь f

correspond [kɒrɪ'spɒnd] соотве́тствовать (with, to Д); by letter перепи́сываться (с Т); **~ence** [-əns] соотве́тствие, перепи́ска; **~ent** [-ənt] **1.** соотве́тствующий; **2.** корреспонде́нт m, -ка f; **~ing** [-ɪŋ] □ соотве́тствующий (Д)

corridor ['kɒrɪdɔː] коридо́р

corroborate [kə'rɒbəreɪt] подтвержда́ть [-рди́ть]

corro|de [kə'rəʊd] разъеда́ть [-е́сть]; [за]ржаве́ть; **~sion** [kə'rəʊʒn] корро́зия, ржа́вчина; **~sive** [-sɪv] **1.** корро́зио́нный; **2.** разъеда́ющее вещество́

corrugated ['kɒrəgeɪtɪd]: **~ iron** рифлёное желе́зо

corrupt [kə'rʌpt] **1.** □ коррумпи́рованный, прода́жный; (containing mistakes) искажённый; (depraved) развращённый; **2.** v/t. искажа́ть [-зи́ть]; развраща́ть [-рати́ть]; подкупа́ть [-пи́ть]; v/i. [ис]по́ртиться; искажа́ться [-зи́ться]; **~ion** [-рʃn] искаже́ние; корру́пция, прода́жность f; развращённость f

corset ['kɔːsɪt] корсе́т

cosmetic [kɒz'metɪk] **1.** косметти́ческий; **2.** pl. косме́тика

cosmic ['kɒzmɪk] косми́ческий

cosmonaut ['kɒzmənɔːt] космона́вт

cosmos ['kɒzmɒs] ко́смос

cost [kɒst] **1.** цена́, сто́имость f; pl. расхо́ды, изде́ржки; **~ effectiveness** рента́бельность f; **2.** [irr.] сто́ить

costly ['kɒstlɪ] дорого́й, це́нный

costume ['kɒstjuːm] костю́м; **~ jewel(le)ry** бижуте́рия

cosy ['kəʊzɪ] □ ую́тный

cot [kɒt] де́тская крова́ть

cottage ['kɒtɪdʒ] котте́дж, небольшо́й дом (обычно в дере́вне); Am. ле́тняя да́ча; **~ cheese** творо́г

cotton ['kɒtn] **1.** хло́пок; хлопчатобума́жная ткань; (thread) ни́тки; **2.** хлопчатобума́жный; **~ wool** ва́та; **3.: ~ on** coll. понима́ть [-ня́ть]

couch [kaʊtʃ] дива́н, Brt. куше́тка

cough [kɒf] **1.** ка́шель m; a bad **~** си́льный ка́шель; **2.** ка́шлять [ка́шлянуть]

could [kəd; strong kʊd] pt. om **can**

council ['kaʊnsl] сове́т; Security **~** Сове́т Безопа́сности; town **~** городско́й сове́т, муниципалите́т; **~(l)or** [-sələ] член сове́та

counsel ['kaʊnsl] **1.** сове́т, совеща́ние; law адвока́т; **~ for the prosecution** обвини́тель *m*; **2.** дава́ть сове́т (Д); **~(l)or** [-ələ] *dipl., pol.* сове́тник

count¹ [kaunt] **1.** счёт; (*counting up*) подсчёт; **2.** *v/t.* [co]счита́ть; подсчи́тывать [-ита́ть]; (*include*) включа́ть [-чи́ть]; *v/i.* счита́ться; (*be of account*) име́ть значе́ние

count² [-] граф

countenance ['kauntənəns] **1.** лицо́; выраже́ние лица́; (*support*) подде́ржка; *lose* **~** потеря́ть самооблада́ние; **2.** подде́рживать [-жа́ть], поощря́ть [-ри́ть]

counter¹ ['kauntə] прила́вок; *in bar, bank* сто́йка; *tech.* счётчик

counter² [-] **1.** противополо́жный (*to* Д); встре́чный; **2.** *adv.* обра́тно; напро́тив; **3.** [вос]проти́виться (Д); *a blow* наноси́ть встре́чный уда́р

counteract [kauntər'ækt] противоде́йствовать (Д); нейтрализова́ть (im)pf.

counterbalance 1. ['kauntəbæləns] *mst. fig.* противове́с; **2.** [kauntə'bæləns] уравнове́шивать [-ве́сить]; служи́ть противове́сом (Д)

counterespionage [kauntər'espiənɑ:ʒ] контрразве́дка

counterfeit ['kauntəfɪt] **1.** подде́льный; **2.** подде́лка; **3.** подде́л(ыв)ать

counterfoil ['kauntəfɔɪl] корешо́к (биле́та, квита́нции)

countermand [kauntə'mɑ:nd] *order* отменя́ть [-ни́ть]

countermove ['kauntəmu:v] *fig.* отве́тная ме́ра, контруда́р

counterpane ['kauntəpeɪn] покрыва́ло

counterpart ['kauntəpɑ:t] представи́тель друго́й стороны́ (*занцмающий тот же пост, должность и т.д*); *the English MPs met their Russian* **~s** англи́йские парламента́рии встре́тились со свои́ми ру́сскими колле́гами

countersign ['kauntəsaɪn] *v/t.* [по]ста́вить втору́ю по́дпись (на П)

countess ['kauntɪs] графи́ня

countless ['kauntlɪs] бесчи́сленный, несчётный

country ['kʌntrɪ] **1.** страна́; ме́стность *f*; *go to the* **~** пое́хать за́ город; *live in the* **~** жить в се́льской ме́стности; **2.** дереве́нский; **~man** [-mən] се́льский жи́тель; земля́к, соооте́чественник; **~side** [-saɪd] се́льская ме́стность *f*

county ['kauntɪ] гра́фство; *Am.* о́круг

coup [ku:] уда́чный ход (*удар и т.п.*)

couple ['kʌpl] **1.** па́ра; **2.** соединя́ть [-ни́ть]; *zo.* спа́риваться

coupling ['kʌplɪŋ] *tech.* му́фта сцепле́ния

coupon ['ku:pɒn] купо́н, тало́н

courage ['kʌrɪdʒ] му́жество, сме́лость *f*, хра́брость *f*, отва́га; *pluck up one's* **~** набра́ться *pf.* хра́брости; **~ous** [kə'reɪdʒəs] □ му́жественный, сме́лый, хра́брый

courier ['kʊrɪə] курье́р, на́рочный

course [kɔ:s] (*direction*) направле́ние, курс; *of events* ход; *of river* тече́ние; (*food*) блю́до; *of* **~** коне́чно; *in the* **~** *of* в тече́ние

court [kɔ:t] **1.** двор (*a. fig.*); (*law* **~**) суд; *sport* площа́дка; *tennis* **~** те́ннисный корт; **2.** (*woo*) уха́живать за (Т); (*seek favo[u]r of*) иска́ть расположе́ния (Р); **~eous** ['kɜ:tɪəs] □ ве́жливый, учти́вый; **~esy** ['kɜ:təsɪ] учти́вость *f*, ве́жливость *f*; **~ martial** *mil.* **1.** вое́нный трибуна́л; **2.** суди́ть вое́нным трибуна́лом; **~ship** ['~ʃɪp] уха́живание; **~yard** двор

cousin ['kʌzn] *male* кузе́н, двою́родный брат; *female* кузи́на, двою́родная сестра́

cove [kəuv] (ма́ленькая) бу́хта

cover ['kʌvə] **1.** (*lid, top*) кры́шка; *for bed, etc.* покрыва́ло; *of book* обло́жка; (*shelter*) укры́тие; *fig.* покро́в; *send under separate* **~** посла́ть в отде́льном письме́, паке́те; **2.** покры́(ва́)ть (*a. comm.*); прикры́(ва́)ть; (*a. up*) скры(ва́)ть; **~ing** [-rɪŋ]: **~ letter** сопроводи́тельное письмо́

coverage ['kʌvərɪdʒ] репорта́ж; охва́т

covert ['kʌvət] □ скры́тый, та́йный

covet ['kʌvɪt] жа́ждать (Р); **~ous** [-əs] □ жа́дный, а́лчный; скупо́й

cow¹ [kaʊ] коро́ва

cow² [~] запу́гивать [-га́ть]; терроризова́ть (im)pf.

coward ['kaʊəd] трус m, -и́ха f; **~ice** [-ıs] тру́сость f; малоду́шие; **~ly** [-lı] трусли́вый

cowboy ['kaʊbɔı] Am. ковбо́й

cower ['kaʊə] съёжи(ва)ться

cowl [kaʊl] капюшо́н

coy [kɔı] ☐ засте́нчивый

cozy ['kəʊzı] ую́тный

crab¹ [kræb] zo. краб

crab² [~] bot. ди́кая я́блоня; coll. ворчу́н

crack [kræk] **1.** (noise). треск; тре́щина; щель f; рассе́лина; coll. (blow) уда́р; Am. саркасти́ческое замеча́ние; **at the ~ of dawn** на заре́; **2.** coll. первокла́ссный; **3.** v/t. раска́лывать [-коло́ть], коло́ть; **~ a joke** отпусти́ть шу́тку; v/i. производи́ть треск, шум; [по]тре́скаться; раска́лываться (на -ло́ться); of voice лома́ться; **~ed** [-t] тре́снувший; coll. вы́живший из ума́; **~er** ['-ə] хлопу́шка; Am. кре́кер; **~le** ['-l] потре́скивание, треск

cradle ['kreıdl] **1.** колыбе́ль f; fig. нача́ло; младе́нчество; **2.** бе́режно держа́ть в рука́х (как ребёнка)

craft [krɑːft] (skill) ло́вкость f, сноро́вка; (trade) ремесло́; (boat) су́дно (pl. суда́); **~sman** ['-smən] ма́стер; **~y** ['-ı] ло́вкий, хи́трый

crag [kræɡ] скала́, утёс; **~gy** ['-ı] скали́стый

cram [kræm] набива́ть [-би́ть]; впи́хивать [-хну́ть]; [на]пи́чкать; coll. [за]зубри́ть

cramp [kræmp] **1.** су́дорога; **2.** (hamper) стесня́ть [-ни́ть]; (limit) су́живать [су́зить]

cranberry ['krænbərı] клю́ква

crane [kreın] **1.** bird жура́вль m; tech. подъёмный кран; **2.** поднима́ть кра́ном; neck вытя́гивать [вы́тянуть] ше́ю

crank [kræŋk] **1.** mot. заводна́я ру́чка; coll. person челове́к с причу́дами; **2.** заводи́ть [-вести́] ру́чкой (автомаши́ну); **~shaft** tech. коле́нчатый вал; **~y**

['-ı] капри́зный; эксцентри́чный

cranny ['krænı] щель f; тре́щина

crape [kreıp] креп

crash [kræʃ] **1.** гро́хот, гром; ae. ава́рия; rail. круше́ние; fin. крах; **2.** па́дать, ру́шиться с тре́ском; разби́(ва́)ться (a. ae.); ae. потерпе́ть pf. ава́рию; **~ helmet** защи́тный шлем; **~ landing** авари́йная поса́дка

crater ['kreıtə] кра́тер; mil. воро́нка

crave [kreıv] стра́стно жела́ть, жа́ждать (for P)

crawl [krɔːl] **1.** по́лзание; swimming кроль; **2.** по́лзать, [по]ползти́; fig. пресмыка́ться

crayfish ['kreıfıʃ] рак

crayon ['kreıən] цветно́й каранда́ш; пасте́ль f, рису́нок пасте́лью или цветны́м карандашо́м

craze [kreız] **1.** coll. ма́ния, пова́льное увлече́ние; **be the ~** быть в мо́де; **2.** своди́ть с ума́; **~y** ['kreızı] ☐ поме́шанный; plan, etc. безу́мный; **be ~ about** быть поме́шанным (на П)

creak [kriːk] **1.** скрип; **2.** [за]скрипе́ть

cream [kriːm] **1.** сли́вки f/pl.; крем; (the best part) са́мое лу́чшее; shoe ~ крем для о́буви; sour ~ смета́на; whipped ~ взби́тые сли́вки; **2.** снима́ть сли́вки с (P); **~y** ['kriːmı] ☐ (containing cream) сли́вочный

crease [kriːs] **1.** скла́дка; (on paper) сгиб; **2.** [по]мя́ть(ся); загиба́ть [загну́ть]; **~proof** немну́щийся

create [kriː'eıt] [со]твори́ть; созд(ав)а́ть; **~ion** [-'eıʃn] созда́ние; (со)творе́ние; **~ive** [-ıv] тво́рческий; **~or** [-ə] созда́тель m, творе́ц; **~ure** ['kriːtʃə] созда́ние, существо́

credence ['kriːdns] ве́ра, дове́рие; **~tials** [krı'denʃlz] pl. dipl. вери́тельные гра́моты f/pl.; удостовере́ние

credible ['kredəbl] ☐ заслу́живающий дове́рия; story правдоподо́бный; **it's hardly ~ that** маловероя́тно, что

credit ['kredıt] **1.** дове́рие; хоро́шая репута́ция; fin. креди́т; **2.** ве́рить, доверя́ть (Д); fin. кредитова́ть (im)pf.; **~ s.o. with s.th.** счита́ть, что; **~able**

['-əbl] □ похва́льный; **~ card** креди́тная ка́рточка; **~or** [-ə] кредито́р; **~worthy** кредитоспосо́бный

credulous ['kredjuləs] □ легкове́рный, дове́рчивый

creek [kriːk] бу́хта, небольшо́й зали́в; *Am.* руче́й

creep [kriːp] [*irr.*] по́лзать, [по]ползти́; *of plants* стла́ться, ви́ться; (*stealthily*) кра́сться; *fig.* **~ in** вкра́дываться [вкра́сться]; **~er** ['-ə] вью́щееся расте́ние

cremate [krɪ'meɪt] креми́ровать

crept [krept] *pt.* и *pt. p. om* **creep**

crescent ['kresnt] полуме́сяц

crest [krest] *of wave, hill* гре́бень *m*; **~fallen** ['krestfɔːlən] упа́вший ду́хом, уны́лый

crevasse [krɪ'væs] рассе́лина

crevice ['krevɪs] шель *f*, расще́лина, тре́щина

crew¹ [kruː] *of train* брига́да; *naut., ae.* экипа́ж, *mil.* кома́нда

crew² [-] *chiefly Brt. pt. om* **crow**

crib [krɪb] *Am.* де́тская крова́тка; *educ.* шпарга́лка

cricket¹ ['krɪkɪt] *zo.* сверчо́к

cricket² [-] *game* крике́т; *coll.* **not ~** не по пра́вилам, нече́стно

crime [kraɪm] преступле́ние

criminal ['krɪmɪnl] **1.** престу́пник; **2.** престу́пный; кримина́льный, уголо́вный; **~ code** уголо́вный ко́декс

crimson ['krɪmzn] **1.** багро́вый, мали́новый; **2.** [по]красне́ть

cringe [krɪndʒ] пресмыка́ться

crinkle ['krɪŋkl] **1.** скла́дка; морщи́на; **2.** [с]мо́рщиться; [по]мя́ться

cripple ['krɪpl] **1.** кале́ка *m/f*, инвали́д; **2.** [ис]кале́чить, [из]уро́довать; *fig.* парализова́ть (*im*)*pf.*

crisis ['kraɪsɪs] кри́зис

crisp [krɪsp] **1.** *having curls* кудря́вый; *snow, etc.* хрустя́щий; *air* бодря́щий; **2.** *potato* хрустя́щий карто́фель

crisscross ['krɪskrɒs] **1.** *adv.* крестна́крест, вкось; **2.** перечёркивать крест-на́крест; **~ed with roads** покры́тый се́тью доро́г

criteri|on [kraɪ'tɪərɪən], *pl.* **~a** [-rɪə]

критерий, мерило

criti|c ['krɪtɪk] кри́тик; **~cal** ['krɪtɪkl] крити́ческий; **~cism** [~sɪzəm], **~que** ['krɪtɪk] кри́тика; реце́нзия; **~cize** ['krɪtɪsaɪz] [рас]критикова́ть; (*judge severely*) осужда́ть [осуди́ть]

croak [krəʊk] [за]ка́ркать; [за]ква́кать

Croat ['krəʊæt] хорва́т, хорва́тка; **~ian** [krəʊ'eɪʃən] хорва́тский

crochet ['krəʊʃeɪ] **1.** вяза́ние (крючко́м); **2.** вяза́ть

crock [krɒk] гли́няный горшо́к; **~ery** ['krɒkərɪ] гли́няная/фая́нсовая посу́да

crony ['krəʊnɪ] *coll.* закады́чный друг

crook [krʊk] **1.** (*bend*) поворо́т; изги́б; *sl.* моше́нник; **2.** сгиба́ть(ся) [согну́ть(ся)]; **~ed** ['krʊkɪd] изо́гнутый; криво́й; *coll.* нече́стный

croon [kruːn] напева́ть вполго́лоса

crop [krɒp] **1.** урожа́й; посе́вы *m/pl.*; **~ failure** неурожа́й; **2.** (*bear a crop*) уроди́ться; *hair* подстрига́ть [-ри́чь]; **~ up** возника́ть [-и́кнуть]; обнару́житься

cross [krɒs] **1.** крест; **2.** □ (*transverse*) попере́чный; *fig.* серди́тый; **3.** *v/t. arms, etc.* скре́щивать [-ести́ть]; (*go across*) переходи́ть [перейти́], переезжа́ть [перее́хать]; *fig.* противоде́йствовать (Д); пере́чить; **~ o.s.** [пере]крести́ться; *v/i. of mail* размину́ться *pf.*; **~bar** попере́чина; **~breed** по́месь *f*; (*plant*) гибри́д; **~eyed** косогла́зый; **~ing** ['krɒsɪŋ] перекрёсток; перепра́ва; перехо́д; **~roads** *pl. или sg.* перекрёсток; **~ section** попере́чное сече́ние; **~wise** поперёк; крестна́крест; **~word puzzle** кроссво́рд

crotchet ['krɒtʃɪt] *mus.* четвертна́я но́та; *caprice* фанта́зия

crouch [kraʊtʃ] нагиба́ться [нагну́ться]

crow [krəʊ] **1.** воро́на; пе́ние петуха́; **2.** кукаре́кать; **~bar** лом

crowd [kraʊd] **1.** толпа́; (*large number*) мно́жество, ма́сса; *coll.* толкотня́, да́вка; *coll.* компа́ния; **2.** собира́ться толпо́й, толпи́ться; набива́ться битко́м

crown [kraʊn] 1. коро́на; *fig.* вене́ц; *of tree* кро́на; *of head* маку́шка; 2. короно́ва́ть *(im)pf.*; *fig.* увенча́ть(ся); **to ~ it all** в доверше́ние всего́

cruci|al [ˈkruːʃl] □ крити́ческий; реша́ющий; **~fixion** [kruːsɪˈfɪkʃn] распя́тие; **~fy** [ˈkruːsɪfaɪ] распина́ть [-пя́ть]

crude [kruːd] □ *(raw)* сыро́й; *(unrefined)* неочи́щенный; *statistics* гру́бый

cruel [ˈkruːəl] □ жесто́кий; *fig.* мучи́тельный; **~ty** [-tɪ] жесто́кость *f*

cruise [kruːz] 1. *naut.* круи́з; 2. крейси́ровать; соверша́ть ре́йсы; **~r** [ˈkruːzə] *naut.* кре́йсер

crumb [krʌm] кро́шка; **~le** [ˈkrʌmbl] [рас-, ис]кроши́ть(ся)

crumple [ˈkrʌmpl] [из-, по-, с]мя́ть(ся); [с]ко́мкать(ся)

crunch [krʌntʃ] жева́ть с хру́стом; хрусте́ть [хру́стнуть]

crusade [kruːˈseɪd] кресто́вый похо́д; кампа́ния; **~r** [-ə] крестоно́сец; *fig.* боре́ц

crush [krʌʃ] 1. да́вка; толкотня́; 2. *v/t.* [раз]дави́ть; *(~ out)* выжима́ть [вы́жать]; *enemy* разбива́ть [-би́ть]

crust [krʌst] 1. *of bread* ко́рка; *of earth* кора́; покрыва́ть(ся) ко́ркой; **~y** [ˈkrʌstɪ] □ покры́тый ко́ркой

crutch [krʌtʃ] косты́ль *m*

crux [krʌks]: **the ~ of the matter** суть де́ла

cry [kraɪ] 1. крик; вопль; плач; 2. [за]пла́кать; *(exclaim)* восклица́ть [-и́кнуть]; *(shout)* крича́ть [кри́кнуть]; **~ for** [по]тре́бовать (P)

cryptic [ˈkrɪptɪk] *(mysterious)* таи́нственный; *(secret)* сокрове́нный

crystal [ˈkrɪstl] *cut glass or rock* хруста́ль *m*; *tech.* криста́лл; *attr.* хруста́льный; **~lize** [-təlaɪz] кристаллизова́ть(ся) *(im)pf.*

cub [kʌb] детёныш

cub|e [kjuːb] *math.* 1. куб; **~ root** куби́ческий ко́рень *m*; 2. возводи́ть в куб; **~ic(al)** [ˈkjuːbɪk(l)] куби́ческий

cubicle [ˈkjuːbɪkl] каби́нка

cuckoo [ˈkʊkuː] куку́шка

cucumber [ˈkjuːkʌmbə] огуре́ц

cuddle [ˈkʌdl] *v/t.* прижима́ть к себе́; *v/i.* приж(им)а́ться (друг к дру́гу)

cue [kjuː] *(billiard)* кий; *(hint)* намёк; *thea.* ре́плика

cuff [kʌf] 1. манже́та, обшла́г; 2. *(blow)* шлепо́к; дать затре́щину; **~links** за́понки

culminat|e [ˈkʌlmɪneɪt] достига́ть [-ти́гнуть] вы́сшей то́чки *(или* сте́пени) *(of*); **~ion** [kʌlmɪˈneɪʃn] кульмина́ция

culprit [ˈkʌlprɪt] *(offender)* престу́пник; вино́вник

cultivat|e [ˈkʌltɪveɪt] обраба́тывать [-бо́тать], возде́л(ыв)ать; *plants* культиви́ровать; *friendship* стреми́ться завяза́ть дру́жеские отноше́ния; **~ion** [kʌltɪˈveɪʃn] *of soil* обрабо́тка, возде́лывание; *of plants* разведе́ние

cultural [ˈkʌltʃərəl] □ культу́рный

cultur|e [ˈkʌltʃə] культу́ра *(a. agric.*); **~ed** [-d] культу́рный; интеллиге́нтный

cumbersome [ˈkʌmbəsəm] громо́здкий; *fig.* обремени́тельный

cumulative [ˈkjuːmjʊlətɪv] □ совоку́пный; накопи́вшийся

cunning [ˈkʌnɪŋ] 1. ло́вкий; хи́трый; кова́рный; *Am. a.* привлека́тельный; 2. ло́вкость *f*; хи́трость *f*; кова́рство

cup [kʌp] ча́шка; ча́ша; *as prize* ку́бок; **~board** [ˈkʌbəd] шка́ф(чик); **~ final** фина́л ро́зыгрыша ку́бка

cupola [ˈkjuːpələ] ку́пол

curable [ˈkjʊərəbl] излечи́мый

curb [kɜːb] 1. узда́ *(a. fig.*); подгу́бный реме́нь; 2. обу́здывать [-да́ть] *(a. fig.*)

curd [kɜːd] простоква́ша; *pl.* творо́г; **~le** [ˈkɜːdl] свёртываться [сверну́ться]

cure [kjʊə] 1. лече́ние; сре́дство; 2. [вы́]лечи́ть, изле́чивать [-чи́ть]; *meat* [за]копти́ть

curfew [ˈkɜːfjuː] коменда́нтский час

curio [ˈkjʊərɪəʊ] ре́дкая антиква́рная вещь *f*; **~sity** [kjʊərɪˈɒsətɪ] любопы́тство; ре́дкая вещь; *f.* **~us** [ˈkjʊərɪəs] любопы́тный; пытли́вый;

стра́нный; ~ly *enough* как э́то ни стра́нно

curl [kɜ:l] **1.** ло́кон, завито́к; *pl.* ку́дри *f/pl.*; **2.** ви́ться; *of smoke* клуби́ться; ~y ['kɜ:lı] кудря́вый, вью́щийся

currant ['kʌrənt] сморо́дина; кори́нка

curren|cy ['kʌrənsı] *fin.* де́ньги *f/pl.*, валю́та; *hard (soft)* ~ конверти́руемая (неконверти́руемая) валю́та; ~t [~ənt] **1.** □ теку́щий; *opinion, etc.* ходя́чий; **2.** пото́к; *in sea* тече́ние; *el.* ток

curriculum [kə'rıkjələm] уче́бный план

curry¹ ['kʌrı] ка́рри *n*

curry² [-]: ~ *favo(u)r with* заи́скивать пе́ред (T)

curse [kɜ:s] **1.** прокля́тие; руга́тельство; *fig.* бич, бе́дствие; **2.** проклина́ть [-кля́сть]; руга́ться; ~d ['kɜ:sıd] □ прокля́тый

cursory ['kɜ:sərı] бе́глый, бы́стрый; *give a ~ glance* пробежа́ть глаза́ми

curt [kɜ:t] *answer* ре́зкий

curtail [kɜ:'teıl] укора́чивать [-роти́ть]; уре́з(ыв)ать; *fig.* сокраща́ть [сократи́ть]

curtain ['kɜ:tn] **1.** занаве́ска; *thea.* за́навес; **2.** занаве́шивать [-ве́сить]

curv|ature ['kɜ:vətʃə] кривизна́; ~e [kɜ:v] **1.** *math.* крива́я; *of road, etc.* изги́б; **2.** повора́чивать [-верну́ть]; изгиба́ть(ся) [изогну́ть(ся)]; *of path, etc.* ви́ться

cushion ['kuʃn] **1.** поду́шка; **2.** *on falling* смягча́ть [-чи́ть] уда́р

custody ['kʌstədı] опе́ка, попече́ние; *take into ~* задержа́ть, арестова́ть

custom ['kʌstəm] обы́чай; *(habit)* привы́чка; клиенту́ра; ~s *pl.* тамо́жня; *(duties)* тамо́женные по́шлины *f/pl.*; ~ary [-ərı] □ обы́чный; ~er [-ə] покупа́тель *m*, -ница *f*; клие́нт

m, -ка *f*; ~s *examination* тамо́женный досмо́тр; ~s *house* тамо́жня

cut [kʌt] **1.** разре́з, поре́з; *of clothes* покро́й; *short* ~ коро́ткий путь *m*; **2.** [*irr.*] *v/t.* [от]ре́зать; разреза́ть [-реза́ть]; *hair* [по]стри́чь; *precious stone* [от]шлифова́ть; *grass* [с]коси́ть; *teeth* проре́з(ыв)а́ться; ~ *short* обрыва́ть [обрыва́ть]; ~ *down* сокраща́ть [-рати́ть]; ~ *out* выреза́ть [вы́резать]; *dress* [с]крои́ть; *fig.* вытесня́ть [вы́теснить]; *be ~ out for* быть сло́вно со́зданным для (P); *v/i.* ре́зать; ~ *in* вме́шиваться [-ша́ться]; *it ~s both ways* па́лка о двух конца́х

cute [kju:t] □ *coll.* хи́трый; *Am.* ми́лый, привлека́тельный

cutlery ['kʌtlərı] нож, ножевы́е изде́лия; столо́вые прибо́ры

cutlet ['kʌtlıt] отбивна́я (котле́та)

cut|out *el.* автомати́ческий выключа́тель *m*, предохрани́тель *m*; ~ter ['kʌtər] *cutting tool* резе́ц; *chopping knife* реза́к; *naut.* ка́тер; ~ting ['kʌtıŋ] **1.** □ о́стрый, ре́зкий; язви́тельный; **2.** ре́зание; *of clothes* кро́йка; *bot.* черено́к

cyber|netics [saıbə'netıks] киберне́тика; ~space ['saıbəspeıs] виртуа́льная реа́льность

cycl|e ['saıkl] **1.** цикл *(a. tech.)*; круг; *(bicycle)* велосипе́д; **2.** е́здить на велосипе́де; ~ist [-ıst] велосипеди́ст *m*, -ка *f*

cyclone ['saıkləun] цикло́н

cylinder ['sılındə] *geometry* цили́ндр

cymbal ['sımbl] *mus.* таре́лки *f/pl.*

cynic ['sınık] ци́ник; ~al [~l] цини́чный

cypress ['saıprəs] *bot.* кипари́с

czar [zɑ:] царь

Czech [tʃək] **1.** чех *m*, че́шка *f*; **2** че́шский

D

dab [dæb] **1.** *with brush* мазо́к; *of colour* пятно́; **2.** слегка́ прикаса́ться, прикла́дывать (B); де́лать лёгкие мазки́ на (П)

dabble ['dæbl] плеска́ть(ся); *hands, feet etc.* болта́ть нога́ми *и т.* в воде́; занима́ться чем-л. пове́рхностно

dad [dæd], **~dy** ['dædı] *coll.* па́па

daffodil ['dæfədıl] жёлтый нарци́сс

dagger ['dægə] кинжа́л; *be at ~s drawn* быть на ножа́х (с T)

dahlia ['deılıə] георги́н

daily ['deılı] **1.** *adv.* ежедне́вно; **2.** ежедне́вный; *cares etc.* повседне́вный; **3.** ежедне́вная газе́та

dainty ['deıntı] **1.** □ ла́комый; изя́щный; изы́сканный; **2.** ла́комство, деликате́с

dairy ['deərı] *shop* магази́н моло́чных проду́ктов

daisy ['deızı] маргари́тка

dale [deıl] доли́на, дол

dally ['dælı] зря теря́ть вре́мя

dam [dæm] **1.** да́мба, плоти́на; **2.** запру́живать [-уди́ть]

damage ['dæmıdʒ] **1.** вред; повреждё́ние; (*loss*) уще́рб; **~s** *pl. law* компенса́ция (за причинённый уще́рб); **2.** поврежда́ть [-еди́ть], [ис]по́ртить

damn [dæm] проклина́ть [-ля́сть]; (*censure*) осужда́ть [осуди́ть]; (*swear at*) руга́ться

damnation [dæm'neıʃn] *int.* прокля́тие; осужде́ние

damp [dæmp] **1.** сы́рость *f*, вла́жность *f*; **2.** вла́жный, сыро́й; **~en** ['dæmpən] [на]мочи́ть; *fig.* обескура́жи(ва)ть

danc|e [dɑːns] **1.** та́нец; та́нцы *m/pl.*; танцева́ть; **~er** [-ə] танцо́вщик *m*, -и́ца *f*; **~ing** [-ıŋ] та́нцы *m/pl.*; пля́ска; *attr.* танцева́льный; **~ partner** партнёр, да́ма

dandelion ['dændılaıən] одува́нчик

dandle ['dændl] [по]кача́ть (на рука́х)

dandruff ['dændrʌf] пе́рхоть *f*

dandy ['dændı] **1.** щёголь *m*; **2.** *Am. sl.* первокла́ссный

Dane [deın] датча́нин *m*, -ча́нка *f*

danger ['deındʒə] опа́сность *f*; **~ous** ['deındʒrəs] □ опа́сный

dangle ['dæŋgl] висе́ть, свиса́ть [сви́снуть]; *legs* болта́ть (T)

Danish ['deınıʃ] да́тский

dar|e [deə] *v/i.* [по]сме́ть; отва́жи(ва)ться; *v/t.* пыта́ться подби́ть; **~edevil** смельча́к, сорвиголова́ *m*; **~ing** ['deərıŋ] **1.** □ сме́лый, отва́жный; **2.** сме́лость *f*, отва́га

dark [dɑːk] **1.** тёмный; *skin* сму́глый; (*hidden*) та́йный; *look etc.* мра́чный; **~ horse** тёмная лоша́дка; **2.** темнота́, тьма; неве́дение; *keep s.o. in the ~* держа́ть кого́-л. в неве́дении; *keep s.th. ~* держа́ть в та́йне; **~en** ['dɑːkən] [с]темне́ть; [по]мрачне́ть; **~ness** ['dɑːknıs] темнота́, тьма

darling ['dɑːlıŋ] **1.** люби́мец (-мица); **2.** ми́лый, люби́мый

darn [dɑːn] [за]што́пать

dart [dɑːt] **1.** *in game* стрела́; (*sudden movement*) прыжо́к, рыво́к; **2.** *v/i. fig.* мча́ться стрело́й

dash [dæʃ] **1.** *of wave etc.* уда́р; (*rush*) стреми́тельное движе́ние; (*dart*) рыво́к; *fig.* при́месь *f*, чу́точка; *typ.* тире́ *n indecl.*; **2.** *v/t.* броса́ть [бро́сить]; разби́(ва́)ть; *v/i.* броса́ться [бро́ситься]; *I'll have to ~* мне ну́жно бежа́ть; **~board** *mot.* прибо́рная доска́; **~ing** ['dæʃıŋ] □ лихо́й

data ['deıtə] *pl.*, *Am. a. sg.* да́нные *n/pl.*; фа́кты *m/pl.*; **~ bank** банк да́нных; **~ processing** обрабо́тка да́нных

date¹ [deıt] **1.** да́та, число́; *coll.* свида́ние; *out of ~* устаре́лый; *up to ~* нове́йший; совреме́нный; **2.** дати́ровать (*im*)*pf.*; *Am. coll.* усла́вливаться [-о́виться] с (T) (о встре́че); име́ть свида́ние

date² [-] *bot.* фи́ник

daub [dɔːb] **1.** [вы́-, из-, на]ма́зать;

[на]малева́ть; **2.** мазня́

daughter ['dɔːtə] дочь f; **~-in-law** [-rɪn-lɔː] неве́стка, сноха́

daunt [dɔːnt] устраша́ть [-ши́ть], запу́гивать [-га́ть]; **~less** ['dɔːntlɪs] неустраши́мый, бесстра́шный

dawdle ['dɔːdl] coll. безде́льничать

dawn [dɔːn] **1.** рассве́т, у́тренняя заря́; fig. заря́; **2.** света́ть

day [deɪ] день m; (mst. **~s** pl.) жизнь f; **~ off** выходно́й день m; **every other ~** че́рез день; **the ~ after tomorrow** послеза́втра; **the other ~** на днях; неда́вно; **~break** рассве́т; **~dream** мечта́ть, гре́зить наяву́

daze [deɪz] ошеломля́ть [-ми́ть]

dazzle ['dæzl] ослепля́ть [-пи́ть]

dead [ded] **1.** мёртвый; flowers увя́дший; (numbed) онеме́вший; silence etc. по́лный; **come to a ~ stop** ре́зко останови́ться; **~ end** тупи́к; **2.** adv. по́лно, соверше́нно; **~ against** реши́тельно про́тив; **3. the ~** мёртвые m/pl.; **in the ~ of night** глубо́кой но́чью; **~en** ['dedn] лиша́ть(ся) си́лы; sound заглуша́ть [-ши́ть]; **~lock** fig. тупи́к; **~ly** [-lɪ] смерте́льный; weapon смертоно́сный

deaf [def] □ глухо́й; **~en** [defn] оглуша́ть [-ши́ть]

deal [diːl] **1.** (agreement) соглаше́ние; (business agreement) сде́лка; **a good ~** мно́го; **a great ~** о́чень мно́го; **2.** [irr.] v/t. (distribute) разд(ав)а́ть; распределя́ть [-ли́ть]; at cards сдава́ть [сдать]; v/i. торгова́ть; **~ with** обходи́ться [обойти́сь] or поступа́ть [-пи́ть] с (Т); име́ть де́ло с (Т); **~er** ['diːlə] ди́лер, торго́вец; **~ing** ['diːlɪŋ] (mst. **~s** pl.): **have~s with** вести́ дела́ (с Т); **~t** [delt] pt. u pt. p. om **~**

dean [diːn] настоя́тель собо́ра; univ. дека́н

dear [dɪə] **1.** дорого́й (a. = costly), ми́лый; (in business letter) (глубоко)уважа́емый; **2.** прекра́сный челове́к; **3.** coll. **oh ~!, ~ me!** Го́споди!

death [deθ] смерть f; **~ duty** нало́г на насле́дство; **~ly** [-lɪ]: **~ pale** бле́дный как смерть; **~ rate** сме́ртность f; **~ trap** опа́сное ме́сто

debar [dɪˈbɑː] [вос]препя́тствовать не допуска́ть [-сти́ть]; (exclude) исключа́ть [-чи́ть]; from voting etc. лиша́ть пра́ва

debase [dɪˈbeɪs] унижа́ть [-и́зить] снижа́ть ка́чество (P), курс (валю́ты)

debat|able [dɪˈbeɪtəbl] □ спо́рный дискуссио́нный; **~e** [dɪˈbeɪt] **1.** диску́с-сия; пре́ния n/pl., деба́ты m/pl.; **2.** сужда́ть [-уди́ть]; [по]спо́рить; (ponder) обду́м(ыва)ть

debauch [dɪˈbɔːtʃ] **1.** разврат; (carouse) попо́йка; **2.** развраща́ть [-рати́ть]

debilitate [dɪˈbɪlɪteɪt] (weaken) ослабля́ть [-а́бить]

debit ['debɪt] fin. **1.** де́бет; **2.** дебетова́ть (im)pf., вноси́ть в де́бет

debris ['deɪbriː] разва́лины f/pl.; обло́мки m/pl.

debt [det] долг m; **~or** ['detə] должни́к m, -и́ца f

decade ['dekeɪd] десятиле́тие; of one's age деся́ток

decadence ['dekədəns] упа́док; in art декаде́нтство

decant [dɪˈkænt] сце́живать [сце-ди́ть]; **~er** [-ə] графи́н

decay [dɪˈkeɪ] **1.** гние́ние; разложе́ние of teeth разруше́ние; ка́риес; **fall into ~** of building [об]ветша́ть; fig. прихо-ди́ть [прийти́] в упа́док; **2.** [с]гни́ть разлага́ться [-ложи́ться]

decease [dɪˈsiːs] part. law смерть кончи́на; **~d** [-t] поко́йный

deceit [dɪˈsiːt] обма́н; **~ful** [~fʊl] лжи́вый; (deceptive) обма́нчивый

deceiv|e [dɪˈsiːv] обма́нывать [-ну́ть] **~er** [~ə] обма́нщик (-ица)

December [dɪˈsembə] дека́брь m

decen|cy ['diːsnsɪ] прили́чие; **~t** [-nt □ прили́чный; kind, well-behaved coll. поря́дочный; coll. сла́вный; **it' very ~ of you** о́чень любе́зно с ва́ше стороны́

deception [dɪˈsepʃn] обма́н; ложь f

decide [dɪˈsaɪd] реша́ть(ся [реши́ть(ся)]; принима́ть реше́ние

~d [-ɪd] (*clear-cut*) □ определённый; (*unmistakable*) бесспо́рный

decimal ['desɪml] **1.** десяти́чный; **2.** десяти́чная дробь *f*

decipher [dɪ'saɪfə] расшифро́вывать [-ова́ть]; *poor handwriting* разбира́ть [разобра́ть]

decisi|on [dɪ'sɪʒn] реше́ние (*a. law*); ~ve [dɪ'saɪsɪv] *conclusive* реша́ющий; *resolute* реши́тельный; ~veness реши́тельность *f*

deck [dek] *naut.* па́луба; *Am. cards* коло́да; ~**chair** шезло́нг

declar|able [dɪ'kleərəbl] подлежа́щий деклара́ции; ~ation [deklə'reɪʃn] заявле́ние; деклара́ция (*a. fin.*); *customs* ~ тамо́женная деклара́ция; ~e [dɪ'kleər] объявля́ть [-ви́ть]; заявля́ть [-ви́ть]; выска́зываться [вы́сказаться] (*for* за B, *against* про́тив P); *to customs officials* предъявля́ть [-ви́ть]

decline [dɪ'klaɪn] **1.** (*fall*) паде́ние; *of strength* упа́док; *in prices* сниже́ние; *of health* ухудше́ние; *of life* зака́т; **2.** *v/t. an offer* отклоня́ть [-ни́ть]; *gr.* [про]склоня́ть; *v/i.* приходи́ть в упа́док; *of health etc.* ухудша́ться [ухудшиться]

decode [di:'kəʊd] расшифро́вывать [-рова́ть]

decompose [di:kəm'pəʊz] разлага́ть(ся) [-ложи́ть(ся)]; [с]гнить

decorat|e ['dekəreɪt] украша́ть [укра́сить]; (*confer medal, etc. on*) награжда́ть [-ди́ть]; ~ion [dekə'reɪʃn] украше́ние; о́рден, знак отли́чия; ~ive ['dekərətɪv] декорати́вный

decor|ous ['dekərəs] □ присто́йный; ~um [dɪ'kɔ:rəm] этике́т

decoy [dɪ'kɔɪ] прима́нка (*a. fig.*)

decrease 1. ['di:kri:s] уменьше́ние, пониже́ние; **2.** [dɪ'kri:s] уменьша́ть(ся) [уме́ньшить(ся)], снижа́ть [-зи́ть]

decree [dɪ'kri:] **1.** *pol.* ука́з, декре́т, постановле́ние; *law* реше́ние; **2.** постановля́ть [-ви́ть]

decrepit [dɪ'krepɪt] дря́хлый

dedicat|e ['dedɪkeɪt] посвяща́ть [-яти́ть]; ~ion [dedɪ'keɪʃn] (*devotion*) пре́данность *f*; (*inscription*) посвяще́ние; **work with** ~ по́лностью отдава́ть себя́ рабо́те

deduce [dɪ'dju:s] [с]де́лать вы́вод; заключа́ть [-чи́ть]

deduct [dɪ'dʌkt] вычита́ть [вы́честь]; ~ion [dɪ'dʌkʃn] вы́чет; (*conclusion*) вы́вод, заключе́ние; *comm.* ски́дка

deed [di:d] **1.** де́йствие; посту́пок; *law* акт; ~ **of purchase** догово́р ку́пли/прода́жи; **2.** *Am.* передава́ть по а́кту

deem [di:m] *v/t.* счита́ть [счесть]; *v/i.* полага́ть

deep [di:p] **1.** глубо́кий; *colo(u)r* густо́й; **2.** *poet.* мо́ре, океа́н; ~en ['di:pən] углубля́ть(ся) [-би́ть(ся)]; усиливать(ся) [усилить(ся)]; ~-**freeze** → **freezer**, ~**ness** [-nɪs] глубина́; ~-**rooted** глубоко́ укорени́вшийся

deer [dɪə] оле́нь *m*

deface [dɪ'feɪs] обезобра́живать [-а́зить]

defam|ation [defə'meɪʃn] клевета́; ~e [dɪ'feɪm] [о]клевета́ть

default [dɪ'fɔ:lt] **1.** невыполне́ние обяза́тельств; нея́вка; *comput.* автомати́ческий вы́бор; **2.** не выполня́ть обяза́тельства

defeat [dɪ'fi:t] **1.** пораже́ние; *of plans* расстро́йство; **2.** *mil., sport etc.* побежда́ть [-еди́ть]; расстра́ивать [-ро́ить]

defect [dɪ'fekt] недоста́ток; (*fault*) неиспра́вность *f*; дефе́кт, изъя́н; ~ive [-tɪv] несоверше́нный, □ повреждённый; ~ **goods** брако́ванные това́ры; *mentally* ~ у́мственно отста́лый

defence → **defense**

defend [dɪ'fend] оборонять(ся), [-ни́ть(ся)], защища́ть на суде́; ~ant [-ənt] *law* подсуди́мый; *civil* отве́тчик; ~er [-ə] защи́тник

defense [dɪ'fens] оборо́на, защи́та; ~**less** [-lɪs] беззащи́тный

defensive [dɪ'fensɪv] **1.** оборо́на; **2.** оборо́нный, оборони́тельный

defer [dɪ'fɜ:] откла́дывать [отложи́ть]; отсро́чи(ва)ть

defian|ce [dɪ'faɪəns] (*challenge*) вы́зов; (*disobedience*) неповиновéние; (*scorn*) пренебрежéние; **~t** [-ənt] □ вызыва́ющий

deficien|cy [dɪ'fɪʃənsɪ] недоста́ток, нехва́тка; **~t** [-ənt] недоста́точный; несовершéнный

deficit ['defɪsɪt] недочёт; недоста́ча; дефици́т

defile [dɪ'faɪl] загрязня́ть [-ни́ть]

defin|e [dɪ'faɪn] определя́ть [-ли́ть]; дава́ть характери́стику; (*show limits of*) очéрчивать [-рти́ть], обознача́ть; **~ite** ['defɪnɪt] определённый; (*exact*) тóчный; **~ition** [defɪ'nɪʃn] определéние; **~itive** [dɪ'fɪnɪtɪv] □ (*final*) оконча́тельный

deflect [dɪ'flekt] отклоня́ть(ся) [-ни́ть(ся)]

deform|ed [dɪ'fɔːmd] изурóдованный, искажённый; **~ity** [dɪ'fɔːmətɪ] урóдство

defraud [dɪ'frɔːd] обма́нывать [-нýть]; выма́нивать (*of* В)

defray [dɪ'freɪ] опла́чивать [оплати́ть]

defrost [diː'frɒst] отта́ивать [-а́ять]; размора́живать [-рóзить]

deft [deft] □ лóвкий, искýсный

defy [dɪ'faɪ] вызыва́ть [вы́звать]; броса́ть [брóсить] вы́зов; вести́ себя́ вызыва́юще; (*flout*) пренебрега́ть [-брéчь] (Т)

degenerate [dɪ'dʒenəreɪt] вырожда́ться [вы́родиться]

degrad|ation [degrə'deɪʃn] деграда́ция; **~e** [dɪ'greɪd] *v/t.* (*lower in rank*) понижа́ть [пони́зить]; (*abase*) унижа́ть [уни́зить]

degree [dɪ'griː] (*unit of measurement*) гра́дус; (*step or stage in a process*) ýровень *m*; стéпень *f*; (*a. univ.*) зва́ние; *honorary* ~ почётное зва́ние; *by* ~s постепéнно; *in no* ~ ничýть, ниско́лько; *to some* ~ в извéстной стéпени

deign [deɪn] снисходи́ть [снизойти́]; соизволя́ть [-блить]; *usu. iron.* удоста́ивать [-стóить]

deity ['diːɪtɪ] божествó

deject|ed [dɪ'dʒektɪd] □ удручённый; угнетённый; **~ion** [dɪ'dʒekʃn] уны́ние

delay [dɪ'leɪ] **1.** задéржка; отсрóчка; **2.** *v/t.* задéрживать [-жа́ть]; откла́дывать [отложи́ть]; мéдлить с (Т); *v/i.* мéдлить, мéшкать

delega|te 1. ['delɪgət] делега́т, представи́тель(ница *f*) *m*; **2.** [-geɪt] делеги́ровать (*im*)*pf.*, поруча́ть [-чи́ть]; **~tion** [delɪ'geɪʃn] делега́ция

deliberat|e 1. [dɪ'lɪbəreɪt] *v/t.* обдýм(ыв)ать; взвéшивать [-éсить]; обсужда́ть [обсуди́ть]; *v/i.* совеща́ться; **2.** [-rət] □ преднамéренный, умы́шленный; **~ion** [dɪlɪbə'reɪʃn] размышлéние; обсуждéние; осмотри́тельность *f*; *act with* ~ дéйствовать с осмотри́тельностью

delica|cy ['delɪkəsɪ] делика́тность *f*; *food* ла́комство; утончённость *f*; нéжность *f*; **~te** [-kɪt] □ делика́тный; (*fragile*) хрýпкий; изя́щный; *work* искýсный; чувстви́тельный; щепети́льный; **~tessen** [delɪkə'tesn] магази́н деликатéсов, гастронóм

delicious [dɪ'lɪʃəs] восхити́тельный; óчень вкýсный

delight [dɪ'laɪt] **1.** удовóльствие; востóрг; наслаждéние; **2.** восхища́ть [-ити́ть]; наслажда́ться [-ди́ться]; доставля́ть удовóльствие (*in* Т): *be* ~*ed with* быть в востóрге (от Р); *be* ~*ed to inf.* имéть удовóльствие (+ *inf.*); **~ful** [-fʊl] □ *girl etc.* очарова́тельный; восхити́тельный

delinquent [dɪ'lɪŋkwənt]: *juvenile* ~ несовершеннолéтний престýпник

deliri|ous [dɪ'lɪrɪəs] находя́щийся в бредý, вне себя́, в исступлéнии; ~ *with joy* вне себя́ от ра́дости; **~um** [-əm] бред

deliver [dɪ'lɪvə] *newspapers etc.* доставля́ть [-а́вить]; *a speech* произноси́ть [-нести́]; *order* сда́(ва́)ть; *a blow* наноси́ть [нанести́] (уда́р); *be* ~*ed med.* роди́ть; **~ance** [-rəns] освобождéние; (*rescue*) спасéние

delude [dɪ'luːd] вводи́ть в заблуждéние; (*deceive*) обма́нывать [-нýть]

deluge ['deljuːdʒ] **1.** наводнéние;

(*rain*) ли́вень; *fig.* пото́к; **2.** затопля́ть [-пи́ть]; наводня́ть [-ни́ть] *a. fig.*

delus|ion [dɪ'luːʒn] заблужде́ние; иллю́зия; **~ive** [-sɪv] ☐ обма́нчивый; иллюзо́рный

demand [dɪ'mɑːnd] **1.** тре́бование; потре́бность *f*; *comm.* спрос; **be in great ~** по́льзоваться больши́м спро́сом; **2.** [по]тре́бовать (P)

demilitarize [diː'mɪlɪtəraɪz] демилитаризова́ть (*im*)*pf.*

demobilize [diː'məʊbɪlaɪz] демобилизова́ть (*im*)*pf.*

democra|cy [dɪ'mɒkrəsɪ] демокра́тия; **~tic(al** ☐) [demə'krætɪk(əl)] демократи́ческий

demolish [dɪ'mɒlɪʃ] разруша́ть [-ру́шить]; (*pull down*) сноси́ть [снести́]

demon ['diːmən] де́мон, дья́вол

demonstrat|e ['demənstreɪt] [про]демонстри́ровать; (*prove*) дока́зывать [-за́ть]; **~ion** [demən'streɪʃn] демонстра́ция; доказа́тельство; **~ive** [dɪ'mɒnstrətɪv] ☐ *person, behaviour* экспанси́вный; *gr.* указа́тельный

demoralize [dɪ'mɒrəlaɪz] деморализова́ть

demure [dɪ'mjʊə] ☐ скро́мный; *smile* засте́нчивый

den [den] ло́говище; берло́га; прито́н

denial [dɪ'naɪəl] отрица́ние; *official* опроверже́ние; (*refusal*) отка́з

denomination [dɪnɒmɪ'neɪʃn] *eccl.* вероисповеда́ние; се́кта

denote [dɪ'nəʊt] означа́ть *impf.*, обозна́чать [-на́чить]

denounce [dɪ'naʊns] (*expose*) разоблача́ть [-чи́ть]; *to police* доноси́ть; *termination of a treaty, etc.* денонси́ровать (*im*)*pf.*

dens|e [dens] ☐ густо́й; пло́тный (*a. phys.*); *fig.* глу́пый, тупо́й; **~ity** ['densətɪ] густота́; пло́тность *f*

dent [dent] **1.** вмя́тина; **2.** вда́вливать [вдави́ть]; *v/i.* [по]гну́ться

dentist ['dentɪst] зубно́й врач

denture ['dentʃə] *mst. pl.* зубно́й проте́з

denunciation [dɪnʌnsɪ'eɪʃn] доно́с; обличе́ние, обвине́ние

deny [dɪ'naɪ] отрица́ть; отка́зываться [-за́ться] от (P); (*refuse to give, allow*) отка́зывать [-за́ть] в (П); **there is no ~ing** сле́дует призна́ть

deodorant [diː'əʊdərənt] дезодора́нт

depart [dɪ'pɑːt] *v/i.* уходи́ть [уйти́], уезжа́ть [уе́хать], отбы(ва́)ть, отправля́ться [-а́виться]; отступа́ть [-пи́ть] (*from* от P); **~ment** [-mənt] *univ.* отделе́ние, факульте́т; *of science* о́бласть *f*, о́трасль; *in shop* отде́л; *Am.* министе́рство; **State ♀** министе́рство иностра́нных дел; **State store** универма́г; **~ure** [dɪ'pɑːtʃə] отъе́зд; ухо́д; *rail.* отправле́ние; (*deviation*) отклоне́ние

depend [dɪ'pend]: **~ (up)on** зави́сеть от (P); *coll.* **it ~s** смотря́ по обстоя́тельствам; **you can ~ on him** на него́ мо́жно положи́ться; **~able** [-əbl] надёжный; **~ant** [-ənt] иждиве́нец *m*, -нка *f*; **~ence** [-əns] зави́симость *f*; (*trust*) дове́рие; **~ent** [-ənt] ☐ (*on*) зави́сящий (от P)

depict [dɪ'pɪkt] изобража́ть [-рази́ть]; *fig.* опи́сывать [-са́ть]

deplete [dɪ'pliːt] истоща́ть [-щи́ть]

deplor|able [dɪ'plɔːrəbl] ☐ приско́рбный, заслу́живающий сожале́ния; *state* плаче́вный; **~e** [dɪ'plɔː] (*disapprove of*) порица́ть; сожале́ть о (П)

deport [dɪ'pɔːt] депорти́ровать

depose [dɪ'pəʊz] *from office* смеща́ть [смести́ть]; (*dethrone*) сверга́ть [све́ргнуть]

deposit [dɪ'pɒzɪt] **1.** *geol.* отложе́ние; за́лежь *f*, *fin.* вклад; депози́т; зада́ток; **~ account** депози́тный счёт; **2.** класть [положи́ть]; депони́ровать (*im*)*pf.*; дава́ть [дать] зада́ток; **~or** [dɪ'pɒzɪtə] вкла́дчик *m*, -ица *f*, депози́тор

depot 1. ['depəʊ] *rail.* депо́ *n indecl.*; *storage place* склад; **2.** ['diːpəʊ] *Am. rail.* железнодоро́жная ста́нция

deprave [dɪ'preɪv] развраща́ть [-рати́ть]

depreciat|e [dɪ'priːʃɪeɪt] обесце́ни(ва)ть; **~ion** [dɪpriːʃɪ'eɪʃn] сниже́ние сто́имости; обесце́нение; амортизация

depress [dɪ'pres] угнета́ть *impf.*; подавля́ть [-ви́ть]; **~ed** [-t] *fig.* уны́лый; **~ion** [dɪ'preʃn] угнетённое состоя́ние; *geogr.* впа́дина; *econ.* депре́ссия

deprive [dɪ'praɪv] лиша́ть [лиши́ть] (*of* P)

depth [depθ] глубина́; *be out of one's* ~ быть не под си́лу, быть недосту́пным понима́нию

deput|ation [depjʊ'teɪʃn] делега́ция; **~y** ['depjʊtɪ] делега́т; депута́т; замести́тель(ница *f*) *m*

derange [dɪ'reɪndʒ] *plans etc.* расстра́ивать [-ро́ить]; (*put out of order*) приводи́ть в беспоря́док

derelict ['derəlɪkt] *ship* поки́нутый; *house* (за)бро́шенный

deri|de [dɪ'raɪd] осме́ивать [-ея́ть], высме́ивать [вы́смеять]; **~sion** [dɪ'rɪʒn] высме́ивание; **~sive** [dɪ'raɪsɪv] □ издева́тельский; *scornful* насме́шливый

derive [dɪ'raɪv] (*originate*) происходи́ть [-изойти́]; *benefit* извлека́ть [-вле́чь] (*from* от P)

derogatory [dɪ'rɒɡətrɪ] пренебрежи́тельный

descend [dɪ'send] спуска́ться [спусти́ться]; сходи́ть [сойти́]; *ae.* снижа́ться [сни́зиться]; *from a person* происходи́ть [-изойти́] (*from* из P); ~ (*up*)*on* обру́ши(ва)ться на (В); **~ant** [-ənt] пото́мок

descent [dɪ'sent] спуск; сниже́ние; (*slope*) склон; происхожде́ние

describe [dɪ'skraɪb] опи́сывать [-са́ть]

description [dɪ'skrɪpʃn] описа́ние; *of every* ~ са́мые ра́зные

desert[1] [dɪ'zɜːt]: *get one's* ~*s* получи́ть по заслу́гам

desert[2] 1. ['dezət] пусты́ня; 2. [dɪ'zɜːt] *v/t.* (*leave*) броса́ть [бро́сить]; (*go away*) покида́ть [поки́нуть]; *v/i.* дезерти́ровать (*im*)*pf.*; **~ed** [-ɪd] *street* пусты́нный; (*neglected*) забро́шенный; (*abandoned*) поки́нутый; **~er** [-ə] дезерти́р; **~ion** [-ʃn] дезерти́рство; *spouse's* ухо́д

deserv|e [dɪ'zɜːv] заслу́живать [-жи́ть]; **~edly** [-ɪdlɪ] заслу́женно; **~ing** [-ɪŋ] заслу́живающий; досто́йный (*of* P)

design [dɪ'zaɪn] 1. (*intention*) за́мысел, наме́рение, план; *arch.* прое́кт; *tech.* диза́йн; (*pattern*) узо́р; 2. предназнача́ть [-зна́чить]; заду́м(ыв)ать; [с]проекти́ровать; *machinery* [с]конструи́ровать

designat|e ['dezɪgneɪt] определя́ть [-ли́ть]; (*mark out*) обознача́ть [-зна́чить]; (*appoint*) назнача́ть [-зна́чить]

designer [dɪ'zaɪnə] (*engineer*) констру́ктор; диза́йнер; *dress* ~ моделье́р

desir|able [dɪ'zaɪərəbl] □ жела́тельный; **~e** [dɪ'zaɪə] 1. жела́ние; тре́бование; 2. [по]жела́ть (P); [по]тре́бовать (P); *leave much to be* ~d оставля́ть жела́ть лу́чшего; **~ous** [-rəs] жела́ющий (*of* P); *be* ~ *of knowing* стреми́ться/жела́ть узна́ть

desk [desk] пи́сьменный стол; ~ *diary* насто́льный календа́рь; **~top publishing** насто́льное изда́тельство

desolat|e 1. ['desəleɪt] опустоша́ть [-ши́ть]; разоря́ть [-ри́ть]; 2. [-lət] □ опустошённый; несча́стный; одино́кий; **~ion** [desə'leɪʃn] опустоше́ние; одино́чество

despair [dɪ'speə] 1. отча́яние; *drive s.o. to* ~ доводи́ть [-вести́] кого́-л. до отча́яния; 2. отча́иваться [-ча́яться]; теря́ть наде́жду (*of* на В); **~ing** [-rɪŋ] □ отча́ивающийся

despatch → *dispatch*

desperat|e ['despərət] □ *effort etc.* отча́янный; *state* безнадёжный; *adv.* отча́янно, о́чень; **~ion** [despə'reɪʃn] отча́яние

despise [dɪ'spaɪz] презира́ть

despite [dɪ'spaɪt] *prp.* несмотря́ на (В)

despondent [dɪ'spɒndənt] □ пода́вленный, удручённый

dessert [dɪ'zɜːt] десе́рт; *attr.* десе́ртный

destin|ation [destɪ'neɪʃn] (*purpose, end*) назначе́ние; ме́сто назначе́ния;

~e ['destɪn] предназнача́ть [-зна́-чить]; **be ~d** (*be fated*) предопределя́ть [-ли́ть]; **~y** [-tɪnɪ] судьба́

destitute ['destɪtjuːt] нужда́ющийся; лишённый (*of* P)

destroy [dɪ'strɔɪ] уничтожа́ть [-о́жить]; истребля́ть [-би́ть]; *buildings, etc.* разруша́ть [-ру́шить]; **~er** [-ə] *warship* эсми́нец

destruct|ion [dɪ'strʌkʃn] разруше́ние; уничтоже́ние; **~ive** [-tɪv] □ разруши́тельный; па́губный; вре́дный

detach [dɪ'tætʃ] отделя́ть [-ли́ть]; разъединя́ть [-ни́ть]; (*tear off*) отрыва́ть [оторва́ть]; **~ed** [~t] отде́льный; *fig.* беспристра́стный; **~ment** [-mənt] *mil.* отря́д; *fig.* беспристра́стность *f*

detail ['diːteɪl] подро́бность *f*, дета́ль *f*; **in ~** дета́льно, подро́бно; **go into ~s** вника́ть (вдава́ться) в подро́бности

detain [dɪ'teɪn] заде́рживать [-жа́ть] (*a. by the police*); **he was ~ed at work** он задержа́лся на рабо́те

detect [dɪ'tekt] обнару́жи(ва)ть; (*notice*) замеча́ть [-е́тить]; **~ion** [dɪ'tekʃn] обнаруже́ние; *of crime* рассле́дование; **~ive** [-tɪv] **1.** детекти́в, операти́вник; **2.** детекти́вный

detention [dɪ'tenʃn] (*holding*) заде́ржание; (*custody*) содержа́ние под аре́стом; (*confinement*) заключе́ние

deter [dɪ'tɜː] уде́рживать [-жа́ть] (*from* от P)

deteriorat|e [dɪ'tɪərɪəreɪt] ухудша́ть(ся) [ухудшить(ся)]; [ис]по́ртить(ся); **~ion** [dɪtɪərɪə'reɪʃn] ухудше́ние

determin|ation [dɪtɜːmɪ'neɪʃn] определе́ние; (*firmness*) реши́тельность *f*; **~e** [dɪ'tɜːmɪn] *v/t.* определя́ть [-ли́ть]; реша́ть [реши́ть]; *v/i.* реша́ться [реши́ться]; **~ed** [-d] реши́тельный

detest [dɪ'test] ненави́деть; пита́ть отвраще́ние к (Д); **~able** [-əbl] отврати́тельный

detonate ['detəneɪt] детони́ровать; взрыва́ть(ся) [взорва́ть(ся)]

detour ['diː'tʊə] око́льный путь *m*; объе́зд; **make a ~** сде́лать *pf.* крюк

detract [dɪ'trækt] умаля́ть [-ли́ть], уменьша́ть [уме́ньшить]

detriment ['detrɪmənt] уще́рб, вред

devalue [diː'væljuː] обесце́ни(ва)ть

devastat|e ['devəsteɪt] опустоша́ть [-ши́ть]; **~ion** [devə'steɪʃn] опустоше́ние

develop [dɪ'veləp] разви(ва́)ть(ся); *mineral resources* разраба́тывать [-бо́тать]; *phot.* проявля́ть [-ви́ть]; **~ment** [-mənt] разви́тие; разрабо́тка; (*event*) собы́тие

deviat|e ['diːvɪeɪt] отклоня́ться [-ни́ться]; **~ion** [diːvɪ'eɪʃn] отклоне́ние

device [dɪ'vaɪs] *tech.* приспособле́ние, устро́йство; (*way, method, trick*) приём; **leave a p. to his own ~s** предоставля́ть челове́ку самому́ себе́

devil ['devl] дья́вол, чёрт, бес; **~ish** [-əlɪʃ] □ дья́вольский, *coll.* чёрто́вский; **~ry** [~vlrɪ] чертовщи́на

devious ['diːvɪəs] □ **by ~ means** нече́стным путём

devise [dɪ'vaɪz] приду́м(ыв)ать; изобрета́ть [-рести́]

devoid [dɪ'vɔɪd] (*of*) лишённый (P)

devot|e [dɪ'vəʊt] посвяща́ть [-яти́ть] (В/Д); **~ed** [-ɪd] □ пре́данный, лю́бящий; **~ion** [dɪ'vəʊʃn] пре́данность *f*, привя́занность *f*

devour [dɪ'vaʊə] пож(и)ра́ть; **be ~ed with curiosity** сгора́ть от любопы́тства

devout [dɪ'vaʊt] □ *supporter, etc.* пре́данный; *relig.* благочести́вый

dew [djuː] роса́; **~y** [-ɪ] роси́стый, покры́тый росо́й

dexter|ity [dek'sterətɪ] ло́вкость *f*; **~ous** ['dekstrəs] ло́вкий

diabolic(al □) [daɪə'bɒlɪk(əl)] дья́вольский; *fig.* жесто́кий, злой

diagnosis [daɪəg'nəʊsɪs] диа́гноз

diagram ['daɪəgræm] диагра́мма; схе́ма

dial ['daɪəl] **1.** *of clock, etc.* цифербла́т; *tech.* шкала́ (цифербла́тного ти́па); *tel.* диск; **2.** *tel.* набира́ть [-бра́ть] номер; позвони́ть pf.

dialect ['daɪəlekt] диале́кт, наре́чие

dialogue ['daɪəlɒg] диало́г; разгово́р

diameter [daɪˈæmɪtə] диа́метр

diamond ['daɪəmənd] алма́з; *precious stone* бриллиа́нт; ромб; **~s** [-s] *pl. cards*: бу́бны *f/pl.*

diaper ['daɪəpər] (*Brt.: nappy*) пелёнка

diaphragm ['daɪəfræm] *anat.* диафра́гма *a. optics*

diarrh(o)ea [daɪəˈrɪə] поно́с

diary ['daɪərɪ] дневни́к

dice [daɪs] (*pl. om* **die²**) игра́льные ко́сти *f/pl.*

dictat|e 1. ['dɪkteɪt] (*order*) предписа́ние; *of conscience* веле́ние; *pol.* дикта́т; **2.** [dɪkˈteɪt] [про]диктова́ть (*a. fig.*); предпи́сывать [-са́ть]; **~ion** [dɪkˈteɪʃn] *educ.* дикто́вка, дикта́нт; предписа́ние; **~orship** [dɪkˈteɪtəʃɪp] диктату́ра

diction ['dɪkʃn] ди́кция; **~ary** [-rɪ] слова́рь *m*

did [dɪd] *pt. om* **do**

die¹ [daɪ] умира́ть [умере́ть], сконча́ться *pf.*; *coll.* стра́стно жела́ть; **~ away**, **~ down** of sound замира́ть [-мере́ть]; *of wind* затиха́ть [-и́хнуть]; *of flowers* увяда́ть [-я́нуть]; *of fire* угаса́ть [уга́снуть]

die² [-] (*pl.* **dice**) игра́льная кость *f*; *the* **~** *is cast* жре́бий бро́шен

diet ['daɪət] **1.** *customary* пи́ща; *med.* дие́та; **2.** *v/t.* держа́ть на дие́те; *v/i.* быть на дие́те

differ ['dɪfə] различа́ться, отлича́ться; (*disagree*) не соглаша́ться [-ласи́ться], расходи́ться [разойти́сь] (*from* с Т, *in* в П); *tastes* **~** о вку́сах не спо́рят; **~ence** ['dɪfrəns] ра́зница; разли́чие; разногла́сие; *math.* ра́зность *f*; *it makes no* **~** *to me* мне всё равно́; **~ent** [-nt] □ ра́зный; друго́й, не тако́й (*from* как), ино́й; **~entiate** [dɪfəˈrenʃɪeɪt] различа́ть(ся) [-чи́ть(-ся)], отлича́ться [-чи́ть(ся)]

difficult ['dɪfɪkəlt] □ тру́дный; **~y** [-ɪ] тру́дность *f*; затрудне́ние

diffiden|ce ['dɪfɪdəns] (*lack of confi-*

dence) неуве́ренность *f*; (*shyness*) засте́нчивость *f*; **~t** [-dənt] неуве́ренный; засте́нчивый

diffus|e 1. [dɪˈfjuːz] *fig.* распространя́ть [-ни́ть]; **2.** [dɪˈfjuːs] распространённый; *light* рассе́янный; **~ion** [dɪˈfjuːʒn] распростране́ние; рассе́ивание; *of gas, liquids* диффу́зия

dig [dɪg] **1.** [*irr.*] копа́ться [вы́копать]; ры́ться; [вы́]рыть; **2.** *coll.* (*a. cutting remark*) толчо́к

digest 1. [dɪˈdʒest] *food* перева́ривать [-ри́ть]; *information, etc.* усва́ивать [усво́ить] (*a. fig.*); *v/i.* перева́риваться [-ри́ться]; усва́иваться [усво́иться]; **2.** ['daɪdʒest] (*literary*) да́йджест; **~ible** [dɪˈdʒestəbl] *fig.* удобовари́мый; легко́ усва́иваемый (*a. fig.*); **~ion** [-tʃən] *of food* пищеваре́ние; *of knowledge* усвое́ние

digital ['dɪdʒɪtl] цифрово́й

dignif|ied ['dɪgnɪfaɪd] преиспо́лненный досто́инства; **~y** [-faɪ] *fig.* облагора́живать [-ро́дить]

dign|itary ['dɪgnɪtərɪ] сано́вник; лицо́, занима́ющее высо́кий пост; *eccl.* иера́рх; **~y** [-tɪ] досто́инство

digress [daɪˈgres] отклоня́ться [-ни́ться]

dike [daɪk] да́мба; плоти́на; (*ditch*) кана́ва

dilapidated [dɪˈlæpɪdeɪtɪd] ве́тхий, ста́рый

dilate [daɪˈleɪt] расширя́ть(ся) [-ши́рить(ся)]

diligen|ce ['dɪlɪdʒəns] прилежа́ние, усе́рдие; **~t** □ приле́жный, усе́рдный

dill [dɪl] укро́п

dilute [daɪˈljuːt] разбавля́ть [-ба́вить]; разводи́ть [-вести́]

dim [dɪm] **1.** □ *light* ту́склый; *outlines, details* нея́сный; *eyesight* сла́бый; *recollections* сму́тный; *coll.* (*stupid*) тупо́й; **2.** [по]ту́скнеть; [за]тума́нить(ся); **~** *one's headlights* включи́ть бли́жний свет

dime [daɪm] *Am.* моне́та в де́сять це́нтов

dimension [dɪˈmenʃn] разме́р; объём; измере́ние

dimin|ish [dɪ'mɪnɪʃ] уменьша́ть(ся) [уме́ньшить(ся)]; убы(ва́)ть; **~utive** [dɪ'mɪnjutɪv] □ миниатю́рный

dimple ['dɪmpl] я́мочка (на щеке́)

din [dɪn] шум; гро́хот

dine [daɪn] [по]обе́дать; [по]у́жинать; **~r** ['daɪnə] обе́дающий; *rail.* (*part. Am.*) ваго́н-рестора́н

dinghy ['dɪŋɡɪ] ма́ленькая ло́дка

dingy ['dɪndʒɪ] □ гря́зный

dining|car *rail.* ваго́н-рестора́н; **~ room** столо́вая

dinner ['dɪnər] обе́д; *at* **~** за обе́дом; *formal* **~** официа́льный обе́д

dint [dɪnt]: *by* **~** *of* посре́дством (P)

dip [dɪp] **1.** *v/t.* погружа́ть [-узи́ть], окуна́ть [-ну́ть]; *brush* обма́кивать [-кну́ть]; *into pocket* су́нуть; *v/i.* погружа́ться [-узи́ться], окуна́ться [-ну́ться]; *of flag* приспуска́ть [-сти́ть]; *of road* спуска́ться [-сти́ться]; **2.** (*slope*) укло́н; купа́ние; *have a* **~** искупа́ться

diploma [dɪ'pləʊmə] дипло́м; **~cy** [-sɪ] дипломати́я; **~t** ['dɪpləmæt] диплома́т; **~tic(al** □) [dɪplə'mætɪk(əl)] дипломати́ческий

dire ['daɪə] ужа́сный

direct [dɪ'rekt, daɪ-] **1.** □ прямо́й; (*immediate*) непосре́дственный; (*straightforward*) я́сный; откры́тый; **~ current** *el.* постоя́нный ток; **~ train** прямо́й по́езд; **2.** *adv.* = **~ly**; **3.** руководи́ть (Т); управля́ть (Т); направля́ть [-а́вить]; ука́зывать доро́гу (Д); **~ion** [dɪ'rekʃən, daɪ-] направле́ние; руково́дство; указа́ние; инстру́кция; **~ive** [dɪ'rektɪv] директи́ва; **~ly** [-lɪ] **1.** *adv.* пря́мо, непосре́дственно; неме́дленно; **2.** *cj.* как то́лько

director [dɪ'rektər, daɪ-] дире́ктор; *cine.* режиссёр; *board of* **~s** сове́т дире́кторов; **~ate** [-rɪt] дире́кция; правле́ние; **~y** [-rɪ] (телефо́нный) спра́вочник

dirt [dɜːt] грязь *f*; **~ cheap** *coll.* о́чень дешёвый; *adv.* по дешёвке; **~y** ['dɜːtɪ] **1.** □ гря́зный; *joke* неприли́чный; *weather* нена́стный; **~ trick** по́длый посту́пок; **2.** [за]па́чкать

disability [dɪsə'bɪlətɪ] нетрудоспосо́бность *f*; бесси́лие; физи́ческий недоста́ток; **~ pension** пе́нсия по нетрудоспосо́бности

disabled [dɪs'eɪbld] искале́ченный; (*unable to work*) нетрудоспосо́бный; **~ veteran** инвали́д войны́

disadvantage [dɪsəd'vɑːntɪdʒ] недоста́ток; невы́годное положе́ние; уще́рб; неудо́бство

disagree [dɪsə'griː] расходи́ться во взгля́дах; противоре́чить друг дру́гу; (*quarrel*) [по]спо́рить; быть вре́дным (*with* для P); **~able** [-əbl] □ неприя́тный; **~ment** [-mənt] разногла́сие; несогла́сие

disappear [dɪsə'pɪə] исчеза́ть [-е́знуть]; пропада́ть [-па́сть]; *from sight* скры(ва́)ться; **~ance** [-rəns] исчезнове́ние

disappoint [dɪsə'pɔɪnt] разочаро́вывать [-рова́ть]; *hopes etc.* обма́нывать [-ну́ть]; **~ment** [-mənt] разочарова́ние

disapprov|al [dɪsə'pruːvl] неодобре́ние; **~e** [dɪsə'pruːv] не одобря́ть [одо́брить] (P); неодобри́тельно относи́ться (*of* к Д)

disarm [dɪs'ɑːm] *v/t. mst. fig.* обезору́жи(ва)ть; разоружа́ть [-жи́ть]; *v/i.* разоружа́ться [-жи́ться]; **~ament** [dɪs'ɑːməmənt] разоруже́ние

disarrange [dɪsə'reɪndʒ] (*upset*) расстра́ивать [-ро́ить]; (*put into disorder*) приводи́ть в беспоря́док

disast|er [dɪ'zɑːstə] бе́дствие; катастро́фа; **~rous** [-trəs] □ бе́дственный; катастрофи́ческий

disband [dɪs'bænd] распуска́ть [-усти́ть]

disbelieve [dɪsbɪ'liːv] не [по]ве́рить; не доверя́ть (Д)

disc [dɪsk] диск

discard [dɪs'kɑːd] (*throw away*) выбра́сывать [-росить]; *hypothesis* отверга́ть [-е́ргнуть]

discern [dɪ'sɜːn] различа́ть [-чи́ть]; распозн(ав)а́ть *pf.*; отлича́ть [-чи́ть]; **~ing** [-ɪŋ] □ *person* проница́тельный

discharge [dɪs'tʃɑːdʒ] **1.** *v/t.* (*unload*)

разгружа́ть [-узи́ть]; *prisoner* освобожда́ть [-боди́ть]; *from work* увольня́ть [уво́лить]; *duties* выполня́ть [вы́полнить]; *gun, etc.* разряжа́ть [-яди́ть]; *from hospital* выпи́сывать [вы́писать]; *v/i. of wound* гнои́ться; **2.** разгру́зка; (*shot*) вы́стрел; освобожде́ние; увольне́ние; *el.* разря́д; выполне́ние

disciple [dɪ'saɪpl] после́дователь (-ница *f*) *m*; *Bibl.* апо́стол

discipline ['dɪsɪplɪn] **1.** дисципли́на, поря́док; **2.** дисциплини́ровать (*im*)*pf.*

disclose [dɪs'kləʊz] обнару́жи(ва)ть; раскры́(ва́)ть

disco ['dɪskəʊ] *coll.* дискоте́ка

discolo(u)r [dɪs'kʌlə] обесцве́чивать(ся) [-е́тить(ся)]

discomfort [dɪs'kʌmfət] **1.** неудо́бство; дискомфо́рт; (*uneasiness of mind*) беспоко́йство; **2.** причиня́ть [-ни́ть] неудо́бство (Д)

disconsert [dɪskən'sɜːt] [вз]волнова́ть; смуща́ть [смути́ть]; приводи́ть в замеша́тельство

disconnect [dɪskə'nekt] разъединя́ть [-ни́ть] (*a. el.*); разобща́ть [-щи́ть]; (*uncouple*) расцепля́ть [-пи́ть]; ~ed [-ɪd] □ *thoughts, etc.* бессвя́зный

disconsolate [dɪs'kɒnsələt] □ неуте́шный

discontent [dɪskən'tent] недово́льство; неудовлетворённость *f*; ~ed [-ɪd] □ недово́льный; неудовлетворённый

discontinue [dɪskən'tɪnjuː] прер(ы)ва́ть; прекраща́ть [-рати́ть]

discord ['dɪskɔːd] разногла́сие; разла́д

discotheque ['dɪskətek] → *disco*

discount 1. ['dɪskaʊnt] *comm.* ди́сконт, учёт векселе́й; ски́дка; *at a ~* со ски́дкой; **2.** [dɪs'kaʊnt] дисконти́ровать (*im*)*pf.*, учи́тывать [уче́сть] (векселя́); де́лать ски́дку

discourage [dɪs'kʌrɪdʒ] обескура́жи(ва)ть; отбива́ть охо́ту (Д; *from* к Д)

discourse 1. [dɪs'kɔːs] рассужде́ние;

речь *f*; бесе́да; **2.** ['dɪskɔːs] вести́ бесе́ду

discourte|ous [dɪs'kɜːtɪəs] □ неве́жливый, неучти́вый; ~sy [-tɪsɪ] неве́жливость *f*, неучти́вость *f*

discover [dɪs'kʌvə] де́лать откры́тие (Р); обнару́жи(ва́)ть; ~y [-rɪ] откры́тие

discredit [dɪs'kredɪt] **1.** дискредита́ция; **2.** дискредити́ровать (*im*)*pf.*; [o]позо́рить

discreet [dɪs'kriːt] □ (*careful*) осторо́жный, осмотри́тельный; такти́чный

discrepancy [dɪs'krepənsɪ] (*lack of correspondence*) расхожде́ние; противоречи́вость *f*; (*difference*) несхо́дство

discretion [dɪs'kreʃn] благоразу́мие; осторо́жность *f*; усмотре́ние; *at your ~* на ва́ше усмотре́ние

discriminat|e [dɪs'krɪmɪneɪt] относи́ться по-ра́зному; ~ *between* отлича́ть, различа́ть; ~ *against* дискримини́ровать; относи́ться предвзя́то (к Д); ~ing [-ɪŋ] □ дискриминацио́нный; *taste, etc.* разбо́рчивый; ~ion [-'neɪʃn] (*judgment, etc.*) проница́тельность *f*; (*bias*) дискримина́ция

discuss [dɪs'kʌs] обсужда́ть [-уди́ть], дискути́ровать; ~ion [-ʌʃən] обсужде́ние, диску́ссия; *public* пре́ния *n/pl.*

disdain [dɪs'deɪn] **1.** (*scorn*) презира́ть [-зре́ть]; (*think unworthy*) счита́ть ни́же своего́ досто́инства; **2.** презре́ние; пренебреже́ние

disease [dɪ'ziːz] боле́знь *f*, ~d [-d] больно́й

disembark [dɪsɪm'bɑːk] выса́живать(ся) [вы́садить(ся)]; сходи́ть на бе́рег; *goods* выгружа́ть [вы́грузить]

disengage [dɪsɪn'geɪdʒ] (*make free*) высвобожда́ть(ся) [вы́свободить(ся)]; *tech.* (*detach*) разъединя́ть [-ни́ть]

disentangle [dɪsɪn'tæŋgl] распу́т(ы)в)ать(ся); *fig.* выпу́тываться [вы́путать(ся)]

disfavo(u)r [dɪs'feɪvə] **1.** неми́лость *f*; *regard with ~* относи́ться отрица́-

тельно; **2.** не одобря́ть [одо́брить]

disfigure [dɪsˈfɪgə] обезобра́живать [-ра́зить], [из]уро́довать

disgrace [dɪsˈgreɪs] **1.** (*loss of respect*) бесче́стье; (*disfavour*) неми́лость *f*; (*cause of shame*) позо́р; **2.** [о]позо́рить; **~ful** [-fʊl] □ посты́дный, позо́рный

disguise [dɪsˈgaɪz] **1.** маскиро́вка; переодева́ние; обма́нчивая вне́шность *f*; ма́ска; *in* **~** переоде́тый; **2.** [за]маскирова́ть(ся); переоде́(ва́)ть(ся); (*hide*) скры(ва́)ть

disgust [dɪsˈgʌst] **1.** отвраще́ние; **2.** внуша́ть [-ши́ть] отвраще́ние (Д); (*make indignant*) возмуща́ть [-ути́ть]; **~ing** [-ɪŋ] □ отврати́тельный

dish [dɪʃ] **1.** блю́до, таре́лка, ми́ска; *the* **~es** *pl.* посу́да; (*food*) блю́до; **2.**: **~ out** раскла́дывать на таре́лки

dishearten [dɪsˈhɑːtn] приводи́ть [-вести́] в уны́ние

dishevel(l)ed [dɪˈʃevld] растрёпанный, взъеро́шенный

dishonest [dɪsˈɒnɪst] □ нече́стный; недобросо́вестный; **~y** [-ɪ] нече́стность *f*; недобросо́вестность *f*; обма́н

dishono(u)r [dɪsˈɒnə] **1.** бесче́стье, позо́р; **2.** [о]позо́рить; *young girl* [о]бесче́стить; **~able** [-rəbl] □ бесче́стный, ни́зкий

disillusion [dɪsɪˈluːʒn] **1.** разочарова́ние; **2.** разруша́ть [-у́шить] иллю́зии (Р); **~ed** [-d] разочаро́ванный

disinclined [dɪsɪnˈklaɪnd] нерасположенный

disinfect [dɪsɪnˈfekt] · дезинфици́ровать (*im*)*pf.*; **~ant** [-ənt] дезинфици́рующее сре́дство

disintegrate [dɪsˈɪntɪgreɪt] распада́ться [-па́сться]; разруша́ться [-у́шиться]

disinterested [dɪsˈɪntrəstɪd] □ (*without self-interest*) бескоры́стный; (*without prejudice*) беспристра́стный

disk [dɪsk] диск; **~ drive** дисково́д

diskette [dɪˈsket] *comput.* дискéта

dislike [dɪsˈlaɪk] **1.** не люби́ть; **2.** нелюбо́вь *f* (*of* к Д); антипа́тия; *take a* **~ to** невзлюби́ть (В)

dislocate [ˈdɪsləkeɪt] *med.* вы́вихивать [вы́вихнуть], (*put out of order*) наруша́ть [нару́шить]

dislodge [dɪsˈlɒdʒ] (*move*) смеща́ть [смести́ть]; *mil.* выбива́ть [вы́бить]

disloyal [dɪsˈlɔɪəl] □ *to state, etc.* нелоя́льный; *friend* неве́рный

dismal [ˈdɪzməl] □ (*gloomy*) мра́чный; уны́лый; гнету́щий

dismantl|e [dɪsˈmæntl] *tech.* разбира́ть [разобра́ть]; демонти́ровать (*im*)*pf.*; **~ing** [-ɪŋ] демонта́ж

dismay [dɪsˈmeɪ] **1.** смяте́ние, потрясе́ние; **2.** *v/t.* приводи́ть [-вести́] в смяте́ние

dismiss [dɪsˈmɪs] *v/t.* (*allow to go*) отпуска́ть [-сти́ть]; *from work, service, etc.* увольня́ть [уво́лить]; **~ all thoughts of** отбро́сить да́же мы́сль (о П); **~al** [-l] увольне́ние; отстране́ние

dismount [dɪsˈmaʊnt] *v/i.* слеза́ть с ло́шади, с велосипе́да

disobedien|ce [dɪsəˈbiːdɪəns] непослуша́ние, неповинове́ние; **~t** [-t] □ непослу́шный

disobey [dɪsəˈbeɪ] не [по]слу́шаться (Р); *order* не подчиня́ться [-ни́ться] (Д)

disorder [dɪsˈɔːdə] беспоря́док; *med.* расстро́йство; **~s** *pl.* (*riots*) беспоря́дки *m/pl.*; *throw into* **~** переверну́ть всё вверх дном; **~ly** [-lɪ] беспоря́дочный; неорганизо́ванный, бу́йный

disorganize [dɪsˈɔːgənaɪz] дезорганизова́ть (*im*)*pf.*, расстра́ивать [-ро́ить]

disown [dɪsˈəʊn] не призн(ав)а́ть; отка́зываться [-за́ться] от (Р)

dispassionate [dɪˈspæʃənət] □ (*impartial*) беспристра́стный; (*cool*) бесстра́стный

dispatch [dɪˈspætʃ] **1.** отпра́вка; отправле́ние; (*message*) сообще́ние; **2.** пос(ы)ла́ть; отправля́ть [-а́вить]

dispel [dɪˈspel] рассе́ивать [-се́ять]; *crowd etc.* разгоня́ть [разогна́ть]

dispensary [dɪˈspensərɪ] больни́чная

аптéка; *in drugstore* рецептýрный отдéл

dispense [dɪ'spens] *v/t. prescription* приготовля́ть; (*deal out*) раздава́ть [-да́ть]; ~ *justice* отправля́ть [-а́вить] правосу́дие; ~ *with* обходи́ться [обойти́сь], отка́зываться [-за́ться]

disperse [dɪ'spɜːs] разгоня́ть [разогна́ть]; рассе́ивать(ся) [-е́ять(ся)]; (*spread*) распространя́ть [-ни́ть]

dispirit [dɪ'spɪrɪt] удруча́ть [-чи́ть]; приводи́ть в уны́ние

displace [dɪs'pleɪs] занима́ть ме́сто, замеща́ть [замести́ть]

display [dɪ'spleɪ] **1.** (*exhibit*) выставля́ть [вы́ставить]; *courage, etc.* проявля́ть [-яви́ть]; **2.** вы́ставка; проявле́ние; *comput.* дисплéй

displeas|e [dɪs'pliːz] вызыва́ть [вы́звать] недово́льство, не [по]нра́виться (Д); быть не по вку́су (Д); ~ed [-d] недово́льный; ~ure [dɪs'pleʒə] недово́льство

dispos|al [dɪ'spəʊzl] *of troops, etc.* расположе́ние; (*removal*) удале́ние; *put at s.o.'s* ~ предоста́вить в чьё-л. распоряже́ние; ~e [dɪ'spəʊz] *v/t.* располага́ть [-ложи́ть] (В); *v/i.* ~ *of* распоряжа́ться [-яди́ться] (Т); ~ed [-d] располо́женный; настро́енный; (*be inclined to*) быть скло́нным; ~ition [dɪspə'zɪʃn] расположе́ние; хара́ктер; предрасположе́ние (к Д), скло́нность (к Д)

disproportionate [dɪsprə'pɔːʃənət] □ непропорциона́льный, несоразме́рный

disprove [dɪs'pruːv] опроверга́ть [-ве́ргнуть]

dispute [dɪs'pjuːt] **1.** (*discuss*) обсужда́ть [-уди́ть]; (*call into question*) оспа́ривать [оспо́рить]; (*argue*) [по]спо́рить; **2.** диспу́т; деба́ты *m/pl.*; поле́мика; диску́ссия

disqualify [dɪs'kwɒlɪfaɪ] дисквалифици́ровать (*im*)*pf.*; лиша́ть пра́ва

disquiet [dɪs'kwaɪət] [о]беспоко́ить

disregard [dɪsrɪ'gɑːd] **1.** пренебреже́ние; игнори́рование; **2.** игнори́ровать (*im*)*pf.*; пренебрега́ть [-бре́чь]

disreput|able [dɪs'repjʊtəbl] □ *behavio(u)r* дискредити́рующий; по́льзующийся дурно́й репута́цией; ~e [dɪsrɪ'pjuːt] дурна́я сла́ва

disrespect [dɪsrɪ'spekt] неуваже́ние; ~ful [-fl] □ непочти́тельный

dissatis|faction [dɪsætɪs'fækʃn] недово́льство; неудовлетворённость *f*; ~factory [-tərɪ] неудовлетвори́тельный; ~fy [dɪs'sætɪsfaɪ] не удовлетворя́ть [-ри́ть]

dissect [dɪ'sekt] *anat.* вскры(ва́)ть; *fig.* анализи́ровать

dissent [dɪ'sent] **1.** несогла́сие; **2.** расходи́ться во взгля́дах, мне́ниях

disservice [dɪs'sɜːvɪs]: *he did her a* ~ он оказа́л ей плоху́ю услу́гу

dissimilar [dɪ'sɪmɪlə] □ непохо́жий, несхо́дный, разноро́дный

dissipat|e ['dɪsɪpeɪt] (*disperse*) рассе́ивать [-е́ять]; (*spend, waste*) растра́чивать [-тра́тить]; ~ion [dɪsɪ'peɪʃn]: *life of* ~ беспу́тный о́браз жи́зни

dissociate [dɪ'səʊʃɪeɪt] разобща́ть [-щи́ть] отмежёвываться [-ева́ться] (от Р)

dissolut|e ['dɪsəluːt] □ распу́щенный; беспу́тный; ~ion [dɪsə'luːʃn] *of marriage, agreement* расторже́ние; *parl.* ро́спуск; *of firm, etc.* ликвида́ция, расформирова́ние

dissolve [dɪ'zɒlv] *v/t. parl. etc.* распуска́ть [-усти́ть]; *salt, etc.* растворя́ть [-ри́ть]; *marriage, agreement* расторга́ть [-о́ргнуть]; аннули́ровать (*im*)*pf.*; *v/i.* растворя́ться [-ри́ться]

dissonant ['dɪsənənt] нестро́йный, диссони́рующий

dissuade [dɪ'sweɪd] отгова́ривать [-вори́ть] (*from* от Р)

distan|ce ['dɪstəns] расстоя́ние; *sport* диста́нция; даль *f*; *of time* промежу́ток, пери́од; *in the* ~ вдали́; вдалеке́; *keep s.o. at a* ~ держа́ть кого́-л. на расстоя́нии; ~t [-t] □ да́льний, далёкий; отдалённый; *fig.* (*reserved*) сде́ржанный, холо́дный

distaste [dɪs'teɪst] отвраще́ние; ~ful

[-fl] □ неприя́тный (на В, **to** Д)

distend [dɪˈstend] разду́(ва́)ть(ся), наду́(ва́)ть(ся)

distil [dɪˈstɪl] *chem.* перегоня́ть [-гна́ть], дистиллирова́ть (*im*)*pf.*; **~led water** дистиллиро́ванная вода́; **~lery** [-ərɪ] перего́нный заво́д

distinct [dɪˈstɪŋkt] □ (*different*) разли́чный, осо́бый, индивидуа́льный; (*clear*) отчётливый; (*definite*) определённый; **~ion** [dɪˈstɪŋkʃn] разли́чие; (*hono(u)r*) честь; **draw a ~ between** де́лать разли́чие ме́жду (Т); **writer of ~** изве́стный писа́тель; **~ive** [-tɪv] □ отличи́тельный, характе́рный

distinguish [dɪˈstɪŋgwɪʃ] различа́ть [-чи́ть]; отлича́ть [-чи́ть]; **~ o.s.** отличи́ться; **~ed** [-t] выдаю́щийся, изве́стный; *guest* почётный

distort [dɪˈstɔːt] искажа́ть [искази́ть] (*a. fig.*)

distract [dɪˈstrækt] отвлека́ть [отвле́чь]; **~ion** [dɪˈstrækʃn] отвлече́ние; (*amusement*) развлече́ние

distress [dɪˈstres] **1.** огорче́ние, го́ре; *naut.* бе́дствие; (*suffering*) страда́ние; (*poverty*) нужда́, нищета́; **~ signal** сигна́л бе́дствия; **2.** (*upset*) огорча́ть [-чи́ть]; расстра́ивать [-ро́ить]

distribut|e [dɪˈstrɪbjuːt] распределя́ть [-ли́ть]; (*hand out*) разд(ав)а́ть; *printed matter* распространя́ть [-ни́ть]; **~ion** [dɪstrɪˈbjuːʃn] распределе́ние; разда́ча; распростране́ние

district [ˈdɪstrɪkt] райо́н; о́круг; **election ~** избира́тельный о́круг

distrust [dɪsˈtrʌst] **1.** недове́рие; (*suspicion*) подозре́ние; **2.** не доверя́ть (Д); **~ful** [-fl] □ недове́рчивый; подозри́тельный; **~ of o.s.** неуве́ренный в себе́

disturb [dɪsˈtɜːb] [по]беспоко́ить; (*worry*) взволнова́ть; *peace, etc.* наруша́ть [-у́шить]; **~ance** [-əns] шум, трево́га, волне́ния *n/pl.*

disuse [dɪsˈjuːz] неупотребле́ние; **fall into ~** вы́йти из употребле́ния; *of law, etc.* не применя́ться, не испо́льзоваться

ditch [dɪtʃ] кана́ва, ров

dive [daɪv] **1.** ныря́ть [нырну́ть]; погружа́ться [-узи́ться]; пры́гать [-гнуть] в во́ду; *ae.* пики́ровать (*im*)*pf.*; **2.** прыжо́к в во́ду; погруже́ние; пики́рование; (*disreputable bar, etc.*) прито́н, погребо́к; **make a ~ for** броса́ться [бро́ситься]; **~r** [ˈdaɪvə] водола́з; ныря́льщик *m*, -ица *f*; *sport* спортсме́н по прыжка́м в во́ду

diverge [daɪˈvɜːdʒ] расходи́ться [разойти́сь] (*a. fig.*); (*turn away*) отклоня́ться [-ни́ться]; **~nce** [-əns] расхожде́ние; отклоне́ние; **~nt** [-ənt] □ расходя́щийся; **~ opinions** ра́зные мне́ния

divers|e [daɪˈvɜːs] □ разли́чный, разнообра́зный; (*different*) ино́й; **~ion** [daɪˈvɜːʃən] (*amusement*) развлече́ние; (*turning away*) отклоне́ние; **~ity** [-sɪtɪ] разнообра́зие; разли́чие

divert [daɪˈvɜːt] *attention* отвлека́ть [-е́чь]; (*amuse*) развлека́ть [-е́чь]

divid|e [dɪˈvaɪd] *v/t. math.* [раз]дели́ть; (*share out*) разделя́ть [-ли́ть]; *v/i.* [раз]дели́ться; разделя́ться [-ли́ться]; *math.* дели́ться без оста́тка; **~end** [ˈdɪvɪdend] *fin.* дивиде́нд; *math.* дели́мое

divine [dɪˈvaɪn] **1.** □ боже́ственный; **~ service** богослуже́ние; **2.** (*guess*) уга́дывать [-да́ть]

diving [ˈdaɪvɪŋ] ныря́ние; *sport* прыжки́ в во́ду; **~ board** трампли́н

divinity [dɪˈvɪnɪtɪ] (*theology*) богосло́вие; (*a divine being*) божество́

divis|ible [dɪˈvɪzəbl] (раз)дели́мый; **~ion** [dɪˈvɪʒn] деле́ние; разделе́ние; (*department*) отде́л; *mil.* диви́зия; *math.* деле́ние

divorce [dɪˈvɔːs] **1.** разво́д; **2.** (*dissolve a marriage*) расторга́ть брак (Р); разводи́ться [-вести́сь] с (Т); **be ~d** быть в разво́де

divulge [daɪˈvʌldʒ] разглаша́ть [-ласи́ть]

dizz|iness [ˈdɪzɪnɪs] головокруже́ние; **~y** [ˈdɪzɪ] □ головокружи́тельный; **I feel ~** у меня́ кру́жится голова́

do [duː] [*irr.*] **1.** *v/t.* [с]де́лать; *duty, etc.* выполня́ть [вы́полнить]; (*arrange*) устра́ивать [-ро́ить]; *homework etc.* приготовля́ть [-то́вить]; **~ London** осма́тривать Ло́ндон; **have done reading** ко́нчить чита́ть; *coll.* **~ in** (*exhaust*), *a. sl.* (*kill*) уби(ва́)ть; **~ out** убира́ть [убра́ть]; **~ out of** выма́нивать [вы́манить] (обма́ном); **~ over** переде́л(ыв)ать; *with paint* покры(ва́)ть; **~ up** завора́чивать [заверну́ть]; [с]де́лать ремо́нт; *coat* застёгивать [-егну́ть]; (*tie*) завя́зывать [-за́ть]; **2.** *v/i.* [с]де́лать; поступа́ть [-пи́ть], де́йствовать; **~ so as to …** устра́ивать так, что́бы …; *that will* **~** доста́точно, дово́льно; сойдёт; *how* **~** *you* **~?** здра́вствуй(те)!; как вы пожива́ете?; **~ well** успева́ть; хорошо́ вести́ де́ло; **~ away with** уничтожа́ть [-о́жить]; *I could* **~** *with …* мне мог бы пригоди́ться (И); *I could* **~** *with a shave* мне не помеша́ло бы побри́ться; **~ without** обходи́ться [обойти́сь] без (Р); **~ be quick!** поспеши́те!, скоре́й!; **~ you like London? – I** ~ вам нра́вится Ло́ндон? – Да

docil|e ['dəʊsaɪl] послу́шный; (*easily trained*) поня́тливый; **~ity** [dəʊ'sɪlɪtɪ] послуша́ние; поня́тливость *f*

dock [dɒk] **1.** *naut.* док; *law* скамья́ подсуди́мых; **2.** *naut.* ста́вить су́дно в док; *of space vehicles* [co]стыко́ва́ться

dockyard ['dɒkjɑːd] верфь *f*

doctor ['dɒktə] *acad.* до́ктор; *med.* врач; **~ate** [-rət] сте́пень до́ктора

doctrine ['dɒktrɪn] уче́ние, доктри́на

document 1. ['dɒkjʊmənt] докуме́нт; **2.** [-ment] документи́ровать, подтвержда́ть докуме́нтами

dodge [dɒdʒ] **1.** увёртка, уло́вка, хи́трость *f*; **2.** уви́ливать [-льну́ть]; [с]хитри́ть; избега́ть [-ежа́ть] (Р)

doe [dəʊ] *mst.* са́мка оле́ня

dog [dɒg] **1.** соба́ка, пёс; **2.** ходи́ть по пята́м (Р); *fig.* пресле́довать; **~ collar** оше́йник

dogged ['dɒgɪd] □ упря́мый, упо́рный, насто́йчивый

dogma ['dɒgmə] до́гма; *specific* до́гмат; **~tic** [dɒg'mætɪk] *person* догма-

ти́чный; **~tism** ['dɒgmətɪzəm] догмати́зм

dog-tired [dɒg'taɪəd] уста́лый как соба́ка

doings ['duːɪŋz] дела́ *n/pl.*, посту́пки *m/pl.*

do-it-yourself: **~ kit** набо́р инструме́нтов "сде́лай сам"

doleful ['dəʊlfʊl] □ ско́рбный, печа́льный

doll [dɒl] ку́кла

dollar ['dɒlə] до́ллар

domain [də'meɪn] (*estate*) владе́ние; (*realm*) сфе́ра; *fig.* о́бласть *f*

dome [dəʊm] ку́пол; (*vault*) свод

domestic [də'mestɪk] **1.** дома́шний; семе́йный; **2.** дома́шняя рабо́тница; слуга́ *m*; **~ate** [-tɪkeɪt] *animal* прируча́ть [-чи́ть]

domicile ['dɒmɪsaɪl] местожи́тельство

domin|ant ['dɒmɪnənt] госпо́дствующий, преоблада́ющий; **~ate** [-neɪt] госпо́дствовать, преоблада́ть; **~ation** [dɒmɪ'neɪʃn] госпо́дство, преоблада́ние; **~eer** [dɒmɪ'nɪə] вести́ себя́ деспоти́чески; **~eering** [-rɪŋ] □ деспоти́чный, вла́стный

don [dɒn] *univ.* преподава́тель

donat|e [dəʊ'neɪt] [по]же́ртвовать; **~ion** [-ʃn] поже́ртвование

done [dʌn] **1.** *pt. pt. om* **do; 2.** *adj.* гото́вый; **~ in** уста́лый; *well* **~**(!) хорошо́ прожа́ренный; молоде́ц!

donkey ['dɒŋkɪ] осёл

donor ['dəʊnə] дари́тель(ница *f*) *m*; *of blood, etc.* до́нор

doom [duːm] **1.** рок, судьба́; (*ruin*) ги́бель; **2.** обрека́ть [-е́чь] (*to* на В)

door [dɔː] дверь *f*; *next* **~** ря́дом, в сосе́днем до́ме; *out of* **~s** на откры́том во́здухе; **~ handle** дверна́я ру́чка; **~keeper** швейца́р; **~way** вход, дверно́й проём

dope [dəʊp] нарко́тик; *sport* до́пинг; *coll.* (*blockhead*) о́лух

dormant ['dɔːmənt] *mst. fig.* безде́йствующий, спя́щий; **~ capital** мёртвый капита́л

dormitory ['dɔːmɪtrɪ] большо́е спа́льное помеще́ние (*в шко́лах, интерна́тах и т.д.*); *Am.* общежи́тие

dose [dəʊs] **1.** до́за; **2.** дози́ровать (*im*)*pf.*; дава́ть до́зами

dot [dɒt] **1.** то́чка; **come on the ~** прийти́ то́чно; **2.:** **~ the i's** ста́вить то́чки над i; **~ted line** пункти́р

dot|e [dəʊt]: **~ (up)on** души́ не ча́ять; **~ing** [dəʊtɪŋ] о́чень лю́бящий

double ['dʌbl] **1.** двойно́й; *fig.* двоя́кий; **2.** *person* двойни́к; вводно́е коли́чество; па́рная игра́; *thea.* (*understudy*) дублёр; **3.** *v/t.* удва́ивать [удво́ить]; скла́дывать вдво́е; **~ up** скрю́чившийся; *v/i.* удва́иваться [удво́иться]; **~-breasted** двубо́ртный; **~-dealing** двуру́шничество; **~-edged** обоюдоо́стрый

doubt [daʊt] **1.** *v/t.* сомнева́ться [усомни́ться] в (П); не доверя́ть (Д); *v/i.* име́ть сомне́ния; **2.** сомне́ние; **no ~** без сомне́ния; **~ful** ['daʊtful] сомни́тельный; **~ blessing** па́лка о двух конца́х; **~less** ['daʊtlɪs] несомне́нно; вероя́тно

dough [dəʊ] те́сто; **~nut** ['dəʊnʌt] по́нчик

dove [dʌv] го́лубь *m*

down¹ [daʊn] пух; *dim.* пушо́к

down² [~] **1.** *adv.* вниз, внизу́; **~ to** вплоть до (Р); **it suits me ~ to the ground** меня́ э́то вполне́ устра́ивает; **2.** *prp.* вниз по (Д); вдоль по (Д); **~ the river** вниз по реке́; **3.** *adj.* напра́вленный вниз; *prices are* ~ це́ны сни́зились; **4.** *v/t.* опуска́ть [опусти́ть]; *enemies* одоле́(ва́)ть; **~cast** удручённый; **~fall** паде́ние; **~hearted** [daʊn'hɑːtɪd] па́вший ду́хом; **~hill** [daʊn'hɪl] вниз; под го́ру; **~pour** ли́вень *m*; **~right** **1.** *adv.* соверше́нно; пря́мо; **2.** *adj.* прямо́й; (*frank*) открове́нный; (*honest*) че́стный; **~stairs** [daʊn'steəz] вниз, внизу́; вниз по тече́нию; **~stream** [daʊn'striːm] вниз по тече́нию; **~town** [daʊn'taʊn] *part. Am.* в це́нтре го́рода; **~ward(s)** [~wəd(z)] вниз, кни́зу

downy ['daʊnɪ] пуши́стый, мя́гкий как пух

dowry ['daʊərɪ] прида́ное

doze [dəʊz] **1.** дремо́та; *have a* ~ вздремну́ть; **2.** дрема́ть

dozen ['dʌzn] дю́жина

drab [dræb] ту́склый, однообра́зный

draft [drɑːft] **1.** = **draught**; набро́сок; черновйк; *fin.* чек; су́мма, полу́ченная по че́ку; *mil.* призы́в, набо́р; *arch.* эски́з; **2.** набра́сывать [-роса́ть]; призыва́ть [призва́ть]

drag [dræg] **1.** обу́за, бре́мя *n*; **2.** *v/t.* [по]тяну́ть, [по]волочи́ть; *I could hardly ~ my feet* я е́ле волочи́л но́ги; *v/i.* [по]волочи́ться; **~ on** тяну́ться

dragon ['drægən] драко́н; **~fly** стрекоза́

drain [dreɪn] **1.** дрена́ж; *pl.* канализа́ция; *from roof* водосто́к; **2.** *v/t.* осуша́ть [-ши́ть]; *fig.* истоща́ть [-щи́ть]; **~age** ['dreɪnɪdʒ] дрена́ж; сток; канализа́ция

drake [dreɪk] се́лезень *m*

drama|tic [drə'mætɪk] (**~ally**) драмати́ческий; театра́льный; драмати́чный; **~tist** ['dræmətɪst] драмату́рг; **~tize** [-taɪz] драматизи́ровать (*im*)*pf.*

drank [dræŋk] *pt. om* **drink**

drape [dreɪp] [за]драпирова́ть; располага́ть скла́дками; **~ry** ['dreɪpərɪ] драпиро́вка; (*cloth*) тка́ни *f/pl.*

drastic ['dræstɪk] (**~ally**) реши́тельный, круто́й; сильноде́йствующий

draught [drɑːft] *chiefly Brt.* тя́га; *in room* сквозня́к; (*drink*) глото́к; (*rough copy*) черновйк, набро́сок; **~s** *pl.* ша́шки *f/pl.*; → **draft**; **~ beer** бочко́вое пи́во; **~sman** [-smən] чертёжник; (*artist*) рисова́льщик *m*, -щица *f*

draw [drɔː] **1.** [*irr.*] [на]рисова́ть; [по]тяну́ть; [по]тащи́ть; *tooth* вырыва́ть [вы́рвать]; *water* черпа́ть; *attention* привлека́ть [-е́чь]; *conclusion* приходи́ть [-ийти́] (к Д); *sport* зака́нчивать [-ко́нчить] (игру́) вничью́; **~ near** приближа́ться [-ли́зиться]; **~ out** вытя́гивать [вы́тянуть]; **~ up** *paper* составля́ть [-а́вить]; (*stop*) остана́вливаться [-нови́ться]; **2.** (*lottery*) жеребьёвка; *sport* ничья́; **~back** ['drɔːbæk] недоста́ток; **~er** [drɔː] вы-

движно́й я́щик; **~ers**: *a. **pair of ~*** pl.
кальсо́ны *f/pl.*, *short* трусы́

drawing ['drɔ:ɪŋ] рису́нок; рисова́ние;
чертёж; **~ board** чертёжная доска́; **~
room** гости́ная

drawn [drɔ:n] *pt. p. om* **draw**

dread [dred] **1.** боя́ться, стра́шиться
(P); **2.** страх, боя́знь *f*; **~ful** ['dredfl]
□ ужа́сный, стра́шный

dream [dri:m] **1.** сон, сновиде́ние; (*reverie*) мечта́; **2.** [*a. irr.*] ви́деть во сне;
мечта́ть; **~ up** приду́мывать [-мать];
воображаа́ть [-рази́ть]; **~er** [-ə]
мечта́тель(ница *f*) *m*, фантазёр(ка);
~y [-ɪ] □ мечта́тельный

dreary ['drɪərɪ] □ тоскли́вый; *weather*
нена́стный; *work, etc.* ску́чный

dredge [dredʒ] землечерпа́лка

dregs [dregz] *pl.* оса́док; *of society* отбро́сы *m/pl.*; ***drink to the ~*** [вы́]пить
до дна

drench [drentʃ] промока́ть [-мо́кнуть]; ***get ~ed*** промо́кнуть до ни́тки

dress [dres] **1.** пла́тье; *collect.* оде́жда;
thea. **~ rehearsal** генера́льная репети́ция; **2.** оде(ва́)ть(ся); (*adorn*) украша́ть(ся) [укра́сить(ся)]; *hair* де́лать
причёску; *med.* перевя́зывать [-за́ть];
~ circle *thea.* бельэта́ж; **~er** [-ə] ку́хонный шкаф; *Am. a.* комо́д, туале́тный
сто́лик

dressing ['dresɪŋ] перевя́зочный материа́л; перевя́зка; *cul.* припра́ва; **~
down** головомо́йка; **~ gown** хала́т; **~
table** туале́тный сто́лик

dressmaker портни́ха

drew [dru:] *pt. om* **draw**

dribble ['drɪbl] ка́пать; пуска́ть слю́ни

dried [draɪd] сухо́й; высо́хший

drift [drɪft] **1.** *naut.* дрейф; (*snow~*) сугро́б; *of sand* нано́с; *fig.* тенде́нция;
did you get the ~ of what he said?
ты улови́л смысл его́ слов?; **2.** *v/t.*
сноси́ть [снести́]; наноси́ть [нанести́];
leaves, snow мести́; *v/i.* дрейфова́ть
(*im*)*pf.*; намести́; *fig. of person* плыть
по тече́нию

drill [drɪl] **1.** дрель; бура́в; *tech.* бур; (*exercise*) упражне́ние; *sport* трениро́вка; **2.** [на]трениро́ва́ть

drink [drɪŋk] **1.** питьё; напи́ток; **2.** [*irr.*]
[вы́]пить; пья́нствовать

drip [drɪp] ка́пать, па́дать ка́плями

drive [draɪv] **1.** езда́; пое́здка; подъе́зд
(к до́му); *tech.* при́вод; *fig.* эне́ргия;
си́ла; ***go for a ~*** пое́хать поката́ться
на маши́не; **2.** [*irr.*] *v/t.* (*force along*)
[по]гна́ть; *nail, etc.* вби(ва́)ть; (*convey*) вози́ть, [по]везти́; *v/i.* е́здить,
[по]е́хать, ката́ться [по]нести́сь; **~
at** намека́ть на (В)

drivel ['drɪvl] бессмы́слица, чепуха́

driven ['drɪvn] *pt. p. om* **drive**

driver ['draɪvə] *mot.* води́тель *m*,
шофёр; *rail.* машини́ст; ***racing ~*** го́нщик

drizzle ['drɪzl] **1.** и́зморось *f*; ме́лкий
дождь *m*; **2.** мороси́ть

drone [drəʊn] **1.** *zo.* тру́тень *m*; **2.**
жужжа́ть; *plane* гуде́ть

droop [dru:p] *v/t. head* опуска́ть
[-сти́ть]; *v/i.* пони́ка́ть [-ни́кнуть]; *of flowers* увяда́ть [увя́нуть]

drop [drɒp] **1.** ка́пля; (*fruit ~*) ледене́ц;
in prices, etc. паде́ние, сниже́ние; *thea.*
за́навес; **2.** *v/t.* роня́ть [урони́ть];
smoking, etc. броса́ть [бро́сить]; ***~ a
p. a line*** черкну́ть кому́-л. слове́чко;
v/i. ка́пать [ка́пнуть]; спада́ть
[спасть]; па́дать [упа́сть]; пони-жа́ться [-и́зиться]; *of wind* стиха́ть
[сти́хнуть]; **~ in** заходи́ть [зайти́], загля́дывать [загляну́ть]

drought [draʊt] за́суха

drove [drəʊv] **1.** (*herd*) ста́до; **2.** *pt. om*
drive

drown [draʊn] *v/t.* [у]топи́ть; *fig.
sound* заглуша́ть [-ши́ть]; *v/i.* [у]тону́ть = **be ~ed**; **~ o.s.** [у]топи́ться

drowse [draʊz] [за]дрема́ть; **~y**
['draʊzɪ] со́нный

drudge [drʌdʒ] исполня́ть ску́чную,
тяжёлую рабо́ту, тяну́тьля́мку

drug [drʌg] лека́рство; *pl.* медика-ме́нты *m/pl.*; нарко́тик; ***take ~s*** употребля́ть нарко́тики; **~ addict** наркома́н; **~gist** ['drʌgɪst] апте́карь *m*;
~store *Am.* апте́ка

drum [drʌm] **1.** бараба́н; **2.** бить в бараба́н, бараба́нить

drunk [drʌŋk] 1. *pt. p. om* drink; 2. пья́ный; *get* ~ напива́ться пья́ным; ~**ard** ['drʌŋkəd] пья́ница *m/f*, ~**en** ['drʌŋkən] пья́ный

dry [draɪ] 1. □ сухо́й, вы́сохший; ~ *as dust* ску́чный; 2. [вы́]сушить; [вы́]со́хнуть; ~ *up* высу́шивать [вы́сушить]; *of river etc.* высыха́ть [вы́сохнуть], пересыха́ть [-со́хнуть]; ~ **cleaner's** химчи́стка

dual ['djuːəl] □ двойно́й

dubious ['djuːbɪəs] □ сомни́тельный подозри́тельный

duchess ['dʌtʃɪs] герцоги́ня

duck[1] [dʌk] у́тка; *fig. a lame* ~ неуда́чник

duck[2] [~] ныря́ть [нырну́ть]; окуна́ться [-ну́ться]; *(move quickly)* уве́ртываться [уверну́ться]

duckling ['dʌklɪŋ] утёнок

due [djuː] 1. до́лжный, надлежа́щий; ~ *to* благодаря́ (Д); *the train is* ~ … по́езд до́лжен прибы́ть …; *in* ~ *course* в своё вре́мя; 2. *adv. naut. east, etc.* то́чно, пря́мо; 3. до́лжное; то, что причита́ется; *give s.o. his* ~ отдава́ть до́лжное кому́-л.; *mst.* ~**s** *pl.* сбо́ры *m/pl.*, нало́ги *m/pl.*; по́шлины *f/pl.*; чле́нский взнос

duel ['djuːəl] 1. дуэ́ль *f*; 2. дра́ться на дуэ́ли

duet [djuːˈet] дуэ́т

dug [dʌg] *pt. и pt. p. om* dig

duke [djuːk] ге́рцог

dull [dʌl] 1. (~**y**) *(not sharp)* тупо́й *(a. fig.)*; *(boring)* ску́чный; *comm.* вя́лый; *day* па́смурный; 2. притупля́ть(ся) [-пи́ть(ся)]; *fig.* де́лать(-ся) ску́чным; ~**ness** ['dʌlnɪs] ску́ка; вя́лость *f*; ту́пость *f*

duly ['djuːlɪ] до́лжным о́бразом

dumb [dʌm] □ немо́й; *Am.* глу́пый; ~**found** [dʌmˈfaʊnd] ошеломля́ть [-ми́ть]

dummy ['dʌmɪ] *tailor's* манеке́н; *mil.* маке́т; *Brt. baby's*~ *(Am. pacifier)* со́ска, пусты́шка

dump [dʌmp] 1. сва́лка; 2. сбра́сывать [сбро́сить]; сва́ливать [-ли́ть]; ~**ing**

comm. де́мпинг; ~**s** *pl.*: *be down in the* ~ плохо́е настрое́ние

dunce [dʌns] тупи́ца *m/f*

dune [djuːn] дю́на

dung [dʌŋ] наво́з

duplic|ate 1. ['djuːplɪkɪt] **a)** двойно́й; запасно́й; **b)** дублика́т; ко́пия; *in* ~ в двух экземпля́рах; 2. [-keɪt] снима́ть, де́лать ко́пию с (Р); удва́ивать [удво́ить]; ~**ity** [djuːˈplɪsɪtɪ] двули́чность *f*

dura|ble ['djuərəbl] □ про́чный; дли́тельный; ~**tion** [djuəˈreɪʃn] продолжи́тельность *f*

during ['djuərɪŋ] *prp.* в тече́ние (Р), во вре́мя (Р)

dusk [dʌsk] су́мерки; ~**y** ['dʌskɪ] □ су́меречный; *skin* сму́глый

dust [dʌst] 1. пыль *f*; 2. *(wipe)* вытира́ть пыль; ~**bin** *Brt. (Am. trash can)* му́сорное ведро́; ~**er** ['dʌstə] тря́пка для вытира́ния пы́ли; ~**y** ['dʌstɪ] □ пы́льный

Dutch [dʌtʃ] 1. голла́ндец *m*, -дка *f*; голла́ндский; *the* ~ голла́ндцы *pl.*

duty ['djuːtɪ] долг, обя́занность *f*; дежу́рство; *fin.* по́шлина; *off* ~ свобо́дный от дежу́рства; ~-**free** *adv.* беспо́шлинно

dwarf [dwɔːf] 1. ка́рлик; 2. [по]меша́ть ро́сту; каза́ться ма́леньким (по сравне́нию с Т)

dwell [dwel] *(irr.)* жить; ~ *(up)on* остана́вливаться [-нови́ться] на (П); ~**ing** ['dwelɪŋ] жили́ще, дом

dwelt [dwelt] *pt. и pt. p. om* dwell

dwindle ['dwɪndl] уменьша́ться [уме́ньшиться], сокраща́ться [-рати́ться]

dye [daɪ] 1. кра́ска; краси́тель; *fig. of the deepest* ~ отъя́вленный; 2. [по-, вы́]кра́сить, окра́шивать [окра́сить]

dying ['daɪɪŋ] *(s. die*[1]*)* 1. умира́ющий; *words* предсме́ртный; 2. умира́ние; смерть

dynam|ic [daɪˈnæmɪk] динами́ческий; *fig.* динами́чный; акти́вный; энерги́чный; ~**ics** [-ɪks] *mst. sg.* дина́мика; ~**ite** ['daɪnəmaɪt] динами́т

E

each [iːtʃ] ка́ждый; **~ other** друг дру́га

eager [ˈiːgə] □ стремя́щийся; (*diligent*) усе́рдный; энерги́чный; **~ness** [-nɪs] пыл, рве́ние

eagle [ˈiːgl] орёл, орли́ца

ear [ɪə] у́хо (*pl.*: у́ши); *mus.* слух; **~drum** бараба́нная перепо́нка

earl [ɜːl] граф (англи́йский)

early [ˈɜːlɪ] **1.** ра́нний; (*premature*) преждевре́менный; **at the earliest** в лу́чшем слу́чае; **it is too ~ to draw conclusions** де́лать вы́воды преждевре́менно; **2.** *adv.* ра́но; (*timely*) заблаговре́менно; **as ~ as** уже́, ещё; как мо́жно ра́ньше

earmark [ˈɪəmɑːk] (*set aside*) предназнача́ть [-зна́чить]

earn [ɜːn] зараба́тывать [-бо́тать]; *fig.* заслу́живать [-жи́ть]

earnest [ˈɜːnɪst] **1.** □ серьёзный; убеждённый; и́скренний; **2.** серьёзность *f*; **in ~** серьёзно, всерьёз

earnings [ˈɜːnɪŋz] зарабо́ток

ear|phones [ˈɪəfəʊnz] нау́шники *m./pl.*; **~ring** серьга́, серёжка; **~shot** преде́лы слы́шимости

earth [ɜːθ] **1.** земля́, земно́й шар; (*soil*) земля́, по́чва; **2.** *v/t.* (**~ up**) зарыва́(ва)ть; зака́пывать [закопа́ть]; *el.* заземля́ть [-ли́ть]; **~en** [-n] земляно́й; **~enware** [-nweə] гли́няная посу́да; **~ly** [-lɪ] земно́й; **~quake** [-kweɪk] землетрясе́ние; **~worm** земляно́й червь *m.*, *coll.* червя́к

ease [iːz] **1.** лёгкость *f*; непринуждённость *f*; **at ~** свобо́дно, удо́бно; **feel ill at ~** чу́вствовать себя́ нело́вко; **2.** облегча́ть [-чи́ть]; успока́ивать [-ко́ить]

easel [ˈiːzl] мольбе́рт

easiness [ˈiːzɪnɪs] → **ease 1**

east [iːst] **1.** восто́к; **2.** восто́чный; **3.** *adv.* на восто́к; к восто́ку (**of** от P)

Easter [ˈiːstə] Па́сха

easter|ly [ˈiːstəlɪ] с восто́ка; **~n** [ˈiːstən] восто́чный

eastward(s) [ˈiːstwəd(z)] на восто́к

easy [ˈiːzɪ] лёгкий; споко́йный; непринуждённый; **take it ~!** не торопи́(те)сь; споко́йнее!; **~ chair** кре́сло; **~going** *fig.* благоду́шный; беззабо́тный

eat [iːt] **1.** [*irr.*] [съ]есть; (*damage*) разъеда́ть [-е́сть] (*mst.* **away, into**); **2.** [et] *pt. om* **eat 1**; **~able** [ˈiːtəbl] съедо́бный; **~en** [ˈiːtn] *pt. p. om* **eat 1**

eaves [iːvz] *pl.* карни́з; **~drop** подслу́ш(ив)ать

ebb [eb] **1.** (*a.* **~tide**) отли́в; *fig.* переме́на к ху́дшему; **2.** *of tide* убы́(ва́)ть; *fig.* ослабе́(ва́)ть

ebony [ˈebənɪ] чёрное де́рево

eccentric [ɪkˈsentrɪk] **1.** *fig.* эксцентри́чный; **2.** чуда́к

ecclesiastical [ɪkliːzɪˈæstɪkl] □ духо́вный, церко́вный

echo [ˈekəʊ] **1.** э́хо; *fig.* отголо́сок; **2.** отдава́ться э́хом

eclair [ɪˈkleə] экле́р

eclipse [ɪˈklɪps] **1.** затме́ние; **2.** затмева́ть [-ми́ть] (*a. fig.*); заслоня́ть [-ни́ть]

ecology [ɪˈkɒlədʒɪ] эколо́гия

econom|ic [iːkəˈnɒmɪk] экономи́ческий; **~ical** [-l] эконо́мный, бережли́вый; **~ics** [-ɪks] *pl.* эконо́мика

econom|ist [ɪˈkɒnəmɪst] экономи́ст; **~ize** [-maɪz] [с]эконо́мить; **~y** [-mɪ] эконо́мия; бережли́вость *f*; **national ~** эконо́мика страны́

ecsta|sy [ˈekstəsɪ] экста́з, восто́рг; **~tic** [ɪkˈstætɪk] (**~ally**) восто́рженный

eddy [ˈedɪ] водоворо́т

edge [edʒ] **1.** край; *of knife* ле́звие, остриё; *of forest* опу́шка; *of cloth* кро́мка; *of road* обо́чина; **be on ~** быть в не́рвном состоя́нии; **2.** (*border*) окаймля́ть [-ми́ть]; **~ one's way ...** пробира́ться [-бра́ться]; **~ways** [-weɪz], **~wise** [-waɪz] кра́ем, бо́ком

edging [ˈedʒɪŋ] край, кайма́, бордю́р; *of photo, etc.* оканто́вка

edible [ˈedɪbl] съедо́бный

edit ['edɪt] [от]редакти́ровать; *film* [с]монти́ровать; **~ion** [ɪ'dɪʃn] изда́ние; **~or** ['edɪtə] реда́ктор; **~orial** [edɪ'tɔːrɪəl] 1. реда́кторский; редакцио́нный; ~ *office* реда́кция; 2. передова́я статья́; **~orship** ['edɪtəʃɪp]: *under the* ~ под реда́кцией

educat|e ['edjʊkeɪt] дава́ть образова́ние (Д); (*bring up*) воспи́тывать [-та́ть]; **~ion** [edjʊ'keɪʃn] образова́ние, воспита́ние; **~ional** [edjʊ'keɪʃnl] образова́тельный; педагоги́ческий; уче́бный

eel [iːl] у́горь *m*

effect [ɪ'fekt] 1. (*result*) сле́дствие; результа́т; *phys.* эффе́кт; (*action*) де́йствие; (*impression*) эффе́кт, впечатле́ние; (*influence*) влия́ние; **~s** *pl.* иму́щество; *come into* ~ вступа́ть в си́лу; *in* ~ в су́щности; *to no* ~ напра́сный; *to the* ~ сле́дующего содержа́ния; 2. производи́ть [-вести́]; выполня́ть [вы́полнить]; соверша́ть [-ши́ть]; **~ive** [-ɪv] эффекти́вный, действи́тельный; *tech.* поле́зный; **~ual** [-ʃʊəl] *remedy, etc.* де́йственный, эффекти́вный

effeminate [ɪ'femɪnət] □ женоподо́бный

effervescent [efə'vesnt] 1. шипу́чий; 2. *fig.* брызжущий весе́льем

efficacy ['efɪkəsɪ] де́йственность *f*

efficien|cy [ɪ'fɪʃnsɪ] делови́тость *f*, эффекти́вность *f*; **~t** [-nt] □ делови́тый; уме́лый, продукти́вный; эффекти́вный

effort ['efət] уси́лие; попы́тка

effrontery [ɪ'frʌntərɪ] на́глость *f*

effusive [ɪ'fjuːsɪv] □ экспанси́вный; несде́ржанный

egg[1] [eg] яйцо́; *scrambled* **~s** *pl.* яи́чница-болту́нья; *fried* **~s** *pl.* яи́чница-глазу́нья; *hard-boiled* (*soft--boiled*) ~ яйцо́ вкруту́ю (всмя́тку); **~shell** яи́чная скорлупа́

egg[2] [~] подстрека́ть [-кну́ть] (*mst.* ~ *on*)

egotism ['egəʊtɪzəm] эгои́зм, самомне́ние

Egyptian [ɪ'dʒɪpʃn] 1. египтя́нин *m*, -я́нка *f*; 2. еги́петский

eight [eɪt] 1. во́семь; 2. восьмёрка; **~een** [eɪ'tiːn] восемна́дцать; **~eenth** [eɪ'tiːnθ] восемна́дцатый; **~h** [eɪtθ] 1. восьмо́й; 2. восьма́я часть *f*; **~ieth** ['eɪtɪəθ] восьмидеся́тый; **~y** ['eɪtɪ] во́семьдесят

either ['aɪðə] 1. *pron.* оди́н из двух; любо́й, ка́ждый; тот и́ли друго́й; и тот и друго́й, о́ба; 2. *cj.* ~ ... *or* ... и́ли ... и́ли ...; ли́бо ... ли́бо ...; *not* (...) ~ та́кже не

ejaculate [ɪ'dʒækjʊleɪt] (*cry out*) восклица́ть [-кну́ть]; изверга́ть се́мя

eject [ɪ'dʒekt] (*throw out*) выгоня́ть [вы́гнать]; *from house* выселя́ть [вы́селить]; *lava* изверга́ть [-е́ргнуть]; *smoke* выпуска́ть [вы́пустить]

eke [iːk]: ~ *out* восполня́ть [-по́лнить]; ~ *out a livelihood* перебива́ться кое--ка́к

elaborat|e 1. [ɪ'læbərət] □ сло́жный; тща́тельно разрабо́танный; 2. [-reɪt] разраба́тывать [-бо́тать]; разви(ва́)ть; **~ion** [ɪ,læbə'reɪʃn] разрабо́тка; разви́тие; уточне́ние

elapse [ɪ'læps] проходи́ть [пройти́], протека́ть [проте́чь]

elastic [ɪ'læstɪk] 1. (**~ally**) эласти́чный; упру́гий; 2. рези́нка; **~ity** [elæ'stɪsətɪ] эласти́чность *f*, упру́гость *f*

elated [ɪ'leɪtɪd] □ в припо́днятом настрое́нии

elbow ['elbəʊ] 1. ло́коть *m*; *of pipe, etc.* коле́но; *at one's* ~ под руко́й, ря́дом; 2. прота́лкиваться [-толкну́ться]; ~ *out* выта́лкивать [вы́толкнуть]; **~room** ме́сто, простра́нство; *fig.* свобо́да де́йствий

elder[1] ['eldə] *bot.* бузина́

elder[2] [~] 1. ста́рец, ста́рший; **~ly** ['eldəlɪ] пожило́й

eldest ['eldɪst] са́мый ста́рший

elect [ɪ'lekt] 1. *by vote* изб(и)ра́ть; (*choose, decide*) выбира́ть [вы́брать]; реша́ть [-ши́ть]; 2. и́збранный; **~ion** [-kʃn] вы́боры *m/pl.*; **~or** [-tə] избира́тель *m*; **~oral** [-tərəl] избира́тельный; **~orate** [-tərət] избира́тели *m/pl.*

electri|c [ɪ'lektrɪk] электри́ческий; ~ **circuit** электри́ческая цепь f; **~cal** [-trɪkl] □ электри́ческий; ~ **engineering** электроте́хника; **~cian** [ɪlek'trɪʃn] электромонтёр

electri|city [ɪ,lek'trɪsətɪ] электри́чество; **~fy** [ɪ'lektrɪfaɪ] электрифици́ровать (im)pf.; [на]электризова́ть (a. fig.)

electron [ɪ'lektrɒn] электро́н; **~ic** [ɪlek'trɒnɪk] электро́нный; ~ **data processing** электро́нная обрабо́тка да́нных; **~ics** электро́ника

elegan|ce ['elɪgəns] элега́нтность f; изя́щество; **~t** ['elɪgənt] □ элега́нтный, изя́щный

element ['elɪmənt] элеме́нт (a. tech., chem.); черта́; до́ля; **the ~s** стихи́я; **~s** pl. осно́вы f/pl.; **in one's ~** в свое́й стихи́и; **there is an ~ of truth in this** в э́том есть до́ля пра́вды; **~al** [elɪ'mentl] стихи́йный; **~ary** [-trɪ] □ элемента́рный; **elementaries** pl. осно́вы f/pl.

elephant ['elɪfənt] слон

elevat|e ['elɪveɪt] поднима́ть [-ня́ть]; повыша́ть [-вы́сить]; fig. возвыша́ть [-вы́сить]; **~ion** [elɪ'veɪʃn] возвыше́ние; (elevated place) возвы́шенность f; (height) высота́; **~or** ['elɪveɪtə] for grain элева́тор, for lifting loads грузоподъёмник; Am. лифт

eleven [ɪ'levn] оди́ннадцать; **~th** [-θ] 1. оди́ннадцатый; 2. оди́ннадцатая часть f

elf [elf] эльф; прока́зник

elicit [ɪ'lɪsɪt] ~ **the truth** добива́ться [-би́ться] и́стины

eligible ['elɪdʒəbl] □ име́ющий пра́во быть и́збранным; (suitable) подходя́щий

eliminat|e [ɪ'lɪmɪneɪt] устраня́ть [-ни́ть]; уничтожа́ть [-то́жить]; (exclude) исключа́ть [-чи́ть]; **~ion** [ɪlɪmɪ'neɪʃn] устране́ние; уничтоже́ние; **by a process of ~** ме́тодом исключе́ния

elk [elk] zo. лось m

elm [elm] bot. вяз

eloquen|ce ['eləkwəns] красноре́чие; **~t** [-t] □ красноречи́вый

else [els] ещё; кро́ме; ина́че, ино́й, дру-

го́й; or~ а то; и́ли же; **~where** [els'weə] где-нибудь в друго́м ме́сте

elucidate [ɪ'luːsɪdeɪt] разъясня́ть [-ни́ть]

elude [ɪ'luːd] избега́ть [-ежа́ть] (P), уклоня́ться [-ни́ться] от (P); of meaning ускольза́ть [-зну́ть]

elusive [ɪ'luːsɪv] неулови́мый

emaciated [ɪ'meɪʃɪeɪtɪd] истощённый, худо́й

email, E-mail ['iːmeɪl] электро́нная по́чта

emanate ['eməneɪt] идти́ из (P); rumours исходи́ть (from из, от Р)

emancipat|e [ɪ'mænsɪpeɪt] освобожда́ть [освободи́ть]; **~ion** [ɪmænsɪ'peɪʃn] освобожде́ние, эмансипа́ция

embankment [ɪm'bæŋkmənt] на́сыпь f; by river or sea набережная

embargo [em'bɑːgəʊ] эмба́рго n indecl.; запре́т; **be under ~** быть под запре́том

embark [ɪm'bɑːk] of goods [по]грузи́ть(ся); of passengers сади́ться [сесть]; fig. ~ (up)on бра́ться [взя́ться] (за В); предпринима́ть [-ня́ть]

embarrass [ɪm'bærəs] смуща́ть [смути́ть]; приводи́ть [-вести́] в замеша́тельство; стесня́ть [-ни́ть]; **~ed by lack of money** в стеснённом положе́нии; **~ing** [-ɪŋ] □ затрудни́тельный; неудо́бный; стеснённый; **~ment** [-mənt] (difficulties) затрудне́ние; смуще́ние; (confusion) замеша́тельство

embassy ['embəsɪ] посо́льство

embellish [ɪm'belɪʃ] украша́ть [укра́сить]

embers ['embəz] pl. тле́ющие у́гли m/pl.

embezzle [ɪm'bezl] растра́чивать [-а́тить]; **~ment** [-mənt] растра́та

embitter [ɪm'bɪtə] озлобля́ть [озло́бить], ожесточа́ть [-чи́ть]

emblem ['embləm] эмбле́ма; си́мвол; **national ~** госуда́рственный герб

embody [ɪm'bɒdɪ] воплоща́ть [-лоти́ть]; (personify) олицетворя́ть [-ри́ть]; (include) включа́ть [-чи́ть]

embrace [ɪm'breɪs] **1.** объя́тие; **2.** обнима́ть(ся) [-ня́ть(ся)]; *(accept)* принима́ть [-ня́ть]; *(include)* охва́тывать [охвати́ть]

embroider [ɪm'brɔɪdə] вы́ши(ва́)ть; **~y** [-rɪ] вышива́ние; вы́шивка

embroil [ɪm'brɔɪl] запу́т(ыв)ать(ся); ввя́зываться [-за́ться]

emerald ['emərəld] изумру́д

emerge [ɪ'mɜːdʒ] появля́ться [-ви́ться]; *(surface)* всплы(ва́)ть *(a. fig.)*; **~ncy** [-ənsɪ] чрезвыча́йная (авари́йная) ситуа́ция; **in an ~** в слу́чае кра́йней необходи́мости; *attr.* запа́сной, вспомога́тельный; **~ landing** вы́нужденная поса́дка

emigra|nt ['emɪgrənt] эмигра́нт; **~te** [-greɪt] эмигри́ровать *(im)pf.*; **~tion** [emɪ'greɪʃn] эмигра́ция

eminen|ce ['emɪnəns] *geogr.* возвы́шенность *f*; *fig.* знамени́тость *f*; **win ~ as a scientist** стать *pf.* знамени́тым учёным; **~t** [-ənt] □ *fig.* выдаю́щийся; *adv.* чрезвыча́йно

emit [ɪ'mɪt] *sound, smell* изд(ав)а́ть, испуска́ть [-усти́ть]; *light* излуча́ть; *heat* выделя́ть [вы́делить]

emoti|on [ɪ'məʊʃn] чу́вство; возбужде́ние; волне́ние; эмо́ция *mst. pl.*; **~onal** [-ʃənl] □ эмоциона́льный; *voice* взволно́ванный; *music, etc.* волну́ющий

emperor ['empərə] импера́тор

empha|sis ['emfəsɪs] вырази́тельность *f*; ударе́ние, акце́нт; **place ~ on s.th.** подчёркивать [-еркну́ть] ва́жность чего-л.; **~size** [-saɪz] подчёркивать [-черкну́ть]; **~tic** [ɪm'fætɪk] *(~ally)* gesture etc. вырази́тельный; *request* насто́йчивый

empire ['empaɪə] импе́рия

employ [ɪm'plɔɪ] употребля́ть [-би́ть], применя́ть [-ни́ть], испо́льзовать *(im)pf.*; предоставля́ть, нанима́ть на рабо́ту; **~ee** [emplɔɪ'iː] слу́жащий [-щая], рабо́тник (-и́ца); **~er** [ɪm'plɔɪə] нанима́тель *m*, работода́тель *m*; **~ment** [~mənt] *(use)* примене́ние; рабо́та, заня́тие; **~ agency** бюро́ по трудоустро́йству; **full ~** по́лная за́нятость

empower [ɪm'paʊə] уполномо́чи(ва)ть

empress ['emprɪs] императри́ца

empt|iness ['emptɪnɪs] пустота́; **~y** [-tɪ] **1.** □ пусто́й, поро́жний; *coll.* голо́дный; **I feel ~** я го́лоден; **2.** опорожня́ть(ся) [-ни́ть(ся)]; [о]пусте́ть; *liquid* вылива́ть [вы́лить]; *sand, etc.* высыпа́ть [вы́сыпать]

enable [ɪ'neɪbl] дава́ть возмо́жность *f*; [с]де́лать возмо́жным (Д)

enact [ɪ'nækt] *law* постановля́ть [-ви́ть]; *thea.* игра́ть роль; ста́вить на сце́не

emamel [ɪ'næml] **1.** эма́ль *f*; *art* эма́ль, *obs.* фи́нифть; **2.** эмали́ровать *(im)pf.*; покрыва́ть эма́лью

enamo(u)red [ɪ'næməd]: **~ of** влюблённый в (В)

enchant [ɪn'tʃɑːnt] очаро́вывать [-ова́ть]; **~ment** [-mənt] очарова́ние; **~ress** [-rɪs] *fig.* обворожи́тельная же́нщина, волше́бница

encircle [ɪn'sɜːkl] окружа́ть [-жи́ть]

enclos|e [ɪn'kləʊz] *(fence in)* огора́живать [-роди́ть]; *in letter, etc.* прилага́ть [-ложи́ть]; **~ure** [-ʒə] огоро́женное ме́сто; вложе́ние, приложе́ние

encompass [ɪn'kʌmpəs] окружа́ть [-жи́ть]

encore ['ɒŋkɔː] *thea.* **1.** бис!; **2.** крича́ть "бис"; вызыва́ть [вы́звать] на бис; *(give an encore)* биси́ровать

encounter [ɪn'kaʊntə] **1.** встре́ча; столкнове́ние; *(contest, competition)* состяза́ние; **2.** встреча́ть(ся) [-е́тить(ся)]; *difficulties etc.* ста́лкиваться [столкну́ться] (с Т); ната́лкиваться [натолкну́ться] (на В)

encourage [ɪn'kʌrɪdʒ] ободря́ть [-ри́ть]; поощря́ть [-ри́ть]; **~ment** [-mənt] ободре́ние; поощре́ние

encroach [ɪn'krəʊtʃ]: **~ (up)on** вторга́ться [вто́ргнуться] в (В); *rights* посяга́ть (на В); *time* отнима́ть [-ня́ть]; **~ment** [-mənt] вторже́ние

encumb|er [ɪn'kʌmbər] обременя́ть [-ни́ть]; *(cram)* загроможда́ть [-мозди́ть]; *(hamper)* затрудня́ть [-ни́ть]; [вос]препя́тствовать (Д); **~rance**

[-brəns] бре́мя *n*; обу́за; *fig.* препя́тствие

encyclop(a)edia [ɪnsaɪklə'piːdɪə] энциклопе́дия

end [end] **1.** коне́ц, оконча́ние; цель *f*; **no~ of** о́чень мно́го (P); **in the~** в конце́ концо́в; **on~** стойма́; *hair* ды́бом; беспреры́вно, подря́д; **to that~** с э́той це́лью; **2.** конча́ть(ся) (ко́нчить(ся))

endanger [ɪn'deɪndʒə] подверга́ть опа́сности

endear [ɪn'dɪə] внуша́ть любо́вь, заставля́ть полюби́ть; **~ment** [-mənt] ла́ска; *words of* ~ ла́сковые слова́

endeavo(u)r [ɪn'devə] **1.** [по]пыта́ться, прилага́ть уси́лия, [по]стара́ться; **2.** попы́тка, стара́ние; *make every* ~ сде́лать всё возмо́жное

end|ing ['endɪŋ] оконча́ние; **~less** ['endlɪs] □ бесконе́чный

endorse [ɪn'dɔːs] *fin.* индосси́ровать (*im*)*pf.*; (*approve*) одобря́ть [одо́брить]; **~ment** [ɪn'dɔːsmənt] индоссаме́нт, одобре́ние

endow [ɪn'daʊ] одаря́ть [-ри́ть]; (*give*) [по]же́ртвовать; **~ment** [-mənt] поже́ртвование, дар

endur|ance [ɪn'djʊərəns] *physical* про́чность *f*; *mental* выно́сливость *f*; **~e** [ɪn'djʊə] выноси́ть [вы́нести], терпе́ть

enema ['enɪmə] кли́зма

enemy ['enɪmɪ] враг; неприя́тель *m*; проти́вник

energ|etic [enə'dʒetɪk] (**~ally**) энерги́чный; **~y** ['enədʒɪ] эне́ргия

enfold [ɪn'fəʊld] (*embrace*) обнима́ть [обня́ть]; (*wrap up*) заку́тывать [-тать]

enforce [ɪn'fɔːs] заставля́ть [-а́вить], принужда́ть [-ди́ть]; *a law* вводи́ть [ввести́]; *strengthen* уси́ли(ва)ть

engage [ɪn'geɪdʒ] *v/t.* (*employ*) нанима́ть [наня́ть]; *rooms* заброни́ровать; *in activity* занима́ть [заня́ть]; (*attract*) привлека́ть [-е́чь]; завладе(ва́)ть; *in conversation* вовлека́ть [-е́чь]; *be ~d* быть за́нятым; быть помо́лвленным; *v/i.* (*pledge*) обя́зываться [-за́ться]; занима́ться

[заня́ться] (*in* T); **~ment** [-mənt] обяза́тельство; встре́ча, свида́ние; помо́лвка

engaging [ɪn'geɪdʒɪŋ] □ очарова́тельный

engender [ɪn'dʒendə] *fig.* порожда́ть [породи́ть]

engine ['endʒɪn] *mot.* дви́гатель, мото́р; *rail.* парово́з; ~ **driver** машини́ст

engineer [endʒɪ'nɪə] **1.** инжене́р; *naut.* меха́ник; *Am.* машини́ст; **2.** *fig.* подстра́ивать [-ро́ить]; **~ing** [-rɪŋ] машинострое́ние

English ['ɪŋglɪʃ] **1.** англи́йский; **2.** англи́йский язы́к; *the* ~ англича́не *pl.*; **~man** [-mən] англича́нин; **~woman** [-,wʊmən] англича́нка

engrav|e [ɪn'greɪv] [вы́]гравирова́ть; *fig. in mind* запечатле(ва́)ть; **~ing** [-ɪŋ] гравирова́ние; гравю́ра, эста́мп

engross [ɪn'grəʊs] поглоща́ть [-лоти́ть]; **~ing book** захва́тывающая кни́га

enhance [ɪn'hɑːns] *value, etc.* повыша́ть [повы́сить]; (*intensify*) уси́ли(ва)ть

enigma [ɪ'nɪgmə] зага́дка; **~tic** [enɪg'mætɪk] □ зага́дочный

enjoy [ɪn'dʒɔɪ] наслажда́ться [наслади́ться] (T); получа́ть [-чи́ть] удово́льствие; ~ развлека́ться [-ле́чься]; ~ *good health* облада́ть хоро́шим здоро́вьем; **~able** [-əbl] прия́тный; **~ment** [-mənt] наслажде́ние, удово́льствие

enlarge [ɪn'lɑːdʒ] увели́чи(ва)ть(-ся); распространя́ться (**on** о П); ~ *one's mind* расширя́ть [-ши́рить] кругозо́р; **~ment** [-mənt] расшире́ние; *of photo, etc.* увеличе́ние

enlighten [ɪn'laɪtn] просвеща́ть [-ети́ть]; разъясня́ть [-ни́ть]; **~ment** просвеще́ние; *of a person* просвещённость *f*

enlist [ɪn'lɪst] *v/i. mil.* поступа́ть [-пи́ть] на вое́нную слу́жбу; ~ *help* привле́чь на по́мощь

enliven [ɪn'laɪvn] оживля́ть [-ви́ть]

enmity ['enmɪtɪ] вражда́, неприя́знь *f*

ennoble [ɪ'nəʊbl] облагора́живать

[-ро́дить]

enorm|ity [ɪ'nɔ:mətɪ] необъя́тность f; *pej.* чудо́вищность f; преступле́ние; **~ous** [-əs] □ огро́мный, грома́дный; чудо́вищный

enough [ɪ'nʌf] доста́точно, дово́льно

enquire [ɪn'kwaɪə] → *inquire*

enrage [ɪn'reɪdʒ] [вз]беси́ть, приводи́ть в я́рость

enrapture [ɪn'ræptʃə] восхища́ть [-ити́ть], очаро́вывать

enrich [ɪn'rɪtʃ] обогаща́ть [-гати́ть]

enrol(l) [ɪn'rəʊl] *v/t.* запи́сывать [-са́ть]; [за]регистри́ровать; *v/i.* запи́сываться [-са́ться]; **~ment** [-mənt] регистра́ция; за́пись f

en route [ˌɒn'ru:t] по доро́ге

ensign ['ensaɪn] флаг; *Am. naut.* мла́дший лейтена́нт

ensue [ɪn'sju:] (*follow*) [по]сле́довать; получа́ться в результа́те

ensure [ɪn'ʃʊə] обеспе́чивать [-чить]; (*guarantee*) руча́ться [поручи́ться] (за В)

entail [ɪn'teɪl] влечь за собо́й, вызыва́ть [вы́звать]

entangle [ɪn'tæŋgl] запу́тывать(ся), (*a. fig.*)

enter ['entə] *v/t. room, etc.* входи́ть [войти́] в (В); *university* поступа́ть [-пи́ть] в (В); *in book* вноси́ть [внести́]; (*penetrate*) проника́ть [-ни́кнуть] в (В); *v/i.* входи́ть [войти́], вступа́ть [-пи́ть]

enterpris|e ['entəpraɪz] предприя́тие; (*quality*) предприи́мчивость f; **~ing** [-ɪŋ] □ предприи́мчивый

entertain [entə'teɪn] *guests* принима́ть [-ня́ть]; (*give food to*) угоща́ть [угости́ть]; (*amuse*) развлека́ть [-ле́чь], занима́ть [заня́ть]; **~ment** [-mənt] развлече́ние; приём

enthusias|m [ɪn'θju:zɪæzm] восто́рг; энтузиа́зм; **~t** [-æst] энтузиа́ст(ка); **~tic** [ɪnθju:zɪ'æstɪk] (**~ally**) восто́рженный; по́лный энтузиа́зма

entice [ɪn'taɪs] зама́нивать [-ни́ть]; (*tempt*) соблазня́ть [-ни́ть]; **~ment** [-mənt] собла́зн, прима́нка

entire [ɪn'taɪə] □ це́лый, весь; сплош-

но́й; **~ly** [-lɪ] всеце́ло; соверше́нно

entitle [ɪn'taɪtl] (*give a title to*) озагла́вливать [-ла́вить]; дава́ть пра́во (Д)

entity ['entɪtɪ] бытие́; су́щность f

entrails ['entreɪlz] pl. вну́тренности f/pl.

entrance ['entrəns] вход, въезд; *actor's* вы́ход; (*right to enter*) до́ступ; **~ examinations** вступи́тельные экза́мены

entreat [ɪn'tri:t] умоля́ть; **~y** [-ɪ] мольба́, про́сьба

entrench [ɪn'trentʃ] *fig.* укореня́ться [-ни́ться]

entrust [ɪn'trʌst] поруча́ть [-чи́ть]; доверя́ть [-ве́рить]

entry ['entrɪ] вход, въезд; *of an actor on stage* вход/вы́ход; *in book* за́пись; *No* 2 вход (въезд) запрещён

enumerate [ɪ'nju:məreɪt] перечисля́ть [-и́слить]

envelop [ɪn'veləp] (*wrap*) заку́т(ыв)ать; *of mist, etc.* оку́т(ыв)ать; **~e** ['envələʊp] конве́рт

envi|able ['envɪəbl] □ зави́дный; **~ous** [-əs] □ зави́стливый

environ|ment [ɪn'vaɪərənmənt] окружа́ющая среда́; **~mental** окружа́ющий; **~ protection** охра́на окружа́ющей среды́; **~s** [ɪn'vaɪərənz] pl. окре́стности f/pl.

envisage [ɪn'vɪzɪdʒ] представля́ть себе́; (*anticipate*) предви́деть; (*consider*) рассма́тривать [-смотре́ть]

envoy ['envɔɪ] (*messenger*) посла́нец; (*diplomat*) посла́нник; полномо́чный представи́тель m

envy ['envɪ] 1. за́висть f; 2. [по]зави́довать (Д)

epic ['epɪk] 1. эпи́ческая поэ́ма; 2. эпи́ческий

epicenter (-tre) ['epɪsentə] эпице́нтр

epidemic [epɪ'demɪk] эпиде́мия

epilogue ['epɪlɒg] эпило́г

episode ['epɪsəʊd] слу́чай, эпизо́д, происше́ствие

epitome [ɪ'pɪtəmɪ] (*embodiment*) воплоще́ние

epoch ['i:pɒk] эпо́ха

equable ['ekwəbl] □ ро́вный; *fig.* уравнове́шенный

equal ['i:kwəl] 1. □ ра́вный; одина́ковый; **~ to** *fig.* спосо́бный на (В); 2. равня́ться (Д); **~ity** [ɪ'kwɒlətɪ] ра́венство; **~ization** [i:kwəlaɪ'zeɪʃn] ура́внивание; **~ize** [-aɪz] ура́внивать [-ня́ть]

equanimity [ekwə'nɪmətɪ] споко́йствие, душе́вное равнове́сие

equat|ion [ɪ'kweɪʒn] *math.* уравне́ние; **~or** [-tə] эква́тор

equilibrium [i:kwɪ'lɪbrɪəm] равнове́сие

equip [ɪ'kwɪp] *office, etc.* обору́довать; *expedition, etc.* снаряжа́ть [-яди́ть]; *(provide)* снабжа́ть [-бди́ть]; **~ment** [-mənt] обору́дование; снаряже́ние

equity ['ekwɪtɪ] справедли́вость *f*; беспристра́стность *f*; *fin. pl.* обыкнове́нные а́кции *f/pl.*

equivalent [ɪ'kwɪvələnt] 1. эквивале́нт (**to** Д); 2. равноце́нный; равноси́льный

equivocal [ɪ'kwɪvəkəl] □ двусмы́сленный; *(questionable)* сомни́тельный

era ['ɪərə] э́ра; эпо́ха

eradicate [ɪ'rædɪkeɪt] искореня́ть [-ни́ть]

eras|e [ɪ'reɪz] стира́ть [стере́ть]; подчища́ть [-и́стить]; **~er** [-ə] *Am.* рези́нка

erect [ɪ'rekt] 1. □ прямо́й; *(raised)* по́днятый; 2. [по]стро́ить, воздвига́ть [-и́гнуть]; **~ion** [ɪ'rekʃn] постро́йка, сооруже́ние, строе́ние

ermine ['ɜ:mɪn] *zo.* горноста́й

erosion [ɪ'rəuʒn] эро́зия

erotic [ɪ'rɒtɪk] эроти́ческий

err [ɜ:] ошиба́ться [-би́ться], заблужда́ться

errand ['erənd] поруче́ние

errat|ic [ɪ'rætɪk] *(~ally)* неусто́йчивый; *player, behavio(u)r* нeróвный; **~um** [e'rɑ:təm], *pl.* **~a** [-tə] опеча́тка, опи́ска

erroneous [ɪ'rəʊnɪəs] □ оши́бочный

error ['erə] оши́бка, заблужде́ние; погре́шность *f (a. astr.)*

eruption [ɪ'rʌpʃn] изверже́ние; *on face, etc.* высыпа́ние (сы́пи); *of teeth* проре́зывание

escalator ['eskəleɪtə] эскала́тор

escapade ['eskəpeɪd] проде́лка, шальна́я вы́ходка

escape [ɪ'skeɪp] 1. *v/i. from prison* бежа́ть; *from death* спаса́ться [спасти́сь]; *v/t. danger, etc.* избега́ть [-ежа́ть]; ускольза́ть [-зну́ть] (от Р); *his name ~s me* не могу́ припо́мнить его́ и́мени; 2. побе́г, спасе́ние; *(leak)* уте́чка

escort 1. ['eskɔ:t] сопровожде́ние, эско́рт; *mil.* конво́й; 2. [ɪs'kɔ:t, -ɔːt] сопровожда́ть, конвои́ровать

esoteric [esəʊ'terɪk] эзотери́ческий

especial [ɪ'speʃl] осо́бый; специа́льный; **~ly** [-ɪ] осо́бенно

espionage ['espɪənɑ:ʒ] шпиона́ж

essay ['eseɪ] о́черк, эссе́; *(attempt)* попы́тка; *educ.* сочине́ние

essen|ce ['esns] су́щность *f*; существо́; суть *f*; *(substance)* эссе́нция; **~tial** [ɪ'senʃl] 1. □ суще́ственный (**to** для Р), ва́жный; 2. *pl.* всё необходи́мое

establish [ɪ'stæblɪʃ] *the truth, etc.* устана́вливать [-нови́ть]; *(set up)* учрежда́ть [-реди́ть], осно́вывать [-ова́ть]; **~ o.s.** поселя́ться [-ли́ться], устра́иваться [-ро́иться] (в П); **~ order** наводи́ть [-вести́] поря́док; **~ment** [-mənt] установле́ние; учрежде́ние; **the** **2** исте́блишмент

estate [ɪ'steɪt] *(property)* иму́щество; *(land with a large house)* име́ние; *real* **~** недви́жимость *f*

esteem [ɪ'sti:m] 1. уваже́ние; 2. уважа́ть

estimable ['estɪməbl] досто́йный уваже́ния

estimat|e 1. ['estɪmeɪt] оце́нивать [-ни́ть]; 2. [-mɪt] сме́та, калькуля́ция; оце́нка; *at a rough* **~** в гру́бом приближе́нии; **~ion** [estɪ'meɪʃn] оце́нка; *(opinion)* мне́ние

estrange [ɪ'streɪndʒ] отта́лкивать [-толкну́ть], сде́лать чужи́м

etching ['etʃɪŋ] *craft* гравиро́вка;

product гравю́ра; травле́ние

etern|al [ɪ'tɜ:nl] ве́чный; неизме́нный; **~ity** [-nɪtɪ] ве́чность *f*

ether ['i:θə] эфи́р

ethic|al ['eθɪkl] □ эти́чный, эти́ческий; **~s** ['eθɪks] э́тика

etiquette ['etɪket] этике́т

euro ['jʊərəʊ] е́вро

European [jʊərə'pi:ən] **1.** европе́ец *m*, -пе́йка *f*; **2.** европе́йский

Eurovision ['jʊərəvɪʒn] Еврови́дение

evacuate [ɪ'vækjʊeɪt] эвакуи́ровать (*im*)*pf.*

evade [ɪ'veɪd] (*avoid*) избега́ть [-ежа́ть] (P); уклоня́ться [-ни́ться] от (P); *law, etc.* обходи́ть [обойти́]

evaluat|e [ɪ'væljʊeɪt] оце́нивать [-ни́ть]; **~ion** [ɪvæljʊ'eɪʃn] оце́нка

evaporat|e [ɪ'væpəreɪt] испаря́ть(-ся) [-ри́ть(ся)]; *fig.* разве́иваться [-е́яться]; **~ion** [ɪvæpə'reɪʃn] испаре́ние

evasi|on [ɪ'veɪʒn] уклоне́ние, увёртка; **~ve** [-sɪv] □ укло́нчивый

eve [i:v] кану́н; **on the ~ of** накану́не (P)

even ['i:vn] **1.** *adj.* □ (*level, smooth*) ро́вный, гла́дкий; (*equal*) ра́вный, одина́ковый; *number* чётный; **2.** *adv.* ро́вно; как раз; **not ~** да́же не; **~ though**, **~ if** да́же е́сли; **3.** выра́внивать [вы́ровнять]; сгла́живать [сгла́дить]; **~ly** [-lɪ] ро́вно, по́ровну

evening ['i:vnɪŋ] ве́чер; вечери́нка; **~ dress** вече́рнее пла́тье; *man's* фрак

event [ɪ'vent] собы́тие, слу́чай; *sport* соревнова́ние; **at all ~s** во вся́ком слу́чае; **be wise after the ~** за́дним умо́м кре́пок; **in the ~ of** в слу́чае (P); **~ful** [-fʊl] по́лный собы́тий

eventual [ɪ'ventʃʊəl] возмо́жный; коне́чный; **~ly** [-ɪ] в конце́ концо́в; со вре́менем

ever ['evə] всегда́; когда́-нибудь, когда́-либо; **~ so** о́чень; **as soon as ~ I can** как то́лько я смогу́; **for ~** навсегда́; **hardly ~** почти́ не; **~green** вечнозелёный; **~lasting** [evə'lɑ:stɪŋ] □ ве́чный; **~present** постоя́нный

every ['evrɪ] ка́ждый; **~ now and then**

вре́мя от вре́мени; **~ other day** че́рез день; **have ~ reason** име́ть все основа́ния; **~body** все *pl.*; ка́ждый, вся́кий; **~day** ежедне́вный; **~one** ка́ждый, вся́кий; все *pl.*; **~thing** всё; **~where** везде́, всю́ду

evict [ɪ'vɪkt] выселя́ть [вы́селить]

eviden|ce ['evɪdəns] доказа́тельство; (*sign*) при́знак; (*data*) да́нные, фа́кты; *law* ули́ка; свиде́тельское показа́ние; **in ~** в доказа́тельство; **~t** [-nt] □ очеви́дный, я́вный

evil ['i:vl] **1.** □ злой; *influence* па́губный; дурно́й, плохо́й; **2.** зло

evince [ɪ'vɪns] проявля́ть [-ви́ть]

evoke [ɪ'vəʊk] вызыва́ть [вы́звать]

evolution [i:və'lu:ʃn] эволю́ция; разви́тие

evolve [i'vɒlv] разви(ва́)ться

ewe [ju:] овца́

exact [ɪg'zækt] **1.** □ то́чный, аккура́тный; **2.** (*demand*) [по]тре́бовать (P); взы́скивать [-ка́ть]; **~ taxes** взима́ть нало́ги; **~ing** [-ɪŋ] тре́бовательный, взыска́тельный

exaggerate [ɪg'zædʒəreɪt] преувели́чи(ва)ть

exalt [ɪg'zɔ:lt] (*make higher*) повыша́ть [повы́сить]; (*praise*) превозноси́ть [-нести́]; **~ation** [egzɔ:l'teɪʃn] восто́рг

examin|ation [ɪgzæmɪ'neɪʃn] (*inspection*) осмо́тр; (*study*) иссле́дование; *by experts* эксперти́за; *in school, etc.* экза́мен; **~e** [ɪg'zæmɪn] *patient, etc.* осма́тривать [-мотре́ть]; иссле́довать (*im*)*pf.*; [про]экзаменова́ть

example [ɪg'zɑ:mpl] приме́р; (*sample*) образе́ц; **for ~** наприме́р

exasperate [ɪg'zɑ:spəreɪt] изводи́ть [извести́]; раздража́ть [-жи́ть]; доводи́ть до бе́лого кале́ния

excavate ['ekskəveɪt] выка́пывать [вы́копать]; *archaeology* вести́ раско́пки

excavator ['ekskəveɪtə] экскава́тор

exceed [ɪk'si:d] *speed, etc.* превыша́ть [-вы́сить]; (*be greater than*) превосходи́ть [-взойти́]; **this ~s all limits!** э́то перехо́дит все грани́цы!; **~ing** [-ɪŋ]

□ превышающий

excel [ɪk'sel] *v/t.* преуспевать [-петь] (*in, at* T); *v/i.* выделяться [выделиться]; **~lence** ['eksələns] высокое качество; совершенство; **~lent** ['eksələnt] □ превосходный

except [ɪk'sept] **1.** исключать [-чить]; **2.** *prp.* исключая (B); кроме (P); **~ for** за исключением (P); **~ing** [-ɪŋ] *prp.* за исключением (P); **~ion** [ɪk'sepʃn] исключение; *take* ~ *to* возражать [-разить] (против P); **~ional** [-l] исключительный; *person* незаурядный

excess [ɪk'ses] избыток, излишек; эксцесс; ~ *fare* доплата; ~ *luggage* излишек багажа; багаж сверх нормы; ~ *profits* сверхприбыль; **~ive** [-ɪv] □ чрезмерный

exchange [ɪks'tʃeɪndʒ] **1.** обмениваться [-няться] (T); обменивать [-нять] (*for* на B); [по]меняться (T); **2.** обмен; (*a.* ♀) биржа; *foreign* ~ иностранная валюта

exchequer [ɪks'tʃekə]: *Chancellor of the* ♀ министр финансов Великобритании

excise [ek'saɪz] *fin.* акциз, акцизный сбор

excit|able [ɪk'saɪtəbl] возбудимый; **~e** [ɪk'saɪt] возбуждать [-удить], [вз]волновать; **~ement** [-mənt] возбуждение, волнение

exclaim [ɪk'skleɪm] восклицать [-икнуть]

exclamation [eksklə'meɪʃn] восклицание

exclude [ɪk'sklu:d] исключать [-чить]

exclusi|on [ɪk'sklu:ʒn] исключение; **~ve** [-sɪv] □ исключительный; (*sole*) единственный; ~ *of* без; не считая; за исключением (P)

excrement ['ekskrɪmənt] экскременты *m/pl.*, испражнения *n/pl.*

excruciating [ɪk'skru:ʃɪeɪtɪŋ] мучительный

excursion [ɪk'skɜ:ʒn] экскурсия; *go on an* ~ отправиться (поехать) на экскурсию

excus|able [ɪk'skju:zəbl] □ простительный; **~e 1.** [ɪk'skju:z] извинять

[-нить], прощать [простить]; **2.** [ɪk'skju:s] извинение; (*reason*) оправдание; (*pretext*) отговорка

execut|e ['eksɪkju:t] (*carry out*) исполнять [-олнить]; (*fulfil*) выполнять [выполнить]; (*put to death*) казнить (*im*)*pf.*; **~ion** [eksɪ'kju:ʃn] исполнение; выполнение; (*capital punishment*) казнь *f*; **~ive** [ɪg'zekjʊtɪv] **1.** исполнительный; административный; **2.** исполнительная власть *f* (*person*) администратор

exemplary [ɪg'zemplərɪ] образцовый примерный

exemplify [ɪg'zemplɪfaɪ] (*illustrate by example*) пояснять примером; (*serve as example*) служить примером (P)

exempt [ɪg'zempt] **1.** освобождать [-бодить] (от P); **2.** освобождённый, свободный (*of* от P)

exercise ['eksəsaɪz] **1.** упражнение, (*drill*) тренировка; (*walk*) прогулка; **2.** [на]тренировать(ся); *patience*, etc. проявлять [-вить]; (*use*) [вос]пользоваться

exert [ɪg'zɜ:t] *strength*, etc. напрягать [-рячь]; *influence*, etc. оказывать [-зать]; ~ *o.s.* прилагать [-ложить] усилия; **~ion** [ɪg'zɜ:ʃn] напряжение, усилие

exhale [eks'heɪl] выдыхать [выдохнуть]

exhaust [ɪg'zɔ:st] **1.** изнурять [-рить], истощать [-щить]; **2.** *pipe* выхлопная труба; выхлоп; **~ion** [-ʃn] истощение, изнурение; **~ive** [-ɪv] □ (*very tiring*) изнуряющий; *study*, etc. всесторонний; *answer* исчерпывающий

exhibit [ɪg'zɪbɪt] **1.** *interest* etc. проявлять [-вить]; *at exhibition* выставлять [выставить]; **2.** экспонат; **~ion** [eksɪ'bɪʃn] проявление; выставка; **~or** [ɪg'zɪbɪtə] экспонент

exhilarat|e [ɪg'zɪləreɪt] оживлять [-вить]; [вз]бодрить; **~ing** [-ɪŋ] *weather*, etc. бодрящий

exhort [ɪg'zɔ:t] призывать [-звать]; увещевать; побуждать [-удить] (к Д)

exigency ['eksɪdʒənsɪ] острая необходи́мость *f*

exile ['eksaıl] **1.** *lit.*, *hist.* изгна́ние, ссы́лка; изгна́нник, ссы́льный; **2.** ссыла́ть [сосла́ть]; *from a country* высыла́ть [вы́слать]

exist [ıg'zıst] существова́ть, жить; **~ence** [-əns] существова́ние, жизнь *f*; *in ~* [-ənt] существу́ющий

exit ['eksıt] вы́ход; *emergency ~* запасно́й вы́ход

exodus ['eksədəs] ма́ссовый отъе́зд; *Bibl.* Исхо́д

exonerate [ıg'zɒnəreıt] опра́вдывать [-да́ть]; (*free from blame*) снима́ть [снять] обвине́ние; *from responsibility* снима́ть [снять] отве́тственность

exorbitant [ıg'zɔ:bıtənt] □ непоме́рный, чрезме́рный

exotic [ıg'zɒtık] экзоти́ческий

expan|d [ık'spænd] расширя́ть(ся) [-и́рить(ся)], увели́чи(ва)ть(ся); (*develop*) разви(ва́)ть(ся); **~se** [ık'spæns] простра́нство; протяже́ние; **~sion** [-nʃn] расшире́ние; (*spread*) распростране́ние; разви́тие; **~sive** [-sıv] □ обши́рный; *fig.* экспанси́вный

expect [ıks'pekt] ожида́ть (Р); (*count on*) рассчи́тывать, наде́яться; (*think*) полага́ть, ду́мать; **~ant** [-ənt] *~ mother* бере́менная же́нщина; **~ation** [ekspek'teıʃn] ожида́ние; (*hope*) mst. pl. наде́жда

expedi|ent [ık'spi:dıənt] **1.** подходя́щий, целесообра́зный, соотве́тствующий; **2.** сре́дство достиже́ния це́ли; прие́м; **~tion** [ekspı'dıʃn] экспеди́ция; (*speed*) быстрота́

expel [ık'spel] *from school, etc.* исключа́ть = [-чи́ть] (из Р)

expen|d [ık'spend] [из]тра́тить, [из]расхо́довать, **~diture** [-ıtʃə] расхо́д, тра́та; **~se** [ık'spens] расхо́д, тра́та; *at his ~* за его́ счёт; *travel ~s* командиро́вочные; **~sive** [-sıv] □ дорого́й, дорогосто́ящий

experience [ık'spıərıəns] **1.** (жи́зненный) о́пыт; (*event*) слу́чай, приключе́ние; **2.** испы́тывать [испыта́ть]; (*suffer*) пережи́(ва́)ть; **~d** [-t]

о́пытный; квалифици́рованный

experiment 1. [ık'sperımənt] о́пыт, эксперимент; **2.** [-ment] производи́ть о́пыты; **~al** [ıksperı'mentl] □ эксперимента́льный, о́пытный, про́бный

expert ['eksps:t] **1.** о́пытный, иску́сный; **2.** экспе́рт, знато́к, специали́ст; *attr.* высококвалифици́рованный

expir|ation [ekspı'reıʃn] (*end*) оконча́ние, истече́ние; **~e** [ık'spaıə] (*breathe out*) выдыха́ть [вы́дохнуть]; (*die*) умира́ть [умере́ть]; *fin.* истека́ть [-е́чь]

explain [ık'spleın] объясня́ть [-ни́ть]; (*justify*) опра́вдывать [-да́ть]

explanat|ion [eksplə'neıʃn] объясне́ние; (*justification*) оправда́ние; (*reason*) причи́на; **~ory** [ık'splænətrı] □ объясни́тельный

explicable [ık'splıkəbl] объясни́мый

explicit [ık'splısıt] □ я́сный, недвусмы́сленный, то́чный

explode [ık'spləʊd] (*blow up*) взрыва́ть(ся) [взорва́ть(ся)] (*a. fig.*); *of applause etc.* разража́ться [-рази́ться] (*with* T)

exploit 1. ['eksplɔıt] по́двиг; **2.** [ık'splɔıt] эксплуати́ровать; *mining* разраба́тывать [-бо́тать]; **~ation** [eksplɔı'teıʃn] эксплуата́ция; разрабо́тка

explor|ation [eksplə'reıʃn] иссле́дование; **~e** [ık'splɔ:] иссле́довать (*im*)*pf.*; *geol.* разве́д(ыв)ать; *problem, etc.* изуча́ть [-чи́ть]; **~er** [~rə] иссле́дователь(ница *f*) *m*

explosi|on [ık'spləʊʒn] взрыв; *of anger* вспы́шка; **~ve** [-sıv] **1.** □ взры́вчатый; *fig.* вспы́льчивый; **2.** взры́вчатое вещество́

exponent [ık'spəʊnənt] (*advocate*) сторо́нник, представи́тель *m*; *math.* показа́тель *m* сте́пени; (*interpreter*) толкова́тель *m*

export 1. ['ekspɔ:t] э́кспорт, вы́воз; **2.** [ık'spɔ:t] экспорти́ровать (*im*)*pf.*, вывози́ть [вы́везти]; **~er** [-ə] экспортёр

expos|e [ık'spəʊz] *to danger, etc.* подверга́ть [-е́ргнуть]; (*display*) выставля́ть [вы́ставить]; (*unmask*) разоблача́ть [-чи́ть]; *phot.* экспони́ровать (*im*)*pf*.; **~ition** [ekspə'zıʃn] вы́ставка; изложе́ние

exposure [ık'spəʊʒə] (*unmasking*) разоблаче́ние; *phot.* экспози́ция, вы́держка; возде́йствие вне́шней среды; *die of* ~ умере́ть от *переохлажде́ния и т.д.*

expound [ık'spaʊnd] излага́ть [изложи́ть]; (*explain*) разъясня́ть [-ни́ть]

express [ık'spres] **1.** □ (*clearly stated*) определённый, то́чно вы́раженный; (*urgent*) сро́чный; **2.** ~ (*train*) экспре́сс; **3.** *adv.* спе́шно; **4.** выража́ть [вы́разить]; **~ion** [ık'spreʃn] выраже́ние; (*quality*) вырази́тельность *f*; **~ive** [-ıv] □ (*full of feeling*) вырази́тельный; (~ *of joy, etc.*) выража́ющий

expulsion [ık'spʌlʃn] изгна́ние; *form school, etc.* исключе́ние; *from country* высы́лка

exquisite [ık'skwızıt] □ изы́сканный, утончённый; *sensibility* обострённый; *torture* изощрённый

extant [ek'stænt] сохрани́вшийся

extemporaneous [ekstempə'reınıəs] □, **~ary** [ık'stempərərı] импровизи́рованный; **~e** [-pərı] *adv.* экспро́мтом

extend [ık'stend] *v/t.* протя́гивать [-тяну́ть]; (*spread*) распространя́ть [-ни́ть]; (*prolong*) продлева́ть [-ли́ть]; (*enlarge*) расширя́ть [-ши́рить]; *v/i.* простира́ться [простере́ться]

extension [ık'stenʃn] (*enlargement*) расшире́ние; *of knowledge etc.* распростране́ние; (*continuance*) продле́ние; *arch.* пристро́йка; **~ve** [-sıv] □ обши́рный, простра́нный

extent [ık'stent] (*area, length*) протяже́ние; (*degree*) разме́р, сте́пень *f*, ме́ра; **to the ~ of** в разме́ре (P); **to some** ~ до изве́стной сте́пени

extenuate [ık'stenjʊeıt] (*lessen*) уменьша́ть [уме́ньшить]; (*find excuse for*) стара́ться найти́ оправда́ние; (*soften*) ослабля́ть [-а́бить]

exterior [ek'stıərıə] **1.** вне́шний, нару́жный; **2.** вне́шняя сторона́

exterminate [ek'stɜːmıneıt] (*destroy*) истребля́ть [-би́ть]; *fig.* искореня́ть [-ни́ть]

external [ek'stɜːnl] □ нару́жный внешний

extinct [ık'stıŋkt] уга́сший; *species etc.* вы́мерший; *volcano etc.* поту́хший

extinguish [ık'stıŋwıʃ] [по]гаси́ть [по]туши́ть; *debt* погаша́ть [погаси́ть]

extol [ık'stəʊl] превозноси́ть [-нести́]

extort [ık'stɔːt] *money* вымога́ть; *secret* выпы́тывать [вы́пытать]; **~ion** [ık'stɔːʃn] вымога́тельство

extra ['ekstrə] **1.** доба́вочный, дополни́тельный; **~ charges** дополни́тельная (о)пла́та; **2.** *adv.* осо́бо; особенно дополни́тельно; **3.** припла́та; **~s** дополни́тельные расхо́ды; побо́чные дохо́ды

extract 1. ['ekstrækt] экстра́кт; *from text* вы́держка, отры́вок; **2.** [ık'strækt] *tooth* удаля́ть [-ли́ть]; *bullet etc.* извлека́ть [-е́чь]; *chem.* экстраги́ровать; **~ion** [-kʃn] экстраги́рование; (*ancestry, origin*) происхожде́ние

extraordinary [ık'strɔːdnrı] чрезвыча́йный, необы́чный, экстраордина́рный, выдаю́щийся

extrasensory [ekstrə'sensərı] внечу́вственный, экстрасенсо́рный

extravagance [ık'strævəgəns] экстравага́нтность *f*; (*wastefulness*) расточи́тельность *f*; (*excess*) изли́шество; **~t** [-gənt] расточи́тельный; сумасбро́дный, экстравага́нтный

extreme [ık'striːm] **1.** □ кра́йний преде́льный; чрезвыча́йный; **2.** кра́йность *f*; *go to* ~ пойти́ на кра́йние ме́ры; **~ity** [ık'stremətı] (*end*) оконе́чность *f*, край; кра́йность *f* кра́йняя нужда́; кра́йняя ме́ра; **~ities** [-z] *pl.* коне́чности *f/pl.*

extricate ['ekstrıkeıt] высвобожда́ть [вы́свободить], вы́зволить *mst. pl.* ~ *o.s.* выпу́тываться [вы́путаться]

exuberance [ıg'zjuːbərəns] изоби́лие, избы́ток; **~t** [-t] *vegetation* бу́й ный; *speech* обильный, несдержанный; (*full of life*) полный жизни, экспансивный

exult [ɪgˈzʌlt] ликовать; торжествовать

eye [aɪ] 1. глаз; *of needle* ушко; **with an ~ to** с целью (+ *inf.*); *catch s.o.'s ~* поймать чей-л. взгляд; обратить на себя внимание; 2. смотреть на (В), пристально разглядывать; **~ball** глазное яблоко; **~brow** бровь *f*; **...~d** [aɪd] ...глазый; **~lash** ресница; **~lid** веко; **~sight** зрение; **~ shadow** тени для век; **~witness** свидетель, очевидец

F

fable [ˈfeɪbl] басня; *fig.* выдумка

fabric [ˈfæbrɪk] (*structure*) структура; (*cloth*) ткань *f*; **~ate** [ˈfæbrɪkeɪt] (*mst. fig.*) выдумывать [выдумать]; (*falsify*) [с]фабриковать

fabulous [ˈfæbjʊləs] □ баснословный; (*excellent*) великолепный

face [feɪs] 1. лицо, *joc. or pej.* физиономия; *of cloth* лицевая сторона; *of watch* циферблат; **on the ~ of it** с первого взгляда; 2. *v/t.* встречать смело, смотреть в лицо (Д); стоять лицом к (Д); *of window, etc.* выходить на (В); *tech.* облицовывать [-цевать]

facetious [fəˈsiːʃəs] □ шутливый

face value номинальная стоимость; *take s.th. at (its) ~* принимать [-нять] за чистую монету

facil|itate [fəˈsɪlɪteɪt] облегчать [-чить]; **~ity** [fəˈsɪlətɪ] лёгкость *f*; способность *f*; *of speech* плавность *f*

facing [ˈfeɪsɪŋ] *of wall, etc.* облицовка

fact [fækt] факт; *as a matter of ~* собственно говоря; *I know for a ~ that* я точно знаю, что

faction [ˈfækʃn] фракция

factor [ˈfæktə] *math.* множитель; (*contributing cause*) фактор; **~y** [-rɪ] фабрика, завод

faculty [ˈfækəltɪ] способность *f*; *fig.* дар; *univ.* факультет

fad [fæd] (*craze*) увлечение; (*fancy*) прихоть *f*, причуда; (*fashion*) преходящая мода

fade [feɪd] увядать [увянуть]; постепенно уменьшать [уменьшить]; *of colo(u)r* [по]линять

fag [fæg] усталость, утомление

fail [feɪl] 1. *v/i.* (*grow weak*) ослабе(ва)ть; (*be wanting in*) недост(ав)ать; потерпеть *pf.* неудачу; *at examination* проваливаться [-литься]; *he~ed to do* ему не удалось сделать (В); забы(ва)ть; *v/t. of courage, etc.* покидать [-инуть]; 2. *su.: without ~* наверняка; непременно; **~ing** [ˈfeɪlɪŋ] недостаток; слабость *f*; **~ure** [ˈfeɪljə] неудача, неуспех; провал; банкротство; неудачник *m*, -ница *f*; *tech.* повреждение, отказ

faint [feɪnt] 1. □ слабый; *light* тусклый; 2. [о]слабеть; потерять сознание (*with* от P); 3. обморок, потеря сознания; **~hearted** [feɪntˈhɑːtɪd] трусливый, малодушный

fair¹ [feə] 1. *adj.* прекрасный, красивый; (*favo[u]rable*) благоприятный; *hair* белокурый; *weather* ясный; (*just*) справедливый; 2. *adv.* честно; прямо, ясно; **~ copy** чистовик; **~ play** честная игра

fair² [-] ярмарка

fair|ly [ˈfeəlɪ] справедливо; (*quite*) довольно; **~ness** [ˈfeənɪs] справедливость *f*; красота (→ *fair¹*); *in all ~* со всей справедливостью

fairy [ˈfeərɪ] фея; **~land** сказочная страна; **~ tale** сказка

faith [feɪθ] доверие, вера, *a. relig.*; **~ful** [ˈfeɪθfl] верный, преданный; (*accurate*) точный, правдивый; *yours ~ly* преданный Вам; **~less** [ˈfeɪθlɪs] □ вероломный

fake [feɪk] *sl.* 1. подделка, фальшивка;

2. подде́л(ыв)ать

falcon ['fɔːlkən] со́кол

fall [fɔːl] **1.** паде́ние; (*decline*) упа́док; (*declivity, slope*) обры́в, склон; *Am.* о́сень *f*; (*mst. ~s pl.*) водопа́д; **2.** [*irr.*] па́дать [упа́сть]; спада́ть [спасть]; *of water* убы(ва́)ть; **~ back** отступа́ть [-пи́ть]; **~ ill** *или* **sick** заболе(ва́)ть; **~ out** [по]ссо́риться; **~ short** отда(ва́)ть (ожида́ний); не достига́ть [-и́чь] *a.* [-и́гнуть] (це́ли); **~ short** уступа́ть в чём-л., не хвата́ть [-ти́ть]; **~ to** принима́ться [-ня́ться] за (В)

fallacious [fə'leɪʃəs] □ оши́бочный, ло́жный

fallacy ['fæləsɪ] заблужде́ние, оши́бочный вы́вод

fallen ['fɔːlən] *pt. p. om* **fall**

falling ['fɔːlɪŋ] паде́ние; пониже́ние

fallout ['fɔːlaʊt]: **radioactive ~** радиоакти́вные оса́дки

fallow ['fæləʊ] *adj.* вспа́ханный под пар

false [fɔːls] □ ло́жный, оши́бочный; *coin* фальши́вый; *friend* вероло́мный; *teeth* иску́сственный; **~hood** ['fɔːlshʊd] ложь *f*; (*falseness*) лжи́вость *f*

falsi|fication [fɔːlsɪfɪ'keɪʃn] подде́лка; *of theories, etc.* фальсифика́ция; **~fy** ['fɔːlsɪfaɪ] подде́л(ыв)ать; фальсифици́ровать

falter ['fɔːltə] *in walking* дви́гаться неуве́ренно; *in speech* запина́ться [запну́ться]; *fig.* колеба́ться

fame [feɪm] сла́ва; изве́стность *f*; **~d** [feɪmd] изве́стный, знамени́тый; **be ~ for** сла́виться (Т)

familiar [fə'mɪlɪə] □ бли́зкий, хорошо́ знако́мый; (*usual*) привы́чный; **~ity** [fəmɪlɪ'ærətɪ] (*of manner*) *a. pej.* фамилья́рность *f*; (*knowledge*) осведомлённость *f*; **~ize** [fə'mɪlɪəraɪz] ознако́млять [-ко́мить]

family ['fæməlɪ] семья́, семе́йство; **~ tree** родосло́вное де́рево

fami|ne ['fæmɪn] го́лод; **~sh:** *I feel ~ed* я умира́ю от го́лода

famous ['feɪməs] □ знамени́тый

fan¹ [fæn] **1.** ве́ер; *tech.* вентиля́тор; **2.:**

~ o.s. обма́хивать(ся) [-хну́ть(ся)] ве́ером

fan² [-] *sport* боле́льщик *m*, -щица *f*, фана́т; (*admirer*) покло́нник *m*, -ница *f*

fanatic [fə'nætɪk] **1.** (*a. ~al* [-ɪkəl] □) фанати́чный; **2.** фана́тик *m*, -ти́чка *f*

fanciful ['fænsɪfl] □ прихотли́вый, причу́дливый

fancy ['fænsɪ] **1.** фанта́зия, воображе́ние; (*whim*) при́хоть *f*; (*love*) пристра́стие; (*inclination*) скло́нность *f*; **2.** *prices* фантасти́ческие; **~ goods** *pl.* мо́дные това́ры *m/pl.*; **3.** вообража́ть [-рази́ть]; представля́ть [-а́вить] себе́; [по]люби́ть; [за]хоте́ть; *just ~!* предста́вьте себе́!

fang [fæŋ] клык

fantas|tic [fæn'tæstɪk] (**~ally**) причу́дливый, фантасти́чный; *coll* невероя́тный; потряса́ющий; **~y** ['fæntəsɪ] фанта́зия, воображе́ние

far [fɑː] *adj.* да́льний, далёкий; удалённый; *adv.* далеко́; гора́здо; *as* **~ as** до (Р); *as* **~ as I know** наско́лько мне изве́стно; *inso~* (*Brt.* **in so ~**) *as* поско́льку; **~ away** далеко́

fare [feə] пла́та за прое́зд; **~well** [feə'wel, feər-] **1.** проща́й(те)!; **2.** проща́ние

farfetched [fɑː'fetʃt] *fig.* притя́нутый за́ уши

farm [fɑːm] **1.** фе́рма; **2.** обраба́тывать зе́млю; **~er** ['fɑːmə] фе́рмер; **~house** жило́й дом на фе́рме; **~ing** заня́тие се́льским хозя́йством; фе́рмерство; **~stead** ['fɑːmsted] уса́дьба

far-off ['fɑːrɔf] далёкий

farthe|r ['fɑːðə] **1.** *adv.* да́льше; **2.** *adj.* бо́лее отдалённый; **~st** [-ðɪst] **1.** *adj.* са́мый далёкий, са́мый да́льний; **2.** *adv.* да́льше всего́

fascinat|e ['fæsɪneɪt] **очаро́вывать** [-ова́ть], пленя́ть [-ни́ть]; **~ion** [fæsɪ'neɪʃn] очарова́ние

fashion ['fæʃn] **1.** (*prevailing style*) мо́да; стиль *m*; (*manner*) о́браз, мане́ра; *in* (*out of*) **~** (не)мо́дный; **2.** придава́ть фо́рму, вид (Д *into* Р); **~able** ['fæʃnəbl] мо́дный

fast¹ [fɑːst] (*fixed, firm*) про́чный, кре́пкий, твёрдый; (*quick*) бы́стрый; *my watch is ~* мои́ часы́ спеша́т

fast² [-] **1.** (*going without food*) пост; **2.** пости́ться

fasten ['fɑːsn] *v/t.* (*fix*) прикрепля́ть [-пи́ть]; (*tie*) привя́зывать [-за́ть]; *coat, etc.* застёгивать [-тегну́ть]; *door* запира́ть [-пере́ть]; *v/i.* застёгра́ться [запере́ться]; застёгивать(ся) [-тегну́ть(ся)]; *~ upon fig.* ухвати́ться за (В); *~er* [-ə] застёжка

fast food фаст-фу́д

fastidious [fæ'stɪdɪəs] □ разбо́рчивый; *about food* привере́дливый

fat [fæt] **1.** жи́рный; *person* ту́чный; **2.** жир; са́ло

fatal ['feɪtl] роково́й, фата́льный; (*causing death*) смерте́льный; *~ity* [fə'tælətɪ] (*doom*) обречённость *f*; (*destiny*) фата́льность *f*; (*caused by accident*) же́ртва; смерть *f*

fate [feɪt] рок, судьба́

father ['fɑːðə] отец; *~hood* [-hʊd] отцо́вство; *~-in-law* ['fɑːðərɪnlɔː] *husband's* свёкор; *wife's* тесть *m*; *~less* [-lɪs] оста́вшийся без отца́; *~ly* [-lɪ] оте́ческий

fathom ['fæðəm] *fig.* вника́ть [вни́кнуть] в (В), понима́ть [поня́ть]

fatigue [fə'tiːg] **1.** утомле́ние, уста́лость *f*; **2.** утомля́ть [-ми́ть]

fat|ness ['fætnɪs] жи́рность *f*; *~ten* ['fætn] *animal* отка́рмливать [откорми́ть]; [рас]толсте́ть

fatuous ['fætʊəs] □ бессмы́сленный, глу́пый

faucet ['fɔːsɪt] *esp. Am.* водопрово́дный кран

fault [fɔːlt] (*shortcoming*) недоста́ток; *tech.* неиспра́вность *f*, дефе́кт; (*blame*) вина́; *find ~ with* прид(и)ра́ться к (Д); *be at ~* быть вино́вным; *~finder* приди́ра *m/f*; *~less* ['fɔːltlɪs] □ безупре́чный; *~y* ['fɔːltɪ] □ *thing* с бра́ком, десфе́ктом; *method* поро́чный

favo(u)r ['feɪvə] **1.** благоскло́нность *f*,

расположе́ние; одолже́ние, любе́зность *f*; *do s.o. a ~* оказа́ть *pf.* кому́-л. любе́зность; **2.** (*approve*) одобря́ть [-рить]; (*regard with goodwill*) хорошо́ относи́ться к (Д); *~able* [-rəbl] □ благоприя́тный; *opportunity* удо́бный; *~ite* ['feɪvərɪt] **1.** люби́мец *m*, -мица *f*, фавори́т; **2.** люби́мый

fawn [fɔːn] светло-кори́чневый цвет

fax [fæks] **1.** факс; **2.** передава́ть [-да́ть] по фа́ксу

fear [fɪə] **1.** страх, боя́знь *f*; (*apprehension*) опасе́ние; **2.** боя́ться (Р) *for* ~ *of* из-за боя́зни; *~ful* ['fɪəfl] □ стра́шный, ужа́сный; *~less* ['fɪəlɪs] бесстра́шный

feasible ['fiːzəbl] (*capable of being done*) выполни́мый, осуществи́мый; возмо́жный

feast [fiːst] банке́т; пир, пи́ршество; *eccl.* церко́вный *или* престо́льный пра́здник

feat [fiːt] по́двиг

feather ['feðə] перо́, *show the white ~ coll.* прояви́ть тру́сость *f*; *~brained* пустоголо́вый

feature ['fiːtʃə] **1.** черта́; осо́бенность *f*, свойство; *Am.* выдаю́щаяся газе́тная статья́; *~s pl.* черты́ лица́; **2.** *in story* фигури́ровать; *of a film* пока́зывать [-за́ть]; *the film ~s a new actor as ...* фильм с уча́стием но́вого актёра в ро́ли ...

February ['febrʊərɪ] февра́ль *m*

fed [fed] *pt. u pt. p. om* **feed**; *I am ~ up with ...* мне надое́л (-ла, -ло)

federa|l ['fedərəl] федера́льный; *in names of states* федерати́вный; *~tion* [fedə'reɪʃn] федера́ция

fee [fiː] *doctor's, etc.* гонора́р; *member's* взнос; *for tuition* пла́та

feeble ['fiːbl] □ сла́бый, хи́лый

feed [fiːd] **1.** *agric.* корм, фура́ж; *baby's* еда́, кормле́ние; *of a machine* пита́ние; **2.** [*irr.*] *v/t.* [по]корми́ть; пита́ть, подава́ть; *v/i.* пита́ться, корми́ться; (*graze*) пасти́сь; *~back tech.* обра́тная связь; *~ing bottle* де́тский рожо́к

feel [fiːl] **1.** [*irr.*] [по]чу́вствовать

(себя́); (*experience*) испы́тывать [-та́ть]; *by contact* ощуща́ть [ощути́ть]; (*touch*) [по]тро́гать; (*grope*) нащу́п(ыв)ать; **~like doing** быть скло́нным сде́лать; **2.: get the ~ of** привыка́ть [-ы́кнуть]; **~ing** ['fiːlɪŋ] чу́вство, ощуще́ние

feet [fiːt] *pl. om* **foot 1**

feign [feɪn] притворя́ться [-ри́ться], симули́ровать (*im*)*pf.*

feint [feɪnt] (*sham offensive*) финт, диве́рсия

fell [fel] **1.** *pt. om* **fall**; **2.** *tree, etc.* [с]руби́ть

fellow ['feləʊ] па́рень; (*companion*) това́рищ; *professional* колле́га, сотру́дник; *of a college* член сове́та; **~countryman** соотече́ственник; **~ship** -ʃɪp] това́рищество

felt¹ [felt] *pt. и pt. p. om* **feel**

felt² [-] во́йлок, фетр

female ['fiːmeɪl] **1.** же́нский; **2.** же́нщина; *zo.* са́мка

feminine ['femɪnɪn] □ же́нский; же́нственный

fen [fen] боло́то, топь *f*

fence [fens] **1.** забо́р, и́згородь *f*, огра́да; *sit on the~* занима́ть нейтра́льную пози́цию; **2.** *v/t.* отгора́живать [-роди́ть]; *v/i. sport* фехтова́ть

fencing ['fensɪŋ] **1.** и́згородь *f*, забо́р, огра́да; *sport* фехтова́ние; **2.** *attr.* фехтова́льный

fender ['fendə] (*fire screen*) ками́нная решётка; *of car, Am.* крыло́

ferment 1. ['fɜːment] заква́ска, ферме́нт; *chem..* броже́ние (*a. fig.*); **2.** [fə'ment] вызыва́ть броже́ние; броди́ть; **~ation** [fɜːmen'teɪʃn] броже́ние

fern [fɜːn] па́поротник

feroci|ous [fə'rəʊʃəs] □ свире́пый; *dog* злой; **~ty** [fə'rɒsətɪ] свире́пость *f*

ferret ['ferɪt] **1.** *zo.* хорёк; **2.** [по]-ры́ться, [по]ша́рить; **~ out** выи́скивать [вы́искать]; *secret* разню́хивать [-хать]; вы́ведать *pf.*

ferry ['ferɪ] **1.** (*place for crossing river, etc.*) перево́з, перепра́ва; (*boat*) паро́м; **2.** перевози́ть [-везти́]; **~man** перево́зчик

fertile ['fɜːtaɪl] □ *soil* плодоро́дный; *humans, animals* плодови́тый (*a. fig.*); **~ imagination** бога́тое воображе́ние; **~ity** [fə'tɪlətɪ] плодоро́дие; плодови́тость *f*; **~ize** ['fɜːtɪlaɪz] удобря́ть [удо́брить]; оплодотворя́ть [-ри́ть]; **~izer** ['fɜːtɪlaɪzə] удобре́ние

fervent ['fɜːvənt] горя́чий, пы́лкий

fervor(u)r ['fɜːvə] жар, пыл, страсть *f*

fester ['festə] гнои́ться

festiv|al ['festəvl] пра́здник; фестива́ль *m*; **~e** ['festɪv] □ пра́здничный; **~ity** [fe'stɪvətɪ] пра́зднество; торжество́

fetch [fetʃ] сходи́ть, съе́здить за (Т); приноси́ть [-нести́]; **~ing** [-ɪŋ] □ привлека́тельный

fetter ['fetə] **1.** *mst.* **~s** *pl.* пу́ты *f/pl.*; око́вы *f/pl.*, у́зы *f/pl.*; **2.** *fig.* свя́зывать [-за́ть] по рука́м и нога́м

feud [fjuːd] *family* вражда́ *f*

feudal ['fjuːdl] □ феода́льный

fever ['fiːvə] лихора́дка, жар, **~ish** [-rɪʃ] □ лихора́дочный

few [fjuː] немно́гие; немно́го, ма́ло (P); **~ a ~** не́сколко (P); **a good ~** дово́льно мно́го

fiancé(e) [fɪ'ɒnseɪ] жени́х (неве́ста)

fiasco [fɪ'æskəʊ] прова́л, по́лная неуда́ча, фиа́ско

fib [fɪb] **1.** вы́думка, непра́вда; **2.** прив(и)ра́ть

fiber, Brt. fibre ['faɪbə] волокно́, нить *f*

fickle ['fɪkl] непостоя́нный

fiction ['fɪkʃn] вы́мысел, вы́думка; худо́жественная литерату́ра, белетри́стика; *science ~* нау́чная фанта́стика; **~al** [-l] □ вы́мышленный

fictitious [fɪk'tɪʃəs] □ подло́жный, фикти́вный; вы́мышленный

fiddle ['fɪdl] *coll.* **1.** скри́пка; *fig. a cheat* жу́льничество; **2.** игра́ть на скри́пке; *fig.* обма́нывать

fidelity [fɪ'delətɪ] ве́рность *f*, пре́данность *f*, (*accuracy*) то́чность *f*

fidget ['fɪdʒɪt] *coll.* **1.** непосе́да; **2.** ёрзать, верте́ться; **~y** [-ɪ] суетли́вый, беспоко́йный, не́рвный; *child* непосе́дливый

field [fiːld] по́ле; (*meadow*) луг; *fig.* о́бласть; ~ **events** лёгкая атле́тика; ~ **glasses** полево́й бино́кль *m*; ~ **of vision** по́ле зре́ния; ~**work** *geol.*, *etc.* рабо́та в по́ле

iend [fiːnd] дья́вол; *person* злоде́й; ~**ish** ['fiːndʃ] □ дья́вольский, жесто́кий, злой

ierce [fɪəs] □ свире́пый; *frost*, *etc.* лю́тый; *wind*, *etc.* си́льный; ~**ness** ['fɪəsnɪs] свире́пость *f*, лю́тость *f*

if|teen [fɪfˈtiːn] пятна́дцать; ~**teenth** [-θ] пятна́дцатый; ~**th** [fɪfθ] **1.** пя́тый; **2.** пя́тая часть *f*; ~**tieth** ['fɪftɪθ] пятидеся́тый; ~**ty** ['fɪftɪ] пятьдеся́т

ig [fɪg] инжи́р

ight [faɪt] **1.** *mil.* сраже́ние, бой; *between persons* дра́ка; (*struggle*) борьба́; *show* ~ быть гото́вым к борьбе́; **2.** [*irr.*] *v/t.* боро́ться про́тив (P); дра́ться (с T); *v/i.* сража́ться [срази́ться]; (*wage war*) воева́ть; боро́ться; ~**er** ['faɪtər] боец; *fig.* боре́ц; ~**er plane** истреби́тель *m*; ~**ing** ['faɪtɪŋ] сраже́ние, бой; дра́ка; *attr.* боево́й

igment ['fɪgmənt] ~ **of imagination** плод воображе́ния

igurative ['fɪgjʊrətɪv] □ перено́сный, метафори́ческий

igure ['fɪgə] **1.** фигу́ра; *math.* число́; ци́фра; (*diagram etc.*) рису́нок; *coll* (*price*) цена́; **2.** *v/t.* представля́ть себе́; *show* ~ представля́ть себе́; рассчи́тывать [-ита́ть]; *Am.* счита́ть, полага́ть; *v/i.* фигури́ровать

ilch [fɪltʃ] [у]кра́сть; *coll.* [у-, c]тащи́ть (*from* у P)

ile¹ [faɪl] **1.** *tool* напи́льник; (*nail* ~) пи́лочка (для ногте́й); **2.** (*a.* ~ **down**) подпи́ливать [-ли́ть]

ile² [-] **1.** (*folder*) па́пка; *of papers* подши́вка; *for reference* картоте́ка; *computer* файл; **2.** регистри́ровать (*im*)*pf.*; подшива́ть к де́лу

ilial ['fɪlɪəl] □ сыно́вний, доче́рний

ill [fɪl] **1.** наполня́ть(ся) [-о́лнить(ся)]; *tooth* [за]пломби́ровать; (*satisfy*) удовлетворя́ть [-ри́ть]; *Am. an order* выполня́ть [вы́полнить]; ~ **in** заполня́ть [-о́лнить]; **2.** доста́точное коли́чество; *eat one's* ~ нае́сться до́сыта

illet ['fɪlɪt] *cul.* филе́(й) *n indecl.*

filling ['fɪlɪŋ] наполне́ние; (зубна́я) пло́мба; *cul.* фарш, начи́нка; *mot.* ~ **station** бензозапра́вочная ста́нция

film [fɪlm] **1.** (фо́то) плёнка; *cine.* фильм; (*thin layer*) плёнка; **2.** производи́ть киносъёмку (P); снима́ть [снять]; экранизи́ровать (*im*)*pf.*

filter ['fɪltə] **1.** фильтр; **2.** [про-] фильтрова́ть; ~**tipped** с фи́льтром

filth [fɪlθ] грязь *f*; ~**y** ['fɪlθɪ] □ гря́зный (*a. fig.*); ~ **weather** гну́сная пого́да

fin [fɪn] *zo.* плавни́к

final ['faɪnl] **1.** □ заключи́тельный; оконча́тельный; **2.** *sport* фина́л; ~**s** *univ.* выпускны́е экза́мены; ~**ly** [-nəlɪ] в конце́ концо́в; (*in conclusion*) в заключе́ние

financ|e ['faɪnæns] **1.** ~**es** *pl.* фина́нсы *m/pl.*; де́ньги; **2.** *v/t.* финанси́ровать (*im*)*pf.*; ~**ial** [faɪˈnænʃl] фина́нсовый; ~**ier** [-sɪə] финанси́ст

finch [fɪntʃ] *zo.* зя́блик

find [faɪnd] [*irr.*] **1.** находи́ть [найти́]; *by searching* оты́скивать [-ка́ть]; (*discover*) обнару́живать [-ить]; (*consider*) счита́ть [счесть]; *rhet.* обрета́ть [обрести́]; заст(ав)а́ть; **2.** нахо́дка; ~**ing** ['faɪndɪŋ] *law* реше́ние; *pl.* вы́воды

fine¹ [faɪn] □ то́нкий, изя́щный; прекра́сный; *not to put too ~ a point on it* говоря́ напрями́к

fine² [-] **1.** штраф; пе́ня; **2.** [о]штрафова́ть

finesse [fɪˈnes] делика́тность *f*, утончённость *f*; *at cards*, *etc.* иску́сный манёвр

finger ['fɪŋgə] **1.** па́лец; *not to lift a* ~ па́лец о па́лец не уда́рить; **2.** тро́гать; *an instrument* перебира́ть па́льцами; ~**print** отпеча́ток па́льца

finish ['fɪnɪʃ] **1.** *v/t.* конча́ть [ко́нчить]; (*complete*) заверша́ть [-ши́ть]; (*make complete*) отде́л(ыв)ать; *v/i.* конча́ться [ко́нчиться]; *sport* финиши́ровать; **2.** коне́ц; (*polish*) отде́лка; *sport* фи́ниш

Finn [fɪn] финн, фи́нка, ~**ish** **1.** фи́нский; **2.** фи́нский язы́к

fir [fɜː] ель *f*, пи́хта; ~ **cone** ['fɜːkəʊn]

еловая шишка

fire [faɪə] 1. огонь *m*; *be on* горе́ть; 2. *v/t.* (*set fire to*) зажига́ть [зажечь], поджига́ть [-же́чь]; *stove* [за]топи́ть; *fig.* воспламеня́ть [-ни́ть]; (*dismiss*) увольня́ть [уво́лить]; *v/i.* (*shoot*) стреля́ть [вы́стрелить]; ~ **alarm** ['fəɪərələm] пожа́рная трево́га; ~ **brigade,** *Am.* ~ **department** пожа́рная кома́нда; ~ **engine** ['faɪərendʒɪn] пожа́рная маши́на; ~ **escape** ['faɪərɪskeɪp] пожа́рная ле́стница; ~ **extinguisher** ['faɪərɪkstɪŋgwɪʃə] огнетуши́тель *m*; ~ **fighter** пожа́рный; ~**place** ками́н; ~**plug** пожа́рный кран, гидра́нт; ~**proof** огнеупо́рный; ~**side** ме́сто о́коло ками́на; ~ **station** пожа́рное депо́; ~**wood** дрова́ *n/pl.*; ~**works** *pl.* фейерве́рк

firing ['faɪərɪŋ] (*shooting*) стрельба́

firm¹ [fɜːm] фи́рма

firm² [-] □ кре́пкий, пло́тный, твёрдый; (*resolute*) усто́йчивый; ~**ness** ['fɜːmnɪs] твёрдость *f*

first [fɜːst] 1. *adj.* пе́рвый; *at* ~ *sight* с пе́рвого взгля́да; *in the* ~ *place* во-пе́рвых; 2. *adv.* сперва́, снача́ла; впервы́е; скоре́е; *at* ~ снача́ла; ~ *of all* пре́жде всего́; 3. нача́ло; *the* ~ пе́рвое число́; *from the* ~ с са́мого нача́ла; ~**born** пе́рвенец; ~**class** *quality* первокла́ссный; *travel* пе́рвым кла́ссом; ~**ly** ['fɜːstlɪ] во-пе́рвых; ~**rate** превосхо́дный; *int.* прекра́сно!

fiscal ['fɪskl] фиска́льный, фина́нсовый

fish [fɪʃ] 1. ры́ба; *coll. odd* (*или queer*) ~ чуда́к; 2. лови́ть ры́бу; ~ *for compliments* напра́шиваться на комплиме́нты; ~ *out* вы́удить; ~**bone** ры́бная кость *f*

fisherman ['fɪʃəmən] рыба́к, рыболо́в

fishing ['fɪʃɪŋ] ры́бная ло́вля; ~ *line* ле́са; ~ *rod* у́дочка; (*without line*) уди́лище; ~ *tackle* рыболо́вные принадле́жности *f/pl.*

fiss|ion ['fɪʃn] *phys.* расщепле́ние; ~**ure** ['fɪʃə] тре́щина, рассе́лина

fist [fɪst] кула́к

fit¹ [fɪt] 1. го́дный, подходя́щий; (*healthy*) здоро́вый; (*deserving*) досто́йный; 2. *v/t.* подгоня́ть [-догна́ть] (*to* к Д); (*be suitable for*) подходи́ть [подойти́] к (Д); приспособля́ть [-со́бить], (*for, to* к Д); ~ *out* (*equip*) снаряжа́ть [-яди́ть]; (*supply*) снабжа́ть [-бди́ть]; *v/i.* (*suit*) годи́ться; *of dress* сиде́ть; приспособля́ться [приспосо́биться]

fit² [-] *med.* припа́док, при́ступ; *generosity, etc.* поры́в; *by ~s and starts* уры́вками; *give s.o. a* ~ потрясти́ *pf.*

fit|ful ['fɪtfl] □ су́дорожный, поры́вистый; ~**ter** [-ə] меха́ник, монтёр; ~**ting** [-ɪŋ] 1. □ подходя́щий, го́дный; 2. устано́вка; монта́ж; *of clothes* приме́рка; ~**tings** *pl.* армату́ра

five [faɪv] 1. пять; 2. *in cards, bus number, etc.*; *school mark* пятёрка

fix [fɪks] 1. устана́вливать [-нови́ть]; (*make fast*) укрепля́ть [-пи́ть]; *attention, etc.* сосредото́чивать [-то́чить], остана́вливать [-нови́ть] (на П); (*repair*) починя́ть [-ни́ть]; *Am.* (*prepare*) пригота́вливать [-то́вить]; *Am. hair etc.* приводи́ть в поря́док; ~ *up* организова́ть (*im*)*pf.*; ула́живать [ула́дить]; (*arrange*) устра́ивать [-ро́ить]; *v/i.* затверде́(ва)ть; остана́вливаться [-нови́ться] (*on* на П); 2. *coll.* диле́мма, затрудни́тельное положе́ние; ~**ed** [fɪkst] (*adv.* ~**edly** ['fɪksɪdlɪ]) неподви́жный; ~**ture** ['fɪkstʃə] приспособле́ние; армату́ра; (*equipment*) обору́дование; *lighting* ~ освети́тельное устро́йство

fizzle ['fɪzl] шипе́ть

flabby ['flæbɪ] □ вя́лый; *fig.* слабохара́ктерный

flag¹ [flæg] флаг, зна́мя *n*; ~ *of convenience naut.* удо́бный флаг

flag² [-] 1. (~**stone**) плита́; 2. мости́ть плита́ми

flagrant ['fleɪgrənt] □ вопию́щий

flagstaff флагшто́к

flair [fleə] чутьё, нюх; (*ability*) спосо́бности *f/pl.*

flake [fleɪk] 1. ~**s** *of snow* снежи́нки

f/pl.; pl. хло́пья *m/pl.;* **2. ~ off** [об]лупи́ться, шелуши́ться

flame [fleɪm] **1.** пла́мя *n*; ого́нь *m; fig.* страсть *f;* **2.** горе́ть, пламене́ть; пыла́ть

flan [flæn] откры́тый пиро́г; ола́дья

flank [flæŋk] **1.** бок, сторона́; *mil.* фланг; быть расположенным сбо́ку, на фла́нге (Р); грани́чить (с Т), примыка́ть (к Д)

flannel ['flænl] шерстяна́я фланель *f;* **~s** [-z] *pl.* флане́левые брю́ки *f/pl.*

flap [flæp] **1.** *of wings* взмах; *(sound)* хло́панье; *of hat* у́хо; **get into a ~** засуети́ться *pf.*, паникова́ть; взма́хивать [-хну́ть]; **2.** *v/t. (give a light blow to)* шлёпать [-пнуть]; легко́ ударя́ть; *v/i.* свиса́ть [-ве́яться]

flare [fleə] **1.** горе́ть я́рким пла́менем; **~ up** вспы́хивать [-хнуть]; *fig.* вспыли́ть *pf.;* **2.** вспы́шка пла́мени; сигна́льная раке́та

flash [flæʃ] **1.** → **flashy;** **2.** вспы́шка; *fig.* про́блеск; **in a ~** мгнове́нно; **3.** сверка́ть [-кну́ть]; вспы́хивать [-хну́ть]; пронести́сь *pf.* (*a.* ~ **by**); **~light** *phot.* вспы́шка; *Am.* карма́нный фона́рик *m;* **~y** показно́й; безвку́сный

flask [flɑːsk] фля́жка

flat [flæt] **1.** □ *(level)* пло́ский; *(smooth)* ро́вный; *(dull)* ску́чный; *voice* глухо́й; **fall ~** не вызыва́ть [вы́звать] интере́са; не име́ть успе́ха; **~ tire** *(Brt.* **tyre)** спу́щенная ши́на; **2.** *(apartment)* кварти́ра; пло́скость *f; land* равни́на, ни́зина; *mus.* бемо́ль *m;* **~iron** утю́г; **~ten** ['flætn] де́лать(ся) пло́ским, ро́вным

flatter ['flætə] [по]льсти́ть (Д); *I am ~ed* я польщена́; **~er** [-гэ] льстец *m,* льсти́ца *f;* **~ing** [-rɪŋ] ле́стный; **~y** [-rɪ] лесть *f*

flaunt [flɔːnt] выставля́ть [вы́ставить] на пока́з, афиши́ровать

flavo(u)r ['fleɪvə] **1.** *(taste)* вкус; *fig.* при́вкус; **2.** приправля́ть [-ра́вить]; придава́ть запах, при́вкус (Д); **~ing** [-rɪŋ] припра́ва; **~less** [-lɪs] безвку́с-

ный

flaw [flɔː] *(crack)* тре́щина, щель *f; in character, etc.* недоста́ток; *(defect)* дефе́кт, изъя́н; **~less** ['flɔːlɪs] безупре́чный

flax [flæks] лён

flea [fliː] блоха́

fled [fled] *pt. u pt. p. om* **flee**

flee [fliː] *[irr.]* бежа́ть, спаса́ться бе́гством

fleece [fliːs] **1.** ове́чья шерсть *f;* **2.** [о]стри́чь; *fig.* обдира́ть [ободра́ть]

fleet [fliːt] □ бы́стрый

fleet² [~] флот

flesh [fleʃ] *soft or edible parts of animal bodies* мя́со; *body as opposed to mind or soul* плоть *f; of fruit or plant* мя́коть *f;* **~y** [-ɪ] мяси́стый; то́лстый

flew [fluː] *pt. om* **fly**

flexib|ility [fleksə'bɪlətɪ] ги́бкость *f,* **~le** ['fleksəbl] □ ги́бкий; *fig.* податли́вый, усту́пчивый

flicker ['flɪkə] **1.** *of light* мерца́ние; *of movement* трепета́ние; **2.** мерца́ть; трепета́ть *of smile* мелька́ть [-кну́ть]

flight¹ [flaɪt] полёт, перелёт; *of birds* ста́я; **~ number** но́мер ре́йса

flight² [~] бе́гство; **put to ~** обраща́ть в бе́гство

flighty ['flaɪtɪ] □ ве́треный

flimsy ['flɪmzɪ] *(not strong)* непро́чный; *(thin)* то́нкий; **~ argument** малоубеди́тельный до́вод

flinch [flɪntʃ] вздра́гивать [вздро́гнуть]; отпря́дывать [отпря́нуть]

fling [flɪŋ] **1.** бросо́к; весе́лье; **have a ~** кутну́ть, пожи́ть в своё удово́льствие; **2.** *[irr.] v/i.* кида́ться [ки́нуться], броса́ться [бро́ситься]; *v/t.* [throw] кида́ть [ки́нуть], броса́ть [бро́сить]; **~ open** распа́хивать [-хну́ть]

flint [flɪnt] кре́мень *m*

flippan|cy ['flɪpənsɪ] легкомы́слие; **~t** □ легкомы́сленный

flirt [flɜːt] **1.** коке́тка; **2.** флиртова́ть, коке́тничать; **~ation** [flɜː'teɪʃn] флирт

flit [flɪt] порха́ть [-хну́ть] (*a. fig.*); *of smile, etc.* пробежа́ть

float [fləʊt] **1.** *on fishing line* поплаво́к; **2.** *v/t. timber* сплавля́ть [-а́вить]; *fin.* вводи́ть [ввести́] пла́вающий курс; *v/i. of object* пла́вать, [по]плы́ть; держа́ться на воде́; *fig.* плыть по тече́нию

flock ['flɒk] **1.** *of sheep* ста́до; *of birds* ста́я; **2.** стека́ться [сте́чься]; держа́ться вме́сте

flog [flɒg] [вы́]поро́ть; ~ *a dead horse* стара́ться возроди́ть безнаде́жно устаре́лое де́ло

flood [flʌd] **1.** (*a.* ~ *tide*) прили́в, подъём воды́; (*inundation*) наводне́ние, полово́дье, разли́в; *Bibl. the* ♌ всеми́рный пото́п; **2.** поднима́тся [-ня́ться], выступа́ть из берего́в; (*inundate*) затопля́ть [-пи́ть]; *the market* наводня́ть [-ни́ть]; ~gate шлюз

floor [flɔː] **1.** пол; (*stor(e)y*) эта́ж; *take the ~ parl.* взять *pf.* сло́во; **2.** настила́ть пол; *coll.* (*knock down*) сбива́ть [сбить] с ног; *fig.* (*nonplus*) [по]ста́вить в тупи́к; ~ing ['flɔːrɪŋ] насти́лка поло́в; пол

flop [flɒp] **1.** шлёпаться [-пнуться]; плю́хать(ся) [-хнуть(-ся]; *Am.* потерпе́ть *pf.* фиа́ско; **2.** *sl.* прова́л; ~py [-ɪ]: ~ *disk comput.* ги́бкий диск

florid ['flɒrɪd] □ цвети́стый (*a. fig.*)

florist ['flɒrɪst] продаве́ц цвето́в

flounce [flaʊns] *out of room* броса́ться [бро́ситься]

flounder[1] *zo.* ['flaʊndə] ка́мбала

flounder[2] [~] *esp. in water* бара́хтаться; *fig.* [за]пу́таться

flour [flaʊə] мука́

flourish ['flʌrɪʃ] *v/i.* пы́шно расти́; (*prosper*) процвета́ть, преуспева́ть; *v/t.* (*wave*) разма́хивать (T)

flout [flaʊt] попира́ть [попра́ть], пренебрега́ть [-ре́чь] (T)

flow [fləʊ] **1.** тече́ние; пото́к; (*a. of speech*) струя́; *of sea* прпли́в; **2.** течь; струи́ться; ли́ться

flower ['flaʊə] **1.** цвето́к; *fig.* цвет; *in* ~ в цвету́; **2.** цвести́; ~y [-rɪ] *fig.* цвети́стый

flown [fləʊn] *pt. p. от* **fly**

flu [fluː] = *influenza coll.* грипп

fluctuat|e ['flʌktʃʊeɪt] колеба́ться; ~ion [flʌktʃʊ'eɪʃn] колеба́ние

flue [fluː] дымохо́д

fluen|cy ['fluːənsɪ] *fig.* пла́вность *f*, бе́глость *f*; ~t [-t] □ пла́вный, бе́глый; *she speaks* ~ *German* она́ бе́гло говори́т по-неме́цки

fluff [flʌf] пух, пушо́к; ~y ['flʌfɪ] пуши́стый

fluid ['fluːɪd] **1.** жи́дкость *f*; **2.** жи́дкий; *fig.* неопределённый

flung [flʌŋ] *pt. и pt. p. от* **fling**

flurry ['flʌrɪ] порха́ние, сумато́ха

flush [flʌʃ] **1.** румя́нец; *of shame* кра́ска; *of feeling* прили́в; **2.** *v/t. toilet* спуска́ть [-сти́ть] во́ду (в убо́рной); (*rinse or wash clean*) промыва́ть [-мы́ть]; *v/i.* [по]красне́ть

fluster ['flʌstə] **1.** суета́, волне́ние; **2.** [вз]волнова́ть(ся)

flute [fluːt] *mus.* фле́йта

flutter ['flʌtə] **1.** порха́ние; *of leaves, a. fig.* тре́пет; *fig.* волне́ние; **2.** *v/i.* маха́ть [-хну́ть]; *in the wind* развева́ться; порха́ть [-хну́ть]

flux [flʌks] *fig.* тече́ние; пото́к; *in a state of* ~ в состоя́нии непреры́вного измене́ния

fly [flaɪ] **1.** му́ха; *a* ~ *in the ointment* ло́жка дёгтя в бо́чке мёда; **2.** [*irr.*] лета́ть, [по]лете́ть; пролета́ть [-ете́ть]; (*hurry*) [по]спеши́ть; *of flag* поднима́ть [-ня́ть]; *ae.* пилоти́ровать; ~ *at* набра́сываться [-ро́ситься] (с бра́нью) на (В); ~ *into a passion* вспы́лть *pf.*

flying ['flaɪɪŋ] лета́тельный; лётный; ~ *saucer* лета́ющая таре́лка; ~ *visit* мимолётный визи́т

fly|over путепрово́д; эстака́да; ~weight *boxer* наилегча́йший вес; ~wheel махови́к

foal [fəʊl] жеребёнок

foam [fəʊm] **1.** пе́на; ~ *rubber* пенорези́на; **2.** [вс]пе́ниться; *of horse* взмы́ли(ва)ться; ~y ['fəʊmɪ] пе́нящийся; взмы́ленный

focus ['fəʊkəs] **1.** *phot., phys.* фо́кус; **2.** быть в фо́кусе; сосредото́чи(ва)ть (*a. fig.*)

fodder ['fɔdə] фура́ж, корм

foe [fəu] враг

fog [fɔg] **1.** тума́н; (*bewilderment*) замеша́тельство; **2.** [за]тума́нить; *fig.* напуска́ть [-сти́ть] тума́ну; озада́чи(ва)ть; **~gy** ['fɔgɪ] □ тума́нный

foible ['fɔɪbl] *fig.* сла́бость *f*

foil¹ [fɔɪl] (*thin metal*) фольга́; (*contrast*) противопоставле́ние

foil² [-] **1.** расстра́ивать пла́ны (P); **2.** рапи́ра

fold [fəuld] **1.** скла́дка, сгиб; **2.** *v/t.* скла́дывать [сложи́ть]; сгиба́ть [согну́ть]; *one's arms* скре́щивать [-ести́ть]; **~er** ['fəuldə] *for papers* па́пка; брошю́ра

folding ['fəuldɪŋ] складно́й; **~ doors** двуство́рчатые две́ри; **~ chair** складно́й стул; **~ umbrella** складно́й зо́нтик

foliage ['fəulɪɪdʒ] листва́

folk [fəuk] наро́д, лю́ди *m/pl.*; **~lore** ['fəuklɔː] фолькло́р; **~song** наро́дная пе́сня

follow ['fɔləu] сле́довать (за T *or* Д); (*watch*) следи́ть (за T); (*pursue*) пресле́довать (B); (*engage in*) занима́ться [-ня́ться] (T); (*understand*) понима́ть [-ня́ть]; **~ suit** сле́довать приме́ру; **~er** ['fɔləuə] после́дователь(ница *f*) *m*; (*admirer*) покло́нник; **~ing** ['fɔləuɪŋ] сле́дующий

folly ['fɔlɪ] безрассу́дство, глу́пость *f*, безу́мие

fond [fɔnd] □ не́жный, лю́бящий, **be ~ of** люби́ть (B)

fond|le ['fɔndl] [при]ласка́ть; **~ness** [-nɪs] не́жность *f*, любо́вь *f*

food [fuːd] пи́ща, еда́; **~stuffs** *pl.* (пищево́й) проду́кты *m/pl.*

fool [fuːl] **1.** дура́к, глупе́ц; **make a ~ of s.o.** [о]дура́чить кого́-л.; **2.** *v/t.* обма́нывать [-ну́ть]; *v/i.* [по]дура́читься; **~ about** валя́ть дурака́

fool|ery ['fuːlərɪ] дура́чество; **~hardy** ['fuːlhɑːdɪ] □ безрассу́дно хра́брый; **~ish** ['fuːlɪʃ] глу́пый, неразу́мный; **~ishness** [-nɪs] глу́пость *f*, **~proof** безопа́сный; безотка́зный

foot [fut] **1.** (*pl.* **feet**) нога́, ступня́; (*base*) основа́ние; *of furniture* но́жка;

on ~ пешко́м; **2.** *v/t.* (*mst.* **~ up**) подсчи́тывать [-ита́ть]; **~ the bill** заплати́ть по счёту; **~ it** идти́ пешко́м; **~ball** футбо́л; **~fall** шаг; звук шаго́в; **~gear** *coll.* о́бувь *f*; **~hold** опо́ра (*a. fig.*)

footing ['futɪŋ] опо́ра; **on a friendly ~** быть на дру́жеской ноге́; **lose one's ~** оступа́ться [-пи́ться]

foot|lights *pl. thea.* ра́мпа; **~path** тропи́нка; тропа́; **~print** след; **~sore** со стёртыми нога́ми; **~step** по́ступь *f*, шаг; **follow in s.o.'s ~s** идти́ по чьим-л. стопа́м; **~wear** о́бувь *f*

for [fə; *strong* fɔː] *prp. mst.* для (P); ра́ди (P); за (B); в направле́нии (P), к (Д); из-за (P), по причи́не (P), всле́дствие; в тече́ние (P); в продолже́ние (P); **~ three days** в тече́ние трёх дней; уже́ три дня; вме́сто (P); в обме́н на (B); **~ all that** несмотря́ на всё я́то; **~ my part** с мое́й стороны́; **2.** *cj.* так как, потому́ что, и́бо

forbad(e) [fə'bæd] *pt. om* **forbid**

forbear [fɔː'beə] [*irr.*] (*be patient*) быть терпели́вый [-и́м]; (*refrain from*) возде́рживаться [-жа́ться] (*from* от P)

forbid [fə'bɪd] [*irr.*] запреща́ть [-ети́ть]; **~den** [-n] *pt. p. om* **forbid**; **~ing** [-ɪŋ] □ (*threatening*) угрожа́ющий

forbor|e [fɔː'bɔː] *pt. om* **forbear**, **~ne** [-n] *pt. p. om* **forbear**

force [fɔːs] **1.** си́ла; (*violence*) наси́лие; (*constraint*) принужде́ние; (*meaning*) смысл, значе́ние; **armed ~s** *pl.* вооружённые си́лы *f/pl.*; **come into ~** вступа́ть в си́лу; **2.** заставля́ть [-а́вить], принужда́ть [-уди́ть]; (*get by force*) брать си́лой; **join ~s** объединя́ть [-ни́ть] уси́лия; **~ open** взла́мывать [взлома́ть]; **~d** [-t]: **~ landing** вы́нужденная поса́дка; **~ful** [-fl] □ си́льный, де́йственный; *argument* убеди́тельный

forcible ['fɔːsəbl] □ (*using force*) наси́льственный; (*convincing*) убеди́тельный

ford [fɔːd] **1.** брод; **2.** переходи́ть вброд

fore [fɔː] **1.** *adv.* впереди́; **2.** *adj.* передний; **~bode** [fɔː'bəʊd] предвещать; (*have a feeling*) предчувствовать; **~boding** предчувствие; **~cast 1.** ['fɔːkɑːst] предсказание; *weather* ~ прогноз погоды; **2.** [fɔː'kɑːst] *irr.* (*cast*) [с]делать (давать [дать]) прогноз; предсказывать [-казать] **~finger** указательный палец; **~gone** [fɔː'gɒn]: *it's a ~ conclusion* это предрешённый исход; **~ground** передний план; **~head** ['fɔːrɪd] лоб

foreign ['fɒrɪn] иностранный; *Brt. the* **♀ Office** Министерство иностранных дел; **~ policy** внешняя политика; **~er** [~ə] иностранец *m*, -нка *f*

fore|lock ['fɔːlɒk] прядь волос на лбу; **~man** бригадир; мастер; **~most** передний, передовой; **~runner** предвестник *m*, -ица *f*; **~see** [fɔː'siː] *irr.* (*see*) предвидеть; **~sight** ['fɔːsaɪt] предвидение; (*provident care*) предусмотрительность *f*

forest ['fɒrɪst] лес

forestall [fɔː'stɔːl] (*avert*) предупреждать [-упредить]; (*do s.th. first*) опережать [-дить]

forest|er ['fɒrɪstə] лесник, лесничий; **~ry** [-trɪ] лесничество, лесоводство

fore|taste ['fɔːteɪst] **1.** предвкушение; **2.** предвкушать [-усить]; **~tell** [fɔː'tel] *irr.* (*tell*) предсказывать [-зать]

forever [fə'revə] навсегда

forfeit ['fɔːfɪt] **1.** штраф; *in game* фант; **2.** [по]платиться (Т); *right* утрачивать [-атить]

forgave [fə'geɪv] *pt. om* **forgive**

forge¹ [fɔːdʒ] (*mst.* ~ *ahead*) настойчиво продвигаться вперёд

forge² [fɔːdʒ] **1.** кузница; **2.** ковать; *signature, etc.* подде́л(ыв)ать; **~ry** ['fɔːdʒərɪ] подделка; *of document* подлог

forget [fə'get] *irr.* забы(ва́)ть; **~ful** [-fl] □ забывчивый; **~-me-not** [-mɪnɒt] незабудка

forgiv|e [fə'gɪv] *irr.* прощать [простить]; **~en** [fə'gɪvən] *pt. p. om* ~; **~eness** [-nɪs] прощение; **~ing** [-ɪŋ] всепрощающий; □ великодушный, снисходительный

forgo [fɔː'gəʊ] *irr.* (*go*) воздержи-

ваться [-жаться] от (P), отказываться [-заться] от (P)

forgot, ~ten [fə'gɒt(n)] *pt. a. pt. p. om* **forget**

fork [fɔːk] вилка; *agric.* вилы *f/pl.*; *mus.* камертон; *of road* разветвление

forlorn [fə'lɔːn] заброшенный, несчастный

form [fɔːm] **1.** форма; фигура; (*document*) бланк; *Brt. educ.* класс; *matter of* ~ чистая формальность; **2.** образовываться(ся) [-овать(ся)]; (*create*) создавать [-ать]; (*organize*) организовывать [-вать]; [с]формировать

formal ['fɔːml] □ формальный; официальный; **~ity** [fɔː'mælətɪ] формальность *f*

formation [fɔː'meɪʃn] образование; формирование; *mil.* строй; (*structure*) строение

former ['fɔːmə] прежний, бывший; предшествующий; *the* ~ первый; **~ly** [-lɪ] прежде

formidable ['fɔːmɪdəbl] □ грозный; *size* громадный; (*difficult*) трудный

formula ['fɔːmjʊlə] формула; **~te** [-leɪt] формулировать (*im*)*pf.*, *pf. a.* [с-]

forsake [fə'seɪk] *irr.* оставлять [-авить], покидать [-инуть]

forswear [fɔː'sweə] *irr.* (*swear*) (*give up*) отказываться [-заться] от (P)

fort [fɔːt] *mil.* форт

forth [fɔːθ] *adv.* вперёд; дальше; впредь; *and so* ~ и так далее; **~coming** предстоящий

fortieth ['fɔːtɪɪθ] сороковой; сороковая часть *f*

forti|fication [fɔːtɪfɪ'keɪʃn] укрепление; **~fy** ['fɔːtɪfaɪ] *mil.* укреплять [-пить]; *fig.* подкреплять [-пить]; ~ *o.s.* подкрепляться [-питься] (*with* Т); **~tude** [-tjuːd] сила духа, стойкость *f*

fortnight ['fɔːtnaɪt] две недели *f/pl.*

fortress ['fɔːtrɪs] крепость *f*

fortuitous [fɔː'tjuːɪtəs] □ случайный

fortunate ['fɔːtʃənət] счастливый, удачный; *I was* ~ *enough* мне посчастли́вилось; **~ly** *adv.* к сча́стью

fortune ['fɔ:tʃən] судьба́; (*prosperity*) бога́тство, состоя́ние; *good* (*bad*) **~** (не)уда́ча; **~ teller** гада́лка

forty ['fɔ:tɪ] со́рок

forward ['fɔ:wəd] **1.** *adj.* пере́дний; (*familiar*) развя́зный, де́рзкий; *spring* ра́нний; **2.** *adv.* вперёд, да́льше; впредь; **3.** *sport* напада́ющий, фо́рвард; **4.** перес(ы́-) ла́ть, направля́ть [-а́вить] (по но́вому а́дресу)

forwent [fɔ:'went] *pt. om* **forgo**

foster ['fɒstər] воспи́тывать [-ита́ть]; (*look after*) присма́тривать [-мотре́ть] (за Т); *fig.* hope etc. пита́ть; (*cherish*) леле́ять; (*encourage*) поощря́ть [-ри́ть]; благоприя́тствовать (Д)

fought [fɔ:t] *pt. и pt. p. om* **fight**

foul [faʊl] **1.** □ (*dirty*) гря́зный; (*loathsome*) отврати́тельный (*a. weather*); нече́стный; **2.** *sport* наруше́ние пра́вил; **~ play** гру́бая игра́; **3.** [за]па́чкать(ся); (*pollute*) загрязня́ть [-ни́ть], допусти́ть *pf.* наруше́ние

found [faʊnd] **1.** *pt. и pt. p. om* **find**; **2.** (*lay the foundation of*) закла́дывать [заложи́ть]; (*establish*) осно́вывать (основа́ть); учрежда́ть [-еди́ть]

foundation [faʊn'deɪʃn] фунда́мент, осно́ва; *for research, etc.* фонд

founder ['faʊndə] основа́тель(ница *f*) *m*; *of society* учреди́тель(ница *f*) *m*

foundry ['faʊndrɪ] *tech.* лите́йный цех

fountain ['faʊntɪn] фонта́н; **~ pen** авторучка

four [fɔ:] **1.** четы́ре; **2.** четвёрка (→ *five* **2.**); **~teen** [,fɔ:'ti:n] четы́рнадцать; **~teenth** [-θ] четы́рнадцатый; **~th** [fɔ:θ] **1.** четвёртый; **2.** че́тверть *f*

fowl [faʊl] дома́шняя пти́ца

fox [fɒks] **1.** лиси́ца, лиса́; **2.** [с]хитри́ть; обма́нывать [-ну́ть]; *the question ~ed me* вопро́с поста́вил меня́ в тупи́к; **~y** ['fɒksɪ] хи́трый

foyer ['fɔɪeɪ] фойе́ *n indecl.*

fraction ['frækʃn] *math.* дробь *f*; (*small part or amount*) части́ца

fracture ['fræktʃə] **1.** тре́щина, изло́м;

med. перело́м; **2.** [с]лома́ть (*a. med.*)

fragile ['frædʒaɪl] хру́пкий (*a. fig.*), ло́мкий

fragment ['frægmənt] обло́мок, оско́лок; *of text* отры́вок; **~ary** [-эрɪ] фрагмента́рный; (*not complete*) отры́вочный

fragran|ce ['freɪgrəns] арома́т; **~t** [~t] □ арома́тный

frail [freɪl] *in health* хру́пкий; хи́лый, боле́зненный; *morally* сла́бый

frame [freɪm] **1.** *anat.* скеле́т, о́стов; телосложе́ние; *of picture, etc.* ра́мка, ра́ма; *of spectacles* опра́ва; **~ of mind** настрое́ние; **2.** (*construct*) [по]стро́ить, выраба́тывать [вы́работать]; вставля́ть в ра́му; **~work** *tech.* ра́ма; карка́с; *fig.* структу́ра; ра́мки *f/pl.*

franchise ['fræntʃaɪz] пра́во уча́ствовать в вы́борах; *comm.* привиле́гия; лице́нзия

frank [fræŋk] □ и́скренний, открове́нный

frankfurter ['fræŋkfɜ:tə] соси́ска

frankness ['fræŋknɪs] открове́нность *f*

frantic ['fræntɪk] (**~ally**) безу́мный; *efforts, etc.* отча́янный

fratern|al [frə'tɜ:nl] □ бра́тский; *adv.* по-бра́тски; **~ity** [-nətɪ] бра́тство; *Am. univ.* студе́нческая организа́ция

fraud [frɔ:d] обма́н, моше́нничество; **~ulent** ['frɔ:djʊlənt] □ обма́нный, моше́ннический

fray[1] [freɪ] дра́ка; (*quarrel*) ссо́ра

fray[2] [-] обтрепа́ться

freak [fri:k] *of nature* капри́з, причу́да; *person, animal* уро́д; (*enthusiast*) фана́т; *film* кинома́н

freckle ['frekl] весну́шка; **~d** [-d] весну́шчатый

free [fri:] **1.** □ *com.* свобо́дный, во́льный; (*not occupied*) незаня́тый; (**~ of charge**) беспла́тный; *give s.o. a ~ hand* предоста́вить по́лную свобо́ду де́йствий; *he is ~ to* он во́лен (+ *inf.*); *make ~ to inf.* позволя́ть себе́; *set ~* вы́пускать на свобо́ду; **2.** освобожда́ть [-боди́ть]; **~dom** ['fri:dəm] свобо́да;

~holder свобо́дный со́бственник; **~mason** масо́н; **~style** *sport* во́льный стиль; **~ trade area** свобо́дная экономи́ческая зо́на

freez|e [friːz] [*irr.*] *v/i.* замерза́ть [замёрзнуть]; (*congeal*) засты(ва́)ть; мёрзнуть; *v/t.* замора́живать [-ро́зить]; **~er** ['friːzə] *domestic appliance* морози́льник; **~ing 1.** □ леденя́щий; **2.** замора́живание; замерза́ние; **~ point** то́чка замерза́ния

freight [freit] **1.** фрахт, груз; (*cost*) сто́имость перево́зки; **2.** [по]грузи́ть; [за]фрахтова́ть; **~ car** *Am. rail.* това́рный ваго́н; **~ train** *Am.* това́рный по́езд/соста́в

French [frentʃ] **1.** францу́зский; **take ~ leave** уйти́, не проща́ясь (*или* по-англи́йски); **2.** францу́зский язы́к; **the ~** францу́зы *pl.*; **~man** ['frentʃmən] францу́з; **~woman** ['frentʃwumən] францу́женка

frenz|ied ['frenzid] безу́мный, неи́стовый; **~y** [~zi] безу́мие, неи́стовство

frequen|cy ['friːkwənsi] частота́ (*a. phys.*); ча́стое повторе́ние; **~t 1.** [-t] □ ча́стый; **2.** [friːˈkwent] регуля́рно посеща́ть

fresh [freʃ] □ све́жий; но́вый; чи́стый; *Am.* развя́зный, де́рзкий; **~ water** пре́сная вода́; **make a ~ start** нача́ть *pf.* всё снача́ла; **~en** ['freʃn] освежа́ть [-жи́ть]; *of the wind* [по]свеже́ть; **~man** [~mən] (*firstyear student*) первоку́рсник; **~ness** [-nis] све́жесть *f*

fret [fret] **1.** волне́ние, раздраже́ние; беспоко́ить(ся), [вз]волнова́ть(ся); (*wear away*) подта́чивать [-точи́ть]

fretful ['fretfl] □ раздражи́тельный, капри́зный

friction ['frikʃn] тре́ние (*a. fig.*)

Friday ['fraidi] пя́тница

fridge [fridʒ] *coll.* холоди́льник

friend [frend] прия́тель(ница *f*) *m*, друг, подру́га; **make ~s** подружи́ться; **~ly** [~li] дру́жеский; **~ship** [-ʃip] дру́жба

frigate ['frigət] фрега́т

fright [frait] испу́г; *fig.* (*scarecrow*) пу́гало, страши́лище; **~en** ['fraitn] [ис]-пуга́ть; (**~en** *away*) вспу́гивать [-гну́ть]; **~ed at** *или* **of** испу́ганный (T); **~ful** [-fl] □ стра́шный, ужа́сный

frigid ['fridʒid] □ холо́дный

frill [fril] обо́рка

fringe [frindʒ] **1.** бахрома́; *of hair* чёлка; *of forest* опу́шка; **~ benefits** дополни́тельные льго́ты; **2.** отде́лывать бахромо́й; *with trees, etc.* окаймля́ть [-ми́ть]

frisk [frisk] резви́ться; **~y** ['friski] □ ре́звый, игри́вый

fritter ['fritə]: **~ away** транжи́рить; растра́чиваться

frivol|ity [friˈvɒləti] легкомы́слие; фриво́льность *f*; **~ous** ['frivələs] □ легкомы́сленный; несерьёзный

frizzle ['frizl] *of hair* завива́ть(ся) [-ви́ть(ся)]; *with a sizzle* жа́рить(ся) с шипе́нием

fro [frəʊ]: **to and ~** взад и вперёд

frock [frɒk] да́мское или де́тское пла́тье; *monk's habit* ря́са

frog [frɒg] лягу́шка

frolic ['frɒlik] **1.** ша́лость *f*; весе́лье; **2.** резви́ться; **~some** [-səm] □ игри́вый, ре́звый

from [frəm; *strong* frɒm] *prp.* от (Р); с (Р); по (Д); **defend ~** защища́ть от (Р); **~ day to day** со дня на́ день

front [frʌnt] **1.** фаса́д; пере́дняя сторона́; *mil.* фронт; **in ~ of** пе́ред (Т); впереди́ (Р); **2.** пере́дний; **3.** (*face*) выходи́ть на (В) (*a. ~ on*); **~al** ['frʌntl] лобово́й; *anat.* лобный; *attack, etc.* фронта́льный; **~ier** ['frʌntiə] **1.** грани́ца; **2.** пограни́чный

frost [frɒst] **1.** моро́з; **2.** *plants* поби́ть моро́зом; **~bite** обмороже́ние; **~y** ['frɒsti] □ моро́зный; *fig.* (*unfriendly*) ледяно́й

froth [frɒθ] **1.** пе́на; **2.** [вс-, за]пе́нить(ся); **~y** ['frɒθi] пе́нистый

frown [fraun] **1.** хму́рый взгляд; **2.** *v/i.* [на]хму́риться; **~ on** относи́ться [-нести́сь] неодобри́тельно

froze [frəʊz] *pt. om* **freeze**; **~n** [-n] **1.** *pt. p. om* **freeze**; **2.** заме́рзший; *meat, etc.* заморо́женный

frugal ['fruːgl] □ *person* бережли́вый;

meal скро́мный; *with money etc.* эконо́мный

fruit [fru:t] **1.** плод (*a. fig.*); фрукт *mst. pl.*; **dried** сухофру́кты; **2. bear** плодоно́сить, дава́ть плоды́; **~ful** ['fru:tfl] *fig.* плодотво́рный; **~less** [-lɪs] □ беспло́дный

frustrat|e [frʌ'streɪt] *plans* расстра́ивать [-ро́ить]; *efforts* де́лать тще́тным; **~ed** [-ɪd] обескура́женный, неудовлетворённый; **~ion** [frʌ'streɪʃn] расстро́йство; *of hopes* круше́ние

fry [fraɪ] [за-, под]жа́рить(ся); **~ing pan** ['fraɪɪŋpæn] сковорода́

fudge [fʌdʒ] (*sweet*) пома́дка

fuel [fjuəl] **1.** то́пливо; **2.** *mot.* горю́чее; **add ~ to the fire** подлива́ть ма́сла в ого́нь

fugitive ['fju:dʒɪtɪv] (*runaway*) бегле́ц; *from danger, persecution, etc.* бе́женец *m*, -нка *f*

fulfil(l) [fʊl'fɪl] выполня́ть [вы́полнить], осуществля́ть [-ви́ть]; **~ment** [-mənt] осуществле́ние, выполне́ние

full [fʊl] **1.** □ по́лный; *hour* це́лый; **2.** *adv.* вполне́; как раз; о́чень; **3.** *in* ~ по́лностью; *to the* ~ в по́лной ме́ре; **~ dress** пара́дная фо́рма; **~-fledged** вполне́ опери́вшийся; *fig.* зако́нченный; полнопра́вный; **~scale** [fʊl'skeɪl] в по́лном объёме

fumble ['fʌmbl] (*feel about*) ша́рить; (*rummage*) ры́ться; **~ for words** поды́скивать слова́

fume [fju:m] **1.** дым; (*vapour*) испаре́ние; **2.** дыми́ть(ся); *fig.* возмуща́ться

fumigate ['fju:mɪgeɪt] оку́ривать

fun [fʌn] весе́лье; заба́ва; *have* ~ хорошо́ провести́ вре́мя; *make* ~ *of* высме́ивать [вы́смеять] (В)

function ['fʌŋkʃn] **1.** фу́нкция, назначе́ние; **2.** функциони́ровать, де́йствовать

fund [fʌnd] запа́с; *fin.* капита́л, фонд; **~s** *pl.* (*resources*) фо́нды *m/pl.*; *public* ~ госуда́рственные сре́дства

fundament|al [fʌndə'mentl] □ основно́й, коренно́й, суще́ственный; **~als**

pl. осно́вы *f/pl.*

funeral ['fju:nərəl] по́хороны *f/pl.*; *attr.* похоро́нный

funnel ['fʌnl] воро́нка; *naut.* дымова́я труба́

funny ['fʌnɪ] □ заба́вный, смешно́й; (*strange*) стра́нный

fur [fɜ:] мех; (*skin with* ~) шку́р(к)а; ~ *coat* шу́ба; **~s** *pl.* меха́ *m/pl.*, меховы́е това́ры *m/pl.*, пушни́на

furious ['fjʊərɪəs] □ (*violent*) бу́йный; (*enraged*) взбешённый

furl [fɜ:l] *sails* свёртывать [сверну́ть]; *umbrella* скла́дывать [сложи́ть]

fur-lined ['fɜ:laɪnd] подби́тый ме́хом

furnace ['fɜ:nɪs] горн; печь *f*

furnish ['fɜ:nɪʃ] (*provide*) снабжа́ть [снабди́ть] (*with* Т); *room, etc.* обставля́ть [-а́вить], меблирова́ть (*im*)*pf.*; **~ings** обстано́вка; дома́шние принадле́жности

furniture ['fɜ:nɪtʃər] ме́бель *f*, обстано́вка

furrier ['fʌrɪə] скорня́к

furrow ['fʌrəʊ] *agric.* борозда́; (*groove*) коле́я́

further ['fɜ:ðə] **1.** да́льше, да́лее; зате́м; кро́ме того́; **2.** соде́йствовать, спосо́бствовать (Д); **~ance** [-rəns] продвиже́ние (*of* P), соде́йствие (*of* Д); **~more** [fɜ:ðə'mɔ:] *adv.* к тому́ же, кро́ме того́

furthest ['fɜ:ðɪst] са́мый да́льний

furtive ['fɜ:tɪv] □ скры́тный, та́йный; ~ *glance* взгляд укра́дкой

fury ['fjʊərɪ] неи́стовство, я́рость *f*; *fly into a* ~ прийти́ в я́рость

fuse[1] [fju:z] *el.* пла́вкий предохрани́тель *m*, *coll.* про́бка

fuse[2] [-] *the lights have* ~*d* про́бки перегоре́ли

fuss [fʌs] *coll.* **1.** суета́; (*row*) шум, сканда́л; *make a* ~ подня́ть *pf.* шум; *make a* ~ *of s.o.* носи́ться с кем-л.; **2.** [за]суети́ться; [вз]волнова́ться (*about* из-за Р)

futile ['fju:taɪl] бесполе́зный, тще́тный

future ['fju:tʃə] **1.** бу́дущий; **2.** бу́дущее, бу́дущность *f*; *in the near* ~

в ближа́йшее вре́мя; *there is no ~ in it* э́то бесперспекти́вно

fuzzy ['fʌzɪ] (*blurred*) сму́тный; (*fluffy*) пуши́стый

G

gab [gæb]: *the gift of the ~* хорошо́ подве́шенный язы́к

gabardine ['gæbədi:n] габарди́н

gabble ['gæbl] тарато́рить

gable ['geɪbl] *arch.* фронто́н

gad [gæd]: *~ about* шля́ться, шата́ться

gadfly ['gædflaɪ] *zo.* сле́пень *m*

gadget ['gædʒɪt] приспособле́ние; *coll.* техни́ческая нови́нка

gag [gæg] 1. *for stopping mouth* кляп; (*joke*) шу́тка, остро́та; 2. затыка́ть рот (Д); заста́вить *pf.* замолча́ть

gaiety ['geɪətɪ] весёлость *f*

gaily ['geɪlɪ] *adv. om* **gay** ве́село; (*brightly*) я́рко

gain [geɪn] 1. (*profit*) при́быль *f*; (*winnings*) вы́игрыш; (*increase*) приро́ст; 2. выи́грывать [вы́играть]; приобрета́ть [-ести́]; *~ weight* [по]полне́ть

gait [geɪt] похо́дка

galaxy ['gæləksɪ] гала́ктика; *fig.* плея́да

gale [geɪl] шторм, си́льный ве́тер

gall [gɔ:l] 1. *med.* жёлчь *f*; *bitterness* жёлчность *f*; (*bad temper*) зло́ба; 2. раздража́ть [-жи́ть]

gallant ['gælənt] 1. гала́нтный; 2. *adj.* ['gælənt] □ хра́брый, до́блестный

gall bladder жёлчный пузы́рь

gallery ['gælərɪ] галере́я; *thea.* балко́н; *coll.* галёрка

galley ['gælɪ] *naut.* ка́мбуз

gallon ['gælən] галло́н

gallop ['gæləp] 1. гало́п; 2. скака́ть гало́пом

gallows ['gæləʊz] *sg.* ви́селица

gamble ['gæmbl] 1. аза́ртная игра́; риско́ванное предприя́тие; 2. игра́ть в аза́ртные и́гры; *on stock exchange* игра́ть; *~r* [-ə] картёжник, игро́к

gambol ['gæmbl] 1. прыжо́к; 2. пры́гать, скака́ть

game [geɪm] 1. игра́; *of chess, etc.* па́ртия; *of tennis* гейм; (*wild animals*) дичь *f*; *~s pl.* состяза́ния *n/pl.*, и́гры *f/pl.*; *beat s.o. at his own ~* бить кого́-л. его́ со́бственным ору́жием; 2. *coll.* охо́тно гото́вый (сде́лать что́-л.); 3. игра́ть на де́ньги; *~ster* [~stə] игро́к, картёжник

gander ['gændə] гуса́к

gang [gæŋ] 1. *of workers* брига́да; *of criminals* ба́нда; 2. *~ up* объедини́ться *pf.*

gangster ['gæŋstə] га́нгстер

gangway ['gæŋweɪ] *naut.* схо́дни; *ae.* трап; (*passage*) прохо́д

gaol [dʒeɪl] тюрьма́; → *jail*

gap [gæp] *in text, knowledge* пробе́л; (*cleft*) брешь *f*, щель *f*; *fig. between ideas, etc.* расхожде́ние

gape [geɪp] разева́ть рот; [по]глазе́ть; зия́ть

garage ['gæra:ʒ] гара́ж

garbage ['ga:bɪdʒ] отбро́сы *m/pl.*; му́сор; *~ chute* мусоропрово́д

garden ['ga:dn] 1. сад; *kitchen ~* огоро́д; 2. занима́ться садово́дством; *~er* [-ə] садо́вник, садово́д; *~ing* [-ɪŋ] садово́дство

gargle ['ga:gl] 1. полоска́ть го́рло; 2. полоска́ние для го́рла

garish ['geərɪʃ] бро́ский, крича́щий; я́ркий

garland ['ga:lənd] гирля́нда, вено́к

garlic ['ga:lɪk] чесно́к

garment ['ga:mənt] предме́т оде́жды

garnish ['ga:nɪʃ] 1. (*decoration*) украше́ние, *mst. cul.*; 2. украша́ть [укра́сить]; гарни́ровать

garret ['gærɪt] мансарда

garrison ['gærɪsn] гарнизо́н

garrulous ['gærʊləs] □ болтли́вый

gas [gæs] 1. газ; *Am.* бензи́н, горю́чее;

~**bag** *coll.* болту́н; пустоме́ля; **2.** отравля́ть га́зом

gash [gæʃ] **1.** глубо́кая ра́на, разре́з; **2.** наноси́ть глубо́кую ра́ну (Д)

gas lighter га́зовая зажига́лка

gasoline, gasolene ['gæsəliːn] *mot. Am.* бензи́н

gasp [gɑːsp] задыха́ться [задохну́ться]; лови́ть во́здух

gas station *Am.* автозапра́вочная ста́нция; ~ **stove** га́зовая плита́

gastri|c ['gæstrɪk] желу́дочный; ~ **ulcers** я́зва желу́дка; ~**tis** [gæ'straɪtɪs] гастри́т

gate [geɪt] воро́та *n/pl.; in fence* кали́тка; ~**way** воро́та *n/pl.;* вход; подворо́тня

gather ['gæðə] *v/t.* соб(и)ра́ть; *harvest* снима́ть [снять]; *flowers* [на-, со]рва́ть; *fig.* де́лать вы́вод; ~ **speed** набира́ть ско́рость; *v/i.* соб(и)ра́ться; ~**ing** [-rɪŋ] собра́ние; *social* встре́ча; *med.* нары́в

gaudy ['gɔːdɪ] ☐ я́ркий, крича́щий, безвку́сный

gauge [geɪdʒ] **1.** *tech.* кали́бр; измери́тельный прибо́р; *fuel* ~ *mot.* бензиноме́р; **2.** измеря́ть [-е́рить]; градуи́ровать (*im*)*pf.; fig. person* оце́нивать [-ни́ть]

gaunt [gɔːnt] ☐ исхуда́лый, изможде́нный; *place* забро́шенный, мра́чный

gauze [gɔːz] ма́рля

gave [geɪv] *pt. om* **give**

gawky ['gɔːkɪ] неуклю́жий

gay [geɪ] ☐ весёлый; *colo(u)r* я́ркий, пёстрый; гомосексуа́льный

gaze [geɪz] **1.** при́стальный взгляд; **2.** при́стально смотре́ть

gazette [gə'zet] *official* бюллете́нь *m*, ве́стник

gear [gɪə] **1.** механи́зм; приспособле́ния *n/pl.; tech.* зубча́тая переда́ча; *mot.* переда́ча; ско́рость *f*; (*equipment*) принадле́жности *f/pl.;* (*belongings*) ве́щи *f/pl.; change* ~ переключи́ть переда́чу; *in* ~ включённый, де́йствующий; **2.** приводи́ть в движе́ние; включа́ть [-чи́ть]

geese [giːs] *pl. om* **goose**

gem [dʒem] драгоце́нный ка́мень *m; fig.* сокро́вище

gender ['dʒendə] *gr.* род

gene [dʒiːn] *biol.* ген

general ['dʒenərəl] **1.** ☐ о́бщий; обы́чный; (*in all parts*) повсеме́стный; (*chief*) гла́вный, генера́льный; ~ **election** всео́бщие вы́боры *m/pl.;* **2.** *mil.* генера́л; ~**ization** [dʒenrəlaɪ'zeɪʃn] обобще́ние; ~**ize** ['dʒenrəlaɪz] обобща́ть [-щи́ть]; ~**ly** [-lɪ] вообще́; обы́чно

generat|e ['dʒenəreɪt] порожда́ть [-роди́ть]; производи́ть [-вести́]; *el.* выраба́тывать [вы́работать]; ~**ion** [dʒenə'reɪʃn] поколе́ние; ~**or** ['dʒenəreɪtə] генера́тор

gener|osity [dʒenə'rɒsətɪ] великоду́шие; *with money, etc.* ще́дрость *f;* ~**ous** ['dʒenərəs] ☐ великоду́шный, ще́дрый

genetics [dʒɪ'netɪks] гене́тика

genial ['dʒiːnɪəl] ☐ *climate* тёплый, мя́гкий; до́брый, серде́чный

genius ['dʒiːnɪəs] ге́ний; тала́нт, гениа́льность *f*

genocide ['dʒenəsaɪd] геноци́д

genre ['ʒɑːnrə] жанр

gentle ['dʒentl] ☐ мя́гкий; кро́ткий; ти́хий; не́жный; *animals* сми́рный; *breeze* лёгкий; ~**man** джентльме́н; господи́н; ~**manlike**, ~**manly** [-lɪ] воспи́танный; ~**ness** [-nɪs] мя́гкость *f;* доброта́

genuine ['dʒenjuɪn] ☐ (*real*) по́длинный; (*sincere*) и́скренний, неподде́льный

geography [dʒɪ'ɒgrəfɪ] геогра́фия

geology [dʒɪ'ɒlədʒɪ] геоло́гия

geometry [dʒɪ'ɒmətrɪ] геоме́трия

germ [dʒɜːm] микро́б; (*embryo*) заро́дыш (*a. fig.*)

German ['dʒɜːmən] **1.** герма́нский, неме́цкий; ~ **silver** мельхио́р; **2.** не́мец, не́мка; неме́цкий язы́к

germinate ['dʒɜːmɪneɪt] дава́ть ростки́, прораста́ть [-расти́]

gesticulat|e [dʒe'stɪkjuleɪt] жестикули́ровать; ~**ion** [-stɪkjʊ'leɪʃn] жестикуляция

gesture ['dʒestʃə] жест (*a. fig.*)

get [get] [*irr.*] **1.** *v/t.* (*obtain*) доста-
в)а́ть; (*receive*) получа́ть [-чи́ть]; (*earn*) зараба́тывать [-бо́тать]; (*buy*)
покупа́ть, купи́ть; (*fetch*) приноси́ть
[-нести́]; (*induce*) заставля́ть [-ста́-
вить]; **I have got to ...** мне ну́жно, я
до́лжен; **~ one's hair cut** [по]стри́чься;
2. *v/i.* (*become, be*) [с]де́латься, стано-
ви́ться [стать]; **~ ready** [при]гото́-
виться; **~ about** (*travel*) разъезжа́ть;
after illness начина́ть ходи́ть; **~ abroad**
of rumo(u)rs распространя́ться
[-ни́ться]; **~ across** *fig.* заставля́ть
[-а́вить] поня́ть; **~ ahead** продви-
га́ться вперёд; **~ at** доб(и)ра́ться до
(Р); **~ away** уд(и)ра́ть, уходи́ть [уйти́];
~ down from shelf снима́ть [снять];
from train сходи́ть [сойти́]; **~ in** вхо-
ди́ть [войти́]; **~ on well with a p.** хо-
рошо́ ла́дить с ке́м-л.; **~ out** вынима́ть
[вы́нуть]; **~ to hear (know, learn)**
узн(ав)а́ть; **~ up** вст(ав)а́ть; **~up** ['get-
лр] (*dress*) наря́д

geyser ['gi:zə] **1.** ге́йзер; **2.** *Brt.* га́зо-
вая коло́нка

ghastly ['gɑːstlɪ] ужа́сный

gherkin ['gɜːkɪn] огу́рчик; **pickled ~s**
корнишо́ны

ghost [gəust] при́зрак, привиде́ние;
дух (*a. eccl.*); *fig.* тень *f*, лёгкий след;
~like ['gəustlaɪk], **~ly** [-lɪ] похо́жий на
привиде́ние, при́зрачный

giant ['dʒaɪənt] **1.** велика́н, гига́нт; **2.**
гига́нтский

gibber ['dʒɪbə] говори́ть невня́тно;
~ish [-rɪʃ] тараба́рщина

gibe [dʒaɪb] *v/i.* насмеха́ться (**at** над Т)

gidd|iness ['gɪdɪnɪs] *med.* головокру-
же́ние; легкомы́слие; **~y** ['gɪdɪ] □ ис-
пы́тывающий головокруже́ние; (*not
serious*) легкомы́сленный; **I feel ~** у
меня́ кру́жится голова́; **~ height** голо-
вокружи́тельная высота́

gift [gɪft] дар, пода́рок; спосо́бность *f*,
тала́нт (*of* к Д); **~ed** ['gɪftɪd] одарён-
ный, спосо́бный

gigantic [dʒaɪˈgæntɪk] (**~ally**) гига́нт-
ский, грома́дный

giggle ['gɪgl] **1.** хихи́канье; **2.** хихи́-
кать [-кнуть]

gild [gɪld] [*irr.*] [по]золоти́ть

gill [gɪl] *zo.* жа́бра

gilt [gɪlt] **1.** позоло́та; **2.** позо-
ло́ченный

gin [dʒɪn] (*machine or alcoholic beverage*) джин

ginger ['dʒɪndʒə] **1.** имби́рь *m*; **2. ~ up**
coll. подстёгивать [-стегну́ть],
оживля́ть [-ви́ть]; **~bread** имби́рный
пря́ник; **~ly** [-lɪ] осторо́жный, ро́бкий

gipsy ['dʒɪpsɪ] цыга́н(ка)

giraffe [dʒɪˈrɑːf] жира́ф

girder ['gɜːdə] (*beam*) ба́лка

girdle ['gɜːdl] (*belt*) по́яс, куша́к; (*corset*) корсе́т

girl [gɜːl] де́вочка, де́вушка; **~friend**
подру́га; **~hood** ['gɜːlhud] де-
ви́чество; **~ish** □ деви́чий

giro ['dʒaɪrəu] *banking* безнали́чная
опера́ция

girth [gɜːθ] обхва́т, разме́р; *for saddle*
подпру́га

gist [dʒɪst] суть *f*

give [gɪv] [*irr.*] **1.** *v/t.* да(ва́)ть; *as gift*
[по]дари́ть; (*hand over*) передава́ть
[-да́ть]; (*pay*) [за]плати́ть; *pleasure* до-
ставля́ть [-а́вить]; **~ birth to** роди́ть; **~
away** отд(ав)а́ть; *coll.* выда(ва́)ть,
пред(ав)а́ть; **~ in** *application* под(а-
)а́ть; **~ off** *smell* изд(ав)а́ть; **~ up** от-
ка́зываться [-за́ться] от (Р); **2.** *v/i.*
(*in*) уступа́ть [-пи́ть]; **~ into** выходи́ть
на (В); **~ out** конча́ться [ко́нчиться];
обесси́леть *pf.*; **~n** ['gɪvn] **1.** *pt. p.
om give*; **2.** *fig.* да́нный; (*disposed*)
скло́нный (**to** к Д)

glacial ['gleɪsɪəl] □ леднико́вый; **~er**
['glæsɪə] ледни́к

glad [glæd] □ дово́льный; ра́достный,
весёлый; **I am ~** я рад(а); **~ly** охо́тно;
~den ['glædn] [об]ра́довать

glade [gleɪd] поля́на

gladness ['glædnɪs] ра́дость *f*

glamo|rous ['glæmərəs] обая́тель-
ный, очарова́тельный; **~(u)r**
['glæmə] очарова́ние

glance [glɑːns] **1.** бы́стрый взгляд; **2.**
(*slip*) скользи́ть [-зну́ть] (*mst. ~*

off); ~ *at* взгляну́ть на (В); ~ *back* огля́дываться [-ну́ться]; ~ *through* просма́тривать [-смо-тре́ть]

gland [glænd] желе́за

glare [gleə] 1. ослепи́тельно сверка́ть; (*stare*) серди́то смотре́ть; 2. серди́тый *or* свире́пый взгляд; ослепи́тельный блеск

glass [glɑːs] 1. стекло́; стака́н; *for wine* рю́мка; (*looking ~*) зе́ркало; (*a pair of*) ~**es** *pl.* очки́ *n/pl.*; 2. *attr.* стекля́нный; ~**house** *Brt.* (*greenhouse*) тепли́ца; *Am.* (*place where glass is made*) стеко́льный заво́д; ~**y** ['glɑːsɪ] □ зерка́льный; *eyes* ту́склый

glaz|e [gleɪz] 1. глазу́рь *f*; 2. глази́ровать (*im*)*pf.*; *windows* застекля́ть [-ли́ть]; ~**ier** ['gleɪzɪə] стеко́льщик

gleam [gliːm] 1. мя́гкий, сла́бый свет; про́блеск, луч; 2. поблёскивать

glean [gliːn] *v/t. fig. information, etc.* тща́тельно собира́ть

glee [gliː] ликова́ние

glib [glɪb] □ *tongue* бо́йкий; ~ *excuse* благови́дный предло́г

glid|e [glaɪd] 1. скользи́ть, пла́вно дви́гаться; 2. пла́вное движе́ние; ~**er** ['glaɪdə] *ae.* планёр

glimmer ['glɪmə] 1. мерца́ние, ту́склый свет; 2. мерца́ть, ту́скло свети́ть

glimpse [glɪmps] 1.: *at a ~* с пе́рвого взгля́да; *catch a ~* = *v.* **glimpse**; 2. [у]ви́деть ме́льком

glint [glɪnt] 1. блеск; 2. блесте́ть

glisten ['glɪsn], **glitter** ['glɪtə] блесте́ть, сверка́ть, сия́ть

gloat [gləʊt] злора́дствовать

global ['gləʊbl] глоба́льный, всеми́рный

globe [gləʊb] шар; земно́й шар; гло́бус; ~**trotter** [-trɒtə] зая́длый путеше́ственник

gloom [gluːm] мрак; *throw a ~ over …* поверга́ть [-ве́ргнуть] в уны́ние; ~**y** ['gluːmɪ] □ мра́чный; угрю́мый

glori|fy ['glɔːrɪfaɪ] прославля́ть [-а́вить]; ~**ous** ['glɔːrɪəs] □ великоле́пный, чуде́сный

glory ['glɔːrɪ] 1. сла́ва; 2. торжество-

ва́ть; (*take pride*) горди́ться (*in* Т)

gloss [glɒs] 1. вне́шний блеск; гля́нец; (*explanatory comment*) поясне́ние, толкова́ние; 2. наводи́ть гля́нец на (В); ~ *over* приукра́шивать [-кра́сить]; обойти́ молча́нием

glossary ['glɒsərɪ] глосса́рий; *at end of book* слова́рь *m*

glossy ['glɒsɪ] □ *hair* блестя́щий; *photo, etc.* гля́нцевый

glove [glʌv] перча́тка; ~ *compartment* *mot. coll.* бардачо́к

glow [gləʊ] 1. (*burn*) горе́ть; *of coals* тлеть; *with happiness* сия́ть; 2. за́рево; *on face* румя́нец; ~**worm** светлячо́к

glucose ['gluːkəʊs] глюко́за

glue [gluː] 1. клей; 2. [с]кле́ить; *be ~d to* быть прико́ванным (к Д)

glum [glʌm] □ мра́чный, хму́рый

glut [glʌt] избы́ток; зата́ривание

glutton ['glʌtn] обжо́ра *m/f*; ~**y** [-ɪ] обжо́рство

gnash [næʃ] [за]скрежета́ть

gnat [næt] кома́р; (*midge*) мо́шка

gnaw [nɔː] глода́ть; грызть (*a. fig.*)

gnome [nəʊm] гном, ка́рлик

go [gəʊ] 1. [*irr.*] ходи́ть, идти́; (*pass*) проходи́ть [пройти́]; (*leave*) уходи́ть [уйти́]; *by car, etc.* е́здить, [по]е́хать; (*become*) [с]де́латься; (*function*) рабо́тать; *let ~* отпуска́ть [отпусти́ть]; выпуска́ть из рук; ~ *to see* заходи́ть [зайти́] к (Д), навеща́ть [-ести́ть]; ~ *at* набра́сываться [-ро́ситься] на (В); ~ *by* проходи́ть [пройти́] ми́мо; (*be guided by*) руково́дствоваться (Т); ~ *for* идти́ [пойти́] за (Т); ~ *for a walk* пойти́ на прогу́лку; ~ *in for* занима́ться [-ня́ться]; ~ *on* продолжа́ть [-до́лжить]; идти́ да́льше; ~ *through* доводи́ть до конца́ (В); ~ *without* обходи́ться (обойти́сь) без (Р); 2. ходьба́, движе́ние; *coll.* эне́ргия; *on the* ~ на ходу́; на нога́х; *no* ~ *coll.* не вы́йдет; не пойдёт; *in one* ~ с пе́рвой попы́тки; в одно́м захо́де; *have a ~ at* [по]про́бовать (В)

goad [gəʊd] побужда́ть [побуди́ть]; подстрека́ть [-кну́ть]

goal [gəʊl] цель *f*; *sport* воро́та *n/pl.*;

гол; **~keeper** врата́рь *m*

goat [gəʊt] козёл, коза́

gobble ['gɒbl] есть жа́дно, бы́стро

go-between ['gəʊbɪtwiːn] посре́дник

goblin ['gɒblɪn] домово́й

god [gɒd] (*deity*) бог; (*supreme being*) (*God*) Бог; божество́; *fig.* куми́р; **thank God!** сла́ва Бо́гу!; **~child** кре́стник *m*, -ница *f*; **~dess** ['gɒdɪs] боги́ня; **~father** крёстный оте́ц; **~forsaken** ['-fəseɪkən] бо́гом забы́тый; забро́шенный; **~less** ['-lɪs] безбо́жный; **~mother** крёстная мать *f*

goggle ['gɒgl] 1. тара́щить глаза́; 2. (*a pair of*) **~s** *pl.* защи́тные очки́ *n/pl.*

going ['gəʊɪŋ] 1. де́йствующий; **be ~ to** *inf.* намере́ваться, собира́ться (+ *inf.*); **~ concern** процвета́ющее предприя́тие; 2. (*leave*) ухо́д; отъе́зд; **~s-on** [gəʊɪŋz'ɒn]: **what ~!** ну и дела́!

gold [gəʊld] 1. зо́лото; 2. золото́й; **~en** ['gəʊldən] золото́й; **~finch** *zo.* щего́л

golf [gɒlf] гольф

gondola ['gɒndələ] гондо́ла

gone [gɒn] *pt. p. om* **go**

good [gʊd] 1. хоро́ший; (*kind*) до́брый; (*suitable*) го́дный, (*beneficial*) поле́зный; **~ for colds** помога́ет при простуде́; **Good Friday** *relig.* Страстна́я пя́тница; **be ~ at** быть спосо́бным к (Д); 2. добро́, бла́го; по́льза; *a p.* това́р; **that's no ~** это бесполе́зно; **for ~** навсегда́; **by(e)** [gʊd'baɪ] 1. до свида́ния!, проща́йте!; 2. проща́ние; **~natured** доброду́шный; **~ness** ['-nɪs] доброта́*f*; *int.* Го́споди!; **~will** доброжела́тельность *f*

goody ['gʊdɪ] *coll.* конфе́та, ла́комство

goose [guːs], *pl.* **geese** [giːs] гусь *m*

gooseberry ['gʊzbərɪ] крыжо́вник (*no pl.*)

goose|flesh, *a.* **~pimples** *pl. fig.* гуси́ная ко́жа, мура́шки

gorge [gɔːdʒ] (*ravine*) у́зкое уще́лье

gorgeous ['gɔːdʒəs] великоле́пный

gorilla [gə'rɪlə] гори́лла

gory ['gɔːrɪ] □ окрова́вленный, крова́вый

gospel ['gɒspəl] Ева́нгелие

gossip ['gɒsɪp] 1. спле́тня; спле́тник *m*, -ница *f*; 2. [на]спле́тничать

got [gɒt] *pt. и pt. p. om* **get**

Gothic ['gɒθɪk] готи́ческий

gourmet ['gʊəmeɪ] гурма́н

gout [gaʊt] *med.* пода́гра

govern ['gʌvn] *v/t.* (*rule*) пра́вить, (*administer*) управля́ть (Т); **~ess** ['gʌvənɪs] гуверна́нтка; **~ment** [-ənmənt] прави́тельство; управле́ние; *attr.* прави́тельственный; **~or** [-ənə] губерна́тор; *coll.* (*boss*) хозя́ин; шеф

gown [gaʊn] пла́тье; *univ.* ма́нтия

grab [græb] *coll.* схва́тывать [-ати́ть]

grace [greɪs] 1. гра́ция, изя́щество; 2. *fig.* украша́ть [укра́сить]; удоста́ивать [-сто́ить]; **~ful** ['greɪsfl] □ грацио́зный, изя́щный; **~fulness** [-nɪs] грацио́зность *f*, изя́щество

gracious ['greɪʃəs] □ любе́зный; благоскло́нный; (*merciful*) ми́лостивый; **goodness ~!** Го́споди!

gradation [grə'deɪʃn] града́ция, постепе́нный перехо́д

grade [greɪd] 1. сте́пень *f*, (*rank*) ранг; (*quality*) ка́чество; *Am. educ.* класс; (*slope*) укло́н; 2. [рас]сортирова́ть

gradient ['greɪdɪənt] укло́н; **steep ~** круто́й спуск *or* подъём

gradua|l ['grædʒʊəl] □ постепе́нный; **~te** [-eɪt] градуи́ровать (*im*)*pf.*, наноси́ть деле́ния; конча́ть университе́т; *Am.* конча́ть (любо́е) уче́бное заведе́ние; 2. [-ɪt] *univ.* выпускни́к университе́та; **~tion** [grædʒʊ'eɪʃn] градуиро́вка; *Am.* оконча́ние (вы́сшего) уче́бного заведе́ния

graft [grɑːft] 1. *hort.* (*scion*) черено́к; приви́вка; 2. приви́(ва́)ть; *med.* переса́живать ткань *f*

grain [greɪn] зерно́; (*cereals*) хле́бные зла́ки *m/pl.*; (*particle*) крупи́нка; *fig.* **against the ~** не по нутру́

gramma|r ['græmə] грамма́тика; **~tical** [grə'mætɪkəl] □ граммати́ческий

gram(me) [græm] грамм

granary ['grænərɪ] амба́р; жи́тница *a. fig.*

grand [grænd] 1. □ *view, etc.* вели́чественный; *plans, etc.* грандио́з-

ный; *we had a ~ time* мы прекра́сно
провели́ вре́мя; **2.** *mus.* (*a. ~ piano*)
роя́ль *m*; **~child** ['grænt∫aıld] внук,
вну́чка; **~eur** ['grændʒə] грандио́з-
ность *f*; вели́чие

grandiose ['grændıəʋs] □ грандио́з-
ный

grandparents *pl.* де́душка и ба́бушка

grant [grɑ:nt] **1.** предоставля́ть
[-а́вить]; (*admit as true*) допуска́ть
[-сти́ть]; **2.** дар; субси́дия; *student's*
стипе́ндия; *take for ~ed* принима́ть
[приня́ть] как само́ собо́й разу-
ме́ющееся

granul|ated ['grænjʋleıtıd] грануля́-
рованный; **~e** ['grænjʋl] зёрнышко

grape [greıp] *collect.* виногра́д; *a
bunch of ~s* гроздь виногра́да; *a ~* ви-
ногра́дина; **~fruit** грейп-фру́т

graph [grɑ:f] гра́фик; **~ic** ['græfık]
графи́ческий; нагля́дный; *descrip-
tion* я́ркий; **~ arts** *pl.* гра́фика; **~ite**
['græfaıt] графи́т

grapple ['græpl]: **~ with** боро́ться с
(Т); *fig. difficulties* пыта́ться преодо-
ле́ть

grasp [grɑ:sp] **1.** хвата́ть [схвати́ть]
(*by* за В); *in one's hand* заж(им)а́ть;
хвата́ться [схвати́ться] (*at* за В); **2.** по-
нима́ть [поня́ть]; *it's beyond my ~* э́то
вы́ше моего́ понима́ния; *she kept the
child's hand in her ~* она́ кре́пко дер-
жа́ла ребёнка за́ руку

grass [grɑ:s] трава́; (*pasture*) па́ст-
бище; (*lawn*) газо́н; **~hopper** ['-hɔpə] кузне́чик; **~
widow** [~'wıdəʋ] соло́менная вдова́;
~y ['-ı] травяно́й

grate [greıt] **1.** (*fireplace*) решётка; **2.**
cheese, etc. [на]тере́ть; *teeth* [за]скре-
жета́ть; **~ on** *fig.* раздража́ть [-жи́ть]
(В)

grateful ['greıtfl] □ благода́рный

grater ['greıtə] тёрка

grati|fication [grætıfı'keı∫n] удовле-
творе́ние; **~fy** ['grætıfaı] удовле-
творя́ть [-ри́ть]; (*indulge*) потака́ть
(Д)

grating[1] ['greıtıŋ] □ скрипу́чий, ре́з-
кий

grating[2] [~] решётка

gratitude ['grætıtju:d] благода́рность
f

gratuit|ous [grə'tju:ıtəs] □ беспла́т-
ный, безвозме́здный; **~y** [~ətı] посо́-
бие

grave[1] [greıv] □ серьёзный, ве́ский;
illness, etc. тяжёлый

grave[2] [~] моги́ла

gravel ['grævl] гра́вий

graveyard кла́дбище

gravitation [grævı'teı∫n] притяже́ние;
тяготе́ние (*a. fig.*)

gravity ['grævətı] серьёзность *f*; *of situation* тя́жесть *f*, опа́сность *f*

gravy ['greıvı] (мясна́я) подли́вка

gray [greı] се́рый; → *Brt.* grey

graze[1] [greız] пасти́(сь)

graze[2] [~] заде(ва́)ть; (*scrape*) [по]ца-
ра́пать

grease [gri:s] **1.** жир; *tech.* консис-
те́нтная сма́зка; **2.** [gri:z] сма́з(ы-
в)ать

greasy ['gri:sı] □ жи́рный; *road*
ско́льзкий

great [greıt] □ вели́кий; большо́й;
(*huge*) огро́мный; *coll.* великоле́п-
ный; **~coat** *mil.* шине́ль *f*; **~grand-
child** [greıt'grænt∫aıld] пра́внук *m*,
-учка *f*; **~ly** [-lı] о́чень, си́льно; **~ness**
[-nıs] вели́чие

greed [gri:d] жа́дность *f*; **~y** ['gri:dı] □
жа́дный (*of, for* к Д)

Greek [gri:k] **1.** грек *m*, греча́нка *f*; **2.**
гре́ческий

green [gri:n] **1.** зелёный; (*unripe*) не-
зре́лый; *fig.* нео́пытный; **2.** зелёный
цвет, зелёная кра́ска; (*grassy plot*) лу-
жа́йка; **~s** *pl.* зе́лень *f*, о́вощи *m/pl.*;
~grocery овощно́й магази́н; **~house**
тепли́ца, оранжере́я; **~ish** ['gri:nı∫]
зеленова́тый

greet [gri:t] *guests, etc.* приве́тство-
вать; [по]здоро́ваться; **~ing** ['gri:tıŋ]
приве́тствие; приве́т

grenade [grı'neıd] *mil.* грана́та

grew [gru:] *pt. om* **grow**

grey [greı] **1.** се́рый; *hair* седо́й; **2.** се́-
рый цвет, се́рая кра́ска; **3.** посере́ть;
turn ~ [по]седе́ть; **~hound** борза́я

grid [grıd] решётка

grief [gri:f] го́ре; *come to ~* потерпе́ть *pf.* неуда́чу, попа́сть *pf.* в беду́

griev|ance ['gri:vns] оби́да; (*complaint*) жа́лоба; *nurse a ~* затаи́ть оби́ду (*against* на B); **~e** [gri:v] горева́ть; (*cause grief to*) огорча́ть [-чи́ть]; **~ous** ['gri:vəs] □ го́рестный, печа́льный

grill [grɪl] **1.** (*электро*)гри́ль; (*on cooker*) решётка; жа́реное на решётке (в гри́ле) мя́со; **2.** жа́рить на решётке (в гри́ле); **~room** гриль-ба́р

grim [grɪm] □ жесто́кий; *smile, etc.* мра́чный

grimace [grɪ'meɪs] **1.** грима́са, ужи́мка; **2.** грима́сничать

grim|e [graɪm] грязь *f*; **~y** ['graɪmɪ] □ запа́чканный, гря́зный

grin [grɪn] **1.** усме́шка; **2.** усмеха́ться [-хну́ться]

grind [graɪnd] [*irr.*] **1.** [с]моло́ть; размале́ывать [-моло́ть]; *to powder* растира́ть [растере́ть]; (*sharpen*) [на]точи́ть; *fig.* зубри́ть; **2.** разма́лывание; тяжёлая, ску́чная рабо́та; **~stone** точи́льный ка́мень *m*; *keep one's nose to the ~* труди́ться без о́тдыха

grip [grɪp] **1.** (*handle*) ру́чка, рукоя́тка; (*understanding*) понима́ние; *fig.* тиски́ *m/pl.*; **2.** (*take hold of*) схва́тывать [схвати́ть]; *fig.* овладева́ть внима́нием (P)

gripe [graɪp] ворча́ние; (*colic pains*) ко́лики *f/pl.*

gripping ['grɪpɪŋ] захва́тывающий

grisly ['grɪzlɪ] ужа́сный

gristle ['grɪsl] хрящ

grit [grɪt] **1.** песо́к, гра́вий; *coll.* твёрдость хара́ктера; **~s** *pl.* овся́ная крупа́; **2.** [за]скрежета́ть (T)

grizzly ['grɪzlɪ] **1.** се́рый; *hair* с про́седью; **2.** североамерика́нский медве́дь *m*, гри́зли *m indecl.*

groan [grəʊn] **1.** о́хать [о́хнуть]; *with pain, etc.* [за]стона́ть; **2.** стон

grocer|ies ['grəʊsərɪz] *pl.* бакале́я; **~y** [-rɪ] бакале́йный отде́л

groggy ['grɒgɪ] нетвёрдый на нога́х; *after illness* сла́бый

groin [grɔɪn] *anat.* пах

groom [gru:m] **1.** ко́нюх; (*bride~*) же-

ни́х; **2.** уха́живать за (ло́шадью); хо́лить; *well ~ed* хорошо́ и тща́тельно оде́тый, опря́тный ухо́женный

groove [gru:v] желобо́к; *tech.* паз; *fig.* рути́на, привы́чка, колея́

grope [grəʊp] идти́ о́щупью; нащу́п(ыв)ать (*a. fig.*)

gross [grəʊs] **1.** □ (*flagrant*) вопию́щий; (*fat*) ту́чный; (*coarse*) гру́бый; *fin.* валово́й, бру́тто; **2.** ма́сса, гросс

grotesque [grəʊ'tesk] гроте́скный

grotto ['grɒtəʊ] грот

grouch [graʊtʃ] *Am. coll.* **1.** дурно́е настрое́ние; **2.** быть не в ду́хе; **~y** [-ɪ] ворчли́вый

ground¹ [graʊnd] *pt. и pt. p. от* **grind**; *~ glass* ма́товое стекло́

ground² [-] **1.** *mst.* земля́, по́чва; (*area of land*) уча́сток земли́; площа́дка; (*reason*) основа́ние; **~s** *pl. adjoining house* сад, парк; *on the ~(s)* на основа́нии (P); *stand one's ~* уде́рживать свои́ пози́ции, прояви́ть твёрдость; **2.** обосно́вывать [-нова́ть]; *el.* заземля́ть [-ли́ть] обуча́ть осно́вам предме́та; **~ floor** [graʊnd'flɔ:] *Brt.* пе́рвый эта́ж; **~less** [-lɪs] □ беспричи́нный, необосно́ванный; **~nut** ара́хис; **~work** фунда́мент, осно́ва

group [gru:p] **1.** гру́ппа; **2.** соб(и)ра́ться; [с]группирова́ть(ся)

grove [grəʊv] ро́ща, лесо́к

grovel ['grɒvl] *fig.* пресмыка́ться; заи́скивать

grow [grəʊ] [*irr.*] *v/i.* расти́; выраста́ть [вы́расти]; (*become*) [с]де́латься, станови́ться [стать]; *v/t. bot.* выра́щивать [вы́растить]; культиви́ровать (*im*)*pf.*

growl [graʊl] [за]рыча́ть

grow|n [grəʊn] *pt. p. от* **grow**; **~nup** ['grəʊnʌp] взро́слый; **~th** [grəʊθ] рост; *med.* о́пухоль *f*

grub [grʌb] **1.** личи́нка; **2.** (*dig in dirt*) ры́ться (в П); **~by** ['grʌbɪ] гря́зный

grudge [grʌdʒ] **1.** неохо́та, недово́льство; (*envy*) за́висть *f*; **2.** [по]зави́довать (Д, в П); неохо́тно дава́ть; [по]жале́ть

gruff [grʌf] □ ре́зкий; гру́бый; *voice* хри́плый

grumble ['grʌmbl] [за]ворча́ть; (*complain*) [по]жа́ловаться; *of thunder etc.* [за]грохота́ть; **~r** [-ə] *fig.* ворчу́н(ья *f*/*m*)

grunt [grʌnt] хрю́кать [-кнуть]; *of person* [про]бурча́ть

guarant|ee [gærən'tiː] **1.** гара́нтия; пору́ча́тельство; **2.** гаранти́ровать (*im*)*pf.*; руча́ться за (В); **~or** [gærən'tɔː] *law* поручи́тель (-ница *f*) *m*; **~y** ['gærənti] гара́нтия

guard [gɑːd] **1.** охра́на; *mil.* карау́л; *rail.* проводни́к; **~s** *pl.* гва́рдия; *be on one's* **~** быть начеку́; **2.** *v/t.* охраня́ть [-ни́ть]; сторожи́ть; (*protect*) защища́ть [защити́ть] (*from* от Р); *v/i.* [по]бере́чься, остерега́ться [-ре́чься] (*against* Р); **~ian** ['gɑːdiən] *law* опеку́н; **~ianship** [-ʃip] *law* опеку́нство

guess [ges] **1.** дога́дка, предположе́ние; **2.** отга́дывать [-да́ть], уга́дывать [-да́ть]; *Am.* счита́ть, полага́ть

guest [gest] го́сть(я *f*) *m*; **~house** пансио́н

guffaw [gə'fɔː] хо́хот

guidance ['gaidns] руково́дство

guide [gaid] **1.** *for tourists* экскурсово́д, гид; **2.** направля́ть [-ра́вить]; руководи́ть (Т); **~book** путеводи́тель *m*

guile [gail] хи́трость *f*, кова́рство; **~ful** ['gailfl] □ кова́рный; **~less** [-lis] □ простоду́шный

guilt [gilt] вина́, вино́вность *f*; **~less** ['giltlis] невино́вный; **~y** ['gilti] □ вино́вный, винова́тый

guise [gaiz]: *under the* **~** *of* под ви́дом (Р)

guitar [gi'tɑː] гита́ра

gulf [gʌlf] зали́в; *fig.* про́пасть *f*

gull¹ [gʌl] ча́йка

gull² [~] обма́нывать [-ну́ть]; [о]дура́чить

gullet ['gʌlit] пищево́д; (*throat*) гло́тка

gullible ['gʌlibl] легкове́рный

gulp [gʌlp] **1.** жа́дно глота́ть; **2.** глото́к; *at one* **~** за́лпом

gum¹ [gʌm] десна́

gum² [~] **1.** клей; *chewing* **~** жева́тельная рези́нка; **2.** скле́и(ва)ть

gun [gʌn] ору́дие, пу́шка; (*rifle*) ружьё; (*pistol*) пистоле́т; **~boat** канонéрка; **~man** банди́т; **~ner** *mil.*, *naut.* ['gʌnə] артиллери́ст, канони́р, пулемётчик; **~powder** по́рох

gurgle ['gɜːgl] *of water* [за]бу́лькать

gush [gʌʃ] **1.** си́льный пото́к; **~** *of enthusiasm* взрыв энтузиа́зма; **2.** хлы́нуть *pf.*; ли́ться пото́ком; *fig.* бу́рно излива́ть чу́вства

gust [gʌst] *of wind* поры́в

gusto ['gʌstəu] смак; *with* **~** с больши́м энтузиа́змом

gut [gʌt] кишка́; **~s** *pl.* вну́тренности *f*/*pl.*; *coll.* *he has plenty of* **~s** он му́жественный (*or* волево́й) челове́к

gutter ['gʌtə] сто́чная кана́ва; *on roof* жёлоб; **~** *press* бульва́рная пре́сса

guy [gai] *chiefly Brt.* (*person of grotesque appearance*) чу́чело; *Am. coll.* (*fellow*, *person*) ма́лый; па́рень *m*

guzzle ['gʌzl] жа́дно пить; (*eat*) есть с жа́дностью

gymnas|ium [dʒim'neiziəm] спорти́вный зал; **~tics** [dʒim'næstiks] *pl.* гимна́стика

gypsy ['dʒipsi] *esp. Am.* цыга́н(ка)

gyrate [dʒai'reit] дви́гаться по кру́гу, враща́ться

H

haberdashery ['hæbədæʃərɪ] (*goods*) галантере́я; (*shop*) галантере́йный магази́н

habit ['hæbɪt] привы́чка; **~able** ['hæbɪtəbl] го́дный для жилья́; **~ation** [hæbɪ'teɪʃn] жильё

habitual [hə'bɪtʃʊəl] обы́чный; (*done by habit*) привы́чный

hack¹ [hæk] [на-, с]руби́ть

hack² [-] (*horse*) наёмная ло́шадь *f*, кля́ча; (*writer*) халту́рщик; *coll.* писа́ка

hackneyed ['hæknɪd] *fig.* изби́тый

had [d, əd, həd; *strong* hæd] *pt. и pt. p. om* have

haddock ['hædək] пи́кша

h(a)emoglobin [hiːmə'gləʊbɪn] гемоглоби́н

h(a)emorrhage ['hemərɪdʒ] кровоизлия́ние

haggard ['hægəd] □ измождённый, осу́нувшийся

haggle ['hægl] (*bargain*) торгова́ться

hail¹ [heɪl] *~ a taxi* подозва́ть такси́

hail² [-] **1.** град; **2.** *it ~ed today* сего́дня был град; **~stone** гра́дина

hair [heə] во́лос; *keep your ~ on!* споко́йно!; **~cut** стри́жка; **~do** причёска; **~dresser** парикма́хер; **~dryer** фен; **~pin** шпи́лька; **~raising** стра́шный; **~'s breadth** минима́льное расстоя́ние; **~splitting** крохобо́рство; **~y** [-rɪ] волоса́тый

hale [heɪl] здоро́вый, кре́пкий

half [hɑːf, hæf] **1.** полови́на; *~ past two* полови́на тре́тьего; *one and a ~* полтора́ *n/m*, полторы́ *f*; *go halves* дели́ть попола́м; *not ~! Brt. coll.* ещё бы!; а ка́к же!; **2.** полу...; полови́нный; **3.** почти́; наполови́ну; **~caste** мети́с; **~hearted** □ равноду́шный, вя́лый; **~length** (*a. ~ portrait*) поясно́й портре́т; **~penny** ['heɪpnɪ] полпе́нни *n indecl.*; **~time** *sport* коне́ц та́йма; **~way** на полпути́; **~witted** полоу́мный

halibut ['hælɪbət] па́лтус

hall [hɔːl] зал; холл, вестибю́ль *m*; (*entrance ~*) прихо́жая; *college* (*residence*) общежи́тие для студе́нтов

hallow ['hæləʊ] освяща́ть [-яти́ть]

halo ['heɪləʊ] *astr.* орео́л (*a. fig.*); *of saint* нимб

halt [hɔːlt] **1.** (*temporary stop*) прива́л; остано́вка; *come to a ~* останови́ться *pf.*; **2.** остана́вливать(ся) [-нови́ть(ся)]; де́лать прива́л; *mst. fig.* (*hesitate*) колеба́ться; запина́ться [запну́ться])

halve [hɑːv] **1.** дели́ть попола́м; **2.** *~s* [hɑːvz, hævz] *pl. om* half

ham [hæm] (*pig thigh*) о́корок, (*meat of pig thigh*) ветчина́

hamburger ['hæmbɜːgə] бу́лочка с котле́той, га́мбургер

hamlet ['hæmlɪt] дереву́шка

hammer ['hæmə] **1.** молото́к; *sledge ~* мо́лот; **2.** кова́ть мо́лотом; бить молотко́м; [по-]стуча́ть; (*form by ~ing*) выко́вывать [вы́ковать]; *~ into s.o.'s head* вбива́ть [вбить] кому́-л. в го́лову

hammock ['hæmək] гама́к

hamper¹ ['hæmpə] корзи́на с кры́шкой

hamper² [-] (*вос*)препя́тствовать; [по]меша́ть (Д)

hand [hænd] рука́; (*writing*) по́черк; *of watch* стре́лка; (*worker*) рабо́чий; *at ~* под руко́й; *a good* (*poor*) *~ at* (не-)иску́сный в (П); *change ~s* переходи́ть [-ейти́] из рук в ру́ки; *~ and glove* в те́сной свя́зи; *lend a ~* помога́ть [-мо́чь]; *off ~* экспро́мтом; *on ~ comm.* име́ющийся в прода́же; в распоряже́нии; *on the one ~* с одно́й стороны́; *on the other ~* с друго́й стороны́; *~-to-~* рукопа́шный; *come to ~* попада́ть [-па́сться] под руку; **2.** *~ down* оставля́ть пото́мству; *~ in* вруча́ть [-чи́ть]; *~ over* перед(ав)а́ть; **~bag** да́мская су́мочка; **~brake** *mot.* ручно́й то́рмоз;

~cuff нару́чник; ~ful ['hændfl] горсть f; coll. "наказа́ние"; **she's a real ~** она́ су́щее наказа́ние

handicap ['hændɪkæp] **1.** поме́ха; sport гандика́п; **2.** ста́вить в невы́годное положе́ние; ~ped: **physically ~** с физи́ческим недоста́тком; **mentally ~** у́мственно отста́лый

handi|craft ['hændɪkrɑːft] ручна́я рабо́та; ремесло́; ~**work** ручна́я рабо́та; **is this your ~?** fig. э́то твои́х рук де́ло?

handkerchief ['hæŋkətʃɪf] носово́й плато́к

handle ['hændl] **1.** ру́чка; of tool, etc. рукоя́тка; **2.** держа́ть в рука́х, тро́гать или брать рука́ми; (deal with) обходи́ться [обойти́сь] с (T); обраща́ться с (T)

hand|made [hænd'meɪd] ручно́й рабо́ты; ~**shake** рукопожа́тие; ~**some** ['hænsəm] краси́вый; (generous) ще́дрый; (large) поря́дочный; ~**writing** по́черк; ~**y** ['hændɪ] удо́бный; (nearby) бли́зкий

hang [hæŋ] **1.** [irr.] v/t. ве́шать [пове́сить]; lamp, etc. подве́шивать [-ве́сить]; (pt. и pt. p. ~ed) ве́шать [пове́сить]; v/i. висе́ть; ~ **about, ~ around** слоня́ться, ока́лачиваться; ~ **on** держа́ть(ся) (за В); fig. упо́рствовать; ~ **on!** подожди́ минутку!; **2.: get the ~ of** понима́ть [-ня́ть]; разобра́ться [разбира́ться]

hangar ['hæŋə] анга́р

hanger ['hæŋə] for clothes ве́шалка

hangings ['hæŋɪŋz] pl. драпиро́вки f/pl., занаве́ски f/pl.

hangover ['hæŋəʊvə] from drinking похме́лье; survival пережи́ток

haphazard [hæp'hæzəd] **1.** науда́чу, наобу́м; **2.** □ случа́йный

happen ['hæpən] случа́ться [-чи́ться], происходи́ть [произойти́]; отка́зываться [-за́ться]; **he ~ed to be at home** он оказа́лся до́ма; **it so ~ed that ...** случи́лось так, что ...; ~ **(up)on** случа́йно встре́тить; ~**ing** ['hæpənɪŋ] слу́чай, собы́тие

happi|ly ['hæpɪlɪ] счастли́во, к сча́стью; ~**ness** [-nɪs] сча́стье

happy ['hæpɪ] □ com. счастли́вый; (fortunate) уда́чный; ~**go-lucky** беспе́чный

harangue [hə'ræŋ] разглаго́льствовать

harass ['hærəs] [за]трави́ть; (pester) изводи́ть [-вести́]; [из]му́чить

harbo(u)r ['hɑːbə] **1.** га́вань f, порт; ~ **duties** порто́вые сбо́ры; **2.** (give shelter to) дать убе́жище (Д), приюти́ть; fig. зата́ивать [-и́ть]

hard [hɑːd] **1.** adj. com. твёрдый, жёсткий; (strong) кре́пкий; (difficult) тру́дный; тяжёлый; ~ **cash** нали́чные pl. (де́ньги); ~ **currency** твёрдая валю́та; ~ **of hearing** туго́й на́ ухо; **2.** adv. твёрдо; кре́пко; си́льно; упо́рно; с трудо́м; ~ **by** бли́зко, ря́дом; ~ **up** в затрудни́тельном фина́нсовом положе́нии; ~**boiled** [hɑːd'bɔɪld] → **egg**; fig. бесчу́вственный, чёрствый; Am. хладнокро́вный; ~**disk** жёсткий диск; ~**en** ['hɑːdn] затвердева́ть, [за]тверде́ть; fig. закаля́ть(ся) [-ли́ть(ся)]; ~**headed** [hɑːd'hedɪd] □ практи́чный, тре́звый; ~**hearted** [hɑːd'hɑːtɪd] бесчу́вственный; ~**ly** ['hɑːdlɪ] с трудо́м, едва́, едва́ ли; ~**ship** [-ʃɪp] невзго́ды; тру́дности; (lack of money) нужда́; ~**ware** comput. аппара́тное обеспе́чение; ~**y** ['hɑːdɪ] □ сме́лый, отва́жный; (able to bear hard work, etc.) выно́сливый

hare [heə] за́яц; ~**brained** опроме́тчивый; (foolish) глу́пый

harm [hɑːm] **1.** вред, зло; (damage) уще́рб; **2.** [по]вреди́ть (Д); ~**ful** ['hɑːmfl] □ вре́дный, па́губный; ~**less** [-lɪs] □ безвре́дный, безоби́дный

harmon|ious [hɑː'məʊnɪəs] □ гармони́чный, стро́йный; ~**ize** ['hɑːmənaɪz] v/t. гармонизи́ровать (im)pf.; приводи́ть в гармо́нию; v/i. гармони́ровать; ~**y** [-nɪ] гармо́ния, созву́чие; (agreement) согла́сие

harness ['hɑːnɪs] **1.** у́пряжь f, сбру́я; **2.** запряга́ть [запря́чь]

harp [hɑːp] **1.** а́рфа; **2.** игра́ть на а́рфе; ~**(up)on** тверди́ть, завести́ pf. волы́нку о (П)

harpoon [hɑː'puːn] гарпу́н, острога́

harrow ['hærəʊ] *agric.* **1.** борона́; **2.** [вз]борони́ть; *fig.* [из]му́чить; **~ing** [-ɪŋ] *fig.* мучи́тельный

harsh [hɑːʃ] □ ре́зкий; жёсткий; (*stern*) стро́гий, суро́вый; *to taste* те́рпкий

harvest ['hɑːvɪst] **1.** *of wheat, etc.* жа́тва, убо́рка; *of apples, etc.* сбор; уро́жай; **bumper ~** небыва́лый урожа́й; **2.** собира́ть урожа́й

has [z, əz, həz;, *strong* hæz] *3rd p. sg. pres. om* have

hash [hæʃ] ру́бленое мя́со; *fig.* пу́таница

hast|e [heɪst] спе́шка, поспе́шность *f*, торопли́вость *f*; **make ~** [по]спеши́ть; **~en** ['heɪsn] спеши́ть, [по]торопи́ться; (*speed up*) ускоря́ть [-о́рить]; **~y** ['heɪstɪ] □ поспе́шный; необду́манный

hat [hæt] шля́па; *without brim* ша́пка; **talk through one's ~** нести́ чушь *f*

hatch [hætʃ] *naut., ae.* люк

hatchet ['hætʃɪt] топо́рик

hat|e [heɪt] **1.** не́нависть *f*; **2.** ненави́деть; **~eful** ['heɪtfl] ненави́стный; **~red** ['heɪtrɪd] не́нависть *f*

haught|iness ['hɔːtɪnɪs] надме́нность *f*, высокоме́рие; **~y** [-tɪ] □ надме́нный, высокоме́рный

haul [hɔːl] **1.** перево́зка; (*catch*) уло́в; **2.** тяну́ть; перевози́ть [-везти́]; **~age** [-ɪdʒ] транспортиро́вка, доста́вка

haunch [hɔːntʃ] бедро́

haunt [hɔːnt] **1.** *of ghost* появля́ться [-ви́ться] в (П); (*frequent*) ча́сто посеща́ть; **2.** люби́мое ме́сто; *of criminals, etc.* прито́н; **~ed look** затра́вленный вид

have [v, əv, həv;, *strong* hæv] **1.** [*irr.*] *v/t.* име́ть; **I ~ to do** я до́лжен сде́лать; **~ one's hair cut** [по-] стри́чься; **he will ~ it that …** он наста́ивает на том, что́бы (+ *inf.*); **I had better go** мне лу́чше уйти́; **I had rather go** я предпочёл бы уйти́; **~ about one** име́ть при себе́; **~ it your own way** поступа́й как зна́ешь; *opinion* ду́май, что хо́чешь; **2.** *v/aux.* вспомога́тельный

глаго́л для образова́ния перфе́ктной фо́рмы: **I ~ come** я пришёл

havoc ['hævək] опустоше́ние; (*destruction*) разруше́ние; **play ~ with** вноси́ть [внести́] беспоря́док/ха́ос в (В); разру́шить *pf.*

hawk [hɔːk] (*a. pol.*) я́стреб

hawker ['hɔːkə] у́личный торго́вец

hawthorn ['hɔːθɔːn] боя́рышник

hay [heɪ] се́но; **~ fever** се́нная лихора́дка; **~loft** сенова́л; **~stack** стог се́на

hazard ['hæzəd] **1.** риск; (*danger*) опа́сность *f*; **2.** рискова́ть [-кну́ть]; **~ous** ['hæzədəs] □ риско́ванный

haze [heɪz] ды́мка, тума́н

hazel ['heɪzl] **1.** (*tree*) оре́шник; **2.** (*colo[u]r*) ка́рий; **~nut** лесно́й оре́х

hazy ['heɪzɪ] □ тума́нный; *fig.* сму́тный

H-bomb водоро́дная бо́мба

he [ɪ, hɪ;, *strong* hiː] **1.** *pron. pers.* он; **~ who …** тот, кто …; **2. ~-…** *перед назва́нием живо́тного* обознача́ет самца́

head [hed] **1.** *com.* голова́; *of government, etc.* глава́; *of department, etc.* руководи́тель *m*, нача́льник; *of bed* изголо́вье; *of coin* лицева́я сторона́, орёл; **come to a ~** *fig.* дости́гнуть *pf.* крити́ческой ста́дии; **get it into one's ~ that …** вбить себе́ в го́лову, что …; **2.** гла́вный; **3.** *v/t.* возглавля́ть; **~ off** (*prevent*) предотвраща́ть [-ати́ть]; **~ for** *v/i.* направля́ться [-а́виться]; держа́ть курс на (В); **~ache** ['hedeɪk] головна́я боль *f*; **~dress** головно́й убо́р; **~ing** ['-ɪŋ] загла́вие; **~land** мыс; **~light** *mot.* фа́ра; **~line** (газе́тный) заголо́вок; **~long** *adj.* опроме́тчивый; *adv.* опроме́тчиво; очертя́ го́лову; **~master** дире́ктор шко́лы; **~phone** на́ушник; **~quarters** *pl.* штаб; *of department, etc.* гла́вное управле́ние; **~strong** своево́льный, упря́мый; **~way: make ~** де́лать успе́хи, продвига́ться; **~y** ['hedɪ] □ опьяня́ющий; *with success* опьянённый

heal [hiːl] зале́чивать [-чи́ть], исцеля́ть [-ли́ть]; (*a. ~ up*) зажи(ва́)ть

health [helθ] здоро́вье; **~ful** [-fl] □ целе́бный; **~resort** куро́рт; **~y** ['helθɪ] здоро́вый; (*good for health*) поле́зный

heap [hi:p] **1.** ку́ча, гру́да; *fig.* ма́сса, у́йма; **2.** нагроможда́ть [-мозди́ть]; *of food, etc.* накла́дывать [-ложи́ть]

hear [hɪə] [*irr.*] [у]слы́шать; [по-]слу́шать; **~ s.o. out** вы́слушать *pf.*; **~d** [hɜːd] *pt. и pt. p. om* **hear**, **~er** ['hɪərə] слу́шатель(ница *f*) *m*; **~ing** [-ɪŋ] слух; *law* слу́шание де́ла; *within* **~** в преде́лах слы́шимости; **~say** ['hɪəseɪ] слу́хи, то́лки

heart [hɑːt] се́рдце; му́жество (*essence*) суть *f*; (*innermost part*) сердцеви́на; *of forest* глубина́; **~s** *pl.* че́рви *f/pl.*; *fig.* се́рдце, душа́; **by ~** наизу́сть; **lose ~** па́дать ду́хом; **take ~** воспря́нуть ду́хом; **take to ~** принима́ть бли́зко к се́рдцу; **~ attack** серде́чный при́ступ; **~broken** уби́тый го́рем; **~burn** изжо́га; **~en** ['hɑːtn] ободря́ть [-ри́ть]; **~felt** душе́вный, и́скренний

hearth [hɑːθ] оча́г (*a. fig.*)

heart|less ['hɑːtlɪs] □ бессерде́чный; **~rending** [-rendɪŋ] душераздира́ющий; **~-to-~** дру́жеский; **~y** ['hɑːtɪ] □ дру́жеский, серде́чный; (*healthy*) здоро́вый

heat [hi:t] **1.** *com.* жара́, жар; *fig.* пыл; *sport* забе́г, заплы́в, зае́зд; **2.** нагре(ва́)ть(ся); *fig.* [раз]горячи́ть; **~er** ['hi:tə] обогрева́тель

heath [hi:θ] ме́стность *f*, поро́сшая ве́реском; (*waste land*) пу́стошь *f*; *bot.* ве́реск

heathen ['hi:ðn] **1.** язы́чник; **2.** язы́ческий

heating ['hi:tɪŋ] обогрева́ние; отопле́ние

heave [hi:v] **1.** подъём; **2.** [*irr.*] *v/t.* (*haul*) поднима́ть [-ня́ть]; *v/i. of waves* вздыма́ться; (*strain*) напряга́ться [-я́чься]

heaven ['hevn] небеса́ *n/pl.*, не́бо; **move ~ and earth** [c]де́лать всё возмо́жное; **~ly** [-lɪ] небе́сный; *fig.* великоле́пный

heavy ['hevɪ] □ *com.* тяжёлый; *crop* оби́льный; *sea* бу́рный; *sky* мра́чный; неуклю́жий; **~weight** *sport* тяжелове́с

heckle ['hekl] прерыва́ть замеча́ниями; задава́ть ка́верзные вопро́сы

hectic ['hektɪk] *activity* лихора́дочный; **~ day** напряжённый день *m*

hedge [hedʒ] **1.** жива́я и́згородь *f*; **2.** *v/t.* огора́живать и́згородью; *v/i.* (*evade*) уклоня́ться от прямо́го отве́та; увиливать [увильну́ть]; **~hog** *zo.* ёж

heed [hi:d] **1.** внима́ние, осторо́жность *f*; **take no ~ of** не обраща́ть внима́ния на (В); **2.** обраща́ть внима́ние на (В); **~less** [-lɪs] □ небре́жный; необду́манный; **~ of danger** не ду́мая об опа́сности

heel [hi:l] **1.** *of foot* пя́тка; *of shoe* каблу́к; *head over ~s* вверх торма́шками; *down at ~ fig.* неря́шливый; **2.** поста́вить *pf.* набо́йку (на В)

hefty ['heftɪ] *fellow* здорове́нный; *blow* си́льный

height [haɪt] высота́; *person's* рост; (*high place*) возвы́шенность *f*; *fig.* верх; **~en** ['haɪtn] *interest* повыша́ть [повы́сить]; (*make more intense*) уси́ли(ва)ть

heir [eə] насле́дник; **~ess** ['eərɪs, 'eərəs] насле́дница

held [held] *pt. и pt. p. om* **hold**

helicopter ['helɪkɒptə] вертолёт

hell [hel] ад; *attr.* а́дский; *raise ~* подня́ть ужа́сный крик; **~ish** [-ɪʃ] а́дский

hello [həˈləʊ] *coll.* приве́т; *tel.* алло́!

helm [helm] *naut.* штурва́л; *fig.* корми́ло

helmet ['helmɪt] шлем

helmsman ['helmzmən] *naut.* рулево́й

help [help] **1.** *com.* по́мощь *f*; *there is no ~ for it !* ничего́ не поде́лаешь!; **2.** *v/t.* помога́ть [помо́чь] (Д); **~ yourself to** бери́те фру́кты; *I could not ~ laughing* я не мог не рассмея́ться; *v/i.* помога́ть [-мо́чь]; **~er** ['helpə] помо́щник (-ица); **~ful** ['helpfl] поле́зный; **~ing** ['helpɪŋ] *of food* по́рция; *have another ~* pf. ещё (*of* P); **~less** ['helplɪs] □ беспо́мощный; **~lessness** ['helplɪsnɪs] беспо́мощность *f*

hem [hem] **1.** рубе́ц; *of skirt* подо́л; **2.** подруба́ть [-би́ть]; ~ *in* окружа́ть [-жи́ть]

hemisphere ['hemɪsfɪə] полуша́рие

hemlock ['hemlɒk] *bot.* болиголо́в

hemp [hemp] конопля́; (*fibre*) пенька́

hen [hen] ку́рица

hence [hens] отсю́да; сле́довательно; *a year* ~ че́рез год; ~**forth** [hens'fɔːθ], ~**forward** [hens'fɔːwəd] с э́того вре́мени, впредь

henpecked ['henpekt] находя́щийся под башмако́м у жены́

her [ə, hə;, *strong* hɜː] *pers. pron.* (*косвенный падеж от* **she**) её; ей

herb [hɜːb] (целе́бная) трава́; (*пря́ное*) расте́ние

herd [hɜːd] **1.** ста́до; *fig.* толпа́; **2.** *v/t.* пасти́ (скот); *v/i.:* ~ *together* [с]толпи́ться; ~**sman** ['hɜːdzmən] пасту́х

here [hɪə] здесь, тут; сюда́; вот; ~'s *to you !* за ва́ше здоро́вье!

here|after [hɪər'ɑːftə] в бу́дущем; ~**by** э́тим, настоя́щим; таки́м о́бразом

heredit|ary [hɪ'redɪtrɪ] насле́дственный; ~**y** [-tɪ] насле́дственность *f*

here|upon [hɪərə'pɒn] вслед за э́тим; ~**with** при сём

heritage ['herɪtɪdʒ] насле́дство; насле́дие (*mst. fig.*)

hermetic [hɜː'metɪk] (~**ally**) германи́ческий

hermit ['hɜːmɪt] отше́льник

hero ['hɪərəʊ] геро́й; ~**ic** [-'rəʊɪk] (~**ally**) герои́ческий, геро́йский; ~**ine** ['herəʊɪn] герои́ня; ~**ism** [-ɪzəm] герои́зм

heron ['herən] *zo.* ца́пля

herring ['herɪŋ] сельдь *f*; *cul.* селёдка

hers [hɜːz] *pron. poss.* её

herself [hɜː'self] сама́; себя́, -ся, -сь

hesitat|e ['hezɪteɪt] [по]колеба́ться; *in speech* запина́ться [запну́ться]; ~**ion** [hezɪ'teɪʃn] колеба́ние; запи́нка

hew [hjuː] [*irr.*] руби́ть; разруба́ть [-би́ть]; (*shape*) высека́ть [вы́сечь]

hey [heɪ] эй!

heyday ['heɪdeɪ] *fig.* зени́т, расцве́т

hicc|up, ~ough ['hɪkʌp] **1.** икота́; **2.**

ика́ть [икну́ть]

hid [hɪd], **hidden** ['hɪdn] *pt. u pt. p. om* **hide**

hide [haɪd] [*irr.*] [с]пря́тать(ся); (*conceal*) скры(ва́)ть; ~**-and-seek** [haɪdn-'siːk] пря́тки

hideous ['hɪdɪəs] □ отврати́тельный, уро́дливый

hiding-place потаённое ме́сто, укры́тие

hi-fi ['haɪfaɪ] высо́кая то́чность воспроизведе́ния зву́ка

high [haɪ] **1.** □ *adj. com.* высо́кий; (*lofty*) возвы́шенный; *wind* си́льный; *authority* вы́сший, верхо́вный; *meat* с душко́м; *it's* ~ *time* давно́ пора́; ~ *spirits pl.* припо́днятое настрое́ние; **2.** *adv.* высоко́; си́льно; *aim* ~ высоко́ ме́тить; ~**brow** интеллектуа́л; ~**class** первокла́ссный; ~**grade** высо́кого ка́чества; ~**handed** своево́льный; вла́стный; ~**lands** *pl.* гори́стая ме́стность *f*

high|light выдаю́щийся моме́нт; ~**ly** ['haɪlɪ] о́чень, весьма́; *speak* ~ *of* высо́ко отзыва́ться о (П); ~**minded** возвы́шенный, благоро́дный; ~**rise building** высо́тное зда́ние; ~**strung** о́чень чувстви́тельный; напряжённый; ~**way** гла́вная доро́га, шоссе́; *fig.* прямо́й путь *m*; ~**code** пра́вила доро́жного движе́ния

hijack ['haɪdʒæk] *plane* угоня́ть [-на́ть]; *train, etc.* соверша́ть [-ши́ть] налёт; ~**er** [-ə] уго́нщик

hike [haɪk] *coll.* **1.** прогу́лка; похо́д; **2.** путеше́ствовать пешко́м; ~**r** ['haɪkə] пе́ший тури́ст

hilarious [hɪ'leərɪəs] □ весёлый, смешно́й; *coll.* умори́тельный

hill [hɪl] холм; ~**billy** *Am.* ['hɪlbɪlɪ] челове́к из глуби́нки; ~**ock** ['hɪlək] хо́лмик; ~**side** склон холма́; ~**y** [-ɪ] холми́стый

hilt [hɪlt] рукоя́тка (*сабли и т.д.*)

him [ɪm;, *strong* hɪm] *pers. pron.* (*косвенный падеж от* **he**) его́, ему́; ~**self** [hɪm'self] сам; себя́, -ся, -сь

hind [haɪnd] за́дний; ~ *leg* за́дняя нога́

hinder ['hɪndə] **1.** препя́тствовать (Д);

2. v/t. [по]меша́ть

hindrance ['hɪndrəns] поме́ха, препя́тствие

hinge [hɪndʒ] **1.** of door пе́тля; шарни́р; fig. сте́ржень m, суть f; **2. ~ upon** fig. зави́сеть от (P)

hint [hɪnt] **1.** намёк; **2.** намека́ть (**at** на В)

hip[1] [hɪp] бедро́; ~ **pocket** за́дний карма́н

hip[2] [-] я́года шипо́вника

hippopotamus [hɪpə'pɒtəməs] гиппопота́м, бегемо́т

hire ['haɪə] **1.** worker наём; car, TV, etc. прока́т; **2.** нанима́ть [наня́ть]; room, etc. снима́ть [снять]; брать [взять] напрока́т; ~ **out** сдава́ть в прока́т; ~ **purchase** поку́пка в рассро́чку

his [ɪz, strong hɪz] poss. pron. его́, свой

hiss [hɪs] v/i. [за-, про]шипе́ть; v/t. освисте́ть [-ста́ть]

histor|ian [hɪ'stɔːrɪən] исто́рик; ~**ic(al** □) [hɪs'tɒrɪk(l)] истори́ческий; ~**y** ['hɪstərɪ] исто́рия

hit [hɪt] **1.** уда́р; попада́ние; thea., mus. успе́х; **direct** ~ прямо́е попада́ние; **2.** [irr.] ударя́ть [уда́рить]; поража́ть [порази́ть]; target попада́ть [попа́сть] в (В); ~ **town, the beach, etc.** Am. coll. (arrive) прибы(ва́)ть на (В); coll. ~ **it off with** [по]ла́дить с (Т); ~ **(up)on** находи́ть [найти́] (В); ~ **in the eye** fig. броса́ться [бро́ситься] в глаза́

hitch [hɪtʃ] **1.** толчо́к, рыво́к; fig. препя́тствие; **2.** зацепля́ть(ся) [-пи́ть(ся)], прицепля́ть(ся) [-пи́ть(ся)]; ~**hike** mot. е́здить автосто́пом

hither ['hɪðər] lit. сюда́; ~**to** [-'tuː] lit. до сих пор

hive [haɪv] **1.** у́лей; (of bees) рой пчёл; fig. людско́й муравейник; **2.** жить вме́сте

hoard [hɔːd] **1.** (скры́тый) запа́с, склад; **2.** накопля́ть [-пи́ть]; запаса́ть [-сти́] (В); secretly припря́т(ыв)ать

hoarfrost ['hɔːfrɒst] и́ней

hoarse [hɔːs] □ хри́плый, си́плый

hoax [həʊks] **1.** обма́н, ро́зыгрыш; **2.** подшу́чивать [-ути́ть] над (Т), разы-

грыва́ть [-ра́ть]

hobble ['hɒbl] v/i. прихра́мывать

hobby ['hɒbɪ] fig. хо́бби n indecl., люби́мое заня́тие

hock [hɒk] (wine) рейнве́йн

hockey ['hɒkɪ] хоккей

hoe [həʊ] agric. **1.** ца́пка; **2.** ца́пать

hog [hɒg] свинья́ (a. fig.); бо́ров

hoist [hɔɪst] **1.** for goods подъёмник; **2.** поднима́ть [-ня́ть]

hold [həʊld] **1.** naut. трюм; **catch** (or **get, lay, take**) ~ **of** схва́тывать [схвати́ть] (В); **keep** ~ **of** уде́рживать [-жа́ть] (В); **2.** [irr.] v/t. держа́ть; (sustain) выде́рживать [вы́держать]; (restrain) остана́вливать [-нови́ть]; meeting, etc. проводи́ть [-вести́]; attention завладе(ва́)ть; занима́ть [-ня́ть]; (contain) вмеща́ть [вмести́ть]; (think) счита́ть; ~ **one's own** отста́ивать свою́ пози́цию; ~ **the line!** tel. не ве́шайте тру́бку; ~ **over** откла́дывать [отложи́ть]; ~ **up** (support) подде́рживать [-жа́ть]; (delay) заде́рживать [-жа́ть]; останови́ть с це́лью грабежа́; **3.** v/i. остана́вливаться [-нови́ться]; of weather держа́ться; ~ **forth** разглаго́льствовать; ~ **good** (or **true**) име́ть си́лу; ~ **off** держа́ться пода́льше; ~ **on** держа́ться за (В); ~ **to** приде́рживаться (P); ~**er** [-ə] аренда́тор; владе́лец; ~**ing** [-ɪŋ] уча́сток земли́; владе́ние; ~**up** Am. налёт, ограбле́ние

hole [həʊl] дыра́, отве́рстие; in ground я́ма; of animals нора́; coll. fig. затрудни́тельное положе́ние; **pick** ~**s in** находи́ть недоста́тки в (П); придира́ться [придра́ться]

holiday ['hɒlədɪ] пра́здник, официа́льный день о́тдыха; о́тпуск; ~**s** pl. educ. кани́кулы f/pl.

hollow ['hɒləʊ] **1.** □ пусто́й, по́лый; cheeks вва́ли́вшийся; eyes впа́лый; **2.** по́лость f; in tree дупло́; (small valley) лощи́на; **3.** выда́лбливать [вы́долбить]

holly ['hɒlɪ] остроли́ст, па́дуб

holster ['həʊlstə] кобура́

holy ['həʊlɪ] свято́й, свяще́нный; ⊘

Week Страстна́я неде́ля

homage ['hɒmɪdʒ] уваже́ние; *do (or pay, render)* ~ отдава́ть дань уваже́ния (*to* Д)

home [həʊm] **1.** дом, жили́ще; ро́дина; *at* ~ до́ма; *maternity* ~ роди́льный дом; **2.** *adj.* дома́шний; вну́тренний; оте́чественный; ~ *industry* оте́чественная промы́шленность *f*; ♀ *Office* министе́рство вну́тренних дел; ♀ *Secretary* мини́стр вну́тренних дел; **3.** *adv.* домо́й; *hit (or strike)* ~ попа́сть *pf.* в цель *f*; ~**less** [-lɪs] безд о́мный; ~**like** ую́тный; непринуждён ный; ~**ly** [-lɪ] *fig.* просто́й, обы́ден ный; дома́шний; *Am. (plain-looking)* некраси́вый; ~**made** дома́шнего изгото вле́ния; ~**sickness** тоска́ по ро́дине; ~**ward(s)** [-wəd(z)] домо́й

homicide ['hɒmɪsaɪd] уби́йство; уби́й ца *m/f*

homogeneous [hɒmə'dʒiːnɪəs] ☐ од норо́дный, гомоге́нный

honest ['ɒnɪst] ☐ че́стный; ~**y** [-ɪ] че́стность *f*

honey ['hʌnɪ] мёд; (*mode of address*) дорога́я; ~**comb** ['hʌnɪkəʊm] со́ты; ~**moon 1.** медо́вый ме́сяц; **2.** прово ди́ть медо́вый ме́сяц

honorary ['ɒnərərɪ] почётный

hono(u)r ['ɒnə] **1.** честь *f*; (*respect*) по чёт; *f*, *mil., etc.* по́честь *f*; **2.** чтить, по чита́ть; *fin. check*/Brt. *cheque* опла́чивать [-лати́ть]; ~**able** ['ɒnərəbl] ☐ почётный, благоро́д ный; (*upright*) че́стный

hood [hʊd] (*covering for head*) капю шо́н; *Am. (for car engine)* капо́т

hoodwink ['hʊdwɪŋk] обма́нывать [-ну́ть]

hoof [huːf] копы́то

hook [huːk] **1.** крюк, крючо́к; *by* ~ *or by crook* пра́вдами и непра́вдами, так и́ли ина́че; **2.** зацепля́ть [-пи́ть]; *dress. etc.* застёгивать(ся) [-стег ну́ть(ся)]

hoop [huːp] о́бруч; *make s.o. jump through* ~**s** подверга́ть кого́-л. тяжёлому испыта́нию

hoot [huːt] **1.** ши́канье; *mot.* сигна́л; **2.** *v/i.* оши́кивать [-кать]; дава́ть сигна́л, сигна́лить; *v/t. (a.* ~ *down)* освисты вать [-иста́ть]

hop¹ [hɒp] *bot.* хмель *m*

hop² [~] **1.** прыжо́к; *keep s.o. on the* ~ не дава́ть кому́-л. поко́я; **2.** на одно́й ноге́

hope [həʊp] **1.** наде́жда; *past* ~ без наде́жный; *raise* ~ обнадё-жи(ва)ть; **2.** наде́яться (*for* на В); ~**ful** [-fl] (*promising*) подаю́щий на де́жды; (*having hope*) наде́ющийся; ~**less** [-lɪs] безнадёжный

horde [hɔːd] орда́; по́лчища; *pl.* то́лпы *f/pl.*

horizon [hə'raɪzn] горизо́нт; *fig.* кру гозо́р

hormone ['hɔːməʊn] гормо́н

horn [hɔːn] *animal's* рог; звуково́й сигна́л; *mus* рожо́к; ~ *of plenty* рог изоби́лия

hornet ['hɔːnɪt] *zo.* ше́ршень *m*

horny ['hɔːnɪ] *hands* мозо́листый

horoscope ['hɒrəskəʊp] гороско́п; *cast a* ~ составля́ть [-а́вить] горо ско́п

horr|ible ['hɒrəbl] ☐ стра́шный, ужа́с ный; ~**id** ['hɒrɪd] ужа́сный; (*repelling*) проти́вный; ~**ify** ['hɒrɪfaɪ] ужаса́ть [-сну́ть]; шоки́ровать; ~**or** ['hɒrə] у́жас

hors d'œuvres [ɔː'dɜːv] *pl.* заку́ски *f/pl.*

horse [hɔːs] ло́шадь *f*, конь *m*; *get on a* ~ сесть *pf.* на ло́шадь; *dark* ~ тёмная лоша́дка; ~**back:** *on* ~ верхо́м; ~ *laugh coll.* гру́бый, гро́мкий хо́хот; ~**man** вса́дник; ~**power** лошади́ная си́ла; ~**race** ска́чки *pl.*; ~**radish** хрен; ~**shoe** под ко́ва

horticulture ['hɔːtɪkʌltʃə] садово́дст во

hose [həʊz] (*pipe*) шланг

hosiery ['həʊzɪərɪ] чуло́чные изде́лия *n/pl.*

hospice ['hɒspɪs] *med.* хо́спис

hospitable [hɒs'pɪtəbl] ☐ гостепри и́мный

hospital ['hɒspɪtl] больни́ца; *mil.* го́с питаль *m*; ~**ity** [hɒspɪ'tælətɪ] госте-

прии́мство; **~ize** ['hɒspɪtəlaɪz] госпи-
тализи́ровать

host¹ [həʊst] хозя́ин; *act as ~* быть за
хозя́ина

host² [~] мно́жество, *coll.* ма́сса, тьма́

hostage ['hɒstɪdʒ] зало́жник *m*, -ница
f

hostel ['hɒstl] обшежи́тие; (*youth ~*)
турба́за

hostess ['həʊstɪs] хозя́йка (→ **host**)

hostil|e ['hɒstaɪl] вражде́бный; **~ity**
[hɒ'stɪlətɪ] вражде́бность *f*; враж-
де́бный акт; *pl. mil.* вое́нные де́йст-
вия

hot [hɒt] горя́чий; *summer* жа́ркий;
fig. пы́лкий; **~ bed** парни́к; **~ dog** *fig.*
бу́лочка с горя́чей соси́ской

hotchpotch ['hɒtʃpɒtʃ] *fig.* вся́кая
вся́чина, смесь *f*

hotel [həʊ'tel] оте́ль *m*, гости́ница

hot|headed опроме́тчивый; **~house**
оранжере́я, тепли́ца; **~ spot** *pol.*
горя́чая то́чка; **~water bottle** гре́лка

hound [haʊnd] **1.** го́нчая; **2.** *fig.* [за]-
трави́ть

hour [aʊə] час; вре́мя; *24 ~s* су́тки;
rush ~ часы́ пик; **~ly** [-lɪ] ежеча́сный

house [haʊs] **1.** *com.* дом; зда́ние; *parl.*
пала́та; *apartment ~* многокварти́р-
ный дом; **2.** [haʊz] *v/t.* поселя́ть
[-ли́ть]; помеща́ть [-ести́ть]; (*give
shelter to*) приюти́ть *pf.*; *v/i.* поме-
ща́ться [-ести́ться]; **~hold** дома́ш-
ний круг; семья́; **~holder** домовладе́-
лец; **~keeper** эконо́мка; дома́шняя
хозя́йка; **~keeping: do the ~** вести́ до-
ма́шнее хозя́йство; **~warming** ново-
се́лье; **~wife** домохозя́йка

housing ['haʊzɪŋ] обеспе́чение
жильём; **~ conditions** жили́щные ус-
ло́вия

hove [həʊv] *pt. и pt. p. от* **heave**

hovel ['hɒvl] лачу́га, хиба́рка

hover ['hɒvə] *of bird* пари́ть; *ae.* кру-
жи́ть(ся); **~craft** су́дно на возду́шной
поду́шке

how [haʊ] как?, каки́м о́бразом?; **~
about ...?** как насчёт (Р) ...?; **~ever**
[haʊ'evə] **1.** *adv.* как бы ни; **2.** *cj.* одна́-
ко, и всё же

howl [haʊl] **1.** вой, завыва́ние; **2.** [за]-
вы́ть; **~er** ['haʊlə] *sl.* гру́бая оши́бка;
ля́псус

hub [hʌb] *of wheel* ступи́ца; *fig. of activity* центр; *of the universe* пуп земли́

hubbub ['hʌbʌb] шум; *coll.* го́мон,
гам

huddle ['hʌdl] **1.** *of things* [с]вали́ть в
ку́чу; **~ together** *of people* сби́ться *pf.*
в ку́чу; **2.** ку́ча; *of people* суто́лока, су-
мато́ха

hue¹ [hju:] отте́нок

hue² [-]: **~ and cry** крик, шум

huff [hʌf] раздраже́ние; *get into a ~*
оби́деться

hug [hʌg] **1.** объя́тие; **2.** обнима́ть
[-ня́ть]; *fig.* быть приве́рженным; **~
o.s.** поздравля́ть [-а́вить] себя́

huge [hju:dʒ] □ огро́мный, грома́д-
ный

hulk [hʌlk] *fig.* ува́лень

hull [hʌl] *bot.* шелуха́, скорлупа́; *naut.*
ко́рпус

hum [hʌm] [за]жужжа́ть; (*sing*) напе-
ва́ть; *coll.* **make things ~** вноси́ть
оживле́ние в рабо́ту

human ['hju:mən] **1.** челове́ческий; *
coll.* челове́к; **~e** [hju:'meɪn] гума́н-
ный, челове́чный; **~eness** гума́н-
ность *f*; **~itarian** [hju:mænɪ'teərɪən] гу-
мани́ст; гума́нный; **~ity** [hju:'mænətɪ]
челове́чество; **~kind** [hju:-mən-
'kaɪnd] род челове́ческий; **~ly** по-
-челове́чески

humble ['hʌmbl] **1.** □ (*not self-impor-
tant*) смире́нный, скро́мный; (*lowly*)
просто́й; **2.** унижа́ть [уни́зить];
смиря́ть [-ри́ть]

humbug ['hʌmbʌg] (*deceit*) надува́-
тельство; (*nonsense*) чепуха́

humdrum ['hʌmdrʌm] однообра́з-
ный, ску́чный

humid ['hju:mɪd] сыро́й, вла́жный;
~ity [hju:'mɪdətɪ] вла́жность *f*

humiliat|e [hju:'mɪlɪeɪt] унижа́ть
[уни́зить]; **~ion** [hju:mɪlɪ'eɪʃn] уни-
же́ние

humility [hju:'mɪlətɪ] смире́ние

humorous ['hju:mərəs] □ юмори-
сти́ческий

humo(u)r ['hjuːmə] **1.** юмор, шутли́вость f; (*mood*) настрое́ние; *out of* ~ не в ду́хе; **2.** (*indulge*) потака́ть (Д); ублажа́ть [-жи́ть]

hump [hʌmp] **1.** горб; **2.** [с]го́рбить(ся)

hunch [hʌntʃ] **1.** горб; (*intuitive feeling*) интуи́ция; *have a* ~ *that* у меня́ тако́е чу́вство, что …; **2.** [с]го́рбить(ся) (*a.* **up**); ~**back** горбу́н(ья)

hundred ['hʌndrəd] **1.** сто; **2.** со́тня; ~**th** [-θ] со́тый; со́тая часть f; ~**weight** це́нтнер

hung [hʌŋ] *pt. u pt. p. om* **hang**

Hungarian [hʌŋ'geəriən] **1.** венгр m, -ге́рка f; **2.** венге́рский

hunger ['hʌŋgə] **1.** го́лод; *fig.* жа́жда; **2.** *v/i.* голода́ть; быть голо́дным; *fig. desire* жа́ждать (*for* P)

hungry ['hʌŋgrɪ] □ голо́дный; *get* ~ проголода́ться

hunk [hʌŋk] ломо́ть m; *of meat* большо́й кусо́к

hunt [hʌnt] **1.** охо́та; (*search*) по́иски m/pl. (*for* P); **2.** охо́титься на (В) *or* за (Т); ~ *out or up* отыскивать [-ка́ть]; ~ *for fig.* охо́титься за (Т), иска́ть (P *or* В); ~**er** ['hʌntə] охо́тник; ~**ing grounds** охо́тничьи уго́дья

hurdle ['hɜːdl] барье́р; ~**s** ска́чки с препя́тствиями; бег с препя́тствиями

hurl [hɜːl] **1.** си́льный бросо́к; **2.** швыря́ть [-рну́ть], мета́ть [метну́ть]

hurricane ['hʌrɪkən] урага́н

hurried ['hʌrɪd] торопли́вый

hurry ['hʌrɪ] **1.** торопли́вость f, поспе́шность f; *be in no* ~ не спеши́ть; *what's the* ~? заче́м спеши́ть?; **2.** *v/t.* [по]торопи́ть; *v/i.* [по]спеши́ть (*a.* ~ *up*)

hurt [hɜːt] [*irr.*] (*injure*) ушиба́ть [-би́ть] (*a. fig.*); причиня́ть боль f; боле́ть

husband ['hʌzbənd] муж; (*spouse*) супру́г

hush [hʌʃ] **1.** тишина́, молча́ние; **2.** ти́ше!; **3.** установи́ть *pf.* тишину́; ~ *up facts* скры(ва́)ть; *the affair was* ~*ed up* де́ло замя́ли

husk [hʌsk] **1.** *bot.* шелуха́; **2.** очища́ть от шелухи́, [об]лущи́ть; ~**y** ['hʌskɪ] □ (*hoarse*) си́плый; охри́плый; (*burly*) ро́слый

hustle ['hʌsl] **1.** *v/t.* (*push*) толка́ть [-кну́ть]; пиха́ть [пихну́ть]; (*hurry*) [по]торопи́ть; *v/i.* толка́ться; [по]торопи́ться; **2.** толкотня́; ~ *and bustle* шум и толкотня́

hut [hʌt] хи́жина

hutch [hʌtʃ] *for rabbits, etc.* кле́тка

hyacinth ['haɪəsɪnθ] гиаци́нт

hybrid ['haɪbrɪd] гибри́д; *animal* по́месь f

hydro ['haɪdrə] водо…; ~**electric power er station** гидро(электро-) ста́нция; ~**foil** су́дно на подво́дных кры́льях; ~**gen** ['haɪdrədʒən] водоро́д; ~**phobia** ['haɪdrə'fəʊbɪə] бе́шенство; ~**plane** ['haɪdrəpleɪn] гидропла́н

hygiene ['haɪdʒiːn] гигие́на

hymn [hɪm] (церко́вный) гимн

hyphen ['haɪfn] дефи́с; ~**ate** [-fəneɪt] писа́ть через чёрточку

hypnotize ['hɪpnətaɪz] [за]гипнотизи́ровать

hypo|chondriac [haɪpə'kɒndrɪæk] ипохо́ндрик; ~**crisy** [hɪ'pɒkrəsɪ] лицеме́рие; ~**crite** ['hɪpəkrɪt] лицеме́р; ~**critical** [hɪpə'krɪtɪkl] лицеме́рный; неи́скренний; ~**thesis** [haɪ'pɒθəsɪs] гипо́теза, предположе́ние

hyster|ical [hɪ'sterɪkl] истери́чный; ~**ics** [hɪ'sterɪks] *pl.* исте́рика

I

I [aɪ] *pers. pron.* я; **~ feel cold** мне хо́лодно; **you and ~** мы с ва́ми

ice [aɪs] **1.** лёд; **2.** замора́живать [-ро́зить]; *cul.* глазирова́ть (*im*)*pf.*; **~ over** покрыва́ть(ся) льдо́м; **~age** леднико́вый пери́од; **~box** *Am.* холоди́льник; **~breaker** ледоко́л; **~ cream** моро́женое; **~d** охлаждённый; **~ cake** глази́рованный; **~ hockey** хокке́й; **~ rink** като́к

icicle ['aɪsɪkl] сосу́лька

icing ['aɪsɪŋ] *cul.* са́харная глазу́рь *f*

icon ['aɪkɔn] ико́на

icy ['aɪsɪ] □ ледяно́й (*a. fig.*)

idea [aɪ'dɪə] (*concept*) иде́я; (*notion*) поня́тие, представле́ние; (*thought*) мысль *f*; **~l** [-l] **1.** □ идеа́льный; **2.** идеа́л

identi|cal [aɪ'dentɪkl] □ тот (же) са́мый; тожде́ственный; иденти́чный, одина́ковый; **~fication** [aɪ'dentɪfɪ-'keɪʃn] определе́ние; опозна(ва́)ние; установле́ние ли́чности; **~fy** [-faɪ] определя́ть [-ли́ть], опозн(ав)а́ть; устана́вливать ли́чность *f* (P); **~ty** [-tɪ]: **prove s.o.'s ~** установи́ть *pf.* ли́чности *f*; **~ty card** удостовере́ние ли́чности

idiom ['ɪdɪəm] идио́ма; (*language*) наре́чие, го́вор, язы́к

idiot ['ɪdɪət] идио́т *m*, -ка *f*; **~ic** [ɪdɪ'ɔtɪk] (**-ally**) идио́тский

idle ['aɪdl] **1.** неза́нятый, безрабо́тный; лени́вый; *question* пра́здный; (*futile*) тще́тный; *tech.* безде́йствующий, холосто́й; **2.** *v/t.* проводи́ть (вре́мя) без де́ла (*mst.* **~ away**); *v/i.* лени́ться, безде́льничать; **~ness** [-nɪs] пра́здность *f*; безде́лье; **~r** [-ə] безде́льник *m*, -ица *f*, лентя́й *m*, -ка *f*

idol ['aɪdl] и́дол; *fig.* куми́р; **~ize** ['aɪ-dəlaɪz] боготвори́ть

idyl(l) ['ɪdɪl] иди́ллия

if [ɪf] *cj.* е́сли; е́сли бы; (= *whether*) ли: *I don't know* **~** *he knows* не зна́ю, зна́ет ли он …; **~** *I were you* … на ва́шем ме́сте

ignit|e [ɪg'naɪt] зажига́ть [-же́чь]; загора́ться [-ре́ться], воспламеня́ться [-ни́ться]; **~ion** [ɪg'nɪʃn] *mot.* зажига́ние

ignoble [ɪg'nəʊbl] □ ни́зкий, неблаго-ро́дный

ignor|ance ['ɪgnərəns] неве́жество; *of intent, etc.* неве́дение; **~ant** [-rənt] неве́жественный; несве́дущий; **~e** [ɪg'nɔː] игнори́ровать

ill [ɪl] **1.** *adj.* больно́й; дурно́й; **~ omen** дурно́е предзнаменова́ние; **2.** *adv.* едва́ ли; пло́хо; **3.** зло, вред

ill-advised неблагоразу́мный; **~-bred** невоспи́танный

illegal [ɪ'liːgl] □ незако́нный

illegible [ɪ'ledʒəbl] □ неразбо́рчивый

illegitimate [ɪlɪ'dʒɪtɪmət] □ незако́нный; *child* незаконнорождённый

ill-fated злосча́стный, злополу́чный; **~-founded** необосно́ванный; **~-humo(u)red** раздражи́тельный

illiterate [ɪ'lɪtərət] □ негра́мотный

ill-mannered невоспи́танный, гру́бый; **~natured** □ зло́бный, недоброжела́тельный

illness ['ɪlnɪs] боле́знь *f*

ill-timed несвоевре́менный, неподходя́щий; **~-treat** пло́хо обраща́ться с (Т)

illumin|ate [ɪ'luːmɪneɪt] освеща́ть [-ети́ть], озаря́ть [-ри́ть]; (*enlighten*) просвеща́ть [-ети́ть]; (*cast light on*) пролива́ть свет на (В); **~ating** [-neɪtɪŋ] поучи́тельный, освети́тельный; **~ation** [ɪluːmɪ'neɪʃn] освеще́ние; (*display*) иллюмина́ция

illus|ion [ɪ'luːʒn] иллю́зия, обма́н чувств; **~ive** [-sɪv], **~ory** [-sərɪ] □ при́зрачный, иллюзо́рный

illustrat|e ['ɪləstreɪt] иллюстри́ровать (*im*)*pf.*; (*explain*) поясня́ть [-ни́ть]; **~ion** [ɪlə'streɪʃn] иллюстра́ция; **~ive** ['ɪləstrətɪv] иллюстрати́вный

illustrious [ɪ'lʌstrɪəs] □ просла́вленный, знамени́тый

ill-will недоброжела́тельность *f*

image ['ɪmɪdʒ] о́браз; изображе́ние; (*reflection*) отраже́ние; (*likeness*) подо́бие, ко́пия

imagin|able [ɪ'mædʒɪnəbl] □ вообрази́мый; **~ary** [-nərɪ] вообража́емый; мни́мый; **~ation** [ɪmædʒɪ'neɪʃn] воображе́ние, фанта́зия; **~ative** [ɪ'mædʒɪnətɪv] □ одарённый воображе́нием; **~e** [ɪ'mædʒɪn] воображáть [-рази́ть], представля́ть [-а́вить] себе́

imbecile ['ɪmbəsiːl] **1.** слабоу́мный; **2.** *coll.* глупе́ц

imbibe [ɪm'baɪb] (*absorb*) впи́тывать [впита́ть] (*a. fig.*); *fig. ideas, etc.* усва́ивать [усво́ить]

imita|te ['ɪmɪteɪt] подража́ть (Д); (*copy, mimic*) передра́знивать [-ни́ть]; подде́л(ыв)ать; **~tion** [ɪmɪ'teɪʃn] подража́ние; имита́ция, подде́лка; *attr.* иску́сственный

immaculate [ɪ'mækjʊlət] безукори́зненный, безупре́чный

immaterial [ɪmə'tɪərɪəl] (*unimportant*) несуще́ственный, нева́жный; (*incorporeal*) невеще́ственный, нематериа́льный

immature [ɪmə'tjʊə] незре́лый

immediate [ɪ'miːdjət] □ непосре́дственный; ближа́йший; (*urgent*) безотлага́тельный; **~ly** [-lɪ] *adv. of time, place* непосре́дственно; неме́дленно

immemorial [ɪmə'mɔːrɪəl]: **from time ~** испоко́н веко́в

immense [ɪ'mens] □ огро́мный

immerse [ɪ'mɜːs] погружа́ть [-узи́ть], окуна́ть [-ну́ть]; *fig.* **~ o.s. in** погружа́ться [-узи́ться]

immigra|nt ['ɪmɪgrənt] иммигра́нт *m*, -ка *f*; **~te** [-greɪt] иммигри́ровать (*im*)*pf.*; **~tion** [ɪmɪ'greɪʃn] иммигра́ция

imminent ['ɪmɪnənt] грозя́щий, нави́сший; **a storm is ~** надвига́ется бу́ря

immobile [ɪ'məʊbaɪl] неподви́жный

immoderate [ɪ'mɒdərət] непоме́рный, чрезме́рный

immodest [ɪ'mɒdɪst] □ нескро́мный

immoral [ɪ'mɒrəl] □ безнра́вственный

immortal [ɪ'mɔːtl] бессме́ртный

immun|e [ɪ'mjuːn] невоспри́мчивый (*from* к Д); **~ity** [-ɪtɪ] *med.* иммуните́т, невосприи́мчивость *f* (*from* к Д); *dipl.* иммуните́т

imp [ɪmp] дьяволёнок, бесёнок; шалуни́шка *m/f*

impact ['ɪmpækt] уда́р; (*collision*) столкнове́ние; *fig.* влия́ние, возде́йствие

impair [ɪm'peə] (*weaken*) ослабля́ть [-а́бить]; *health* подрыва́ть [-дорва́ть], (*damage*) поврежда́ть [-ди́ть]

impart [ɪm'pɑːt] (*give*) прид(ав)а́ть; (*make known*) сообща́ть [-щи́ть]

impartial [ɪm'pɑːʃl] □ беспристра́стный, непредвзя́тый

impassable [ɪm'pɑːsəbl] □ непроходи́мый; *for vehicles* непрое́зжий

impassive [ɪm'pæsɪv] □ споко́йный, бесстра́стный

impatien|ce [ɪm'peɪʃns] нетерпе́ние; **~t** [-nt] □ нетерпели́вый

impeccable [ɪm'pekəbl] (*flawless*) безупре́чный

impede [ɪm'piːd] □ (вос)препя́тствовать (Д)

impediment [ɪm'pedɪmənt] поме́ха

impel [ɪm'pel] (*force*) вынужда́ть [вы́нудить]; (*urge*) побужда́ть [-уди́ть]

impending [ɪm'pendɪŋ] предстоя́щий, надвига́ющийся

impenetrable [ɪm'penɪtrəbl] □ непроходи́мый; непроница́емый (*a. fig.*); *fig.* непостижи́мый

imperative [ɪm'perətɪv] □ *manner, voice* повели́тельный, вла́стный; (*essential*) кра́йне необходи́мый

imperceptible [ɪmpə'septəbl] неощути́мый; незаме́тный

imperfect [ɪm'pɜːfɪkt] □ несоверше́нный; (*faulty*) дефе́ктный

imperial [ɪm'pɪərɪəl] □ импе́рский; (*majestic*) вели́чественный

imperil [ɪm'perəl] подверга́ть [-ве́ргнуть] опа́сности

imperious [ɪm'pɪərɪəs] □ (*commanding*) вла́стный; (*haughty*) высокоме́рный

impermeable [ɪm'pɜːmɪəbl] непроница́емый

impersonal [ɪmˈpɜːsənl] *gr.* безли́чный; безли́кий; объекти́вный

impersonate [ɪmˈpɜːsəneɪt] исполня́ть роль *f* (P), выдава́ть себя́ за; изобража́ть [-ази́ть]

impertinen|ce [ɪmˈpɜːtɪnəns] де́рзость *f.*; **~t** [-nənt] □ де́рзкий

imperturbable [ɪmpəˈɜːbəbl] □ невозмути́мый

impervious [ɪmˈpɜːvɪəs] → **impermeable**; *fig.* глухо́й (**to** к Д)

impetu|ous [ɪmˈpetjʊəs] □ стреми́тельный; (*done hastily*) необду́манный; **~s** [ˈɪmpɪtəs] и́мпульс, толчо́к

impinge [ɪmˈpɪndʒ]: **~** (**up**)**on** [по]влия́ть, отража́ться [-зи́ться]

implacable [ɪmˈplækəbl] □ (*relentless*) неумоли́мый; (*unappeasable*) непримери́мый

implant [ɪmˈplɑːnt] *ideas, etc.* насажда́ть [насади́ть]; внуша́ть [-ши́ть]

implausible [ɪmˈplɔːzəbl] неправдоподо́бный, невероя́тный

implement [ˈɪmplɪmənt] **1.** (*small tool*) инструме́нт; *agric.* ору́дие; **2.** выполня́ть [вы́полнить]

implicat|e [ˈɪmplɪkeɪt] вовлека́ть [-е́чь], впу́т(ыв)ать; **~ion** [ɪmplɪˈkeɪʃn] вовлече́ние; скры́тый смысл, намёк

implicit [ɪmˈplɪsɪt] □ (*unquestioning*) безогово́рочный; (*suggested*) подразумева́емый; (*implied*) недоска́занный

implore [ɪmˈplɔː] умоля́ть [-ли́ть]

imply [ɪmˈplaɪ] подразумева́ть; (*insinuate*) намека́ть [-кну́ть] на (В); зна́чить

impolite [ɪmpəˈlaɪt] □ неве́жливый

impolitic [ɪmˈpɒlɪtɪk] □ нецелесообра́зный; неблагоразу́мный

import 1. [ˈɪmpɔːt] ввоз, и́мпорт; **~s** *pl.* ввози́мые това́ры *m/pl.*; **2.** [ɪmˈpɔːt] ввози́ть [ввезти́], импорти́ровать (*im*)*pf.*; **~ance** [ɪmˈpɔːtns] значе́ние, ва́жность *f*; **~ant** [-tnt] ва́жный, значи́тельный

importunate [ɪmˈpɔːtʃʊnət] □ назо́йливый

impos|e [ɪmˈpəʊz] *v/t.* навя́зывать [-за́ть]; *a tax* облага́ть [обложи́ть]; **~ a fine** наложи́ть штраф; *v/i.* **~ upon** злоупотребля́ть [-би́ть] (Т); **~ing** [-ɪŋ] внуши́тельный, впечатля́ющий

impossib|ility [ɪmpɒsəˈbɪlətɪ] невозмо́жность *f*; **~le** [ɪmˈpɒsəbl] □ невозмо́жный; (*unbearable*) *coll.* несно́сный

impostor [ɪmˈpɒstə] шарлата́н; самозва́нец

impoten|ce [ˈɪmpətəns] бесси́лие, сла́бость *f*; *med.* импоте́нция; **~t** [-tənt] бесси́льный, сла́бый; импоте́нтный

impoverish [ɪmˈpɒvərɪʃ] доводи́ть до нищеты́; *fig.* обедня́ть [-ни́ть]

impracticable [ɪmˈpræktɪkəbl] □ неисполни́мый, неосуществи́мый

impractical [ɪmˈpræktɪkl] □ непракти́чный

impregnate [ˈɪmpregneɪt] (*saturate*) пропи́тывать [-пита́ть]; (*fertilize*) оплодотворя́ть [-твори́ть]

impress [ɪmˈpres] отпеча́т(ыв)ать; (*fix*) запечатле́(ва́)ть; (*bring home*) внуша́ть [-ши́ть] (**on** Д); производи́ть впечатле́ние на (В); внуша́ть впечатле́ние; *typ.* о́ттиск; *I am under the ~ that* у меня́ тако́е впечатле́ние, что …; **~ionable** [ɪmˈpreʃənəbl] впечатли́тельный; **~ive** [ɪmˈpresɪv] □ внуши́тельный

imprint [ɪmˈprɪnt] **1.** *in memory, etc.* запечатле́(ва́)ть; **2.** отпеча́ток

imprison [ɪmˈprɪzn] сажа́ть [посади́ть]/заключа́ть [-чи́ть] в тюрьму́; **~ment** [-mənt] тюре́мное заключе́ние

improbable [ɪmˈprɒbəbl] □ невероя́тный, неправдоподо́бный

improper [ɪmˈprɒpə] неуме́стный; (*indecent*) непристо́йный; (*incorrect*) непра́вильный

improve [ɪmˈpruːv] *v/t.* улучша́ть [улу́чшить]; [у]соверше́нствовать; *v/i.* улучша́ться [улу́чшиться]; [у]соверше́нствоваться; **~ upon** улучша́ть [улу́чшить] (В); **~ment** [-mənt] улучше́ние; усоверше́нствование

improvise [ˈɪmprəvaɪz] импровизи́ровать (*im*)*pf.*

imprudent [ɪm'pru:dnt] □ неблагоразу́мный; неосторо́жный

impuden|ce ['ɪmpjudəns] на́глость *f*; де́рзость *f*; **~t** [-dənt] на́глый; де́рзкий

impulse ['ɪmpʌls] и́мпульс, толчо́к; (*sudden inclination*) поры́в

impunity [ɪm'pju:nəti] безнака́занность *f*; **with ~** безнака́занно

impure [ɪm'pjuə] нечи́стый; гря́зный (*a. fig.*); (*indecent*) непристо́йный; *air* загрязнённый; (*mixed with s.th.*) с при́месью

impute [ɪm'pju:t] припи́сывать [-cáть] (Д/В)

in [ɪn] **1.** *prp.* в, во (П *or* В); **~ number** в коли́честве (Р), число́м в (В); **~ itself** само́ по себе́; **~ 1949** в 1949-ом (в ты́сяча девятьсо́т со́рок девя́том) году́; *cry out* **~ alarm** закрича́ть в испу́ге (*or* от стра́ха); **~ the street** на у́лице; **~ my opinion** по моему́ мне́нию, помо́ему; **~ English** по-англи́йски; *a novel* **English** рома́н на англи́йском языке́; **~ thousands** ты́сячами, **~ the circumstances** в э́тих усло́виях; **~ this manner** таки́м о́бразом; **~ a word** одни́м сло́вом; *be* **~ power** быть у вла́сти; *be engaged* **~ reading** занима́ться чте́нием; **2.** *adv.* внутри́; внутрь; *she's* **~ for an unpleasant surprise** её ожида́ет неприя́тный сюрпри́з; *coll.*; *be* **~ with** быть в хоро́ших отноше́ниях с (Т)

inability [ɪnə'bɪləti] неспосо́бность *f*

inaccessible [ɪnæk'sesəbl] □ недосту́пный; непристу́пный

inaccurate [ɪn'ækjərət] нето́чный

inactiv|e [ɪn'æktɪv] □ безде́ятельный; безде́йствующий; **~ity** [ɪnæk'tɪvəti] безде́ятельность *f*; ине́ртность *f*

inadequate [ɪn'ædɪkwɪt] □ (*insufficient*) недоста́точный; (*not capable*) неспосо́бный; *excuse* неубеди́тельный

inadmissible [ɪnəd'mɪsəbl] недопусти́мый, неприе́млемый

inadvertent [ɪnəd'vɜ:tənt] □ невнима́тельный; неумы́шленный; (*unintentional*) ненаме́ренный

inalienable [ɪn'eɪlɪənəbl] □ неотъе́млемый

inane [ɪ'neɪn] □ (*senseless*) бессмы́сленный; (*empty*) пусто́й

inanimate [ɪn'ænɪmət] □ неодушевлённый; (*lifeless*) безжи́зненный

inappropriate [ɪnə'prəuprɪət] неуме́стный, несоотве́тствующий

inapt [ɪn'æpt] □ неспосо́бный; (*not suitable*) неподходя́щий

inarticulate [ɪnɑ:'tɪkjulət] □ нечленоразде́льный, невня́тный

inasmuch [ɪnəz'mʌtʃ]: **~ as** *adv.* так как; в виду́ того́, что; поско́льку

inattentive [ɪnə'tentɪv] невнима́тельный

inaugura|te [ɪ'nɔ:gjureɪt] *launch* откры́(ва́)ть; (*install as president*) вводи́ть в до́лжность; **~tion** [ɪnɔ:gju-'reɪʃn] вступле́ние в до́лжность, инаугура́ция; (*torжественное*) откры́тие

inborn [ɪn'bɔ:n] врождённый, приро́жденный

incalculable [ɪn'kælkjuləbl] □ неисчисли́мый, бессчётный; *person* капри́зный, ненадёжный

incapa|ble [ɪn'keɪpəbl] □ неспосо́бный (*of* к Д *or* на В); **~citate** [ɪnkə-'pæsɪteɪt] де́лать неспосо́бным, непригодным

incarnate [ɪn'kɑ:nɪt] воплощённый, олицетворённый

incautious [ɪn'kɔ:ʃəs] □ неосторо́жный, опроме́тчивый

incendiary [ɪn'sendɪərɪ] *mil.*, *fig.* зажига́тельный

incense¹ ['ɪnsens] ла́дан

incense² [ɪn'sens] приводи́ть в я́рость

incentive [ɪn'sentɪv] сти́мул

incessant [ɪn'sesnt] □ непреры́вный

inch [ɪntʃ] дюйм; *fig.* пядь *f*; *by* **~es** ма́ло-пома́лу

inciden|ce ['ɪnsɪdəns]: *high* **~ of** большо́е коли́чество слу́чаев; **~t** [-t] слу́чай; происше́ствие; *mil.*, *dipl.* инциде́нт; **~tal** [ɪnsɪ'dentl] □ случа́йный; побо́чный; прису́щий (Д); *pl.* непредви́денные расхо́ды *m/pl.*; **~tally**

incinerate [ɪnˈsɪnəreɪt] испепеля́ть [-ли́ть]; (scorch) сжига́ть [сжечь]

incis|ion [ɪnˈsɪʒn] разре́з, надре́з; **~ive** [ɪnˈsaɪsɪv] □ о́стрый; criticism, etc. ре́зкий

incite [ɪnˈsaɪt] (instigate) подстрека́ть [-кну́ть]; (move to action) побужда́ть [-уди́ть]

inclement [ɪnˈklemənt] суро́вый, холо́дный

inclin|ation [ɪnklɪˈneɪʃn] (slope) накло́н, укло́н; (mental leaning) скло́нность f; **~e** [ɪnˈklaɪn] **1.** v/i. склоня́ться [-ни́ться]; **~ to** fig. быть скло́нным к (Д); v/t. наклоня́ть [-ни́ть]; склоня́ть [-ни́ть] (a. fig.); **2.** накло́н

inclose [ɪnˈkləʊz] → **enclose**

inclu|de [ɪnˈkluːd] включа́ть [-чи́ть]; содержа́ть; **~sive** [-sɪv] □ включа́ющий в себя́, содержа́щий; from Monday to Friday **~** с понеде́льника до пя́тницы включи́тельно

incoheren|ce [ɪnkəʊˈhɪərəns] несвя́зность f, непосле́довательность f; **~t** [-t] □ несвя́зный; (not consistent) непосле́довательный

income [ˈɪŋkʌm] дохо́д

incomparable [ɪnˈkɒmprəbl] □ (not comparable) несравни́мый; matchless несравне́нный

incompatible [ɪŋkəmˈpætəbl] несовмести́мый

incompetent [ɪnˈkɒmpɪtənt] □ несве́дущий, неуме́лый; specialist некомпете́нтный; law недееспосо́бный

incomplete [ɪŋkəmˈpliːt] □ непо́лный; (unfinished) незако́нченный

incomprehensible [ɪŋkɒmprɪˈhensəbl] □ непоня́тный, непостижи́мый

inconceivable [ɪŋkənˈsiːvəbl] □ невообрази́мый

incongruous [ɪnˈkɒŋgruəs] □ (out of place) неуме́стный; (absurd) неле́пый; (incompatible) несовмести́мый

inconsequential [ɪnˈkɒnsɪkwəntʃl] □ несуще́ственный

inconsidera|ble [ɪŋkənˈsɪdərəbl] □ незначи́тельный, нева́жный; **~te** [-rɪt] □ невнима́тельный (**to** к Д);

(rash) необду́манный

inconsisten|cy [ɪnkənˈsɪstənsɪ] непосле́довательность f, противоре́чие; **~t** [-tənt] □ непосле́довательный, противоречи́вый

inconsolable [ɪnkənˈsəʊləbl] □ безуте́шный

inconvenien|ce [ɪnkənˈviːnɪəns] **1.** неудо́бство; **2.** причиня́ть [-ни́ть] неудо́бство; [по]беспоко́ить; **~t** [-ɪənt] □ неудо́бный, затрудни́тельный

incorporat|e [ɪnˈkɔːpəreɪt] объединя́ть(ся) [-ни́ть(ся)]; включа́ть [-чи́ть] (into в В); **~ed** [-reɪtɪd] зарегистри́рованный в ка́честве юриди́ческого лица́

incorrect [ɪŋkəˈrekt] □ непра́вильный

incorrigible [ɪnˈkɒrɪdʒəbl] □ неисправи́мый

increase 1. [ɪnˈkriːs] **1.** увели́чи(ва)ть(ся); [вы]расти́; of wind, etc. уси́ли(ва)ть(ся); **2.** [ˈɪŋkriːs] рост; увеличе́ние; приро́ст

incredible [ɪnˈkredəbl] □ невероя́тный; неимове́рный

incredul|ity [ɪnkrɪˈdjuːlətɪ] недове́рчивость f; **~ous** [ɪnˈkredjʊləs] □ недове́рчивый

increment [ˈɪŋkrəmənt] приро́ст

incriminate [ɪnˈkrɪmɪneɪt] инкримини́ровать (im)pf.; law обвиня́ть в преступле́нии

incrustation [ɪnkrʌˈsteɪʃn] инкруста́ция

incubator [ˈɪŋkʊbeɪtə] инкуба́тор

incur [ɪnˈkɜː] навлека́ть [-вле́чь] на себя́; **~ losses** понести́ pf. убы́тки

incurable [ɪnˈkjʊərəbl] неизлечи́мый; fig. неисправи́мый

indebted [ɪnˈdetɪd] for money в долгу́ (a. fig.); fig. обя́занный

indecen|cy [ɪnˈdiːsnsɪ] непристо́йность f, неприли́чие; **~t** [-snt] непристо́йный

indecisi|on [ɪndɪˈsɪʒn] нереши́тельность f; (hesitation) колеба́ние; **~ve** [-ˈsaɪsɪv] □ нереши́тельный; не реша́ющий; **~ evidence** недоста́точно убеди́тельные доказа́тельства

indecorous [ɪnˈdekərəs] □ неприли́чный; некорре́ктный

indeed [ɪn'diːd] в са́мом де́ле, действи́тельно; неуже́ли!

indefensible [ɪndɪ'fensəbl] □ *mil.* незащити́мая пози́ция; (*unjustified*) не имеющий оправда́ния; *fig.* несостоя́тельный

indefinite [ɪn'defɪnət] □ неопределённый (*a. gr.*); неограни́ченный

indelible [ɪn'deləbl] □ неизглади́мый

indelicate [ɪn'delɪkət] □ неделика́тный; нескро́мный; *remark* беста́ктный

indemnity [ɪn'demnətɪ] гара́нтия возмеще́ния убы́тков; компенса́ция

indent [ɪn'dent] *v/t. typ.* нач(ин)а́ть с кра́сной строки́; *v/i. comm.* [с]де́лать зака́з на (В)

independen|ce [ɪndɪ'pendəns] незави́симость *f*, самостоя́тельность *f*; **~t** [-t] □ незави́симый, самостоя́тельный

indescribable [ɪndɪs'kraɪbəbl] □ неописуемый

indestructible [ɪndɪ'strʌktəbl] □ неразруши́мый

indeterminate [ɪndɪ'tɜːmɪnət] □ определённый; (*vague, not clearly seen*) нея́сный

index ['ɪndeks] и́ндекс, указа́тель *m*; показа́тель *m*; **~ finger** указа́тельный па́лец

India ['ɪndɪə]: **~ rubber** каучу́к; рези́на; **~n** [-n] **1.** *of India* инди́йский; *of North America* инде́йский; **~ corn** кукуру́за; **~ summer** ба́бье ле́то; **2.** инди́ец, индиа́нка; *of North America* инде́ец, индиа́нка

indicat|e ['ɪndɪkeɪt] ука́зывать [-за́ть]; (*show*) пока́зывать [-за́ть]; (*make clear*) д(ав)а́ть поня́ть; означа́ть *impf.*; **~ion** [ɪndɪ'keɪʃn] (*sign*) знак, при́знак; **~or** ['ɪndɪkeɪtə] стре́лка; *mot.* сигна́л поворо́та, *coll.* мига́лка

indifferen|ce [ɪn'dɪfrəns] равноду́шие, безразли́чие; **~t** [-t] равноду́шный, безразли́чный; **~ actor** посре́дственный актёр

indigenous [ɪn'dɪdʒɪnəs] тузе́мный; ме́стный

indigest|ible [ɪndɪ'dʒestəbl] □ *fig.* неудобовари́мый; **~ion** [-tʃən] расстро́йство желу́дка

indign|ant [ɪn'dɪgnənt] □ негоду́ющий; **~ation** [ɪndɪg'neɪʃn] негодова́ние; **~ity** [ɪn'dɪgnɪtɪ] униже́ние, оскорбле́ние

indirect ['ɪndɪrekt] □ непрямо́й; *route* око́льный; *answer* укло́нчивый; **~ taxes** ко́свенные нало́ги

indiscre|et [ɪndɪ'skriːt] □ нескро́мный; (*tactless*) беста́ктный; **~tion** [-'skreʃn] нескро́мность *f*; беста́ктность *f*

indiscriminate [ɪndɪ'skrɪmɪnət] □ неразбо́рчивый

indispensable [ɪndɪ'spensəbl] □ необходи́мый, обяза́тельный

indispos|ed [ɪndɪ'spəʊzd] (*disinclined*) нерасположенный; нездоро́вый; **~ition** ['ɪndɪspə'zɪʃn] нежела́ние; недомога́ние

indisputable [ɪndɪ'spjuːtəbl] □ неоспори́мый, бесспо́рный

indistinct [ɪndɪ'stɪŋkt] □ нея́сный, неотчётливый; *speech* невня́тный

individual [ɪndɪ'vɪdjʊəl] **1.** □ индивидуа́льный; характе́рный; (*separate*) отде́льный; **2.** индиви́дуум, ли́чность *f*; **~ity** [-vɪdjʊ'ælətɪ] индивидуа́льность *f*

indivisible [ɪndɪ'vɪzəbl] недели́мый

indolen|ce ['ɪndələns] лень *f*; **~t** [-t] □ лени́вый

indomitable [ɪn'dɒmɪtəbl] □ неукроти́мый

indoor ['ɪndɔː] вну́тренний; **~s** ['ɪn'dɔːz] в до́ме

indorse → **endorse**

indubitable [ɪn'djuːbɪtəbl] □ несомне́нный

induce [ɪn'djuːs] заставля́ть [-а́вить]; (*bring about*) вызыва́ть [вы́звать]; **~ment** [-mənt] сти́мул, побужде́ние

indulge [ɪn'dʌldʒ] *v/t.* доставля́ть удово́льствие (Д *with* Т); (*spoil*) балова́ть; потво́рствовать (Д); *v/i.* **~ in** увлека́ться [-е́чься] (Т); пред(ав)а́ться (Д); **~nce** [-əns] потво́рство, потворство; **~** [-ənt] □ снисходи́тельный; нетребовательный; потворствующий

industri|al [ɪn'dʌstrɪəl] □ промы́шленный; произво́дственный; **~alist** [-ɪst] промы́шленник; **~ous** [ɪn'dʌstrɪəs] трудолюби́вый

industry ['ɪndəstrɪ] промы́шленность f, индустри́я; трудолю́бие

inedible [ɪn'edɪbl] несъедо́бный

ineffect|ive [ɪnɪ'fektɪv], **~ual** [-tʃʊəl] □ безрезульта́тный; неэффекти́вный

inefficient [ɪnɪ'fɪʃnt] □ *person* неспосо́бный, неуме́лый; *method, etc.* неэффекти́вный

inelegant [ɪn'elɪgənt] □ неэлега́нтный

ineligible [ɪn'elɪdʒəbl]: **be ~ for** не име́ть пра́ва (на В)

inept [ɪ'nept] □ неуме́стный, неподходя́щий; неуме́лый

inequality [ɪnɪ'kwɒlətɪ] нера́венство

inert [ɪ'nɜːt] □ ине́ртный; (*sluggish*) вя́лый; **~ia** [ɪ'nɜːʃə], **~ness** [ɪ'nɜːtnɪs] ине́рция; вя́лость f

inescapable [ɪnɪ'skeɪpəbl] □ неизбе́жный

inessential [ɪnɪ'əsenʃl] □ несуще́ственный

inestimable [ɪn'estɪməbl] □ неоцени́мый

inevitable [ɪn'evɪtəbl] □ неизбе́жный, немину́емый

inexact [ɪnɪg'zækt] □ нето́чный

inexhaustible [ɪnɪg'zɔːstəbl] □ неистощи́мый, неисчерпа́емый

inexorable [ɪn'eksərəbl] □ неумоли́мый, непрекло́нный

inexpedient [ɪnɪk'spiːdɪənt] □ нецелесообра́зный

inexpensive [ɪnɪk'spensɪv] □ недорого́й, дешёвый

inexperience [ɪnɪk'spɪərɪəns] нео́пытность f, **~d** [-t] нео́пытный

inexplicable [ɪnɪk'splɪkəbl] □ необъясни́мый, непоня́тный

inexpressible [ɪnɪk'spresəbl] □ невырази́мый, неописуемый

inextinguishable [ɪnɪk'stɪŋgwɪʃəbl] □ неугаси́мый

inextricable [ɪnɪk'strɪkəbl] □ запу́танный

infallible [ɪn'fæləbl] □ безоши́бочный, непогреши́мый; *method* наде́жный

infam|ous ['ɪnfəməs] □ посты́дный, позо́рный, бесче́стный; **~y** [-mɪ] бесче́стье, позо́р; (*infamous act*) ни́зость f; по́длость f

infan|cy ['ɪnfənsɪ] младе́нчество; **~t** [-t] младе́нец

infantile ['ɪnfəntaɪl] младе́нческий; *behaviour* инфанти́льный

infantry ['ɪnfəntrɪ] пехо́та

infatuated [ɪn'fætjʊeɪtɪd]: **be ~ with** быть без ума́ от (Р)

infect [ɪn'fekt] заража́ть [-рази́ть]; **~ion** [ɪn'fekʃn] инфе́кция; **~ious** [-ʃəs] □, **~ive** [-tɪv] инфекцио́нный, зара́зный; *fig.* зарази́тельный

infer [ɪn'fɜː] де́лать вы́вод; (*imply*) подразумева́ть; **~ence** ['ɪnfərəns] вы́вод, заключе́ние

inferior [ɪn'fɪərɪə] **1.** (*subordinate*) подчинённый; (*worse*) ху́дший, неполноце́нный; *goods* ни́зкого ка́чества; **2.** подчинённый; **~ity** [ɪnfɪərɪ'ɒrətɪ] ни́зкое ка́чество (положе́ние); неполноце́нность f; **~ complex** ко́мплекс неполноце́нности

infernal [ɪn'fɜːnl] □ *mst. fig.* а́дский

infertile [ɪn'fɜːtaɪl] беспло́дный (*a. fig.*); неплодоро́дный

infest [ɪn'fest]: **be ~ed** кише́ть (Т)

infidelity [ɪnfɪ'delətɪ] неве́рность f (**to** Д)

infiltrate ['ɪnfɪltreɪt] (*enter secretly*) проника́ть [-и́кнуть]; проса́чиваться [-сочи́ться]

infinit|e ['ɪnfɪnət] □ бесконе́чный, безграни́чный; **~y** [ɪn'fɪnətɪ] бесконе́чность f; безграни́чность f

infirm [ɪn'fɜːm] □ не́мощный, дря́хлый; **~ary** [-ərɪ] больни́ца; **~ity** [-ətɪ] не́мощь f

inflam|e [ɪn'fleɪm] воспламеня́ть(-ся) [-и́ть(ся)]; *med.* воспаля́ть(ся) [-ли́ть(ся)]; **~ed** [-d] воспалённый

inflamma|ble [ɪn'flæməbl] □ воспламеня́ющийся; **~tion** [ɪnflə'meɪʃn] *med.* воспале́ние; **~tory** [ɪn'flæmətrɪ] *speech* подстрека́тельский; *med.* воспали́тельный

inflat|e [ɪn'fleɪt] наду́(ва́)ть; *tyre* нака́чивать [-ча́ть]; *prices* взви́нчивать [-ти́ть]; **~ion** [ɪn'fleɪʃn] *of balloon, etc.* надува́ние; *econ.* инфля́ция

inflexible [ɪn'fleksəbl] □ неги́бкий; *fig.* непрекло́нный, непоколеби́мый

inflict [ɪn'flɪkt] *a blow, etc.* наноси́ть [-нести́]; *pain* причиня́ть [-ни́ть]; *views, etc.* навя́зывать(ся)

influen|ce [ˈɪnfluəns] **1.** влия́ние, возде́йствие; **2.** [по]влия́ть на (В); возде́йствовать на (В) *(im)pf.;* **~tial** [ɪnfluˈenʃl] влия́тельный

influenza [ɪnfluˈenzə] грипп

influx [ˈɪnflʌks] прито́к; *of visitors* наплы́в

inform [ɪnˈfɔːm] *v/t.* информи́ровать *(im)pf.,* уведомля́ть [уве́домить] *(of* о П); *v/i.* доноси́ть [-нести́] *(against* на В); *keep s.o. ~ed* держа́ть в ку́рсе дел

inform|al [ɪnˈfɔːml] □ неофициа́льный; *conversation* непринуждённый; **~ality** [ɪnfɔːˈmælətɪ] несоблюде́ние форма́льностей; непринуждённость *f*

inform|ation [ɪnfəˈmeɪʃn] информа́ция, све́дения *n/pl.;* спра́вка; **~ative** [ɪnˈfɔːmətɪv] информи́рующий; содержа́тельный; *(educational)* поучи́тельный

infrequent [ɪnˈfriːkwənt] □ ре́дкий

infringe [ɪnˈfrɪndʒ] наруша́ть [-ру́шить] *(a. ~ upon)*

infuriate [ɪnˈfjʊərɪeɪt] [вз]беси́ть

ingen|ious [ɪnˈdʒiːnɪəs] □ изобрета́тельный; **~uity** [ɪndʒɪˈnjuːətɪ] изобрета́тельность *f*, **~uous** [ɪnˈdʒenjuəs] □ *(frank)* чистосерде́чный; *(lacking craft or subtlety)* простоду́шный; просто́й, бесхи́тростный

ingratitude [ɪnˈɡrætɪtjuːd] неблагода́рность *f*

ingredient [ɪnˈɡriːdɪənt] составна́я часть *f*, ингредие́нт *(a. cul.)*

inhabit [ɪnˈhæbɪt] населя́ть; обита́ть, жить в (П); **~ant** [-ɪtənt] жи́тель(ница *f*) *m*, обита́тель(ница *f*) *m*

inhal|ation [ɪnhəˈleɪʃn] *med.* ингаля́-

ция; **~e** [ɪnˈheɪl] вдыха́ть [вдохну́ть]

inherent [ɪnˈhɪərənt] □ прису́щий

inherit [ɪnˈherɪt] насле́довать *(im)pf.; fig.* унасле́довать *pf.;* **~ance** [-ɪtəns] насле́дство *(a. fig.)*

inhibit [ɪnˈhɪbɪt] сде́рживать [сдержа́ть], [вос]препя́тствовать (Д); **~ion** [ɪnhɪˈbɪʃn] *med.* торможе́ние

inhospitable [ɪnˈhɒspɪtəbl] □ негостеприи́мный

inhuman [ɪnˈhjuːmən] □ бесчелове́чный; античелове́ческий

inimitable [ɪˈnɪmɪtəbl] □ неподража́емый; *(peerless)* несравне́нный

initia|l [ɪˈnɪʃl] **1.** □ нача́льный, первонача́льный; **2.** нача́льная бу́ква; **~s** *pl.* инициа́лы *m/pl.;* **~te** [-teɪt] вводи́ть [ввести́]; *into a secret* посвяща́ть [-вяти́ть]; *(start)* положи́ть *pf.* нача́ло (Д); **~tive** [ɪˈnɪʃətɪv] инициати́ва; **~tor** [-ʃɪətə] инициа́тор

inject [ɪnˈdʒekt] *med.* [с]де́лать инъе́кцию; **~ion** [-ʃn] инъе́кция, впры́скивание, уко́л

injur|e [ˈɪndʒə] [по]вреди́ть, поврежда́ть [-еди́ть]; *in war, etc.* ра́нить *(im)pf.; (wrong)* обижа́ть [-и́деть]; **~ious** [ɪnˈdʒʊərɪəs] □ вре́дный; **~y** [ˈɪndʒərɪ] оскорбле́ние; поврежде́ние; ра́на; *sport* тра́вма

injustice [ɪnˈdʒʌstɪs] несправедли́вость *f*

ink [ɪŋk] черни́ла *n/pl.*

inkling [ˈɪŋklɪŋ] намёк (на В); *(suspicion)* подозре́ние

inland [ˈɪnlənd] **1.** вну́тренняя террито́рия страны́; **2.** вну́тренний; **3.** [ɪnˈlænd] внутрь, внутри́ (страны́)

inlay [ɪnˈleɪ] инкруста́ция

inlet [ˈɪnlet] у́зкий зали́в, бу́хта; впускно́е отве́рстие

inmate [ˈɪnmeɪt] *of hospital* больно́й, пацие́нт, обита́тель; *of prison* заключённый

inmost [ˈɪnməʊst] глубоча́йший; *thoughts* сокрове́ннейший

inn [ɪn] гости́ница, тракти́р

innate [ɪˈneɪt] □ врождённый, приро́дный

inner [ˈɪnə] вну́тренний; **~most**

[-məʊst] → **inmost**

innocen|ce ['ɪnəsns] *law* невино́вность *f*; неви́нность *f*; простота́; **~t** [-snt] □ неви́нный; *law* невино́вный

innocuous [ɪ'nɒkjʊəs] □ безвре́дный; *remark* безоби́дный

innovation [ɪnə'veɪʃn] нововведе́ние, но́вшество

innuendo [ɪnju:'endəʊ] ко́свенный намёк, инсинуа́ция

innumerable [ɪ'nju:mərəbl] □ бесчётный, бесчи́сленный

inoculate [ɪ'nɒkjʊleɪt] [c]де́лать приви́вку (Д от Р)

inoffensive [ɪnə'fensɪv] безоби́дный, безвре́дный

inopportune [ɪn'ɒpətju:n] □ несвоевре́менный, неподходя́щий

inordinate [ɪ'nɔ:dɪnət] непоме́рный, чрезме́рный

in-patient ['ɪnpeɪʃnt] стациона́рный больно́й

inquest ['ɪnkwest] *law* рассле́дование, выясне́ние причи́н сме́рти

inquir|e [ɪn'kwaɪə] *v/t.* спра́шивать [-роси́ть]; *v/i.* узн(ав)а́ть; справля́ться (**about, after, for** о П; **of** у Р); **~ into** выясня́ть, рассле́довать (*im*)*pf.*; **~ing** [-rɪŋ] □ *mind* пытли́вый; **~y** [-rɪ] рассле́дование, сле́дствие; (*question*) вопро́с; **make inquiries** наводи́ть спра́вки

inquisitive [ɪn'kwɪzɪtɪv] □ любозна́тельный; любопы́тный

insan|e [ɪn'seɪn] □ психи́чески больно́й; *fig.* безу́мный; **~ity** [ɪn'sænətɪ] психи́ческое заболева́ние; безу́мие

insatiable [ɪn'seɪʃəbl] □ ненасы́тный; (*greedy*) жа́дный

inscribe [ɪn'skraɪb] (*write*) надпи́сывать [-са́ть] (**in, on** В/Т *or* В на П)

inscription [ɪn'skrɪpʃn] на́дпись *f*

inscrutable [ɪn'skru:təbl] □ непостижи́мый, зага́дочный

insect ['ɪnsekt] насеко́мое; **~icide** [-'sektɪsaɪd] инсектици́д

insecure [ɪnsɪ'kjʊə] □ ненадёжный; (*not safe*) небезопа́сный

insens|ible [ɪn'sensəbl] □ *to touch, etc.* нечувстви́тельный; потеря́вший сознание; (*unsympathetic*) бесчу́вственный; **~itive** [-ɪtɪv] нечувстви́тельный; невосприи́мчивый

inseparable [ɪn'seprəbl] □ неразлу́чный; неотдели́мый (**from** от Р)

insert [ɪn'sɜ:t] вставля́ть [-а́вить]; *advertisement* помеща́ть [-ести́ть]; **~ion** [ɪn'sɜ:ʃn] *of lace, etc.* вста́вка; (*announcement*) объявле́ние

inside [ɪn'saɪd] **1.** вну́тренняя сторона́; вну́тренность *f*; *of clothing* изна́нка; **turn ~ out** вы́вернуть *pf.* на изна́нку; **he knows his subject ~ out** он зна́ет свой предме́т назубо́к; **2.** *adj.* вну́тренний; **3.** *adv.* внутрь, внутри́; **4.** *prp.* внутри́ (Р)

insidious [ɪn'sɪdɪəs] □ преда́тельский, кова́рный

insight ['ɪnsaɪt] проница́тельность *f*; интуи́ция

insignificant [ɪnsɪg'nɪfɪkənt] незначи́тельный, малова́жный

insincere [ɪnsɪn'sɪə] нейскренний

insinuat|e [ɪn'sɪnjʊeɪt] намека́ть [-кну́ть] на (В); **~ o.s.** *fig.* вкра́дываться [вкра́сться]; **~ion** [ɪnsɪnjʊ'eɪʃn] инсинуа́ция

insipid [ɪn'sɪpɪd] безвку́сный, пре́сный

insist [ɪn'sɪst]: **~ (up)on** наста́ивать [-стоя́ть] на (П); **~ence** [-əns] наcто́йчивость *f*; **~ent** [-ənt] насто́йчивый

insolent ['ɪnsələnt] □ высокоме́рный; на́глый

insoluble [ɪn'sɒljʊbl] нераствори́мый; *fig.* неразреши́мый

insolvent [ɪn'sɒlvənt] неплатёжеспосо́бный

insomnia [ɪn'sɒmnɪə] бессо́нница

inspect [ɪn'spekt] осма́тривать [осмотре́ть]; производи́ть [-вести́] инспе́кцию; **~ion** [ɪn'spekʃn] осмо́тр; инспе́кция

inspir|ation [ɪnspə'reɪʃn] вдохнове́ние; воодушевле́ние; **~e** [ɪn'spraɪə] *fig.* вдохновля́ть [-ви́ть]; *hope* вселя́ть [-ли́ть]; *fear* внуша́ть [-ши́ть]

install [ɪn'stɔ:l] устана́вливать [-нови́ть]; *tech.* [с]монти́ровать; **~ation**

[ɪnstə'leɪʃn] устано́вка

instalment [ɪn'stɔːlmənt] очередно́й взнос (при поку́пке в рассро́чку); часть рома́на *и т.д.*, публику́емого в не́скольких номера́х

instance ['ɪnstəns] слу́чай; приме́р; *for ~* наприме́р

instant ['ɪnstənt] **1.** □ неме́дленный, безотлага́тельный; **2.** мгнове́ние; моме́нт; **~aneous** [ɪnstən'teɪnɪəs] мгнове́нный; **~ly** ['ɪnstəntlɪ] неме́дленно, то́тчас

instead [ɪn'sted] взаме́н, вме́сто; *~ of* вме́сто (P)

instep ['ɪnstep] подъём (ноги́)

instigat|e ['ɪnstɪgeɪt] (*urge on*) побужда́ть (-уди́ть); (*incite*) подстрека́ть [-кну́ть]; **~or** [-ə] подстрека́тель(ница *f*) *m*

instil(l) [ɪn'stɪl] *fig.* внуша́ть [-ши́ть] (*into* Д)

instinct ['ɪnstɪŋkt] инсти́нкт; **~ive** [ɪn'stɪŋktɪv] □ инстинкти́вный

institut|e ['ɪnstɪtjuːt] нау́чное учрежде́ние, институ́т; **2.** (*set up*) учрежда́ть [-еди́ть]; (*found*) осно́вывать [-ва́ть]; **~ion** [ɪnstɪ'tjuːʃn] учрежде́ние; *educational ~* уче́бное заведе́ние

instruct [ɪn'strʌkt] обуча́ть [-чи́ть], [на]учи́ть; [про]инструкти́ровать (*im*)*pf.*; **~ion** [ɪn'strʌkʃn] обуче́ние; инстру́кция; **~ive** [-tɪv] □ поучи́тельный; **~or** [-tə] руководи́тель *m*, инстру́ктор; (*teacher*) преподава́тель *m*

instrument ['ɪnstrʊmənt] инструме́нт; *fig.* ору́дие; прибо́р, аппара́т; **~al** [ɪnstru'mentl] □ слу́жащий сре́дством; *gr.* твори́тельный

insubordinate [ɪnsə'bɔːdɪnət] (*not submissive*) непоко́рный

insufferable [ɪn'sʌfrəbl] □ невыноси́мый, нестерпи́мый

insufficient [ɪnsə'fɪʃnt] недоста́точный

insula|r ['ɪnsjʊlə] □ островно́й; *fig.* за́мкнутый; **~te** [-leɪt] *el.* изоли́ровать (*im*)*pf.*; **~tion** [ɪnsjʊ'leɪʃn] *el.* изоля́ция; *~ tape* изоляцио́нная ле́нта

insulin ['ɪnsjʊlɪn] инсули́н

insult 1. ['ɪnsʌlt] оскорбле́ние; **2.** [ɪn'sʌlt] оскорбля́ть [-би́ть]

insur|ance [ɪn'ʃʊərəns] страхова́ние; (*sum insured*) су́мма страхова́ния; *coll.* страхо́вка; *~ company* страхова́я компа́ния; **~e** [ɪn'ʃʊə] [за]страхова́ть(ся)

insurgent [ɪn'sɜːdʒənt] повста́нец; мяте́жник

insurmountable [ɪnsə'maʊntəbl] непреодоли́мый

insurrection [ɪnsə'rekʃn] восста́ние

intact [ɪn'tækt] це́лый, невреди́мый

intangible [ɪn'tændʒəbl] □ неосяза́емый; *fig.* неулови́мый

integ|ral ['ɪntɪɡrəl] неотъе́млемый; (*whole*) це́лый, це́лостный; *~ part* неотъе́млемая часть; **~rate** [-ɡreɪt] объединя́ть [-ни́ть]; *math.* интегри́ровать (*im*)*pf.*; **~rity** [ɪn'teɡrɪtɪ] че́стность *f*; (*entireness*) це́лостность *f*

intellect ['ɪntəlekt] ум, интелле́кт; **~ual** [ɪntɪ'lektjʊəl] **1.** □ интеллектуа́льный, у́мственный; *~ property* интеллектуа́льная со́бственность; **2.** интеллиге́нт *m*, -ка *f*; **~s** *pl.* интеллиге́нция

intelligence [ɪn'telɪdʒəns] ум, рассу́док, интелле́кт; *mil. ~ service* разве́дывательная слу́жба, разве́дка

intellig|ent [ɪn'telɪdʒənt] у́мный; *coll.* смышлёный; **~ible** [-dʒəbl] □ поня́тный

intend [ɪn'tend] намерева́ться, собира́ться; (*mean*) име́ть в виду́; *~ for* (*destine for*) предназнача́ть [-зна́чить] для (P)

intense [ɪn'tens] □ си́льный; интенси́вный, напряжённый

intensify [ɪn'tensɪfaɪ] уси́ли(ва)ть(ся); интенсифици́ровать (*im*)*pf.*

intensity [ɪn'tensətɪ] интенси́вность *f*, си́ла; *of colo(u)r* я́ркость *f*

intent [ɪn'tent] **1.** □ погружённый (*on* в В); поглощённый (*on* Т); *look* внима́тельный, приста́льный; **2.** наме́рение, цель *f*; *to all ~s and purposes* в су́щности, на са́мом де́ле; **~ion** [ɪn'tenʃn] наме́рение; **~ional** [-ʃənl] □

(пред)наме́ренный, умы́шленный

inter... ['ɪntə] *pref.* меж..., между...; пере...; взаимо...

interact [ɪntər'ækt] взаимоде́йствовать

intercede [ɪntə'si:d] [по]хода́тайствовать; *in order to save* заступа́ться [-пи́ться]

intercept [ɪntə'sept] *letter, etc.* перехва́тывать [-хвати́ть]; *(listen in on)* подслу́шивать [-шать]

intercession [ɪntə'seʃn] хода́тайство

interchange [ɪntə'tʃeɪndʒ] **1.** *v/t.* обме́ниваться [-ня́ться] (Т); **2.** обме́н

intercom ['ɪntəkɒm] вну́тренняя телефо́нная связь, селе́ктор

intercourse ['ɪntəkɔ:s] *social* обще́ние; *sexual* половы́е сноше́ния *n/pl.*

interest ['ɪntrəst] **1.** интере́с; заинтересо́ванность *f* (*in* в П); *(advantage, profit)* по́льза, вы́года; *fin.* проце́нты *m/pl.* ~ **rate** ста́вка проце́нта; **2.** интересова́ть, заинтересо́вывать [-сова́ть]; ~**ing** [-ɪŋ] □ интере́сный

interface [ɪntə'feɪs] стык; *comput.* интерфе́йс; *fig.* взаимосвя́зь *f*

interfere [ɪntə'fɪə] вме́шиваться [-ша́ться] (*in* в В); *(hinder)* [по]меша́ть (*with* Д); ~**nce** [-rəns] вмеша́тельство; поме́ха

interim ['ɪntərɪm] **1.** промежу́ток вре́мени; *in the* ~ тем вре́менем; **2.** вре́менный, промежу́точный

interior [ɪn'tɪərɪə] **1.** вну́тренний; ~ **decorator** оформи́тель интерье́ра; **2.** вну́тренняя часть *f*; *of house* интерье́р; вну́тренние о́бласти страны́; *pol.* вну́тренние дела́ *n/pl.*

interjection [ɪntə'dʒekʃn] восклица́ние; *gr.* междоме́тие

interlace [ɪntə'leɪs] переплета́ть(ся) [-плести́(сь)]

interlock [ɪntə'lɒk] сцепля́ть(ся) [-пи́ть(ся)]; соединя́ть(ся) [-ни́ть(ся)]

interlocutor [ɪntə'lɒkjutə] собесе́дник

interlude ['ɪntəlu:d] *thea.* антра́кт; *mus., fig.* интерлю́дия

intermedia|ry [ɪntə'mi:dɪərɪ] **1.** посре́днический; **2.** посре́дник; ~**te** [-'mi:dɪət] □ промежу́точный

interminable [ɪn'tɜ:mɪnəbl] □ бесконе́чный

intermingle [ɪntə'mɪŋgl] сме́шивать(ся) [-ша́ть(ся)]; обща́ться

intermission [ɪntə'mɪʃn] переры́в, па́уза

intermittent [ɪntə'mɪtənt] □ преры́вистый

intern [ɪn'tɜ:n] интерни́ровать (*im*)*pf.*

internal [ɪn'tɜ:nl] □ вну́тренний

international [ɪntə'næʃnl] □ междунаро́дный, интернациона́льный; ~ **law** междунаро́дное пра́во; ♀ **Monetary Fund** Междунаро́дный валю́тный фонд

Internet ['ɪntənet] *comput.* Интерне́т

interplanetary [ɪntə'plænətrɪ] межплане́тный

interpose [ɪntə'pəʊz] *v/t. remark* вставля́ть [-а́вить], вкли́ни(ва)ться (ме́жду Т); *v/i.* станови́ться [стать] (*between* ме́жду Т); *(interfere)* вме́шиваться [-ша́ться] (в В)

interpret [ɪn'tɜ:prɪt] объясня́ть [-ни́ть], истолко́вывать [-кова́ть]; переводи́ть [-вести́] (у́стно); ~**ation** [ɪntɜ:prɪ'teɪʃn] толкова́ние, интерпрета́ция, объясне́ние; ~**er** [ɪn-'tɜ:prɪtə] перево́дчик (-ица *f*) *m*

interrogat|e [ɪn'terəgeɪt] допра́шивать [-роси́ть]; ~**ion** [ɪnterə'geɪʃn] допро́с; ~**ive** [ɪntə'rɒgətɪv] □ вопроси́тельный (*a. gr.*)

interrupt [ɪntə'rʌpt] прер(ы)ва́ть; ~**ion** [-'rʌpʃn] переры́в

intersect [ɪntə'sekt] пересека́ть(ся) [-се́чь(ся)]; ~**ion** [-kʃn] пересече́ние

intersperse [ɪntə'spɜ:s] разбра́сывать [-броса́ть], рассыпа́ть; ~ **with jokes** пересыпа́ть шу́тками

intertwine [ɪntə'twaɪn] сплета́ть(ся) [-ести́(сь)]

interval ['ɪntəvl] *of time* интерва́л, промежу́ток; *of space* расстоя́ние; *thea.* антра́кт; *in school* переме́на

interven|e [ɪntə'vi:n] вме́шиваться [-ша́ться]; вступа́ться [-пи́ться]; ~**tion** [-'venʃn] интерве́нция; вмеша́-

тельство

interview ['ɪntəvjuː] **1.** интервью́ *n indecl.*; *for a job* собесе́дование; **2.** брать [взять] интервью́; проводи́ть [-вести́] собесе́дование

intestine [ɪn'testɪn] кишка́; **~s** *pl.* кишки́ *f/pl.*, кише́чник

intima|cy ['ɪntɪməsɪ] инти́мность *f*, бли́зость *f*; **~te 1.** [-meɪt] сообща́ть [-щи́ть]; (*hint*) намека́ть [-кну́ть] на (В); **2.** [-mɪt] □ инти́мный, ли́чный; бли́зкий; **~tion** [ɪntɪ'meɪʃn] сообще́ние; намёк

intimidate [ɪn'tɪmɪdeɪt] [ис]пуга́ть; *by threats* запу́гивать [-га́ть]

into ['ɪntʊ, ɪntə] *prp.* в, во (В); *translate ~ English* переводи́ть [-вести́] на англи́йский язы́к

intolera|ble [ɪn'tɒlərəbl] □ (*unbearable*) невыноси́мый, нестерпи́мый; **~nt** [-rənt] □ (*lacking forbearance, bigoted*) нетерпи́мый

intonation [ɪntə'neɪʃn] интона́ция

intoxica|te [ɪn'tɒksɪkeɪt] опьяня́ть [-ни́ть] (*a. fig.*); **~tion** [ɪntɒksɪ'keɪʃn] опьяне́ние

intractable [ɪn'træktəbl] □ упря́мый; непода́тливый

intravenous [ɪntrə'viːnəs] □ вну́тривенный

intrepid [ɪn'trepɪd] бесстра́шный, отва́жный

intricate ['ɪntrɪkɪt] □ сло́жный, запу́танный

intrigu|e [ɪn'triːg] **1.** интри́га; (*love affair*) любо́вная связь *f*; **2.** интригова́ть; [за]интригова́ть, [за]интересова́ть; **~ing** [-ɪŋ] интригу́ющий; *coll.* интере́сный

intrinsic [ɪn'trɪnsɪk] (**~ally**) вну́тренний; (*inherent*) сво́йственный, прису́щий

introduc|e [ɪntrə'djuːs] вводи́ть [ввести́]; (*acquaint*) представля́ть [-а́вить]; **~tion** [-'dʌkʃn] (*preface*) введе́ние, предисло́вие; представле́ние; *mus.* интроду́кция; **~tory** [-'dʌktərɪ] вступи́тельный, вво́дный

intru|de [ɪn'truːd] *into s.o.'s private life* вторга́ться [вто́ргнуться];

появля́ться [-ви́ться] некста́ти; **~der** [-ə] челове́к, прише́дший некста́ти, навя́зчивый челове́к; **~sion** [-uːʒn] вторже́ние; появле́ние без приглаше́ния; *sorry for the ~* прости́те за беспоко́йство

intrust [ɪn'trʌst] → **entrust**

intuition [ɪntjuː'ɪʃn] интуи́ция

inundate ['ɪnʌndeɪt] затопля́ть [-пи́ть], наводня́ть [-ни́ть]

invade [ɪn'veɪd] *mil.* вторга́ться [вто́ргнуться]; *of tourists, etc.* наводня́ть [-ни́ть]; *s.o.'s privacy* нару́шить чье́-л. уедине́ние; **~r** [-ə] захва́тчик

invalid 1. [ɪn'vælɪd] недействи́тельный, не име́ющий зако́нной си́лы; *argument* несостоя́тельный; **2.** ['ɪnvəlɪd] инвали́д; **~ate** [ɪn'vælɪdeɪt] сде́лать недействи́тельным

invaluable [ɪn'væljʊəbl] □ неоцени́мый

invariable [ɪn'veərɪəbl] □ неизме́нный

invasion [ɪn'veɪʒn] вторже́ние

invent [ɪn'vent] (*create*) изобрета́ть [-брести́]; *story* выду́мывать [вы́думать]; **~ion** [ɪn'venʃn] изобрете́ние; вы́думка; (*faculty*) изобрета́тельность *f*; **~ive** [-tɪv] □ изобрета́тельный; **~or** [-tə] изобрета́тель *m*; **~ory** ['ɪnvəntrɪ] инвента́рная о́пись *f*

inverse [ɪn'vɜːs] обра́тный; *in ~ order* в обра́тном поря́дке

invert [ɪn'vɜːt] перевора́чивать [-верну́ть]; (*put in the opposite position*) переставля́ть [-а́вить]; **~ed commas** кавы́чки

invest [ɪn'vest] *money* вкла́дывать [вложи́ть]; *fig. with authority, etc.* облека́ть [обле́чь] (**with** Т); инвести́ровать

investigat|e [ɪn'vestɪɡeɪt] рассле́довать (*im*)*pf.*; (*study*) иссле́довать (*im*)*pf.*; **~ion** [ɪnvestɪ'ɡeɪʃn] (*inquiry*) рассле́дование; *law* сле́дствие; иссле́дование

invest|ment [ɪn'vestmənt] вложе́ние де́нег, инвести́рование; (*sum*) инвести́ция, вклад; **~or** [ɪn'vestə] вкла́дчик, инве́стор

inveterate [ɪn'vetərət] (*deep-rooted*) закорене́лый; *coll. smoker, etc.* зая́длый; ~ **prejudices** глубоко́ укорени́вшиеся предрассу́дки

invidious [ɪn'vɪdɪəs] □ вызыва́ющий оби́ду, за́висть; *remark* оби́дный

invigorate [ɪn'vɪgəreɪt] дава́ть си́лы (Д); бодри́ть

invincible [ɪn'vɪnsəbl] непобеди́мый

inviolable [ɪn'vaɪələbl] □ неруши́мый; неприкоснове́нный; ~ **right** неруши́мое пра́во

invisible [ɪn'vɪzəbl] невиди́мый

invit|ation [ɪnvɪ'teɪʃn] приглаше́ние; ~**e** [ɪn'vaɪt] приглаша́ть [-ласи́ть]

invoice ['ɪnvɔɪs] *comm.* накладна́я, счёт-факту́ра

invoke [ɪn'vəʊk] взыва́ть [воззва́ть] о (П)

involuntary [ɪn'vɒləntrɪ] □ ~ (*forced*) вы́нужденный; (*contrary to choice*) нево́льный; (*done unconsciously*) непроизво́льный

involve [ɪn'vɒlv] вовлека́ть [-е́чь]; впу́т(ыв)ать

invulnerable [ɪn'vʌlnərəbl] □ неуязви́мый

inward ['ɪnwəd] 1. вну́тренний; 2. *adv.* (*mst.* ~**s** [-z]) внутрь; вну́тренне

iodine ['aɪədiːn] йод

irascible [ɪ'ræsəbl] □ раздражи́тельный

irate [aɪ'reɪt] гне́вный

iridescent [ɪrɪ'desnt] ра́дужный

iris ['aɪərɪs] *anat.* ра́дужная оболо́чка; *bot.* и́рис

Irish ['aɪərɪʃ] 1. ирла́ндский; 2. *the* ~ ирла́ндцы *m/pl.*

irksome ['ɜːksəm] надое́дливый; раздража́ющий

iron ['aɪən] 1. желе́зо; утю́г; *have many* ~**s in the fire** бра́ться сра́зу за мно́го дел; 2. желе́зный; 3. [вы́]утю́жить, [вы́]гла́дить

ironic(al □) [aɪ'rɒnɪk(l)] ирони́ческий

iron|ing ['aɪənɪŋ] 1. гла́женье; ве́щи для гла́женья; 2. гла́ди́льный; ~**board** гла́ди́льная доска́; ~**mongery** ['aɪən-mʌŋgərɪ] металлоизде́лия; ~**works**

mst. sg. металлурги́ческий заво́д

irony ['aɪərənɪ] иро́ния

irrational [ɪ'ræʃənl] неразу́мный; иррациона́льный (*a. math.*)

irreconcilable [ɪ'rekənsaɪləbl] □ непримири́мый; *ideas, etc.* несовмести́мый

irrecoverable [ɪrɪ'kʌvərəbl] □: ~ *losses* невосполни́мые поте́ри

irrefutable [ɪrɪ'fjuːtəbl] □ неопрове́ржи́мый

irregular [ɪ'regjʊlə] □ непра́вильный (*a. gr.*); (*disorderly*) беспоря́дочный; (*not regular*) нерегуля́рный; ~ *features* непра́вильные черты́ лица́

irrelevant [ɪ'reləvənt] □ не относя́щийся к де́лу; не име́ющий значе́ния

irreparable [ɪ'repərəbl] □ непоправи́мый

irreplaceable [ɪrɪ'pleɪsəbl] □ незамени́мый

irreproachable [ɪrɪ'prəʊtʃəbl] □ безукори́зненный, безупре́чный

irresistible [ɪrɪ'zɪstəbl] □ неотрази́мый; *desire, etc.* непреодоли́мый

irresolute [ɪ'rezəluːt] □ нереши́тельный

irrespective [ɪrɪ'spektɪv] безотноси́тельный (*of* к Д); незави́симый (*of* от Р)

irresponsible [ɪrɪ'spɒnsəbl] □ безотве́тственный

irreverent [ɪ'revərənt] □ непочти́тельный

irrevocable [ɪ'revəkəbl] □ безвозвра́тный, бесповоро́тный

irrigate ['ɪrɪgeɪt] ороша́ть [ороси́ть]

irrita|ble ['ɪrɪtəbl] □ раздражи́тельный; ~**te** [-teɪt] раздража́ть [-жи́ть]; ~**tion** [ɪrɪ'teɪʃn] раздраже́ние

Islam [ɪz'lɑːm] исла́м; ~**ic** [ɪz'læmɪk] исла́мский

is [ɪz] *3rd p. sg. pres. om* **be**

island ['aɪlənd] о́стров; ~**er** [-ə] островитя́нин *m*, -тя́нка *f*

isle [aɪl] о́стров; ~**t** [ai'lɪt] острово́к

isolat|e ['aɪsəleɪt] изоли́ровать (*im*)*pf.*; (*separate*) отделя́ть [-ли́ть]; ~**ed**: *in* ~ *cases* в отде́льных слу́чаях;

~ion [aɪsə'leɪʃn] изоля́ция; уедине́ние
issue ['ɪʃuː] **1.** (*a. flowing out*) вытека́ние; *law* (*offspring*) пото́мство; (*publication*) вы́пуск, изда́ние; (*outcome*) исхо́д, результа́т; *of money* эми́ссия; *be at* ~ быть предме́том спо́ра; *point at* ~ предме́т обсужде́ния; **2.** *v/i. of blood* [по]те́чь (*from* из P); вытека́ть [вы́течь] (*from* из P); *of sound* изд(ав)а́ть; *v/t. book, etc.* выпуска́ть [вы́пустить], изд(ав)а́ть
isthmus ['ɪsməs] переше́ек
it [ɪt] *pres. pron.* он, она́, оно́; э́то; ~ *is cold* хо́лодно, ~ *is difficult to say ...* тру́дно сказа́ть
Italian [ɪ'tælɪən] **1.** италья́нский; **2.**

италья́нец *m*, -нка *f*; **3.** италья́нский язы́к
italics [ɪ'tælɪks] *typ.* курси́в
itch [ɪtʃ] **1.** чесо́тка; зуд (*a. fig.*); **2.** чеса́ться; *be ~ing to inf.* горе́ть жела́нием (+ *inf.*)
item ['aɪtəm] **1.** (*single article*) пункт, пара́граф; *on agenda* вопро́с; *on programme* но́мер; (*object*) предме́т
itinerary [aɪ'tɪnərərɪ] маршру́т
its [ɪts] *poss. pron. om it* его́, её, свой
itself [ɪt'self] (сам *m*, сама́ *f*) само́; себя́, -се, -сь; себе́; *in* ~ само́ по себе́; само́ собо́й; (*separately*) отде́льно
ivory ['aɪvərɪ] слоно́вая кость *f*
ivy ['aɪvɪ] плющ

J

jab [dʒæb] *coll.* **1.** толка́ть [-кну́ть]; ты́кать [ткнуть]; (*stab*) пыря́ть [-рну́ть]; **2.** тычо́к, пино́к; (*prick*) уко́л (*a. coll. injection*)
jabber ['dʒæbə] болта́ть, тарато́рить
jack [dʒæk] **1.** *cards* вале́т; *mot.* домкра́т; *Union* ♀ госуда́рственный флаг Соединённого короле́вства; **2.** ~ *up* поднима́ть домкра́том; **~ass** осёл; дура́к
jackdaw ['dʒækdɔː] га́лка
jacket ['dʒækɪt] *lady's* жаке́т; *man's* пиджа́к; *casual* ку́ртка
jack|knife складно́й нож; *fig.* (*dive*) прыжо́к в во́ду согну́вшись; **~of-all-trades** ма́стер на все ру́ки
jade [dʒeɪd] *min.* нефри́т
jagged ['dʒægɪd] зу́бчатый; ~ *rocks* о́стрые ска́лы
jail [dʒeɪl] **1.** тюрьма́; тюре́мное заключе́ние; **2.** *v/t.* заключа́ть [-чи́ть] в тюрьму́; **~er** ['dʒeɪlə] тюре́мный надзира́тель
jam¹ [dʒæm] варе́нье, джем, пови́дло
jam² [-] **1.** да́вка, сжа́тие; *traffic* ~ зато́р, про́бка; *be in a* ~ быть в затрудни́тельном положе́нии; **2.** заж(и)-м)а́ть; (*pinch*) защемля́ть [-ми́ть];

(*push into confined space*) набива́ть битко́м; (*block*) загроможда́ть [-мозди́ть]; *v/i.* закли́ни(ва)ть
jangle ['dʒæŋgl] издава́ть [-да́ть] ре́зкий звук
janitor ['dʒænɪtə] дво́рник
January ['dʒænjʊərɪ] янва́рь *m*
Japanese [dʒæpə'niːz] **1.** япо́нский; **2.** япо́нец *m*, -нка *f*; *the* ~ *pl.* япо́нцы *pl.*
jar¹ [dʒɑː] (*vessel, usu. of glass*) ба́нка
jar² [-] **1.** *v/t.* толка́ть [-кну́ть]; *v/i.* ре́зать слух; **2.** толчо́к; (*shock*) потрясе́ние
jaundice ['dʒɔːndɪs] *med.* желту́ха; *fig.* жёлчность *f*; **~d** [-t] желту́шный; *fig.* зави́стливый
jaunt [dʒɔːnt] поéздка, прогу́лка; *let's go for a* ~ *to London* дава́й-ка съе́здим в Ло́ндон; **~y** ['dʒɔːntɪ] ☐ беспе́чный; бо́йкий
javelin ['dʒævlɪn] *sport* копьё
jaw [dʒɔː] че́люсть *f*; **~s** *pl.* рот; *animal's* пасть *f*; **~bone** че́люстная кость *f*
jazz [dʒæz] джаз
jealous ['dʒeləs] ☐ ревни́вый; зави́стливый; **~y** [-ɪ] ре́вность *f*; за́висть *f*
jeans [dʒiːnz] *pl.* джи́нсы *pl.*

jeep® [dʒiːp] *mil.* джип, вездеход

jeer [dʒɪə] 1. насмешка, издёвка; 2. насмехаться, глумиться (*at* над Т)

jelly ['dʒelɪ] 1. желе *n indecl.*; (*aspic*) студень *m*; 2. засты(ва́)ть; ~**fish** медуза

jeopardize ['dʒepədaɪz] подвергать опасности, [по]ставить под угрозу

jerk [dʒɜːk] 1. рывок; толчок; *the car stopped with a* ~ машина резко остановилась; 2. резко толкать или дёргать; двигаться толчками; ~**y** ['dʒɜːkɪ] □ отрывистый; *movement* судорожный; (*bumpy*) тряский; ~**ily** *adv.* рывками

jersey ['dʒɜːzɪ] *fabric, garment* джерси *indecl.*

jest [dʒest] 1. шутка; *in* ~ в шутку; 2. [по]шутить

jet [dʒet] 1. *of water, gas, etc.* струя; 2. бить струёй; 3. *ae.* реактивный самолёт; *attr.* реактивный

jetty ['dʒetɪ] *naut.* пристань *f*

Jew [dʒuː] еврей(-ка *f*) *m*

jewel ['dʒuːəl] драгоценный камень *m*; ~(**l**)**er** [-ə] ювелир; ~(**le**)**ry** [-rɪ] драгоценности *f/pl.*

Jew|ess ['dʒuːɪs] еврейка; ~**ish** [-ɪʃ] еврейский

jiffy ['dʒɪfɪ] *coll.* миг, мгновение

jigsaw ['dʒɪgsɔː]: ~ (*puzzle*) составная картинка-загадка

jilt [dʒɪlt] бросить *pf.*

jingle ['dʒɪŋgl] 1. звон, звяканье; 2. [за]звенеть, звякать [-кнуть]

jitters ['dʒɪtəz] нервное возбуждение; *she's got the* ~ она трясётся от страха

job [dʒɒb] работа, труд; дело; *by the* ~ сдельно; *it's a good* ~ ... хорошо, что ...; *it's just the* ~ это то, что нужно; *know one's* ~ знать своё дело; ~**ber** ['dʒɒbə] занимающийся случайной работой; брокер, маклер

jockey ['dʒɒkɪ] жокей

jocose [dʒəʊ'kəʊs] шутливый; *mood* игривый

jocular ['dʒɒkjʊlə] шутливый

jog [dʒɒg] 1. толчок (*a. fig.*); тряская езда; 2. *v/t.* толкать [-кнуть]; *v/i.*

(*mst.* ~ *along,*) бегать (бежать) трусцой; трястись; *fig.* понемногу продвигаться; ~**ger** любитель *m* оздоровительного бега

join [dʒɔɪn] 1. *v/t.* (*connect*) соединять [-нить], присоединять [-нить]; *a company* присоединяться [-ниться] к (Д); вступить в члены (Р); ~ *hands* объединяться [-ниться]; браться за руки; *v/i.* соединяться [-ниться]; (*unite*) объединяться [-ниться]; ~ *in with* присоединяться [-ниться] к (Д); ~ *up* поступать [-ить] на военную службу; 2. соединение; *tech.* шов

joiner ['dʒɔɪnə] столяр

joint [dʒɔɪnt] 1. *tech.* соединение; стык; *anat.* сустав; *of meat* кусок мяса для жарения; *put out of* ~ вывихнуть *pf.*; 2. □ объединённый; общий; ~ *owners* совладельцы; ~ *venture* совместное предприятие; ~ *stock* акционерный капитал; ~ *company* акционерное общество

jok|e [dʒəʊk] 1. шутка, острота; 2. *v/i.* [по]шутить; *v/t.* поддразнивать [-нить]; ~*ing apart* ... если говорить серьёзно; *put out of* ...; ~**er** ['dʒəʊkə] шутник *m*, -ница *f*

jolly ['dʒɒlɪ] 1. весёлый, радостный; 2. *adv.* очень; *it's* ~ *hard* ... чертовски трудно ...

jolt [dʒəʊlt] 1. трясти [тряхнуть], встряхивать [-хнуть]; 2. толчок; *fig.* встряска

jostle ['dʒɒsl] 1. толкать(ся); тесниться(ся); 2. толчок; *in crowd* толкотня, давка

jot [dʒɒt] 1. ничтожное количество, йота; *not a* ~ *of truth* ни капли правды; 2. ~ *down* бегло набросать *pf.*, кратко записать *pf.*

journal ['dʒɜːnl] журнал; дневник; ~**ism** ['dʒɜːnəlɪzəm] журналистика; ~**ist** [-ɪst] журналист

journey ['dʒɜːnɪ] 1. поездка, путешествие; *go on a* ~ отправиться *pf.* в путешествие; 2. путешествовать

jovial ['dʒəʊvɪəl] весёлый, общительный

joy [dʒɔɪ] ра́дость f, удово́льствие; **~ful** ['dʒɔɪfl] □ ра́достный, весёлый; **~less** [-lɪs] □ безра́достный; **~ous** [-əs] □ ра́достный, весёлый

jubil|ant ['dʒuːbɪlənt] лику́ющий; **~ee** ['dʒuːbɪliː] юбиле́й

judge [dʒʌdʒ] **1.** судья́ m (a. sport); art знато́к, цени́тель m; in competition член жюри́, pl. жюри́ pl. indecl.; **2.** v/i. суди́ть; быть арби́тром в спо́ре; **~ for yourself ...** посуди́ сам ...; v/t. суди́ть о (П); (decide the merit of) оце́нивать [-ни́ть]; (condemn) осужда́ть [осуди́ть], порица́ть

judg(e)ment ['dʒʌdʒmənt] law пригово́р, реше́ние суда́; сужде́ние; (good sense) рассуди́тельность f, (opinion) мне́ние, взгляд

judicial [dʒuːˈdɪʃl] □ суде́бный

judicious [dʒuːˈdɪʃəs] □ здравомы́слящий, рассуди́тельный; **~ness** [-nɪs] рассуди́тельность f

judo ['dʒuːdəʊ] дзюдо́ n indecl.

jug [dʒʌg] (vessel) кувши́н; sl. (prison) тюрьма́

juggle ['dʒʌgl] **1.** фо́кус, трюк; **2.** жонгли́ровать (a. fig.); **~r** [-ə] жонглёр

juic|e [dʒuːs] сок; **~y** ['dʒuːsɪ] □ со́чный; gossip, etc. сма́чный, пика́нтный

July [dʒuːˈlaɪ] ию́ль m

jumble ['dʒʌmbl] **1.** пу́таница, беспоря́док; **2.** толка́ться; переме́шивать(ся); дви́гаться беспоря́дочным о́бразом; chiefly Brt. **~sale** благотвори́тельная распрода́жа

jump [dʒʌmp] **1.** прыжо́к; скачо́к (a. fig.); **2.** v/i. пры́гать [-гнуть]; скака́ть; **~ at an offer**, etc. охо́тно приня́ть pf., ухва́тываться [ухвати́ться] за (В); **~ to conclusions** де́лать поспе́шные вы́воды; **~ to one's feet** вскочи́ть pf. (на́ ноги); **the strange noise made me ~** э́тот стра́нный звук заста́вил меня́ вздро́гнуть; v/t. перепры́гивать [-гнуть]

jumper[1] ['dʒʌmpə] (horse, athlete) прыгу́н

jumper[2] [-] (garment) дже́мпер

jumpy ['dʒʌmpɪ] не́рвный

junction ['dʒʌŋkʃn] соедине́ние (a. el.); rail. железнодоро́жный у́зел; (crossroads) перекрёсток; **~ure** [-ktʃə]: **at this ~** в э́тот моме́нт

June [dʒuːn] ию́нь m

jungle ['dʒʌŋgl] джу́нгли f/pl.; густы́е за́росли f/pl.

junior ['dʒuːnɪə] **1.** in age, rank мла́дший; моло́же (**to** P или чем И); **2.** (person) мла́дший

junk [dʒʌŋk] ру́хлядь f, хлам, отбро́сы m/pl.

junta ['dʒʌntə] ху́нта

juris|diction [dʒʊərɪsˈdɪkʃn] отправле́ние правосу́дия; юрисди́кция; **~prudence** [dʒʊərɪsˈpruːdəns] юриспруде́нция

juror ['dʒʊərə] law прися́жный

jury ['dʒʊərɪ] law прися́жные m/pl.; in competiton жюри́ n indecl.; **~man** прися́жный; член жюри́

just [dʒʌst] **1.** adj. справедли́вый; (exact) ве́рный, то́чный; **2.** adv. то́чно, как раз, и́менно; то́лько что; пря́мо; **~ now** сейча́с, сию́ мину́ту; то́лько что

justice ['dʒʌstɪs] справедли́вость f, law правосу́дие; судья́ m

justifiable ['dʒʌstɪˈfaɪəbl] опра́вданный

justification [dʒʌstɪfɪˈkeɪʃn] оправда́ние; (ground) основа́ние

justify ['dʒʌstɪfaɪ] опра́вдывать [-да́ть]

justly ['dʒʌstlɪ] справедли́во

justness ['dʒʌstnɪs] справедли́вость f

jut [dʒʌt] (a. **~ out**) выступа́ть, выда(ва́)ться

juvenile ['dʒuːvənaɪl] ю́ный, ю́ношеский; delinquent несовершенноле́тний

K

kaleidoscope [kə'laɪdəskəup] калейдоско́п (*a. fig.*)

kangaroo [kæŋgə'ruː] кенгуру́ *m/f indecl.*

karate [kə'rɑːtɪ] карате́

keel [kiːl] **1.** киль *m*; **2.** ~ *over* опроки́дывать(ся) [-и́нуть(ся)]

keen [kiːn] □ (*sharp*) о́стрый (*a. fig.*); (*acute*) проница́тельный; (*intense*) си́льный; (*enthusiastic*) стра́стный; *be* ~ *on* о́чень люби́ть (В), стра́стно увлека́ться (Т)

keep [kiːp] **1.** содержа́ние; (*food*) пропита́ние; *for* ~*s coll.* навсегда́; **2.** [*irr.*] *v/t. com* держа́ть; сохраня́ть [-ни́ть]; храни́ть; (*manage*) содержа́ть; *diary* вести́; *word* [с]держа́ть; ~ *company with* подде́рживать знако́мство с (Т); уха́живать за (Т); ~ *waiting* заставля́ть ждать; ~ *away* не подпуска́ть (*from* к Д); ~ *in* не выпуска́ть; *hat, etc.* ~ *on* не снима́ть; ~ *up* подде́рживать [-жа́ть]; **3.** *v/i.* держа́ться; уде́рживаться (-жа́ться) (*from* от Р); (*remain*) ост(ав)а́ться; *of food* не по́ртиться; ~ *doing* продолжа́ть де́лать; ~ *away* держа́ться в отдале́нии; ~ *from* возде́рживаться [-жа́ться] от (Р); ~ *off* держа́ться в стороне́ от (Р); ~ *on* (*talk*) продолжа́ть говори́ть; ~ *to* приде́рживаться (Р); ~ *up* держа́ться бо́дро; ~ *up with* держа́ться наравне́ с (Т), идти́ в но́гу с (Т)

keep|er ['kiːpə] (*custodian*) храни́тель *m*; **~ing** ['kiːpɪŋ] хране́ние; содержа́ние; *be in* (*out of*) ~ *with ...* (не) соотве́тствовать (Д); **~sake** ['kiːpseɪk] сувени́р, пода́рок на па́мять

keg [keg] бочо́нок

kennel ['kenl] конура́

kept [kept] *pt. и pt. p. om* **keep**

kerb(stone) ['kɜːb(stəʊn)] поре́брик

kerchief ['kɜːtʃɪf] (головно́й) плато́к; косы́нка

kernel ['kɜːnl] зерно́, зёрнышко; *of nut* ядро́; *fig.* суть *f*

kettle ['ketl] ча́йник; *that's a different* ~ *of fish* э́то совсе́м друго́е де́ло; **~drum** лита́вра

key [kiː] **1.** ключ (*a. fig.*); код; *mus., tech.* кла́виш(а); *mus.* ключ, тона́льность *f*; *fig.* тон; **2.** *mus.* настра́ивать [-ро́ить]; ~ *up fig.* придава́ть реши́мость (Д); *be* ~*ed up* быть в взви́нченном состоя́нии; **~board** клавиату́ра; **~hole** замо́чная сква́жина; **~note** основна́я но́та ключа́; *fig.* основна́я мысль *f*; **~stone** *fig.* краеуго́льный ка́мень *m*

kick [kɪk] **1.** *with foot* уда́р; пино́к; *coll.* (*stimulus, pleasure*) удово́льствие; **2.** *v/t.* ударя́ть [уда́рить]; *horse* брыка́ть [-кну́ть]; ~ *out* (*eject, dismiss*) выгоня́ть [вы́гнать]; вышвы́ривать [вы́швырнуть]; *v/i.* брыка́ться [-кну́ться], ляга́ться [ля́гнуться]; (*complain, resist*) [вос]проти́виться

kid [kɪd] **1.** *animal* (*leather*) ла́йка; *coll.* ребёнок; **2.** *coll.* (*pretend*) притворя́ться [-ри́ться]; (*deceive as a joke*) шутли́во обма́нывать [-ну́ть]

kidnap ['kɪdnæp] похища́ть [-хи́тить]; **~(p)er** [-ə] похити́тель *m*; (*extortionist*) вымога́тель *m*

kidney ['kɪdnɪ] *anat.* по́чка; **~bean** фасо́ль *f*; **~ machine** *annapam:* иску́сственная по́чка

kill [kɪl] уби(ва́)ть; (*slaughter*) заби(ва́)ть; *fig.* [по]губи́ть; ~ *time* убива́ть вре́мя; **~er** ['kɪlə] уби́йца *m/f.*; **~ing** [-ɪŋ] (*exhausting*) уби́йственный; (*amusing*) умори́тельный; *the work is really* ~ рабо́та про́сто на изно́с

kin [kɪn] родня́; *next of* ~ ближа́йшие ро́дственники

kind [kaɪnd] **1.** □ до́брый, серде́чный; **2.** сорт, разнови́дность *f*; род; *nothing of the* ~ ничего́ подо́бного; *pay in* ~ плати́ть нату́рой; *fig.* отблагодари́ть; *for bad deed* [от]плати́ть той же моне́той; **~hearted** добросерде́чный

kindle ['kɪndl] разжига́ть [-же́чь]; воспламеня́ть [-ни́ть]; *interest* возбужда́ть [-ди́ть]

kindling ['kɪndlɪŋ] расто́пка

kind|ly ['kaɪndlɪ] до́брый; **~ness** [-nɪs] доброта́; до́брый посту́пок; *do s.o. a* ~ оказ(ыв)а́ть кому́-л. любе́зность *f*

kindred ['kɪndrɪd] **1.** ро́дственный; **2.** родня́; ро́дственники

king [kɪŋ] коро́ль *m*; *chess* конь *m*; **2.** *modern use* жа́ловать ти́тул; **~dom** ['kɪŋdəm] короле́вство; *bot. zo.* (расти́тельное, живо́тное) ца́рство; **~ly** [-lɪ] короле́вский, ца́рственный

kink [kɪŋk] *in metal* изги́б; *fig.*, *in character* причу́да

kin|ship ['kɪnʃɪp] родство́; **~sman** ['kɪnzmən] ро́дственник

kiosk ['kiːɒsk] кио́ск; *Brt. telephone* ~ телефо́нная бу́дка

kip [kɪp] *chiefly Brt. coll.* (*bed*) ко́йка; (*sleep*) сон; ~ *down* [по]кема́рить; устро́иться; вздремну́ть *pf.*

kiss [kɪs] **1.** поцелу́й; **2.** [по]целова́ть(ся)

kit [kɪt] *mil.* ли́чное снаряже́ние; *first*-*aid* ~ апте́чка; *tool* ~ набо́р инструме́нтов; компле́кт принадле́жностей

kitchen ['kɪtʃɪn] ку́хня

kite [kaɪt] (бума́жный) змей

kitten ['kɪtn] котёнок

knack [næk] уме́ние, сноро́вка; *get the* ~ научи́ться *pf.* (*of* Д), приобрести́ *pf.* на́вык

knapsack ['næpsæk] ра́нец, рюкза́к

knave [neɪv] *cards* вале́т

knead [niːd] [c]меси́ть

knee [niː] коле́но; **~cap** *anat.* коле́нная ча́шка; **~l** [niːl] [*irr.*] станови́ться на коле́ни; стоя́ть на коле́нях (*to* пе́ред Т)

knelt [nelt] *pt. и pt. p. om* **kneel**

knew [njuː] *pt. om* **know**

knickknack ['nɪknæk] безделу́шка

knife [naɪf] **1.** (*pl.* **knives**) нож; **2.** зака́лывать [заколо́ть] ножо́м

knight [naɪt] **1.** ры́царь *m*; *chess* конь *m*; **2.** *modern use* жа́ловать ти́тул; **~ly** [-lɪ] ры́царский (*a. fig.*)

knit [nɪt] [*irr.*] [c]вяза́ть; (~ *together*) *med.* срасти́ться [срасти́сь]; ~ *one's brows* хму́рить бро́ви; **~ting** ['nɪtɪŋ] **1.** вяза́ние; **2.** вяза́льный

knives [naɪvz] *pl. om* **knife**

knob [nɒb] (*swelling*) ши́шка; (*door* ~) ру́чка; *on radio, etc.* кно́пка

knock [nɒk] **1.** стук; *on the head, etc.* уда́р; **2.** ударя́ть(ся) [уда́рить(ся)]; [по]стуча́ть(ся); *coll.* ~ *about* разъезжа́ть по све́ту; ~ *down* сбива́ть с ног; *mot.* сбить *pf.* маши́ной; *be ~ed down* быть сби́тым маши́ной; ~ *off work* прекраща́ть рабо́ту; ~ *off* стря́хивать [-хну́ть], сма́хивать [-хну́ть]; ~ *out* сби́(ва́)ть, выкола́чивать [вы́колотить]; *sport.* нокаути́ровать (*im*)*pf.*; ~ *over* сбива́ть [сбить] с ног; *object* опроки́дывать [-ки́нуть]; **~out** нока́ут (*a.* ~ *blow*)

knoll [nəʊl] холм, буго́р

knot [nɒt] **1.** у́зел; *in wood* сук, сучо́к; *get tied up in* ~s запу́тываться [-таться]; **2.** завя́зывать у́зел (*or* узло́м); спу́т(ыв)ать; **~ty** ['nɒtɪ] узлова́тый; сучкова́тый; *fig.* тру́дный

know [nəʊ] [*irr.*] знать; быть знако́мым с (Т); (*recognize*) узн(ав)а́ть; ~ *French* говори́ть пофранцу́зски; *be in the* ~ быть в ку́рсе де́ла; *come to* ~ узн(ав)а́ть; **know-how** уме́ние; *tech.* но́у-ха́у; **~ing** ['nəʊɪŋ] □ ло́вкий, хи́трый; *look* многозначи́тельный; **~ledge** ['nɒlɪdʒ] зна́ние; *to my* ~ по мои́м све́дениям; **~n** [nəʊn] *pt. p. om* **know**; *come to be* ~ сде́латься *pf.* изве́стным; *make* ~ объявля́ть [-ви́ть]

knuckle ['nʌkl] **1.** суста́в па́льца руки́; **2.** ~ *down*, ~ *under* уступа́ть [-пи́ть]; подчиня́ться [-ни́ться]

Koran [kə'rɑːn] Кора́н

L

label ['leɪbl] **1.** ярлы́к (*a. fig.*); этике́тка; *tie-on* би́рка; *stick-on* накле́йка; **2.** накле́ивать/привя́зывать ярлы́к на (В)/к (Д) (*a. fig.*)

laboratory [lə'bɒrətrɪ] лаборато́рия; ~ **assistant** лабора́нт *m*, -ка *f*

laborious [lə'bɔːrɪəs] □ тру́дный

labo(u)r ['leɪbə] **1.** труд; рабо́та; (*childbirth*) ро́ды *pl.*; *forced* ~ принуди́тельные рабо́ты *f/pl.*; ~ **exchange** би́ржа труда́; **2.** рабо́чий; **3.** *v/i.* труди́ться, рабо́тать; прилага́ть уси́лия; ~**ed** [-d] вы́мученный; тру́дный; ~**er** [-rə] рабо́чий; ~**intensive** трудоёмкий

lace [leɪs] **1.** кру́жево; (*shoe~*) шнуро́к; **2.** [за]шнурова́ть

lacerate ['læsəreɪt] раздира́ть [разодра́ть]; (*cut*) разреза́ть [-ре́зать]

lack [læk] **1.** недоста́ток, нехва́тка; отсу́тствие (Р); **2.** испы́тывать недоста́ток, нужду́ в (П); не хвата́ть [-ти́ть], недостава́ть; *he* ~*s courage* у него́ не хвата́ет му́жества

lacquer ['lækə] **1.** лак; **2.** [от]лакирова́ть, покрыва́ть [-ы́ть] ла́ком

lad [læd] (*boy*) ма́льчик; (*fellow*) па́рень *m*; (*youth*) ю́ноша *m*

ladder ['lædə] приставна́я ле́стница, стремя́нка; *in stocking* спусти́вшаяся петля́

laden ['leɪdn] нагружённый; *fig.* обременённый

ladies, ladies (room), the ladies' ['leɪdɪz] же́нский туале́т; *coll.* (*lavatory*) же́нская убо́рная

ladle ['leɪdl] **1.** *tech.* ковш; черпа́к; *for soup* поло́вник; **2.** отче́рпывать [отчерпну́ть]; *soup* разли́(ва́)ть (*a.* ~ *out*)

lady ['leɪdɪ] да́ма; *title* ле́ди *f indecl.*; ~**bird** бо́жья коро́вка

lag [læg] (*trail*) тащи́ться (сза́ди); отст(ав)а́ть (*a.* ~ *behind*)

laggard ['lægəd] медли́тельный, вя́лый челове́к; отстаю́щий

lagoon [lə'guːn] лагу́на

laid [leɪd] *pt. и pt. p. от* **lay**

lain [leɪn] *pt. p. от* **lie²**

lair [leə] ло́говище, берло́га

lake [leɪk] о́зеро

lamb [læm] **1.** ягнёнок; (*food*) бара́нина; **2.** [о]ягни́ться; ~**skin** овчи́на, ове́чья шку́ра

lame [leɪm] **1.** □ хромо́й; *fig. excuse* сла́бый, неубеди́тельный; **2.** [из]уве́чить, [ис]кале́чить

lament [lə'ment] **1.** сетова́ние, жа́лоба; **2.** [по]се́товать, опла́к(ив)ать; ~**able** ['læməntəbl] жа́лкий; печа́льный; ~**ation** [læmən'teɪʃn] жа́лоба, плач

lamp [læmp] ла́мпа; *in street* фона́рь *m*

lampoon [læm'puːn] па́сквиль *m*

lamppost фона́рный столб

lampshade абажу́р

land [lænd] **1.** земля́; (*not sea*) су́ша; (*soil*) земля́, по́чва; (*country*) страна́; ~ **register** земе́льный рее́стр; *travel by* ~ е́хать (е́здить) су́шей/назе́мным тра́нспортом; **2.** *of ship passengers* выса́живать(ся) [вы́садить(ся)]; *of aircraft* приземля́ться [-ли́ться]

landing ['lændɪŋ] вы́садка; *ae.* приземле́ние, поса́дка; при́стань *f*

land|lady хозя́йка; ~**lord** хозя́ин; ~**mark** ориенти́р; *fig.* (*turning point*) ве́ха; ~**owner** землевладе́лец; ~**scape** ['lændskeɪp] ландша́фт, пейза́ж; ~**slide** о́ползень *m*

lane [leɪn] тропи́нка; *in town* переу́лок; *of traffic* ряд

language ['læŋgwɪdʒ] язы́к (речь); *strong* ~ си́льные выраже́ния *n/pl.*, брань *f*

languid ['læŋgwɪd] □ то́мный

languish ['læŋgwɪʃ] (*lose strength*) [за]ча́хнуть; (*pine*) тоскова́ть, томи́ться

languor ['læŋgə] апати́чность *f*; томле́ние; то́мность *f*

lank ['læŋk] □ высо́кий и худо́й; *hair* прямо́й; ~**y** ['læŋkɪ] □ долговя́зый

lantern ['læntən] фона́рь *m*

lap[1] [læp] **1.** пола́; *anat.* коле́ни *n/pl;* *fig.* ло́но; *sport.* круг; **2.** перекры́(ва́)ть

lap[2] [-] *v/t. (drink)* [вы́]лака́ть; жа́дно пить; *v/i.* плеска́ться

lapel [lə'pel] ла́цкан

lapse [læps] **1.** *of time* ход; *(slip)* оши́бка, про́мах, *moral* паде́ние; **2.** [в]пасть; приня́ться *pf.* за ста́рое; *(expire)* истека́ть [-е́чь]; ~ *into silence* умолка́ть [умо́лкнуть]

larceny ['lɑːsənɪ] кра́жа, воровство́

lard [lɑːd] то́плёное свино́е са́ло

larder ['lɑːdə] кладова́я

large [lɑːdʒ] □ большо́й; *(substantial)* кру́пный; *(too big)* вели́к; *at* ~ на свобо́де; ~**ly** ['lɑːdʒlɪ] в значи́тельной сте́пени; в основно́м, гла́вным о́бразом; ~**scale** кру́пный, крупномасшта́бный

lark [lɑːk] жа́воронок; *fig.* шу́тка, прока́за, заба́ва

larva ['lɑːvə] *zo.* личи́нка

laryngitis [lærɪn'dʒaɪtɪs] ларинги́т

larynx ['lærɪŋks] горта́нь *f*

lascivious [lə'sɪvɪəs] □ похотли́вый

laser ['leɪzə] ла́зер

lash [læʃ] **1.** плеть *f;* *(whip)* кнут; *(blow)* уда́р; *(eye~)* ресни́ца; **2.** хлеста́ть [-тну́ть]; *(fasten)* привя́зывать [-за́ть]; *fig.* бичева́ть

lass, lassie [læs, 'læsɪ] де́вушка, де́вочка

lassitude ['læsɪtjuːd] уста́лость *f*

last[1] [lɑːst] **1.** *adj.* после́дний; про́шлый; кра́йний; ~ *but one* предпосле́дний; ~ *night* вчера́ ве́чером; **2.** коне́ц; *at* ~ наконе́ц; *at long* ~ в конце́ концо́в; **3.** *adv.* в после́дний раз; по́сле всех; в конце́

last[2] [-] продолжа́ться [-до́лжиться]; [про]дли́ться; *(suffice)* хвата́ть [-ти́ть]; *(hold out)* сохраня́ться [-ни́ться]

lasting ['lɑːstɪŋ] □ дли́тельный; *peace* про́чный

lastly ['lɑːstlɪ] наконе́ц

latch [lætʃ] **1.** щеко́лда, задви́жка; замо́к с защёлкой; **2.** запира́ть [запере́ть]

late [leɪt] по́здний; *(delayed)* запозда́лый; *(former)* неда́вний; *(deceased)* поко́йный; *adv.* по́здно; *at (the)* ~**st** не поздне́е; *of* ~ после́днее вре́мя; *be* ~ опа́здывать [опозда́ть]; ~**ly** ['leɪtlɪ] неда́вно; в после́днее вре́мя

latent ['leɪtnt] скры́тый

lateral ['lætərəl] □ боково́й

lathe [leɪð] тока́рный стано́к

lather ['lɑːðə] **1.** мы́льная пе́на; **2.** *v/t.* намы́ли(ва)ть; *v/i.* мы́литься, намы́ли(ва)ться

Latin ['lætɪn] **1.** лати́нский язы́к; **2.** лати́нский; ~ **American** латиноамерика́нец, -нский

latitude ['lætɪtjuːd] *geogr., astr.* широта́; *fig.* свобо́да де́йствий

latter ['lætə] после́дний; второ́й; ~**ly** [-lɪ] в после́днее вре́мя

lattice ['lætɪs] решётка (*a.* ~**work**)

laudable ['lɔːdəbl] □ похва́льный

laugh [lɑːf] **1.** смех; **2.** смея́ться; ~ *at a p.* высме́ивать [вы́смеять] (В), смея́ться над (Т); ~**able** ['lɑːfəbl] □ смешно́й; ~**ter** ['lɑːftə] смех

launch [lɔːntʃ] **1.** ка́тер; мото́рная ло́дка; **2.** *rocket* запуска́ть [-сти́ть]; *boat* спуска́ть [-сти́ть]; *fig.* пуска́ть в ход; ~**ing** [-ɪŋ] → **launch** 2; ~**ing pad** пускова́я устано́вка; ~**ing site** пускова́я площа́дка

laundry ['lɔːndrɪ] пра́чечная; бельё для сти́рки *or* из сти́рки

laurel ['lɔrəl] лавр

lavatory ['lævətrɪ] убо́рная

lavender ['lævəndə] лава́нда

lavish ['lævɪʃ] **1.** □ ще́дрый, расточи́тельный; **2.** расточа́ть [-чи́ть]

law [lɔː] зако́н; *law* пра́во, юриспруде́нция; *lay down the* ~ кома́ндовать; ~**abiding** законопослу́шный, соблюда́ющий зако́н; ~ **court** суд; ~**ful** ['lɔːfl] □ зако́нный; ~**less** ['lɔːlɪs] □ *person* непоко́рный; *state* анархи́чный

lawn[1] [lɔːn] *(linen)* бати́ст

lawn[2] [-] *(grassy area)* лужа́йка, газо́н; ~**chair** *Am.* шезло́нг; ~**mower** газонокоси́лка

law|suit ['lɔːsuːt] суде́бный проце́сс; **~yer** ['lɔːjə] юри́ст; адвока́т

lax [læks] □ вя́лый; ры́хлый; (*careless*) небре́жный; (*not strict*) нестро́гий; **~ative** ['læksətɪv] слаби́тельное

lay¹ [leɪ] **1.** *pt. om* lie²; **2.** (*secular*) све́тский

lay² [-] **1.** положе́ние, направле́ние; **2.** [*irr.*] *v/t.* класть [положи́ть]; *blame* возлага́ть [-ложи́ть]; *table* накры́(ва́)ть; **~ in stocks** запаса́ться [запасти́сь] (*of* T); **~ low** (*knock down*) повали́ть *pf.*; **I was laid low by a fever** меня́ свали́ла лихора́дка; **~ off** увольня́ть [-лить]; **~ out** выкла́дывать [вы́ложить]; *park, etc.* разби́(ва́)ть; **~ up** (*collect and store*) [на]копи́ть; прико́вывать к посте́ли; *v/i. of hen* [с]нести́сь; держа́ть пари́ (*a.* **~ a wager**)

layer ['leɪə] слой, пласт, насло́е́ние

layman ['leɪmən] миря́нин; (*amateur*) неспециали́ст, люби́тель *m*

lay-off сокраще́ние ка́дров; **~out** плани́ро́вка

lazy ['leɪzɪ] лени́вый

lead¹ [led] свине́ц

lead² [liːd] **1.** руково́дство; инициати́ва; *sport.* ли́дерство; (*first place*) пе́рвое ме́сто; *thea.* гла́вная роль *f; el.* про́вод; **2.** [*irr.*] *v/t.* води́ть [по]вести́; приводи́ть [-вести́] (*to* к Д); (*direct*) руководи́ть (Т); *cards* ходи́ть [пойти́] с (P *pl.*); **~ on** соблазня́ть [-ни́ть]; *v/t.* вести́; быть пе́рвым; **~ off** отводи́ть; *v/i.* нач(ин)а́ть

leaden ['ledn] свинцо́вый (*a. fig.*)

leader ['liːdə] руководи́тель(ница *f*) *m;* ли́дер; *in newspaper* передова́я статья́

leading ['liːdɪŋ] **1.** руководя́щий, веду́щий; (*outstanding*) выдаю́щийся; **~ question** наводя́щий вопро́с; **2.** руково́дство; веде́ние

leaf [liːf] (*pl.:* leaves) лист (*bot. pl.:* ли́стья); (*leafage*) листва́; **turn over a new ~** нача́ть но́вую жизнь; **~let** ['liːflɪt] листо́вка

league [liːg] ли́га; **in ~ with** в сою́зе с (T)

leak [liːk] **1.** течь *f; of gas, etc.* уте́чка (*a. fig.*); **2.** дава́ть течь, пропуска́ть во́ду; **~ out** проса́чиваться [-сочи́ться] (*a. fig.*); **~age** ['liːkɪdʒ] проса́чивание; **~y** ['liːkɪ] протека́ющий, с те́чью

lean¹ [liːn] [*irr.*] прислоня́ть(ся) [-ни́ть(ся)] (*against* к Д); опира́ться [опере́ться] (*on* на В) (*a. fig.*); наклоня́ть(ся) [-ни́ть(ся)] (*a.* **~ forward**)

lean² [-] то́щий, худо́й; *meat* нежи́рный

leant [lent] *chiefly Brt. pt. p. om* lean

leap [liːp] **1.** прыжо́к, скачо́к; **2.** [*a. irr.*] пры́гать [-гнуть], скака́ть *once* [скакну́ть], **~t** [lept] *pt. p. om* leap; **~ year** високо́сный год

learn [lɜːn] [*a. irr.*] изуча́ть [-чи́ть], [на]учи́ться (Д); **~ from** узн(ав)а́ть от (P); **~ed** ['lɜːnɪd] □ учёный; **~ing** [-ɪŋ] уче́ние; учёность *f*, эруди́ция; **~t** [lɜːnt] *chiefly Brt. pt. p. om* learn

lease [liːs] **1.** аре́нда; (*period*) срок аре́нды; **long-term ~** долгосро́чная аре́нда, ли́зинг; **2.** сдава́ть в аре́нду; брать в аре́нду

leash [liːʃ] поводо́к, при́вязь *f*

least [liːst] *adj.* мале́йший; наиме́ньший; *adv.* ме́нее всего́, в наиме́ньшей сте́пени; **at (the) ~** по кра́йней ме́ре; **not in the ~** ничу́ть, ниско́лько; **to say the ~** мя́гко говоря́

leather ['leðə] **1.** ко́жа; **2.** ко́жаный

leave [liːv] **1.** разреше́ние, позволе́ние; (*absence, holiday*) о́тпуск; **2.** [*irr.*] *v/t.* оставля́ть [-а́вить]; (*abandon*) покида́ть [поки́нуть]; предоставля́ть [-а́вить]; (*bequeath, etc.*) оставля́ть; завеща́ть *im(pf)*; **~ it to me** предоста́в(ьте) э́то мне; **~ off** броса́ть [бро́сить]; *v/i.* уезжа́ть [уе́хать]; уходи́ть [уйти́]

leaves [liːvz] *pl. om* leaf

leavings ['liːvɪŋz] оста́тки *m/pl.*

lecture ['lektʃə] **1.** ле́кция; (*reproof*) нота́ция; **2.** *v/i.* чита́ть ле́кции; *v/t.* чита́ть нота́цию; отчи́тывать [-ита́ть]; **~r** [-rə] (*speaker*) докла́дчик; *professional* ле́ктор; *univ.* преподава́тель *m*

led [led] *pt. и pt. p. om* lead

ledge [ledʒ] выступ, уступ

ledger ['ledʒə] *fin.* гроссбу́х, бухга́лтерская кни́га

leech [li:tʃ] *zo.* пия́вка

leer [lɪə] смотре́ть и́скоса (*at* на В); де́лать гла́зки кому́-нибудь; кри́во улыба́ться [улыбну́ться]

leeway ['li:weɪ] *naut.* дрейф; *fig.* **make up ~** навёрстывать упу́щенное

left¹ [left] *pt. и pt. p. от* **leave**; **be ~** ост(ав)а́ться

left² [-] **1.** ле́вый; **2.** ле́вая сторона́; **~hander** левша́ *m/f*

left-luggage|locker *rail. Brt.* автомати́ческая ка́мера хране́ния; **~ office** ка́мера хране́ния

leg [leg] нога́; *of table, etc.* но́жка; *of trousers* штани́на

legacy ['legəsɪ] (*bequest*) насле́дство; *fig.* (*heritage*) насле́дие

legal ['li:gl] □ зако́нный, лега́льный; правово́й; [-gəlaɪz] узако́ни(-ва)ть, легализова́ть (*im*)*pf.*

legend ['ledʒənd] леге́нда; **~ary** [-drɪ] легенда́рный

legible ['ledʒəbl] □ разбо́рчивый

legislat|ion [ledʒɪs'leɪʃn] законода́тельство; **~ive** ['ledʒɪslətɪv] законода́тельный; **~or** [-leɪtə] законода́тель *m*

legitima|cy [lɪ'dʒɪtɪməsɪ] зако́нность *f*; **~te 1.** [-meɪt] узако́ни(ва)ть; **2.** [-mɪt] зако́нный

leisure ['leʒə] досу́г; **at your ~** когда́ вам удо́бно; **~ly** *adv.* не спеша́, споко́йно; *adj.* неторопли́вый

lemon ['lemən] лимо́н; **~ade** [lemə-'neɪd] лимона́д

lend [lend] [*irr.*] ода́лживать [одолжи́ть]; дава́ть взаймы́; *fig.* д(ав)а́ть, прид(ав)а́ть; **~ a hand** помога́ть [-мо́чь]

length [leŋθ] длина́; расстоя́ние; *of time* продолжи́тельность *f*, *of cloth* отре́з; **at ~** наконе́ц; *speak* подро́бно; **go to any ~s** быть гото́вым на всё; **~en** ['leŋθən] удлиня́ть(ся) [-ни́ть(ся)]; **~wise** [-waɪz] в длину́; вдоль; **~y** [-ɪ] дли́нный; *time* дли́тельный; *speech* растя́нутый; многосло́вный

lenient ['li:nɪənt] □ мя́гкий; снисходи́тельный

lens [lenz] ли́нза; *phot.* объекти́в; *anat.* хруста́лик; **contact ~** конта́ктная ли́нза

lent [lent] *pt. и pt. p. от* **lend**

Lent [lent] вели́кий пост

lentil ['lentɪl] чечеви́ца

leopard ['lepəd] леопа́рд

less [les] **1.** (*comp. от* **little**) ме́ньший; **2.** *adv.* ме́ньше, ме́нее; **3.** *prp.* ми́нус (Р); **none the ~** тем не ме́нее

lessen ['lesn] *v/t.* уменьша́ть [уме́ньшить]; *v/i.* уменьша́ться [уме́ньшиться]

lesser ['lesə] ме́ньший

lesson ['lesn] уро́к; *fig.* **teach s.o. a** проучи́ть (В) *pf.*; **let this be a ~ to you** пусть э́то послу́жит тебе́ уро́ком

lest [lest] что́бы не, как бы не

let [let] [*irr.*] оставля́ть [-а́вить]; сдава́ть внаём; позволя́ть [-во́лить] (Д), пуска́ть [пусти́ть]; **~ be** оста́вить *pf.* в поко́е; **~ alone** *adv.* не говоря́ уже́ о ... (П); **~ down** опуска́ть [-сти́ть]; *fig.* подводи́ть [-вести́]; **~ go** выпуска́ть из рук; **~ o.s. go** дать *pf.* во́лю чу́вствам; увлека́ться [увле́чься]; **~ into** a secret, *etc.* посвяща́ть [-яти́ть] в; **~ off** *gun* стреля́ть [вы́стрелить] из (Р); *steam mst. fig.* выпуска́ть [вы́пустить] пар; **~ out** выпуска́ть [вы́пустить]; **~ up** *Am.* ослабе(ва́)ть

lethal ['li:θl] смерте́льный, лета́льный

lethargy ['leθədʒɪ] летарги́я; вя́лость *f*

letter ['letə] бу́ква; письмо́; **capital (small) ~** загла́вная, прописна́я (стро́чная) бу́ква; **to the ~** буква́льно; **man of ~s** литера́тор; **registered ~** заказно́е письмо́; **~ box** почто́вый я́щик; **~ing** [-rɪŋ] *f on gravestone, etc.* на́дпись *f*; *in book* разме́р и фо́рма букв

lettuce ['letɪs] сала́т

level ['levl] **1.** горизонта́льный; (*even*) ро́вный; (*equal*) одина́ковый; ра́вный, равноме́рный; **draw ~ with** поравня́ться *pf.* с (Т); **keep a ~ head** сохраня́ть [-ни́ть] хладнокро́вие; **2.** у́ровень *m; fig.* масшта́б; ~ **of the sea** у́ровень мо́ря; **on the** ~ че́стно, пра́вдиво; **3.** *v/t.* выра́внивать [вы́ровнять]; ура́внивать [-вня́ть]; ~ **to the ground** сровня́ть *pf.* с землёй; ~ **up** повыша́ть ура́внивая; *v/i.* ~ **at** прице́ли(ва)ться (в (В); ~ **crossing** перее́зд; ~ **headed** рассуди́тельный

lever ['li:və] рыча́г

levy ['levi]; ~ **taxes** взима́ть нало́ги

lewd [lju:d] □ похотли́вый

liability [laɪə'bɪlətɪ] отве́тственность *f* (*a. law*); (*obligation*) обяза́тельство; (*debt*) задо́лженность *f; fig.* приве́рженность *f,* скло́нность *f;* **liabilities** *pl.* обяза́тельства *n/pl.; fin.* долги́ *m/pl.*

liable ['laɪəbl] □ отве́тственный (за В); обя́занный; (*subject to*) подве́рженный; **be** ~ **to** быть предрасполо́женным к (Д)

liar ['laɪə] лгу́н *m,* -ья *f*

libel ['laɪbəl] **1.** клевета́; **2.** [на]клевета́ть на (В), оклевета́ть (В) *pf.*

liberal ['lɪbərəl] **1.** □ (*generous*) ще́дрый; (*ample*) оби́льный; *mst. pol.* либера́льный; **2.** либера́л(ка)

liberat|e ['lɪbəreɪt] освобожда́ть [-боди́ть]; ~**ion** [lɪbə'reɪʃn] освобожде́ние; ~**or** ['lɪbəreɪtə] освободи́тель *m*

liberty ['lɪbətɪ] свобо́да; (*familiar or presumptuous behavio(u)r*) бесцеремо́нность *f;* **be at** ~ быть свобо́дным; **take the** ~ **of** брать [взять] на себя́ сме́лость; **take liberties with s.o.** позволя́ть себе́ во́льности с кем-л.

librar|ian [laɪ'breərɪən] библиоте́карь *m;* ~**y** ['laɪbrərɪ] библиоте́ка

lice [laɪs] *pl. om* **louse**

licen|ce, *Am. also* ~**se** ['laɪsəns] **1.** разреше́ние; *comm.* лице́нзия; (*freedom*) во́льность *f;* **driving** ~ води́тельские права́ *n/pl.;* **2.** разреша́ть [-ши́ть]; дава́ть пра́во (В)

licentious [laɪ'senʃəs] □ распу́щенный

lick [lɪk] **1.** обли́зывание; **2.** лиза́ть [лизну́ть]; обли́зывать [-за́ть]; *coll.* (*thrash*) [по]би́ть, [по]колоти́ть; ~ **into shape** привести́ *pf.* в поря́док

lid [lɪd] кры́шка; (*eye*~) ве́ко

lie[1] [laɪ] **1.** ложь *f;* **give the** ~ **to** облича́ть во лжи; **2.** [со]лга́ть

lie[2] [-] **1.** положе́ние; направле́ние; *explore the* ~ *of the land fig.* зонди́ровать по́чву; **2.** [*irr.*] лежа́ть; быть располо́женным, находи́ться; (*consist*) заключа́ться; ~ **ahead** предстоя́ть (Д); ~ **down** ложи́ться [лечь]; ~ **in wait for** поджида́ть (В) (спря́тавшись)

lieu [lju:]: **in** ~ **of** вме́сто (Р)

lieutenant [lef'tenənt] лейтена́нт

life [laɪf] жизнь *f;* (*way of* ~) о́браз жи́зни; биогра́фия; (*vitality*) жи́вость *f;* **for** ~ пожи́зненный; на всю жизнь; ~ **sentence** пригово́р к пожи́зненному заключе́нию; ~**boat** спаса́тельная шлю́пка; ~**guard** спаса́тель *m;* ~ **insurance** страхова́ние жи́зни; ~ **jacket** спаса́тельный жиле́т; ~**less** □ безды́ха́нный, безжи́зненный; ~**like** реалисти́чный; сло́вно живо́й; ~**long** всю жизнь; ~**time** вся жизнь *f,* це́лая жизнь *f*

lift [lɪft] **1.** лифт; *for goods, etc.* подъ-ёмник; *fig.* (*high spirits*) воодушевле́ние; **give s.o. a** ~ подвози́ть [-везти́] кого́-л.; **2.** *v/t.* поднима́ть [-ня́ть]; возвыша́ть [-вы́сить]; *sl.* [у]кра́сть; *v/i.* возвыша́ться [вы́ситься]; *of mist, etc.* поднима́ться [-ня́ться]

ligament ['lɪgəmənt] *anat.* свя́зка

light[1] [laɪt] **1.** свет; (*lighting*) освеще́ние; ого́нь *m; fig.* (*luminary*) свети́ло; **come to** ~ стать изве́стным; обнару́живаться [-житься]; **will you give me a** ~? да́йте мне прикури́ть; **put a** ~ **to** зажига́ть [заже́чь]; **2.** све́тлый, я́сный; **3.** [*a. irr.*] *v/t.* зажига́ть [заже́чь]; освеща́ть [-ети́ть]; *v/i.* (*mst.* ~ **up**) загора́ться [-ре́ться]; освеща́ться [-ети́ться]

light[2] [-] **1.** □ *adj.* лёгкий (*a. fig.*); **make** ~ **of** относи́ться несерьёзно к (Д); **travel** ~ путеше́ствовать налегке́; ~ **on** неожи́данно натолкну́ться *pf.* на (В)

lighten ['laɪtn] освеща́ть [-ети́ть]; (*become brighter*) [по]светле́ть

lighter ['laɪtə] *for cigarettes, etc.* зажига́лка

light|-headed легкомы́сленный; **~-hearted** □ беззабо́тный; весёлый; **~house** мая́к

lighting ['laitiŋ] освеще́ние

lightness лёгкость f

lightning ['laitniŋ] мо́лния; **with ~ speed** молниено́сно; **~ conductor, ~ rod** громоотво́д

lightweight sport боксёр лёгкого ве́са; легкове́сный (a. fig.)

like [laik] 1. похо́жий, подо́бный; ра́вный; **as ~ as two peas** похо́жи как две ка́пли воды́; **such** подо́бный тому́, тако́й; coll. **feel ~** хоте́ть (+ inf.); **what is he ~?** что он за челове́к?; 2. не́что подо́бное; **~s** pl. скло́нности f/pl., влече́ния n/pl.; **his ~** ему́ подо́бные; 3. люби́ть; [за]хоте́ть; **how do you ~ London?** как вам нра́вится Ло́ндон?; **I should ~** я хоте́л бы знать

likeable ['laikǝbl] симпати́чный

like|lihood ['laiklihud] вероя́тность f; **~ly** ['laikli] вероя́тный; (suitable) подходя́щий; **he is ~ to die** он вероя́тно умрёт; **as ~ as not** вполне́ возмо́жно

like|n ['laikǝn] уподобля́ть [-о́бить]; (compare) сра́внивать [-ни́ть]; **~ness** ['laiknis] схо́дство; **~wise** [-waiz] то́же, та́кже; подо́бно

liking ['laikiŋ] расположе́ние (for к Д); **take a ~ to** полюби́ть pf. (В)

lilac ['lailǝk] 1. сире́нь f; 2. сире́невый, лило́вый

lily ['lili] ли́лия; **~ of the valley** ла́ндыш

limb [lim] коне́чность f; of tree ве́тка

lime[1] [laim] tree ли́па

lime[2] [~] и́звесть f; **~light** свет ра́мпы; fig. центр внима́ния

limit ['limit] 1. преде́л, грани́ца; **be ~ed to** ограни́чивать(ся) (Т); **speed ~** преде́льная ско́рость f; **time ~** ограниче́ние во вре́мени; преде́льный срок; **~ation** [limi'teiʃn] ограниче́ние; **~ed** ['limitid] **~ (liability) company** компа́ния с ограни́ченной отве́тственностью; **~less** ['limitlis] □ безграни́чный

limp[1] [limp] 1. [за]хрома́ть; 2. прихра́мывание, хромота́

limp[2] [~] вя́лый; сла́бый; **her body went ~** те́ло её обмя́кло

limpid ['limpid] прозра́чный

line [lain] 1. ли́ния (a. rail., tel., ae); typ. строка́; in drawing черта́, штрих; (fishing ~) леса́; специа́льность f, заня́тие; **~s** pl. стро́ки; **~ of conduct** ли́ния поведе́ния; **hard ~s** pl. неуда́ча; in **~ with** в согла́сии с (Т); **stand in ~** Am. стоя́ть в о́череди; **that's not in my ~** э́то не по мое́й ча́сти; 2. v/t. разлино́вывать [-нова́ть]; sew. класть на подкла́дку; of trees, etc. тяну́ться вдоль (Р); v/i. **~ up** выстра́иваться [вы́строиться] (в ряд)

linear ['liniǝ] лине́йный

linen ['linin] 1. полотно́; бельё; 2. льняно́й

liner ['lainǝ] naut. ла́йнер; ae. возду́шный ла́йнер

linger ['liŋgǝ] [по]ме́длить; **~ over** заде́рживаться [-жа́ться] на (П)

lingerie ['læːnʒǝri] да́мское бельё

lining ['lainiŋ] of garment подкла́дка; tech. оби́вка, облицо́вка

link [liŋk] 1. звено́; связь f (a. fig.); 2. соединя́ть [-ни́ть]

linoleum [li'nǝuliǝm] лино́леум

linseed ['linsiːd] **~ oil** льняно́е ма́сло

lion ['laiǝn] лев; **~ess** [-es] льви́ца

lip [lip] губа́; (edge) край; coll. (impudence) де́рзость f; **~stick** губна́я пома́да

liquid ['likwid] 1. жи́дкий; 2. жи́дкость f

liquidat|e ['likwideit] ликвиди́ровать im(pf.); debt выпла́чивать [вы́платить]; **~ion** [likwi'deiʃn] ликвида́ция; вы́плата до́лга

liquor ['likǝ] спиртно́й напи́ток

lisp [lisp] 1. шепеля́вость f; 2. шепеля́вить

list[1] [list] 1. спи́сок, пе́речень m; 2. вноси́ть в спи́сок; составля́ть спи́сок (Р)

list[2] [~] 1. naut. крен; 2. [на]крени́ться

listen ['lisn] [по]слу́шать; (heed) прислу́ш(ив)аться (**to** к Д); **~ in** (eavesdrop) подслу́ш(ив)ать (**to** В); слу́шать ра́дио; **~er** [-ǝ] слу́шатель(-

ница f) m

listless ['lɪstlɪs] апати́чный, вя́лый

lit [lɪt] pt. и pt. p. om **light¹**

literacy ['lɪtərəsɪ] гра́мотность f

literal ['lɪtərəl] □ буква́льный, досло́вный

litera|ry ['lɪtərərɪ] литерату́рный; **~te** [-rət] гра́мотный; **~ture** ['lɪtrətʃə] литерату́ра

lithe [laɪð] ги́бкий

lithography [lɪ'θɒɡrəfɪ] литогра́фия

litre, Am. **liter** ['li:tə] литр

litter¹ ['lɪtə] **1.** помёт (припло́д); **2.** [о]щени́ться, [о]пороси́ться и т. д.

litter² [~] **1.** му́сор; **2.** [на]му́сорить, [на]сори́ть

little ['lɪtl] **1.** adj. ма́ленький, небольшо́й; time коро́ткий; **a ~ one** малы́ш; **2.** adv. немно́го, ма́ло; **3.** пустя́к; ме́лочь f; **a ~** немно́го; **~ by ~** ма́ло-пома́лу, постепе́нно; **not a ~** нема́ло

liturgy ['lɪtədʒɪ] eccl. литурги́я

live [lɪv] **1.** com. жить; существова́ть; **~ to see** дожи(ва́)ть до (Р); **~ down: I'll never ~ it down** мне э́того никогда́ не забу́дут; **~ out** пережи́(ва́)ть; **~ up to expectations** опра́вдывать [-да́ть] (В); **2.** [laɪv] живо́й; coals, etc. горя́щий; el. под напряже́нием; **~lihood** ['laɪvlɪhʊd] сре́дства к существова́нию; **~liness** [-nɪs] жи́вость f; оживле́ние; **~ly** ['laɪvlɪ] живо́й; оживлённый

liver ['lɪvə] anat. пе́чень f; cul. печёнка

live|s [laɪvz] pl. om **life**; **~stock** ['laɪvstɒk] дома́шний скот

livid ['lɪvɪd] мёртвенно-бле́дный; **~ with rage** взбешённый

living ['lɪvɪŋ] **1.** живо́й; живу́щий, существу́ющий; **2.** сре́дства существова́ния; жизнь f, о́браз жи́зни; **~ room** гости́ная

lizard ['lɪzəd] я́щерица

load [ləʊd] **1.** груз; но́ша; (weight of cares, etc.) бре́мя n; tech. нагру́зка; **2.** [на]грузи́ть; gun заряжа́ть [-ряди́ть]; fig. обременя́ть [-ни́ть]; **~ing** [ləʊdɪŋ] погру́зка; груз

loaf¹ [ləʊf] (pl. **loaves**) (white) бато́н; (mst. brown) буха́нка

loaf² [~] безде́льничать; шата́ться, слоня́ться без де́ла

loafer ['ləʊfə] безде́льник

loan [ləʊn] заём; from bank ссу́да; **the book is on ~** кни́га на рука́х; **2.** дава́ть взаймы́; дава́ть [дать] ссу́ду

loath [ləʊθ] (reluctant) нескло́нный; **~e** [ləʊð] пита́ть отвраще́ние к (Д); **~some** ['ləʊðsəm] □ отврати́тельный

loaves [ləʊvz] pl. om **loaf**

lobby ['lɒbɪ] **1.** in hotel вестибю́ль m; parl. кулуа́ры m/pl.; (group) ло́бби; thea. фойе́ n indecl.; **2.** parl. пыта́ться возде́йствовать на чле́нов конгре́сса

lobe [ləʊb] of ear мо́чка

lobster ['lɒbstə] ома́р

local ['ləʊkəl] **1.** □ ме́стный; **~ government** ме́стные о́рганы вла́сти; **2.** ме́стный жи́тель m; (a. **~ train**) при́городный по́езд; **~ity** [ləʊ'kælətɪ] ме́стность f, райо́н; (neighbo(u)rhood) окре́стность f; **~ize** ['ləʊkəlaɪz] локализова́ть (im)pf.

locat|e [ləʊ'keɪt] v/t. определя́ть ме́сто (Р); располага́ть в определённом ме́сте; назнача́ть ме́сто для (Р); **be ~d** быть располо́женным; **~ion** [-ʃn] ме́сто; Am. местонахожде́ние

lock¹ [lɒk] of hair ло́кон

lock² [~] **1.** замо́к; on canal шлюз; **2.** v/t. запира́ть [запере́ть]; **~ in** запира́ть [запере́ть]; v/t. запира́ться [запере́ться]

lock|er ['lɒkə] запира́ющийся шка́фчик; **~et** ['lɒkɪt] медальо́н; **~out** лока́ут; **~smith** сле́сарь m

locomotive ['ləʊkəməʊtɪv] (или **~ engine**) локомоти́в, парово́з, теплово́з, электрово́з

locust ['ləʊkəst] саранча́

lodg|e [lɒdʒ] **1.** сторо́жка; (mst. **hunting ~**) охо́тничий до́мик; **2.** v/t. да(ва́)ть помеще́ние (Д); v/i. застрева́ть [-ря́ть]; of bullet, etc. застрева́ть [-ря́ть]; **~er** ['lɒdʒə] кварти́рант m, -ка f, **~ing** ['lɒdʒɪŋ]: **live in ~s** снима́ть ко́мнату

loft [lɒft] черда́к; hay **~** сенова́л; **~y** ['lɒftɪ] □ (haughty) высокоме́рный;

building величественный; *style* возвышенный

log [lɒg] колода; бревно; **~ cabin** бревенчатая хижина

loggerhead ['lɒgǝhed]: *be at ~s* быть в ссоре, ссориться (*with* с Т)

logic ['lɒdʒɪk] логика; **~al** [ˌlɒdʒɪkl] □ логический

loin [lɔɪn] филейная часть *f*; **~s** *pl.* поясница

loiter ['lɔɪtǝ] слоняться без дела; (*linger*) мешкать

loll [lɒl] сидеть/стоять развалясь

lone|liness ['lǝʊnlɪnɪs] одиночество; **~ly** [-lɪ], **~some** [-sǝm] одинокий

long¹ [lɒŋ] 1. долгий срок, долгое время *n*; *before* ~ вскоре; *for* ~ надолго; 2. *adj.* длинный; долгий; медленный; *in the ~ run* в конце концов; *be ~* долго длиться; 3. *adv.* долго; *as ~ ago as* .. ещё …; *~ ago* давно; *so..!* пока (до свидания)!; **~er** дольше; больше

long² [~] страстно желать, жаждать (*for* Р), тосковать (по Д)

long-distance *attr.* дальний; *sport* на длинные дистанции; *tel.* междугородний

longing ['lɒŋɪŋ] 1. □ тоскующий; 2. сильное желание, стремление (к Д), тоска (по Д)

longitude ['lɒndʒɪtjuːd] *geogr.* долгота

long|-sighted дальнозоркий; **~suffering** многострадальный; **~-term** долгосрочный; **~winded** □ многословный

look [lʊk] 1. взгляд; *in face, eyes* выражение; (*appearance*) вид, наружность *f* (*a. ~s pl.*); *have a ~ at th.* посмотреть *pf.* на (В); ознакомляться [-комиться] с (Т); 2. *v/i.* [по]смотреть (*at* на В); выглядеть; *~ for* искать (В *or* Р); *~ forward to* предвкушать [-усить] (В); с радостью ожидать (Р); *~ into* рассматривать [-мотреть], разбираться [-зобраться]; *~ out!* берегись!; *~ (up-)on fig.* смотреть как на (В); считать (за В); *~ with disdain* смотреть с презрением; *~ over* не замечать [-етить];

~ through просматривать [-мотреть]; *~ up in dictionary, etc.* [по]искать; (*visit*) навещать [-естить]

looker-on [lʊkǝr'ɒn] зритель *m*; (невольный) свидетель *m*

looking glass зеркало

lookout ['lʊkaʊt] (*view*) вид; (*prospects*) виды *m/pl.*, шансы *m/pl.*; *that is my ~* это моё дело

loom¹ [luːm] ткацкий станок

loom² [~] маячить, неясно вырисовываться

loop [luːp] 1. петля; 2. делать петлю; закреплять петлёй; **~hole** *mst. fig.* лазейка

loose [luːs] □ *com.* свободный; (*vague*) неопределённый; (*not close-fitting*) просторный; (*not tight*) болтающийся, шатающийся; (*licentious*) распущенный; *earth* рыхлый; **~n** ['luːsn] (*make loose*) ослаблять(ся) [-абить(ся)]; (*untie*) развязывать [-яза́ть]; разрыхлять [-лить]; расшатывать [-шата́ть]

loot [luːt] 1. [о]грабить; 2. добыча, награбленное добро

lopsided [lɒp'saɪdɪd] кривобокий; кособокий

loquacious [lǝ'kweɪʃǝs] болтливый

lord [lɔːd] лорд; (*ruler, master*) повелитель *m*; *the* ♀ Господь *m*; *my* ♀ [mɪ'lɔːd] милорд; *the* ♀*'s Prayer* Отче наш; *the* ♀*'s Supper* Тайная вечеря; **~ly** ['lɔːdlɪ] высокомерный

lorry ['lɒrɪ] *mot.* грузовик

lose [luːz] [*irr.*] *v/t.* [по]терять; *a chance, etc.* упускать [-стить]; *game, etc.* проигрывать [-рать]; *~ o.s.* заблудиться *pf.*; *v/i.* [по]терять; *sport* проигрывать [-рать]; *of watch* отст(ав)ать

loss [lɒs] потеря, утрата; *comm.* ущерб, убыток; *at a* ~ в растерянности; *with no ~ of time* не теряя времени

lost [lɒst] *pt. и pt. p. от lose*; *be* ~ пропадать [-пасть]; (*perish*) погибать [-гибнуть]; *fig.* растеряться *pf.*; *~ property office* стол находок

lot [lɒt] (*destiny*) жребий; участь *f*,

до́ля; *comt.* (*consignment*) па́ртия това́ров; уча́сток земли́; *coll.* ма́сса, у́йма; ***draw*** ~**s** броса́ть жре́бий; ***fall to a p.'s*** ~ вы́пасть *pf.* на чью́-л. до́лю

lotion ['ləʊʃn] лосьо́н

lottery ['lɒtərɪ] лотере́я

loud [laʊd] □ гро́мкий, зву́чный; (*noisy*) шу́мный; *colo(u)r* крикли́-вый, крича́щий

lounge [laʊndʒ] **1.** (*loll*) сиде́ть раз-валя́сь; (*walk idly*) слоня́ться; **2.** пра́здное времяпрепровожде́ние; *thea.* фойе́ *n indecl.*; *at airport* зал ожи-да́ния; *in house* гости́ная

lous|e [laʊs] (*pl.*: **lice**) вошь *f* (*pl.*: вши); ~**y** ['laʊzɪ] вши́вый (*a. coll. fig.*); *sl.* пар-ши́вый

lout [laʊt] ха́мский, неотёсанный челове́к

lovable ['lʌvəbl] □ привлека́тельный, ми́лый

love [lʌv] **1.** любо́вь *f*; влюблённость *f*; предме́т любви́; ***give*** (*or* ***send***) ***one's*** ~ ***to a p.*** передава́ть, посыла́ть приве́т (Д); ***in*** ~ ***with*** влюблённый в (В); ***make*** ~ ***to*** быть бли́зким; зани-ма́ться любо́вью; ***not for*** ~ ***or money*** ни за что (на све́те); **2.** люби́ть; ~ ***to do*** де́лать с удово́льствием; ~ ***affair*** любо́вная связь; *coll.* рома́н; ~**ly** ['lʌv-lɪ] прекра́сный, чу́дный; ~**r** ['lʌvə] (*a paramour*) любо́вник *m*, -ница *f*; возлю́бленный; (*one fond of s.th.*) люби́тель(ница *f*) *m*

loving ['lʌvɪŋ] □ лю́бящий

low[1] [ləʊ] ни́зкий, невысо́кий; *fig.* сла́-бый; *voice, sound, etc.* ти́хий; *behavi-o(u)r* ни́зкий, непристо́йный; ***feel*** ~ быть в плохо́м настрое́нии; пло́хо себя́ чу́вствовать

low[2] [-] **1.** мыча́ние; **2.** [за]мыча́ть

lower[1] ['ləʊə] **1.** *comp. om* **low**[1]; ни́з-ший; ни́жний; **2.** *v/t. sails, etc.* спуска́ть [-сти́ть]; *eyes* опуска́ть [-сти́ть]; *pri-ces, voice, etc.* снижа́ть [-и́зить]; *v/i.* снижа́ться [-и́зиться]

lower[2] ['laʊə] смотре́ть угрю́мо; (*scowl*) [на]хму́риться

low|-grade ни́зкого со́рта, плохо́го ка́чества; ~**land** ни́зменность *f*;

~**-necked** с глубо́ким вы́резом; ~**-paid** низкоопла́чиваемый; ~**-spirited** по-да́вленный, уны́лый

loyal ['lɔɪəl] □ ве́рный, пре́данный, лоя́льный; ~**ty** [-tɪ] ве́рность *f*, пре́-данность *f*, лоя́льность *f*

lubric|ant ['luːbrɪkənt] сма́зочное вещество́, сма́зка; ~**ate** [-keɪt] сма́-з(ыв)ать; ~**ation** [luːbrɪ'keɪʃn] сма́зы-вание

lucid ['luːsɪd] □ я́сный; (*transparent*) прозра́чный

luck [lʌk] уда́ча, сча́стье; ***good*** ~ счастли́вый слу́чай, уда́ча; ***bad*** ~, ***hard*** ~, ***ill*** ~ неуда́ча; ~**ily** ['lʌkɪlɪ] к/по сча́стью; ~**y** ['lʌkɪ] □ счастли́вый, уда́чный; принося́щий уда́чу

lucrative ['luːkrətɪv] □ при́быльный, вы́годный

ludicrous ['luːdɪkrəs] □ неле́пый, смешно́й

lug [lʌg] [по]тащи́ть; *coll.* [по]во-лочи́ть

luggage ['lʌgɪdʒ] бага́ж

lukewarm ['luːkwɔːm] чуть тёплый; *fig.* прохла́дный

lull [lʌl] **1.** (~ *to sleep*) убаю́к(ив)ать; *fig.* успока́ивать [-ко́ить]; усыпля́ть [-пи́ть]; **2.** *in fighting, storm, etc.* вре́-менное зати́шье

lullaby ['lʌləbaɪ] колыбе́льная (пе́сня)

lumber ['lʌmbə] *esp. Brt.* (*junk*) хлам; *esp. Am.* пиломатериа́лы *m/pl.*

lumin|ary ['luːmɪnərɪ] *mst. fig.* свети́-ло; ~**ous** [-nəs] □ светя́щийся, све́т-лый

lump [lʌmp] **1.** глы́ба, ком; *person* чурба́н; *of sugar, etc.* кусо́к; (*swelling*) ши́шка; ~ ***sum*** о́бщая су́мма; ***a*** ~ ***in the throat*** комо́к в го́рле; **2.** *v/t.*: ~ ***together*** [с]вали́ть в ку́чу; *v/i.* сбива́ться в ко́мья

lunatic ['luːnətɪk] *mst. fig.* сумасше́д-ший

lunch [lʌntʃ] обе́д в по́лдень, ленч; ***have*** ~ [по]обе́дать

lung [lʌŋ] лёгкое; ~**s** *pl.* лёгкие *n/pl.*

lunge [lʌndʒ] **1.** *mst. in fencing* вы́пад,

уда́р; **2.** *v/i.* наноси́ть уда́р (*at* Д)
lurch¹ [lɜːtʃ] *naut.* [на]крени́ться; идти́ шата́ясь
lurch² [-]: *leave a. p. in the* ~ бро́сить *pf.* кого́-л. в беде́
lure [ljʊə] **1.** (*bait*) прима́нка; *fig.* собла́зн; **2.** прима́нивать [-ни́ть]; *fig.* соблазня́ть [-ни́ть]
lurid ['lʊərɪd] (*glaring*) крича́щий; о́чень я́ркий; (*shocking*) жу́ткий, ужа́сный; (*gaudy*) аляпова́тый
lurk [lɜːk] ждать притаи́вшись; скрыва́ться в заса́де; таи́ться
luscious ['lʌʃəs] □ со́чный
lust [lʌst] (*sexual desire*) по́хоть *f*; (*craving*) жа́жда
lust|er, *Brt.* **lustre** ['lʌstə] блеск; (*pend-ant*) лю́стра; **~rous** ['lʌstrəs] □ блестя́щий
lute [luːt] *mus.* лю́тня
Lutheran ['luːθərən] лютера́нин *m*, -анка *f*; лютера́нский
luxur|iant [lʌg'ʒʊərɪənt] бу́йный, пы́шный; **~ious** [-rɪəs] роско́шный, пы́шный; **~y** ['lʌkʃərɪ] ро́скошь *f*; предме́т ро́скоши
lying ['laɪɪŋ] **1.** *pr. p. om* **lie¹** и **lie²**; **2.** *adj.* от **lie** (*telling lies*) лжи́вый
lymph [lɪmf] ли́мфа
lynch [lɪntʃ] линчева́ть
lynx [lɪŋks] *zo.* рысь *f*
lyric ['lɪrɪk], **~al** [-ɪkəl] □ лири́ческий; **~s** *pl.* ли́рика

M

macabre [mə'kɑːbrə] мра́чный; **~ humour** чёрный ю́мор
macaroni [mækə'rəʊnɪ] макаро́ны *f/pl.*
macaroon [mækə'ruːn] минда́льное пече́нье
machination [mækɪ'neɪʃn] (*usu. pl.*) махина́ции, ко́зни *f/pl.*; интри́га
machine [mə'ʃiːn] стано́к; маши́на; механи́зм; *attr.* маши́нный; **~ translation** маши́нный перево́д; **~-made** маши́нного произво́дства; **~ry** [-ərɪ] маши́нное обору́дование, маши́ны
mackerel ['mækrəl] макре́ль, ску́мбрия
mad [mæd] □ сумасше́дший, поме́шанный; *animals* бе́шеный; *be ~ about* быть без ума́ от (Д); *be ~ with s.o.* серди́ться на (В); *go ~* сходи́ть с ума́; *drive ~* своди́ть с ума́
madam ['mædəm] мада́м *f indecl.*; суда́рыня
mad|cap сорвиголова́ *m/f*; **~den** ['mædn] [вз]беси́ть; своди́ть с ума́; раздража́ть [-жи́ть]
made [meɪd] *pt. и pt. p. om* **make**
mad|house *fig.* сумасше́дший дом;

~man сумасше́дший; *fig.* безу́мец; **~ness** ['mædnɪs] сумасше́ствие; безу́мие
magazine [mægə'ziːn] (*journal*) журна́л
maggot ['mægət] личи́нка
magic ['mædʒɪk] **1.** (*a.* **~al** ['mædʒɪkl] □) волше́бный; **2.** волшебство́; **~ian** [mə'dʒɪʃn] волше́бник
magistrate ['mædʒɪstreɪt] судья́
magnanimous [mæg'nænɪməs] □ великоду́шный
magnet ['mægnɪt] магни́т; **~ic** [mæg'netɪk] (**~ally**) магни́тный; *fig.* притяга́тельный
magni|ficence [mæg'nɪfɪsns] великоле́пие; **~ficent** [-snt] великоле́пный; **~fy** ['mægnɪfaɪ] увеличи(ва)ть; **~fying glass** лу́па; **~tude** ['mægnɪtjuːd] величина́; ва́жность *f*; **~ of the problem** масшта́бность пробле́мы
mahogany [mə'hɒɡənɪ] кра́сное де́рево
maid [meɪd] *in hotel* го́рничная; (*house~*) домрабо́тница; *old* ~ ста́рая де́ва
maiden ['meɪdn] **1.** де́вушка; **2.** неза-

му́жняя; *fig. voyage, etc.* пе́рвый; ~ *name* де́вичья фами́лия; ~ly [-lɪ] де́вичий

mail [meɪl] **1.** по́чта; *attr.* почто́вый; **2.** отправля́ть [-а́вить] по по́чте; посыла́ть по́чтой; ~box *Am.* почто́вый я́щик; ~man *Am.* почтальо́н; ~order зака́з по по́чте

maim [meɪm] [ис]кале́чить

main [meɪn] **1.** гла́вная часть *f*; ~s *pl. el., etc.* магистра́ль *f*; *in the* ~ в основно́м; **2.** гла́вный, основно́й; ~land ['meɪnlənd] матери́к; ~ly ['meɪnlɪ] гла́вным о́бразом; бо́льшей ча́стью; ~ road шоссе́ *n indecl.*, магистра́ль *f*; ~spring *fig.* дви́жущая си́ла; ~stay *fig.* гла́вная опо́ра

maintain [meɪn'teɪn] подде́рживать [-жа́ть]; *(support)* содержа́ть *impf.*; утвержда́ть [-рди́ть]; *(preserve)* сохраня́ть [-ни́ть]; ~ *that* утвержда́ть, что...; ~ *the status quo* сохраня́ть ста́тус-кво́

maintenance ['meɪntənəns] *(up-keep)* подде́ржка; *(preservation)* сохране́ние; *tech.* техни́ческое обслу́живание; *(child support, etc.)* содержа́ние

maize [meɪz] кукуру́за

majest|ic [mə'dʒestɪk] (~*ally*) вели́чественный; ~y ['mædʒəstɪ] вели́чественность *f*; *His (Her)* ♀ его́ (её) вели́чество

major ['meɪdʒə] **1.** бо́льший; кру́пный; *mus.* мажо́рный; ~ *key* мажо́рная тона́льность; **2.** майо́р; *Am. univ.* о́бласть/предме́т специализа́ции; ~-**general** генера́лмайо́р; ~ity [mə'dʒɒrtɪ] совершенноле́тие; большинство́; *in the* ~ *of cases* в большинстве́ слу́чаев

make [meɪk] **1.** [*irr.*] *v/t. com.* [с]де́лать; *(manufacture)* производи́ть [-вести́]; *(prepare)* [при]гото́вить; *(constitute)* составля́ть [-а́вить]; *peace, etc.* заключа́ть [-чи́ть]; *(compel, cause to)* заставля́ть [-ста́вить]; ~ *good* выполня́ть [вы́полнить]; *loss* возмеща́ть [-мести́ть]; ~ *sure of* удостоверя́ться [-ве́риться] в (П); ~ *way* уступа́ть доро́гу (*for* Д); ~ *into* превраща́ть [-рати́ть], переде́л(ыв)ать

в (В); ~ *out* разбира́ть [разобра́ть]; *cheque* выпи́сывать [вы́писать]; ~ *over* перед(ав)а́ть; ~ *up* составля́ть [-а́вить]; *a quarrel* ула́живать [ула́дить]; сде́лать макия́ж; *time* навёрстывать [наверста́ть]; = ~ *up for* (*v/i.*); ~ *up one's mind* реша́ться [-ши́ться]; **2.** *v/i.* направля́ться (*for* к Д); ~ *off* сбежа́ть *pf.* (*with* с Т); ~ *for* направля́ться [-а́виться]; ~ *up for* возмеща́ть [-мести́ть]; *grief caused, etc.* сгла́живать [-дить]; **3.** моде́ль *f*; (*firm's*) ма́рка; *of British* ~ произво́дства Великобрита́нии; ~-**believe** фанта́зия; ~**shift** заме́на; подру́чное/вре́менное сре́дство; *attr.* вре́менный; ~-**up** соста́в; *thea.* грим, косме́тика

maladjusted [mælə'dʒʌstɪd] пло́хо приспосо́бленный; ~ *child* трудновоспиту́емый ребёнок

malady ['mælədɪ] боле́знь *f* (*a. fig.*)

male [meɪl] **1.** мужско́й; **2.** *person* мужчи́на; *animal* саме́ц

malevolen|ce [mə'levələns] (*rejoicing in s.o.'s misfortune*) злора́дство; (*wishing evil*) недоброжела́тельность *f*; ~t [-lənt] злора́дный; недоброжела́тельный

malice ['mælɪs] *of person* злой; *of act, thought, etc.* зло́ба; *bear s.o.* ~ затаи́ть *pf.* зло́бу на (В)

malicious [mə'lɪʃəs] □ зло́бный

malign [mə'laɪn] **1.** □ па́губный, вре́дный; **2.** [на]клевета́ть на (В), оклевета́ть (В); ~ant [mə'lɪɡnənt] □ зло́бный; *med.* злока́чественный

malinger [mə'lɪŋɡə] притворя́ться, симули́ровать; ~er [-ɡə] симуля́нт *m*, -ка *f*

mallet ['mælɪt] деревя́нный молото́к

malnutrition ['mælnjuː'trɪʃn] недоеда́ние; непра́вильное пита́ние

malt [mɔːlt] со́лод

maltreat [mæl'triːt] пло́хо обраща́ться с (Т)

mammal ['mæml] млекопита́ющее

mammoth ['mæməθ] ма́монт

man [mæn] (*pl.* **men**) челове́к; мужчи́-

на *m*; (~*kind*) челове́чество; *chess* фигу́ра; *the ~ in the street* обы́чный челове́к

manage ['mænɪdʒ] *v/i.* руководи́ть; управля́ть (Т), заве́довать (Т); *problem, etc.* справля́ться [-а́виться] с (Т); обходи́ться [обойти́сь] (*without* без P); ~ *to* (+ *inf.*) [с]уме́ть ...; **~able** [-əbl] □ *person* послу́шный; сгово́рчивый; *task etc.* выполни́мый; **~ment** [-mənt] (*control*) управле́ние; (*governing body*) правле́ние; (*managerial staff*) администра́ция; (*senior staff*) дире́кция; **~r** [-ə] ме́неджер; дире́ктор

managing ['mænɪdʒɪŋ] руководя́щий; ~ *director* замести́тель дире́ктора

mandat|e ['mændeɪt] (*authority*) полномо́чие; *for governing a territory* манда́т; *given by voters* нака́з; *law* прика́з суда́; **~ory** ['mændətərɪ] обяза́тельный

mane [meɪn] гри́ва; *man's* копна́ воло́с

manful ['mænfl] □ му́жественный

mangle ['mæŋgl] [ис]кале́чить; [из]уро́довать; *text, etc.* искажа́ть [искази́ть]

man|handle ['mænhændl] гру́бо обраща́ться, избива́ть [-би́ть]; **~hood** ['mænhʊd] возмужа́лость *f*, зре́лый во́зраст

mania ['meɪnɪə] ма́ния; **~c** ['meɪnæk] манья́к *m*, -я́чка *f*

manicure ['mænɪkjʊə] 1. маникю́р; 2. де́лать маникю́р (Д)

manifest ['mænɪfest] 1. □ очеви́дный, я́вный; 2. *v/t.* обнару́жи(ва)ть; проявля́ть [-ви́ть]; **~ation** ['mænɪfe'steɪʃn] проявле́ние

manifold ['mænɪfəʊld] □ (*various*) разнообра́зный, разноро́дный; (*many*) многочи́сленный

manipulat|e [mə'nɪpjʊleɪt] манипули́ровать; **~ion** [mənɪpjʊ'leɪʃn] манипуля́ция; *of facts* подтасо́вка

man|kind [mæn'kaɪnd] челове́чество; **~ly** [-lɪ] му́жественный; **~made** иску́сственный

mannequin ['mænɪkɪn] (*person*) мане-

ке́нщица; (*dummy*) манеке́н

manner ['mænə] спо́соб, ме́тод; мане́ра; о́браз де́йствий; **~s** *pl.* уме́ние держа́ть себя́; мане́ры *f/pl.*; обы́чаи *m/pl.*; *all~ of* вся́кого ро́да; са́мые ра́зные; *in a ~* в не́которой сте́пени; *in this ~* таки́м о́бразом; *in such a ~ that* таки́м о́бразом, что ...; **~ed** [-d] (*displaying a particular manner*) мане́рный; (*precious*) вы́чурный; **~ly** [-lɪ] ве́жливый

maneuver, *Brt.* **manœuvre** [mə'nuːvə] 1. манёвр; махина́ция; интри́га; 2. маневри́ровать

manor ['mænə] поме́стье

manpower ['mænpaʊə] рабо́чая си́ла

mansion ['mænʃn] большо́й дом; *in town* особня́к

manslaughter ['mænslɔːtə] непредумы́шленное уби́йство

mantelpiece ['mæntlpiːs] по́лка ками́на

manual ['mænjʊəl] 1. ручно́й; ~ *labo(u)r* физи́ческий труд; 2. (*handbook*) руково́дство; (*textbook*) уче́бник; (*reference book*) спра́воч-ник; *tech.* инстру́кция (по эксплуата́ции)

manufactur|e [mænjʊ'fæktʃə] 1. изготовле́ние; *on large scale* произво́дство; 2. производи́ть [-вести́]; **~er** [-ə] производи́тель *m*, изготови́тель *m*; **~ing** [-rɪŋ] произво́дство; *attr.* промы́шленный

manure [mə'njʊə] 1. (*dung*) наво́з; 2. унаво́живать

many ['menɪ] 1. мно́гие, многочи́сленные; мно́го; ~ *a time* мно́го раз; 2. мно́жество; *a good ~* большо́е коли́чество; *a great ~* грома́дное коли́чество; **~sided** многосторо́нний

map [mæp] 1. ка́рта; 2. наноси́ть на ка́рту; ~ *out* [с]плани́ровать

maple ['meɪpl] клён

mar [mɑː] [ис]по́ртить

marathon ['mærəθən] марафо́н (*a. fig.*)

marble ['mɑːbl] мра́мор

March[1] [mɑːtʃ] март

march[2] [-] 1. *mil.* марш; похо́д; *fig. of*

events развитие; **2.** маршировать; *fig.* идти вперёд (*a.* **~ on**)

mare [meə] кобыла; **~'s nest** иллюзия

margarine [mɑːdʒəˈriːn] маргарин

margin [ˈmɑːdʒɪn] край; *of page* поля *n/pl.*; *of forest* опушка; **~ of profit** чистая прибыль *f*; **~al** [-l] □ находящийся на краю; **~ notes** заметки на полях страницы

marigold [ˈmærɪɡəʊld] ноготки *m/pl.*

marine [məˈriːn] **1.** морской; **2.** солдат морской пехоты; **~r** [ˈmærɪnə] мореплаватель *m*; моряк, матрос

marital [ˈmærɪtl] □ *of marriage* брачный; *of married persons* супружеский

maritime [ˈmærɪtaɪm] морской

mark¹ [mɑːk] *currency* марка

mark² [~] **1.** метка, знак; (*school~*) балл, отметка; (*trade~*) фабричная марка; (*target*) мишень *f*; (*stain*) пятно; (*trace*) след; **a man of ~** выдающийся человек; **hit the ~** *fig.* попасть *pf.* в цель; **up to the ~** *fig.* на должной высоте; **2.** *v/t.* отмечать [-étить] (*a. fig.*); ставить отметку в (П); **~ off** отделять [-лить]; **~ time** топтаться на месте; **~ed** [mɑːkt] □ отмеченный; (*readily seen*) заметный

market [ˈmɑːkə] *comput.* маркер

market [ˈmɑːkɪt] **1.** рынок; *comm.* сбыт; **on the ~** в продаже; **~ economy** рыночная экономика; **2.** прода(ва)ть; **~able** [-əbl] ходкий; **~ing** [-ɪŋ] (*trade*) торговля; (*sale*) сбыт; маркетинг

marksman [ˈmɑːksmən] меткий стрелок

marmalade [ˈmɑːməleɪd] (апельсиновое) варенье

marquee [mɑːˈkiː] большой шатёр

marriage [ˈmærɪdʒ] брак; (*wedding*) свадьба; бракосочетание; **civil ~** гражданский брак; **~able** [-əbl] брачного возраста; **~ certificate** свидетельство о браке

married [ˈmærɪd] *man* женатый; *woman* замужняя; **~ couple** супруги *pl.*

marrow¹ [ˈmærəʊ] костный мозг; **be chilled to the ~** продрогнуть *pf.* до

мозга костей

marrow² [~] *bot.* кабачок

marry [ˈmærɪ] *v/t. of parent* (*give son in marriage*) женить; (*give daughter in marriage*) выдать *pf.* замуж; *relig.* [об]венчать; *civil* сочетать браком; *of man* жениться на (П); *v/i.* жениться; *of woman* выходить [выйти] замуж

marsh [mɑːʃ] болото

marshal [ˈmɑːʃl] **1.** маршал; *Am. also* судебное/полицейское должностное лицо; **2.: ~ one's thoughts** привести *pf.* свои мысли в систему

marshy [ˈmɑːʃɪ] болотистый, топкий

marten [ˈmɑːtɪn] *zo.* куница

martial [ˈmɑːʃl] □ военный; воинственный; **~ law** военное положение

martyr [ˈmɑːtə] мученик *m*, -ница *f*; *mst. fig.* страдалец *m*, -лица *f*

marvel [ˈmɑːvl] **1.** чудо; **2.** удивляться [-виться]; **~(l)ous** [ˈmɑːvələs] □ изумительный

mascot [ˈmæskət] талисман

masculine [ˈmɑːskjʊlɪn] мужской; (*manly*) мужественный

mash [mæʃ] **1.** *cul.* пюре *n indecl.*; **2.** разминать [-мять]; **~ed potatoes** *pl.* картофельное пюре *n indecl.*

mask [mɑːsk] **1.** маска; **2.** [за]маскировать; (*conceal*) скры(ва)ть; **~ed** [-t]: **~ ball** маскарад

mason [ˈmeɪsn] каменщик; масон; **~ry** [-rɪ] каменная (*or* кирпичная) кладка

masquerade [mæskəˈreɪd] маскарад

mass¹ [mæs] *relig.* месса

mass² [~] **1.** масса; **2.** соб(и)раться

massacre [ˈmæsəkə] **1.** резня; **2.** зверски убивать [убить]

massage [ˈmæsɑːʒ] **1.** массаж; **2.** массировать

massive [ˈmæsɪv] массивный; крупный

mass media *pl.* средства массовой информации

mast [mɑːst] *naut.* мачта

master [ˈmɑːstə] **1.** хозяин; (*teacher*) учитель *m*; (*expert*) мастер; **♀ of Arts** магистр искусств; **2.** (*overcome*) одоле(ва)ть; (*gain control of*) справля́ться [-а́виться]; (*acquire knowledge of*) овладе́(ва́)ть (Т); **~ful** ['mɑːstəfl] вла́стный, ма́стерский; **~ key** универса́льный ключ; **~ly** [-lɪ] мастерско́й; **~piece** шеде́вр; **~y** ['mɑːstərɪ] госпо́дство, власть *f*; (*skill*) мастерство́

masticate ['mæstɪkeɪt] жева́ть

mastiff ['mæstɪf] масти́ф

mat [mæt] **1.** цино́вка; *of fabric* ко́врик; *sport.* мат; **2.** *hair* слипа́ться [сли́пнуться]

match¹ [mætʃ] спи́чка

match² [-] **1.** ро́вня *m/f*; *sport.* матч, состяза́ние; (*marriage*) брак, па́ртия; **be a ~ for** быть ро́вней (Д); **2.** *v/t.* [с]равня́ться с (Т); *colo(u)rs, etc.* подбира́ть; **well ~ed couple** хоро́шая па́ра; *v/i.* соотве́тствовать; сочета́ться; **to ~ in colour, etc.** подходя́щий; **~less** ['mætʃlɪs] несравне́нный, беспод́обный

mate [meɪt] **1.** това́рищ; *coll. address* друг; *of animal* саме́ц (са́мка); *naut.* по́мощник капита́на; **2.** *of animals* спа́ривать(ся)

material [mə'tɪərɪəl] **1.** □ материа́льный; *evidence* веще́ственный; **2.** материа́л (*a. fig.*); (*cloth*) мате́рия

matern|al [mə'tɜ:nl] □ матери́нский; **~ity** [-nɪtɪ] матери́нство; **~ hospital** роди́льный дом

mathematic|ian [mæθəmə'tɪʃn] матема́тик; **~s** [-'mætɪks] (*mst. sg.*) матема́тика

matinee ['mætɪneɪ] *thea., cine.* дневно́е представле́ние

matriculate [mə'trɪkjʊleɪt] быть при́нятым в университе́т

matrimon|ial [mætrɪ'məʊnɪəl] □ бра́чный; супру́жеский; **~y** ['mætrɪmənɪ] супру́жество, брак

matrix ['meɪtrɪks] ма́трица

matron ['meɪtrən] матро́на; *in hospital approx.* сестра́-хозя́йка

matter ['mætə] **1.** (*substance*) вещество́, материа́л; (*content*) содержа́ние; (*concern*) вопро́с, де́ло; **what's the ~?** что случи́лось?, в чём де́ло?; **no ~ who ...** всё равно́, кто ...; **~ of course**

само́ собо́й разуме́ющееся де́ло; **for that ~** что каса́ется э́того; **~ of fact** факт; **as a ~ of fact** вообще́-то; **2.** име́ть значе́ние; *it does not* ~ ничего́; **~-of-fact** практи́чный, делово́й

mattress ['mætrɪs] матра́с

matur|e [mə'tjʊə] **1.** □ зре́лый; *wine* вы́держанный; **2.** созре́(ва́)ть; достига́ть [-ти́чь] зре́лости; **~ity** [-rɪtɪ] зре́лость *f*

maudlin ['mɔːdlɪn] □ плакси́вый

maul [mɔːl] [рас]терза́ть; *fig.* жесто́ко критикова́ть

mauve [məʊv] ро́зовато-лило́вый

mawkish ['mɔːkɪʃ] □ сентимента́льный

maxim ['mæksɪm] афори́зм; при́нцип

maximum ['mæksɪməm] **1.** ма́ксимум; **2.** максима́льный

May¹ [meɪ] май

may² [-] [*irr.*] (*модальный глагол без инфинитива*) [с]мочь; **~ I come in?** мо́жно войти́? **you ~ want to ...** возмо́жно вы [за]хоти́те ...

maybe ['meɪbɪ] мо́жет быть

May Day ['meɪdeɪ] Первома́йский пра́здник

mayonnaise [meɪə'neɪz] майоне́з

mayor [meə] мэр

maze [meɪz] лабири́нт; *fig.* пу́таница; **be in a ~** быть в замеша́тельстве, в расте́рянности

me [miː, mɪ] *косвенный падеж от I*; мне, меня́; *coll.* я

meadow ['medəʊ] луг

meager *Brt.* **meagre** ['miːgə] худо́й, то́щий; *meal, etc.* ску́дный

meal [miːl] еда́ (за́втрак, обе́д, у́жин)

mean¹ [miːn] □ по́длый, ни́зкий; (*stingy*) скупо́й; (*shabby*) убо́гий, жа́лкий

mean² [-] **1.** сре́дний; → **meantime; 2.** середи́на; **~s** *pl.* состоя́ние, бога́тство; (*a. sg.*) (*way to an end*) сре́дство; спо́соб; **by all ~s** обяза́тельно; коне́чно; **by no ~s** ниско́лько; отню́дь не ...; **by ~s of** с по́мощью (Р); посре́дством

mean³ [-] [*irr.*] (*intend*) намерева́ться; име́ть в виду́; хоте́ть сказа́ть, подразумева́ть; (*destine*) предназнача́ть [-зна́чить]; зна́чить; **~ well** име́ть добрые наме́рения

...ning ['mi:nɪŋ] значе́ние; смысл; **~less** [-lɪs] бессмы́сленный

...nt [ment] *pt. и pt. p. om* **mean**

...ntime, **~while** тем вре́менем; ме́жду тем

...sles ['mi:zlz] *pl.* корь *f*

...sure ['meʒə] 1. ме́ра; *beyond ~* сверх ме́ры; *in great* ~ в большо́й сте́пени; *made to* ~ сде́ланный на зака́з; **~for ~** *approx.* о́ко за о́ко; *take ~s* принима́ть [-ня́ть] ме́ры; 2. ме́рить, измеря́ть [-е́рить]; [c]ме́рить; *sew.* снима́ть ме́рку с (P); **~ one's words** взве́шивать слова́; **~ment** [-mənt] разме́р; измере́ние

...at [mi:t] мя́со; *fig.* суть *f;* **~ball** фрикаде́лька; **~s** (*pl.*) тефте́ли (*pl.*)

...chanic [mɪ'kænɪk] меха́ник; **~al** [-nɪkəl] □ механи́ческий; *fig.* машина́льный; **~al engineering** машиностро́ение; **~s** (*mst. sg.*) меха́ника

...dal [medl] меда́ль *f*

...ddle [medl] (*with, in*) вме́шиваться [-ша́ться] (в B); **~some** [-səm] □ надое́дливый

...diat|e ['mi:dɪeɪt] посре́дничать; **~ion** [mi:dɪ'eɪʃn] посре́дничество; **~or** ['mi:dɪeɪtə] посре́дник

...dical ['medɪkəl] □ медици́нский; враче́бный; **~ certificate** больни́чный листо́к; медици́нское свиде́тельство; **~ examination** медици́нский осмо́тр

...dicin|al [me'dɪsɪnl] □ лека́рственный; целе́бный; **~e** ['medsɪn] медици́на; лека́рство

...dieval [medɪ'i:vəl] □ средневеко́вый

...diocre [mi:dɪ'əʊkə] посре́дственный

...ditat|e ['medɪteɪt] *v/i.* размышля́ть; *v/t.* обду́м(ыв)ать (B); **~ion** [medɪ'teɪʃn] размышле́ние, медита́ция

...dium ['mi:dɪəm] 1. (*middle position or condition*) середи́на; (*means of effecting or transmitting*) сре́дство; (*phys., surrounding substance*) среда́; 2. сре́дний

...dley ['medlɪ] смесь *f*

...ek [mi:k] □ кро́ткий, мя́гкий;

~ness ['mi:knɪs] кро́тость *f*

meet [mi:t] [*irr.*] *v/t.* встреча́ть [-е́тить]; (*become aquainted with*) [по]знако́миться с (T); (*satisfy*) удовлетворя́ть [-ри́ть]; *debt* опла́чивать [-лати́ть]; *go to ~ a p.* встреча́ть [-е́тить] (B); *there is more to it than ~s the eye* э́то де́ло не так про́сто; *v/i.* [по]знако́миться; (*get together*) соб(и)ра́ться; **~ with** испы́тывать [-пыта́ть] (B), подверга́ться [-ве́ргнуться]; **~ing** ['mi:tɪŋ] заседа́ние; встре́ча; ми́тинг, собра́ние

melancholy ['melənkəlɪ] 1. уны́ние; грусть *f;* 2. *of person* уны́лый; *of something causing sadness* гру́стный, печа́льный

mellow ['meləʊ] *person* смягча́ть(-ся) [-чи́ть(ся)]; *fruit* созре́(ва́)ть

melo|dious [mɪ'ləʊdɪəs] □ мелоди́чный; **~dy** ['melədɪ] мело́дия

melon ['melən] ды́ня

melt [melt] [рас]та́ять; *metal* [рас]пла́вить(ся); *fat* раста́пливать [-топи́ть]; *fig.* смягча́ть(ся) [-чи́ть(ся)]

member ['membə] член (*a. parl.*); **~ship** [-ʃɪp] чле́нство

memoirs ['memwɑ:z] *pl.* мемуа́ры *m/pl.*

memorable ['memərəbl] □ (досто)па́мятный

memorandum [memə'rændəm] запи́ска; *dipl.* мемора́ндум

memorial [mɪ'mɔ:rɪəl] 1. (*commemorative object, monument, etc.*) па́мятник; (*written record, athletic tournament, etc.*) мемориа́л; 2. мемориа́льный

memorize ['meməraɪz] запомина́ть [запо́мнить]; (*learn by heart*) зау́чивать наизу́сть

memory ['memərɪ] па́мять *f* (*a. of computer*); воспомина́ние

men [men] (*pl. om* **man**) мужчи́ны *m/pl.*

menace ['menəs] 1. угрожа́ть, грози́ть (Д; *by, with* T); 2. угро́за; опа́сность *f;* (*annoying person*) зану́да

mend [mend] 1. *v/t.* [по]чини́ть; **~ one's ways** исправля́ться [-а́виться]; *v/i.*

(*improve*) улучша́ться [улу́чшиться]; *of health* поправля́ться [-а́виться]; **2.** почи́нка; *on the* ~ на попра́вку

mendacious [men'deɪʃəs] ☐ лжи́вый

meningitis [menɪn'dʒaɪtɪs] менинги́т

menstruation [menstrʊ'eɪʃn] менструа́ция

mental ['mentl] ☐ *of the mind* у́мственный; *illness* психи́ческий; *make a* ~ *note of* отме́тить *pf.* в уме́ (B): ~ *hospital* психиатри́ческая больни́ца; **~ity** [men'tælətɪ] склад ума́; у́мственная спосо́бность; пси́хика

mention ['menʃn] **1.** упомина́ние; **2.** упомина́ть [-мяну́ть] (B or о П); *don't* ~ *it!* не́ за что!; *not to* ~ не говоря́ уж (о П)

menu ['menjuː] меню́ *n indecl.*

meow, *Brt.* **miaow** [mɪ'aʊ] [за]мяу́кать

mercenary ['mɜːsɪnərɪ] ☐ коры́стный

merchandise ['mɜːtʃəndaɪz] това́ры *m/pl.*

merchant ['mɜːtʃənt] торго́вец; *chiefly Brt.* ~ **bank** комме́рческий банк

merci|ful ['mɜːsɪfʊl] ☐ милосе́рдный; **~less** [-lɪs] ☐ беспоща́дный

mercury ['mɜːkjʊrɪ] ртуть *f*

mercy ['mɜːsɪ] милосе́рдие; поща́да; *be at the* ~ *of* быть во вла́сти (P); по́лностью зави́сеть от (P)

mere [mɪə] просто́й; *a* ~ *child* всего́ лишь ребёнок; **~ly** то́лько, про́сто

merge [mɜːdʒ] сли(ва́)ть(ся) (*in* с Т); объединя́ть [-ни́ться]; **~r** ['mɜːdʒə] *comm.* слия́ние, объедине́ние

meridian [mə'rɪdɪən] *geogr.* меридиа́н

meringue [mə'ræŋ] *cul.* мере́нга

merit ['merɪt] **1.** заслу́га; (*worth*) досто́инство; *judge s.o. on his* ~*s* оце́нивать кого́-л. по заслу́гам; **2.** заслу́живать [-ужи́ть]

mermaid ['mɜːmeɪd] руса́лка

merriment ['merɪmənt] весе́лье

merry ['merɪ] ☐ весёлый, ра́достный; *make* ~ весели́ться; **~-go-round** карусе́ль *f*; **~-making** весе́лье; пра́зднество

mesh [meʃ] (*one of the spaces in net, etc.*) яче́йка; **~es** *pl.* се́ти *f/pl.*

mess[1] [mes] **1.** беспоря́док; (*confu-*

sion) пу́таница; (*trouble*) непри я́тность *f*; *make a* ~ *of a th.* прова́ли вать де́ло; **2.** *v/t.* приводи́ть в беспоря док; *v/i. coll.* ~ *about* рабо́тать кое -как; (*tinker*) копа́ться, вози́ться

mess[2] [-] *mil.* столо́вая

message ['mesɪdʒ] сообще́ние; *dipl a. coll.* посла́ние; *did you get the* ~ поня́тно? усекли́?

messenger ['mesɪndʒə] курье́р

messy ['mesɪ] неубра́нный; гря́зный в беспоря́дке

met [met] *pt. и pt. p. om* **meet**

metal ['metl] мета́лл; (*road* ~) щебен *m*; *attr.* металли́ческий; **~lic** [mɪ'tælɪk металли́ческий; **~lurgy** [mɪ'tælədʒ металлу́ргия

metaphor ['metəfə] мета́фора

meteor ['miːtɪə] метео́р; **~ology** [miː tɪə'rɒlədʒɪ] метеороло́гия

meter ['miːtə] счётчик; ~ *reading* по каза́ние счётчика

meter, *Brt.* **metre** ['miːtə] метр

method ['meθəd] ме́тод, спо́соб; си сте́ма, поря́док; **~ical** [mɪ'θɒdɪkl] си стемати́ческий, методи́ческий; (*on derly*) методи́чный

meticulous [mɪ'tɪkjʊləs] ☐ тща́тель ный

metric ['metrɪk] (**~ally**): ~ *system* мет ри́ческая систе́ма

metropoli|s [mə'trɒpəlɪs] столи́ца метропо́лия; **~tan** [metrə'pɒlɪtən] **1** *eccl.* митрополи́т; **2.** *adj.* (*of a capita* столи́чный

mettle ['metl] си́ла хара́ктера; хра́ брость *f*; бо́дрость *f*; (*endurance*) вы но́сливость *f*

Mexican ['meksɪkən] **1.** мексика́нский **2.** мексика́нец *m*, -нка *f*

mice [maɪs] *pl.* мы́ши *f/pl.*

micro... ['maɪkrəʊ] ми́кро...

microbe ['maɪkrəʊb] микро́б

micro|phone ['maɪkrəfəʊn] микро фо́н; **~scope** ['maɪkrəskəʊp] микро ско́п; **~wave oven** микроволно́ва печь *f*

mid [mɪd] сре́дний; среди́нный; **~air:** *in* ~ ~ высоко́ в во́здухе; **~day 1.** по́лден *m*; **2.** полу́денный

middle ['mɪdl] **1.** середи́на; **2.** сре́дний; ♀ *Ages pl.* средневеко́вье; **~aged** [-'eɪdʒd] сре́дних лет; **~class** буржуа́зный; **~man** посре́дник; **~weight** боксёр сре́днего ве́са

middling ['mɪdlɪŋ] (*mediocre*) посре́дственный; (*medium*) сре́дний

midge [mɪdʒ] мо́шка; **~t** ['mɪdʒɪt] ка́рлик; *attr.* ка́рликовый

mid|land ['mɪdlənd] центра́льная часть страны́; **~night** по́лночь *f*; **~riff** ['mɪdrɪf] *anat.* диафра́гма; **~st** [mɪdst]: *in the ~ of* среди́ (P); *in our ~* в на́шей среде́; **~summer** ['-'sʌmə] середи́на ле́та; **~way** [-'weɪ] на полпути́; **~wife** акуше́рка; **~winter** [-'wɪntə] середи́на зимы́

might¹ [maɪt] *pt. от* may

might² [-] мощь *f*; могу́щество; *with ~ and main* и́зо всех сил; **~y** ['maɪtɪ] могу́щественный; *blow* мо́щный; *adv. coll. Am.: that's ~ good of you* о́чень ми́ло с ва́шей стороны́

migrat|e [maɪ'greɪt] мигри́ровать; **~ion** [-ʃn] мигра́ция; *of birds* перелёт

mike [maɪk] *coll.* микрофо́н

mild [maɪld] □ мя́гкий; *drink, tobacco* сла́бый; (*slight*) лёгкий

mildew ['mɪldju:] *bot.* ми́лдью *n indecl.*; *on bread* пле́сень *f*

mile [maɪl] ми́ля

mil(e)age ['maɪlɪdʒ] расстоя́ние в ми́лях

milieu ['mi:ljɜ:] среда́, окруже́ние

milit|ary ['mɪlɪtrɪ] **1.** □ вое́нный; во́инский; **~ service** вое́нная слу́жба *f*; **2.** вое́нные; вое́нные вла́сти *f/pl.*; **~ia** [mɪ'lɪʃə] мили́ция

milk [mɪlk] **1.** молоко́; *condensed ~* сгущённое молоко́; *powdered ~* сухо́е молоко́; *whole ~* це́льное молоко́; **2.** [по]дои́ть; **~maid** доя́рка; **~y** ['mɪlkɪ] моло́чный; ♀ *Way* Мле́чный путь *m*

mill [mɪl] **1.** ме́льница; (*factory*) фа́брика, заво́д; **2.** [c]моло́ть

millennium [mɪ'lenɪəm] тысячеле́тие

millepede ['mɪlɪpi:d] *zo.* многоно́жка

miller ['mɪlə] ме́льник

millet ['mɪlɪt] про́со

millinery ['mɪlɪnərɪ] ателье́ да́мских шляп

million ['mɪljən] миллио́н; **~aire** [mɪljə'neə] миллионе́р; **~th** ['mɪljənθ] **1.** миллио́нный; **2.** миллио́нная часть *f*

millstone жёрнов; *be a ~ round s.o.'s neck* ка́мень на ше́е; тяжёлая отве́тственность *f*

milt [mɪlt] моло́ки *f/pl.*

mimic ['mɪmɪk] **1.** имита́тор; **2.** пароди́ровать (*im*)*pf.*; подража́ть (Д); **~ry** [-rɪ] подража́ние; *zo.* мимикри́я

mince [mɪns] **1.** *v/t. meat* пропуска́ть [-сти́ть] че́рез мясору́бку; *he does not ~ matters* он говори́т без обиняко́в; *v/i.* говори́ть жема́нно; **2.** мясно́й фарш (*mst. ~d meat*); *~ meat* фарш из изю́ма, я́блок *и т. п.*; *~ pie* пирожо́к (→ *mincemeat*)

mincing machine мясору́бка

mind [maɪnd] **1.** ум, ра́зум; (*opinion*) мне́ние; (*intention*) наме́рение; жела́ние; па́мять *f*; *to my ~* на мой взгляд; *be out of one's ~* быть без ума́; *change one's ~* переду́м(ыв)ать; *bear in ~* име́ть в виду́; *have a ~ to* хоте́ть (+*inf.*); *have s.th. on one's ~* беспоко́иться о чём-л.; *be in two ~s* колеба́ться, быть в нереши́тельности; *make up one's ~* реша́ться [-ши́ться]; *set one's ~ to ...* твёрдо реши́ть; **2.** (*look after*) присма́тривать [-мотре́ть] за (Т); (*heed*) остерега́ться [-ре́чься] (P); *never ~!* ничего́!; *I don't ~ (it)* я ничего́ не име́ю про́тив; *would you ~ taking off your hat* бу́дьте добры́, сними́те шля́пу; **~ful** ['maɪndful] (*of*) внима́тельный к (Д); забо́тливый

mine¹ [maɪn] *pron.* мой *m*, моя́ *f*, моё *n*, мои́ *pl.*

mine² [-] **1.** рудни́к; (*coal ~*) ша́хта; *fig.* исто́чник; *mil.* ми́на; **2.** добы(ва́)ть; **~r** ['maɪnə] шахтёр, *coll.* горня́к

mineral ['mɪnərəl] **1.** минера́л; **2.** минера́льный; *~ resources* поле́зные ископа́емые

mingle ['mɪŋgl] сме́шивать(ся) [-ша́ть(ся)]

miniature ['mɪnətʃə] **1.** миниатю́ра; **2.** миниатю́рный

minibus микроавтобус

minim|ize ['mɪnɪmaɪz] доводить [довести] до минимума; *fig.* преуменьшать [-éньшить]; **.um** [-ɪməm] **1.** минимум; **2.** минимальное

mining ['maɪnɪŋ] горнодобывающая промышленность *f*

minister ['mɪnɪstə] *pol.* министр; *eccl.* священник

ministry ['mɪnɪstrɪ] *pol., eccl.* министерство

mink [mɪŋk] *zo.* норка

minor ['maɪnə] **1.** (*inessential*) несущественный; (*inferior in importance*) второстепенный; *mus.* минорный; **2.** несовершеннолетний; **.ity** [maɪˈnɒrətɪ] меньшинство

mint[1] [mɪnt] **1.** (*place*) монетный двор; *a ~ of money* большая сумма; **2.** [от]чеканить

mint[2] [-] *bot.* мята

minuet [mɪnjuˈet] менуэт

minus ['maɪnəs] **1.** *prp.* без (P), минус; *it's ~ 10° now* сейчас (на улице) минус десять градусов; **2.** *adj.* отрицательный

minute 1. [maɪˈnjuːt] □ мелкий; (*slight*) незначительный; (*detailed*) подробный, детальный; **2.** ['mɪnɪt] минута; момент; **.s** *pl.* протокол

mirac|le ['mɪrəkl] чудо; *work ~s* творить чудеса; **.ulous** [mɪˈrækjuləs] □ чудесный

mirage ['mɪrɑːʒ] мираж

mire ['maɪə] трясина; (*mud*) грязь *f*

mirror ['mɪrə] **1.** зеркало; **2.** отражать [отразить]

mirth [mɜːθ] веселье, радость *f*; **.ful** [-fl] □ весёлый, радостный; **.less** [-lɪs] □ безрадостный

miry ['maɪərɪ] топкий

misadventure ['mɪsədˈventʃə] несчастье; несчастный случай

misapply ['mɪsəˈplaɪ] неправильно использовать

misapprehend [mɪsæprɪˈhend] понимать [-нять] превратно

misbehave [mɪsbɪˈheɪv] плохо вести себя

miscalculate [mɪsˈkælkjuleɪt] оши-

баться в расчёте, подсчёте

miscarr|iage [mɪsˈkærɪdʒ] (*failure*) неудача; *med.* выкидыш; *~ of justice* судебная ошибка; **.y** [-rɪ] терпеть неудачу; иметь выкидыш

miscellaneous [mɪsəˈleɪnɪəs] □ разный, смешанный

mischief ['mɪstʃɪf] озорство; проказы *f/pl.*; (*harm*) вред; зло; *do s.o. a ~* причинять [-нить] кому-л. зло

mischievous ['mɪstʃɪvəs] □ (*injurious*) вредный; *mst. child* озорной, шаловливый

misconceive [mɪskənˈsiːv] неправильно понять *pf.*

misconduct 1. [mɪsˈkɒndʌkt] плохое поведение; **2.** [-kənˈdʌkt] ~ *o.s.* дурно вести себя

misconstrue [mɪskənˈstruː] неправильно истолковывать

misdeed [mɪsˈdiːd] проступок

misdirect [mɪsdɪˈrekt] неверно направить; *mail* неправильно адресовать

miser ['maɪzə] скупец, скряга *m/f*

miserable ['mɪzrəbl] □ (*wretched*) жалкий; (*unhappy*) несчастный; (*squalid*) убогий; *meal* скудный

miserly ['maɪzəlɪ] скупой

misery ['mɪzərɪ] невзгода, несчастье; страдание; (*poverty*) нищета

misfortune [mɪsˈfɔːtʃən] неудача, несчастье, беда

misgiving [mɪsˈgɪvɪŋ] опасение, предчувствие дурного

misguide [mɪsˈgaɪd] вводить в заблуждение; давать [дать] неправильный совет

mishap ['mɪshæp] неприятное происшествие, неудача

misinform [mɪsɪnˈfɔːm] неправильно информировать, дезинформировать

misinterpret [mɪsɪnˈtɜːprɪt] неверно понять *pf.*, истолковывать

mislay [mɪsˈleɪ] [*irr.* (*lay*)] положить не на место; *lose* затерять; *I've mislaid my pipe somewhere* я куда-то дел свою трубку

mislead [mɪsˈliːd] [*irr.* (*lead*)] вести по неправильному пути; вводить в заблужде́ние

mismanage [mɪs'mænɪdʒ] пло́хо вести́ дела́

misplace [mɪs'pleɪs] положи́ть не на ме́сто; *p. pt.* **~d** *fig.* неуме́стный

misprint [mɪs'prɪnt] опеча́тка

misread [mɪs'riːd] [*irr.* (**read**)] непра́вильно проче́сть *pf.*; непра́вильно истолко́вывать

misrepresent [mɪsreprɪ'zent] представля́ть в ло́жном све́те; искажа́ть [-кази́ть]

miss¹ [mɪs] де́вушка; (*as title*) мисс

miss² [-] **1.** про́мах; **give s.th. a ~** пропусти́ть *pf.*, не сде́лать *pf.* чего́-л.; **2.** *v/t. chance* упуска́ть [-сти́ть]; *train* опа́здывать [-да́ть] на (В); (*fail to notice*) не заме́тить *pf.*; (*not find*) не заста́ть *pf.* до́ма; (*long for*) тоскова́ть по (Т, Д); *v/i.* (*fail to hit*) прома́хиваться [-хну́ться]

missile ['mɪsaɪl] раке́та; **guided ~** управля́емая раке́та

missing ['mɪsɪŋ] отсу́тствующий, недостаю́щий; *mil.* пропа́вший бе́з вести; **be ~** отсу́тствовать

mission ['mɪʃn] ми́ссия, делега́ция; (*task*) зада́ча; (*calling*) призва́ние

misspell [mɪs'spel] [*a. irr.* (**spell**)] [с]де́лать орфографи́ческую оши́бку; непра́вильно написа́ть

mist [mɪst] тума́н; ды́мка

mistake [mɪ'steɪk] **1.** [*irr.* (**take**)] ошиба́ться [-би́ться]; (*understand wrongly*) непра́вильно понима́ть [-ня́ть]; непра́вильно принима́ть [-ня́ть] (**for** за (В); **be ~n** ошиба́ться [-би́ться]; **2.** оши́бка; заблужде́ние; **by ~** по оши́бке; **~n** [-ən] оши́бочный, непра́вильно по́нятый; (*ill-judged*) неосмотри́тельный; неуме́стный

mister ['mɪstə] ми́стер, господи́н

mistletoe ['mɪsltəʊ] оме́ла

mistress ['mɪstrɪs] *of household, etc.* хозя́йка до́ма; (*school ~*) учи́тельница; (*a paramour*) любо́вница

mistrust [mɪs'trʌst] **1.** не доверя́ть (Д); **2.** недове́рие; **~ful** [-fʊl] □ недове́рчивый

misty ['mɪstɪ] □ тума́нный; (*obscure*) сму́тный

misunderstand [mɪsʌndə'stænd] [*irr.* (**stand**)] непра́вильно понима́ть; **~ing** [-ɪŋ] недоразуме́ние; (*disagreement*) размо́лвка

misuse 1. [mɪs'juːz] злоупотребля́ть [-би́ть] (Т); (*treat badly*) ду́рно обраща́ться с (Т); **2.** [-'juːs] злоупотребле́ние

mite [maɪt] (*small child*) малю́тка *m/f*

mitigate ['mɪtɪgeɪt] смягча́ть [-чи́ть]; (*lessen*) уменьша́ть [уме́ньшить]

mitten ['mɪtn] рукави́ца

mix [mɪks] [с]меша́ть(ся); переме́шивать [-ша́ть]; (*mingle with*) обща́ться; **~ed** переме́шанный, сме́шанный; (*of different kind*) разноро́дный; **~ up** перепу́т(ыв)ать; **be ~ up in** быть заме́шанным в (П); **~ture** ['mɪkstʃə] смесь *f*

moan [məʊn] **1.** стон; **2.** [за]стона́ть

mob [mɒb] **1.** толпа́; **2.** (*throng*) [с]толпи́ться; (*besiege*) осажда́ть [-ди́ть]

mobil|e ['məʊbaɪl] *person, face, mind* живо́й, подви́жный; *mil.* мобильный; **~ phone** моби́льный телефо́н; **~ization** [məʊbɪlaɪ'zeɪʃn] *mil., etc.* мобилиза́ция; **~ize** ['məʊbɪlaɪz] (*a. fig.*) мобилизова́ть (*im*)*pf.*

moccasin ['mɒkəsɪn] мокаси́н

mock [mɒk] **1.** насме́шка; **2.** подде́льный; *v/t.* осме́ивать [-ея́ть]; *v/i.* **~ at** насмеха́ться [-ея́ться] над (Т); **~ery** [-ərɪ] издева́тельство, осмея́ние

mode [məʊd] ме́тод, спо́соб, *tech.* режи́м; **~ of life** о́браз жи́зни

model ['mɒdl] **1.** моде́ль *f*; *fashion* манеке́нщица; *art* нату́рщик *m*, -и́ца *f*; *fig.* приме́р; образе́ц; *attr.* образцо́вый; **2.** *sculpture* вы́лепить; (**~ after**, [**up**]**on**) брать приме́р

modem ['məʊdem] мо́дем

moderat|e 1. ['mɒdərət] □ уме́ренный; **2.** ['mɒdəreɪt] умеря́ть [уме́рить]; смягча́ть(ся) [-чи́ть(ся)]; *wind* стиха́ть [сти́хнуть]; **~ion** [mɒdə'reɪʃn] уме́ренность *f*

modern ['mɒdən] совреме́нный; **~ize** [-aɪz] модернизи́ровать (*im*)*pf.*

modest ['mɒdɪst] □ скро́мный; **~y** [-ɪ] скро́мность f

modi|fication [mɒdɪfɪ'keɪʃn] видоизмене́ние; mst. tech. модифика́ция; **~fy** ['mɒdɪfaɪ] видоизменя́ть [-ни́ть]; (make less severe) смягча́ть [-чи́ть]; модифици́ровать

modul|ate ['mɒdjuleɪt] модули́ровать; **~e** ['mɒdju:l] math. мо́дуль m; (separate unit) блок, се́кция, (spacecraft) мо́дульный отсе́к; lunar~ лу́нная капсула

moist [mɔɪst] вла́жный; **~en** ['mɔɪsn] увлажня́ть(ся) [-ни́ть(ся)]; **~ure** ['mɔɪstʃə] вла́га

molar ['məʊlə] коренно́й зуб

mold¹ [məʊld] (Brt. mould) (fungus) пле́сень f

mold² [-] (Brt. mould) 1. (литейная) фо́рма; 2. tech. отлива́ть [-ли́ть]; fig. [с]формирова́ть

moldy ['məʊldɪ] (Brt. mouldy) запле́сневелый

mole¹ [məʊl] zo. крот; (secret agent) «крот»

mole² [-] (breakwater) мол

mole³ [-] on skin ро́динка

molecule ['mɒlɪkju:l] моле́кула

molest [mə'lest] приста́(ва́)ть к (Д)

mollify ['mɒlɪfaɪ] успока́ивать [-ко́ить], смягча́ть [-чи́ть]

molt [məʊlt] (Brt. moult) zo. [по]линя́ть

moment ['məʊmənt] моме́нт, миг, мгнове́ние; at the ~ в да́нное вре́мя; a great ~ ва́жное собы́тие; **~ary** [-trɪ] (instantaneous) мгнове́нный; (not lasting) кратковре́менный; **~ous** [mə'mentəs] □ ва́жный; **~um** [-təm] phys. ине́рция; дви́жущая си́ла; gather~ набира́ть ско́рость f; разраста́ться [-ти́сь]

monarch ['mɒnək] мона́рх; **~y** [-ɪ] мона́рхия

monastery ['mɒnəstrɪ] монасты́рь m

Monday ['mʌndɪ] понеде́льник

monetary ['mʌnɪtrɪ] валю́тный; reform, etc. де́нежный

money ['mʌnɪ] де́ньги f/pl.; ready ~ нали́чные де́ньги f/pl.; be out of ~ не

име́ть де́нег; **~box** копи́лка; **~order** де́нежный перево́д

mongrel ['mʌŋɡrəl] dog дворня́жка

monitor ['mɒnɪtə] in class ста́роста; tech. монито́р

monk [mʌŋk] мона́х

monkey ['mʌŋkɪ] 1. обезья́на; 2. coll. дура́читься; ~ with вози́ться с (Т); ~ wrench tech. разводно́й га́ечный ключ

mono|logue ['mɒnəlɒg] моноло́г; **~polist** [mə'nɒpəlɪst] монополи́ст; **~polize** [-laɪz] монополизи́ровать (im)pf.; **~poly** [-lɪ] монопо́лия (P); **~tonous** [mə'nɒtənəs] □ моното́нный; **~tony** [-tənɪ] моното́нность f

monsoon [mɒn'su:n] муссо́н

monster ['mɒnstə] чудо́вище; fig. монстр; attr. (huge) гига́нтский

monstro|sity [mɒn'strɒsətɪ] чудо́вищность f; **~us** ['mɒnstrəs] □ чудо́вищный; безобра́зный

month [mʌnθ] ме́сяц; **~ly** ['mʌnθlɪ] 1. (еже)ме́сячный; ~ season ticket ме́сячный проездно́й биле́т; 2. ежеме́сячный журна́л

monument ['mɒnjʊmənt] па́мятник; монуме́нт; **~al** [mɒnjʊ'mentl] □ монумента́льный

mood [mu:d] настрое́ние

moody ['mu:dɪ] (gloomy) угрю́мый; (in low spirits) не в ду́хе; переме́нчивого настрое́ния; капри́зный

moon [mu:n] луна́, ме́сяц; reach for the ~ жела́ть невозмо́жного; **~light** лу́нный свет; **~lit** за́литый лу́нным све́том

moor¹ [mʊə] торфяни́стая ме́стность f, поро́сшая ве́реском

moor² [-] naut. [при]швартова́ться

moot [mu:t]: ~ point спо́рный вопро́с

mop [mɒp] 1. шва́бра; ~ of hair копна́ воло́с; 2. мыть, протира́ть шва́брой

mope [məʊp] хандри́ть

moped ['məʊped] мопе́д

moral ['mɒrəl] 1. □ мора́льный, нра́вственный; 2. мора́ль f, ~s нра́вы m/pl.; ~e [mə'rɑ:l] part. mil. мора́льное состоя́ние; **~ity** [mə'rælətɪ] мора́ль f, э́тика; **~ize** ['mɒrəlaɪz] морализи́ровать

morato|rium [mɒrəˈtɔːriəm] *pl.*, **~ria** [-riə] *comm., pol., mil.* морато́рий

morbid [ˈmɔːbid] боле́зненный

more [mɔː] бо́льше; бо́лее; ещё; **~ or less** бо́лее и́ли ме́нее; *once* **~** ещё раз; *no* **~** бо́льше не ...; *the* **~ so as** ... тем бо́лее, что ...; **~over** [mɔːˈrəʊvə] кро́ме того́, бо́лее того́

morning [ˈmɔːnɪŋ] у́тро; *in the* **~** у́тром; *tomorrow* **~** за́втра у́тром

morose [məˈrəʊs] мра́чный

morphia [ˈmɔːfiə], **morphine** [ˈmɔːfiːn] мо́рфий

morsel [ˈmɔːsl] кусо́чек

mortal [ˈmɔːtl] 1. сме́ртный; *wound* смерте́льный; 2. сме́ртный; *ordinary* ~ просто́й сме́ртный; **~ity** [mɔːˈtæləti] (*being mortal; a.* ~ *rate*) сме́ртность *f*

mortar [ˈmɔːtə] известко́вый раство́р

mortgage [ˈmɔːgidʒ] 1. ссу́да (под недви́жимость); закладна́я; 2. закла́дывать [заложи́ть]

morti|fication [mɔːtifiˈkeiʃn] чу́вство стыда́; *to my* **~** к моему́ стыду́; **~fy** [ˈmɔːtifai] (*shame, humiliate*) обижа́ть [оби́деть]; унижа́ть [уни́зить]; (*cause grief*) оскорбля́ть [-би́ть]

mortuary [ˈmɔːtʃəri] морг

mosaic [məʊˈzeiik] моза́ика

Moslem [ˈmɒzləm] = **Muslim**

mosque [mɒsk] мече́ть *f*

mosquito [məsˈkiːtəʊ] кома́р; *in tropics* моски́т

moss [mɒs] мох; **~y** [ˈ~-i] мши́стый

most [məʊst] 1. *adj.* ~ наибо́льший; 2. *adv.* бо́льше всего́; ~ *beautiful* са́мый краси́вый; 3. наибо́льшее коли́чество; бо́льшая часть *f*, *at* (*the*) ~ са́мое бо́льшее, не бо́льше чем; *make the* ~ *of* ... наилу́чшим о́бразом испо́льзовать; *the I can do* всё, что я могу́ сде́лать; **~ly** [ˈməʊstli] по бо́льшей ча́сти; гла́вным о́бразом; ча́ще всего́

motel [məʊˈtel] моте́ль *m*

moth [mɒθ] моль *f*; мотылёк; **~-eaten** изъе́денный мо́лью

mother [ˈmʌðə] 1. мать *f*; 2. относи́ться по-матери́нски к (Д); **~hood** [ˈmʌðəhʊd] матери́нство; **~-in-law** [-rinlɔː] (*wife's mother*) тёща; (*husband's mother*) свекро́вь *f*; **~ly** [-li] матери́нский; **~-of-pearl** [-rəvˈpɜːl] перламу́тровый; **~ tongue** родно́й язы́к

motif [məʊˈtiːf] моти́в

motion [ˈməʊʃn] 1. движе́ние; *of mechanism* ход; (*proposal*) предложе́ние; 2. *v/t.* пока́зывать же́стом; *v/i.* кива́ть [кивну́ть] (*to* на В); **~less** [-lis] недви́жный; **~ picture** *Am.* (кино)фи́льм

motiv|ate [ˈməʊtiveit] мотиви́ровать; **~e** [ˈməʊtiv] 1. *of power* дви́жущий; 2. (*inducement*) по́вод, моти́в

motley [ˈmɒtli] пёстрый

motor [ˈməʊtə] 1. дви́гатель *m*, мото́р; 2. мото́рный; **~ mechanic**, **~ fitter** автомеха́ник; 3. е́хать (везти́) на автомаши́не; **~boat** мото́рная ло́дка; **~car** автомаши́на, *coll.* маши́на; **~cycle** мотоци́кл; **~ing** [ˈməʊtəriŋ] автомоби́льный спорт; автотури́зм; **~ist** [-rist] автомобили́ст *m*, -ка *f*; **~ scooter** моторо́ллер; **~way** автостра́да

mottled [ˈmɒtld] кра́пчатый

mound [maʊnd] (*hillock*) холм; (*heap*) ку́ча

mount[1] [maʊnt] возвы́шенность *f*; гора́; ♀ *Everest* гора́ Эвере́ст

mount[2] [~] *v/i.* поднима́ться [-ня́ться]; сади́ться на ло́шадь *f*; *v/t.* radio, etc. устана́вливать [-нови́ть], [с]монти́ровать; (*frame*) вставля́ть в ра́му (в опра́ву)

mountain [ˈmaʊntin] 1. гора́; 2. го́рный, наго́рный; **~eer** [maʊntiˈniə] альпини́ст(ка); **~ous** [ˈmaʊntinəs] гори́стый

mourn [mɔːn] горева́ть; *s.b.'s death* опла́к(ив)ать; *over* [ˈmɔːnə] скорбя́щий; **~ful** [ˈmɔːnfl] печа́льный, ско́рбный; **~ing** [ˈmɔːniŋ] тра́ур

mouse [maʊs] (*pl. mice*) мышь *f*

moustache [məˈstɑːʃ] = **mustache**

mouth [maʊθ], *pl.* **~s** [-z] рот; *of river* у́стье; *of cave, etc.* вход; ~ **organ** губна́я гармо́ника; **~piece** *of pipe, etc.* мундшту́к; *fig.* ру́пор

move [muːv] 1. *v/t. com.* дви́гать [дви́нуть]; передвига́ть [-и́нуть]; (*touch*) трóгать [трóнуть]; (*propose*) вносѝть [внестѝ]; *v/i.* двѝгаться [двѝнуться]; (*change residence*) переезжáть [переéхать]; *of events* развивáть(ся); *of affairs* идтѝ [пойтѝ]; *fig. in artistic circles, etc.* вращáться; **~ in** въезжáть [въéхать]; **~ on** двѝгаться вперёд; **2.** движéние; переéзд; *in game pf.* ход; *fig.* шаг; **on the~** на ходý; **make a ~** сдéлать ход; **~ment** ['muːvmənt] движéние; *of symphony, etc.* часть *f*

movies ['muːvɪz] *pl.* кинó *n indecl.*

moving ['muːvɪŋ] □ двѝжущийся; (*touching*) трóгательный; **~ staircase** эскалáтор

mow [məʊ] [*irr.*] [c]косѝть; **~n** *pt. p. om* **mow**

Mr. ['mɪstə] → *mister*

Mrs. ['mɪsɪz] мѝссис, госпожá

much [mʌtʃ] *adj.* мнóго; *adv.* óчень; *I thought as ~* я так и дýмал; **make ~ of** придавáть [придáть] большóе значéние; окружѝть внимáнием; бáловать (B); *I am not ~ of a dancer* я невáжно танцýю

muck [mʌk] навóз; *fig.* дрянь *f*

mucus ['mjuːkəs] слизь *f*

mud [mʌd] грязь *f*

muddle ['mʌdl] **1.** *v/t.* перепýт(ыв)ать; [c]пýтать (*a.* **~ up**); **2.** *coll.* пýтаница, неразберѝха; (*disorder*) беспорядок

mud|dy ['mʌdɪ] грязный; **~guard** крылó

muffin ['mʌfɪn] сдóбная бýлочка

muffle ['mʌfl] *of voice, etc.* глушѝть, заглушáть [-шѝть]; (*envelop*) закýт(ыв)ать; **~r** [-ə] (*device for deadening sound; Am. esp. mot.*) глушѝтель *m*

mug [mʌg] крýжка

muggy ['mʌgɪ] дýшный, влáжный

mulberry ['mʌlbərɪ] (*tree*) тýтовое дéрево, шелковѝца; (*fruit*) тýтовая ягода

mule [mjuːl] мул; *stubborn as a ~* упрямый как осёл

mull [mʌl]: **~ over** обдýм(ыв)ать; размышлять [-мыслить]

mulled [mʌld]: **~ wine** глинтвéйн

multi|ple ['mʌltɪpl] **1.** *math.* крáтный; **2.** *math.* крáтное числó; (*repeated*)

многокрáтный; *interests. etc.* разнообрáзный; **~plication** [mʌltɪplɪ'keɪʃn] умножéние; увеличéние; **~ table** таблѝца умножéния; **~plicity** [-'plɪsətɪ] многочѝсленность *f*; (*variety*) разнообрáзие; **~ply** ['mʌltɪplaɪ] увелѝчи(ва)ть(ся); *math.* умножáть [-óжить]; **~purpose** многоцелевóй; **~tude** [-tjuːd] мнóжество, мáсса; толпá

mum [mʌm]: *keep ~* помáлкивать

mumble ['mʌmbl] [про]бормотáть

mummy ['mʌmɪ] мýмия

mumps [mʌmps] *sg.* свѝнка

mundane ['mʌndeɪn] земнóй, мирскóй; □ банáльный; *life* прозаѝчный

municipal [mjuː'nɪsɪpl] муниципáльный; **~ity** [-nɪsɪ'pælətɪ] муниципалитéт

mural ['mjʊərəl] фрéска; стеннáя рóспись *f*

murder ['mɜːdə] **1.** убѝйство; **2.** убивáть; **~er** [-rə] убѝйца *m/f*; **~ous** [-rəs] □ убѝйственный

murky ['mɜːkɪ] □ тёмный; *day* пáсмурный

murmur ['mɜːmə] **1.** *of brook* журчáние; *of voices* тѝхие звýки голосóв; шёпот; **2.** [за]журчáть; шептáть; (*grumble*) ворчáть

musc|le ['mʌsl] мýскул, мышца; **~ular** ['mʌskjʊlə] (*brawny*) мускулѝстый; мýскульный

muse[1] [mjuːz] мýза

muse[2] [-] задýм(ыв)аться (*about, on* над Т)

museum [mjuː'zɪəm] музéй

mushroom ['mʌʃrʊm] **1.** гриб; *pick ~s* собирáть грибы; **2.** (*grow rapidly*) растѝ как грибы

music ['mjuːzɪk] мýзыка; музыкáльное произведéние; (*notes*) нóты *f/pl.*; *face the ~* расхлёбывать кáшу; *set to ~* положѝть *pf.* на мýзыку; **~al** ['mjuːzɪkl] □ музыкáльный; мелодѝчный; **~ hall** мюзикхолл; эстрáдный теáтр; **~ian** [mjuː'zɪʃn] музыкáнт

Muslim ['mʊzlɪm] мусульмáнский

muslin ['mʌzlɪn] муслѝн

musquash ['mʌskwɒʃ] ондáтра; мех

рнда́тры

mussel ['mʌsl] ми́дия

must [mʌst]: *I~* я до́лжен (+ *inf.*); *I~ not* мне нельзя́; *he ~ still be there* он до́лжно быть всё ещё там

mustache [məˈstɑːʃ] усы́ *m/pl.*

mustard ['mʌstəd] горчи́ца

muster ['mʌstə] (*gather*) собира́ться [-бра́ться]; *~ (up) one's courage* набра́ться *pf.* хра́брости, собра́ться *pf.* с ду́хом

musty ['mʌstɪ] за́тхлый

mutation [mjuːˈteɪʃn] *biol.* мута́ция

mut|e [mjuːt] 1. □ немо́й; 2. немо́й; *~ed* ['-ɪd] приглушённый

mutilat|e ['mjuːtɪleɪt] [из]уве́чить; *~ion* [-ʹeɪʃn] уве́чье

mutin|ous ['mjuːtɪnəs] □ мяте́жный (*a. fig.*); *~y* [-nɪ] бунт, мяте́ж

mutter ['mʌtə] 1. бормота́нье; (*grumble*) ворча́ние; 2. [про]бормота́ть; [про]ворча́ть

mutton ['mʌtn] бара́нина; *leg of ~* ба-

ра́нья нога́; *~ chop* бара́нья отбивна́я

mutual ['mjuːtʃʊəl] □ обою́дный; взаи́мный; о́бщий; *~ friend* о́бщий друг

muzzle ['mʌzl] 1. мо́рда, ры́ло; *of gun* ду́ло; (*for dog*) намо́рдник; 2. надева́ть намо́рдник (Д); *fig.* заста́вить *pf.* молча́ть

my [maɪ] *poss. pron.* мой *m*, моя́ *f*, моё *n*; мой *pl.*

myrtle ['mɜːtl] мирт

myself [maɪˈself] *refl. pron.* 1. себя́, меня́ самого́; -ся, -сь; 2. *pron. emphatic* сам; *I did it ~* я сам э́то сде́лал

myster|ious [mɪˈstɪərɪəs] □ зага́дочный, таи́нственный; *~y* ['mɪstərɪ] та́йна; *it's a ~ to me ...* остаётся для меня́ зага́дкой

mystic ['mɪstɪk] (*a. ~al* [-kl] □) мисти́ческий; *~fy* [-tɪfaɪ] мистифици́ровать (*im*)*pf.*; (*bewilder*) озада́чи(ва)ть

myth [mɪθ] миф

N

nab [næb] *coll.* (*arrest*) накрыва́ть [-ы́ть]; (*take unawares*) застига́ть [-и́гнуть]

nag [næg] *coll.* пили́ть

nail [neɪl] 1. *anat.* но́готь *m*; гвоздь *m*; *~ file* пи́лка для ногте́й; 2. заби(ва́)ть гвоздя́ми; приби(ва́)ть; *~ s.b. down* заста́вить *pf.* раскры́ть свои́ ка́рты; прижа́ть *pf* к стене́

naïve [naɪˈiːv] *or* **naive** □ наи́вный; безыску́сный

naked ['neɪkɪd] □ наго́й, го́лый; (*evident*) я́вный; *with the ~ eye* невооружённым гла́зом; *~ness* [-nɪs] нагота́

name [neɪm] 1. и́мя *n*; (*surname*) фами́лия; *of things* назва́ние; *of* (*coll. by*) *the ~ of* по и́мени (И); *in the ~ of* во и́мя (Р); от и́мени (Р); *call a p. ~s* [об]руга́ть (В); 2. наз(ы)ва́ть; дава́ть и́мя (Д); *~less* ['neɪmlɪs] □ безымя́нный;

~ly ['-lɪ] и́менно; *~plate* табли́чка с фами́лией; *~sake* тёзка *m/f*

nap[1] [næp] 1. коро́ткий/лёгкий сон; 2. дрема́ть [вздремну́ть]; *catch s.b. ~ping* заст(ав)а́ть кого́-л. враспло́х

nap[2] [-] *on cloth* ворс

nape [neɪp] заты́лок

napkin ['næpkɪn] салфе́тка; *baby's* пелёнка

narcotic [nɑːˈkɒtɪk] 1. (*~ally*) нарко́тический; 2. нарко́тик

narrat|e [nəˈreɪt] расска́зывать [-за́ть]; *~ion* [-ʃn] расска́з; *~ive* ['nærətɪv] повествова́ние

narrow ['nærəʊ] 1. □ у́зкий; (*confinsed*) те́сный; *person, mind* ограни́ченный, недалёкий; 2. *~s pl.* проли́в; 3. су́живать(ся) [су́зить(-ся)]; уменьша́ть(ся) [уме́ньшить(-ся)]; *of chances, etc.* ограни́чи(ва)ть; *~-minded* у́зкий; с предрассу́дками

nasal ['neɪzl] ☐ носово́й; *voice* гнуса́вый

nasty ['nɑːstɪ] ☐ (*offensive*) проти́вный; неприя́тный; гря́зный; (*spiteful*) зло́бный

nation ['neɪʃn] на́ция

national ['næʃnl] **1.** ☐ национа́льный, наро́дный; госуда́рственный; **2.** (*citizen*) по́дданный; **~ity** [næʃə'nælɪtɪ] национа́льность *f*; гражда́нство, по́дданство; **~ize** ['næʃnəlaɪz] национализи́ровать (*im*)*pf*.

native ['neɪtɪv] **1.** ☐ родно́й; (*indigenous*) тузе́мный, ме́стный, коренно́й; **~ language** родно́й язы́к; **2.** уроже́нец *m*, -нка *f*; ме́стный жи́тель

natural ['nætʃrəl] ☐ есте́ственный; *leather, etc.* натура́льный; **~ sciences** есте́ственные нау́ки *f/pl.*; **~ize** [-aɪz] предоставля́ть [-а́вить] гражда́нство

nature ['neɪtʃə] приро́да; хара́ктер

naught [nɔːt] ничто́; ноль *m*; **set at ~** ни во что не ста́вить; пренебрега́ть [-бре́чь] (Т)

naughty ['nɔːtɪ] ☐ непослу́шный, капри́зный

nause|a ['nɔːzɪə] тошнота́; (*disgust*) отвраще́ние; **~ate** ['nɔːzɪeɪt] *v/t.* тошни́ть; *it ~s me* меня́ тошни́т от э́того; вызыва́ть [вы́звать] отвраще́ние; *be ~d* испы́тывать отвраще́ние

nautical ['nɔːtɪkl] морско́й

naval ['neɪvl] (вое́нно-)морско́й

nave [neɪv] *arch.* неф

navel ['neɪvl] пуп, пупо́к

naviga|ble ['nævɪɡəbl] ☐ судохо́дный; **~te** [-ɡeɪt] *v/i. naut., ae.* управля́ть; *v/t. ship, plane* вести́; **~tion** [nævɪ'ɡeɪʃn] навига́ция; *inland ~* речно́е судохо́дство; **~tor** ['nævɪɡeɪtə] штурма́н

navy ['neɪvɪ] вое́нно-морски́е си́лы; вое́нно-морско́й флот; **~(blue)** тёмно-си́ний

near [nɪə] **1.** *adj.* бли́зкий; бли́жний; (*stingy*) скупо́й; *in the ~ future* в ближа́йшее вре́мя; **~ at hand** под руко́й; **2.** *adv.* ря́дом; бли́зко, недалеко́; почти́; сро́дни; **3.** *prp.* о́коло (P), у (P); **4.** приближа́ться [-ли́зиться] к (Д); **~by** [nɪə'baɪ] близлежа́щий; ря́дом;

~ly ['nɪəlɪ] почти́; **~-sighted** [nɪə-'saɪtɪd] близору́кий

neat [niːt] ☐ чи́стый, опря́тный; *figure* изя́щный; стро́йный; *workmanship* иску́сный; (*undiluted*) неразба́вленный; **~ness** ['niːtnɪs] опря́тность *f*

necess|ary ['nesəsərɪ] **1.** ☐ необходи́мый, ну́жный; **2.** необходи́мое; **~itate** [nɪ'sesɪteɪt] [по]тре́бовать; вынужда́ть [вы́нудить]; **~ity** [-tɪ] необходи́мость *f*, нужда́

neck [nek] ше́я; *of bottle, etc.* го́рлышко; **~ of land** переше́ек; *risk one's ~* рискова́ть голово́й; *stick one's ~ out* рискова́ть; [по]ле́зть в пе́тлю; **~band** во́рот; **~lace** ['-lɪs] ожере́лье; **~tie** га́лстук

neée [neɪ] урождённая

need [niːd] **1.** на́добность *f*; потре́бность *f*; необходи́мость *f*; (*poverty*) нужда́; *be in ~ of* нужда́ться в (П); **2.** нужда́ться в (П); *I ~ it* мне э́то ну́жно; *if ~ be* в слу́чае необходи́мости; **~ful** [-fl] ☐ ну́жный

needle ['niːdl] игла́, иго́лка; (*knitting ~*) спи́ца

needless ['niːdlɪs] ☐ нену́жный; **~ to say** разуме́ется

needlework вы́шивка

needy ['niːdɪ] ☐ нужда́ющийся

negat|ion [nɪ'ɡeɪʃn] отрица́ние; **~ive** ['neɡətɪv] **1.** ☐ отрица́тельный; негати́вный; **2.** *phot.* негати́в; *answer in the ~* дава́ть [дать] отрица́тельный отве́т

neglect [nɪ'ɡlekt] **1.** пренебреже́ние; (*carelessness*) небре́жность *f*; **2.** пренебрега́ть [-бре́чь] (Т); **~ed** [-ɪd] забро́шенный; **~ful** [-fl] небре́жный

negligen|ce ['neɡlɪdʒəns] небре́жность *f*; (*attitude*) хала́тность *f*; **~t** [-t] ☐ небре́жный; хала́тный

negligible ['neɡlɪdʒəbl] ничто́жный, незначи́тельный

negotia|te [nɪ'ɡəʊʃɪeɪt] вести́ перегово́ры; догова́риваться [-вори́ться] о (П); *obstacles, etc.* преодоле́(ва́)ть; **~tion** [nɪɡəʊʃɪ'eɪʃn] перегово́ры *m/pl.*; **~tor** [nɪ'ɡəʊʃɪeɪtə] лицо́, веду́щее перегово́ры

Negr|ess ['niːgrɪs] *contemptuous* афроамерика́нка, негритя́нка; **~o** ['niːgrəʊ], *pl.* **~oes** [-z] афроамерика́нец, негр

neigh [neɪ] **1.** ржа́ние; **2.** [за]ржа́ть

neighbo(u)r ['neɪbə] сосе́д(ка); **~hood** [-hʊd] окру́га, райо́н; **~ing** [-rɪŋ] сосе́дний

neither ['naɪðə] **1.** ни тот, ни друго́й; **2.** *adv.* та́кже не; **~ ... nor ...** ни ... ни ...

nephew ['nevjuː] племя́нник

nerve [nɜːv] **1.** нерв; *(courage)* му́жество, хладнокро́вие; на́глость *f*; **get on s.b.'s ~s** де́йствовать на не́рвы; **have the ~ to ...** име́ть на́глость *f*; **2.** придава́ть си́лы (хра́брости) (Д)

nervous ['nɜːvəs] □ не́рвный; *(highly strung, irritable)* нерво́зный; **~ness** [-nɪs] не́рвность *f*, нерво́зность *f*

nest [nest] **1.** гнездо́ (*a. fig.*); **2.** вить гнездо́; **~le** ['nesl] *v/i.* удо́бно устро́иться *pf.*; приж(им)а́ться (**to, on, against** к Д); *v/t.* **one's head** приж(им)а́ть (го́лову)

net¹ [net] **1.** сеть *f*; **2.** расставля́ть се́ти; пойма́ть *pf.* се́тью

net² [-] **1.** не́тто *adj. indecl.*, *weight*, *profit* чи́стый; **2.** приноси́ть (получа́ть) чи́стый дохо́д

nettle ['netl] **1.** *bot.* крапи́ва; **2.** обжига́ть крапи́вой; *fig.* раздража́ть, [рас]серди́ть

network ['netwɜːk] *tech., rail, etc.* сеть *f*

neuralgia [njʊə'rældʒə] невралги́я

neurosis [njʊə'rəʊsɪs] невро́з

neuter ['njuːtə] *gr.* сре́дний род

neutral ['njuːtrəl] **1.** □ нейтра́льный; **2.** нейтра́льное госуда́рство; **~ity** [njuː'trælətɪ] нейтралите́т; **~ize** ['njuːtrəlaɪz] нейтрализова́ть (*im*)*pf.*

never ['nevə] никогда́; совсе́м не; **~-ending** бесконе́чный, несконча́емый; **~more** никогда́ бо́льше; **~theless** [nevəðə'les] тем не ме́нее, несмотря́ на э́то

new [njuː] но́вый; *vegetables, moon* молодо́й; *bread, etc.* све́жий; **~born** новорожде́нный; **~comer** вновь прибы́вший; новичо́к; **~fangled** ['-fæŋgld] новомо́дный; **~ly** ['njuːlɪ] за́ново, вновь; неда́вно

news [njuːz] но́вости *f/pl.*, изве́стия *n/pl.*; **what's the ~?** что но́вого?; **~agent** продаве́ц газе́т; **~paper** газе́та; **~print** газе́тная бума́га; **~reel** киножурна́л; **~stall, ~stand** газе́тный кио́ск

New Testament Но́вый заве́т

New Year Но́вый год; **~'s Eve** кану́н Но́вого го́да; **Happy ~!** С Но́вым Го́дом!

next [nekst] **1.** *adj.* сле́дующий; ближа́йший; **~ door to** в сле́дующем до́ме; *fig.* чуть (ли) не, почти́; **~ to** во́зле (Р); вслед за (Т); **2.** *adv.* пото́м, по́сле, зате́м; в сле́дующий раз; **~ of kin** ближа́йший (-шая) ро́дственник (-ица)

nibble ['nɪbl] *v/t.* обгры́з(а́)ть

nice [naɪs] □ прия́тный, ми́лый, сла́вный; *(fine, delicate)* то́нкий; **~ty** ['naɪsətɪ] *(delicate point, detail)* то́нкости *f/pl.*, дета́ли *f/pl.*

niche [nɪtʃ] ни́ша

nick [nɪk] **1.** *(notch)* зару́бка; **in the ~ of time** как раз во́время; **2.** сде́лать *pf.* зару́бку в (П); *Am.* *(cheat)* обма́нывать [-ну́ть]; *Brt. coll. (steal)* стащи́ть *pf.*

nickel ['nɪkl] **1.** *min.* ни́кель *m*; *Am.* моне́та в 5 це́нтов; **2.** [от]никелировать

nickname ['nɪkneɪm] **1.** про́звище; **2.** прозыва́ть [-зва́ть]; да(ва́)ть про́звище (Д)

nicotine ['nɪkətiːn] никоти́н

niece [niːs] племя́нница

niggard ['nɪgəd] скупе́ц; **~ly** [-lɪ] скупо́й; *sum, etc.* жа́лкий

night [naɪt] ночь *f*, ве́чер; **by ~, at ~** но́чью; **stay the ~** переночева́ть; **~club** ночно́й клуб; **~fall** су́мерки *f/pl.*; **~dress, ~gown** ночна́я руба́шка; **~ingale** ['naɪtɪŋgeɪl] солове́й; **~ly** ['naɪtlɪ] ночно́й; *adv.* но́чью; ка́ждую ночь; **~mare** кошма́р

nil [nɪl] *sport* ноль *m* or нуль *m*; ничего́

nimble ['nɪmbl] □ прово́рный, ло́вкий; *mind* живо́й

nimbus ['nɪmbəs] *eccl. art* нимб

nine [naɪn] де́вять; девя́тка; → *five*; **~pins** *pl.* ке́гли *f/pl.*; **~teen** ['naɪn'ti:n] девятна́дцать; **~ty** ['naɪntɪ] девяно́сто

ninny ['nɪnɪ] *coll.* простофи́ля *m/f*

ninth [naɪnθ] **1.** девя́тый; **2.** девя́тая часть *f*

nip [nɪp] щипо́к; (*bite*) уку́с; (*frost*) моро́з; *there is a ~ in the air* во́здух моро́зный; **2.** щипа́ть [щипну́ть]; *finger* прищемля́ть [-ми́ть]; *flowers* поби́ть *pf.* моро́зом; **~ in the bud** пресека́ть в заро́дыше

nipper ['nɪpə] (*a pair of*) **~s** *pl.* кле́щи *pl.*; *coll.* малы́ш

nipple ['nɪpl] сосо́к

nitrate ['naɪtreɪt] нитра́т

nitrogen ['naɪtrədʒən] азо́т

no [nəʊ] **1.** *adj.* никако́й; *in ~ time* в мгнове́ние о́ка; **~ one** никто́; **2.** *adv.* нет; **3.** отрица́ние

Nobel prize [nəʊ'bel] Но́белевская пре́мия

nobility [nəʊ'bɪlətɪ] дворя́нство; благоро́дство

noble ['nəʊbl] **1.** □ благоро́дный; (*highborn*) зна́тный; *~ metal* благоро́дный мета́лл; **2.** = **~man** титуло́ванное лицо́, дворяни́н

nobody ['nəʊbədɪ] *pron.* никто́; *su.* ничто́жный челове́к

nocturnal [nɒk'tɜ:nl] ночно́й

nod [nɒd] **1.** кива́ть голово́й; (*doze*) дрема́ть; *coll.* (*drowse*) клева́ть но́сом; **2.** киво́к голово́й

noise [nɔɪz] шум; (*din*) гро́хот; *make a ~ fig.* поднима́ть [-ня́ть] шум; **~less** ['nɔɪzlɪs] □ бесшу́мный

noisy ['nɔɪzɪ] □ шу́мный; *child* шумли́вый

nomin|al ['nɒmɪnl] □ номина́льный; *gr.* именно́й; **~ value** номина́льная цена́; **~ate** ['nɒmɪneɪt] (*appoint*) назнача́ть [-зна́чить]; *candidate* выдвига́ть [-инуть]; **~ation** [nɒmɪ'neɪʃn] выдвиже́ние; назначе́ние

non [nɒn] *prf.* не..., бес..., без...

nonalcoholic безалкого́льный

nonchalance ['nɒnʃələns] беззабо́тность *f*

noncommittal [nɒnkə'mɪtl] укло́нчивый

nondescript ['nɒndɪskrɪpt] (*dull*) невзра́чный; *colo(u)r* неопределённый

none [nʌn] **1.** ничто́, никто́; ни оди́н; никако́й; **2.** ниско́лько, совсе́м не ...; **~theless** тем не ме́нее

nonentity [nɒ'nentɪtɪ] *person* ничто́жество

nonexistent несуществу́ющий

nonpayment *mst. fin.* неплатёж, неупла́та

nonplus [nɒn'plʌs] приводи́ть в замеша́тельство, озада́чи(ва)ть

nonpolluting [nɒnpə'lu:tɪŋ] не загрязня́ющий среду́

nonprofit некомме́рческий

nonresident не прожива́ющий в да́нном ме́сте

nonsens|e ['nɒnsəns] вздор, бессмы́слица; **~ical** [nɒn'sensɪkl] бессмы́сленный

nonsmoker *person* некуря́щий; *Brt. rail* ваго́н для некуря́щих

nonstop безостано́вочный; *ae.* беспоса́дочный

noodle ['nu:dl]: **~s** *pl.* лапша́

nook [nʊk] укро́мный уголо́к; зако́улок; *search every ~ and cranny* обша́рить *pf.* все углы́ и закоу́лки

noon [nu:n] по́лдень *m*

noose [nu:s] петля́; (*lasso*) арка́н

nor [nɔ:] и не; та́кже не; ни

norm [nɔ:m] но́рма; **~al** ['nɔ:ml] □ норма́льный; **~alize** [~əlaɪz] приводи́ть [-вести́] в но́рму; нормализова́ть (*im*)*pf.*

north [nɔ:θ] **1.** се́вер; **2.** се́верный; **3.** *adv.*: **~ of** к се́веру от (P); **~east 1.** се́веро-восто́к; **2.** се́веро-восто́чный (*a.* **~eastern**; **~erly** ['nɔ:ðəlɪ], **~ern** ['nɔ:ðən] се́верный; **~ward(s)** ['nɔ:θwəd(z)] *adv.* на се́вер; к се́веру; **~west 1.** се́веро-за́пад; *naut.* норд-ве́ст; **2.** се́веро-за́падный (*a.* **~western**)

nose [nəʊz] **1.** нос; (*sense of smell, a. fig.*) чутьё; *of boat, etc.* нос; **2.** *v/t.* [по]ню́хать; *information* разню́х(ив)ать; **~gay** буке́т цвето́в

nostril ['nɒstrəl] ноздря́

nosy ['nəʊzɪ] *coll.* любопы́тный

not [nɒt] не

notable ['nəʊtəbl] □ примеча́тельный, знамена́тельный; *person* выдаю́щийся

notary ['nəʊtərɪ] нота́риус (*a.* **public ~**)

notation [nəʊ'teɪʃn] *mus.* нота́ция; за́пись *f*

notch [nɒtʃ] **1.** зару́бка; (*mark*) ме́тка; **2.** [c]де́лать зару́бку

note [nəʊt] **1.** заме́тка; за́пись *f*; (*comment*) примеча́ние; (*bank note*) банкно́т; (*denomination*) де́нежная купю́ра; *dipl.* но́та; *mus.* но́та; **man of ~** знамени́тость *f*; **worthy of ~** досто́йный внима́ния; **2.** замеча́ть [-е́тить]; (*mention*) упомина́ть [-мяну́ть]; (*a. ~ down*) де́лать заме́тки, запи́сывать [-са́ть]; (*make a mental note*) отмеча́ть [-е́тить]; **~book** записна́я кни́жка; **~d** [-ɪd] хорошо́ изве́стный; **~worthy** примеча́тельный

nothing ['nʌθɪŋ] ничто́, ничего́; **for ~** зря, да́ром; **come to ~** ни к чему́ не привести́ *pf*; **to say ~ of** не говоря́ уже́ о (П); **there is ~ like ...** нет ничего́ лу́чшего, чем ...

notice ['nəʊtɪs] **1.** внима́ние; извеще́ние, уведомле́ние; (*warning*) предупрежде́ние; (*announcement*) объявле́ние; **at short ~** без предупрежде́ния; **give ~** предупрежда́ть об увольне́нии (*or* об ухо́де); извеща́ть [-ести́ть]; **2.** замеча́ть [-е́тить]; обраща́ть внима́ние на (В); **~able** [-əbl] □ досто́йный внима́ния; заме́тный; **~board** доска́ объявле́ний

notification [nəʊtɪfɪ'keɪʃn] извеще́ние, сообще́ние

notify ['nəʊtɪfaɪ] извеща́ть [-ести́ть], уведомля́ть [уве́домить]

notion ['nəʊʃn] поня́тие, представле́ние

notorious [nəʊ'tɔːrɪəs] □ общеизве́стный; *pej.* пресловутый

notwithstanding [nɒtwɪθ'stændɪŋ] несмотря́ на (В), вопреки́ (Д)

nought [nɔːt] ничто́; *math.* ноль *m or* нуль *m*; **bring to ~** своди́ть [свести́] на нет

nourish ['nʌrɪʃ] пита́ть (*a. fig.*); [на-, по]корми́ть; *fig. hope, etc.* леле́ять; **~ing** [-ɪŋ] пита́тельный; **~ment** [-mənt] пита́ние; пи́ща (*a. fig.*)

novel ['nɒvl] **1.** но́вый; (*unusual*) необы́чный; **2.** рома́н; **~ist** [-ɪst] писа́тель *m*, -ница *f*; романи́ст; **~ty** [-tɪ] нови́нка; новизна́; (*method*) но́вшество

November [nəʊ'vembə] ноя́брь *m*

novice ['nɒvɪs] новичо́к; *eccl.* послу́шник *m*, -ница *f*

now [naʊ] **1.** тепе́рь, сейча́с; то́тчас; **just ~** то́лько что; **~ and again** (*или* **then**) вре́мя от вре́мени; **2.** *cj.* когда́, раз

nowadays ['naʊədeɪz] ны́нче; в на́ши дни; в на́ше вре́мя

nowhere ['nəʊweə] нигде́, никуда́

noxious ['nɒkʃəs] □ вре́дный

nozzle ['nɒzl] *of hose* наконе́чник; *tech.* сопло́

nucle|ar ['njuːklɪə] я́дерный; **~ pile** я́дерный реа́ктор; **~ power plant** а́томная электроста́нция; **~us** [-s] ядро́

nude [njuːd] го́лый, наго́й; *art.* **~ figure** обнажённая фигу́ра

nudge [nʌdʒ] *coll.* **1.** подта́лкивать [-толкну́ть]; **2.** лёгкий толчо́к ло́ктем

nuisance ['njuːsns] неприя́тность *f*; доса́да; *fig.* надое́дливый челове́к

null [nʌl] недействи́тельный; **become ~ and void** утра́чивать [утра́тить] зако́нную си́лу; **~ify** ['nʌlɪfaɪ] аннули́ровать (*im*)*pf.*; расторга́ть [-то́ргнуть]

numb [nʌm] *with terror* онеме́вший, оцепене́вший; *with cold* окочене́вший

number ['nʌmbə] **1.** число́; но́мер; (*figure*) ци́фра; **2.** нумерова́ть; (*be in number*) насчи́тывать; **~less** [-lɪs] бесчи́сленный; **~plate** *mot.* номерно́й знак

numeral ['njuːmərəl] **1.** *gr.* и́мя числи́тельное; (*figure*) ци́фра; **2.** цифрово́й

numerical [njuː'merɪkəl] □ числово́й; чи́сленный

numerous ['nju:mərəs] □ многочи́сленный; **in ~ cases** во мно́гих слу́чаях

nun [nʌn] мона́хиня

nunnery ['nʌnərɪ] же́нский монасты́рь *m*

nurse [nɜːs] 1. ня́ня (*a.* **~maid**); медици́нская сестра́, медсестра́; 2. (*breast-feed*) [на]корми́ть гру́дью; (*take nourishment from the breast*) соса́ть грудь *f*; (*rear*) вска́рмливать; (*look after*) уха́живать за (Т); **~ry** ['nɜːsərɪ] де́тская (ко́мната) *f. agric.* пито́мник; **~ school** де́тский сад

nursing ['nɜːsɪŋ]: **~ home** ча́стная лече́бница; **~ staff** медсёстры

nurture ['nɜːtʃə] (*bring up*) воспи́тывать [-та́ть]

nut [nʌt] оре́х; *tech.* га́йка; **a hard ~ to crack** кре́пкий оре́шек; **~cracker** щипцы́ для оре́хов; **~meg** ['nʌtmeg] муска́тный оре́х

nutri|tion [nju:'trɪʃn] пита́ние; **~tious** [-ʃəs], **~tive** ['nju:trətɪv] □ пита́тельный

nut|shell оре́ховая скорлупа́; **in a ~** кра́тко, в двух слова́х; **~ty** ['nʌtɪ] *taste* име́ющий вкус оре́ха; *coll. idea, etc.* бредово́й; *person* безу́мный, психо́ванный

nylon ['naɪlɒn] нейло́н

nymph [nɪmf] ни́мфа

O

oaf [əʊf] дура́к; у́валень *m*

oak [əʊk] дуб; *attr.* дубо́вый

oar [ɔː] 1. весло́; 2. *poet.* грести́; **~sman** ['ɔːzmən] гребе́ц

oasis [əʊ'eɪsɪs] оа́зис

oat [əʊt] овёс (*mst.* **~s** *pl.*)

oath [əʊθ] кля́тва; *mil., law* прися́га; (*curse*) руга́тельство

oatmeal ['əʊtmiːl] овся́нка

obdurate ['ɒbdjʊərət] □ (*stubborn*) упря́мый; (*unrepentant*) нераска́янный

obedien|ce [ə'biːdɪəns] повинове́ние; **~t** [-t] □ послу́шный

obelisk ['ɒbəlɪsk] обели́ск

obese [əʊ'biːs] ту́чный

obesity [əʊ'biːsətɪ] ту́чность *f*

obey [ə'beɪ] повинова́ться (*im*)*pf.* (Д); [по]слу́шаться (Р)

obituary [ə'bɪtʃʊərɪ] некроло́г

object 1. ['ɒbdʒɪkt] предме́т, вещь *f*; объе́кт; *fig.* цель *f*; наме́рение; 2. [əb'dʒekt] (*disapprove*) не одобря́ть (Р), протестова́ть; возража́ть [-рази́ть] (**to** про́тив Р); **if you don't ~** е́сли вы не возража́ете

objection [əb'dʒekʃn] возраже́ние; проте́ст; **~able** [-əbl] □ нежела́тельный; (*distasteful*) неприя́тный

objective [əb'dʒektɪv] 1. □ объекти́вный; 2. объе́кт, цель *f*

obligat|ion [ɒblɪ'geɪʃn] (*promise*) обяза́тельство; (*duty*) обя́занность *f*; **~ory** [ə'blɪgətrɪ] □ обяза́тельный

oblig|e [ə'blaɪdʒ] (*require*) обя́зывать [-за́ть]; (*compel*) вынужда́ть [-ну́дить]; **I was ~d to ...** я был вы́нужден ...; **~ a p.** де́лать одолже́ние кому́-ли́бо; **much ~d** о́чень благода́рен (-рна); **~ing** [-ɪŋ] □ услу́жливый, любе́зный

oblique [ə'bliːk] □ косо́й; *gr.* ко́свенный

obliterate [ə'blɪtəreɪt] (*efface*) изгла́живать(ся) [-ла́дить(ся)]; (*destroy*) уничтожа́ть [-о́жить]; (*expunge*) вычёркивать [вы́черкнуть]

oblivi|on [ə'blɪvɪən] забве́ние; **~ous** [-əs] □ забы́вчивый

obnoxious [əb'nɒkʃəs] проти́вный, несно́сный

obscene [əb'siːn] □ непристо́йный

obscur|e [əb'skjʊə] 1. □ тёмный; (*not distinct*) нея́сный; *author, etc.* малоизве́стный; *meaning, etc.* непоня́тный; 2. *sun. etc.* заслоня́ть [-ни́ть]; **~ity** [-rətɪ] неизве́стность *f; in text* нея́сное место

obsequious [əb'si:kwɪəs] □ подобострастный

observ|able [əb'zɜ:vəbl] □ заметный; **~ance** [-vəns] *of law, etc.* соблюдение; *of anniversary, etc.* празднование; **~ant** [-vənt] □ наблюдательный; **~ation** [ɒbzə'veɪʃn] наблюдение; наблюдательность *f*; (*comment*) замечание; **~atory** [əb'zɜ:vətrɪ] обсерватория; **~e** [əb'zɜ:v] *v/t.* наблюдать; *fig.* соблюдать [-юсти]; (*notice*) замечать [-етить] (В); *v/i.* замечать [-етить]; **~er** [-ə] наблюдатель *m*

obsess [əb'ses]: **~ed by**, *a.* **with** одержимый (Т); **~ion** [əb'seʃn] навязчивая идея; одержимость *f*

obsolete ['ɒbsəli:t] устарелый; *words, etc.* устаревший

obstacle ['ɒbstəkl] препятствие

obstinate ['ɒbstɪnət] упрямый; настойчивый

obstruct [əb'strʌkt] [по]мешать (Д), затруднять [-нить]; (*block*) зграждать [-адить] загораживать [-родить]; **~ion** [əb'strʌkʃn] препятствие, помеха; заграждение; *law* обструкция; **~ive** [-tɪv] препятствующий, обструкционный

obtain [əb'teɪn] *v/t.* (*receive*) получать [-чить]; (*procure*) добы(ва)ть; (*acquire*) обретать [-ести]; **~able** [-əbl] доступный; *result, etc.* достижимый

obtru|de [əb'tru:d] навязывать(ся) [-зать(ся)] (**on** Д); **~sive** [-sɪv] навязчивый

obvious ['ɒbvɪəs] □ очевидный, ясный, явный

occasion [ə'keɪʒn] **1.** случай; возможность *f*; (*reason*) повод, причина; (*special event*) событие; **on that ~** в тот раз; **on the ~ of** по случаю (Р); **rise to the ~** оказаться *pf.* на высоте положения; **2.** причинять [-нить]; давать повод к (Д); **~al** [-ʒnl] □ случайный; редкий

occult [ɒ'kʌlt] □ оккультный

occup|ant ['ɒkjʊpənt] (*inhabitant*) житель *m*, -ница *f*; (*tenant*) жилец; **the ~s of the car** ехавшие (*or* сидящие) в машине; **~ation** [ɒkjʊ'peɪʃn] *mil.* ок-

купация; (*work, profession*) занятие, профессия; **~y** ['ɒkjʊpaɪ] *seat, etc.* занимать [занять]; (*take possession of*) завладе(ва)ть (Т); оккупировать (*im*)*pf.*

occur [ə'kɜ:] (*take place*) случаться [-читься]; (*be met with*) встречаться [-етиться]; **~ to a p.** приходить в голову; **~rence** [ə'kʌrəns] происшествие, случай

ocean ['əʊʃn] океан

o'clock [ə'klɒk]: **five ~** пять часов

ocul|ar ['ɒkjʊlə] глазной; **~ist** ['ɒkjʊlist] окулист, глазной врач

odd [ɒd] □ нечётный; *sock, etc.* непарный; (*extra*) лишний; *of incomplete set* разрозненный; (*strange*) странный; **~ity** ['ɒdɪtɪ] чудаковатость *f*; **~s** [ɒdz] шансы *m/pl.*; **be at ~ with** не ладить с (Т); **~ and ends** остатки *m/pl.*; всякая всячина

odious ['əʊdɪəs] ненавистный; (*repulsive*) отвратительный

odo(u)r ['əʊdə] запах; аромат

of [ɒv; *mst.* əv, v] *prp.* о, об (П); из (Р); от (Р); *denoting cause, affiliation, agent, quality, source; often corresponds to the genitive case in Russian;* **think ~ s.th.** думать о (П); **out ~ charity** из милосердия; **die ~** умереть *pf.* от (Р); **cheat ~** обсчитывать на (В); **the battle ~ Quebec** битва под Квебеком; **proud ~** гордый (Т); **the roof ~ the house** крыша дома

off [ɔ:f, ɒf] **1.** *adv.* прочь; **far ~** далеко; *translated into Russian mst. by verbal prefixes;* **go ~** (*leave*) уходить [уйти]; **switch ~** выключать [выключить]; **take ~** (*remove*) снимать [снять]; **on and ~, ~ and on** время от времени; **be well ~** быть обеспеченным; **2.** *prp.* с (Р), со (Р) *indicates removal from a surface;* от (Р) *indicates distance;* **3.** *adj.;* **day ~** выходной день; **~side** *Brt.* правая сторона; *Am.* левая сторона; **the ~ season** мёртвый сезон

offal ['ɒfl] потроха *m/pl.*

offend [ə'fend] *v/t.* обижать [обидеть]; *feelings* оскорблять [-бить]; *v/i.* нарушать [-ушить] (**against** В);

~er [-ə] обидчик; *law* правонаруши́тель(ница *f*) *m*; **first ~** челове́к, суди́мый (соверши́вший преступле́ние) впервы́е

offen|se, *Brt.* **~ce** [ə'fens] (*transgression*) просту́пок; оби́да, оскорбле́ние; *mil.* наступле́ние

offensive [ə'fensıv] **1.** □ (*insulting*) оскорби́тельный; оби́дный; (*disagreeable*) проти́вный; **2.** *mil.* наступле́ние

offer ['ɒfə] **1.** предложе́ние; **2.** *v/t.* предлага́ть [-ложи́ть]; **~ an explanation** дава́ть [дать] объясне́ние; **~ resistance** ока́зывать [-аза́ть] сопротивле́ние

offhand [ɒf'hænd] *manner* бесцеремо́нный; развя́зный; *adv.* без подгото́вки; **he couldn't tell me ~ ...** он не смог мне сра́зу отве́тить ...

office ['ɒfıs] (*position*) до́лжность *f*; слу́жба; (*premises*) конто́ра; канцеля́рия; *of doctor, dentist, etc.* кабине́т; **~ ministе́рство; ~ hours** часы́ рабо́ты, приёмные часы́

officer ['ɒfısə] *mil.* офице́р

official [ə'fıʃl] **1.** □ официа́льный; служе́бный; **through ~ channels** по официа́льным кана́лам; **2.** должностно́е лицо́, служа́щий; *hist., a. pej.* чино́вник

officious [ə'fıʃəs] □ назо́йливый, навя́зчивый

off|set возмеща́ть [-ести́ть]; **~shoot** побе́г; ответвле́ние; **~spring** о́тпрыск, пото́мок; **~-the-record** конфиденциа́льный

often ['ɒfn] ча́сто, мно́го раз; **more than not** бо́льшей ча́стью; в большинстве́ слу́чаев

ogle ['əʊgl] стро́ить гла́зки (Д)

oil [ɔıl] **1.** (*vegetable ~*) ма́сло; (*petroleum ~*) нефть *f*; **diesel ~** соля́рка; **fuel ~** жи́дкое то́пливо; **2.** сма́з(ыв)ать; **~cloth** клеёнка; **~field** нефтяно́е месторожде́ние; **~ well** нефтяна́я сква́жина; **~y** ['ɔılı] масляни́стый, ма́сляный; *fig.* еле́йный

ointment ['ɔıntmənt] мазь *f*

OK, okay [əʊ'keı] *coll.* **1.** *pred.* в поря́дке, хорошо́; **2.** *int.* хорошо́!, ла́дно!, идёт!; слу́шаюсь!

old [əʊld] *com.* ста́рый; (*in times*) *of* **~** старину́; **~ age** ста́рость *f*; **~-fashioned** [-'fæʃnd] старомо́дный

olfactory [ɒl'fæktərı] обоня́тельный

olive ['ɒlıv] *fruit* масли́на; *colo(u)r* оли́вковый цвет

Olympic [ə'lımpık]: **the ~ Games** Олимпи́йские и́гры

omelet(te) ['ɒmlıt] омле́т

ominous ['ɒmınəs] □ злове́щий

omission [ə'mıʃn] (*oversight*) упуще́ние; (*leaving out*) про́пуск

omit [ə'mıt] пропуска́ть [-сти́ть]; (*on purpose*) опуска́ть [-сти́ть]

on [ɒn] **1.** *prp. mst.* на (П и В); **~ the wall** на стене́; **~ good authority** из достове́рного исто́чника; **~ the 1st of April** пе́рвого апре́ля; **~ his arrival** по его́ прибы́тии; **talk ~ a subject** говори́ть на те́му; **~ hearing it** услы́шав э́то; **2.** *adv.* да́льше; впере́д; да́лее; **keep one's hat ~** остава́ться в шля́пе; **have a coat ~** быть в пальто́; **and so ~** и так да́лее (и т.д.); **be ~** быть запу́щенным в ход, включённым (*u m. n.*)

once [wʌns] **1.** *adv.* раз; не́когда; когда́-то; **at ~** сейча́с же; **~ and for all** раз (и) навсегда́; **~ in a while** и́зредка; **this ~** на э́тот раз; **2.** *cj.* как то́лько

one [wʌn] **1.** *adj.* оди́н; еди́нственный; како́й-то; **~ day** одна́жды; **~ never knows** никогда́ не зна́ешь; **2.** (*число*) оди́н; едини́ца; **the little ~s** малы́ш *m/pl.*; **~ another** друг дру́га; **at ~** заодно́; **~ by ~** оди́н за други́м; **I for ~** со свое́й стороны́

onerous ['ɒnərəs] □ обремени́тельный

one|self [wʌn'self] *pron. refl.* -ся, -сь, (самого́) себя́; **~-sided** □ односторо́нний; **~-way: ~ street** у́лица с односторо́нним движе́нием

onion ['ʌnjən] лук, лу́ковица

onlooker ['ɒnlʊkə] → **looker-on**

only ['əʊnlı] **1.** *adj.* еди́нственный; **2.** *adv.* еди́нственно; то́лько, лишь; исключи́тельно; **~ yesterday** то́лько вчера́; **3.** *cj.* но; **~ that ...** е́сли бы не то, что ...

onset ['ɒnset] нача́ло

onslaught ['ɒnslɔːt] ата́ка, нападе́ние

onward ['ɒnwəd] **1.** adj. продвига́ющий; ~ *movement* движе́ние вперёд; **2.** adv. вперёд; впереди́

ooze [uːz] [про]сочи́ться

opaque [əʊ'peɪk] □ непрозра́чный

open ['əʊpən] **1.** □ com. откры́тый; (frank) открове́нный; ~ *to* досту́пный (Д); *in the* ~ *air* на откры́том во́здухе; **2.** *bring into the* ~ сде́лать pf. достоя́нием обще́ственности; **3.** v/t. откры(ва́)ть; нач(ин)а́ть; v/i. откры(ва́)ться; нач(ин)а́ться; ~ *into of door* откры(ва́)ться в (В); ~ *on to* выходи́ть на or в (В); ~*handed* ще́дрый; ~*ing* [-ɪŋ] отве́рстие; нача́ло; *of exhibition* откры́тие; ~*minded* fig. непредубеждённый

opera ['ɒprə] о́пера; ~ *glasses* pl. театра́льный бино́кль m

operat|e ['ɒpəreɪt] v/t. управля́ть (Т); part. Am. приводи́ть в де́йствие; v/i. med. опери́ровать (im)pf.; рабо́тать; де́йствовать; ~*ion* [ɒpə'reɪʃn] де́йствие; med., mil., comm. опера́ция; проце́сс; *be in* ~ быть в де́йствии; ~*ive* ['ɒpərətɪv] □ *having force* действи́тельный; *effective* де́йственный; *working* де́йствующий; ~*or* ['ɒpəreɪtə] *of a machine* управля́ющий; tel. опера́тор; телеграфи́ст(ка f) m

opinion [ə'pɪnjən] мне́ние; взгляд; *in my* ~ по-мо́ему

opponent [ə'pəʊnənt] оппоне́нт, проти́вник

opportun|e ['ɒpətjuːn] □ благоприя́тный; подходя́щий; *timely* своевре́менный; ~*ity* [ɒpə'tjuːnəti] удо́бный слу́чай, возмо́жность f

oppos|e [ə'pəʊz] противопоставля́ть [-ста́вить]; (be against) [вос]проти́виться (Д); ~*ed* [-d] противопоста́вленный; *as* ~ *to* в отли́чие от (Р); *be* ~ быть про́тив (Р); ~*ite* ['ɒpəzɪt] **1.** □ противополо́жный; **2.** prp., adv. напро́тив, про́тив (Р); **3.** противополо́жность f; ~*ition* [ɒpə'zɪʃn] противопоставле́ние; сопротивле́ние; оппози́ция

oppress [ə'pres] притесня́ть [-ни́ть], угнета́ть; ~*ion* [-ʃn] притесне́ние, угнете́ние; ~*ive* [-sɪv] □ гнету́щий; *weather* ду́шный

optic ['ɒptɪk] глазно́й, зри́тельный; ~*al* [-l] опти́ческий; ~*ian* [ɒp'tɪʃn] о́птик

optimism ['ɒptɪmɪzəm] оптими́зм

optimistic [ɒptɪ'mɪstɪk] *person* оптимисти́чный; *prognosis, etc.* оптимисти́ческий

option ['ɒpʃn] вы́бор, пра́во вы́бора; ~*al* ['ʃənl] □ необяза́тельный, факультати́вный

opulence ['ɒpjʊləns] бога́тство

or [ɔː] и́ли; ~ *else* ина́че; и́ли же

oracle ['ɒrəkl] ора́кул

oral ['ɔːrəl] ☐ у́стный; слове́сный

orange ['ɒrɪndʒ] **1.** апельси́н; ора́нжевый цвет; **2.** ора́нжевый

orator ['ɒrətə] ора́тор

orbit ['ɔːbɪt] орби́та; *put into* ~ выводи́ть [-вести] на орби́ту

orchard ['ɔːtʃəd] фрукто́вый сад

orchestra ['ɔːkɪstrə] орке́стр

ordain [ɔː'deɪn] посвяща́ть в духо́вный сан

ordeal [ɔː'diːl] fig. испыта́ние

order ['ɔːdə] **1.** поря́док; (command) прика́з; comm. зака́з; *take (holy)* ~*s* принима́ть духо́вный сан; *in* ~ *to* что́бы; *in* ~ *that* с тем, что́бы; *make to*~ де́лать на зака́з; *out of*~ неиспра́вный; **2.** прика́зывать [-за́ть]; comm. зака́зывать [за́ть]; ~*ly* [-lɪ] (well arranged, tidy) аккура́тный, дисциплини́рованный

ordinary ['ɔːdənrɪ] обыкнове́нный; зауря́дный; *out of the* ~ необы́чный

ore ['ɔː] руда́

organ ['ɔːgən] о́рган; mus. орга́н; ~*ic* [ɔː'gænɪk] (~*ally*) органи́ческий; fig. органи́чный

organ|ization [ɔːgənaɪ'zeɪʃn] организа́ция; ~*ize* [ɔː'gənaɪz] организова́ть (im)pf.; ~*izer* [-ə] организа́тор

orgy ['ɔːdʒɪ] о́ргия

orient ['ɔːrɪənt] **1.** *the* ♀ Восто́к, восто́чные стра́ны f/pl.; **2.** ориенти́ровать (im)pf.; ~*al* [ɔː'rɪ'entl] □ восто́чный, азиа́тский; **~ate** ['ɔːrɪənteɪt] ориенти́ровать (im)pf.

orifice ['ɒrɪfɪs] (opening) отве́рстие

origin ['ɒrɪdʒɪn] (source) исто́чник; (derivation) происхожде́ние; (beginning) нача́ло

original [ə'rɪdʒənl] **1.** □ (first) первонача́льный; ideas, etc. оригина́льный; (not a copy) по́длинный; **2.** оригина́л, по́длинник; (eccentric) чуда́к; **in the~** в оригина́ле; **~ity** [ərɪdʒə'næləti] оригина́льность f

originat|e [ə'rɪdʒɪneɪt] v/t. дава́ть нача́ло (Д), порожда́ть (породи́ть); v/i. происходи́ть ⟨-изойти́⟩ (from от P); **~or** [-ə] инициа́тор

ornament 1. ['ɔːnəmənt] украше́ние (a. fig.), орна́мент; **2.** [-ment] украша́ть ⟨укра́сить⟩; **~al** [ɔːnə'mentl] □ декорати́вный

ornate [ɔː'neɪt] □ бога́то укра́шенный; style витиева́тый

orphan ['ɔːfn] **1.** сирота́ m/f.; **2.** осироте́вший (a. **~ed**); **~age** ['ɔːfənɪdʒ] сиро́тский дом; прию́т для сиро́т

orthodox ['ɔːθədɒks] □ ортодокса́льный; eccl. правосла́вный

oscillate ['ɒsɪleɪt] swing кача́ться; (fluctuate), a. fig. колеба́ться

ostensible [ɒ'stensəbl] □ слу́жащий предло́гом; мни́мый; очеви́дный

ostentatious [ɒsten'teɪʃəs] □ показно́й

ostrich ['ɒstrɪtʃ] zo. стра́ус

other ['ʌðə] друго́й; ино́й; **the ~ day** на днях; **the ~ morning** неда́вно у́тром; **every ~ day** че́рез день; **in ~ words** други́ми слова́ми; **~wise** [-waɪz] ина́че; и́ли же

otter ['ɒtə] zo. вы́дра

ought [ɔːt]: **I ~ to** мне сле́довало бы; **you ~ to have done it** вам сле́довало э́то сде́лать

ounce [aʊns] у́нция

our ['aʊə] poss. adj.; **~s** ['aʊəz] pron. & pred. adj. наш, на́ша, на́ше; на́ши pl.; **~selves** [aʊə'selvz] pron. **1.** refl. себя́, -ся, -сь; **2.** for emphasis (мы) са́ми

oust [aʊst] выгоня́ть [вы́гнать], вытесня́ть [вы́теснить]

out [aʊt] adv. нару́жу; вон; в, на; often translated by the prefix вы-; **take ~** вынима́ть [вы́нуть]; **have it ~ with s.o.** объясни́ться pf. с кём-л.; **~ and ~** соверше́нно; **a/the way ~** вы́ход; **~ size** разме́р бо́льше норма́льного; prp. **~ of:** из (P); вне (P); из-за (P)

out|... [aʊt] пере...; вы...; рас...; про..., воз..., вз..., из...; **~balance** [-'bæləns] переве́шивать [-ве́сить]; **~break** ['aʊtbreɪk] of anger, etc. вспы́шка; of war, etc. (внеза́пное) нача́ло; **~building** ['aʊtbɪldɪŋ] надво́рное строе́ние; **~burst** [-bɜːst] взрыв, вспы́шка; **~cast** [-kɑːst] отве́рженный; **~come** [-kʌm] результа́т; **~cry** [-kraɪ] кри́ки, шум; проте́ст; **~do** [aʊt'duː] [irr. (**do**)] превосходи́ть [-взойти́]; **~door** ['aʊtdɔː] adj. (находя́щийся) на откры́том во́здухе; clothes ве́рхний; **~doors** [-'dɔːz] adv. на откры́том во́здухе; **it's cold ~** на у́лице хо́лодно

outer ['aʊtə] вне́шний, нару́жный; **~most** [-məʊst] кра́йний; са́мый да́льний от це́нтра

out|fit ['aʊtfɪt] (equipment) снаряже́ние; (clothes) костю́м; **~going** [-gəʊɪŋ] уходя́щий; letters, etc. исходя́щий; person общи́тельный; ужи́вчивый; **~grow** [aʊt'grəʊ] [irr. (**grow**)] clothes выраста́ть [вы́расти] из (P); **~house** [-haʊs] надво́рное строе́ние; Am. убо́рная во дворе́

outing ['aʊtɪŋ] (за́городная) прогу́лка, экску́рсия

out|last [aʊt'lɑːst] mst. of person пережи́(ва́)ть; of things служи́ть (носи́ться) до́льше, чем...; **~law** ['aʊtlɔː] **1.** челове́к вне зако́на; **2.** объявля́ть вне зако́на; **~lay** [-leɪ] расхо́ды m/pl.; **~let** [-let] выпускно́е отве́рстие; вы́ход; **~line** [-laɪn] **1.** (a. pl.) очерта́ние, ко́нтур; **2.** де́лать набро́сок (P); **~live** [aʊt'lɪv] пережи́(ва́)ть; **~look** [aʊtlʊk] вид, перспекти́ва; то́чка зре́ния, взгляд; **~lying** [-laɪŋ] отдалённый; **~number** [aʊt'nʌmbə] превосходи́ть чи́сленностью; **~patient** амбулато́рный больно́й; **²patient De-**

partment поликлиника при больнице; **~pouring** ['-pɔ:rɪŋ] *mst. pl.* излияние (чувств); **~put** [-pʊt] (*production*) выпуск; продукция; (*productivity*) производительность *f*

outrage ['aʊtreɪdʒ] **1.** нарушение приличий; безобразие; возмутительное явление; **2.** оскорблять [-бить] возмущать [-утить]; изнасиловать; **~ous** [aʊt'reɪdʒəs] □ возмутительный; безобразный; скандальный

out|right ['aʊtraɪt] открыто, прямо, решительно; **~run** [aʊt'rʌn] [*irr.* (*run*)] перегонять [-гнать], опережать [-редить]; **~set** ['aʊtset] начало; *from the ~* с самого начала; **~shine** [aʊt'ʃaɪn] [*irr.* (*shine*)] затмевать [-мить]; **~side** [aʊtsaɪd] наружная сторона; (*surface*) поверхность *f*; внешний вид; *at the ~* самое большее; **2.** ['aʊtsaɪd] наружный, внешний; крайний; **3.** *adv.* наружу, снаружи; на (открытом) воздухе; **4.** *prp.* вне (P); **~sider** [aʊt'saɪdə] посторонний (человек); **~skirts** ['aʊtskɜ:ts] *pl.* окраина; **~spoken** [aʊt'spəʊkən] □ откровенный; **~standing** [aʊt'stændɪŋ] *fig.* выдающийся; *bill* неоплаченный; **~stretch** [aʊt'stretʃ] протягивать [-тянуть]; **~strip** [-'strɪp] опережать [-редить]; (*surpass*) превосходить [-взойти]

outward ['aʊtwəd] **1.** внешний, наружный; *during the ~ journey* (*to*) ... во время поездки туда (в B); **2.** *adv.* (*mst. ~s* [-z]) наружу; за пределы

outweigh [aʊt'weɪ] превосходить весом; перевешивать [перевесить]

oven ['ʌvn] *in bakery, industry, etc.* печь *f*; *in stove* духовка

over ['əʊvə] **1.** *adv. usually translated by verbal prefixes*; пере...; вы...; про...; снова; вдобавок; слишком; *~ and above* в добавление, к тому же; (*all*) *~ again* снова, ещё раз; *~ and ~* (*again*) снова и снова; *read ~* перечитывать [-читать] *it's all ~* всё кончено; **2.** *prp.* над (T); по (Д); за (B); свыше (P); сверх (P) через (B); о(б) (П); *all ~ the town* по всему городу

over|... ['əʊvə] *pref.* сверх...; над...; пере...; чрезмерно; **~act** [əʊvə'ækt] переигрывать [-грать]; **~all** ['əʊvərɔ:l] *working clothes* халат; **~s** комбинезон, *coll.* спецовка; **~awe** [əʊvər'ɔ:] внушать [-шить] благоговейный страх; **~balance** [əʊvə'bæləns] терять равновесие; *fig.* перевешивать [-весить]; **~bearing** [əʊvə'beərɪŋ] □ властный; **~board** ['əʊvəbɔ:d] *naut.* за борт, за бортом; **~cast** ['əʊvəka:st] покрытый облаками; пасмурный; **~charge** [əʊvə'tʃɑ:dʒ] брать [взять] слишком много (*for* за B); **~coat** ['əʊvəkəʊt] пальто *n indecl.*; **~come** [əʊvə'kʌm] [*irr.* (*come*)] (*surmount*) преодоле(ва́)ть, (*defeat*) побеждать [-едить]; **~crowd** [əʊvə'kraʊd] переполнять [-полнить]; **~do** [əʊvə'du:] [*irr.* (*do*)] *meat, etc.* пережари(ва)ть; (*go too far*) переусердствовать (*im*)*pf.*; **~draw** [əʊvə'drɔ:] [*irr.* (*draw*)] ~ *one's account* превысить *pf.* кредит в банке; **~dress** [əʊvə'dres] оде(ва)ться; слишком нарядно; **~due** [əʊvə'dju:] *payment* просроченный; *the bus is 5 minutes ~* автобус опаздывает на пять минут; **~eat** [əʊvər'i:t] переедать [-есть]; **~flow 1.** [əʊvə'fləʊ] [*irr.* (*flow*)] *v/t.* затоплять [-пить]; *v/i.* перели(ва)ться; **2.** ['əʊvəfləʊ] наводнение; разлив; **~grow** [əʊvə'grəʊ] [*irr.* (*grow*)] *with weeds* зарастать [-ти]; **~hang** [əʊvə'hæŋ] [*irr.* (*hang*)] *v/i.* нависать [-иснуть]; **~haul** [əʊvə'hɔ:l] (*repair*) [от]ремонтировать; **~head 1.** [əʊvə'hed] *adv.* над головой, наверху; **2.** ['əʊvəhed] *adj.* верхний; **3.** **~s** ['əʊvəhedz] *pl. comm* накладные расходы *m/pl.*; **~hear** [əʊvə'hɪə] [*irr.* (*hear*)] подслуш(ив)ать; нечаянно услышать; **~lap** [əʊvə'læp] *v/i.* заходить один за другой; *fig.* совпадать; **~lay** [əʊvə'leɪ] [*irr.* (*lay*)] *tech.* покры(ва)ть; **~load** [əʊvə'ləʊd] перегружать [-узить]; **~look** [əʊvə'lʊk] *of windows, etc.* выходить на (B); (*not notice*) пропускать [-стить]; упускать [-стить]; **~pay** [əʊvə'peɪ] [*irr.* (*pay*)] переплачивать [-латить]; **~power** [əʊvə'raʊə] пересили(ва)ть; **~rate** ['əʊvə-'reɪt] переоце́нивать [-ни́ть]; **~reach** [əʊvə-'riːtʃ] перехитри́ть *pf.*; **~ o.s.** брать сли́шком мно́го на себя́; **~ride** [əʊvə-'raɪd] [*irr.* (**ride**)] *fig.* отверга́ть [-ёргнуть]; **~run** [əʊvə'rʌn] [*irr.* (**run**)] перелива́ться че́рез край; **~seas** [əʊvə-'siːz] **1.** иностра́нный, заграни́чный; **2.** за рубежо́м, за грани́цей; **~seer** ['əʊvəsɪə] надсмо́трщик; **~shadow** [əʊvə'ʃædəʊ] *fig.* затмева́ть [-ми́ть]; **~sight** [-saɪt] недосмо́тр; **~sleep** [əʊvə'sliːp] [*irr.* (**sleep**)] прос(ы)па́ть; **~state** [əʊvə'steɪt] преувели́чи(ва)ть; **~statement** преувеличе́ние; **~strain** [əʊvə'streɪn] **1.** переутомле́ние; **2.** переутомля́ть [-ми́ть]; **~take** [*irr.* (**take**)] обгоня́ть [обогна́ть]; *of events* засти́гнуть *pf.* враспло́х; **~tax** [əʊvə'tæks] облага́ть чрезме́рным нало́гом; *fig. strength, etc.* перенапряга́ть [-ря́чь]; **don't~ my patience** не испы́тывай моё терпе́ние; **~throw** [əʊvə'θrəʊ] сверга́ть [све́ргнуть]; **~time** ['əʊvətaɪm] **1.** сверхуро́чная рабо́та; **2.** *adv.* сверхуро́чно **overture** ['əʊvətjʊə] *mus.* увертю́ра **over|turn** [əʊvə'tɜːn] опроки́дывать

[-и́нуть]; **~whelm** [əʊvə'welm] (*crush*) подавля́ть [-ви́ть]; пересили(ва)ть; **~ed with grief** уби́тый го́рем; **~work** ['əʊvəwɜːk] **1.** переутомле́ние; **2.** [əʊvəwəːk] переутомля́ть(ся) [-ми́ть(ся)]; **~wrought** [əʊvə'rɔːt] в состоя́нии кра́йнего возбужде́ния; *nerves* перенапряжённый

owe [əʊ] быть до́лжным (Д/В); быть обя́занным (Д/Т)
owing ['əʊɪŋ] до́лжный; неупла́ченный; **~ to** *prp.* благодаря́ (Д)
owl [aʊl] сова́
own [əʊn] **1.** свой, со́бственный, родно́й; **2.** *my* **~** моя́ со́бственность *f*; *a house of one's* **~** со́бственный дом; *hold one's* **~** не сдава́ть свои́ пози́ции, **3.** владе́ть (Т); (*admit, confess*) призна(ва́)ть (В); **~ to** призна́(ва́)ться в (П)
owner ['əʊnə] владе́лец *m*, -лица *f*; хозя́ин; **~ship** -[ʃɪp] со́бственность *f*
ox [ɒks], *pl.* **oxen** ['ɒksn] вол, бык
oxid|e ['ɒksaɪd] о́кись *f*; **~ize** ['ɒksɪdaɪz] окисля́ть(ся) [-ли́ть(ся)]
oxygen ['ɒksɪdʒən] кислоро́д
oyster ['ɔɪstə] у́стрица

P

pace [peɪs] **1.** (*step*) шаг; (*speed*) темп, ско́рость *f*; **2.** *v/t.* ме́рить шага́ми; *v/i.* [за]шага́ть; *room* ходи́ть взад и вперёд; *set the* **~** задава́ть темп
pacify ['pæsɪfaɪ] (*calm*) умиротворя́ть [-ри́ть]
pack [pæk] **1.** *of cigarettes, etc.,* па́чка; *of papers* ки́па; *cards* коло́да; *of dogs* сво́ра; *of wolves* ста́я; **2.** *v/t.* (*often* **~ up**) упако́вывать [-кова́ть]; укла́дываться [уложи́ться]; (*fill*) заполня́ть [запо́лнить]; наби(ва́)ть; (*a.* **~ off**) выпрова́живать [вы́проводить]; отгружа́ть [отгрузи́ть]; **~age** ['pækɪdʒ] (*parcel*) паке́т, свёрток, упако́вка; **~ tour** тристи́ческая пое́здка, ком-

плексное турне́; **~er** ['pækə] упако́вщик *m*, -ица *f*; **~et** ['pækɪt] паке́т; па́чка; *small* **~ mail** бандеро́ль *f*
pact [pækt] пакт, догово́р
pad [pæd] **1.** мя́гкая прокла́дка; (*writing~*) блокно́т; **2.** подби́(ва́)ть, наби́(ва́)ть (ва́той *и т. д.*); *fig.* **~ out** перегружа́ть [-узи́ть]
paddle ['pædl] **1.** гребо́к; байда́рочное весло́; **2.** грести́; плыть на байда́рке
paddling pool ['pædlɪŋ] *coll.* лягуша́тник
paddock ['pædək] вы́гон
padlock ['pædlɒk] вися́чий замо́к
pagan ['peɪgən] **1.** язы́чник; **2.** язы́ческий

page [peɪdʒ] страни́ца

pageant ['pædʒənt] карнава́льное (пра́здничное) ше́ствие; пы́шное зре́лище

paid [peɪd] *pt. и pt. p. от* **pay**

pail [peɪl] ведро́

pain [peɪn] **1.** боль *f*; **~s** *pl.* (*often sg.*) страда́ния *n/pl.*; **on ~ of** под стра́хом (Р); **be in ~** испы́тывать боль; **spare no ~s** приложи́ть все уси́лия; **take ~s** [по]стара́ться; **2.** причиня́ть боль (Д); **~ful** ['peɪnfl] □ боле́зненный; мучи́тельный; **~less** ['-lɪs] □ безболе́зненный; **~staking** ['peɪnzteɪkɪŋ] усе́рдный, стара́тельный

paint [peɪnt] **1.** кра́ска; "*Wet* ♀" Осторо́жно, окра́шено; **2.** [по]кра́сить; **~brush** кисть *f*; **~er** ['peɪntə] *art* худо́жник; (*decorator*) маля́р; **~ing** ['peɪntɪŋ] (*art or occupation*) жи́вопись *f*; (*work of art*) карти́на

pair [peə] **1.** па́ра; **a ~ of scissors** но́жницы *f/pl.*; **2.** (**~ off**) соедини́ть(ся) по дво́е; раздели́ть *pf.* на па́ры; *biol.* спа́ривать(ся)

pal [pæl] прия́тель(ница *f*) *m*; *coll.* ко́реш

palace ['pælɪs] дворе́ц

palate ['pælət] *anat.* нёбо; *fig.* вкус

pale [peɪl] **1.** □ бле́дный; **~ ale** све́тлое пи́во; **2.** [по]бледне́ть

paleness ['peɪlnɪs] бле́дность *f*

palette ['pælət] пали́тра

pall [pɔːl] *v/i.* приеда́ться [-е́сться]

palliate ['pælɪeɪt] *pain* облегча́ть [-чи́ть]

pall|id ['pælɪd] □ бле́дный; **~or** [-lə] бле́дность *f*

palm[1] [pɑːm] **1.** *of hand* ладо́нь *f*; **2. ~ off on s.b.** *coll.* подсо́вывать [подсу́нуть]; *fig. pej.* всу́чивать [-чи́ть] (Д)

palm[2] [-], **~tree** па́льма; ♀ **Sunday** Ве́рбное воскресе́нье

palpable ['pælpəbl] □ осяза́емый; ощути́мый; *fig.* очеви́дный, я́вный

palpitat|e ['pælpɪteɪt] *with fear, etc.* трепета́ть; *of heart* си́льно би́ться; **~ion** [pælpɪ'teɪʃn] сердцебие́ние

paltry ['pɔːltrɪ] □ пустяко́вый, ничто́жный

pamper ['pæmpə] [из]ба́ловать

pamphlet ['pæmflɪt] памфле́т

pan [pæn] (*saucepan*) кастрю́ля; (*frying ~*) сковорода́, (-ро́дка)

pan... [-] *pref.* пан...; обще́...

panacea [pænə'sɪə] панаце́я

pancake ['pænkeɪk] блин; *without yeast* бли́нчик; *small and thick* ола́дья

pandemonium [pændɪ'məunɪəm] смяте́ние; *fig.* столпотворе́ние

pander ['pændə] потво́рствовать (**to** Д)

pane [peɪn] (око́нное) стекло́

panel ['pænl] **1.** *arch.* пане́ль *f*; *mot.* прибо́рная доска́; **2.** обшива́ть пане́лями

pang [pæŋ] внеза́пная о́страя боль *f*; **~s of conscience** угрызе́ния со́вести

panic ['pænɪk] **1.** пани́ческий; **2.** па́ника; **~stricken** [-strɪkən] охва́ченный па́никой

pansy ['pænzɪ] *bot.* аню́тины гла́зки *m/pl.*

pant [pænt] задыха́ться; тяжело́ дыша́ть; вздыха́ть; стра́стно жела́ть (**for, after** Р)

panties ['pæntɪz] (**a pair of ~**) *women's* тру́сики; *children's* штани́шки

pantry ['pæntrɪ] кладова́я

pants [pænts] *pl.* (**a pair of ~**) трусы́; *Am.* брю́ки *m/pl.*

papal ['peɪpəl] □ па́пский

paper ['peɪpə] **1.** бума́га; (*news~*) газе́та; (*wall~*) обо́и *m/pl.*; нау́чный докла́д; докуме́нт; **2.** окле́ивать [окле́ить] обо́ями; **~back** кни́га в мя́гком переплёте; **~ bag** кулёк; **~clip** скре́пка; **~work** канцеля́рская рабо́та

paprika ['pæprɪkə] кра́сный пе́рец

par [pɑː] ра́венство; (*recognized or face value*) номина́льная сто́имость *f*; **at ~** по номина́лу; **be on a ~ with** быть наравне́, на одно́м у́ровне с (Т)

parable ['pærəbl] при́тча

parachut|e ['pærəʃuːt] парашю́т; **~ist** [-ɪst] парашюти́ст

parade [pə'reɪd] **1.** *mil.* пара́д; **make a ~ of** выставля́ть напока́з; **2.** щеголя́ть

paradise ['pærədaɪs] рай

paradox ['pærədɒks] парадо́кс; **~ical**

[-ıkl] парадокса́льный

paraffin ['pærəfɪn] *chiefly Brt.* кероси́н; (**~ wax**) парафи́н

paragon ['pærəgən] образе́ц; **~ of virtue** образе́ц доброде́тели

paragraph ['pærəgrɑːf] абза́ц; газе́тная заме́тка

parallel ['pærəlel] 1. паралле́льный; 2. паралле́ль *f* (*a. fig.*); *geogr.* паралле́ль *f*; **without ~** несравни́мый; 3. быть паралле́льным с (T), (*compare*) проводи́ть [-вести́] паралле́ль ме́жду; сра́внивать [-ни́ть]

paraly|se ['pærəlaız] парализова́ть (*im*)*pf.* (*a. fig.*); **~sis** [pə'ræləsıs] *med.* парали́ч

paramount ['pærəmaunt]: **of ~ importance** первостепе́нной ва́жности

parapet ['pærəpıt] парапе́т

paraphernalia [pærəfə'neılıə] *pl.* ли́чные ве́щи *f/pl.*, принадле́жности

parasite ['pærəsaıt] парази́т (*a. fig.*)

paratroops ['pærətruːps] *pl.* парашю́тно-деса́нтные войска́ *n/pl.*

parcel ['pɑːsl] 1. паке́т; *mail* посы́лка; 2. (*mst.* **~ out**) *land* дели́ть на уча́стки; (*mst.* **~ up**) упако́вывать [-ва́ть]

parch [pɑːtʃ] иссуша́ть [-ши́ть]; *of sun* опаля́ть [-ли́ть]; *my throat is* **~ed** у меня́ пересо́хло в го́рле

parchment ['pɑːtʃmənt] перга́мент

pardon ['pɑːdn] 1. проще́ние; *law* поми́лование; 2. проща́ть [прости́ть]; поми́ловать *pf.*; **~able** [-əbl] □ прости́тельный

pare [peə] (*peel*) [по]чи́стить; (*cut*) обреза́ть [-ре́зать]; *fig.* [о-, по-] стри́чь; *fig. expenses* уре́з(ыв)ать

parent ['peərənt] *mst. pl.* роди́тели *m/pl.*; **~age** [-ıdʒ] происхожде́ние; **~al** [pə'rentl] □ роди́тельский

parenthe|sis [pə'renθəsıs], *pl.* **~ses** [-siːz] вво́дное сло́во *or* предложе́ние; *pl. typ.* (кру́глые) ско́бки *f/pl.*

paring ['peərıŋ] кожура́, ко́рка, шелуха́; **~s** *pl.* обре́зки *m/pl.*; *of vegetables, fruit* очи́стки *f/pl.*

parish ['pærıʃ] 1. церко́вный прихо́д; 2. прихо́дский; **~ioners** [pə'rıʃənəz] прихожа́не *pl.*

parity ['pærətı] ра́венство; равноце́нность *f*; *fin.* парите́т

park [pɑːk] 1. (*public garden*) парк; *for vehicles* стоя́нка; 2. *mot.* паркова́ть, ста́вить на стоя́нку; **~ing** ['pɑːkıŋ] автостоя́нка; *No* ⚠ стоя́нка запрещена́

parlance ['pɑːləns]: *in common* **~** в обихо́дной ре́чи

parliament ['pɑːləmənt] парла́мент; **~ary** [pɑːlə'mentərı] парла́ментский

parlo(u)r ['pɑːlə] *in house* гости́ная; *Am., for services* ателье́ *n indecl.*; **games** ко́мнатные и́гры

parody ['pærədı] паро́дия

parole [pə'rəul] че́стное сло́во; усло́вно-досро́чное освобожде́ние

parquet ['pɑːkeı] парке́т

parrot ['pærət] 1. попуга́й; 2. повторя́ть как попуга́й

parry ['pærı] (*ward off*) отража́ть [-рази́ть], пари́ровать (*a. fig.*)

parsimonious [pɑːsı'məunıəs] □ скупо́й

parsley ['pɑːslı] петру́шка

parsnip ['pɑːsnıp] пастерна́к

parson ['pɑːsn] приходско́й свяще́нник, па́стор

part [pɑːt] 1. часть *f*, до́ля; уча́стие; *thea. a. fig.* роль *f*; ме́стность *f*, край; *mus.* па́ртия; *in these* **~s** в э́тих края́х; *take in good* **~** не оби́деться *pf.*, приня́ть *pf.* споко́йно; *take* **~** принима́ть [-ня́ть] уча́стие; *for my* (*own*) **~** с мое́й стороны́; *in* **~** части́чно; *on the* **~ of** со стороны́ (P); 2. *adv.* ча́стью, отча́сти; 3. *v/t.* разделя́ть [-ли́ть]; **~ the hair** де́лать пробо́р; *v/i.* разлуча́ться [-чи́ться], расст(а-в)а́ться (**with, from** с T)

partial ['pɑːʃl] □ части́чный; (*not indifferent*) пристра́стный; неравноду́шный (**to** к Д); *I'm* **~ to peaches** я люблю́ пе́рсики

particip|ant [pɑː'tısıpənt] уча́стник *m*, -ица *f*; **~ate** [-peıt] уча́ствовать (**in** в П); **~ation** [-'peıʃn] уча́стие

particle ['pɑːtıkl] части́ца

particular [pə'tıkjulə] 1. □ осо́бенный; осо́бый; (*hard to satisfy*) разбо́рчивый; *in this* **~ case** в да́нном случае; *for no ~ reason* без особой причины; **2.** подробность f, деталь f; *in ~* в особенности; **~ly** [pə'tɪkjʊlərɪ] особенно

parting ['pɑːtɪŋ] **1.** (*separation*) разлука; (*farewell*) прощание; *in hair* пробор; **2.** прощальный

partisan [pɑːtɪ'zæn] **1.** (*adherent*) сторонник m, -ица f; *mil.* партизан; **2.** партизанский

partition [pɑː'tɪʃn] **1.** (*division*) раздел; (*separating structure*) перегородка; **2.** *~ off* отгораживать [-родить]

partly ['pɑːtlɪ] частью, отчасти

partner ['pɑːtnə] **1.** *in crime* соучастник m, -ица f; *comm.* компаньон, партнёр; *sport, etc.* партнёр; **2.** быть партнёром; **~ship** [-ʃɪp] партнёрство; (*marriage*) союз, товарищество, компания

part-owner совладелец

partridge ['pɑːtrɪdʒ] куропатка

part-time неполный рабочий день; *attr.* не полностью занятый; *~ worker* рабочий, занятый неполный рабочий день

party ['pɑːtɪ] *pol.* партия; (*team*) отряд; (*group*) группа, компания, *law* сторона; участник (*to* в П); (*social gathering*) вечеринка

pass [pɑːs] **1.** проход; *mountain* перевал; (*permit*) пропуск; бесплатный билет; *univ.* посредственная сдача экзамена; *cards, sport* пас; **2.** *v/i.* проходить [пройти]; (*drive by*) проезжать [-ехать]; переходить (*from ... to ...* из (P) ... в (B) ...); *cards* пасовать; *~ as, for* считаться (T), слыть (T); *~ away* умирать [умереть]; *~ by* проходить мимо; *~ into* переходить [перейти] в (B); *~ off of pain, etc.* проходить [пройти]; *~ on* идти дальше; *~ out* (*faint*) [по]терять сознание; **3.** *v/t.* проходить [пройти]; проезжать [-ехать]; миновать (*im*)*pf.*; *exam* сдать *pf.*; обгонять [обогнать], опережать [-редить]; переправлять(ся) [-авить(ся)] через (B); (*a. ~ on*) перед(ав)ать; *sentence* выносить [вынести]; *time* проводить [-вести]; *law* принимать [-нять]; **~able**

['pɑːsəbl] *road, etc.* проходимый; (*tolerable*) сносный

passage ['pæsɪdʒ] проход; *of time* течение; переезд, переправа; *ae.* перелёт; *crossing by ship* плавание, рейс; (*corridor*) коридор; *from book* отрывок

passenger ['pæsɪndʒə] пассажир; *~ train* пассажирский поезд

passer-by [pɑːsə'baɪ] прохожий

passion ['pæʃn] *strong emotion, desire* страсть f; (*anger*) гнев; **♀ Week** Страстная неделя; **~ate** [-ɪt] □ страстный, пылкий

passive ['pæsɪv] □ пассивный; *gr. the ~ voice* страдательный залог

passport ['pɑːspɔːt] паспорт

password ['pɑːswɜːd] пароль m

past [pɑːst] **1.** *adj.* прошлый, минувший; *for some time ~* за последнее время; **2.** *adv.* мимо; **3.** *prp.* за (T); после (P); свыше (P); *half ~ two* половина третьего; *~ endurance* нестерпимый; *~ hope* безнадёжный; **4.** прошлое

paste [peɪst] **1.** (*glue*) клей; **2.** клеить, приклеи(ва)ть

pastel ['pæstl] (*crayon*) пастель f

pasteurize ['pæstəraɪz] пастеризовать (*im*)*pf.*

pastime ['pɑːstaɪm] времяпрепровождение

pastor ['pɑːstə] пастор m; **~al** [-rəl] *of shepherds or country life* пасторальный; *of clergy* пасторский

pastry ['peɪstrɪ] (*dough*) тесто; (*tart*) пирожное; *~ cook* кондитер

pasture ['pɑːstʃə] **1.** пастбище; выгон; **2.** пасти(сь)

pat [pæt] **1.** похлопывание; **2.** *on back* похлоп(ыв)ать; [по]гладить; **3.** кстати; как раз подходящий; *a ~ answer* готовый ответ (*a. fig.* шаблонный)

patch [pætʃ] **1.** *on clothes* заплата; *of colo(u)r* пятно; клочок земли; **2.** [за]латать; [по]чинить; *~ up a quarrel* улаживать [-адить] ссору

patent ['peɪtnt] **1.** (*obvious*) явный; запатентованный; *~ leather* лакированная кожа; **2.** (*a.* **letters** *~ pl.*) патент; **3.**

patentee 480

[за]патентова́ть; **~ee** [peɪtn'tiː] владе́лец пате́нта

patern|al [pə'tɜːnl] □ отцо́вский; (*fatherly*) оте́ческий; **~ity** [-nətɪ] отцо́вство

path [pɑːθ], *pl.* **~s** [pɑːðz] тропи́нка, доро́жка

pathetic [pə'θetɪk] жа́лкий; печа́льный; трога́тельный

patien|ce ['peɪʃns] терпе́ние; **~t** [-nt] 1. □ терпели́вый; 2. больно́й *m*, -на́я *f*, пацие́нт *m*, -тка *f*

patriot ['pætrɪət] патрио́т; **~ism** ['~ɪzəm] патриоти́зм

patrol [pə'trəʊl] *mil.* 1. патру́ль *m*; 2. патрули́ровать

patron ['peɪtrən] (*supporter, sponsor*) покрови́тель *m*; (*customer*) клие́нт, покупа́тель *m*; **~age** ['pætrənɪdʒ] *support* покрови́тельство; **~ize** [-naɪz] покрови́тельствовать; (*be condescending*) снисходи́тельно относи́ться к (Д)

patter ['pætə] говори́ть скорогово́ркой; [про]бормота́ть; *of rain* бараба́нить; *of feet* топота́ть

pattern ['pætn] 1. образе́ц; (*way*) о́браз; (*design*) узо́р; 2. де́лать по образцу́ (**on** P)

paunch [pɔːntʃ] брюшко́

pauper ['pɔːpə] ни́щий *m*, -щая *f*

pause [pɔːz] 1. па́уза, переры́в; 2. [с]де́лать па́узу

pave [peɪv] [вы́]мости́ть; **~ the way for** *fig.* прокла́дывать [проложи́ть] путь; **~ment** ['peɪvmənt] тротуа́р

pavilion [pə'vɪljən] павильо́н

paw [pɔː] 1. ла́па (*coll a.* = **hand**); 2. тро́гать ла́пой

pawn[1] [pɔːn] *chess* пе́шка

pawn[2] [~] 1. зало́г, закла́д; **in ~** в закла́де; 2. закла́дывать [заложи́ть]; **~broker** владе́лец ломба́рда; ростовщи́к; **~shop** ломба́рд

pay [peɪ] 1. (о)пла́та, упла́та; *wages* зарпла́та; 2. [*irr.*] *v/t.* [за]плати́ть; *bill, etc.* опла́чивать [оплати́ть]; **~ a visit** посеща́ть [-ети́ть], (*official*) наноси́ть [-нести́] визи́т; **~ attention to** обраща́ть внима́ние на (В); **~ down** пла-

ти́ть нали́чными; *v/i.* (*be profitable*) окупа́ться [-пи́ться] (*a. fig.*); **~ for** [у-, за]плати́ть за (В), опла́чивать; *fig.* [по]плати́ться за (В); **~able** ['peɪəbl] опла́чиваемый подлежа́щий упла́те, **~day** день зарпла́ты; *coll.* полу́чка; **~ing** ['peɪɪŋ] вы́годный; **~ment** ['~mənt] упла́та, опла́та, платёж

pea [piː] *bot.* горо́х; горо́шина; **~s** *pl.* горо́х; *attr.* горо́ховый

peace [piːs] мир; споко́йствие; **~able** ['piːsəbl] □ миролюби́вый, ми́рный; **~ful** ['~fl] □ ми́рный, споко́йный; **~maker** миротво́рец

peach [piːtʃ] пе́рсик

peacock ['piːkɒk] павли́н

peak [piːk] *of mountain* верши́на (*a. fig.*); *of cap* козырёк; **~ of summer** разга́р ле́та; *attr.* максима́льный; вы́сший

peal [piːl] 1. звон колоколо́в; *of thunder* раска́т; **~ of laughter** взрыв сме́ха; 2. звони́ть

peanut ['piːnʌt] ара́хис

pear [peə] гру́ша

pearl [pɜːl] *collect.* же́мчуг; жемчу́жина *a. fig.*; жемчу́жный; **~ barley** перло́вая крупа́, *coll.* перло́вка

peasant ['peznt] 1. крестья́нин *m*, -я́нка *f*; 2. крестья́нский; **~ry** [-rɪ] крестья́нство

peat [piːt] торф

pebble ['pebl] га́лька

peck [pek] клева́ть [клю́нуть]

peckish ['pekɪʃ] *coll.* голо́дный; **feel ~** хоте́ть есть

peculiar [pɪ'kjuːlɪə] □ (*distinctive*) своеобра́зный, осо́бенный; (*strange*) стра́нный; (*characteristic*) сво́йственный (Д); **~ity** [pɪkjuːlɪ'ærətɪ] осо́бенность *f*; стра́нность *f* сво́йство

peddler *or Brt.* **pedlar** ['pedlə] разно́счик; у́личный торго́вец

pedal ['pedl] 1. педа́ль *f*; 2. е́хать на велосипе́де

pedest|al ['pedɪstl] пьедеста́л (*a. fig.*); **~rian** [pɪ'destrɪən] 1. пешехо́д; 2. пешехо́дный; **~rian crossing** перехо́д

pedigree ['pedɪgriː] родосло́вная; происхожде́ние

peek [pi:k] → *peep*

peel [pi:l] 1. ко́рка, ко́жица, шелуха́; 2. (*a. ~ off*) *v/t.* снима́ть ко́жицу, ко́рку, шелуху́ с (P); *fruit, vegetables* [по]чи́стить; *v/i.* [об]лупи́ться; *of skin* сходи́ть [сойти́]

peep[1] [pi:p] [про]пища́ть

peep[2] [-] 1. взгляд укра́дкой; *have a ~* взгляну́ть *pf.*; 2. взгляну́ть *pf.* укра́дкой; *~ in* загля́дывать [-яну́ть]; *~hole in door* глазо́к

peer[1] [piə] *~ at* всма́триваться [всмотре́ться]

peer[2] [-] ро́вня *m/pf.*; пэр; *~less* ['piəlis] несравне́нный

peevish ['pi:viʃ] □ брюзгли́вый

peg [peg] 1. ко́лышек; *for coats, etc.* ве́шалка; (*clothes ~*) прище́пка; *fig. take a p. down a ~* сбива́ть спесь с кого́-л.; 2. прикрепля́ть ко́лышком; отмеча́ть ко́лышками; *~ away impf. only, coll.* вка́лывать; упо́рно рабо́тать

pellet ['pelit] ша́рик; (*pill*) пилю́ля; *collect.* дробь *f*

pell-mell [pel'mel] впереме́шку

pelt[1] [pelt] ко́жа, шку́ра

pelt[2] [-] (*throw at*) забра́сывать [-роса́ть]; *v/i. of rain, etc.* бараба́нить

pelvis ['pelvis] *anat.* таз

pen [pen] 1. ру́чка; *ballpoint ~* ша́риковая ру́чка; *fountain ~* авторучка; 2. [на]писа́ть

penal ['pi:nl] уголо́вный; *~ offence, Am. -se* уголо́вное преступле́ние; *~ize* ['pi:nəlaiz] нака́зывать [-за́ть]; *~ty* ['penəlti] наказа́ние; *sport.* пена́льти; *attr.* штрафно́й

pence [pens] *pl. om penny*

pencil ['pensl] 1. каранда́ш; *in ~* каранда́шом; 2. (*draw*) [на]рисова́ть; писа́ть карандашо́м

pendant ['pendənt] куло́н; брело́к

pending ['pendiŋ] 1. *law* ожида́ющий реше́ния; 2. *prp.* (вплоть) до (P)

pendulum ['pendjuləm] ма́ятник

penetra|ble ['penitrəbl] □ проница́емый; *~te* [-treit] проника́ть [-ни́кнуть] в (В); (*pervade*) прони́зывать [-за́ть]; *fig.* вника́ть [вни́кнуть] в (В); *~ting* ['-treitiŋ] (*acute*) проница́-

тельный; *sound, etc.* пронзи́тельный; *~tion* [peni'treiʃn] проникнове́ние; проница́тельность *f*

peninsula [pə'ninsjulə] полуо́стров

peniten|ce ['penitəns] раска́яние; пока́яние; *~t* [-nt] □ ка́ющийся; *~tiary* [peni'tenʃəri] исправи́тельный дом; тюрьма́

penknife ['pennaif] перочи́нный нож

pen name псевдони́м

pennant ['penənt] вы́мпел

penniless ['penilis] без копе́йки

penny ['peni] пе́нни *n indecl.*; пенс; *cost a pretty ~* влете́ть *pf.* в копе́ечку

pen pal друг по перепи́ске

pension 1. ['penʃn] пе́нсия; (*disability ~*) пе́нсия по инвали́дности; 2. *v/t.* назнача́ить *pf.* пе́нсию; (*~ off*) увольня́ть на пе́нсию; *~er* ['penʃənə] пенсионе́р(ка)

pensive ['pensiv] □ заду́мчивый

pent [pent] заключённый; *~-up anger, etc.* накопи́вшийся; пода́вленный

penthouse ['penthaus] кварти́ра; вы́строенная на кры́ше до́ма

people ['pi:pl] 1. (*race, nation*) наро́д; (*persons generally*) лю́ди *m/pl.*; (*inhabitants*) населе́ние; 2. заселя́ть [-ли́ть]; *country* населя́ть [-ли́ть]

pepper ['pepə] 1. пе́рец. 2. [по-, на]перчи́ть; *~mint bot.* пе́речная мя́та; *~y* [-ri] напе́рченный; *fig.* вспы́льчивый, раздражи́тельный

per [pɜ:] по (Д), че́рез (В), посре́дством (P); за (В); *~ annum* в год, ежего́дно; *~cent* проце́нт

perambulator [pə'ræmbjuleitə] де́тская коля́ска

perceive [pə'si:v] (*visually*) замеча́ть [-е́тить]; (*discern*) различа́ть [-чи́ть]; *mentally* понима́ть [-ня́ть]; осозн(ав)а́ть; *through senses* [по-] чу́вствовать; ощуща́ть [-ути́ть]

percentage [pə'sentidʒ] проце́нт

percepti|ble [pə'septəbl] □ ощути́мый, различи́мый; *~on* [-ʃn] восприя́тие

perch[1] [pɜ:tʃ] *zo.* о́кунь *m*

perch[2] [-] сади́ться [сесть]; уса́живаться [усе́сться]

percolator ['pɜ:kəleitə] кофеварка
percussion [pə'kʌʃn] удар; *mus. collect.* ударные инструменты
peremptory [pə'remptəri] безапелляционный, категоричный, (*manner*) властный
perennial [pə'reniəl] □ *fig.* вечный, неувядаемый; *bot.* многолетний
perfect ['pɜ:fikt] **1.** □ совершенный; (*exact*) точный; **2.** [pə'fekt] [y]совершенствовать; **~ion** [-ʃn] совершенство
perfidious [pə'fidiəs] □ *lit.* вероломный
perforate ['pɜ:fəreit] перфорировать (*im*)*pf.*
perform [pə'fɔ:m] исполнять [-олнить] (*a. thea.*); *thea., mus.* играть [сыграть]; **~ance** [-əns] исполнение (*a. thea.*); *thea.* спектакль *m*; *sport.* достижение; **~er** [-ə] исполнитель(ница *f*) *m*
perfume ['pɜ:fju:m] *liquid* духи *m/pl.*; (*smell, bouquet*) аромат, (*fragrance*) благоухание
perfunctory [pə'fʌŋktəri] □ (*automatic*) машинальный; *fig.* (*careless*) небрежный; (*superficial*) поверхностный
perhaps [pə'hæps] может быть
peril ['perəl] опасность *f*; **~ous** [-əs] □ опасный
period ['piəriəd] период; эпоха; (*full stop*) точка, конец; **~ic** [piəri'ɒdik] периодический; **~ical** [-dikl] **1.** → *periodic*; **2.** периодическое издание
periphery [pə'rifəri] окружность *f*; *fig.* периферия
perish ['periʃ] погибать [-ибнуть]; **~able** □ *food* скоропортящийся; **~ing** [-ɪŋ]: *it's* **~** *here* здесь жутко холодно
perjur|e ['pɜ:dʒə]: **~** *o.s.* лжесвидетельствовать; **~y** [-rɪ] лжесвидетельство
perk [pɜ:k] *coll.: mst.* **~** *up* v/i. оживляться [-виться], **~y** ['pɜ:kɪ] □ живой; (*self-assured*) самоуверенный
permanen|ce ['pɜ:mənəns] постоянство; **~t** [-nt] постоянный, неизменный; **~** *address* постоянный адрес; **~** *wave* завивка «перманент»
permea|ble ['pɜ:miəbl] проницаемый; **~te** [-mieit] проникать [-икнуть]; пропитывать [-итать]
permissi|ble [pə'misəbl] □ допустимый; **~on** [-ʃn] разрешение
permit 1. [pə'mit] разрешать [-шить], позволять [-волить]; допускать [-устить]; *weather* **~ting** если погода позволит; **2.** ['pɜ:mit] разрешение; (*document*) пропуск
pernicious [pə'niʃəs] □ пагубный, вредный
perpendicular [pɜ:pən'dikjulə] □ перпендикулярный
perpetrate ['pɜ:pitreit] совершать [-шить]
perpetu|al [pə'petʃuəl] □ постоянный, вечный; **~ate** [-ʃueit] увековечи(ва)ть
perplex [pə'pleks] озадачи(ва)ть, сбивать с толку; **~ity** [-əti] озадаченность *f*; недоумение
perquisite ['pɜ:kwizit] побочное преимущество; льгота
persecut|e ['pɜ:sikju:t] преследовать; **~ion** [pɜ:si'kju:ʃn] преследование
persever|ance [pɜ:si'viərəns] настойчивость *f*, упорство; **~e** [-'viə] v/i. упорно продолжать (*in* в)
persist [pə'sist] упорствовать (*in* в П); **~ence** [-əns] настойчивость *f*; **~ent** [-ənt] □ настойчивый; (*unceasing*) беспрестанный
person ['pɜ:sn] лицо, личность *f*; персона, особа; *pleasant* **~** приятный человек; **~age** [-idʒ] важная персона; *lit.* персонаж; **~al** [-l] □ личный, персональный; **~ality** [pɜ:sə'næləti] личность *f*; **~ify** [pə'sɒnifai] (*give human qualities*) олицетворять [-рить]; (*embody, exemplify*) воплощать [-лотить]; **~nel** [pɜ:sə'nel] персонал, штат; **~** *department* отдел кадров
perspective [pə'spektiv] перспектива; (*view*) вид
perspir|ation [pɜ:spə'reiʃn] потение; пот; **~e** [pə'spaiə] [вс]потеть
persua|de [pə'sweid] убеждать [убе-

дить]; **~sion** [-ʒn] убежде́ние; убеди́тельность *f*; **~sive** [-sɪv] □ убеди́тельный

pert [pɜːt] □ де́рзкий

pertain [pə'teɪn] (*relate*) име́ть отноше́ние (к Д); (*belong*) принадлежа́ть

pertinacious [pɜːtɪ'neɪʃəs] □ упря́мый; (*determined*) насто́йчивый

pertinent ['pɜːtɪnənt] уме́стный; относя́щийся к де́лу

perturb [pə'tɜːb] [вз]волнова́ть, [о]беспоко́ить

perusal [pə'ruːzl] внима́тельное прочте́ние; рассмотре́ние

pervade [pə'veɪd] *of smell, etc.* распространя́ться [-ни́ться] по (Д)

pervers|e [pə'vɜːs] □ превра́тный, отклоня́ющийся от но́рмы; извращённый; **~ion** [ʃn] *med.* извраще́ние

pervert 1. [pə'vɜːt] извраща́ть [-рати́ть]; совраща́ть [-рати́ть]; **2.** ['pɜːvɜːt] извраще́нец

pest [pest] *fig.* я́зва, бич; *zo.* вреди́тель *m*; **~er** ['-ə] докуча́ть (Д); надоеда́ть [-е́сть] (Д); **~icide** ['-tɪsaɪd] пестици́д

pet [pet] **1.** дома́шнее живо́тное; (*favourite*) люби́мец, ба́ловень *m*; **2.** люби́мый; **~ name** ласка́тельное и́мя; **3.** ба́ловать; ласка́ть

petal ['petl] *bot.* лепесто́к

petition [pə'tɪʃn] **1.** проше́ние, хода́тайство; **2.** обраща́ться [-ати́ться] с проше́нием; хода́тайствовать

petrol ['petrəl] *chiefly Brt.* бензи́н

petticoat ['petɪkəʊt] ни́жняя ю́бка; комбина́ция

petty ['petɪ] □ ме́лкий; (*small-minded*) ме́лочный

petulant ['petjʊlənt] раздражи́тельный, капри́зный

pew [pjuː] церко́вная скамья́

phantom ['fæntəm] фанто́м, при́зрак; иллю́зия

pharmacy ['fɑːməsɪ] фарма́ция; (*drugstore*) апте́ка

phase [feɪz] фа́за; пери́од, эта́п

phenomen|on [fə'nɒmɪnən], *pl.* **~a** [-nə] явле́ние; феноме́н

phial ['faɪəl] пузырёк

philologist [fɪ'lɒlədʒɪst] фило́лог

philosoph|er [fɪ'lɒsəfə] филосо́ф; **~ize** [-faɪz] филосо́фствовать; **~y** [-fɪ] филосо́фия

phlegm [flem] мокро́та; (*sluggishness*) флегмати́чность *f*

phone [fəʊn] → **telephone**

phonetics ['fə'netɪks] *pl.* фоне́тика

phon(e)y ['fəʊnɪ] *coll.* (*false*) фальши́вый, неесте́ственный

phosphorus ['fɒsfərəs] фо́сфор

photograph ['fəʊtəgrɑːf] **1.** фотогра́фия, сни́мок; **2.** [с]фотографи́ровать; **~er** [fə'tɒɡrəfə] фото́граф; **~y** [-fɪ] фотогра́фия

phrase [freɪz] **1.** фра́за, выраже́ние; **2.** выража́ть [вы́разить]; [с]формули́ровать

physic|al ['fɪzɪkəl] □ физи́ческий; материа́льный; **~ian** [fɪ'zɪʃn] врач; **~ist** ['-sɪst] фи́зик; **~s** ['fɪzɪks] *sg.* фи́зика

physique [fɪ'ziːk] телосложе́ние

pianist ['pɪənɪst] пиани́ст

piano [pɪ'ænəʊ] *upright* пиани́но; *grand ~* роя́ль *m*; *~ concerto* конце́рт для роя́ля с орке́стром

pick [pɪk] **1.** вы́бор; (*tool*) кирка́; **2.** выбира́ть [вы́брать]; *nose* ковыря́ть в (П); *flowers, fruit* соб(и-)ра́ть; (*pluck*) срыва́ть [сорва́ть]; **~ out** выбира́ть [вы́брать]; **~ up** подбира́ть [подобра́ть]; поднима́ть [-ня́ть]; (*collect s.o.*) заезжа́ть [зае́хать] за (Т); **~aback** ['pɪkəbæk], = **piggyback** ['pɪgɪbæk], на спине́; на зако́рках; *give me a ~* посади́ меня́ на пле́чи; **~axe** кирка́

picket ['pɪkɪt] **1.** (*stake*) кол; *mil.* заста́ва; пост; *of strikers, etc.* пике́т; **2.** пикети́ровать

picking ['pɪkɪŋ] *of fruit* сбор; **~s** *pl.* оста́тки *m/pl.*, объе́дки *m/pl.*

pickle ['pɪkl] **1.** марина́д; *pl.* пи́кули *f/pl.*; *coll.* беда́; неприя́тности *f/pl.*; *be in a ~* влипну́ть *pf.*; **2.** [за-] марино-ва́ть; **~d herring** марино́ванная селёдка

pickup (*van*) пика́п

pictorial [pɪk'tɔːrɪəl] иллюстри́рованный; *art* изобрази́тельный

picture ['pɪktʃə] 1. карти́на; **~s** pl. (generally) жи́вопись f; chiefly Brt. кино́ indecl.; **put in the~** вводи́ть [ввести́] в курс де́ла; **~ gallery** карти́нная галере́я; **~ (post)card** откры́тка с ви́дом; 2. (depict) изобража́ть [-рази́ть]; (describe) опи́сывать [-са́ть]; (imagine) воображá́ть [-рази́ть]; **~ to o.s.** представля́ть [-а́вить] себе́; **~sque** [pɪktʃə'resk] живопи́сный

pie [paɪ] пиро́г; small пирожо́к

piece [pi:s] 1. кусо́к, часть f; (fragment) обры́вок, обло́мок; (single article) вещь f; предме́т; шту́ка; **~ of advice** сове́т; **~ of news** но́вость f; **by the~** поштучно; **give a ~ of one's mind** выска́зывать своё мне́ние; **take to ~s** разбира́ть на ча́сти; 2.: **~ together** соединя́ть в одно́ це́лое, собира́ть из кусо́чков; **~meal** по частя́м, уры́вками; **~work** сде́льная рабо́та

pier [pɪə] naut. пирс; мол; of bridge усто́й, бык; (breakwater) волноло́м; (wharf) при́стань f

pierce [pɪəs] пронза́ть [-зи́ть]; прока́лывать [-коло́ть]; of cold прони́зывать [-за́ть]

piety ['paɪətɪ] благочести́е; набо́жность f

pig [pɪg] свинья́

pigeon ['pɪdʒɪn] го́лубь m; **~hole** 1. отделе́ние (пи́сьменного стола́ u m. n.); 2. раскла́дывать по я́щикам; fig. откла́дывать в до́лгий я́щик

pig|headed [pɪg'hedɪd] упря́мый; **~skin** свина́я ко́жа; **~sty** свина́рник; **~tail** коси́чка, коса́

pike [paɪk] (fish) щу́ка

pile [paɪl] 1. ку́ча, гру́да; (stack) шта́бель m; 2. скла́дывать [сложи́ть]; сва́ливать в ку́чу

piles pl. med. геморро́й

pilfer ['pɪlfə] ворова́ть; стяну́ть pf.

pilgrim ['pɪlgrɪm] пало́мник; **~age** ['pɪlgrɪmɪdʒ] пало́мничество

pill [pɪl] табле́тка; **bitter ~** fig. го́рькая пилю́ля

pillage ['pɪlɪdʒ] мародёрство

pillar ['pɪlə] столб, коло́нна; Brt. **~box** почто́вый я́щик

pillion ['pɪljən] on motorcycle за́днее сиде́нье

pillow ['pɪləʊ] поду́шка; **~case**, **~slip** на́волочка

pilot ['paɪlət] 1. ae. пило́т; naut. ло́цман; 2. naut. проводи́ть [-вести́]; ae. пилоти́ровать

pimple ['pɪmpl] пры́щик

pin [pɪn] 1. була́вка; hair ~ шпи́лька; Brt. drawing ~ (Am. thumbtack) кно́пка; 2. прика́лывать [-коло́ть]; **~ down** припере́ть pf. к стене́; **~ one's hopes on** возлага́ть [-ложи́ть] наде́жды на (В)

pinafore ['pɪnəfɔː] пере́дник

pincers ['pɪnsəz] pl. кле́щи f/pl.; (tweezers) пинце́т

pinch [pɪntʃ] 1. щипо́к; of salt, etc. щепо́тка; fig. стеснённое положе́ние; **at a ~** в кра́йнем слу́чае; 2. v/t. щипа́ть [щипну́ть]; (squeeze) прищемля́ть [-ми́ть]; v/i. [по]скупи́ться; of shoes жать

pine¹ [paɪn] **~ away** [за]ча́хнуть; **~ for** тоскова́ть по (П)

pine² [~] bot. сосна́; **~apple** анана́с; **~cone** сосно́вая ши́шка

pinion ['pɪnjən] tech. (cogwheel) шестерня́

pink [pɪŋk] 1. bot. гвозди́ка; ро́зовый цвет; 2. ро́зовый

pinnacle ['pɪnəkl] arch. остроконе́чная ба́шенка; of mountain верши́на; fig. верх

pint [paɪnt] пи́нта

pioneer [paɪə'nɪə] 1. пионе́р; первопрохо́дец m; 2. проклá́дывать путь m (for Д)

pious ['paɪəs] □ на́божный

pip [pɪp] of fruit ко́сточка, зёрнышко

pipe [paɪp] 1. труба́; smoker's тру́бка; mus. ду́дка; 2.: **~ down** замолча́ть pf.; **~dream** несбы́точная мечта́; **~line** трубопрово́д; нефтепрово́д; **~r** ['paɪpə] mst. волы́нщик

piping ['paɪpɪŋ]: **~ hot** о́чень горя́чий

piquant ['pi:kənt] пика́нтный (a. fig.)

pique [pi:k] 1. доса́да; 2. (nettle) раздража́ть; вызыва́ть доса́ду; (wound) уязвля́ть [-ви́ть] заде́(ва́)ть

pira|cy ['paɪərəsɪ] пира́тство (*a. in publishing*); **~te** [-rət] **1.** пира́т

pistol ['pɪstl] пистоле́т

piston ['pɪstən] *tech.* по́ршень *m*; **~ stroke** ход по́ршня

pit [pɪt] я́ма; *mining* ша́хта; *thea.* оркестро́вая я́ма

pitch¹ [pɪtʃ] смола́; (*tar*) дёготь *m*; **as black as ~** чёрный как смоль

pitch² [~] (*degree*) сте́пень *f*; *mus.* высота́ то́на; *naut.* ки́левая ка́чка; *tech.* (*slope*) накло́н; *tech.* (*thread*) шаг резьбы́; *sport* по́ле, площа́дка; **2.** *v/t.* (*set up camp, tent, etc.*) разби́(ва́)ть; (*throw*) броса́ть [бро́сить]; *naut.* кача́ть; *fig.* **~ into** набра́сываться [-ро́ситься] на (В)

pitcher ['pɪtʃə] (*jug*) кувши́н; (*sport*) подаю́щий

pitchfork ['pɪtʃfɔːk] ви́лы *f/pl.*

pitfall ['pɪtfɔːl] *fig.* лову́шка

pith [pɪθ] *bot.* сердцеви́на; *fig.* су́щность *f*, суть *f*; **~y** ['pɪθɪ] *fig.* сжа́тый; содержа́тельный

pitiable ['pɪtɪəbl] □ (*arousing pity*) несча́стный; (*arousing contempt*) жа́лкий

pitiful ['pɪtɪfl] □ (*arousing compassion*) жа́лостливый; (*arousing contempt*) жа́лкий

pitiless ['pɪtɪlɪs] □ безжа́лостный

pittance ['pɪtəns] гроши́

pity ['pɪtɪ] **1.** жа́лость *f* (**for** к Д), **it is a ~** жаль; **2.** [по]жале́ть

pivot ['pɪvət] **1.** ось *f* враще́ния; *fig.* сте́ржень *m*; **2.** враща́ться ([**up**]**on** вокру́г Р)

pizza ['piːtsə] пи́цца

placard ['plækɑːd] плака́т

placate [pləˈkeɪt] умиротворя́ть [-ри́ть]

place [pleɪs] **1.** ме́сто; го́род, селе́ние; дом; (*station*) до́лжность *f*; **give ~ to** уступа́ть ме́сто (Д); **in ~ of** вме́сто (Р); **in ~s** места́ми; **out of ~** неуме́стный; **2.** [по]ста́вить, класть [положи́ть]; *orders, etc.* размеща́ть [-ести́ть]; *article, etc.* помеща́ть [-ести́ть]; **I can't ~ her** не могу́ вспо́мнить, отку́да я её зна́ю

placid ['plæsɪd] □ споко́йный

plagiar|ism ['pleɪdʒərɪzəm] плагиа́т; **~ize** [-raɪz] занима́ться плагиа́том

plague [pleɪg] **1.** (*pestilence*) чума́ *fig.* (*calamity*) бе́дствие; (*scourge*) бич; **2.** [из]му́чить; *coll.* надоеда́ть [-е́сть] (Д)

plaice [pleɪs] ка́мбала

plaid [plæd] шотла́ндка; плед

plain [pleɪn] **1.** □ просто́й; поня́тный, я́сный; (*obvious*) очеви́дный; обыкнове́нный; (*smooth, level*) гла́дкий, ро́вный; **2.** *adv.* я́сно; открове́нно; **3.** *geogr.* равни́на; **~spoken** прямо́й

plaint|iff ['pleɪntɪf] исте́ц *m*, исти́ца *f*; **~ive** ['pleɪntɪv] □ жа́лобный, заны́вный

plait [plæt] **1.** коса́; **2.** заплета́ть [-ести́]

plan [plæn] **1.** план, прое́кт; **2.** [за]плани́ровать; составля́ть план; *fig.* намеча́ть [-е́тить]; (*intend*) намерева́ться

plane¹ [pleɪn] **1.** пло́ский; **2.** пло́скость *f*; *math.* прое́кция; *ae.* самолёт; *fig.* у́ровень *m*

plane² [~] **1.** (*tool*) руба́нок; **2.** [вы]строга́ть

planet ['plænɪt] плане́та

plank [plæŋk] **1.** доска́; **2.** настила́ть *or* обшива́ть до́сками

plant [plɑːnt] **1.** расте́ние; *tech.* заво́д, фа́брика; **2.** *tree* сажа́ть [посади́ть]; [по]ста́вить; **~ation** [plænˈteɪʃən] планта́ция; насажде́ние

plaque [plɑːk] (*wall ornament*) таре́лка; *on door, etc.* доще́чка, табли́чка; **memorial ~** мемориа́льная доска́

plasma ['plæzmə] пла́зма

plaster ['plɑːstə] **1.** *for walls* штукату́рка; *med.* пла́стырь *m*; (*mst. ~ of Paris*) гипс; **sticking ~** *med.* лейкопла́стырь; **2.** [о]штукату́рить; накла́дывать пла́стырь на (В)

plastic ['plæstɪk] (**~ally**) **1.** пласти́ческий; **2.** пластма́сса, пла́стик; **~ surgery** пласти́ческая хирурги́я

plate [pleɪt] **1.** (*dish*) таре́лка; (*metal tableware*) посу́да; (*sheet of glass, metal, etc.*) лист; *on door* доще́чка; **silver~** столо́вое серебро́; **2.** покрыва́ть мета́ллом

plateau ['plætəʊ] плато́ *n indecl.*

platform ['plætfɔːm] *rail.* перро́н, платфо́рма; *for speakers* трибу́на; *on bus, etc.* площа́дка; *pol.* полити́ческая програ́мма

platinum ['plætɪnəm] пла́тина; *attr.* пла́тиновый

platitude ['plætɪtjuːd] бана́льность *f*; иста́сканное выраже́ние

platoon [plə'tuːn] *mil.* взвод

platter ['plætə] блю́до

plausible ['plɔːzəbl] □ правдоподо́бный; *of excuse, argument, etc.* благови́дный

play [pleɪ] **1.** игра́; пье́са; *fair* че́стная игра́; **2.** игра́ть [сыгра́ть] (в В, *mus.* на П); (*direct*) направля́ть [-вить]; ~ *off fig.* разы́грывать [-ра́ть]; стра́вливать [стра́вить] (*against* с Т); ~ed *out* вы́дохшийся; ~bill театра́льная афи́ша; ~er ['pleɪə] игро́к; актёр; ~mate това́рищ по и́грам, друг де́тства; ~ful ['pleɪfl] □ игри́вый; ~goer ['-ɡəʊə] театра́л; ~ground де́тская площа́дка; ~house теа́тр; ~pen де́тский манеж; ~thing игру́шка; ~wright ['-raɪt] драмату́рг

plea [pliː] про́сьба, мольба́; *law* заявле́ние в суде́; *on the* ~ (*of или that* ...) под предло́гом (Р *or* что ...)

plead [pliːd] *v/i.:* ~ *for* вступа́ться [-пи́ться] за (В); говори́ть за (В); ~ *guilty* признава́ть себя́ вино́вным; *v/t. in court* защища́ть [-ити́ть]; приводи́ть в оправда́ние

pleasant ['pleznt] □ прия́тный

please [pliːz] [по]нра́виться (Д); угожда́ть [угоди́ть] (Д); *if you* ~ с ва́шего позволе́ния; изво́льте!; ~ *come in!* войди́те, пожа́луйста!; доставля́ть удово́льствие (Д); *be* ~d *to do* де́лать с удово́льствием; *be* ~d *with* быть дово́льным (Т); ~d [pliːzd] дово́льный

pleasing ['pliːzɪŋ] □ прия́тный

pleasure ['pleʒə] удово́льствие, наслажде́ние; *attr.* развлека́тельный, увесели́тельный; *at your* ~ по ва́шему жела́нию

pleat [pliːt] **1.** скла́дка; **2.** де́лать скла́дки на (П)

pledge [pledʒ] **1.** зало́г, закла́д; (*promise*) обеща́ние; **2.** закла́дывать [заложи́ть]; обеща́ть; (*vow*) [по]кля́сться; обя́зываться [-за́ться]; *he* ~d *himself* он связа́л себя́ обеща́нием

plenary ['pliːnərɪ] плена́рный

plenipotentiary [plenɪpə'tenʃərɪ] полномо́чный представи́тель *m*

plentiful ['plentɪfl] □ оби́льный

plenty ['plentɪ] **1.** изоби́лие; ~ *of* мно́го (Р); **2.** *coll.* вполне́; дово́льно

pleurisy ['plʊərəsɪ] плеври́т

pliable ['plaɪəbl] □ ги́бкий; *fig.* пода́тливый, мя́гкий

pliancy ['plaɪənsɪ] ги́бкость *f*

pliers ['plaɪəz] *pl.* плоскогу́бцы *m/pl.*

plight [plaɪt] плохо́е положе́ние, состоя́ние

plod [plɒd] (*a.* ~ *along, on*) [по]тащи́ться; корпе́ть (*at* над Т)

plot [plɒt] **1.** уча́сток земли́, деля́нка; (*conspiracy*) за́говор; *lit.* фа́була, сюже́т; **2.** *v/i.* гото́вить за́говор; *v/t. on map* наноси́ть [нанести́]; замышля́ть [-ы́слить]; интригова́ть

plow, *Brt.* **plough** [plaʊ] **1.** плуг; **2.** [вс]паха́ть; *fig.* [из]борозди́ть; ~*land* пахо́тная земля́; па́шня

pluck [plʌk] **1.** *coll.* сме́лость *f*, му́жество; **2.** *flowers* срыва́ть [сорва́ть]; *fowl* ощи́пывать [-па́ть]; ~ *at* дёргать [дёрнуть] (В); хвата́ть(ся) [схвати́ть(ся)] за (В); ~ *up courage* собра́ться *pf.* с ду́хом; ~y ['plʌkɪ] сме́лый, отва́жный

plug [plʌɡ] **1.** заты́чка; *in bath, etc.* про́бка; *el.* штэ́псель *m*; ~ *socket* штэ́псельная розе́тка; **2.** *v/t. stop up* затыка́ть [заткну́ть]; ~ *in* включа́ть [-чи́ть]

plum [plʌm] сли́ва; *attr.* сли́вовый

plumage ['pluːmɪdʒ] опере́ние

plumb [plʌm] *adv.* (*exactly*) то́чно; пря́мо, как раз

plumb|er ['plʌmə] санте́хник, *coll.* водопрово́дчик; ~**ing** [-ɪŋ] *in house* водопрово́д и канализа́ция

plummet ['plʌmɪt] свинцо́вый отве́с

on fishing line грузи́ло

plump¹ [plʌmp] (*chubby*) пу́хлый; (*somewhat fat*) по́лный; *poultry* жи́рный

plump² [-] **1.** □ *coll.* реши́тельный; **2.** бу́хаться [-хнуться]; **3.** *adv. coll.* пря́мо, без обиняко́в

plunder ['plʌndə] [o]гра́бить

plunge [plʌndʒ] **1.** (*dive*) ныря́ть [нырну́ть]; *hand, etc.* окуна́ть [-ну́ть]; ныря́ние; погруже́ние; *take the ~* [с]де́лать реши́тельный шаг

plural ['plʊərəl] *gr.* мно́жественное число́; (*multiple*) многочи́сленный

plush [plʌʃ] плюш

ply¹ [plaɪ] *v/t. with questions* засыпа́ть [засы́пать], забра́сывать [-роса́ть]; *v/i.* курси́ровать

ply² [-] слой; **~wood** фане́ра

pneumatic [njuː'mætɪk] (**~ally**) пневмати́ческий

pneumonia [njuː'məʊnɪə] воспале́ние лёгких, пневмони́я

poach¹ [pəʊtʃ] браконье́рствовать

poach² [-]: **~ed egg** яйцо́-пашо́т

poacher ['pəʊtʃə] браконье́р

PO Box (= *Post Office Box*) почто́вый я́щик (п/я)

pocket ['pɒkɪt] **1.** карма́н; (*air~*) возду́шная я́ма; **2.** класть в карма́н; *fig. appropriate* прикарма́нива(ва)ть; *pride* подавля́ть [-ви́ть]; *insult* прогла́тывать [-лоти́ть]; **3.** карма́нный

pod [pɒd] **1.** *of seed* стручо́к; **2.** *shell v/t.* лущи́ть

poem ['pəʊɪm] поэ́ма; стихотворе́ние

poet ['pəʊɪt] поэ́т; **~ess** [-əs] поэте́сса; **~ic(al** □) [pəʊ'etɪk(əl)] поэти́ческий; поэти́чный; **~ry** ['pəʊɪtrɪ] поэ́зия

poignan|cy ['pɔɪnjənsɪ] острота́; **~t** [-nt] о́стрый; тро́гательный; *fig.* мучи́тельный

point [pɔɪnt] **1.** (*dot*) то́чка; (*item*) пункт; *on thermometer* гра́дус, деле́ние; (*essence*) смысл; суть де́ла; *sport* очко́; (*sharp end*) остриё, о́стрый коне́ц; *rail* стре́лка; **~ of view** то́чка зре́ния; *the ~ is that ...* де́ло в том, что ...; *make a ~ of* + *ger.* поста́вить себе́ зада́чей (+ *inf.*); *in ~ of* в отноше́нии (P);

off the ~ не (относя́щийся) к де́лу; *be on the ~ of* + *ger.* соб(и)ра́ться (+ *inf.*); *win on ~s* выи́грывать по очка́м; *to the ~* к де́лу (относя́щийся); *that's beside the ~* э́то ни при чём; **2.** *v/t.:* **~ one's finger** пока́зывать па́льцем (*at* на В); заостря́ть [-ри́ть]; (*often ~ out*) ука́зывать [-за́ть]; **~ a weapon at** направля́ть [-ра́вить] ору́жие на (В); *v/i.:* **~ at** ука́зывать [-за́ть] на (В); **~ to** быть напра́вленным на (В); **~-blank:** *ask* спра́шивать в упо́р; *refuse* категори́чески отказа́ть(ся) *pf.*; **~ed** ['pɔɪntɪd] □ остроконе́чный; о́стрый; *fig.* ко́лкий; **~er** ['pɔɪntə] стре́лка *m*; *teacher's* ука́зка; *dog* по́йнтер; **~less** ['-lɪs] бессмы́сленный

poise [pɔɪz] **1.** равнове́сие; *carriage* оса́нка; **2.** *v/i.* баланси́ровать

poison ['pɔɪzn] **1.** яд, отра́ва; **2.** отравля́ть [-ви́ть]; **~ous** [-əs] (*fig. a.*) ядови́тый

poke [pəʊk] **1.** толчо́к, тычо́к; **2.** *v/t.* (*prod*) ты́кать [ткнуть]; толка́ть [-кну́ть]; сова́ть [су́нуть]; *fire* меша́ть кочергой; **~ fun at** подшу́чивать [-шути́ть] над (Т); *v/i.* сова́ть нос (*into* в В); (*grope for*) иска́ть о́щупью (*for* B or P)

poker ['pəʊkə] кочерга́

poky ['pəʊkɪ] те́сный; убо́гий

polar ['pəʊlə] поля́рный; **~ bear** бе́лый медве́дь *m*; **~ity** [pəʊ'lærətɪ] поля́рность *f*

pole¹ [pəʊl] (*of planet; a. elec.*) по́люс

pole² [-] (*post; a. in sport*) шест

Pole³ [-] поля́к *m*, по́лька *f*

polemic [pə'lemɪk] (*a.* **~al** [-mɪkl] □) полеми́чный, полеми́ческий; **~s** [-s] поле́мика

police [pə'liːs] **1.** поли́ция; **2.** содержа́ть поря́док в (П); **~man** полице́йский; **~ station** полице́йский уча́сток

policy¹ ['pɒləsɪ] поли́тика; ли́ния поведе́ния

policy² [-]: **insurance ~** страхово́й по́лис

Polish¹ ['pəʊlɪʃ] по́льский

polish² ['pɒlɪʃ] **1.** полиро́вка; *fig.* лоск; **2.** [от]полирова́ть; *floor* натира́ть

[-ере́ть]; *shoes* почи́стить; *fig.* наводи́ть [-вести́] лоск

polite [pə'laɪt] □ ве́жливый; **~ness** [-nɪs] ве́жливость *f*

politic|al [pə'lɪtɪkl] □ полити́ческий; **~ian** [pɒlɪ'tɪʃən] поли́тик, полити́ческий де́ятель; **~s** ['pɒlətɪks] *pl.* поли́тика

poll [pəʊl] **1.** голосова́ние; (*elections*) вы́боры; *opinion*~ опро́с обще́ственного мне́ния; **2.** *v/t. receive votes* получа́ть [-чи́ть]; *v/i.* [про]голосова́ть

pollen ['pɒlən] пыльца́

polling ['pəʊlɪŋ] **1.** → **poll**; **2.**: **~ station** избира́тельный уча́сток

pollute [pə'luːt] загрязня́ть [-ни́ть]; оскверня́ть [-ни́ть]

pollution [pə'luːʃn] загрязне́ние

polyethylene [pɒlɪ'eθɪliːn] *or Brt.*

polythene ['pɒlɪθiːn] полиэтиле́н

polyp ['pɒlɪp] *zo.*, **~us** [-əs] *med.* поли́п

pomegranate ['pɒmɪɡrænɪt] грана́т

pommel ['pɒml] *of sword* голо́вка; *of saddle* лука́; *v/t.* = **pummel**

pomp [pɒmp] по́мпа; великоле́пие

pompous ['pɒmpəs] □ напы́щенный, помпе́зный

pond [pɒnd] пруд

ponder ['pɒndə] *v/t.* обду́м(ыв)ать; *v/i.* заду́м(ыв)аться; **~ous** [-rəs] □ *fig.* тяжелове́сный

pontoon [pɒn'tuːn] понто́н; **~ bridge** понто́нный мост

pony ['pəʊnɪ] *horse* по́ни *m indecl.*

poodle ['puːdl] пу́дель *m*

pool [puːl] **1.** (*puddle*) лу́жа; (*pond*) пруд; (*swimming* ~) пла́вательный бассе́йн; **2.** *cards* банк; *billards* пул; *comm.* фонд; *v/t.* объединя́ть в о́бщий фонд; скла́дываться [сложи́ться] (*with* с Т)

poor [pʊə] □ бе́дный; неиму́щий; (*unfortunate*) несча́стный; (*scanty*) ску́дный; (*bad*) плохо́й; **~ly** ['pʊəlɪ] *adj.* нездоро́вый

pop [pɒp] **1.** (*explosive sound*) хлопо́к; *coll.* (*fizzy drink*) шипу́чка; **2.** *v/t.* (*put*) сова́ть [су́нуть]; *of cork v/i.* хло́пать [-пнуть]; **~ across** *to a shop, etc.*

сбега́ть; **~ in** заскочи́ть, забежа́ть

popcorn ['pɒpkɔːn] попко́рн; возду́шная кукуру́за

pope [pəʊp] (ри́мский) па́па *m*

poplar ['pɒplə] то́поль *m*

poppy ['pɒpɪ] мак

popula|ce ['pɒpjʊləs] (*the masses*) ма́ссы; (*the common people*) просто́й наро́д; населе́ние; **~r** [-lə] (*of the people*) наро́дный; (*generally liked*) популя́рный; **~rity** [-'lærətɪ] *n* популя́рность *f*

populat|e ['pɒpjʊleɪt] населя́ть [-ли́ть]; **~ion** [pɒpjʊ'leɪʃn] населе́ние

populous ['pɒpjʊləs] □ многолю́дный

porcelain ['pɔːsəlɪn] фарфо́р

porch [pɔːtʃ] крыльцо́; по́ртик; *Am* вера́нда

pore¹ [pɔː] по́ра

pore² [~] *problem* размышля́ть, *book* корпе́ть (*over* над Т)

pork [pɔːk] свини́на

pornography [pɔː'nɒɡrəfɪ] порногра́фия

porous ['pɔːrəs] □ по́ристый

porridge ['pɒrɪdʒ] овся́ная ка́ша

port¹ [pɔːt] га́вань *f*, порт; *naut.* (*left side*) ле́вый борт

port² [~] портве́йн

portable ['pɔːtəbl] портати́вный

portal [pɔːtl] *arch.* порта́л

portend [pɔː'tend] предвеща́ть

portent ['pɔːtent] предве́стник, предзнаменова́ние

porter ['pɔːtə] вахтёр; *in hotel* швейца́р; *rail, etc.* носи́льщик; *Am. on train* проводни́к

portion ['pɔːʃn] **1.** часть *f*; *of food, etc.* по́рция; **2.** (*share out*) [раз-] дели́ть

portly ['pɔːtlɪ] доро́дный

portrait ['pɔːtrɪt] портре́т; **~ist** [-ɪst] портрети́ст

portray [pɔː'treɪ] рисова́ть (писа́ть) портре́т с (Р); изобража́ть [-рази́ть]; (*describe*) опи́сывать [-са́ть]; **~al** [-əl] изображе́ние; описа́ние

pose [pəʊz] **1.** по́за; **2.** *for an artist* пози́ровать; *question* (по)ста́вить; **~ as** выдава́ть себя́ за (В)

position [pə'zıʃn] ме́сто; положе́ние; пози́ция; состоя́ние; то́чка зре́ния

positive ['pɒzətıv] **1.** □ положи́тельный, позити́вный; (*sure*) уве́ренный; (*definite*) определённый; **2.** *phot.* пози́тив

possess [pə'zes] *quality* облада́ть (Т); *things* владе́ть (Т); *fig.* овладе(ва́)ть (Т); **be ~ed** быть одержи́мым; **~ion** [-zeʃn] владе́ние; **take ~ of** завладе́(ва́)ть (Т); облада́ние; *fig.* одержи́мость *f*; **~or** [-zesə] владе́лец; облада́тель *m*

possib|ility [pɒsə'bılətı] возмо́жность *f*, **~le** ['pɒsəbl] возмо́жный; **~ly** [-ı] возмо́жно; **if I ~ can** е́сли у меня́ бу́дет возмо́жность *f*

post¹ [pəʊst] столб

post² [-] **1.** (*mail*) по́чта; *mil.* (*duty station*) пост; (*appointment, job*) до́лжность *f*; **2.** *v/t.* отправля́ть по по́чте

postage ['pəʊstıdʒ] почто́вая опла́та; **~ stamp** почто́вая ма́рка

postal ['pəʊstl] □ почто́вый; **~ order** де́нежный почто́вый перево́д

post|card откры́тка; **~code** почто́вый и́ндекс

poster ['pəʊstə] афи́ша, плака́т

poste restante [pəʊst'rıstænt] *chiefly Brt.* до востре́бования

posterior [pɒ'stıərıə] (*subsequent*) после́дующий; (*behind*) за́дний; (*buttocks*) зад

posterity [pə'sterətı] пото́мство

post-free *chiefly Brt.* → **postpaid**

postgraduate [pəʊst'grædʒuət] аспира́нт(ка); (*not working for degree*) стажёр; **~ study** аспиранту́ра

posthumous ['pɒstjuməs] посме́ртный; *child* рождённый по́сле сме́рти отца́

post|man почтальо́н; **~mark 1.** почто́вый штемпель *m*; **2.** [за]штемпелева́ть; **~master** нача́льник почто́вого отделе́ния

postmortem [pəʊst'mɔːtəm] вскры́тие, аутопси́я

post|office отделе́ние свя́зи, *coll.* по́чта; **~box** абонеме́нтный почто́вый я́щик; **general ~ office** (гла́вный

почта́мт; **~paid** опла́ченный отправи́телем

postpone [pəʊs'pəʊn] отсро́чи(ва)ть; откла́дывать [отложи́ть]; **~ment** [-mənt] отсро́чка

postscript ['pəʊsskrıpt] постскри́птум

postulate 1. ['pɒstjulət] постула́т; **2.** [-leıt] постули́ровать (*im*)*pf.*

posture ['pɒstʃə] (*attitude*) по́за; (*carriage*) оса́нка

postwar [pəʊst'wɔː] послевое́нный

posy ['pəʊzı] буке́т цвето́в

pot [pɒt] **1.** горшо́к; котело́к; **~s of money** ку́ча де́нег; **2.** *plants* сажа́ть в горшо́к; *jam, etc.* заготовля́ть впрок, [за]консерви́ровать

potato [pə'teıtəʊ] (*single*) карто́фелина; **~es** [-z] *pl.* карто́фель *m*; *coll.* карто́шка; **~ crisps** хрустя́щий карто́фель

pot-belly брю́хо, пу́зо

poten|cy ['pəʊtnsı] эффекти́вность *f*; (*sexual*) поте́нция; *of drink* кре́пость *f*; **~t** [-tnt] □ эффекти́вный; кре́пкий; **~tial** [pə'tenʃl] **1.** потенциа́льный, возмо́жный; **2.** потенциа́л

pothole ['pɒthəʊl] вы́боина, ры́твина

potion ['pəʊʃn] зе́лье; **love ~** любо́вный напи́ток

pottery ['pɒtərı] керами́ческие (*or* гонча́рные) изде́лия *n/pl.*

pouch [paʊtʃ] су́мка (*a. biol.*); мешо́чек

poultry ['pəʊltrı] дома́шняя пти́ца

pounce [paʊns] **1.** прыжо́к; **2.** набра́сываться [-ро́ситься] ([*up*]*on* на В)

pound [paʊnd] (*weight*) фунт; (*money*) **~ (sterling)** фунт сте́рлингов (*abbr.* £)

pound² [-] [ис-, рас]толо́чь; (*strike*) колоти́ть; **~ to pieces** разби́ть *pf.*

pour [pɔː] *v/t.* лить; **~ out** налива́(ть); *dry substance* сы́пать, насыпа́ть [насы́пать]; *v/i.* ли́ться; [по]сы́паться; **~ing** [-rıŋ]: **~ rain** проливно́й дождь *m*

pout [paʊt] *v/i.* [на]ду́ться; **~ one's lips** наду́(ва́)ть гу́бы

poverty ['pɒvətı] бе́дность *f*

powder ['paʊdə] **1.** порошо́к; (*face ~*) пу́дра; (*gun~*) по́рох; **2.** [ис]толо́чь;

[на]пу́дрить(ся); посыпа́ть [посы́-пать]; ~ **compact** пу́дреница

power ['pauə] си́ла; мощь *f*; *tech.* мо́щность *f*; *atomic, etc.* эне́ргия; *pol.* держа́ва; власть *f*; *law* полномо́чие; *math* сте́пень *f*, *mental* ~s у́мственные спосо́бности; ~**ful** [-fl] мо́щный, могу́щественный; си́льный; ~**less** [-lɪs] бесси́льный; ~ **plant**, ~ **station** электроста́нция

powwow ['pauwau] совеща́ние, собра́ние

practica|ble ['præktɪkəbl] ☐ реа́льный, осуществи́мый; ~**l** [-kl] практи́ческий; *mind, person, etc.* практи́чный; факти́ческий; ~ **joke** ро́зыгрыш

practice ['præktɪs] пра́ктика; (*training*) упражне́ние, трениро́вка; (*habit*) привы́чка; (*custom*) обы́чай; **in** ~ факти́чески; **put into** ~ осуществля́ть [-ви́ть]

practice, *Brt.* **practise** [-] *v/t.* применя́ть [-ни́ть]; *medicine, etc.* занима́ться [-ня́ться] (Т); упражня́ться в (П); практикова́ть; *v/i.* упражня́ться; ~**d** [-t] о́пытный

practitioner [præk'tɪʃənə]: **general** ~ врач-терапе́вт

praise [preɪz] **1.** похвала́; **2.** [по]хвали́ть

praiseworthy ['preɪzwɜːðɪ] досто́йный похвалы́

prance [prɑːns] *of child* пры́гать; *of horse* гарцева́ть

prank [præŋk] вы́ходка, прока́за

prattle ['prætl] болта́ть; *of baby* лепета́ть

prawn [prɔːn] *zo.* креве́тка

pray [preɪ] [по]моли́ться; [по]проси́ть

prayer [preə] моли́тва; **Lord's** ♀ О́тче наш; ~ **book** моли́твенник

pre... [priː, prɪ] до...; пред...

preach [priːtʃ] пропове́довать; ~**er** ['priːtʃə] пропове́дник

precarious [prɪ'keərɪəs] (*uncertain*) ненадёжный; (*dangerous*) опа́сный

precaution [prɪ'kɔːʃn] предосторо́жность *f*; **take** ~s принима́ть [-ня́ть] ме́ры предосторо́жности

precede [prɪ'siːd] предше́ствовать (Д); ~**nce** ['presɪdəns] первоочерёдность, приорите́т; ~**nt** ['presɪdənt] прецеде́нт

precept ['priːsept] наставле́ние

precinct ['priːsɪŋkt] преде́л; *Am.* (*electoral* ~) избира́тельный о́круг; ~**s** *pl.* окре́стности *f/pl.*

precious ['preʃəs] **1.** ☐ драгоце́нный; ~ **metals** благоро́дные мета́ллы; **2.** *coll. adv.* о́чень

precipi|ce ['presɪpɪs] про́пасть *f*; ~**tate 1.** [prɪ'spɪteɪt] вверга́ть [-е́ргнуть]; (*hasten*) ускоря́ть [-о́рить]; **2.** [-tɪt] **a)** ☐ (*rash*) опроме́тчивый; (*violently hurried*) стреми́тельный; **b)** *chem.* оса́док; ~**tous** [prɪ'sɪpɪtəs] ☐ (*steep*) круто́й; обры́вистый

precis|e [prɪ'saɪs] ☐ то́чный; *tech.* прецизио́нный; ~**ion** [-'sɪʒn] то́чность *f*

preclude [prɪ'kluːd] исключа́ть зара́нее; (*prevent*) предотвраща́ть [-ати́ть] (В); (*hinder*) [по]меша́ть (Д)

precocious [prɪ'kəuʃəs] ☐ не по года́м развито́й

preconceive ['priːkən'siːv] представля́ть себе́ зара́нее; ~**d** [-d] предвзя́тый

preconception [priːkən'sepʃn] предвзя́тое мне́ние

precondition [priːkən'dʃn] предвари́тельное усло́вие

predatory ['predətrɪ] хи́щный

predecessor ['priːdɪsesə] предше́ственник [-ица]

predestine [priː'destɪn] предопределя́ть [-ли́ть]; ~**d** предопределённый

predetermine [priːdɪ'tɜːmɪn] предопределя́ть [-ли́ть]

predicament [prɪ'dɪkəmənt] нело́вкое положе́ние; серьёзное затрудне́ние

predicate ['predɪkət] *gr.* сказу́емое; утвержда́ть [-ди́ть]

predict [prɪ'dɪkt] предска́зывать [-за́ть]; ~**ion** [-kʃn] предсказа́ние

predilection [priːdɪ'lekʃn] скло́нность *f*, пристра́стие (**for** к Д)

predispose [priːdɪs'pəuz] предрасп

лага́ть [-ложи́ть]

predomina|nce [prɪ'dɒmɪnəns] госпо́дство, преоблада́ние; **~nt** [-nənt] □ преоблада́ющий, домини́рующий; **~te** [-neɪt] госпо́дствовать, преоблада́ть (**over** над Т)

preeminent [pri:'emɪnənt] превосходя́щий; выдаю́щийся

prefabricated [pri:'fæbrɪkeɪtɪd]: **~ house** сбо́рный до́м

preface ['prefɪs] **1.** предисло́вие; **2.** начина́ть [-ча́ть] (В **with,** с Р); снабжа́ть предисло́вием

prefect ['pri:fekt] префе́кт

prefer [prɪ'fɜː] предпочита́ть [-поч́есть]; (*put forward*) выдвига́ть [вы́двинуть]; **~able** ['prefrəbl] □ предпочти́тельный; **~ence** [-rəns] предпочте́ние; **~ential** [prefə'renʃl] □ предпочти́тельный; *econ.* льго́тный

prefix ['pri:fɪks] пре́фикс, приста́вка

pregnan|cy ['pregnənsɪ] бере́менность *f*; **~t** [-nənt] □ бере́менная; *fig.* чрева́тый; **~ pause** многозначи́тельная па́уза

prejudice ['predʒudɪs] **1.** предрассу́док; предубежде́ние; **2.** предубежда́ть [-ди́ть]; (*harm*) [по]вреди́ть, наноси́ть уще́рб (Д)

preliminary [prɪ'lɪmɪnərɪ] **1.** □ предвари́тельный; **2.** подготови́тельное мероприя́тие

prelude ['prelju:d] *mus.* прелю́дия (*a. fig.*)

prematur|e ['premətjʊə] преждевре́менный; **~ baby** недоно́шенный ребёнок

premeditation [pri:medɪ'teɪʃn] преднаме́ренность *f*

premier ['premɪə] пе́рвый, гла́вный; премье́р-мини́стр

première ['premɪeə] премье́ра

premises ['premɪsɪz] *pl.* помеще́ние

premium ['pri:mɪəm] (*reward*) награ́да; *payment* пре́мия; **at a ~** вы́ше номина́льной сто́имости; в большо́м спро́се

premonition [pre:mə'nɪʃn] предчу́вствие

preoccup|ied [prɪ'ɒkjʊpaɪd] озабо́ченный; **~y** [-paɪ] поглоща́ть внима́ние (Р); занима́ться [-ня́ться] (**with** Т)

prepaid [pri:'peɪd] зара́нее опла́ченный; *carriage* **~** доста́вка опла́чена

preparat|ion [prepə'reɪʃn] приготовле́ние; подгото́вка; *med.* препара́т; **~ory** [prɪ'pærətɪ] предвари́тельный; подготови́тельный; **~ to leaving** пе́ред тем как уйти́

prepare [prɪ'peə] *v/t. of surprise, etc.* пригота́вливать [-то́вить]; (*for an exam, etc.*) [при]гото́вить; подгота́вливать [-то́вить]; *v/i.* [при]гото́виться; подгота́вливаться [-то́виться] (**for** к Д); **~d** [-d] □ гото́вый; подгото́вленный

prepondera|nce [prɪ'pɒndərəns] переве́с; **~nt** [-rənt] име́ющий переве́с; **~ntly** [-lɪ] преиму́щественно

prepossessing [pri:pə'zesɪŋ] □ располага́ющий; привлека́тельный

preposterous [prɪ'pɒstərəs] неле́пый, абсу́рдный

prerequisite [pri:'rekwɪzɪt] предпосы́лка, непреме́нное усло́вие

presage ['presɪdʒ] предвеща́ть; предчу́вствовать

preschool [pri:'sku:l] дошко́льный

prescribe [prɪ'skraɪb] предпи́сывать [-писа́ть]; *med.* пропи́сывать [-писа́ть]

prescription [prɪ'skrɪpʃn] предпи́сывание; распоряже́ние; *med.* реце́пт

presence ['prezns] прису́тствие; **~ of mind** прису́тствие ду́ха

present¹ ['preznt] **1.** □ прису́тствующий; (*existing now*) тепе́решний, настоя́щий; (*given*) да́нный; **2.** настоя́щее вре́мя; **at ~** сейча́с; в да́нное вре́мя; **for the ~** пока́; на э́тот раз

present² [prɪ'zent] (*introduce, etc.*) представля́ть [-а́вить]; *gift* преподноси́ть [-нести́]; *petition* под(ав)а́ть (проше́ние); *a play* [по]ста́вить; *ticket* предъявля́ть [-ви́ть]

present³ ['preznt] пода́рок

presentation [prezn'teɪʃn] представле́ние, презента́ция; (*exposition*) изложе́ние

presentiment [prɪˈzentɪmənt] пред-
чу́вствие

presently [ˈprezntlɪ] вско́ре; сейча́с

preservati|on [prezəˈveɪʃn] охра́на,
сохране́ние; сохра́нность f; **~ve**
[prɪˈzɜːvətɪv] консерва́нт

preserve [prɪˈzɜːv] **1.** сохраня́ть
[-ни́ть]; предохраня́ть [-ни́ть]; *vegetables, etc.* консерви́ровать; **2.** (*mst.
pl.*) консе́рвы *m/pl.*; варе́нье; (*game
~*) запове́дник

preside [prɪˈzaɪd] председа́тельство-
вать (*over* на П)

presiden|cy [ˈprezɪdənsɪ] прези-
де́нтство; **~t** [-dənt] президе́нт

press [pres] **1.** печа́ть f, пре́сса;
(*crowd*) толпа́; *coll.* да́вка; *tech.* пресс;
2. *v/t.* жать; дави́ть; *button* наж(и-
м)а́ть; (*force*) навя́зывать [-за́ть] (*on*
Д); **I am ~ed for time** меня́ поджима́ют
сро́ки; у меня́ ма́ло вре́мени; *~ for* на-
ста́ивать [настоя́ть] на (П); *~ on* дви́-
гаться да́льше; *~ card* журнали́стское
удостовере́ние; *~ing* [ˈpresɪŋ]
сро́чный, неотло́жный; (*insistent*) на-
стоя́тельный (*a. fig.*); *~ure* [ˈpreʃə] давле́ние
(*a. fig.*); сжа́тие

prestig|e [preˈstiːʒ] прести́ж; *~ious*
[preˈstɪdʒəs] (*having prestige*) влия́-
тельный; *hono(u)red* уважа́емый

presum|able [prɪˈzjuːməbl] предполо-
жи́тельный; *~e* [prɪˈzjuːm] *v/t.* пред-
полага́ть [-ложи́ть]; *v/i.* полага́ть;
(*dare*) осме́ли(ва)ться; *~ (up)on* зло-
употребля́ть [-би́ть] (Т); *he ~s too
much* он сли́шком мно́го себе́ по-
зволя́ет

presumpt|ion [prɪˈzʌmpʃn] предполо-
же́ние; *law* презу́мпция; *~uous*
[-tʃʊəs] самонаде́янный, пересту-
па́ющий грани́цы чего́-то

presuppos|e [priːsəˈpəʊz] предпола-
га́ть [-ложи́ть]; *~ition* [priːsʌpəˈzɪʃn]
предположе́ние

pretend [prɪˈtend] притворя́ться
[-ри́ться]; [c]де́лать вид

pretense, *Brt.* **pretence** [prɪˈtens]
(*false show*) притво́рство; (*pretext*)
предло́г

preten|sion [prɪˈtenʃn] прете́нзия,
притяза́ние (*to* на В); *~tious* [-ʃəs]
претенцио́зный

pretext [ˈpriːtekst] предло́г

pretty [ˈprɪtɪ] **1.** ☐ краси́вый; прия́т-
ный; хоро́шенький; **2.** *adv.* дово́льно,
весьма́; *be sitting ~* хорошо́ устро́ился

prevail [prɪˈveɪl] одолева́ть [-ле́ть]
(*over* В); преоблада́ть; превали́ро-
вать; (*over* над Т *or* среди́ Р); *~ (up)on
s.b. to do s.th.* убеди́ть *pf.* кого́-л.
что́-л. сде́лать; *~ing* [-ɪŋ] госпо́дст-
вующий, преоблада́ющий

prevalent [ˈprevələnt] ☐ распространённый

prevaricate [prɪˈværɪkeɪt] уклоня́ться
от прямо́го отве́та, уви́ливать
[-льну́ть]

prevent [prɪˈvent] предотвраща́ть
[-ати́ть]; (*hinder*) [по]меша́ть (Д);
crime предупрежда́ть [-упреди́ть];
~ion [prɪˈvenʃn] предупрежде́ние;
предотвраще́ние; *~ive* [-tɪv] ☐
предупреди́тельный; профила́к-
ти́ческий; **2.** *med.* профилакти́ческое
сре́дство

pre|view [ˈpriːvjuː] *of film, etc* предва-
ри́тельный просмо́тр

previous [ˈpriːvɪəs] ☐ предыду́щий;
(*premature*) преждевре́менный; *~ to*
до (Р); *~ly* [-lɪ] пре́жде (Р); пе́ред (Т)

prewar [priːˈwɔː] дово́енный

prey [preɪ] **1.** добы́ча; (*fig., victim*)
же́ртва; *beast* (*bird*) *of ~* хи́щный
зверь *m.* (хи́щная пти́ца); **2.:** *~ (up)on*
охо́титься (на В); *fig.* терза́ть

price [praɪs] **1.** цена́; **2.** (*value*) оце́ни-
вать [-ни́ть]; назнача́ть це́ну (Д);
~less [ˈ-lɪs] бесце́нный

prick [prɪk] **1.** уко́л; шип; *of conscience*
угрызе́ния *n/pl.*; **2.** *v/t.* коло́ть [коль-
ну́ть]; *~ up one's ears* навостри́ть
у́ши; *v/i.* коло́ться; *~le* [ˈprɪkl] шип,
колю́чка; *~ly* [ˈ-lɪ] (*having prickles
or thorns*) колю́чий; (*causing
sensation*) ко́лкий; (*touchy*) оби́д-
чивый

pride [praɪd] **1.** го́рдость f; *take ~ in*
горди́ться (Т); **2.:** *~ o.s.* горди́ться
([*up*]*on* Т)

priest [priːst] свяще́нник

prim [prɪm] □ чо́порный

prima|cy ['praɪməsɪ] пе́рвенство; **~ry** [-rɪ] первонача́льный; *colours, etc.* основно́й; нача́льный; *geol.* перви́чный; *of ~ importance* первостепе́нной ва́жности

prime [praɪm] 1. □ *(main)* гла́вный, основно́й; *(original)* первонача́льный; перви́чный; *(excellent)* превосхо́дный; **~ minister** премье́р-мини́стр; 2. *fig.* расцве́т; *in one's ~* в расцве́те сил; 3. *v/t.* снабжа́ть информа́цией; ната́скивать

primer ['praɪmə] *(schoolbook)* буква́рь *m*; *(paint)* грунто́вка

primeval [praɪ'miːvl] □ первобы́тный

primitive ['prɪmɪtɪv] первобы́тный; примити́вный

primrose ['prɪmrəuz] при́мула

prince [prɪns] *(son of royalty)* принц; князь *m*; **~ss** [prɪn'ses] *(daughter of sovereign)* принце́сса; *(wife of nonroyal prince)* княги́ня; *(daughter of nonroyal prince and princess)* княжна́

principal ['prɪnsəpl] 1. □ гла́вный, основно́й; 2. *univ.* ре́ктор; *of school* дире́ктор шко́лы; *fin.* основно́й капита́л; *thea.* веду́щий актёр

principle ['prɪnsəpl] при́нцип; пра́вило; **on ~** из при́нципа; **a matter of ~** де́ло при́нципа

print [prɪnt] 1. *typ.* печа́ть *f*; о́ттиск; *(type)* шрифт; *(imprint)* след, отпеча́ток *(a. photo)*; *art* гравю́ра; *out of ~* тира́ж распро́дан; 2. [на]печа́тать; *phot.* отпеча́т(ыв)ать; *fig.* запечатле́(ва́)ть *(on* на П); **~er** ['prɪntə] печа́тник; *comput.* при́нтер

printing ['prɪntɪŋ] печа́тание; печа́тное де́ло; **~ of 50,000 copies** тира́ж в 50 000 экземпля́ров; *attr.* печа́тный; **~ office** типогра́фия

prior ['praɪə] 1. предше́ствующий (Д); 2. *adv.:* **~ to** до (Р); **~ity** [praɪ'ɒrɪtɪ] приорите́т; очерёдность *f*; **of top ~** первостепе́нной ва́жности

prism ['prɪzəm] при́зма

prison ['prɪzn] тюрьма́; **~er** [-ə] заключённый; **(~ of war)** военноплен-

ный

privacy ['praɪvəsɪ] *(seclusion)* уедине́ние; ли́чная/ча́стная жизнь

private ['praɪvɪt] 1. □ ча́стный; *(personal)* ли́чный; *(secluded)* уединённый; *conversation* с гла́зу на глаз; 2. *mil.* рядово́й; *in ~* конфиденциа́льно; **keep s.th. ~** держа́ть в тайне

privation [praɪ'veɪʃn] лише́ние, нужда́

privatize ['praɪvɪtaɪz] приватизи́ровать

privilege ['prɪvɪlɪdʒ] привиле́гия; льго́та; **~d** привилегиро́ванный

privy ['prɪvɪ]: **~ to** посвящённый в (В)

prize¹ [praɪz]: **~ open** вскрыва́ть [-ры́ть], взла́мывать [-лома́ть]

prize² [-] 1. пре́мия, приз; трофе́й; *in lottery* вы́игрыш; 2. удосто́енный пре́мии; 3. высоко́ цени́ть; **~fighter** боксёр-профессиона́л; **~ winner** призёр; лауреа́т

pro [prəu] *pl.* **pros**: *the ~s and cons* до́воды за и про́тив

probab|ility [prɒbə'bɪlətɪ] вероя́тность *f*; **~le** ['prɒbəbl] вероя́тный

probation [prə'beɪʃn] испыта́тельный срок; *law* усло́вное освобожде́ние

probe [prəub] *med.* 1. зонд; 2. зонди́ровать; *into problem* глубоко́ изуча́ть [-чи́ть]

problem ['prɒbləm] пробле́ма; вопро́с; *(difficulty)* тру́дность *f*, *math.* зада́ча; **~atic(al** □) [prɒblə'mætɪk(əl)] проблемати́чный

procedure [prə'siːdʒə] процеду́ра

proceed [prə'siːd] отправля́ться да́льше; приступа́ть [-пи́ть] *(to* к Д); *(act)* поступа́ть [-пи́ть]; продолжа́ть [-до́лжить] *(with* В); *~ from* исходи́ть (из Р); **~ing** [-ɪŋ] посту́пок; **~s** *pl. law* судопроизво́дство; *(scientific publication)* запи́ски *f/pl.*, труды́ *m/pl.*; **~s** ['prəusiːdz] дохо́д, вы́ручка

process ['prəuses] 1. проце́сс *(a. law)*; *in the ~* в хо́де; *in the ~ of construction* стро́ящийся; 2. *tech.* обраба́тывать [-бо́тать]; **~ing** [-ɪŋ] *of data, etc.* обрабо́тка; *of food* перерабо́тка; **~ion** [-ʃn] проце́ссия; **~or** [-ə] *comput.* проце́ссор

proclaim [prəˈkleɪm] провозглашать [-ласить]; *war, etc.* объявлять [-вить]

proclamation [prɒkləˈmeɪʃn] объявление, провозглашение

procrastinate [prəʊˈkræstɪneɪt] (*delay*) *v/i.* оттягивать [-януть], (*put off*) откладывать [отложить]; (*drag out*) тянуть

procure [prəˈkjʊə] *v/t.* дост(ав)ать

prod [prɒd] **1.** тычок, толчок; **2.** тыкать (ткнуть); толкать [-кнуть]; *fig.* подстрекать [-кнуть]

prodigal [ˈprɒdɪgl] расточительный; *the ≈ Son* блудный сын

prodig|ious [prəˈdɪdʒəs] □ удивительный; (*huge*) громадный; ~**y** [ˈprɒdɪdʒɪ] чудо; *child* ~ вундеркинд

produc|e 1. [prəˈdjuːs] (*show*) предъявлять [-вить], (*proof, etc.*) представлять [-авить]; производить [-вести]; *film, etc.* [по]ставить; *sound* изд(ав)ать; **2.** [ˈprɒdjuːs] продукция, продукт; ~**er** [prəˈdjuːsə] *of goods* производитель *m*; *thea.* режиссёр; *cine.* продюсер

product [ˈprɒdʌkt] продукт; изделие; ~**ion** [prəˈdʌkʃn] производство; продукция; *thea.* постановка; *mass* ~ массовое производство; ~**ive** [prəˈdʌktɪv] □ производительный, *fig.* продуктивный; *soil* плодородный; *writer* плодовитый; ~**ivity** [prɒdʌkˈtɪvətɪ] (*efficiency*) продуктивность *f*, (*rate of production*) производительность *f*

profane [prəˈfeɪn] (*desecrate*) осквернять [-нить]

profess [prəˈfes] (*declare*) заявлять [-вить]; (*claim*) претендовать на (В); *I don't ~ to be an expert on this subject* я не считаю себя специалистом в этой области; ~**ion** [prəˈfeʃn] профессия; ~**ional** [-ənl] **1.** □ профессиональный; **2.** специалист; профессионал (*a. sport*); ~**or** [-sə] профессор

proffer [ˈprɒfə] предлагать [-ложить]

proficien|cy [prəˈfɪʃnsɪ] овладение; опытность *f*; умение; ~**t** [-ʃnt] □ умелый, искусный

profile [ˈprəʊfaɪl] профиль *m*

profit [ˈprɒfɪt] **1.** *comm.* прибыль *f*, выгода, польза; *gain ~ from* извлечь *pf.* пользу из (Р); **2.** *v/t.* приносить пользу (Д); *v/i.* ~ *by* (вос)пользоваться (Т); извлекать пользу из (Р); ~**able** [-əbl] прибыльный; выгодный; полезный; ~**eer** [prɒfɪˈtɪə] спекулянт; ~ **sharing** участие в прибыли

profound [prəˈfaʊnd] □ глубокий; (*thorough*) основательный; ~**ly** очень, глубоко

profus|e [prəˈfjuːs] □ обильный; щедрый; ~**ion** [prəˈfjuːʒn] изобилие

progeny [ˈprɒdʒənɪ] потомство

prognosis [prɒgˈnəʊsɪs] прогноз

program(me) [ˈprəʊgræm] **1.** программа; **2.** программировать; *comput.* ~**er** [-ə] программист

progress 1. [ˈprəʊgres] прогресс; продвижение; *in studies* успехи *m/pl.*; *be in* ~ развиваться; вестись; **2.** [prəˈgres] продвигаться вперёд; [с]делать успехи; ~**ive** [-sɪv] □ передовой, прогрессивный; *illness, disease* прогрессирующий; ~ *taxation* прогрессивный налог

prohibit [prəˈhɪbɪt] запрещать [-етить]; ~**ion** [prəʊɪˈbɪʃn] запрещение; ~**ive** [prəˈhɪbətɪv] □ запретительный

project 1. [ˈprɒdʒekt] проект (*a. arch.*); план; **2.** [prəˈdʒekt] *v/t. light* бросать [бросить]; (*plan*) [с-, за]проектировать; *v/i.* (*jut out*) выда(ва)ться; ~**ile** [prəˈdʒektaɪl] снаряд

prolific [prəˈlɪfɪk] (~*ally*) *writer, etc.* плодовитый

prolix [ˈprəʊlɪks] □ многословный

prologue [ˈprəʊlɒg] пролог

prolong [prəˈlɒŋ] продлевать [-лить]; *law* пролонгировать

promenade [prɒməˈnɑːd] **1.** прогулка; место для прогулки; *along waterfront* набережная; *in park* аллея; **2.** прогуливаться [-ляться]

prominent [ˈprɒmɪnənt] (*conspicuous*) □ видный, заметный; (*jutting out*) выступающий; *fig.* (*outstanding*) выдающийся

promiscuous [prəˈmɪskjʊəs] □ неразборчивый; огульный; *sexually* сексуа́льно распу́щенный

promis|e ['prɒmɪs] **1.** обеща́ние; *make a ~* [по]обеща́ть; *show great ~* подава́ть больши́е наде́жды; **2.** обеща́ть (*im*)*pf.*, *pf. a.* [по-]; **~ing** [-ɪŋ] *a. fig.* перспекти́вный; подаю́щий наде́жды

promontory ['prɒməntrɪ] мыс

promot|e [prə'məut] (*further*) спо́собствовать (*im*)*pf.*, *pf. a.* [по-] (Д); соде́йствовать (*im*)*pf.*, *pf. a.* [по-] (Д); (*establish*) учрежда́ть [-ди́ть]; (*advance in rank, station, etc.*) повыша́ть по слу́жбе; *mil.* присво́ить (очередно́е) зва́ние (Р); **~ion** [prə'məuʃn] *in position* повыше́ние; продвиже́ние

prompt [prɒmpt] **1.** □ бы́стрый; *reply* неме́дленный; **2.** побужда́ть [-уди́ть]; внуша́ть [-ши́ть]; (*suggest*) подска́зывать [-за́ть] (Д); **~ness** ['prɒmptnɪs] быстрота́; прово́рство

promulgate ['prɒmlgeɪt] обнаро́довать; провозглаша́ть [-аси́ть]

prone [prəun] □ (*face down*) (лежа́щий) ничко́м; ~ *to* скло́нный к (Д); *he is ~ to colds* он легко́ простужа́ется

prong [prɒŋ] *agric.* **~s** *pl.* ви́лы *f/pl.*

pronounce [prə'nauns] (*articulate*) произноси́ть [-нести́]; (*proclaim*) объявля́ть [-ви́ть]; (*declare*) заявля́ть [-ви́ть]

pronunciation [prənʌnsɪ'eɪʃn] произноше́ние

proof [pruːf] **1.** доказа́тельство; (*test*) испыта́ние; прове́рка; *typ.* корректу́ра; **2.** (*impervious*) непроница́емый; **~reader** корре́ктор

prop [prɒp] подпо́рка; *fig.* опо́ра **2.** подпира́ть [-пере́ть]; ~ *against* приставля́ть [-вить] к (Д); прислони́ть

propagate ['prɒpəgeɪt] размножа́ть(ся) [-о́житься(ся)]; (*spread*) распространя́ть(ся) [-ни́ть(ся)]

propel [prə'pel] продвига́ть впере́д; ~ *s.o. towards ...* подтолкну́ть *pf.* кого́-л. к (Д); **~ler** [-ə] пропе́ллер; *naut.* гребно́й винт

propensity [prə'pensətɪ] предрасполо́женность *f*; скло́нность *f*

proper ['prɒpə] □ (*own, peculiar*) сво́йственный, прису́щий, подходя́щий; пра́вильный; (*decent, seemly*) прили́чный; **~ty** [-tɪ] иму́щество, со́бственность *f*; (*quality*) сво́йство; *intellectual ~* интеллектуа́льная со́бственность

prophe|cy ['prɒfəsɪ] проро́чество; **~sy** [-saɪ] [на]проро́чить

prophet ['prɒfɪt] проро́к

prophylactic [prɒfɪ'læktɪk] **1.** профилакти́ческий; **2.** профила́ктика

proportion [prə'pɔːʃn] **1.** пропо́рция; соразме́рность *f*; (*size*) до́ля, часть *f*; **~s** *pl.* разме́ры *m/pl.*; **2.** соразмеря́ть [-ме́рить]; **~al** [-l] пропорциона́льный

propos|al [prə'pəuzl] предложе́ние; **~e** [prə'pəuz] *v/t.* предлага́ть [-ложи́ть]; *v/i. marriage* сде́лать *pf.* предложе́ние; (*intend*) намерева́ться, предполага́ть [-ложи́ть]; **~ition** [prɒpə'zɪʃn] (*offer*) предложе́ние

propound [prə'paund] предлага́ть на обсужде́ние, выдвига́ть [-винуть]

propriet|ary [prə'praɪətrɪ]: ~ *rights* права́ со́бственности; ~ *name* фи́рменное назва́ние; **~or** [-ətə] владе́лец *m*, -лица *f*; **~y** [-ətɪ] уме́стность *f*, присто́йность *f*

propulsion [prə'pʌlʃn] движе́ние впере́д

prosaic [prə'zeɪɪk] (**~ally**) *fig.* проза́йчный

prose [prəuz] **1.** про́за; **2.** проза́йческий; *fig.* прозаи́чный

prosecut|e ['prɒsɪkjuːt] пресле́довать в суде́бном поря́дке; **~ion** [prɒsɪ'kjuːʃn] суде́бное разбира́тельство; **~or** ['prɒsɪkjuːtə] *law* обвини́тель *m*; *public ~* прокуро́р

prospect 1. ['prɒspekt] перспекти́ва, вид (*a. fig.*); **2.** [prə'spekt] *geol.* разве́д(ыв)ать (*for* на В); **~ive** [prə'spektɪv] □ бу́дущий, ожида́емый; **~us** [-təs] проспе́кт

prosper ['prɒspə] *v/i.* процвета́ть; преуспева́ть; **~ity** [prɒ'sperətɪ] процвета́ние; благополу́чие; *fig.* расцвёт; **~ous** ['prɒspərəs] состоя́тельный; процвета́ющий

prostitute ['prɒstɪtjuːt] проститу́тка

prostrat|e ['prɒstreɪt] (*lying flat*) распростёртый; (*without srength*) обесси́ленный; **~ with grief** сло́мленный го́рем; **~ion** [~ʃn] *fig.* изнеможе́ние

prosy ['prəʊzɪ] □ *fig.* прозаи́чный; бана́льный

protect [prə'tekt] защища́ть [-ити́ть]; [пред]охраня́ть [-ни́ть] (*from* от P); **~ion** [prə'tekʃn] защи́та; **~ive** [-tɪv] защи́тный; предохрани́тельный; **~or** [-tə] защи́тник; (*patron*) покрови́тель *m*

protest 1. ['prəʊtest] проте́ст; **2.** [prə'test] *v/t.* (*declare*) заявля́ть [-ви́ть], утвержда́ть; *v/i.* [за]протестова́ть

Protestant ['prɒtɪstənt] **1.** протеста́нт *m*, -ка *f*; **2.** протеста́нтский

protestation [prɒtə'steɪʃn] торже́ственное заявле́ние

protocol ['prəʊtəkɒl] протоко́л (*a. dipl.*)

prototype ['prəʊtətaɪp] прототи́п

protract [prə'trækt] тяну́ть (В *or* с Т); продолжа́ть [-до́лжить]; **~ed** затяжно́й

protru|de [prə'truːd] выдава́ться нару́жу, торча́ть [-ги́]; выступа́ющий; **~ eyes** глаза́ навы́кате; **~sion** [-ʒn] вы́ступ

protuberance [prə'tjuːbərəns] вы́пуклость *f*

proud [praʊd] □ го́рдый (*of* Т)

prove [pruːv] *v/t.* дока́зывать [-за́ть]; *v/i.*: **~ o.s. to be** ока́зываться [-за́ться]

proverb ['prɒvɜːb] посло́вица

provide [prə'vaɪd] *v/t.* снабжа́ть [-бди́ть]; предоставля́ть [-а́вить]; *law* ста́вить усло́вием; предусма́тривать [-мотре́ть]; *v/i.*: **~ for one's family** обеспе́чивать [-чить] свою́ семью́; **~d** (*that*) при усло́вии (что)

providen|ce ['prɒvɪdəns] провиде́ние; (*prudence*) предусмотри́тельность *f*; **~t** [-dənt] □ предусмотри́тельный

provin|ce ['prɒvɪns] о́бласть *f*; прови́нция; *fig.* сфе́ра де́ятельности;

~cial [prə'vɪnʃl] **1.** провинциа́льный; **2.** провинциа́л *m*, -ка *f*

provision [prə'vɪʒn] снабже́ние; обеспе́чение; *law of contract, etc.* положе́ние; **~s** *pl.* проду́кты; **~al** [-ʒənl] предвари́тельный; ориентиро́вочный; вре́менный

proviso [prə'vaɪzəʊ] усло́вие

provocat|ion [prɒvə'keɪʃn] вы́зов; провока́ция; **~ive** [prə'vɒkətɪv] *behaviour* вызыва́ющий; *question, etc.* провокацио́нный

provoke [prə'vəʊk] (с)провоци́ровать; (*stir up*) возбужда́ть [-буди́ть]; (*cause*) вызыва́ть [вы́звать]; (*make angry*) [рас]серди́ть

prowl [praʊl] кра́сться; броди́ть

proximity [prɒk'sɪmətɪ] бли́зость *f*

proxy ['prɒksɪ] (*authorization*) полномо́чие; (*substitute*) замести́тель; **vote** голосова́ние по дове́ренности; дове́ренность *f*

prude [pruːd] ханжа́

pruden|ce ['pruːdns] благоразу́мие; (*forethought*) предусмотри́тельность *f*; **~t** [-nt] □ благоразу́мный; осторо́жный; *housekeeper* бережли́вая хозя́йка

prudery ['pruːdərɪ] ха́нжество

prune[1] [pruːn] черносли́в

prune[2] [-] *agric.* подреза́ть [-ре́зать], обреза́ть [обре́зать]; *fig.* сокраща́ть [-рати́ть]

pry[1] [praɪ] подгля́дывать [-яде́ть]; **~ into** сова́ть нос в (В)

pry[2] [-]: *Am.* **~ open → prize**[1]

psalm [sɑːm] псало́м

pseudonym ['sjuːdənɪm] псевдони́м

psychiatrist [saɪ'kaɪətrɪst] психиа́тр

psychic ['saɪkɪk], **~al** [-kɪk] □ психи́ческий

psycholog|ical [saɪkə'lɒdʒɪkl] психологи́ческий; **~ist** [saɪ'kɒlədʒɪst] психо́лог; **~y** [-dʒɪ] психоло́гия

pub [pʌb] паб, пивно́й бар

puberty ['pjuːbətɪ] полова́я зре́лость *f*

public ['pʌblɪk] **1.** □ публи́чный, обще́ственный; госуда́рственный; коммуна́льный; **~ convenience** обще́ственный туале́т; **~ figure** госуда́рственный де́ятель; **~ opinion** обще́ственное мне́ние; **~ house** пивна́я; **~ spirit** обще́ственное созна́ние; **2.** пу́блика; обще́ственность *f*; **~ation** [pʌblɪ'keɪʃn] опубликова́ние; изда́ние; **monthly ~** ежеме́сячник; **~ity** [pʌb'lɪsɪtɪ] гла́сность *f*; (*advertising*) рекла́ма

publish ['pʌblɪʃ] [о]публикова́ть, изд(ав)а́ть; оглаша́ть [огласи́ть]; **~ing house** изда́тельство; **~er** [-ə] изда́тель *m*; **~s** *pl.* изда́тельство

pucker ['pʌkə] **1.** [с]мо́рщить(ся); *frown* [на]су́пить(ся); **2.** морщи́на

pudding ['pʊdɪŋ] пу́динг; **black ~** кровяна́я колбаса́

puddle ['pʌdl] лу́жа

puff [pʌf] **1.** *of wind* дунове́ние; *of smoke* клуб; **2.** *v/t.* (**~ out**) наду́(ва́)ть; **~ed eyes** распу́хшие глаза́ *m/pl.*; *v/i.* дуть поры́вами; пыхте́ть; **~ away** at попы́хивать (T); **~ out** наду́(ва́)ться; **~paste** слоёное те́сто; **~y** ['pʌfɪ] запыха́вшийся; *eyes* отёкший; *face* одутлова́тый

pug [pʌg]: **~ dog** мопс

pugnacious [pʌg'neɪʃəs] драчли́вый

pug-nosed ['pʌgnəʊzd] курно́сый

puke [pjuːk] **1.** рво́та; **2.** *v/i.* [вы́]рвать

pull [pʊl] **1.** тя́га (*a. fig.*); (*inhalation of smoke*) затя́жка; **2.** [по]тяну́ть; (*drag*) таска́ть, [по]тащи́ть; (**~ out**) выдёргивать [вы́дернуть]; (*tug*) дёргать [-рнуть]; **~ down** (*demolish*) сноси́ть [снести́]; **~ out** (*move away*) отходи́ть [отойти́]; *med.* **~ through** *fig.* спаса́ть [-сти́]; (*recover*) поправля́ться [-а́виться]; **~ o.s. together** взять *pf.* себя́ в ру́ки; **~ up** подтя́гивать [-яну́ть]; *car, etc.* остана́вливать(ся) [-нови́ть(ся)]

pulley ['pʊlɪ] *tech.* блок; шкив

pullover ['pʊləʊvə] пуло́вер

pulp [pʌlp] *of fruit* мя́коть *f*; *of wood* древе́сная ма́сса; *fig.* бесфо́рменная ма́сса

pulpit ['pʊlpɪt] ка́федра

puls|ate [pʌl'seɪt] пульси́ровать; би́ться; **~e** [pʌls] пульс; *tech.* и́мпульс

pumice ['pʌmɪs] пе́мза

pummel ['pʌml] [по]колоти́ть, [по]би́ть

pump [pʌmp] **1.** насо́с; **2.** кача́ть; **~ out** выка́чивать [вы́качать]; **~ up** нака́чивать [-ча́ть]

pumpkin ['pʌmpkɪn] ты́ква

pun [pʌn] **1.** каламбу́р; игра́ слов; **2.** [с]каламбу́рить

punch [pʌntʃ] **1.** *tech.* пробо́йник; *for perforating* компо́стер; (*blow with fist*) уда́р кулако́м; **2. ~ hole** проби́(ва́)ть; [про]компости́ровать; (*hit with fist*) бить кулако́м

punctilious [pʌŋk'tɪlɪəs] педанти́чный; щепети́льный до мелоче́й

punctual ['pʌŋktʃʊəl] □ пунктуа́льный; **~ity** [pʌŋktʃʊ'ælətɪ] пунктуа́льность *f*

punctuat|e ['pʌŋktʃʊeɪt] ста́вить зна́ки препина́ния; *fig.* прерыва́ть [-рва́ть]; **~ion** [pʌŋktʃʊ'eɪʃn] пунктуа́ция; **~ mark** знак препина́ния

puncture ['pʌŋktʃə] **1.** *tyre* проко́л; *med.* пу́нкция; **2.** прока́лывать [-коло́ть]

pungen|cy ['pʌndʒənsɪ] острота́, е́дкость *f*; **~t** [-nt] о́стрый, е́дкий (*a. fig.*)

punish ['pʌnɪʃ] нака́зывать [-за́ть]; **~able** [-əbl] наказу́емый; **~ment** [-mənt] наказа́ние

puny ['pjuːnɪ] кро́хотный; тщеду́шный

pupil¹ ['pjuːpl] *of eye* зрачо́к

pupil² [-] учени́к *m*, -и́ца *f*

puppet ['pʌpɪt] ку́кла, марионе́тка (*a. fig.*); **~ show** ку́кольное представле́ние

puppy ['pʌpɪ] щено́к; *coll.* (*greenhorn*) молокосо́с

purchas|e ['pɜːtʃəs] **1.** поку́пка, заку́пка; **2.** покупа́ть [купи́ть]; приобрета́ть [-рести́]; **~er** [-ə] покупа́тель *m*, -ница *f*; **~ing** [-ɪŋ]: **~ power** покупа́тельная спосо́бность *f*

pure [pjʊə] □ чи́стый; **~bred** ['pjʊəbred] чистокро́вный, поро́дистый

purgat|ive ['pɜːgətɪv] слаби́тельное; **~ory** [-trɪ] чисти́лище

purge [pɜːdʒ] очища́ть [очи́стить]

purify ['pjʊərɪfaɪ] очища́ть [очи́стить]

purity ['pjʊərɪtɪ] чистота́

purl [pɜːl] *of water* журча́ть

purple ['pɜːpl] **1.** пурпу́рный; багро́вый; **2. turn ~** [по]багрове́ть

purport ['pɜːpət] смысл, суть *f*

purpose ['pɜːpəs] **1.** наме́рение, цель *f*; целеустремлённость *f*; **on ~** наме́ренно, наро́чно; **to the ~** кста́ти; к де́лу; **to no ~** напра́сно; **2.** име́ть це́лью; намерева́ться [наме́риться]; **~ful** [~fl] □ целенапра́вленный; целеустремлённый; **~less** [~lɪs] □ бесце́льный; **~ly** [~lɪ] наро́чно

purr [pɜː] [за]мурлы́кать

purse [pɜːs] **1.** кошелёк; *Am.* (*handbag*) су́мочка; **public ~** казна́; **2.** *lips* подж(им)а́ть

pursuance [pəˈsjuːəns]: выполне́ние; **in (the) ~ of one's duty** приисполне́нии свои́х обя́занностей

pursu|e [pəˈsjuː] (*go after*) пресле́довать (В); (*work at*) занима́ться [заня́ться] (Т); (*continue*) продолжа́ть [-до́лжить]; **~er** [-ə] пресле́дователь *m*, -ница *f*; **~it** [pəˈsjuːt] пресле́дование; пого́ня *f*; *mst.* **~s** *pl.* заня́тие

pus [pʌs] *med.* гной

push [pʊʃ] **1.** толчо́к; (*pressure*) давле́ние; напо́р; (*effort*) уси́лие; *of person* напо́ристость *f*; **at a ~** при необходи́мости; **2.** толка́ть [-кну́ть]; наж(им)а́ть (на В); продвига́ть(ся) [-ви́нуть(ся)] (*a.* **~ on**); **~ into** *fig.* заставля́ть [-а́вить]; **~ one's way** прота́лкиваться [протолка́ться]; **~button** *el.* нажимна́я кно́пка; **~chair** де́тская *or* прогу́лочная (*invalid's* инвали́дная) коля́ска

puss(y) ['pʊs(ɪ)] ко́шечка, ки́ска

put [pʊt] [*irr.*] **1.** класть [положи́ть]; [по]ста́вить; сажа́ть [посади́ть]; *question, etc.* зад(ав)а́ть; *into pocket, etc.* сова́ть [су́нуть]; (*express*) выража́ть

[-ази́ть]; (*explain*) объясня́ть [-ни́ть]; **~ across a river**, etc. перевози́ть [-везти́]; **~ back** ста́вить на ме́сто; ста́вить наза́д; **~ by money** откла́дывать [отложи́ть]; **~ down** (*rebellion*) подавля́ть [-ви́ть]; (*write down*) запи́сывать [-са́ть]; (*set down*) положи́ть, [по]ста́вить; (*attribute*) припи́сывать [-са́ть]; (*to* Д); **~ forth** проявля́ть [-ви́ть]; *shoots* пуска́ть [пусти́ть]; **~ in** вставля́ть [-а́вить]; всо́вывать [всу́нуть]; **~ off** (*defer*) откла́дывать [отложи́ть]; **~ on** *dress, etc.* наде́(ва́)ть; (*feign*) притворя́ться; (*exaggerate*) преувели́чивать [-чить]; *weight* прибавля́ть [-а́вить]; **~ out** выкла́дывать [вы́ложить]; (*extend*) протя́гивать [-тяну́ть]; *fire* [по]туши́ть; **~ through** *tel.* соединя́ть [-ни́ть] (*to* с Т); **~ to** прибавля́ть [-ба́вить]; **~ to death** казни́ть (*im*)*pf.*; **~ up** *building* [по]стро́ить, возводи́ть [-вести́]; *prices* повыша́ть [-ы́сить]; *дава́ть* [дать] приста́нище; **2.** *v/i.:* **~ to sea** [вы]ходи́ть в мо́ре; **~ in** *naut.* заходи́ть в порт; **~ up at** остана́вливаться [останови́ться] в (П); **~ up with** *fig.* мири́ться с (Т)

putrefy ['pjuːtrɪfaɪ] [с]гнить; разлага́ться [-ложи́ть]

putrid ['pjuːtrɪd] □ гнило́й; (*ill-smelling*) воню́чий

putty ['pʌtɪ] **1.** зама́зка; **2.** зама́з(ы)вать

puzzle ['pʌzl] **1.** недоуме́ние; зага́дка; головоло́мка; **crossword ~** кроссво́рд; **2.** *v/t.* озада́чи(ва)ть; ста́вить в тупи́к; **~ out** разгада́ть распу́т(ы)в)ать; *v/i.* би́ться (*over* над Т); **~r** [-ə] *coll.* головоло́мка, кре́пкий оре́шек

pygmy ['pɪgmɪ] пигме́й

pyjamas [pəˈdʒɑːməz] *pl.* пижа́ма

pyramid ['pɪrəmɪd] пирами́да

python ['paɪθn] пито́н

Q

quack¹ [kwæk] кря́кать [-кнуть]

quack² [-] (*sham doctor*) шарлата́н

quadrangle ['kwɒdræŋgl] четырёхуго́льник

quadru|ped ['kwɒdruped] четвероно́гое живо́тное; **~ple** ['kwɒdrupl] □ учетверённый

quagmire ['kwægmaiə] тряси́на

quail [kweil] (*falter*) дро́гнуть *pf.*; (*funk*) [c]тру́сить

quaint [kweint] причу́дливый, стра́нный, курьёзный

quake [kweik] [за]трясти́сь; [за-] дрожа́ть; дро́гнуть *pf.*; *stronger* содрога́ться [-гну́ться]

quali|fication [kwɒlɪfɪ'keɪʃn] квалифика́ция; (*restriction*) огово́рка, ограниче́ние; **~fy** ['kwɒlɪfaɪ] *v/t.* квалифици́ровать (*im*)*pf.*; огова́ривать [-вори́ть]; ограни́чи(ва)ть; (*modify*) уточня́ть [-ни́ть]; (*describe*) оце́нивать [-ни́ть] (*as* Т); *v/i.* подготавливаться [-гото́виться] (*for* к Д); **~ty** [-tɪ] ка́чество; сво́йство

qualm [kwɑːm] сомне́ние

quandary ['kwɒndərɪ]: *be in a* **~** не знать как поступи́ть

quantity ['kwɒntətɪ] коли́чество; *math.* величина́; мно́жество

quarantine ['kwɒrəntiːn] 1. каранти́н; 2. подверга́ть каранти́ну; содержа́ть в каранти́не

quarrel ['kwɒrəl] 1. ссо́ра, перебра́нка; 2. [по]ссо́риться; **~some** □ [-səm] сварли́вый

quarry ['kwɒrɪ] 1. карье́р, каменоло́мня 2. добы(ва́)ть, разраба́тывать

quart [kwɔːt] ква́рта

quarter ['kwɔːtə] 1. че́тверть *f*, четвёртая часть; (*three months*) кварта́л; (*place*) ме́сто, сторона́; **~s** *pl. mil.* каза́рмы *f/pl.*; *fig.* исто́чники *m/pl.*; *from all* **~s** со всех сторо́н; **~ past two** че́тверть тре́тьего; 2. дели́ть на четы́ре ча́сти; (*give lodgings*) *a. mil.*

quartet(te) [kwɔː'tet] *mus.* кварте́т

quartz [kwɔːts] кварц; *attr.* ква́рцевый

quash [kwɒʃ] (*cancel*) отменя́ть, аннули́ровать (*im*)*pf.*; (*crush*) подавля́ть [-дави́ть]

quaver ['kweivə] 1. дрожь *f*; *mus.* восьма́я но́та; 2. говори́ть дрожа́щим го́лосом

quay [kiː] при́стань *f*

queasy ['kwiːzɪ]: □ *I feel* **~** меня́ тошни́т

queen [kwiːn] короле́ва; *chess* ферзь *m*; *cards* да́ма

queer [kwɪə] стра́нный, эксцентри́чный; *sl.* (*a. su.*) гомосексуа́льный; гомосексуали́ст

quench [kwentʃ] *thirst* утоля́ть [-ли́ть]; *fire* [по]туши́ть; (*cool*) охлажда́ть [охлади́ть]

querulous ['kweruləs] □ ворчли́вый

query ['kwɪərɪ] 1. вопро́с; (*doubt*) сомне́ние; вопроси́тельный знак; 2. спра́шивать [спроси́ть]; выража́ть ['-рази́ть] сомне́ние

quest [kwest] по́иски *m/pl.*; *in* **~ of** в по́исках

question ['kwestʃən] 1. вопро́с; сомне́ние; пробле́ма; *beyond* (*all*) **~** вне вся́кого сомне́ния; *in* **~** о кото́ром идёт речь; *call into* **~** подверга́ть сомне́нию; *settle a* **~** реши́ть *pf.* вопро́с; *that is out of the* **~** об э́том не мо́жет быть и ре́чи; 2. расспра́шивать [-проси́ть]; задава́ть вопро́с (Д); (*interrogate*) допра́шивать [-роси́ть]; подверга́ть сомне́нию; **~able** [-əbl] сомни́тельный; **~naire** [kwestʃə'neə] анке́та; *for polls, etc.* вопро́сник

queue [kjuː] 1. о́чередь *f*, хвост; 2. (*mst.* **~ up**) станови́ться в о́чередь

quibble ['kwɪbl] 1. (*evasion*) увёртка; спор из-за пустяко́в; 2. (*evade*) уклоня́ться [-ни́ться]; (*argue*) спо́рить из-за пустяко́в

quick [kwɪk] **1.** (*lively*) живо́й; (*fast*) бы́стрый, ско́рый; *hands, etc.* прово́рный; *ear* о́стрый; *eye* зо́ркий; **2.** чувстви́тельное ме́сто; *cut to the ~* задева́ть за живо́е; **~en** ['kwɪkən] *v/t.* ускоря́ть [-о́рить]; (*liven*) оживля́ть [-ви́ть]; *v/i.* ускоря́ться [-о́риться]; оживля́ться [-ви́ться]; **~ness** ['kwɪknɪs] быстрота́; оживлённость f; *of mind* сообрази́тельность f; **~sand** зыбу́чий песо́к m/pl.; **~silver** ртуть f; **~witted** [-'wɪtɪd] нахо́дчивый

quiet ['kwaɪət] **1.** □ (*calm*) споко́йный, ти́хий; (*noiseless*) бесшу́мный; *keep s.th.* ~ ума́лчивать [умолча́ть] (о П); **2.** поко́й, тишина́; *on the* ~ тайко́м, втихомо́лку; **3.** успока́ивать(ся) [-ко́ить(ся)]

quill [kwɪl] пти́чье перо́; *of porcupine, etc.* игла́

quilt [kwɪlt] **1.** стёганое одея́ло; **2.** [вы́]стега́ть; **~ed** ['-ɪd] стёганый

quince [kwɪns] *fruit, tree* айва́

quinine [kwɪ'niːn] *pharm.* хини́н

quintuple ['kwɪntjʊpl] пятикра́тный

quip [kwɪp] острота́; ко́лкость f

quirk [kwɜːk] причу́да

quit [kwɪt] **1.** покида́ть [-и́нуть]; оставля́ть [-а́вить]; (*stop*) прекраща́ть [-ати́ть]; *give notice to* ~ под(ав)а́ть заявле́ние об ухо́де; **2.** свобо́дный, отде́лавшийся (*of* от Р)

quite [kwaɪt] вполне́, соверше́нно, совсе́м; (*rather*) дово́льно; ~ *a hero* настоя́щий геро́й; ~ (*so*)! так!, соверше́нно ве́рно!

quits [kwɪts]: *we are* ~ мы с ва́ми кви́ты

quiver ['kwɪvə] [за]дрожа́ть, [за-] трепета́ть

quiz [kwɪz] **1.** (*interrogation*) опро́с; (*written or oral test*) прове́рка зна́ний; *entertainment* викори́на; **2.** расспра́шивать [-роси́ть], опра́шивать [опроси́ть]

quizzical ['kwɪzɪkl] *look* насме́шливый

quorum ['kwɔːrəm] *parl.* кво́рум

quota ['kwəʊtə] до́ля, часть f, кво́та

quotation [kwəʊ'teɪʃn] цита́та; цити́рование

quote [kwəʊt] [про]цити́ровать

R

rabbi ['ræbaɪ] равви́н

rabbit ['ræbɪt] кро́лик

rabble ['ræbl] сброд; чернь f

rabid ['ræbɪd] □ неи́стовый, я́ростный; бе́шеный

rabies ['reɪbiːz] бе́шенство

race[1] [reɪs] ра́са; (*breed*) поро́да

race[2] [-] **1.** состяза́ние в ско́рости; бег; го́нки f/pl.; *horse* ~s pl. ска́чки f/pl.; бега́ m/pl.; **2.** (*move at speed*) [по]мча́ться; *compete* состяза́ться в ско́рости; уча́ствовать в ска́чках *и т.п.*; **~course** ипподро́м; **~track** *sport* трек; *for cars, etc.* автомотодро́м

racial ['reɪʃl] ра́совый

rack [ræk] **1.** ве́шалка; *for dishes* суши́лка; (*shelves*) стелла́ж, по́лка;

rail. luggage ~ се́тка для веще́й; *go to* ~ *and ruin* пойти́ пра́хом; погиба́ть [-и́бнуть]; разоря́ться [-ри́ться]; **2.** ~ *one's brains* лома́ть себе́ го́лову

racket[1] ['rækɪt] те́ннисная раке́тка

racket[2] [-] шум, гам; *Am.* рэ́кет; **~eer** [rækə'tɪə] аферист; *Am.* вымога́тель m, рэкети́р

racy ['reɪsɪ] □ пика́нтный; колори́тный; риско́ванный

radar ['reɪdɑ] рада́р; радиолока́тор

radian|ce ['reɪdɪəns] сия́ние; **~t** [-nt] □ (*transmitted by radiation*) лучи́стый; (*shining, resplendent*) сия́ющий, лучеза́рный

radiat|e ['reɪdɪeɪt] излуча́ть [-чи́ть]; **~ion** [reɪdɪ'eɪʃn] излуче́ние; **~or** ['reɪdɪeɪtə] излуча́тель *m*; *mot.* радиа́тор; *for heating* батаре́я, радиа́тор

radical ['rædɪkl] **1.** □ *pol.* радика́льный; (*fundamental*) коренно́й; **2.** *math.* ко́рень *m*; *pol.* радика́л

radio ['reɪdɪəʊ] **1.** ра́дио *n indecl.*; ~ *show* радиопостано́вка; ~ *set* радиоприёмник; ~*therapy* рентгенотерапи́я; **2.** передава́ть по ра́дио; ~*active* радиоакти́вный; ~*waste* радиоакти́вные отхо́ды; ~*activity* радиоакти́вность *f*; ~*graph* [-grɑːf] рентге́новский сни́мок

radish ['rædɪʃ] ре́дька; (*red*) реди́ска; ~*es pl.* реди́с *collect.*

radius ['reɪdɪəs] ра́диус; *within a* ~ *of* в ра́диусе (P)

raffle ['ræfl] **1.** *v/t.* разы́грывать в лотере́е; *v/i.* уча́ствовать в лотере́е; **2.** лотере́я

raft [rɑːft] **1.** плот; **2.** *timber* сплавля́ть [-а́вить]; ~*er* [-ə] *arch.* стропи́ло

rag [ræg] тря́пка; ~*s pl.* тряпьё, ве́тошь *f*; лохмо́тья *m/pl.*

ragamuffin ['rægəmʌfɪn] оборва́нец; у́личный мальчи́шка

rage [reɪdʒ] **1.** я́рость *f*, гнев; (*vogue*) пова́льное увлече́ние; *it is all the* ~ э́то после́дний крик мо́ды; **2.** [вз]беси́ться; *of storm, etc.* бушева́ть

ragged ['rægɪd] □ неро́вный; *clothes* рва́ный

ragout ['rægu:] *cul.* рагу́

raid [reɪd] **1.** *mil.* налёт; *by police* обла́ва; **2.** соверша́ть [-ши́ть] налёт на (В); *mil.* вторга́ться [вто́ргнуться] в (В)

rail¹ [reɪl] **1.** (*hand*~) пери́ла *n/pl.*; (*fence*) огра́да; *rail* рельс; *naut.* по́ручень *m*; *go off the* ~*s* сойти́ *pf.* с ре́льсов; *fig.* сби́ться с *pf.* пути́; **2.** е́хать по желе́зной доро́ге

rail² [-] (вы́)руга́ть, (вы́)брани́ть (*at, against* В)

railing ['reɪlɪŋ] огра́да; пери́ла *n/pl.*

railroad ['reɪlrəʊd] *chiefly Am.*, **railway** [-weɪ] желе́зная доро́га

rain [reɪn] **1.** дождь *m*; **2.** *it's* ~*ing* идёт дождь; *fig.* [по]сы́паться; ~*bow* ра́дуга; ~*coat* *Am.* дождеви́к, плащ; ~*fall*

коли́чество оса́дков; ~*y* ['reɪnɪ] дождли́вый; *fig. for a* ~ *day* на чёрный день *m*

raise [reɪz] (*often* ~ *up*) поднима́ть [-ня́ть]; *monument* воздвига́ть [-ви́гнуть]; (*elevate*) возвыша́ть [-ы́сить]; (*bring up*) воспи́тывать [-ита́ть]; *laughter, suspicion, etc.* вызыва́ть [вы́звать]; *money* добы́(ва́)ть, собира́ть; *increase* повыша́ть [-вы́сить]

raisin ['reɪzn] изю́минка; *pl.* изю́м *collect.*

rake¹ [reɪk] **1.** *agric.* гра́бли *f/pl.*; **2.** *v/t.* сгреба́ть [-ести́]; разгреба́ть [-ести́]; *fig.* ~ *for* тща́тельно иска́ть (В *or* Р)

rake² [-] пове́са, распу́тник

rally ['rælɪ] **1.** (*gather*) собира́ть(ся) [собра́ть(ся)]; *fig.* собра́ться *pf.* с си́лами; овладе́(ва́)ть собо́й; (*rouse*) воодушевля́ть [-шеви́ть]; (*recover*) оправля́ться [опра́виться]; **2.** *Am.* ма́ссовый ми́тинг; *sport* ра́лли

ram [ræm] **1.** бара́н; *astr.* Ове́н; **2.** (*про*)тара́нить; заби́(ва́)ть; ~ *home* вдолби́ть *pf.* в го́лову

rambl|e ['ræmbl] **1.** прогу́лка; **2.** (*wander*) броди́ть; (*speak incoherently*) говори́ть бессвя́зно; ~*er* [-ə] праздношата́ющийся; (*plant*) ползу́чее расте́ние; ~*ing* [-ɪŋ] бродя́чий; бессвя́зный; *town* беспоря́дочно разбро́санный; ползу́чий

ramify ['ræmɪfaɪ] разветвля́ться [-етви́ться]

ramp [ræmp] скат, укло́н; ~*ant* ['ræmpənt] *plants* бу́йный; *sickness, etc.* свире́пствующий; *fig.* (*unrestrained*) необу́зданный

rampart ['ræmpɑːt] крепостно́й вал

ramshackle ['ræmʃækl] ве́тхий; обветша́лый

ran [ræn] *pt. om* **run**

ranch [rɑːntʃ] ра́нчо *n indecl.* фе́рма

rancid ['rænsɪd] □ прого́рклый

ranco(u)r ['ræŋkə] зло́ба

random ['rændəm] **1.** *at* ~ науга́д, наобу́м; **2.** сде́ланный (вы́бранный *и т.д.*) науда́чу; случа́йный

rang [ræŋ] *pt. om* **ring**

range [reɪndʒ] **1.** ряд; *of mountains*

цепь *f*; (*extent*) преде́л, амплиту́да; диапазо́н (*a. mus.*); mil. (*shooting ~*) стре́льбище; **2.** *v/t.* выстра́ивать в ряд; располага́ть [-ложи́ть]; *v/i.* выстра́иваться в ряд, располага́ться [-ложи́ться]; *of land* простира́ться; (*wander*) броди́ть

rank [ræŋk] **1.** ряд; *mil.* шере́нга; (*status*) зва́ние, чин; катего́рия; *~ and file* рядово́й соста́в; *fig.* обыкнове́нные лю́ди; **2.** *v/t.* стро́ить в шере́нгу; выстра́ивать в ряд; классифици́ровать (*im*)*pf.*; (*consider*) счита́ть; *v/i.* стро́иться в шере́нгу; равня́ться (**with** Д); **3.** *vegetation* бу́йный

rankle ['ræŋkl] (*fester*) гнои́ться; причиня́ть [-ни́ть] гнев, боль *f*

ransack ['rænsæk] (*search*) [по]ры́ться в (П); (*plunder*) [о]гра́бить

ransom ['rænsəm] вы́куп

rant [rænt] разглаго́льствовать

rap [ræp] **1.** лёгкий уда́р; *at door, etc.* стук; *fig. not a ~* ни гроша́; **2.** ударя́ть [уда́рить]; [по]стуча́ть

rapaci|ous [rə'peɪʃəs] □ жа́дный; *animal* хи́щный; *~ty* [rə'pæsɪtɪ] жа́дность *f*; хи́щность *f*

rape [reɪp] **1.** изнаси́лование; **2.** [из]наси́ловать

rapid ['ræpɪd] **1.** □ бы́стрый, ско́рый; **2.** *~s pl.* поро́ги *m/pl.*; *~ity* [rə'pɪdətɪ] быстрота́ ско́рость *f*

rapt [ræpt] (*carried away*) восхищённый; (*engrossed*) поглощённый; *~ure* ['ræptʃə] восто́рг, эста́з; *go into ~s* приходи́ть в восто́рг

rare [reə] □ ре́дкий; *air* разреженный; *undercooked* недожа́ренный; *at ~ intervals* ре́дко

rarity ['reərətɪ] ре́дкость *f*; *thing* рарите́т

rascal ['rɑːskl] моше́нник; *child coll.* плути́шка

rash¹ [ræʃ] □ опроме́тчивый; необду́манный

rash² [~] *med.* сыпь *f*

rasp [rɑːsp] **1.** (*grating sound*) скре́жет; **2.** скрежета́ть; *~ing voice* скрипу́чий го́лос

raspberry ['rɑːzbrɪ] мали́на

rat [ræt] кры́са; *smell a ~* [по]чу́ять недо́брое

rate¹ [reɪt] **1.** но́рма; ста́вка; (*tax*) ме́стный нало́г; разря́д; (*speed*) ско́рость *f*; *at any ~* во вся́ком слу́чае; *~ of exchange* (валю́тный) курс; *~ of profit* но́рма при́были; *interest ~* проце́нтная ста́вка; *birth ~* рожда́емость *f*; *death ~* сме́ртность *f*, **2.** оце́нивать [-ни́ть]; расце́нивать [-ни́ть]; *fin.* облага́ться нало́гом; *~ among* счита́ться среди́ (Р)

rate² [-] (*scold*) брани́ть [вы́бранить] [от]руга́ть

rather ['rɑːðə] скоре́е; предпочти́тельно; верне́е; дово́льно; *I had ~...* я предпочёл бы ...; *int.* ещё бы!

ratify ['rætɪfaɪ] ратифици́ровать (*im*)*pf.*; утвержда́ть [-рди́ть]

rating ['reɪtɪŋ] (*valuing*) оце́нка; су́мма нало́га; класс; *in opinion poll* рейтинг

ratio ['reɪʃɪəʊ] соотноше́ние, пропо́рция; коэффицие́нт

ration ['ræʃn] **1.** рацио́н; паёк; **2.** норми́ровать вы́дачу (Р)

rational ['ræʃnl] □ рациона́льный; разу́мный; *~ity* [ræʃə'nælətɪ] рациона́льность *f*; разу́мность *f*; *~ize* ['ræʃnəlaɪz] (*give reasons for*) опра́вдывать [-да́ть]; (*make mare efficient*) рационализи́ровать (*im*)*pf.*

rattle ['rætl] **1.** треск; *of window* дребезжа́ние; *of talk* трескотня́; (*baby's toy*) погрему́шка; **2.** [за]дребезжа́ть; *of train, etc.* [про]громыха́ть; *of pots, etc.* [за]греме́ть (Т); говори́ть без умо́лку; *~ off* отбараба́нить *pf.*; *~snake* грему́чая змея́

ravage ['rævɪdʒ] **1.** опустоше́ние; **2.** опустоша́ть [-ши́ть], разоря́ть [-ри́ть]

rave [reɪv] бре́дить (*a. fig.*), говори́ть бессвя́зно; (*rage*) неи́стовствовать; *~ about* быть без ума́ от (Р)

ravel ['rævl] *v/t.* запу́т(ыв)ать; распу́т(ыв)ать; *v/i.* запу́т(ыв)аться; (*a. ~ out*) распола́за́ться по швам

raven ['reɪvn] во́рон

ravenous ['rævənəs] прожо́рливый; **feel ~** быть голо́дным как волк

ravine [rə'vi:n] овра́г, лощи́на

raving ['reɪvɪŋ]: **he's ~ mad** он совсе́м спя́тил

ravish ['rævɪʃ] приводи́ть в восто́рг; **~ing** [-ɪŋ] восхити́тельный

raw [rɔ:] сыро́й; *hide, etc.* необрабо́танный; (*inexperienced*) нео́пытный; *knee, etc.* ободранный; **~boned** худо́й, костля́вый; **~ material** сырьё

ray [reɪ] луч; *fig.* про́блеск

rayon ['reɪɒn] иску́сственный шёлк, виско́за

raze [reɪz]: **~ to the ground** разруша́ть до основа́ния

razor ['reɪzə] бри́тва; **~ blade** ле́звие бри́твы

re... [ri:] *pref.* (*прищаёт слову значения:*) сно́ва, за́ново, ещё раз, обра́тно

reach [ri:tʃ] **1. beyond ~** вне преде́лов досяга́емости; **within easy ~** побли́зости; под руко́й; **within ~ financially** досту́пный; **2.** *v/t.* достига́ть [-и́гнуть] (P); доезжа́ть [дойти́] до (P); *of forest, land, etc.* простира́ться [-стере́ться] до (P); (*pass*) протя́гивать [-яну́ть] (*get to*) дост(ав)а́ть до (P); *v/i.* протя́гивать ру́ку (**for** за Т)

react [rɪ'ækt] реаги́ровать; **~ against** *idea, plan, etc.* возража́ть [-зи́ть] (про́тив P)

reaction [rɪ'ækʃn] реа́кция; **~ary** [-ʃənrɪ] **1.** реакцио́нный; **2.** реакционе́р

read 1. [ri:d] [*irr.*] [про]чита́ть; (*study*) изуча́ть [-чи́ть]; (*interpret*) истолко́вывать [-кова́ть]; *of instrument* пока́зывать [-за́ть]; *of text* гласи́ть; **~ to s.o.** чита́ть кому́-л. вслух; **2.** [red] **a)** *pt. и pt. p. om* **read 1.**; **b)** *adj.*: **well~** начи́танный; **~able** ['-əbl] разбо́рчивый; интере́сный; (*legible*) чёткий; **~er** ['-ə] чита́тель(ница *f*) *m*; (*reciter*) чтец; *univ.* ле́ктор

readi|ly ['redɪlɪ] *adv.* охо́тно; без труда́; легко́; **~ness** [-nɪs] гото́вность *f*; подгото́вленность *f*

reading ['ri:dɪŋ] чте́ние; (*interpreta-tion*) толкова́ние, понима́ние; *parl.* чте́ние (законопрое́кта); **~ lamp** насто́льная ла́мпа; **~ room** чита́льный зал

readjust [ri:ə'dʒʌst] *tech.* отрегули́ровать; приспоса́бливать [-со́бить]; *of attitude situation, etc.* пересма́тривать [-смотре́ть]; **~ment** [-mənt] регули́ро́вка; приспособле́ние

ready ['redɪ] □ гото́вый; *money* нали́чный; **make** (*или* **get**) **~** [при]гото́вить(ся); **~made** гото́вый

reaffirm [ri:ə'fɜ:m] вновь подтвержда́ть

reagent [ri:'eɪdʒənt] *chem.* реакти́в

real [rɪəl] □ действи́тельный; реа́льный; настоя́щий; **~ estate** недви́жимость *f*; **~ity** [rɪ'ælɪtɪ] действи́тельность *f*; **~ization** [rɪəlaɪ'zeɪʃn] понима́ние, осозна́ние; (*implementation*) осуществле́ние, реализа́ция (*a. comm.*); **~ize** ['rɪəlaɪz] представля́ть себе́; осуществля́ть [-ви́ть]; осозн(ав)а́ть [-а́зить]; соображать [-ази́ть]; реализова́ть (*im*)*pf.*

realm [relm] короле́вство; ца́рство; *fig.* сфе́ра; **be in the ~ of fantasy** из о́бласти фанта́зии

reanimate [ri:'ænɪmeɪt] оживля́ть [-ви́ть]; воскреша́ть, [-еси́ть]

reap [ri:p] [с]жать; *fig.* пож(ин)а́ть; **~er** ['-ə] *machine* жа́тка

reappear ['ri:ə'pɪə] сно́ва появля́ться

reappraisal [ri:ə'preɪzl] переоце́нка

rear [rɪə] **1.** *v/t.* воспи́тывать [-та́ть]; (*breed*) выра́щивать [вы́растить]; *v/i. of horse* станови́ться на дыбы́; **2.** за́дняя сторона́; *mil.* тыл; **at the ~ of, in the ~ of** позади́ (P); **3.** за́дний; тыльный; **~ admiral** контрадмира́л

rearm [ri:'ɑ:m] перевооружа́ть(ся) [-жи́ть(ся)]

rearrange [ri:ə'reɪndʒ] перестра́ивать [-стро́ить]; *timetable, etc.* изменя́ть [-ни́ть], переде́лывать [-лать]; *furni-ture* переставля́ть [-ста́вить]

reason ['ri:zn] **1.** (*intellectual capabili-ty*) ра́зум, рассу́док; (*cause*) основа́ние, причи́на; (*sense*) смысл; **by ~ of** по причи́не (P); **for this ~** поэ́тому;

it stands to ~ that ... я́сно, что ...,
очеви́дно, что ...; **2.** *v/i.* рассужда́ть
[-уди́ть]; **~ out** разга́дывать [-да́ть];
проду́мать *pf.* до конца́; **~ out of** раз-
убежда́ть [-еди́ть] в (П); **~able** [~əbl]
□ (благо)разу́мный; (*moderate*) уме́-
ренный; **~ing** [-ɪŋ] рассужде́ние

reassure [riːəˈʃʊə] успока́ивать
[-ко́ить], ободря́ть [-ри́ть]

rebate [ˈriːbeɪt] *comm.* ски́дка; вы́чет

rebel 1. [ˈrebl] бунтовщи́к *m*, -и́ца *f*; (*insurgent*) повста́нец; *fig.* бунта́рь *m*; **2.**
[-] (*a.* **~lious** [rɪˈbeljəs]) мяте́жный; **3.**
[rɪˈbel] восст(ав)а́ть; бунтова́ть
[взбунтова́ться]; **~lion** [rɪˈbeljən] вос-
ста́ние; (*riot*) бунт

rebirth [riːˈbɜːθ] возрожде́ние

rebound [rɪˈbaʊnd] **1.** отска́кивать
[-скочи́ть]; **~ on** *fig.* обора́чиваться
[оберну́ться] (про́тив Р); **2.** рикоше́т;
отско́к

rebuff [rɪˈbʌf] **1.** отпо́р; ре́зкий отка́з;
2. дава́ть отпо́р (Д)

rebuild [riːˈbɪld] [*irr.* (**build**)] сно́ва [по]
стро́ить; реконструи́ровать; пере-
стра́ивать [-стро́ить]

rebuke [rɪˈbjuːk] **1.** упрёк; вы́говор; **2.**
упрека́ть [-кну́ть], де́лать вы́говор
(Д)

recall [rɪˈkɔːl] **1.** *of diplomat, etc.* о́т-
зыв; *beyond* ~ безвозвра́тно, беспо-
воро́тно; **2.** отзыва́ть [отозва́ть]; (*revoke*) отменя́ть [-ни́ть]; (*remind*) на-
помина́ть [-о́мнить]; (*call to mind*)
вспомина́ть [-о́мнить] (В)

recapture [riːˈkæptʃe] *territory* взять
обра́тно; освобожда́ть [-боди́ть]; **~
the atmosphere** воссоздава́ть [-да́ть]
атмосфе́ру

recede [rɪˈsiːd] (*move back*) отступа́ть
[-пи́ть]; (*move away*) удаля́ться
[-ли́ться]

receipt [rɪˈsiːt] (*document*) распи́ска,
квита́нция; (*receiving*) получе́ние;
cul. реце́пт; **~s** *pl.* прихо́д

receive [rɪˈsiːv] получа́ть [-чи́ть];
guests, etc. принима́ть [-ня́ть]; *news,
ideas* воспринима́ть [-ня́ть]; **~r** [-ə] по-
луча́тель *m*, -ница *f*; *tel.* телефо́нная
тру́бка; *radio* приёмник

recent [ˈriːsnt] □ неда́вний; све́жий;
но́вый; *in ~ years* в после́дние го́ды;
~ly [-lɪ] неда́вно

receptacle [rɪˈseptəkl] вмести́лище

reception [rɪˈsepʃn] получе́ние;
приём; **~ desk** *in hotel* регистра́ция;
in hospital регистрату́ра; **~ist** [-ənɪst]
регистра́тор

receptive [rɪˈseptɪv] □ восприи́м-
чивый (к Д)

recess [rɪˈses] *parl.* кани́кулы *f/pl.*;
(*break*) переры́в; *arch.* ни́ша; **~es**
pl. fig. глуби́ны *f/pl.*; **~ion** [-ʃn] *econ.*
спад

recipe [ˈresəpɪ] *cul.* реце́пт

recipient [rɪˈsɪpɪənt] получа́тель *m*,
-ница *f*

reciprocal [rɪˈsɪprəkl] взаи́мный;
обою́дный; **~ate** [-keɪt] отвеча́ть
[-ве́тить] взаи́мностью; (*interchange*)
обме́ниваться [-ня́ться]; **~ity** [re-
sɪˈprɒsətɪ] взаи́мность *f*

recital [rɪˈsaɪtl] чте́ние, деклама́ция;
(*account*) повествова́ние, расска́з;
mus. со́льный; **~ation** [resɪˈteɪʃn] де-
клама́ция; **~e** [rɪˈsaɪt] [про]деклами́-
ровать

reckless [ˈreklɪs] □ безрассу́дный;
опроме́тчивый; беспе́чный

reckon [ˈrekən] *v/t.* счита́ть;
причисля́ть [-чи́слить] (*among* к
Д); счита́ть [счесть] за (В); **~ up** под-
счита́ть *pf.*; *v/i.* (*consider*) счита́ть, ду́-
мать, предполага́ть [-ложи́ть]; **~ (up)-
on** *fig.* рассчи́тывать на (В); *a man to
be ~ed with* челове́к, с кото́рым сле́-
дует счита́ться; **~ing** [-ɪŋ] подсчёт,
счёт; распла́та

reclaim [rɪˈkleɪm] [по]тре́бовать об-
ра́тно; *waste* утилизи́ровать; *land* ос-
ва́ивать [-во́ить]; *neglected land* ре-
культиви́ровать

recline [rɪˈklaɪn] отки́дывать(ся)
[-и́нуть(ся)]; полулежа́ть

recluse [rɪˈkluːs] отше́льник *m*, -ица *f*

recognition [rekəɡˈnɪʃn] (*realization*)
осозна́ние; узнава́ние; призна́ние
(Р); *change beyond ~* изменя́ться
[-ни́ться] до неузнава́емости; *gain ~*
доби́ться *pf.* призна́ния; **~ze** [ˈrek-

əgnaiz] узн(ав)а́ть; призн(ав)а́ть

recoil [rɪˈkɔɪl] 1. *mil.* отда́ча; 2. отска́кивать [-скочи́ть], отпря́нуть *pf.*; *of gun* отдава́ть [-да́ть]

recollect [rekəˈlekt] вспомина́ть [вспо́мнить] (В); *as far as I can ~* наско́лько я по́мню; **~ion** [rekəˈlekʃn] воспомина́ние, па́мять *f* (*of* о П)

recommend [rekəˈmend] рекомендова́ть (*im*)*pf.*, *pf. a.* [по-], [по]сове́товать; **~ation** [rekəmenˈdeɪʃn] рекоменда́ция

recompense [ˈrekəmpens] 1. вознагражде́ние; компенса́ция; *as or in ~* в ка́честве компенса́ции (*for* за В); 2. вознагражда́ть [-ради́ть]; отпла́чивать [отплати́ть] (Д); *for a loss, etc.* компенси́ровать, возмеща́ть [-мести́ть]

reconcil|e [ˈrekənsail] примиря́ть [-ри́ть] (*to* с Т); ула́живать [ула́дить]; *~ o.s.* примиря́ться [-ри́ться]; **~iation** [rekənsɪlɪˈeɪʃn] примире́ние; ула́живание

recon|aissance [rɪˈkɒnəsns] *mil.* разве́дка; **~noitre** [rekəˈnɔɪtə] производи́ть разве́д(ку)

reconsider [riːkənˈsɪdə] пересма́тривать [-мотре́ть]

reconstruct [riːkənsˈtrʌkt] восстана́вливать [-нови́ть], перестра́ивать [-стро́ить]; **~ion** [-ˈstrʌkʃn] реконстру́кция; восстановле́ние

record 1. [ˈrekɔːd] за́пись *f*; *sport* реко́рд; *of meeting* протоко́л; *place on ~* запи́сывать [-са́ть]; граммофо́нная пласти́нка, диск; репута́ция; *~ library* фоноте́ка; *~ office* госуда́рственный архи́в; *off the ~* неофициа́льно; *on ~* зарегистри́рованный; *attr.* реко́рдный; *in ~ time* в реко́рдно коро́ткое вре́мя; 2. [rɪˈkɔːd] [за]писывать [-са́ть], [за]регистри́ровать; **~er** [rɪˈkɔːdə] регистра́тор; (*instrument*) самопи́сец; *а. mus.*); **~ing** [-ɪŋ] за́пись *f* (*a. mus.*)

recount [rɪˈkaʊnt] расска́зывать [-за́ть]

recourse [rɪˈkɔːs] *have~ to* прибега́ть [-бе́гнуть] к (Р)

recover [rɪˈkʌvə] *v/t.* получа́ть обра́т-

но; верну́ть *pf.*; *waste* утилизи́ровать, регенери́ровать; *v/i. from illness* оправля́ться [-а́виться]; **~y** [-rɪ] восстановле́ние; выздоровле́ние; *economic ~* восстановле́ние наро́дного хозя́йства

recreation [rekrɪˈeɪʃn] о́тдых; развлече́ние

recrimination [rɪkrɪmɪˈneɪʃn] контробвине́ние

recruit [rɪˈkruːt] 1. *mil.* новобра́нец; *fig.* новичо́к; 2. брать [взять] на вое́нную слу́жбу; *new players* наб(и)ра́ть; *for work* [за]вербова́ть

rectangle [ˈrektæŋgl] прямоуго́льник

recti|fy [ˈrektɪfai] (*put right*) исправля́ть [-а́вить]; **~tude** [ˈrektɪtjuːd] прямота́, че́стность *f*

rector [ˈrektə] *univ.* ре́ктор; *eccl.* па́стор, свяще́нник; **~y** [-rɪ] дом свяще́нника

recumbent [rɪˈkʌmbənt] лежа́чий

recuperate [rɪˈkjuːpəreɪt] восстана́вливать си́лы; оправля́ться [опра́виться]

recur [rɪˈkɜː] (*be repeated*) повторя́ться [-и́ться]; (*go back to s.th.*) возраща́ться [-рати́ться] (*to* к Д); *of ideas, event* приходи́ть сно́ва на ум, на па́мять; (*happen again*) происходи́ть вновь; **~rence** [rɪˈkʌrəns] повторе́ние; **~rent** [-rənt] □ повторя́ющийся; периоди́ческий; *med.* возвра́тный

recycling [riːˈsaɪklɪŋ] перерабо́тка; повто́рное испо́льзование

red [red] 1. кра́сный; *~ herring fig.* отвлече́ние внима́ния; ♀ *Cross* Кра́сный Крест; *~ tape* волоки́та, бюрокра́тизм; 2. кра́сный цвет

red|breast [ˈredbrest] мали́новка; **~den** [ˈredn] [по]красне́ть

redeem [rɪˈdiːm] (*make amends*) искупа́ть [-пи́ть]; (*get back*) выкупа́ть [вы́купить]; спаса́ть [-сти́]; **~er** [-ə] спаси́тель *m*

red-handed [redˈhændɪd]: *catch a p. ~* пойма́ть *pf.* кого́-л. на ме́сте преступле́ния

red-hot [redˈhɒt] накалённый докрасна; горя́чий; *fig.* взбешённый

redirect [ˌriːdɪˈrekt] *letter* переадресо́-
вывать [-ва́ть]

red-letter [redˈletə]: ~ *day* счастли́вый
день; кра́сный день календаря́

redness [ˈrednɪs] краснота́

redouble [rɪˈdʌbl] удва́ивать(ся)
[удво́ить(ся)]

redress [rɪˈdres] **1.** *errors, etc.* исправ-
ле́ние; *law* возмеще́ние; **2.** ис-
правля́ть [-а́вить]; возмеща́ть [-ес-
ти́ть]

reduce [rɪˈdjuːs] *in size* понижа́ть
[-и́зить]; *prices, etc.* снижа́ть
[-и́зить]; доводи́ть [довести́] (*to* до
P); *pain* уменьша́ть [уме́ньшить];
(*lessen*) сокраща́ть [-рати́ть]; уре́з(ы)-
вать; ~**tion** [rɪˈdʌkʃn] сниже́ние,
ски́дка; уменьше́ние; сокраще́ние;
of picture, etc. уме́ньшенная ко́пия

redundant [rɪˈdʌndənt] □ изли́шний;
be made ~ быть уво́ленным

reed [riːd] тростни́к; камы́ш

reeducation [ˌriːedjʊˈkeɪʃn] переобу-
че́ние

reef [riːf] *geogr. naut.* риф

reek [riːk] **1.** вонь *f*; за́тхлый за́пах; **2.**
v/i. дыми́ться; (неприя́тно) па́хнуть
(*of* T)

reel [riːl] **1.** кату́шка; *for film, etc.* бо-
би́на; **2.** *v/i.* [за]кружи́ться, [за]вер-
те́ться; (*stagger*) шата́ться [шат-
ну́ться]; *my head* ~*ed* у меня́ закружи́-
лась голова́; *v/t.* [на]мота́ть; ~ *off* раз-
ма́тывать [-мота́ть]; *fig.* отбараба́-
нить *pf.*

reelect [ˌriːɪˈlekt] переизб(и)ра́ть

reenter [riːˈentə] сно́ва входи́ть в (В)

reestablish [ˌriːɪˈstæblɪʃ] восстана́в-
ливать [-нови́ть]

refer [rɪˈfɜː]: ~ *to v/t.* относи́ть [отнес-
ти́] (к Д); (*direct*) направля́ть [-ра́-
вить], отсыла́ть [отосла́ть] (к Д);
(*hand over*) передава́ть на рассмот-
ре́ние (Д); (*attribute*) припи́сывать
[-са́ть]; *v/i.* (*allude to*) ссыла́ться [со-
сла́ться] на (В); (*relate*) относи́ться
[отнести́сь] к (Д); ~**ee** [refəˈriː] *sport*
судья́ *m*; *football* арби́тр (*a. fig.*); *boxing* ре́фери *m indecl.*; ~**ence** [ˈrefrəns]

спра́вка; *in book* ссы́лка; (*testimonial*)
рекоменда́ция; (*allusion*) упомина́-
ние; (*relationship*) отноше́ние; *in* ~
to относи́тельно (P); ~ *book* спра́воч-
ник; ~ *library* спра́вочная библиоте́-
ка; *make* ~ *to* ссыла́ться [сосла́ться]
на (В)

referendum [refəˈrendəm] референ́-
дум

refill [ˌriːˈfɪl] наполня́ть сно́ва; по-
полня́ть(ся) [-по́лнить(ся)]

refine [rɪˈfaɪn] *tech.* очища́ть
(очи́стить); *sugar* рафини́ровать
(*im*)*pf.*; *fig.* де́лать(ся) бо́лее
утончённым; ~ (*up*)*on* [у]соверше́н-
ше́нствовать; ~**d** [-d] *person* рафини́-
рованный; *style, etc.* изы́сканный,
утончённый; очи́щенный; ~**ry** [-ərɪ]
for sugar са́харный заво́д

reflect [rɪˈflekt] *v/t.* отража́ть [отра-
зи́ть]; *v/i.* ~ (*up*)*on*: броса́ть тень на
(В); (*meditate on*) размышля́ть [-ы́с-
лить] о (П); (*tell on*) отража́ться [ра-
зи́ться] на (В); ~**ion** [rɪˈflekʃn] отра-
же́ние; отсве́т; размышле́ние, обду́-
мывание; *fig.* тень *f*

reflex [ˈriːfleks] рефле́кс

reforest [ˌriːˈfɒrɪst] восстана́вливать
[-нови́ть] лес

reform [rɪˈfɔːm] **1.** рефо́рма; **2.** рефор-
ми́ровать (*im*)*pf.*; *of person* ис-
правля́ть(ся); ~**ation** [refəˈmeɪʃn]
преобразова́ние; исправле́ние; *hist.*
the 2 Реформа́ция; ~**er** [-mə] рефор-
ма́тор

refraction [rɪˈfrækʃn] *phys.* рефра́к-
ция, преломле́ние

refrain[1] [rɪˈfreɪn] *v/i.* возде́рживаться
[-жа́ться] (*from* от P)

refrain[2] [rɪˈfreɪn] припе́в, рефре́н

refresh [rɪˈfreʃ] освежа́ть [-жи́ть];
with food or drink подкрепля́ть(ся)
[-пи́ться]; ~**ment** [-mənt] еда́; питьё

refrigerate [rɪˈfrɪdʒəreɪt] замора́жи-
вать [-ро́зить]; (*cool*) охлажда́ть(ся)
[охлади́ть(ся)]; ~**ion** [rɪfrɪdʒəˈreɪʃn]
замора́живание; охлажде́ние; ~**or**
[rɪˈfrɪdʒəreɪtə] холоди́льник; *of van,
ship, etc.* рефрижера́тор

refuel [ˌriːˈfjʊəl] *mot.* заправля́ться

[-áвиться] (горючим)

refuge ['refjuːdʒ] убéжище; **take ~** укрывáться [-ы́ться]; **~e** [refjuˈdʒiː] бéженец *m*, -нка *f*

refund [rɪˈfʌnd] возмещáть расхóды (Д); возвращáть [-ратúть]

refusal [rɪˈfjuːzl] откáз

refuse 1. [rɪˈfjuːz] *v/t.* откáзываться [-зáться] от (Р); откáзывать [-зáть] в (П); (*deny*) отвергáть [отвéргнуть]; *v/i.* откáзываться [-зáться]; **2.** ['refjuːs] отбрóсы *m/pl.*; мýсор; **~ dump** свáлка

refute [rɪˈfjuːt] опровергáть [-вéргнуть]

regain [rɪˈgeɪn] получáть обрáтно; снóва достигáть [-стúгнуть]; *strength* восстанáвливать [-новúть]

regal [ˈriːgəl] □ корóлевский, цáрственный

regale [rɪˈgeɪl] *v/t.* угощáть [угостúть]; *v/i.* наслаждáться [-дúться]

regard [rɪˈgɑːd] **1.** внимáние; уважéние; **with ~ to** по отношéнию к (Д); **kind ~s** сердéчный привéт; **2.** [по]смотрéть на (В); (*consider*) считáть, рассмáтривать (**as** как); (*concern*) касáться; относúться [отнестúсь] к (Д); **as ~s ...** что касáется (Р); **~ing** [-ɪŋ] относúтельно (Р); **~less** [-lɪs] *adv.:* **~ of** несмотря́ на (В), незави́симо от (Р)

regent [ˈriːdʒənt] рéгент

regime [reɪˈʒiːm] режúм

regiment [ˈredʒɪmənt] полк

region [ˈriːdʒən] óбласть *f* (*a. administrative*); райóн; *large* регио́н; **~al** [-l] □ областнóй; райóнный; региона́льный

register [ˈredʒɪstə] **1.** журнáл; (*written record*) зáпись *f*; *tech., mus.* регúстр; **2.** регистрúровать(ся) (*im*)*pf., pf. a.* [за-]; заносúть в спúсок; *mail* посылáть заказны́м; (*show*) покáзывать [-зáть]

registr|ar [redʒɪˈstrɑː] регистрáтор; служáщий регистратýры; **~ation** [redʒɪˈstreɪʃn] регистрáция; **~y** [ˈredʒɪstrɪ]: **~ office** загс

regret [rɪˈgret] **1.** сожалéние; **2.** [по]-

жалéть (**that ...** что ...); сожалéть о (П); **~ful** [-fl] □ пóлный сожалéния; опечáленный; **~table** [-əbl] □ прискóрбный

regular [ˈregjʊlə] □ прáвильный; регуля́рный (*army a.*), постоя́нный; **~ity** [regjʊˈlærətɪ] регуля́рность *f*

regulat|e [ˈregjʊleɪt] [у]регулúровать, упоря́дочи(ва)ть; *tech.* [от-] регулúровать; **~ion** [regjʊˈleɪʃn] регулúрование; (*rule*) прáвило

rehabilitation [riːəbɪlɪˈteɪʃn] реабилитáция; трудоустрóйство; перевоспитáние

rehears|al [rɪˈhɜːsl] *thea., mus.* репетúция; **~e** [rɪˈhɜːs] *thea.* [про]репетúровать

reign [reɪn] **1.** цáрствование; *fig.* власть *f*; **2.** цáрствовать; *fig.* царúть

reimburse [riːɪmˈbɜːs] возвращáть [-ратúть]; возмещáть [-местúть] расхóды (Д)

rein [reɪn] вожжá; *fig.* узда́

reindeer [ˈreɪndɪə] сéверный олéнь *m*

reinforce [riːɪnˈfɔːs] усúливать [усúлить]; укрепля́ть [-пúть]; *mil.* подкрепля́ть [-пúть] (*a. fig.*); **~ment** [-mənt] усилéние; *mil.* подкреплéние

reinstate [riːɪnˈsteɪt] восстанáвливать [-новúть] (*в правáх и т.д.*)

reiterate [riːˈɪtəreɪt] повторя́ть [-рúть]

reject [rɪˈdʒekt] **1.** *idea, etc.* отвергáть [отвéргнуть]; (*refuse to accept*) откáзываться [-зáться] от (Р); *proposal* отклоня́ть [-нúть]; *goods* бракова́ть; **2.** [ˈriːdʒekt] брак; **~s** бракóванный товáр; **~ion** [rɪˈdʒekʃn] откáз; бракóвка

rejoic|e [rɪˈdʒɔɪs] *v/t.* [об]рáдовать; *v/i.* [об]рáдоваться (**at, in** Д); **~ing** [-ɪŋ] (*чáсто* **~ings** *pl.*) весéлье

rejoin [rɪˈdʒɔɪn] возражáть [-разúть]; **~der** [-də] отвéт; возражéние

rejuvenate [rɪˈdʒuːvəneɪt] омолáживать(ся) [омолодúть(ся)]

relapse [rɪˈlæps] **1.** *law, med.* рецидúв; **2.** *into bad habits, etc.* вернýться *pf.*; **~ into silence** (снóва) умолкáть

relate [rɪˈleɪt] *v/t.* расскáзывать

[-зать]; (*connect*) свя́зывать [-за́ть], соотноси́ть; *v/i.* относи́ться [отнести́сь]; **~d** [-ɪd] (*connected*) свя́занный; состоя́щий в родстве́ (**to** с Т)

relation [rɪ'leɪʃn] отноше́ние; связь *f*; родство́; ро́дственник *m*, -ица *f*; **in~ to** по отноше́нию к (Д); **~ship** [-ʃɪp] связь; родство́

relative ['relətɪv] 1. □ относи́тельный; (*comparative*) сравни́тельный; **~ to** относя́щийся к (Д); 2. ро́дственник *m*, -ица *f*

relax [rɪ'læks] *v/t.* ослабля́ть [-а́бить]; *muscles* расслабля́ть [-а́бить]; *v/i.* [о]сла́бнуть; расслабля́ться [-а́биться]; **~ation** [rɪlæk'seɪʃn] ослабле́ние; расслабле́ние; (*amusement*) развлече́ние

relay ['riːleɪ] 1. сме́на; *sport* эстафе́та; *attr.* эстафе́тный; *el.* реле́ *n indecl.*; 2. *radio* ретрансли́ровать (*im*)*pf.*

release [rɪ'liːs] 1. освобожде́ние; высвобожде́ние; избавле́ние; *of film* вы́пуск; 2. (*set free*) освобожда́ть [-боди́ть]; высвобожда́ть [вы́свободить]; (*relieve*) избавля́ть [-а́вить]; (*issue*) выпуска́ть [вы́пустить]; (*let go*) отпуска́ть [-сти́ть]

relegate ['relɪgeɪt] отсыла́ть [отосла́ть], низводи́ть [-вести́]; направля́ть [-ра́вить] (**to** к Д); *sport* переводи́ть [-вести́]

relent [rɪ'lent] смягча́ться [-чи́ться]; **~less** [-lɪs] □ безжа́лостный

relevant ['reləvənt] уме́стный; относя́щийся к де́лу

reliab|ility [rɪlaɪə'bɪlətɪ] надёжность *f*; достове́рность *f*; **~le** [rɪ'laɪəbl] надёжный; достове́рный

reliance [rɪ'laɪəns] дове́рие; уве́ренность *f*

relic ['relɪk] пережи́ток; рели́квия

relief [rɪ'liːf] облегче́ние; (*assistance*) по́мощь *f*; посо́бие; подкрепле́ние; *in shiftwork* сме́на; *geogr* рельеф; **to my ~** к моему́ облегче́нию; **~ fund** фонд по́мощи

relieve [rɪ'liːv] облегча́ть [-чи́ть]; (*free*) освобожда́ть [-боди́ть]; (*help*) ока́зывать по́мощь *f* (Д), выруча́ть

[вы́ручить]; *of shift* сменя́ть [-ни́ть]; (*soften*) смягча́ть [-чи́ть]; **~ one's feelings** отвести́ *pf.* ду́шу

religion [rɪ'lɪdʒən] рели́гия

religious [rɪ'lɪdʒəs] □ религио́зный; (*conscientious*) добросо́вестный

relinquish [rɪ'lɪŋkwɪʃ] *hope, etc.* оставля́ть [-а́вить]; *habit* отка́зываться [-за́ться]; **~ one's rights** уступа́ть [-пи́ть] права́

relish ['relɪʃ] 1. вкус; при́вкус; *cul.* припра́ва; 2. наслажда́ться [-лади́ться] (Т); получа́ть удово́льствие от (Р); придава́ть вкус (Д); **eat with ~** есть с аппети́том

reluctan|ce [rɪ'lʌktəns] нежела́ние; неохо́та, нерасположе́ние; **~t** [-nt] □ неохо́тный; (*offering resistance*) сопротивля́ющийся

rely [rɪ'laɪ]: **~ (up)on** полага́ться [-ложи́ться] на (В), наде́яться на (В); (*depend on*) зави́сеть от (Р)

remain [rɪ'meɪn] ост(ав)а́ться; **it ~s to be seen** э́то ещё вы́яснится; ещё посмо́трим; **~der** [-də] оста́ток

remark [rɪ'mɑːk] 1. замеча́ние; **I made no ~** я ничего́ не сказа́ла; 2. (*notice, say*) замеча́ть [-е́тить]; выска́зываться [вы́сказаться] (**on** о П); **~able** [rɪ'mɑːkəbl] (*of note*) замеча́тельный; (*extraordinary*) удиви́тельный

remedy ['remədɪ] 1. сре́дство, лека́рство; ме́ра (**for** про́тив Р); 2. (*put right*) исправля́ть [-а́вить]

rememb|er [rɪ'membə] по́мнить; (*recall*) вспомина́ть [-о́мнить]; **~ me to ...** переда́й(те) приве́т (Д); **~rance** [-brəns] (*recollection*) па́мять *f*, воспомина́ние; (*memento*) сувени́р

remind [rɪ'maɪnd] напомина́ть [-о́мнить] (Д; *of* о П *or* В); **~er** [-ə] напомина́ние

reminiscence [remɪ'nɪsns] воспомина́ние

remiss [rɪ'mɪs] □ неради́вый; небре́жный; хала́тный; **~ion** [rɪ'mɪʃn] (*forgiveness*) проще́ние; освобожде́ние от до́лга; (*abatement*) уменьше́ние; *med.* реми́ссия

remit [rɪ'mɪt] *goods* перес(ы)ла́ть;

money переводить [-вести́]; (*abate*) уменьша́ть(ся) [уме́ньшить(ся)]; **~tance** [-əns] де́нежный перево́д

remnant ['remnənt] *of cloth* остáток; *of food* остáтки

remodel [ri:'mɒdl] перестрáивать [-стро́ить]

remonstrate ['remənstreɪt] протестовáть; увещевáть (**with** В)

remorse [rɪ'mɔːs] угрызе́ния (*n/pl.*) со́вести; раскáяние; **~less** [-lɪs] □ безжáлостный

remote [rɪ'məʊt] □ отдалённый; дáльний; **~ control** дистанцио́нное управле́ние; *I haven't got the ~st idea* не имéю ни малéйшего понятия

removal [rɪ'muːvl] переéзд; *of threat, etc.* устранéние; *from office* смеще́ние; **~ van** фурго́н для перево́зки мéбели; **~e** [rɪ'muːv] *v/t.* удаля́ть [-ли́ть]; уноси́ть [унести́]; передвигáть [-и́нуть]; (*take off*) снимáть [снять]; (*take away*) уби(-) рáть; (*dismiss*) снимáть [снять]; *v/i.* переезжáть [перехать]; **~ers** [-əz] *firm* трансагéнтство; *personnel* перево́зчики

remunerat|e [rɪ'mjuːnəreɪt] вознаграждáть [-ради́ть]; (*pay*) оплáчивать [оплати́ть]; **~ive** [rɪ'mjuː- 'nərətɪv] □ (*profitable*) вы́годный

Renaissance [rə'neɪsns] эпо́ха Возрождéния; Ренессáнс; 2 (*revival*) возрождéние

render ['rendə] (*service*) окáзывать [оказáть]; (*represent*) изображáть [-рази́ть]; *mus.* исполня́ть [-о́лнить]; (*translate*) переводи́ть [перевести́]; (*give as due*) возд(ав)áть

renew [rɪ'njuː] возобновля́ть [-нови́ть]; **~al** [-əl] возобновлéние

renounce [rɪ'naʊns] откáзываться [-зáться] от (Р); (*disown*) отрекáться [отрéчься] от (Р)

renovate ['renəveɪt] восстанáвливать [-нови́ть]; обновля́ть [обнови́ть]

renown [rɪ'naʊn] слáва; извéстность *f*; **~ed** [-d] □ прослáвленный, извéстный

rent¹ [rent] прорéха; дырá

rent² [~] **1.** *for land* арéндная плáта; *for*

apartment квартúрная плáта; **2.** (*occupy for ~*) взять в наём; (*let for ~*) сдать в наём; **~al** [rentl] (*rate of rent*) арéндная плáта

renunciation [rɪnʌnsɪ'eɪʃn] отречéние; откáз (**of** от Р)

reopen [riː'əʊpən] открывáть [-ры́ть] вновь; **~ negotiations** возобновля́ть [-нови́ть] перегово́ры

repair [rɪ'peə] **1.** почи́нка, ремо́нт; *in good ~* в испрáвном состоя́нии; **2.** [по]чини́ть, [от]ремонти́ровать; (*make amends for*) исправля́ть [-áвить]

reparation [repə'reɪʃn] возмещéние; *pol.* репарáция

repartee [repɑː'tiː] остроýмный отвéт

repay [*irr.* (*pay*)] [rɪ'peɪ] (*reward*) отблагодари́ть (**for** за В); отдавáть долг (Д); возмещáть [-ести́ть]; **~ment** [-mənt] *of money* возврáт; возмещéние

repeal [rɪ'piːl] аннули́ровать (*im*)*pf.*; отменя́ть [-ни́ть]

repeat [rɪ'piːt] **1.** повторя́ть(ся) [-ри́ть(ся)]; **2.** повторéние; **~ed** [-ɪd]: **~ efforts** неоднокрáтные уси́лия

repel [rɪ'pel] оттáлкивать [оттолкну́ть]; *mil.* отражáть [-рази́ть], отбивáть [-би́ть]

repent [rɪ'pent] раскáиваться [-кáяться] (**of** в П); **~ance** [-əns] раскáяние; **~ant** [-ənt] кáющийся

repercussion [riːpə'kʌʃn] *of sound* отзвук; *fig.* послéдствие

repertoire ['repətwɑː] репертуáр

repetition [repɪ'tɪʃn] повторéние

replace [rɪ'pleɪs] стáвить, класть обрáтно; (*change for another*) заменя́ть [-ни́ть]; (*take place of*) замещáть [-ести́ть], заменя́ть [-ни́ть]; **~ment** [-mənt] замещéние, замéна

replenish [rɪ'plenɪʃ] пополня́ть [-о́лнить]; **~ment** [-mənt] пополнéние (*a. mil.*)

replete [rɪ'pliːt] напо́лненный; насы́щенный

replica ['replɪkə] то́чная ко́пия

reply [rɪ'plaɪ] **1.** отвéт (**to** на В); **2.** отвечáть [-éтить]; (*retort*) возражáть

[-разить]

report [rɪ'pɔːt] 1. (*account*) отчёт сообщение; *mil.* донесение; *official* доклад; (*hearsay*) молва, слух; (**on** о П); 2. сообщать [-щить] (B or о П); *mil.* доносить [-нести] о (П); сделать *pf.* доклад; докладывать [доложить]; ~ **for work** явиться *pf.* на работу; ~**er** [-ə] репортёр

repos|**e** [rɪ'pəʊz] отдых, передышка; ~**itory** [rɪ'pɒsɪtrɪ] склад; хранилище

represent [reprɪ'zent] представлять [-авить]; изображать [-разить]; *thea.* исполнять роль *f* (P); ~**ation** [-zən'teɪʃn] изображение; *parl.* представительство; *thea.* представление; постановка; ~**ative** [reprɪ'zentətɪv] □ (*typical*) характерный; *parl.* представительный; 2. представитель *m*, -ница *f*; **House of ~s** *pl. Am. parl.* палата представителей

repress [rɪ'pres] подавлять [-вить]; ~**ion** [rɪ'preʃn] подавление

reprimand ['reprɪmɑːnd] 1. выговор; 2. делать выговор (Д)

reprint [rɪ'prɪnt] 1. перепечатка; 2. перепечатывать [-тать]

reprisal [rɪ'praɪzl] ответное действие

reproach [rɪ'prəʊtʃ] 1. упрёк, укор; 2. (~ *a p. with a th.*) упрекать [-кнуть] (кого-л. в чём-л.)

reprobate ['reprəbeɪt] негодяй, распутник

reproduc|**e** [riːprə'djuːs] воспроизводить [-извести]; (*beget*) размножаться [-ожиться]; ~**tion** [-'dʌkʃn] воспроизведение; *of offspring* размножение; (*copy*) репродукция

reproof [rɪ'pruːf] выговор; порицание

reprove [rɪ'pruːv] делать выговор (Д)

reptile ['reptaɪl] пресмыкающееся

republic [rɪ'pʌblɪk] республика; ~**an** [-lɪkən] 1. республиканский; 2. республиканец *m*, -нка *f*

repudiate [rɪ'pjuːdɪeɪt] (*disown*) отрекаться [-речься] от (P); (*reject*) отвергать [-вергнуть]

repugnan|**ce** [rɪ'pʌgnəns] отвращение; ~**t** [-nənt] □ отталкивающий, отвратительный

repuls|**e** [rɪ'pʌls] *mil.* отбивать [-бить], отражать [отразить]; (*alienate*) отталкивать [оттолкнуть]; ~**ive** [-ɪv] □ отталкивающий; омерзительный

reput|**able** ['repjutəbl] □ уважаемый; почтенный; *company, firm, etc.* солидный; ~**ation** [repju'teɪʃn] репутация; ~**e** [rɪ'pjuːt] репутация; ~**ed** [rɪ'pjuːtɪd] известный; (*supposed*) предполагаемый; **be ~** (**to be ...**) слыть за (B)

request [rɪ'kwest] 1. требование; просьба; 2. [по]просить (B or P or о П)

require [rɪ'kwaɪə] (*need*) нуждаться в (П); (*demand*) [по]требовать (P); ~**d** [-d] нужный; (*compulsory*) обязательный; ~**ment** [-mənt] нужда; требование; потребность *f*; **meet the ~s** отвечать требованиям

requisit|**e** ['rekwɪzɪt] 1. необходимый; 2. ~**es** *pl.* всё необходимое, нужное; **sports ~** спортивное снаряжение; ~**ion** [rekwɪ'zɪʃn] заявка, требование

requital [rɪ'kwaɪtl] (*recompense*) вознаграждение; (*avenging*) возмездие

requite [rɪ'kwaɪt] отплачивать [-латить] (Д **for** за B); (*avenge*) [ото]мстить за (B)

rescue ['reskjuː] 1. освобождение; спасение; **come to s.o.'s ~** прийти кому-л. на помощь *f*; 2. освобождать [-бодить]; спасать [-сти]; ~ **party** группа спасателей

research [rɪ'sɜːtʃ] исследование

resembl|**ance** [rɪ'zembləns] сходство (**to** с Т); ~**e** [rɪ'zembl] походить на (B), иметь сходство с (Т)

resent [rɪ'zent] возмущаться [-мутиться]; негодовать на (B); обижаться [обидеться] за (B); **I ~ his familiarity** меня возмущает его фамильярность; ~**ful** [-fl] □ обиженный; возмущённый; ~**ment** [-mənt] негодование; чувство обиды

reservation [rezə'veɪʃn] оговорка; *for game* заповедник; *for tribes* резервация; (*booking*) предварительный заказ; **without ~** без всяких оговорок, безоговорочно

reserve [rɪ'zɜːv] **1.** запас; *fin.* резервный фонд; резерв; (*reticence*) сдержанность *f*; скрытность *f*; **2.** сберегать [-речь]; (*keep back*) приберегать [-речь]; откладывать [отложить]; (*book*) заказывать [-зать]; *for business purposes* [за]бронировать; оставлять за собой; *I ~ the right to ...* я оставляю за собой право ...; **~d** [-d] □ скрытный; заказанный заранее

reside [rɪ'zaɪd] жить, проживать; **~nce** ['rezɪdəns] местожительство; *official* резиденция; **~nt** [-dənt] **1.** проживающий, живущий; **2.** постоянный житель *m*; *in hotel* постоялец

residu|al [rɪ'zɪdjʊəl] остаточный; **~e** ['rezɪdjuː] остаток; (*sediment*) осадок

resign [rɪ'zaɪn] *v/t.* *right, etc.* отказываться [-заться] от; *hope* оставлять [-авить]; *rights* уступать [-пить]; **~ o.s. to** покоряться [-риться] (Д); *v/i.* уходить в отставку; **~ation** [rezɪg'neɪʃn] отставка; уход с работы

resilien|ce [rɪ'zɪlɪəns] упругость *f*, эластичность *f*; **~t** [-nt] упругий, эластичный; *person* жизнестойкий

resin ['rezɪn] смола

resist [rɪ'zɪst] сопротивляться (Д); противостоять [-оять]; **~ance** [-əns] сопротивление; *to colds, etc.* сопротивляемость *f*; **~ant** [-ənt] сопротивляющийся; *heat*~ жаростойкий; *fire*~ огнеупорный

resolut|e ['rezəluːt] □ решительный; **~ion** [rezə'luːʃn] (*motion*) резолюция, решительность *f*, решимость *f*; *make a ~* решать [-шить]

resolve [rɪ'zɒlv] **1.** *v/t.* *fig.* решать [решить]; *problem, etc.* разрешать [-шить]; *v/i.* реша́ть(ся) [решить(ся)]; **~(up)on** решаться [-шиться] на (В); **2.** решение; **~d** [-d] полный решимости

resonance ['rezənəns] резонанс

resonant ['rezənənt] □ звучащий; резонирующий; *be ~ with* быть созвучным

resort [rɪ'zɔːt] **1.** (*health ~*) курорт; (*expedient*) надежда; *in the last ~* в крайнем случае; **2.** *~ to*: прибегать [-егнуть] к (Д); обращаться [-атиться] к (Д)

resound [rɪ'zaʊnd] [про]звучать; оглашать(ся) [огласить(ся)]

resource [rɪ'sɔːs]: **~s** *pl.* ресурсы *m/pl.*; возможность *f*; находчивость *f*; **~ful** [-fl] □ находчивый

respect [rɪ'spekt] **1.** (*esteem*) уважение; (*relation*) отношение; *in this ~* в этом отношении; **~s** *pl.* привет; **2.** *v/t.* уважать, почитать; *you must ~ his wishes* вы обязаны считаться с его пожеланиями; **~able** [-əbl] □ приличный, порядочный; респектабельный; *part. comm.* солидный; **~ful** [-fl] □ вежливый, почтительный; **~ing** [-ɪŋ] относительно (Р); **~ive** [-ɪv] соответствующий; *we went to our ~ places* мы разошлись по своим местам; **~ively** [-ɪvlɪ] соответственно

respirat|ion [respə'reɪʃn] дыхание; вдох и выдох; **~or** ['respəreɪtə] респиратор

respite ['respaɪt] передышка; (*reprieve*) отсрочка

respond [rɪ'spɒnd] отвечать [-етить]; *~ to* реагировать на; отзываться [отозваться] на (В)

response [rɪ'spɒns] ответ; *fig.* отклик; реакция

responsi|bility [rɪspɒnsɪ'bɪlətɪ] ответственность *f*; **~ble** [rɪ'spɒnsəbl] ответственный (*for* за В, *to* перед Т)

rest¹ [rest] **1.** отдых, покой; (*stand*) подставка; опора; **2.** *v/i.* отдыхать [отдохнуть]; (*remain*) оставаться; (*lean*) опираться [опереться] (*on* на В); *~ against* прислонять [-нить]; *fig.* *~(up)on* основываться [-оваться] на (П); *v/t.* давать отдых (Д)

rest² [-] остаток

restaurant ['restrɒnt] ресторан; *~ car* вагон-ресторан

restful ['restfl] спокойный

restive ['restɪv] □ строптивый, упрямый

restless ['restlɪs] непоседливый, неугомонный; *night, etc.* беспокойный

restoration [restə'reɪʃn] *arch., hist.*

restore 512

реставра́ция; восстановле́ние

restore [rɪˈstɔː] восстана́вливать [-нови́ть]; (*return*) возвраща́ть [-рати́ть]; (*reconvert*) реставри́ровать (*im*)*pf*.; ~ *to health* выле́чивать [вы́лечить]

restrain [rɪˈstreɪn] сде́рживать [-жа́ть]; уде́рживать; *feelings* подавля́ть [-ви́ть]; ~**t** [-t] сде́ржанность *f*; (*restriction*) ограниче́ние; (*check*) обузда́ние

restrict [rɪˈstrɪkt] ограни́чи(ва)ть; ~**ion** [rɪˈstrɪkʃn] ограниче́ние

result [rɪˈzʌlt] **1.** результа́т, исхо́д; (*consequence*) сле́дствие; **2.** явля́ться [яви́ться] сле́дствием (*from* P); ~ *in* приводи́ть [-вести́] к (Д), конча́ться [ʼ-читься]

resum|e [rɪˈzjuːm] (*renew*) возобновля́ть [-ви́ть]; (*continue*) продолжа́ть [-лжить]; ~ *one's seat* верну́ться на своё ме́сто; ~ *classes* возобнови́ть *pf*. заня́тия

resurrection [rezəˈrekʃn] *of custom, etc.* воскреше́ние; *the* ◯ Воскресе́ние

resuscitate [rɪˈsʌsɪteɪt] *med.* приводи́ть [-вести́] в чу́вство

retail [ˈriːteɪl] **1.** ро́зничная прода́жа; *goods sold by* ~ това́ры, продаю́щиеся в ро́зницу; *attr.* ро́зничный; **2.** продава́ть(ся) в ро́зницу

retain [rɪˈteɪn] (*preserve*) сохраня́ть [-ни́ть]; (*hold*) уде́рживать [-жа́ть]

retaliat|e [rɪˈtælɪeɪt] отпла́чивать [-лати́ть] (тем же); ~**ion** [rɪtælɪˈeɪʃn] отпла́та, возме́здие; *in ~ for* в отве́т на

retard [rɪˈtɑːd] (*check*) заде́рживать [-жа́ть]; замедля́ть [-е́длить]; ~**ed** [-ɪd]: *mentally* ~ *child* у́мственно отста́лый ребёнок

retention [rɪˈtenʃn] удержа́ние; сохране́ние

retentive [rɪˈtentɪv]: ~ *memory* хоро́шая па́мять *f*

reticent [ˈretɪsnt] скры́тный; молчали́вый

retinue [ˈretɪnjuː] сви́та, сопровожда́ющие ли́ца

retir|e [rɪˈtaɪə] *v/t.* увольня́ть с рабо́ты; *v/i.* выходи́ть в отста́вку; *because of age* уходи́ть [уйти́] на пе́нсию;

(*withdraw*) удаля́ться [-ли́ться]; (*seclude o.s.*) уединя́ться [-ни́ться]; ~**ed** [-d] (*secluded*) уединённый; отста́вно́й, в отста́вке; ~**ement** [-mənt] отста́вка; ухо́д на пе́нсию; уедине́ние; ~ *age* пенсио́нный во́зраст; ~**ing** [-rɪŋ] скро́мный, засте́нчивый

retort [rɪˈtɔːt] **1.** ре́зкий (*or* нахо́дчивый) отве́т; возраже́ние; **2.** *to a biting remark* [от]пари́ровать; возража́ть [-рази́ть]

retrace [riːˈtreɪs] просле́живать [-ди́ть]; ~ *one's steps* возвраща́ться тем же путём

retract [rɪˈtrækt] отрека́ться [отре́чься] от (P); *one's words, etc.* брать наза́д; (*draw in*) втя́гивать [втяну́ть]

retraining [riːˈtreɪnɪŋ] переподгото́вка

retreat [rɪˈtriːt] **1.** отступле́ние (*part. mil.*); (*place of privacy or safety*) приста́нище; **2.** (*walk away*) уходи́ть [уйти́]; удаля́ться [-ли́ться]; *part. mil.* отступа́ть [-пи́ть]

retrench [rɪˈtrentʃ] сокраща́ть [-рати́ть]; [с]эконо́мить

retrieve [rɪˈtriːv] (*get back*) брать [взять] обра́тно; (*restore*) восстана́вливать [-нови́ть]; (*put right*) исправля́ть [-а́вить]

retro... [ˈretrəʊ] обра́тно...; ~**active** [retrəʊˈæktɪv] име́ющий обра́тную си́лу; ~**grade** [ˈretrəʊɡreɪd] реакцио́нный; ~**spect** [ˈretrəʊspekt] ретроспекти́ва; ~**spective** [retrəʊˈspektɪv] □ ретроспекти́вный; *law* име́ющий обра́тную си́лу

return [rɪˈtɜːn] **1.** возвраще́ние; возвра́т; *fin.* оборо́т; дохо́д, при́быль *f*; результа́т вы́боров; *many happy ~s of the day* поздравля́ю с днём рожде́ния; *in* ~ в обме́н (*for* на В); в отве́т; *by* ~ *of post* с обра́тной по́чтой; *tax* ~ нало́говая деклара́ция; ~ *ticket* обра́тный биле́т; **2.** *v/i.* возвраща́ться [-рати́ться]; верну́ться *pf*.; *v/t.* возвраща́ть [-рати́ть]; верну́ть *pf*.; присыла́ть наза́д; (*reply*) отвеча́ть [-е́тить]; ~ *s.o.'s kindness* отблагодари́ть за доброту́

reunion [riːˈjuːnɪən] *of friends, etc.*

встре́ча; *of family* сбор всей семьи́; (*reuniting*) воссоедине́ние

revaluation [riːvæljuˈeɪʃn] переоце́н-ка; *of currency* ревальва́ция

reveal [rɪˈviːl] обнару́жи(ва)ть; *secret, etc.* откры́(ва́)ть; **~ing** [~ɪŋ] *fig.* пока-за́тельный

revel [ˈrevl] пирова́ть; упи(ва́)ться (*in* T)

revelation [revəˈleɪʃn] открове́ние (*a. eccl.*); (*disclosure*) разоблаче́ние; от-кры́тие

revelry [ˈrevlrɪ] разгу́л; (*binge*) пи-ру́шка; кутёж

revenge [rɪˈvendʒ] **1.** месть *f*; *sport* ре-ва́нш; отме́стка; *in ~ for* в отме́стку за (В); **2.** [ото]мсти́ть за (В); **~ful** [~fl] мсти́тельный

revenue [ˈrevənjuː] дохо́д; *of state* госуда́рственные дохо́ды; *Internal*, (*Brt.*) *Inland* ≈ Нало́говое управле́ние

reverberate [rɪˈvɜːbəreɪt] отра-жа́ть(ся) [отрази́ть(ся)]

revere [rɪˈvɪə] уважа́ть, почита́ть; **~nce** [ˈrevərəns] почте́ние

reverent [ˈrevərənt] почти́тельный; по́лный благогове́ния

reverie [ˈrevərɪ] мечты́ *f/pl.*; мечта́ние

revers|al [rɪˈvɜːsl] измене́ние; обра́т-ный ход; *of judg(e)ment* отме́на; **~e** [rɪˈvɜːs] **1.** обра́тная сторона́; *of paper* оборо́т, оборо́тная сторона́ (*a. fig.*); (*opposite*) противополо́жное; **~s** *pl.* превра́тности *f/pl.*; **2.** обра́тный; проти-вополо́жный; **3.** изменя́ть [-ни́ть]; повора́чивать наза́д; *mot.* дава́ть за́д-ний ход; *law* отменя́ть [-ни́ть]

revert [rɪˈvɜːt] *to former state or ques-tion* возвраща́ться [-рати́ться]

review [rɪˈvjuː] **1.** (*survey*) обзо́р; *law* пересмо́тр; (*journal*) обозре́ние; *of book* реце́нзия; **2.** пересма́тривать [-смотре́ть]; писа́ть реце́нзию о (П)

revis|e [rɪˈvaɪz] пересма́тривать [-смотре́ть]; (*correct*) исправля́ть [-а́вить]; **~ion** [rɪˈvɪʒn] пересмо́тр; (*re-working*) перерабо́тка; испра́влен-ное изда́ние

reviv|al [rɪˈvaɪvl] возрожде́ние; *of trade, etc.* оживле́ние; **~e** [rɪˈvaɪv]

приходи́ть *or* приводи́ть в чу́вство; (*liven up*) оживля́ть(ся) [-ви́ть(ся)]; ожи(ва́)ть

revoke [rɪˈvəʊk] *v/t.* (*repeal*) отменя́ть [-ни́ть]; *promise* брать [взять] наза́д

revolt [rɪˈvəʊlt] **1.** восста́ние; бунт; **2.** *v/i.* восста́(ва́)ть (*a. fig.*); *v/t. fig.* отта́л-кивать [оттолкну́ть]

revolution [revəˈluːʃn] (*revolving*) враще́ние; (*one complete turn*) обо-ро́т; *pol.* револю́ция; **~ary** [~ʃənərɪ] **1.** революцио́нный; **2.** революционе́р *m*, -ка *f*; **~ize** [-aɪz] революционизи́-ровать (*im*)*pf.*

revolv|e [rɪˈvɒlv] *v/i.* враща́ться; *v/t.* враща́ть; обду́м(ыв)ать; **~ a problem in one's mind** всесторо́нне обду́мы-вать пробле́му; **~er** [-ə] револьве́р; **~ing** [-ɪŋ] враща́ющийся; **~ door** враща́ющаяся дверь *f*

reward [rɪˈwɔːd] **1.** награ́да; возна-гражде́ние; **2.** вознагражда́ть [-ради́ть]; награжда́ть [-ради́ть]; **~ing** [-ɪŋ] **~ work** благода́рная рабо́та

rewrite [riːˈraɪt] [*irr.* (*write*)] перепи́сы-вать [-са́ть]

rhapsody [ˈræpsədɪ] рапсо́дия

rheumatism [ˈruːmətɪzəm] ревмати́зм

rhinoceros [raɪˈnɒsərəs] носоро́г

rhubarb [ˈruːbɑːb] реве́нь *m*

rhyme [raɪm] **1.** ри́фма; (*рифмо́ван-ный*) стих; *without ~ or reason* нет ни-како́го смы́сла; ни с того́, ни с сего́; **2.** рифмова́ть(ся) (*with* с Т)

rhythm [ˈrɪðəm] ритм; **~ic(al)** [-mɪk(l)] ритми́чный, ритми́ческий

rib [rɪb] ребро́

ribald [ˈrɪbəld] гру́бый; непристо́й-ный; скабрёзный

ribbon [ˈrɪbən] ле́нта; *mil.* о́рденская ле́нта; *tear to ~s* изорва́ть в клочья́

rice [raɪs] рис; *attr.* ри́совый

rich [rɪtʃ] □ бога́тый (*in* Т); (*splendid*) роско́шный; *soil* плодоро́дный; *food* жи́рный; *colo(u)r* со́чный; *get ~* раз-богате́ть; **~es** [ˈrɪtʃɪz] *pl.* бога́тство; сокро́вища *n/pl.*

rick [rɪk] *agric.* скирда́

ricket|s [ˈrɪkɪts] *pl.* рахи́т; **~y** [-ɪ] рахи-ти́чный; *chair. etc.* ша́ткий

rid [rɪd] [*irr.*] избавля́ть [-а́вить] (*of* от
P); *get~ of* отде́л(ыв)аться от (P), из-
бавля́ться [-а́виться] от (P)

ridden [´rɪdn] *pt. p. om* **ride**

riddle[1] [´rɪdl] зага́дка; *ask a~* задава́ть
зага́дку

riddle[2] [~] (*sieve*) **1.** си́то, решето́; **2.**
изреше́чивать [-ше́ти́ть]

ride [raɪd] **1.** *on horseback* езда́ верхо́м;
for pleasure прогу́лка; **2.** [*irr.*] *v/i. in
car, on horseback, etc.* е́здить, [по]-
éхать; ката́ться верхо́м; *v/t.* [по]е́хать
на (П); *~r* [-ə] вса́дник *m*, -ица *f*; *in circus* нае́здник *m*, -ица *f*

ridge [rɪdʒ] го́рный кряж, хребе́т; *on
rooftop* конёк

ridicul|e [´rɪdɪkjuːl] **1.** осмея́ние, на-
сме́шка; **2.** высме́ивать [вы́смеять];
~man [ri´dɪkjʊləs] □ неле́пый, смеш-
но́й; *don't be ~!* не говори́ ерунду́!

riding [´raɪdɪŋ] верхова́я езда́

rife [raɪf]: *~ with* изоби́лующий (Т)

riffraff [´rɪfræf] подо́нки, отбро́сы
(о́бщества)´ *m/pl.*

rifle [raɪfl] винто́вка; *for hunting*
ружьё; *~man mil.* стрело́к

rift [rɪft] тре́щина, рассе́лина; *fig.* раз-
ры́в; *geol.* разло́м

rig [rɪg] **1.** *naut.* осна́стка; *coll.* наря́д;
(*oil ~*) бурова́я вы́шка; **2.** оснаща́ть
[оснасти́ть]; *coll.* наряжа́ть [-яди́ть];
~ging [´rɪgɪŋ] *naut.* такела́ж, сна́сти
f/pl.

right [raɪt] **1.** □ (*correct*) пра́вильный,
ве́рный; (*suitable*) подходя́щий, ну́ж-
ный; пра́вый; *be~* быть пра́вым; *put~*
приводи́ть в поря́док; **2.** *adv.* пря́мо;
пра́вильно; справедли́во; как раз; *~
away* сра́зу, сейча́с же; *~ on* пря́мо
вперёд; **3.** пра́во; пра́вда; *by~ of* на осно-
ва́нии (P); *~ (or to) the~* напра́во; **4.** приводи́ть в
поря́док; (*correct*) исправля́ть [-вить];
~eous [´raɪtʃəs] □ справедли́вый; *~ful*
[-fl] □ справедли́вый; зако́нный; *~ly*
[-lɪ] пра́вильно; справедли́во

rigid [´rɪdʒɪd] □ негну́щийся, неги́б-
кий, жёсткий; *fig.* суро́вый; непре-
кло́нный; *be ~ with fear* оцепене́ть
от стра́ха; *~ity* [ri´dʒɪdətɪ] жёсткость

f; непрекло́нность *f*

rigo(u)r [´rɪgə] суро́вость *f*, стро́гость *f*

rigorous [´rɪgərəs] □ *climate* суро́вый;
measures стро́гий

rim [rɪm] ободо́к; (*edge*) край; *of wheel*
о́бод; *of glasses* опра́ва

rind [raɪnd] *of fruit* кожура́; *of cheese,
etc.* ко́рка

ring[1] [rɪŋ] **1.** (*of bells*) звон, звоно́к; **2.**
[*irr.*] [за]звуча́ть; *at door* [по-] зво-
ни́ть; *~ s.o. up* позвони́ть *pf.* кому́-л.
по телефо́ну; *that ~s a bell* э́то мне
что́-то напомина́ет

ring[2] [~] **1.** кольцо́; круг; *sport* ринг; **2.**
(*mst. ~ in, round, about*) окружа́ть
[-жи́ть]; *~leader* зачи́нщик *m*, -ица *f*;
~let [´rɪŋlɪt] коле́чко; ло́кон; *~ road*
кольцева́я доро́га

rink [rɪŋk] като́к

rinse [rɪns] [вы́]полоска́ть; *dishes* спо-
лосну́ть *pf.*

riot [´raɪət] **1.** беспоря́дки *m/pl.*; *of col-
o(u)rs* бу́йство; *run ~* шу́мно весе-
ли́ться, разгуля́ться *pf.*; **2.** принима́ть
уча́стие в беспоря́дках, волне́ниях;
бу́йствовать

rip [rɪp] **1.** (*tear*) [по]рва́ть; **2.** проре́ха

ripe [raɪp] □ зре́лый (*a. fig.*); спе́лый;
гото́вый; *the time is ~ for* ... пришло́
вре́мя ...; *~n* [´-ən] созре(ва́)ть, [по]-
спе́ть

ripple [´rɪpl] **1.** рябь *f*, зыбь *f*; (*sound*)
журча́ние; **2.** покрыва́ть(ся) ря́бью,
журча́ть

rise [raɪz] **1.** повыше́ние; *of sun* вос-
хо́д; *of road, etc.* подъём; *geogr.* воз-
вы́шенность *f*; *of river* исто́к; **2.**
[*irr.*] поднима́ться [-ня́ться]; всхо-
ди́ть; *of river* брать нача́ло; *~ to* быть
в состоя́нии, справиться с (Т); *~n*
[´rɪzn] *pt. p. om* **rise**

rising [´raɪzɪŋ] возвыше́ние; восста́-
ние; восхо́д

risk [rɪsk] **1.** риск; *run a (or the) ~* ри-
скова́ть [-кну́ть]; **2.** (*venture*) отва́-
жи(ва)ться на (В); рискова́ть
[-кну́ть] (Т); *~y* [´-ɪ] □ риско́ванный

rit|e [raɪt] обря́д, церемо́ния; *~ual* [´rɪt-
ʃʊəl] **1.** ритуа́льный; **2.** ритуа́л

rival [´raɪvəl] **1.** сопе́рник *m*, -ница *f*,

comm. конкуре́нт; **2.** сопе́рничающий; **3.** сопе́рничать с (Т); **~ry** [-гɪ] сопе́рничество; соревнова́ние

river ['rɪvə] река́; **~bed** ру́сло реки́; **~mouth** у́стье реки́; **~side** бе́рег реки́; *attr.* прибре́жный

rivet ['rɪvɪt] **1.** заклёпка; **2.** заклёпывать [-лепа́ть]; *fig. attention* прико́вывать [-ова́ть] (В к Д)

road [rəʊd] доро́га; путь *m*; **~ accident** доро́жное происше́ствие, ава́рия; **~side** обо́чина; **~sign** доро́жный знак

roam [rəʊm] *v/t.* броди́ть по (Д); *v/i.* стра́нствовать

roar [rɔː] **1.** *of storm, lion* [за]реве́ть; *of cannon* [за]грохота́ть; **~ with laughter** пока́тываться со́ смеху; **2.** рёв; гро́хот

roast [rəʊst] **1.** [из]жа́рить(ся); **2.** жа́реный; **~ meat** жарко́е

rob [rɒb] [о]гра́бить; *fig.* лиша́ть [-ши́ть] (*of* Р); **~ber** ['-ə] граби́тель *m*; **~bery** ['-ərɪ] грабёж

robe [rəʊb] *magistrate's* ма́нтия; (*bath* ~) хала́т

robin ['rɒbɪn] мали́новка

robot ['rəʊbɒt] ро́бот

robust [rəʊ'bʌst] □ кре́пкий, здоро́вый

rock¹ [rɒk] скала́; утёс; го́рная поро́да; **~ crystal** го́рный хруста́ль *m*

rock² [-] **1.** *mus.* рок; **2.** *v/t.* кача́ть [-чну́ть]; *strongly* [по]шатну́ть; *to sleep* убаю́к(ив)ать; *v/i.* кача́ться; **~ with laughter** трясти́сь от сме́ха

rocket ['rɒkɪt] раке́та; *attr.* раке́тный

rocking chair кача́лка

rocky ['rɒkɪ] (*full of rocks*) камени́стый; скали́стый

rod [rɒd] *tech.* сте́ржень *m*; прут *m*; *for fishing* уди́лище; *piston* ~ шток

rode [rəʊd] *pt. om* **ride**

rodent ['rəʊdənt] грызу́н

roe¹ [rəʊ] *zo.* косу́ля

roe² [-] икра́; *soft* ~ моло́ки *f/pl.*

rogu|e [rəʊg] моше́нник; плут; **~ish** ['rəʊgɪʃ] плутова́тый

role [rəʊl] *thea.* роль *f* (*a. fig.*)

roll [rəʊl] **1.** *of cloth, paper, etc.* руло́н; (*list*) спи́сок; *of thunder* раска́т; (*bread*

~) бу́лочка; *naut.* бортова́я ка́чка; **2.** *v/t.* ката́ть, [по]кати́ть; *dough* раска́тывать [-ката́ть]; *metal* прока́тывать [-ката́ть]; **~ up** свёртывать [сверну́ть]; ска́тывать; *v/i.* ката́ться, [по]кати́ться; валя́ться (*in* в П); *of thunder* грохота́ть; **~er** ['rəʊlə] ро́лик; вал; **~ skates** ро́ликовые коньки́

rollick ['rɒlɪk] шу́мно весели́ться

rolling ['rəʊlɪŋ] (*hilly*) холми́стый; **~ mill** *tech.* прока́тный стан; **~ pin** ска́лка; **~ stone** *person* перекати́по́ле

Roman ['rəʊmən] **1.** ри́мский; **~ numeral** ри́мская ци́фра; **2.** ри́млянин *m*, -я́нка *f*

romance [rəʊ'mæns] **1.** *mus.* рома́нс; (*tale*) рома́н (*a. love affair*); **2.** *fig.* приукра́шивать действи́тельность; фантази́ровать; стро́ить возду́шные за́мки; **3.** ♀ рома́нский

romantic [rəʊ'mæntɪk] (**~ally**) **1.** рома́нти́чный; **~ist** [-tɪsɪst] рома́нтик; **~ism** [-tɪsɪzəm] романти́зм, рома́нтика

romp [rɒmp] вози́ться, шу́мно игра́ть

roof [ruːf] крыша; **~ of the mouth** нёбо; **~ing** [-ɪŋ] **1.** кро́вельный материа́л; **2.** кро́вля; **~ felt** толь *m*

rook¹ [rʊk] *bird* грач

rook² [-] *coll.* **1.** моше́нник; **2.** обма́нывать [-ну́ть]

rook³ [-] *chess* ладья́

room [ruːm, rʊm] ко́мната; ме́сто; простра́нство; *make* ~ *for* освободи́ть ме́сто для (Р); *of thunder* помеща́ться в ко́мнате; **~y** ['ruːmɪ] □ просто́рный

roost [ruːst] **1.** насе́ст; **2.** уса́живаться на насе́ст; *fig.* устра́иваться на́ ночь; **~er** ['-ə] пету́х

root [ruːt] **1.** ко́рень *m*; *get to the* ~ *of* добра́ться *pf.* до су́ти (Р); *take* ~ пуска́ть ко́рни; укореня́ться [-ни́ться]; **2.** ~ *out* вырыва́ть с ко́рнем (*a. fig.*); (*find*) разы́скивать [-ка́ть]; *stand* **~ed to the spot** стоя́ть как вко́панный; **~ed** ['ruːtɪd] укорени́вшийся

rope [rəʊp] **1.** кана́т; верёвка; *mst. naut.* трос; *of pearls* ни́тка; *know the* **~s** *pl.* знать все хо́ды и вы́ходы; *show the* **~s** *pl.* вводи́ть [ввести́] в суть де́ла; **2.**

связывать верёвкой; привязывать канатом; (*mst.* **~ off**) отгородить канатом

rosary ['rəʊzərɪ] *eccl.* чётки *f/pl.*

rose¹ [rəʊz] роза; розовый цвет

rose² [-] *pt. om* **rise**

rosin ['rɒzɪn] канифоль *f*

rostrum ['rɒstrəm] кафедра; трибуна

rosy ['rəʊzɪ] □ розовый; румяный; *fig.* радужный

rot [rɒt] **1.** гниение; гниль *f*; **2.** *v/t.* [с]гноить; *v/i.* сгни(ва́)ть, [с]гнить

rota|ry ['rəʊtərɪ] вращательный; **~te** [rəʊˈteɪt] враща́ть(ся) (*alternate*) чередова́ть(ся); **~tion** [rəʊˈteɪʃn] враще́ние; чередова́ние

rotten ['rɒtn] □ гнилой; испорченный; *a. sl.* отврати́тельный

rouge [ruːʒ] румяна *n/pl.*

rough [rʌf] **1.** □ (*crude*) грубый; (*uneven*) шершавый, шероховатый; (*violent*) бурный; (*inexact*) приблизительный; **~ and ready** сделанный кое-как, наспех; грубоватый; **2.**: **~ it** обходиться без обычных удобств; **~en** ['rʌfn] [с]делать(ся) грубым, шероховатым; **~ly** ['-lɪ] грубо, приблизительно; **~ speaking** грубо говоря; **~ness** ['-nɪs] шероховатость *f*; грубость *f*

round [raʊnd] **1.** □ круглый; круговой; **~ trip** поездка в оба конца; **2.** *adv.* кругом, вокруг; обратно; (*often* **~ about**) вокруг да около; **all year ~** круглый год; **3.** *prp.* вокруг, кругом (Р); за (В *or* Т); по (Д); **4.** круг; цикл; *of talks* тур; *sport* раунд; *doctor's* обход; **5.** *v/t.* закругля́ть [-ли́ть]; огиба́ть [обогну́ть]; **~ up** окружа́ть [-жи́ть]; *v/i.* закругля́ться [-ли́ться]; **~about** ['raʊndəbaut] **1.** *way* око́льный; **2.** *mot.* кольцевая транспортная развязка; *at fair* карусель *f*; **~ish** ['raʊndɪʃ] кругловатый; **~up** *of cattle* загон скота; облава

rous|e [raʊz] *v/t.* (*waken*) [раз]буди́ть; *fig.* возбужда́ть [-уди́ть]; воодушевля́ть [-ви́ть]; **~ o.s.** встряхну́ться *pf.*; *v/i.* просыпа́ться [-сну́ться]; **~ing** ['raʊzɪŋ] возбужда́ющий; *cheers* бурный

rout [raʊt] обраща́ть в бе́гство

route [ruːt] путь *m*; маршру́т

routine [ruːˈtiːn] **1.** режи́м, поря́док; рути́на; **2.** рути́нный

rove [rəʊv] скита́ться; броди́ть

row¹ [rəʊ] ряд

row² [raʊ] *coll.* гвалт; (*quarrel*) ссора

row³ [rəʊ] грести́; **~boat** гребная ло́дка; **~er** ['rəʊə] гребе́ц

royal ['rɔɪəl] □ короле́вский; великоле́пный; **~ty** [-tɪ] член(ы) короле́вской семьи; а́вторский гонора́р

rub [rʌb] *v/t.* тере́ть; протира́ть [-тере́ть]; натира́ть [натере́ть]; **~ in** втира́ть [втере́ть]; **~ out** стира́ть [стере́ть]; **~ up** [от]полирова́ть; (*freshen*) освежа́ть [-жи́ть]; *v/i.* тере́ться (*against* о В); *fig.* **~ along** проби(-ва́)ться с трудом

rubber ['rʌbə] каучу́к; рези́на; (*eraser*) рези́нка; (*contraceptive*) противозача́точное сре́дство; презервати́в; *cards* роббер; *attr.* рези́новый

rubbish ['rʌbɪʃ] му́сор, хлам; *fig.* вздор, глу́пости *f/pl.*

rubble ['rʌbl] (*debris*) обло́мки; ще́бень *m*

ruby ['ruːbɪ] руби́н; руби́новый цвет

rucksack ['rʌksæk] рюкза́к

rudder ['rʌdə] *naut.* руль *m*

ruddy ['rʌdɪ] я́рко-кра́сный; *cheeks* румя́ный

rude [ruːd] □ неотёсанный; грубый; неве́жливый; *fig. health* кре́пкий; **~ awakening** неприя́тное откры́тие; го́рькое разочарова́ние

rudiment ['ruːdɪmənt] *biol.* рудиме́нт; **~s** *pl.* осно́вы *f/pl.*; **~s of knowledge** элемента́рные зна́ния

rueful ['ruːfl] □ печа́льный

ruffian ['rʌfɪən] громи́ла, хулига́н

ruffle ['rʌfl] **1.** *sew.* сбо́рка; *on water* рябь *f*; **2.** *hair* [взъ]еро́шить; *water* ряби́ть; *fig.* наруша́ть споко́йствие (Р), [вс]трево́жить

rug [rʌg] плед; *on floor* ковёр, ко́врик; **~ged** ['rʌgɪd] неро́вный; шерохова́тый; *terrain* пересечённый; *features* грубые, ре́зкие

ruin ['ruːɪn] **1.** ги́бель *f*; разоре́ние; *of*

hopes, etc. круше́ние; *mst.* **~s** *pl.* разва́лины *f/pl.*, руи́ны *f/pl.*; **2.** [по]губи́ть; разоря́ть [-ри́ть]; разруша́ть [-у́шить]; *dishono(u)r* [о]бесче́стить; **~ous** [ˈruːɪnəs] □ губи́тельный; разори́тельный; разру́шенный

rul|e [ruːl] **1.** пра́вило; правле́ние; власть *f; for measuring* лине́йка; **as a~** обы́чно; **2.** *v/t.* управля́ть (Т); (*give as decision*) постановля́ть [-ви́ть]; **~ out** исключа́ть [-чи́ть]; *v/i.* ца́рствовать; **~er** [ˈruːlə] прави́тель *m*

rum [rʌm] ром

Rumanian [ruːˈmeɪnɪən] **1.** румы́нский; **2.** румы́н *m*, -ка *f*

rumble [ˈrʌmbl] **1.** громыха́ние; гро́хот; **2.** [за]громыха́ть; [за]грохота́ть; *of thunder* [за]греме́ть

rumina|nt [ˈruːmɪnənt] жва́чное; **~te** [-neɪt] *fig.* размышля́ть

rummage [ˈrʌmɪdʒ] *v/t.* переры́(ва́)ть; *v/i.* ры́ться; **~ sale** благотвори́тельная распрода́жа

rumo(u)r [ˈruːmə] **1.** слух; молва́; **2.**: *it is ~ed that …* хо́дят слу́хи, что …

rump [rʌmp] огу́зок

rumple [ˈrʌmpl] (с)мять; *hair* [взъ]еро́шить

run [rʌn] **1.** [*irr.*] *v/i. com* бе́гать, [по]бежа́ть; [по]те́чь; *of colo(u)rs, etc.* расплы(ва́)ться; *of engine* рабо́тать; *text* гласи́ть; **~ across** *a p.* случа́йно встре́тить (В); **~ away** убега́ть [убежа́ть]; **~ down** сбега́ть [сбежа́ть]; *of watch, etc.* остана́вливаться [-ови́ться]; истоща́ться [-щи́ться]; **~ dry** иссяка́ть [-я́кнуть]; **~ for** *parl.* выставля́ть свою́ кандидату́ру на (В); **~ into** впада́ть в (В); *debt* залеза́ть [-ле́зть]; *person* встреча́ть [-е́тить]; **~ on** продолжа́ться [-до́лжиться]; говори́ть без умо́лку; **~ out**, **~ short** конча́ться [ко́нчиться]; **~ through** прочита́ть бе́гло *pf.*; *capital* прома́тывать [-мота́ть]; **~ to** (*reach*) достига́ть [-и́гнуть]; **~ up to** доходи́ть [дойти́] до (Р); **2.** *v/t.* пробега́ть [-бежа́ть] (*расстояние*); *water* нали(ва́)ть; *business* вести́ (В); (*drive in*) вонза́ть [-зи́ть]; *department, etc.* руководи́ть; прово-

ди́ть [-вести́] (Т, *over* по Д); *car* сбива́ть [сбить]; **~ down** *fig.* поноси́ть (В); (*tire*) переутомля́ть [-ми́ть]; **~ over** переезжа́ть [-е́хать], сби(ва́)ть; прочита́ть бе́гло *pf.*; **~ up** *prices* взду(ва́)ть; *building* возводи́ть [-вести́]; **~ up a bill at** [за]должа́ть (Д); **3.** бег; пробе́г; *of mechanism* рабо́та, де́йствие; *of time* тече́ние, ход; ряд; (*outing*) пое́здка, прогу́лка; руково́дство; **the common ~** обыкнове́нные лю́ди *m/pl.*; *thea.* **have a ~ of 20 nights** идти́ два́дцать вечеро́в подря́д; **in the long ~** со вре́менем; в конце́ концо́в

run|about [ˈrʌnəbaʊt] *mot.* малолитра́жка; **~away** бегле́ц

rung[1] [rʌŋ] *pt. pt. om* ring

rung[2] [~] ступе́нька стремя́нки

runner [ˈrʌnə] бегу́н; *of sledge* по́лоз; *of plant* побе́г; **~-up** [-ˈrʌp] *sport* занима́ющий второе ме́сто

running [ˈrʌnɪŋ] **1.** бегу́щий; *track* бегово́й; **two days ~** два дня подря́д; **2.** бе́ганье; *of person* бег; *of horses* бега́ *m/pl.*; **~board** подно́жка; **~water** *in nature* прото́чная вода́; *in man-made structures* водопрово́д

runway [ˈrʌnweɪ] *ae.* взлётно-поса́дочная полоса́

rupture [ˈrʌptʃə] **1.** разры́в; (*hernia*) гры́жа; **2.** разрыва́ть [разорва́ть] (*a. fig.*); прор(ы)ва́ть

rural [ˈrʊərəl] □ се́льский, дереве́нский

rush[1] [rʌʃ] **1.** *bot.* тростни́к, камы́ш; **~mat** цино́вка

rush[2] [~] **1.** (*influx*) наплы́в; **~ hours** *pl.* часы́ пик; **2.** *v/i.* мча́ться; броса́ться [бро́ситься]; носи́ться, [по] нести́сь; **~ into** броса́ться необду́манно в (В); *v/t.* мчать

rusk [rʌsk] суха́рь *m*

Russian [ˈrʌʃn] **1.** ру́сский; **2.** ру́сский, ру́сская; *pl.* ру́сский язы́к

rust [rʌst] **1.** ржа́вчина; **2.** [за]ржаве́ть

rustic [ˈrʌstɪk] (**~ally**) дереве́нский; (*simple*) просто́й; (*rough*) гру́бый

rustle [ˈrʌsl] **1.** [за]шелесте́ть; **2.** ше́лест, шо́рох

rust|proof [ˈrʌstpruːf] нержаве́ющий;

~y ['rʌstɪ] заржа́вленный, ржа́вый
rut [rʌt] колея́ (*a. fig.*)
ruthless ['ru:θlɪs] безжа́лостный

rye [raɪ] *bot.* рожь *f*; **~ bread** ржано́й хлеб

S

sabbatical [sə'bætɪkl]: **~ leave** *univ.* академи́ческий о́тпуск

saber, *Brt.* **sabre** ['seɪbə] са́бля, ша́шка

sable ['seɪbl] со́боль *m*; (*fur*) со́болий мех

sabotage ['sæbətɑːʒ] **1.** сабота́ж; **2.** саботи́ровать (В)

sack¹ [sæk] **1.** разграбле́ние; **2.** [раз]-гра́бить

sack² [~] **1.** мешо́к; **2.** класть, ссыпа́ть в мешо́к; *coll.* (*dismiss*) увольня́ть [-лить]; **~cloth, ~ing** ['sækɪŋ] мешкови́на

sacrament ['sækrəmənt] *act or rite* та́инство; (*Eucharist*) прича́стие

sacred ['seɪkrɪd] □ свято́й; свяще́нный; *mus.* духо́вный

sacrifice ['sækrɪfaɪs] **1.** же́ртва; (*offering to a deity*) жертвоприноше́ние; *at a ~* с убы́тками; **2.** [по-] же́ртвовать

sacrilege ['sækrɪlɪdʒ] святота́тство, кощу́нство

sad [sæd] □ печа́льный, гру́стный; *in a ~ state* в плаче́вном состоя́нии

sadden ['sædn] [о]печа́лить(ся)

saddle ['sædl] **1.** седло́; **2.** [о]седла́ть; *fig.* взва́ливать [-ли́ть] (*s.o. with sth.* что́-нибудь на кого́-нибудь); обременя́ть [-ни́ть]

sadism ['seɪdɪzəm] сади́зм

sadness ['sædnɪs] печа́ль *f*, грусть *f*

safe [seɪf] **1.** □ невреди́мый; надёжный; безопа́сный; **~ and sound** цел и невреди́м; *in ~ hands* в надёжных рука́х; **2.** сейф; **~guard 1.** гара́нтия; **2.** охраня́ть [-ни́ть]; гаранти́ровать

safety ['seɪftɪ] **1.** безопа́сность *f*; надёжность *f*; **2.** безопа́сный; **~ belt** реме́нь *m* безопа́сности, привязно́й ре-

ме́нь *m*; **~ pin** англи́йская була́вка; **~ razor** безопа́сная бри́тва; **~ valve** предохрани́тельный кла́пан

saffron ['sæfrən] шафра́н

sag [sæg] *of roof, etc.* оседа́ть [-се́сть], прогиба́ться [-гну́ться]; *of cheeks, etc.* обвиса́ть [-и́снуть]; *her spirits ~ged* она́ упа́ла ду́хом

sage¹ [seɪdʒ] мудре́ц

sage² [-] *bot.* шалфе́й

said [sed] *pt. и pt. p. от* **say**

sail [seɪl] **1.** па́рус; пла́вание под паруса́ми; **2.** *v/i.* идти́ под паруса́ми; (*travel over*) пла́вать, [по]плы́ть, отплы́(ва́)ть; *v/t.* (*control navigation of*) управля́ть; пла́вать по (Д); **~boat** па́русная ло́дка; **~ing** [-ɪŋ] пла́вание; *it wasn't plain* ~ всё бы́ло не так про́сто; **~or** [-ə] моря́к, матро́с; *be a (good) bad ~* (не) страда́ть морско́й боле́знью; **~plane** планёр

saint [seɪnt] свято́й; **~ly** ['seɪntlɪ] *adj.* свято́й

sake [seɪk]: *for the ~ of* ра́ди (Р); *for my ~* ра́ди меня́

sal(e)able ['seɪləbl] хо́дкий (това́р)

salad ['sæləd] сала́т

salary ['sælərɪ] окла́д, за́работная пла́та

sale [seɪl] прода́жа; (*clearance ~*) распрода́жа; аукцио́н; *be for ~, be on ~* име́ться в прода́же

sales|man ['seɪlzmən] продаве́ц; *door-to-door* коммивояжёр; **~woman** продавщи́ца

saline ['seɪlaɪn] соляно́й; солёный

saliva [sə'laɪvə] слюна́

sallow ['sæləʊ] *complexion* нездоро́вый; желтова́тый

salmon ['sæmən] лосо́сь *m*; *flesh* лосо́сина

salon ['sælɒn]: *beauty* ~ косметический салон

saloon [sə'lu:n] зал; *naut.* салон; бар, пивная; *Brt.* (*car*) седан

salt [sɔ:lt] **1.** соль *f*; *fig.* остроумие; ***take s.th. with a grain of*** ~ относиться к чему-л. скептически; **2.** солёный; **3.** [по]солить; засаливать [-солить]; ~ **cellar** солонка; ~**y** ['sɔ:ltɪ] солёный

salutary ['sæljutrɪ] □ благотворный; полезный для здоровья

salut|ation [sælju:'teɪʃn] приветствие; ~**e** [sə'lu:t] **1.** *mil.* отдание чести; воинское приветствие; *with weapons* салют; **2.** приветствовать; отдавать честь *f* (Д)

salvage ['sælvɪdʒ] **1.** *of ship, property, etc.* спасение; (*what is saved*) спасённое имущество; (*scrap*) утиль *m*; *paper* макулатура; *naut.* подъём; **2.** спасать [спасти]

salvation [sæl'veɪʃn] спасение; ♀ *Army* Армия спасения

salve [sælv] **1.** успокоительное средство; **2.** *conscience* успокаивать [-коить]

salvo ['sælvəʊ] *of guns* залп; *fig.* взрыв аплодисментов

same [seɪm]: *the* ~ тот же самый; та же самая; то же самое; *all the* ~ тем не менее, всё-таки; *it is all the* ~ *to me* мне всё равно

sample ['sɑ:mpl] **1.** проба; образчик, образец; *fig.* пример; **2.** [по-] пробовать; отбирать образцы (Р); *wine, etc.* дегустировать

sanatorium [sænə'tɔ:rɪəm] санаторий

sanct|ion ['sæŋkʃn] **1.** (*permission*) разрешение; (*approval*) одобрение; *official* санкция; *apply* ~ *against* применять [-нить] санкции против (Р); **2.** санкционировать (*im*)*pf.*; давать [дать] согласие, разрешение; ~**uary** [-tʃʊərɪ] (*holy place*) святилище; (*refuge*) убежище

sand [sænd] **1.** песок; (~*bank*) отмель *f*; *of desert* пески *m/pl.* ~**s** *pl.* песчаный пляж; **2.** (*sprinkle with* ~) посыпать песком; (*polish*) протирать [-ереть] песком

sandal ['sændl] сандалия; (*lady's a.*) босоножки *f/pl.*

sandpaper наждачная бумага

sandwich ['sænwɪdʒ] **1.** бутерброд, сандвич; **2.:** ~ *between* втискивать [-нуть] между (Т)

sandy ['sændɪ] песчаный; песочный; песочного цвета

sane [seɪn] нормальный; *fig.* здравый, разумный; здравомыслящий

sang [sæŋ] *pt. om* **sing**

sanguine ['sæŋgwɪn] жизнерадостный, сангвинический

sanitary ['sænɪtrɪ] □ санитарный; гигиенический; ~ *napkin* гигиеническая прокладка

sanitation [sænɪ'teɪʃn] санитарные условия; *for sewage* канализация

sanity ['sænətɪ] психическое здоровье; здравый ум

sank [sæŋk] *pt. om* **sink**

sap [sæp] **1.** *of plants* сок; *fig.* жизненные силы *f/pl.*; **2.** истощать [-щить]; *confidence* подрывать [подорвать]; ~**less** ['sæplɪs] истощённый; ~**ling** ['sæplɪŋ] молодое деревцо

sapphire ['sæfaɪə] *min.* сапфир

sappy ['sæpɪ] сочный; *fig.* полный сил

sarcasm ['sɑ:kæzəm] сарказм

sardine [sɑ:'di:n] сардин(к)а; *packed like* ~**s** как сельди в бочке

sardonic [sɑ:'dɒnɪk] (~*ally*) сардонический

sash [sæʃ] кушак, пояс

sash window подъёмное окно

sat [sæt] *pt. u pt. p. om* **sit**

satchel ['sætʃəl] сумка, ранец

sateen [sə'ti:n] сатин

satellite ['sætəlaɪt] *celestial* спутник (*a. spacecraft*)

satiate ['seɪʃɪeɪt] пресыщать [-ытить]; насыщать [-ытить]; ~**d** [-ɪd] сытый

satin ['sætɪn] атлас

satir|e ['sætaɪə] сатира; ~**ical** [sə'tɪrɪkl] сатирический; ~**ist** ['sætərɪst] сатирик; ~**ize** [-raɪz] высмеивать [высмеять]

satisfaction [sætɪs'fækʃn] удовлетворение

satisfactory [sætɪsˈfæktərɪ] удовлетвори́тельный

satisfy [ˈsætɪsfaɪ] удовлетворя́ть [-ри́ть]; *hunger, etc.* утоля́ть [-ли́ть]; *obligations* выполня́ть [вы́полнить]; (*convince*) убежда́ть [убеди́ть]

saturate [ˈsætʃəreɪt] *chem.* насыща́ть [-ы́тить]; пропи́тывать [-ита́ть]; *we came home* ~**d** пока́ мы добежа́ли до до́му, мы промо́кли

Saturday [ˈsætədɪ] суббо́та

sauce [sɔːs] со́ус; (*gravy*) подли́вка; *coll.* (*impudence*) де́рзость *f*; ~**pan** кастрю́ля; ~**r** [ˈsɔːsə] блю́дце

saucy [ˈsɔːsɪ] *coll.* де́рзкий

sauerkraut [ˈsaʊəkraʊt] ки́слая капу́ста

sauna [ˈsɔːnə] са́уна

saunter [ˈsɔːntə] **1.** прогу́ливаться; **2.** прогу́лка

sausage [ˈsɒsɪdʒ] (*frankfurter*) соси́ска; (*salami, etc.*) колбаса́; (*polony, saveloy*) сарде́лька

savage [ˈsævɪdʒ] **1.** □ ди́кий; (*cruel*) жесто́кий; (*ferocious*) свире́пый; **2.** дика́рь *m*, -а́рка *f*; *fig.* зверь *m*; ~**ry** [-rɪ] -гı] жесто́кость *f*

save [seɪv] спаса́ть [спасти́]; избавля́ть [-ба́вить] (*from* от P); *strength, etc.* сберега́ть [-ре́чь]; (*put by*) [с]копи́ть, откла́дывать [отложи́ть]; *time, money, etc.* [с]эконо́мить

saving [ˈseɪvɪŋ] **1.** □ (*redeeming*) спаси́тельный; **2.** (*rescue*) спасе́ние; ~**s** *pl.* сбереже́ния *n/pl.*

savings bank сберега́тельная ка́сса

savio(u)r [ˈseɪvɪə] спаси́тель *m*; *the* ⁀ Спаси́тель *m*

savo(u)r [ˈseɪvə] **1.** (*taste*) вкус; *fig.* при́вкус; **2.** (*enjoy*) смакова́ть; ~ *of* па́хнуть (Т); *fig.* отдава́ть (Т); ~**y** [-rɪ] вку́сный; пика́нтный, о́стрый

saw¹ [sɔː] *pt. om* **see**

saw² [~] **1.** пила́; **2.** (*irr.*) пили́ть; ~**dust** опи́лки *f/pl.*; ~**mill** лесопи́лка; лесопи́льный заво́д; ~**n** [sɔːn] *pt. p. om* **saw**

say [seɪ] **1.** (*irr.*) говори́ть [сказа́ть]; *that is to* ~ то́ есть, те; *you don't* ~! неуже́ли!; *I* ~! послу́шай(те)!; *he is said to be* ... говоря́т, что он ...; *I dare* ~ ...

наве́рно (вполне́) возмо́жно ...; *they* ~ ... говоря́т ...; **2.** *have one's* ~ вы́сказать *pf.* своё мне́ние, сказа́ть *pf.* своё сло́во; ~**ing** [ˈseɪɪŋ] погово́рка

scab [skæb] *on a sore* струп

scaffolding [ˈskæfəldɪŋ] *arch.* леса́ *m/pl.*

scald [skɔːld] **1.** ожо́г; **2.** [о]шпа́рить; обва́ривать [-ри́ть]

scale¹ [skeɪl] **1.** *of fish, etc.* чешу́йка (*collect.*: чешуя́); *inside kettles, etc.* на́кипь *f*; **2.** *fish* [по]чи́стить; *of skin* шелуши́ться

scale² [~] (*a pair of*) ~**s** *pl.* весы́ *m/pl.*

scale³ [~] **1.** масшта́б; (*size*) разме́р; *in grading* шкала́; *mus.* га́мма; **2.**: ~ *up* постепе́нно увели́чивать; ~ *down* постепе́нно уменьша́ть в масшта́бе

scallop [ˈskɒləp] *mollusk* гребешо́к

scalp [skælp] ко́жа головы́; *hist.* скальп

scamp [skæmp] **1.** шалу́н; безде́льник; **2.** рабо́тать ко́е-ка́к; ~**er** [-ə] бежа́ть поспе́шно; ~ *away, off* уд(и)ра́ть

scandal [ˈskændl] сканда́л; позо́р; (*gossip*) спле́тни *f/pl.*; *it's a* ~! позо́р!; ~**ize** [-dəlaɪz] возмуща́ть [-ти́ть]; шоки́ровать *impf.*; ~**ous** [-ləs] □ позо́рный; сканда́льный; (*defamatory*) клеветни́ческий; (*shocking*) ужа́сный

scant, scanty [skænt, ˈskæntɪ] ску́дный; недоста́точный

scapegoat [ˈskeɪpɡəʊt] козёл отпуще́ния

scar [skɑː] **1.** шрам; рубе́ц; **2.** *v/t.* покрыва́ться рубца́ми; *his face was* ~**red** лицо́ его́ бы́ло покры́то шра́ми; *v/i.* [за]рубцева́ться

scarc|e [skeəs] недоста́точный; ску́дный; (*rare*) ре́дкий; *goods* дефици́тный; *make o.s.* ~ убира́ться [убра́ться]; ~**ely** [ˈ-lɪ] едва́ ли, как то́лько; едва́; ~**ity** [ˈ-sətɪ] нехва́тка; ре́дкость *f*

scare [skeə] **1.** [на-, ис]пуга́ть; отпу́гивать [-гну́ть] (*a.* ~ *away*); **2.** испу́г; па́ника; ~**crow** пу́гало; *a. fig.* чу́чело

scarf [skɑːf] шарф; (*head* ~) плато́к, косы́нка

scarlet [ˈskɑːlɪt] **1.** а́лый цвет; **2.** а́лый;

~ fever скарлати́на

scathing ['skeɪðɪŋ] ре́зкий; язви́тельный

scatter ['skætə] разбра́сывать [-броса́ть] (*a.* **~ about, around**); рассыпа́ть(ся) [-ѕпать(ся)]; *clouds, etc.* рассе́ивать(ся) [-е́ять(ся)]; *crowd* разбега́ться [-ежа́ться]

scenario [sɪ'nɑːrɪəʊ] сцена́рий

scene [siːn] сце́на; вид; ме́сто де́йствия; *behind the* **~s** за кули́сами (*a. fig.*); **make a ~** устро́ить *pf.* сце́ну, сканда́л; **~ry** ['siːnərɪ] *thea.* декора́ции *f/pl.*; пейза́ж

scent [sent] **1.** арома́т, за́пах; (*perfume*) духи́ *m/pl.*; *hunt.* след; чутьё; нюх; *follow the wrong* **~** идти́ по ло́жному сле́ду; **2.** *danger, etc.* [по]чу́ять; [на]души́ть

schedule ['ʃedjuːl] **1.** *of charges* спи́сок, пе́речень *m*; *of work* гра́фик, план; (*timetable*) расписа́ние; **a full~** больша́я програ́мма; **2.** составля́ть расписа́ние (P); (*plan*) назнача́ть [назна́чить], намеча́ть [-е́тить]

scheme [skiːm] **1.** схе́ма; план; прое́кт; (*plot*) интри́га; **2.** *v/t.* [за]проекти́ровать; *v/i.* плести́ интри́ги

schnitzel ['ʃnɪtzl] шни́цель *m*

scholar ['skɒlə] учёный; (*holder of scholarship*) стипендиа́т; **~ly** [-lɪ] *adj.* учёный; **~ship** [-ʃɪp] учёность *f*, эруди́ция; (*grant-in-aid*) стипе́ндия

school [skuːl] **1.** шко́ла; *at* **~** в шко́ле; **secondary** (*Am.* **high**) **~** сре́дняя шко́ла; **2.** [вы́]учить; приуча́ть [-чи́ть]; **~boy** шко́льник; **~fellow** шко́льный това́рищ; **~girl** шко́льница; **~ing** ['skuːlɪŋ] обуче́ние в шко́ле; **~master** учи́тель *m*; **~mate** → **schoolfellow**; **~mistress** учи́тельница; **~room** кла́ссная ко́мната

science ['saɪəns] нау́ка

scientific [saɪən'tɪfɪk] (**~ally**) нау́чный

scientist ['saɪəntɪst] учёный

scintillate ['sɪntɪleɪt] и́скриться; сверка́ть [-кну́ть]; мерца́ть; *scintillating wit* блестя́щее остроу́мие

scissors ['sɪzəz] *pl.* (*a pair of* **~**) но́жницы *f/pl.*

sclerosis [sklə'rəʊsɪs] *med.* склеро́з

scoff [skɒf] **1.** насме́шка; **2.** смея́ться (*at* над Т)

scold [skəʊld] [вы́-, от]руга́ть, [вы́-]брани́ть; отчи́тывать [-чита́ть]

scone [skɒn] бу́лочка

scoop [skuːp] **1.** сово́к; *for liquids* черпа́к, ковш; *in newspaper* сенса́ционная но́вость *f*; **2.** заче́рпывать [-пну́ть]

scooter ['skuːtə] *child's* самока́т; *mot.* моторо́ллер

scope [skəʊp] кругозо́р; разма́х; охва́т; просто́р; *of activity* сфе́ра; **outside the ~** за преде́лами (**of** P)

scorch [skɔːtʃ] *v/t.* обжига́ть [обже́чь]; [с]пали́ть; *coll.* бе́шено нести́сь; **~er** ['~ə] *coll.* (*hot day*) зно́йный день

score [skɔː] **1.** (*cut*) зару́бка; *sport* счёт; *mus.* партиту́ра; **~s** *pl.* мно́жество; *on the* **~** *of* по причи́не (P); **on that~** на э́тот счёт, по э́тому по́воду; **what's the ~?** како́й счёт?; **2.** отмеча́ть [-е́тить]; засчи́тывать [-ита́ть]; выи́грывать [вы́играть]; забива́ть гол; *mus.* оркестрова́ть (*im*)*pf.*; *chiefly Am.* [вы́]брани́ть; **~board** табло́ *n indecl.*

scorn [skɔːn] **1.** презре́ние; **2.** презира́ть [-зре́ть]; *advice* пренебрега́ть [-ре́чь]; **~ful** ['skɔːnfl] □ *pers.* надме́нный; *look, etc.* презри́тельный

Scotch [skɒtʃ] **1.** шотла́ндский; **2.** шотла́ндский диале́кт; (*whiskey*) шотла́ндское ви́ски; *the* **~** шотла́ндцы *m/pl.*; **~man** шотла́ндец; *trademark* **~ tape** кле́йкая ле́нта, скотч; **~woman** шотла́ндка

scot-free [skɒt'friː] невреди́мый; (*unpunished*) безнака́занный

scour¹ ['skaʊə] *v/t.* [вы́]чи́стить; *pan* начища́ть [начи́стить]; *with water* промыва́ть [про]мы́ть

scour² ['~] *area* прочёсывать [-чеса́ть] (В); *v/i.* ры́скать (*a. about*)

scourge [skɜːdʒ] **1.** бич (*a. fig.*); бе́дствие; **2.** [по]кара́ть

scout [skaut] 1. разве́дчик (*a. ae.*); ***Boy 2s*** *pl.* ска́уты *m/pl.*; 2. производи́ть разве́дку; ~ **about for** [по]иска́ть (В)

scowl [skaul] 1. хму́рый вид; 2. [на]хму́риться; ~ **at** хму́ро посмотре́ть *pf.* на (В)

scraggy ['skrægɪ] то́щий

scram [skræm] *coll.*: ~! убира́йся!

scramble ['skræmbl] 1. [вс]кара́бкаться; боро́ться (**for** за В); ~**d eggs** *pl.* яи́чница-болту́нья; 2. сва́лка, борьба́; кара́бканье

scrap [skræp] 1. *of paper* клочо́к, кусо́чек; *of cloth* лоскуто́к; (*cutting*) вы́резка; (*waste*) лом; втори́чное сырьё; ~**s** *pl.* оста́тки *m/pl.*; *of food* объе́дки *m/pl.*; 2. (*throw away*) выбра́сывать [вы́бросить]

scrap|e [skreɪp] 1. скобле́ние; *on knee, etc.* цара́пина; (*predicament*) затрудне́ние; 2. скобли́ть; скрести́(сь); соскреба́ть [-сти́] (*mst.* ~ **off**); отчища́ть [-и́стить]; (*touch*) заде́(ва́)ть; ~ **together** *money* наскрести́

scrap iron желе́зный лом

scrappy ['skræpɪ] отры́вочный

scratch [skrætʃ] цара́пина; **start from** ~ начина́ть всё с нуля́; [о]цара́пать; ~ **out** (*erase*) вычёркивать [вы́черкнуть]

scrawl [skrɔːl] 1. кара́кули *f/pl.*; 2. написа́ть *pf.* неразбо́рчиво

scream [skriːm] 1. вопль *m*; крик; ~**s of laughter** взры́вы сме́ха; 2. пронзи́тельно крича́ть

screech [skriːtʃ] 1. крик; визг; 2. пронзи́тельно крича́ть; взви́згивать [-гнуть]

screen [skriːn] 1. ши́рма; экра́н (*a. cine*); ~ **adaptation** экраниза́ция; **adapt for the** ~ экранизи́ровать; **the** ~ кино́ *n indecl.*; 2. (*protect*) прикры́(ва́)ть; заслоня́ть [-ни́ть]; *film* пока́зывать на экра́не; просе́ивать [-е́ять]; (*investigate*) проверя́ть [-е́рить]

screw [skruː] 1. шуру́п; винт; 2. приви́нчивать [-нти́ть] (*mst.* ~ **on**); ~ **together** скрепля́ть винта́ми; ~ **up** зави́нчивать [-нти́ть]; *one's face* [с]мо́рщить; ~**driver** отвёртка

scribble ['skrɪbl] 1. кара́кули *f/pl.*; написа́ть *pf.* небре́жно

scrimp [skrɪmp]: ~ **and save** вся́чески эконо́мить

script [skrɪpt] *cine.* сцена́рий; ~**writ**[сценари́ст

Scripture ['skrɪptʃə]: *Holy* ~ Свяще́[ное писа́ние

scroll [skrəul] сви́ток; (*list*) спи́сок

scrub[1] [skrʌb] куст; ~**s** *pl.* куста́рни[за́росль *f*

scrub[2] [~] мыть [вы́мыть]

scrubby ['skrʌbɪ] *plant* (*stunte*[ча́хлый

scruffy ['skrʌfɪ] гря́зный; неопря[ный

scrup|le ['skruːpl] сомне́ния *n/p*[~**ulous** ['skruːpjuləs] □ щепети́[ный; (*thorough*) скрупулёзный; (*co*[*scientious*) добросо́вестный

scrutin|ize ['skruːtɪnaɪz] внима́тел[рассма́тривать [-мотре́ть]; *case, e* тща́тельно изуча́ть [-чи́ть]; ~[['skruːtɪnɪ] испыту́ющи[взгляд; всесторо́нняя прове́рка; вн[ма́тельное изуче́ние

scud [skʌd] *of clouds* нести́сь; *of yac*[скользи́ть

scuffle ['skʌfl] 1. потасо́вка, дра́ка; [по]дра́ться

sculptor ['skʌlptə] ску́льптор

sculpture ['skʌlptʃə] 1. скульпту́ра; [из]вая́ть; *in stone* высека́[[вы́сечь]; *in wood* ре́зать [вы́реза[

scum [skʌm] пе́на; *fig.* подо́нки *m/*[

scurf [skɜːf] пе́рхоть *f*

scurry ['skʌrɪ] бы́стро бе́гать; суети́[во дви́гаться; снова́ть (туда́ и сюд[**they scurried for shelter** они́ бро́с[лись в укры́тие

scurvy ['skɜːvɪ] *med.* цинга́

scythe [saɪð] коса́

sea [siː] мо́ре; *attr.* морско́й; **be at** ~ [не знать, что де́лать; недоумева́[~**faring** ['siːfeərɪŋ] мореплава́ни[~**going** ['siːɡəʊɪŋ] *ship* мореходо́[

seal[1] [siːl] *zo.* тюле́нь *m*

seal[2] [~] 1. печа́ть *f*; (*leaden* ~) пло́мб[2. *letter* запеча́т(ыв)ать; скрепля́[печа́тью; *room* опеча́т(ыв)ать

ea level у́ровень *m* мо́ря

ealing ['si:lɪŋ] *tech.* уплотне́ние; **~ wax** сургу́ч

eam [si:m] **1.** шов (*a. tech*); рубе́ц; *geol.* пласт; **2.** сши(ва́)ть

ea|man моря́к; матро́с; **~plane** гидросамолёт

earing ['sɪərɪŋ]: **~ pain** жгу́чая боль *f*

earch [sɜ:tʃ] **1.** по́иски *m/pl.*; *by police* о́быск; ро́зыск; *in ~ of* в по́исках (P); **~ party** поиско́вая гру́ппа; **2.** *v/t.* иска́ть; обы́скивать [-ка́ть]; **~ me!** не име́ю поня́тия; *v/i.* разы́скивать [-ка́ть] (*for* B); **~ing** [-ɪŋ] тща́тельный; *look* испыту́ющий; **~light** проже́ктор; **~warrant** о́рдер на о́быск

ea|shore морско́й бе́рег; **~sick** страда́ющий морско́й боле́знью; **~side** побере́жье; взмо́рье; *go to the ~* пое́хать *pf.* на мо́ре; *attr.* примо́рский; **~ resort** морско́й куро́рт

eason ['si:zn] **1.** вре́мя го́да; пери́од; сезо́н; *holiday ~* пери́од отпуско́в; *apricots are in ~ now* абрико́сы сейча́с созре́ли; *with the compliments of the ~* с лу́чшими пожела́ниями к пра́зднику; **2.** *v/t. food* приправля́ть [-а́вить]; *wood.* выде́рживать [вы́держать]; **~able** [-əbl] □ своевре́менный; по сезо́ну; **~al** [-zənl] □ сезо́нный; **~ing** [-zənɪŋ] припра́ва; **~ ticket** сезо́нный биле́т

eat [si:t] **1.** *in car* сиде́нье; (*garden ~*) скамья́; *thea.*, *etc.* ме́сто; *take a ~* сесть *pf.*; *take one's ~* занима́ть [-ня́ть] своё ме́сто; **2.** уса́живать [усади́ть]; (*hold*) вмеща́ть [вмести́ть]; **~ed** [-ɪd] сидя́щий; *be ~* сиде́ть, сади́ться [сесть]

ea|weed морска́я во́доросль *f*; **~worthy** го́дный к пла́ванию

ecede [sɪ'si:d] отделя́ться [-ли́ться]; отка́лываться [отколо́ться]

eclu|de [sɪ'klu:d] изоли́ровать (*from* от P): **~ o.s.** уединя́ться [-ни́ться]; **~ded** [-ɪd] уединённый; изоли́рованный; **~sion** [-'klu:ʒn] уедине́ние

econd ['sekənd] **1.** □ второ́й; втори́чный (*to* Д); *on ~ thoughts* по зре́лому размышле́нию; **2.** секу́нда; *a split ~* до́ля секу́нды;

мгнове́ние; **3.** (*support*) подде́рживать [-жа́ть]; **~ary** [-rɪ] □ втори́чный; второстепе́нный; побо́чный; **~ education** сре́днее образова́ние; **~hand** поде́ржанный; *information* из вторы́х рук; **~ bookshop** букинисти́ческий магази́н; **~ly** [-lɪ] во-вторы́х; **~rate** второсо́ртный; *hotel* второразря́дный; *writer*, *etc.* посре́дственный

secre|cy ['si:krəsɪ] *of person* скры́тность *f*; секре́тность *f*; **~t** ['si:krɪt] **1.** □ та́йный, секре́тный; **2.** та́йна, секре́т; *in ~* секре́тно, тайко́м; *be in on the ~* быть посвящённым в секре́т; *keep a ~* храни́ть та́йну

secretary ['sekrətrɪ] секрета́рь *m*, *coll.* секрета́рша; мини́стр

secret|e [sɪ'kri:t] *med.* выделя́ть [вы́делить]; **~ion** [-'kri:ʃn] выделе́ние

secretive ['si:krɪtɪv] скры́тный

section ['sekʃn] (*cut*) сече́ние, разре́з; (*part*) часть *f*; *of orange* до́лька; *in newspaper* отде́л; *of book* разде́л; **~al** [-ʃənl] разбо́рный, секцио́нный

sector ['sektə] се́ктор

secular ['sekjʊlə] □ *noneccl.* све́тский; *of this world* мирско́й

secur|e [sɪ'kjʊə] **1.** □ (*safe*) безопа́сный; (*reliable*) надёжный; (*firm*) про́чный; уве́ренный; *I feel ~ about my future* я уве́рена в своём бу́дущем; **2.** (*make fast*) закрепля́ть [-пи́ть]; обеспе́чи(ва)ть; (*make safe*) обезопа́сить *pf.* (*get*) доста(ва́)ть; **~ity** [-rətɪ] безопа́сность *f*; надёжность *f*; обеспе́чение; зало́г; **~ities** *pl.* це́нные бума́ги *f/pl.*

sedate [sɪ'deɪt] □ степе́нный

sedative ['sedətɪv] *mst. med.* успока́ивающее сре́дство

sedentary ['sedntrɪ] □ сидя́чий

sediment ['sedɪmənt] оса́док

seduc|e [sɪ'dju:s] соблазня́ть [-ни́ть]; **~tive** [sɪ'dʌktɪv] □ соблазни́тельный

see [si:] [*irr.*] *v/i.* [у]ви́деть; *I ~* я понима́ю **~ about a th.** [по]забо́титься о (П); **~ through a p.** ви́деть кого́-л. наскво́зь; *v/t.* [у]ви́деть; *film*, *etc.* [по]смотре́ть; замеча́ть [-е́тить]; понимать [-нять]; посещать [-етить]; **~ a p. home** провожать кого-нибудь домой; **~ off** провожать [-водить]; **~ to** позаботиться (о П); заняться *pf.* (Т); **~ a th. through** доводить [довести] что-нибудь до конца; **live to ~** дожи(-ва́)ть до (Р)

seed [si:d] **1.** семя *n* (*a. fig*); *of grain* зерно; *collect.* семена́ *n/pl.*; *of apple, etc.* зёрнышко; (*offspring*) *mst. Bibl.* потомство; **2.** *v/t.* засевать [засеять]; [по]сеять; **~ling** ['si:dlɪŋ] *agric.* сеянец; (*tree*) саженец *m*; **~s** *pl.* рассада *collect.*; **~y** ['si:dɪ] наполненный семенами; (*shabby*) потрёпанный, обносившийся; *coll.* не в форме; нездоровый

seek [si:k] [*irr.*] *mst. fig.* искать (Р); **~ advice** обращаться за советом; **~ after** добиваться (Р); **~ out** разыскивать [-ыскать]; отыскивать [-кать]

seem [si:m] [по]каза́ться; **~ing** ['~ɪŋ] □ кажущийся; мнимый; **~ingly** ['~ɪŋlɪ] повидимому; **~ly** ['~lɪ] подобающий; пристойный

seen [si:n] *pt. p. om* **see**

seep [si:p] просачиваться [-сочиться]

seesaw ['si:sɔ:] доска-качели *f/pl.*

seethe [si:ð] бурлить; *fig.* кипеть

segment ['segmənt] *math.* сегмент, отрезок; *of orange* долька; (*part*) кусок, часть *f*

segregate ['segrɪgeɪt] отделять [-лить]

seismic ['saɪzmɪk] сейсмический

seiz|e [si:z] (*take hold of*) хватать [схватить]; (*take possession of*) *of* захватывать [захватить]; ухватиться за (В) *pf.* (*a. fig.*); *property* конфисковать (*im*)*pf.*; *fig. of feeling* охватывать [-тить]; **~ure** ['si:ʒə] *med.* приступ

seldom ['seldəm] *adv.* редко, почти никогда

select [sɪ'lekt] **1.** отбирать [отобрать]; *s.th. to match* подбирать [подобрать]; **2.** отборный; (*exclusive*) избранный; **~ion** [sɪ'lekʃn] выбор; подбор; отбор

self [self] **1.** *pron.* сам; себя; *coll.* = *myself etc.* я сам *и т.д.*; **2.** *su.* (*pl.* **selves** [selvz]) личность *f*; **~assured** само-

уверенный; **~centered**, *Brt.* **-centre**[…] эгоцентричный; **~command** самоо[…] ладание; **~conceit** самомнение[…]; **~conscious** застенчивый; **~co**[…] **tained** *person* самостоятельны[…] *lodgings, etc.* отдельный; *fig.* замкну[…] тый; **~control** самообладание; **~de**[…] **fence** (**-nse**): *in* ~ присамозащит[…] **~determination** самоопределени[…] **~evident** очевидный; **~interest** свое[…] корыстие; **~ish** ['selfɪʃ] эгоистичны[…] **~possession** самообладание; **~rel**[…] **ant** полагающийся на самого себ[…] **~seeking** своекорыстный; **~servic**[…] самообслуживание; **~willed** свое[…] вольный

sell [sel] [*irr.*] прод(ав)а́ть; торгова[…] **~ off, ~ out** распрод(ав)а́ть; **~er** ['sel[…] продавец (-вщица)

semblance ['sembləns] подобие; ви[…] *put on a ~ of* ... притворя́тьс[…] [-риться]

semi... ['semɪ...] полу...; **~final** полу[…] финал

seminary ['semɪnərɪ] семинария

semolina [semə'li:nə] манная круп[…] *cooked* манная каша

senate ['senɪt] сенат; *univ.* совет

senator ['senətə] сенатор

send [send] [*irr.*] пос(ы)лать; отправлять [-авить]; **~ for** пос(ы)- лать за (Т); **~ out** *signal, etc.* посыла[…] [-слать]; *invitations* разослать [рассы[…] ла́ть]; **~ up** вызывать повышение (Р[…] **~ word** сообщать [-щить]; **~er** [-ə] от[…] правитель *m*

senile ['si:naɪl] старческий

senior ['si:nɪə] **1.** старший; **~ partne**[…] *comm.* глава фирмы; **2.** старше; *h[…] is my ~ by a year* он старше меня н[…] год; **~ity** [si:nɪ'ɒrɪtɪ] старшинство[…]

sensation [sen'seɪʃn] ощущени[…] чувство; сенсация; *cause a ~* вызы[…] вать [-звать] сенсацию; **~al** [-ʃən[…] □ сенсационный

sense [sens] **1.** чувство; ощущени[…] смысл; значение; *common ~* здравы[…] смысл; *bring a p. to his ~s pl. fig.* о[…] разумить *pf.* кого-л.; *make ~* имет[…] смысл; быть понятным; **2.** ощуща[…]

[ощути́ть], [по]чу́вствовать

senseless ['senslıs] □ бессмы́слен-
ный; (*unconscious*) без созна́ния

sensibility [sensə'bɪlətɪ]
чувстви́тельность *f*

sensible ['sensəbl] □ (благо)разу́м-
ный; здравомы́слящий; (*that can be
felt*) ощути́мый, заме́тный; **be ~ of**
созн(ав)а́ть (В)

sensitiv|e ['sensətɪv] □
чувстви́тельный (**to** к Д); **~ity** [sen-
sə'tɪvətɪ] чувстви́тельность *f* (**to** к Д)

sensual ['senʃʊəl] □ чу́вственный

sent [sent] *pt. и pt. p. om* **send**

sentence ['sentəns] **1.** *law* пригово́р;
gr. предложе́ние; **serve one's ~** отбы-
ва́ть наказа́ние; **2.** пригова́ривать
[-говори́ть]

sententious [sen'tenʃəs] дидак-
ти́чный; нравоучи́тельный

sentiment ['sentɪmənt] чу́вство;
(*opinion*) мне́ние; → **~ality**; **~al** [sentɪ-
'mentl] сентимента́льный; **~ality** [sen-
tɪmen'tælətɪ] сентимента́льность *f*

sentry ['sentrɪ] *mil.* часово́й

separa|ble ['sepərəbl] □ отдели́мый;
~te 1. ['seprɪt] отде́льный; осо́бый;
pol. сепара́тный; **2.** ['sepəreɪt] от-
деля́ть(ся) [-ли́ть(ся)]; (*part*) раз-
луча́ть(ся) [-чи́ть(ся)]; (*go different
ways*) расходи́ться [разойти́сь]; **~tion**
[sepə'reɪʃn] разлу́ка; расстава́ние;
~tism ['sepərətɪzəm] сепарати́зм; **~tist**
['sepərətɪst] сепарати́ст

September [sep'tembə] сентя́брь *m*

sequel ['si:kwəl] *of story* продолже́-
ние; (*result, consequence*) после́дст-
вие

sequence ['si:kwəns] после́доватеᴫь-
ность *f*; (*series*) ряд, цикл

serenade [serə'neɪd] серена́да

seren|e [sɪ'ri:n] □ безо́блачный (*a.
fig.*); я́сный; безмяте́жный; споко́й-
ный; **~ity** [sɪ'renɪtɪ] споко́йность; без-
мяте́жность *f*; безо́блачность *f*

serf [sɜːf] *hist.* крепостно́й

sergeant ['sɑːdʒənt] *mil.* сержа́нт

serial ['sɪərɪəl] □ поря́дковый; сери́й-
ный; после́довательный; **~ number**
сери́йный но́мер

series ['sɪəriːz] *sg. a. pl.* се́рия; (*number*) ряд; *of goods* па́ртия

serious ['sɪərɪəs] □ серьёзный; **be ~**
серьёзно говори́ть; **~ness** [~nɪs]
серьёзность *f*

sermon ['sɜːmən] про́поведь *f*

serpent ['sɜːpənt] змея́; **~ine** [-aɪn] из-
ви́листый

servant ['sɜːvənt] слуга́ *m*; служа́нка;
прислу́га; **civil ~** госуда́рственный
слу́жащий

serve [sɜːv] **1.** *v/t.* [по]служи́ть (Д);
dinner, ball in tennis, etc. под(ав)а́ть;
in shops, etc. обслу́живать [-жи́ть];
law вруча́ть [-чи́ть] (**on** Д); *sentence*
отбы́(ва́)ть; (*it*) **~s him right** так ему́
и на́до; **~ out** выда(ва́)ть, разд(ав)а́ть;
v/i. [по]служи́ть (*a. mil.*) (*as* Т); **2.** *tennis*; пода́ча

service ['sɜːvɪs] **1.** слу́жба; *in hotel,
etc.* обслу́живание; услу́га; (*a. divine
~*) богослуже́ние; (*train, etc.* ~) со-
обще́ние; *tennis*: пода́ча; *tech.* техоб-
слу́живание; *the ~s pl.* а́рмия, флот и
вое́нная авиа́ция; **be at a p.'s ~** быть к
чьи́м-либо услу́гам; **~ station** ста́нция
техобслу́живания; **2.** *Am. tech.* [от]-
ремонти́ровать; **~able** ['sɜːvɪsəbl] □
поле́зный; про́чный

serviette [sɜːvɪ'et] салфе́тка

servile ['sɜːvaɪl] подобостра́стный

servitude ['sɜːvɪtjuːd] ра́бство; *penal
~* ка́торжные рабо́ты, отбы́тие сро́-
ка наказа́ния

session ['seʃn] *parl.* се́ссия; *law, etc.*
заседа́ние

set [set] **1.** [*irr.*] *v/t.* (*adjust*) [по]ста́-
вить; *place* класть [положи́ть]; по-
меща́ть (-ести́ть); *homework, etc.* за-
д(ав)а́ть; *cine.* вставля́ть в ра́му; *adjective* (*to* за В); *med.*
вправля́ть [-а́вить]; **~ a p. laughing**
[рас]смеши́ть кого́-л.; **~ sail** отпра́-
виться *pf.* в пла́вание; **~ aside** откла́-
дывать [отложи́ть]; **~ store by** высоко́
цени́ть (В); счита́ть ва́жным (В); **~
forth** излага́ть [изложи́ть]; **~ off** от-
правля́ться [-виться]; **~ up** учрежда́ть
[-еди́ть]; устра́ивать [-а́ивать]; **2.** *v/i. astr.* захо-
ди́ть [зайти́], сади́ться [сесть]; *of jelly*

засты́(ва́)ть; **~ about a th.** принима́ться [-ня́ться] за что́-л.; **~ out → ~ off.**, **to work** бра́ться [взя́ться] за рабо́ту; **~ o.s. up as** выдава́ть себя́ за (B); **3.** неподви́жный; *time* определённый; *rules* устано́вленный; *smile* засты́вший; (*rigid*) твёрдый; *hard* нужда́ющийся; **4.** набо́р; комплéкт; *of furniture* гарниту́р; (*tea ~*, *etc.*) серви́з; (радио-)приёмник; (*group*) круг; *tennis*: сет; *thea.* декора́ции

setback ['setbæk] заде́ржка; неуда́ча; *in production* спад

settee [se'ti:] куше́тка

setting ['setɪŋ] *of jewels* опра́ва; *thea.* декора́ция; *fig.* окружа́ющая обстано́вка; *of sun* захо́д

settle ['setl] *v/t.* поселя́ть [-ли́ть]; приводи́ть в поря́док; *nerves:* успока́ивать [-ко́ить]; *question* реша́ть [-и́ть]; (*arrange*) устра́ивать [-ро́ить], ула́живать [-а́дить], заселя́ть [-ли́ть]; *bill* опла́чивать [-ати́ть]; *v/i.* (*often ~ down*) поселя́ться [-ли́ться]; устра́иваться [-ро́иться]; уса́живаться [усе́сться]; приходи́ть к соглаше́нию; *of dust, etc.* оседа́ть [осе́сть]; *of weather* устана́вливаться [-нови́ться]; **~d** ['setld] постоя́нный; усто́йчивый; **~ment** ['setlmənt] (*agreement*) соглаше́ние; (*act*) урегули́рование; (*village, etc.*) поселе́ние; **reach a ~** достига́ть [-ти́чь] соглаше́ния; **~r** ['setlə] поселе́нец

set-to ['settu] сва́тка; *coll.* потасо́вка; *verbal* перепа́лка

seven ['sevn] семь; семёрка → **five**; **~teen(th)** [sevn'ti:n(θ)] семна́дцать [-тый]; **~th** ['sevnθ] **1.** □ седьмо́й; **2.** седьма́я ча́сть *f*; **~tieth** ['sevntɪθ] семидеся́тый; **~ty** ['sevntɪ] се́мьдесят

sever ['sevə] *v/t.* (*cut*) разреза́ть [-éзать]; разрыва́ть [-зорва́ть] (*a. fig.*); *v li.* [по]рва́ть(ся)

several ['sevrəl] не́сколько (P); (*some*) не́которые *pl.*; □ отде́льный; **they went their ~ ways** ка́ждый пошёл свое́й доро́гой; **~ly** по отде́льности

sever|e [sɪ'vɪə] (*strict, stern*) стро́гий;

суро́вый (*a. of climate*); (*violent, strong*) си́льный; *competition* жесто́кий; *losses* кру́пный; **~ity** [sɪ'verətɪ] стро́гость *f*; суро́вость *f*

sew [səu] [*irr.*] [с]шить; **~ on** пришива́ть [-ши́ть]

sewer ['sju:ə] канализацио́нная труба́; **~age** ['sju:ərɪdʒ] канализа́ция

sew|ing ['səuɪŋ] шитьё; *attr.* швéйный; **~n** [səun] *pt. p. om* **sew**

sex [seks] пол; секс; **~ual** ['seksʃuəl] □ половóй; сексуа́льный

shabby ['ʃæbɪ] *clothes* потёртый; *building, etc.* убóгий; *behavio(u)r* пóдлый; *excuse* жа́лкий

shack [ʃæk] *Am.* лачу́га, хиба́рка

shackle ['ʃækl]: **~s** *pl.* (*fetters*) окóвы *f/pl.*

shade [ʃeɪd] **1.** тень *f*; (*hue*) оттéнок; (*lamp~*) абажу́р; *fig.* нюа́нс; *paint* тéни *f/pl.*; **2.** заслоня́ть [-ни́ть]; затеня́ть [-ни́ть]; [за-] штрихова́ть

shadow ['ʃædəu] **1.** тень *f*; (*ghost*) при́зрак; **2.** (*follow*) та́йно следи́ть за (T); **~y** [-ɪ] тени́стый; (*indistinct*) сму́тный, нея́сный

shady ['ʃeɪdɪ] тени́стый; *coll.* тёмный; сомни́тельный; *side* теневóй

shaft [ʃɑ:ft] *tech.* вал

shaggy ['ʃægɪ] косма́тый

shake [ʃeɪk] **1.** [*irr.*] *v/t.* трясти́ (B *or* T); тряхну́ть (T) *pf.*; встря́хивать [-хну́ть]; *of explosion* потряса́ть [-сти́] (*a. fig.*); *faith* [по]колеба́ть; *finger, fist* [по]грози́ть; **~ hands** пожа́ть ру́ку друг дру́гу, обменя́ться рукопожа́тием; **~ one's head** покача́ть *pf.* голово́й; *v/i.* [за]трясти́сь; [за]дрожа́ть (**with, at** *от* P); **2.** дрожь *f*; потрясе́ние; **~n** ['ʃeɪkən] **1.** *p. pt. om* **shake**; **2.** *adj.* потрясённый

shaky ['ʃeɪkɪ] □ **on one's legs** нетвёрдый; *hands* трясу́щийся; (*not firm*) ша́ткий; **my German is** ~ я плóхо зна́ю немéцкий язы́к

shall [ʃæl] [*irr.*] *v/aux.* *вспом. глагол, образующий будущее (1-е лицо единственного и множественного числа:)* **I ~ do** я бу́ду де́лать, я сде́лаю

shallow ['ʃæləʊ] **1.** мéлкий; *fig.* пове́рхностный; 2.: *the ~s* мелково́дье

sham [ʃæm] 1. притво́рный; подде́льный; 2. притво́рство; подде́лка; притво́рщик *m*; 3. *v/t.* симули́ровать (*im*)*pf.*; *v/i.* притворя́ться [-ри́ться]

shamble [ˈʃæmbl] волочи́ть но́ги

shambles [ˈʃæmblz] (*disorder*) беспоря́док

shame [ʃeɪm] 1. стыд; позо́р; *for ~!* сты́дно!; *what a ~!* кака́я жа́лость!; *it's a ~ that ...* жаль, что ...; *put to ~* [при]стыди́ть; 2. [при]стыди́ть; [o]срами́ть; *~faced* [ˈʃeɪmfeɪst] □ присты́жённый, винова́тый вид; *~ful* [ˈʃeɪmfl] □ посты́дный; позо́рный; *~less* [ˈʃeɪmlɪs] □ бессты́дный

shampoo [ʃæmˈpuː] 1. шампу́нь *m*; мытьё головы́; 2. мыть шампу́нем

shamrock [ˈʃæmrɒk] трили́стник

shank [ʃæŋk] *anat.* го́лень *f*

shape [ʃeɪp] 1. фо́рма; (*outline*) очерта́ние; 2. *v/t.* созд(ав)а́ть; придава́ть фо́рму, вид (Д); *v/i.* [с]формирова́ться; *~less* [-lɪs] бесфо́рменный; *~ly* [-lɪ] хорошо́ сложённый

share [ʃeə] 1. до́ля, часть *f*; (*participation*) уча́стие; *fin.* а́кция; *go~s* плати́ть по́ровну; *have no ~ in* не име́ть отноше́ния (к Д); 2. *v/t.* [по]дели́ться (Т); *v/i.* уча́ствовать (*in* в П); *~holder* акционе́р

shark [ʃɑːk] акула (*a. fig.*)

sharp [ʃɑːp] 1. □ *com.* о́стрый (*a. fig.*); *fig.* (*clear in shape*) отчётливый; *turn* круто́й; (*biting*) е́дкий; *pain* ре́зкий; *voice* пронзи́тельный; *remark* ко́лкий; *coll.* продувно́й; 2. *adv.* кру́то; то́чно; *at 2 o'clock ~* ро́вно в два часа́; *look ~!* живо́!; 3. *mus.* дие́з; *~en* [ˈʃɑːpən] [на]точи́ть; заостря́ть [-ри́ть]; *~ener* [ˈʃɑːpənə] (*pencil ~*) точи́лка; *~ness* [ˈʃɑːpnɪs] острота́; ре́зкость *f*; *~sighted* зо́ркий; *~witted* остроу́мный

shatter [ˈʃætə] разбива́ть вдре́безги; *hope* разруша́ть [-ру́шить]; *health* расстра́ивать [-ро́ить]

shave [ʃeɪv] 1. [*irr.*] [по]бри́ть(ся); *plank* [вы́]строга́ть; 2. бритьё; *have a ~* [по]бри́ться; *have a close ~* едва́

избежа́ть опа́сности; *~n* [ˈʃeɪvn] бри́тый

shaving [ˈʃeɪvɪŋ] 1. бритьё; *~s pl.* стру́жки *f/pl.*; *~ cream* крем для бритья́

shawl [ʃɔːl] шаль *f*, головно́й плато́к

she [ʃiː] 1. она́; 2. же́нщина; **she-...** са́мка; **she-wolf** волчи́ца

sheaf [ʃiːf] *agric.* сноп; *of paper* свя́зка

shear [ʃɪə] 1. [*irr.*] *sheep* [о]стри́чь; *fig.* обдира́ть как ли́пку; 2. *~s pl.* (больши́е) но́жницы *f/pl.*

sheath [ʃiːθ] но́жны *f/pl.*; *~e* [ʃiːð] вкла́дывать в но́жны

sheaves [ʃiːvz] *pl. om* **sheaf**

shed[1] [ʃed] [*irr*] *hair, etc.* [по]теря́ть; *tears, blood* проли(ва́)ть; *clothes, skin* сбра́сывать [сбро́сить]; *~ new light on s.th.* пролива́ть [-ли́ть] свет (на В)

shed[2] [-] сара́й

sheen [ʃiːn] блеск; *reflected* о́тблеск

sheep [ʃiːp] овца́; *~ dog* овча́рка; *~ish* [ˈʃiːpɪʃ] глупова́тый; ро́бкий; *~skin* овчи́на; *~ coat, ~ jacket* дублёнка, полушу́бок

sheer [ʃɪə] (*absolute*) полне́йший; (*diaphanous*) прозра́чный; (*steep*) отве́сный; *by ~ chance* по чи́стой случа́йности; *~ nonsense* абсолю́тная чепуха́; *~ waste of time* бесполе́зная тра́та вре́мени

sheet [ʃiːt] простыня́; *of paper, metal* лист; *of water, snow* широ́кая полоса́; *~ iron* листово́е желе́зо; *~ lightning* зарни́ца

shelf [ʃelf] по́лка; *of rock* усту́п; *sea* шельф

shell [ʃel] 1. (*nut~*) скорлупа́; *of mollusc* ра́ковина; 2. *of tortoise* па́нцырь *m*; *tech.* ко́рпус; *eggs* очища́ть [очи́стить] от скорлупы́; *peas* лущи́ть; *mil.* обстре́ливать [-ля́ть]; *~fish* моллю́ск

shelter [ˈʃeltə] 1. *bulding, etc.* прию́т (*a. fig.*); кров; убе́жище (*a. mil.*); 2. *v/t.* приюти́ть *pf.*; *v/i.* (*a. take~*) укры́(ва́)ться; приюти́ться *pf.*

shelve [ʃelv] *fig.* откла́дывать в до́лгий я́щик

shelves [ʃelvz] *pl. om* **shelf**

shepherd [ˈʃepəd] 1. пасту́х; 2. *sheep*

пасти́; *people* [про]вести́

sherry ['ʃerɪ] хе́рес

shield [ʃiːld] **1.** щит; защи́та; *ozone ~* озо́нный слой; **2.** заслоня́ть [-ни́ть] (*from* от P)

shift [ʃɪft] **1.** *at work* сме́на; (*change*) измене́ние; (*move*) сдвиг; *make ~ to* ухитря́ться [-ри́ться]; дово́льствоваться (*with* T); **2.** *v/t.* [по]меня́ть; перемеща́ть [-мести́ть]; *v/i.* извора́чиваться [изверну́ться]; перемеща́ться [-мести́ться]; *~ for o.s.* обходи́ться без по́мощи; *~y* ['ʃɪftɪ] ско́льзкий, *fig.* изворо́тливый, ло́вкий; *~ reply* укло́нчивый отве́т

shilling ['ʃɪlɪŋ] ши́ллинг

shin [ʃɪn] *anat.* го́лень *f*

shine [ʃaɪn] **1.** сия́ние; свет; блеск, гля́нец; **2.** [*irr.*] сия́ть; свети́ть; блесте́ть; (*polish*) [от]полирова́ть; *shoes* [по]чи́стить; *fig.* блиста́ть

shingle ['ʃɪŋɡl] (*gravel*) га́лька

shiny ['ʃaɪnɪ] □ (*polished*) начи́щенный; *through wear* лосня́щийся; (*bright*) блестя́щий

ship [ʃɪp] **1.** су́дно, кора́бль *m*; **2.** (*carry*) перевози́ть [-везти́]; *~board: naut. on ~* на корабле́; *~building* судострое́ние; *~ment* ['ʃɪpmənt] груз; погру́зка; *~owner* судовладе́лец; *~ping* ['ʃɪpɪŋ] (*loading*) погру́зка; (*transport*) перево́зка; торго́вый флот, суда́ *n/pl.*; (*ship traffic*) судохо́дство; *~wreck* **1.** кораблекруше́ние; **2.** потерпе́ть *pf.* кораблекруше́ние; *~yard* верфь *f*

shirk [ʃɜːk] уви́ливать [-льну́ть] от (P); *~er* ['ʃɜːkə] лоды́рь *m*; уви́ливающий (от P)

shirt [ʃɜːt] руба́шка, соро́чка; *woman's also* блу́зка; *~sleeves: in one's ~* без пиджака́

shiver ['ʃɪvə] **1.** дрожь *f*; **2.** ..[за]дрожа́ть

shoal[1] [ʃəʊl] мелково́дье; мель *f*

shoal[2] [ʃəʊl] *of fish* ста́я, кося́к

shock [ʃɒk] **1.** *fig.* потрясе́ние; *med.* шок; **2.** *fig.* потряса́ть [-ясти́]; шоки́ровать; *~absorber mot.* амортиза́тор; *~ing* ['ʃɒkɪŋ] □ сканда́льный; ужа́сный; потряса́ющий

shod [ʃɒd] *pt. u pt. p. om* **shoe**

shoddy ['ʃɒdɪ] *goods, etc.* дрянно́й

shoe [ʃuː] **1.** ту́фля; *heavy* башма́к; *above ankle* полуботи́нок; (*horse~*) подко́ва; **2.** [*irr.*] обу́(ва́)ть; подко́вывать [-кова́ть]; *~horn* рожо́к; *~lace* шнуро́к для боти́нок; *~maker* сапо́жник; *~ polish* крем для о́буви

shone [ʃɒn] *pt. u pt. p. om* **shine**

shook [ʃʊk] *pt. om* **shake**

shoot [ʃuːt] **1.** *bot.* росто́к, побе́г; **2.** [*irr.*] *v/t.* стреля́ть; (*kill*) [за]стрели́ть *pf.*; (*execute by shooting*) расстре́ливать [-ля́ть]; *cine.* снима́ть [снять], засня́ть *pf.*; *v/i.* стреля́ть [вы́стрелить]; *of pain* дёргать; (*a. ~ along, past*) проноси́ться [-нести́сь]; промелькну́ть *pf.*; промча́ться *pf.*; *~ ahead* ри́нуться вперёд; *~er* ['ʃuːtə] стрело́к

shooting ['ʃuːtɪŋ] стрельба́; *hunt.* охо́та; *cine.* съёмка; *~ star* па́дающая звезда́

shop [ʃɒp] **1.** магази́н; (*work~*) мастерска́я; *talk~* говори́ть о рабо́те со свои́ми колле́гами; **2.** де́лать поку́пки (*mst. go~ping*); *~keeper* владе́лец магази́на; *~per* ['-ə] покупа́тель *m*; *~ping* ['-ɪŋ]; *~ center(-tre)* торго́вый центр; *~ window* витри́на

shore [ʃɔː] бе́рег; взмо́рье; побере́жье; *on the ~* на́ берег, на берегу́

shorn [ʃɔːn] *pt. p. om* **shear**

short [ʃɔːt] коро́ткий; (*brief*) кра́ткий; *in height* невысо́кий; (*insufficient*) недоста́точный; (*not complete*) непо́лный; *answer* ре́зкий, сухо́й; *pastry* песо́чный; *in ~* коро́че говоря́; вкра́тце; *fall ~ of* уступа́ть в чём-л.; *expectations, etc.* не опра́вдывать [-да́ть]; *cut ~* прер(ы)ва́ть [-ва́ть]; *run ~* исся́ка́ть [-я́кнуть]; *stop ~ of* не доезжа́ть [дое́хать], не доходи́ть [дойти́] до (P) (*a. fig.*); *~age* ['ʃɔːtɪdʒ] нехва́тка, дефици́т; *~ circuit* коро́ткое замыка́ние; *~coming* недоста́ток; изъя́н; *~cut* кратча́йший путь *m*; *~en* ['ʃɔːtn] *v/t.* сокраща́ть [-рати́ть]; укора́чивать [-роти́ть]; *v/i.* сокраща́ться [-рати́ться]; укора́чиваться [-роти́ться]; **~hand** стеногра́фия; **~ly** ['ʃɔːtlɪ] *adv.* вско́ре; **~s** [-s] *pl.* шо́рты; **~sighted** близору́кий; **~term** краткосро́чный; **~ wave** коротковолно́вый; **~winded** страда́ющий оды́шкой

shot [ʃɔt] **1.** *pt. u pt. p. om* **shoot; 2.** вы́стрел; *collect.* дробь *f,* дроби́нка (*mst.* **small ~**); *pers.* стрело́к; *sport* ядро́; *stroke, in ball games* уда́р; *phot.* сни́мок; *med.* инъе́кция; **have a ~** сде́лать *pf.* попы́тку; *coll.* **not by a long ~** отню́дь не; **~gun** дробови́к

should [ʃʊd, ʃəd] *pt. om* **shall**

shoulder ['ʃəʊldə] **1.** плечо́; **2.** взва́ливать на пле́чи; *fig.* брать на себя́; **~ blade** *anat.* лопа́тка; **~ strap** брете́лька; *mil.* пого́н

shout [ʃaʊt] **1.** крик; во́зглас; **2.** [за]крича́ть [кри́кнуть]; [на]крича́ть (*at* на В)

shove [ʃʌv] **1.** толчо́к; **2.** толка́ть [-кну́ть]; **~ off** ста́лкивать [столкну́ть]; отта́лкивать [оттолкну́ть]

shovel ['ʃʌvl] **1.** (*spade*) лопа́та; *for use in home* сово́к; **2.** сгреба́ть лопа́той

show [ʃəʊ] **1.** [*irr.*] *v/t.* (*manifest*) ока́зывать [-за́ть]; (*exhibit*) выставля́ть [вы́ставить]; *interest, etc.* проявля́ть [-ви́ть]; (*prove*) дока́зывать [-за́ть]; **~ in** вводи́ть [ввести́]; **~ up** (*expose*) разоблача́ть [-ачи́ть]; *v/i. coll.* (*appear*) появля́ться [-ви́ться]; **~ off** [по]щего́лять; пуска́ть пыль в глаза́; **2.** (*spectacle*) зре́лище; (*exhibition*) вы́ставка; (*outward appearance*) ви́димость *f;* *thea.* спекта́кль *m;* **~case** витри́на

shower ['ʃaʊə] **1.** ли́вень *m;* душ; **take a ~** принима́ть [-ня́ть] душ; **2.** ли́ться ли́внем; *fig.* осыпа́ть [осы́пать]; *questions* засыпа́ть [-пать]; **~y** ['ʃaʊərɪ] дождли́вый

show|n [ʃəʊn] *pt. p. om* **show; ~room** вы́ставочный зал; **~ window** *Am.* витри́на; **~y** ['ʃəʊɪ] показно́й

shrank [ʃræŋk] *pt. om* **shrink**

shred [ʃred] **1.** *of cloth* лоскуто́к; *of paper* клочо́к; **tear to ~s** разорва́ть [разрыва́ть] в кло́чья; **2.** [*irr.*] ре́зать, рвать на клочки́; *cul.* [на]шинкова́ть

shrewd [ʃruːd] проница́тельный; *in business* де́льный, расчётливый

shriek [ʃriːk] **1.** визг, крик, вопль *m;* **2.** [за]вопи́ть, [за]визжа́ть

shrill [ʃrɪl] □ пронзи́тельный, ре́зкий

shrimp [ʃrɪmp] *zo.* креве́тка; *coll. pers.* сморчо́к

shrine [ʃraɪn] святы́ня

shrink [ʃrɪŋk] [*irr.*] (*become smaller*) сокраща́ться [-рати́ться]; *of wood, etc.* усыха́ть [усо́хнуть]; *of cloth* сади́ться [сесть]; *recoil* отпряну́ть

shrivel ['ʃrɪvl] смо́рщи(ва)ть(ся); съёжи(ва)ться

shroud [ʃraʊd] **1.** са́ван; *fig.* покро́в; **2.** оку́т(ыв)ать (*a. fig.*)

shrub [ʃrʌb] куст; **~s** *pl.* куста́рник

shrug [ʃrʌg] пож(им)а́ть плеча́ми

shrunk [ʃrʌŋk] *pt. u pt. p. om* **shrink** (*a.* **~en**)

shudder ['ʃʌdə] **1.** дрожа́ть *impf.;* содрога́ться [-гну́ться]; **I ~ to think** я содрога́юсь при мы́сли об э́том; **2.** дрожь *f*

shuffle ['ʃʌfl] **1.** ша́ркать; *cards* [пере]тасова́ть; **~ off responsibility** перекла́дывать [переложи́ть] отве́тственность на други́х; **2.** ша́рканье; тасо́вка

shun [ʃʌn] избега́ть [-ежа́ть] (Р)

shunt [ʃʌnt] *fig. coll.* (*postpone*) откла́дывать [отложи́ть]

shut [ʃʌt] [*irr.*] **1.** закры́(ва́)ть(ся), затворя́ть(ся) [-ри́ть(ся)]; **~ down** (*close*) закрыва́ть [-ры́ть]; **~ up!** замолчи́!; **2.** закры́тый; **~ter** ['ʃʌtə] ста́вень *m;* *phot.* затво́р

shuttle ['ʃʌtl] (*device for weaving*) челно́к; **~ service** челно́чные ре́йсы; при́городный по́езд

shy [ʃaɪ] *animal* пугли́вый; *person* засте́нчивый

shyness ['ʃaɪnɪs] засте́нчивость *f*

Siberian [saɪ'bɪərɪən] **1.** сиби́рский; **2.** сибиря́к *m,* -я́чка *f*

sick [sɪk] **1.** больно́й (*of* Т); чу́вствующий тошноту́; уста́вший (*of* от П); **I am ~ of ...** мне надое́ло (+ *inf.,* И); **I feel ~** меня́ тошни́т; **~en** ['sɪkən] *v/i.* заболе(ва́)ть; [за]ча́хнуть;

~ at чу́вствовать отвраще́ние к (Д); *v/t.* де́лать больны́м; вызыва́ть тошно́ту у (Р)

sickle ['sɪkl] серп

sick|-leave: *I am on ~* я на больни́чном; **~ly** ['sɪklɪ] боле́зненный; (*causing nausea*) тошнотво́рный; (*puny*) хи́лый; **~ness** ['sɪknɪs] боле́знь *f*; тошнота́; **~ pay** вы́плата по больни́чному листу́

side [saɪd] **1.** *com.* сторона́; бок; (*edge*) край; **~by~** бок о бок; *to be on the safe* ~ на вся́кий слу́чай; *on the one* ~ ... *on the other* с одно́й стороны́ ... с друго́й стороны́; *take the* ~ *of* примыка́ть к той и́ли ино́й стороне́ (Р); **2.** *attr.* бoковóй; *effect*, *etc.* побо́чный; **3. ~ with** встать *pf.* на сто́рону (Р); **~board** буфе́т, серва́нт; **~car** *mot.* коля́ска мотоци́кла; **~light** *mot.* подфа́рник; **~long:** ~ *glance* взгляд и́скоса; **~walk** *Am.* тротуа́р

siding ['saɪdɪŋ] *rail.* запа́сный путь *m*

sidle ['saɪdl] подходи́ть бочко́м

siege [siːdʒ] оса́да; *lay ~ to* осажда́ть [осади́ть]

sieve [sɪv] си́то

sift [sɪft] просе́ивать [-е́ять]; *fig.* [про]анализи́ровать

sigh [saɪ] **1.** вздох; **2.** вздыха́ть [вздохну́ть]

sight [saɪt] **1.** зре́ние; вид; взгляд; (*spectacle*) зре́лище; *of gun* прице́л; **~s** *pl.* достопримеча́тельности *f/pl.*; *catch ~ of* ви́деть, заме́тить *pf.*; *lose ~ of* потеря́ть из ви́ду; ~ *seeing* *pf.*; **~seeing** ['saɪtsiːɪŋ] осмо́тр достопримеча́тельностей

sign [saɪn] **1.** знак; при́знак; симпто́м; *over a shop* вы́веска; *as a ~ of* в знак (Р); **2.** *v/i.* подава́ть знак (Д); *v/t.* подпи́сывать [-са́ть]

signal ['sɪɡnəl] **1.** сигна́л; **2.** [по]дава́ть сигна́л; подава́ть [-да́ть] знак; [про]сигна́лить

signature ['sɪɡnətʃə] по́дпись *f*

sign|board вы́веска; **~er** ['saɪnə] лицо́ подписа́вшее како́й-либо докуме́нт

signet ['sɪɡnɪt]: ~ *ring* кольцо́ с печа́ткой

signific|ance [sɪɡ'nɪfɪkəns] значе́ние; **~ant** [-kənt] значи́тельный; *look* многозначи́тельный; ва́жный

signify ['sɪɡnɪfaɪ] зна́чить, означа́ть

signpost доро́жный указа́тель *m*

silence ['saɪləns] **1.** молча́ние; тишина́; безмо́лвие; ~*!* ти́хо!; **2.** заста́вить *pf.* молча́ть; заглуши́ть [-ши́ть]; **~r** [-ə] *mot.* глуши́тель *m*

silent ['saɪlənt] безмо́лвный; молчали́вый; (*noiseless*) бесшу́мный

silk [sɪlk] **1.** шёлк; **2.** (*made of silk*) шёлковый; **~en** ['sɪlkən] (*resembling silk*) шелкови́стый; **~worm** шелкови́чный червь *m*; **~y** ['sɪlkɪ] шелкови́стый

sill [sɪl] *of window* подоко́нник

silly ['sɪlɪ] □ глу́пый; *don't be ~* не валя́й дурака́

silt [sɪlt] **1.** ил; **2.** зай́ливаться (*mst. up*)

silver ['sɪlvə] **1.** серебро́; **2.** (*made of silver*) сере́бряный; **~y** [-rɪ] серебри́стый

similar ['sɪmɪlə] □ схо́дный (с Т), похо́жий (на В); подо́бный, аналоги́чный; **~ity** [sɪmə'lærətɪ] схо́дство; подо́бие

simile ['sɪmɪlɪ] сравне́ние

simmer ['sɪmə] ме́дленно кипе́ть; держа́ть на ме́дленном огне́

simple ['sɪmpl] просто́й; несло́жный; **~hearted** простоду́шный; наи́вный; **~ton** [-tən] проста́к

simpli|city [sɪm'plɪsətɪ] простота́; простоду́шие; **~fy** ['sɪmplɪfaɪ] упроща́ть [-ости́ть]

simply ['sɪmplɪ] про́сто

simulate ['sɪmjuleɪt] симули́ровать (*im*)*pf.*; притворя́ться [-ори́ться]

simultaneous [sɪml'teɪnɪəs] □ одновреме́нный; ~ *interpretation* синхро́нный перево́д; ~ *interpreter* перево́дчик-синхрони́ст

sin [sɪn] **1.** грех; **2.** согреша́ть [-ши́ть], [по]греши́ть

since [sɪns] **1.** *prp.* с (Р); **2.** *adv.* с тех пор; ... тому́ наза́д; **3.** *cj.* с тех пор, как; так как; поско́льку

sincer|e [sɪn'sɪə] □ и́скренний; **~ely**

yours ~ и́скренне Ваш, *formal* с глубо́ким уваже́нием; ~**ity** [sɪn'serəti] и́скренность *f*

sinew ['sɪnjuː] сухожи́лие; ~**y** [-ɪ] жи́листый

sinful ['sɪnfl] □ гре́шный

sing [sɪŋ] [*irr.*] [с]петь; ~ *s.o.'s praises* петь кому́-л. дифира́мбы

singe [sɪndʒ] опаля́ть [-ли́ть]

singer ['sɪŋə] певе́ц *m*, певи́ца *f*

single ['sɪŋgl] **1.** □ еди́нственный; одино́чный; (*alone*) одино́кий; (*not married*) холосто́й, незаму́жняя; *in* ~ *file* гусько́м; **2.**: ~ *out* отбира́ть [отобра́ть]; ~**breasted** однобо́ртный; ~**handed** самостоя́тельно, без посторо́нней по́мощи; ~**minded** целеустремлённый; ~**t** ['sɪŋglɪt] ма́йка

singular ['sɪŋgjulə] необыча́йный; стра́нный; *gr.* еди́нственный; ~**ity** [sɪŋgju'lærətɪ] осо́бенность *f*, необыча́йность *f*

sinister ['sɪnɪstə] злове́щий

sink [sɪŋk] **1.** [*irr.*] *v/i.* (*fall*) опуска́ться [-сти́ться]; (*a. of sun, etc.*); [за-, по-, у]тону́ть; *fig.* погружа́ться [-узи́ться]; (*subside*) оседа́ть [осе́сть]; ~ *or swim* будь что бу́дет; *v/t.* затопля́ть [-пи́ть]; **2.** *in kitchen* ра́ковина

sinless ['sɪnlɪs] безгре́шный

sinner ['sɪnə] гре́шник *m*, -ица *f*

sip [sɪp] пить ма́ленькими глотка́ми

siphon ['saɪfn] сифо́н

sir [sɜː] *form of adress* су́дарь *m*; ♀ сэр

siren ['saɪərən] сире́на

sirloin ['sɜːlɔɪn] филе́йная часть

sister ['sɪstə] сестра́; ~**in-law** [-rɪnlɔː] сестра́ му́жа (жены́); ~**ly** [-lɪ] се́стринский

sit [sɪt] [*irr.*] *v/i.* сиде́ть; *of assembly* заседа́ть; ~ *down* сади́ться [сесть]; ~ *for paint.* пози́ровать; ~ *for an examination* сдава́ть экза́мен

site [saɪt] ме́сто, местоположе́ние; *building* ~ строи́тельная площа́дка

sitting ['sɪtɪŋ] заседа́ние; ~ *room* гости́ная

situat|ed ['sɪtjʊeɪtɪd] располо́женный; ~**ion** [sɪtʃʊ'eɪʃn] положе́ние; ситуа́ция; (*job*) ме́сто

six [sɪks] **1.** шесть; **2.** шестёрка; ~**teen** [sɪk'stiːn] шестна́дцать; ~**teenth** [sɪk-'stiːnθ] шестна́дцатый; ~**th** [sɪksθ] **1.** шесто́й; **2.** шеста́я часть *f*; ~**tieth** ['sɪk-stɪɪθ] шестидеся́тый; ~**ty** ['sɪkstɪ] шестьдеся́т

size [saɪz] **1.** величина́; *of books, etc.* форма́т; (*dimension*) разме́р (*a. of shoes, clothing*); **2.** ~ *up* определи́ть взве́сить *fig.* оцени́ть *pf.*, поня́ть *pf.*

siz(e)able ['saɪzəbl] поря́дочного разме́ра

sizzle ['sɪzl] шкворча́ть, шипе́ть

skat|e [skeɪt] **1.** конёк (*pl.*: коньки́); **2.** ката́ться на конька́х; ~**er** ['skeɪtə] конькобе́жец *m*, -жка *f*

skein [skeɪn] мото́к пря́жи

skeleton ['skelɪtn] *anat.* скеле́т; *tech.* о́стов, карка́с; ~ *key* отмы́чка

skeptic, *Brt.* **sceptic** ['skeptɪk] ске́птик; ~**al** [-tɪkl] скепти́ческий

sketch [sketʃ] **1.** эски́з, набро́сок; **2.** де́лать набро́сок, эски́з (P); ~**y** ['-ɪ] пове́рхностный

ski [skiː] **1.** (*pl.* ~ *или* ~**s**) лы́жа; **2.** ходи́ть на лы́жах

skid [skɪd] **1.** *mot.* юз, зано́с; *of wheels* буксова́ние; **2.** *v/i.* буксова́ть; идти́ [пойти́] ю́зом; *of person* скользи́ть

skillful, *Brt.* **skilful** ['skɪlfl] □ иску́сный, уме́лый

skill [skɪl] мастерство́, уме́ние; ~**ed** [-d] квалифици́рованный, иску́сный

skim [skɪm] *cream, scum, etc.* снима́ть [снять]; (*glide*) скользи́ть [-зну́ть] по (Д); (*read*) просма́тривать [-смотре́ть]; ~ *over* бе́гло прочи́тывать; ~*med milk* снято́е молоко́

skimp [skɪmp] эконо́мить; [по]скупи́ться (*on* на В); ~**y** ['skɪmpɪ] □ ску́дный

skin [skɪn] **1.** ко́жа; (*hide*) шку́ра; *of apricot, etc.* кожура́; **2.** *v/t.* сдира́ть ко́жу, шку́ру с (P); ~**deep** пове́рхностный; ~ *diver* аквалангист; ~**flint** скря́га *m*; ~**ny** ['skɪnɪ] то́щий; ~**tight** в обтя́жку

skip [skɪp] **1.** прыжо́к, скачо́к; **2.** *v/i.* [по]скака́ть; *fig.* переска́кивать

[-скочи́ть] (*from* с [P]), (*to* на [B]); *v/t.* (*omit*) пропуска́ть [-сти́ть]

skipper ['skɪpə] капита́н

skirmish ['skɜ:mɪʃ] *mil.* сты́чка (*a. fig.*)

skirt [skɜ:t] 1. (*waist-down garment or part of a dress*) ю́бка; *of coat* пола́; (*edge*) край, окра́ина; 2. *v/t.* обходи́ть [обойти́]; объезжа́ть [-е́хать]

skit [skɪt] сати́ра, паро́дия

skittle ['skɪtl] ке́гля; *play* (*at*) ~*s pl.* игра́ть в ке́гли; ~ **alley** кегельба́н

skulk [skʌlk] кра́сться

skull [skʌl] че́реп

sky [skaɪ] не́бо (небеса́ *pl.*); *praise to the skies* расхва́ливать до небе́с; *out of a clear* ~ как гром среди́ я́сного не́ба; ~**lark** 1. жа́воронок; 2. выки́дывать шту́чки; ~**light** световой люк; ~**line** горизо́нт; *of buildings, etc.* очерта́ние; ~**scraper** небоскрёб; ~**ward(s)** ['skaɪwəd(z)] к не́бу

slab [slæb] плита́

slack [slæk] 1. (*remiss*) неради́вый; *behaviou(u)r* расхля́банный; (*loose*) сла́бый; (*slow*) ме́дленный; *rope, etc.* сла́бо натя́нутый; (*a. comm.*) вя́лый; 2. *naut. of rope* слаби́на; ~*s pl.* брю́ки *f/pl.*; 3. = ~**en** ['slækn] ослабля́ть [-а́бить]; [о]сла́бнуть; замедля́ть [-е́длить]

slain [sleɪn] *p. pt. om* **slay**

slake [sleɪk] *thirst* утоля́ть [-ли́ть]

slalom ['slɑ:ləm] слало́м

slam [slæm] 1. хло́панье; 2. хло́пать [-пнуть] (Т); захло́пывать(ся) [-пнуть(ся)]

slander ['slɑ:ndə] 1. клевета́; 2. [на]клевета́ть; ~**ous** [-rəs] □ клеветни́ческий

slang [slæŋ] сленг; жарго́н

slant [slɑ:nt] склон, укло́н (*a. fig.*); то́чка зре́ния; ~**ed** [-ɪd] (*biased*) тенденцио́зный; ~**ing** [-ɪŋ] □ *adj.* накло́нный; косо́й

slap [slæp] 1. шлепо́к; ~ *in the face* пощёчина; 2. шлёпать [-пнуть]; *on back, etc.* хло́пать [-пнуть]

slash [slæʃ] 1. разре́з; 2. (*wound*) [по]ра́нить; *with whip, etc.* [ис]полосова́ть

[полосну́ть]

slate [sleɪt] сла́нец; *for roof* ши́фер

slattern ['slætən] неря́ха

slaughter ['slɔ:tə] 1. убо́й (скота́); *fig.* резня́, кровопроли́тие; 2. [за-] ре́зать; забива́ть [-би́ть]; ~**house** бо́йня

Slav [slɑ:v] 1. славяни́н *m*, -я́нка *f*; 2. славя́нский

slave [sleɪv] 1. раб *m*, -ы́ня *f*; *attr.* ра́бский; 2. рабо́тать как ка́торжник

slav|ery ['sleɪvərɪ] ра́бство; ~**ish** [-vɪʃ] □ ра́бский

slay [sleɪ] [*irr.*] уби(ва́)ть

sled [sled], **sledge**[1] [sledʒ] са́ни *f/pl.*; *child's* са́нки *f/pl.*

sledge[2] [~] (~*hammer*) кузне́чный мо́лот

sleek [sli:k] 1. □ *animal's coat* гла́дкий и блестя́щий; *manner* вкра́дчивый

sleep [sli:p] 1. [*irr.*] *v/i.* [по]спа́ть; ~ *like a log* спать мёртвым сном; ~ *on it* отложи́ть *pf.* до за́втра; *v/t.* дава́ть (кому́-нибудь) ночле́г; *put to* ~ *animal* усыпля́ть [-пи́ть]; 2. сон; ~**er** ['-ə] спя́щий; *rail* спа́льный ваго́н; ~**ing** ['-ɪŋ]: ~ *bag* спа́льный мешо́к; ~ *pill* табле́тка снотво́рного; ~ *car rail.* спа́льный ваго́н; ~**less** ['-lɪs] □ бессо́нный; ~**walker** луна́тик; ~**y** ['-ɪ] □ со́нный, *coll.* за́спанный

sleet [sli:t] мо́крый снег; ~**y** ['sli:tɪ] сля́котный

sleeve [sli:v] рука́в; *tech.* му́фта; втулка

sleigh [sleɪ] са́ни *f/pl.*

sleight [slaɪt] (*mst.* ~ *of hand*) ло́вкость *f* (рук)

slender ['slendə] □ стро́йный; то́нкий; (*scanty*) ску́дный

slept [slept] *pt. и pt. p. om* **sleep**

sleuth [slu:θ] *joc.* сы́щик, детекти́в

slew [slu:] *pt. om* **slay**

slice [slaɪs] 1. ло́моть *m, dim.* ло́мтик; (*part*) часть *f*; 2. [на]ре́зать ло́мтиками

slick [slɪk] *coll.* гла́дкий; *Am.* хи́трый, ско́льзкий

slid [slɪd] *pt. и pt. p. om* **slide**

slide [slaɪd] 1. [*irr.*] скользи́ть [-зну́ть]; ката́ться по льду; вдвига́ть [-и́нуть].

всовывать [всунуть] (*into* в В); *let things* ~ относиться ко всему спустя рукава́; 2. *photo*. диапозити́в, слайд; 3. скольже́ние; *for children* де́тская го́рка; (*land*~) о́ползень *m*; ~ **rule** логарифми́ческая лине́йка

slight [slaɪt] 1. □ (*thin and delicate*) то́нкий, хру́пкий; незначи́тельный; сла́бый; *not the ~est idea* ни мале́йшего представле́ния; 2. (*disrespect*) пренебреже́ние; 3. обижа́ть [-и́деть]; унижа́ть [-и́зить]

slim [slɪm] (*slender*) то́нкий, то́ненький; *person* стро́йный; ~ *hope* сла́бая наде́жда

slim|e [slaɪm] (*mud*) жи́дкая грязь *f*; (*silt*) ил; ~**y** ['slaɪmɪ] сли́зистый, ско́льзкий

sling [slɪŋ] 1. *bandage* пе́ревязь *f*; 2. *throw* [*irr.*] швыря́ть [швырну́ть]

slink [slɪŋk] [*irr.*] кра́сться; ~ *off* потихо́ньку отходи́ть [отойти́]

slip [slɪp] 1. [*irr.*] *v/i.* скользи́ть; поскользну́ться *pf.*; *out of hands* выскольза́ть [вы́скользнуть]; *of wheels* буксова́ть; *v/t.* сова́ть [су́нуть]; *one's attention* ускольза́ть [-зну́ть]; ~ *a p.'s memory* вы́лететь из головы́ (Р); ~ *on* (*off*) наде́(ва́)ть, сбра́сывать [сбро́сить]; 2. скольже́ние; *of paper* поло́ска; про́мах; оши́бка; *in writing* опи́ска; (*petticoat*) комбина́ция; (*pillowcase*) на́волочка; *give a p. the* ~ ускользну́ть [-зну́ть] от (Р); ~ *of the tongue* огово́рка; ~**per** ['slɪpə] ко́мнатная ту́фля; ~**pery** ['slɪpərɪ] ско́льзкий; (*not safe*) ненаде́жный; ~**shod** ['slɪpʃɒd] неря́шливый; (*careless*) небре́жный; ~**t** [slɪpt] *pt. и pt. p. om* **slip**

slit [slɪt] 1. разре́з; щель *f*; 2. [*irr.*] разре́зать в длину́

sliver ['slɪvə] *of wood* ще́пка; *of glass* оско́лок

slogan ['sləʊgən] ло́зунг

slop [slɒp] 1.: ~**s** *pl.* помо́и *m/pl.*; 2. (*spill*) проли́(ва́)ть; расплёскивать(-ся) [-еска́ть(ся)]

slop|e ['sləʊp] 1. накло́н, склон, скат; 2. клони́ться; име́ть накло́н; ~**ing** ['-ɪŋ] пока́тый

sloppy ['slɒpɪ] (*slovenly*) неря́шливый; (*careless*) небре́жный; сентимента́льный

slot [slɒt] щель *f*; про́резь *f*; паз; (*place or job*) ме́сто

sloth [sləʊθ] лень *f*, ле́ность *f*; *zo*. лени́вец

slot machine иго́рный (торго́вый) автома́т

slouch [slaʊtʃ] 1. [c]суту́литься; *when sitting* [c]го́рбиться; ~ *about, around* слоня́ться без де́ла; 2. суту́лость *f*

slovenly ['slʌvnlɪ] неря́шливый

slow [sləʊ] 1. ме́дленный; медли́тельный; (*dull in mind*) тупо́й; *trade* вя́лый; *watch* отст(ав)а́ть; 2. (*a.* ~ *down, up*) замедля́ть(ся) [заме́длить(ся)]; ~**poke** (*or chiefly Brt.* ~**coach**) копу́ша; ~**witted** тупо́й, тупова́тый

slug [slʌg] слизня́к

slug|gard ['slʌgəd] лежебо́ка *m/f*; ~**ish** ['slʌgɪʃ] ме́дленный, вя́лый

sluice [sluːs] шлюз

slum [slʌm] *mst*. ~**s** *pl*. трущо́бы

slumber ['slʌmbə] 1. дремо́та; сон; 2. дрема́ть; спать

slump [slʌmp] 1. *of prices, demand* ре́зкое паде́ние; 2. ре́зко па́дать; *into a chair, etc.* тяжело́ опуска́ться

slung [slʌŋ] *pt. и pt. p. om* **sling**

slunk [slʌŋk] *pt. и pt. p. om* **slink**

slur [slɜː] 1. *in speech* невня́тная речь; *on reputation, etc.* пятно́; 2. *v/t.* говори́ть невня́тно; ~ *over* ума́лчивать [-молча́ть], опуска́ть [-сти́ть]; *fig. coll.* сма́зывать [сма́зать]

slush [slʌʃ] сля́коть *f*; та́лый снег

sly [slaɪ] □ хи́трый; лука́вый; *on the* ~ тайко́м

smack[1] [smæk]: ~ *of* име́ть (при-) вкус; па́хнуть (Т)

smack[2] [~] 1. (*kiss*) зво́нкий поцелу́й; (*slap*) шлепо́к; 2. *lips* чмо́кать [-кнуть]; хло́пать [-пнуть] (Т); шлёпать [-пнуть]

small [smɔːl] *com*. ма́ленький, небольшо́й; *mistakes, etc*. ме́лкий; незначи́тельный; ~ *change* ме́лочь *f*; ~ *fry* ме́лкая рыбёшка; ~ *of the back* *anat.* поясни́ца; *in the ~ hours* под у́тро; в предрассве́тные часы́; ~ **arms** *pl.* стрелко́вое ору́жие; ~**pox** *med.* о́спа; ~**talk** лёгкий, бессодержа́тельный разгово́р; светская болтовня́

smart [smɑːt] **1.** □ *blow* ре́зкий, си́льный; (*clever*) ло́вкий; у́мный; (*stylish*) элега́нтный; (*witty*) остроу́мный; (*fashionable*) мо́дный; **2.** боль *f*; **3.** боле́ть, садни́ть; *fig.* страда́ть; ~**ness** ['smɑːtnɪs] наря́дность *f*, элега́нтность *f*

smash [smæʃ] **1.** *v/t. enemy* сокруша́ть [-ши́ть] *a. fig.*; разбива́ть вдре́безги; *v/i.* разби(ва́)ться; ста́лкиваться [столкну́ться] (*into* с Т); ~**up** (*collision*) столкнове́ние; катастро́фа

smattering ['smætərɪŋ] пове́рхностное зна́ние; небольшо́е коли́чество чего́-то

smear [smɪə] **1.** пятно́; мазо́к (*a. med.*); **2.** [на]ма́зать, изма́з(ыв)ать

smell [smel] **1.** за́пах; *sense* обоня́ние; **2.** [*irr.*] [по]чу́вствовать за́пах; *of animal* [по]чу́ять (В); (*a. ~ at*) [по]ню́хать (В); ~ *of* па́хнуть (Т)

smelt[1] [smelt] *pt. u pt. p. om* **smell**

smelt[2] [-] выплавля́ть [вы́плавить]

smile [smaɪl] **1.** улы́бка; **2.** улыба́ться [-бну́ться]

smirk [smɜːk] ухмыля́ться [-льну́ться]

smite [smaɪt] [*irr.*] (*afflict*) поража́ть [-рази́ть]; *she was smitten with sorrow* она́ была́ уби́та го́рем

smith [smɪθ]: *black~* кузне́ц

smithereens ['smɪðə'riːnz]: *break into* ~ разбива́ть [-би́ть] вдре́безги

smithy ['smɪðɪ] ку́зница

smitten ['smɪtn] *pt. p. om* **smite**

smock [smɒk] *child's* де́тский хала́тик; *woman's* же́нская [крестья́нская] блу́за

smoke [sməuk] **1.** дым; *have a ~* покури́ть *pf.*; *go up in* ~ ко́нчиться *pf.* ниче́м; **2.** кури́ть; [на]дыми́ть; (*emit ~*) [за]дыми́ться; *tobacco, etc.* выку́ривать [вы́курить] (*a. ~ out*); ~**dried** копчёный; ~**less** ['-lɪs] безды́мный; ~**r** ['-ə] куря́щий; *rail coll.* ваго́н для

куря́щих; ~**stack** дымова́я труба́

smoking ['sməukɪŋ] куря́щий; ~ **compartment** *rail.* купе́ для куря́щих; ~ **room** ко́мната для куре́ния

smoky ['sməukɪ] ды́мный; наку́ренный

smolder, *Brt.* **smoulder** ['sməuldə] тлеть

smooth [smuːð] **1.** □ гла́дкий; *take-off, etc.* пла́вный; (*calm*) споко́йный; (*ingratiating*) вкра́дчивый; (*flattering*) льсти́вый; **2.** пригла́живать [-ла́дить]; ~ *out* разгла́живать [-ла́дить]; *fig.* (*a. ~ over*) смягча́ть [-чи́ть]; *differences* сгла́живать [-а́дить]

smote [sməut] *pt. om* **smite**

smother ['smʌðə] [за]души́ть; *anger, etc.* подави́ть *pf.*

smudge [smʌdʒ] **1.** [за]па́чкать(ся); **2.** гря́зное пятно́

smug [smʌg] самодово́льный

smuggle ['smʌgl] занима́ться контраба́ндой; провози́ть контраба́ндой; ~**r** [-ə] контрабанди́ст *m*, -ка *f*

smut [smʌt] (*soot*) са́жа, ко́поть *f*; (*fungus, crop disease*) головня́ *f*; (*obscene language*) непристо́йность *f*; *a talk ~* нести́ похабщину

smutty ['smʌtɪ] □ гря́зный

snack [snæk] лёгкая заку́ска; *have a ~* перекуси́ть; ~ **bar** заку́сочная

snag [snæg] *fig.* препя́тствие; *there's a ~* в э́том загво́здка

snail [sneɪl] *zo.* ули́тка; *at a ~'s pace* ме́дленно как черепа́ха

snake [sneɪk] *zo.* змея́

snap [snæp] **1.** (*noise*) щелчо́к; треск; (*fastener*) кно́пка, застёжка; *coll.* (*photo*) сни́мок; *fig.* (*zest*) жи́вость; *cold* ~ внеза́пное похолода́ние; **2.** *v/i.* (*break*) [с]лома́ться; (*make a sharp noise*) щёлкать [-кнуть]; (*snatch*) ухва́тываться [ухвати́ться] (*at* за В); *of a dog, a. fig.* огрыза́ться [-зну́ться] (*at* на В); (*break, as a string, etc.*) [по]рва́ться; (*close, as a fastener*) защёлкивать [защёлкнуть]; *phot.* де́лать сни́мок (Р); ~ *out of it!* брось(те)!, встряхни́тесь!; ~ *up* (*buy up*) раскупа́ть [-пи́ть]; ~**dragon** льви́ный зев;

~ fastener кно́пка (застёжка); **~pish** ['snæpɪʃ] □ раздражи́тельный; **~py** ['snæpɪ] *coll.* энерги́чный; живо́й; **make it ~ !** поживе́е; **~shot** *phot.* сни́мок

snare [sneə] **1.** сило́к; *fig.* лову́шка, западня́; **2.** лови́ть [пойма́ть] силка́ми *m/pl.*

snarl [snɑːl] **1.** рыча́ние; **2.** [про-] рыча́ть; *fig.* огрыза́ться [-зну́ться]

snatch [snætʃ] **1.** рыво́к; (*a grab*) хвата́ние; (*fragment*) обры́вок; кусо́чек; **2.** хвата́ть [схвати́ть]; (*~ away*) вырыва́ть [-рвать]; **~ at** хвата́ться [схвати́ться] за (B); **~ up** подхва́тывать [-хвати́ть]

sneak [sniːk] **1.** *v/i.* (*move stealthily*) кра́сться; **~ up** подкра́дываться [-ра́сться]; *v/t.* (*take in a furtive way, as a look, a smoke, etc.*) стащи́ть *pf.*, укра́сть *pf.*; **2.** (*telltale*) я́бедник *m*, -ица *f*; **~ers** ['sniːkəz] *Am.* полуке́ды *f/pl.*; (*running shoes*) кроссо́вки *f/pl.*

sneer [snɪə] **1.** (*contemptuous smile*) презри́тельная усме́шка; насме́шка; **2.** насме́шливо улыба́ться; насмеха́ться (*at* над Т)

sneeze [sniːz] **1.** чиха́нье; **2.** чиха́ть [чихну́ть]

snicker ['snɪkə] хихи́кать [-кнуть]; *of horses* ржать

sniff [snɪf] *v/t.* [по]ню́хать; *of dog* учу́ять; *v/i.* шмы́гать [-гну́ть] но́сом

snigger ['snɪgə] → **snicker**

snip [snɪp] **1.** (*piece cut off*) обре́зок; кусо́к; (*cut*) надре́з; **2.** (*trim*) подреза́ть [-ре́зать]; (*cut out*) выре́зывать [вы́резать]

sniper ['snaɪpə] сна́йпер *m*

snivel ['snɪvl] хны́кать; (*after crying*) всхли́пывать [-пнуть]; *coll.* распуска́ть со́пли

sncb [snɒb] сноб; **~bery** ['snɒbərɪ] сноби́зм

snoop [snuːp] подгля́дывать, выню́хивать, чужи́е та́йны

snooze [snuːz] *coll.* **1.** лёгкий, коро́ткий сон; **2.** дрема́ть, вздремну́ть *pf.*

snore [snɔː] [за]храпе́ть

snorkel ['snɔːkl] шно́ркель *m*

snort [snɔːt] фы́ркать [-кнуть]; *of horse* [за]храпе́ть

snout [snaʊt] *pig's* ры́ло; *dog's, etc.* мо́рда

snow [snəʊ] **1.** снег; **2.** *it is ~ing* идёт снег; *be covered with ~* быть занесён-ным сне́гом; *be ~ed under with work* быть зава́ленным рабо́той; **~ball** снежо́к; **~drift** сугро́б; **~fall** снегопа́д; **~flake** снежи́нка; **~ plow**, *Brt.* **~ plough** снегоочисти́тель *m*; **~storm** вью́га; **~-white** белосне́жный; **~y** ['snəʊɪ] □ снежный

snub [snʌb] **1.** *fig.* оса́живать [осади́ть]; **2.** пренебрежи́тельное обхожде́ние; **~-nosed** курно́сый

snug [snʌg] □ ую́тный; **~gle** ['snʌgl] (ла́сково) приж(им)а́ться (*up to* к Д)

so [səʊ] так; ита́к; таки́м о́бразом; *I hope ~* я наде́юсь, что да; *Look, it's raining. ~ it is.* Смотри́, идёт дождь. Да, действи́тельно; *you are tired, ~ am I* вы уста́ли и я то́же; **~ far** до сих пор

soak [səʊk] *v/t.* [за]мочи́ть; (*draw in*) впи́тывать [впита́ть]; *v/i.* промока́ть; **~ in** пропи́тываться [-пита́ться]; **~ through** проса́чиваться [-сочи́ться]; *get ~ed to the skin* промо́кнуть до ни́тки

soap [səʊp] **1.** мы́ло; **2.** намы́ли(ва)ть; **~-dish** мы́льница; **~suds** мы́льная пе́на; **~y** ['səʊpɪ] □ мы́льный

soar [sɔː] (*fly high*) пари́ть [-ыть]; *of prices* подска́кивать [-кочи́ть]

sob [sɒb] **1.** всхлип; рыда́ние; **2.** [за]рыда́ть; разрыда́ться *pf.*

sober ['səʊbə] **1.** □ тре́звый (*a. fig.*); **2.** *fig.* отрезвля́ть [-ви́ть]; *have a ~ing effect* [по]де́йствовать отрезвля́юще; **~ up** протрезвля́ться [-ви́ться]

so-called [səʊ'kɔːld] так называ́емый

sociable ['səʊʃəbl] □ общи́тельный

social ['səʊʃl] **1.** □ обще́ственный; социа́льный; **~ security** социа́льное обеспе́чение; **2.** вечери́нка

socialism ['səʊʃəlɪzəm] социали́зм

society [sə'saɪətɪ] о́бщество; *comm.*

компа́ния; (*the public, the community*) обще́ственность *f*, (*association*) объедине́ние

sociology [səʊsɪ'ɒlədʒɪ] социоло́гия

sock [sɒk] носо́к

socket ['sɒkɪt] *of eye* впа́дина; *for bulb* патро́н; *for wall* розе́тка; *tech.* штéпсельное гнездо́

soda ['səʊdə] со́да; (*drink*) газиро́ванная вода́

sodden ['sɒdn] промо́кший

soft [sɒft] □ *com.* мя́гкий; не́жный; ти́хий; нея́ркий; (*unmanly*) изне́женный; (*weak in mind*) *coll.* придуркова́тый; **~ drink** безалкого́льный напи́ток; **~en** ['sɒfn] смягча́ть(ся) [-чи́ть(ся)]; **~hearted** мягкосерде́чный; **~ware** *comput.* програ́ммное обеспе́чение

soggy ['sɒgɪ] сыро́й; пропи́танный водо́й

soil [sɔɪl] **1.** (*earth*) по́чва, земля́ (*a. fig. country*); **2.** (*dirty*) [за]па́чкать(ся)

solace ['sɒlɪs] утеше́ние

solar ['səʊlə] со́лнечный; **~ eclipse** со́лнечное затме́ние

sold [səʊld] *pt. u pt. p. om* **sell**

solder ['sɒldə] **1.** припо́й; **2.** пая́ть; запа́ивать [запая́ть]

soldier ['səʊldʒə] солда́т

sole[1] [səʊl] □ еди́нственный; (*exclusive*) исключи́тельный

sole[2] [-] **1.** *of foot* ступня́; *of shoe* подмётка; **2.** ста́вить подмётку на (В)

sole[3] [-] *zo.* ка́мбала

solely ['səʊllɪ] исключи́тельно, еди́нственно

solemn ['sɒləm] □ *event, etc.* торже́ственный; серьёзный; (*pompous*) напы́щенный; **~ity** [sə'lemnətɪ] торже́ственность *f*, **~ize** ['sɒləmnaɪz]: **~ a marriage** сочета́ть бра́ком

solicit [sə'lɪsɪt] *help, etc.* проси́ть; **~or** [-ə] *law Brt.* адвока́т, юриско́нсульт; **~ous** [-əs] забо́тливый; **~ of** стремя́щийся к (Д); **~ude** [-juːd] забо́тливость *f*, забо́та

solid ['sɒlɪd] **1.** □ твёрдый; (*firm*) про́чный; (*unbroken*) сплошно́й; масси́вный; (*sound, reliable*) соли́дный;

(*dependable*) надёжный; (*unanimous*) единогла́сный; (*united*) сплочённый; **a ~ hour** це́лый час; **on ~ ground** *fig.* на твёрдой по́чве; **~ gold** чи́стое зо́лото; **2.** *phys.* твёрдое те́ло; **~arity** [sɒlɪ'dærətɪ] солида́рность *f*

soliloquy [sə'lɪləkwɪ] моноло́г

solit|ary ['sɒlɪtrɪ] □ (*lonely*) одино́кий; (*secluded*) уединённый; **~ude** [-tjuːd] одино́чество, уедине́ние

solo ['səʊləʊ] со́ло *n indecl.*; **~ist** ['səʊləʊɪst] соли́ст *m*, -ка *f*

solu|ble ['sɒljʊbl] раствори́мый; *fig.* (*solvable*) разреши́мый; **~tion** [sə'luːʃn] (*process*) растворе́ние; (*result of process*) раство́р

solv|e [sɒlv] реша́ть [реши́ть], разреша́ть [-ши́ть]; **~ent** ['-vənt] **1.** *fin.* платёжеспосо́бный; *chem.* растворя́ющий; **2.** раствори́тель *m*

somb|er, *Brt.* **~re** ['sɒmbə] □ мра́чный; угрю́мный; *clothes* тёмный

some [sʌm, səm] не́кий; како́й-то; како́й-нибудь; не́сколько; не́которые; о́коло (Р); **~ 20 miles** миль два́дцать; **in ~ degree, to ~ extent** до изве́стной сте́пени; **~body** [sʌmbədɪ] кто́-то; кто́-нибудь; **~how** ['sʌmhəʊ] ка́к-то; ка́к-нибудь; **~ or other** так и́ли ина́че; **~one** ['sʌmwʌn] → **somebody**

somersault ['sʌməsɔːlt] кувырка́ние; *in air* са́льто *n indecl.*; **turn ~s** *pl.* кувырка́ться; [с]де́лать са́льто, **turn a ~** кувыркну́ться *pf.*

some|thing ['sʌmθɪŋ] что́-то; что́нибудь; кое-что́; **~ like** приблизи́тельно; что́-то вро́де (Р): **is ~ the matter?** что́-нибудь не в поря́дке?; **~time** когда́-то, когда́-нибудь, когда́-либо; **~times** иногда́; **~what** слегка́, немно́го; до не́которой сте́пени; **~where** где́-то, куда́-то; где́-нибудь, куда́-нибудь

son [sʌn] сын, *dim.* сыно́к; (*pl.:* сыновья́; *rhet.:* сыны́)

sonata [sə'nɑːtə] сона́та

song [sɒŋ] пе́сня, *dim.* пе́сенка; рома́нс; *coll.* **for a ~** за бесце́нок; **~bird** пе́вчая пти́ца

son-in-law зять *m*

sonorous ['sɒnərəs] □ звучный

soon [suːn] скоро, вскоре; рано; *as ~ as* как только; *~er* ['suːnə] скорее; *no ... than* едва ..., как; *no ~ said than done* сказано – сделано; *the ~ the better* чем скорее, тем лучше

soot [sʊt] сажа; копоть *f*

soothe [suːð] успокаивать [-коить] (*a. fig.*); *fig.* утешать [утешить]

sooty ['sʊtɪ] □ закопчённый; чёрный как сажа

sophist|icated [sə'fɪstɪkeɪtɪd] изысканный; *person* светский, искушённый; *machinery* сложный; *argument* изощрённый

soporific [sɒpə'rɪfɪk] снотворное

sordid ['sɔːdɪd] □ *condition* убогий; *behaviou(u)r, etc.* гнусный

sore [sɔː] **1.** □ (*tender*) чувствительный; *point* болезненный; (*painful*) больной, воспалённый; (*aggrieved*) обиженный; *she has a ~ throat* у неё болит горло; **2.** болячка; *from rubbing* натёртое место; (*running ~*) гноящаяся ран(к)а

sorrel ['sɒrəl] *bot.* щавель *m*

sorrow ['sɒrəʊ] горе, печаль *f*; (*regret*) сожаление; *to my great ~* к моему великому сожалению; *~ful* ['sɒrəʊfʊl] печальный, скорбный

sorry ['sɒrɪ] □ полный сожаления; *~?* *mst. Brt.* простите, не расслышал(а), *coll.* что?; (*I am*) (*so*) *~!* мне очень жаль! виноват!; *I feel ~ for you* мне вас жаль; *I'm ~ to say that ...* к сожалению, я ...; *say ~* извиняться [-ниться]

sort [sɔːt] **1.** род, сорт; *people of all ~s pl.* люди всякого разбора; *~ of coll.* как будто; *be out of ~s pl.* быть не в духе; плохо чувствовать себя; **2.** сортировать; *~ out* разбирать [разобрать]; рассортировывать [-ировать]

so-so ['səʊsəʊ] *coll.* так себе, неважно

SOS [esəʊ'es] СОС: сигнал бедствия в азбуке морзе

souffle ['suːfleɪ] суфле *n indecl.*

sought [sɔːt] *pt. u pt. p. от* **seek**

soul [səʊl] душа (*a. fig.*); (*person*) человек, душа

sound¹ [saʊnd] □ (*healthy*) здоровый, крепкий, (*firm*) прочный; (*sensible*) здравый; *in mind* нормальный; *comm.* надёжный; *sleep* глубокий: *be ~ asleep* крепко спать

sound² [~] **1.** звук, шум; *mus.* звучание; **2.** звучать (*a. fig.*); разд(ав)аться; *fig.* [про]зондировать; *patient's chest* выслушивать [выслушать]; *~ barrier* звуковой барьер; *~ing* ['saʊndɪŋ] *naut.* промер глубины воды; *~less* [-lɪs] □ беззвучный; *~proof* звуконепроницаемый; *~track* звуковое сопровождение

soup [suːp] суп; *~ plate* глубокая тарелка; *~ spoon* столовая ложка

sour ['saʊə] □ кислый; (*bad-tempered*) раздражительный; *~ cream* сметана; *fig.* угрюмый; *turn ~* закисать [-иснуть]; прокисать [-иснуть]

source [sɔːs] исток; источник (*mst. fig.*)

south [saʊθ] **1.** юг; **2.** южный; *~east* **1.** юго-восток; **2.** юго-восточный (*a. ~ern*)

souther|ly ['sʌðəlɪ], *~n* ['sʌðən] южный; *~ner* ['sʌðənə] южанин, южанка

southernmost самый южный

southward, *~ly* ['saʊθwəd, -lɪ], *~s* [-dz] *adv.* к югу, на юг

south|west 1. юго-запад; **2.** югозападный (*a. ~erly, ~ern*); *~wester* юго-западный ветер

souvenir [suːvə'nɪə] сувенир

sovereign ['sɒvrɪn] **1.** суверенный; **2.** государь *m*; монарх; (*coin*) соверен; *~ty* [-tɪ] суверенитет

Soviet ['səʊvɪet] **1.** совет; **2.** советский

sow¹ [saʊ] *zo.* свинья; (*breeding ~*) свиноматка

sow² [səʊ] [*irr.*] [по]сеять; засевать [засеять]; *~n* [səʊn] *pt. p. от* **sow²**

soya beans ['sɔɪə] соевые бобы *m/pl.*

spa [spaː] курорт с минеральными источниками

space [speɪs] пространство; место; промежуток; *of time* срок; *attr.* косми́ческий; **~craft** косми́ческий кора́бль *m*

spacing ['speɪsɪŋ]: *type s.th. in double* **~** печа́тать че́рез два интерва́ла

spacious ['speɪʃəs] просто́рный; обши́рный; вмести́тельный

spade [speɪd] лопа́та; **~s** *cards* пи́ки *f/pl.*; **~work** предвари́тельная (кропотли́вая) рабо́та

spaghetti [spə'getɪ] *pl.* спаге́тти *indecl.*

span [spæn] **1.** *of bridge* пролёт; коро́ткое расстоя́ние и́ли вре́мя; **2.** перекрыва́ть [-кры́ть] стро́ить мост че́рез (В); измеря́ть [-е́рить]

spangle ['spæŋgl] **1.** блёстка; **2.** украша́ть блёстками; *fig.* усе́ивать [усе́ять] пя́драми

Spaniard ['spænjəd] испа́нец *m*, -нка *f*

spaniel ['spænjəl] спание́ль *m*

Spanish ['spænɪʃ] испа́нский

spank [spæŋk] *coll.* **1.** шлёпать [-пнуть]; отшлёпать; **2.** шлепо́к

spanking ['spæŋkɪŋ] *breeze* све́жий

spare [speə] **1.** □ (*reserve*) запасно́й; (*surplus*) ли́шний, свобо́дный; (*thin*) худоща́вый; **~ time** свобо́дное вре́мя *n*; **2.** (**~ part**) запасна́я часть *f*; *life* [по]щади́ть; (*grudge*) [по]жале́ть; (*save*) [с]бере́чь; *time* уделя́ть [-ли́ть]; (*save from*) избавля́ть [-а́вить] от (Р)

sparing ['speərɪŋ] □ эконо́мный; (*frugal*) ску́дный; *he is ~ of praise* он скуп на похвалы́

spark ['spɑːk] **1.** и́скра (*a. fig.*); **2.** [за]искри́ться; **~(ing) plug** *mot.* зажига́тельная свеча́

sparkle ['spɑːkl] **1.** и́скра; (*process*) сверка́ние; **2.** [за]искри́ться, [за]сверка́ть; ***sparkling wine*** игри́стое вино́

sparrow ['spærəʊ] воробе́й

sparse [spɑːs] □ ре́дкий; (*scattered*) разбро́санный; **~ly** [-lɪ]: **~ populated** малонаселённый

spasm ['spæzəm] спа́зма, су́дорога; **~ of coughing** при́ступ ка́шля; **~odic(al** □) [spæz'mɒdɪk(əl)] судоро́жный

spat [spæt] *pt. и pt. p. от* **spit**

spatter ['spætə] бры́згать [-знуть];

with mud забры́згать, обры́згать гря́зью; (*spill*) расплёскивать [-плеска́ть]

spawn [spɔːn] **1.** икра́; **2.** мета́ть икру́; *multiply* [рас]плоди́ться

speak [spiːk] [*irr.*] *v/i.* говори́ть; [по]говори́ть (**with, to** с Т); разгова́ривать; **~ out** выска́зываться [вы́сказаться] открове́нно; **~ up** говори́ть гро́мко; (*express, as opinion, etc.*) выска́зывать [вы́сказать]; *v/t. the truth, etc.* говори́ть [сказа́ть]; **~er** ['spiːkə] выступа́ющий; докла́дчик; ора́тор; *parl.* спи́кер

spear [spɪə] **1.** копьё; острога́; **2.** пронза́ть копьём; *fish* бить острого́й

special ['speʃl] □ специа́льный; (*exceptional*) осо́бенный; осо́бый; **~ delivery** сро́чная доста́вка; **~ powers** чрезвыча́йные полномо́чия; **~ist** [-ʃəlɪst] специали́ст; **~ity** [speʃɪ'ælətɪ] → **specialty**; **~ize** ['speʃəlaɪz] специализи́ровать(ся) (*im*)*pf.* (в П *or* по Д); **specialty** ['speʃəltɪ] осо́бенность *f*; специа́льность *f*

species ['spiːʃiːz] вид; разнови́дность *f*; *human ~* челове́ческий род

speci|fic [spə'sɪfɪk] (**~ally**) характе́рный; специфи́ческий; осо́бый; (*definite*) определённый; **~ gravity** уде́льный вес; **~fy** ['spesɪfaɪ] огова́ривать [-вори́ть]; то́чно определя́ть; (*stipulate*) предусма́тривать [-мотре́ть], обусла́вливать [-сло́вить]; **~men** ['spesɪmən] образе́ц, обра́зчик; экземпля́р

specious ['spiːʃəs] □ *excuse* благови́дный; показно́й

speck [spek] *of dirt, dust, etc.* пя́тнышко; *of colo(u)r* кра́пинка

spectacle ['spektəkl] (*show*) зре́лище; **~s** [-z] *pl.* (*glasses*) очки́ *n/pl.*

spectacular [spek'tækjələ] □ эффе́ктный; *coll.* потряса́ющий

spectator [spek'teɪtə] зри́тель *m*, -ница *f*

spect|er, *Brt.* **~re** ['spektə] при́зрак

spectrum ['spektrəm] спектр

speculat|e ['spekjʊleɪt] (*consider*) размышля́ть [-ы́слить]; *fin.* спекулировать (*in* T); **~ion** [spekjʊ'leɪʃn] размышле́ние; (*supposition*) предположе́ние; *fin.* спекуля́ция; **~ive** ['spekjʊlətɪv] (*given to theory*) умозри́тельный; *fin.* спекуляти́вный; **~or** ['spekjʊleɪtə] спекуля́нт

sped [sped] *pt. и pt. p. от* **speed**

speech [spiːtʃ] речь *f*; **~less** ['spiːtʃlɪs] немо́й; онеме́вший; *I was ~* я лиши́лся да́ра ре́чи

speed [spiːd] **1.** ско́рость *f*, быстрота́; *mot.* ско́рость *f*; *at full ~* на по́лной ско́рости; **2.** [*irr.*] *v/i.* [по-] спеши́ть; бы́стро идти́; *~ by* промча́ться *pf.* ми́мо; *v/t.* *~ up* ускоря́ть [-о́рить]; **~ing** ['-ɪŋ] *mot.* превыше́ние ско́рости; *~ limit* разреша́емая ско́рость *f*; **~ometer** [spiː'dɒmɪtə] *mot.* спидо́метр; **~y** ['spiːdɪ] □ бы́стрый

spell[1] [spel] **1.** (коро́ткий) пери́од; *a cold ~* пери́од холо́дной пого́ды; *for a ~* на вре́мя; *rest for a ~* немно́го передохну́ть *pf.*

spell[2] [-] писа́ть, произноси́ть по бу́квам; *fig.* (*signify, bode*) сули́ть

spell[3] [-] ча́ры *f/pl.*; очарова́ние; **~bound** очаро́ванный

spelling ['spelɪŋ] правописа́ние; орфогра́фия

spelt [spelt] *chiefly Brt. pt. и pt. p. от* **spell**

spend [spend] [*irr.*] *money* [по]тра́тить, [из]расхо́довать; *time* проводи́ть [-вести́]; **~thrift** ['spendθrɪft] мот, расточи́тель *m*, -ница *f*

spent [spent] **1.** *pt. и pt. p. от* **spend**; **2.** *adj.* (*exhausted*) истощённый; измо́танный

sperm [spɜːm] спе́рма

spher|e [sfɪə] шар; сфе́ра; *celestial* небе́сная сфе́ра; *fig.* о́бласть *f*, сфе́ра; по́ле де́ятельности; **~ical** ['sferɪkl] □ сфери́ческий

spice [spaɪs] **1.** спе́ция, пря́ность *f*; *fig.* при́вкус; при́месь *f*; **2.** приправля́ть [-а́вить]

spick and span ['spɪkən'spæn] (*spotlessly clean*) сверка́ющий чистото́й; с иго́лочки

spicy ['spaɪsɪ] □ пря́ный; *fig.* пика́нт-

ный

spider ['spaɪdə] *zo.* пау́к

spike [spaɪk] **1.** (*point*) остриё; *on shoe* шип; *bot.* ко́лос; **2.** снабжа́ть шипа́ми; (*pierce*) пронза́ть [-зи́ть]

spill [spɪl] [*irr.*] *v/t.* проли(ва́)ть; *powder* рассыпа́ть [-ы́пать]; *v/i.* проли(ва́)ться

spilt [spɪlt] *pt. и pt. p. от* **spill**

spin [spɪn] **1.** [*irr.*] *yarn* [с]прясть; (*~ round*) крути́ться; [за]кружи́ть(ся); верте́ться; *~ when fishing* лови́ть ры́бу спи́ннингом; *my head is ~ning* у меня́ кру́жится голова́; *~ a yarn* расска́зывать исто́рию/небыли́цы; *~ round* оберну́ться *pf.*; **2.** круже́ние; бы́страя езда́

spinach ['spɪnɪdʒ] шпина́т

spinal ['spaɪnl] спинно́й; *~ column* позвоно́чный столб, спинно́й хребе́т; *~ cord* спинно́й мозг

spine [spaɪn] *anat.* позвоно́чник; *bot.* колю́чка; **~less** ['-lɪs] *fig.* бесхребе́тный

spinning| mill пряди́льная фа́брика; *~ wheel* пря́лка

spinster ['spɪnstə] (*old maid*) ста́рая де́ва; *law* (*unmarried woman*) незаму́жняя же́нщина

spiny ['spaɪnɪ] (*prickly*) колю́чий

spiral ['spaɪərəl] **1.** □ спира́льный; *~ staircase* винтова́я ле́стница; **2.** спира́ль *f*

spire ['spaɪə] *arch.* шпиль *m*

spirit ['spɪrɪt] **1.** *com.* дух, душа́; (*ghost*) привиде́ние; (*enthusiasm*) воодушевле́ние; (*alcohol*) спирт; *~s pl.* (*high* припо́днятое, *low* пода́вленное) настрое́ние; спиртны́е напи́тки *m/pl.*; **2.** *~ away, off* та́йно похища́ть; **~ed** [-ɪd] (*lively*) живо́й; (*courageous*) сме́лый; (*energetic*) энерги́чный; *~ argument* жа́ркий спор; **~less** [-lɪs] вя́лый; ро́бкий; безжи́зненный

spiritual ['spɪrɪtʃʊəl] □ духо́вный; **~ism** [-ɪzəm] спирити́зм

spit[1] [spɪt] **1.** (*spittle*) слюна́; плево́к; *fig.* подо́бие; **2.** [*irr.*] плева́ть [плю́нуть]; *of fire* рассыпа́ть и́скры; *of cat* шипе́ть; *of rain* мороси́ть; *the*

spit 540

~ting image of s.o. то́чная ко́пия кого́-л.

spit² [-] *geogr.* коса́, о́тмель *f*; *cul.* ве́ртел

spite [spaɪt] **1.** зло́ба, злость *f*; **in ~ of** не смотря́ на (В); **2.** досажда́ть [досади́ть]; **~ful** ['spaɪtful] зло́бный

spitfire ['spɪtfaɪə] вспы́льчивый челове́к

spittle ['spɪtl] слюна́; плево́к

splash [splæʃ] **1.** бры́зги *f/pl.* (*mst.* **~es** *pl.*); плеск; **2.** бры́згать [-знуть]; забры́згивать [-зга́ть] *pf.*; плеска́ть(ся) [-сну́ть]

spleen [spliːn] *anat.* селезёнка; *fig.* раздраже́ние

splend|id ['splendɪd] □ великоле́пный, роско́шный; **~o(u)r** [-də] блеск, великоле́пие

splice [splaɪs] *rope* сплета́ть [сплести́]; *wood* соединя́ть [-ни́ть]; *tape, etc.* скле́ивать [-ить]

splint [splɪnt] *med.* ши́на; **put an arm in a ~** накла́дывать ши́ну на (В); **~er** ['splɪntə] **1.** *of stone* оско́лок; *of wood* ще́пка; *in skin* зано́за; **2.** расщепля́ть(ся) [-пи́ть(ся)]; раска́лываться [-коло́ться]

split [splɪt] **1.** (*crack, fissure*) тре́щина; щель *f*, *fig.* раско́л; **2.** расщеплённый; раско́лотый; **3.** [*irr.*] *v/t.* раска́лывать [-коло́ть]; расщепля́ть [-пи́ть]; (*divide*) [по]дели́ть; **~ hairs** вдава́ться в то́нкости; спо́рить о пустяка́х; **~ one's sides laughing** надрыва́ться от сме́ха; *v/i.* раска́лываться [-коло́ться]; дели́ться [-ли́ться] *pf.*; (*burst*) ло́паться [ло́пнуть]; **~ting** ['splɪtɪŋ] *headache* ужа́сный

splutter ['splʌtə] → *sputter*

spoil¹ [spɔɪl] **1.** (*a.* **~s** *pl.*) добы́ча

spoil² [-] [*irr.*] [ис]по́ртить; *food* [ис]по́ртиться; *child* [из]балова́ть

spoke¹ [spəʊk] *of wheel* спи́ца; *of ladder* ступе́нька, перекла́дина

spoke² [-] *pt. om* **speak**; **~n** ['spəʊkən] *pt. p. om* **speak**; **~sman** ['spəʊksmən] представи́тель *m*

sponge [spʌndʒ] **1.** гу́бка; **2.** *v/t.* вытира́ть или мыть гу́бкой; **~ up** впи́тывать гу́бкой; *v/i. fig.* парази́т; жить на чужо́й счёт; **~ cake** бискви́т; **~r** ['spʌndʒə] нахле́бник (-ница)

spongy ['spʌndʒɪ] гу́бчатый

sponsor ['spɒnsə] **1.** спо́нсор; (*guarantor*) поручи́тель *m*, -ница *f*; **2.** руча́ться [поручи́ться] за (В); рекомендова́ть; финанси́ровать

spontaneous [spɒnˈteɪnɪəs] □ *behaviо(u)r, talk* непосре́дственный, непринуждённый; спонта́нный; **~ generation** самозарожде́ние

spook [spuːk] привиде́ние; **~y** ['-ɪ] жу́ткий

spool [spuːl] *in sewing machine* шпу́лька; *in tape-recorder* боби́на; *of film, etc.* кату́шка

spoon [spuːn] **1.** ло́жка; **2.** черпа́ть ло́жкой; **~ful** ['spuːnfl] ло́жка (ме́ра)

spore [spɔː] спо́ра

sport [spɔːt] **1.** спорт; *attr.* спорти́вный; (*amusement, fun*) развлече́ние, заба́ва; (*good* ~) *sl.* молоде́ц; **~s** *pl.* спорти́вные и́гры *f/pl.*; **~s ground** спорти́вная площа́дка; **2.** *v/i.* игра́ть, весели́ться, резви́ться; *v/t. coll.* щеголя́ть (Т); **~sman** ['spɔːtsmən] спортсме́н

spot [spɒt] **1.** *som.* пятно́; *small* кра́пинка; (*place*) ме́сто; *coll.* (*small quantity*) немно́жко; **be in a ~** быть в тру́дном положе́нии; **on the ~** на ме́сте; сра́зу, неме́дленно; **2.** [за-, пере]па́чкать; (*detect*) обнару́жи(ва)ть; *coll.* (*identify*) опозн(ав)а́ть; **~less** ['spɒtlɪs] □ безупре́чный, незапя́тнанный; **~light** прожекто́р; *fig.* центр внима́ния; **~ty** ['spɒtɪ] пятни́стый; *face* прыщева́тый

spouse [spauz] супру́г *m*, -а *f*

spout [spaut] **1.** *water* струя́; *of teapot, etc.* но́сик; **2.** ли́ться струёй; бить струёй; *coll.* (*speak*) разглаго́льствовать

sprain [spreɪn] **1.** *med.* растяже́ние; **2.** растя́гивать [-тяну́ть]

sprang [spræŋ] *pt. om* **spring**

sprawl [sprɔːl] (*a.* **~ out**) растя́гивать(ся) [-яну́ть(ся)]; *in a chair* разва́ливаться [-ли́ться]; *bot.* бу́йно разраста́ться

spray[1] [spreɪ] **1.** водяна́я пыль *f*; бры́зги *f/pl.*; (*instrument*) пульвериза́тор, распыли́тель *m* (*a.* ~*er*); **2.** распыля́ть [-ли́ть]; опры́скивать [-ска́ть], обры́зг(ив)ать

spray[2] [-] (*cluster, bunch*) кисть *f*, гроздь *f*

spread [spred] **1.** [*irr.*] *v/t.* (*a.* ~ *out*) рассти́ла́ть [разостла́ть]; *news* распространя́ть [-ни́ть]; *butter* нама́з(ыв)ать (Т); *wings* расправля́ть [-а́вить]; ~ *the table* накры́(ва́)ть на стол; *v/i. of fields* простира́ться; *of fire, etc.* распространя́ться [-ни́ться]; **2.** *pt. и pt. p. от* **spread** 1.; **3.** распростране́ние; протяже́ние

spree [spri:] весе́лье; (*drinking*) кутёж; **go on a shopping** ~ отпра́виться по магази́нам; накупи́ть вся́кой вся́чины

sprig [sprɪg] ве́точка, побе́г

sprightly ['spraɪtlɪ] (*lively*) живо́й, оживлённый, (*cheerful*) весёлый; бо́дрый

spring [sprɪŋ] **1.** (*leap*) прыжо́к, скачо́к; (*mineral* ~*, etc.*) родни́к, ключ; (*a.* ~*time*) весна́; *tech.* пружи́на; *of vehicle* рессо́ра; *fig.* моти́в; **2.** [*irr.*] *v/t.* (*explode*) взрыва́ть [взорва́ть]; ~ *a leak* дава́ть течь *f*; *v/i.* (*jump*) пры́гать [-гнуть]; *to one's feet* вска́кивать [вскочи́ть]; *bot.* появля́ться [-ви́ться]; ~ *aside* отскочи́ть *pf.* в сто́рону; ~ *up fig.* возника́ть [-ни́кнуть]; ~ *board* трампли́н; ~ *tide* весна́; ~**y** ['sprɪŋɪ] □ упру́гий

sprinkl|**e** ['sprɪŋkl] *liquid* бры́згать [-знуть]; обры́згивать [-знуть]; *sand, sugar* посыпа́ть [-ы́пать]; ~**ing** [-ɪŋ]: *a* ~ немно́го

sprint [sprɪnt] *sport* **1.** спринт; **2.** *sport* бежа́ть с максима́льной ско́ростью на коро́ткую диста́нцию; *he* ~*ed past us* он промча́лся ми́мо

sprout [spraʊt] **1.** *of plant* пуска́ть ростки́; *of seeds* прораста́ть [-расти́]; **2.** *bot.* росто́к, побе́г

spruce[1] [spru:s] □ (*neat*) опря́тный; (*smart*) наря́дный

spruce[2] [-] *bot.* ель *f*

sprung [sprʌŋ] *pt. и pt. p. от* **spring**

spry [spraɪ] (*lively*) живо́й; (*nimble*) подви́жный

spun [spʌn] *pt. и pt. p. от* **spin**

spur [spɜː] **1.** шпо́ра; *fig.* побужде́ние; *act on the* ~ *of the moment* де́йствовать не разду́мывая; **2.** пришпо́ривать; побужда́ть [-уди́ть]; ~ *on* спеши́ть; *fig.* подстёгивать [-егну́ть]

spurious ['spjʊərɪəs] □ подде́льный; фальши́вый

spurn [spɜːn] отверга́ть, отказа́ться *pf.* с презре́нием

spurt [spɜːt] **1.** *of liquid* бить струёй; *of flame* выбра́сывать [вы́бросить]; **2.** *water* струя́; (*gust*) поры́в ве́тра; *sport* рыво́к (*a. fig.*)

sputter ['spʌtə] **1.** бры́зги *f/pl.*; шипе́ние; **2.** *of fire* [за]треща́ть, [за]шипе́ть; бры́згаться слюно́й при разгово́ре; говори́ть бы́стро и бессвя́зно

spy [spaɪ] **1.** шпио́н *m*, -ка *f*; **2.** шпио́нить, следи́ть (*on* за Т); (*notice*) заме́тить *pf.*

squabble ['skwɒbl] **1.** перебра́нка, ссо́ра; **2.** [по]вздо́рить

squad [skwɒd] *of workers* брига́да; отря́д; (*a. mil.*) гру́ппа, кома́нда (*a. sport*); ~ *car Am.* патру́льная маши́на; ~**ron** ['skwɒdrən] *mil.* эскадро́н; *ae.* эскадри́лья; *naut.* эска́дра

squalid ['skwɒlɪd] □ убо́гий

squall [skwɔːl] **1.** *of wind* шквал; вопль *m*, крик; **2.** [за]вопи́ть

squander ['skwɒndə] прома́тывать [-мота́ть], [рас]транжи́рить

square [skweə] **1.** □ квадра́тный; *shoulders, right angles, etc.* прямо́й; (*fair, honest*) прямо́й, че́стный; **2.** квадра́т; (*town* ~) пло́щадь *f*; **3.** *v/t.* де́лать прямоуго́льным; (*pay*) опла́чивать [оплати́ть]; (*bring into accord*) согласо́вывать [-сова́ть]; *v/i.* согласо́вываться [-сова́ться]

squash [skwɒʃ] **1.** фрукто́вый напи́ток; (*crush*) да́вка, толчея́; **2.** разда́вливать [-дави́ть]

squat [skwɒt] **1.** призе́мистый; **2.** сиде́ть на ко́рточках; ~ *down* присе́сть *pf.* на ко́рточки

squawk [skwɔːk] **1.** *bird's* пронзи́тельный крик; **2.** пронзи́тельно крича́ть

squeak [skwiːk] [про]пища́ть; *of shoes, etc.* скрипе́ть

squeal [skwiːl] [за]визжа́ть; *sl.* доноси́ть [донести́]

squeamish ['skwiːmɪʃ] □ (*too scrupulous*) щепети́льный; оби́дчивый; *about food, etc.* привере́дливый; (*fastidious*) брезгли́вый

squeeze [skwiːz] **1.** сж(им)а́ть; (*clench*) сти́скивать [-сну́ть]; *lemon, etc.* выжима́ть [вы́жать]; *fig. money* вымога́ть (*from* у P); **2.** сжа́тие; давле́ние; да́вка; **~r** ['skwiːzə] выжима́лка

squelch [skweltʃ] хлю́пать

squint [skwɪnt] коси́ть; *at the sun* [со]щу́риться

squirm [skwɜːm] изви́(ва́)ться, [с]ко́рчиться

squirrel ['skwɪrəl] бе́лка

squirt [skwɜːt] **1.** струя́; *coll.* (*a nobody*) вы́скочка *m/f.*; **2.** бры́згать [-зну́ть]; бить то́нкой струёй

stab [stæb] **1.** уда́р; **2.** *v/t.* *to death* зака́лывать [заколо́ть]; *v/i.* (*wound*) наноси́ть уда́р (*at* Д)

stabili|ty [stə'bɪlətɪ] усто́йчивость *f*, *fin.* стаби́льность *f*; про́чность *f*; **~ze** ['steɪbəlaɪz] стабилизи́ровать (*im*)*pf.*; **~zer** ['steɪbəlaɪzə] *tech.* стабилиза́тор

stable[1] ['steɪbl] □ усто́йчивый; *situation, etc.* стаби́льный

stable[2] [-] коню́шня

stack [stæk] **1.** *of hay* стог; *of wood* шта́бель *m*; *of books* сто́пка; ку́ча; **2.** скла́дывать [сложи́ть]

stadium ['steɪdɪəm] *sport* стадио́н

staff [stɑːf] **1.** (*flag~*) дре́вко; (*body of employees*) штат, персона́л; ***editorial~*** редколле́гия; **2.** набира́ть [-ра́ть] персона́л; укомплекто́вывать [-това́ть]

stag [stæg] *zo.* оле́нь-саме́ц

stage [steɪdʒ] **1.** сце́на, подмо́стки *m/pl.*; *for singer, etc.* эстра́да; *fig.* ста́дия, эта́п; **2.** [по]ста́вить; **~ manager** режиссёр

stagger ['stægə] *v/i.* шата́ть(ся) [(по)-

шатну́ться]; *v/t.* *fig.* потряса́ть [-ясти́]; поража́ть [порази́ть]; **~ing** [-ɪŋ] потряса́ющий

stagna|nt ['stægnənt] □ *water* стоя́чий; **~te** [stæg'neɪt] заста́иваться [застоя́ться]; *fig. mst. econ.* быть в состоя́нии засто́я

staid [steɪd] □ уравнове́шенный, степе́нный; сде́ржанный

stain [steɪn] **1.** пятно́ (*a. fig.*); **2.** [за]па́чкать; *fig.* [за]пятна́ть; **~ed glass** цветно́е стекло́; **~ed-glass window** витра́ж; **~less** ['steɪnlɪs] *steel* нержаве́ющий

stair [steə] ступе́нька; **~s** *pl.* ле́стница; **~case**, **~way** ле́стница; ле́стничная кле́тка

stake [steɪk] **1.** *wooden* кол; (*bet*) ста́вка; ***be at~*** *fig.* быть поста́вленным на ка́рту; **2.** *money* ста́вить (*on* на В)

stale [steɪl] □ несве́жий; *air* спёртый; *joke* изби́тый; *bread* чёрствый; *news* устаре́вший

stalemate ['steɪlmeɪt] *chess* пат; *fig.* тупи́к

stalk [stɔːk] **1.** сте́бель *m*; *of leaf* чере́нок; **2.** *v/i.* ва́жно ше́ствовать, го́рдо выступа́ть

stall [stɔːl] **1.** *for animals* сто́йло; *in market mst. Brt.* прила́вок; кио́ск, ларёк; *thea.* ме́сто в парте́ре; **2.**: ***the engine ~ed*** мото́р загло́х

stallion ['stælɪən] жеребе́ц

stalwart ['stɔːlwət] ро́слый, кре́пкий; *supporter* сто́йкий

stamina ['stæmɪnə] выно́сливость *f*

stammer ['stæmə] **1.** заика́ться [-кну́ться]; запина́ться [запну́ться]; **2.** заика́ние

stamp [stæmp] **1.** штамп, ште́мпель *m*, печа́ть *f*; *fig.* отпеча́ток, печа́ть *f*; *for letter* ма́рка; *of feet* то́панье; **~ collector** филатели́ст; **2.** [про]штампова́ть; [по]ста́вить штемпель *m*, печа́ть *f*; то́пать ного́й

stampede [stæm'piːd] **1.** пани́ческое бе́гство; **2.** обраща́ть(ся) в пани́ческое бе́гство

stand [stænd] **1.** [*irr.*] *v/i. com.* стоя́ть; проста́ивать [-стоя́ть]; (*~ still*) остана̂вливаться [-нови́ться]; (~ *fast*) держа́ться; устоя́ть *pf.*; ~ *against* [вос]проти́виться, сопротивля́ться (Д); ~ *aside* [по]сторони́ться; ~ *by* прису́тствовать; *fig.* быть нагото́ве; поддерживать; [-жа́ть]; ~ *for* быть кандида̂том (Р); стоя́ть за (В); зна́чить; ~ *out* выделя́ться [вы́делиться] (*against* на П); ~ *over* оставаться нереши́нным; ~ *up* вст(ав)а́ть, подниматься [-ня́ться]; ~ *up for* защища́ть [-ити́ть]; 2. *v/t.* [по]ста́вить; (*bear*) выде́рживать [вы́держать], выноси́ть [вы́нести]; *coll* (*treat*) угоща́ть [угости́ть] (Т); 3. остано́вка; сопротивле́ние; то́чка зре́ния; стенд, кио́ск; пози́ция; ме́сто; (*support*) подста́вка; (*rostrum*) трибу́на; *make a ~ against* сопротивля́ться (Д)

standard ['stændəd] 1. зна́мя *n*, флаг; но́рма, станда́рт; образе́ц *m*; ~ *of living* жи́зненный у́ровень *m*; 2. станда́ртный; образцо́вый; ~*ize* [-aɪz] стандартизи́ровать (*im*)*pf.*

standby ['stændbaɪ] 1. опо́ра; 2. *tech.*, *fin.* резе́рвный

standing ['stændɪŋ] 1. (*posture*, *etc.*) стоя́чий; *permanent* постоя́нный; 2. (*rank*, *reputation*) положе́ние; (*duration*) продолжи́тельность *f*

stand|**offish** [stænd'ɒfɪʃ] за́мкнутый; надме́нный; ~*point* то́чка зре́ния; ~*still* остано́вка; *the work came to a ~* рабо́та останови́лась; *bring to a ~* останови́ть, застопо́рить

stank [stæŋk] *pt. om* **stink**

stanza ['stænzə] строфа́

staple ['steɪpl] основно́й; ~ *diet* осно́ва пита́ния

star [stɑː] 1. звезда́ (*a. fig.*); *fig.* судьба́; *the ~s and Stripes* *pl. Am.* национа́льный флаг США; *thank one's lucky ~s* благодари́ть судьбу́; 2. игра́ть гла́вную роль *f*

starboard ['stɑːbəd] *naut.* пра́вый борт

starch [stɑːtʃ] 1. крахма́л; 2. [на]крахма́лить

stare [steə] 1. при́стальный взгляд; 2. смотре́ть при́стально; уста́виться

pf.; (*at* на В)

stark [stɑːk] (*stiff*) окочене́лый; (*utter*) соверше́нный; *adv.* соверше́нно

starling ['stɑːlɪŋ] скворе́ц

starry ['stɑːrɪ] звёздный

start [stɑːt] 1. нача́ло; *of train, etc.* отправле́ние; *sport* старт; *give a ~* вздро́гнуть *pf.* *give s.o. a ~* испуга́ть кого́-л.; *give s.o. a ~ in life* помо́чь *pf.* кому́-л. встать на́ ноги; 2. *v/i. at a sound, etc.* вздра́гивать [-ро́гнуть]; *from one's seat, etc.* вска́кивать [вскочи́ть]; отправля́ться в путь; *sport* старова́ть (*im*)*pf.*; нача(ин)а́ться; *v/t.* (*set going*) пуска́ть (пусти́ть); *sport* дава́ть старт (Д); *fig.* нач(ин)а́ть; учрежда́ть [-еди́ть]; побужда́ть [-уди́ть] (~ *a p. doing* кого́-л. де́лать); ~*er* ['stɑːtə] *mot.* стартёр

startl|**e** [stɑːtl] (*alarm*) трево́жить (*take aback*) поража́ть [порази́ть]; [ис-, на]пуга́ть; ~*ing* ['stɑːtlɪŋ] порази́тельный

starv|**ation** [stɑː'veɪʃən] го́лод; голода́ние; ~*e* [stɑːv] голода́ть; умира́ть с го́лоду; мори́ть го́лодом; ~ *for* *fig.* жа́ждать (Р)

state [steɪt] 1. состоя́ние; (*station in life*) положе́ние; госуда́рство (*pol. a.* ♀); (*member of federation*) штат; *attr.* госуда́рственный; *get into a ~* разне́рвничаться *pf.*, разволнова́ться *pf.*; ~ *of emergency* чрезвыча́йное положе́ние; 2. заявля́ть [-ви́ть], конста́тировать (*im*)*pf.*; [с]формули́ровать; (*set forth*) излага́ть (изложи́ть); ~*ly* [-lɪ] вели́чественный; ~*ment* [-mənt] утвержде́ние; официа́льное заявле́ние; *fin.* отчёт; *pol.* отде́льная каю́та; ~*sman* ['steɪtsmən] госуда́рственный де́ятель *m*

static ['stætɪk] *el.* стати́ческий; неподви́жный; (*stable*) стаби́льный

station ['steɪʃn] 1. *radio, el., rail.* ста́нция; (*building*) вокза́л; 2. размеща́ть [-ести́ть] (*a. mil.*); ~*ary* ['steɪʃənrɪ] неподви́жный; стациона́рный; ~*ery* [-] канцеля́рские това́ры *m/pl.*

statistics [stəˈtɪstɪks] стати́стика
statue [ˈstætʃuː] ста́туя
stature [ˈstætʃə] рост; масшта́б, кали́бр
status [ˈsteɪtəs] положе́ние; **~ quo** ста́тус-кво
statute [ˈstætʃuːt] стату́т; зако́н; законода́тельный акт; pl. уста́в
staunch [stɔːntʃ] supporter ве́рный; непоколеби́мый
stay [steɪ] 1. пребыва́ние, визи́т; law отсро́чка; 2. v/t. law приостана́вливать [-нови́ть]; v/i. (remain) оста(ва́)ться; as guest at hotel, etc. остана́вливаться [-нови́ться], жить (at в П), [по]гости́ть
stead [sted]: in a person's ~ вме́сто кого́-нибудь; **~fast** [ˈstedfɑːst] сто́йкий, непоколеби́мый
steady [ˈstedɪ] 1. □ (balanced) усто́йчивый; look, etc. при́стальный; (regular) постоя́нный; равноме́рный; (stable) уравнове́шенный; 2. де́лать(ся) усто́йчивым; приводи́ть в равнове́сие; adv. ~! осторо́жно!
steak [steɪk] of beef бифште́кс; (fillet ~) вы́резка
steal [stiːl] [irr.] v/t. [с]ворова́ть, [у]кра́сть; v/i. кра́сться, прокра́дываться [-ра́сться]
stealth [stelθ]: by ~ укра́дкой, тайко́м; **~y** [ˈstelθɪ] □ та́йный; бесшу́мный; glance взгляд укра́дкой; ~ steps краду́щиеся шаги́
steam [stiːm] 1. пар; 2. attr. паро́вой; 3. v/i. (move by steam) of train идти́; of ship пла́вать; [по]плы́ть; get ~ed up запоте́ть pf.; fig. [вз]волнова́ться; v/t. вари́ть на пару́; пари́ть; выпа́ривать [вы́парить]; **~er** [ˈstiːmə] naut. парохо́д; cul. скорова́рка; **~y** [ˈstiːmɪ] насы́щенный па́ром; glass запоте́вший
steel [stiːl] 1. сталь f; 2. стально́й (a. ~y); **o.s. for** собра́ть всё своё му́жество; ожесточа́ться [-чи́ться]; **~works** сталелите́йный заво́д
steep [stiːp] круто́й; coll. price сли́шком высо́кий
steeple [ˈstiːpl] шпиль m; with bell ко-

локо́льня; **~chase** ска́чки с препя́тствиями

steer [stɪə] пра́вить рулём; naut., etc. управля́ть (Т); **~ing** [ˈ-ɪŋ]: ~ wheel naut. штурва́л; mot. рулево́е колесо́, coll. бара́нка; **~sman** [ˈstɪəzmən] рулево́й
stem¹ [stem] 1. bot. сте́бель m; gr. осно́ва; 2. v/i. (arise) происходи́ть [-изойти́]
stem² [~] (stop, check) заде́рживать [-жа́ть]
stench [stentʃ] злово́ние
stencil [ˈstensl] трафаре́т
stenographer [steˈnɒɡrəfə] стенографи́ст m, -ка f
step¹ [step] 1. шаг (a. fig.); похо́дка; of stairs ступе́нька; (footboard) подно́жка; fig. ме́ра; it's only a ~ from here отсю́да руко́й пода́ть; ~ by постепе́нно; a rushed ~ необду́манный шаг; take ~s принима́ть [-ня́ть] ме́ры; tread in the ~s of fig. идти́ по стопа́м (Р); ~s pl. стремя́нка; 2. v/i. шага́ть [шагну́ть], ступа́ть [-пи́ть]; ходи́ть, идти́ [пойти́]; ~ aside посторони́ться pf.; ~ back отступи́ть [-пи́ть] наза́д, отойти́ pf.; ~ up v/t. (increase) повыша́ть [-ы́сить]
step² [~]: **~daughter** па́дчерица; **~father** о́тчим; **~mother** ма́чеха
steppe [step] степь f
stepping-stone ка́мень m для перехо́да через руче́й; ~ to success ступе́нь к успе́ху
stepson па́сынок
stereo [ˈsterɪəu] стереофони́ческий (прои́грыватель m or радиоприёмник)
stereotype [ˈsterɪətaɪp] стереоти́п
steril|e [ˈsteraɪl] беспло́дный; (free from germs) стери́льный; **~ity** [steˈrɪlətɪ] беспло́дие; стери́льность f; **~ize** [ˈsteraɪz] стерилизова́ть (im)pf.
sterling [ˈstɜːlɪŋ]: the pound ~ фунт сте́рлингов
stern¹ [stɜːn] □ стро́гий, суро́вый
stern² [~] naut. корма́
stevedore [ˈstiːvədɔː] до́кер; порто́вый гру́зчик

stew [stju:] 1. [c]туши́ть(ся); 2. тушёное мя́со; **be in a ~** волнова́ться, беспоко́иться

steward ['stjuəd] *naut., ae.* стю́ард, бортпроводни́к; **~ess** ['stjuədis] стюарде́сса, бортпроводни́ца

stick¹ [stik] па́лка; (*walking ~*) трость *f*, **~s for fire** хво́рост

stick² [~] [*irr.*] *v/i.* приклéи(ва)ться, прилипáть [-ли́пнуть]; (*become fixed*) застревáть [-ря́ть]; завязáть [-я́знуть]; *at home* торчáть; **~ to** придéрживаться [-жа́ться] (P); **~ at nothing** не останáвливаться ни пéред чем; **~ out, ~ up** торчáть; стоя́ть торчко́м; *v/t.* вкáлывать [вколо́ть]; *fork, etc.* втыкáть [воткну́ть]; *stamp* наклéивать [-éить]; приклéи(ва)ть; *coll.* (*bear*) терпéть, вы́терпеть *pf.*; **~ing plaster** лейкопла́стырь *m*

sticky ['stiki] ли́пкий, клéйкий; **come to a ~ end** пло́хо ко́нчить *pf.*

stiff [stif] 1. жёсткий, неги́бкий; *lock, etc.* туго́й; тру́дный; *relations* натя́нутый; **~ with cold** окоченéть *pf.* от хóлода; **~en** ['stifn] *of starch, etc.* [за]густéть

stifle ['staifl] задыхáться [задохну́ться]; *rebellion* подавля́ть [-ви́ть]

stigma ['stigmə] *fig.* пятно́, клеймо́

still [stil] 1. *adj.* ти́хий, неподви́жный; 2. *adv.* ещё, всё ещё; 3. *cj.* всё же, одна́ко; 4. (*make calm*) успокáивать [-кóить]; **~born** мертворождённый; **~ life** натюрмо́рт; **~ness** ['stilnis] тишина́

stilted ['stiltid] *style* высокопа́рный

stimul|ant ['stimjulənt] *med.* возбуждáющее срéдство; *fig.* сти́мул; **~ate** [-leit] (*excite*) возбуждáть [-уди́ть]; стимули́ровать (*a. fig.*); поощря́ть [-ри́ть]; **~ating** стимули́рующий, вдохновля́ющий; **~us** [-ləs] сти́мул

sting [stiŋ] 1. (*organ*) жáло; (*bite*) уку́с; о́страя боль *f*; *fig.* кóлкость *f*; 2. [*irr.*] [у]жáлить; *of nettle* жечь(ся); (*smart, burn*) сади́ть; *fig.* уязвля́ть [-ви́ть]

sting|iness ['stindʒinis] скáредность *f*; **~y** ['stindʒi] скупóй

stink [stiŋk] 1. вонь *f*; 2. [*irr.*] воня́ть

stint [stint] 1. (*fixed amount*) нóрма; 2. (*keep short*) ограни́чи(ва)ть; [по]скупи́ться на (B); **she doesn't ~ herself** онá себé ни в чём не откáзывает

stipulat|e ['stipjuleit] стáвить усло́вия, обусло́вливать [-вить]; **the ~d sum** оговорённая [-вить]; су́мма; **~ion** [stipju'leiʃn] усло́вие

stir [stɜ:] 1. шевелéние; (*excitement*) суетá, суматóха; движéние; *fig.* оживлéние; **create a ~** надéлать *pf.* мнóго шу́ма; 2. *leaves, etc.* шевели́ть(ся) [-льну́ть(ся)]; *tea, etc.* [по]мешáть; [вз]волновáть; **~ up** (*excite*) возбуждáть [-уди́ть]; размéшивать [-шáть]

stirrup ['stirəp] стрéмя *n* (*pl.*: стременá)

stitch [stitʃ] 1. *sew.* стежóк; *in knitting* петля́; *med.* шов; 2. [c]шить, проши(вá)ть

stock [stɒk] 1. (*supply*) запáс; **live ~** поголóвье скотá, скотá, скот; *capital* уставнóй капитáл; **take ~ of** дéлать переучёт (P), производи́ть инвентаризáцию; *fig.* крити́чески оцéнивать; 2. *size* стандáртный; *joke, etc.* изби́тый; *~* (*supply*) снабжáть [-бди́ть]

stock|breeder животновóд; **~broker** биржевóй мáклер; брóкер; **~ exchange** фóндовая би́ржа; **~holder** *Am.* акционéр

stocking ['stɒkiŋ] чулóк

stock|taking переучёт, инвентариза́ция; **~y** ['stɒki] коренáстый

stoic ['stəuik] 1. стóик; 2. стои́ческий

stole [stəul] *pt. om steal*; **~n** ['stəulən] *pt. p. om steal*

stolid ['stɒlid] □ флегмати́чный

stomach ['stʌmək] 1. желу́док; живóт; **it turns my ~** от э́того меня́ тошни́т; *fig.* переноси́ть [-нести́]

stone [stəun] 1. кáмень *m*; *of fruit* кóсточка; **leave no ~ unturned** [c]дéлать всё возмóжное; 2. кáменный; 3. бросáть кáмни, бросáться камня́ми; *fruit* вынимáть кóсточки из (P); **~deaf** совершéнно глухóй; **~ware** гончáрные издéлия *n/pl.*

stony ['stəuni] камени́стый; *fig.* кáменный

stood [stud] *pt. u pt. p. om* **stand**

stool [stu:l] (*seat*) табуре́тка; *f(a)eces*) стул

stoop [stu:p] **1.** *v/i.* наклоня́ться [-ни́ться], нагиба́ться [нагну́ться]; (*be bent*) [с]суту́литься; *fig.* унижа́ться [уни́зиться] (*to* до P); *v/t.* суту́лить; **2.** суту́лость *f*

stop [stɔp] **1.** *v/t.* затыка́ть [заткну́ть] (*a.* ~ *up*), заде́л(ыв)ать; *tooth* [за]пломби́ровать; (*prevent*) уде́рживать [-жа́ть]; (*cease*) прекраща́ть [-крати́ть]; (*halt*) остана́вливать [-нови́ть]; ~ *it!* прекрати́!; *v/i.* перест(ав)а́ть; (*stay*) остана́вливаться [-нови́ться]; (*finish*) прекраща́ться [-рати́ться]; конча́ться [ко́нчиться]; **2.** остано́вка; па́уза; заде́ржка; *tech.* упо́р; *gr.* (*a. full* ~) то́чка; **~page** ['stɔpɪdʒ] остано́вка, прекраще́ние рабо́ты; *tech.* про́бка; засоре́ние; **~per** ['stɔpə] про́бка; **~ping** ['stɔpɪŋ] (зубна́я) пло́мба

storage ['stɔːrɪdʒ] хране́ние; *place* склад

store [stɔː] **1.** запа́с; склад; *Am.* магази́н; (*department* ~) универма́г; *in* ~ нагото́ве; *for* запа́с; **2.** храни́ть на скла́де; (*put by*) запаса́ть [-сти́]; **~house** склад; *fig.* сокро́вищница; **~keeper** *Am.* хозя́ин магази́на

stor(e)y ['stɔːrɪ] эта́ж

stork [stɔːk] а́ист

storm [stɔːm] **1.** бу́ря; *at sea* шторм; *mil.* штурм; *a* ~ *in a teacup* бу́ря в стака́не воды́; **2.** бушева́ть; *mil.* штурмова́ть (*a. fig.*); **~y** ['-ɪ] □ бу́рный (*a. fig.*); штормово́й

story ['stɔːrɪ] (*account*) расска́з, исто́рия; *lit.* расска́з; *longer* по́весть *f*; *cine.* сюже́т; *in newspaper* статья́

stout [staut] **1.** □ *thing* кре́пкий, про́чный; (*sturdy*) пло́тный; (*fat*) ту́чный; (*brave*) отва́жный; **2.** кре́пкое тёмное пи́во

stove [stəʊv] печь *f*, пе́чка; (ку́хонная) плита́

stow [stəʊ] (*pack*) укла́дывать [уложи́ть]; **~away** *naut.* безбиле́тный пассажи́р

straggl|e ['strægl] *of houses* быть разбро́санным; (*drop behind*) отст(ав)а́ть; **~ing** [-ɪŋ] разбро́санный; беспоря́дочный

straight [streɪt] **1.** *adj.* прямо́й; че́стный; (*undiluted*) неразба́вленный; *put* ~ приводи́ть в поря́док; **2.** *adv.* пря́мо; сра́зу; **~en** ['streɪtn] выпрямля́ть(ся) [вы́прямить(ся)]; ~ *out* приводи́ть в поря́док; **~forward** [-'fɔːwəd] □ че́стный, прямо́й, открове́нный

strain[1] [streɪn] поро́да; сорт; черта́ хара́ктера

strain[2] [~] напряже́ние; *tech.* (*force*) нагру́зка; растяже́ние (*a. med.*); *mus. mst.* ~**s** *pl.* напе́в, мело́дия; **2.** *v/t.* натя́гивать [натяну́ть]; напряга́ть [-я́чь]; (*filter*) проце́живать [-еди́ть]; (*exhaust*) переутомля́ть [-ми́ть]; *med.* растя́гивать [-яну́ть]; *v/i.* напряга́ться [-я́чься]; тяну́ться (*after* за Т); тяну́ть изо всех сил (*at* B); [по]стара́ться; напряга́ться (*colander*) дуршла́г; (*sieve*) си́то; цеди́лка

strait [streɪt] проли́в; ~**s** *pl.* затрудни́тельное положе́ние; **~ened** ['streɪtnd]: *be in* ~ *circumstances* оказа́ться *pf.* в стеснённом положе́нии

strand [strænd] *of hair* прядь *f*; *of cable* жи́ла; **~ed** [-ɪd]: *be* ~ *fig.* оказа́ться *pf.* без средств

strange [streɪndʒ] □ стра́нный; (*alien*) чужо́й; (*unknown*) незнако́мый; ~**r** ['streɪndʒə] незнако́мец *m*, -мка *f*; посторо́нний (челове́к)·

strangle ['stræŋgl] [за]души́ть

strap [stræp] **1.** *on watch, etc.* реме́шок; (*shoulder* ~) брете́лька; *mil.* пого́н; **2.** стя́гивать ремнём

stratagem ['strætədʒəm] уло́вка; хи́трость *f*

strateg|ic [strə'tiːdʒɪk] (~*ally*) стратеги́ческий; **~y** ['strætədʒɪ] страте́гия

strat|um ['strɑːtəm], *pl.* ~**a** [-tə] *geol.* пласт; *social* слой

straw [strɔː] **1.** соло́ма; соло́минка; *the last* ~ после́дняя ка́пля; **2.** соло́менный; **~berry** ['-brɪ] клубни́ка; (*a. wild* ~) земляни́ка

stray [streɪ] **1.** сбива́ться с пути́, заблуди́ться *pf.*; забрести́ *pf.*; *of thoughts, affections* блужда́ть; **2.** (*a.* **~ed**) заблуди́вшийся; бездо́мный; *dog, cat* бродя́чий; *bullet* шальна́я пу́ля

streak [striːk] поло́ска; *fig.* черта́; **~s of grey** про́седь *f*

stream [striːm] **1.** пото́к (*a. fig.*); (*brook*) ручей; (*jet*) струя́; **2.** *v/i.* [по]те́чь; *poet.* струи́ться; *of flag, etc.* развева́ться

streamline *v/t.* придава́ть [прида́ть] обтека́емую фо́рму; упроща́ть [упрости́ть]; *fig.* рационализи́ровать

street [striːt] у́лица; *attr.* у́личный; *not up my* **~** не по мое́й ча́сти; **~ lamp** у́личный фона́рь *m*; **~car** *Am.* трамва́й

strength [streŋθ] си́ла; *of cloth, etc.* про́чность *f*; *of alcohol, etc.* кре́пость *f*; *on the* **~** *of* на основа́нии (P); **~en** [ˈstreŋθən] *v/t.* уси́ли(ва)ть; укрепля́ть [-пи́ть]; *v/i.* уси́ли(ва)ться

strenuous [ˈstrenjʊəs] энерги́чный; *day, work* напряжённый, тяжёлый

stress [stres] **1.** напряже́ние (*a. tech.*); (*accent*) ударе́ние; **2.** подчёркивать [-черкну́ть]; ста́вить ударе́ние на (П)

stretch [stretʃ] **1.** *v/t.* (*~ tight*) натя́гивать [-яну́ть]; (*make wider or longer*) растя́гивать [-яну́ть]; *neck* вытя́гивать [вы́тянуть]; протя́гивать [-яну́ть]; (*mst.* **~ out**) *a point* допуска́ть [-сти́ть] натя́жку, преувели́чи(ва)ть; *v/i.* тяну́ться; растя́гиваться [-яну́ться]; **2.** растя́гивание; напряже́ние; *of road* отре́зок; натя́жка; преувеличе́ние; (*level area*) простра́нство; промежу́ток вре́мени; **~er** [ˈstretʃə] носи́лки *f/pl.*

strew [struː] [*irr.*] посыпа́ть [посы́пать]; (*litter, scatter*) разбра́сывать [-роса́ть]

stricken [ˈstrɪkən] *pt. p. om* **strike**

strict [strɪkt] (*exact*) то́чный; (*severe*) стро́гий

stride [straɪd] **1.** [*irr.*] шага́ть [шагну́ть]; **~ over** переша́гивать [-гну́ть]; **2.** большо́й шаг; *take* (*s.th.*) *in one's* **~** *fig.* легко́ добива́ться своего́; легко́ переноси́ть [-нести́]

strident [ˈstraɪdnt] □ ре́зкий, скрипу́чий; пронзи́тельный

strike [straɪk] **1.** забасто́вка; *be on* **~** бастова́ть; **2.** [*irr.*] *v/t.* ударя́ть [уда́рить]; *coins, etc.* [от]чека́нить; *fig.* поража́ть [порази́ть]; находи́ть [найти́]; *a bargain* заключа́ть [-чи́ть]; *a pose* принима́ть [-ня́ть]; **~ up** *acquaintance* познако́миться; *v/i. of clock* [про]би́ть; [за]бастова́ть; **~ home** *fig.* попада́ть в са́мую то́чку; **~r** [ˈstraɪkə] забасто́вщик (-ица)

striking [ˈstraɪkɪŋ] □ порази́тельный; **~ changes** рази́тельные переме́ны

string [strɪŋ] **1.** верёвка; бечёвка; *mus.* струна́; *of pearls* ни́тка; **~s** *pl. mus.* стру́нные инструме́нты *m/pl.*; *pull* **~s** испо́льзовать свои́ свя́зи; **2.** [*irr.*] *beads* нани́зывать [-за́ть]; **~ band** стру́нный орке́стр

stringent [ˈstrɪndʒənt] *rules* стро́гий; (*which must be obeyed*) обяза́тельный

strip [strɪp] **1.** сдира́ть [содра́ть] (*a.* **~ off**); *bark* обдира́ть [ободра́ть]; разде́(ва́)ть(ся); *of rank, etc.* лиша́ть [лиши́ть] (*of* P); (*rob*) [о]гра́бить; **2.** полоса́, поло́ска; *landing* **~** взлётно-поса́дочная полоса́

stripe [straɪp] полоса́; *mil.* наши́вка

strive [straɪv] · [*irr.*] [по]стара́ться; стреми́ться (*for, after* к Д); **~n** [ˈstrɪvn] *pt. p. om* **strive**

strode [strəʊd] *pt. om* **stride**

stroke [strəʊk] **1.** уда́р (*a. med.*); *of pen, etc.* штрих; *of brush* мазо́к; *at one* **~** одни́м ма́хом; **~ of luck** уда́ча; **2.** [по-] гла́дить

stroll [strəʊl] **1.** прогу́ливаться [-ля́ться]; **2.** прогу́лка

strong [strɒŋ] □ *com.* си́льный; про́чный; *tea, etc.* кре́пкий; *cheese* о́стрый; *argument* убеди́тельный; *a* **~ point** си́льная сторона́; **~hold** *fig.* опло́т; **~willed** реши́тельный; упря́мый

strove [strəʊv] *pt. om* **strive**

struck [strʌk] *pt. и pt. p. om* **strike**

structure [ˈstrʌktʃə] структу́ра (*a. phys.*); *social* строй; *arch.* строе́ние (*a. phys.*), сооруже́ние

struggle ['strʌgl] **1.** боро́ться; вся́чески стара́ться; би́ться (**with** над Т); **~ through** с трудо́м пробива́ться; **2.** борьба́

strung [strʌŋ] *pt. и pt. p. от* **string**

stub [stʌb] **1.** *of cigarette* оку́рок; *of pencil* огры́зок; **2.** *one's toe* ударя́ться [уда́риться] (**against** о В)

stubble ['stʌbl] стерня́; *of beard* щети́на

stubborn ['stʌbən] □ упря́мый; непода́тливый; *efforts, etc.* упо́рный

stuck [stʌk] *pt. и pt. p. от* **stick**; **~up** *coll.* высокоме́рный; зано́счивый

stud [stʌd] **1.** (*collar~*) за́понка; (*press-~*) кно́пка; *on boots* шип; **2.** усе́ивать [усе́ять] (Т)

student ['stju:dnt] студе́нт *m*, -ка *f*

studied ['stʌdɪd] *answer, remark* обду́манный; *insult* преднаме́ренный; умы́шленный

studio ['stju:dɪəʊ] сту́дия; *artist's* ателье́ *n indecl.*, мастерска́я

studious ['stju:dɪəs] □ наро́читый; приле́жный

study ['stʌdɪ] **1.** изуче́ние; (*research*) иссле́дование; (*room*) кабине́т; *paint.* этю́д, эски́з; **2.** учи́ться (Д); изуча́ть [-чи́ть]; иссле́довать (*im*)*pf.*

stuff [stʌf] **1.** материа́л; вещество́; (*cloth*) ткань *f*, мате́рия; **~ and nonsense** чепуха́; **2.** *v/t.* (*fill*) наби(ва́)ть; *cul.* фарширова́ть; начиня́ть [-ни́ть]; (*shove into*) засо́вывать [засу́нуть]; (*overeat*) объеда́ться [объе́сться]; **~ing** ['stʌfɪŋ] наби́вка; *cul.* начи́нка; **~y** ['stʌfɪ] □ спе́ртый, ду́шный

stumble ['stʌmbl] спотыка́ться [-ткну́ться]; *in speech* запина́ться [запну́ться]; **~ upon** натыка́ться [наткну́ться] на (В)

stump [stʌmp] **1.** *of tree* пень *m*; *of tail, etc.* обру́бок; *of cigarette* оку́рок; **2.** *v/t. coll.* ста́вить в тупи́к; *v/i.* тяжело́ ступа́ть; **~y** ['stʌmpɪ] призе́мистый

stun [stʌn] оглуша́ть [-ши́ть] (*a. fig.*); *fig.* ошеломля́ть [-ми́ть]

stung [stʌŋ] *pt. и pt. p. от* **sting**

stunk [stʌŋk] *pt. и pt. p. от* **stink**

stunning ['stʌnɪŋ] *coll.* сногсшиба́тельный

stunt [stʌnt] трюк

stup|efy ['stju:pɪfaɪ] ошеломля́ть [-ми́ть]; поража́ть [порази́ть]; *with drug* одурма́нить; **~id** ['stju:pɪd] □ глу́пый, тупо́й; **~idity** [stju:'pɪdətɪ] глу́пость *f*

sturdy ['stɜ:dɪ] си́льный, кре́пкий; здоро́вый; *thing* про́чный

sturgeon ['stɜ:dʒən] осётр; *cul.* осетри́на

stutter ['stʌtə] заика́ться

stye [staɪ] *on eyelid* ячме́нь *m*

style [staɪl] стиль *m*; (*fashion*) мо́да; фасо́н; *life* **~** о́браз жи́зни

stylish ['staɪlɪʃ] □ мо́дный; элега́нтный, *coll.* сти́льный

suave [swɑ:v] гла́дкий; обходи́тельный; мя́гкий в обраще́нии

sub... [sʌb] *mst.* под...; суб...

subconscious [sʌb'kɒnʃəs] **1.** подсозна́тельный; **2.** подсозна́ние; подсозна́тельное

subdivision [sʌbdɪ'vɪʒn] подразделе́ние; *of a group a.* се́кция

subdue [səb'dju:] (*conquer, subjugate*) покоря́ть [-ри́ть]; подавля́ть [-ви́ть] (*reduce*) уменьша́ть [уме́ньшить]

subject 1. ['sʌbdʒɪkt] **1.** подчинённый; подвла́стный; *fig.* **~ to** подлежа́щий (Д); **she is ~ to colds** она́ подве́ржена просту́дам; **2.** *adv.* **~ to** при усло́вии (Р); **3.** *pol.* по́дданный; *in school* предме́т; *of novel* сюже́т; (*a. ~ matter*) те́ма; **drop the ~** перевести́ *pf.* разгово́р на другу́ю те́му; **4.** [səb'dʒekt] подчиня́ть [-ни́ть]; *fig.* подверга́ть [-е́ргнуть]

subjugate ['sʌbdʒʊgeɪt] (*entral(l)*) порабоща́ть [-боти́ть]; покоря́ть [-ри́ть]

sublease [sʌb'li:s] субаре́нда

sublime [sə'blaɪm] □ возвы́шенный

submachine [sʌbmə'ʃi:n]: **~ gun** автома́т

submarine [sʌbmə'ri:n] *naut.* подво́дная ло́дка, субмари́на

submerge [səb'mɜ:dʒ] погружа́ть(ся) [-узи́ть(ся)]; затопля́ть [-пи́ть]

submiss|ion [səb'mɪʃn] подчине́ние; поко́рность f; *of documents, etc.* представле́ние; **~ive** [səb'mɪsɪv] □ поко́рный

submit [səb'mɪt] *(give in)* покоря́ться [-ри́ться] (Д); *(present)* представля́ть [-а́вить]

subordinate 1. [sə'bɔːdɪnət] подчинённый; *gr.* прида́точный; **2.** [~] подчинённый (-ённая); **3.** [sə'bɔːdɪneɪt] подчиня́ть [-ни́ть]

subscribe [səb'skraɪb] *v/t. (donate)* [по]же́ртвовать; *v/i.* подде́рживать [-жа́ть] *(to* В); *magazine, etc.* подпи́сываться [-са́ться] *(to* на В); **~r** [-ə] подпи́счик *m*, -чица *f*; *tel.* абоне́нт

subscription [səb'skrɪpʃn] подпи́ска; *to series of concerts, etc.* абонеме́нт; *to club* чле́нские взно́сы

subsequent ['sʌbsɪkwənt] □ после́дующий; **~ly** впосле́дствии

subservient [səb'sɜːvɪənt] подобостра́стный; *(serving to promote)* соде́йствующий *(to* Д)

subsid|e [səb'saɪd] *of temperature* спада́ть [спасть]; *of water* убы(ва́)ть; *of wind* утиха́ть [ути́хнуть]; *of passions* улёчься *pf.*; **~iary** [səb'sɪdɪərɪ] **1.** □ вспомога́тельный; **2.** филиа́л, дочéрняя компа́ния; **~ize** ['sʌbsɪdaɪz] субсиди́ровать *(im)pf.*; **~y** ['sʌbsɪdɪ] субси́дия

subsist [səb'sɪst] *(exist)* существова́ть; жить *(on* на В); *(eat)* пита́ться *(on* Т); **~ence** [-əns] существова́ние; **means of ~** сре́дства к существова́нию

substance ['sʌbstəns] вещество́; *(gist)* су́щность *f*, суть *f*; *(content)* содержа́ние

substantial [səb'stænʃl] □ суще́ственный, ва́жный; *(strongly made)* про́чный; *(considerable)* значи́тельный; *meal* сы́тный

substantiate [səb'stænʃɪeɪt] обосно́вывать [-нова́ть]; дока́зывать справедли́вость (Р); *(confirm)* подтвержда́ть [-рди́ть]

substitut|e ['sʌbstɪtjuːt] **1.** заменя́ть [-ни́ть]; *at work* замеща́ть [-ести́ть]

(for В); **2.** заме́на; *(thing)* суррога́т; **~ion** [sʌbstɪ'tjuːʃn] заме́на

subterfuge ['sʌbtəfjuːdʒ] уве́ртка, уло́вка

subterranean [sʌbtə'reɪnɪən] □ подзе́мный

subtle ['sʌtl] □ то́нкий; утончённый; *(elusive)* неулови́мый

subtract [səb'trækt] *math.* вычита́ть [вы́честь]

suburb ['sʌbɜːb] при́город; предме́стье; *(outskirts)* окра́ина; **~an** [sə'bɜːbən] при́городный

subvention [səb'venʃn] субве́нция, дота́ция

subversive [sʌb'vɜːsɪv] *fig.* подрывно́й

subway ['sʌbweɪ] подзе́мный перехо́д; *Am. rail.* метро́(полите́н) *n indecl.*

succeed [sək'siːd] [по]сле́довать за (Т); *(take the place of)* быть прее́мником (Р); достига́ть це́ли; *(do well)* преуспе(ва́)ть

success [sək'ses] успе́х; *(good fortune)* уда́ча; **~ful** [sək'sesfl] □ успе́шный, уда́чный; *person* уда́чливый; *businessman* преуспева́ющий; **~ion** [-'seʃn] после́довательность *f*; *(series)* ряд; *in~* оди́н за други́м; подря́д; **~ive** [-'sesɪv] □ после́дующий, сле́дующий; **~or** [-'sesə] *at work* прее́мник *m*, -ница *f*; *to throne* насле́дник *m*, -ница *f*

succinct [sək'sɪŋkt] кра́ткий, сжа́тый

succulent ['sʌkjʊlənt] со́чный

succumb [sə'kʌm] *to temptation, etc.* подд(ав)а́ться *(to* Д); *to pressure, etc.* не выде́рживать [вы́держать] *(to* Р)

such [sʌtʃ] тако́й; *pred.* тако́в, -á *и т.д.*; **~ a man** тако́й челове́к; **~ as** тако́й, как …; как наприме́р

suck [sʌk] соса́ть; выса́сывать [вы́сосать] *(a. ~ out)*; вса́сывать [всоса́ть] *(a. ~ in)*; **~er** ['sʌkə] *Am. coll.* проста́к; **~le** ['sʌkl] корми́ть гру́дью; **~ling** ['sʌklɪŋ] грудно́й ребёнок; *animal* сосу́н(о́к)

suction ['sʌkʃn] **1.** *tech.* вса́сывание; **2.**

attr. всасывающий

sudden ['sʌdn] □ внеза́пный; *all of a ~* внеза́пно, вдруг

suds [sʌdz] *pl.* мы́льная пе́на

sue [sjuː] *v/t.* предъявля́ть [-ви́ть] иск кому́-л.; *v/i.* возбужда́ть де́ло (*for* о П)

suede [sweɪd] за́мша

suffer ['sʌfə] *v/i.* [по]страда́ть (*from* от Р или Т); *v/t.* (*undergo, endure*) [по]терпе́ть; **~er** [-rə] страда́лец *m*, -лица *f*; **~ing** [-rɪŋ] страда́ние

suffice [sə'faɪs] хвата́ть [-ти́ть], быть доста́точным; *~ it to say that* доста́точно сказа́ть, что …

sufficient [sə'fɪʃnt] □ доста́точный

suffocate ['sʌfəkeɪt] *v/t.* [за]души́ть; *v/i.* задыха́ться [задохну́ться]

suffrage ['sʌfrɪdʒ] избира́тельное пра́во

sugar ['ʃʊgə] **1.** са́хар; *granulated ~* са́харный песо́к; *lump ~* (са́хар-) рафина́д; **2.** са́харный; **3.** *tea, etc.* положи́ть са́хар; **~y** [-rɪ] *fig.* прито́рный, слаща́вый

suggest [sə'dʒest] (*propose*) предлага́ть [-ложи́ть]; *solution* подска́зывать [-за́ть]; наводи́ть на мысль *f* о (П); [по]сове́товать; **~ion** [-ʃən] сове́т, предложе́ние; (*hint*) намёк; **~ive** [-ɪv] □ (*giving food for thought*) наводя́щий на размышле́ние; (*improper*) непристо́йный; *joke* двусмы́сленный

suicide ['suːɪsaɪd] самоуби́йство; *commit ~* поко́нчить *pf.* с собо́й

suit [suːt] **1.** (*a. ~ of clothes*) костю́м; *cards* масть *f*; *law* суде́бное де́ло, иск; **2.** *v/t.* (*adapt*) приспоса́бливать [-осо́бить] (*to, with* к Д); соотве́тствовать (Д); удовлетворя́ть [-ри́ть]; (*be convenient or right*) устра́ивать [-ро́ить]; подходи́ть [подойти́] (Д); *~ yourself* поступа́й как зна́ешь; *v/i.* (*be appropriate*) подходи́ть, годи́ться; **~able** ['suːtəbl] □ подходя́щий; соотве́тствующий; **~case** чемода́н

suite [swiːt] *mus.* сюи́та; *in hotel* но́мер-люкс; *of furniture* гарниту́р

suited ['suːtɪd] подходя́щий

sulfur, *Brt.* **sulphur** ['sʌlfə] *chem.* се́ра; **~ic** [sʌl'fjuərɪk] се́рный

sulk [sʌlk] **1.** [на]ду́ться; быть не в ду́хе; **2.** *~s* [-s] *pl.* плохо́е настрое́ние; **~y** ['sʌlkɪ] □ наду́тый

sullen ['sʌlən] угрю́мый, мра́чный; *sky* па́смурный

sultry ['sʌltrɪ] □ ду́шный, зно́йный

sum [sʌm] **1.** су́мма; ито́г; *in ~* коро́тко говоря́; *~s pl.* арифме́тика; **2.** (*a. ~ up*) *math.* скла́дывать [сложи́ть]; *fig.* подводи́ть ито́г

summar|ize ['sʌməraɪz] сумми́ровать (*im*)*pf.*; подводи́ть [-вести́] ито́г; написа́ть *pf.* резюме́; **~y** [-rɪ] сво́дка; анно́та́ция, резюме́ *n indecl.*

summer ['sʌmə] ле́то; *in ~* ле́том; **~y** [-rɪ] ле́тний

summit ['sʌmɪt] верши́на (*a. fig.*); *pol.* са́ммит, встре́ча в верха́х; *fig.* преде́л

summon ['sʌmən] соз(ы)ва́ть (*собра́ние и т. п.*); *law* вызыва́ть [вы́звать]; **~s** [-z] вы́зов в суд; *law* суде́бная пове́стка

sumptuous ['sʌmptʃʊəs] роско́шный; пы́шный

sun [sʌn] **1.** со́лнце; **2.** со́лнечный; **3.** гре́ть(ся) на со́лнце; **~bathe** загора́ть; **~burn** зага́р; *painful* со́лнечный ожо́г

Sunday ['sʌndɪ] воскресе́нье

sundown захо́д со́лнца

sundry ['sʌndrɪ] ра́зный; *all and ~* все без исключе́ния

sunflower ['sʌnflaʊə] подсо́лнечник

sung [sʌŋ] *pt. p. от* **sing**

sunglasses *pl.* тёмные очки́ *n/pl.*

sunk [sʌŋk] *pt. p. от* **sink**

sunken [sʌŋkən] *fig.* впа́лый

sun|ny ['sʌnɪ] □ со́лнечный; **~rise** восхо́д со́лнца; **~set** захо́д со́лнца, зака́т; **~shade** зо́нт(ик) от со́лнца; **~shine** со́лнечный свет; *in the ~* на со́лнце; **~stroke** *med.* со́лнечный уда́р; **~tan** зага́р; **~tanned** загоре́лый

super... ['suːpə] *pref.:* пе́ре…, пре…; сверх…; над…; су́пер…

super ['suːpə] замеча́тельный; **~!** здо́рово!

superb [suː'pɜːb] великоле́пный, превосхо́дный

super|cilious [suː'pəˈsɪlɪəs] □ высоко-
ме́рный; **~ficial** [suːpəˈfɪʃl] □ пове́рх-
ностный; **~fluous** [suː'pɜːfluəs] ли́ш-
ний, изли́шний; **~human**
сверхчелове́ческий; **~intend** [suː-
pərɪn'tend] (*watch*) надзира́ть за (Т);
(*direct*) руководи́ть (Т); **~intendent**
[-ənt] руководи́тель *m*

superior [suːˈpɪərɪə] **1.** □ *in rank* вы́с-
ший, ста́рший; *in quality* превосхо́д-
ный; превосходя́щий (*to* В); **~ smile**
надме́нная улы́бка; **2.** нача́льник;
eccl. настоя́тель *m*, -ница *f*; *of a convent* Mother/Father ♀ игу́менья/игу́-
мен; **~ity** [suːpɪərɪ'ɒrətɪ] *of quality,
quantity, etc.* превосхо́дство; *of rank*
старшинство́

super|lative [suːˈpɜːlətɪv] **1.** □ вы-
сочайший; велича́йший; **2.** *gr.* пре-
восхо́дная сте́пень *f*; **~man**
['suːpəmæn] суперме́н; **~market**
['suːpəmɑːkɪt] универса́м (= *универ-
сальный магазин самообслужива-
ния*); **~sede** [suːpə'siːd] (*replace*) за-
меня́ть [-ни́ть]; (*displace*) вытесня́ть
[вы́теснить]; *fig.* (*overtake*) обгоня́ть
[обогна́ть]; **~sonic** [suːpə'sɒnɪk]
сверхзвуково́й; **~stition** [suːpə'stɪʃn]
суеве́рие; **~stitious** [-'stɪʃəs] суеве́р-
ный; **~vene** [-'viːn] сле́довать за
чём-либо; **~vise** [suːpəvaɪz] надзи-
ра́ть (Т); **~vision** [suːpə'vɪʒn] надзо́р;
~visor ['suːpəvaɪzə] надзира́тель *m*,
-ница *f*

supper ['sʌpə] у́жин; *the Last* ♀ Та́йная
Ве́черя

supplant [sə'plɑːnt] вытесня́ть [вы́-
теснить] (В)

supple ['sʌpl] ги́бкий (*a. fig.*)

supplement 1. ['sʌplɪmənt] (*addition*)
дополне́ние; *to a periodical* приложе́-
ние; **2.** [-'ment] дополня́ть [допо́л-
нить]; **~ary** [sʌplɪ'mentərɪ] дополни́-
тельный, доба́вочный

supplier [sə'plaɪə] поставщи́к

supply [sə'plaɪ] **1.** снабжа́ть [-бди́ть]
(*with* Т); *goods* поставля́ть [-а́вить];
information, etc. предоставля́ть
[-а́вить]; **2.** снабже́ние; поста́вка;
(*stock*) запа́с; **supplies** *pl.* (*food*) про-

дово́льствие; **~ and demand** спрос и
предложе́ние

support [sə'pɔːt] **1.** подде́ржка; *phys.,
tech.* опо́ра (*a. fig.*); **2.** подпира́ть [-пе-
ре́ть]; *a candidature, etc.* подде́ржи-
вать [-жа́ть]; *one's family, etc.* содер-
жа́ть

suppose [sə'pəʊz] (*assume*) предпо-
лага́ть [-ложи́ть]; (*imagine*) пола-
га́ть; *coll.* **~ we do so?** а е́сли мы
э́то сде́лаем?; **he's ~d to be back today**
он до́лжен сего́дня верну́ться

supposed [sə'pəʊzd] □ предполага́е-
мый; **~ly** [sə'pəʊzɪdlɪ] предположи́-
тельно; я́кобы

supposition [sʌpə'zɪʃn] предположе́-
ние

suppress [sə'pres] *uprising, yawn, etc.*
подавля́ть [-ви́ть]; (*ban*) запреща́ть
[-ети́ть]; *laugh, anger, etc.* сде́рживать
[-жа́ть]; **~ion** [sə'preʃn] подавле́ние

suprem|acy [suː'preməsɪ] превос-
хо́дство; **~e** [suː'priːm] □ *command,
etc.* верхо́вный; (*greatest*) вы-
сочайший

surcharge ['sɜːtʃɑːdʒ] (*extra charge*)
припла́та, допла́та

sure [ʃʊə] □ *com.* ве́рный; (*certain*)
уве́ренный; (*safe*) безопа́сный; надёжный; *Am.* **~!** коне́чно; **make ~ that
...** вы́яснить *pf.*, убеди́ться *pf.*, прове́-
рить *pf.*; **~ly** ['ʃʊəlɪ] несомне́нно

surf [sɜːf] прибо́й

surface ['sɜːfɪs] пове́рхность *f*; **on the
~** *fig.* чи́сто вне́шне; на пе́рвый
взгляд; **~ mail** обы́чной по́чтой

surfing ['sɜːfɪŋ] се́рфинг

surge [sɜːdʒ] **1.** волна́; **2.** *of waves*
вздыма́ться; *of crowd* подава́ться
[-да́ться] вперёд; *of emotions* [на-]
хлы́нуть *pf.*

surg|eon ['sɜːdʒən] хиру́рг; **~ery**
['sɜːdʒərɪ] хирурги́я; опера́ция; *Brt.*
приёмная (врача́); **~ hours** приёмные
часы́

surgical ['sɜːdʒɪkl] □ хирурги́ческий

surly ['sɜːlɪ] □ неприве́тливый; хму́-
рый; угрю́мый

surmise [sə'maɪz] **1.** предположе́ние;
2. предполага́ть [-ложи́ть]

surmount [sə'maunt] преодоле(ва́)ть, превозмога́ть [-мо́чь]

surname ['sɜ:neɪm] фами́лия

surpass [sə'pɑːs] expectations, etc. превосходи́ть [-взойти́]

surplus ['sɜ:pləs] **1.** изли́шек; (remainder) оста́ток; **2.** изли́шний; ли́шний

surprise [sə'praɪz] **1.** удивле́ние; event, present, etc. неожи́данность f, сюрпри́з; attr. неожи́данный; **2.** удивля́ть [-ви́ть]; (take unawares) застава́ть враспло́х

surrender [sə'rendə] **1.** сда́ча; капитуля́ция; **2.** v/t. сда(ва́)ть; one's rights отка́зываться [-за́ться] от (P); v/i. сд(ав)а́ться

surround [sə'raund] окружа́ть [-жи́ть]; **~ing** [-ɪŋ] окружа́ющий; **~ings** [-ɪŋz] pl. окре́стности f/pl.; (environment) среда́, окруже́ние

survey [sɜ:'veɪ] **1.** (look at, examine) обозре(ва́)ть; осма́тривать [осмотре́ть]; производи́ть [-вести́] топографи́ческую съёмку; **2.** ['sɜ:veɪ] осмо́тр; (study) обзо́р; топографи́ческая съёмка; attr. обзо́рный; **~or** [sɜ:'veɪə] землеме́р; топо́граф

surviv|al [sə'vaɪvl] выжива́ние; (relic) пережи́ток; **~e** [sə'vaɪv] v/t. пережи́(ва́)ть mst. pf.; v/i. остава́ться в живы́х, вы́жи(ва́)ть [-ни́ться]; of custom сохраня́ться [-ни́ться]; **~or** [sə'vaɪvə] оста́вшийся в живы́х

susceptible [sə'septəbl] □ восприи́мчивый (**to** к Д); (sensitive) чувстви́тельный; (easily enamo(u)red) влюбчивый

suspect 1. [sə'spekt] подозрева́ть, запода́зривать [-до́зрить] (**of** в П); the truth of, etc. сомнева́ться [усомни́ться] в (П); (think) предполага́ть; **2.** ['sʌspekt] подозри́тельный; подозрева́емый

suspend [sə'spend] подве́шивать [-е́сить]; (stop for a time) приостана́вливать [-нови́ть]; вре́менно прекраща́ть; **~ed** [-ɪd] подвесно́й; **~ers** [-əz] pl. Am. подтя́жки f/pl.

suspens|e [sə'spens] напряжённое внима́ние; (uneasy uncertainty) состоя́ние неизве́стности, неопределённости; **in ~** напряжённо, в напряже́нии; **~ion** [sə'spenʃn] прекраще́ние; **~ bridge** вися́чий мост

suspici|on [sə'spɪʃn] подозре́ние; trace, nuance оттёнок; **~ous** [-ʃəs] □ подозри́тельный

sustain [sə'steɪn] (support) подпира́ть [-пере́ть], подде́рживать [-жа́ть] (a. fig.); law подтвержда́ть [-рди́ть]; выде́рживать [вы́держать]; (suffer) выноси́ть [вы́нести], испы́тывать [испыта́ть]

sustenance ['sʌstɪnəns] пи́ща; сре́дства к существова́нию

swaddle ['swɒdl] [с-, за]пелена́ть

swagger ['swægə] ходи́ть с ва́жным ви́дом; (brag) [по]хва́стать (a. fig.)

swallow[1] ['swɒləu] zo. ла́сточка

swallow[2] [-] глото́к; глота́ть; прогла́тывать [-лоти́ть]

swam [swæm] pt. om swim

swamp [swɒmp] **1.** боло́то, топь f; **2.** затопля́ть [-пи́ть], залива́ть; **~y** ['swɒmpɪ] боло́тистый

swan [swɒn] ле́бедь m

swap [swɒp] coll. **1.** обме́нивать(ся) [-ня́ть(ся)]; [по]меня́ть(ся); **2.** обме́н

swarm [swɔːm] **1.** of bees рой; of birds ста́я; толпа́; **2.** of bees рои́ться; кише́ть (**with** Т); crowds **~ed into the cinema** толпа́ хлы́нула в кинотеа́тр

swarthy ['swɔːðɪ] сму́глый

sway [sweɪ] **1.** кача́ние; (influence) влия́ние; **2.** кача́ть(ся) [качну́ть(ся)], fig. [по]влия́ть, склони́ть на свою́ сто́рону

swear [sweə] [irr.] (take an oath) [по]кля́сться (**by** Т); (curse) [вы́-] руга́ться; **~word** руга́тельство

sweat [swet] **1.** пот; **2.** [irr.] v/i. [вс]поте́ть; исполня́ть тяжёлую рабо́ту; v/t. заставля́ть поте́ть; **~ blood** coll. рабо́тать как вол; **~er** ['swetə] сви́тер; **~y** ['swetɪ] по́тный

Swede [swiːd] швед m, -ка f

swede [-] bot. брю́ква

Swedish ['swiːdɪʃ] шве́дский

sweep [swiːp] **1.** [irr.] мести́, подмета́ть [-ести́]; *chimney* [по]чи́стить; (*rush*) проноси́ться [-нести́сь] (*a.* ~ *past, along*); ~ *s.o. off his feet* вскружи́ть кому́-л. го́лову; **2.** *of arm* взмах; (*curve*) изги́б; *make a clean* ~ (*of*) отде́л(ыв)аться (от Р); **~er** ['swiːpə]: *road* ~ подмета́тельная маши́на; **~ing** ['swiːpɪŋ] □ широ́кий; *accusation* огу́льный; *changes* радика́льный, широкомасшта́бный; **~ings** [-z] *pl.* му́сор

sweet [swiːt] **1.** □ сла́дкий; *air* све́жий; *water* пре́сный; *person* ми́лый; *have a* ~ *tooth* быть сластёной; **2.** конфе́та; **~s** *pl.* сла́сти *f/pl.*; **~en** ['swiːtn] подсла́щивать [-ласти́ть]; ~ *the pill* позолоти́ть *pf.* пилю́лю; **~heart** возлю́бленный (-енная)

swell [swel] **1.** [*irr.*] *v/i.* [о-, при-; рас]пу́хнуть; *of cheek* разду́(ва́)ться; *of wood* набуха́ть [-у́хнуть]; *of sound* нараста́ть [-сти́]; *v/t.* (*increase*) увели́чи(ва)ть; **2.** *coll.* (*fashionable*) шика́рный; (*excellent*) великоле́пный; **3.** *coll.* франт; **~ing** ['swelɪŋ] о́пухоль *f*; *slight* припу́хлость *f*

swelter ['sweltə] изнемога́ть от жары́

swept [swept] *pt. и pt. p. от* **sweep**

swerve [swɜːv] свора́чивать [сверну́ть] в сто́рону; *of car, etc.* ре́зко сверну́ть *pf.*

swift [swɪft] □ бы́стрый, ско́рый; **~ness** ['-nɪs] быстрота́

swill [swɪl] **1.** (*slops*) помо́и *m/pl.*; **2.** [про]полоска́ть, ополаскивать [-лосну́ть] (*a.* ~ *out*)

swim [swɪm] **1.** [*irr.*] пла́вать, [по]плы́ть; переплы́(ва́)ть (*a.* ~ *across*); *my head* ~*s* у меня́ голова́ кру́жится; **2.** пла́вание; *be in the* ~ быть в ку́рсе дел; **~mer** ['-ə] плове́ц *m*, -вчи́ха *f*; **~ming** [-ɪŋ] пла́вание; ~ *pool* пла́вательный бассе́йн; ~ *trunks* пла́вки; **~suit** купа́льный костю́м

swindle ['swɪndl] **1.** обма́нывать [-ну́ть], наду́(ва́)ть; **2.** обма́н, надува́тельство; **~r** [-ə] моше́нник

swine [swaɪn] *coll. fig.* свинья́

swing [swɪŋ] **1.** [*irr.*] кача́ть(ся) [качну́ть(ся)]; *hands* разма́хивать;

feet болта́ть; (*hang*) висе́ть; **2.** кача́ние; разма́х; взмах; ритм; каче́ли *f/pl.*; *in full* ~ в по́лном разга́ре; *go with a* ~ проходи́ть о́чень успе́шно; ~ *door* дверь *f*, открыва́ющаяся в любу́ю сто́рону

swipe [swaɪp] уда́рить; *joc.* (*steal*) стащи́ть

swirl [swɜːl] **1.** *in dance, etc.* кружи́ть(ся); *of dust, etc.* клуби́ться; *of water* крути́ться; **2.** водоворо́т

Swiss [swɪs] **1.** швейца́рский; **2.** швейца́рец *m*, -рка *f*; *the* ~ *pl.* швейца́рцы *m/pl.*

switch [swɪtʃ] **1.** *el.* выключа́тель *m*; *radio, TV* переключа́тель *m*; **2.** (*whip*) хлеста́ть [-стну́ть]; *el.* переключа́ть [-чи́ть] (*often* ~ *over*) (*a. fig.*); *fig.* ~ *the conversation* переводи́ть [-вести́] разгово́р (на В); ~ *on el.* включа́ть [-чи́ть]; ~ *off* выключа́ть [вы́ключить]; **~board** *tel.* коммута́тор

swollen ['swəʊlən] *pt. p. от* **swell**

swoon [swuːn] **1.** о́бморок; **2.** па́дать в о́бморок

swoop [swuːp] (*a.* ~ *down*), ри́нуться; (*suddenly attack*) налета́ть [-ете́ть] (*on* на В)

sword [sɔːd] шпа́га; меч

swore [swɔː] *pt. от* **swear**

sworn [swɔːn] *pt. p. от* **swear**, *adj. enemy* закля́тый

swum [swʌm] *pt. p. от* **swim**

swung [swʌŋ] *pt. и pt. p. от* **swing**

syllable ['sɪləbl] слог

syllabus ['sɪləbəs] уче́бный план

symbol ['sɪmbl] си́мвол, усло́вное обозначе́ние; **~ic(al)** [sɪm'bɒlɪk(l)] символи́ческий; **~ism** ['sɪmbəlɪzəm] символи́зм

symmetr|ical [sɪ'metrɪkl] □ симметри́чный; **~y** ['sɪmətrɪ] симметри́я

sympath|etic [sɪmpə'θetɪk] (**~ally**) сочу́вственный; **~ize** ['sɪmpəθaɪz] [по]сочу́вствовать (*with* Д); **~y** ['sɪmpəθɪ] сочу́вствие (*with* к Д)

symphony ['sɪmfənɪ] симфо́ния

symptom ['sɪmptəm] симпто́м

synchron|ize ['sɪŋkrənaɪz] *v/i.* совпада́ть по вре́мени; *v/t. actions* синхронизи́ровать *(im)pf.*; **~ous** [-nəs] □ синхро́нный

syndicate ['sɪndɪkət] синдика́т

synonym ['sɪnənɪm] сино́ним; **~ous** [sɪ'nɒnɪməs] синоними́ческий

synopsis [sɪ'nɒpsɪs] кра́ткое изложе́ние, сино́псис

synthe|sis ['sɪnθesɪs] си́нтез; **~ti** [sɪn'θetɪk] синтети́ческий

syringe [sɪ'rɪndʒ] шприц

syrup ['sɪrəp] сиро́п

system ['sɪstəm] систе́ма; **~ati** [sɪstə'mætɪk] **(~ally)** система́ти́ческий

T

tab [tæb] *for hanging garment* ве́шалка; *mil.* наши́вка, петли́ца

table ['teɪbl] стол; (*list of data, etc.*) табли́ца; **~cloth** ска́терть *f*; **~ d'hôte** ['tɑːbl'dout] табльдо́т; о́бщий стол; **~lamp** насто́льная ла́мпа; **~spoon** столо́вая ло́жка

tablet ['tæblɪt] *med.* табле́тка; *of soap* кусо́к; мемориа́льная доска́

table tennis насто́льный те́ннис

taboo [tə'buː] табу́ *n indecl.*

tacit ['tæsɪt] □ подразумева́емый; молчали́вый; **~urn** ['tæsɪtɜːn] □ неразгово́рчивый

tack [tæk] **1.** гво́здик с широ́кой шля́пкой; (*thumb~*) *Am.* кно́пка; **~ing** *sew.* намётка; **2.** *v/t.* прикрепля́ть гво́здиками и́ли кно́пками; *sewing* смётывать [смета́ть]

tackle ['tækl] **1.** (*equipment*) принадле́жности *f/pl.*; *for fishing* снасть *f*; **2.** (*deal with*) энерги́чно бра́ться за (В); *problem* би́ться над (Т)

tact [tækt] такт, такти́чность *f*, **~ful** ['tæktful] такти́чный

tactics ['tæktɪks] *pl.* та́ктика

tactless ['tæktlɪs] □ беста́ктный

tag [tæg] **1.** би́рка, этике́тка; *fig.* изби́тое выраже́ние; *price ~* це́нник; **2.**: **~ along** сле́довать по пята́м; тащи́ться сза́ди

tail [teɪl] **1.** хвост; *of coat* фа́лда; пола́; *of coin* обра́тная сторона́; *heads or ~s?* орёл или ре́шка?; **2.** *v/t.* (*follow*) сле́довать, тащи́ться (*after* за Т); *Am. coll. of police* выслеживать [вы́сле-

дить]; *v/i.* тяну́ться верени́цей; **~ o** (*fall behind*) отст(ав)а́ть; **~coat** фра ~**light** *mot.* за́дний фона́рь *m*/свет

tailor ['teɪlə] портно́й; **~-made** сде́ланный по зака́зу

take {teɪk] **1.** [*irr.*] *v/t.* брать [взять]; *medicine, etc.* принима́ть [-ня́ть] [съ]есть; [вы́]пить; *seat* занима́т [заня́ть]; *phot.* снима́ть [снять]; *tim* отнима́ть [-ня́ть]; *I ~ it that* я полага́к что ...; **~ in hand** взять *pf.* в свои́ ру́ки **~ o.s. in hand** взять *pf.* себя́ в ру́ки; **~ pity on** сжа́литься *pf.* над (Т); **~ plac** случа́ться [-чи́ться], происходи́т (произойти́); **~ a rest** отдыха́ть (от дохну́ть); **~ a hint** поня́ть *pf.* намёк **~ a seat** сади́ться [сесть]; **~ a taxi** брат [взять] такси́; **~ a view** выска́зыват свою́ то́чку зре́ния; **~ a walk** [по] гуля́ть, прогу́ливаться [-ля́ться]; **~ down** снима́ть [снять]; запи́сыват [-са́ть]; **~ for** принима́ть [-ня́ть] з (В); **~ from** брать [взять] у Р; **~ in** (*deceive*) обма́нывать [-ну́ть]; (*understand*) поня́ть *pf.*; **~ off** *coat, etc.* сни ма́ть [снять]; **~ out** вынима́ть [вы́ нуть]; **~ to pieces** разбира́ть [разо брать]; **~ up** бра́ться [взя́ться] з (В); *space, time* занима́ть [заня́ть], от нима́ть [отня́ть]; **2.** *v/i.* (*have the in tended effect*) [по]де́йствовать; (*be success*) име́ть успе́х; **~ after** походи́т на (В); **~ off** *ae.* взлета́ть [-ете́ть]; **~ over** принима́ть дела́ (*from* от Р); **~ to** пристрасти́ться к (Д) *pf.*; привя́ за́ться к (Д) *pf.*; **~n** ['teɪkən] *pt. p от take, be ~ ill* заболе́(ва́)ть; **~of**

['teɪ'kɔf] (*impersonation*) подража́ние; *ae.* взлёт

takings ['teɪkɪŋz] *pl. comm.* вы́ручка; сбор

tale [teɪl] расска́з, по́весть *f*; (*false account*) вы́думка; (*unkind account*) спле́тня; **tell ~s** спле́тничать

talent ['tæɫənt] тала́нт, **~ed** [~ɪd] тала́нтливый

talk [tɔːk] **1.** разгово́р, бесе́да; **~s** *pl. pol.* перегово́ры; **there is ~ that …** говоря́т, что …; **2.** [по]говори́ть; разгова́ривать; [по]бесе́довать; **~ative** ['tɔːkətɪv] разгово́рчивый; **~er** ['tɔːkə] **1.** говоря́щий; говорли́вый челове́к

tall [tɔːl] высо́кий; **~ order** чрезме́рное тре́бование; **~ story** *coll.* небыли́ца; неправдоподо́бная исто́рия

tally ['tælɪ] соотве́тствовать (**with** Д)

tame [teɪm] **1.** □ *animal* ручно́й, приручённый; (*submissive*) поко́рный; (*dull*) ску́чный; **2.** прируча́ть [-чи́ть]

tamper ['tæmpə]: **~ with** тро́гать; копа́ться; *document* подде́л(ыв)ать (В); **someone has ~ed with my luggage** кто́-то копа́лся в моём багаже́

tan [tæn] **1.** (*sun~*) зага́р; **2.** загора́ть

tang [tæŋ] (*taste*) ре́зкий при́вкус; (*smell*) за́пах

tangent ['tændʒənt] *math.* каса́тельная; **go** (*a. fly*) **off at a ~** ре́зко отклони́тся *pf.*

tangerine [tændʒə'riːn] мандари́н

tangible ['tændʒəbl] □ осяза́емый, ощути́мый

tangle ['tæŋgl] **1.** пу́таница, неразбери́ха; **2.** запу́т(ыв)ать(ся)

tank [tæŋk] цисте́рна; бак; *mil.* танк, *attr.* та́нковый; **gas(oline) ~**, *Brt.* **petrol ~** бензоба́к

tankard ['tæŋkəd] высо́кая кру́жка

tanker ['tæŋkə] *naut.* та́нкер; *mot.* автоцисте́рна

tantalize ['tæntəlaɪz] дразни́ть; [за-, из]му́чить

tantrum ['tæntrəm] *coll.* вспы́шка гне́ва *или* раздраже́ния; **throw a ~** закати́ть *pf.* исте́рику

tap¹ [tæp] **1.** *for water, gas* кран; **2.**: **~ for** *money* выпра́шивать де́ньги у P; **~ for information** выу́живать [-удить] информа́цию

tap² [-] **1.** [по]стуча́ть; [по]хло́пать; **2.** лёгкий стук; **~ dance** чечётка

tape [teɪp] тесьма́; *sport* фи́нишная ле́нточка; магни́тная ле́нта; **sticky ~** ли́пкая ле́нта; **~ measure** ['teɪpmeʒə] руле́тка; *of cloth* сантиме́тр

taper ['teɪpə] *v/i.* су́живаться к концу́; *v/t.* заостря́ть [-ри́ть]

tape recorder магнитофо́н

tapestry ['tæpɪstrɪ] гобеле́н

tar [tɑː] **1.** дёготь *m*; *for boats* смола́; **2.** [вы́]смоли́ть

tardy ['tɑːdɪ] □ (*slow-moving*) медли́тельный; (*coming or done late*) запозда́лый

target ['tɑːgɪt] цель *f* (*a. fig.*); мише́нь *f* (*a. fig.*)

tariff ['tærɪf] тари́ф

tarnish ['tɑːnɪʃ] *fig.* [о]поро́чить; *v/i. of metal* [по]тускне́ть; **~ed reputation** запя́тнанная репута́ция

tarpaulin [tɑː'pɔːlɪn] брезе́нт

tart¹ [tɑːt] откры́тый пиро́г с фру́ктами; сла́дкая ватру́шка

tart² [-] ки́слый, те́рпкий; *fig.* ко́лкий

tartan ['tɑːtn] шотла́ндка

task [tɑːsk] (*problem*) зада́ча; (*job*) зада́ние; **set a ~** дать *pf.* зада́ние; **take to ~** отчи́тывать [-ита́ть]; **~ force** *mil.* операти́вная гру́ппа

taste [teɪst] **1.** вкус; **have a ~ for** люби́ть, знать толк (в П); **2.** [по]про́бовать; *fig.* испы́тывать [-пыта́ть]; **~ sweet** быть сла́дким на вкус; **~ful** ['teɪstfl] □ (сде́ланный) со вку́сом; изя́щный; **~less** [-lɪs] безвку́сный

tasty ['teɪstɪ] □ вку́сный

tatter|ed ['tætəd] изно́шенный, изо́рванный; **~s** *pl.* лохмо́тья *n/pl.*; **tear to ~s** разорва́ть в кло́чья; *fig.* разбива́ть [-би́ть] в пух и прах

tattle ['tætl] болтовня́

tattoo [tə'tuː] (*design on skin*) татуиро́вка

taught [tɔːt] *pt. и pt. p. от* **teach**

taunt [tɔːnt] **1.** насме́шка, ко́лкость *f*; **2.** говори́ть ко́лкости (Д), дразни́ть

taut [tɔːt] (*stretched tight*) туго натянутый; *nerves* взвинченный

tawdry ['tɔːdrɪ] □ безвкусный; кричащий

tawny ['tɔːnɪ] рыжевато-коричневый

tax [tæks] **1.** налог (*on* на В); *income* ~ подоходный налог; ~ *evasion* уклонение от уплаты налога; *value added* ~ налог на добавочную стоимость f; **2.** облагать налогом; *one's strength* чрезмерно напрягать; ~ *s.o.'s patience* испытывать чьё-л. терпение; ~ *a p. with a th.* обвинять [-нить] кого-л. в чём-л.; ~ation [tæk'seɪʃn] обложение налогом; взимание налога

taxi ['tæksɪ] = *cab* такси n indecl.

taxpayer ['tækspeɪə] налогоплательщик

tea [tiː] чай; *make (the)* ~ заваривать [-рить] чай

teach [tiːtʃ] [*irr.*] [на]учить, обучать [-чить]; *a subject* преподавать; ~er ['tiːtʃə] учитель m, -ница f; univ. преподаватель m, -ница f

teacup ['tiːkʌp] чайная чашка

team [tiːm] **1.** sport команда; *of workers* бригада; ~ *spirit* чувство локтя; **2.**: ~ *up* сотрудничать; ~*work* совместная работа

teapot ['tiːpɒt] чайник (для заварки)

tear¹ [teə] **1.** [*irr.*] дыра, прореха; **2.** [по]рвать(ся), разрывать(ся) [разорвать(ся)]; *fig.* раздирать(ся); (*go at great speed*) [по]мчаться; *country torn by war* страна, раздираемая войной

tear² [tɪə] слеза (pl. слёзы)

tearful ['tɪəfl] □ слезливый; *eyes* полный слёз

tease [tiːz] **1.** человек, любящий подразнивать; **2.** coll. дразнить; подшучивать; ~r [-ə] coll. головоломка

teat [tiːt] сосок

technic|al ['teknɪkl] □ технический; ~**ality** [teknɪ'kælɪtɪ] техническая деталь f; формальность f; ~**ian** [tek'nɪʃn] техник

technique [tek'niːk] техника; метод, способ

technology [tek'nɒlədʒɪ] технология; технологические науки f/pl.

tedious ['tiːdɪəs] □ скучный, утомительный

tedium ['tiːdɪəm] утомительность f; скука

teem [tiːm] изобиловать, кишеть (*with* Т)

teenager ['tiːneɪdʒə] подросток; юноша m / девушка f до двадцати лет

teeth [tiːθ] pl. om **tooth**; ~**e** [tiːð]: *the child is teething* у ребёнка прорезаются зубы

teetotal(l)er [tiː'təʊtlə] трезвенник

telecommunications [telɪkəmjuːnɪ'keɪʃnz] pl. средства дальней связи

telegram ['telɪgræm] телеграмма

telegraph ['telɪgrɑːf] **1.** телеграф; **2.** телеграфировать (*im*)pf.; **3.** attr. телеграфный

telephone ['telɪfəʊn] **1.** телефон; **2.** звонить по телефону; ~ *booth* телефон-автомат; ~ *directory* телефонный справочник

telescop|e ['telɪskəʊp] телескоп; ~**ic** [telɪs'kɒpɪk] телескопический; ~ *aerial* выдвижная антенна

teletype ['telɪtaɪp] телетайп

telev|ision ['telɪvɪʒn] телевидение

telex ['teleks] телекс

tell [tel] [*irr.*] *v/t.* говорить [сказать]; (*relate*) рассказывать [-зать]; (*distinguish*) отличать [-чить]; ~ *a p. to do a th.* велеть кому-л. что-л. сделать; ~ *off* coll. [вы]бранить; *v/i.* (*affect*) сказываться [сказаться]; (*know*) знать; *how can I* ~? откуда мне знать?; ~**er** ['telə] esp. Am. кассир (в банке); ~**ing** ['telɪŋ] □ многоговорящий, многозначительный; ~**tale** ['telteɪl] ябеда m & f

telly ['telɪ] chiefly Brt. coll. телик

temper ['tempə] **1.** steel закалять [-лить] (*a. fig.*); **2.** нрав; (*mood*) настроение; (*irritation, anger*) раздражение, гнев; *he has a quick* ~ вспыльчив; ~**ament** ['tempərəmənt] темперамент; ~**amental** [tempərə'mentl] □ темпераментный; ~**ate** ['tempərət] *climate* умеренный; *behavio(u)r* сдержанный; ~**ature**

['temprətʃə] температу́ра

tempest ['tempɪst] бу́ря; **~uous** □ [tem'pestʃʊəs] бу́рный (*a. fig.*)

temple¹ [templ] храм

temple² [~] *anat.* висо́к

tempo ['tempəʊ] темп

tempor|ary ['temprərɪ] □ вре́менный; **~ize** [-raɪz] стара́ться вы́играть вре́мя, тяну́ть вре́мя

tempt [tempt] искуша́ть [-уси́ть], собла́зня́ть [-ни́ть]; (*attract*) привлека́ть [-е́чь]; **~ation** [temp'teɪʃn] искуше́ние, собла́зн; **~ing** ['-tɪŋ] зама́нчивый, соблазни́тельный

ten [ten] 1. де́сять; 2. деся́ток

tenable ['tenəbl] □ **not a ~ argument** аргуме́нт, не выде́рживающий кри́тики

tenaci|ous [tɪ'neɪʃəs] □ це́пкий; **~ memory** хоро́шая па́мять *f*; **~ty** [tɪ'næsətɪ] це́пкость *f*, настойчивость *f*

tenant ['tenənt] *of land* аренда́тор; *of flat* квартира́нт

tend [tend] *v/i.* быть скло́нным (**to** к Д); *v/t. prices* **~ to rise during the holiday season** в пери́од отпуско́в це́ны обы́чно повыша́ются; уха́живать за (Т); присма́тривать [-мотре́ть]; *tech.* обслу́живать [-и́ть]; **~ency** ['tendənsɪ] тенде́нция; *of person* скло́нность *f*

tender ['tendə] 1. □ *com.* не́жный; **~ spot** больно́е (уязви́мое) ме́сто; 2. *comm.* те́ндер; 3. предлага́ть [-ложи́ть]; *documents* представля́ть [-а́вить]; *apologies, etc.* приноси́ть [-нести́]; **~-hearted** [-'hɑːtɪd] мягкосерде́чный; **~ness** [-nɪs] не́жность *f*

tendon ['tendən] *anat.* сухожи́лие

tendril ['tendrəl] *bot.* у́сик

tenement ['tenəmənt]: **~ house** многокварти́рный дом

tennis ['tenɪs] те́ннис

tenor ['tenə] *mus.* те́нор; (*general course*) тече́ние, направле́ние; *of life* укла́д; (*purport*) о́бщий смысл

tens|e [tens] 1. *gr.* вре́мя *n*; 2. натя́нутый; *muscles, atmosphere, etc.* напряжённый; **~ion** ['tenʃn] напряже́ние; натяже́ние; *pol.* напряжённость *f*

tent [tent] пала́тка, шатёр

tentacle ['tentəkl] *zo.* щу́пальце

tentative ['tentətɪv] □ (*trial*) про́бный; (*provisional*) предвари́тельный

tenterhooks ['tentəhʊks]: **be on ~** сиде́ть как на иго́лках; **keep s.o. on ~** держа́ть кого́-л. в неизве́стности

tenth [tenθ] 1. деся́тый; 2. деся́тая часть *f*

tenure ['tenjʊə] пребыва́ние в до́лжности; пра́во владе́ния землёй; срок владе́ния

tepid ['tepɪd] □ теплова́тый; *fig.* прохла́дный

term [tɜːm] 1. (*period*) срок; *univ.* семе́стр; *ling.* те́рмин; *school* че́тверть; **~s** *pl.* усло́вия; **be on good** (**bad**) **~s** быть в хоро́ших (плохи́х) отноше́ниях; **come to ~s** прийти́ *pf.* к соглаше́нию; 2. (*call*) наз(ы)ва́ть; (*name*) [на]именова́ть

termina|l ['tɜːmɪnl] 1. □ коне́чный; 2. *el.* кле́мма, зажи́м; *Am. rail.* коне́чная ста́нция; *air* ~ аэровокза́л; **bus ~** автовокза́л; **~te** [-neɪt] конча́ть(ся) [ко́нчить(ся)]; **~ a contract** расто́ргнуть *pf.* контра́кт; **~tion** [tɜːmɪ'neɪʃn] оконча́ние; коне́ц

terminus ['tɜːmɪnəs] *rail., bus* коне́чная ста́нция

terrace ['terəs] терра́са; **~s** *pl. sport* трибу́ны стадио́на; **~d** [-t] располо́женный терра́сами

terrestrial [te'restrɪəl] □ земно́й

terrible ['terəbl] □ ужа́сный, стра́шный

terri|fic [tə'rɪfɪk] (**~ally**) *coll.* потряса́ющий, великоле́пный; **~fy** ['terɪfaɪ] *v/t.* ужаса́ть [-сну́ть]

territor|ial [terɪ'tɔːrɪəl] □ территориа́льный; **~y** ['terətrɪ] террито́рия

terror ['terə] ужас; (*violence*) терро́р; **~ize** [-raɪz] терроризова́ть (*im*)*pf.*

terse [tɜːs] □ (*concise*) сжа́тый

test [test] 1. испыта́ние (*a. fig.*); про́ба; контро́ль *m*; *in teaching* контро́льная рабо́та; (*check*) прове́рка; *attr.* испыта́тельный; про́бный; **nuclear ~s**

я́дерные испыта́ния; **2.** подверга́ть испыта́нию, прове́рке

testament ['testəmənt] *law* завеща́ние; *Old* (*New*) ⌖ Ве́тхий (Но́вый) заве́т

testify ['testɪfaɪ] *law* дава́ть показа́ние (*to* в по́льзу P, *against* про́тив P); свиде́тельствовать (*to* о П)

testimon|ial [testɪ'məʊnɪəl] рекоменда́ция, характери́стика; **~y** ['testɪmənɪ] *law* свиде́тельские показа́ния; *fig.* свиде́тельство

test pilot лётчик-испыта́тель *m*

test tube *chem.* пробирка

tête-à-tête [teɪtɑ:'teɪt] с гла́зу на́ глаз

tether ['teðə]: *come to the end of one's ~* дойти́ *pf.* до ру́чки

text [tekst] текст; **~book** уче́бник

textile ['tekstaɪl] **1.** тексти́льный; **2. ~s** *coll.* тексти́ль *m*

texture ['tekstʃə] *of cloth* тексту́ра; *of mineral, etc.* структу́ра

than [ðæn, ðən] чем, не́жели; *more ~ ten* бо́льше десяти́

thank [θæŋk] **1.** [по]благодари́ть (В); *~ you* благодарю́ вас; **2. ~s** *pl.* спаси́бо!; *~s to* благодаря́ (Д); **~ful** ['-fl] □ благода́рный; **~less** ['-lɪs] □ неблагода́рный

that [ðæt, ðət] **1.** *pron.* тот, та, то; те *pl.*; (*a.* э́тот *и т.* д.); кото́рый *и т.* д.; **2.** *cj.* что; чтобы

thatch [θætʃ]: *~ed roof* соло́менная кры́ша

thaw [θɔ:] **1.** о́ттепель f; (*melting*) та́яние; **2.** *v/i.* [рас]та́ять; (*a. ~ out*) отта́ивать [отта́ять]

the [ðə, ... ðɪ, ... ðɪ:] [ðɪ: *перед гласными* ðɪ, *перед согласными* ðə] **1.** определённый артикль *m*; **2.** *adv.* *~ ... ~ ...* чем ..., тем ...

theat|er, *Brt.* theatre ['θɪətə] теа́тр; *fig.* аре́на; *operating ~* операцио́нная; *~ of war* теа́тр вое́нных де́йствий; **~rical** □ [θɪ'ætrɪkl] театра́льный (*a. fig.*); сцени́ческий

theft [θeft] воровство́; кра́жа

their [ðeə] *poss. pron.* (*om they*) их; свой, своя́, своё, свои́ *pl.*; **~s** [ðeəz] *poss. pron. pred.* их, свой *и т.д*

them [ðəm, ðem] *pron.* (*косвенный падеж от* they) их, им

theme [θi:m] те́ма

themselves [ðəm'selvz] *pron. refl.* себя́, -ся; *emphatic* са́ми

then [ðen] **1.** *adv.* тогда́; пото́м, зате́м; *from ~ on* с тех пор; *by ~* к тому́ вре́мени; **2.** *cj.* тогда́, в тако́м слу́чае; зна́чит; **3.** *adj.* тогда́шний

thence *lit.* [ðens] отту́да; с того́ вре́мени; *fig.* отсю́да, из э́того

theology [θɪ'ɒlədʒɪ] богосло́вие

theor|etic(al) □ [θɪə'retɪk(l)] теорети́ческий; **~ist** ['θɪərɪst] теоре́тик; **~y** ['θɪərɪ] тео́рия

there [ðeə] там, туда́; **~!** (ну) вот!; *~ she is* вон она́; *~ is, ~ are* [ðə'rɪz, ðə'rɑ:] есть, име́ется, име́ются; **~about(s)** [ðeərə'baʊt(s)] (*approximately*) о́коло э́того, приблизи́тельно; **~after** [ðeər'ɑ:ftə] по́сле того́; **~by** [ðeə'baɪ] посре́дством э́того, таки́м о́бразом; **~fore** ['ðeəfɔ:] поэ́тому; сле́довательно; **~upon** ['ðeərə'pɒn] сра́зу же; тут; всле́дствие того́

thermo|meter [θə'mɒmɪtə] термо́метр, гра́дусник; **~nuclear** [θɜ:məʊ'njuklɪə] термоя́дерный; **~s** ['θɜ:məs] (*or ~ flask*) те́рмос

these [ði:z] *pl. om this*

thes|is ['θi:sɪs], *pl.* **~es** [-si:z] те́зис; диссерта́ция

they [ðeɪ] *pers. pron.* они́

thick [θɪk] **1.** *com.* то́лстый; *fog, hair, etc.* густо́й; *voice* хри́плый; *coll.* (*stupid*) глу́пый; *that's a bit ~* э́то уж сли́шком; **2.** *fig.* гу́ща; *in the ~ of* в са́мой гу́ще P; **~en** ['θɪkən] утолща́ть(ся) [утолщи́ть(ся)]; *of darkness, fog, etc.* сгуща́ть(ся) [сгусти́ть(ся)]; **~et** ['θɪkɪt] ча́ща; *of bushes* за́росли *f/pl.*; **~-headed** тупоголо́вый тупоу́мный; **~ness** ['θɪknɪs] толщина́; (*density*) густота́; **~set** [θɪk'set] *person* корена́стый; **~-skinned** (*a. fig.*) толстоко́жий

thie|f [θi:f], *pl.* **~ves** [θi:vz] вор; **~ve** [θi:v] *v/i.* ворова́ть

thigh [θaɪ] бедро́

thimble ['θɪmbl] напёрсток

thin [θɪn] 1. □ *com.* тóнкий; *person* худóй, худощáвый; *hair* рéдкий; *soup* жúдкий; 2. дéлать(ся) тóнким, утончáть(ся) [-чúть(ся)]; [по]редéть; [по]худéть

thing [θɪŋ] вещь *f*; предмéт; дéло; ~s *pl.* (*belongings*) вéщи *f/pl.*; (*luggage*) багáж; (*clothes*) одéжда; *for painting, etc.* принадлéжности *f/pl.*; *the* ~ *is that* дéло в том, что …; *the very* ~ как раз то, что нýжно; ~s *are getting better* положéние улучшáется

think [θɪŋk] [*irr.*] *v/i.* [по]дýмать (*of, about* о П); *abstractly* мы́слить; (*presume*) полагáть; (*remember*) вспоминáть [вспóмнить] (*of* о П); (*intend*) намерéваться (+ *inf.*); (*devise*) придýм(ыв)ать (*of* В); *v/t.* считáть [счесть]; ~ *a lot of* высокó ценúть; быть высóкого мнéния о (П)

third [θɜːd] 1. трéтий; 2. треть *f*

thirst [θɜːst] 1. жáжда (*a. fig.*); 2. жáждать (*for, after* Р) (*part. fig.*); ~y ['-ɪ]: *I am* ~ я хочý пить

thirt|een [θɜː'tiːn] тринáдцать; ~eenth [θɜː'tiːnθ] тринáдцатый; ~ieth ['θɜːtɪɪθ] тридцáтый; ~y ['θɜːtɪ] трúдцать

this [ðɪs] *demonstrative pron.* (*pl.* **these**) э́тот, э́та, э́то; э́ти *pl.*; ~ *morning* сегóдня ýтром; *one of these days* кáк-нибýдь, когдá-нибудь

thistle ['θɪsl] чертополóх

thorn [θɔːn] *bot.* шип, колю́чка; ~y ['θɔːnɪ] колю́чий; *fig.* тяжёлый, тернúстый

thorough ['θʌrə] □ основáтельный, тщáтельный; (*detailed*) детáльный, подрóбный; ~ly *adv.* основáтельно, досконáльно; ~bred чистокрóвный; ~fare ýлица, магистрáль *f*; "*No* ℈" "Проéзда нет"

those [ðəuz] *pl. om* **that**

though [ðəu] *conj.* хотя́; дáже éсли бы, хотя́ бы; *adv.* тем не мéнее, однáко; всё-таки; *as* ~ как бýдто, слóвно

thought [θɔːt] 1. *pt. u pt. p. om* **think**; 2. мысль *f*; мышлéние; (*contemplation*) размышлéние; (*care*) забóта; внимá-

тельность *f*; ~ful ['θɔːtfl] □ задýмчивый; (*considerate*) забóтливый; внимáтельный (*of* Д); ~less ['θɔːtlɪs] □ (*careless*) беспéчный; необдýманный; невнимáтельный (*of* к Д)

thousand ['θauznd] ты́сяча; ~th ['θauznθ] 1. ты́сячный; 2. ты́сячная часть *f*

thrash [θræʃ] (*вы́*)порóть; избивáть [-бúть]; *fig.* (*defeat*) побеждáть [-едúть]; ~ *out* тщáтельно обсуждáть [-удúть]; ~ing ['θræʃɪŋ]: *give s.o. a good* ~ основáтельно поколотúть *pf.* когó-л.

thread [θred] 1. нúтка, нить *f*; *fig.* нить *f*; *of a screw, etc.* резьбá; 2. *needle* продевáть нúтку в (В); *beads* нанúзывать [-зáть]; ~bare ['θredbeə] потёртый, изнóшенный, потрёпанный; *fig.* (*hackneyed*) избúтый

threat [θret] угрóза; ~en ['θretn] *v/t.* (*при*)грозúть, угрожáть (Д *with* Т); *v/i.* грозúть

three [θriː] 1. три; 2. трóйка → *five*; ~fold ['θriːfəuld] тройнóй; *adv.* втройнé; ~ply ['θriː-] трёхслóйный

thresh [θreʃ] *agric.* обмолотúть *pf.*

threshold ['θreʃhəuld] порóг

threw [θruː] *pt. om* **throw**

thrice [θraɪs] трúжды

thrift [θrɪft] бережлúвость *f*, экономность *f*; ~y ['θrɪftɪ] □ экономный, бережлúвый

thrill [θrɪl] 1. *v/t.* [вз]волновáть; приводúть в трéпет, воодушевля́ть; *v/i.* (*за*)трепетáть (*with* от Р); [вз]волновáться; 2. трéпет; глубóкое волнéние; нéрвная дрожь *f*; ~er ['θrɪlə] детектúвный *or* приключéнческий ромáн *or* фильм, трúллер; ~ing ['θrɪlɪŋ] захвáтывающий; *news* потрясáющий

thrive [θraɪv] [*irr.*] *of business* процветáть; *of person* преуспевáть; *of plants* разрастáться; ~n ['θrɪvn] *pt. p. om* **thrive**

throat [θrəut] гóрло; *clear one's* ~ откáшливаться [-ляться]

throb [θrɒb] 1. пульсúровать; сúльно бúться; 2. пульсáция; биéние, *fig.* трéпет

throes [θrəʊz]: *be in the ~ of* в хо́де, в проце́ссе

throne [θrəʊn] трон, престо́л

throng [θrɒŋ] **1.** толпа́; **2.** [c]толпи́ться; (*fill*) заполня́ть [-о́лнить]; *people ~ed to the square* наро́д толпо́й вали́л на пло́щадь *f*

throttle ['θrɒtl] (*choke*) [за]души́ть; (*regulate*) дроссели́ровать

through [θruː] **1.** че́рез (В); сквозь (В); по (Д); *adv.* наскво́зь; от нача́ла до конца́; **2.** *train, etc.* прямо́й; *be ~ with s.o.* порва́ть с ке́м-л.; *put ~ tel.* соедини́ть *pf.* (с Т); *~out* [θruː'aʊt] **1.** *prp.* че́рез (В); по всему́, всей …; **2.** повсю́ду; во всех отноше́ниях

throve [θrəʊv] *pt. om* **thrive**

throw [θrəʊ] **1.** [*irr.*] броса́ть [бро́сить], кида́ть [ки́нуть]; *discus, etc.* мета́ть [метну́ть]; *~away* выбра́сывать ['-роси́ть]; (*forgo*) упуска́ть [-сти́ть]; *~ over* перебра́сывать [-бро́сить]; *~ light on s.th.* пролива́ть [-ли́ть] свет на (В); **2.** бросо́к; броса́ние; *~n* [-n] *pt. p. om* **throw**

thru *Am.* = **through**

thrush [θrʌʃ] дрозд

thrust [θrʌst] **1.** толчо́к; *mil.* уда́р; **2.** [*irr.*] (*push*) толка́ть [-кну́ть]; (*poke*) ты́кать [ткнуть]; *~ o.s. into fig.* втира́ться [втере́ться] в (В); *~ upon а р.* навя́зывать [-за́ть] (Д)

thud [θʌd] глухо́й звук *or* стук

thug [θʌg] головоре́з

thumb [θʌm] **1.** большо́й па́лец (руки́); **2.** *book* перели́стывать [-ста́ть]; *~ a lift coll.* голосова́ть (на доро́ге)

thump [θʌmp] **1.** глухо́й стук; тяжёлый уда́р; **2.** стуча́ть [-у́кнуть]

thunder ['θʌndə] **1.** гром; **2.** [за]греме́ть; *fig.* мета́ть гро́мы и мо́лнии; *~bolt* уда́р мо́лнии; *~clap* уда́р гро́ма; *~ous* ['θʌndərəs] □ (*very loud*) громово́й, оглуша́ющий; *~storm* гроза́; *~struck fig.* как гро́мом поражённый

Thursday ['θɜːzdɪ] четве́рг

thus [ðʌs] так, таки́м о́бразом

thwart [θwɔːt] *plans, etc.* меша́ть, расстра́ивать [-ро́ить]; *be ~ed at every turn* встреча́ть препя́тствия на ка́ждом шагу́

tick¹ [tɪk] *zo.* клещ

tick² [-] **1.** *of clock* ти́канье; **2.** *v/i.* ти́кать

tick³ [-] *mark* га́лочка; *~ off* отмеча́ть га́лочкой

ticket ['tɪkɪt] **1.** биле́т; *price~* этике́тка с цено́й; *cloakroom ~* номеро́к; *round trip* (*Brt. return*) обра́тный биле́т; *~ office* биле́тная ка́сса

tickle ['tɪkl] (по)щекота́ть; *~ish* [-ɪʃ] □ *fig.* щекотли́вый

tidal ['taɪdl]: *~ wave* прили́вная волна́

tidbit [tɪdbɪt], *Brt.* **titbit** ['tɪtbɪt] ла́комый кусо́чек; *fig.* пика́нтная но́вость *f*

tide [taɪd] **1.** *low ~* отли́в; *high ~* прили́в; *fig.* тече́ние; направле́ние; **2.** *fig. ~ over: will this ~ you over till Monday?* Это вам хва́тит до понеде́льника?

tidy ['taɪdɪ] **1.** опря́тный; аккура́тный; *sum* значи́тельный; **2.** уб(и)ра́ть; приводи́ть в поря́док

tie [taɪ] **1.** га́лстук; *sport* ничья́; *~s pl.* (*bonds*) у́зы *f/pl.*; **2.** *v/t. knot, etc.* завя́зывать [-за́ть]; *together* свя́зывать [-за́ть]; *v/i.* сыгра́ть *pf.* вничью́

tier [tɪə] я́рус

tiff [tɪf] *coll.* размо́лвка

tiger ['taɪgə] тигр

tight [taɪt] □ туго́й; туго натя́нутый; (*fitting too closely*) те́сный; *coll.* (*drunk*) подвы́пивший; *coll. ~ spot fig.* затрудни́тельное положе́ние; *~en* [-'taɪtn] стя́гивать(ся) (стяну́ть(ся)) (*a. ~ up*); *belt, etc.* затя́гивать [-яну́ть]; *screw* подтя́гивать [-яну́ть]; *~fisted* скупо́й; *~s* [taɪts] *pl.* колго́тки

tigress ['taɪgrɪs] тигри́ца

tile [taɪl] **1.** *for roof* черепи́ца; *for walls, etc.* облицо́вочная пли́тка, *decorative* изразе́ц; **2.** покрыва́ть черепи́цей; облицо́вывать пли́ткой

till¹ [tɪl] ка́сса

till² [-] **1.** *prp.* до Р+; **2.** *cj.* пока́

till³ [-] *agric.* возде́л(ыв)ать (В); [вс]паха́ть

tilt [tɪlt] **1.** накло́нное положе́ние, наклóн; *at full ~* на пóлной скóрости; **2.** наклоня́ть(ся) [-ни́ть(ся)]

timber ['tɪmbə] лесоматериáл, строевóй лес

time [taɪm] **1.** *com.* врéмя *n*; (*suitable ~*) порá; (*term*) срок; *at the same ~* в то же врéмя; *beat ~* отбивáть такт; *for the ~ being* покá, на врéмя; *in* (*or on*) *~* вóвремя; *next ~* в слéдующий раз; *what's the ~?* котóрый час?; **2.** (удáчно) выбирáть врéмя для P; *~limit* предéльный срок; *~r* ['taɪmə] тáймер; *~ly* ['taɪmlɪ] своеврéменный; *~saving* экономя́щий врéмя; *~table rail* расписáние

timid ['tɪmɪd] □ рóбкий

tin [tɪn] **1.** óлово; (*container*) консéрвная бáнка; **2.** консерви́ровать

tinfoil ['tɪnfɔɪl] фольгá

tinge [tɪndʒ] **1.** слегкá окрáшивать; *fig.* придавáть оттéнок (Д); **2.** лёгкая окрáска; *fig.* оттéнок

tingle ['tɪŋgl] испы́тывать *или* вызывáть покáлывание (в онемéвших конéчностях), пощи́пывание (на морóзе), звон в ушáх *и т. п.*

tinker ['tɪŋkə] воз́иться (*with* с Т)

tinkle ['tɪŋkl] звя́кать [-кнуть]

tin|ned [tɪnd] консерви́рованный; *~ opener* консéрвный нож

tinsel ['tɪnsl] мишурá

tint [tɪnt] **1.** крáска; (*shade*) оттéнок; **2.** слегкá окрáшивать; *hair* подкрáшивать

tiny ['taɪnɪ] □ óчень мáленький, крóшечный

tip[1] [tɪp] (тóнкий) конéц, наконéчник; *of finger, etc.* кóнчик

tip[2] [-] **1.** информáция; (*hint*) намёк; (*advice*) рекомендáция, оснóванная на малодостýпной информáции; **2.** давáть на чай (Д); давáть информáцию (Д), рекомендáцию

tip[3] [-] опроки́дывать [-и́нуть]

tipple ['tɪpl] *coll.* вы́пи(вá)ть, пить

tipsy ['tɪpsɪ] подвы́пивший

tiptoe ['tɪptəʊ]: *on ~* на цы́почках

tire[1] (*Brt.* **tyre**) ши́на; *flat ~* спу́щенная ши́на

tire[2] [taɪə] утомля́ть [-ми́ть]; устá(-

вá)ть; *~d* [-d] устáлый; *~less* [-lɪs] неутоми́мый; *~some* ['-səm] утоми́тельный; (*pesky*) надоéдливый; (*boring*) скýчный

tissue ['tɪʃu:] ткань *f* (*a. biol.*); *~ paper* папирóсная бумáга

title ['taɪtl] заглáвие, назвáние; (*person's status*) ти́тул, звáние; *~ holder sport* чемпиóн; *~ page* ти́тульный лист

titter ['tɪtə] **1.** хихи́канье; **2.** хихи́кать [-кнуть]

tittle-tattle ['tɪtltætl] слéтни *f/pl.*, болтовня́

to [tə, ... tʊ, ... tu:] *prp. indicating direction, aim* к (Д); в (В); на (В); *introducing indirect object, corresponds to the Russian dative case: ~ me* мне *и т. д.*; *~ and fro adv.* взад и вперёд; *показатель инфинитива: ~ work* рабóтать; *I weep ~ think of it* я плáчу, дýмая об э́том

toad [təʊd] жáба; *~stool* погáнка

toast [təʊst] **1.** грéнок; (*drink*) тост; **2.** дéлать грéнки; поджáри(ва)ть; *fig.* (*warm o.s.*) грéть(ся); пить за (В); *~er* [-ə] тóстер

tobacco [tə'bækəʊ] табáк; *~nist's* [tə'bækənɪsts] табáчный магази́н

toboggan [tə'bɒgən] **1.** сáни *f/pl.*; *children's* сáнки; **2.** катáться на саня́х, сáнках

today [tə'deɪ] сегóдня; настоя́щее врéмя; *from ~* с сегóдняшнего дня; *a month ~* чéрез мéсяц

toe [təʊ] пáлец (на ногé); *of boot, sock* носóк

toffee ['tɒfɪ] ири́ска; *soft* тянýчка

together [tə'geðə] вмéсте

togs [tɒgs] *pl. coll.* одéжда

toil [tɔɪl] **1.** тяжёлый труд; **2.** уси́ленно труди́ться; тащи́ться, идти́ с трудóм

toilet ['tɔɪlɪt] туалéт; *~ paper* туалéтная бумáга

token ['təʊkən] знак; *as a ~ of* в знак чегó-то; *~ payment* символи́ческая плáта

told [təʊld] *pt. и pt. p. om* **tell**

tolera|ble ['tɒlərəbl] □ терпи́мый; (*fairly good*) снóсный; *~nce* [-rəns]

терпи́мость *f*; ~nt [-rənt] □ терпи́-
мый; ~te [-reit] [вы-, по]терпе́ть, до-
пуска́ть [-сти́ть]

toll [təul] (*tax*) по́шлина, сбор; *fig.*
дань *f*; ~gate ме́сто, где взима́ются
сбо́ры; заста́ва

tom [tɒm]: ~ **cat** кот

tomato [təˈmɑːtəu], *pl.* ~es [~z] поми-
до́р, тома́т

tomb [tuːm] моги́ла

tomboy ['tɒmbɔɪ] сорване́ц (о де́-
вочке)

tomfoolery [tɒmˈfuːlərɪ] дура́чество

tomorrow [təˈmɒrəu] за́втра

ton [tʌn] *metric* то́нна

tone [təun] 1. *mus., paint., fig.* тон; ин-
тона́ция; 2.: ~ **down** смягча́ть(ся)
[-чи́ть]; ~ **in with** гармони́ровать (с T)

tongs [tɒŋz] *pl.* щипцы́ *m/pl.*, кле́щи,
a. клещи́ *f/pl.*

tongue [tʌŋ] язы́к; **hold your** ~!
молчи́(те)!

tonic ['tɒnɪk] *med.* тонизи́рующее
сре́дство; ~ **water** то́ник

tonight [təˈnaɪt] сего́дня ве́чером

tonnage['tʌnɪdʒ]*naut.*то́ннаж; (*freight
carrying capacity*) грузоподъ-
ёмность *f*; (*duty*) тонна́жный сбор

tonsil ['tɒnsl] *anat.* гла́нда, минда́лина

too [tuː] та́кже, то́же; *of degree* сли́ш-
ком; (*moreover*) бо́лее того́; к
тому́ же; **there was ground frost last
night, and in June** ~! вчера́ но́чью —
за́морозки на по́чве, и э́то ию́не!

took [tuk] *pt. om* **take**

tool [tuːl] (*рабо́чий*) инструме́нт; *fig.*
ору́дие

toot [tuːt] 1. гудо́к; 2. дать гудо́к; *mot.*
просигна́ли(зи́рова)ть

tooth [tuːθ] (*pl.* **teeth**) зуб; ~ache зуб-
на́я боль *f*; ~brush зубна́я щётка;
~less ['tuːθlɪs] □ беззу́бый; ~paste
зубна́я па́ста

top [tɒp] 1. ве́рхняя часть *f*; верх; *of
mountain* верши́на; *of head, tree* ма-
ку́шка; (*lid*) кры́шка; *leafy top of root
vegetable* ботва́; **at the** ~ **of one's voice**
во весь го́лос; **on** ~ наверху́; **on** ~ **of all
this** в доверше́ние всего́; в доба́вок ко
всему́; 2. вы́сший, пе́рвый; *speed, etc.*

максима́льный; 3. (*cover*) покры́(-
ва́)ть; *fig.* (*surpass*) превыша́ть
[-ы́сить]

topic ['tɒpɪk] те́ма; ~al [~kl] актуа́ль-
ный, злободне́вный

top-level: ~ **negotiations** перегово́ры
на вы́сшем у́ровне

topple ['tɒpl] [с]вали́ть; опроки́ды-
вать(ся) [-и́нуть(ся)] (*a.* ~ **over**)

topsy-turvy ['tɒpsɪ'tɜːvɪ] □ (*пере-
вёрнутый*) вверх дном

torch [tɔːtʃ] фа́кел; *electric* ~ элек-
три́ческий фона́рь *m*; *chiefly Brt.*
(*flashlight*) карма́нный фона́рик

tore [tɔː] *pt. om* **tear**

torment 1. ['tɔːment] муче́ние, му́ка;
2. [tɔːˈment] [из-, за]му́чить

torn [tɔːn] *pt. p. om* **tear**

tornado [tɔːˈneɪdəu] торна́до (*indecl.*);
смерч *m*; (*hurricane*) урага́н

torpedo [tɔːˈpiːdəu] 1. торпе́да; 2. тор-
педи́ровать (*impf.*) (*a. fig.*)

torpid ['tɔːpɪd] □ (*inactive, slow*)
вя́лый, апати́чный

torrent ['tɒrənt] пото́к (*a. fig.*)

torrid ['tɒrɪd] жа́ркий, зно́йный

tortoise ['tɔːtəs] *zo.* черепа́ха

tortuous ['tɔːtʃuəs] (*winding*) изви́ли-
стый; *fig.* (*devious*) укло́нчивый, не-
и́скренний

torture ['tɔːtʃə] 1. пы́тка (*a. fig.*); 2. пы-
та́ть; [из-, за]му́чить

toss [tɒs] (*fling*) броса́ть [бро́сить]; *in
bed* беспоко́йно мета́ться; *head* вски́-
дывать [-и́нуть]; *coin* подбра́сывать
[-ро́сить] (*mst.* ~ **up**)

tot [tɒt] (*child*) малы́ш

total ['təutl] 1. □ (*complete*) по́лный,
абсолю́тный; *war* тота́льный; *number* о́бщий; 2. су́мма; ито́г; *in* ~ в ито́ге;
3. подводи́ть ито́г, подсчи́тывать
[-ита́ть]; (*amount to*) составля́ть в
ито́ге; (*equal*) равня́ться (Д); ~itarian
[təutæliˈteəriən] тоталита́рный; ~ly
[~lɪ] по́лностью, соверше́нно

totter ['tɒtə] идти́ нетвёрдой похо́д-
кой; (*shake*) шата́ться [(по)шат-
ну́ться]; (*be about to fall*) раз-
руша́ться

touch [tʌtʃ] 1. (*sense*) осяза́ние; (*con-

tact) прикосновéние; *fig.* контáкт, связь *f*; **a ~** (*a little*) чýточка; (*a trace*) прúмесь *f*; *of illness* лёгкий прúступ; штрих; **2.** трóгать [трóнуть] (*a. fig.*); прикасáться [-коснýться], притрáгиваться [-трóнуться] к (Д); *fig. subject, etc.* касáться [коснýться] (Р); затрáгивать [-рóнуть]; **be ~ed** *fig.* быть трóнутым; **~ up** подправлять [-áвить]; **~ing** ['tʌtʃɪŋ] трóгательный; **~y** ['tʌtʃɪ] □ обúдчивый

tough [tʌf] **1.** *meat, etc.* жёсткий (*a. fig.*); (*strong*) прóчный; *person* вынóсливый; *job, etc.* трýдный; **2.** хулигáн; **~en** ['tʌfn] дéлать(ся) жёстким

tour [tuə] **1.** поéздка, экскýрсия, тур; *sport, thea.* турнé *n indecl.*; *a. thea.* гастрóли *f/pl.*; **2.** совершáть путешéствие *или* турнé по (Д); путешéствовать (*through* по Д); гастролúровать (*through* по Д); **~ist** ['tuərɪst] турúст *m*, -ка *f*; **~ agency** туристúческое агéнтство

tournament ['tuənəmənt] турнúр

tousle ['tauzl] взъерóши(ва)ть, растрёпывать (-репáть)

tow [təu] *naut* ['bykcúp]; *take in ~* брать на буксúр; *with all her kids in ~* со всéми детьмú; **2.** буксúровать

toward(s) [təˈwɔːdz, twɔːdʒ] *prp.* (*direction*) по направлéнию к (Д); (*relation*) к (Д), по отношéнию к (Д); (*purpose*) для (Р), на (В)

towel ['tauəl] полотéнце

tower ['tauə] **1.** бáшня; **2.** возвышáться (*above, over* над Т) (*a. fig.*)

town [taun] **1.** гóрод; **2.** *attr.* городскóй; **~ council** городскóй совéт; **~ hall** рáтуша; **~ dweller** горожáнин *m*, -нка *f*; **~sfolk** ['taunsfəuk], **~speople** ['taunzpiːpl] *pl.* горожáне *m/pl.*

toxic ['tɒksɪk] токсúческий

toy [tɔɪ] **1.** игрýшка; **2.** *attr.* игрýшечный; **3.** игрáть, забавляться; **~ with** (*consider*) подýмывать

trace [treɪs] **1.** след; (*very small quantity*) слéды, незначúтельное колúчество; **2.** (*draw*) [на]чертúть; (*locate*) выслéживать [вы́следить] (В); (*follow*) прослéживать [-едúть] (В)

track [træk] **1.** след; (*rough road*) про-

сёлочная дорóга; (*path*) тропúнка; *for running* беговáя дорóжка; *for motor racing* трек; *rail* колея́ *f*; **be on the right** (**wrong**) **~** быть на прáвильном (лóжном) путú; **2.** следúть за (Т); прослéживать [-едúть] (В); **~ down** выслéживать [вы́следить] (В)

tract [trækt] прострáнство, полосá землú; *anat.* тракт; **respiratory ~** дыхáтельные путú

tractable ['træktəbl] *person* сговóрчивый

traction ['trækʃn] тя́га; **~ engine** тягáч; **~or** ['træktə] трáктор

trade [treɪd] **1.** профéссия; ремеслó; торгóвля; **2.** торговáть (*in* Т; *with* с Т); (*exchange*) обмéнивать [-ня́ть] (*for* на В); **~ on** испóльзовать (*im*)*pf.*; **~mark** фабрúчная мáрка; **~r** ['treɪdə] торгóвец; **~sman** ['treɪdzmən] торгóвец; (*shopkeeper*) владéлец магазúна; **~(s) union** [treɪd(z)'juːnɪən] профсою́з

tradition [trəˈdɪʃn] (*custom*) традúция, обы́чай; (*legend*) предáние; **~al** [-ʃənl] □ традициóнный

traffic ['træfɪk] **1.** движéние (ýличное, железнодорóжное *и т. д.*); (*vehicles*) трáнспорт; (*trading*) торгóвля; **~ jam** затóр ýличного движéния; **~ lights** *pl.* светофóр; **~ police** ГАИ (госудáрственная автомобúльная инспéкция)

tragedy ['trædʒədɪ] трагéдия

tragic(al) ['trædʒɪk(l)] трагúческий, трагúчный

trail [treɪl] **1.** след; (*path*) тропá; **2.** *v/t.* (*pull*) тащúть, волочúть; (*track*) идтú по слéду (Р); *v/i.* тащúться, волочúться; *bot.* вúться; *mot.* прицéп, трéйлер; **~er** ['treɪlə] *mot.* прицéп, трéйлер

train [treɪn] **1.** пóезд; (*retinue*) свúта; *film star's* толпá (поклóнников); **by ~** пóездом; **freight ~** товáрный состáв; **suburban ~** прúгородный пóезд; *coll.* электрúчка; **~ of thought** ход мы́слей; **2.** (*bring up*) воспúтывать [-тáть]; приучáть [-чúть]; (*coach*) [на]тренировáть(ся); обучáть [-чúть]; *lions, etc.* [вы́]дрессировáть

trait [treɪt] (характе́рная) черта́

traitor ['treɪtə] преда́тель *m*, изме́нник

tram [træm], **~car** ['træmkɑː] трамва́й, ваго́н трамва́я

tramp [træmp] **1.** (*vagrant*) бродя́га *m*; (*hike*) путеше́ствие пешко́м; *of feet* то́пот; звук тяжёлых шаго́в; **2.** тяжело́ ступа́ть; тащи́ться с трудо́м; то́пать; броди́ть; **~le** ['træmpl] (*crush underfoot*) топта́ть; тяжело́ ступа́ть; **~ down** зата́птывать [-топта́ть]

trance [trɑːns] транс

tranquil ['træŋkwɪl] □ споко́йный; **~(l)ity** [træŋ'kwɪlətɪ] споко́йствие; **~(l)ize** ['træŋkwɪlaɪz] успока́ивать(ся) [-ко́ить(ся)]; **~(l)izer** ['træŋkwɪlaɪzə] транквилиза́тор

transact [træn'zækt] заключа́ть [-чи́ть] сде́лку, вести́ дела́ с (Т); **~ion** [-'zækʃn] сде́лка; **~s** *pl.* (*proceedings*) труды́ *m/pl.* нау́чного о́бщества

transatlantic [trænzət'læntɪk] трансатланти́ческий

transcend [træn'send] выходи́ть [вы́йти] за преде́лы; *expectations, etc.* превосходи́ть [-взойти́], превыша́ть [-ы́сить]

transfer 1. [træns'fɜː] *v/t.* переноси́ть [-нести́], перемеща́ть [-мести́ть]; *ownership* перед(ав)а́ть; *to another job, town, team, etc.* переводи́ть [-вести́]; *v/i. Am., of passengers* переса́живаться [-се́сть]; **2.** ['trænsfə:] перено́с; переда́ча; *comm.* трансфе́рт; перево́д; *Am.* переса́дка; **~able** [træns'fɜːrəbl] с пра́вом переда́чи; переводи́мый

transfigure [træns'fɪgə] видоизменя́ть [-ни́ть]; *with joy, etc.* преобража́ть [-рази́ть]

transfixed [træns'fɪkst] : **~ with fear** ско́ванный стра́хом

transform [træns'fɔːm] превраща́ть [-врати́ть]; преобразо́вывать [-зова́ть]; **~ation** [-fə'meɪʃn] преобразова́ние; превраще́ние; **~er** [-'fɔːmə] трансформа́тор

transfusion [træns'fjuːʒn] : *blood* **~** перелива́ние кро́ви

transgress [trænz'gres] *v/t. law, etc.* преступа́ть [-пи́ть]; *agreement* наруша́ть [-у́шить]; *v/i.* (*sin*) согреши́ть; **~ion** [-'greʃn] просту́пок; *of law, etc.* наруше́ние

transient ['trænzɪənt] → *transitory*; *Am., a.* (*temporary guest/lodger*) вре́менный жиле́ц; челове́к/скита́лец, и́щущий себе́ рабо́ту

transit ['trænzɪt] прое́зд; *of goods* перево́зка; транзи́т; *he is here in* **~** он здесь прое́здом

transition [træn'zɪʃn] перехо́д; перехо́дный пери́од

transitory ['trænsɪtrɪ] □ мимолётный; преходя́щий

translat|e [træns'leɪt] переводи́ть [-вести́] (*from* с Р, *into* на В); *fig.* (*interpret*) [ис]толкова́ть; объясня́ть [-ни́ть]; **~ion** [-'leɪʃn] перево́д; **~or** [-leɪtə] перево́дчик *m*, -чица *f*

translucent [trænz'luːsnt] полупрозра́чный

transmission [trænz'mɪʃn] переда́ча (*a. radio & tech.*); *radio, TV* трансля́ция

transmit [trænz'mɪt] перед(ав)а́ть (*a. radio, TV, a.* трансли́ровать); *heat* проводи́ть *impf.*; **~ter** [-ə] переда́тчик (*a. radio, TV*)

transparent [træns'pærənt] □ прозра́чный (*a. fig.*)

transpire [træn'spaɪə] *fig.* вы́ясниться *pf.*, оказа́ться *pf.*; *coll.* случа́ться [-чи́ться]

transplant [træns'plɑːnt] **1.** переса́живать [-сади́ть]; *fig. people* переселя́ть [-ли́ть]; **2.** ['trænsplɑːnt] *med.* переса́дка

transport 1. [træn'spɔːt] перевози́ть [-везти́]; транспорти́ровать *im(pf.)*; *fig.* увлека́ть [-е́чь]; восхища́ть [-ити́ть]; **2.** ['trænspɔːt] тра́нспорт; перево́зка; *of joy, delight, etc.* **be in ~s** быть вне себя́ (*of* от Р); **~ation** [trænspɔː'teɪʃn] перево́зка, транспортиро́вка

transverse ['trænzvɜːs] □ попере́чный; **~ly** поперёк

trap [træp] **1.** ловушка, западня (*a. fig.*); капкан; **2.** *fig.* (*lure*) заманить *pf.* в ловушку; **fall into a ~** (*fall for the bait*) попасть *pf.* в ловушку; **fall for the bait**) попасться *pf.* на удочку; **~door** опускная дверь *f*

trapeze [trə'pi:z] трапеция

trappings ['træpɪŋz] *pl.* (*harness*) сбруя; *fig.* **the ~ of office** внешние атрибуты служебного положения

trash [træʃ] хлам; (*waste food*) отбросы *m/pl.*; *fig.* дрянь *f*; *book* макулатура; (*nonsense*) вздор, ерунда; **~y** ['træʃɪ] дрянной

travel ['trævl] **1.** *v/i.* путешествовать; ездить, [по]ехать; (*move*) передвигаться *[*-инуться*]*; *of light, sound* распространяться (-ниться); *v/t.* объезжать [-ездить, -ехать]; проезжать [-ехать] (... *км в час и т. п.*); **2.** путешествие; *tech.* ход; (*пере*)движение; **~(l)er** [-ə] путешественник *m*, -ица *f*

traverse [trə'vɜ:s] **1.** пересекать [-сечь]; (*pass through*) проходить [пройти] (В); **2.** поперечина

travesty ['trævəstɪ] пародия

trawler ['trɔ:lə] траулер

tray [treɪ] поднос

treacher|ous ['tretʃərəs] □ (*disloyal*) предательский, вероломный; (*unreliable*) ненадёжный; **~ weather** коварная погода; **~y** [-rɪ] предательство, вероломство

treacle ['tri:kl] патока; (*chiefly Brt.*, *molasses*) меласса

tread [tred] **1.** [*irr.*] ступать [-пить]; **~ down** затаптывать [затоптать]; **~ lightly** *fig.* действовать осторожно, тактично; **2.** поступь *f*, походка; *of stairs* ступенька; *of tire, Brt. tyre* протектор

treason ['tri:zn] (государственная) измена

treasure ['treʒə] **1.** сокровище; **2.** хранить; (*value greatly*) дорожить; **~r** [-rə] казначей

treasury ['treʒərɪ] сокровищница; *Brt. the* ♀ Казначейство

treat [tri:t] **1.** *v/t. chem.* обрабатывать [-ботать]; *med.* лечить; (*stand a drink, etc.*) угощать [угостить] (**to** Т); (*act towards*) обращаться [обратиться] с (Т), обходиться [обойтись] с (Т); *v/i.* **~ of** рассматривать [-мотреть], обсуждать [-удить] (В); **~ for ... with** лечить (от Р, Т); **2.** (*pleasure*) удовольствие, наслаждение; **this is my ~** за всё плачу я!; я угощаю!

treatise ['tri:tɪz] научный труд

treatment ['tri:tmənt] *chem., tech.* обработка (Т); *med.* лечение; (*handling*) обращение (**of** с Т)

treaty ['tri:tɪ] договор

treble ['trebl] **1.** □ тройной, утроенный; **2.** тройное количество; *mus.* дискант; **3.** утраивать(ся) [утроить(ся)]

tree [tri:] дерево; **family ~** родословное дерево

trellis ['trelɪs] решётка; шпалера

tremble ['trembl] [за]дрожать, [за]трястись (**with** от Р)

tremendous [trɪ'mendəs] □ громадный; страшный; *coll.* огромный, потрясающий

tremor ['tremə] дрожь *f*; **~s** *pl.* подземные толчки

tremulous ['tremjʊləs] □ дрожащий; (*timid*) трепетный, робкий

trench [trentʃ] канава; *mil.* траншея, окоп

trend [trend] **1.** направление (*a. fig.*); *fig.* (*course*) течение; (*style*) стиль *m*; (*tendency*) тенденция; **2.** иметь тенденцию (**towards** к Д); склоняться

trendy ['trendɪ] *coll.* стильный; модный

trespass ['trespəs] зайти *pf.* на чужую территорию; (*sin*) совершать проступок; (*encroach*) злоупотреблять [-бить] (**on** Т); **~ on s.o.'s time** посягать на чьё-л. время

trial ['traɪəl] (*test, hardship*) испытание, проба; *law* судебное разбирательство; суд; *attr.* пробный, испытательный; **on ~** под судом; **give a p. a ~** взять кого-л. на испытательный срок

triang|le ['traɪæŋgl] треугольник; **~ular** [traɪ'æŋgjʊlə] □ треугольный

tribe [traɪb] пле́мя *n*; *pej.* компа́ния; братва́

tribune ['trɪbjuːn] (*platform*) трибу́на; (*person*) трибу́н

tribut|ary ['trɪbjʊtərɪ] *geogr.* прито́к; **~e** ['trɪbjuːt] дань *f* (*a. fig.*); **pay ~ to** *fig.* отдава́ть до́лжное (Д)

trice [traɪs]: **in a ~** вмиг, ми́гом

trick [trɪk] **1.** (*practical joke*) шу́тка, *child's* ша́лость *f*, *done to amuse* фо́кус, трюк; *(special skill)* сноро́вка; **do the ~** поде́йствовать *pf.*, дости́чь *pf.* це́ли; **2.** (*deceive*) обма́нывать [-ну́ть]; надува́(ва́)ть; **~ery** ['trɪkərɪ] надува́тельство, обма́н

trickle ['trɪkl] течь стру́йкой; (*ooze*) сочи́ться

trick|ster ['trɪkstə] обма́нщик; **~y** ['trɪkɪ] □ (*sly*) хи́трый; (*difficult*) сло́жный, тру́дный; **~ customer** ско́льзкий тип

tricycle ['traɪsɪkl] трёхколёсный велосипе́д

trifl|e ['traɪfl] **1.** пустя́к; ме́лочь *f*; **a ~** *fig., adv.* немно́жко; **2.** *v/i.* занима́ться пустяка́ми; относи́ться несерьёзно к (Д); **he is not to be ~d with** с ним шу́тки пло́хи; *v/t.* **~ away** зря тра́тить; **~ing** ['traɪflɪŋ] пустя́чный, пустяко́вый

trigger ['trɪgə] **1.** *mil.* спусково́й крючо́к; **2.** (*start*) дава́ть [дать] нача́ло; вызыва́ть ['-звать] (В)

trill [trɪl] **1.** трель *f*; **2.** выводи́ть трель

trim [trɪm] **1.** *figure* аккура́тный, ла́дный; *garden* приведённый в поря́док; **2.** *naut.* (у́гол наклоне́ния су́дна) дифферент; **in good ~** в поря́дке; **3.** *hair, etc.* подреза́ть [-е́зать], подстрига́ть [-и́чь]; *dress* отде́л(ыв)ать; *hedge* подра́внивать [-ровня́ть]; **~ming** ['trɪmɪŋ] *mst.* **~s** *pl.* отде́лка; *cul.* припра́ва, гарни́р

trinket ['trɪŋkɪt] безделу́шка

trip [trɪp] **1.** пое́здка, экску́рсия; **2.** *v/i.* идти́ легко́ и бы́стро; (*stumble*) спотыка́ться [споткну́ться] (*a. fig.*); *v/t.* подставля́ть подно́жку (Д)

tripartite [traɪ'pɑːtaɪt] *agreement* трёхсторо́нний; состоя́щий из трёх часте́й

tripe [traɪp] *cul.* рубе́ц

triple ['trɪpl] тройно́й; утро́енный; **~ts** ['trɪplɪts] *pl.* тро́йня *sg.*

tripper ['trɪpə] *coll.* экскурса́нт

trite [traɪt] □ бана́льный, изби́тый

triumph ['traɪəmf] **1.** триу́мф; торжество́; **2.** (*be victorious*) побежда́ть [-ди́ть]; (*celebrate victory*) торжествова́ть, восторжествова́ть *pf.* (**over** над Т); **~al** [traɪ'ʌmfl] триумфа́льный; **~ant** [traɪ'ʌmfənt] победоно́сный; торжеству́ющий

trivial ['trɪvɪəl] □ ме́лкий, пустяко́вый; тривиа́льный

trod [trɒd] *pt. om* tread; **~den** ['trɒdn] *pt. p. om* tread

trolley ['trɒlɪ] теле́жка; *Am.* streetcar трамва́й; **~bus** тролле́йбус

trombone [trɒm'bəʊn] *mus.* тромбо́н

troop [truːp] **1.** (*group*) гру́ппа, толпа́; **2.** дви́гаться толпо́й; **~ away, ~ off** удаля́ться [-ли́ться]; **we all ~ed to the museum** мы всей гру́ппой пошли́ в музе́й; **~s** *pl.* войска́ *n/pl.*

trophy ['trəʊfɪ] трофе́й

tropic ['trɒpɪk] тро́пик; **~s** *pl.* тро́пики *m/pl.*; **~al** □ [-pɪkəl] тропи́ческий

trot [trɒt] **1.** *of horse* рысь *f*; бы́стрый шаг; **keep s.o. on the ~** не дава́ть кому́-л. поко́я; **2.** бежа́ть трусцо́й

trouble ['trʌbl] **1.** (*worry*) беспоко́йство; (*anxiety*) волне́ние; (*cares*) забо́ты *f/pl.*, хло́поты *f/pl.*; (*difficulties*) затрудне́ния *n/pl.*; беда́; **get into ~** попа́сть *pf.* в беду́; **take the ~** стара́ться, прилага́ть уси́лия; **2.** [по]беспоко́ить(ся); [по]проси́ть; утружда́ть; **don't ~!** не утружда́й(те) себя́!; **~some** [-səm] тру́дный, причиня́ющий беспоко́йство; **~shooter** [-ʃuːtə] авари́йный монтёр; уполномо́ченный по урегули́рованию конфли́ктов

troupe [truːp] *thea.* тру́ппа

trousers ['traʊzəz] *pl.* брю́ки *f/pl.*

trout [traʊt] форе́ль *f*

truant ['truːənt] *pupil* прогу́льщик; **play ~** прогу́ливать уро́ки

truce [truːs] переми́рие

truck [trʌk] **1.** (*barrow*) теле́жка; *Am.*

(*motorvehicle*) грузови́к; *Brt. rail.* грузова́я платфо́рма; **2.** *mst. Am.* перевози́ть на грузовика́х

truculent [ˈtrʌkjʊlənt] (*fierce*) свире́пый; (*cruel*) жесто́кий; агресси́вный

trudge [trʌdʒ] идти́ с трудо́м; таска́ться, [по]тащи́ться; *I had to ~ to the station on foot* пришло́сь тащи́ться на ста́нцию пешко́м

true [truː] ве́рный, пра́вильный; (*real*) настоя́щий; *it is ~* э́то пра́вда; *come ~* сбы́(ва́)ться; *~ to life* реалисти́ческий; (*genuine*) правди́вый; *portrait, etc.* как живо́й

truism [ˈtruːɪzəm] трюи́зм

truly [ˈtruːlɪ] *he was ~ grateful* он был и́скренне благода́рен; *Yours ~* (*at close of letter*) пре́данный Вам

trump [trʌmp] **1.** (*card*) ко́зырь *m*; **2.** бить козырно́й ка́ртой

trumpet [ˈtrʌmpɪt] **1.** труба́; *blow one's own ~* расхва́ливать себя́; **2.** [за-, про]труби́ть, *fig.* раструби́ть *pf.*; **~er** [-ə] труба́ч

truncheon [ˈtrʌntʃən] *policeman's* дуби́нка

trunk [trʌŋk] *of tree* ствол; *anat.* ту́ловище; *elephant's* хо́бот; *Am. mot.* бага́жник; (*large suitcase*) чемода́н; *pair of ~s* трусы́; *~ call tel.* вы́зов по междугоро́дному телефо́ну; *~ road* магистра́ль *f*

trust [trʌst] **1.** дове́рие; ве́ра; *comm.* конц́ерн, трест; *on ~* на ве́ру; *in credit*; *position of ~* отве́тственное положе́ние; **2.** *v/t.* [по]ве́рить (Д); доверя́ть [-е́рить] (Д *with* В); *v/i.* полага́ться [положи́ться] (*in, to* на В); наде́яться (*in, to* на В); *I ~ they will agree* наде́юсь, они́ соглася́тся; *~ee* [trʌsˈtiː] опеку́н; попечи́тель *m*; довери́тельный со́бственник; **~ful** [ˈtrʌstfl] □, **~ing** [ˈtrʌstɪŋ] □ дове́рчивый; **~worthy** [-wɜːðɪ] заслу́живающий дове́рия; надёжный

truth [truːθ] пра́вда; (*verity*) и́стина; **~ful** [ˈtruːθfl] □ *person* правди́вый; *statement, etc. a.* ве́рный

try [traɪ] **1.** (*sample*) [по]про́бовать; (*attempt*) [по]пыта́ться; [по]стара́ться;

(*tire, strain*) утомля́ть [-ми́ть]; *law* суди́ть; (*test*) испы́тывать [испыта́ть]; **~ on** примеря́ть [-е́рить]; *~ one's luck* попыта́ть *pf.* сча́стья; **2.** попы́тка; **~ing** [ˈtraɪɪŋ] тру́дный; тяжёлый; (*annoying*) раздража́ющий

T-shirt [ˈtiːʃɜːt] ма́йка (с коро́ткими рукава́ми), футбо́лка

tub [tʌb] (*barrel*) ка́дка; (*wash~*) лоха́нь *f*; *coll.* (*bath~*) ва́нна

tube [tjuːb] труба́, тру́бка; *Brt.* (*subway*) метро́ *n indecl.*; *of paint, etc.* тю́бик; *inner ~ mot.* ка́мера

tuber [ˈtjuːbə] *bot.* клу́бень *m*

tuberculosis [tjuːbɜːkjuˈləʊsɪs] туберкулёз

tubular [ˈtjuːbjʊlə] □ тру́бчатый

tuck [tʌk] **1.** *on dress* скла́дка, сбо́рка; **2.** де́лать скла́дки; засо́вывать [-су́нуть]; (*hide*) [с]пря́тать; **~ in shirt** запра́вить *pf.*; *to food* упи́сывать; **~ up sleeves** засу́чивать [-чи́ть]

Tuesday [ˈtjuːzdɪ] вто́рник

tuft [tʌft] *of grass* пучо́к; *of hair* хохо́л

tug [tʌɡ] **1.** (*pull*) рыво́к; *naut.* букси́р; **2.** тащи́ть [тяну́ть]; (*a. tug at*) дёргать [дёрнуть]

tuition [tjuːˈɪʃn] обуче́ние

tulip [ˈtjuːlɪp] тюльпа́н

tumble [ˈtʌmbl] **1.** *v/i.* (*fall*) па́дать [упа́сть]; (*overturn*) опроки́дываться [-и́нуться]; *into bed* повали́ться; **~ to** (*grasp, realize*) разгада́ть *pf.*, поня́ть *pf.*; **2.** паде́ние; **~down** полуразру́шенный; **~r** [-ə] (*glass*) стака́н

tummy [ˈtʌmɪ] *coll.* живо́т; *baby's* живо́тик

tumo(u)r [ˈtjuːmə] о́пухоль *f*

tumult [ˈtjuːmʌlt] (*uproar*) шум и кри́ки; сумато́ха; си́льное волне́ние; **~uous** [tjuːˈmʌltʃʊəs] шу́мный, бу́йный; взволно́ванный

tuna [ˈtjuːnə] туне́ц

tune [tjuːn] **1.** мело́дия, моти́в; *in piano* настро́енный; *in ~ with* сочета́ющийся, гармони́рующий; *out of ~* расстро́енный; *sing out of ~* фальши́вить; **2.** настра́ивать [-ро́ить]; (*a. ~ in*) *radio* настра́ивать (*to* на В); **~ful** [ˈtjuːnfl] □ мелоди́чный

tunnel ['tʌnl] **1.** туннéль *m* (*a.* тоннéль *m*); **2.** проводи́ть туннéль (под Т, сквозь В)

turbid ['tɜːbɪd] (*not clear*) му́тный; *fig.* тума́нный

turbot ['tɜːbət] па́лтус

turbulent ['tɜːbjʊlənt] бу́рный (*a. fig.*); *mob, etc.* бу́йный

tureen [tə'riːn] су́пница

turf [tɜːf] дёрн; (*peat*) торф; (*races*) ска́чки *f/pl.*; **the ~** ипподро́м

Turk [tɜːk] ту́рок *m*, турча́нка *f*

turkey ['tɜːkɪ] индю́к *m*, инде́йка *f*

Turkish ['tɜːkɪʃ] **1.** туре́цкий; **~ delight** раха́т-луку́м; **2.** туре́цкий язы́к

turmoil ['tɜːmɔɪl] смяте́ние; волне́ние; беспоря́док

turn [tɜːn] **1.** *v/t.* (*round*) враща́ть, верте́ть; *head, etc.* повора́чивать [повернýть]; (*change*) превраща́ть [-рати́ть]; (*direct*) направля́ть [-ра́вить]; **~ a corner** заверну́ть *pf.* за у́гол; **~ down** *suggestion* отверга́ть [-éргнуть]; (*fold*) загиба́ть [загну́ть]; **~ off** *tap* закры(ва́)ть; *light, gas, etc.* выключа́ть [вы́ключить]; **~ on** *tap* откры(ва́)ть; включа́ть [-чи́ть]; **~ out** *of job, etc.* увольня́ть [уво́лить]; *goods* выпуска́ть (вы́пустить); **~ over** перевёртывать [-верну́ть]; *fig.* перед(ав)а́ть; **~ up** *collar, etc.* поднима́ть; **2.** *v/i.* враща́ться, верте́ться; повора́чиваться [поверну́ться]; станови́ться [стать]; превраща́ться [-рати́ться]; **~ pale, red, etc.** побледне́ть *pf.*, покрасне́ть *pf.*, *и т. д.*; **~ about** обора́чиваться [оберну́ться]; **~ in** (*inform on*) доноси́ть [-нести́]; (*go to bed*) ложи́ться спать; **~ out** ока́зываться [-за́ться]; *to* принима́ться [-ня́ться] за (В); обраща́ться [обрати́ться] к (Д); **~ up** появля́ться [-ви́ться]; **~ upon** обраща́ться [обрати́ться] (Р); **3.** *su.* поворо́т; изги́б; переме́на; услу́га; *of speech* оборо́т; *coll.* (*shock*) испу́г; **at every ~** на ка́ждом шагу́, постоя́нно; **in ~s** по о́череди; **it is my ~** моя́ о́чередь *f*; **take ~s** де́лать поочерёдно; **in his ~** в свою́ о́чередь; **do s.o. a good ~** оказа́ть *pf.* кому́-л. услу́гу; **~er** ['tɜːnə] то́карь *m*

turning ['tɜːnɪŋ] *of street, etc.* поворо́т; **~ point** *fig.* поворо́тный пункт; перело́м; кри́зис

turnip ['tɜːnɪp] *bot.* ре́па

turn|out ['tɜːnaʊt] *econ.* вы́пуск, проду́кция; число́ уча́ствующих на собра́нии, голосова́нии, и. т. д.; **~over** ['tɜːnəʊvə] *comm.* оборо́т; *of goods* товарооборо́т; **~stile** ['tɜːnstaɪl] турнике́т

turpentine ['tɜːpəntaɪn] скипида́р

turquoise ['tɜːkwɔɪz] *min.* бирюза́; бирюзо́вый цвет

turret ['tʌrɪt] ба́шенка

turtle ['tɜːtl] *zo.* черепа́ха

tusk [tʌsk] *zo.* би́вень *m*

tussle ['tʌsl] потасо́вка; дра́ка

tussock ['tʌsək] ко́чка

tutor ['tjuːtə] **1.** (*private teacher*) репети́тор *m*; *Brt. univ.* преподава́тель *m*, -ница *f*; **2.** дава́ть уро́ки; обуча́ть [-чи́ть]; **~ial** [tjuː'tɔːrɪəl] *univ.* консульта́ция

tuxedo [tʌk'siːdəʊ] *Am.* смо́кинг

twaddle ['twɒdl] **1.** пуста́я болтовня́; **2.** пустосло́вить

twang [twæŋ] **1.** *of guitar* звон; (*mst. nasal ~*) гнуса́вый го́лос; **2.** звене́ть

tweak [twiːk] **1.** щипо́к; **2.** ущипну́ть

tweed [twiːd] твид

tweezers ['twiːzəz] *pl.* пинце́т

twelfth [twelfθ] двена́дцатый

twelve [twelv] двена́дцать

twent|ieth ['twentɪɪθ] двадца́тый; **~y** ['twentɪ] два́дцать

twice [twaɪs] два́жды; вдво́е; **think ~** хорошо́ обду́мать

twiddle ['twɪdl] *in hands* верте́ть; (*play*) игра́ть (Т); **~ one's thumbs** *fig.* безде́льничать

twig [twɪg] ве́точка, прут

twilight ['twaɪlaɪt] су́мерки *f/pl.*

twin [twɪn] близне́ц; **~ towns** города́--побрати́мы

twine [twaɪn] **1.** бечёвка, шпага́т; **2.** [c]вить; *garland* [с]плести́; *of plants* обви(ва́)ть(ся)

twinge [twɪndʒ] при́ступ бо́ли; **~ of**

conscience угрызе́ния со́вести *f/pl.*

twink|le ['twɪŋkl] 1. мерца́ние, мига́ние; *of eyes* и́скорки; 2. [за]мерца́ть; мига́ть; искри́ться; **~ling** [-ɪŋ] *in the ~ of an eye* в мгнове́ние о́ка

twirl [twɜːl] верте́ть, крути́ть

twist [twɪst] 1. круче́ние; (*~ together*) скру́чивание; *of road, etc.* изги́б; *fig.* (*change*) поворо́т; *of ankle* вы́вих; 2. [с]крути́ть; повора́чивать [-верну́ть], [с]ви́ться; сплета́ть(ся) [-ести́(сь)]; *~ the facts* искажа́ть [-ази́ть] фа́кты

twit [twɪt] *coll.* болва́н

twitch [twɪtʃ] 1. подёргивание; 2. подёргиваться

twitter ['twɪtə] 1. щебет; 2. [за]щебета́ть (*a. of little girls*), чири́кать [-кнуть]; *be in a ~* дрожа́ть

two [tuː] 1. два, две; дво́е; па́ра; *in ~* на́двое, попола́м; *put ~ and ~ together* смекну́ть в чём де́ло *pf.*; *the ~ of them* они́ о́ба; 2. дво́йка; → *five*, *in ~s* попа́рно; **~faced** [-'feist] *fig.* двули́чный; **~fold** ['tuːfəʊld] 1. двойно́й; 2. *adv.*

вдво́е; **~pence** ['tʌpəns] два пе́нса; **~stor(e)y** двухэта́жный; **~way** двусторо́нний

type [taɪp] 1. тип; *of wine, etc.* сорт; *typ.* шрифт; *true to ~* типи́чный; 2. печа́тать на маши́нке; **~writer** пи́шущая маши́нка

typhoid ['taɪfɔɪd] (*a. ~ fever*) брюшно́й тиф

typhoon [taɪ'fuːn] тайфу́н

typhus ['taɪfəs] сыпно́й тиф

typi|cal ['tɪpɪkl] типи́чный; **~fy** [-faɪ] служи́ть типи́чным приме́ром для (P)

typist ['taɪpɪst] машини́стка; *shorthand ~* (машини́стка)-стенографи́ст(ка)

tyrann|ical [tɪ'rænɪkəl] □ тирани́ческий; **~ize** ['tɪrənaɪz] тира́нить; **~y** ['tɪrənɪ] тирани́я

tyrant ['taɪərənt] тира́н

tyre ['taɪə] → *tire*

tzar [zɑː] → *czar*

U

ubiquitous [juː'bɪkwɪtəs] □ вездесу́щий *a. iro.*

udder ['ʌdə] вы́мя *n*

UFO ['juːfəʊ] НЛО

ugly ['ʌglɪ] □ уро́дливый, безобра́зный (*a. fig.*); *~ customer* ме́рзкий/опа́сный тип

ulcer ['ʌlsə] я́зва

ulterior [ʌl'tɪərɪə]: *~ motive* за́дняя мысль *f*

ultimate ['ʌltɪmɪt] □ после́дний; коне́чный; (*final*) оконча́тельный; **~ly** [-lɪ] в конце́ концо́в

ultra... ['ʌltrə] *pref.* сверх..., у́льтра...

umbrage ['ʌmbrɪdʒ]: *take ~ at* обижа́ться [обиде́ться] на (В)

umbrella [ʌm'brelə] зо́нтик; *telescopic ~* складно́й зо́нтик

umpire ['ʌmpaɪə] 1. *sport* судья́ *m*, арби́тр; 2. суди́ть

un... [ʌn] *pref.* (*придаёт отрица́тельное или противополо́жное значе́ние*) не..., без...

unable [ʌn'eɪbl] неспосо́бный; *be ~* быть не в состоя́нии, не [с]мочь

unaccountabl|e [ʌnə'kaʊntəbl] □ необъясни́мый, непостижи́мый; **~y** [-blɪ] по непоня́тной причи́не

unaccustomed [ʌnə'kʌstəmd] не привы́кший; (*not usual*) непривы́чный

unacquainted [ʌnə'kweɪntɪd]: *~ with* незнако́мый с (Т); не зна́ющий (Р)

unaffected [ʌnə'fektɪd] □ (*genuine*) непритво́рный, и́скренний; (*not affected*) не(за)тро́нутый (*by* Т)

unaided [ʌn'eɪdɪd] без посторо́нней по́мощи

unalterable [ʌn'ɔːltərəbl] □ неизме́нный

unanimous [juː'nænɪməs] □ единоду́шный; *in voting* единогла́сный

unanswerable [ʌn'ɑ:nsərəbl] □ *argument* неопроверж́имый

unapproachable [ʌnə'prəʊtʃəbl] □ (*physically inaccessible*) непристу́пный; *person* недосту́пный

unasked [ʌn'ɑ:skt] непро́шеный; *I did this* ~ я э́то сде́лал по свое́й инициати́ве

unassisted [ʌnə'sɪstɪd] без посторо́нней по́мощи, самостоя́тельно

unassuming [ʌnə'sju:mɪŋ] скро́мный, непритяза́тельный

unattractive [ʌnə'træktɪv] непривлека́тельный

unauthorized [ʌn'ɔ:θəraɪzd] неразрешённый; *person* посторо́нний

unavail|able [ʌnə'veɪləbl] не име́ющийся в нали́чии; отсу́тствующий; *these goods are* ~ *at present* э́тих това́ров сейча́с нет; ~*ing* [-lɪŋ] бесполе́зный

unavoidable [ʌnə'vɔɪdəbl] неизбе́жный

unaware [ʌnə'weə] не зна́ющий, не подозрева́ющий (*of* Р); *be* ~ *of* не знать о (П); не замеча́ть [-е́тить] (Р); ~s [-z]: *catch s.o.* ~ заставáть [-стáть] кого́-л. врасплóх

unbalanced [ʌn'bælənst] неуравнове́шенный (*a. mentally*)

unbearable [ʌn'beərəbl] □ невыноси́мый, нестерпи́мый

unbecoming [ʌnbɪ'kʌmɪŋ] □ (*inappropriate*) неподходя́щий; (*unseemly*) неподобáющий; *clothes* не иду́щий к лицу́

unbelie|f [ʌnbɪ'li:f] неве́рие; ~**vable** ['ʌnbɪ'li:vəbl] □ невероя́тный

unbend [ʌn'bend] [*irr.* (*bend*)] выпрямля́ть(ся) [вы́прямить(ся)]; *fig.* станови́ться непринуждённым; ~**ing** [-ɪŋ] □ *fig.* чи́стый; *fig.* непреклóнный

unbias(s)ed [ʌn'baɪəst] □ беспристра́стный

unbind [ʌn'baɪnd] [*irr.* (*bind*)] развя́зывать [-зáть]

unblemished [ʌn'blemɪʃt] чи́стый; *fig.* незапя́тнанный

unblushing [ʌn'blʌʃɪŋ] бессте́нчивый

unbolt [ʌn'bəʊlt] отпирáть [-пере́ть]

unbounded [ʌn'baʊndɪd] □ неограни́ченный; беспреде́льный

unbroken [ʌn'brəʊkn] (*whole*) неразби́тый; *record* непоби́тый; (*uninterrupted*) непреры́вный

unburden [ʌn'bɜ:dn]: ~ *o.s.* излива́ть [-ли́ть] ду́шу

unbutton [ʌn'bʌtn] расстёгивать [расстегну́ть]

uncalled-for [ʌn'kɔ:ldfɔ:] непро́шенный; неуме́стный

uncanny [ʌn'kænɪ] □ сверхъесте́ственный; жу́ткий, пугáющий

uncared [ʌn'keəd]: ~*-for* забро́шенный

unceasing [ʌn'si:sɪŋ] □ непрекрацáющийся, беспреры́вный

unceremonious [ʌnserɪ'məʊnɪəs] бесцеремóнный

uncertain [ʌn'sɜ:tn] неуве́ренный; *plans, etc.* неопределённый; неизве́стный; *it is* ~ *whether he will be there* неизве́стно, бу́дет ли он там; ~ *weather* переме́нчивая погóда; ~**ty** [-tɪ] неуве́ренность *f*; неизве́стность *f*; неопределённость *f*

unchanging [ʌn'tʃeɪndʒɪŋ] □ неизме́нный

uncharitable [ʌn'tʃærɪtəbl] □ немилосе́рдный; ~ *words* жесто́кие словá

unchecked [ʌn'tʃekt] беспрепя́тственный; (*not verified*) непрове́ренный

uncivil [ʌn'sɪvl] неве́жливый; ~**ized** [ʌn'sɪvɪlaɪzd] нецивилизо́ванный

uncle ['ʌŋkl] дя́дя *m*

unclean [ʌn'kli:n] □ нечи́стый

uncomfortable [ʌn'kʌmfətəbl] неудо́бный; *fig.* нело́вкий

uncommon [ʌn'kɒmən] □ (*remarkable*) необыкнове́нный; (*unusual*) необы́чный; (*rare*) ре́дкий

uncommunicative [ʌnkə'mju:nɪkətɪv] неразговóрчивый, сде́ржанный; скры́тный

uncomplaining [ʌnkəm'pleɪnɪŋ] безро́потный

uncompromising [ʌnˈkɒmprəmaɪzɪŋ] □ бескомпроми́ссный

unconcerned [ʌnkənˈsɜːnd]: *be ~ about* относи́ться равноду́шно, безразли́чно (к Д)

unconditional [ʌnkənˈdɪʃənl] □ безогово́рочный, безусло́вный

unconquerable [ʌnˈkɒŋkrəbl] □ непобеди́мый

unconscious [ʌnˈkɒnʃəs] □ (*not intentional*) бессозна́тельный; потеря́вший созна́ние; *be ~* созн(ав)а́ть Р; *the ~* подсозна́ние; **~ness** [-nɪs] бессозна́тельное состоя́ние

unconstitutional [ʌnkɒnstɪˈtjuːʃnl] □ противоре́чащий конститу́ции; неконституцио́нный

uncontrollable [ʌnkənˈtrəʊləbl] □ неудержи́мый; неуправля́емый

unconventional [ʌnkənˈvenʃənl] □ (*free in one's ways*) чу́ждый усло́вности; (*unusual*) необы́чный; эксцентри́чный; (*original*) нешабло́нный

uncork [ʌnˈkɔːk] отку́пори(ва)ть

uncount|able [ʌnˈkaʊntəbl] бесчи́сленный; **~ed** [-tɪd] несчётный

uncouth [ʌnˈkuːθ] (*rough*) гру́бый

uncover [ʌnˈkʌvə] *face, etc.* откры(ва́)ть; снима́ть кры́шку с (Р); *head* обнажа́ть [-жи́ть]; *fig. plot, etc.* раскрыва́ть [-ы́ть]

uncult|ivated [ʌnˈkʌltɪveɪtɪd] *land* невозде́ланный; *plant* ди́кий; *person* неразвито́й; некульту́рный

undamaged [ʌnˈdæmɪdʒd] неповреждённый

undaunted [ʌnˈdɔːntɪd] □ (*fearless*) неустраши́мый

undecided [ʌndɪˈsaɪdɪd] □ нерешённый; (*in doubt*) нереши́тельный

undeniable [ʌndɪˈnaɪəbl] □ неоспори́мый; несомне́нный

under [ˈʌndə] 1. *adv.* ни́же; внизу́; вниз; 2. *prp.* под (В, Т); ни́же (Р); ме́ньше (Р); при (П); 3. *pref.* ни́же…, под…, недо…; 4. ни́жний; ни́зший; **~bid** [ʌndəˈbɪd] [*irr.* (*bid*)] предлага́ть бо́лее ни́зкую це́ну, чем (И); **~brush** [-brʌʃ] подле́сок; **~carriage** [-kærɪdʒ] шасси́ *n indecl.*; **~clothing** [-kləʊðɪŋ]

ни́жнее бельё; **~cut** [-kʌt] сбива́ть це́ну; **~done** [ʌndəˈdʌn] недожа́ренный; *cake* непропечённый; **~estimate** [ʌndərˈestɪmət] недооце́нивать [-и́ть]; **~fed** [-fed] недоко́рмленный, исто́щённый от недоеда́ния; **~go** [ʌndəˈɡəʊ] [*irr.* (*go*)] испы́та́ть [испыта́ть]; *criticism; etc.* подверга́ться [-е́ргнуться] (Д); **~graduate** [ʌndəˈɡrædʒʊət] студе́нт *m*, -ка *f*; **~ground** [-ɡraʊnd] 1. подзе́мный; *pol.* та́йный; 2. метро́(полите́н) *n indecl.*; (*movement*) подпо́лье; **~hand** [ʌndəˈhænd] 1. та́йный, закули́сный; 2. *adv.* та́йно, за спино́й; **~lie** [ʌndəˈlaɪ] [*irr.* (*lie*)] лежа́ть в осно́ве (Р); **~line** [ʌndəˈlaɪn] подчёркивать [-черкну́ть]; **~mine** [ʌndəˈmaɪn] подрыва́ть [подорва́ть]; **~neath** [ʌndəˈniːθ] 1. *prp.* под (Т/В); 2. *adv.* вниз, внизу́; **~rate** [ʌndəˈreɪt] недооце́нивать [-и́ть]; **~secretary** [ʌndəˈsekrətrɪ] замести́тель *m*, помо́щник мини́стра (в А́нглии и США); **~signed** [ʌndəˈsaɪnd] нижеподписа́вшийся; **~stand** [ʌndəˈstænd] [*irr.* (*stand*)] *com.* понима́ть [поня́ть]; подразумева́ть (*by* под Т); *make o.s. understood* уме́ть объясни́ться; **~standable** [ʌndəˈstændəbl] поня́тный; **~standing** [ʌndəˈstændɪŋ] понима́ние; взаимопонима́ние; (*agreement*) договорённость *f*; *come to an ~* договори́ться *pf.*; **~state** [ʌndəˈsteɪt] преуменьша́ть [-ме́ньшить]; **~stood** [ʌndəˈstʊd] *pt. и pt. p. om understand*; **~take** [ʌndəˈteɪk] [*irr.* (*take*)] предпринима́ть [-ня́ть]; (*make o.s. responsible for*) брать на себя́; обя́зываться [-за́ться]; **~taker** [-teɪkə] содержа́тель *m* похоро́нного бюро́; **~taking** [ʌndəˈteɪkɪŋ] предприя́тие; **~tone** [-təʊn]: *in an ~* вполго́лоса; **~value** [ʌndəˈvæljuː] недооце́нивать [-и́ть]; **~wear** [-weə] ни́жнее бельё; **~write** [ʌndəˈraɪt] [*irr.* (*write*)] [за]страхова́ть (В); **~writer** [-raɪtə] поруча́тель-гара́нт; страхова́тель *m*

undeserved [ʌndɪˈzɜːvd] □ незаслу́женный

undesirable [ʌndɪˈzaɪərəbl] □ нежела́тельный; *moment, etc.* неудо́бный, неподходя́щий

undisciplined [ʌn'dɪsɪplɪnd] недисциплини́рованный

undiscriminating [ˌʌndɪs'krɪmɪneɪtɪŋ] неразбо́рчивый

undisguised [ˌʌndɪs'gaɪzd] □ откры́тый, я́вный; незамаскиро́ванный

undivided [ˌʌndɪ'vaɪdɪd] □ неразделённый; *attention* по́лный

undo [ʌn'duː] [*irr.* (**do**)] *string, etc.* развя́зывать [-за́ть]; *buttons, zip* расстёгивать [расстегну́ть]; (*destroy*) погуби́ть *pf.*; *~ing* [-ɪŋ]: *that was my ~* э́то погуби́ло меня́

undoubted [ʌn'daʊtɪd] несомне́нный, бесспо́рный

undreamed-of, undreamt-of [ʌn'dremtɒv] невообрази́мый, неожи́данный

undress [ʌn'dres] разде́(ва́)ть(ся); *~ed* [-st] неоде́тый

undue [ʌn'djuː] □ (*excessive*) чрезме́рный

undulating ['ʌndjʊleɪtɪŋ] *geogr.* холми́стый

unduly [ʌn'djuːlɪ] чересчу́р, чрезме́рно

unearth [ʌn'ɜːθ] вырыва́ть из земли́; *fig.* (*discover*) раска́пывать [-копа́ть]; *~ly* [ʌn'ɜːθlɪ] (*not terrestrial*) неземно́й; (*supernatural*) сверхъесте́ственный; (*weird*) стра́нный; *time* чересчу́р ра́нний (час)

uneas|iness [ʌn'iːzɪnɪs] беспоко́йство, трево́га; *~y* [ʌn'iːzɪ] □ беспоко́йный, трево́жный

uneducated [ʌn'edjʊkeɪtɪd] необразо́ванный

unemotional [ˌʌnɪ'məʊʃənl] бесстра́стный; неэмоциона́льный

unemploy|ed [ˌʌnɪm'plɔɪd] безрабо́тный; *~ment* [-mənt] безрабо́тица

unending [ʌn'endɪŋ] □ несконча́емый, бесконе́чный

unendurable [ˌʌnɪn'djʊərəbl] нестерпи́мый

unequal [ʌn'iːkwəl] □ нера́вный; *length, weight* разли́чный; *be ~ to* не в си́лах; *task, etc.* не по плечу́;

~led [-d] непревзойдённый

unerring [ʌn'ɜːrɪŋ] □ безоши́бочный

uneven [ʌn'iːvn] □ неро́вный; *temper* неуравнове́шенный

uneventful [ˌʌnɪ'ventfl] □ без осо́бых собы́тий/приключе́ний

unexpected [ˌʌnɪks'pektɪd] □ неожи́данный

unexposed [ˌʌnɪk'spəʊzd] *film* неэкспони́рованный

unfailing [ʌn'feɪlɪŋ] □ ве́рный, надёжный; *interest* неизме́нный; *patience, etc.* неистощи́мый, беспреде́льный

unfair [ʌn'feə] □ несправедли́вый; *play, etc.* нече́стный

unfaithful [ʌn'feɪθfl] □ неве́рный; (*violating trust*) вероло́мный; *to the original* нето́чный

unfamiliar [ˌʌnfə'mɪlɪə] незнако́мый; *surroundings* непривы́чный

unfasten [ʌn'fɑːsn] *door* открыва́ть [-ы́ть]; *buttons, etc.* расстёгивать [расстегну́ть]; *knot* развя́зывать [-за́ть]; *~ed* [-d] расстёгнутый; *door* незапе́ртый

unfavo(u)rable [ʌn'feɪvərəbl] □ неблагоприя́тный; *reports, etc.* отрица́тельный

unfeeling [ʌn'fiːlɪŋ] □ бесчу́вственный

unfinished [ʌn'fɪnɪʃt] незако́нченный

unfit [ʌn'fɪt] него́дный, неподходя́щий; *~ for service* него́ден к вое́нной слу́жбе

unflagging [ʌn'flægɪŋ] □ неослабева́ющий

unfold [ʌn'fəʊld] развёртывать(ся) [-верну́ть(ся)]; *plans, secret, etc.* раскры́(ва́)ть

unforeseen [ˌʌnfɔː'siːn] непредви́денный

unforgettable [ˌʌnfə'getəbl] □ незабыва́емый

unfortunate [ʌn'fɔːtʃənɪt] несча́стный; неуда́чный; (*unlucky*) неуда́чливый; *~ly* [-lɪ] к несча́стью; к сожале́нию

unfounded [ʌn'faʊndɪd] необосно́-

ванный

unfriendly [ʌn'frendlɪ] недружелю́бный; неприве́тливый

unfruitful [ʌn'fruːtfl] □ неплодоро́дный; *fig.* беспло́дный

unfurl [ʌn'fɜːl] развёртывать [разверну́ть]

ungainly [ʌn'geɪnlɪ] нескла́дный

ungodly [ʌn'gɒdlɪ]: нечести́вый; *he woke us up at an ~ hour* он разбуди́л нас безбо́жно ра́но

ungovernable [ʌn'gʌvənəbl] □ неуправля́емый; *temper, etc.* неукроти́мый, необу́зданный

ungracious [ʌn'greɪʃəs] □ (*not polite*) неве́жливый

ungrateful [ʌn'greɪtfl] □ неблагода́рный

unguarded [ʌn'gɑːdɪd] □ неохраня́емый, незащищённый; *fig.* неосторо́жный

unhampered [ʌn'hæmpəd] беспрепя́тственный

unhappy [ʌn'hæpɪ] □ несча́стный

unharmed [ʌn'hɑːmd] *thing* непо-вреждённый; *person* невреди́мый

unhealthy [ʌn'helθɪ] □ нездоро́вый, боле́зненный; *coll.* (*harmful*) вре́дный

unheard-of [ʌn'hɜːdɒv] неслы́ханный

unhesitating [ʌn'hezɪteɪtɪŋ] □ реши́тельный; ~ly [-lɪ] не коле́блясь

unholy [ʌn'həʊlɪ] поро́чный; *coll.* жу́ткий, ужа́сный

unhoped-for [ʌn'həʊptfɔː] неожи́данный

unhurt [ʌn'hɜːt] невреди́мый, це́лый

uniform ['juːnɪfɔːm] **1.** □ одина́ковый; (*alike all over*) единообра́зный, одноро́дный; **2.** фо́рма, фо́рменная оде́жда; ~ity [juːnɪ'fɔːmətɪ] единообра́зие, однородность *f*

unify ['juːnɪfaɪ] объединя́ть [-ни́ть]; унифици́ровать (*im*)*pf.*

unilateral [juːnɪ'lætrəl] односторо́нний

unimaginable [ʌnɪ'mædʒɪnəbl] □ невообрази́мый

unimportant [ʌnɪm'pɔːtənt] □ нева́жный

uninhabit|able [ʌnɪn'hæbɪtəbl] непри-го́дный для жилья́; ~ed [-tɪd] *house* нежило́й, необита́емый

uninjured [ʌn'ɪndʒəd] непострада́в-ший; невреди́мый

unintelligible [ʌnɪn'telɪdʒəbl] □ непоня́тный; *hand writing* неразбо́рчивый, невольный

unintentional [ʌnɪn'tenʃənl] □ нена-ме́ренный, неумы́шленный

uninteresting [ʌn'ɪntrəstɪŋ] □ неин-тере́сный

uninterrupted [ʌnɪntə'rʌptɪd] □ непреры́вный, беспреры́вный

uninvit|ed [ʌnɪn'vaɪtɪd] непри-глашённый; *pej.* незва́ный; *come ~* прийти́ *pf.* без приглаше́ния; ~ing [-tɪŋ] непривлека́тельный; *food* не-аппети́тный

union ['juːnɪən] сою́з; (*trade ~*) проф-сою́з; ♀ Jack брита́нский национа́льный флаг

unique ['juːniːk] еди́нственный в своём ро́де, уника́льный

unison ['juːnɪzn] унисо́н; гармо́ния; в по́лном согла́сии; *act in ~* де́йствовать сла́женно

unit ['juːnɪt] *mil.* часть *f*, подразделе́-ние; *math.* едини́ца; *tech.* агрега́т; ~ *furniture* секцио́нная ме́бель; ~e [ju-'naɪt] *in marriage* сочета́ть у́зами бра́ка; соединя́ть(ся) [-ни́ть(ся)]; объ-единя́ть(ся) [-ни́ть(ся)]; ~y ['juːnətɪ] еди́нство

univers|al [juːnɪ'vɜːsl] □ *agreement, etc.* всео́бщий; всеми́рный; *mst. tech.* универса́льный; ~e ['juːnɪvɜːs] мир, вселе́нная, *f*; ~ity [juːnɪ'vɜːsətɪ] университе́т

unjust [ʌn'dʒʌst] □ несправедли́вый, ~ified [ʌn'dʒʌstɪfaɪd] неопра́вданный

unkempt [ʌn'kempt] (*untidy*) беспоря́дочный; неопря́тный; *hair* растрёпанный

unkind [ʌn'kaɪnd] □ недо́брый

unknown [ʌn'nəʊn] неизве́стный; ~ *to me adv.* без моего́ ве́дома

unlace [ʌn'leɪs] расшнуро́вывать [-ова́ть]

unlawful [ʌn'lɔ:fl] □ незаконный

unless [ən'les, ʌn'les] *cj.* если не

unlike [ʌn'laɪk] **1.** непохожий на (В); *it's quite ~ her* это совсем на неё не похоже; **2.** *prp.* в отличие от (Р); **~ly** [ʌn'laɪklɪ] неправдоподобный, невероятный; маловероятный; *his arrival today is ~* маловероятно, что он приедет сегодня

unlimited [ʌn'lɪmɪtɪd] неограниченный

unload [ʌn'ləʊd] выгружать [выгрузить], разгружать [-узить]; *mil. a weapon* разряжать [-ядить]

unlock [ʌn'lɒk] отпирать [отпереть]; **~ed** [-t] незапертый

unlooked-for [ʌn'lʊktfɔ:] неожиданный, непредвиденный

unlucky [ʌn'lʌkɪ] □ неудачный, несчастливый; *I was ~* мне не повезло; *be ~* (*bring ill-luck*) приносить несчастье

unmanageable [ʌn'mænɪdʒəbl] □ неуправляемый; *child, problem* трудный

unmanly [ʌn'mænlɪ] немужественный; не по-мужски; трусливый

unmarried [ʌn'mærɪd] неженатый, холостой; *woman* незамужняя

unmask [ʌn'mɑ:sk] *fig.* разоблачать [-чить]

unmatched [ʌn'mætʃt] не имеющий себе равного, непревзойдённый

unmerciful [ʌn'mɜ:sɪfl] безжалостный

unmerited [ʌn'merɪtɪd] незаслуженный

unmistakable [ʌnmɪs'teɪkəbl] □ верный, очевидный; несомненный; (*clearly recognizable*) легко узнаваемый

unmitigated [ʌn'mɪtɪgeɪtɪd] несмягчённый; *fig.* отъявленный, полный, абсолютный

unmoved [ʌn'mu:vd] оставшийся равнодушным; бесчувственный; *he was ~ by her tears* её слёзы не тронули его

unnatural [ʌn'nætʃrəl] □ неестественный; (*contrary to nature*) противоестественный

unnecessary [ʌn'nesəsrɪ] □ ненужный, лишний; (*excessive*) излишний

unnerve [ʌn'nɜ:v] обессиливать; лишать присутствия духа, решимости

unnoticed [ʌn'nəʊtɪst] незамеченный

unobserved [ʌnəb'zɜ:vd] незамеченный

unobtainable [ʌnəb'teɪnəbl]: *~ thing* недоступная вещь *f*

unobtrusive [ʌnəb'tru:sɪv] ненавязчивый

unoccupied [ʌn'ɒkjʊpaɪd] незанятый

unoffending [ʌnə'fendɪŋ] безобидный

unofficial [ʌnə'fɪʃl] неофициальный

unopened [ʌn'əʊpənd] неоткрытый; *letter* нераспечатанный

unopposed [ʌnə'pəʊzd] не встречающий сопротивления

unpack [ʌn'pæk] распаковывать [-овать]

unpaid [ʌn'peɪd] *debt* неуплаченный; *work* неоплаченный

unparalleled [ʌn'pærəleld] беспримерный; *success, kindness* необыкновенный

unpardonable [ʌn'pɑ:dənəbl] □ непростительный

unperturbed [ʌnpə'tɜ:bd] невозмутимый

unpleasant [ʌn'pleznt] □ неприятный; **~ness** [-nɪs] неприятность *f*

unpopular [ʌn'pɒpjʊlə] □ непопулярный; *make o.s. ~* лишать [-шить] себя популярности

unpractical [ʌn'præktɪkəl] непрактичный

unprecedented [ʌn'presɪdəntɪd] □ беспрецедентный; *courage* беспримерный

unprejudiced [ʌn'predʒʊdɪst] □ непредубеждённый; непредвзятый

unprepared [ʌnprɪ'peəd] □ неподготовленный; без подготовки

unpretentious [ʌnprɪ'tenʃəs] □ скромный, без претензий

unprincipled [ʌn'prɪnsəpld] беспринци́пный

unprofitable [ʌn'prɒfɪtəbl] невы́годный; *enterprise* нерента́бельный

unpromising [ʌn'prɒmɪsɪŋ] малообеща́ющий; *the crops look ~* вряд ли бу́дет хоро́ший урожа́й

unproved [ʌn'pru:vd] недока́занный

unprovoked [ʌnprə'vəʊkt] неспровоци́рованный

unqualified [ʌn'kwɒlɪfaɪd] неквалифици́рованный; некомпете́нтный; *denial, etc.* безогово́рочный; *success, etc.* реши́тельный; безграни́чный

unquestionable [ʌn'kwestʃənəbl] несомне́нный, неоспори́мый

unravel [ʌn'rævəl] распу́т(ыв)ать (*a. fig.*); (*solve*) разга́дывать [-да́ть]

unreal [ʌn'rɪəl] нереа́льный

unreasonable [ʌn'ri:znəbl] □ не(благо)разу́мный; безрассу́дный; *price, etc.* чрезме́рный

unrecognizable [ʌn'rekəgnaɪzəbl] □ неузнава́емый

unrelated [ʌnrɪ'leɪtɪd] *people* не ро́дственники; *ideas, facts, etc.* не име́ющий отноше́ния; не свя́занные (ме́жду собо́й)

unrelenting [ʌnrɪ'lentɪŋ] □ неумоли́мый; *it was a week of ~ activity* всю неде́лю мы рабо́тали без переды́шки

unreliable [ʌnrɪ'laɪəbl] ненадёжный

unrelieved [ʌnrɪ'li:vd] □: *~ boredom* необлегчённая ску́ка; *~ sadness* неизбы́вная грусть *f*

unremitting [ʌnrɪ'mɪtɪŋ] □ беспреры́вный; *pain, etc.* неослабева́ющий

unreserved [ʌnrɪ'zɜ:vd] □ *seat, etc.* незаброни́рованный; *support, etc.* безогово́рочный

unrest [ʌn'rest] *social, political* волне́ния, беспоря́дки; (*disquiet*) беспоко́йство

unrestrained [ʌnrɪs'treɪnd] □ *behavio(u)r* несде́ржанный; *anger, etc.* необу́зданный

unrestricted [ʌnrɪs'trɪktɪd] □ неограни́ченный

unrewarding [ʌnrɪ'wɔ:dɪŋ] неблагода́рный

unripe [ʌn'raɪp] незре́лый, неспе́лый

unrival(l)ed [ʌn'raɪvld] непревзойдённый; не име́ющий сопе́рников

unroll [ʌn'rəʊl] развёртывать [-верну́ть]

unruffled [ʌn'rʌfld] *sea, etc.* гла́дкий; *person* невозмути́мый

unruly [ʌn'ru:lɪ] непослу́шный; непоко́рный; бу́йный

unsafe [ʌn'seɪf] □ (*not dependable*) ненадёжный; (*dangerous*) опа́сный

unsal(e)able [ʌn'seɪləbl] *goods* нехо́дкий

unsanitary [ʌn'sænɪtərɪ] антисанита́рный

unsatisfactory [ʌnsætɪs'fæktərɪ] □ неудовлетвори́тельный

unsavo(u)ry [ʌn'seɪvərɪ] невку́сный; неприя́тный; (*offensive*) отврати́тельный

unscathed [ʌn'skeɪðd] невреди́мый

unscrew [ʌn'skru:] отви́нчивать(-ся) [-нти́ть(ся)]; вывёртывать [-верну́ть]

unscrupulous [ʌn'skru:pjʊləs] □ беспринци́пный; неразбо́рчивый в сре́дствах

unseasonable [ʌn'si:znəbl] □ (*ill-timed*) несвоевре́менный; не по сезо́ну

unseemly [ʌn'si:mlɪ] неподоба́ющий; (*indecent*) непристо́йный

unseen [ʌn'si:n] (*invisible*) неви́димый; (*not seen*) неви́данный

unselfish [ʌn'selfɪʃ] □ бескоры́стный

unsettle [ʌn'setl] *person* расстра́ивать [-ро́ить]; **~d** [-d] *weather* неусто́йчивый; *problem, etc.* нерешённый; *bill* неопла́ченный

unshaken [ʌn'ʃeɪkən] непоколеби́мый

unshaven [ʌn'ʃeɪvn] небри́тый

unshrinkable [ʌn'ʃrɪŋkəbl] безуса́дочный

unsightly [ʌn'saɪtlɪ] непригля́дный

unskil(l)ful [ʌn'skɪlfl] □ неуме́лый; неиску́сный; **~ed** [ʌn'skɪld] неквалифици́рованный

unsociable [ʌn'səʊʃəbl] необщи́тельный

unsolicited [ʌnsə'lɪsɪtɪd] непрóшенный

unsophisticated [ʌnsə'fɪstɪkeɪtɪd] безыскýсный, бесхúтростный; простóй, простодýшный

unsound [ʌn'saund] □ *health* нездорóвый; *views* не(достáточно) обоснóванный; *judg(e)ment* шáткий; лишённый прóчности

unsparing [ʌn'speərɪŋ] □ (*unmerciful*) беспощáдный; (*profuse*) щéдрый; **~ efforts** неустáнные усúлия

unspeakable [ʌn'spiːkəbl] □ невыразúмый; (*terrible*) ужáсный

unstable [ʌn'steɪbl] □ неустóйчивый; *phys., chem.* нестóйкий

unsteady [ʌn'stedɪ] □ → **unstable**; *hand* трясýщийся; *steps* нетвёрдый; шáткий; непостоянный

unstudied [ʌn'stʌdɪd] невыученный; естéственный, непринуждённы

unsuccessful [ʌnsək'sesfl] □ неудáчный, безуспéшный; неудáчливый

unsuitable [ʌn'suːtəbl] □ неподходящий

unsurpassed [ʌnsə'pɑːst] непревзойдённый

unsuspect|ed [ʌnsəs'pektɪd] □ неожúданный; **~ing** [-ɪŋ] □ неподозревáемый (*of* о П)

unsuspicious [ʌnsəs'pɪʃəs] □ *person* неподозревáющий; довéрчивый

unswerving [ʌn'swɜːvɪŋ] □ неуклóнный

untangle [ʌn'tæŋgl] распýт(ыв)ать

untarnished [ʌn'tɑːnɪʃt] *reputation* незапятнанный

untenable [ʌn'tenəbl] *theory etc.* несостоятельный

unthink|able [ʌn'θɪŋkəbl] немыслимый; **~ing** [-ɪŋ] □ бездýмный; опромéтчивый

untidy [ʌn'taɪdɪ] □ неопрятный, неаккурáтный; *room* неýбранный

untie [ʌn'taɪ] развязывать [-зáть]; *one thing from another* отвязывать [-зáть]

until [ən'tɪl] 1. *prp.* до (Р); *not* **~ Sunday** не рáнее воскресéнья; 2. *cj.* (до тех пор) покá ... (не) ...

untimely [ʌn'taɪmlɪ] несвоеврéменный; **~ death** безврéменная кончúна

untiring [ʌn'taɪərɪŋ] □ неутомúмый

untold [ʌn'təuld] (*not told*) нерасскáзанный; (*incalculable*) несмéтный, несчётный

untouched [ʌn'tʌtʃt] нетрóнутый

untroubled [ʌn'trʌbld] □ необеспокóенный; **~ life** безмятéжная жизнь *f*

untrue [ʌn'truː] □ невéрный; **this is ~** это непрáвда

untrustworthy [ʌn'trʌstwɜːðɪ] не заслýживающий довéрия

unus|ed 1. [ʌn'juːzd] (*new*) не бывший в употреблéнии; (*not used*) неиспóльзованный; **2.** [ʌn'juːst] непривыкший (*to* к Д); **~ual** [ʌn'juːʒuəl] □ необыкновéнный, необычный

unvarnished [ʌn'vɑːnɪʃt] *fig.* неприкрáшенный

unvarying [ʌn'veərɪŋ] □ неизменяющийся, неизмéнный

unveil [ʌn'veɪl] *statute, monument* откры(вá)ть

unwanted [ʌn'wɒntɪd] *child* нежелáнный; ненýжный

unwarranted [ʌn'wɒrəntɪd] □ неразрешённый; неопрáвданный; *criticism, etc.* незаслýженный

unwavering [ʌn'weɪvərɪŋ] □ непоколебúмый; **~ look** прúстальный взгляд

unwell [ʌn'wel]: нездорóвый; **he is ~** емý нездорóвится; **feel ~** невáжно (плóхо) себя чýвствовать

unwholesome [ʌn'həulsəm] неблаготвóрный; (*harmful*) врéдный

unwieldy [ʌn'wiːldɪ] □ *carton, etc.* громóздкий

unwilling [ʌn'wɪlɪŋ] □ несклóнный, нежелáющий; нерасполóженный; **be ~ to do s.th.** не хотéть чтó-то сдéлать

unwise [ʌn'waɪz] □ неразýмный

unwittingly [ʌn'wɪtɪŋlɪ] невóльно, непреднамéренно

unworthy [ʌn'wɜːðɪ] □ недостóйный

unwrap [ʌn'ræp] развёртывать(ся) [-вернýть(ся)]

unyielding [ʌn'jiːldɪŋ] □ неподатливый, неустýпчивый

unzip [ʌn'zɪp] расстёгивать [-егнýть]; **come ~ped** расстегнýться *pf.*

up [ʌp] **1.** *adv.* вверх, наве́рх; вверхý, наверхý; вы́ше; *fig.* **be ~ to the mark** быть в фо́рме, на высоте́; **be ~ against a task** стоя́ть перед зада́чей; **~ to** вплоть до (P); **it is ~ to me** (**to do**) мне прихо́дится (де́лать); **what's ~?** *coll.* что случи́лось?, в чём де́ло?; **what is he ~ to?** чем он занима́ется?; **2.** *prp.* вверх по (Д); по направле́нию к (Д); **~ the river** вверх по реке́; **3.** *su.* **the ~s and downs** *fig.* превра́тности судьбы́; **4.** *vb. coll.* поднима́ть [-ня́ть]; **prices** повыша́ть [-ы́сить]

up|braid [ʌp'breɪd] [вы́]брани́ть; **~bringing** ['ʌpbrɪŋɪŋ] воспита́ние; **~date** [ʌp'deɪt] модернизи́ровать; *person* держа́ть в кýрсе де́ла; **~heaval** [ʌp'hiːvl] *earthquake, etc.* сдвиг; *fig.* глубо́кие (революцио́нные) переме́ны; **~hill** [ʌp'hɪl] (идýщий) в го́ру; *fig.* тяжёлый; **~hold** [ʌp'həʊld] *irr. support* подде́рживать [-жа́ть]; **~holster** [ʌp'həʊlstə] оби(ва́)ть; **~holstery** [-stərɪ] оби́вка

up|keep ['ʌpkiːp] содержа́ние; *cost* сто́имость *f* содержа́ния; **~lift 1.** ['ʌplɪft] душе́вный подъём; **2.** [ʌp'lɪft] поднима́ть [-ня́ть]

upon [ə'pɒn] → **on**

upper ['ʌpə] ве́рхний; вы́сший; **gain the ~ hand** (оде́ржа)ть верх (над Т); **~most** [-məʊst] са́мый ве́рхний; наивы́сший; **be ~ in one's mind** стоя́ть на пе́рвом ме́сте, быть гла́вным

uppish ['ʌpɪʃ] *coll.* надме́нный

upright ['ʌpraɪt] □ прямо́й (*a. fig.*), вертика́льный; *adv. a.* стоймя́; **~ piano** пиани́но *n indecl.*

up|rising ['ʌpraɪzɪŋ] восста́ние; **~roar** ['ʌprɔː] шум, *coll.* гам; **~roarious** [ʌp'rɔːrɪəs] □ (*noisy*) шýмный; (*funny*) ужа́сно смешно́й

up|root [ʌp'ruːt] вырыва́ть с ко́рнем; *fig.* **I don't want to ~ myself again** я не хочý сно́ва переезжа́ть; **~set** [ʌp'set]

[*irr.* (**set**)] (*knock over*) опроки́дывать(ся) [-и́нуть(ся)]; *person, plans, etc.* расстра́ивать [-ро́ить]; **~shot** ['ʌpʃɒt] ито́г, результа́т; **the ~ of it was that ...** ко́нчилось тем, что ...; **~side**: **~ down** [ʌpsaɪd'daʊn] вверх дном; **~stairs** [ʌp'steəz] вверх (по ле́стнице), наве́рх(ý); **~start** ['ʌpstɑːt] вы́скочка *m/f*; **~stream** [ʌp'striːm] вверх по тече́нию; **~to-date** [ʌptə'deɪt] совреме́нный; **bring s.o. ~** вводи́ть [ввести́] кого́л. в курс де́ла; **~turn** [ʌp'tɜːn] сдвиг к лýчшему, улучше́ние; **~ward(s)** ['ʌpwədz] вверх, наве́рх; **~ of** свы́ше, бо́льше

urban ['ɜːbən] городско́й; **~e** [ɜː'beɪn] ве́жливый; (*refined*) изы́сканный; (*suave*) обходи́тельный

urchin ['ɜːtʃɪn] мальчи́шка *m*

urge [ɜːdʒ] **1.** (*try to persuade*) убежда́ть [-еди́ть]; подгоня́ть (подогна́ть) (*often ~ on*); **2.** стремле́ние, жела́ние, толчо́к *fig.*; **~ncy** [ɜːdʒənsɪ] (*need*) настоя́тельность *f*, (*haste*) сро́чность *f*; насто́йчивость *f*; **~nt** ['ɜːdʒənt] □ сро́чный; настоя́тельный, насто́йчивый

urin|al ['jʊərɪnl] писсуа́р; **~ate** [-rɪneɪt] [по]мочи́ться; **~e** [-rɪn] моча́

urn [ɜːn] ýрна

us [əs, ... ʌs] *pers. pron.* (*косвенный па- деж от* **we**) нас, нам, на́ми

usage ['juːzɪdʒ] употребле́ние; (*cus- tom*) обы́чай

use 1. [juːs] употребле́ние; примене́- ние; по́льзование; (*usefulness*) по́ль- за; (*habit*) привы́чка; (*of*) **no ~** беспо- ле́зный; **come into ~** войти́ в употреб- ле́ние; **for general ~** для о́бщего по́ль- зования; **what's the ~ ...?** како́й смысл ...?, что то́лку ...?; **2.** [juːz] употребля́ть [-би́ть]; по́льзоваться (Т); воспо́льзоваться (Т) *pf.*; испо́ль- зовать (*im*)*pf.*; (*treat*) обраща́ться с (Т), обходи́ться [обойти́сь] с (Т); **I ~d to do** я, быва́ло, ча́сто де́лал; **~d** [juːst]: **~ to** привы́кший к (Д); **~ful** ['juːsfl] □ поле́зный; приго́дный; **come in ~** пригоди́ться; **~less** ['juːslɪs] □ бесполе́зный; неприго́дный, него́дный; **~r** ['ju:zə] по́льзователь *m*; (*customer*) потреби́тель *m*; *of library, etc.* чита́тель *m*

usher ['ʌʃə] (*conduct*) проводи́ть [-вести́]; (**~ in**) вводи́ть [ввести́]; **~ette** [-'ret] билетёрша

usual ['ju:ʒʊəl] □ обыкнове́нный, обы́чный

usurp [ju:'zɜ:p] узурпи́ровать (*im*)*pf*.; **~er** [ju:'zɜ:pə] узурпа́тор

utensil [ju:'tensl] (*mst. pl.* **~s**) инструме́нт; посу́да; **kitchen ~s** ку́хонные принадле́жности *f/pl*.

utility [ju:'tɪlətɪ] (*usefulness*) поле́зность *f*; **public utilities** коммуна́льные услу́ги/предприя́тия

utiliz|ation [ju:təlaɪ'zeɪʃn] испо́льзование, утилиза́ция; **~e** ['ju:təlaɪz] испо́льзовать (*im*)*pf*., утилизи́ровать (*im*)*pf*.

utmost ['ʌtməʊst] кра́йний, преде́льный; **do one's ~** сде́лать *pf*. всё возмо́жное; **at the ~** са́мое бо́льшее

utter ['ʌtə] **1.** □ *fig.* по́лный; соверше́нный; **2.** *sounds* изд(ав)а́ть; *words* произноси́ть [-нести́]; **~ance** [-ərəns] выска́зывание; **give ~ to** выска́зывать [-сказать]; *emotion* дать вы́ход (Д)

U-turn ['ju:tɜ:n] *mot.* разворо́т

V

vacan|cy ['veɪkənsɪ] (*emptiness*) пустота́; (*unfilled job*) вака́нсия; *in hotel* свобо́дная ко́мната; **~t** ['veɪkənt] □ неза́нятый, вака́нтный; пусто́й; *look, mind, etc.* отсу́тствующий

vacat|e [və'keɪt] *house, hotel room, etc.* освобожда́ть [-боди́ть]; **~ion** [və'keɪʃn, *Am.* veɪ'keɪʃən] *univ.* кани́кулы *f/pl*.; *Am.* (*holiday*) о́тпуск; **be on ~** быть в о́тпуске

vaccin|ate ['væksɪneɪt] *med.* [c]де́лать приви́вку; **~ation** [væksɪ'neɪʃn] приви́вка; **~e** ['væksi:n] вакци́на

vacillate ['væsəleɪt] колеба́ться

vacuum ['vækjʊəm] *phys.* ва́куум (*a. fig.*); **~ cleaner** пылесо́с; **~ flask** те́рмос; **~-packed** в ва́куумной упако́вке

vagabond ['vægəbɒnd] бродя́га *m*

vagrant ['veɪɡrənt] бродя́га *m*

vague [veɪɡ] неопределённый, не-я́сный, сму́тный; **I haven't the ~st idea of ...** я не име́ю ни мале́йшего представле́ния о (П)

vain [veɪn] □ (*useless*) тще́тный, напра́сный; (*conceited*) тщесла́вный; **in ~** напра́сно, тще́тно; **~glorious** [veɪnˈɡlɔ:rɪəs] тщесла́вный; (*boastful*) хвастли́вый

valet ['vælɪt, 'væleɪ] камерди́нер

valiant ['vælɪənt] *rhet.* хра́брый, до́блестный

valid ['vælɪd] *law* действи́тельный (*a. of ticket, etc.*), име́ющий си́лу; *of an argument, etc.* ве́ский, обосно́ванный

valley ['vælɪ] доли́на

valo(u)r ['vælə] *rhet.* до́блесть *f*

valuable ['væljʊəbl] **1.** □ це́нный; **2. ~s** *pl.* це́нности *f/pl*.

valuation [vælju'eɪʃn] оце́нка

value ['vælju:] **1.** це́нность *f*; *comm.* сто́имость *f*; *math.* величина́; **put** (*or* **set**) **little ~ on** невысоко́ цени́ть; **2.** оце́нивать [-и́ть] (В); цени́ть (В); дорожи́ть (Т); **~less** ['vælju:lɪs] ничего́ не сто́ящий

valve [vælv] *tech.* ве́нтиль *m*, кла́пан (*a. anat.*)

van [væn] автофурго́н; *rail.* бага́жный *or* това́рный ваго́н

vane [veɪn] (*weathercock*) флю́гер; *of propeller* ло́пасть *f*

vanguard ['vænɡɑ:d]: **be in the ~** быть в пе́рвых ряда́х; *fig.* аванга́рд

vanilla [və'nɪlə] вани́ль

vanish ['vænɪʃ] исчеза́ть [-е́знуть]

vanity ['vænətɪ] тщесла́вие; **~ bag** (су́мочка-)космети́чка

vanquish ['væŋkwɪʃ] побежда́ть

[-еди́ть]

vantage ['vɑːntɪdʒ]: ~ *point* удо́бное для обзо́ра ме́сто; вы́годная пози́ция

vapid ['væpɪd] □ пло́ский; пре́сный; *fig.* неинтере́сный

vaporize ['veɪpəraɪz] испаря́ть(ся) [-ри́ть(ся)]

vapo(u)r ['veɪpə] пар

varia|ble ['veərɪəbl] **1.** □ непостоя́нный, изме́нчивый; **2.** *math.* переме́нная величина́; **~nce** [-rɪəns]: *be at* ~ расходи́ться во мне́ниях; быть в противоре́чии; **~nt** [-rɪənt] вариа́нт; **~tion** [veərɪ'eɪʃn] измене́ние; *mus.* вариа́ция

varie|d ['veərɪd] □ → *various*; **~gated** ['veərɪgeɪtɪd] разноцве́тный, пёстрый; **~ty** [və'raɪəti] разнообра́зие; (*sort*) сорт, разнови́дность *f*; ряд, мно́жество; *for a ~ of reasons* по ря́ду причи́н; ~ *show* варьете́; эстра́дное представле́ние

various ['veərɪəs] ра́зный, (*of different sorts*) разли́чный; разнообра́зный; **~ly** [-lɪ] по-ра́зному

varnish ['vɑːnɪʃ] **1.** лак; *fig.* (*gloss*) лоск; **2.** покрыва́ть ла́ком

vary ['veərɪ] (*change*) изменя́ть(ся) [-ни́ть(ся)]; (*be different*) разни́ться; *of opinion* расходи́ться [разойти́сь]; (*diversify*) разнообра́зить

vase [vɑːz] ва́за

vast [vɑːst] □ обши́рный, грома́дный

vat [væt] чан; бо́чка, ка́дка

vault [vɔːlt] **1.** свод; (*tomb*, *crypt*) склеп; (*cellar*) подва́л, по́греб; **2.** (*a. ~ over*) перепры́гивать [-гнуть]

veal [viːl] теля́тина; *attr.* теля́чий

veer [vɪə] *of wind* меня́ть направле́ние; *views*, *etc.* изменя́ть [-ни́ть]; *the car ~ed to the right* маши́ну занесло́ впра́во

vegeta|ble ['vedʒtəbl] **1.** о́вощ; **~s** *pl.* зе́лень *f*, о́вощи *m/pl.*; **2.** *oil* расти́тельный, овощно́й; ~ *garden* огоро́д; ~ *marrow* кабачо́к; **~rian** [vedʒɪ'teərɪən] **1.** вегетариа́нец *m*, -нка *f*; **2.** вегетариа́нский; **~tion** [vedʒɪ'teɪʃn] расти́тельность *f*

vehemen|ce ['viːəmens] си́ла; стра́ст-

ность *f*, **~t** [-t] си́льный; стра́стный; *protests, etc.* бу́рный

vehicle ['viːɪkl] автомаши́на, авто́бус и т. д. (*любое транспортное средство*); *fig.* сре́дство; *med.* перено́счик

veil [veɪl] **1.** вуа́ль *f*; *of mist* пелена́; *fig.* заве́са; *bridal* ~ фата́; **2.** закрыва́ть вуа́лью; *fig.* завуали́ровать; *in mist* оку́тывать

vein [veɪn] ве́на; *geol.* жи́ла; *fig.* жи́лка; (*mood*) настрое́ние

velocity [vɪ'lɒsɪtɪ] ско́рость *f*

velvet ['velvɪt] ба́рхат; *attr.* ба́рхатный; **~y** [~ɪ] ба́рхатный (*fig.*); бархати́стый

vend|or ['vendə] (*у́личный*) продаве́ц *m*, -вщи́ца *f*

veneer [və'nɪə] фане́ра; *fig.* фаса́д

venerable ['venərəbl] □ почте́нный; *eccl. title* преподо́бный

venereal [və'nɪərɪəl] венери́ческий

Venetian [və'niːʃn] венециа́нский; ~ *blinds* жалюзи́ *n indecl.*

vengeance ['vendʒəns] месть *f*

venom ['venəm] (*part.* змеи́ный) яд (*a. fig.*); *fig.* зло́ба; **~ous** [-əs] □ ядови́тый (*a. fig.*)

vent [vent] **1.** вентиляцио́нное отве́рстие; (*air* ~) отду́шина; *give* ~ *to* изли́(-ва́)ть (В); *fig.* изли́(ва́)ть (В), дава́ть вы́ход (Д)

ventilat|e ['ventɪleɪt] прове́три(ва)ть; *fig.*, *of question* обсужда́ть [-уди́ть], выясня́ть [вы́яснить]; **~ion** [ventɪ'leɪʃn] вентиля́ция

venture ['ventʃə] **1.** риско́ванное предприя́тие; *at a* ~ науга́д; *joint* ~ совме́стное предприя́тие; **2.** рискова́ть [-кну́ть] (Т); отва́жи(ва)ться на (В) (*a. ~ upon*)

veracious [və'reɪʃəs] правди́вый

veranda(h) [və'rændə] вера́нда

verb|al ['vɜːbl] □ слове́сный; (*oral*) у́стный; *gr.* отглаго́льный; **~atim** [vɜː'beɪtɪm] досло́вно, сло́во в сло́во; **~ose** [vɜː'bəus] □ многосло́вный

verdict ['vɜːdɪkt] *law* верди́кт; *what's your ~, doctor?* каково́ Ва́ше мне́ние, до́ктор?

verdure ['vɜːdʒə] зе́лень f

verge [vɜːdʒ] 1. (*edge*) край; *of forest* опу́шка; *of flower bed* бордю́р; *fig.* грань f; **on the ~ of** на гра́ни (P); 2.: **~ (up)on** грани́чить с (Т)

veri|fy ['verɪfaɪ] проверя́ть [-е́рить]; (*bear out*) подтвержда́ть [-рди́ть]; **~table** ['verɪtəbl] □ настоя́щий, и́стинный

vermin ['vɜːmɪn] *coll.* вреди́тели *m/pl.*; (*lice, etc.*) парази́ты *m/pl.*

vermouth ['vɜːməθ] ве́рмут

vernacular [və'nækjʊlə] *language* родно́й; ме́стный диале́кт

versatile ['vɜːsətaɪl] разносторо́нний; (*having many uses*) универса́льный

verse [vɜːs] стихи́ *m/pl.*; (*line*) строка́; (*stanza*) строфа́; **~d** [vɜːst] о́пытный, све́дущий; **she is well ~ in English history** она́ хорошо́ зна́ет англи́йскую исто́рию

version ['vɜːʃn] вариа́нт; (*account of an event, etc.*) ве́рсия; (*translation*) перево́д

vertebral ['vɜːtɪbrəl]: **~ column** позвоно́чник

vertical ['vɜːtɪkəl] □ вертика́льный; *cliff, etc.* отве́сный

vertigo ['vɜːtɪɡəʊ] головокруже́ние

verve [vɜːv] энтузиа́зм; подъём

very ['verɪ] 1. *adv.* о́чень; **the ~ best** са́мое лу́чшее; 2. *adj.* настоя́щий, су́щий; (*in emphasis*) са́мый; **the ~ same** тот са́мый; **the ~ thing** и́менно то, что ну́жно; **the ~ thought** уже́ одна́ мысль f, сама́ мысль f; **the ~ stones** да́же ка́мни *m/pl.*

vessel ['vesl] сосу́д (*a. anat.*); *naut.* су́дно, кора́бль *m*

vest [vest] жиле́т; *chiefly Brt.* ма́йка

vestibule ['vestɪbjuːl] вестибю́ль *m*

vestige ['vestɪdʒ] (*remains*) след, оста́ток; **there is not a ~ of truth in this** в э́том нет и до́ли пра́вды

veteran ['vetərən] 1. ветера́н; 2. *attr.* ста́рый, (*experienced*) о́пытный

veterinary ['vetrɪnərɪ] 1. ветерина́р (*mst.* **~ surgeon**); 2. ветерина́рный

veto ['viːtəʊ] 1. ве́то *n indecl.*; 2. налага́ть [-ложи́ть] ве́то на (В)

vex [veks] досажда́ть [досади́ть]; раздража́ть [-жи́ть]; **~ation** [vek'seɪʃn] доса́да, неприя́тность f; **~atious** [vek'seɪʃəs] доса́дный; **~ed** ['vekst] *person* раздоса́дованный; *question* спо́рный; больно́й

via ['vaɪə] че́рез (В)

viable ['vaɪəbl] жизнеспосо́бный

vial ['vaɪəl] пузырёк

vibrat|e [vaɪ'breɪt] вибри́ровать; **~ion** [-ʃn] вибра́ция

vice[1] [vaɪs] поро́к

vice[2] [-] *chiefly Brt.* → **vise**

vice[3] [-] *pref.* ви́це…; **~ president** ви́це-президе́нт

vice versa [vaɪsɪ'vɜːsə] наоборо́т

vicinity [vɪ'sɪnətɪ] (*neighbo[u]rhood*) окре́стность f; бли́зость f; **in the ~** недалеко́ (*of* от Р)

vicious ['vɪʃəs] □ поро́чный; злой; **~ circle** поро́чный круг

vicissitude [vɪ'sɪsɪtjuːd]: *mst.* **~s** *pl.* превра́тности f/pl.

victim ['vɪktɪm] же́ртва; **~ize** [-tɪmaɪz] (*for one's views, etc.*) пресле́довать

victor ['vɪktə] победи́тель *m*; **~ious** [vɪk'tɔːrɪəs] □ победоно́сный; **~y** ['vɪktərɪ] побе́да

video ['vɪdɪəʊ] ви́део; **~ camera** видеока́мера; **~ cassette** видеокассе́та; **~ recorder** видеомагнитофо́н, *coll.* ви́дик

vie [vaɪ] сопе́рничать

view [vjuː] 1. вид (*of* на В); по́ле зре́ния; (*opinion*) взгляд; (*intention*) наме́рение; **in ~ of** ввиду́ Р; **on ~** (вы́ставленный) для обозре́ния; **with a ~ to** or **of**+ *ger.* с наме́рением (+ *inf.*); **have in ~** име́ть в виду́; 2. (*examine*) осма́тривать [осмотре́ть]; (*consider*) рассма́тривать [-мотре́ть]; (*look at*) [по]смотре́ть на (В); **~point** то́чка зре́ния

vigil|ance ['vɪdʒɪləns] бди́тельность f; **~ant** [-lənt] □ бди́тельный

vigo|rous ['vɪɡərəs] □ си́льный, энерги́чный; **~(u)r** ['vɪɡə] си́ла, эне́ргия

vile [vaɪl] □ ме́рзкий, ни́зкий

villa ['vɪlə] ви́лла

village ['vɪlɪdʒ] село́, дере́вня; *attr.* се́льский, дереве́нский; **~r** [-ə] се́льский (-кая) жи́тель *m* (-ница f)

villian ['vɪlən] злоде́й, негодя́й

vim [vɪm] эне́ргия, си́ла

vindic|ate ['vɪndɪkeɪt] (*prove*) дока́зывать [-за́ть]; (*justify*) опра́вдывать [-да́ть]; **~tive** [vɪn'dɪktɪv] □ мсти́тельный

vine [vaɪn] виногра́дная лоза́; **~gar** ['vɪnɪgə] у́ксус; **~ growing** виногра́дарство; **~yard** ['vɪnjəd] виногра́дник

vintage ['vɪntɪdʒ] сбор виногра́да; вино́ урожа́я определённого го́да; **~ wine** ма́рочное вино́

violat|e ['vaɪəleɪt] *law, promise, etc.* наруша́ть [-у́шить]; (*rape*) [из]наси́ловать; **~ion** [vaɪə'leɪʃn] наруше́ние

violen|ce ['vaɪələns] си́ла; наси́лие; **outbreak of ~** беспоря́дки *m/pl.*; **~t** [-nt] □ (*strong*) си́льный, мо́щный, неи́стовый; *quarrel, etc.* я́ростный; *of death* наси́льственный

violet ['vaɪələt] фиа́лка, фиоле́товый цвет

violin [vaɪə'lɪn] скри́пка

viper ['vaɪpə] гадю́ка

virgin ['vɜːdʒɪn] **1.** де́вственница; **the Blessed** ♀ Де́ва Мари́я, Богоро́дица; **2.** □ де́вственный (*a.* **~al**); **~ity** [və'dʒɪnətɪ] де́вственность *f*

Virgo ['vɜːgəʊ] *in the zodiac* Де́ва

viril|e ['vɪraɪl] (*sexually potent*) вири́льный; по́лный эне́ргии, му́жественный; **~ity** [vɪ'rɪlətɪ] му́жественность *f*; (*potency*) мужска́я си́ла

virtu|al ['vɜːtʃʊəl] □ факти́ческий; **~e** ['vɜːtjuː] доброде́тель *f*; (*advantage*) досто́инство; **in or by ~ of** благодаря́; в си́лу (P); **~ous** ['vɜːtʃʊəs] □ доброде́тельный; (*chaste*) целому́дренный

virulent ['vɪrʊlənt] *of poison* смерте́льный; *of illness* свире́пый, опа́сный; *fig.* зло́бный

virus ['vaɪərəs] ви́рус; *attr.* ви́русный

visa ['viːzə] ви́за; **entry (exit) ~** въезд-на́я (выездна́я) ви́за

viscount ['vaɪkaʊnt] вико́нт

viscous ['vɪskəs] □ вя́зкий; *liquid* тягу́чий, густо́й

vise [vaɪs] *tech.* тиски́ *m/pl.*

visibility [vɪzə'bɪlətɪ] □ ви́димость *f*

visible ['vɪzəbl] *apparent, evident* ви-

ди́мый; *conspicuous, prominent* ви́дный; *fig., obvious* я́вный, очеви́дный

vision ['vɪʒn] (*eyesight*) зре́ние; (*mental picture*) ви́дение; *fig.* проница́тельность *f*; **field of ~** по́ле зре́ния; **my ~ of the events is different** моё ви́дение э́тих собы́тий ино́е; **~ary** ['vɪʒənərɪ] прови́дец *m*, -дица *f*; (*one given to reverie*) мечта́тель *m*, -ница *f*

visit ['vɪzɪt] **1.** *v/t. person* навеща́ть [-ести́ть]; *museum, etc.* посеща́ть [-ети́ть]; *v/i.* ходи́ть в го́сти; (*stay*) гости́ть; **2.** посеще́ние, визи́т; **~ing** [-ɪŋ]: **~ card** визи́тная ка́рточка; **~ hours** приёмные часы́; **~or** ['vɪzɪtə] посети́тель *m*, -ница *f*, гость *m*, -я *f*

vista ['vɪstə] перспекти́ва (*a. fig.*); (*view*) вид

visual ['vɪzʊəl] зри́тельный; нагля́дный; **~ aids** нагля́дные посо́бия; **~ize** [-aɪz] представля́ть себе́, мы́сленно ви́деть

vital ['vaɪtl] □ жи́зненный; (*essential*) насу́щный, суще́ственный; *person, style* живо́й; **~s, ~ parts** *pl.* жи́зненно ва́жные о́рганы *m/pl.*; **~ity** [vaɪ'tælətɪ] жи́зненная си́ла; эне́ргия; жи́вость *f*; **the child is full of ~** ребёнок по́лон жи́зни

vitamin ['vaɪtəmɪn, *Brt.* 'vɪtəmɪn] витами́н; **~ deficiency** авитаминоз

vivaci|ous [vɪ'veɪʃəs] живо́й, темпера́ментный; **~ty** [vɪ'væsətɪ] жи́вость *f*

vivid ['vɪvɪd] □ *fig.* живо́й, я́ркий

vixen ['vɪksn] лиса́, лиси́ца

vocabulary [və'kæbjʊlərɪ] слова́рь *m*, спи́сок слов; *person's* запа́с слов

vocal ['vəʊkl] □ голосово́й; (*talkative*) разгово́рчивый; *mus.* вока́льный; **~ cords** голосовы́е свя́зки

vocation [vəʊ'keɪʃn] призва́ние; профе́ссия; **~al** [-l] □ профессиона́льный

vogue [vəʊg] мо́да; популя́рность *f*; **be in ~** быть в мо́де

voice [vɔɪs] **1.** го́лос; **at the top of one's ~** во весь го́лос; **give ~ to** выража́ть [вы́разить] (В); **2.** выража́ть [вы́разить]

void [vɔɪd] **1.** пустой; лишённый (*of* P); *law* недействительный; **2.** пустота; пробел

volatile ['vɒlətaɪl] *chem.* летучий; *fig.* изменчивый

volcano [vɒl'keɪnəʊ] (*pl.* **volcanoes**) вулкан

volition [və'lɪʃn] воля

volley ['vɒlɪ] *of shots* залп; *fig. of questions, etc.* град; **~ball** волейбол

voltage ['vəʊltɪdʒ] *el.* напряжение

voluble ['vɒljʊbl] разговорчивый, говорливый

volum|e ['vɒljuːm] объём; (*book*) том; (*capacity*) ёмкость *f*, вместительность *f*; *fig. of sound, etc.* сила, полнота; **~ control** *radio, T.V.* регулятор звука; **~inous** [və'luːmɪnəs] □ объёмистый; обширный

volunt|ary ['vɒləntrɪ] □ добровольный; **~eer** [vɒlən'tɪə] **1.** доброволец; **2.** *v/i.* вызываться [вызваться] (*for* на В); идти добровольцем; *v/t. help, etc.* предлагать [-ложить]

voluptu|ary [və'lʌptʃʊərɪ] сластолюбец; **~ous** [-ʃʊəs] сладострастный

vomit ['vɒmɪt] **1.** рвота; **2.** [вы]рвать: *he is ~ing* его рвёт

voraci|ous [və'reɪʃəs] □ прожорливый, жадный; **~ reader** ненасытный читатель; **~ty** [və'ræsətɪ] прожорливость *f*

vortex ['vɔːteks] *mst. fig.* водоворот; *of wind mst. fig.* вихрь

vote [vəʊt] **1.** голосование; (*vote cast*) голос; право голоса; вотум; (*decision*) решение; *cast a ~* отдавать голос (*for* за В; *against* против Р); **~ of no confidence** вотум недоверия; *put to the ~* поставить *pf.* на голосование; **2.** голосовать (*im*)*pf., pf. a.* [про-] (*for* за В; *against* против Р); *v/t.* голосовать (*im*)*pf., pf. a.* [про-]; **~r** ['vəʊtə] избиратель *m*, -ница *f*

voting ['vəʊtɪŋ] **1.** голосование; **2.** избирательный; **~ paper** избирательный бюллетень

vouch [vaʊtʃ]: **~ for** ручаться [поручиться] за (В); **~er** ['vaʊtʃə] (*receipt*) расписка; *fin.* ваучер

vow [vaʊ] **1.** обет, клятва; **2.** *v/t.* [по]клясться в (П)

vowel ['vaʊəl] гласный

voyage ['vɔɪɪdʒ] **1.** путешествие водой, плавание; **2.** путешествовать морем

vulgar ['vʌlgə] □ (*unrefined*) вульгарный; (*low*) пошлый; (*common*) широко распространённый

vulnerable ['vʌlnərəbl] □ *fig. position* уязвимый; *person* ранимый

vulture ['vʌltʃə] *zo.* гриф; *fig.* стервятник

W

wad [wɒd] *of cotton, paper* комок; *of banknotes* пачка

waddle ['wɒdl] ходить вперевалку

wade [weɪd] *v/t.* переходить вброд; *v/i.* проб(и)раться (**through** по Д *or* через В)

wafer ['weɪfə] *relig.* облатка; вафля

waffle ['wɒfl] *cul.* вафля

waft [wɒft, wɑːft] **1.** *of wind* дуновение; *of air* струя; **2.** доноситься [-нестись]

wag [wæg] **1.** (*joker*) шутник; **2.** махать [махнуть] (Т); *of dog* вилять [вильнуть] хвостом); **~ one's finger** грозить пальцем

wage¹ [weɪdʒ]: **~ war** вести войну

wage² *mst.* **~s** [weɪdʒɪz] *pl.* заработная плата, зарплата; **~ freeze** замораживание заработной платы

wag(g)on ['wægən] повозка, телега; *rail. Brt.* товарный вагон, *open* вагон-платформа

waif [weɪf] *homeless* бездомный ребёнок; безпризорного; *neglected* забрóшенный ребёнок

wail [weɪl] 1. вопль *m*; вой; (*lament*) причитáние; *of wind* завывáние; 2. [за]вопúть, выть, завы(вá)ть; причитáть

waist [weɪst] тáлия; *stripped to the ~* гóлый по пóяс; **~coat** ['weɪskəʊt, 'weskət] *chiefly Brt.* (*vest*) жилéт

wait [weɪt] *v/i.* ждать (*for* B *or* P), ожидáть (*for* P), подождáть *pf.* (*for* B *or* P); (*часто* ~ *at table*) обслýживать [-жúть] (B); *well, we'll have to ~ and see* что ж, поживём-увúдим; *I'll ~ up for you* я не лягу, подождý тебя; *v/t.* выжидáть [вы́ждать] (B); **~er** ['weɪtə] официáнт

waiting ['weɪtɪŋ] ожидáние; **~ room** приёмная; *rail.* зал ожидáния

waitress ['weɪtrɪs] официáнтка

waive [weɪv] *a claim, right, etc.* откáзываться [-зáться] от (P)

wake [weɪk] 1.: *hunger brought disease in its ~* гóлод повлёк за собóй эпидéмию; 2. [*irr.*] *v/i.* бóдрствовать; (*mst.* ~ *up*) просыпáться [проснýться]; *fig.* пробуждáться [-удúться]; *v/t.* [раз]будúть; *fig.* пробуждáть [-удúть]; *desire, etc.* возбуждáть [-удúть]; **~ful** ['weɪkfl] □ бессóнный; (*vigilant*) бдúтельный; **~n** ['weɪkən] → *wake 2*

walk [wɔːk] 1. *v/i.* ходúть, идтú [пойтú]; (*stroll*) гулять, прогýливаться; **~ away** отходúть [отойтú]; **~ in(to)** входúть [войтú]; **~ off** уходúть [уйтú]; **~ out** выходúть [вы́йти]; **~ over** (*cross*) переходúть (перейтú); **~ up** подходúть [-дойтú]; 2. ходьбá; (*gait*) похóдка; прогýлка пешкóм; (*path*) тропá, аллéя; **~ of life** сфéра деятельности; профéссия

walking ['wɔːkɪŋ] 1. ходьбá; 2.: **~ dictionary** ходячая энциклопéдия; **~ stick** трость *f*

walk|out ['wɔːkaʊt] забастóвка; **~over** лёгкая побéда

wall [wɔːl] 1. стенá; (*side, unit*) стéнка; *drive s.o. up the ~* доводúть когó-л. до исступлéния; 2. обносúть стенóй; **~ up** заде́л(ыв)ать (*дверь и т. п.*)

wallet ['wɒlɪt] бумáжник

wallflower желтофиóль *f*; *fig.* дéвушка, остáвшаяся без партнёра (на тáнцах, и т. д.)

wallop ['wɒləp] *coll.* [по]бúть, [по-, от]колотúть

wallow ['wɒləʊ] валяться

wallpaper обóи *m/pl.*

walnut ['wɔːlnʌt] *bot.* грéцкий орéх

walrus ['wɔːlrəs] *zo.* морж

waltz [wɔːls] 1. вальс; 2. танцевáть вальс

wan [wɒn] □ блéдный, тýсклый

wander ['wɒndə] бродúть; блуждáть (*a. of gaze, thoughts, etc.*)

wane [weɪn]: *be on the ~ of moon* убы(вá)ть, быть на ущéрбе; *of popularity, strength* уменьшáться [-шиться], снижáться [-úзиться]

wangle ['wæŋgl] заполучúть хúтростью; *coll.* вы́клянчить

want [wɒnt] 1. (*lack*) недостáток (*of* P *or* в П); (*poverty*) нуждá; (*need*) потрéбность *f*; 2. *v/i.* be *~ing*: *he is ~ing in patience* емý недостаёт терпéния; **~ for** нуждáться в (П); *v/t.* [за]хотéть (P *a.* B); [по]желáть (P *a.* B); нуждáться в (Д); *he ~s energy* емý недостаёт энéргии; *what do you ~?* что вам нýжно?; *you ~ to see a doctor* вам нýжно обратúться к врачý; **~ed** [-ɪd] (в объявлéниях) трéбуется, *law* разы́скивается

wanton ['wɒntən] □ (*debauched*) распýтный; *of cruelty* бессмы́сленный

war [wɔː] 1. войнá; *fig.* борьбá; *be at ~* воевáть с (Т); *make ~* вестú войнý ([up]on с Т); 2. *attr.* воéнный; **~ memorial** пáмятник солдáтам, погúбшим на войнé

warble ['wɔːbl] *of birds* издавáть трéли; *of person* заливáться пéсней

ward [wɔːd] 1. находящийся под опéкой; *hospital* палáта; 2. **~ (off)** *blow* отражáть [отразúть]; *danger, illness* отвращáть [-ратúть]; **~er** ['wɔːdə] *in prison* надзирáтель; тюрéмный контролёр; **~robe** ['wɔːdrəʊb] платянóй шкаф; (*clothes*) гардерóб

ware [weə] *in compds.* посýда; **~s** *pl.*

това́р(ы *pl.*) изде́лия

warehouse ['weəhaus] склад

war|fare ['wɔːfeə] война́, веде́ние войны́; **~head** [-hed] боеголо́вка

warm [wɔːm] **1.** □ тёплый (*a. fig.*); *fig.* горя́чий; *person* серде́чный; **2.** тепло́; **3.** [на-, ото-, со]гре́ть, нагре́(-ва́)ть(ся), согре́(ва́)ться (*a. ~ up*); *his words...ed my heart* его́ слова́ согре́ли мою́ ду́шу; **~th** [-θ] тепло́; теплота́ (*a. fig.*)

warn [wɔːn] предупрежда́ть [-реди́ть] (*of, against* о П); *caution* предостерега́ть [-стере́чь] (*of against* от Р); **~ing** ['wɔːnɪŋ] предупрежде́ние; предостереже́ние

warp [wɔːp] *of wood* [по]коро́бить(ся); *fig.* извраща́ть [-рати́ть]; (*distort*) искажа́ть [исказа́ть]; **~ed mind** извращённый ум

warrant ['wɒrənt] **1.** (*justification*) оправда́ние; *fin.* гара́нтия, руча́тельство; (*~ to arrest*) о́рдер на аре́ст; **2.** опра́вдывать [-да́ть]; руча́ться [поручи́ться за (В)] (*guarantee*) гаранти́ровать (*im*)*pf.*; **~y** [-ɪ] гара́нтия; руча́тельство

warrior ['wɒrɪə] *poet.* во́ин

wart [wɔːt] борода́вка

wary ['weərɪ] □ осторо́жный

was [wɒz, ... wɒz] *pt. om* **be**

wash [wɒʃ] **1.** *v/t. floor, dishes* [вы-, по]мы́ть; *face* умы́ть *pf.*; *wound, etc.* промы́(ва́)ть; *clothes* [вы]стира́ть; *v/i.* [вы]мы́ться, умы́ться *pf.*; стира́ться; *that won't ~ coll.* не пройдёт; э́тому никто́ не пове́рит; **2.** мытьё; сти́рка; (*articles for washing*) бельё; *of waves* прибо́й; *mouth ~* полоска́ние; **~basin** ра́ковина; **~er** ['wɒʃə] (*washing machine*) стира́льная маши́на; *tech.* ша́йба, прокла́дка; **~ing** ['wɒʃɪŋ] **1.** мытьё; сти́рка; (*articles*) бельё; **2.** стира́льный; **~ powder** стира́льный порошо́к

washroom ['wɒʃrum] *Am. euph.* (*lavatory*) убо́рная

wasp [wɒsp] оса́

waste [weɪst] **1.** (*loss*) поте́ря; (*wrong use*) изли́шняя тра́та; (*domestic*) отбро́сы *m/pl.*; *tech.* отхо́ды *m/pl.*; *lay ~* опустоша́ть [-ши́ть]; **~ of time** напра́сная тра́та вре́мени; **2.**: *~land* пусты́рь *m*, *plot of ground* пусто́шь *f*; **3.** *v/t. money, etc.* [по-, рас]тра́тить зря; *time* [по]теря́ть; *v/i. resources* истоща́ться [-щи́ть-ся]; **~ful** ['weɪstfl] □ расточи́тельный; **~ paper** испо́льзованная нену́жная бума́га; *for pulping* макулату́ра; **~paper basket** корзи́на для нену́жных бума́г

watch¹ [wɒtʃ] (*wrist~*) нару́чные часы́ *m/pl.*; ва́хта

watch² *v/i.*: **~ for** *chance, etc.* выжида́ть [вы́ждать] (В); **~ out!** осторо́жно!; *v/t.* (*look at*) смотре́ть; (*observe*) наблюда́ть, следи́ть за (Т); **~dog** сторожева́я соба́ка; **~ful** [-ful] бди́тельный; **~maker** часовщи́к; **~man** [-mən] вахтёр

water ['wɔːtə] **1.** вода́; **~s** *pl.* во́ды *f/pl.*; *drink the ~s* пить минера́льные во́ды; *throw cold ~ on s.o.* охлади́ть *pf.* пыл, отрезви́ть *pf.*; *attr.* водяно́й; во́дный водо...; **2.** *v/t.* поли́(ва́)ть; *animals* [на]пои́ть; (*a. ~ down*) разбавля́ть водо́й; *fig.* чересчу́р смягча́ть; *v/i. of eyes* слези́ться; *it makes my mouth ~* от э́того у меня́ слю́нки теку́т; **~colo(u)r** акваре́ль; **~fall** водопа́д; **~ heater** (*kettle*) кипяти́льник

watering ['wɔːtərɪŋ]: **~ can** ле́йка; **~ place** *for animals* водопо́й; (*spa*) куро́рт на во́дах

water| level у́ровень воды́; **~ lily** водяна́я ли́лия, кувши́нка; **~ main** водопрово́дная магистра́ль; **~melon** арбу́з; **~ polo** во́дное по́ло *n indecl.*; **~proof 1.** непромока́емый; **2.** непромока́емый плащ *m*; **~ supply** водоснабже́ние; **~tight** водонепроница́емый; *fig. of alibi, etc.* неопровержи́мый; **~way** во́дный путь *m*; фарва́тер; **~works** *pl. a., sg.* систе́ма водоснабже́ния; **~y** ['wɔːtərɪ] водяни́стый

wave [weɪv] **1.** волна́; *of hand* знак, взмах; **2.** *v/t.* [по]маха́ть, де́лать знак (Т); *hair* зави́(ва́)ть; **~ a p. away** де́лать знак кому́-либо, что́бы он удали́лся; отстраня́ть [-ни́ть] же́стом; **~ aside**

fig. отма́хиваться [-хну́ться] от (P); *v/i. of flags* развева́ться; *of hair* ви́ться; *of corn, grass* колыха́ться; *of boughs* кача́ться; **~length** длина́ волны́

~aver ['weɪvə] [по]колеба́ться; *of flames* колыха́ться [-хну́ться]; *of troops, voice* дро́гнуть *pf.*

~avy ['weɪvɪ] волни́стый

~ax¹ [wæks] воск; *in ear* се́ра; *attr.* восково́й

~ax² [-] *[irr.] of moon* прибы(ва́)ть

~ay [weɪ] *mst.* доро́га, путь *m*; *(direction)* сторона́, направле́ние; ме́тод, спо́соб; *(custom, habit)* обы́чай, привы́чка; *(a.* **~s** *pl.)* о́браз жи́зни; поведе́ние; **~ in, out** вход, вы́ход; *in a* **~** в изве́стном смы́сле; *in many* **~s** во мно́гих отноше́ниях; *this* **~** сюда́; *by the* **~** кста́ти, ме́жду про́чим; *by* **~ of** в ка́честве (P); *(through)* че́рез; *in* **~** *fig.* поперёк доро́ги; *on the* **~** в пути́, по доро́ге; *out of the* **~** находя́щийся в стороне́; *(unusual)* необы́чный; необыкнове́нный; *under* **~** на ходу́; *in* пути́; *give* **~** уступа́ть [-пи́ть] (Д); *have one's* **~** добива́ться своего́; наста́ивать на своём; *keep out of s.o.'s* **~** избега́ть кого́-л; *lead the* **~** идти́ впереди́, [по]вести́; *lose the* **~** заблуди́ться *pf.*; **~lay** [weɪˈleɪ] *(lay)* подстерега́ть [-ре́чь]; **~side** 1. обо́чина; 2. придоро́жный; **~ward** ['weɪwəd] □ своенра́вный

~e [wɪ, … wiː] *pers. pron.* мы

~eak [wiːk] □ сла́бый; **~en** ['wiːkən] *v/t.* ослабля́ть [-а́бить]; *v/i.* [о]слабе́ть; **~ling** ['wiːklɪŋ] физи́чески сла́бый *or* слабово́льный челове́к; **~ly** [-lɪ] *adv.* сла́бо; **~ness** [-nɪs] сла́бость *f*

~ealth [welθ] бога́тство; *(profusion)* изоби́лие; **~y** ['welθɪ] □ бога́тый

~ean [wiːn] отнима́ть от груди́; отуча́ть [-чи́ть] *(from, of* от P)

~eapon ['wepən] ору́жие *(a. fig.)*

~ear [weə] 1. *[irr.] v/t. hat, glasses, etc.* носи́ть; *(a.* **~ away, down, off)** стира́ть [стере́ть]; изна́шивать *(fig.* изнуря́ть [-ри́ть] *mst.* **~ out)**; *v/i. clothes* но-

си́ться; **~ on** ме́дленно тяну́ться; 2. *(a.* **~ and tear**, *part. tech.)* изно́с; *men's* **(ladies')** **~** мужска́я (же́нская) оде́жда

wear|iness ['wɪərɪnɪs] уста́лость *f*; утомлённость *f*; **~isome** [-səm] □ *(tiring)* утоми́тельный; *(boring)* ску́чный; **~y** ['wɪərɪ] 1. утомлённый; 2. утомля́ть(ся) [-ми́ть(ся)]; *v/i.* наску́чить *pf.*

weasel ['wiːzl] *zo.* ла́ска

weather ['weðə] 1. пого́да; *be a bit under the* **~** нева́жно себя́ чу́вствовать; быть в плохо́м настрое́нии; 2. *v/t. of rocks* изна́шивать [-носи́ть]; *a storm* выде́рживать [вы́держать] *(a. fig.)*; *v/i.* выве́триваться [вы́ветриться]; **~beaten**, **~worn** *face* обве́тренный; *person* пострада́вший от непого́ды; **~ forecast** прогно́з пого́ды

weav|e [wiːv] *[irr.]* [со]тка́ть; [с]плести́; *fig. story* сочиня́ть [-ни́ть] (Д); **~er** ['wiːvə] ткач *m*, ткачи́ха *f*

web [web] *spider's* паути́на; *a* **~ of lies** паути́на лжи

wed [wed] *of woman* выходи́ть за́муж (за B); *of man* жени́ться *(im)pf.* (на П); сочета́ться бра́ком; **~ding** ['wedɪŋ] 1. сва́дьба; 2. сва́дебный; **~ding ring** обруча́льное кольцо́

wedge [wedʒ] 1. клин; *drive a* **~** *between fig.* вби(ва́)ть клин ме́жду (Т); 2. *(a.* **~** *in)* вкли́нивать(ся) [-ни́ть(ся)]; **~** *o.s. in* втиска́ться [вти́снуться]

wedlock ['wedlɒk] брак

Wednesday ['wenzdɪ] среда́

wee [wiː] кро́шечный, малю́сенький; **~ hours** предрассве́тные часы́

weed [wiːd] 1. сорня́к; 2. [вы́]полоть; **~killer** гербици́д; **~y** ['wiːdɪ] заро́сший сорняко́м; *coll. fig. person* то́щий, долговя́зый

week [wiːk] неде́ля; *by the* **~** понеде́льно; *for* **~s on end** це́лыми неде́лями; *this day a* **~** неде́лю тому́ наза́д; че́рез неде́лю; **~day** бу́дний день *m*; **~end** [wiːk'end] суббо́та и воскресе́нье, уике́нд; **~ly** ['wiːklɪ] 1. еженеде́льный; 2. еженеде́льник

weep [wiːp] *[irr.]* [за]пла́кать; **~ing**

['wi:pɪŋ] *person* пла́чущий; *willow* плаку́чий

weigh [weɪ] *v/t.* взве́шивать [-е́сить] (*a. fig.*); ~ **anchor** поднима́ть я́корь; ~**ed down** отягощённый; *v/i.* ве́сить; взве́шиваться [-е́ситься]; *fig.* име́ть вес, значе́ние; ~ (**up**)**on** тяготе́ть над (Т)

weight [weɪt] **1.** вес; (*heaviness*) тя́жесть *f*; (*object for weighing*) ги́ря; *sport* шта́нга; *of responsibility* бре́мя *n*; влия́ние; **2.** отягоща́ть [-готи́ть]; *fig.* обременя́ть [-ни́ть]; ~**y** ['weɪtɪ] □ тяжёлый; тру́дный; *fig.* ва́жный, ве́ский

weird [wɪəd] (*uncanny*) таи́нственный; стра́нный

welcome ['welkəm] **1.** приве́тствие; **you are** ~ **to** + *inf.* я охо́тно позволя́ю вам (+ *inf.*); (**you are**) ~! не́ за что!; ~! добро́ пожа́ловать!; **2.** (*wanted*) жела́нный; (*causing gladness*) прия́тный; **3.** (*greet*) приве́тствовать (*a. fig.*); (*receive*) раду́шно принима́ть

weld [weld] *tech.* сва́ривать [-и́ть]

welfare ['welfeə] *of nation* благосостоя́ние; *of person* благополу́чие; *Am.* социа́льная по́мощь *f*

well¹ [wel] коло́дец; *fig.* исто́чник; (*stairwell*) пролёт; *tech.* бурова́я сква́жина; **2.** хлы́нуть *pf.*

well² [~wel] **1.** хорошо́; ~ **off** состоя́тельный; **I am not** ~ мне нездоро́вится; **2.** *int.* ну! *or* ну, …; ~**being** [~'bi:ɪŋ] благополу́чие; ~**bred** [~'bred] (*хорошо́*) воспи́танный; ~**built** [~'bɪlt] хорошо́ сложённый; ~**founded** [~'faʊndɪd] обосно́ванный; ~**kept** [~'kept] *garden* ухо́женный; *secret* тща́тельно храни́мый; ~**read** [~'red] начи́танный; *in history, etc.* хорошо́ зна́ющий; ~**timed** [~'taɪmd] своевре́менный; ~**to-do** [~tə'du:] состоя́тельный, зажи́точный; ~**worn** [~'wɔːn] поно́шенный; *fig.* изби́тый

Welsh [welʃ] **1.** уэ́льский, валли́йский; **2.** валли́йский язы́к; **the** ~ валли́йцы *m/pl.*

welter ['weltə] *of ideas* сумбу́р

went [went] *pt. om* **go**

wept [wept] *pt. u pt. p. om* **weap**

were [wə, wɜː] *pt. pl. om* **be**

west [west] **1.** за́пад; **2.** за́падный; *adv.* к за́паду, на за́пад; ~ **of** к за́паду от (Р); ~**erly** ['westəlɪ], ~**ern** ['westə] за́падный; ~**ward(s)** ['westwəd(z)] на за́пад

wet [wet] **1.** дождли́вая пого́да; **do go out in the** ~ не выходи́ под дождь; **2.** мо́крый; *weather* сыро́й; дождли́вый; "**⒉ Paint**" "окра́шено"; **get through** наскво́зь промо́кнуть *pf.*; [*irr.*] [на]мочи́ть, нама́чивать [-мочи́ть]

whale [weɪl] кит

wharf [wɔːf] прича́л, при́стань *f*

what [wɒt] **1.** что?; ско́лько …?; **2.** что; что; ~ **about** … ? что но́вого о … ; ну как …?; ~ **for?** заче́м?; ~ **a pity** кака́я жа́лость … ; **3.** ~ **with …** из- (Р), отча́сти от (Р); **4.** како́й; ~(**so**)**er** [wɒt(sou)'evə] како́й бы ни; что бы ни; **there is no doubt whatever** нет ни како́го сомне́ния

wheat [wi:t] пшени́ца

wheel [wi:l] **1.** колесо́; *mot.* руль *m*; *pram, etc.* ката́ть, [по]кати́ть; ~ вка́тывать [-ти́ть]; ~ **round** пов ра́чивать(ся) [поверну́ть(ся)]; ~**row** та́чка; ~**chair** инвали́дная коля́ка

wheeze [wi:z] хрипе́ть; дыша́ть при́свистом

when [wen] **1.** когда́?; **2.** *conj.* когда́ то вре́мя как, как то́лько; тогда́ к ~**ever** [wen'evə] вся́кий раз когд когда́ бы ни

where [weə] где, куда́; **from** ~ отку́д ~**about(s) 1.** [weərə'baʊt(s)] где?; ['weərəbaʊt(s)] местонахожде́ни ~**as** [weər'æz] тогда́ как; поско́льк ~**by** [weə'baɪ] посре́дством чего́; ~ [weər'ɪn] в чём; ~**of** [weər'ɒv] из кот рого; о кото́ром; о чём; ~**up** [weər'ɒn] по́сле чего́

wherever [weər'evə] где бы ни; ку бы ни

wherewithal [weəwɪ'ðɔːl] необход мые сре́дства *n/pl.*

whet [wet] [на]точи́ть; *fig.* возбу́ж

цáть [-удúть]

hether ['weðə] … ли; ~ *or not* так úли úначе; в любóм слýчае

hich [wɪtʃ] **1.** котóрый?; какóй?; **2.** котóрый; что; **~ever** [-'evə] какóй угóдно, какóй бы ни …

hiff [wɪf] *of air* дуновéние, струя́; (*smell*) зáпах; *of pipe, etc.* затя́жка

hile [waɪl] **1.** врéмя *n*, промежýток врéмени; *after a* ~ чéрез нéкоторое врéмя; *a little* (**long**) ~ *ago* недáвно (давнó); *in a little* ~ скóро; *for a* ~ врéмя; *coll. worth* ~ стóящий затрáченного трудá; **2.** ~ *away time* провóдить [-вестú]; **3.** (*a. whilst* [waɪlst]) покá, в то врéмя как; тогдá как

him [wɪm] прúхоть *f*, капрúз

himper ['wɪmpə] [за]хны́кать

him|sical ['wɪmzɪkl] □ прихотлúвый, причýдливый; **~sy** ['wɪmzɪ] прúхоть *f*, причýда

hine [waɪn] [за]скулúть; [за]хны́кать

hip [wɪp] **1.** *v/t.* хлестáть [-стнýть]; (*punish*) [вы́]сечь; *eggs, cream* сби(-зá)ть; **~ out** *gun, etc.* выхвáтывать [-хватúть]; **~ up** расшевéливать [-лúть]; подстёгивать [-стегнýть]; *v/i.*: **I'll just ~ round to the neighbo(u)rs** я тóлько сбéгаю к сосéдям; **2.** плеть; кнут, (*a. riding* ~) хлыст

hippet ['wɪpɪt] *zo.* гóнчая

hipping ['wɪpɪŋ] (*punishment*) пóрка

hirl [wɜːl] **1.** *of dust* вихрь *m*; кружéние; *my head is in a* ~ у меня́ головá идёт крýгом; **2.** кружú(ть)ся; **~pool** водоворóт; **~wind** смерч

hisk [wɪsk] **1.** (*egg* ~) мутóвка; **2.** *v/t. cream, etc.* сби(вá)ть; (*remove*) смáхивать [-хнýть]; *v/i. of mouse, etc.* юркать [юркнýть]; **~ers** ['wɪskəz] *pl. zo.* усы́ *m/pl.*; (*side-*~) бакенбáрды *f/pl.*

hiskey, Brt. whisky ['wɪskɪ] вúски *n indecl.*

hisper ['wɪspə] **1.** шёпот; **2.** шептáть [шепнýть]

histle ['wɪsl] **1.** свист; свистóк (*a. instrument*); **2.** свистéть [свúстнуть]

white [waɪt] **1.** *com.* бéлый; (*pale*) блéдный; ~ *coffee* кóфе с молокóм; ~ *lie* ложь *f* во спасéние; **2.** бéлый цвет; *of eye, egg* белóк; **~n** ['waɪtn] [по]белúть; (*turn white*) [по]белéть; **~ness** ['waɪtnɪs] белизнá; **~wash 1.** побéлка; **2.** [по]белúть; *fig.* обеля́ть [-лúть]

whitish ['waɪtɪʃ] бел(ес)овáтый

Whitsun ['wɪtsn] *relig.* Трóица

whiz(z) [wɪz] *of bullets, etc.* свистéть; ~ *past* промчáться *pf.* мúмо

who [huː] *pron.* **1.** кто?; **2.** котóрый; кто; тот, кто …; *pl.*: те, кто

whoever [huː'evə] *pron.* кто бы ни …; (*who ever*) кто тóлько; котóрый бы ни …

whole [həʊl] **1.** □ (*complete, entire*) цéлый, весь; (*intact, undamaged*) цéлый; ~ *milk* цéльное молокó; ~ *number* цéлое числó; **2.** всё *n*; итóг; *on the* ~ (*entity, totality*) в цéлом; **~-hearted** □ úскренний, от всегó сéрдца; **~sale 1.** (*mst.* ~ *trade*) óптовая торгóвля; **2.** óптовый; *fig.* (*indiscriminate*) огýльный; ~ *dealer* óптовый торгóвец; **3.** óптом; **~some** ['həʊlsəm] □ полéзный, здрáвый

wholly ['həʊlɪ] *adv.* целикóм, всецéлополностью

whom [huːm] *pron.* (*винительный падеж от* **who**) когó *и т. д.*; котóрого *и т. д.*

whoop [huːp] ~ *of joy* рáдостный вóзглас; **~ing cough** ['huːpɪŋ kɒf] *med.* коклюш

whose [huːz] (*родительный падеж от* **who**) чей *m*, чья *f*, чьё *n*, чьи *pl.*; *relative pron. mst.*: котóрого, котóрой: ~ *father* отéц котóрого

why [waɪ] **1.** *adv.* почемý?, отчегó?, зачéм?; **2.** *int.* да ведь …; что ж…

wick [wɪk] фитúль *m*

wicked ['wɪkɪd] □ (*malicious*) злой, злóбный; (*depraved*) бессóвестный; (*immoral*) безнрáвственный

wicker ['wɪkə]: ~ *basket* плетёная корзúна; ~ *chair* плетёный стул

wide [waɪd] *a.* ~ *and adv.* ширóкий; обшúрный; широкó; далекó, далёко (*of* от P); **~ awake** бди́тель́ный; осмотри́тельный; *three feet* **~** три фу́та в ширину́, шириной в три фу́та; **~ of the mark** далёкий от и́стины; не по существу́; **~n** ['waɪdn] расширя́ть(ся) [-и́рить(ся)]; **~spread** распространён́ный

widow ['wɪdəʊ] вдова́; *grass* **~** соло́менная вдова́; *attr.* вдо́вий; **~er** [-ə] вдове́ц

width [wɪdθ] ширина́; (*extent*) широта́

wield [wiːld] *lit.* владе́ть (Т); держа́ть в рука́х

wife [waɪf] жена́; (*spouse*) супру́га

wig [wɪg] пари́к

wild [waɪld] **1.** □ ди́кий; *flowers* полево́й; *sea* бу́рный; *behaviou(r)* бу́йный; **be ~ about s.o. or s.th.** быть без ума́ (в ди́ком) восто́рге от кого́-л. *or* чего́-л.; *run* **~** расти́ без присмо́тра; *talk* **~** говори́ть не ду́мая; **2. ~, ~s** [-z] ди́кая ме́стность *f*; дебри *f/pl.*; **~cat strike** неофициа́льная забасто́вка; **~erness** ['wɪldənɪs] пусты́ня, ди́кая ме́стность *f*; **~fire: like ~** с быстрото́й мо́лнии; **~fowl** дичь *f*

wile [waɪl] *mst.* **~s** *pl.* хи́трость *f*; уло́вка

wil(l)ful ['wɪlfl] упря́мый, своево́льный; (*intentional*) преднаме́ренный

will [wɪl] *1.* во́ля; (*willpower*) си́ла во́ли; (*desire*) жела́ние; *law* (*testament*) завеща́ние; *with a* **~** энерги́чно; **2.** [*irr.*] *v/aux.*: *he* **~ come** он придёт; **3.** завеща́ть (*im*)*pf.*; [по]жела́ть, [за]хоте́ть; **~ o.s.** *compel* заставля́ть [-ста́вить] себя́

willing ['wɪlɪŋ] □ *to help, etc.* гото́вый (*to* на B *or* + *inf.*); **~ness** [-nɪs] гото́вность *f*

willow ['wɪləʊ] *bot.* и́ва

wilt [wɪlt] *of flowers* [за]вя́нуть; *of person* [по]ни́кнуть; раскиса́ть [-ки́снуть]

wily ['waɪlɪ] □ хи́трый, кова́рный

win [wɪn] [*irr.*] *v/t.* побежда́ть [-еди́ть]; выи́грывать; *victory* одержива́ть [-жа́ть]; *prize* получа́ть [-чи́ть]; **~ a p. over** угова́ривать [-вори́ть]; склони́ть кого́-л. на свою́ сто́рону; *v/i.*

выи́грывать [вы́играть]; оде́ржива[ть] побе́ду

wince [wɪns] вздра́гивать [вздро́гнуть]

winch [wɪntʃ] лебёдка; во́рот

wind[1] [wɪnd] ве́тер; (*breath*) дыха́ни[е]; **~ of bowels, etc.** га́зы *m/pl.*; *mus.* дух[овы́е] инструме́нты *m/pl.*; **let me g[et] my ~ back** подожди́, я отдышу́[сь]; **get ~ of s.th.** [по]чу́ять, узна́ть *pf.*, про[нюха́ть] *pf.*; **second ~** второ́е дыха́ни[е]

wind[2] [waɪnd] [*irr.*] *v/t.* нама́тыва[ть] [намота́ть]; обма́тывать [-мота́ть]; **~** *of plant* обви(ва́)ть; **~ up** *watch* заво[ди́ть] [завести́]; *comm.* ликвиди[ро́в]вать (*im*)*pf.*; *discussion, etc.* з[а]ка́нчивать [зако́нчить]; *v/i.* нама́т[ываться [намота́ться]; обви(ва́)ться

wind|bag ['wɪndbæg] *sl.* болту́н; [пу́]стозво́н; **~fall** па́данец; *fig.* неожи́дан[ное] сча́стье

winding ['waɪndɪŋ] **1.** изги́б, изви́лин[а]; (*act of* **~**) нама́тывание; *el.* обмо́тка; изви́листый; **~ stairs** *pl.* винтов[а́я] ле́стница

wind instrument духово́й инструме́н[т]

windmill ветряна́я ме́льница

window ['wɪndəʊ] окно́; (*shop* **~**) витри́на; **~ dressing** оформле́ние ви[три́ны; *fig.* показу́ха *coll.*; **~sill** [-s[ɪl]] подоко́нник

wind|pipe ['wɪndpaɪp] *anat.* трахе́[я]; **~shield**, *Brt.* **~screen** *mot.* ветров[о́е] стекло́

windy ['wɪndɪ] □ ве́треный; *fig.* (*wordy*) многосло́вный; *chiefly B[rt.]* *coll.* **get ~** стру́сить *pf.*

wine [waɪn] вино́; **~ glass** бока́[л], рю́мка

wing [wɪŋ] (*a. arch.*) крыло́; *thea.* **~s** [pl.] кули́сы *f/pl.*; *take* **~** полете́ть *pf.*; *o[n] the* **~** в полёте; *take s.o. under one[’s]* **~** взять *pf.* кого́-л. под своё крылы́ш[ко]

wink [wɪŋk] **1.** (*moment*) миг; *coll.* n[ot] **get a ~ of sleep** не сомкну́ть *pf.* гла[з]; **2.** морга́ть [-гну́ть], мига́ть [мигну́ть]; **~ at** подми́гивать [-гну́ть] (Д); *fi[g.]* (*connive*) смотре́ть сквозь па́льц[ы] на (В)

win|ner ['wɪnə] победи́тель *m*, -ница *f*; *in some competitions* призёр; лауреа́т; *Nobel Prize* ♀ лауреа́т Но́белевской пре́мии; **~ning** ['wɪnɪŋ] **1.** (*on way to winning*) выи́грывающий; побежда́ющий; (*having won*) вы́игравший, победи́вший; *fig.* (*attractive, persuasive*) обая́тельный (*a.* **~some** [-səm]); **2.** **~s** *pl.* вы́игрыш

wint|er ['wɪntə] **1.** зима́; *attr.* зи́мний; **2.** проводи́ть зи́му, [пере-, про]зимова́ть; **~ry** ['wɪntrɪ] зи́мний

wipe [waɪp] вытира́ть [вы́тереть]; *tears* утира́ть [утере́ть]; **~ off** стира́ть [стере́ть]; **~ out** (*destroy*) уничтожа́ть [-о́жить]; **~r** ['waɪpə] (*windshield ~, Brt. windscreen ~*) стеклоочисти́тель; *coll.* дво́рник

wire ['waɪə] **1.** про́волока; *el.* про́вод; *coll.* телегра́мма; **2.** [с]де́лать прово́дку; телеграфи́ровать (*im*)*pf.*; **~ netting** проволочная се́тка

wiry ['waɪərɪ] *person* жи́листый; *hair* жёсткий

wisdom ['wɪzdəm] му́дрость *f*; **~ tooth** зуб му́дрости

wise¹ [waɪz] му́дрый; благоразу́мный; **~crack** *coll.* остро́та

wise² [-]: *in no* **~** нико́им о́бразом

wish [wɪʃ] **1.** жела́ние; пожела́ние (*a. greetings*); **2.** [по]жела́ть (Р) (*a.* **~ for**); **~ well** (*ill*) жела́ть добра́ (зла); **~ful** ['wɪʃfl]: **~ thinking** *in context* принима́ть жела́емое за действи́тельное

wisp [wɪsp] *of smoke* стру́йка; *of hair* прядь *f*

wistful ['wɪstfl] □ заду́мчивый, тоскли́вый

wit [wɪt] *verbal felicity* остроу́мие; (*mental astuteness*) ум, ра́зум (*a.* **~s** *pl.*); острosло́в; *be at one's* **~'s** *end* в отча́янии; *I'm at my* **~s** *end* пря́мо ум за ра́зум захо́дит; *be scared out of one's* **~s** испуга́ться до́ сме́рти

witch [wɪtʃ] колду́нья; ве́дьма; **~craft** колдовство́; **~hunt** охо́та за ве́дьмами

with [wɪð] с (Т), со (Т); (*because of*) от (Р); у (Р); при (П); **~ a knife** ножо́м, **~ a pen** ру́чкой

withdraw [wɪð'drɔː] [*irr.* (*draw*)] *v/t.*

убира́ть; *quickly* одёргивать [-рнуть]; *money from banks* брать [взять]; брать наза́д; *from circulation* изыма́ть [изъя́ть]; *troops* выводи́ть [-вести]; *v/i.* удаля́ться [-ли́ться]; *mil.* отходи́ть [отойти́]; **~al** [-əl] изъя́тие; удале́ние; *mil.* отхо́д; вы́вод; **~n** *person* за́мкнутый

wither ['wɪðə] *v/i.* [за]вя́нуть; *of colo(u)r* [по]бле́кнуть; *v/t. crops* погуби́ть *pf.*; **~ed hopes** увя́дшие наде́жды

with|hold [wɪð'həʊld] [*irr.* (*hold*)] (*refuse to give*) отка́зывать [-за́ть] в (П); *information* скры(ва́)ть (*from* от Р); **~in** [-'ɪn] **1.** *lit. adv.* внутри́; **2.** *prp.* в (П), в преде́лах (Р); внутри́ (Р); **~ call** в преде́лах слы́шимости; **~out** [-'aʊt] **1.** *lit. adv.* вне, снару́жи; **2.** *prp.* без (Р); вне (Р); *it goes* **~ saying** ... само́ собо́й разуме́ется; **~stand** [-'stænd] [*irr.* (*stand*)] выде́рживать [вы́держать] про тивостоя́ть (Д)

witness ['wɪtnɪs] **1.** свиде́тель *m*, -ница *f*; очеви́дец *m*, -дица *f*; *bear* **~** свиде́тельствовать (*to, of* о П); **2.** свиде́тельствовать о (П); быть свиде́телем (Р); *signature, etc.* заверя́ть [-е́рить]

wit|ticism ['wɪtɪsɪzəm] остро́та; **~ty** ['wɪtɪ] □ остроу́мный

wives [waɪvz] *pl. om* **wife**

wizard ['wɪzəd] волше́бник, маг

wizened ['wɪznd] *old lady* вы́сохший; *apple, etc.* смо́рщенный

wobble ['wɒbl] кача́ться, шата́ться

woe [wəʊ] го́ре; **~begone** ['wəʊbɪɡɒn] удручённый

woke [wəʊk] *pt. om* **wake**; **~n** ['wəʊkən] *pt. p. om* **wake**

wolf [wʊlf] **1.** волк; **2.** **~ down** есть бы́стро и с жа́дностью; на́спех проглоти́ть

wolves [wʊlvz] *pl. om* **wolf**

woman ['wʊmən] же́нщина; *old* **~** стару́ха; **~ doctor** же́нщина-врач; **~ish** [-ɪʃ] □ женоподо́бный, ба́бий; **~kind** [-'kaɪnd] *collect.* же́нщины *f/pl.*; **~ly** [-lɪ] же́нственный

womb [wuːm] *anat.* ма́тка; чре́во ма́тери

women ['wɪmɪn] *pl. om* **woman**; **~folk**

[~fəʊk] же́нщины f/pl.

won [wʌn] pt. и pt. p. om **win**

wonder ['wʌndə] **1.** удивле́ние, изумле́ние; (*miracle*) чу́до; **2.** удивля́ться [-ви́ться] (*at* Д); *I* ~ интере́сно, хоте́лось бы знать; **~ful** [-fl] □ удиви́тельный, замеча́тельный

won't [wəʊnt] не бу́ду и т. д.; не хочу́ и т. д.

wont [-]: *be* ~ име́ть обыкнове́ние

woo [wuː] уха́живать за (Т)

wood [wʊd] лес; (*material*) де́рево, лесоматериа́л; (*fire*~) дрова́ n/pl.; **dead** ~ сухостой; *fig.* балла́ст; *attr.* лесной, деревя́нный; дровяно́й; **~cut** гравю́ра на де́реве; **~cutter** дровосе́к; **~ed** ['wʊdɪd] леси́стый; **~en** ['wʊdn] деревя́нный; *fig.* безжи́зненный; **~pecker** [-pekə] дя́тел; **~winds** [-wɪndz] деревя́нные духовы́е инструме́нты m/pl.; **~work** деревя́нные изде́лия n/pl.; *of building* деревя́нные ча́сти f/pl.; **~y** ['wʊdɪ] леси́стый

wool [wʊl] шерсть f, attr. шерстяно́й; **~gathering** ['wʊlɡæðərɪŋ] *fig.* мечта́тельность; вита́ние в облака́х; **~(l)en** ['wʊlɪn] шерстяно́й; **~ly** ['wʊlɪ] **1.** (*like wool*) шерсти́стый; *thoughts* нея́сный; **2. woollies** pl. шерстяны́е изде́лия n/pl.; *esp.* бельё

word [wɜːd] **1.** mst. сло́во; разгово́р; (*news*) изве́стия, но́вости; (*promise*) обеща́ние, сло́во; **~s** pl. mus. слова́ n/pl.; *fig.* (*angry argument*) кру́пный разгово́р; *in a* ~ одни́м сло́вом; *in other* ~s други́ми слова́ми; ~ *of hono(u)r* че́стное сло́во; **2.** формули́ровать (*im*)pf., pf. a. [c-]; **~ing** ['wɜːdɪŋ] формулиро́вка

wordy ['wɜːdɪ] □ многосло́вный

wore [wɔː] pt. om **wear 1**

work [wɜːk] **1.** рабо́та; труд; де́ло; заня́тие; *art, lit.* произведе́ние, сочине́ние; attr. рабо́то...; рабо́чий; **~s** pl. mech. меха́ни́зм; (*construction*) строи́тельные рабо́ты f/pl.; (*mill*) заво́д; (*factory*) фа́брика; *all in a day's* ~ де́ло привы́чное; *be out of* ~ быть безрабо́тным; *I'm sure it's his* ~ уве́рен, э́то де́ло его́ рук; *set to* ~ бра́ться за рабо́ту;

2. v/i. рабо́тать; занима́ться [-ня́ться]; (*have effect*) де́йствовать; v/t. [irr. land, etc.] обраба́тывать [-бо́тать] [regular vb.] mine, etc. разраба́тывать [-бо́тать]; machine, etc. приводи́ть в де́йствие; ~ *one's way* through crowd проби(ва́)ться, с трудо́м пробива́ть себе́ доро́гу (both a. fig.); ~ *off debt* отраба́тывать [-бо́тать]; anger успока́иваться [-ко́иться]; ~ *out problem* реша́ть [реши́ть]; plan разраба́тывать [-бо́тать]; agreement составля́ть [-вить]; [a. irr.]; ~ *up* (excite) возбужда́ть; coll. взбудора́жи(ва)ть; don't *get* ~ed *up* споко́йно

work|able ['wɜːkəbl] осуществи́мый; приго́дный; приго́дный для обрабо́тки; **~aday** бу́дний; повседне́вный; **~day** (time worked for payment) трудодень m; **~er** ['wɜːkə] manual рабо́чий; рабо́тник (-ица); **~ing** ['wɜːkɪŋ] рабо́чий; рабо́тающий; де́йствующий; *in* ~ *order* в рабо́чем состоя́нии; ~ *capital* оборо́тный капита́л

workman ['wɜːkmən] рабо́тник; **~ship** мастерство́; (signs of skill) отде́лка

work|shop ['wɜːkʃɒp] мастерска́я; *in factory* цех

world [wɜːld] com. мир, свет; attr. мировой, всеми́рный; fig. *a* ~ *of difference* огро́мная ра́зница; *come into the* ~ роди́ться, появи́ться pf. на свет; *come up in the* ~ преуспе(ва́)ть (в жи́зни); сде́лагь карье́ру; *it's a small* ~ ми́р те́сен; *champion of the* ~ чемпио́н ми́ра

wordly ['wɜːldlɪ] све́тский

world power мирова́я держа́ва

worldwide ['wɜːldwaɪd] всеми́рный

worm [wɜːm] **1.** червя́к, червь m; med. глист; **2.** выве́дывать (вы́ведать) вы́пытывать [вы́пытать] (out of y Р); ~ *o.s.* fig. вкра́дываться [вкра́сться] (into to в В)

worn [wɔːn] pt. p. om **wear**, **~out** [wɔːn'aʊt] изно́шенный; fig. изму́ченный

worry ['wʌrɪ] **1.** беспоко́йство; трево́га; (care) забо́та; **2.** беспоко́ить(ся) (bother with questions, etc.) надоеда́ть [-е́сть] (Д); (pester) пристава́ть к (Д) [за]му́чить; **she'll ~ herself to death!** она́ совсе́м изведёт себя́!

worse [wɜːs] ху́дший; *adv.* ху́же; *of pain, etc.* сильне́е; *from bad to~* всё ху́же и ху́же; **~n** ['wɜːsn] ухудша́ть [ухýдшить(ся)]

worship ['wɜːʃɪp] **1.** *relig.* богослуже́ние; **2.** поклоня́ться (Д); *(love)* обожа́ть; **~per** [-ə] покло́нник *m*, -ица *f*

worst [wɜːst] (са́мый) ху́дший, наиху́дший); *adv.* ху́же всего́; **if the ~ comes to the ~** в са́мом ху́дшем слу́чае; **the ~ of it is that …** ху́же всего́ то, что …

worth [wɜːθ] **1.** сто́ящий; заслу́живающий; **be ~** заслу́живать, сто́ить; **2.** цена́; сто́имость *f*; це́нность *f*; **idea of little ~** иде́я, не име́ющая осо́бой це́нности; **~less** ['wəːθlɪs] ничего́ не сто́ящий; не име́ющий це́нности; **~while** ['wə:θ'waɪl] *coll.* сто́ящий; **be ~** име́ть смысл; **be not ...** не сто́ить труда́; **~y** ['wɜːðɪ] □ досто́йный *(of* Р); заслу́живающий *(of* В)

would [wʊd] *(pt. om will) v/aux.*: **he ~ do it** он сде́лал бы э́то; он обы́чно э́то де́лал

wound¹ [wuːnd] **1.** ра́на, ране́ние; **2.** ра́нить *(im)pf.*; заде́(ва́)ть

wound² [waʊnd] *pt. u pt. p. om* **wind**

wove ['wəʊv] *pt. om* **weave**; **~n** ['wouvn] *pt. p. om* **weave**

wrangle ['ræŋgl] **1.** перека́ния *n/pl.*, **2.** перека́ться

wrap [ræp] *v/t.* (ча́сто **~ up**) завёртывать [заверну́ть]; *in paper* обёртывать [оберну́ть]; заку́т(ыв)ать; *fig.* оку́т(ыв)ать; **be ~ped up in thought,** *etc.* быть погружённым в (В); *v/i.* **~ up** заку́т(ыв)аться; **~per** ['ræpə] обёртка; **~ping** ['ræpɪŋ] упако́вка, обёртка

wrath [rɔːθ] гнев

wreath [riːθ], *pl.* **~s** [riːðz] *placed on coffin* вено́к; гирля́нда; *fig. of smoke* кольцо́, коле́чко

wreck [rek] **1.** *(destruction) esp. of ship* круше́ние; ава́рия; катастро́фа; *involving person, vehicle, etc.* разва́лина; **2.** *building, plans* разруша́ть [-ýшить];

car разби́ть *pf.*; **be ~ed** потерпе́ть *pf.* круше́ние; **~age** ['rekɪdʒ] *(remains)* обло́мки

wrench [rentʃ] **1.** *(spanner)* га́ечный ключ; **give a ~** дёрнуть *pf.*; **2.** вырыва́ть [-рва́ть]; *joint* вывихивать [вы́вихнуть]; *fig., (distort) facts, etc.* искажа́ть [исказить]; **~ open** взла́мывать [взлома́ть]

wrest [rest] вырыва́ть [вы́рвать] **(from** у Р) *(a. fig.)*; **~le** ['resl] *mst. sport* боро́ться; **~ling** [-lɪŋ] борьба́

wretch [retʃ]: *poor ~* бедня́га

wretched ['retʃɪd] □ несча́стный; *(pitiful)* жа́лкий

wriggle ['rɪgl] *of worm, etc.* изви́(ва́)ться; **~ out of** уклоня́ться [-ни́ться] от (Р), выкру́чиваться [вы́крутиться] из (Р)

wring [rɪŋ] *[irr.]* скру́чивать [-ути́ть]; *one's hands* лома́ть; *(a. ~ out) of washing, etc.* выжима́ть [вы́жать]; *money* вымога́ть **(from** у Р); *confession* вы́рвать *pf.* **(from** у Р)

wrinkle ['rɪŋkl] **1.** *in skin* морщи́на; *in dress* скла́дка; **2.** [с]мо́рщить(ся)

wrist [rɪst] запя́стье; **~ watch** ручны́е *(or* нару́чные) часы́ *m/pl.*

write [raɪt] *[irr.]* [на]писа́ть; **~ down** запи́сывать [-са́ть]; **~ out** *check, Brt. cheque, etc.* выпи́сывать [вы́писать]; **~ off** *(cancel)* спи́сывать [-са́ть]; **~r** ['raɪtə] писа́тель *m*, -ница *f*

writhe [raɪð] *with pain* [с]ко́рчиться

writing ['raɪtɪŋ] **1.** *process* писа́ние; *(composition)* письмо́ (литерату́рное) произведе́ние, сочине́ние; *(a. hand~)* по́черк; *in ~* пи́сьменно; **2.** пи́сьменный; **~ paper** пи́счая бума́га

written ['rɪtn] **1.** *pt. p. om* **write**; **2.** пи́сьменный

wrong [rɒŋ] **1.** □ *(not correct)* непра́вильный, оши́бочный; не тот (, кото́рый ну́жен); **be ~** быть непра́вым; **go ~** *of things* не получа́ться [-чи́ться]; срыва́ться [сорва́ться]; *(make a mistake)* сде́лать *pf.* оши́бку; **come at the ~ time** прийти́ *pf.* не во́время; *adv.* непра́вильно, не так; **2.** непра́вота́; непра́вильность *f*; *(injustice, unjust* *action*) оби́да; несправедли́вость *f*; зло; **know right from ~** отлича́ть добро́ от зла; 3. поступа́ть несправедли́во с (Т); обижа́ть [оби́деть]; **~doer** [-duːə] гре́шник *m*, -ница *f*; престу́пник *m*, -ница *f*; правонаруши́тель; **~ful** ['rɒŋfl] □ (*unlawful*) незако́нный;

wrote [rəʊt] *pt. om* write
wrought [rɔːt] *pt. u pt. p. om* work 2 [*irr.*]: **~ iron** ко́ваное желе́зо
wrung [rʌŋ] *pt. u pt. p. om* wring
wry [raɪ] □ *smile* криво́й; *remark* переко́шенный; ирони́ческий

X

xerox ['zɪərɒks] 1. ксе́рокс; 2. ксероко-пи́ровать
Xmas ['krɪsməs, 'eksməs] → *Christmas*
X-ray ['eksreɪ] 1. рентге́новские лучи́ *m/pl.*; рентгеногра́мма; 2. просве́чивать [просвети́ть] рентгено́вскими лучами; [с]де́лать рентге́н
xylophone ['zaɪləfəʊn] ксилофо́н

Y

yacht [jɒt] 1. я́хта; 2. плыть на я́хте; **~ing** ['jɒtɪŋ] па́русный спорт
yankee ['jæŋki] *coll.* я́нки *m indecl.*
yap [jæp] 1. тя́вкать [-кнуть]; болта́ть
yard¹ [jɑːd] двор
yard² [-] ярд; измери́тельная лине́йка; **~stick** *fig.* мери́ло, ме́рка
yarn [jɑːn] пря́жа; *coll. fig.* расска́з; **spin a ~** плести́ небыли́цы
yawn [jɔːn] 1. зево́та; 2. зева́ть [зевну́ть]; *fig.* (*be wide open*) зия́ть
year [jɪə, jɜː] год (*pl.* года́, го́ды, лета́ *n/pl.*); **he is six ~s old** ему́ шесть лет; **~ly** [-lɪ] ежего́дный
yearn [jɜːn] тоскова́ть (*for, after* по Д)
yeast [jiːst] дро́жжи *f/pl.*
yell [jel] 1. пронзи́тельный крик; 2. пронзи́тельно крича́ть, (*howl*) [за]вопи́ть
yellow ['jeləʊ] 1. жёлтый; *coll.* (*cowardly*) трусли́вый; **~ press** жёлтая пре́сса; 2. [по]желте́ть; **~ed** [-d] пожелте́вший; **~ish** [-ɪʃ] желтова́тый
yelp [jelp] 1. лай, визг; 2. [за]визжа́ть, [за]ла́ять
yes [jes] да; нет: **you don't like tea? –**

Yes, I do Вы не лю́бите чай? – Нет, люблю́
yesterday ['jestədɪ] вчера́
yet [jet] 1. *adv.* ещё, всё ещё; уже; до сих пор; да́же; тем не ме́нее; **as ~** пока́, до сих пор; **not ~** ещё не(т); 2. *cj.* одна́ко, всё же, несмотря́ на э́то
yield [jiːld] 1. *v/t.* (*give*) приноси́ть [-нести́]; (*surrender*) сда(ва́)ть; *v/i.* уступа́ть [-пи́ть] (*to* Д); подд(а)-ва́ться; сд(ав)а́ться; 2. *agric.* урожа́й; *fin.* дохо́д; **~ing** ['jiːldɪŋ] □ *fig.* усту́пчивый
yoga ['jəʊgə] (*system*) йо́га; **~i** [-gɪ] йог
yog(h)urt ['jɒgət] йо́гурт
yoke [jəʊk] ярмо́ (*a. fig.*); и́го; *for carrying, buckets, pails, etc.* коромы́сло
yolk [jəʊk] желто́к
you [jə, ... jʊ, ... juː] *pron. pers.* ты, вы; тебя́, вас; тебе́, вам (*часто* **to ~**) *n m. д.*; **~ and I** (*me*) мы с ва́ми
young [jʌŋ] 1. □ молодо́й; *person* ю́ный; 2. **the ~** молодёжь *f, zo.* детёныши *m/pl.*; **~ster** ['jʌŋstə] подро́сток, ю́ноша *m*

.our [jə, … jɔː] *pron. poss.* твой *m*, твоя́ *f*, твоё *n*, твои́ *pl.*; ваш *m*, ва́ша *f*, ва́ше *n*, ва́ши *pl.*; **~s** [jɔːz] *pron. poss. absolute form* твой *m*, твоя́ *f* и *m. д.*; **~self** [jɔː'self], *pl.* **~selves** [-'selvz] сам *m*, сама́ *f*, само́ *n*, са́ми *pl.*; себя́, -ся

youth [juːθ] *collect.* молодёжь *f*, (*boy*) ю́ноша *m*, мо́лодость *f*, *in my* **~** в мо́лодости (*or* в ю́ности); **~ful** ['juːθfl] □ ю́ношеский; (*looking young*) моложа́вый

Z

.eal [ziːl] рве́ние, усе́рдие; **~ous** ['zeləs] □ рья́ный, усе́рдный, ре́вностный

.enith ['zeniθ] зени́т (*a. fig.*)

.ero ['zɪərəʊ] нуль *m* (*a.* ноль *m*); **10° below** (*above*) **~** де́сять гра́дусов моро́за (тепла́) *or* ни́же (вы́ше) нуля́

.est [zest] (*gusto*) жар; **~ for life** жизнера́достность; любо́вь к жи́зни

.igzag ['zɪgzæg] зигза́г

.inc [zɪŋk] цинк; *attr.* ци́нковый

.ip [zɪp] (*sound of bullets*) свист; *coll.* эне́ргия; **~ code** почто́вый и́ндекс; **~**

fastener = **~per** ['zɪpə] (застёжка-) -мо́лния

zone [zəʊn] зо́на (*a. pol.*); *geogr.* по́яс; (*region*) райо́н

zoo [zuː] зооса́д, зоопа́рк

zoolog∥ical [zəʊə'lɒdʒɪkl] □ зоологи́ческий; **~ gardens → zoo**; **~y** [zəʊ'ɒlədʒɪ] зооло́гия

zoom [zuːm] **1.** (*hum, buzz*) жужжа́ние; *ae.*, (*vertical climb*) свеча́, го́рка; **2.** [про]жужжа́ть; *ae.* [с]де́лать свечу́/го́рку; **~ lens** объекти́в с переме́нным фокусным расстоя́нием

Appendix

Important Russian Abbreviations

авт. авто́бус bus

АЗС автозапра́вочная ста́нция filling station

акад. акаде́мик academician

АТС автомати́ческая телефо́нная ста́нция telephone exchange

АЭС а́томная электроста́нция nuclear power station

б-ка библиоте́ка library

б. бы́вший former, ex-

БЦЭ Больша́я сове́тская энциклопе́дия Big Soviet Encyclopedia

в. век century

вв. века́ centuries

ВВС вое́нно-возду́шные си́лы Air Forces

ВИЧ ви́рус иммунодефици́та челове́ка HIV (human immunodeficiency virus)

вм. вме́сто instead of

ВОЗ Всеми́рная организа́ция здравоохране́ния WHO (World Health Organization)

ВС Верхо́вный Сове́т hist. Supreme Soviet; **вооружённые си́лы** the armed forces

вуз вы́сшее уче́бное заведе́ние university, college

г грамм gram(me)

г. 1. год year **2. го́род** city

га гекта́р hectare

ГАИ Госуда́рственная автомоби́льная инспе́кция traffic police

ГАТТ Генера́льное соглаше́ние по тамо́женным тари́фам и торго́вле GATT (General Agreement on Tariffs and Trade)

гг. го́ды years

г-жа госпожа́ Mrs

ГИБДД Госуда́рственная инспе́кция безопа́сности доро́жного движе́ния traffic police

глав... in compounds **гла́вный** chief, main

главвра́ч гла́вный врач head physician

г-н господи́н Mr

гос... in compounds **госуда́рственный** state, public

гр. граждани́н citizen

ГУМ Госуда́рственный универса́льный магази́н department store

дир. дире́ктор director

ДК Дом культу́ры House of Culture

ДОБДД Департа́мент обеспе́чения безопа́сности доро́жного движе́ния traffic police

доб. доба́вочный additional

доц. доце́нт lecturer, reader, assistant professor

д-р до́ктор doctor

ЕС Европе́йский сою́з EU (European Union)

ЕЭС Европе́йское экономи́ческое соо́бщество EEC (European Economic Community)

ж.д. желе́зная доро́га railroad, railway

зав. заве́дующий head of ...

загс отде́л за́писей гражда́нского состоя́ния registrar's (registry) office

зам. замести́тель deputy, assista

и др. и други́е etc.

им. и́мени called

и мн. др. и мно́гие други́е and many (much) more

ИНТЕРПОЛ междунаро́дная организа́ция уголо́вной поли́ции INTERPOL

и пр., и проч. и про́чее etc

ИТАР *Информацио́нное теле-графное аге́нтство Росси́и* ITAR (Information Telegraph Agency of Russia)

и т.д. *и так да́лее* and so on

и т.п. *и тому́ подо́бное* etc.

к. *копе́йка* kopeck

кг *килогра́мм* kg (kilogram[me])

кв. 1. *квадра́тный* square; **2.** *кварти́ра* apartment, flat

км/час *киломе́тров в час* km/h (kilometer per hour)

колхо́з *коллекти́вное хозя́йство* collective farm, kolkhoz

коп. *копе́йка* kopeck

к.п.д. *коэффицие́нт поле́з-ного де́йствия* efficiency

КПСС *Коммуни́стическая па́р-тия Сове́тского Сою́за* hist. C.P.S.U. (Communist Party of the Soviet Union)

куб. *куби́ческий* cubic

л.с. *лошади́ная си́ла* h.p. (horse power)

МАГАТЭ *Междунаро́дное аге́нтство по а́томной эне́р-гии* IAEA (International Atomic Energy Agency)

МБР *Министе́рство безопа́с-ности Росси́и* Ministry of Security of Russia

МВД *Министе́рство вну́тренних дел* Ministry of Internal Affairs

МВФ *Междунаро́дный валю́т-ный фонд* IMF (International Monetary Fund)

МГУ *Моско́вский госуда́рст-венный университе́т* Moscow State University

МИД *Министе́рство иностра́н-ных дел* Ministry of Foreign Affairs

МО *Министе́рство оборо́ны* Ministry of Defence

МОК *Междунаро́дный олим-пи́йский комите́т* IOC (International Olympic Committee)

м.пр. *ме́жду про́чим* by the way, incidentally; among other things

МХАТ *Моско́вский худо́жест-венный академи́ческий теа́тр* Academic Artists' Theater, Moscow

напр. *наприме́р* for instance

И⁰ *но́мер* number

НА́ТО *Североатланти́ческий сою́з* NATO (North Atlantic Treaty Organization)

НЛО *неопо́знанный лета́ющий объе́кт* UFO (unidentified flying object)

н.э. *на́шей э́ры* A.D.

о. *о́стров* island

обл. *о́бласть* region

ОБСЕ *Организа́ция по безо-па́сности и сотру́дничеству в Евро́пе* OSCE (Organization on Security and Cooperation in Europe)

о-во *о́бщество* society

оз. *о́зеро* lake

ОНО *отде́л наро́дного образо-ва́ния* Department of Popular Education

ООН *Организа́ция Объединён-ных На́ций* UNO (United Nations Organization)

отд. *отде́л* section, **отделе́ние** department

ОПЕК *Организа́ция стран-экспортёров не́фти* OPEC (Organization of Petroleum Exporting Countries)

п. *пункт* point, paragraph

пер. *переу́лок* lane

ПК *персона́льный компью́тер* PC (personal computer)

пл. *пло́щадь* f square; area (a. math.)

проф. *профе́ссор* professor

р. 1. *река́* river; **2.** *рубль* m

r(o)uble

райко́м *райо́нный комите́т* district commitee (*Sov.*)

РИА *Росси́йское информа-цио́нное аге́нтство* Information Agency of Russia

РФ *Росси́йская Федера́цня* Russian Federation

с.г. *сего́ го́да* (of) this year

след. *сле́дующий* following

см *сантиме́тр* cm. (centimeter)

с.м. *сего́ ме́сяца* (of) this month

см. *смотри́* see

СМИ *Сре́дства ма́ссовой информа́ции* mass media

СНГ *Содру́жество незави́си-мых госуда́рств* CIS (Common-wealth of Independent States)

СП *совме́стное предприя́тие* joint venture

СПИД *синдро́м преобретён-ного иммунодефици́та* AIDS (acquired immune deficiency syndrome)

ср. *сравни́* cf. (compare)

СССР *Сою́з Сове́тских Со-циалисти́ческих Респу́блик* *hist.* U.S.S.R. (Union of Soviet Socialist Republics)

ст. *ста́нция* station

стенгазе́та *стенна́я газе́та* wall newspaper

с., стр. *страни́ца* page

с.х. *се́льское хозя́йство* agri-culture

с.-х. *сельскохозя́йственный* agricultural

США *Соединённые Шта́ты Аме́рики* U.S.A. (United States of America)

т *то́нна* ton

т.1. *това́рищ* comrade; **2. том** volume

ТАСС *Телегра́фное аге́нтство Сове́тского Сою́за* *hist.* TASS

(Telegraph Agency of the Soviet Union)

т-во *това́рищество* company, association

т. е. *то есть* i.e. (that is)

тел. *телефо́н* telephone

т.к. *так как* cf. **так**

т. наз. *так называ́емый* so-calle

тов. → **т. 1**

торгпре́дство *торго́вое пред-стави́тельство* trade agency

тт. *тома́* volumes

тыс. *ты́сяча* thousand

ул. *у́лица* street

ФБР *Федера́льное бюро́ рас-сле́дований* FBI (Federal Bu-reau of Investigation)

ФИФА *Междунаро́дная ассо-циа́ция футбо́льных о́бществ* FIFA (Fédération Internationale de Football)

ФРГ *Федерати́вная Респу́бли-ка Герма́ния* Federal Republic o Germany

ФСБ *Федера́льная Слу́жба Безопа́сности* Federal Security Service

ЦБР *Центра́льный банк Рос-сий* Central Bank of Russia

ЦПКиО *Центра́льный парк культу́ры и о́тдыха* Central Park for Culture and Recreation

ЦРУ *Центра́льное разве́дыва-тельное управле́ние* CIA (Central Intelligence Agency)

ЮАР *Ю́жно-Африка́нская Респу́блика* South African Republic

ЮНЕСКО *Организа́ция Объе-динённых на́ций по вопро́сам образова́ния, нау́ки и культу́ры* UNESCO (United Nations Educational, Scientific and Cultural Organization)

Important American and British Abbreviations

AC *alternating current* переме́нный ток

A/C *account (current)* теку́щий счёт

acc(t). *account* отчёт; счёт

AEC *Atomic Energy Commission* Коми́ссия по а́томной эне́ргии

AFL-CIO *American Federation of Labor & Congress of Industrial Organizations* Америка́нская федера́ция труда́ и Конгре́сс произво́дственных профсою́зов, АФТ/КПП

AL, Ala. *Alabama* Алаба́ма (штат в США)

Alas. *Alaska* Аля́ска (штат в США)

a.m. *ante meridiem* (= *before noon*) до полу́дня

AP *Associated Press* Ассоши'йтед пресс

AR *Arkansas* Арка́нзас (штат в США)

ARC *American Red Cross* Америка́нский Кра́сный Крест

Ariz. *Arizona* Аризо́на (штат в США)

ATM *automated teller machine* банкома́т

AZ *Arizona* Аризо́на (штат в США)

BA *Bachelor of Arts* бакала́вр иску́сств

BBC. *British Broadcasting Corporation* Брита́нская радиовеща́тельная корпора́ция

B/E *Bill of Exchange* ве́ксель *m*, тра́тта

BL *Bachelor of Law* бакала́вр пра́ва

B/L *bill of lading* коносаме́нт; тра́нспортная накладна́я

BM *Bachelor of Medicine* бакала́вр медици́ны

BOT *Board of Trade* министе́рство торго́вли (Великобрита́нии)

BR *British Rail* Брита́нская желе́зная доро́га

Br(it). *Britain* Великобрита́ния; *British* брита́нский, англи́йский

Bros. *brothers* бра́тья *pl.* (в назва́ниях фирм)

c. 1. *cent(s)* цент (америка́нская моне́та); **2.** *circa* приблизи́тельно, о́коло; **3.** *cubic* куби́ческий

CA *California* Калифо́рния (штат в США)

C/A *current account* теку́щий счёт

Cal(if). *California* Калифо́рния (штат в США)

Can. *Canada* Кана́да; *Canadian* кана́дский

CIA *Central Intelligence Agency* Центра́льное разве́дывательное управле́ние, ЦРУ

CID *Criminal Investigation Department* кримина́льная поли́ция

c.i.f. *cost, insurance, freight* цена́, включа́ющая сто́имость, расхо́ды по страхова́нию и фрахт

CIS *Commonwealth of Independent States* содру́жество незави́симых госуда́рств, СНГ

c/o *care of* че́рез, по а́дресу (на́дпись на конве́ртах)

Co. *Company* о́бщество, компа́ния

COD *cash* (*am. collect*) *on delivery* нало́женный платёж, упла́та при доста́вке

Colo. *Colorado* Колора́до (штат в США)

Conn. *Connecticut* Конне́ктикут (штат в США)

cwt *hundredweight* хандредвейт

DC 1. *direct current* постоя́нный ток; **2.** *District of Columbia* федера́льный о́круг Колу́мбия (с америка́нской столи́цей)

Del. *Delaware* Де́лавэр (штат в США)

dept. *Department* отде́л; управле́ние; министе́рство; ве́домство

disc. *discount* ски́дка; ди́сконт, учёт векселе́й

div. *dividend* дивиде́нд

DJ 1. *disc jockey* диск-жоке́й; **2.** *dinner jacket* смо́кинг

dol. *dollar* до́ллар

DOS *disk operating system* ди́сковая операцио́нная систе́ма

doz. *dozen* дю́жина

dpt. *Department* отдел; управление; министерство; ведомство

E 1. *East* восток; *Eastern* восточный; 2. *English* английский

E. & O.E. *errors and omissions excepted* исключая ошибки и пропуски

EC *European Community* Европейское Сообщество, ЕС

ECOSOC *Economic and Social Council* Экономический и социальный совет, ООН

ECU *European Currency Unit* Европейская денежная единица, ЭКЮ

EEC *European Economic Community* Европейское экономическое сообщество, ЕЭС

e.g. *exempli gratia* (лат. = *for instance*) напр. (например)

Enc. *enclosure(s)* приложение (-ния)

Esq. *Esquire* эсквайр (титул дворянина, должностного лица; обычно ставится в письме после фамилии)

etc. & *c. et cetera, and so on* и так далее

EU *European Union* Европейский союз

f *feminine* женский; *gram.* женский род; *foot* фут, *feet* футы; *following* следующий

FBI *Federal Bureau of Investigation* федеральное бюро расследований (в США)

FIFA *Fédération Internationale de Football Association* Международная федерация футбольных обществ, ФИФА

Fla. *Florida* флорида (штат в США)

F.O. *Foreign Office* министерство иностранных дел

fo(l) *folio* фолио *indecl. n* (формат в пол-листа); лист (бухгалтерской книги)

f.o.b. *free on board* франко-борт, ФОБ

fr. *franc(s)* франк(и)

FRG *Federal Republic of Germany* Федеративная Республика Германия, ФРГ

ft. *foot* фут, *feet* футы

g. *gram(me)* грамм

GA (Ga.) *Georgia* Джорджия (штат в США)

GATT *General Agreement on Tariffs and Trade* Генеральное соглашение по таможенным тарифам и торговле

GB *Great Britain* Великобритания

GI *government issue fig.* американский солдат

GMT *Greenwich Mean Time* среднее время по гринвичскому меридиану

gr. *gross* брутто

gr.wt. *gross weight* вес брутто

h. *hour(s)* час(ы)

HBM. *His (Her) Britannic Majesty* Его (Её) Британское Величество

H.C. *House of Commons* Палата общин (в Великобритании)

hf. *half* половина

HIV *human immunodeficiency virus* ВИЧ

HL *House of Lords* палата лордов (в Великобритании)

HM *His (Her) Majesty* Его (Её) Величество

HMS *His (Her) Majesty's Ship* корабль английского военно-морского флота

HO *Home Office* министерство внутренних дел (в Англии)

HP, hp *horsepower* лошадиная сила (единица мощности)

HQ, Hq *Headquarters* штаб

HR *House of Representatives* палата представителей (в США)

HRH *His (Her) Royal Highness* Его (Её) Королевское Высочество

hrs. *hours* часы

IA, Ia. *Iowa* Айова (штат в США)

IAEA *International Atomic Energy Agency* Международное агентство по атомной энергии, МАГАТЭ

ID *identification* удостоверение личности

Id(a). *Idaho* Айдахо (штат в США)

i.e., ie *id est* (лат. = *that is to say*) т.е. (то есть)

IL, Ill. *Illinois* Иллинойс (штат в США)

IMF *International Monetary Fund* Междунаро́дный валю́тный фонд ООН

in. *inch(es)* дюйм(ы)

Inc., inc. *incorporated* объединённый; зарегистри́рованный как корпора́ция

incl. *inclusive, including* включи́тельно

Ind. *Indiana* Индиа́на (штат в США)

inst. *instant* с.м. (сего́ ме́сяца)

INTERPOL *International Criminal Police Organization* Междунаро́дная организа́ция уголо́вной поли́ции, ИНТЕРПОЛ

IOC *International Olympic Committee* Междунаро́дный олимпи́йский комите́т, МОК

IQ *intelligence quotient* коэффицие́нт у́мственных спосо́бностей

Ir. *Ireland* Ирла́ндия; *Irish* ирла́ндский

JP *Justice of the Peace* мирово́й судья́

Jnr, Jr, jun., junr *junior* мла́дший

Kan(s). *Kansas* Канза́с (штат в США)

KB *kilobyte* килоба́йт

kg *kilogram(me)s.* килогра́мм, кг

km *kilometer, -tre* киломе́тр

kW, kw *kilowatt* килова́тт

KY, Ky *Kentucky* Кенту́кки (штат в США)

l. *litre* литр

L *pound sterling* фунт сте́рлингов

La. *Louisiana* Луизиа́на (штат в США)

LA 1. *Los Angeles* Лос-Анджелес; 2. *Australian pound* австрали́йский фунт (де́нежная едини́ца)

lb., lb *pound* фунт (ме́ра ве́са)

L/C *letter of credit* аккредити́в

LP *Labour Party* лейбори́стская па́ртия

Ltd, ltd *limited* с ограни́ченной отве́тственностью

m. 1. *male* мужско́й; 2. *meter, -tre* метр; 3. *mile* ми́ля; 4. *minute* мину́та

MA *Master of Arts* маги́стр иску́сств

Mass. *Massachusetts* Массачу́сетс (штат в США)

max. *maximum* ма́ксимум

MD *medicinae doctor* (лат. = *Doctor of Medicine*) до́ктор медици́ны

Md. *Maryland* Мэ́риленд (штат в США)

ME, Me. *Maine* Мэн (штат в США)

mg. *milligram(me)s* миллигра́мм

Mich. *Michigan* Мичига́н (штат в США)

Minn. *Minnesota* Миннесо́та (штат в США)

Miss. *Mississippi* Миссиси́пи (штат в США)

mm. *millimeter* миллиме́тр

MO 1. *Missouri* Миссу́ри (штат в США); 2. *money order* де́нежный перево́д по по́чте

Mont. *Montana* Монта́на (штат в США)

MP 1. *Member of Parliament* член парла́мента; 2. *military police* вое́нная поли́ция

mph *miles per hour* (сто́лько-то) миль в час

Mr *Mister* ми́стер, господи́н

Mrs *originally* *Mistress* ми́ссис, госпожа́

MS 1. *Mississippi* Миссиси́пи (штат в США); 2. *manuscript* ру́копись *f*; 3. *motorship* теплохо́д

N *north* се́вер; *northern* се́верный

NATO *North Atlantic Treaty Organization* Североатланти́ческий сою́з, НАТО

NC, N.C. *North Carolina* Се́верная Кароли́на (штат в США)

ND, ND. *North Dakota* Се́верная Дако́та (штат в США)

NE 1. *Nebraska* Небра́ска (штат в США); 2. *northeast* се́веро-восто́к

Neb(r). *Nebraska* Небра́ска (штат в США)

Nev. *Nevada* Нева́да (штат в США)

NH, N.H *New Hampshire* Нью-хэ́мпшир (штат в США)

NJ, N.J *New Jersey* Нью-Дже́рси (штат в США)

NM, N.M(ex). *New Mexico* Нью-Ме́ксико (штат в США)

nt.wt. *net weight* вес не́тто, чи́стый вес

NW *northwestern* се́веро-за́падный

NY, N.Y. *New York* Нью-Йо́рк (штат в США)

NYC, N.Y.C. *New York City* Нью-Йо́рк (го́род)

OH *Ohio* Ога́йо (штат в США)

OHMS *On His (Her) Majesty's Service* состоя́щий на короле́вской (госуда́рственной или вое́нной) слу́жбе; служе́бное де́ло

OK 1. *okay* всё в поря́дке, всё пра́вильно; утверждено́, согласо́вано; **2.** *Oklahoma* Оклахо́ма (штат в США)

Okla. *Oklahoma* Оклахо́ма (штат в США)

OR, Ore(g). *Oregon* Орего́н (штат в США)

OSCE *Organisation on Security and Cooperation in Europe* Организа́ция по безопа́сности и сотру́дничеству в Евро́пе, ОБСЕ

p *Brt* *penny, pence* пе́нни, пенс

p. *page* страни́ца; *part* часть, ч.

PA, Pa. *Pennsylvania* Пенсильва́ния (штат в США)

p.a. *per annum* (лат.) в год; ежего́дно

PC 1. *personal computer* персона́льный компью́тер; **2.** *police constable* полице́йский

p.c. *per cent* проце́нт, проце́нты

pd. *paid* упла́чено; опла́ченный

Penn(a). *Pennsylvania* Пенсильва́ния (штат в США)

per pro(c). *per procurationem* (= *by proxy*) по дове́ренности

p.m., pm *post meridiem* (= *after noon*) ...часо́в (часа́) дня

PO 1. *post office* почто́вое отделе́ние; **2.** *postal order* де́нежный перево́д по по́чте

POB *post office box* почто́вый абонеме́нтный я́щик

POD *pay on delivery* нало́женный платёж

Pres. *president* президе́нт

Prof. *professor* проф. профе́ссор

PS *Postscript* постскри́птум, припи́ска

PTO., p.t.o. *please turn over* см. н/об. (смотри́ на оборо́те)

RAF *Royal Air Force* вое́нно-возду́шные си́лы Великобрита́нии

RAM *random access memory* операти́вное запомина́ющее устро́йство, ОЗУ

ref. *reference* ссы́лка, указа́ние

regd *registered* зарегистри́рованный; заказно́й

reg.ton *register ton* регистро́вая то́нна

Rev., Revd *Reverend* преподо́бный

RI, R.I. *Rhode Island* Род-А́йленд (штат в США)

RN *Royal Navy* вое́нно-морско́й флот Великобрита́нии

RP *reply paid* отве́т опла́чен

S *south* юг; *southern* ю́жный

s 1. *second* секу́нда; **2.** *hist.* *shilling* ши́ллинг

SA 1. *South Africa* Ю́жная А́фрика; **2.** *Salvation Army* А́рмия спасе́ния

SC, S.C. *South Carolina* Ю́жная Кароли́на (штат в США)

SD, S.D(ak). *South Dakota* Ю́жная Дако́та (штат в США)

SE 1. *southeast* ю́го-восто́к; *southeastern* ю́го-восто́чный; **2.** *Stock Exchange* фо́ндовая би́ржа (в Ло́ндоне)

Soc. *society* о́бщество

Sq. *Square* пло́щадь *f*

sq. *square...* квадра́тный

SS *steamship* парохо́д

stg. *sterling* фунт сте́рлингов

suppl. *supplement* дополне́ние, приложе́ние

SW *southwest* ю́го-за́пад; *southwestern* ю́го-за́падный

t *ton* то́нна

TB *tuberculosis* туберкулёз, ТБ

tel. *telephone* телефо́н, тел.

Tenn. *Tennessee* Те́ннесси (штат в США)

Tex. *Texas* Теха́с (штат в США)

TU *trade(s) union* тред-юнио́н, профессиона́льный сою́з

TUC *Trade Unions Congress* конгре́сс (брита́нских) тред-юнио́нов

UK *United Kingdom* Соединённое Короле́вство (Англия, Шотла́ндия, Уэльс и Се́верная Ирла́ндия)

UFO *unidentified flying object* неопо́знанные лета́ющие объе́кты, НЛО

UN *United Nations* Объединённые На́ции

UNESCO *United Nations Educational, Scientific, and Cultural Organization* Организа́ция Объединённых На́ций по вопро́сам просвеще́ния, нау́ки и культу́ры, ЮНЕ́СКО

UNSC *United Nations Security Council* Сове́т Безопа́сности ООН

UP *United Press* телегра́фное аге́нтство „Юна́йтед Пресс"

US(A) *United States (of America)* Соединённые Шта́ты (Аме́рики)

USW *ultrashort wave* у́льтракоро́ткие во́лны, УКВ

UT, Ut. *Utah* Ю́та (штат в США)

V *volt(s)* во́льт(ы) В

VA, Va. *Virginia* Вирджи́ния (штат в США)

VCR *video cassette recorder* видеомагнитофо́н

viz. *videlicet* (лат.) а́именно

vol. *volume* том

vols *volumes* тома́ *pl*

VT, Vt. *Vermont* Вермо́нт (штат в США)

W 1. *west* за́пад; *western* за́падный; 2. *watt* ватт, Вт

WA, Wash. *Washington* Вашингто́н (штат в США)

W.F.T.U. *World Federation of Trade Unions* Всеми́рная федера́ция профессиона́льных сою́зов, ВФП

WHO *World Health Organization* Всеми́рная организа́ция здравоохране́ния, ВОЗ

Wis(c). *Wisconsin* Виско́нсин (штат в США)

wt., wt *weight* вес

WV, W Va. *West Virginia* За́падная Вирги́ния (штат в США)

WWW *World-Wide Web* всеми́рная паути́на

WY, Wyo. *Wyoming* Вайо́минг (штат в США)

Xmas *Christmas* Рождество́

yd(s) *yard(s)* ярд(ы)

YMCA *Young Men's Christian Association* Христиа́нская ассоциа́ция молоды́х люде́й

YWCA *Young Women's Christian Association* Христиа́нская ассоциа́ция молодых (де́вушек)

Russian Geographical Names

Австра́лия *f* Australia
А́встрия *f* Austria
Азербайджа́н *m* Azerbaijan
А́зия *f* Asia
Алба́ния *f* Albania
А́льпы *pl.* the Alps
Аля́ска *f* Alaska
Аме́рика *f* America
А́нглия *f* England
Антаркти́да *f* the Antarctic Continent, Antarctica
Анта́рктика *f* Antarctic
Аргенти́на *f* Argentina
А́рктика *f* Arctic (Zone)
Арме́ния *f* Armenia
Атла́нтика *f*, **Атланти́ческий океа́н** *m* the Atlantic (Ocean)
Афганиста́н *m* Afghanistan
Афи́ны *pl.* Athens
А́фрика *f* Africa

Байка́л *m* (Lake) Baikal
Балти́йское мо́ре the Baltic Sea
Ба́ренцево мо́ре the Barents Sea
Белору́ссия *f* Byelorussia
Бе́льгия *f* Belgium
Бе́рингово мо́ре the Bering Sea
Бе́рингов проли́в the Bering Straits
Болга́рия *f* Bulgaria
Бо́сния *f* Bosnia
Брита́нские острова́ the British Isles
Брюссе́ль *m* Brussels
Будапе́шт *m* Budapest
Бухаре́ст *m* Bucharest

Варша́ва *f* Warsaw
Вашингто́н *m* Washington
Великобрита́ния *f* Great Britain
Ве́на *f* Vienna
Ве́нгрия *f* Hungary
Вене́ция *f* Venice
Во́лга *f* the Volga

Гаа́га *f* the Hague
Герма́ния *f* Germany
Гимала́и *pl.* the Himalayas
Гонко́нг *m* Hong Kong
Гренла́ндия *f* Greenland
Гре́ция *f* Greece
Гру́зия *f* Georgia (Caucasus)

Да́ния *f* Denmark
Днепр *m* Dniepr
Донба́сс *m* (Доне́цкий бассе́йн the Donbas, the Donets Basin
Дуна́й *m* the Danube

Евро́па *f* Europe
Еги́пет *m* [-пта] Egypt
Енисе́й *m* the Yenisei

Иерусали́м *m* Jerusalem
Изра́иль *m* Israel
И́ндия *f* India
Ира́к *m* Iraq
Ира́н *m* Iran
Ирла́ндия *f* Ireland; Eire
Исла́ндия *f* Iceland
Испа́ния *f* Spain
Ита́лия *f* Italy

Кавка́з *m* the Caucasus
Казахста́н *m* Kasakhstan
Каи́р *m* Cairo
Камча́тка *f* Kamchatka
Кана́да *f* Canada
Каре́лия *f* Karelia
Карпа́ты *pl.* the Carpathians
Каспи́йское мо́ре the Caspian Sea
Кёльн *m* Cologne
Ки́ев *m* Kiev
Кипр *m* Cyprus
Коре́я *f* Korea
Крым *m* [в -ý] the Crimea
Кузба́сс *m* Кузне́цкий бассе́йн the Kuzbas, the Kuznetsk Basin

Ла́дожское о́зеро Lake Ladoga
Ла-Ма́нш *m* the English Channel
Ленингра́д *m* Leningrad (*hist.*)
Лива́н *m* Lebanon
Литва́ *f* Lithuania
Ла́твия *f* Latvia

Ме́ксика *f* Mexico
Молдо́ва *f* Moldova
Монго́лия *f* Mongolia
Москва́ *f* Moscow

Нева́ *f* the Neva
Нидерла́нды *pl.* the Netherlands
Норве́гия *f* Norway

Нью-Йо́рк *m* New York

Палести́на *f* Palestine
Пари́ж *m* Paris
По́льша *f* Poland
Пра́га *f* Prague

Рейн *m* Rhine
Рим *m* Rome
Росси́йская Федера́ция *f* Russian Federation
Росси́я *f* Russia
Румы́ния *f* Romania

Санкт-Петербу́рг *m* St. Petersburg
Се́верный Ледови́тый океа́н *the* Arctic Ocean
Сиби́рь *f* Siberia
Стокго́льм *m* Stockholm
Соединённые Шта́ты Аме́рики *pl. the* United States of America

Те́мза *f* the Thames
Таджикиста́н *m* Tajikistan

Туркмениста́н *f* Turkmenistan
Ту́рция *f* Turkey

Узбекиста́н *m* Uzbekistan
Украи́на *f the* Ukraine
Ура́л *m the* Urals

Финля́ндия *f* Finland
Фра́нция *f* France

Чёрное мо́ре *the* Black Sea
Чечня́ *f* Chechnia
Че́шская Респу́блика *f the* Czech Republic

Швейца́рия *f* Switzerland
Шве́ция *f* Sweden

Эдинбу́рг *m* Edinburgh
Эсто́ния *f* Estonia

Ю́жно-Африка́нская Респу́блика *f the* South African Republic

English Geographical Names

Afghanistan [æfˈgænɪstɑːn] Афганиста́н

Africa [ˈæfrɪkə] А́фрика

Alabama [ˌæləˈbæmə] Алаба́ма (штат в США)

Alaska [əˈlæskə] Аля́ска (штат в США)

Albania [ælˈbeɪnjə] Алба́ния

Alps [ælps] the Альпы

Amazon [ˈæməzn] the Амазо́нка

America [əˈmerɪkə] Аме́рика

Antarctica [æntˈɑːktɪkə] the Анта́ртика

Arctic [ˈɑːktɪk] the А́рктика

Argentina [ˌɑːdʒənˈtiːnə] Аргенти́на

Arizona [ˌærɪˈzəʊnə] Аризо́на (штат в США)

Arkansas [ˈɑːkənsɔː] Арка́нзас (штат и река́ в США)

Asia [ˈeɪʃə] А́зия; *Middle* ~ Сре́дняя А́зия

Athens [ˈæθɪnz] г. Афи́ны

Atlantic Ocean [ətˌlæntɪkˈəʊʃn] the Атланти́ческий океа́н

Australia [ɒˈstreɪljə] Австра́лия

Austria [ˈɒstrɪə] А́встрия

Baikal [baɪˈkæl] о́зеро Байка́л

Balkans [ˈbɔːlkənz] the Балка́ны

Baltic Sea [ˌbɔːltɪkˈsiː] the Балти́йское мо́ре

Barents Sea [ˈbæːrəntsiː] the Ба́ренцево мо́ре

Belfast [ˌbelˈfɑːst] г. Бе́лфаст

Belgium [ˈbeldʒəm] Бе́льгия

Bering Sea [ˌbeərɪŋˈsiː] the Бе́рингово мо́ре

Berlin [bɜːˈlɪn] г. Берли́н

Birmingham [ˈbɜːmɪŋəm] г. Би́рмингем

Black Sea [ˌblækˈsiː] the Чёрное мо́ре

Bosnia [ˈbɒznɪə] Бо́сния

Boston [ˈbɒstən] г. Босто́н

Brazil [brəˈzɪl] Брази́лия

Britain [ˈbrɪtn] (*Great* Велико) Брита́ния

Brussels [ˈbrʌslz] г. Брю́ссель

Bucharest [ˌbuːkəˈrest] г. Бухаре́ст

Bulgaria [bʌlˈgeərɪə] Болга́рия

Byelorussia [bɪˌeləʊˈrʌʃə] Белору́ссия, Белару́сь

Cairo [ˈkaɪrəʊ] г. Каи́р

Calcutta [kælˈkʌtə] г. Калькутта́

California [ˌkʌlɪˈfɔːnjə] Калифо́рния (штат в США)

Cambridge [ˈkeɪmbrɪdʒ] г. Ке́мбридж

Canada [ˈkænədə] Кана́да

Cape Town [ˈkeɪptaʊn] г. Кейпта́ун

Carolina [ˌkærəˈlaɪnə] Кароли́на (*North* Се́верная, *South* Ю́жная)

Caspian Sea [ˌkæspɪənˈsiː] the Каспи́йское мо́ре

Caucasus [ˈkɔːkəsəs] the Кавка́з

Ceylon [sɪˈlɒn] о. Цейло́н

Chechnia [ˈtʃetʃnɪə] Чечня́

Chicago [ʃɪˈkɑːgəʊ, *Am.* ʃɪˈkɔːgəʊ] г. Чика́го

Chile [ˈtʃɪlɪ] Чи́ли

China [ˈtʃaɪnə] Кита́й

Colorado [ˌkɒləˈrɑːdəʊ] Колора́до (штат в США)

Columbia [kəˈlʌmbɪə] Колу́мбия (река́, го́род, админ. окру́г)

Connecticut [kəˈnetɪkət] Коннектикут (река́ и штат в США)

Copenhagen [ˌkəʊpnˈheɪgən] г. Копенга́ген

Cordilleras [ˌkɔːdɪˈljeərəz] the Кордильеры (горы)

Croatia [krəʊˈeɪʃə] Хорва́тия

Cuba [ˈkjuːbə] Ку́ба

Cyprus [ˈsaɪprəs] о. Кипр

Czech Republic [ˌtʃek rɪˈpʌblɪk] the Че́шская Респу́блика

Dakota [dəˈkəʊtə] Дако́та *North* Се́верная, *South* Ю́жная (шта́ты в США)

Danube [ˈdænjuːb] р. Дуна́й

Delaware [ˈdeləweə] Де́лавер (штат в США)

Denmark [ˈdenmɑːk] Да́ния

Detroit [dəˈtrɔɪt] г. Детро́йт

Dover [ˈdəʊvə] г. Дувр

Dublin [ˈdʌblɪn] г. Ду́блин

Edinburgh [ˈedɪnbərə] г. Э́динбург

Egypt [ˈiːdʒɪpt] Еги́пет

Eire [ˈeərə] Эйре

England [ˈɪŋglənd] А́нглия

Europe [ˈjʊərəp] Евро́па

Finland ['fɪnlənd] Финля́ндия
Florida ['flɒrɪdə] Флори́да
France [frɑːns] Фра́нция

Geneva [dʒɪ'niːvə] г. Жене́ва
Georgia ['dʒɔːdʒjə] Джо́рджия (штат в США); Гру́зия
Germany ['dʒɜːməni] Герма́ния
Gibraltar [dʒɪ'brɔːltə] Гибра́лтар
Glasgow ['glɑːzgəʊ] г. Гла́зго
Greece ['griːs] Гре́ция
Greenwich ['grenɪtʃ] г. Гри́н(в)ич

Hague ['heɪg] *the* г. Га́ага
Harwich ['hærɪdʒ] г. Ха́ридж
Hawaii [hə'waiiː] Гава́йи (о́стров, штат в США)
Helsinki ['helsɪŋkɪ] г. Хе́льсинки
Himalaya [ˌhɪmə'leɪə] *the* Гимала́и
Hiroshima [hɪ'rɒʃimə] г. Хироси́ма
Hollywood ['hɒlɪwʊd] г. Го́лливуд
Hungary ['hʌŋgərɪ] Ве́нгрия

Iceland ['aɪslənd] Исла́ндия
Idaho ['aɪdəhəʊ] Айда́хо (штат в США)
Illinois [ˌɪlə'nɔɪ] Иллино́йс (штат в США)
India ['ɪndjə] И́ндия
Indiana [ˌɪndɪ'ænə] Индиа́на (штат в США)
Indian Ocean [ˌɪndjən'əʊʃən] *the* Инди́йский океа́н
Iowa ['aɪəʊə] А́йова (штат в США)
Iran [ɪ'rɑːn] Ира́н
Iraq [ɪ'rɑːk] Ира́к
Ireland ['aɪələnd] Ирла́ндия
Israel ['ɪzreɪəl] Изра́иль
Italy ['ɪtəlɪ] Ита́лия

Japan [dʒə'pæn] Япо́ния
Jersey ['dʒɜːzɪ] о. Джерси
Jerusalem [dʒə'ruːsələm] г. Иеруса́лим

Kansas ['kænzəs] Ка́нзас (штат в США)
Kentucky [ken'tʌkɪ] Кенту́кки (штат в США)
Kiev ['kiːev] г. Ки́ев
Korea [kə'rɪə] Коре́я
Kosovo ['kɒsəvəʊ] Ко́сово
Kremlin ['kremlɪn] Кремль
Kuwait [kʊ'weɪt] Куве́йт

Latvia ['lætvɪə] Ла́твия
Libya ['lɪbɪə] Ли́вия
Lithuania [ˌlɪθjuː'eɪnjə] Литва́
Lisbon ['lɪzbən] г. Лиссабо́н
Liverpool ['lɪvəpuːl] г. Ли́верпул
London ['lʌndən] г. Ло́ндон
Los Angeles [lɒs'ændʒɪliːz] г. Лос--А́нджелес
Louisiana [luːˌiːzɪ'ænə] Луизиа́на (штат в США)
Luxembourg ['lʌksəmbɜːg] г. Люксембу́рг

Madrid [mə'drɪd] г. Мадри́д
Maine [meɪn] Мэн (штат в США)
Malta ['mɔːltə] Ма́льта (о. и госуда́рство)
Manitoba [ˌmænɪ'təʊbə] Манитоба
Maryland ['meərɪlənd] Мэ́риленд (штат в США)
Massachusetts [ˌmæsə'tʃuːsɪts] Массачу́сетс (штат в США)
Melbourne ['melbən] г. Мельбурн
Mexico ['meksɪkəʊ] Ме́ксика
Michigan ['mɪʃɪgən] Ми́чиган (штат в США)
Minnesota [ˌmɪnɪ'səʊtə] Миннесо́та (штат в США)
Minsk [mɪnsk] г. Минск
Mississippi [ˌmɪsɪ'sɪpɪ] Миссиси́пи (река́ и штат в США)
Missouri [mɪ'zʊərɪ] Миссу́ри (река́ и штат в США)
Moldova [mɒl'dəʊvə] Молдо́ва
Montana [mɒn'tænə] Монта́на (штат в США)
Montreal [ˌmɒntrɪ'ɔːl] г. Монреа́ль
Moscow ['mɒskəʊ] г. Москва́
Munich ['mjuːnɪk] г. Мюнхен

Nebraska [nə'bræskə] Небра́ска (штат в США)
Netherlands ['neðələndz] *the* Нидерла́нды
Nevada [nə'vɑːdə] Нева́да (штат в США)
Newfoundland ['njuːfəndlənd] о. Ньюфа́ундленд
New Hampshire [ˌnjuː'hæmpʃə] Нью-Хэ́мпшир (штат в США)
New Jersey [ˌnjuː'dʒɜːzɪ] Нью-Дже́рси (штат в США)
New Mexico [ˌnjuː'meksɪkəʊ] Нью-Ме́ксико (штат в США)

New Orleans [,nju:'ɔ:liənz] г. Но́вый Орлеа́н

New York [,nju:'jɔ:k] Нью-Йо́рк (город и штат в США)

New Zealand [,nju:'zi:lənd] Но́вая Зела́ндия

Niagara [naɪˈægərə] the р. Ниага́ра, Ниага́рские водопа́ды

Nile [naɪl] the р. Нил

North Sea [,nɔ:'θ'si:] the Се́верное мо́ре

Norway ['nɔ:weɪ] Норве́гия

Ohio [əʊˈhaɪəʊ] Ога́йо (река́ и штат в США)

Oklahoma [,əʊkləˈhəʊmə] Оклахо́ма (штат в США)

Oregon [ˈɒrɪgən] Орего́н (штат в США)

Oslo [ˈɒzləʊ] г. Осло

Ottawa [ˈɒtəwə] г. Отта́ва

Oxford [ˈɒksfəd] г. О́ксфорд

Pacific Ocean [pəˌsɪfɪk'əʊʃn] Ти́хий океа́н

Pakistan [,pɑ:kɪˈstɑ:n] Пакиста́н

Paris [ˈpærɪs] г. Пари́ж

Pennsylvania [,pensɪl'veɪnjə] Пенсильва́ния (штат в США)

Philippines [ˈfɪlɪpi:nz] the Филиппи́ны

Poland [ˈpəʊlənd] По́льша

Portugal [ˈpɔ:tʃʊgl] Португа́лия

Pyrenees [,pɪrəˈni:z] the Пирене́йские го́ры

Quebec [kwɪˈbek] г. Квебе́к

Rhine [raɪn] the р. Рейн

Rhode Island [,rəʊd'aɪlənd] Род-А́йленд (штат в США)

Rome [rəʊm] г. Рим

Romania [ru:ˈmeɪnjə] Румы́ния

Russia [ˈrʌʃə] Росси́я

Saudi Arabia [,saʊdɪəˈreɪbɪə] Сау́довская Ара́вия

Scandinavia [,skændɪˈneɪvjə] Сканди-на́вия

Scotland [ˈskɒtlənd] Шотла́ндия

Seoul [səʊl] г. Сеул

Serbia [ˈsɜ:bɪə] Се́рбия

Siberia [saɪˈbɪərɪə] Сиби́рь

Singapore [,sɪŋəˈpɔ:] Сингапу́р

Spain [speɪn] Испа́ния

Stockholm [ˈstɒkhəʊm] г. Стокго́льм

St Petersburg [snt'pi:təzbɜ:g] г Санкт-Петербу́рг

Stratford [ˈstrætfəd] -on-Avon [ˈeɪvən] г. Стра́тфорд-на-Э́йвоне

Sweden [swi:dn] Шве́ция

Switzerland [ˈswɪtsələnd] Швей-ца́рия

Sydney [ˈsɪdnɪ] г. Си́дней

Taiwan [,taɪˈwɑ:n] Тайва́нь

Teh(e)ran [,teəˈrɑ:n] г. Тегера́н

Tennessee [,tenəˈsi:] Теннесси́ (река́ и штат в США)

Texas [ˈteksəs] Те́хас (штат в США)

Thames [temz] the р. Те́мза

Turkey [ˈtɜ:kɪ] Ту́рция

Ukraine [ju:ˈkreɪn] the Украи́на

Urals [ˈjʊərəlz] the Ура́льские го́ры

Utah [ˈju:tɑ:] Юта (штат в США)

Venice [ˈvenɪs] г. Вене́ция

Vermont [vɜ:ˈmɒnt] Вермонт (штат в США)

Vienna [vɪˈenə] г. Ве́на

Vietnam [,vi:etˈnæm] Вьетна́м

Virginia [vəˈdʒɪnjə] West За́падная Вирджи́ния (штат в США)

Warsaw [ˈwɔ:sɔ:] г. Варша́ва

Washington [ˈwɒʃɪŋtən] Ва́шингтон (город и штат в США)

Wellington [ˈwelɪŋtən] г. Ве́ллингтон (столица Новой Зеландии)

White Sea [,waɪt'si:] the Бе́лое мо́ре

Wimbledon [ˈwɪmbldən] г. Уи́мблдон

Wisconsin [wɪsˈkɒnsɪn] Виско́нсин (река́ и штат в США)

Worcester [ˈwʊstə] г. Ву́стер

Wyoming [waɪˈəʊmɪŋ] Вайо́минг (штат в США)

Yugoslavia [,ju:gəʊˈslɑ:vjə] Юго-сла́вия

Zurich [ˈzʊərɪk] г. Цю́рих

Numerals
Cardinals

0	ноль & нуль *m* naught, zero
1	оди́н *m*, одна́ *f*, одно́ *n* one
2	два *m/n*, две *f* two
3	три three
4	четы́ре four
5	пять five
6	шесть six
7	семь seven
8	во́семь eight
9	де́вять nine
10	де́сять ten
11	оди́ннадцать eleven
12	двена́дцать twelve
13	трина́дцать thirteen
14	четы́рнадцать fourteen
15	пятна́дцать fifteen
16	шестна́дцать sixteen
17	семна́дцать seventeen
18	восемна́дцать eighteen
19	девятна́дцать nineteen
20	два́дцать twenty
21	два́дцать оди́н *m* (одна́ *f*, одно́ *n*) twenty-one
22	два́дцать два *m/n* (две *f*) twenty-two
23	два́дцать три twenty-three
30	три́дцать thirty
40	со́рок forty
50	пятьдеся́т fifty
60	шестьдеся́т sixty
70	се́мьдесят seventy
80	во́семьдесят eighty
90	девяно́сто ninety
100	сто (а *или* one) hundred
200	две́сти two hundred
300	три́ста three hundred
400	четы́реста four hundred
500	пятьсо́т five hundred
600	шестьсо́т six hundred
700	семьсо́т seven hundred
800	восемьсо́т eight hundred
900	девятьсо́т nine hundred
1000	(одна́) ты́сяча *f* (а *или* one) thousand
60140	шестьдеся́т ты́сяч сто со́рок sixty thousand one hundred and forty
1 000 000	(оди́н) миллио́н *m* (а *или* one) million
1 000 000 000	(оди́н) миллиа́рд *m* milliard, *Am.* billion

Ordinals

1st	пе́рвый first
2nd	второ́й second
3rd	тре́тий third
4th	четвёртый fourth
5th	пя́тый fifth
6th	шесто́й sixth
7th	седьмо́й seventh
8th	восьмо́й eighth
9th	девя́тый ninth
10th	деся́тый tenth
11th	оди́ннадцатый eleventh
12th	двена́дцатый twelfth
13th	трина́дцатый thirteenth
14th	четы́рнадцатый fourteenth
15th	пятна́дцатый fifteenth
16th	шестна́дцатый sixteenth
17th	семна́дцатый seventeenth
18th	восемна́дцатый eighteenth
19th	девятна́дцатый nineteenth
20th	двадца́тый twentieth
21st	два́дцать пе́рвый twenty-first
22nd	два́дцать второ́й twenty-second
23rd	два́дцать тре́тий twenty-third
30th	тридца́тый thirtieth
40th	сороково́й fortieth
50th	пятидеся́тый fiftieth
60th	шестидеся́тый sixtieth
70th	семидеся́тый seventieth
80th	восьмидеся́тый eightieth
90th	девяно́стый ninetieth
100th	со́тый (one) hundredth
200th	двухсо́тый two hundredth
300th	трёхсо́тый three hundredth
400th	четырёхсо́тый four hundredth

500th пятисо́тый five hundredth	**1000th** ты́сячный (one) thou-
600th шестисо́тый six hundredth	sandth
700th семисо́тый seven hundredth	**60 140th** шестьдеся́т ты́сяч сто
800th восьмисо́тый eight hun-	сороково́й sixty thousand
dredth	one hundred and fortieth
900th девятисо́тый nine hundredth	**1 000 000th** миллио́нный millionth

American and British Weights and Measures

1. Linear Measure

inch (in.) дюйм = 2,54 см
foot (ft) фут = 30,48 см
yard (yd) ярд = 91,44 см

2. Nautical Measure

fathom (fm) морска́я са́же́нь = 1,83 м
cable('s) length ка́бельтов = 183 м, в США = 120 морски́м саже́ням = 219 м
nautical mille (n. m.) *or* **1 knot** морска́я ми́ля = 1852 м

3. Square Measure

square inch (sq. in.) квадра́тный дюйм = 6,45 кв. см
square foot (sq. ft) квадра́тный фут = 929,03 кв. см
square yard (sq. yd) квадра́тный ярд = 8361,26 кв. см
square rod (sq. rd) квадра́тный род = 25,29 кв. м
rood (ro.) руд = 0,25 а́кра
acre (a.) акр = 0,4 га
square mile (sq. ml, *Am.* **sq. mi.)** квадра́тная ми́ля = 259 га

4. Cubic Measure

cubic inch (cu. in.) куби́ческий дюйм = 16,387 куб. см
cubic foot (cu. ft) куби́ческий фут = 28 316,75 куб. см
cubic yard (cu. yd) куби́ческий ярд = 0,765 куб. м
register ton (reg. tn) реги́стровая то́нна = 2,832 куб. см

5. British Measure of Capacity
Dry and Liquid Measure

Ме́ры жи́дких и сыпу́чих тел
imperial gill (gl, gi.) станда́ртный джилл = 0,142 л
imperial pint (pt) станда́ртная пи́нта = 0,568 л

1 imperial quart (qt) станда́ртная ква́рта = 1,136 л
1 imperial gallon (Imp. gal.) станда́ртный галло́н = 4,546 л

Dry Measure

1 imperial peck (pk) станда́ртный пек = 9,092 л
1 imperial bushel (bu., bsh.) станда́ртный бу́шель = 36,36 л
1 imperial quarter (qr) станда́ртная че́тверть = 290,94 л

Liquid Measure

1 imperial barrel (bbl., bl) станда́ртный ба́ррель = 1,636 гл

6. American Measure of Capacity
Dry Measure

1 U.S. dry pint америка́нская суха́я пи́нта = 0,551 л
1 U.S. dry quart америка́нская суха́я ква́рта = 1,1 л
1 U.S. dry gallon америка́нский сухо́й галло́н = 4,4 л
1 U.S. peck америка́нский пек = 8,81 л
1 U.S. bushel америка́нский бу́шель = 35,24 л

Liquid Measure

1 U.S. liquid gill америка́нский джилл (жи́дкости) = 0,118 л
1 U.S. liquid pint америка́нская пи́нта (жи́дкости) = 0,473 л
1 U.S. liquid quart америка́нская ква́рта (жи́дкости) = 0,946 л
1 U.S. gallon америка́нский галло́н (жи́дкости) = 3,785 л
1 U.S. barrel америка́нский ба́ррель = 119 л
1 U.S. barrel petroleum америка́нский ба́ррель не́фти = 158,97 л

7. Avoirdupois Weight

1 grain (gr.) гран = 0,0648 г
1 dram (dr.) дра́хма = 1,77 г
1 ounce (oz) у́нция = 28,35 г
1 pound (lb.) фунт = 453,59 г

1 quarter (qr) че́тверть = 12,7 кг, в США = 11,34 кг

1 hundredweight (cwt) це́нтнер = 50,8 кг, в США = 45,36 кг

1 stone (st.) стон = 6,35 кг

1 ton (tn, t) = 1016 кг (тж long ton: tn. l.), в США = 907,18 кг (тж short ton: tn. sh.)

Some Russian First Names

Алекса́ндр *m*, Alexander
dim: Са́ня, Са́ша, Шу́ра, Шу́рик
Алекса́ндра *f*, Alexandra
dim: Са́ня, Са́ша, Шу́ра
Алексе́й *m*, Alexis
dim: Алёша, Лёша
Анастаси́я *f, coll.* Наста́сья, Anastasia
dim: На́стя, Настёна, Та́ся
Анато́лий *m* Anatoly
dim: То́лик, То́ля
Андре́й *m* Andrew
dim: Андре́йка, Андрю́ша
А́нна *f* Ann, Anna
dim: А́ннушка, Аню́та, А́ня, Ню́ра, Ню́ша, Ню́ся
Анто́н *m* Antony
dim: Анто́ша, То́ша
Антони́на *f* Antoni(n)a
dim: То́ня
Арка́дий *m* Arcady
dim: Арка́ша, А́дик
Арсе́ний *m* Arseny
dim: Арсю́ша
Бори́с *m* Boris
dim: Бо́ря, Бори́ска
Вади́м *m* Vadim
dim: Ди́ма, Ва́дик, Ва́дя
Валенти́н *m* Valentine
dim: Ва́ля
Валенти́на *f* Valentine
dim: Ва́ля, Валю́ша, Ти́на
Вале́рий *m* Valery
dim: Вале́ра, Ва́ля, Вале́рик
Вале́рия *f* Valeria
dim: Ле́ра, Леру́ся
Варва́ра *f* Barbara
dim: Ва́ря, Варю́ша
Васи́лий *m* Basil
dim: Ва́ся, Василёк
Ве́ра *f* Vera
dim: Веру́ся, Веру́ша
Ви́ктор *m* Victor
dim: Ви́тя, Витю́ша
Викто́рия *f* Victoria
dim: Ви́ка
Влади́мир *m* Vladimir
dim: Во́ва, Воло́дя
Владисла́в *m* Vladislav
dim: Вла́дя, Вла́дик, Сла́ва, Сла́вик
Все́волод *m* Vsevolod
dim: Се́ва

Вячесла́в *m* Viacheslav
dim: Сла́ва, Сла́вик
Гали́на *f* Galina
dim: Га́ля, Га́лочка
Генна́дий *m* Gennady
dim: Ге́на, Ге́ня, Ге́ша
Гео́ргий *m* **Его́р** *m* George, Egor
dim: Го́ша, Жо́ра/Его́рка
Григо́рий *m* Gregory
dim: Гри́ша, Гри́ня
Да́рья *f* Daria
dim: Да́ша, Дашу́ля, Да́шенька
Дени́с *m* Denis
dim: Дени́ска
Дми́трий *m* Dmitry
dim: Ди́ма, Ми́тя, Митю́ша
Евге́ний *m* Eugene
dim: Же́ня
Евге́ния *f* Eugenia
dim: Же́ня
Екатери́на *f* Catherine
dim: Ка́тя, Катю́ша
Еле́на *f* Helen
dim: Ле́на, Алёнка, Алёна, Алёнушка, Лёля
Елизаве́та *f* Elizabeth
dim: Ли́за, Ли́занька
Заха́р *m* Zachary
dim: Заха́рка
Зинаи́да *f* Zinaida
dim: Зи́на, Зину́ля
Зо́я *f* Zoe
dim: Зо́енька
Ива́н *m* John
dim: Ва́ня, Ваню́ша
И́горь *m* Igor
dim: Игорёк, Га́рик
Илья́ *m* Elijah, Elias
dim: Илю́ша
Инноке́нтий *m* Innokenty
dim: Ке́ша
Ио́сиф *m* **О́сип** *m* Joseph
dim: О́ся
Ири́на *f* Irene
dim: И́ра, Ири́нка, Ири́ша, Иру́ся
Кири́лл *m* Cyril
dim: Кири́лка, Кирю́ша
Кла́вдия *f* Claudia
dim: Кла́ва, Кла́ша, Кла́вочка
Константи́н *m* Constantine
dim: Ко́ка, Ко́стя
Ксе́ния *f* **Акси́нья** *f* Xenia

dim: Ксéня, Ксю́ша
Кузьмá *m* Cosmo
dim: Ку́зя
Лари́са *f* Larisa
dim: Лари́ска, Лáра, Ло́ра
Лев *m* Leo
dim: Лёва, Лёвушка
Леони́д *m* Leonid
dim: Лёня
Ли́дия *f* Lydia
dim: Ли́да, Лидýся, Лидýша
Любóвь *f* Lubov (Charity)
dim: Любá, Любáша
Людми́ла *f* Ludmila
dim: Лю́да, Лю́ся, Ми́ла
Макáр *m* Macar
dim: Макáрка, Макáрушка
Макси́м *m* Maxim
dim: Макси́мка, Макс
Маргари́та *f* Margaret
dim: Ри́та, Маргó(ша)
Мари́на *f* Marina
dim: Мари́нка, Мари́ша
Мари́я *f* **Мáрья** *f* Maria
dim: Мари́йка, Марýся, Мáня,
Мáша, Мáшенька
Марк *m* Mark
dim: Маркýша, Маркýся
Матвéй *m* Mathew
dim: Матвéйка, Матю́ша, Мóтя
Михаи́л *m* Michael
dim: Михáлка, Ми́ша, Мишýля
Надéжда *f* Nadezhda (Hope)
dim: Нáдя, Надю́ша
Натáлия *f coll.* **Натáлья** *f* Natalia
dim: Натáша, Нáта, Натýля,
Натýся, Тáта
Ники́та *m* Nikita
dim: Ни́ка, Ники́тка, Ники́ша
Николáй *m* Nicholas
dim: Ни́ка, Николáша, Кóля
Ни́на *f* Nina
dim: Нинýля, Нинýся
Оксáна *f* Oxana
dim: Ксáна
Олéг *m* Oleg
dim: Олéжка
О́льга *f* Olga
dim: Óля, Олю́шка, Олю́ша
Пáвел *m* Paul

Пáвлик, Павлýша, Пáша
Пётр *m* Peter
dim: Петрýша, Пéтя
Поли́на *f* Pauline
dim: Поли́нка, Пóля, Пáша
Раи́са *f* Raisa
dim: Рáя, Раю́ша
Ростислáв *m* Rostislav
dim: Рóстик, Рóся, Слáва, Слáвик
Руслáн *m* Ruslan
dim: Руслáнка, Рýсик
Светлáна *f* Svetlana
dim: Светлáнка, Свéта
Святослáв *m* Sviatoslav
dim: Слáва
Семён *m* Simeon, Simon
dim: Сёма, Сéня
Сергéй *m* Serge
dim: Сергýня, Серёжа, Серж
Станислáв *m* Stanislav
dim: Стáсик, Слáва
Степáн *m* Stephen
dim: Степáша, Стёпа
Степани́да *f* Stephanie
dim: Стёша
Тамáра *f* Tamara
dim: Тóма
Татьяна *f* Tatiana
dim: Тáня, Таню́ша, Тáта
Тимофéй *m* Timothy
dim: Ти́ма, Тимóша
Фёдор *m* Theodore
dim: Фéдя, Федю́ля(ня)
Фéликс *m* Felix
dim: Фéля
Фили́пп *m* Philip
dim: Фи́ля, филю́ша
Эдуáрд *m* Edward
dim: Эдик, Эдя
Эмма *f* Emma
dim: Эммóчка
Ю́лия *f* Julia
dim: Ю́ля
Ю́рий *m* Yuri
dim: Ю́ра, Ю́рочка, Юрáша
Яков *m* Jacob
dim: Я́ша, Я́шенька, Яшýня
Ярослáв *m* Yaroslav
dim: Слáва (ик)

Grammatical Tables

Conjugation and Declension

The following two rules relative to the spelling of endings in Russian inflected words must be observed:

. Stems terminating in г, к, х, ж, ш, ч, щ are never followed by ы, ю, я, but by **и, у, а**.

. Stems terminating in ц are never followed by и, ю, я, but by **ы, у, а**.

Besides these, a third spelling rule, dependent on phonetic conditions, i.e. the position of stress, is likewise important:

. Stems terminating in ж, ш, ч, ц can be followed by an o in the ending only if the syllable in question bears the stress; otherwise, i.e. in unstressed position, **e** is used instead.

A. Conjugation

Prefixed forms of the perfective aspect are represented by adding the prefix in angle brackets, e.g.: <про>чита́ть = чита́ть *impf.*, прочита́ть *pf.*

Personal endings of the present (and perfective future) tense:

1st conjugation:	-ю (-у)	-ешь	-ет	-ем	-ете	-ют (-ут)
2nd conjugation:	-ю (-у)	-ишь	-ит	-им	-ите	-ят (-ат)

Reflexive:

1st conjugation:	-юсь (-усь)	-ешься	-ется	-емся	-етесь	-ются (-утся)
2nd conjugation:	-юсь (-усь)	-ишься	-ится	-имся	-итесь	-ятся (-атся)

Suffixes and endings of the other verbal forms:

imp.	-й(те)	-и(те)	-ь(те)
reflexive	-йся (-йтесь)	-ись (-итесь)	-ься (-ьтесь)

	m	f	n	pl.
p. pr. a.	-щий(ся)	-щая(ся)	-щее(ся)	-щие(ся)
g. pr.	-я(сь)	-а(сь)		
p. pr. p.	-мый	-мая	-мое	-мые
short form	-м	-ма	-мо	-мы
pt.	-л	-ла	-ло	-ли
	-лся	-лась	-лось	-лись
p. pt. a.	-вший(ся)	-вшая(ся)	-вшее(ся)	-вшие(ся)
g. pt.	-в(ши)	-вши(сь)		
p. pt. p.	-нный	-нная	-нное	-нные
	-тый	-тая	-тое	-тые
short form	-н	-на	-но	-ны
	-т	-та	-то	-ты

Stress:

a) There is *no change of stress unless the final syllable of the infinitive stressed*, i. e. in all forms of the verb stress remains invariably on the ro~~ot~~ syllable accentuated in the infinitive, e.g.: пла́кать. The forms of пла́кат~~ь~~ correspond to paradigm [3], except for the stress, which is always on пла́~~-~~ The imperative of such verbs also differs from the paradigms concerned: is in **-ь(те)** provided their stem ends in **one consonant** only, e.g.: пла́кат~~ь~~ – пла́чь(те), ве́рить – ве́рь(те); and in **-и(те)** (unstressed!) in cases of **two and more consonants** preceding the imperative ending, e.g.: по́мнить по́мни(те). Verbs with a vowel stem termination, however, generally for~~m~~ their imperative in **-й(те)**: успоко́ить – успоко́й(те).

b) The prefix вы- in perfective verbs always bears the stress: вы́полнить (b~~ut~~ *impf.*: выполня́ть). Imperfective (iterative) verbs with the suffix -ыв-/-и~~в-~~ are always stressed on the syllable preceding the suffix: пока́зывать (b~~ut~~ *pf.* показа́ть), спра́шивать (but *pf.* спроси́ть).

c) In the past participle passive of verbs in **-ать (-я́ть)**, there is usually a sh~~ift~~ of stress back onto the root syllable as compared with the infinitive (se~~e~~ paradigms [1]–[4], [6], [7], [28]). With verbs in **-е́ть** and **-и́ть** such a sh~~ift~~ may occur as well, very often in agreement with a parallel accent shift ~~in~~ the 2nd p.sg. present tense, e.g.: [про]смотре́ть: [про]смотрю́, смо́триш~~ь~~ – просмо́тренный; see also paradigms [14]–[16] as against [13]: [по]м~~и-~~ ри́ть: [по]мирю́, -и́шь – помирённый. In this latter case the short forms ~~of~~ the participles are stressed on the last syllable throughout: -ённый: -ё~~н,~~ -ена́, -ено́, -ены́. In the former examples, however, the stress remains o~~n~~ the same root syllable as in the long form: -'енный: -'ен, -'ена, -'ено, -'ен~~ы~~

(*a*) present, (*b*) future, (*c*) imperative, (*d*) present participle active, (*e*) prese~~nt~~ participle passive, (*f*) present gerund, (*g*) preterite, (*h*) past participle activ~~e,~~ (*i*) past participle passive, (*j*) past gerund.

Verbs in **-ать**

1
	<про>**чита́ть**
(*a*), <(*b*)>	<про>чита́ю, -а́ешь, -а́ют
(*c*)	<про>чита́й(те)!
(*d*)	чита́ющий
(*e*)	чита́емый
(*f*)	чита́я
(*g*)	<про>чита́л, -а, -о, -и
(*h*)	<про>чита́вший
(*i*)	прочи́танный
(*j*)	прочита́в

2
	<по>**трепа́ть**
	(with л after б, в, м, п, ф)
(*a*), <(*b*)>	<по>треплю́, -е́плешь, -е́плют
(*c*)	<по>трепли́(те)!
(*d*)	тре́плющий
(*e*)	–
(*f*)	трепля́
(*g*)	<по>трепа́л, -а, -о, -и

(*h*)	<по>трепа́вший
(*i*)	<по>трёпанный
(*j*)	потрепа́в

3
	<об>**глода́ть**
	(with changing consonant:
	г, д, з > ж
	к, т > ч
	х, с > ш
	ск, ст > щ)
(*a*), <(*b*)>	<об>гложу́, -о́жешь, -о́жут
(*c*)	<об>гложи́(те)!
(*d*)	гло́жущий
(*e*)	–
(*f*)	гложа́
(*g*)	<об>глода́л, -а, -о, -и
(*h*)	<об>глода́вший
(*i*)	обгло́данный
(*j*)	обглода́в

<по>**держа́ть**
(with preceding ж, ш, ч, щ)

(a), <(b)> <по>держу́, -е́ржишь, -е́ржат
(c) <по>держи́(те)!
(d) держа́щий
(e) –
(f) держа́
(g) <по>держа́л, -а, -о, -и
(h) <по>держа́вший
(i) поде́ржанный
(j) подержа́в

Verbs in -авать

дава́ть
(a) даю́, даёшь, даю́т
(c) дава́й(те)!
(d) даю́щий
(e) дава́емый
(f) дава́я
(g) дава́л, -а, -о, -и
(h) дава́вший
(i) –
(j) –

Verbs in -евать

(е. = -ю, -ёшь, *etc.*)

<на>**малева́ть**
(a), <(b)> <на>малю́ю, -ю́ешь, -ю́ют
(c) <на>малю́й(те)!
(d) малю́ющий
(e) малю́емый
(f) малю́я
(g) <на>малева́л, -а, -о, -и
(h) <на>малева́вший
(i) намалёванный
(j) намалева́в

Verbs in -овать

and in **-евать** with preceding ж, ш, щ, ц

<на>**рисова́ть**
(е. = -ю, -ёшь, *etc.*)
(a), <(b)> <на>рису́ю, -у́ешь, -у́ют
(c) <на>рису́й(те)!
(d) рису́ющий
(e) рису́емый
(f) рису́я
(g) <на>рисова́л, -а, -о, -и
(h) <на>рисова́вший

(i) нарисо́ванный
(j) нарисова́в

Verbs in -еть

8 <по>**жале́ть**
(a), <(b)> <по>жале́ю, -е́ешь, -е́ют
(c) <по>жале́й(те)!
(d) жале́ющий
(e) жале́емый
(f) жале́я
(g) <по>жале́л, -а, -о, -и
(h) <по>жале́вший
(i) ...ённый
    (*e.g.*: одолённый)
(j) пожале́в

9 <по>**смотре́ть**
(a), <(b)> <по>смотрю́, -о́тришь, -о́трят
(c) <по>смотри́(те)!
(d) смо́трящий
(e) –
(f) смотря́
(g) <по>смотре́л, -а, -о, -и
(h) <по>смотре́вший
(i) ...о́тренный (*e.g.*: про-смо́тренный)
(j) посмотре́в

10 <по>**терпе́ть**
(with л after б, в, м, п, ф)
(a), <(b)> <по>терплю́, -е́рпишь, -е́рпят
(c) <по>терпи́(те)!
(d) терпя́щий
(e) терпи́мый
(f) терпя́
(g) <по>терпе́л, -а, -о, -и
(h) <по>терпе́вший
(i) ...ённый (*e.g.*: претер-пенный)
(j) потерпе́в

11 <по>**лете́ть**
(with changing consonant:
    г, з > ж
    к, т > ч
    х, с > ш
    ск, ст > щ)
(a), <(b)> <по>лечу́, -ети́шь, -етя́т
(c) <по>лети́(те)
(d) летя́щий

(e)	–
(f)	летя́
(g)	<по>лете́л, -а, -о, -и
(h)	<по>лете́вший
(i)	...енный (*e.g.*: ве́рченный)
(j)	полете́в(ши)

Verbs in **-ереть**

12   <по>**тере́ть**
        (*st.* = -ешь, -ет, *etc.*)

(a), <(b)>	<по>тру́, -трёшь, -тру́т
(c)	<по>три́(те)!
(d)	тру́щий
(e)	–
(f)	–
(g)	<по>тёр, -ла, -ло, -ли
(h)	<по>тёрший
(i)	потёртый
(j)	потере́в

Verbs in **-ить**

13   <по>**мири́ть**

(a), <(b)>	<по>мирю́, -ри́шь, -ря́т
(c)	<по>мири́(те)!
(d)	миря́щий
(e)	мири́мый
(f)	миря́
(g)	<по>мири́л, -а, -о, -и
(h)	<по>мири́вший
(i)	помирённый
(j)	помири́в(ши)

14   <по>**люби́ть**
        (with л after б, в, м, п, ф)

(a), <(b)>	<по>люблю́, -ю́бишь, -ю́бят
(c)	<по>люби́(те)!
(d)	лю́бящий
(e)	люби́мый
(f)	любя́
(g)	<по>люби́л, -а, -о, -и
(h)	<по>люби́вший
(i)	...лю́бленный (*e.g.*: возлю́бленный)
(j)	полюби́в

15   <по>**носи́ть**
(with changing consonant see No 11)

(a), <(b)>	<по>ношу́, -о́сишь, -о́сят
(c)	<по>носи́(те)!
(d)	но́сящий
(e)	носи́мый
(f)	нося́
(g)	<по>носи́л, -а, -о, -и
(h)	<по>носи́вший
(i)	поно́шенный
(j)	поноси́в

16   <на>**кроши́ть**
(with preceding ж, ш, ч, щ)

(a), <(b)>	<на>крошу́, -о́шишь, -о́шат
(c)	<на>кроши́(те)!
(d)	кроша́щий
(e)	кроши́мый
(f)	кроша́
(g)	<на>кроши́л, -а, -о, -и
(h)	<на>кроши́вший
(i)	накро́шенный
(j)	накроши́в

Verbs in **-оть**

17   <за>**коло́ть**

(a), <(b)>	<за>колю́, -о́лешь, -о́лют
(c)	<за>коли́(те)!
(d)	ко́лющий
(e)	–
(f)	–
(g)	<за>коло́л, -а, -о, -и
(h)	<за>коло́вший
(i)	зако́лотый
(j)	заколо́в

Verbs in **-уть**

18   <по>**ду́ть**

(a), <(b)>	<по>ду́ю, -у́ешь, -у́ют
(c)	<по>ду́й(те)!
(d)	ду́ющий
(e)	–
(f)	ду́я
(g)	<по>ду́л, -а, -о, -и
(h)	<по>ду́вший
(i)	...ду́тый (*e.g.*: разду́тый)
(j)	поду́в

19   <по>**тяну́ть**

(a), <(b)>	<по>тяну́, -я́нешь, -я́ну
(c)	<по>тяни́(те)!
(d)	тя́нущий
(e)	–
(f)	–
(g)	<по>тяну́л, -а, -о, -и
(h)	<по>тяну́вший

) потя́нутый
) потяну́в

<со>**гну́ть**
(*st.* = -ешь, -ет, *etc.*)
), <(*b*)> <со>гну́, -нёшь, -ну́т
) <со>гни́(те)!
) гну́щий
) –
) –
) <со>гну́л, -а, -о, -и
) <со>гну́вший
) со́гнутый
) согну́в

<за>**мёрзнуть**
), <(*b*)> <за>мёрзну, -нешь, -нут
) <за>мёрзни(те)!
) мёрзнущий
) –
) –
) <за>мёрз, -зла, -о, -и
) <за>мёрзший
) ...нутый (*e.g.*: воздви́гнутый)
) замёрзши

erbs in **-ыть**

2 <по>**кры́ть**
), <(*b*)> <по>кро́ю, -о́ешь, -о́ют
) <по>кро́й(те)!
) кро́ющий
) –
) кро́я
) <по>кры́л, -а, -о, -и
) <по>кры́вший
) <по>кры́тый
) покры́в

3 <по>**плы́ть**
(*st.* = -ешь, -ет, *etc.*)
), <(*b*)> <по>плыву́, -вёшь, -ву́т
) <по>плыви́(те)!
) плыву́щий
) –
) плывя́
) <по>плы́л, -а́, -о, -и
) <по>плы́вший
) ...плы́тый (*e.g.*: проплы́тый)
) поплы́в

Verbs in **-зти́, -зть (-сти)**

24 <по>**везти́**
(-с[т]- = -с[т]-instead of -з- throughout)
(*st.* = -ешь, -ет, *etc.*)
(*a*), <(*b*)> <по>везу́, -зёшь, -зу́т
(*c*) <по>вези́(те)!
(*d*) везу́щий
(*e*) везо́мый
(*f*) везя́
(*g*) <по>вёз, -везла́, -о́, -и́
(*h*) <по>вёзший
(*i*) повезённый
(*j*) повезя́

Verbs in **-сти́, -сть**

25 <по>**вести́**
(-т- = -т- instead of -д- throughout)
(*st.* = -ешь, -ет, *etc.*)
(*a*), <(*b*)> <по>веду́, -дёшь, -ду́т
(*c*) <по>веди́(те)!
(*d*) веду́щий
(*e*) ведо́мый
(*f*) ведя́
(*g*) <по>вёл, -вела́, -о́, -и́
(*h*) <по>ве́дший
(*i*) поведённый
(*j*) поведя́

Verbs in **-чь**

26 <по>**влечь**
(*a*), <(*b*)> <по>влеку́, -ечёшь, -еку́т
(*c*) <по>влеки́(те)!
(*d*) влеку́щий
(*e*) влеко́мый
(*f*) –
(*g*) <по>влёк, -екла́, -о́, -и́
(*h*) <по>влёкший
(*i*) ...влечённый (*e.g.*: увлечённый)
(*j*) повлёкши

Verbs in **-ять**

27 <рас>**та́ять**
(*e.* = -ю́, -ёшь, -ёт, *etc.*)
(*a*), <(*b*)> <рас>та́ю, -а́ешь, -а́ют
(*c*) <рас>та́й(те)!
(*d*) та́ющий
(*e*) –
(*f*) та́я

(g)	\<рас\>та́ял, -а, -о, -и	(c)	\<по\>теря́й(те)!
(h)	\<рас\>та́явший	(d)	теря́ющий
(i)	...а́янный (*e.g.*: обла́ян-	(e)	теря́емый
	ный)	(f)	теря́я
(j)	раста́яв	(g)	\<по\>теря́л, -а, -о, -и
		(h)	\<по\>теря́вший
28	\<по\>**теря́ть**	(i)	поте́рянный
(a), \<(b)\>	\<по\>теря́ю, -я́ешь, -я́ют	(j)	потеря́в

B. Declension

Noun

a) Succession of the six cases (horizontally): nominative, genitive, dative, accusative, instrumental and prepositional in the singular and (thereunder) the plural. *With nouns denoting animate beings (persons and animals) there is a coincidence of endings in the accusative and genitive both singular and plural of the masculine, but only in the plural of the feminine and neuter genders. This rule also applies, of course, to adjectives as well as various pronouns and numerals that must in syntactical connections agree with their respective nouns.*

b) Variants of the following paradigms are pointed out in notes added to the individual declension types or, if not, mentioned after the entry word itself.

Masculine nouns:

		N	G	D	A	I	P
1	ви́д	-	-а	-у	-	-ом	-е
		-ы	-ов	-ам	-ы	-ами	-ах

Note: Nouns in -ж, -ш, -ч, -щ have in the *g/pl.* the ending -ей.

2	реб	**-ёнок**	-ёнка	-ёнку	-ёнка	-ёнком	-ёнке
		-я́та	-я́т	-я́там	-я́т	-я́тами	-я́тах

3	слу́ча	**-й**	-я	-ю	-й	-ем	-е
		-и	-ев	-ям	-и	-ями	-ях

Notes: Nouns in -ий have in the *prpos/sg.* the ending -ии.
When *e.*, the ending of the *instr/sg.* is -ём, and of the *g/pl.* -ёв.

4	про́фил	**-ь**	-я	-ю	-ь	-ем	-е
		-и	-ей	-ям	-и	-ями	-ях

Note: When *e.*, the ending of the *instr/sg.* is -ём.

Feminine nouns:

5	рабо́т	**-а**	-ы	-е	-у	-ой	-е
		-ы	-	-ам	-ы	-ами	-ах

6	неде́л	**-я**	-и	-е	-ю	-ей	-е
		-и	-ь	-ям	-и	-ями	-ях

otes: Nouns in -ья have in the *g/pl.* the ending -ий (unstressed) or -éй (stressed), the latter being also the ending of nouns in -éя. Nouns in -я with preceding vowel terminate in the *g/pl.* in -й (for -ий see also No. 7). When *e.*, the ending of the *instr/sg.* is -éй (-ёю).

	áрми	**-я**	-и	-и	-ю	-ей	-и
		-и	-й	-ям	-и	-ями	-ях

	тетрáд	**-ь**	-и	-и	-ь	-ью	-и
		-и	-ей	-ям	-и	-ями	-ях

euter nouns:

	блюд	**-о**	-а	-у	-о	-ом	-е
		-а	-	-ам	-а	-ами	-ах

	пол	**-е**	-я	-ю	-е	-ем	-е
		-я́	-éй	-я́м	-я́	-я́ми	-я́х

ote: Nouns in -ье have in the *g/pl.* the ending -ий. In addition, they do not shift their stress.

	учи́лищ	**-е**	-а	-у	-е	-ем	-е
		-а	-	-ам	-а	-ами	-ах

	желáни	**-е**	-я	-ю	-е	-ем	-и
		-я	-й	-ям	-я	-ями	-ях

	врéм	**-я**	-ени	-ени	-я	-енем	-ени
		-енá	-ён	-енáм	-енá	-енáми	-енáх

Adjective
also ordinal numbers, etc.

otes

Adjectives in **-ский** have no predicative (short) forms.

Variants of the following paradigms have been recorded with the individual entry words.

		m	*f*	*n*	*pl.*	
	бел	**-ый(-óй)**	**-ая**	**-ое**	**-ые**	
		-ого	-ой	-ого	-ых	
		-ому	-ой	-ому	-ым	long form
		-ый	-ую	-ое	-ые	
		-ым	-ой	-ым	-ыми	
		-ом	-ой	-ом	-ых	
		-	-á	-о (*а.* -ó)	-ы (*а.* -ы́)	short form

15	си́н	**-ий**	**-яя**	**-ее**	**-ие**	
		-его	-ей	-его	-их	
		-ему	-ей	-ему	-им	
		-ий	-юю	-ее	-ие	long form
		-им	-ей	-им	-ими	
		ем	-ей	-ем	-их	
		-(ь)	-я	-е	-и	short form

16	стро́г	**-ий**	**-ая**	**-ое**	**-ие**	
		-ого	-ой	-ого	-их	
		-ому	-ой	-ому	-им	
		-ий	-ую	-ое	-ие	long form
		-им	-ой	-им	-ими	
		-ом	-ой	-ом	-их	
			-а́	-о	-и (а. -й)	short form

17	то́щ	**-ий**	**-ая**	**-ее**	**-ие**	
		-его	-ей	-его	-их	
		-ему	-ей	-ему	-им	
		-ий	-ую	-ее	-ие	long form
		-им	-ей	-им	-ими	
		-ем	-ей	-ем	-их	
		-	-а	-е (-ó)	-и	short form

18	оле́н	**-ий**	**-ья**	**-ье**	**-ьи**
		-ьего	-ьей	-ьего	-ьих
		-ьему	-ьей	-ьему	-ьим
		-ий	-ью	-ье	-ьи
		-ьим	-ьей	-ьим	-ьими
		-ьем	-ьей	-ьем	-ьих

19	дя́дин	**-**	**-а**	**-о**	**-ы**
		-а	-ой	-а	-ых
		-у	-ой	-у	-ым
		-	-у	-о	-ы
		ым	-ой	-ым	-ыми
		-ом[1]	-ой	-ом	-ых

[1]) Masculine surnames in -ов, -ев, -ин, -ын have the ending -е.

Pronoun

20	**я**	меня́	мне	меня́	мной (мно́ю)	мне
	мы	нас	нам	нас	на́ми	
21	**ты**	тебя́	тебе́	тебя́	тобо́й (тобо́ю)	тебе́
	вы	вас	вам	вас	ва́ми	вас
22	**он**	его́	ему́	его́	им	нём
	она́	её	ей	её	е́ю (ей)	ней
	оно́	его́	ему́	его́	им	нём
	они́	их	им	их	и́ми	них

Note: After prepositions the oblique forms receive an н-prothesis, e.g.: д
него, с не́ю (ней).

3	кто	кого	кому	кого	кем	ком
	что	чего	чему	что	чем	чём

Note: In combinations with ни-, не- a preposition separates such compounds, e.g. ничто́: ни от чего́, ни к чему́.

4	мой	моего́	моему́	мой	мои́м	моём
	моя́	мое́й	мое́й	мою́	мое́й	мое́й
	моё	моего́	моему́	моё	мои́м	моём
	мои́	мои́х	мои́м	мои́	мои́ми	мои́х

5	наш	на́шего	на́шему	наш	на́шим	на́шем
	на́ша	на́шей	на́шей	на́шу	на́шей	на́шей
	на́ше	на́шего	на́шему	на́ше	на́шим	на́шем
	на́ши	на́ших	на́шим	на́ши	на́шими	на́ших

6	чей	чьего́	чьему́	чей	чьим	чьём
	чья	чьей	чьей	чью	чьей	чьей
	чьё	чьего́	чьему́	чьё	чьим	чьём
	чьи	чьих	чьим	чьи	чьи́ми	чьих

7	э́тот	э́того	э́тому	э́тот	э́тим	э́том
	э́та	э́той	э́той	э́ту	э́той	э́той
	э́то	э́того	э́тому	э́то	э́тим	э́том
	э́ти	э́тих	э́тим	э́ти	э́тими	э́тих

8	тот	того́	тому́	тот	тем	том
	та	той	той	ту	той	той
	то	того́	тому́	то	тем	том
	те	тех	тем	те	те́ми	тех

9	сей	сего́	сему́	сей	сим	сём
	сия́	сей	сей	сию́	сей	сей
	сие́	сего́	сему́	сие́	сим	сём
	сий	сих	сим	сий	си́ми	сих

10	сам	самого́	самому́	самого́	сами́м	само́м
	сама́	самой	самой	саму́, самоё	самой	самой
	само́	самого́	самому́	само́	сами́м	само́м
	са́ми	сами́х	сами́м	сами́х	сами́ми	сами́х

11	весь	всего́	всему́	весь	всем	всём
	вся	всей	всей	всю	всей	всей
	всё	всего́	всему́	всё	всем	всём
	все	всех	всем	все	все́ми	всех

12	не́сколько	не́скольких	не́скольким	не́сколько	не́сколькими	не́скольких

Numeral

13	оди́н	одного́	одному́	оди́н	одни́м	одно́м
	одна́	одно́й	одно́й	одну́	одно́й	одно́й
	одно́	одного́	одному́	одно́	одни́м	одно́м
	одни́	одни́х	одни́м	одни́	одни́ми	одни́х

34	**два**	**две**	**три**	**четы́ре**
	двух	двух	трёх	четырёх
	двум	двум	трём	четырём
	два	две	три	четы́ре
	двумя́	двумя́	тремя́	четырьмя́
	двух	двух	трёх	четырёх

35	**пять**	**пятна́дцать**	**пятьдеся́т**	**сто**	**со́рок**
	пяти́	пятна́дцати	пяти́десяти	ста	сорока́
	пяти́	пятна́дцати	пяти́десяти	ста	сорока́
	пять	пятна́дцать	пятьдеся́т	сто	со́рок
	пятью́	пятна́дцатью	пятью́десятью	ста	сорока́
	пяти́	пятна́дцати	пяти́десяти	ста	сорока́

36	**две́сти**	**три́ста**	**четы́реста**	**пятьсо́т**
	двухсо́т	трёхсо́т	четырёхсо́т	пятисо́т
	двумста́м	трёмста́м	четырёмста́м	пятиста́м
	две́сти	три́ста	четы́реста	пятьсо́т
	двумяста́ми	тремяста́ми	четырьмяста́ми	пятьюста́ми
	двухста́х	трёхста́х	четырёхста́х	пятиста́х

37	**о́ба**	**о́бе**	**дво́е**	**че́тверо**
	обо́их	обе́их	двои́х	четверы́х
	обо́им	обе́им	двои́м	четверы́м
	о́ба	о́бе	дво́е	че́тверо
	обо́ими	обе́ими	двои́ми	четверы́ми
	обо́их	обе́их	двои́х	четверы́х